Hans-Ulrich Dallmann

Das Recht, verschieden zu sein

Eine sozialethische Studie zu Inklusion und Exklusion im Kontext von Migration

Öffentliche Theologie

13

Gemeinsam mit John W. de Gruchy (Cape Town),
Wolf Krötke (Berlin) und Larry L. Rasmussen (New York)
herausgegeben von Wolfgang Huber (Berlin)

Hans-Ulrich Dallmann

Das Recht, verschieden zu sein

Eine sozialethische Studie zu Inklusion und Exklusion
im Kontext von Migration

Chr. Kaiser
Gütersloher
Verlagshaus

Die Deutsche Bibliothek – CIP-Einheitsaufnahme

Dallmann, Martin:
Das Recht, verschieden zu sein :
eine sozialethische Studie zu Inklusion und Exklusion
im Kontext von Migration / Hans-Ulrich Dallmann. –
Gütersloh : Kaiser, Gütersloher Verl.-Haus, 2002
(Öffentliche Theologie; 13)
ISBN 3-579-02653-4

Umwelthinweis:
Dieses Buch wurde auf chlorfrei gebleichtem und alterungsbeständigem Papier gedruckt. Die vor Verschmutzung schützende Einschrumpffolie ist aus umweltschonender und recyclingfähiger PE-Folie.

ISBN 3-579-02653-4

Umschlaggestaltung: Ingeborg Geith, München
Satz: SatzWeise, Föhren
Druck und Bindung: Bertelsmann Media on Demand, Pößneck
Printed in Germany

www.gtvh.de

Melange. – *Das geläufige Argument der Toleranz, alle Menschen, alle Rassen seien gleich, ist ein Bumerang. Es setzt sich der bequemen Widerlegung durch die Sinne aus, und noch die zwingendsten anthropologischen Beweise dafür, daß die Juden keine Rasse seien, werden im Falle des Pogroms kaum etwas daran ändern, daß die Totalitären ganz gut wissen, wen sie umbringen wollen und wen nicht. Wollte man demgegenüber die Gleichheit alles dessen, was Menschenantlitz trägt, als Ideal fordern, anstatt sie als Tatsache zu unterstellen, so würde das wenig helfen. Die abstrakte Utopie wäre allzu leicht mit den abgefeimtesten Tendenzen der Gesellschaft vereinbar. Daß alle Menschen einander glichen, ist es gerade, was dieser so paßte. Sie betrachtet die tatsächlichen oder eingebildeten Differenzen als Schandmale, die bezeugen, daß man es noch nicht weit genug gebracht hat; daß irgend etwas von der Maschinerie freigelassen, nicht ganz durch die Totalität bestimmt ist. Die Technik der Konzentrationslager läuft darauf hinaus, die Gefangenen wie ihre Wärter zu machen, die ermordeten zu Mördern. Der Rassenunterschied wird zum absoluten erhoben, damit man ihn absolut abschaffen kann, wäre es selbst, indem nichts Verschiedenes mehr überlebt. Eine emanzipierte Gesellschaft jedoch wäre kein Einheitsstaat, sondern die Verwirklichung des Allgemeinen in der Versöhnung der Differenzen. Politik, der es darum im Ernst noch ginge, sollte deswegen die abstrakte Gleichheit der Menschen nicht einmal als Idee propagieren. Sie sollte statt dessen auf die schlechte Gleichheit heute, die Identität der Film- mit den Waffeninteressenten deuten, den besseren Zustand aber denken als den, in dem man ohne Angst verschieden sein kann. Attestiert man dem Neger, er sei genau wie der Weiße, während er es doch nicht ist, so tut man ihm insgeheim schon wieder Unrecht an. Man demütigt ihn freundschaftlich durch einen Maßstab, hinter dem er unter dem Druck der Systeme notwendig zurückbleiben muß, und dem zu genügen überdies ein fragwürdiges Verdienst wäre. Die Fürsprecher der unitarischen Toleranz sind denn auch stets geneigt, intolerant gegen jede Gruppe sich zu kehren, die sich nicht anpaßt: mit der sturen Begeisterung für die Neger verträgt sich die Entrüstung über jüdische Unmanieren. Der melting pot war eine Einrichtung des losgelassenen Industriekapitalismus. Der Gedanke, in ihn hineinzugeraten, beschwört den Martertod, nicht die Demokratie.*

Theodor W. Adorno – Minima Moralia

Inhalt

II. »Fremd ist der Fremde nur in der Fremde« Konstruktionsprinzipien des Fremden

III. Sozialphilosophische und theologisch-ethische Hintergründe

Einleitung

»Deutschland ist (k)ein Einwanderungsland!« An einem Konsonanten unterscheiden sich zwei vollkommen verschiedene Ansichten der gesellschaftlichen Wirklichkeit im Deutschland der neunziger Jahre. Für die eine Seite war die Arbeitsmigration in den sechziger und siebziger Jahren nur eine Episode in der Geschichte der Bundesrepublik, die große Anzahl der Menschen, die in Deutschland einen Asylantrag stellten, ein Hinweis auf ein zu liberales Asylrecht, das zum »Asylbetrug« geradezu einlud, für die andere Seite ist die Arbeitsmigration eine Begleiterscheinung der Globalisierung und die große Zahl der Asylbewerberinnen und -bewerber vor allem ein Hinweis darauf, daß sich die deutsche Politik (noch) nicht den Erfordernissen der Zeit gestellt hat und statt einer aktiven eine reaktive Einwanderungspolitik betreibt. Es trifft natürlich zu, daß Deutschland kein klassisches Einwanderungsland ist wie etwa Kanada, die Vereinigten Staaten, Australien oder Neuseeland. Dort setzt sich die Bevölkerung vorwiegend aus den Nachkommen der Menschen zusammen, die in den letzten 150 Jahren, vor allem aus Europa, einwanderten und die indigene Bevölkerung bis an die Grenze zum Völkermord verdrängten. Jedoch hat Deutschland etwa seit Beginn dieses Jahrhunderts eine positive Wanderungsbilanz, es wandern mehr Menschen zu als aus. Vor allem seit den sechziger Jahren ist von einer Zuwanderung in größerem Umfang auszugehen. Selbst wenn man auf dem klassischen Begriff des Einwanderungslandes beharrt, kann nicht darüber hinweggesehen werden, daß, wie auch in anderen europäischen Staaten (selbst den klassischen Auswanderungsländern Italien und Griechenland), eine faktische Einwanderung vorliegt. Es geht bei der Auseinandersetzung darüber, ob Deutschland Einwanderungsland sei oder nicht, also nicht um das Faktum der Zuwanderung, sondern um deren politische Deutung und das nationale Selbstverständnis. Dahinter steckt die Frage, ob weitere Zuwanderung politisch gewollt – und dann auch geplant und gesteuert – wird oder ob sie verhindert werden soll.

Die Antwort hierauf kann an dieser Stelle noch offen bleiben; so oder so geht es bei den bereits zugewanderten Personen um konkrete Menschen, deren Biographie und deren Schicksal. »Das war so nicht geplant ...« Sowohl für die deutsche Politik als auch für die Menschen, die, aus welchen Gründen auch immer, nach Deutschland kamen und kommen, stellt sich die aktuelle Situation als nicht intendierte Folge jeweils situationsabhängig getroffener Entscheidungen dar. Die Mehrzahl der

Arbeitsmigrantinnen und -migranten sahen die Zeit ihres Aufenthaltes in Deutschland nur als lebensgeschichtliche Episode, die Rückkehrorientierung ist immer noch für eine große Zahl der Angehörigen der »ersten Generation« ein Bestandteil ihres Lebensplans. Über die Motive der Asylsuchenden gibt es meines Wissens noch keine empirischen Untersuchungen. Aber wahrscheinlich gilt grosso modo für diese Menschen ähnliches wie für die Arbeitsmigrantinnen und -migranten.

Von Seiten der deutschen Politik zielte das Asylrecht auf den Schutz politisch Verfolgter ab. Ein Schutz, den Deutschland gewähren sollte, weil eine große Zahl deutscher Staatsangehöriger dieses Schutzes während der Zeit der nationalsozialistischen Diktatur selber bedurfte. Auf die Erfordernisse, die sich in der Gegenwart ergeben, war und ist das deutsche Asylrecht jedoch nicht zugeschnitten. Ebenso ging man lange Zeit davon aus, daß, wenn nicht die Arbeitsmigration, so doch die anwesenden Arbeitsmigrantinnen und -migranten ein temporäres Phänomen seien. Die, so nicht bezeichnete, Ausländerpolitik war eine Funktion der Arbeitsmarktpolitik. Angestrebt war ein Rotationsprinzip. So viele ausländische Arbeitskräfte wie nötig sollten die Lücken am Arbeitsmarkt stopfen. Es ist vielleicht eine Ironie der Geschichte – oder etwa ein Ergebnis der Hegelschen List der Vernunft? –, daß gerade das politische Instrument, das einen weiteren Zuzug ausländischer Arbeitskräfte verhindern sollte, der Anwerbestopp im Jahr 1973, dazu führte, daß sich die bis dahin nach Deutschland migrierten Menschen auf längere Zeit als beabsichtigt hier niederließen und – gerade durch den Familiennachzug – aus der temporären Arbeitsmigration eine dauerhafte Einwanderung wurde.

»Das war so nicht geplant ...«, aber gegenwärtig leben 7,3 Millionen Menschen ohne deutschen Paß in Deutschland, ca. 9 % der Einwohner Deutschlands sind keine deutschen Staatsbürgerinnen und Staatsbürger. Die Migration nach Deutschland ist seit ihren Anfängen, die nicht in den sechziger Jahren dieses Jahrhunderts liegen, sondern etwa einhundert Jahre früher zu datieren sind, politisch umstritten. Von Anbeginn wurden Überfremdungsängste artikuliert – und geschürt –, von Anbeginn sahen einige das deutsche Volkstum in Gefahr. Und seit Beginn sah sich die deutsche Politik mit einem *double bind* konfrontiert: die Einwanderinnen und Einwanderer zwar zu brauchen, aber nicht zu wollen. Ein Vehikel dieser Abgrenzung nach außen war seit dieser Zeit das deutsche Staatsangehörigkeitsrecht, das die Staatsangehörigkeit von der Abstammung abhängig macht (ius sanguinis). Nicht erst seit den Brand- und Mordanschlägen auf ausländische Bürgerinnen und Bürger in der Bundesrepublik Deutschland Anfang der neunziger Jahre ist bewußt, daß die Frage nach dem Umgang mit ausländischen Menschen eine Schlüsselfrage für die Demokratie ist.

An dieser Stelle sei eine Bemerkung zur Terminologie gestattet. Die Schwierigkeit, sich mit dem Phänomen der Migration und den Problemen der Menschen, die davon betroffen sind, auseinanderzusetzen, spiegelt sich in der Terminologie. Übernimmt man den Begriff Ausländer, der in rechtlichen und statistischen Zusammenhängen ein terminus technicus ist und Personen nichtdeutscher Staatsangehörigkeit bezeichnet, bleibt man in diesem politisch-rechtlichen Rahmen gefangen. Denn eigentlich ist mit diesem Begriff ein anderer Sachverhalt gemeint: »Ausländer bezeichnet dem ursprünglichen Wortsinn nach einen Menschen, dessen Lebensmittelpunkt sich außerhalb des Landes befindet und der daher nicht zu diesem Land und seiner Gesellschaft gehört.«[1] Das aber trifft auf die hier gemeinten »Ausländer« gerade nicht zu, denn sie haben ihren Lebensmittelpunkt hier und leben in dieser Gesellschaft. Korrekterweise müßte also durchgehend von Inländern ohne deutsche Staatsangehörigkeit gesprochen werden. Verschleiernd und beschönigend hingegen ist die Rede von den ausländischen Mitbürgern. Denn genau das sind sie nicht, solange ihnen die Bürgerrechte fehlen, die ausschließlich deutschen Staatsangehörigen vorbehalten sind. Zudem gelten für sie ausländerrechtliche Sondernormen, die sie von deutschen Staatsbürgerinnen und -bürgern abgrenzen. Spricht man von Migrantinnen und Migranten, wird ein anderer Teil der gesellschaftlichen Wirklichkeit ausgeblendet. Zwar befindet sich die Mehrzahl der so bezeichneten Personen aufgrund von Migration in Deutschland, aber mittlerweile ist bereits jeder fünfte »Ausländer« in Deutschland geboren; insofern also kein Migrant und keine Migrantin, sondern ein »Eingeborener«. Zudem gilt für diese Menschen ebenso wie für einen großen Teil der anderen, daß für sie die Migration abgeschlossen ist, sie also in Deutschland ansässig bleiben (nicht werden!) wollen. Diese Migranten migrieren nicht. Der Ausdruck Gastarbeiter wiederum ist nicht nur historisch überholt. Denn nur noch etwa zwei Drittel der ausländischen Bevölkerung stammt aus den ehemaligen Anwerbeländern; aber diese sind nicht mehr identisch mit den angeworbenen Gastarbeitern, es sind zum Teil deren Familien, aber auch Flüchtlinge aus dem ehemaligen Jugoslawien oder Kurden mit türkischer Staatsangehörigkeit. Zudem sind nur knapp ein Drittel der in Deutschland lebenden Migrantinnen und Migranten hier auch sozialversicherungspflichtig beschäftigt. Es ist zu sehen, aufgrund der Migration ist eine Situation entstanden, in der herkömmliche Begriffe die Realität nur noch ausschnittweise treffen.

1. Rittstieg 1996a: IX.

Die Ausländer, *die* Migrantinnen, *die* Flüchtlinge, *die* Asylbewerber, es gibt sie nicht. Es ist eine heterogene Gruppe unterschiedlicher Nationalität (aus über 200 Ländern, wie die Ausländerbeauftragte bemerkt), unterschiedlicher Biographie, hier geboren oder in einer sogenannten Gemeinschaftsunterkunft für Asylbewerber lebend, ausländische Studierende, Selbständige und Sozialhilfebedürftige. Entsprechend vielseitig muß die verwendete Begrifflichkeit sein, und trotzdem wird sie nicht immer zutreffen. Aber auch das ist eine Problemanzeige.

Nicht nur im gesellschaftlichen und politischen Diskurs der Bundesrepublik Deutschland, sondern auch in der theologischen Diskussion hat sich die Beschäftigung mit dem Problem Migration allerdings auf eine Detaildebatte zugespitzt, auf die Frage nach Asyl und Asylrecht, und damit meist auf die Frage nach einer Änderung und/oder Ergänzung des Art. 16 Grundgesetz. Meines Erachtens ist diese Debatte eine Verengung des Blickwinkels, die dazu führen kann, daß das Problem in seinen ganzen Ausmaßen nicht differenziert genug wahrgenommen wird.

Weltweit ist zu beobachten, daß die Migrationen zunehmen, daß immer mehr Menschen unterwegs sind, auf der Flucht, sei es vor Hunger und Bürgerkrieg, sei es vor politischer oder religiöser Verfolgung oder vor wirtschaftlicher Ausweglosigkeit. Das Asylrecht eignet sich in keiner Weise dazu, für diese Probleme eine Lösung zu finden – es sei denn, man benutzte es, um eine Politik der verschlossenen Türen für Migranten zu legitimieren. Das Problemfeld Asyl ist also eingebettet in das umfassendere Problem der weltweiten Migration, ein Phänomen übrigens, das nicht erst in der heutigen Zeit von Bedeutung ist.

Ebenfalls ausgeblendet wird in der Asyldebatte die Frage, welche Probleme einer – wie auch immer genauer zu bestimmenden – Integration von ausländischen Menschen in eine Gesellschaft entgegenstehen. Sowohl psychologische als auch soziologische Forschung haben zu dieser Frage wertvolle Beiträge geliefert. Erst wenn der Problemhorizont aufgehellt ist, kann versucht werden, nach Möglichkeiten zu suchen, die eine Lösung wahrscheinlicher machen.

Die Frage nach dem angemessenen Umgang mit den ausländischen Menschen, die in Deutschland leben oder leben wollen, ist jedoch nicht allein eine Frage der Politik. Sie ist in gleichem Maße eine Frage der Ethik. Gernot Böhme hat dies mit aller nötigen Klarheit zum Ausdruck gebracht: »Es gibt wohl kaum ein Feld gesellschaftlichen Verhaltens, dessen Regelung so tiefgreifend bestimmt, in welcher Gesellschaft wir leben, wie der Umgang mit Fremden. Das liegt daran, daß dieses Verhalten so unmittelbar von der Zugehörigkeit und Nichtzugehörigkeit abhängt und der Art und Weise, wie man diese Trennung vollzieht und zwischen dem

Getrennten vermittelt. Ebenso wie mein Verständnis des Anderen und meine Beziehung zum Anderen mein eigenes Selbstverständnis festlegen, so ist auch unser gesellschaftliches Selbstverständnis durch unsere Sicht der Fremden und unsere Beziehungen zu ihnen geprägt. Fragen der Regelung unseres Verhaltens zu Fremden sind deshalb ernste Fragen und somit moralische.«[2] Migration stellt das Selbstverständnis von Individuen und Gesellschaften in Frage. Nicht nur bei denen, die selbst eine Wanderungsentscheidung getroffen haben oder treffen, oder in den Gesellschaften, aus denen viele ihrer Mitglieder migrieren, sondern auch, wenn einzelne oder Gesellschaften mit Migration konfrontiert sind. In der Begegnung mit den mir oder uns Fremden stellt sich die Frage nach meiner beziehungsweise unserer Identität auf neue Weise. Denn Migration verlangt eine Reflexion der Unterscheidung von Inklusion und Exklusion, der Differenz zwischen »wir« und »den anderen«.

So offensichtlich auf der einen Seite ist, daß es eine ethische Frage ist, wie wir mit Migration umgehen, so erstaunlich ist es auf der anderen, daß die ethische Reflexion darüber bislang weitgehend ausgeblieben ist. Dies gilt nicht in gleichem Maße für die sozialwissenschaftliche Analyse des Phänomens, im Gegenteil. Die sozialwissenschaftliche Debatte um und über Migration ist kaum mehr zu überschauen.[3] Aber Beiträge zu einer ethischen Diskussion sind dünn gesät. Dies gilt auch für die philosophische Ethik, in besonderem Maße aber für die theologische. Bislang gibt es keine aktuelle Monographie aus dem Bereich der evangelischen Theologie und nur eine katholische.[4] Natürlich finden sich einzelne Beiträge zu bestimmten Facetten der Problematik, etwa zum Stichwort »multikulturelle Gesellschaft«,[5] aber ein Versuch, das Phänomen Migration systematisch einer ethischen Analyse zu unterziehen, wurde noch nicht publiziert. Dies mag auch damit zusammenhängen, daß im theologischen Diskurs lange Zeit das Asylthema vorherrschend war. Das läßt sich auf die breite öffentliche Diskussion darüber zurückführen, aber auch auf die Relevanz kirchlichen Handelns in diesem Zusammenhang, die sich vor allem an der Auseinandersetzung um das Kirchenasyl festmachte. Zum Themenkreis Asyl finden sich dann auch eine ganze Reihe theologischer Beiträge.[6]

2. Böhme 1997a, 218.
3. Allein die vom Berliner Institut für Vergleichende Sozialforschung herausgegebene Bibliographie zu deutschsprachiger Literatur zu Flucht und Asyl (BIVS (Hg.) 1992) umfaßt knapp 4000 Titel.
4. Rethmann 1996.
5. Etwa Graf 1990 und 1991, Grözinger 1992, Herms 1995 oder W. Huber 1992b.
6. Stellvertretend genannt seien etwa Demand 1996, W. Huber 1995c, Jacobs

Dies mag nicht zuletzt auch darin seinen Grund haben, daß die Kirchen gerade in der Flüchtlingsarbeit von Caritas und Diakonischem Werk stark engagiert sind, und auch durch öffentliche Stellungnahmen hier Position beziehen.[7]

Diese Arbeit versucht, Lücken in der theologisch-ethischen Reflexion der Migrationsthematik zu schließen. Aufgrund der bislang eher spärlichen Forschungslage kann eine wirklich umfassende Aufarbeitung des Themas in einer Arbeit allein nicht geleistet werden. Mein Anspruch ist deshalb auch zurückhaltender. Mit der vorliegenden Untersuchung sollen die Zusammenhänge analysiert werden, die für eine der Komplexität des Problems angemessenen Analyse Voraussetzung sind. Dabei gehe ich davon aus, daß eine hinreichend präzise Problemwahrnehmung nicht nur den ersten Schritt einer ethischen Urteilsbildung darstellt, sondern auch schon den Weg präformiert, auf dem eine Lösung des Problems gesucht werden kann.[8] Dies gilt in besonderer Weise auch für eine theologische Ethik. Denn es ist offensichtlich, daß die Theologie bei der Wahrnehmung der Realität angewiesen ist auf die Ergebnisse, die andere Wissenschaften für den jeweiligen Bereich liefern. Das ist bei den Naturwissenschaften allgemein anerkannt (nur noch extreme Außenseiter würden etwa eine christliche Biologie oder christliche Physik einfordern), bei den Sozial- und Humanwissenschaften noch nicht in gleicher Weise. In beiden Fällen gilt jedoch, daß es nicht um eine einfache Adaption wissen-

1990, Rethmann 1996, Reuter 1994, Strohm 1989 und vor allem die Monographie von Tremmel 1992.

7. Vgl. etwa Kirchenamt der EKD (Hg.) 1986a, 1986b, 1990, 1994 und 1995 sowie aktuell das gemeinsame Wort der Kirchen: Kirchenamt der EKD und Sekretariat der Deutschen Bischofskonferenz (Hg.) (1997), das allerdings über die Flüchtlingsthematik hinaus allgemein auf vielfältige Formen der Migration eingeht.

8. Hoerschelmann hat gezeigt, daß unterschiedliche Ethiken gerade in der Form ihrer Problemwahrnehmung differieren. Dabei geht in die »Krisenwahrnehmung« bereits eine Vorstellung dessen ein, was als »krisenresistentes Wissen« angesehen wird, von dem eine Lösung erwartet werden kann. An den Ansätzen für eine Urteilsbildung im theologisch-ethischen Bereich hat Hoerschelmann anhand einer Analyse der Konzeptionen von Honecker, Tödt und Frey beschrieben, wie der Urteilsbildungsprozeß als Suche nach einer angemessenen Problem- und Situationswahrnehmung zu verstehen ist. Er kommt dabei zu dem Schluß: »Das anzustrebende Ziel der Urteilsbildung besteht nun nicht länger in der Rechtfertigung und Abwägung eines Urteilsentscheides, sondern in der Suche nach angemessenen Krisenwahrnehmungen.« (Hoerschelmann 1996, 286).

schaftlicher Forschungsergebnisse in die Theologie gehen kann, sondern nur darum, solche Ergebnisse aus theologischer Sicht zu interpretieren und zu deuten.

Man muß kein radikaler Konstruktivist sein, um zu sehen, daß das, was für uns die Realität, die Welt ist, zunächst ein Set von Beschreibungen der Welt ist. Ob prinzipiell hinter diese Beschreibungen zurückgegangen werden kann, kann als erkenntnistheoretische Frage an dieser Stelle unbeantwortet bleiben. Gerade für den sozialen Bereich gilt in besonderem Maße, daß die Beschreibung der Wirklichkeit diese selbst entscheidend prägt. Darin stimmen so unterschiedliche Autoren wie Luhmann und Giddens einhellig überein; die Beschreibung des Sozialen ist gleichzeitig Gegenstand des Sozialen. Damit ist die Beschäftigung mit diesen Beschreibungen genuiner Gegenstand einer theologischen Sozialethik. Theologie als Deutung der Welt setzt dabei an Deutungen der Welt an, sie ist uns nur interpretiert gegeben. Für das hier zu bearbeitende Problem folgt daraus, daß eine theologisch-ethische Untersuchung bei den Beschreibungen der durch Migration gegebenen Realität beginnen muß. So ist der Versuch, das Problemfeld angemessen in den Blick zu bekommen, nicht nur eine Vorarbeit für die theologisch-ethische Reflexion, sondern zugleich mehr. Die Untersuchung ist der Vorschlag einer differenzierten Sicht des Problems, von der ausgehend dann Lösungen gesucht – und vielleicht auch gefunden werden können.

Meine Problembeschreibung ist dabei von mehreren Grundannahmen geleitet. Zum *ersten* muß geklärt werden, warum die aus Migration resultierende Begegnung mit Fremden überhaupt zum Problem wird. Dazu gehört als Voraussetzung die Frage, mit Hilfe welcher Mechanismen wir überhaupt bestimmen, wer fremd ist und wer nicht. Was also ist die Grundlage der Unterscheidung zwischen Zugehörigen und Fremden? Welche Mechanismen dienen der Wahrnehmung anderer als Fremder und wie sind diese psychisch und sozial verankert? Wenn soziale Gruppen eine Größe erreicht haben, in denen nicht mehr Bekanntheit die Grenzen bestimmt, müssen Mechanismen gefunden (nicht erfunden!) werden, die eine Zuordnung gestatten. Dies gilt für Völker, Nationen oder Ethnien genauso wie für Glaubensgemeinschaften und Kirchen.

Wenn ich weiter von der oben zitierten These Böhmes ausgehe, daß die Frage nach dem angemessenen Umgang mit Fremden mit meinem Selbstverständnis und dem unserer Gesellschaft verbunden ist, muß geklärt werden, wie Grenzbestimmungen begründet sind, um diese Unterscheidungen als meine und als unsere verstehen und vielleicht auch verändern zu können. Es sind also die Fragen zu stellen, was aus solchen unterscheidenden Mechanismen folgt und wie diese legitimiert werden. Worauf wird zurückgegriffen, um unterscheidende Semantiken zwischen »wir« und »die anderen« zu begründen?

Warum ist es dazu nötig, Ergebnisse aus verschiedenen Forschungsbereichen zusammenzutragen und zu rekonstruieren? Zuerst ist dies notwendig, um Komplexität zu reduzieren. Gerade wegen der schier unüberschaubaren Vielfalt ist es unumgehbar, Grundannahmen herauszuarbeiten und aufeinander zu beziehen. Ethik als Integrationswissenschaft hat nicht zuletzt ihre Aufgabe darin, verschiedene Sichtweisen zusammenzuführen; es geht darum, Zusammenhänge herzustellen und so eine Auseinandersetzung zu ermöglichen. Zudem ist es unumgänglich, sich intensiver damit auseinanderzusetzen, weil oft vorschnell Schlüsse aus nur ungenügend rezipierten Theoriefragmenten gezogen werden. So folgt zum Beispiel aus der Einsicht in den Konstruktcharakter unterscheidender Semantiken noch nicht, daß eine Dekonstruktion zum Verschwinden der Unterscheidungen führt. Unterscheidungen wirken nicht obwohl sie Konstrukte sind, sondern weil sie Konstrukte sind, an denen sich weitere Unterscheidungen anschließen lassen. Außerdem ist die Kenntnis der Zusammenhänge Voraussetzung für eine Kritik vorschneller Lösungsmöglichkeiten, die auf solch groben Vereinfachung beruhen. Hierzu gehört etwa die Einsicht, daß insbesondere Theologie und Kirche vorsichtig sein müßten, wenn sie etwa ethnische Partikularismen unter Berufung auf einen christlichen Universalismus zurückweisen. Theologie und Kirche haben ihre eigene Geschichte von Exklusionen und der Legitimation exkludierender Semantiken, so daß es schon einen Gewinn theologischer Klarheit darstellt, wenn gezeigt werden kann, daß Kirche und Theologie nicht nicht exkludieren, sondern selbst Grenzziehungen verwenden, die sich nur dadurch von anderen unterscheiden, daß sie auf anderen Semantiken beruhen. Die Auseinandersetzung mit der Frage, warum die Begegnung mit Fremden zum Problem wird, ist deshalb nicht Selbstzweck und selbstgenügsam, sondern hat eine sowohl konstruktive als auch kritische Funktion.

Zum *zweiten* gehe ich davon aus, daß sich die grundlegende Unterscheidung zwischen »uns« und »den anderen« in der ethischen Theoriebildung selbst wiederfindet. Sie kann festgemacht werden an der Debatte um den Status ethischer Theoriebildung, die sich beschreiben läßt als Auseinandersetzung um eine universalistische Moral oder eine partikulare Ethik. Anders gesagt: Meine These lautet, daß sich in der Option für eine partikularistische oder universalistische Position in der ethischen Theorie die Fragen nach Exklusion und Inklusion, Zugehörigkeit und Nichtzugehörigkeit spiegeln. Oder konkreter: Für die Beantwortung der Frage, ob gegenüber Migrantinnen und Migranten Inklusionsverpflichtungen oder Exklusionsrechte bestehen, macht es einen grundlegenden Unterschied, ob ich von universalistischen Ansätzen ausgehe und den z.B. den Vorrang des Individuums vor jeder Gemeinschaft postuliere, oder ob ich partikularistisch auf den zu schützenden Eigenwert ein besonderes Gewicht lege.

Die daran anschließende Frage ist, wie theologische Ethik mit dieser Konstellation umgeht und wie in der Theoriebildung die eigene partikulare Position reflektiert und mit einem – eventuell postulierten – universalen Anspruch ins Verhältnis gesetzt wird. Nur wenn die Theologie selbst eine begründete Verhältnisbestimmung entwickeln kann, sind von ihr hilfreiche Vorschläge für den Umgang mit Exklusion und Inklusion zu erwarten. Erst aus einem solchen reflektierten Verständnis sind Ansätze für eine theologische Ethik im Kontext der Migration zu erwarten.

Zum *dritten* nehme ich an, daß die Unterscheidung zwischen partikularen Ethiken und universalistischer Moral für die theologisch-ethische Theoriebildung insgesamt Konsequenzen hat. Hier wird zu fragen sein, welche Folgen sich hieraus für Ansatz und Reichweite theologischer Ethik ergeben; insbesondere wird dabei die Frage eine Rolle spielen, wie die Situierung dieser Ethik innerhalb der Kirche mit dem Anspruch vermittelt wird, die christliche Botschaft gelte universal allen Menschen. Damit sind zwei eng zusammenhängende Problemkreise angesprochen, die sich bündeln lassen als Frage nach einer christlichen Identität. Dazu ist es notwendig, zum einen einen hinreichend klaren Identitätsbegriff zu entwickeln, und zum anderen zu fragen, wie davon ausgehend die Identität der Kirche im Spannungsfeld ihrer eigenen partikularen Geschichte und Tradition und ihrem universalistischen Anspruch zu bestimmen ist. Wenn Migration und die aus ihr resultierende Begegnung mit den Fremden zur Überprüfung und gegebenenfalls Rekonstruktion des eigenen Selbstverständnisses führt, dann kann die Frage individueller und kollektiver christlicher Identität nicht ausgeblendet werden.

Weiter setze ich deswegen *viertens* voraus, daß eine theologisch-ethische Auseinandersetzung mit Exklusion und Inklusion einer Rekonstruktion der eigenen Tradition hinsichtlich dieses Problems bedarf. Es soll und kann dabei nicht mehr oder minder biblizistisch darum gehen, bindende Normen aus dieser Tradition zu extrahieren, die es dann nur aktuell umzusetzen gilt. Vielmehr dient die kritische Rekonstruktion der Reflexion des Selbstverständnisses, von dem ausgegangen werden muß, das sich vielleicht aber auch der Revision bedürftig erweisen kann. Dies ist vor allem auch deshalb wichtig, weil wirkungsgeschichtlich die alt- und neutestamentliche Tradition zur Legitimation radikaler Trennungen herangezogen wurde. Beispiele hierfür sind etwa der christliche Antijudaismus oder die theologische Legitimation völkischer Ideale.

Schließlich gehe ich *fünftens* davon aus, daß die ethische Urteilsbildung der möglichst präzisen Wahrnehmung der aktuell gegebenen Situation bedarf. Wenn sich die Aktualisierung der Frage nach Inklusion und Exklusion im Zusammenhang der gegenwärtigen Migration ergibt, wird zu klären sein, in welchen historischen Kontext diese eingebettet ist (damit verbunden ist die historische Vergewisserung unseres gesellschaftlichen Selbstverständnisses), aber vor allem auch wie die soziale und rechtliche Situation derer ist, denen gegenüber die Entscheidung über Exklusion oder Inklusion virulent ist. Es ist, mit anderen Worten, der Schritt vom Allgemeinen zum Konkreten zu vollziehen. Auf welche konkreten Probleme müssen aktuell Antworten gesucht und gefunden werden?

Von diesen Grundannahmen ausgehend gliedert sich im Groben der Aufbau dieser Untersuchung. Auf eine genauere Erläuterung der jeweiligen Vorgehensweise möchte ich an dieser Stelle verzichten. Methodische Erwägungen und die genaue Begründung des jeweiligen Vorgehens werde ich jeweils zu Beginn der entsprechenden Teile und Kapitel dieser Untersuchung erörtern.

Der *erste Teil* der Arbeit (Fremde in Deutschland – Deutsche im Ausland. Historische Entwicklung und gegenwärtige Situation) führt in die Problematik ein, indem die historische Entwicklung und die gegenwärtige Situation dargestellt werden. Hier wird gezeigt, in welchen konkreten Zusammenhängen sich migrationsspezifische Probleme auswirken. Eine Analyse der Lebensbedingungen wird die Frage klären, ob es sich beim »Migrationsproblem« um eines der kulturell/ethnischen oder um eines der wirtschaftlich/sozialen Inklusion handelt. Meine These ist, daß beide Elemente eine Rolle spielen, aber der Hauptfaktor bei Problemen der wirtschaftlich/sozialen Inklusion liegt. Die aktuelle – und vor allem auf hiesige Verhältnisse beschränkte – Situationsanalyse ist gleichsam die Folie, vor der die weiteren Überlegungen ihre Kontur erhalten. Die Frage nach Exklusion und Inklusion stellt sich für uns jedenfalls in diesem Kontext. Allerdings muß deshalb näher untersucht werden, mit welchen Mechanismen exkludiert und inkludiert wird.

Im *zweiten Teil* (»Fremd ist der Fremde nur in der Fremde« – Zur Konstruktion von Fremdheit) wird es daher um die psychologische und soziale Konstruktion von Fremdheit gehen. Die Ausgangsfrage ist, welche Mechanismen der Exklusion oder Inklusion sich beschreiben lassen. Dabei wird der Schwerpunkt zunächst auf individual- und sozialpsychologischen Theorien liegen. Auf der sozialen Ebene werden sodann die Semantiken zu diskutieren sein, mit denen die Unterscheidung zwischen »uns« und

»den anderen« im politischen Bereich kommuniziert und durchgesetzt wird: Ethnizität und Kultur.

Der *dritte Teil* der Arbeit (Sozialphilosophische und theologisch-ethische Hintergründe) wird dann die sozialphilosophischen und theologisch-ethischen Hintergründe aufhellen. Die leitende Frage ist in diesem Teil, ob sich Inklusionsverpflichtungen bzw. Exklusionsrechte formulieren und begründen lassen. Ausgangspunkt wird hier die Unterscheidung zwischen partikularer Ethik und universaler Moral sein, die sowohl hinsichtlich ihrer philosophischen Voraussetzungen als auch ihrer theologisch-ethischen Folgen zu diskutieren sein wird. Dieser Debatte will ich mich von zwei Seiten nähern, zum einen soll der Vorschlag von Jürgen Habermas diskutiert werden, einen moralischen und ethischen (und einen pragmatischen) Gebrauch der praktischen Vernunft zu unterscheiden und auf verschiedene Geltungsansprüche zu beziehen. Während Habermas dabei für den Vorzug der universalen Perspektive vor den ethischen Fragen des guten Lebens plädiert, wird von kommunitaristischen Autoren umgekehrt davon ausgegangen, daß jede Ethik partikular ist und von gemeinsam geteilten kommunitären Voraussetzungen zehrt. Von einer Rekonstruktion dieser Positionen erhoffe ich mir eine Klärung der Reichweite und der Voraussetzungen einer Ethik, die sich explizit mit der Unterscheidung zwischen Zugehörigen und Fremden befaßt. Es geht also mit anderen Worten darum, zu klären, wer das »wir« ist, von dem bei der Frage nach dem gemeinsamen gesellschaftlichen oder kommunitären Selbstverständnis immer gesprochen wird.

Entsprechend soll an ausgewählten Ansätzen theologischer Ethik gezeigt werden, wie in ihnen das Verhältnis zwischen Universalismus und Partikularismus bestimmt, und welche Konsequenzen daraus entstehen. Darüber hinaus wird zu fragen sein, ob sich aus der Problemkonstellation allgemeinere Schlußfolgerungen für den Status theologisch-ethischer Theoriebildung ableiten lassen. Zudem wird in einer kritischen Rekonstruktion der jüdischen und christlichen Tradition zu klären sein, was diese für das Verständnis dieser Problemzusammenhänge austrägt.

Im *vierten* und letzten Teil (Auswertung: Perspektiven auf christliche Praxis und christliche Identität) wird dann zu überlegen sein, ob sich aus den von mir skizzierten Problem- und Krisenwahrnehmungen Ansätze für eine weitergehende theologisch-ethische Urteilsbildung entnehmen lassen. Hierfür ist auf der einen Seite zu fragen, wie Kirche und Theologie bislang auf Migrationsprobleme reagiert haben und reagieren; auf der anderen Seite wird gefragt werden, welche konkreten Handlungsmöglichkeiten sich aus ethischer Perspektive anbieten.

Auf einige mögliche Einwände möchte ich schon an dieser Stelle eingehen. Es ist schon aus der knappen Skizze des Gliederungsgerüstes der Arbeit deutlich geworden, daß sie aus einer bestimmten kontextuellen Perspektive geschrieben ist: aus der eines – zudem noch privilegierten – Mitglieds der Mehrheitsgesellschaft. Weiter ist der Zugang auch eingeengt auf die spezifische Situation in Deutschland. Es geht nur am Rande um Migration überhaupt oder um die Situation in den Regionen der Welt, die in ungleich härterem Maße von Migration betroffen sind, in den Krisengebieten in Afrika oder Asien. Diese Beschränkung hat nicht nur arbeitsökonomische Gründe. Mir geht es hier um die Selbstreflexion angesichts einer Situation, in der ich und die Gesellschaft, in der ich lebe, mit Migration konfrontiert ist. Ich will damit auch das Gefühl ernst nehmen, daß eine Konfrontation mit Fremden auch bedrohliche Elemente hat. Furcht und Faszination gegenüber dem Fremden sind stereotype Reaktionsweisen, die sich nicht gleichsam mit gutem multikulturellem Willen einfach aus der Welt schaffen ließen. Meines Erachtens benötigt die Debatte um Migration, Fremdheit, Differenzerfahrung auch eine Analyse der Binnenperspektive, denn nur wenn ich mir meiner beziehungsweise unserer Situation bewußt bin, ergibt sich die Möglichkeit auch des Perspektivenwechsels. Noch einmal: wenn der Umgang mit Fremden deshalb ein Problem ist, weil er mein oder unser Selbstverständnis in Frage stellt, dann ist es unabdingbar, sich mit dem eigenen Kontext und der eigenen Position innerhalb dieses Kontextes auseinander zu setzen. Daß es bei dieser Binnenperspektive letztlich nicht bleiben kann, wenn eine – wie auch immer – gemeinsame Lösung des Problems angestrebt wird, ist selbstverständlich. Aber ohne eine Klärung der eigenen Position wird eine gemeinsame Problemlösung kaum gelingen können.

Ein weiterer Einwand zehrt von essentialistischen Plausibilitäten: Natürlich ist es so, daß es kulturelle Verschiedenheiten gibt, daß es Nationalitäten gibt und Nationen, und daß ihnen bestimmte Eigentümlichkeiten zugeschrieben werden können. Oder einfacher gesagt: Es ist doch so, daß »Ausländer« irgendwie anders sind. Mein Gegenargument hierzu ist, daß eine solche Betrachtungsweise den anderen in erster Linie als Angehörigen einer bestimmten Gruppe sieht. Doch schon die Zuordnung zu einer Gruppe ist kontingent, denn jeder Mensch ist mehreren Kategorien zuzuordnen, man kann nach Geschlecht, sozialer Position, Sprache, Ausbildung, Lebensalter usw. differenzieren. Und ebenso können sich innerhalb dieser Kategorien Angehörige verschiedener Gruppen mehr oder minder fremd sein, es muß selbst bei gleicher Muttersprache eine gemeinsame Sprache erst gesucht werden, um sich verständigen zu können, Lebensformen und -stile differieren und vieles mehr. Die ethnische oder kulturelle Kategorisierung ist nur eine neben vielen anderen. Menschen sind verschieden, aber nicht allein weil sie verschiedenen ethnischen oder kulturellen Gruppen zugerechnet werden. Mir geht es in dieser Arbeit um ein Denken, in dem Fremdes nicht zu einem schlechten Allgemeinen wird. Die Einsicht in die Funktionsweise der Zuordnungsprinzipien kann das klassifikatorischen Denken (und vielleicht auch Handeln) in gewisser Weise sprengen, indem der Blick auf das Besondere freigelegt wird, das nicht auf ein abstraktes Allgemeines (etwa die Nationalität oder die Kultur) festgelegt ist. Es geht darum, ein anderer sein zu können, ohne Angst haben zu müssen, auf bestimmte Kategorien festgelegt zu werden.

Einen weiteren Einwand, der hieran anschließt, habe ich häufig in Gesprächen gehört, wenn ich von meinem Arbeitsvorhaben erzählt habe – der Arbeitstitel lautete übrigens »Die Kirche und die Fremden«. Es kam immer schnell zu Mißverständnissen, weil »fremd« in einem sehr umfassenden Sinne verstanden wurde. Fremd ist ja vieles und sind viele. Aus einer männlichen Perspektive sind auch Frauen »irgendwie« fremd und umgekehrt. Mit fremd wurden andere Religionen assoziiert oder alles das, was unheimlich ist (da lagen meist Anklänge an Freud zugrunde). Um alle diese Facetten von Fremdheit geht es mir in dieser Arbeit nicht. Es geht mir allein und präzise um das Phänomen der Migration, wenn auch – gerade bei der Erörterung psychologischer Theoriebildung – von anderen Zusammenhängen nicht einfach zu abstrahieren ist. Auch diese anderen Facetten sind interessant; und ich habe lange mit der Idee gespielt, einige davon in der Arbeit zu thematisieren. Aber ich habe diese Idee, wiederum nicht allein aus arbeitsökonomischen Gründen, verworfen, weil sie von der sozialen und historischen Situation ablenkt, um die es mir in erster Linie geht, nämlich um die Auseinandersetzung mit Gründen und Folgen von Migration.

Schließlich ist zu betonen, daß mein Thema auch nicht die Frage des interreligiösen Dialoges ist. Auch dies ist ein Bereich, den ich lange Zeit ebenfalls in dieser Untersuchung bearbeiten wollte. Wahrscheinlich ließe sich aus einer Analyse der Bemühungen um diesen Dialog einiges auch für das Zusammenleben in kulturell und ethnisch pluralen Gesellschaften lernen, ich glaube sogar, daß dies so ist. Während jedoch die eben angesprochenen anderen Facetten von Fremdheit das Thema der Arbeit zu sehr ausweiten würden, würde ein Schwerpunkt bei Fragen des interreligiösen Dialogs es zu sehr einengen. Die religiöse Verschiedenheit von Migrantinnen und Migranten untereinander aber auch gegenüber dem religiösen Pluralismus innerhalb Deutschlands ist eine wichtige Problemfacette. Aber die mit dem Phänomen der Migration verbundenen Probleme sind weiter gefaßt, und ich möchte sie auch in diesem weiten Kontext thematisieren.

Wie sich aus diesen Abgrenzungen ersehen läßt, stellt diese Arbeit zwar ein Ganzes dar, bleibt jedoch auch Fragment, weil sie nur einen unter vielen anderen möglichen Zugängen wählt. Aber alles andere wäre auch Ausdruck von Hybris. Welche Folgen dies gerade auch für die Wissenschaft hätte, macht eine kurze Geschichte plastisch, die Luis Borges überliefert:

»… In jenem Reich erlangte die Kunst der Kartographie eine solche Vollkommenheit, daß die Karte einer einzigen Provinz eine ganze Stadt einnahm und die Karte eines Reiches eine ganze Provinz. Mit der Zeit befriedigten diese Maßlosen Karten nicht länger, und die Kollegs der Kartographen erstellten eine Karte des Reichs, die die Größe des Reichs besaß und sich mit jedem Punkt deckte. Die nachfolgenden Geschlechter, dem Studium der Kartographie minder ergeben, hielten diese ausgedehnte Karte für unnütz und überließen sie, nicht ohne Ruchlosigkeit, den Unbilden der Sonne und der Winter. In den Wüsten des Westens überdauerten zerstückelte Ruinen der Karte, behaust von Tieren und von Bettlern; im ganzen Land gibt es keine andere Reliquie der Geographischen Disziplinen.«[9]

9. Miranda 1658.

I. Fremde in Deutschland – Deutsche im Ausland
Historische Entwicklung und gegenwärtige Situation

Der erste Teil der Arbeit soll einen Überblick über die Probleme geben, die durch Migration entstehen. Auch wenn ich die Darstellung auf die Migrationsgeschichte in Europa und insbesondere in Deutschland zuspitze und mich vor allem in der Beschreibung der aktuellen Situation vorwiegend auf Deutschland konzentriere, bleibt ein Unbehagen. Zum einen, weil nur ein kleiner Ausschnitt eines weltweiten Phänomens thematisiert wird, zum anderen, weil sich in einer knappen Darstellung die Folgen für die Betroffenen hinter Zahlen, Prozentsätzen und allgemeinen Tendenzen verbergen. Dieses Unbehagen kann auch nicht aufgelöst werden, selbst nicht, wenn ich versuchen würde, die allgemeinen Entwicklungen durch biographische Schilderungen Betroffener zu ergänzen. Vielleicht muß dieses Unbehagen auch erhalten bleiben, um gleichsam einen Stachel zu bilden, der dabei hilft, dem Vergessen zu wehren. Auch wenn ich auf Einzelfallschilderungen verzichte, soll die Schilderung Erinnerungen wach halten.

Dies gilt insbesondere für die Migrationsgeschichte Deutschlands. Wenn sich Identität über biographische Erzählungen ausbildet, gilt dies gleichermaßen für Individuen und für nationalstaatlich organisierte Gesellschaften. Die Identität einer Nation – ich bin mir bewußt, daß dies ein problematischer Begriff ist – ist damit eng verknüpft mit ihrer Geschichte. Nationale Identität ist, wenn überhaupt, nur durch die Vergegenwärtigung der Vergangenheit zu erhalten. Das gilt auch, oder gerade auch, dann, wenn bewußt ist, daß die historische Narration Konstrukt ist und damit abhängt von der Perspektive der Erzählenden. Zur deutschen Geschichte und damit zur deutschen Identität gehört die Migrationsgeschichte konstitutiv dazu. Deswegen hat die Erinnerung dieser Geschichte Bedeutung auch für das heutige Selbstverständnis, das den Umgang mit Migrantinnen und Migranten, die heute hier leben oder leben wollen, prägt. Die Ignoranz. mit der Migrantinnen und Migranten heute konfrontiert sind, hat ihre Wurzel nicht zuletzt in einer Geschichtsvergessenheit, die die eigene Migrationsgeschichte – wie auch andere – ausblendet.

Die Vergegenwärtigung der Migrationsgeschichte im ersten Kapitel ist dann der Hintergrund für die Darstellung der aktuellen Situation der Migrantinnen und Migranten in Deutschland im zweiten Kapitel dieses Teils der Arbeit. Diese Darstellung wird in drei Schritten vor sich gehen: In Abschnitt I.2.1 wird ein allgemeiner Überblick gegeben über Herkunft, Zahlen und politische Hintergründe der Migration nach Deutschland nach dem 2. Weltkrieg. In Abschnitt I.2.2 sollen dann rechtliche Aspekte vorgestellt werden unter den Stichworten Staatsangehörigkeitsrecht, Ausländerrecht und Asylrecht. In Abschnitt I.2.3 wird dann die Situation der Migrantinnen und Migranten in Deutschland Thema sein. Die Analyse der aktuellen Situation ist Vorbedingung und Teil der ethischen Reflexion des Themas, die dann im vierten Teil dieser Arbeit zu leisten sein wird.

1. Flucht, Vertreibung, Auswanderung, Arbeitsmigration

Das Phänomen der Migration

Das Phänomen der Migration ist so alt wie die Geschichte der Menschheit selbst. Wie paläontologische Forschungsergebnisse zeigen, muß die weltweite Ausbreitung der Spezies »Mensch« selbst als Folge von Wanderungsbewegungen begriffen werden, die bis in die nahe Vergangenheit reichen (z. B. die Besiedlung der Südsee-Inseln und Neuseelands vor etwa tausend Jahren). Die Gründe für diese Migrationen waren vielfältig: Veränderung klimatischer Bedingungen, Hunger, Überbevölkerung in eng besiedelten Gebieten, aber auch Verfolgung und Unterdrückung in den Heimatregionen. Doch selbst in früheren Zeiten trafen Migrantengruppen nicht immer auf »leere« Gebiete. Die Geschichte der Migration ist eine der Unterwerfung und Unterdrückung, zumindest eine von schwerwiegenden Konflikten.

In der Gegenwart haben sich die Probleme im Zuge der Industrialisierung, Technisierung und Globalisierung verschoben. Auf der einen Seite steigt die Zahl der Menschen, die migrieren müssen und/oder wollen, auf der anderen Seite schotten sich die Länder, die zuvor Ziel von Migration waren, zunehmend gegen neue Einwanderer ab. Wieder andere Länder – wie z. B. Deutschland – wurden binnen kurzer Zeit von Auswanderungs- zu Einwanderungsländern. Migranten werden dort nun als Bedrohung empfunden, demagogisch flankiert von Schlagworten wie »neue Völkerwanderung«, »Asylantenflut« und »Überfremdung«.

Die folgende Darstellung wird – nach einer vorangehenden Begriffsklärung – in drei Abschnitten auf die Migrationsgeschichte in Europa und schwerpunktmäßig in Deutschland eingehen. Dabei lassen sich grundsätzlich drei Phänomene unterscheiden, die für die Gegenwart bedeutend sind: Zum einen die Flucht und Vertreibung ganzer Bevölkerungsgruppen zuerst vorwiegend aus religiösen, dann zunehmend aus politischen Gründen, zum anderen die Auswanderung in überseeische Gebiete, vor allem in die USA, und schließlich die einsetzende Arbeitsmigration innerhalb Europas. Entsprechend ist der Aufbau dieses Kapitels: Im ersten Abschnitt stehen Flucht und Vertreibung im Zentrum, im zweiten die »klassische« Auswanderung und im dritten die Arbeitsmigration. Daran anschließend werden noch einmal soziologische Erklärungsmuster zu den Ursachen von Migration aufgegriffen.

Begriffsklärung

Migration ist ein komplexes Phänomen. Deshalb ist es sinnvoll, eingangs einige Unterscheidungen einzuführen, die eine detailliertere Betrachtungsweise ermöglichen.[1] Zum ersten kann unter *räumlichen* Aspekten zwischen Binnenwanderung oder interner Wanderung und internationaler oder externer Wanderung unterschieden werden. Typische Beispiele für erstere sind Land-Stadt-Wanderungen, aber auch die Flucht aus Krisenregionen in sicherere Zonen des Landes, für letztere die kontinentale oder interkontinentale Arbeitsmigration. Unter *zeitlichen* Aspekten kann zwischen begrenzter oder temporärer und dauerhafter oder permanenter Wanderung differenziert werden. Typische Beispiele hier sind Saisonarbeiter auf der einen und »klassische« Auswanderer auf der anderen Seite. Hinsichtlich der *Wanderungsentscheidung* oder der *-ursache* wird zwischen freiwilliger und Zwangswanderung unterschieden, wobei die Grenze kaum exakt gezogen werden kann (in Sizilien z. B. wurde die Entscheidung zur Arbeitsmigration als »fare il sacrificio« – das Opfer bringen – bezeichnet). »Diese Unterscheidung ist besonders problematisch, da die Motive von Wanderern immer wieder Gegenstand politisch-moralischer Bewertungen sind.«[2] Schließlich werden in Bezug auf den *Umfang* der Migration Einzel- bzw. Individualwanderung, Gruppen- bzw. Kollektiv- und Massenwanderung voneinander abgegrenzt. In diesen Zusammenhang gehört das Phänomen der »Kettenwanderung«: Einzelne oder Gruppen migrieren als »Pioniere« in ein neues Land, die dann Verwandte oder Bekannte nachziehen, die sich diesen wieder anschließen. Einen guten Überblick über die gebräuchlichen Differenzierungen hinsichtlich der Migration liefert die Typologie von Körner:[3]

1. Ich folge hier der Typologie in Treibel 1990, 19 f.
2. Ebd.
3. Körner 1990, 13.

Kriterium der Abgrenzung	Ausprägung des Migrationsphänomens
1. Wanderndes Subjekt	1.1 Völkerwanderung 1.2 Gruppenwanderung 1.3 Individualwanderung
2. Mobilitätsauslösende Faktoren	2.1 soziopolitische Spannungenin der Ausgangs- 2.2 ökonomische Spannungengesellschaft 2.3 individuelle Ursachen (familiäre, gesundheitliche)
3. Autonomie der Mobilitätsentscheidung	3.1 Zwangsmigration 3.2 freie Migration
4. Räumliche Dimension	4.1 Nahwanderung 4.2 Fernwanderung (kontinentale, interkontinentale Migration)
5. Zeitliche Dimension	5.1 kurzfristige, temporäre Migration (Wanderarbeit) 5.2 längerfristige, temporäre Migration (Aufenthalt in der Zielgesellschaft mindestens von einem Jahr, maximal während des Arbeitslebens) 5.3 Auswanderung, Siedlungsmigration (permanenter Verbleib in der Zielgesellschaft)
6. Regulierungsgrad der Migration	6.1 reguläre Migration (freie Migration, Kontraktmigration, offizielle und geschäftliche Migration) 6.2 irreguläre Migration (institutionelle und statutarische Irregularität, illegale Migration)

Quer zu diesen Unterscheidungen hat sich die zwischen *Migranten* und *Flüchtlingen* etabliert. »Der Begriff der internationalen *Migration* umfaßt alle grenzüberschreitenden Wanderungen: freiwillige Emigration, durch Aufenthalts- und Arbeitserlaubnisse legalisierte und ›illegale‹ Arbeitsmigration (wobei ›Illegalität‹ häufig nur durch das Überschreiten von Aufenthaltsfristen entsteht), außerdem die durch Gewalt oder lebensbedrohende Situationen erzwungene Flucht oder Vertreibung.«[4] Im Sprachgebrauch der UN wurde mittlerweile »illegal« durch »irregulär« ersetzt, um kriminalisierende Konnotationen zu vermeiden. Nicht hinzugezählt werden hier alle internen oder Binnenwanderungen, aufgrund welcher Ursache auch immer diese geschehen. Der Begriff der *Flüchtlinge* ist hingegen eng begrenzt. Grundlage ist für ihn die *Genfer Flüchtlingskonvention* (GFK) vom 28.7.1951, die in Artikel 1 A. (2) den Begriff

4. Nuscheler 1995b, 123 (Hervorhebung von mir).

Flüchtling definiert als jede Person, die »aus der begründeten Furcht vor Verfolgung wegen ihrer Rasse, Religion, Nationalität, Zugehörigkeit zu einer bestimmten sozialen Gruppe oder wegen ihrer politischen Überzeugung sich außerhalb des Landes befindet, dessen Staatsangehörigkeit sie besitzt, und den Schutz dieses Landes nicht in Anspruch nehmen kann oder wegen dieser Befürchtungen nicht in Anspruch nehmen will; oder die sich als Staatenlose infolge solcher Ereignisse außerhalb des Landes befindet, in welchem sie gewöhnlich ihren Aufenthalt hatte, und nicht dorthin zurückkehren kann oder wegen der erwähnten Befürchtungen nicht dorthin zurückkehren will.«[5] Konkretisiert wird dies durch das Ausweisungs- und Zurückweisungsverbot (Refoulementschutz) in Artikel 33 (1). Die GFK erkennt damit Kriegsflüchtlinge und Binnenflüchtlinge nicht als Personen an, die den Rechtsschutz der Konvention genießen. Ebenso fehlt in der GFK der Tatbestand geschlechtsspezifischer Verfolgung, was insbesondere dann zum Problem wird, wenn sich die staatliche Rechtsprechung an die Definition der GFK anlehnt.[6] Umfassender ist hingegen die *Konvention der Organisation für afrikanische Einheit* (OAU) von 1969, sie erweitert diesen Flüchtlingsbegriff in Artikel I (2) auf jede Person, »die aufgrund von äußerer Aggression, Besetzung, Fremdherrschaft oder schwerwiegenden Störungen der öffentlichen Ordnung entweder in einem Teil oder der Gesamtheit ihres Herkunftslandes oder des Landes, dessen Staatsangehörigkeit sie besitzt, gezwungen ist, ihren gewöhnlichen Wohnsitz zu verlassen, um an einem Ort außerhalb ihres Herkunftslandes oder des Landes, dessen Staatsangehörigkeit sie besitzt, Zuflucht zu suchen.«[7] Darüber hinaus wird in Artikel V eine zwangsweise Rückführung von Flüchtlingen gegen deren Willen ausdrücklich ausgeschlossen. Damit wird der Begriff des Flüchtlings auf zusätzliche Fluchtgründe ausgedehnt. Die UN-Generalversammlung hat dem UN-Hochkommissar für Flüchtlinge (UNHCR) zwar das Mandat erteilt, im Geltungsbereich dieser Konvention ihren erweiterten Flüchtlingsbegriff anzuwenden, ihn jedoch nicht als eigene Definition anerkannt. De facto arbeitet der UNHCR mit einem doppelten Flüchtlingsbegriff. Die Praxis der westlichen Länder schließt dagegen an der Definition der GFK an. »Sie unterscheiden in der Regel zwei Kategorien: die Asylberechtigten, die die Bedingungen der GFK erfüllen, und die ›De-facto-Flüchtlinge‹ oder ›B-Flüchtlinge‹, die aus humanitären Grün-

5. Zitiert nach Kissrow 1995, 229f.
6. Vgl. Gottstein 1988.
7. Zitiert nach UNHCR-Report 1994, 187.

den nicht abgeschoben werden.«[8] Der Schutz vor unfreiwilliger Rückführung liegt damit allein im Ermessen der jeweils aufnehmenden Länder. Noch einen Schritt weiter als die OAU-Konvention geht die, 1984 von lateinamerikanischen Staaten erarbeitete, *»Flüchtlingsdeklaration von Cartagena«*. Diese hat allerdings nicht den völkerrechtlichen Status einer Konvention, ist also kein völkerrechtlich bindender Vertrag. Trotzdem wird sie von lateinamerikanischen Staaten anerkannt und angewandt. Dort werden als Flüchtlinge alle Personen verstanden, die »aus ihrem Land geflohen sind, weil ihr Leben, ihre Sicherheit oder ihre Freiheit durch allgemeine Gewalt, Fremdaggression, innerstaatliche Konflikte, massive Menschenrechtsverletzungen oder andere schwerwiegende Störungen der öffentlichen Ordnung gefährdet waren.«[9] In der Deklaration von Cartagena geht es nicht mehr nur um politische Verfolgung, sondern um Flucht vor Lebensverhältnissen, die – unabhängig von einer zielgerichteten staatlichen Verfolgung – das Leben oder die Sicherheit beeinträchtigen. Im Hintergrund steht hier die Erfahrung der »Todesschwadronen« ebenso wie die andauernden Konflikte zwischen Guerillabewegungen und Militär.

»Das wachsende Ausmaß und die Komplexität unfreiwilliger Migration haben es immer weiter erschwert, die von den humanitären Organisationen recht strikt betriebene Unterscheidung zwischen Flüchtlingen, Rückkehrern, Binnenvertriebenen und der einheimischen Bevölkerung aufrechtzuerhalten.«[10] Aber darüber hinaus ist die Unterscheidung zwischen »freiwilligen« Migranten und unfreiwilligen Flüchtlingen nicht sauber durchzuhalten. Denn einerseits können aus Flüchtlingen potentielle Einwanderer werden, die sich auf ein dauerhaftes Leben im Gastland einrichten, vor allem, wenn die Gründe für die Flucht über einen längeren Zeitraum andauern. Andererseits ist die Entscheidung zur Migration von vielen Faktoren abhängig, die das Verlassen des Heimatortes für vorteilhafter erscheinen lassen als das Bleiben. In Fällen von Benachteiligung, Unterdrückung oder finanzieller Not sind die Übergänge zwischen Flucht und Migration fließend, die genaue Bestimmung ist immer Gegenstand politischer und moralischer Definition von Seiten des jeweiligen Gastlandes, wie die unterschiedliche Asylpraxis in gleichen Fällen in den verschiedenen Ländern zeigt.

Im folgenden soll das Phänomen der Migration näher geschildert wer-

8. Nuscheler 1995b, 123. Zu Begriff und Rechtsstellung der De-facto-Flüchtlinge vgl. Rothkegel 1988.
9. Zitiert nach UNHCR-Report 1994, 189.
10. UNHCR-Report 1995/96, 41.

den, wobei der Schwerpunkt auf der Diskussion von Ursachen der Migration liegen wird. Migration ist historisch ein weltweites Phänomen, das alle Epochen umfaßt. Die Darstellung der Geschichte der Migration wäre gleichzeitig eine Darstellung der Weltgeschichte. Für meinen Zweck an dieser Stelle kann es genügen, die Migrationsphänomene in Europa in der Neuzeit zu skizzieren. Ich beanspruche damit keine Vollständigkeit, statt dessen sollen exemplarische Zusammenhänge vorgestellt werden, die für die gegenwärtige Situation immer noch bedeutsam sind.

1.1 Flucht und Vertreibung

Historische Perspektiven

Opfer der Vertreibung aus religiösen Gründen waren seit dem Mittelalter die *europäischen Juden*. »Im Heiligen Römischen Reich Deutscher Nation kommt es – nicht zuletzt verbrämt durch das mittelalterliche Judenrecht – zu Judenausweisungen und Besitzkonfiskationen: 1196 in Wien, 1225 in Mecklenburg, 1241 in Frankfurt, 1243 in Brandenburg, 1390 in Nürnberg, 1391 in Prag, 1391 in Heidelberg, 1476 in Regensburg. Die Juden werden verantwortlich gemacht für die Pest und andere Übel der Zeit. Tausende werden getötet. Noch mehr fliehen: nach Polen, Litauen, Syrien, Konstantinopel.«[11] Ausweisungen von Juden finden statt in England 1290, Frankreich 1306, 1320 und 1394 und vor allem Spanien, wo die Verfolgungen am stärksten waren.

Mit dem Zerbrechen der Kircheneinheit treten zunehmend *konfessionelle Flüchtlinge* auf. Vorläufer dieser Fluchtbewegung war die Verfolgung häretischer Gruppen wie der Katharer, Waldenser oder Hussiten. Die Grundlage der Flucht und/oder Vertreibung Angehöriger anderer Konfession war der Augsburger Religionsfrieden, der Anderskonfessionellen das Recht auf Umsiedlung zugesteht. Dieses »Recht« wurde jedoch eher als Pflicht durchgesetzt. Einige hunderttausend Menschen waren infolge dessen unterwegs, um sich eine neue Heimat zu suchen.[12] Die größte Einzelgruppe der konfessionellen Flüchtlinge waren die französischen Hugenotten, die nach der Aufhebung des Edikts von Nantes 1685 vor allem in die Schweiz, die Niederlande und nach Deutschland flohen. Gewöhnlich werden religionspolitische Motive für die Bereitschaft zur

11. Kühnhardt 1984, 32. Zur theologischen Legitimation der Verfolgungen vgl. Eckert 1978.
12. Vgl. Kühnhardt 1984, 33 f.

Aufnahme der Réfugiés genannt.[13] Einige Fürsten (insbesondere Preußens Kurfürst Friedrich Wilhelm) hatten jedoch vor allem handfeste politische und wirtschaftliche Motive, sie sahen in den Immigranten eine wirtschaftliche Ressource für die Entwicklung ihrer Länder.[14] Vor allem in Preußen war die tolerante Religions- und Immigrationspolitik (neben den Flüchtlingen aus Frankreich nahm Preußen z. B. Waldenser, Wallonen, Salzburger und böhmische Protestanten, Socinianer und Mennoniten auf) auch wirtschaftlich und machtpolitisch motiviert: »Innerhalb der breit angelegten preußischen Kolonisationspolitik, die das Ziel hatte, durch die Besiedlung der Städte und des ›platten Landes‹ mit möglichst qualifizierten Arbeitskräften die Macht des Staates – ebenso wie die Anzahl der Steuerzahler und der Soldaten – zu mehren, spielten also Hilfsbereitschaft gegenüber verfolgten Glaubensgenossen und die Toleranz gegenüber Andersgläubigen eine beträchtliche Rolle. Ohne die religiösen Motive und die kirchliche Toleranz der preußischen Herrscher gering zu achten, kann man als Maxime ihres Vorgehens feststellen: Sie gewährten freie Religionsausübung und wirtschaftliche wie soziale Privilegien und erwarteten als Gegenleistung wirtschaftlichen Ertrag.«[15] Zudem muß bei allem berücksichtigt werden, daß es sich bei Preußen nicht um einen ethnisch homogenen Staat handelte; im frühen 19. Jahrhundert hatte Preußen z. B. mehr polnische als deutsche Einwohner und galt entsprechend den Akten der Wiener Konferenz von 1815 als slawisches Königreich.[16] »Völkische« Bedenken gegen eine Immigration bestanden also auf Seiten der preußischen Kurfürsten und Könige kaum. Humanitäre und wirtschaftlich-politische Motive mischen sich also bei der Entscheidung, Immigration zu fördern.

Gleichzeitig flohen aus Deutschland eine nicht unbedeutende Anzahl von Menschen. Für viele – oft kritische Köpfe oder Angehörige kleiner religiöser Gruppen – war die Situation im absolutistisch verfaßten Europa nur schwer zu ertragen: »Religiös-weltanschaulich motivierte Flucht aus der Alten Welt, wirtschaftliche und soziale Hoffnungsbilder hatten dazu geführt, daß es zur Zeit der amerikanischen Revolution schon etwa 225 000 Deutschamerikaner gab. Das waren immerhin 8 bis 9 Prozent der Gesamtbevölkerung der um ihre Freiheit kämpfenden britischen Kolonien. Letzte Spuren religiös-weltanschaulich motivierter Gruppenein-

13. Zur konfessionellen Situation im Blick auf die Aufnahme vgl. Klingebiel 1985.
14. Vgl. Jersch-Wenzel 1985.
15. Jersch-Wenzel 1985, 162.
16. Oberndörfer 1989, 8.

wanderung aus Deutschland gab es noch in der ersten Hälfte des 19. Jahrhunderts.«[17]

Zahlenmäßig starke religiös motivierte Vertreibung gibt es bis ins 18. Jahrhundert hinein. Opfer sind auf der einen Seite religiöse Sondergruppen, auf der anderen Seite konfessionelle oder religiöse Minderheiten (z.B. 1688 Katholiken aus England, 1731 Protestanten aus Salzburg, 1744 Juden aus Böhmen). Doch seit der Französischen Revolution wird die religiös motivierte zunehmend durch eine *national motivierte Verfolgung und Vertreibung* abgelöst.[18] Im 19. Jahrhundert bleiben Flucht und Exil jedoch vor allem ein individuelles Phänomen (Ausnahme ist hier die Flucht der Anhänger des Ancien Régime vor der Revolution, geschätzt werden etwa 180000 Personen[19]): Kritiker der jeweils bestehenden Ordnung fliehen aus der Reichweite der Obrigkeit. »Die meisten Flüchtlinge stammen aus dem akademisch gebildeten Bürgertum und dem Stand der Berufsoffiziere. In der einen oder anderen Weise gehören sie zu den politischen Akteuren jener Zeit. Viele sind Liberale oder Demokraten mit starken nationalen Bindungen. Exilzentren werden Südfrankreich, Genf, Brüssel, Paris, London, das Elsaß.«[20] Fluchtanlässe aus Deutschland waren vor allem die »Demagogenverfolgungen« nach den Karlsbader Beschlüssen 1819, die gescheiterte Revolution von 1848 und Bismarcks Anti-Sozialistengesetze von 1878-1890. Allerdings handelte es sich bei den politischen Flüchtlinge um keine große Zahl; 1847 wurden in Paris, einem der Zentren der politischen Emigranten, 11600 Personen gezählt.[21] »Doch die Bedeutung der emigrierten Intelligenz lag weniger in ihrer Zahl als vielmehr in ihrer Tätigkeit als politische Wortführer der Opposition im Ausland und in der Fortentwicklung ihrer politisch-sozialen Theorien durch die Konfrontation mit der andersartigen Erfahrung des Exils.«[22]

Die *Durchsetzung des nationalstaatlichen Prinzips* führt dann *zu Beginn des 20. Jahrhunderts* zu Folgen, die es zum »Jahrhundert der Flüchtlinge« werden lassen. Im Gefolge der Balkankriege und des 1. Weltkriegs zerbrechen zwei Vielvölkerstaaten: die Donaumonarchie und das Osmanische Reich. Das Erbe dieser Großreiche treten kleine Nationalstaaten

17. Bade 1992a, 19.
18. Dies liegt unter anderem darin begründet, daß der Nationalismus/Patriotismus die religiöse Codierung als Leitdifferenz zur Formulierung gesellschaftlicher Einheit ablöst. Vgl. dazu für die deutsche Entwicklung: Fuchs 1991.
19. So Kühnhardt 1984, 36.
20. Kühnhardt 1984, 37.
21. Thamer 1992, 243.
22. Ebd.

an. Auf dem *Balkan* vollzieht sich die Flüchtlingstragödie in mehreren Etappen. Im Gefolge der ersten Balkankriege (1912 und 1913) sind ca. 900000 Griechen, Türken und Bulgaren auf der Flucht,[23] d.h. sie »durften nach Beendigung der Kampfhandlungen nicht mehr in ihren bisherigen Siedlungsgebieten bleiben bzw. in sie zurückkehren, sondern wurden in ihre jeweiligen ›nationalen‹ Heimatländer umgesiedelt.«[24] Nach dem 1. Weltkrieg wurde in den Pariser Vorortverträgen (Neuilly 1919 und Sèvres 1920) die Umsiedlung von Minderheiten zwischen Bulgarien und Griechenland geregelt. »Im Namen des Nationalstaates, dieses minderheitenfeindlichen Konstrukts der neuzeitlichen Staatsräson, fand eine ›nationale Flurbereinigung‹ statt, die nicht danach fragte, ob die Minderheiten ›heimgeführt‹ werden wollten – in eine ›Heimat‹, die ihnen meistens völlig fremd war und nicht das gab, was Heimat zu geben pflegt. Die Pariser Vorortverträge gaben dieser ›nationalen Heimführung‹ unter Zwang den völkerrechtlichen Segen, obwohl diese völkerrechtlich sanktionierte ›Umsiedlung‹ einer Vertreibung gleichkam.«[25] Die zahlenmäßig größte »Bevölkerungsausmischung« vollzog sich in Zusammenhang mit dem Anatolischen Krieg 1919-1922. Das Abkommen von Lausanne 1923, das zwischen den kriegführenden Parteien geschlossen wird, sieht den zwangsweisen Bevölkerungsaustausch ausdrücklich vor. »Insgesamt sanktioniert der Vertrag von Lausanne die Zwangsausmischung bzw. -umsiedlung von 1,2 Millionen Griechen und 400000 Türken. Zwischen 1920 und 1928 sinkt dadurch der Anteil der türkischen Bevölkerung in Griechenland von 13,9 Prozent auf 1,6 Prozent.«[26] Im Schatten der kriegerischen Auseinandersetzungen vollzieht sich der *Völkermord an den Armeniern*. Dabei waren die Armenier Akteure und Opfer in einem nationalstaatlichen Machtkalkül: Großbritannien und Rußland, beide zuvor mit der Türkei in Konflikt, unterstützen die armenischen nationalistischen und separatistischen Bestrebungen, während diese den panislamischen und pantürkischen Bestrebungen der »Jungtürken« im Wege standen. Zudem sind die Armenier als christliche Minderheit den türkischen Nationalisten suspekt. Nach vorangehenden Massakern vollzieht die Türkei eine Zwangsdeportation der Armenier, die einem geplanten Völkermord gleich kommt: »Von den 600000 im Jahr 1915 nach Mesopotamien deportierten Armeniern haben bis 1918 noch 90000 überlebt. Nach Schätzungen des deutschen Pfarrers Lepsius sind eine Million Armenier er-

23. Vgl. die detaillierte Zusammenstellung in Kühnhardt 1984, 206f. (Anm. 11).
24. Opitz (Hg.) 1988, 23.
25. Nuscheler 1995a, 46.
26. Kühnhardt 1984, 43f.

mordet worden; 200 000 werden zum Islam zwangskonvertiert, 650 000 können unter Wahrung ihrer eigenen Kultur und Religion überleben.«[27] Nach dem 1. Weltkrieg wurde den Armeniern zwar auf Druck der Westmächte ein unabhängiger und freier Staat zuerkannt, der jedoch schon 1920 aufhörte, zu existieren. Die Türkei und das sozialistische Rußland marschierten in Armenien ein und okkupierten das Staatsgebiet.

Die nationalstaatliche Neugliederung auf dem Balkan und im Nahen Osten macht vor allem jene Minderheiten zu Opfern, deren Siedlungsgebiete von mehreren Staaten beansprucht werden. Neben den Armeniern sind die *Kurden* die nächste größere Volksgruppe, deren eigene nationalistische Bestrebungen im Geflecht der Interessen der beteiligten Staaten unterdrückt werden. Auch deren Versuch, einen eigenen Nationalstaat zu errichten, wurde im Zuge der Konsolidierung der modernen Türkei zerschlagen. Hatten die Kurden nach dem 1. Weltkrieg noch auf die Gründung eines autonomen kurdischen Staates gehofft, erwiesen sich diese Hoffnungen nach dem Abkommen von Lausanne als trügerisch. Aufstände der kurdischen Bevölkerung wurden militärisch bekämpft, was massive Fluchtbewegungen auslöste, die durch Massendeportationen verstärkt wurden. »Nach Angaben des kurdischen Historikers Kendal deportierte die türkische Regierung zwischen der ersten (1925) und letzten Erhebung (1937) über zwei Millionen Kurden aus ihren angestammten Gebieten in die Steppen Anatoliens.«[28] Seitdem ist das »Kurdenproblem« ungelöst: Die damals aufgetretenen Konflikte um Armenier und Kurden dauern bis in die Gegenwart an.

Die zweite große Fluchtbewegung im Europa des 19. und 20. Jahrhunderts entstand im Zusammenhang der *vorrevolutionären und revolutionären Situation in Rußland*. Im 19. Jahrhundert waren es vor allem einzelne politische Verfolgte, die in die städtischen Zentren, vor allem nach Paris und London, flüchteten. Später kamen eine große Zahl russischer Juden hinzu, die vor allem nach den Pogromen im Jahr 1881 Rußland verließen. In der vorrevolutionären Situation werden dann bis zu 3 Millionen Binnenflüchtlinge gezählt, ein großer Teil von ihnen sind Polen, die nach dem deutschen Angriff vor den deutschen Armeen fliehen. Im Zusammenhang mit der Oktoberrevolution wird die Zahl der »Revolutionsflüchtlinge« auf 1,5 Millionen geschätzt.[29] »Neu war damals nicht einmal so sehr die Flucht von Trägergruppen des gestürzten Zarenregimes, weil jede Revolution Flüchtlinge produziert, sondern neu war der Ausbürgerungs-

27. Kühnhardt 1984, 45.
28. Ibrahim 1988, 50.
29. Nachweise in Kühnhardt 1984, 47.

erlaß von 1921, der den Flüchtlingen eine Rückkehr unmöglich und sie zu einem ›völkerrechtlichen Nichts‹ machte.«[30] Zu diesen Flüchtlingen im engeren Sinne sind die Opfer der stalinschen Zwangsdeportationen zu zählen, die auf ca. 18 Millionen geschätzt werden.[31]

Eine besondere Flüchtlings- und Migrantengruppe gegen Ende des 19. und zu Beginn des 20. Jahrhunderts bilden die *Juden aus Osteuropa*. In dieser Zeit verließen 3,5 Millionen Osteuropa und migrierten zumeist in die USA.[32] Die Gründe waren vielfältig, sie reichten von Armut und Perspektivlosigkeit zu Pogromen und Verfolgungen. Auf ihrem Weg in die USA war für die meisten von ihnen Deutschland das Transitland. Den deutschen Transatlantiklinien waren diese Auswanderer willkommen, zumal gegen Ende des 19. Jahrhunderts die deutsche Auswanderung fast zum Erliegen kam, wie weiter unten dargestellt wird. Auf der anderen Seite wurden die »Ostjuden« von der deutschen Öffentlichkeit und Politik beargwöhnt und trafen auf latenten und manifesten Antisemitismus. Heinrich von Treitschkes Pamphlet »Ein Wort über unser Judentum« polemisierte bereits 1880 gegen die Ostjuden, 1881 wurde in der Öffentlichkeit eine »Antisemitenpetition« bekannt gemacht, die unter anderem vom Berliner Hofprediger Adolf Stoecker unterstützt wurde und ca. 250 000 Unterschriften sammelte.[33] Die Feindseligkeit gegenüber den »Ostjuden« speiste sich aus vielen Quellen, zum einen stand sie im Zusammenhang mit der antipolnischen Politik im Kaiserreich, zum anderen wurde den »Ostjuden« eine revolutionäre Gesinnung zugeschrieben und schließlich gab es um die Jahrhundertwende in ganz Europa verbreitete antisemitische Agitation und Propaganda, an der die gegen die »Ostjuden« teilhatte.

Dabei blieb Deutschland für die »Ostjuden« Transitland: »Von den 2 Mio. Juden, die 1880-1914 das Reich passierten, wurden nur ca. 78 000 ansässig. Sie stellten zwar ca. 12 % der jüdischen Bevölkerungsgruppe, die ihrerseits aber 1925 nur 0,9 % der Gesamtbevölkerung ausmachte.«[34] Trotzdem blieb die antisemitische Grundhaltung in der Weimarer Republik bestehen. Auch SPD-Minister erließen Maßnahmen wie Grenzsperren und Ausweisungen. In den zwanziger Jahren entstanden dann die ersten beiden »Konzentrationslager« genannten Abschiebelager in Cottbus und Stargard, die aber nach zwei Jahren geschlossen wurden.[35] Zentrum

30. Nuscheler 1995a, 47.
31. So Opitz (Hg.) 1988, 27.
32. Blank 1992, 324.
33. Blank 1992, 325.
34. Blank 1992, 326.
35. Blank 1992, 328.

der ostjüdischen Bevölkerung in Deutschland war Berlin, wo besonders im »Scheunenviertel« eine Art Ghetto entstand. Hier vor allem entwikkelte sich in der Weimarer Zeit so etwas wie eine ostjüdische »community«.

Auch in der *Zeit vor dem 2. Weltkrieg* beschränkt sich das europäische Fluchtgeschehen nicht allein auf den Balkan und auf Rußland. Zu den Folgen des 1. Weltkriegs gehören 1,2 Millionen Vertriebene und Optanten aus Polen, Elsaß-Lothringen und Nordschleswig, die in Deutschland aufgenommen wurden, in Ungarn 400000 Flüchtlinge aus Rumänien und Jugoslawien und 82000 Umsiedler zwischen Bulgarien und Griechenland.[36] In der Folge des Spanischen Bürgerkrieges fliehen ca. 400000 Menschen vor der Diktatur Francos nach Frankreich, wegen der Diktatur Mussolinis verlassen 60000 Menschen Italien.[37] Die Zahl der Personen, die vor dem 2. Weltkrieg vor der nationalsozialistischen Diktatur in Deutschland flohen, wird unterschiedlich hoch eingeschätzt, es werden 400000 bis 800000 Personen gezählt.[38] Unter ihnen waren ca. 300000 Juden, die vor dem nationalsozialistischen Terror auswandern oder fliehen konnten; der Hauptanteil von ihnen in die USA und nach Palästina, nachdem noch 1933 sich die meisten in Europa aufhielten. »Dies verdeutlichte in der Regel auch die bewußte Endgültigkeit der Trennung: Wenn sich nach jahrelangem Druck die Emigration als einziger Ausweg erwiesen hatte, waren auch die Identifikationsmöglichkeiten mit dem Heimatland erschöpft; und wer auf die NS-Rassenideologie mit dem Bekenntnis zum Zionismus geantwortet hatte, begriff die Ausreise als Schritt in eine ganz neue Identität.«[39] Eine Ausnahme bilden hier jüdische Wissenschaftler und Künstler. Von ihnen haben sich nach dem Ende der nationalsozialistischen Diktatur ca. 30 % wieder in Deutschland oder Österreich niedergelassen. Demgegenüber haben nur wenige Deutsche aus politischen Gründen das Land verlassen und politisches Exil gesucht, bis zu Kriegsbeginn etwa 30000 Personen. Die größten Gruppen waren ca. 8000 Mitglieder der KPD und 6000 Sozialdemokraten.[40] Diese politischen Flüchtlinge sind zum weitaus größten Teil nach dem Krieg zurückgekehrt und haben politische Wiederaufbauarbeit geleistet, wenn sie auch oftmals unter dem Vorwurf des »Vaterlandsverrats« leiden mußten.

Während des *2. Weltkriegs* und in der unmittelbaren Nachkriegszeit

36. Belege in Opitz (Hg.) 1988, 25.
37. Belege in Kühnhardt 1984, 48f.
38. Belege in Kühnhardt 1984, 208 (Anm. 67).
39. Röder 1992, 349.
40. Röder 1992, 351.

sind 50 bis 60 Millionen Menschen allein in Europa auf der Flucht, werden vertrieben, verschleppt oder deportiert, das sind ca. 10 % der Bevölkerung. Das Ausmaß dieser Flüchtlingskatastrophe ist kaum vorstellbar, zumal wenn man sich vor Augen führt, daß hinter jeder statistischen Zahl sich unvorstellbares menschliches Leid verbirgt. Der Umfang des Fluchtgeschehens ist umfassend untersucht und ausgewertet worden.[41] Mit Kühnhardt lassen sich vier hauptsächliche Motivstränge und Fluchtetappen unterscheiden: »a) Bevölkerungsbewegungen in Kampfzonen und aus Angst vor anrückenden bzw. abziehenden Truppen der Achsenmächte und der Alliierten; b) Zwangsdeportationen von Kriegsgefangenen, Zwangsarbeitern, Minderheitenvölkern oder Teilen des eigenen Volkes; c) ›Heim-ins-Reich‹-Politik der Nationalsozialisten, die den deutschstämmigen Minoritäten in Ostmitteleuropa weithin aufdiktiert und unter Zwang durchgeführt wurde; d) Massenvertreibungen nach Kriegsende, vor allem aus den vormaligen deutschen Ostgebieten.«[42] Zwischen 1939 und 1945 wurden durch das Deutsche Reich mehr als 18 Millionen und durch die Sowjetunion knapp 15 Millionen Menschen »zwangstransferiert«.[43] Unter diesen Zahlen verbergen sich auch die knapp 6 Millionen von den Deutschen in den Konzentrations- und Vernichtungslagern ermordeten europäischen Juden.

Unter den Zwangsdeportationen sowohl von deutscher als auch von sowjetischer Seite waren vor allem Polen betroffen, die als Zwangsarbeiter in der deutschen Landwirtschaft und Industrie oder in Sibirien deportiert wurden; insgesamt mehr als 7,2 Millionen Menschen.[44] Das Schicksal dieser Polen war ein Hauptgrund bei der Entscheidung der Alliierten, nach dem Krieg Polen zu Lasten des Deutschen Reiches zu entschädigen, dabei sollte das »deutsch-polnische-Problem« gleich mit gelöst werden. »Die Vertreibung der Deutschen sollte, so hatten es die Alliierten auf ihren Kriegskonferenzen in Teheran (1943) und Jalta (1945) erörtert und in Potsdam besiegelt, innerhalb der neuen Grenzen Frieden stiften und die Minderheitenprobleme ein für allemal bereinigen, wie Churchill im

41. Vgl. die Darstellung von Kühnhardt 1984, 52 ff.
42. Kühnhardt 1984, 52.
43. Vgl. die genauen Zahlen bei Kühnhardt 1984, 55; die Zahlenangaben schwanken je nach Quelle beträchtlich. Nimmt man die in den Nürnberger Kriegsverbrecherprozessen genannte Zahl von 14 Millionen Zwangsarbeitern als Grundlage und zählt dazu die in den KZ ermordeten Juden und andere während des Krieges zwangsdeportierte Menschen, kommt man auf eine Zahl von über 20 Millionen Menschen.
44. Ebd. (Auf die Zwangsarbeit während des 2. Weltkriegs werde ich weiter unten ausführlicher eingehen.)

britischen Unterhaus am 15. Dezember 1944 erklärte: ›Denn die Vertreibung ist, soweit wir in der Lage sind, es zu überschauen, das befriedigendste und dauerhafteste Mittel: Es wird keine Mischung der Bevölkerung geben, wodurch endlose Unannehmlichkeiten entstehen, wie zum Beispiel im Fall Elsaß-Lothringen. Reiner Tisch wird gemacht werden‹.«[45] Die Folge der nationalsozialistischen Vernichtungs- und Vertreibungspolitik war dann nach dem Krieg die Vertreibung der deutschen Bevölkerung aus den Ostgebieten. Nach den Bestimmungen des Potsdamer Abkommens wurden 4,7 Millionen Menschen umgesiedelt: 2,4 Millionen aus der Tschechoslowakei, 2 Millionen aus Polen und 178000 aus Ungarn. Diese Zahlen lagen unter dem ursprünglichen Plan, denn zuvor waren 5 Millionen Deutsche aus dem nunmehrigen Polen, 300000 aus der Tschechoslowakei, 500000 aus dem russischen Teil Ostpreußens und einige Hunderttausend aus dem Balkan geflohen.[46] Die Zahl der Flüchtlinge und Vertriebenen betrug insgesamt mehr als 10 Millionen Personen, am 29.10.1946 werden 9,6 Millionen aus ihrer Heimat geflohene oder vertriebene im verbliebenen Deutschland gezählt, vier Jahre später weitere 2 Millionen mehr, was einem Bevölkerungsanteil von 16,4 % entsprach.[47] Darüber hinaus kamen ca. 2 Millionen Deutsche bei Flucht und Vertreibung ums Leben. »dazu gehören auch die Opfer von Rache- und Mordaktionen, an denen Tschechen ebenso beteiligt waren wie Rotarmisten, polnische Milizionäre und jugoslawischen Partisanen. Die genaue Zahl dieser Opfer ist nicht zu bestimmen, sie liegt zwischen 100000 und 250000.«[48] Die kulturelle und wirtschaftliche Integration der Flüchtlinge und Vertriebenen war im Nachkriegsdeutschland ein großes soziales Problem. Wie Lüttinger in einer Auswertung statistischer Befunde zeigt, kann von einer vollständigen Integration der ersten Generation dieser Gruppe nicht geredet werden, vielmehr trifft dies erst für die zweite und dritte Generation zu.[49] Für die Flüchtlinge und Vertriebenen der ersten Generation muß jedoch von einer Diskriminierung ausgegangen werden, die sich »als strukturierendes Merkmal der Lebensgeschichte« ausgewirkt hat.«[50]

Nach dem 2. Weltkrieg kommt es in Europa zu weiteren Fluchtbewegungen im Gefolge des Ost-West-Konflikts und der militärischen Inter-

45. Benz 1992, 381.
46. Belege bei Kühnhardt 1984, 58.
47. Benz 1992, 382.
48. Benz 1992, 381.
49. Lüttinger 1986.
50. Lüttinger 1986, 34. Zur Arbeit der Kirchen vgl. Har. Rudolph 1984 und 1985.

vention gegen Aufstände in den östlichen Staaten. Nach 1956 fliehen 200 000 Ungarn, nach 1968 750 000 Menschen aus der Tschechoslowakei, in den '80er Jahren 250 000 aus Polen.[51] Gegenwärtig wird die Situation bestimmt von den Flüchtlingen aus den Kriegsgebieten des ehemaligen Jugoslawien. Bis zu Beginn des Jahres 1995 hatten von dort etwa 700 000 Menschen Zuflucht und Schutz in europäischen Ländern erhalten (davon mehr als die Hälfte in Deutschland)[52], hinzu kommen 1,313 Millionen von UNHCR erfaßte Binnenvertriebene in den Staaten des ehemaligen Jugoslawien.[53]

Zu den Folgen des 2. Weltkriegs und des sich danach entwickelnden »Kalten Krieges« gehören auch die *Übersiedler* und *»Sperrbrecher«* aus der *Sowjetischen Besatzungszone* und der daraus entstandenen *DDR*. Von Kriegsende bis 1948 kamen ca. 730 000 Personen aus der Sowjetischen Besatzungszone in den Westen;[54] die Zahl der Übersiedler und Flüchtlinge aus der DDR wird in der Zeit zwischen 1949 und dem Mauerbau 1961 auf zwischen 2,7 Millionen und 3,7 Millionen geschätzt. Die Diskrepanz ergibt sich daraus, daß offiziell nur diejenigen gezählt wurden, die in den Notaufnahmelagern registriert wurden, nicht aber die, die direkt bei Verwandten oder Bekannten im Westen eine erste Aufnahme fanden. Nach dem Mauerbau flohen bis Ende 1988 nach offiziellen Angaben 616 051 Menschen aus der DDR in die BRD, über Drittländer oder als »Sperrbrecher« über die mit Minenfelder und Selbstschußanlagen »gesicherte« innerdeutsche Grenze.[55] In den »Wendejahren« 1989 und 1990 stieg die Zahl rapide an, 1989 wurden 343 854, 1990 238 384 Übersiedler und Flüchtlinge gezählt.[56] Seit 1991 gilt die Übersiedlung als Binnenwanderung; vor allem dadurch hat die Zahl der Bevölkerung in den neuen Bundesländern (außer Berlin) von 1988 bis 1993 um 1,04 Millionen abgenommen.[57] Der stärkste Rückgang war in dieser Zeit in der Altersgruppe von 15-25 Jahren zu verzeichnen, der Anteil sank von 14,2 % auf 11,9 %.[58] Solange das wirtschaftliche Ungleichgewicht zwischen alten und neuen Bundesländern anhält, ist mit einer weiteren Abwanderung zu rechnen.

Ebenfalls zu den Kriegsfolgen zu zählen ist die Zahl der *Aussiedler* aus

51. Belege in Opitz (Hg.) 1988, 33.
52. UNHCR-Report 1995/96, 95.
53. UNHCR-Report 1995/96, 278.
54. Haberland 1988, 19.
55. Bade 1992c, 402.
56. Bade 1992c, 403.
57. Statistisches Jahrbuch 1995, 47.
58. Bade 1994, 168.

den ehemaligen deutschen Ostgebieten und der deutschen Minderheiten vornehmlich aus dem Gebiet der Sowjetunion/GUS, Polen und Rumänien. Bis 1993 sind von dort 3,3 Millionen Menschen nach Deutschland gekommen:

Tab. 1: Aussiedlerzahlen aus Hauptherkunftsländern bis 1993, Anteile aus Herkunftsländern in Prozent[59]

Jahr	Gesamt	aus: Polen	Rumänien	UdSSR/GUS
1950-1969	659738	402801 (61,1)	19748 (3,0)	22151 (3,4)
1971	33637	25241 (75,0)	2848 (8,5)	1145 (3,4)
1974	24507	7825 (31,9)	8484 (34,6)	6541 (26,7)
1977	54251	32857 (60,1)	10989 (20,3)	9274 (17,1)
1980	51984	26637 (51,2)	15767 (30,3)	6954 (13,4)
1983	37925	19121 (50,4)	15501 (40,9)	1447 (3,8)
1985	38905	22075 (56,7)	14924 (38,4)	460 (1,2)
1987	78488	48419 (61,7)	13990 (17,8)	14488 (18,5)
1988	202645	140226 (69,2)	12902 (6,4)	47572 (23,5)
1989	377036	250340 (66,4)	23387 (6,2)	98134 (26,0)
1990	397073	133872 (33,7)	111150 (28,0)	147950 (37,3)
1991	221924	40129 (18,1)	32178 (14,5)	147320 (66,4)
1992	230565	17742 (7,7)	16146 (7,0)	195576 (84,8)
1993	218888	5431 (2,5)	5811 (2,7)	207347 (94,7)
1994	222591	2440 (1,1)	6615 (3,0)	213214 (95,8)
1995	217898	1677 (0,8)	6519 (3,0)	209409 (96,1)
1996	177751	1175 (0,7)	4284 (2,4)	172181 (96,9)
1997	134419	687 (0,5)	1777 (1,3)	131895 (98,1)
1998	103080	488 (0,5)	1005 (1,0)	101550 (98,5)
1950-1996	3539164	1441951 (40,7)	427805 (12,1)	1781750 (50,3)

Wie aus der Tabelle ersichtlich, kommen damit 87,1 % der Aussiedler aus den Hauptherkunftsländern Polen, UdSSR/GUS und Rumänien, die restlichen 12,9 % verteilen sich vor allem auf die Tschechoslowakei, Ungarn und Jugoslawien. Der Zuzug von Aussiedlern aus Osteuropa ist insofern eine Folge der nationalsozialistischen Diktatur und des 2. Weltkriegs, als insbesondere die deutschen Minderheiten unter dem Krieg und dessen Folgen besonders zu leiden hatten. Die deutschen Minderheiten in der Sowjetunion wurden nach der Kriegserklärung Deutschlands durch einen Erlaß des Obersten Sowjets als Kollaborateure behandelt und in den Osten nach Sibirien und Kasachstan deportiert,[60] die Rückkehr in ihre

59. Nuscheler 1995a, 123 und Haberland 1988, 18; eigene Berechnung sowie Statistisches Jahrbuch 1997, 84 und Statistisches Jahrbuch 1999, 82.
60. Vgl. dazu Eisfeld 1992, 118 ff.

alten Siedlungsgebiete wurde ihnen auch nach dem Ende des Krieges verwehrt. Darüber hinaus war es ihnen erschwert, ihre kulturellen Besonderheiten – angefangen mit der Sprache – zu leben und zu pflegen. Ähnliches galt für die deutschen Minderheiten in Rumänien. Eine besondere Rolle spielten die verbliebenen Deutschen in Polen; die Existenz einer deutschen Minderheit wurde erst 1970 mit dem Warschauer Vertrag offiziell anerkannt. Seit der Bonner Ostpolitik der Regierung Brandt/Scheel begann die Zahl der Aussiedler aufgrund der neu eröffneten Ausreisemöglichkeiten zu steigen. Die Mehrzahl der Aussiedler kam dann ab dem Ende der '80er Jahre nach Deutschland, seit 1988 mehr als die Hälfte der Aussiedler insgesamt (Tab. 1).

Die Aussiedler spielen unter den Zuwanderern in Deutschland insofern eine besondere Rolle, als sie als deutsche Volkszugehörige angesehen werden.[61] Den eher unklaren Begriff der »deutschen Volkszugehörigkeit« regelt § 6 des Gesetzes über die Angelegenheiten der Vertriebenen und Flüchtlinge von 1953 (BVFG): »Deutscher Volkszugehörigkeit im Sinne dieses Gesetzes ist, wer sich in seiner Heimat zum deutschen Volkstum bekannt hat, sofern dieses Bekenntnis durch bestimmte Merkmale wie Abstammung, Sprache, Erziehung, Kultur bestätigt wird.« Diese sehr weite Formulierung hat in den letzten Jahren immer wieder zu Kritik und Polemik Anlaß gegeben, z. B. mit dem Hinweis, daß unter diesen Bedingungen auch ehemalige Auswanderer in die USA oder nach Südamerika oder deren Nachkommen ein Rückwanderungsrecht beanspruchen könnten. Der Einbürgerungsanspruch für Aussiedler schließlich ergibt sich aus § 6 des Gesetzes zur Regelung von Fragen der Staatsangehörigkeit von 1955, der die Einbürgerungspflicht auf Antrag ausdrücklich für Deutsche ohne deutsche Staatsangehörigkeit festschreibt. Pikanterweise knüpft die Bestimmung der Volkszugehörigkeit in diesem Gesetz an die Regelungen der sogenannten »Verordnungen über die Deutschen Volkslisten« an, die vom nationalsozialistischen Deutschland 1941 bis 1943 erlassen wurden und in Zusammenhang standen mit der damals betriebenen »Heim-ins-Reich-Politik«.[62] Völkerrechtlich garantiert ist das Ausreiserecht durch Art. 13 Abs. 2 der Allgemeinen Erklärung der Menschenrechte von 1948. Zwischen der Bundesrepublik und den jeweiligen Herkunftsstaaten wurde die Übersiedlung durch bilaterale Konsultationen geklärt. Grundlage der Aussiedlung aus der UdSSR war die Repatriierungserklärung von 1958, die sich zum Prinzip der Familienzusammenführung verpflichtete. Allerdings siedelten aufgrund dieser Erklärung nur vergleichsweise weni-

61. Vgl. für den rechtlichen Zusammenhang Kap. I.2.2.
62. Die einschlägigen Gesetzestexte finden sich alle in Haberland 1988.

ge Deutschstämmige um. Vereinfacht wurde das Verfahren vor allem durch eine Verordnung des Ministerrates der UdSSR von 1986, der zufolge die Einladung eines Verwandten ersten Grades (z.B. Mutter, Sohn oder Schwester) als Grundlage des Ausreiseantrages gelten kann. Durch diese Vereinfachung stiegen die Zahlen der Übersiedler aus der UdSSR ab 1987 rapide an (vgl. oben Tab. 1). Die Aussiedlung aus Polen wurde bis zum Warschauer Vertrag 1970 durch eine Vereinbarung zwischen Deutschem und Polnischem Roten Kreuz geregelt. Erst danach wurde über die Ausreise offiziell verhandelt; Grundlage der Verfahren war hier das Ausreiseprotokoll von 1975, das im Zusammenhang mit dem Schlußtreffen der KSZE-Konferenz in Helsinki entstand. Insgesamt ist bei den Aussiedlern aus Polen jedoch auffällig, daß ein großer Anteil vor 1970 ausreiste und ein zweiter Hauptanteil in den »Wendejahren« 1988 bis 1990 (in den drei Jahren 36,5 % der polnischen Aussiedler insgesamt). Ähnlich war der Verlauf bei den Rumäniendeutschen. Grundlage war hier die »Gemeinsame Erklärung« zwischen Rumänien und der Bundesrepublik von 1978, nach der sich die Übersiedlung auf einem gleichbleibenden Niveau konsolidierte. Ausnahme ist hier das Jahr 1990 nach dem Sturz Ceausescus, in dem allein mehr als ein Viertel aller Aussiedler in die Bundesrepublik kam.

Gegenwärtige weltweite Flüchtlingssituation

Die Beschreibung der gegenwärtigen Situation steht vor dem grundsätzlichen Problem, daß – wie oben bereits beschrieben – umstritten ist, welche Personen in die jeweiligen Statistiken aufgenommen werden sollen. Zudem ist die Zuverlässigkeit der Zahlen nicht immer gegeben, da wirtschaftliche und politische Interessen die Statistiken beeinflussen und weil vielfach Zahlen nur auf (zum Teil visuellen) Schätzungen beruhen.

Als Ausgangspunkt kann die Statistik des UN-Hochkommissars für Flüchtlinge gewählt werden. Der UNHCR erfaßt die Flüchtlinge, die sich entsprechend der GFK von 1951 aus »wohlbegründeter Furcht vor Verfolgung« im Ausland aufhalten (Status-Flüchtlinge). Seit 1993 kommen zusätzlich Binnenflüchtlinge sowie andere Personen, die nicht unter die Definition der GFK fallen, aber trotzdem vom UNHCR betreut werden, hinzu. Für 1995 und 1997 weist diese Statistik aus:

Tab. 2: Weltflüchtlingsstatistik 1995 und 1997:[63]

Kategorie	**Region**	**Summe 1995** (in Tausend)	**Summe 1997** (in Tausend)
Flüchtlinge	Afrika	6.752,2	4.341,5
	Asien	5.018,3	4.808,6
	Europa	1.867,4	3.166,0
	Lateinamerika	109,0	88,4
	Nordamerika	681,4	720,1
	Ozeanien	51,2	75,0
Summe		**14.488,7**	**13.199,6**
Rückkehrer	Afrika	3.084,0	1.692,5
	Asien	831,8	1.241,5
	Europa	–	307,9
	Lateinamerika	67,469,2	
	Nordamerika	–	–
	Ozeanien	–	–
Summe		**3.983,2**	**3.331,2**
Andere Personen	Afrika	6,7	–
	Asien	309,8	156,0
	Europa	2.963,3	1.208,7
	Lateinamerika	0,1	–
	Nordamerika	244,1	–
	Ozeanien	–	–
Summe		**3.524,1**	**1.364,7**
Binnenvertriebene	Afrika	1.973,1	2.057,5
	Asien	1.761,5	1.718,9
	Europa	1.680,4	1.066,1
	Lateinamerika	8,011,2	
	Nordamerika	–	–
	Ozeanien	–	–
Summe		**5.423,0**	**4.853,7**
Summe	**Afrika**	**11.816,0**	**8.091,5**
	Asien	**7.921,5**	**7.925,0**
	Europa	**6.520,1**	**5.748,7**
	Lateinamerika	**184,6**	**168,8**
	Nordamerika	**925,5**	**720,1**
	Ozeanien	**51,2**	**75,0**
Summe		**27.418,9**	**22.729,3**

Die Zahl der von UNHCR betreuten Menschen ist bis Anfang der neunziger Jahre kontinuierlich gestiegen. Der Rückgang ab 1993 liegt unter

63. UNHCR-Report 1995/96, 271 und UNHCR-Report 1997/98, 300 ff.; Stand jeweils 1. Januar.

anderem darin begründet, daß der UNHCR seit 1993 neben den regulären Flüchtlingen Binnenvertriebene und andere Personen in seinen Statistiken gesondert ausweist. Insgesamt verbleiben die Flüchtlingszahlen auf einem hohen Niveau. Den Rückgang in den letzten Jahren erklärt der UNHCR vor allem durch die Rückkehr von Flüchtlingen in Ländern wie Afghanistan, Kambodscha, Mosambik und Ruanda, die Anfang der neunziger Jahre Hauptkrisenorte waren und die seit eben diesem Zeitraum stark gestiegene Zahl von Binnenvertriebenen.[64] Die folgende Tabelle veranschaulicht die Entwicklung:

Tab. 3: Flüchtlingsstatistik des UNHCR 1975-1997 in Mio.:[65]

1975	1976	1977	1978	1979	1980	1981	1982	1983	1984	1985
2,4	*	2,8	3,3	4,6	5,7	8,2	9,8	10,4	10,9	10,5

1986	1987	1988	1989	1990	1991	1992	1993	1994	1995	1996	1997
11,6	12,4	13,3	14,8	14,9	17,2	17,0	18,2	16,4	14,4	13,3	13,3

Faßt man unter Migration jedoch alle Wanderungsbewegungen: »die interne Landflucht, grenzüberschreitende Wanderungen aus verschiedenen Motiven, die freiwillige Auswanderung oder Vertreibung durch Kriege oder Diktatoren, die durch Arbeitsverträge regulierte Arbeitsmigration und die ›wilde‹ oder illegale Suche nach Arbeit jenseits der Grenzen des eigenen Staates«[66], liegen die Zahlen weitaus höher, wobei allerdings die Datenbasis zum großen Teil auf Schätzungen beruht. Die Angaben schwanken zwischen 500 Millionen (GEO Dezember 1991), wobei alle oben genannten Wanderungen einbezogen sind, 200 Millionen (BIVS – Berliner Institut für vergleichende Sozialforschung), 120 Millionen (UNHCR-Report 1995/96), 100 Millionen (Weltbank-Studie), diese Schätzungen beziehen die interne Land-Stadt-Wanderung nicht ein, und 70 Millionen (IOM – Internationale Organisation für Migration in Genf) – hier werden die in der ersten oder zweiten Generation die Staatsbürgerschaft des Gastlandes angenommen haben, nicht gezählt – wobei davon nur rund 25 Millionen einen »legalen« Status als Arbeitsmigranten haben.[67]

Die relativ (zur Gesamtbevölkerung) und absolut größte Zahl der Migrationsbewegungen entfällt auf *Afrika*. Allein der UNHCR weist für

64. Vgl. UNHCR-Report 1997/98, 59 und dort die Graphik auf S. 127.
65. UNHCR-Report 1995/96, 272 und UNHCR-Report 1997/98, 58; (Zahlenangaben in Millionen, in mit * markierten Spalten liegen keine Zahlen des UNHCR vor).
66. So die Aufzählung in Nuscheler 1995a, 27.
67. Angaben nach Nuscheler 1995a, 29.

1995 6,7 Millionen Status-Flüchtlinge und 1,9 Millionen registrierte Binnenflüchtlinge aus. Hinzu kommen noch – je nach Schätzung – ca. 20 bis 25 Millionen grenzüberschreitende Arbeitsmigranten, so daß für Afrika von ca. 30 Millionen Migranten auszugehen ist, wobei der Großteil dieser Wanderungen auf dem Kontinent selbst stattfindet. »In allen Grenzregionen gibt es ein reges Hin und Her über die von den früheren Kolonialmächten willkürlich gezogenen Grenzen hinweg, häufig innerhalb verwandter Ethnien. In Westafrika sind die Küstenstaaten Zielländer von Migranten aus dem Sahelraum, wo Migration ein traditionelles Mittel der Subsistenzsicherung ist.«[68] Gegenwärtig ist das südliche Afrika ein weiterer Schwerpunkt der Wanderungsbewegungen, schätzungsweise 10 Millionen Menschen sind allein dort als Arbeitsmigranten, Flüchtlinge oder durch Bürgerkrieg »entwurzelte Personen« unterwegs. Dazu gehören Opfer der Bürgerkriege in Ruanda, Angola und Mosambik sowie die zur Zeit der Apartheid in die sogenannten »Homelands« abgeschobene Bevölkerung Südafrikas.

Weitere Schwerpunkte des weltweiten Fluchtgeschehens sind der *nahe und mittlere Osten* mit den Konfliktregionen Iran, Irak und Afghanistan. Hinzu kommen weiterhin die palästinensischen und kurdischen Flüchtlinge. Darüber hinaus ist die Ölregion um den Persischen Golf ein Hauptziel der grenzüberschreitenden Arbeitsmigration (ca. 7 Millionen Kontraktarbeiter).[69] In Asien werden die meisten Fluchtbewegungen im Bereich von Pakistan und Indien (Kaschmir-Konflikt) sowie in Sri Lanka gezählt. Schwerpunkt der Arbeitsmigration ist die Wachstumsregion im Fernen Osten: vor allem Menschen aus den Philippinen und Indonesien arbeiten bei den »reichen Nachbarn« Südkorea, Taiwan, Hongkong und Singapur sowie mittlerweile Malaysia und Thailand.[70]

Insgesamt stellt sich die Migration als ein *»Süd-Süd-Problem«* dar. Die meisten Migranten bleiben in der Nähe ihrer Herkunftsregion, dies gilt insbesondere für die Status-Flüchtlinge (ca. 90 %) und für die Arbeitsmigration. So sind die Länder und Regionen im Süden am stärksten mit den Folgen der Migration belastet. Dem entspricht, daß die relativ und absolut größten Aufnahmeländer für Flüchtlinge selbst zu den ärmeren der Welt gehören (15 der 21 größten Zufluchtsländer)[71]. Ende 1992 z.B. nahmen Burundi (1,1 Millionen), Malawi (1,1 Millionen), Sudan (0,75 Millionen), Guinea (0,5 Millionen) und Zaire (0,4 Millionen) den größten

68. Nuscheler 1995b, 134.
69. Vgl. Körner 1990, 107 ff.
70. Vgl. Nuscheler 1995a, 61 ff.
71. Nuscheler 1995b, 124.

Anteil der Flüchtlinge Afrikas auf, in Malawi betrug das Verhältnis Flüchtlinge/Gesamtbevölkerung seinerzeit zehn Prozent.[72]

Im Vergleich hierzu ist die *Aufnahme von Flüchtlingen in den Industrienationen Westeuropas* verhältnismäßig gering. Die nachfolgende Tabelle weist für den Zeitraum zwischen 1990 und 1996 insgesamt 4,387 Millionen Asylanträge aus. Dabei ist natürlich zu berücksichtigen, daß nicht alle Flüchtlinge Asylanträge stellen und damit hier aufgeführt sind. Weiterhin ist – zumindest für die Bundesrepublik – davon auszugehen, daß nur zwei Drittel der Antragsteller bis zum Abschluß des Verfahrens im Land verbleiben, nicht gezählt sind hier weiterhin die Folgeanträge von abgelehnten Bewerbern. Doch auch so sprechen die Zahlen eine deutliche Sprache.

Tab. 4: Asylanträge und Anerkennungen in westlichen Industriestaaten zwischen 1990 und 1996[73]

	1990	**1991**	**1992**	**1993**	**1994**	**1995**	**1996**	**Summe**
Belgien	12.963	15.172	17.647	26.880	14.353	11.420	12.433	**110.868**
	680	600	760	1.040	1.510	1.300	1.581	**7.471**
Deutschland	193.063	256.112	438.191	322.614	127.210	166.951	149.193	**1.653.334**
	6.500	11.597	9.189	16.400	25.600	23.470	24.000	**116.756**
Frankreich	54.813	47.380	28.872	27.564	25.964	20.170	17.405	**222.168**
	13.490	15.470	10.270	9.910	7.030	4.530	4.344	**65.044**
Großbritannien	38.195	73.400	32.300	28.000	42.200	55.000	34.800	**303.895**
	1.590	800	1.900	2.860	1.400	2.200	2.765	**13.515**
Italien	4.827	26.472	6.042	1.647	1.786	1.732	675	**43.181**
	824	803	336	126	298	285	172	**2.844**
Japan	32	42	68	50	73	52	147	**464**
	2	1	3	6	1	1	1	**15**
Kanada	36.735	32.347	37.748	20.292	22.006	26.072	26.120	**201.320**
	10.710	19.425	17.437	14.101	15.224	9.614	9.541	**96.052**
Niederlande	21.208	21.615	17.462	35.399	52.573	29.258	22.170	**199.685**
	694	775	4.923	10.338	6.654	7.980	8.810	**40.174**
Österreich	22.789	27.306	16.238	4.745	5.082	5.919	6.991	**89.070**
	860	2.470	2.290	1.200	680	990	716	**9.206**
Schweden	29.347	27.351	84.018	37.583	18.640	9.047	5.753	**211.739**
	2.170	1.400	620	1.030	790	150	130	**6.290**
Schweiz	35.836	41.629	17.960	24.739	16.134	17.021	18.001	**171.320**
	571	880	1.410	3.830	2.940	2.650	2.267	**14.548**
USA	106.774	81.650	150.748	209.041	212.379	223.973	195.617	**1.180.182**
	5.672	2.908	3.959	7.464	11.764	17.493	16.600	**65.860**

72. World Refugee Survey 1993 in Nuscheler 1995a, 54 f.
73. UNHCR-Report 1997/98, 304 ff.

An der Tabelle fällt im Vergleich auf, daß – zumindest für die westlichen Industrienationen – die Asylbewerberzahlen in Deutschland überproportional groß sind. Die Zahl der Bewerber ist größer als die der anderen Staaten zusammen (ohne die USA). Korreliert man die Zahlen allerdings mit der Bevölkerungsgröße, verschiebt sich das Bild nicht unwesentlich. In relativen Zahlen liegen Schweden und die Schweiz deutlich vor der Bundesrepublik.[74] Verzerrt wird die Übersicht auch im Blick auf die Anerkennungsquoten, denen unterschiedliche rechtliche Regelungen zugrunde liegen. So ist etwa in Schweden die Anerkennungsquote extrem niedrig (knapp drei Prozent), dafür erhalten die Mehrheit der Flüchtlinge (in diesem Zeitraum 52,6 %) humanitäres Bleiberecht; ähnlich ist es auch in den Niederlanden: Die ohnehin schon relativ hohe Anerkennungsquote von 20,1 % erhöht sich auf 38,7 %, wenn man die Personen hinzuzählt, die ein Bleiberecht erhalten. Ähnlich ist auch in Großbritannien die Zahl er Flüchtlinge mit Bleiberecht fünfmal so hoch wie die der Anerkannten. Die Situation spiegelt sich auch in den Zahlen der Flüchtlingsbevölkerung in den genannten Industriestaaten:

Tab. 5: Flüchtlingsbevölkerung in westlichen Industriestaaten zwischen 1995 und 1997[75]

	1995	1997
Belgien	19.500	36.060
Deutschland	1.000.600	1.266.000
Frankreich	152.300	151.329
Großbritannien	20.000	96.905
Italien	12.500	71.630
Japan	9.100	*
Kanada	89.700	123.219
Niederlande	30.800	103.425
Österreich	18.500	29.745
Schweden	36.900	191.200
Schweiz	27.200	84.413
USA	591.700	596.900

74. Rechnet man die Asylbewerberzahlen um auf die Bevölkerungsgröße Deutschlands ergibt sich folgendes Bild: Schweden 1,969 Millionen, Schweiz 1,953, Deutschland 1,653 und die Niederlande 1,058 Millionen, Österreich 917 Tausend, Belgien 898, Kanada 564, Großbritannien 425, USA 354, Frankreich 311 und Italien 60 Tausend (Bezugsgröße die Bevölkerungszahlen nach dem Statistischen Jahrbuch für das Ausland 1995).
75. UNHCR-Report 1995/96, 272 ff. und UNHCR-Report 1997/98, 300 ff. (bei Ja-

Im Vergleich zur Zahl der Flüchtlinge ist die der *Rückkehrer* relativ gering. So standen 1995 14,5 Millionen Flüchtlingen 4,0 Millionen Rückkehrer gegenüber, 1993 lag das Verhältnis bei 16,2 zu 1,8 Millionen (UNHCR Zählung). Während 1993 der größte Anteil der Rückkehrer in Asien zu beobachten war (Afghanistan und Kambodscha), war 1995 Afrika der Schwerpunkt (Mosambik, Burundi und Ruanda), wobei dort der Hauptteil der Rückkehrer »spontan« ging und nur ein geringer Anteil von Maßnahmen des UNHCR begleitet wurde. In diesem Fall ist einerseits zu sehen, daß die Mehrzahl der Flüchtlinge nahe beim Herkunftsland bleibt und zurückkehrt, sobald sich die Lage zu Hause einigermaßen stabilisiert hat. Auf der anderen Seite wird deutlich, daß große Probleme dann entstehen, wenn die Konfliktlage, die zur Flucht gezwungen hat, unvermindert über längere Zeiträume andauert. Schließlich ist die Rückkehr selbst nicht unproblematisch. Nach Bürgerkriegen finden z. B. die Heimkehrer eine zerstörte Infrastruktur vor. Während in Flüchtlingslagern zumindest die Nahrungsmittel- und gesundheitliche Versorgung zumindest ansatzweise gewährleistet war, fehlt nach der Heimkehr eine solche Unterstützung, die längerfristig eine Wiederansiedlung ermöglichen würde.

Flucht und Verfolgung sind überdies *geschlechtsspezifische Probleme:* »Während eines Krieges oder während bürgerkriegsähnlicher Zustände innerhalb eines Staates bleibt es gewöhnlich den Frauen überlassen, für das Überleben der Kinder und abhängiger älterer Verwandter zu sorgen. Bis zu 75 Prozent aller Flüchtlinge weltweit sind möglicherweise Frauen. Zwischen 60 und 80 Prozent aller Flüchtlingshaushalte haben einen weiblichen Haushaltsvorstand.[76] Die besonderen Bedürfnisse der Frauen jedoch fanden bisher im Rahmen von humanitären Maßnahmen wenig Beachtung. Bemühungen um die Einbeziehung von Frauen in den politischen Entscheidungsprozeß in Flüchtlingsfragen und die Durchführung entsprechender Aktionsprogramme gab es ebenfalls kaum.«[77] Zum anderen wird das Problem noch dadurch verschärft, daß die GFK keine frauenspezifischen Verfolgungsgründe nennt, was den Nachweis der politi-

pan lag die Flüchtlingsbevölkerung unter 5000 Personen und wurde in der UNHCR-Statistik nicht gesondert aufgeführt). Rechnet man die Zahlen wie zuvor (vgl. Fußnote) um auf die Bevölkerungsgröße Deutschlands, ergibt sich ein ähnliches Bild: Schweden 1,778 Millionen, Deutschland 1,266 Millionen, Schweiz 962 Tausend, Niederlande 548, Kanada 345, Österreich 306 Tausend und USA 179 Tausend.

76. Nuscheler 1995a, 74. In einigen Ländern beträgt der Anteil sogar bis zu 90 %, vor allem in Bürgerkriegssituationen, bei Hungersnot und ethnischer Verfolgung, vgl. Buhr 1988, 192.

77. UNFPA/Weltbevölkerungsbericht 1993, 29; zitiert nach Nuscheler 1995a, 74.

schen Verfolgung für Frauen erschwert, wenn nicht gar unmöglich macht.[78]

Der überproportionale Anteil von Frauen bei den Flüchtlingen liegt zum einen darin begründet, daß bei kriegerischen Auseinandersetzungen oder Bürgerkriegen die Frauen mit ihren Familien vor den Kriegsfolgen fliehen, während Männer als Kombattanten beteiligt sind. Darüber hinaus fliehen Frauen aufgrund frauenspezifischer Verfolgung. Dabei werden vier grundlegende Verfolgungssituationen unterschieden:[79] Verfolgung aufgrund politischer Tätigkeit, wegen Zugehörigkeit zu einer ethnisch-religiösen Gruppe, wegen Übertretung speziell für Frauen geltender Normen und wegen Familienbindung zu einem Oppositionellen. Während die ersten beiden Kategorien für Männer und Frauen gleichermaßen zutreffen, betreffen die letzten beiden ausschließlich bzw. fast ausschließlich Frauen. Aber grundsätzlich muß dann von frauenspezifischer Verfolgung ausgegangen werden, wenn die Form der Verfolgung sexuelle Gewalt ist. Wie Gottstein an einer Reihe von Beispielen zeigt, »trifft sexuelle Gewalt Frauen in mehreren Bereichen: in ihrem Recht auf sexuelle Selbstbestimmung und in ihrer Gebärfähigkeit, in den ihnen zugeschriebenen Werten wie absolute Treue zum Ehemann und Jungfräulichkeit vor der Ehe und, psychisch, in ihrem Selbstwertgefühl als Frau.«[80] Wenn sexuelle Gewalt und Verfolgung aus politischen oder ethnischen Gründen zusammen kommen, werden Frauen »doppelt verfolgt«, eben als Frau und als Angehörige einer bestimmten Gruppe.

Darüber hinaus trifft der Einsatz sexueller Gewalt Frauen in mehrfacher Hinsicht, »weil über den körperlichen Eingriff hinaus die Frau mit den sozialen Folgen von Ächtung bis zur Tötung rechnen muß. Da die Normen als anerzogene Werte verinnerlicht sind, wird sie zudem als psychische Folge sich selbst die Schuld an dem begangenen Normbruch zuschreiben.«[81] Selbstmorde nach Vergewaltigungen im Zusammenhang mit ethnischer Verfolgung wurden vor allem bei tamilischen Frauen berichtet, bei denen kulturell der Selbstmord als Reaktion auf die Schande, die mit der Vergewaltigung verbunden ist, erwartet wird.[82] Gerade bei ethnischer Verfolgung beabsichtigen die Vergewaltiger mit ihrer Tat auch, die jeweilige Gruppe als ganze zu treffen. Dies trifft insbesondere

78. Vgl. Gottstein 1988.
79. So Gottstein 1986, 7, der viele weitere Untersuchungen in der Klassifizierung folgen.
80. Gottstein 1986, 25.
81. Gottstein 1986, 26f.
82. Belege bei Gebauer 1988, 121.

bei Vergewaltigungen zu mit dem Ziel, Kinder zu zeugen, die damit der eigenen ethnischen Gruppe angehören. Entsprechende Verbrechen sind z. B. aus Eritrea, Sri Lanka und dem ehemaligen Jugoslawien bekannt geworden.[83] Darüber hinaus soll mit der Vergewaltigung die Frau als Frau getroffen werden: »Der sexuelle Mißbrauch politisch aktiver Frauen zielt entsprechend nicht nur auf die politische Gegnerin, sondern auch auf ihr politisches Engagement als Frau: sie soll zurückverwiesen werden auf die traditionelle Rolle, die dem Verfolger weniger gefährlich ist.«[84] Frauenspezifische Verfolgung beruht auf und reproduziert gleichzeitig das Herrschaftsverhältnis zwischen Männern und Frauen, ist also als sexistisch zu kennzeichnen. Dies geschieht insbesondere dann, wenn mit der Verfolgung von Frauen die Männer der entsprechenden Gruppe getroffen werden sollen, die durch die Übergriffe in »ihrer Ehre« gekränkt werden. Und häufig genug richtet sich die Aggressivität dann nicht nur auf die Vergewaltiger, sondern auch auf die Opfer, die vergewaltigten Frauen.

Über frauenspezifische Verfolgung hinaus sind Frauen auf der Flucht Opfer sexueller Nötigung. »Seit einigen Jahren weist insbesondere UNHCR darauf hin, daß eine Frau (selbst in männlicher Begleitung) auf der Flucht völlig rechtlos ist und keine Schutzmöglichkeiten vor sexuellen Übergriffen durch Schlepper, Grenzsoldaten, Polizei oder Mitflüchtende hat.«[85] Über das Ausmaß der Verbrechen ist unter anderem deshalb nur wenig bekannt, weil die Übergriffe als Verfolgung nicht asylrelevant sind, da sie nicht als staatliche Verfolgung zuzurechnen sind und nur von einem Staat ausgehende Menschenrechtsverletzungen in den meisten Staaten Asyl begründen.[86] Und schließlich setzt sich dann in den Aufnahmeländern die frauenspezifische Diskriminierung fort: »Die Diskriminierung von Flüchtlingsfrauen und Arbeitsmigrantinnen setzt sich beim erschwerten Zugang zu Arbeitserlaubnissen, sozialen Dienstleistungen und zur Einbürgerung fort. Alleinstehende Frauen haben in den meisten Industrieländern Schwierigkeiten, eine Einreiseerlaubnis als Immigrantinnen zu erhalten. Das Recht auf Einbürgerung ist häufig vom Status des Ehemannes abhängig.«[87] Hinzu kommen sexuelle Übergriffe in den Aufnahmeeinrichtungen. Aus Deutschland wird berichtet: »Gegenüber Beratungseinrichtungen klagen Frauen über sexuelle Belästigungen und fehlenden Schutz. Selbst zum Wachpersonal besteht kein Vertrauen. Es

83. Vgl. auch UNHCR-Report 1994, 76.
84. Gottstein 1986, 11.
85. Koch 1995, 158.
86. Vgl. Gottstein 1986, 55 ff.
87. Nuscheler 1995a, 75 f.

wurde verschiedentlich sogar beobachtet, daß sich Frauen und Mädchen unter den ›Schutz‹ eines Mannes in der Unterkunft begeben, um der Bedrohung durch viele zu entgehen. Sexuelle Übergriffe und Vergewaltigungen werden meist nur dann bekannt, wenn die Frauen medizinisch behandelt werden müssen. In der Regel schweigen die Frauen aus Scham oder Angst, weil sie weiterhin in der Einrichtung leben müssen.«[88] Aber es gibt nicht nur Übergriffe dieser direkten sexuellen Art. Unter den ohnehin eingeschränkten Bedingungen in vielen Flüchtlingscamps der Welt haben Frauen wegen ihres sozialen Status stärker zu leiden als die männlichen Mitflüchtlinge. Ein Beispiel: »In some refugee camps, the men and boys are given food to eat first and only afterwards the remaining food is eaten by women and girls.«[89] Zudem wird berichtet, daß bei flüchtenden Frauen der gesundheitliche Status niedriger ist als bei Männern, zudem ist die Rate der Analphabetinnen überproportional hoch, was die Situation in vielen Fluchtländern für Frauen erschwert.[90]

1.2 »Auf, laßt uns gehen, etwas besseres als den Tod werden wir überall finden!« – Auswanderung aus Deutschland

Auswanderung aus Deutschland hat es schon seit dem Mittelalter gegeben. Die Ansiedlung der »Siebenbürger Sachsen« auf dem Gebiet des heutigen *Rumänien* geht bis ins 12. Jahrhundert zurück. Allerdings ist dabei zu beachten, daß sich die verschiedenen Siedlergruppen erst mit der Zeit als ethnische Gruppen konstituierten. »Weitaus wichtiger als die ethnische Zusammensetzung der damaligen Bevölkerung war ihre Einteilung nach gesellschaftlichen Funktionen. Erst infolge von Endogamie und sonstigen sozialen Abwehrmaßnahmen konnten funktionale und ethnische Gruppen so weit zusammenfallen, daß sie schließlich festgefügte Einheiten bilden.«[91] Seit dem 18. Jahrhundert kommen dann Siedler aus dem südwestdeutschen Raum hinzu, die vor allem im Banat angesiedelt wurden. Insgesamt wurden 1930 in Rumänien 760000 Menschen gezählt, die einer der deutschsprachigen Gruppen angehörten.[92]

Eine weitere bekannte Siedlergruppe in Osteuropa sind die »Wolgadeutschen«, die ab 1763 durch Katharina II. nach *Rußland* geholt wurden.

88. Koch 1995, 163.
89. Wiesinger 1984, 11.
90. Wiesinger 1984, 10.
91. Sundhaussen 1992, 38.
92. Sundhaussen 1992, 37.

In den ersten zehn Jahren der Anwerbung sind 30 623 Personen der »Einladung« gefolgt, der größte Teil kam aus Hessen.[93] Noch im 19. Jahrhundert wanderten mehrere Hunderttausend Menschen aus Deutschland in östliche Siedlungsgebiete, zunehmend in die Schwarzmeerregion. Vor allem in Süd- und Südwestdeutschland bestand ein großer Auswanderungsdruck, verursacht durch Bevölkerungswachstum und wirtschaftliche Probleme. Von dort kamen auch die ersten größeren Auswanderungsschübe nach Übersee.[94] Gegen Ende des 19. Jahrhunderts wurden in Rußland 1 790 489 Menschen gezählt, die »Deutsch« als Muttersprache angaben.[95] Allerdings wurde die Auswanderung im 18. und anfangs des 19. Jahrhunderts von den deutschen Territorialfürsten durch gesetzliche und polizeiliche Maßnahmen bekämpft, die Strafandrohungen gingen bis zur Todesstrafe. Für die Fürsten war mit der Auswanderung ihrer Untertanen ein massiver Prestige- aber vielmehr noch ein wirtschaftlicher Verlust verbunden, folglich stemmten sie sich mit aller Macht gegen die Auswanderung, allerdings nur mit mäßigem Erfolg. Eine weitere Sondergruppe sind die *Deutschen im Baltikum*. Ihre Ansiedlung geht auf die Eroberungspolitik des Deutschen Ordens zurück, der seit dem 13. Jahrhundert die deutsche Besiedlung Estlands und Livlands betrieb. Die deutsche Minderheit blieb im Baltikum eine Minderheit, stellte aber große Teile der ländlichen Oberschicht und des Bürgertums in den Städten. Waren schon zur Spätzeit des Zarenreiches wegen dessen Russifizierungspolitik viele Baltendeutsche nach Deutschland zurückgesiedelt, folgten zur Zeit der nationalsozialistischen Herrschaft der größte Teil der »Heim-ins-Reich-Politik«, ca. 70 000 Balten wurden aufgrund von Verträgen des nationalsozialistischen Deutschland mit den baltischen Staaten umgesiedelt.

Im europäischen Zusammenhang war jedoch vor allem das *19. Jahrhundert* das der »großen Wanderung«. Zwischen 1820 bis 1915 sind etwa 63 Millionen Menschen aus Europa nach Übersee, vor allem nach *Nord- und Südamerika* (52 Millionen, etwa 80 %), migriert, davon 50 bis 55 Millionen dauerhaft. Hinzu kamen auf dem alten Kontinent die Ostwanderung von 5 bis 7 Millionen Menschen aus dem europäischen Teil Rußlands nach Sibirien, die Wanderung von Ostmitteleuropa (ehemaliges Polen, Baltikum) nach Preußen/Deutschland, Belgien und Nordfrank-

93. Brandes 1992a, 92.
94. 1709 aus der Pfalz, 1717 aus Württemberg, 1737 aus Baden; vgl. Bretting 1992, 37 f.
95. Brandes 1992a, 85.

reich (mehr als 2 Millionen Menschen) und die Migration von – vor allem Italienern und Deutschen – nach Frankreich (ca. 1,1 Millionen).[96]

Tab. 6: Die Entwicklung der europäischen Überseewanderung zwischen 1846 und 1945; jährliche Durchschnittszahlen je Jahrfünft (in Tsd.)[97]

Jahrfünft	Auswanderer	Jahrfünft	Auswanderer
1846-50	256	1896-1900	602
1851-55	342	1901-05	1053
1856-60	201	1906-10	1389
1861-65	223	1911-15	1345
1866-70	346	1916-20	431
1871-75	372	1921-25	800
1876-80	283	1926-30	552
1881-85	686	1931-35	189
1886-90	779	1936-40	148
1891-95	729	1941-45	57

Wie in der Tabelle zu sehen ist, steigt die Zahl der Auswanderer von 1840 bis zum Ausbruch des 1. Weltkrieges an, um von da an stark abzusinken, vor allem die Migration aus Nordwesteuropa spielt seit der Jahrhundertwende nur noch eine geringe Rolle, der Großteil der europäischen Migranten kommt ab dieser Zeit vor allem aus Süd- und Osteuropa; es besteht offensichtlich eine Korrelation zwischen der einsetzenden industriellen Entwicklung und der Migration. Im Zeitraum von 1846 bis 1932 stammen ein Drittel von den Britischen Inseln, knapp 20 % aus Italien, 10 % aus den Ländern der Donaumonarchie, knapp 10 % aus Deutschland und 9 % aus Spanien. Es ist allerdings ein Mythos, daß die Auswanderer in Übersee – insbesondere in den USA – vor allem Siedler und Pioniere waren, die das angeblich nicht bevölkerte Land besiedelten und urbar machten. »Ein Großteil der in den ersten beiden Jahrhunderten in die USA gewanderten Bewohner kamen keineswegs als freie Siedler und Pioniere, sondern unter dem System des ›indentured service‹, einer Form von sklavenähnlicher, jedoch temporärer Zwangsarbeit.«[98]

Ein Hauptgrund für die Überseewanderung im Europa des 19. Jahrhunderts ist die *Bevölkerungsentwicklung.* In Europa hatte sich die Bevöl-

96. Belege bei Körner 1990, 27 ff.
97. Körner 1990, 32.
98. Heckmann 1992, 65; in der Regel bestanden Verträge mit Agenten, die die Überfahrt übernahmen, während im Gegenzug die Auswanderer sich für Arbeitstätigkeiten verpflichteten.

kerung in der Zeit von 1800 bis 1910 – bezieht man die Ausgewanderten mit ein – verdreifacht von 185 auf 559 Millionen; etwa ein Drittel des Bevölkerungswachstums wurde folglich von der Überseemigration »absorbiert«. »Entsprechend wurden die europäischen Volkswirtschaften, die beim damals gegebenen Stand der Entwicklung das rasche Bevölkerungswachstum nicht wirtschaftlich produktiv binden konnten, entlastet.«[99] Es ist keine Übertreibung zu sagen, daß in dieser Zeit Europa einen Großteil seiner sozialen Probleme durch Auswanderung exportiert hat.[100] Zumal die überwiegende Mehrzahl der Auswanderer den sozial schwachen Schichten der Bevölkerung entstammte, die im Zuge der Umstellungskrisen der Wirtschaft sozial und ökonomisch an den Rand gedrängt worden war.[101] Ein weiterer Grund ist die Veränderung der feudalistischen agrarischen Produktionsweise zur neuen Struktur des Industriekapitalismus, die sich in den Gesellschaften in einer verstärkten Land-Stadt-Migration niederschlug. In der Umstellungskrise kam es zu einer »Freisetzung« vormaliger landwirtschaftlicher Arbeitskräfte, die zuerst nicht vollständig in den entstehenden Industriebetrieben aufgenommen werden konnten. Mit der zunehmenden Durchsetzung der Industrialisierung nahm demzufolge der Auswanderungsdruck merklich ab.

Ein Grund für die Bevölkerungsentwicklung ist der seit Mitte des 18. Jahrhunderts zu verzeichnende »demographische Übergang«, »d.h. die phasenverschobene Entwicklung der Sterberate und Geburtenrate während der gesellschaftlichen und wirtschaftlichen Modernisierung.«[102] In der Zeit von etwa 1750 bis 1880 bleibt die Geburtenrate in den europäischen Ländern auf einem gleichbleibend hohen Niveau, während die Sterberate rasant sinkt. Diese Dynamik verändert sich erst gegen Ende des 19. Jahrhunderts mit dem Rückgang der Geburtenrate. Mit dem Bevölkerungswachstum einher geht eine Verstädterung des Landes. In Deutschland z.B. steigt die Bevölkerung von 1820 bis 1870 von 25 Millionen auf 40,8 Millionen Menschen (eine Steigerung um 63,2 %) und bis 1911 auf 65 Millionen; in Preußen wächst der Anteil der städtischen Bevölkerung von 5 % im Jahr 1831 auf 47 % im Jahr 1890.[103]

Parallel dazu steigt in *Deutschland* die Zahl der Auswanderer (insgesamt ca. 5 Millionen Personen), wobei der größte Anteil auf die Zeit von 1850 bis 1885 entfällt (die Phasen mit der stärksten Auswanderung

99. Körner 1990, 29.
100. So Nuscheler 1995a, 48.
101. Vgl. Bade 1983:19f.
102. Körner 1990, 36.
103. Nachweise in Körner 1990, 42. Vgl. dazu Marschalck 1984.

waren die Perioden 1850-1857, 1864-1873 und vor allem 1880-1890), in der »Spitzenzeit« verließen 1881 fast 5 % der deutschen Bevölkerung Europa durch die Wanderung nach Übersee.[104] Der Auswanderungsdruck und damit die Auswanderungszahlen ließen erst nach, als nach der Überwindung der langen Depression, die auf die sogenannte »Gründerkrise« der siebziger Jahre folgte, durch das anschließende rasche Wachstum der Industrie das Überangebot an Arbeitskraft zunehmend absorbierte.[105] Die Motive der Auswanderer waren sehr unterschiedlich, zumal die Wanderungsbewegung in verschiedenen Phasen erfolgte.[106] Vor allem in der Zeit bis etwa 1850/60 emigrierten vor allem Personen, die noch über ein gewisses Vermögen verfügten. Es war also eher die Furcht vor sozialem Abstieg sowie die Unzufriedenheit mit den politischen Verhältnissen, die die ersten Auswanderer motivierte.[107] Erst ab etwa 1850 beginnt dann die Armutswanderung vor allem aus den ländlichen Gebieten, wobei hier die auslösenden Faktoren regional sehr unterschiedlich und die Auswanderungswellen zeitlich verschoben waren. Für die USA trifft jedoch die Vermutung, daß es sich bei den Einwanderern vorwiegend um entwurzelte bäuerliche Familien handelte, nur in begrenztem Maße zu. Vorwiegend

104. Belege in Körner 1990, 33 und 42.
105. Vgl. Körner 1990, 42.
106. Allerdings mischten sich die Motive bei den einzelnen, ausschlaggebend waren individuell vorwiegend Motivbündel aus ökonomischen und politischen Faktoren. Zur Illustration einige Passagen aus Auswandererbriefen: Eine hessische Magd 1851: »liebe Goht, [lieber] Vetter, ihr wisset doch wohl, wenn ich nun in Deutschland geblieben wär, dann hätte ich Zeit meines Lebens Dienstmagd sein müssen; hätt ich meinesgleichen heiraten wollen, dann hätt ich noch keine Ziege halten können, viel weniger eine Kuh ... wie ich [in den Vereinigten Staaten] den Johann Georg Wetz geheirat habe, von uns hatte keins nichts, noch keinen Löffel, womit wir essen konnten, aber lieber Vetter, jetzt tausche ich mit euch nicht, ihr seid [gleichwohl] ein reicher Mann.« Oder aus einem Brief von 1858: »Einer der in Deutschland, als wie meinesgleichen oder wie die meisten in unserm Dorf, sich heiratet oder bekömmt eine Familie, der sieht ja voraus, daß er ein armer geplagter ist und bleibt, solange wie er lebt. Und denn noch [vor] einem, der eine Handvoll Land mehr hat, muß er den Hut abnehmen, und Kratzfüßchen muß er machen, wie es der Gebrauch ist.« Von der politischen Unzufriedenheit zeugt ein Brief von 1852: »In Deutschland wohnen und in den dortigen Verhältnissen leben möchte ich nie wieder. Wenn ich wieder Uniformen und Pickelhauben sähe, so würde mich ein eiskalter Schauer durchlaufen und das Wort von Gottes Gnaden würde mein Gehör beleidigen. Man lebt zufrieden in einem Land, wo man nichts von politischen Verbrechen weiss.« (Alle Briefe zitiert nach Assion 1989, 262 ff.).
107. Assion 1989, 259.

handelte es sich um »ungelernte Arbeiter« und Hausangestellte, also um Personen, die angesichts der Agrar- und Wirtschaftskrisen über eine außerordentlich ungesicherte Position verfügten.[108] Diese Armutswanderung dominierte in den großen Ausreisewellen der '80er Jahre. Hinzu kam aber der »Familiennachzug« von zuvor erfolgreich Ausgewanderten.[109] Die Auswanderungsraten aus den entstehenden Industrieregionen waren demgegenüber relativ gering. Mit der zunehmenden Industrialisierung wurde dann sogar in den '90er Jahren die Auswanderung durch eine verstärkte Binnenwanderung in diese Industriezentren abgelöst. In den fünf Jahrzehnten der zweiten Hälfte des 19. Jahrhunderts stellte Deutschland jeweils die zahlenmäßig größte Einwanderungsgruppe in den USA noch vor Großbritannien und Irland, wobei dort die Auswanderungsraten (also die Zahl der Auswanderer pro Einwohnerzahl) deutlich höher lagen.[110]

Gleichzeitig gab es in dieser Zeit eine nicht unbeträchtliche Zahl von *Rückwanderern* aus Übersee, die aus unterschiedlichen Gründen zurückkehrten. Der Umfang der Rückwanderung läßt sich nur grob schätzen, da die USA erst ab 1908 die Rückwanderer nach Europa zählten. Für deutsche Migranten werden Angaben zwischen 2 und fast 50 % gemacht. Wahrscheinlich lag die Rate über den gesamten Zeitraum in dem Bereich, der auch für die Jahre zwischen 1899 und 1924 angegeben wird, bei etwa 20 %.[111] Wäre allgemein bekannt gewesen, daß dieser Anteil so groß ist, hätte die Gefahr bestanden, daß die Zuwanderung erheblich geringer gewesen wäre. Die USA hatten jedoch im 19. Jahrhundert ein massives Interesse an der Zuwanderung. Allerdings handelte es sich bei den Rückwanderern nicht um »gescheiterte Existenzen«, sondern vielfach um Menschen, die mit der Auswanderung ein bestimmtes ökonomisches Ziel verfolgten, nach dessen Erreichung sie wieder zurückkehrten. Insgesamt werden vier Motivbündel angenommen, die zur Rückwanderung führten:[112] Erfolglosigkeit, »konservative« Rückwanderung nach Erreichen eines bestimmten ökonomischen Zieles, »innovative« Rückwanderung, um Kenntnisse und Fähigkeiten, die in Übersee erworben wurden, in der Heimat produktiv nutzen zu können und Altersrückwanderung, also

108. Vgl. Easterlin 1980, 40 f.
109. Assion 1989, 260.
110. Vgl. Easterlin 1980, 35 ff.; die Auswanderungsrate für Migranten in die USA betrug etwa bei Irland in dieser Zeit zwischen 10 und 20 %, bei Deutschland zwischen 1 und 3 %.
111. Vgl. Schniedewind 1992, 180.
112. Vgl. Schniedewind 1992, 181 ff.

Menschen, die ihren Lebensabend in der alten Heimat verbringen wollten. Vor allem bei der ersten Gruppe handelt es sich häufig um Personen, bei denen es Probleme im Akkulturationsprozeß gab, also Probleme der Anpassung an Sprache, Lebensgewohnheiten usw.

Zeitgleich mit der Auswanderung steigt die *Menge der Kapital-* (aus Europa) *und Warenströme* (aus Übersee) zwischen Auswanderungs- und Einwanderungsländern. »Mit Hilfe des zufließenden Kapitals und der einströmenden Migranten konnte [...] in den überseeischen Ländern ein zunächst landwirtschaftlicher, später – im Falle der USA – auch industrieller Produktionsapparat aufgebaut werden, der es den Schuldnern nicht nur ermöglichte, Zinsen und Tilgungen aufzubringen, sondern diese via Warenexport nach Europa zu transferieren.«[113] Auswanderung und Kapital- und Warenverkehr waren also von beiderseitigem Nutzen. Ohne die europäischen Investitionen hätten die Einwanderer kaum zureichend produktiv tätig werden können, gleichzeitig konnte in Übersee eine leistungsfähige Volkswirtschaft aufgebaut werden. Außerdem sank in den Auswanderungsländern der soziale Druck, während die Einwanderungsländer auf die Zuwanderung von Arbeitskräften angewiesen waren.

In Deutschland wurde die Auswanderungsbewegung durch eine *kontroverse politische Diskussion* begleitet. Dabei waren hauptsächlich drei Argumente vorherrschend: »1. die von völkisch-romantischen und später von nationalideologischen Vorstellungen geprägte Klage über den nationalkulturellen ›Aderlaß‹ durch überseeische Massenauswanderung und den Verlust an Wirtschaftskraft und ›Erziehungskapital‹ vor allem an die Vereinigten Staaten; 2. die gegenläufige, in die zeitgenössische Dampfkesselmetaphorik gekleidete bevölkerungs- und sozialpolitische Vorstellung, daß die Auswanderung das einzig rettende ›Sicherheitsventil‹ gegen den durch die ›explosive‹ Bevölkerungszunahme wachsenden ›Druck‹ im Innern biete; 3. die Forderung, die ›sozialpolitisch notwendige‹ Auswanderung durch Auswanderungsgesetzgebung gegen Übervorteilung zu schützen und durch staatliche ›Auswanderungspolitik‹ und/oder private ›Assoziationen‹ so zu ›organisieren‹ und zu ›lenken‹, daß die damit verbundenen nationalkulturellen und ökonomischen Gravamina begrenzt oder sogar in Vorteile für das Auswanderungsland verwandelt würden – bis hin zu Vorstellungen von der Begründung eines ›Neudeutschland in Übersee‹ durch konzentrierte deutsche Einwanderung in Südamerika.«[114]

Die Probleme der Auswanderungsregelung reichen weit zurück. Im 16. Jahrhundert wurde die zuvor schon praktizierte Beschränkung der

113. Körner 1990, 46f.
114. Bade 1983, 25f.

Ausreisefreiheit ausdrücklich reichsgesetzlich bestätigt. Auch der Westfälische Frieden brachte nur insofern eine Erleichterung, als unter bestimmten Bedingungen aus religiösen Gründen die Ausreise gestattet wurde. Zumal Auswanderung ein Weg war, sich dem Militärdienst zu entziehen, verboten einige Landesfürsten die Auswanderung unter Androhung massiver Strafen.[115] Gegen Beginn des 19. Jahrhunderts wurde dann – auch unter dem Einfluß liberaler Ideen – die Notwendigkeit gesehen, die Auswanderung rechtlich zu regeln. Die Bestrebungen von Freiherrn von Gagern und Freiherrn vom und zum Stein waren dabei jedoch auch dadurch motiviert, Auswanderung als Ventil für revolutionären Druck zu gestatten. Allerdings kam bis zur Frankfurter Nationalversammlung kein entsprechendes Gesetz zustande. Von dieser wurde die Frage der Auswanderung als äußerst dringlich empfunden.[116] Im Verfassungsentwurf wurde die Auswanderungsfreiheit festgeschrieben und unter Schutz und Fürsorge des Reichs gestellt. Damit waren insofern neue Wege beschritten, als in den Länderregelungen die Fürsorgepflicht, außer in den Verordnungen der Länder Bremen und Hamburg, nicht festgeschrieben war. Entsprechend war die Fürsorge für die Auswanderer zuvor ausschließlich Gegenstand privater und kirchlicher Initiativen.[117] 1849 diskutierte die Nationalversammlung ein »Gesetz den Schutz und die Fürsorge des Reiches für die deutsche Auswanderung betreffend«, das aber wegen des Scheiterns der Nationalversammlung nie zur Anwendung kam. Auch in der Folgezeit blieb die Auswanderung Ländersache, obwohl immer wieder versucht wurde, die Auswanderung durch Reichsgesetz zu regeln.

Gegen die Verabschiedung eines solchen Auswanderungsgesetzes stellten sich vor allem konservative Kräfte, die zum Teil – wie Bismarck – ein eigenes ökonomisches Interesse an der Stabilisierung der ostdeutschen Landwirtschaft hatten, die unter den Folgen der Auswanderung am stärksten zu leiden hatte.[118] Ganz anders lagen die Interessen der Hafenstädte Bremen und Hamburg, die von der Auswanderung profitierten. »Ursächlich für die weitreichenden Schutzvorschriften zugunsten der Auswanderer in Bremen und Hamburg waren vor allem wirtschaftliche Gründe. Die Heimatstaaten rieten ihren Untertanen zumeist von solchen Einschiffungshäfen ab, aus denen Meldungen über eine Ausbeutung der Aus-

115. Vgl. Langbein/Henning 1989, 292.
116. Ich folge in meiner Darstellung Langbein/Henning 1989, 294f.
117. Vgl. Talazko 1989. In der Geschichte der Auswandererfürsorge spielen Wichern und Löhe eine herausragende Rolle, die Geschichte der Inneren Mission ist in dieser Zeit eng mit der der Auswandererfürsorge verknüpft.
118. Vgl. weiter unten die Arbeitsmigration nach Deutschland ab ca. 1880.

wanderer kamen. Nach Erlaß der Bremer Schutzvorschriften wurde vielen Auswanderern die Ausreise über Bremen empfohlen.«[119] Zu einem Auswanderungsgesetz auf Reichsebene kam es dann auch erst nach Bismarcks Sturz und zu einer Zeit, als die Überseemigration in Deutschland kaum noch eine Rolle spielte: 1897. Ziel des Gesetzes war, neben Bestimmungen zum Schutz der Auswanderer, »die Erhaltung des Deutschtums unter den Auswanderern und Nutzbarmachung der Auswanderung für die Interessen des Mutterlandes, und zwar durch Ablenkung der Auswanderung von ungeeigneten und Hinlenkung nach geeigneten Zielen.«[120] Hintergrund war das Faktum, daß ca. 90 % der deutschen Auswanderer in die Vereinigten Staaten migrierten. Diese Migranten schienen für das Deutsche Reich verloren, während andererseits darauf gehofft wurde, durch gezielte Zuwanderung in andere Gebiete deutsche Einflußsphären zu errichten. Dies ist ein Reflex auf die Diskussion um die Kolonialbewegung. »Eingehende statistische Untersuchungen wurden darüber angestellt, welche Summen der Staat für die Auswanderer vor ihrer Abreise aufgebracht habe und welch hoher Prozentsatz deutschen Volksvermögens und deutscher Volksenergien alljährlich durch die Emigration verlorengehe. Anstatt daß dies finanzielle und nationale ›Kapital‹ anderen Konkurrenznationen zugute komme, wie vor allem den USA, sollte die Auswanderung in deutsche Siedlungskolonien gelenkt werden.«[121] Im Kern ging es also darum, die Auswanderung in den Dienst der nationalstaatlichen Politik zu stellen, die immer deutlicher imperialistische Züge trug.[122] Ein Reflex darauf ist auch das Reichs- und Staatsangehörigkeitsrecht von 1913. In diesem wird mit der zuvor gängigen Praxis gebrochen, daß Staatsangehörige nach mehr als zehnjähriger Abwesenheit vom Reich ihre Staatsangehörigkeit verloren. Das »Deutschtum« der Auswanderer sollte möglichst erhalten bleiben; es erhielt sogar den Status einer unverlierbaren Eigenschaft, die auch weitervererbt werden konnte.

Weniger bekannt als die Überseewanderung gegen Ende des letzten Jahrhunderts ist der Sachverhalt, daß auch seit dem 2. Weltkrieg eine große Zahl aus Deutschland nach Übersee migrierte. Standen kurz nach dem Krieg vor allem ökonomische und politische Motive im Vordergrund, ist gegenwärtig eher eine allgemeine Unzufriedenheit mit den Verhältnissen (ökologisch, politisch, sozial usw.) vorherrschendes Motiv; hinzu kommen auch deutsche Rentner, die ihren Lebensabend in klimatisch wärmeren

119. Langbein/Henning 1989, 295.
120. Aus der Begründung des Bundesratsentwurfs, zitiert nach Bade 1983, 27.
121. Gründer 1985, 27.
122. Vgl. die Darstellung dieser Argumentation in Gründer 1985, 30ff.

Regionen verbringen möchten. Insgesamt sind zwischen 1954 und 1993 3,2 Millionen (West-)Deutsche für längere Zeit oder immer ins Ausland gegangen; die Zahl der Rückwanderer beträgt etwa 2,2 Millionen, im Saldo ergibt dies eine Million deutsche Auswanderer.[123] Die größten jährlichen Auswanderungszahlen gab es vor 1970 (durchschnittlich 103000 im Jahr) und nach 1989 (94000 im Jahr). »Die gegenwärtige Auswanderungswelle besteht zum Teil aus Übersiedlern und Aussiedlern, für die Westdeutschland nur eine Durchgangsstation auf dem Weg in die USA, Kanada, Australien oder Südafrika war. Ein anderer Faktor war der Abbau der alliierten Streitkräfte in Deutschland. In vielen Fällen folgten deutsche Ehepartner den ausländischen Soldaten und Zivilangestellten in deren Heimatländer.«[124] Auswanderung scheint also auch gegenwärtig eine Option für eine nicht so geringe Zahl von deutschen Staatsbürgerinnen und -bürgern zu bleiben; so zählt das Statistische Bundesamt für das Jahr 1995 130 672 Fortzüge deutscher Staatsangehöriger ins Ausland[125].

1.3 Man rief Arbeitskräfte – und es kamen Menschen Arbeitsmigration in Europa

Auch die Arbeitsmigration innerhalb Europas hat eine längere *Vorgeschichte.* Seit dem 15. Jahrhundert wird eine Arbeitswanderung in die Städte beschrieben. Die Wanderungsnetze zogen sich über ganz Europa. In der Zeit merkantilistischer Wirtschaftspolitik wurden qualifizierte Handwerker stark umworben. Zudem zogen staatliche Großprojekte viele Arbeitskräfte an. So wurden etwa zur Zeit Zar Peters des Großen in Moskau 20000 und in St. Petersburg 30000 deutsche Handwerker gezählt.[126] Ihnen folgten im 18. Jahrhundert Techniker, aber auch viele Apotheker, Ärzte und Gelehrte. Zentrum war vor allem St. Petersburg, wo ganze Berufsgruppen durch Deutsche dominiert waren.[127] Auch im letzten Jahrhundert machte Deutschland Erfahrungen als Entsende- und

123. Münz/Ulrich 1996, 14.
124. Ebd.
125. Statistisches Jahrbuch 1995, 82; allerdings besteht ein positives Wanderungssaldo, da die Zuzüge von Deutschen aus dem Ausland mit 303 347 die Zahl der Fortzüge deutlich übersteigt. Dabei ist jedoch zu bedenken, daß hier auch die deutschstämmigen Aussiedler (z. B. aus der ehemaligen Sowjetunion oder Polen) mitgezählt werden; zieht man diese Gruppe von den Zuzügen ab, ergibt sich ein geringes negatives Wanderungssaldo.
126. Hoerder/Knauf 1992, 21.
127. Vgl. Brandes 1992b, 12f.

Aufnahmeland. Wie oben beschrieben, machte den größten Teil der Arbeitsmigration die Auswanderung nach Übersee, vor allem in die USA, aus. In weitaus kleinerem Maße gab es zudem eine Arbeitswanderung ins europäische Ausland, vor allem nach Frankreich. Bis 1880 arbeiten deutsche »Gastarbeiter und Gastarbeiterinnen« in Paris – z.B. als Straßenkehrer, Fabrik- und Erdarbeiter, als Lumpensammler und als Dienstmägde – und bildeten dort so etwas wie ein ausländisches »Subproletariat«. Ihre Zahl lag etwa in Paris zwischen 50000 und 100000.[128] Die Situation dieser Menschen wurde in der damaligen Zeit als großes soziales Problem angesehen. Ein Beleg dafür ist, daß Friedrich von Bodelschwingh in den '60er Jahren zur Betreuung dieser Menschen nach Paris ging. Neben sozialen Problemen berichtet er von kulturellen und familiären Anpassungsschwierigkeiten: »Da die Auswanderer selbst kein Französisch sprachen, sie auch nach Deutschland zurückzukehren gedachten, wenn sie sich einige Hundert Mark erspart hätten, so war es ihnen schwer, daß ihre Kinder in den französischen Regierungsschulen sehr schnell Französisch, ja, wenn sie klein waren, nur Französisch lernten und die Eltern kaum noch verstanden.«[129] Diese Probleme entstanden später häufig umgekehrt in Deutschland bei den nun hier lebenden »Gastarbeitern« und führten – und führen noch – zu Differenzen zwischen der »ersten« und »zweiten Generation«.

Deutschland als »Arbeitseinfuhrland« seit 1880

Etwa *ab 1880* – während der zweiten großen Auswanderungswelle aus Deutschland, in der im Zeitraum zwischen 1881 und 1890 1,3 Millionen Menschen Deutschland verließen – änderte sich die Situation *im deutschen Kaiserreich* grundlegend. Binnen weniger Jahre wurde Deutschland vom Auswanderungs- zum »Arbeitseinfuhrland«[130]. In zunehmenden Maße wurden Arbeitskräfte, vor allem aus dem Osten, für die deutsche Wirtschaft rekrutiert. Schwerpunkt waren die deutschen Ostprovinzen, die zuvor den höchsten Anteil an Auswanderern zu verzeichnen hatten. Verschärft wurde das Problem durch die Land-Stadt-Migration, die das Ausmaß der Auswanderung um ein Vielfaches übertraf. Die Folge war eine vielfach beklagte »Leutenot« in der ostdeutschen Landwirtschaft, die durch ausländische Saisonarbeiter ausgeglichen werden sollte. »Ihre

128. Pabst 1992, 263.
129. Zitiert nach Pabst 1992, 264.
130. Vor Beginn des 1. Weltkrieges galt Deutschland nach den USA als zweitgrößtes Arbeitseinfuhrland, vgl. Bade 1984c, 468.

Zahl erreichte um die Jahrhundertwende etwa 800000 und vor dem Ersten Weltkrieg 1,2 Millionen. Unter ihnen befanden sich etwa 350000 ›Ruhrpolen‹, die auf den ›Polenzechen‹ des Ruhrgebiets gut ein Fünftel der Belegschaften ausmachten.«[131] Diese Ruhrpolen waren jedoch formell keine Ausländer, da sie aus dem von Preußen annektierten Teilgebiet Polens stammten.[132] Anders war die Stellung der vornehmlich aus Rußland und Galizien stammenden Polen, die in der Landwirtschaft tätig waren und dort den aus der Landflucht resultierenden Arbeitskräftemangel kompensierten. Sie mußten als Saisonarbeiter im Winter in ihre Heimat zurückkehren und hatten keine weitere soziale Absicherung. »Den auslandspolnischen ›Wanderarbeitern‹ verordnet wurden Zwangsrotation in Gestalt von ›Rückkehrpflicht‹ und Zuwanderungsverbot in der winterlichen Sperrfrist (›Karenzzeit‹) sowie Beschäftigungsverbote außerhalb der Landwirtschaft in den mittleren und westlichen preußischen Provinzen (›Polonisierung des Westens‹).«[133]

Schon in dieser Zeit wurde die Frage der Ausländerbeschäftigung äußerst kontrovers diskutiert mit Argumenten, die gegenwärtig wieder eine Rolle spielen.[134] So wurde z. B. eine Verdrängung deutscher Beschäftigter durch die billige Konkurrenz befürchtet, es wurde von Seiten der Gewerkschaften vermutet, ausländische Arbeitskräfte würden als »Lohndrücker« und »Streikbrecher« funktionalisiert, weiter wurde behauptet, daß durch die Beschäftigung von Ausländern die entsprechenden Arbeitsplätze deklassiert würden, bzw. umgekehrt, daß die »Unterschichtung« durch ausländische Arbeitskräfte den beruflichen und sozialen Aufstieg der deutschen befördere, zumal durch entsprechende Bestimmungen dafür Sorge getragen wurde, daß den beschäftigten Ausländern berufliche Aufstiegschancen verwehrt blieben. Bezeichnend war die schwankende Position der Freien Gewerkschaften zwischen »proletarischem Internationalismus und nationaler Arbeitnehmervertretung«.[135] Politisch wurde der Sachverhalt, daß Deutschland zum Einwanderungsland geworden war, bestritten. In der Debatte um das Staatsangehörigkeitsrecht von 1913, das in seinen wesentlichen Bestandteilen heute noch gilt, konnten sich die Sozialdemokraten, die Einbürgerungserleichterungen anstrebten, nicht durchsetzen. Es blieb bei der administrativ geregel-

131. Nuscheler 1995a, 109.
132. Zur Integration der »Ruhrpolen« in die deutsche Gesellschaft vgl. Kleßmann 1984.
133. Bade 1994, 39.
134. Ich orientiere mich im folgenden an Bade 1983, 38 ff. und Bade 1984c, 472 ff.
135. Bade 1984c, 475.

ten Ausländerbeschäftigung mit dem Status von »Wanderarbeitern«, die den Puffer bei wirtschaftlichen Krisen darstellten. Daß die entsprechenden Regelungen den Funktionserfordernissen der Wirtschaft angepaßt waren, zeigt die Zwangsarbeitspolitik während des 1. Weltkriegs.[136] Während zuvor der »Rückkehrzwang« bestand, wurde dieser nun aufgehoben und eine Rückkehr erschwert oder gar unmöglich gemacht: die Kriegsindustrie und vor allem die Landwirtschaft benötigte die »Fremdarbeiter« als Ersatz für die als Soldaten kämpfenden oder gefallenen »eigenen« Arbeiter. Zusätzlich wurden im Krieg die »Fremdarbeiter« durch Kriegsgefangene ergänzt, kurz vor Kriegsende arbeiteten etwa 900000 in der Industrie und der Landwirtschaft.[137]

Die *Weimarer Republik* übernahm die restriktive Einwanderungs- und Ausländerpolitik des Deutschen Kaiserreiches. Während diese überwiegend antipolnisch motiviert war, orientierte sich jene an der Entwicklung des Arbeitsmarktes. »Visa für ausländische Arbeitskräfte wurden deshalb an den Nachweis vergeblicher Bemühungen des Arbeitgebers um entsprechende einheimische Kräfte gebunden (›Genehmigungspflicht‹).«[138] Entsprechend gering war demzufolge die Zahl der in der deutschen Wirtschaft beschäftigten Ausländer und lag 1932 bei 110000.[139]

Im *nationalsozialistischen Deutschland* wurde die restriktive Ausländerpolitik der Weimarer Republik noch verschärft. Die gegen Ende der Weimarer Republik erlassenen Verordnungen[140] schienen den Nationalsozialisten als zu liberal. Sie strebten eine weitere Vereinheitlichung der Ausländerpolitik an, alle entsprechenden Befugnisse lagen beim Reichsinnenministerium, ab 1936 war die Polizeiabteilung befaßt, Himmler und Heydrich hatten damit die Zuständigkeit für alle ausländerspezifischen Belange. 1937 bereitete Heydrich dann eine Ausländerpolizeiverordnung vor, die die noch geltende von 1932 ersetzen sollte. »Erklärtes Ziel der angekündigten Schritte war es, ›ein einheitliches Ausländerpolizeirecht für das Reichsgebiet zu schaffen und alle ausländerpolizeilichen Sonderregelungen in den Ländern zu beseitigen‹, um schließlich klarzustellen, daß es für die Ausländer ›kein Recht zum Aufenthalt im Reichsgebiet‹ geben könne, sondern ›daß es vielmehr ausschließlich Sache des Reiches

136. Vgl. Elsner 1984.
137. Bade 1983, 47.
138. Bade 1994, 40.
139. Vgl. hierzu Bade 1980.
140. Polizeiverordnung über die Behandlung der Ausländer (APVO) vom 27.4.1932 und Verordnung über ausländische Arbeitnehmer (AVO) vom 23.1.1933, Vgl. dazu Lehmann 1984, 558ff.

und damit der zur Durchführung der ausländerpolizeilichen Bestimmungen berufenen Behörde ist, darüber zu entscheiden, ob dem Ausländer der Aufenthalt im Reichsgebiet zu erlauben ist oder nicht.‹«[141] Mit der Entrechtung der im Reich sich aufhaltenden Ausländer ging eine Zentralisierung der Ausländerbeschäftigung durch das Reichsarbeitsministeriums einher. Seit 1936 war jedoch Göring als Beauftragter für den Vierjahresplan zuständig für die Organisation des Arbeitseinsatzes. Die ausländerfeindliche Haltung der Nationalsozialisten stand dabei in Spannung mit der wirtschaftlichen Situation. Denn ab 1936 stieg der Bedarf der Wirtschaft an beschäftigten Ausländern aufgrund der Kriegsvorbereitungen. »Bei einem geschätzten zusätzlichen Arbeitskräftebedarf von etwa einer Million – drei Viertel für die Industrie, der Rest für die Landwirtschaft – hatten die wirtschaftlichen Gesichtspunkte Priorität. Dem Drang nach importierter Arbeitskraft wurden am Vorabend des Krieges nur ›durch die Devisenlage Grenzen gezogen‹.«[142] Die Zahl der zu dieser Zeit beschäftigten Ausländer lag bei etwa 300000.[143]

Die in der Vorkriegszeit eingeführten Regelungen bildeten die Grundlage für die *Verschleppung von Zwangsarbeitern während des 2. Weltkriegs.* »Mit dem Kriegsausbruch begann die direkte Rekrutierung ausländischer Arbeitskräfte in den besetzten Gebieten, die zumeist von Anbeginn an Gewaltcharakter trug besonders in Polen [...]. Allein von September 1939 bis Mai 1940 wurden bereits ca. 560000 polnische Landarbeiter ›angeworben‹. Arbeitsverwaltung, Polizei, SS und Gestapo wirkten bei den Zwangsaushebungen zusammen, in deren Rahmen allein aus Polen insgesamt 1,8 bis 2 Mio. Zwangsarbeiter zum Einsatz in die deutsche Wirtschaft deportiert wurden.«[144] Geregelt wurde die Praxis durch eine neue Ausländerverordnung vom 5. September 1939. In ihr wurde den ausländischen Arbeitern aus den »Feindstaaten« – in der Regel Zwangsarbeiter – die Ausreise aus dem Reich verboten. Der Polizei oblag die Durchführung und Kontrolle der Bestimmungen. Gleichzeitig wurden die Zwangsarbeiter durch die Verordnung komplett entrechtet: jedwede Rechtsmittel gegen die Aberkennung der Freiheitsrechte wurde ihnen entzogen. Damit war die Grundlage gelegt für die »privaten« Zwangsarbeiterlager der Großbetriebe, in denen diese einen zunehmend größeren Teil der Belegschaft ausmachten.[145] Dabei waren die Bedingungen für

141. Lehmann 1984, 561 mit Zitat eines Schreibens des Reichsinnenministers, das Heydrich in Vertretung von Himmler verfaßte.
142. Lehmann 1984, 575.
143. Vgl. die Übersicht in Lehmann 1984, 578.
144. Bade 1983, 55.
145. Z.B. waren 1943 im Flick-, IG-Farben und Kruppkonzern ca. 40 % Fremd-

osteuropäische Zwangsarbeiter und Kriegsgefangene wesentlich härter als für solche aus dem Westen, für sie propagierte Göring »die höchste Ausnutzung der russischen Arbeitskraft«.[146] »Im ›Ausländer-Einsatz‹ der nationalsozialistischen Kriegswirtschaft mündete die Ausländerbeschäftigung in Arbeitssklaverei und ›Vernichtung durch Arbeit‹. Im Sommer 1944 schließlich standen ca. 7,6 Millionen vorwiegend aus Osteuropa zwangsdeportierte ›Fremdarbeiter‹, Kriegsgefangene und meist ausländische KZ-Häftlinge im ›Arbeitseinsatz‹. Das entsprach knapp einem Drittel aller Beschäftigten im Reich.«[147] Mehr als die Hälfte der polnischen und sowjetischen sogenannten »Zivilarbeiter« waren junge Frauen.[148] Nach Zahlen, die bei den Nürnberger Kriegsverbrecherprozessen genannt wurden, waren es während des Krieges insgesamt 14 Millionen, von denen etwa die Hälfte an Unterernährung, Krankheit oder brutaler Behandlung gestorben sind.[149] Ohne die brutale Ausbeutung dieser Menschen hätte die deutsche Kriegswirtschaft den Krieg nicht so lange führen können. Es sei nur kurz angemerkt, daß sich nach dem Krieg die deutsche Wirtschaft mit der Entschädigung der überlebenden Zwangsarbeiter mehr als schwer tat – und wie auch die gegenwärtige Diskussion zeigt, schwer tut.

Nach dem Krieg bemühten sich die Alliierten um eine schnelle Repatriierung der nun *DPs (Displaced Persons)* genannten ehemaligen Zwangsarbeiter. Innerhalb eines Jahres wurden etwa 80 % der ca. 11 Millionen DPs in ihre Heimat zurückgebracht, was allerdings nicht ohne größere Probleme möglich war.[150] Zum einen gab es von Seiten der DPs kriminelle Übergriffe (wobei aber im Gegensatz zur Wahrnehmung auf deutscher und alliierter Seite – abgesehen von der Zeit unmittelbar nach der Befreiung der DPs – die Kriminalitätsrate in etwa auf dem gleichen Niveau der deutschen großstädtischen Bevölkerung lag[151]), zum anderen standen nur geringe materielle und personelle Ressourcen zur Verfügung, so daß DPs in Lagern gesammelt und kontrolliert wurden und meist in

arbeiter und Kriegsgefangene beschäftigt. Im Durchschnitt waren 1944 20 % der Beschäftigten Fremdarbeiter und Kriegsgefangene, die höchsten Raten gab es in der Landwirtschaft (41 %) und im Steinkohlebergbau (37,5 %), in einigen Werken, z. B. der Flugzeugindustrie lag die Quote sogar bei 80-90 %; vgl. Bade 1983, 57 f.

146. So Bade 1983, 57.
147. Bade 1994, 41.
148. Herbert 1992, 361.
149. So Nuscheler 1995a, 109 f.
150. Vgl. hierzu Jacobmeyer 1992.
151. Jacobmeyer 1985, 48 ff.

Güterwagen transportiert wurden. Eigentlich war die Repatriierung ein Angebot, nur bei sowjetischen DPs wurde die Repatriierung durchgeführt, ohne deren individuelle Wünsche zu berücksichtigen, gegebenenfalls unter Zwang.[152] Für Stalin waren alle Zwangsarbeiter Kollaborateure, die nach ihrer Rückkehr Deportation oder Hinrichtung erwartete. Das führte zu Selbstmordraten von 10 % bei zwangsweise durchgeführten Repatriierungen.[153] Erst mit dem sich abzeichnenden Kalten Krieg wurden ab Mitte 1946 die Zwangsmaßnahmen eingestellt. Zu diesem Zeitpunkt befanden sich noch ca. 1 Million DPs in Deutschland. Nach einem großen Resettlement-Programm der IRO (International Refugee Organization) konnte bis zu Beginn der '50er Jahre für weitere DPs eine neue Heimat gefunden werden. Hauptgrund für die Weigerung, in die Herkunftsländer zurückzukehren war die politische und wirtschaftliche Situation in den osteuropäischen Staaten. Darüber hinaus waren viele der DPs in der Tat »displaced«, wenn z. B. ihr Heimatort nach dem Krieg zu einem neuen Staat gehörte. Dauerhaft in Deutschland blieben ca. 150 000 ehemalige Zwangsarbeiter, viele von ihnen auf Pflege angewiesen. 1950 übergaben die Alliierten die Zuständigkeit für die DPs der Bundesrepublik, wo sie den Status »Heimatloser Ausländer« erhielten mit Aufenthaltsrecht und Arbeitserlaubnis (Gesetz über die Rechtsstellung heimatloser Ausländer vom 25. April 1951). Allerdings wurde nur der Rechtsstatus bestimmt, von Wiedergutmachung war in diesem Zusammenhang nicht die Rede. Vielmehr argumentierte die Bundesregierung mit völkerrechtlichen Argumenten gegen eine Möglichkeit individueller Entschädigungen: Nur gegenüber Staaten bestehe eine Pflicht zur Wiedergutmachung, die Anerkennung von Ansprüchen von Individuen sei darüber hinaus mit geltendem Recht nicht vereinbar. Welche Beweggründe sich hinter dieser Position verbargen, läßt ein Argument erkennen, das der Verfasser des völkerrechtlichen Gutachtens, der Bonner Professor

152. Geregelt wurde die Frage der Repatriierung in im Rahmen der Jalta-Konferenz unterzeichneten Abkommen, die allerdings vorerst unveröffentlicht blieben. Von Zwangsmaßnahmen ist dort zwar nicht ausdrücklich die Rede, allerdings wurden die Vereinbarungen einhellig in diesem Sinne interpretiert: vgl. Jacobmeyer 1985, 126 ff.

153. Vgl. Jacobmeyer 1985, 132 ff. Ein amerikanischer Soldat berichtet über die Zwangsräumung eines Lagers: »Es war nicht mehr menschlich. [...] Es waren nicht Menschen in den Baracken, als wir hereinkamen. Es waren Tiere. Die GIs schnitten die meisten rasch los, die sich an den Deckenbalken erhängt hatten. Die, die noch bei Bewußtsein waren, schrien uns auf Russisch an, deuteten dabei erst auf die Schußwaffen der Soldaten, dann auf sich selbst, und baten uns flehentlich, sie zu erschießen.« Zitiert nach Jacobmeyer 1985, 134.

Ulrich Scheuner, im Rahmen einer interministeriellen Besprechung vorbrachte: »Es sei ›politisch kaum zu verantworten‹, solchen Personen Wiedergutmachungsansprüche zuzugestehen, deren Staaten ›durch Ausraubung und Vertreibung der Volksdeutschen das Völkerrecht schwer verletzt hätten‹.«[154] Daß die DPs nicht freiwillig, sondern ebenfalls unter Bruch völkerrechtlicher Normen nach Deutschland gekommen waren, wird verschwiegen.

Arbeitsmigration seit den fünfziger Jahren: Die »Gastarbeiter«

Bald nach dem Zweiten Weltkrieg setzt in Europa eine *»reguläre« Arbeitsmigration* ein.[155] In einer *ersten Phase bis etwa Mitte der fünfziger Jahre* stammten die Arbeitsmigranten vorwiegend aus den »traditionellen Entsendeländern« Algerien und Italien. Doch schon in ihren Anfängen war diese Arbeitsmigration staatlich organisiert und gesteuert. Migrationspolitik war seit ihrem Beginn Arbeitsmarktpolitik. Grund für die Anwerbung ausländischer Arbeitskräfte war, daß in den nordwesteuropäischen Ländern der Arbeitskräftebedarf nicht mehr gedeckt war. Die Anwerbung war als Instrument gedacht, um kurzfristig Lücken schließen zu können. Dabei galt das Prinzip der »Arbeitskräfterotation«, mit längeren Aufenthaltszeiten wurde nicht gerechnet. Gleichzeitig galt das Verfahren einer selektiven Anwerbepolitik nach bestimmten Qualifikationsmerkmalen für den entsprechenden Bedarf. In der Regel wurde die Anwerbung in bilateralen Regierungsabkommen zwischen Entsende- und Aufnahmeland geregelt. Vorgesehen war eine Zulassung auf Zeit, die Entsendeländer verpflichteten sich zur Aufnahme der Rückkehrer, sobald kein Arbeitskräftebedarf mehr bestand. Allerdings enthalten die Abkommen Sozialvorschriften, die die prinzipielle Gleichstellung der Arbeitsmigranten mit den einheimischen Arbeitskräften anstreben. »Die *Spannung zwischen den Prinzipien der arbeitsmarktgelenkten ›Arbeitskräfterotation‹ und der sozialrechtlich motivierten ›Aufenthaltsstabilisierung‹* ist also bereits im System der ›organisierten‹ oder ›regulären Kontraktmigration‹ von vornherein angelegt.« (70)

Die *zweite Phase* umfaßt den Zeitraum zwischen *Mitte der fünfziger und Mitte der siebziger Jahre*, in der die kontraktgeregelte Arbeitsmigration in Europa den höchsten Wert erreichte. 1974 regelten 32 bilaterale

154. Zitiert nach Jacobmeyer 1985, 234.
155. Ich folge hier weitgehend der Darstellung in Körner 1990, 66ff. Zahlenangaben im Text beziehen sich auf diese Quelle.

Abkommen die Migration im europäischen Rahmen.[156] Wie in Tab. 7 sichtbar, ist die Zahl der Arbeitsmigranten 1974 mehr als doppelt so hoch wie 1962. Auch bei der Verteilung der Entsendeländer haben sich die Gewichte verschoben: »Bei Italien sank der Anteil von 34 v. H. auf 16 v. H. und bei Spanien von 11 v. H. auf 8 v. H. der jeweiligen Bestände. Zugenommen hat dagegen zwischen 1962 und 1974 der Anteil Jugoslawiens (von 1 v. H. auf 12 v. H.), der Türkei (von 1 v. H. auf 10 v. H.) und Portugals (von 1 v. H. auf 7 v. H.). Die zahlenmäßige Ausdehnung der Arbeitsmigration ist also vor allem von diesen neuen Entsendeländern getragen worden.« (72)

Tab. 7: Anzahl von Arbeitsmigranten in Europa nach Nationalitäten (in Tsd.):[157]

	1962		1974		1980	
Nationalität	Anzahl	Prozent	Anzahl	Prozent	Anzahl	Prozent
Algerien	196	6	423	6	328	5
Finnland	–	–	105	1	113	2
Griechenland	73	2	282	4	167	3
Italien	1060	34	1140	16	958	15
Jugoslawien	33	1	821	12	616	10
Marokko	24	1	204	3	204	3
Portugal	30	1	487	7	520	8
Spanien	343	11	599	8	394	6
Tunesien	12	>0	91	1	71	1
Türkei	16	>0	724	10	773	12
andere	1364	43	2294	32	2138	34
insgesamt	3151	100	7170	100	6282	100

Gleichzeitig veränderten sich die Zielorte der Migration. Wie Tab. 8 zeigt, löste die Bundesrepublik Deutschland Frankreich absolut und relativ als Hauptaufnahmeland in Europa ab. Die Zahl der ausländischen Beschäftigten in der Schweiz, einem traditionellen Aufnahmeland, blieb im Zeitraum nahezu konstant, bei vergleichsweise hohem prozentualen Ausländeranteil insgesamt (1971: 17,4 %, 1982: 14,4 %, 1990: 16,7 %). »Diese Verschiebungen sind darauf zurückzuführen, daß sich auf der einen Seite das Migrationspotential Italiens im Zuge der dortigen wirtschaftlichen Entwicklung rasch reduziert hatte. Auf der anderen Seite war nach dem

156. Für Deutschland: 1955 und 1965 mit Italien, 1960 mit Spanien und Griechenland, 1961 mit der Türkei, 1963 mit Marokko, 1964 mit Portugal, 1965 mit Tunesien und 1968 mit Jugoslawien.

157. Körner 1990, 72.

Bau der Mauer in Berlin (1961) der Zustrom von Arbeitskräften aus der DDR in die Bundesrepublik Deutschland gestoppt, weshalb die hiesigen Unternehmen zunehmend auf die Anwerbung von Arbeitsmigranten angewiesen waren, die in Jugoslawien, Griechenland und der Türkei gefunden wurden.« (74) Dabei folgt der Migrationsverlauf weiterhin den traditionellen Strukturen, also z.B. von Algerien und Portugal nach Frankreich oder von Italien in die Schweiz. Für Deutschland bilden sich ähnliche Beziehungen mit Griechenland, Italien, Jugoslawien und der Türkei, aus der recht bald die größte Zahl der Arbeitsmigranten in Deutschland, aber auch insgesamt in Europa stammt. Die Türkei greift erst nach 1961 in das europäische Wanderungsgeschehen ein, weil erst die neue türkische Verfassung jenes Jahres die Ausreisefreiheit für ihre Staatsbürger garantierte. Entsprechend stieg zwischen 1961 und 1973 die Zahl der türkischen Bevölkerung in Deutschland – dem Hauptzielland – von 6500 auf 910500.[158]

Tab. 8: Arbeitsmigranten und ausländische Wohnbevölkerung in europäischen Aufnahmeländern[159]

	Anfang der 60er				**1974**				**1980**			
	Arbeitsm.		Wohnbev.		Arbeitsm.		Wohnbev.		Arbeitsm.		Wohnbev.	
	Anz.	%	**Anz.**	%	**Anz.**	%	**Anz.**	%	**Anz.**	%	**Anz.**	%
Benelux	**138**	5	**–**	–	**278**	5	**805**	–	**385**	6	**904**	7
BR Deutschland	**279**	11	**–**	–	**2387**	40	**4127**	–	**2169**	36	**4453**	34
Frankreich	**975**	38	**–**	–	**1260**	21	**4053**	–	**1458**	24	**4168**	31
Großbritannien	**451**	18	**–**	–	**863**	15	**–**	–	**929**	15	**1638**	12
Niederlande	**57**	2	**–**	–	**163**	3	**345**	–	**188**	3	**521**	4
Österreich	**6**	>0	**–**	–	**222**	4	**–**	–	**175**	3	**292**	2
Schweden	**122**	5	**–**	–	**200**	3	**410**	–	**234**	4	**422**	3
Schweiz	**515**	20	**–**	–	**593**	10	**1013**	–	**501**	8	**893**	7
insgesamt	**2543**	100	**–**	–	**5966**	100	**10753**	–	**6039**	100	**13291**	100

Die *dritte Phase* der Arbeitsmigration setzt *1973* ein und ist gekennzeichnet durch einen Rückgang der Zahlen der Migranten aufgrund des europaweiten Anwerbestopps für Staatsangehörige von Ländern außerhalb der EG, für die bereits Freizügigkeit bestand. Ab diesem Zeitpunkt sinkt die Abwanderung aus den Entsendeländern deutlich, die Zahl der Rückwanderer übertrifft die Zahl der Auswanderer im europäischen Raum deutlich. Im Zeitraum zwischen 1975 und 1979 betragen z.B. die Zahlen für Italien 256000 Aus- und 406000 Rückwanderer, für die Türkei 33000 zu

158. Sen/Wierth 1992, 75f.
159. Körner 1990, 73.

150000, für Spanien 173000 zu 336000. (71) Der Anwerbestopp wurde von den Aufnahmeländern einseitig verhängt, d. h. ohne vorherige Konsultation mit den Entsendeländern. Gleichzeitig führt der Rückgang der Migration in die Länder der EG nicht zu einem Erliegen der Migration aus den Entsendeländern überhaupt, sondern zu einer »Dispersion der Wanderungsströme«: Neue Zielgebiete werden unter anderem die Ölförderländer des Mittleren und Nahen Osten, zudem erhöht sich die Zahl der Überseewanderung, vor allem aus den Ländern Südwesteuropas. (75 f.)

Tab. 9: Entwicklung der ausländischen Wohnbevölkerung in ausgewählten europäischen Aufnahmeländern in Tsd. (Gesamtzahl ganz Westeuropa)[160]

	1950		1970/71		1982		1990		1992/93	
	Anz.	%	Anz.	%	Anz.	%	Anz.	%	Anz.	%
Deutschland	**568**	1,1	**2976**	4,9	**4667**	7,6	**5338**	8,4	**6878**	8,6
Frankreich	**1765**	4,2	**2621**	5,1	**3660**	6,7	**3607**	6,3	**3790**	6,6
Großbritannien	*	*	**2000**	3,6	**2137**	3,8	**1904**	3,3	**2008**	3,5
Schweiz	**285**	6,1	**1080**	17,4	**926**	14,4	**1127**	16,7	**1244**	18,0
Belgien	**368**	4,3	**696**	7,2	**886**	9,0	**903**	9,0	**920**	9,1
Niederlande	**104**	1,0	**255**	1,9	**547**	3,8	**692**	4,6	**779**	5,1
Österreich	**323**	4,7	**212**	2,8	**303**	4,0	**482**	6,2	**700**	8,9
Italien	**47**	0,1	*	*	**312**	0,6	**469**	0,8	**566**	1,0
Schweden	**124**	1,8	**411**	5,1	**406**	4,9	**484**	5,6	**508**	5,8
Spanien	**93**	0,3	**148**	0,4	**183**	0,5	**279**	0,7	**393**	1,0
Griechenland	**31**	0,4	**15**	0,2	**60**	0,6	**173**	1,7	**204**	2,0
Luxemburg	**29**	9,8	**63**	18,5	**96**	26,3	**109**	28,2	**115**	29,1
insgesamt	**3785**	1,3	**10728**	3,2	**14685**	4,2	**16085**	4,5	**18711**	4,9

Allerdings führte der Anwerbestopp nicht – wie von den Initiatoren erwartet – zu einem Rückgang der in den Aufnahmeländern lebenden Menschen ausländischer Nationalität. Im Gegenteil hat sich – wie aus den Tabellen 7 und 8 ersichtlich – nach dem Anwerbestopp in den mitteleuropäischen Zielländern eher eine Konsolidierung der Ausländerbeschäftigung ergeben, während die ausländische Wohnbevölkerung noch anstieg. Dies erklärt sich zum größten Teil aus dem daraufhin ansteigenden Zuzug von Familienangehörigen im Gefolge des Anwerbestopps. Denn die Arbeitnehmer standen nun unter einem Entscheidungszwang: die Rückwanderung macht unter den neuen Bedingungen eine spätere erneute Arbeitsmigration unmöglich. Gleichzeitig entstand durch den Familiennachzug für die Migranten eine neue kulturelle Situation im Auf-

160. Münz 1996, 212.

nahmeland bis hin zur Ausbildung spezifischer Netzwerke, die als »Kolonien« komplementäre Funktionen zur »alten Heimat« bildeten.[161] Dies gilt für alle westeuropäischen Staaten. Der vergleichsweise geringe Anstieg in Frankreich hängt jedoch mit der dort – im Vergleich zu Deutschland – liberaleren Einbürgerungspraxis zusammen. Eine Sonderrolle spielt ebenfalls Großbritannien wegen der Commonwealth-Staaten. Dieser allgemeine Trend zum Aufenthalt über längere Zeiträume oder auf Dauer hängt darüber hinaus zusammen mit Veränderungen der Ausländerpolitik in diesen Jahren. Wie diese Veränderungen konkret aussahen, werde ich weiter unten für die Bundesrepublik ausführlicher darstellen. Überlagert wurde die Diskussion um die Arbeitsmigration und deren Folgen durch die seit den '80er Jahren rapide angestiegenen Flüchtlingszahlen, die zunehmend auch in Europa Zuflucht suchten (s. o.) Hieraus erklärt sich auch der starke Anstieg in Österreich aufgrund der Balkankriegsflüchtlinge.

1.4 Ursachen der Migration – migrationssoziologische Perspektiven

Bislang ging meine Darstellung vom Phänomen der Migration aus, ohne genauer zu beleuchten, welche Ursachen Migration hat. Denn es ist nicht gleichsam »automatisch« so, daß bestimmte Situationen Migration auslösen. Mit der Frage nach den Ursachenbündeln beschäftigt sich die Migrationssoziologie, die sich in der letzten Zeit zunehmend zu einem eigenständigen Bereich innerhalb der Soziologie entwickelt hat. Grundsätzlich lassen sich dort zwei unterschiedliche Perspektiven unterscheiden, eine makro- und eine mikroanalytische Perspektive.

In der *makroanalytischen Perspektive* werden Schub- und Sogfaktoren (*push-* und *pull-Faktoren*) unterschieden, die Menschen zur Wanderung veranlassen. Die Unterscheidung selbst geht auf Arbeiten von Everett S. Lee zurück.[162] In der »klassischen« Version berücksichtigt dieses Modell vor allem ökonomische Faktoren, die Beschäftigungs- und Einkommenssituation in Herkunftsregion und Zielregion. Entscheidend sind dabei jedoch weniger die »tatsächlichen« ökonomischen Daten, sondern die Wahrnehmung der Situation durch die potentiellen Migranten. Insofern muß die heute vorherrschende Konzeption rationaler Entscheidung ein-

161. Vgl. Bausinger 1987, 19.
162. Lee 1972.
0. So auch Feithen 1985.

geschränkt werden.[163] Zu den ökonomischen Faktoren kommen daher auch die Informationen, die potentielle Migranten aus den potentiellen Zielregionen erhalten. Hier spielen vor allem Berichte von bereits Gewanderten eine große Rolle.[164] Darüber hinaus muß davon ausgegangen werden, daß individuelle Präferenzen und persönliche Merkmale hinsichtlich der Wanderungsentscheidung eine große Rolle spielen, »ansonsten wäre nicht zu erklären, weshalb so viele Menschen, die in derselben sozio-ökonomischen Lage sind wie die Wanderinnen und Wanderer, selbst *nicht* wandern.«[165]

In der gegenwärtigen Diskussion wird der ursprünglich ökonomisch orientierte Ansatz der push- und pull-Faktoren um allgemeinere Kräfte erweitert, vor allem hinsichtlich der push-Dimension. Hierunter werden alle Bedingungen gezählt, die das Verbleiben in der eigenen Gesellschaft unmöglich bzw. unerwünscht oder unerträglich machen. »Sie können physischer (Klima, Naturkatastrophen), demographischer (Bevölkerungsdichte), ökonomischer (Armut, Arbeitslosigkeit), ökologischer (Umweltzerstörung), sozio-kultureller (Diskriminierung) oder politischer Natur (Unterdrückung) sein.«[166] Allerdings ist konkret davon auszugehen, daß bei einer Migrationsentscheidung ein jeweils unterschiedliches Bündel dieser Faktoren zusammenkommt. Daher muß hier der »individuelle« Faktor berücksichtigt werden, weil eben nicht alle Menschen, die in einer gleichen oder ähnlichen Situation stehen, die gleiche Entscheidung treffen. Individuelle wie kollektive Unterschiede in der Leidensfähigkeit, Risikobereitschaft, aber auch in der Einschätzung der Lage sowohl in der Herkunfts- als auch der Zielregion spielen hier ebenso eine Rolle wie kulturelle oder familiäre Bindungen. Die Komplexität des Faktorenbündels macht eine genauere Prognose von Migrationsbewegungen nahezu unmöglich.

Die sogenannten *push-Faktoren* sind die hauptsächlichen Ursachen von *Fluchtbewegungen*, die heute daher meist als »Massenzwangswanderungen« zu charakterisieren sind, weil diese Faktoren gleichzeitig ganze Bevölkerungsgruppen betreffen. »Dies gilt bei plötzlich auftretenden Bedrohungssituationen *(acute refugee situations)*, die Kriege oder Naturkatastrophen herbeiführen. Hier fliehen die Menschen massenhaft und panikartig (wie in Indochina nach dem Sieg der kommunistischen Rebellenarmee, in Afghanistan nach der sowjetischen Intervention, in Äthiopien nach dem Krisengemisch von Krieg und Hunger u. a. m.). Sie fliehen

164. Treibel 1990, 30.
165. Treibel 1990, 31.
166. Müller 1994, 114.

nicht vor Bedingungen, die die *Genfer Flüchtlingskonvention* zur Grundlage ihrer Definition des Flüchtlings machte; und sie fliehen nicht, weil ihnen die Nachbarländer ein besseres Leben versprechen.«[167] Von diesen »Akut-Flüchtlingen« werden die vorausplanenden, »antizipatorischen« Flüchtlinge unterschieden: Diese fliehen vor einer Situation, bevor akute Bedrohungen sie und ihre Angehörigen betreffen, was natürlich mit einschließt, daß diese auch vor der Fluchtentscheidung Bedrohungen ausgesetzt sein können (dies trifft vor allem auf die meisten politischen Flüchtlinge zu). Bei dieser Gruppe unterscheiden sich die Motive und der Entscheidungsprozeß strukturell kaum von denen der Arbeitsmigranten. Die Fluchtentscheidung entwächst einem Kalkül von persönlichen Verlusten und Gewinnen. Entsprechend ist hier eine Vermengung der push- und pull-Faktoren festzustellen.

Die Hauptursachen der Fluchtbewegungen bestehen gegenwärtig aus:[168] 1. Kriegssituationen, die zunehmend ethnische Ursachen haben; 2. Politische Repression gegenüber Oppositionellen bis hin zu Folter; 3. Verfolgung und Vertreibung von ethnischen oder religiösen Minderheiten; 4. Umweltkatastrophen und zunehmend Umweltzerstörung, die die natürlichen Lebensgrundlagen vernichtet; 5. Massenarmut; 6. Flucht von vor allem jungen Menschen vor sozialer und ökonomischer Perspektivlosigkeit in ihren Heimatregionen. Fast alle diese Ursachen haben historische Voraussetzungen, die zum großen Teil aus der Zeit des europäischen Imperialismus herrühren. »Viele Entwicklungsländer haben manche ihrer heutigen Probleme aus der Kolonialzeit übernommen, so etwa willkürliche, heute umstrittene Grenzziehungen, durch Monokulturen zerstörte Ökosysteme oder deformierte soziale Strukturen. Zu ähnlichen Fehlentwicklungen führte eine einseitig auf Wachstum und Industrialisierung ausgerichtete Entwicklungspolitik nach der Unabhängigkeit, oft auf Ratschläge des Nordens hin und mit seiner Hilfe.«[169] Hinzu kommen die Spätfolgen der imperialen Konflikte im 1. und 2. Weltkrieg sowie das Erbe des Ost-West-Konflikts, z. B: die Militarisierung vieler Länder der sogenannten »Dritten Welt«, die natürlich auch endogene Ursachen hat.

In der Tradition der makroanalytischen Forschung steht auch der Ansatz Hoffmann-Nowotnys,[170] der, ausgehend von einer allgemeinen Systemtheorie Parsonsscher Tradition, Migration als Reaktion auf struktu-

167. Nuscheler 1995a, 39.
168. Ich folge der Darstellung in Nuscheler 1995a, 40ff.
169. Müller 1994, 119.
170. Hoffmann-Nowotny 1970 und 1973.

relle anomische Spannungen begreift. Die Grundbegriffe seines Ansatzes sind »Macht« und »Prestige«. Diese sind in »sozietalen Systemen« ungleich verteilt: »Ungleichgewichtigkeiten in sozietalen Systemen entstehen durch nicht balancierte Macht-Prestige-Relationen beim einzelnen Akteur, d.h. durch Macht- oder Prestige-›Überschüsse‹ bzw. Macht- oder Prestige-›Defizite‹; diese Ungleichgewichtigkeit wird als ›strukturelle Spannung‹ bezeichnet.«[171] Diese strukturellen Spannungen führen zu »anomischen Spannungen«, wenn beim einzelnen Akteur ein Ausgleich dieser Spannung nicht möglich ist. Eine denkbare Reaktion auf diese Situation ist die Migration, wenn andere Ausweichmöglichkeiten nicht realisiert werden können (z.B. Statusmobilität oder subkulturelle Differenzierung).[172] Mit Hilfe dieses – begrifflich eigenwilligen – theoretischen Rahmens können bestimmte typische Phänomene der Migration plausibel erklärt werden: »Warum Migration von wirtschaftlich wenig entwickelten Gesellschaften (Machtdefizit) in höher entwickelte Gesellschaften erfolgt; warum aus den wenig entwickelten Gesellschaften eine selektive Migration erfolgt, indem vornehmlich die überdurchschnittlich ausgebildeten, jungen, männlichen Mitglieder auswandern (sie erleben das höchste Maß individueller Anomie, weil sie bei vergleichsweise hohem Prestige eine geringe Macht besitzen); warum in den unterentwickelten Gesellschaften durch deren Migration zwar strukturelle Spannungen abgebaut werden (Prestigeexport), gleichzeitig aber der soziale Wandel verlangsamt wird.«[173] Aber auch dieser Ansatz vermag letztlich nicht zu erklären, warum das Migrationsverhalten individuell bei gegebener Grundkonstellation variiert.

In der *mikroanalytischen Perspektive* wird deshalb im Gegensatz zu den strukturell argumentierenden Analysen nach den subjektiven Gründen für die Wanderungsentscheidung geforscht. Beispielhaft für diesen Ansatz sind im deutschsprachigen Raum die Arbeiten von Hartmut Esser,[174] der von einer individualistischen Entscheidungs- und Handlungstheorie (SEU-Modell: subjective expected utility) ausgeht. Ein Akteur wägt demzufolge Nutzen und Kosten einer Handlung gegeneinander ab und vergleicht dies mit dem Wert, der sich ergibt, wenn die Handlung nicht ausgeführt wird. Dabei erweitert Esser das ökonomische Modell und geht von zwei Klassen von Kosten und Nutzen aus: sozialen und materiellen. In sozialer Perspektive sind dies z.B. soziale Anerkennung, Identitäts-

171. Nauck 1988a, 20.
172. Vgl. Hoffmann-Nowotny 1970, 37f.
173. Nauck 1988a, 20f.
174. Vor allem Esser 1980 und 1985.

erhalt, Normenkonformität als Nutzen und soziale Mißbilligung, Identitätsgefährdung, Verstoß gegen internalisierte Normvorstellungen als Kosten, in materieller Hinsicht z.B. Einkommen, Beschäftigung, Prestige, Ressourcenkontrolle als Nutzen und Einkommens- und Prestigeverlust als Kosten.[175] Esser geht dabei davon aus, daß zumindest generell Menschen sich rational entsprechend dieser Kosten-Nutzen-Kalkulation verhalten und daß strukturelle Bedingungen von den Akteuren zumindest rational interpretiert werden, d.h. daß die Akteure versuchen, unter den gegebenen Bedingungen rational zu handeln. Weiterhin ist davon auszugehen, daß das Handeln der Akteure sich wechselseitig beeinflußt, die Erwartung von Kosten und Nutzen also von den Akteuren an das Handeln anderer Personen gekoppelt ist.

Esser wendet seine Theorie vorwiegend auf Probleme der Integration bzw. Assimilation von Migranten in die Gesellschaft an. Ich werde weiter unten darauf zurückkommen. Trotzdem wird für die Frage der Migrationsentscheidung deutlich, daß diese auf einem vielschichtigen Kosten-Nutzen-Kalkül beruht, das auf Migrationen in geschlechts-, alters- und bildungsspezifischer Perspektive stark selektiv wirkt (also auch hier: der Nutzen für junge, gut ausgebildete und unverheiratete Männer ist relativ hoch, wenn deren Chancen in der Ausgangsgesellschaft nur unzureichend realisiert werden können usw.). Ebenso wird vor diesem Hintergrund deutlich, warum sich die Migration in verschiedenen Etappen vollzieht. Gewöhnlich werden dabei vier Phasen beschrieben:[176] eine erste, in der meist junge, unverheiratete, meist männliche Einzelpersonen migrieren, eine zweite Phase, die geprägt ist durch ältere und verheiratete Einzelmigranten, eine dritte, die bestimmt ist durch den Nachzug von Frauen und Kindern und schließlich einer vierten, in der sich die Ausländergruppe im Zielland stabilisiert. Die Migranten der ersten Phase sind, wie bereits beschrieben, meist junge, gut ausgebildete Einzelne mit geringer »Risikoaversion«. »Ältere, wenig qualifizierte Personen und Familienangehörige werden dagegen erst in späteren Phasen des Migrationsprozesses wandern, wenn nämlich ihre größere ›Risikoaversion‹ dadurch kompensiert wird, daß sie zusätzliche Informationen über die am Migrationsziel herrschenden Zustände durch die bereits dort lebenden Migranten erhalten, was das objektiv empfundene Risiko dieser Gruppen senkt.«[177]

Deutlich wird aus der Perspektive der Wanderungssoziologie, daß und

175. So Esser 1985a, 439.
176. Ich folge hier Körner 1990, 20f.
177. Körner 1990, 198.

warum Migration nur als vielschichtiger Prozeß verstanden werden kann. Gleichzeitig wird einsichtig, wie Flucht und Migration von ihren Ursachen her unterschieden werden müssen, wobei allerdings bei bestimmten Phänomenen (z.B. antizipatorische Flucht) die Grenzen zwischen Motiven und der Entscheidungsfindung verschwimmen. Darüber hinaus kann als ein weiteres Ergebnis die Einsicht gewertet werden, daß die herkömmliche Fluchtdefinition der GFK ein mehr als ungenügendes Mittel ist, um angemessen auf die weltweite Migrations- und Fluchtbewegungen zu reagieren. Die herkömmlichen politischen und gesetzlichen Mittel sind der Problemkonstellation schon lange nicht mehr adäquat.

1.5 Resümee

Im ersten Kapitel dieses Teils wurde das Phänomen der Migration in historischer und aktueller Perspektive skizziert. Dabei wurde deutlich, daß zum einen Migration nur in historischer Perspektive zu verstehen ist und daß die Ursachen der Migration zum Teil (vor allem bei Flüchtlingsbewegungen) von der Logik der Inklusions- und Exklusionsmechanismen abhängig sind. Der makrosoziologische Blick auf push- und pull-Faktoren, die Migrationen zugrunde liegen, konnte deutlich machen, daß eine Bekämpfung der Fluchtursachen nicht einseitig auf nur einen Faktor begrenzt werden kann. Anhaltende Ungleichbedingungen der Lebensumstände werden, unabhängig von manifesten Konflikten, Migrationen auslösen. Damit ist an dieser Stelle die Problematik einer neuen Weltwirtschaftsordnung angesprochen. Der mikrosoziologische Blick wiederum konnte deutlich machen, daß hinter den bloßen Flüchtlingszahlen individuelle Motive und Schicksale stehen, die bei einem nur generellen Blick übersehen werden.

Schließlich war zu sehen, daß für Deutschland von einer langen Migrationsgeschichte ausgegangen werden muß. Dies relativiert die Wahrnehmung der aktuellen Situation. Im historischen Überblick haben sich eine Reihe von Parallelen bzw. Überschneidungen gezeigt. Bis zu diesem Jahrhundert haben Deutsche von der Möglichkeit der Migration auf die ein oder andere Weise profitiert. In geringerem Maße politisch oder religiös Verfolgte bzw. Unzufriedene, in weitaus größerem arme oder von sozialem Abstieg bedrohte Menschen haben die Möglichkeit genutzt, durch kontinentale oder interkontinentale dauerhafte Migration ihre Lage zu verbessern, allerdings nicht immer mit Erfolg. Allerdings wanderten diese Menschen in Länder, wo – zumindest von Seiten derer, die die politische Macht besaßen – die Einwanderung erwünscht war und häufig sogar gefördert wurde. Diese Situation ist gegenwärtig nicht mehr gegeben. Diese klassische »Auswanderungssituation« besteht für heutige Migranten – zumindest für die überwiegende Mehrheit insbesondere aus den ärmeren Regionen der Welt – so nicht mehr. Migration vollzieht sich auf einem »enger« gewordenen Raum und ist nun noch stärker als zuvor orientiert an den ökonomischen Möglichkeiten der Herkunfts- und Zielländer. Zu realisieren, daß Deutschland aufgrund seiner wirtschaftlichen Situation zum Zielland und dadurch de facto zum Einwanderungsland geworden ist, fällt trotzdem offensichtlich schwer.

In ähnlicher Weise ist Deutschland seit nunmehr einem Jahrhundert »Arbeitseinfuhrland« und Ziel kurzfristiger und längerfristiger temporärer Arbeitsmigration. Auffallend ist hier, wie sich die Argumente in der politischen Diskussion damals und heute ähneln. Allerdings ist die Situation heute insofern von der vor dem 1. Weltkrieg unterschieden, als – auch infolge politischer Entscheidungen wie dem Anwerbestopp und dem Familiennachzug – eine Situation entstanden ist, in der aus der kurzfristigen erst eine längerfristige und im Effekt eventuell eine permanente Ansiedlung geworden ist. Wie die politische Diskussion hierauf reagiert und welche Möglichkeiten erwogen werden, wird weiter unten ebenso noch ausführlicher Gegenstand der Darstellung sein wie die Frage nach dem ökonomischen Nutzen sowohl der Arbeitsmigration als auch der Einwanderung.

Das Phänomen der weltweiten Massenzwangswanderungen ist trotz einiger historischer »Vorläufer« vor allem ein Problem dieses Jahrhunderts. Wie bei der Darstellung der weltweiten Flüchtlingssituation deutlich wurde, betrifft dies allerdings Deutschland – trotz der relativ hohen Zahlen von Asylsuchenden – nur am Rande. Das Weltflüchtlingsproblem ist vielmehr ein »Weltordnungsproblem« (Kühnhardt) und muß auch entsprechend erörtert werden. Der Blick auf die bundesrepublikanischen Verhältnisse allein wäre der Situation kaum angemessen. Allerdings wird diese in der öffentlichen Diskussion auf die Frage des Asylrechtes eingeengt. Trotzdem werde ich im Verlauf der folgenden Erörterungen auf den Problemkomplex des Asylrechtes ausführlicher eingehen, dabei soll jedoch die weitergehende Fragestellung nicht außer acht bleiben.

Nur vor dem Hintergrund der deutschen Geschichte dieses Jahrhunderts erschließt sich die Aussiedlerbewegung deutschstämmiger Minderheiten aus Osteuropa. Die Integration dieser – nach geltendem Recht – deutschen Zuwanderer stellt eine eigene und von der Integration anderer Zuwanderer in mancher Hinsicht verschiedene Aufgabe dar.

Zusammenfassend heißt dies, daß das Problem der Migration nur in einer welthistorischen und weltumspannenden Perspektive angemessen thematisiert werden kann. Die Faktoren, die Migration entstehen lassen, sind nicht allein in einer Region zu lokalisieren. Anders gesagt: Es geht um Mobilität in der Weltgesellschaft in einer Situation, in der nationale Partikularismen auf politischer Ebene immer noch Bestand haben. Dies bedeutet allerdings auch, daß eine – wie auch immer verstandene – Lösung des Migrationsproblems nicht allein aus binnennationaler Perspektive angestrebt werden kann. Migration ist in erster Linie ein Weltordnungsproblem. In dieser Hinsicht ist eine Ethik der Migration angewiesen auf eine Ethik der Weltwirtschaftsordnung und der internationalen Rechtsordnung ebenso wie der weltpolitischen Entwicklung. Eine solche ist aber bislang immer noch ein Desiderat – nicht nur – theogisch-ethischer Forschung.

2. Ausländer in Deutschland – aktuelle Situation

Im zweiten Kapitel dieses Teils soll ein Überblick über die Situation der Migrantinnen und Migranten in Deutschland gegeben werden. Wie bereits in der Einleitung der Arbeit vermerkt, verwende ich die Begriffe Migranten und Ausländer synonym. Zwar wird der Begriff Ausländer in der Umgangssprache häufig pejorativ gebraucht, trotzdem trifft er die Situation der Migrantinnen und Migranten besser als etwa das euphemistische »ausländische Mitbürger«. Denn aufgrund ihrer rechtlichen Situation sind Migranten in Deutschland – mit wenigen Ausnahmen – keine Mitbürger im eigentlichen Sinn, denn aufgrund ihres ausländerrechtlichen (!) Status verfügen sie nicht über die vollen Bürgerrechte. Dies betrifft nicht nur das Wahlrecht, sondern auch weitere Grundrechte, die zum Teil nur für deutsche Staatsangehörige vorgesehen sind; ich komme in Abschnitt I.2.2 darauf noch zu sprechen.

In meiner Darstellung stütze ich mich vorwiegend auf statistische Daten, wie sie etwa durch die Statistischen Jahrbücher bereitgestellt werden und auf Umfrageergebnisse, von denen vor allem die Daten des Sozio-Ökonomischen Panels (SOEP) und die vom Bundesminister für Arbeit und Sozialordnung herausgegebenen Repräsentativuntersuchungen zur Situation der ausländischen Arbeitnehmer und ihrer Familienangehörigen[1] zu nennen sind.

In der Darstellung verzichte ich auf einen Überblick über Entwicklungsszenarien hinsichtlich der Arbeitsmarkt-, volkswirtschaftlichen und demographischen Effekte der Migration.[2] Angesichts der sich rasch ändernden wirtschaftlichen und politischen Verhältnisse erscheinen mir solche Szenarien zu vage, um präzise Vorhersagen treffen zu können. Statt dessen soll die Situationsanalyse die Problembereiche aufzeigen, die zu einer ethischen und moralischen Reflexion nötigen. Hier wird sich in der Darstellung zeigen, daß die mit der Migration verbundenen Probleme in erster Linie durch die soziale Lage der Migrantinnen und Migranten induziert sind. Das »Ausländerproblem« – so meine These – ist in erster Linie ein soziales Problem und erst dann ein kulturelles oder ethnisches. Diese These wird im folgenden zu prüfen sein.

Dieses Kapitel der Arbeit gliedert sich in vier Abschnitte. Im ersten

1. Mehrländer/Ascheberg/Ueltzhöffer 1996, König/Schultze/Wessel 1986.
2. Vgl. dazu im Überblick Rethmann 1996, 135 ff.; für die demographische Entwicklung vor allem Hof 1996, für die wirtschaftliche Klauder 1994.

wird es um einen allgemeinen Überblick über Zahlen und Herkunft der Migrantinnen und Migranten in Deutschland gehen und um eine Darstellung der politischen Situation, innerhalb derer sich die Migration vollzogen hat. Der zweite Abschnitt wird die rechtliche Situation behandeln und sich dabei auf staatsangehörigkeits-, ausländer- und asylrechtliche Regelungen beschränken. Der – umfangreichere – dritte Abschnitt schließlich wird sich der Situation der Migrantinnen und Migranten (anhand der Themen wirtschaftliche, Ausbildungs-, Wohn- und gesundheitliche Situation sowie Probleme älterer Migrantinnen und Migranten und der These von der überdurchschnittlich hohen Ausländerkriminalität) widmen. Ein abschließendes Resümee wird dann die Darstellung bündeln und auf die im letzten Teil der Arbeit zu leistende ethische Analyse des Themas vorbereiten.

2.1 Allgemeiner Überblick – Zahlen und Fakten

Die gegenwärtige Migrationssituation in Deutschland ist im wesentlichen durch drei Gruppen gekennzeichnet: die Arbeitsmigranten und deren Familien und Nachkommen, Flüchtlinge und Asylsuchende sowie die deutschstämmigen Übersiedler aus Osteuropa. Soweit nicht in der Darstellung bereits angesprochen, soll im folgenden die gegenwärtige Situation im Blick auf diese drei Gruppen skizziert werden. Zuvor werden die Etappen der Ausländerpolitik in Deutschland skizziert, in deren Kontext sich die Migration vollzog.

Entwicklungen der Ausländerpolitik

Parallel zu den Phasen des Arbeitsmigrationsgeschehens lassen sich fünf Phasen der *Ausländerpolitik in Deutschland* seit 1955 unterscheiden.[3] Ein Überblick über die Entwicklung hilft, die aktuellen Problemkonstellationen einzuordnen und in Zusammenhang zu bringen. Die *erste Phase* von *1955 bis 1973* läßt sich als *»Anwerbephase«* kennzeichnen. Ausländerpolitik war in diesem Zeitraum gleichbedeutend mit Arbeitsmarktpolitik. »Es gab keinerlei langfristige Konzepte einer ›Gastarbeiterpolitik‹ unter Einbeziehung der sozialen Folgen von längeren Arbeitsaufenthalten. [...] An längeren Arbeitsaufenthalten indes hatten von Anbeginn nicht nur viele ausländische Arbeitnehmer, sondern auch viele deutsche Arbeitgeber In-

3. Ich orientiere mich im folgenden an Bade 1994, 53 ff. Seitenangaben im Text beziehen sich auf diese Publikation.

teresse, weil ein häufiger Wechsel von ausländischen Arbeitskräften (Rotationsprinzip) mit immer wieder neuen und kostspieligen Einarbeitungszeiten verbunden war.« (53f.) Diese erste Phase der Ausländerpolitik endete 1973 aufgrund der Rezession infolge der »Ölkrise«. Aber schon in dieser ersten Phase war das Verhältnis von Zu- zu Rückwanderern positiv: Von 14 Millionen »Gastarbeitern« kehrten nur 11 Millionen zurück, zudem war die Zahl der »nicht erwerbstätigen Ausländer« 1973 schon auf 1,3 Millionen gestiegen.[4]

Die *zweite Phase* der Ausländerpolitik war die der *»Konsolidierung der Ausländerbeschäftigung«*, sie umfaßt den Zeitraum von *1973 bis 1979*. »Im Mittelpunkt standen drei Grundgedanken: Zuwanderungsbegrenzung, Rückkehrförderung und Überlegungen zur sozialen Integration auf Zeit für die in der Bundesrepublik lebenden ausländischen Arbeitnehmer und ihre Familien.« (54) Diese Politik scheiterte aus mehreren Gründen. Zwar übertraf mittlerweile die Zahl der Rückwanderer die Zahl der neu zuziehenden Arbeitsmigranten, allerdings hat sich die Rückwanderungsbewegung nicht nur nicht verstärkt, sondern im Gegenteil verringert: während die Zahl im Zeitraum von 1970-1975 noch 527000 betrug, ging sie im Zeitraum von 1975 bis 1982 auf 430000 zurück.[5] Dieser Rückgang kann als direkte Folge des Anwerbestopps gedeutet werden. Denn aufgrund dieser Regelung war das »Rotationsprinzip« außer Kraft gesetzt: Wer einmal zurückkehrte, konnte bei verbesserter Wirtschaftslage danach legal nicht wieder als Arbeitsmigrant nach Deutschland zurückkehren. Viele verzichteten deswegen trotz schlechter Arbeitsmarktsituation auf die Rückwanderung. Ein Blick auf die Arbeitslosenstatistik kann dies belegen: Während in den Rezessionsjahren 1965 bis 1967 die Zahl der ausländischen Arbeitslosen unter der der Gesamtquote lag, drehte sich ab 1974 dieses Verhältnis um.[6] Aus dem befristeten Arbeitsaufenthalt wurde unter dem Druck der Unmöglichkeit einer Rückkehr ein Aufenthalt auf Zeit, zumindest für die Dauer der Zeit der potentiellen Erwerbstätigkeit. Auch dies führte zu einer Verstärkung des Nachzugs von Familienangehörigen, was wiederum die Aufenthaltsdauer verlängert, weil zum einen ökonomisch höhere Unterhaltskosten für eine Familie entstehen, die das Erreichen des Einkommensziels verzögern, zum anderen weil mit dem Familienverband ein soziales Netz gegeben ist, das den Aufenthalt erträglicher werden läßt und zudem eigene Aufenthaltsgründe schafft (z.B. Schulbesuch der Kinder). Die Verlängerung des Aufenthalts führt weiter-

4. Nuscheler 1995a, 115.
5. Körner 1990, 79 (Tab. 10).
6. Belege bei Körner 1990, 80.

hin zu einer Verfestigung des aufenthaltsrechtlichen Status von unbefristeter Aufenthaltserlaubnis nach fünf bis zur Aufenthaltsberechtigung nach acht Jahren. Für die Situation in Deutschland muß jedoch angemerkt werden, daß die im Europavergleich hohen Zahlen der ausländischen Wohnbevölkerung vor allem in den Ballungsgebieten dadurch zustande kommen, daß »die auf Dauer im Lande lebende Ausländerbevölkerung in der Bundesrepublik (im Gegensatz z. B. zu Frankreich) wegen des ganz am ›jus sanguinis‹ orientierten Staatsbürgerrechts und der Ablehnung der doppelten Staatsangehörigkeit nur in verschwindend geringem, erst in den frühen 1990er Jahren langsam steigenden Umfange eingebürgert wurde.« (55)

Die *dritte Phase* der Ausländerpolitik umfaßt die Jahre *1979/80* und kann als *»Phase der Integrationskonzepte«* gekennzeichnet werden, in der diskutiert wurde, wie auf die neu entstandene Situation mit differierenden Konzepten reagiert werden sollte. In diesem Zusammenhang steht die Berufung des ersten »Beauftragten der Bundesregierung für die Integration der ausländischen Arbeitnehmer und ihrer Familienangehörigen« (Heinz Kühn, ehemaliger Ministerpräsident von Nordrhein-Westfalen) 1978 durch die Regierung Schmidt. Die folgende Diskussion bestimmte das von ihm herausgegebene »Kühn-Memorandum« über »Stand und Weiterentwicklung der Integration der ausländischen Arbeitnehmer und ihrer Familien in der Bundesrepublik Deutschland« vom September 1979. In dieser Denkschrift geht Kühn davon aus, daß aus den Gastarbeitern auf Zeit Einwanderer auf Dauer geworden seien. Daraus zieht er die Konsequenz: »Die unvermeidliche Anerkennung der faktischen Einwanderungssituation macht eine Abkehr von den Konzepten der Integration ›auf Zeit‹ erforderlich. An ihre Stelle muß ein Maßnahmebündel treten, das den Bleibewilligen die Chance zu einer vorbehaltlosen und dauerhaften Eingliederung eröffnet.«[7] Die von Kühn vorgeschlagenen weitgehenden Maßnahmen wurden jedoch nicht umgesetzt, statt dessen »blieb die damalige sozial-liberale Bundesregierung einer durch Integrationskonzepte ergänzten Arbeitsmarktpolitik verhaftet.«[8]

Dies verschärfte sich noch in der *vierten Phase* von *1981-1989*, in der eine *»Wende der Ausländerpolitik«* noch vor der »Wende« im Regierungslager vollzogen wurde. Der Hintergrund war zum einen die 1980/81 zum ersten Mal scharf geführte Asyldiskussion im Zusammenhang mit dem Bundestagswahlkampf 1980. 1980 hatten zum ersten Mal in der Bundes-

7. Zitiert nach Bade 1994, 56.
8. Nuscheler 1995a, 185.

republik mehr als 100000 Menschen einen Asylantrag gestellt. In der öffentlichen Debatte wurden daraufhin die unterschiedlichen Problematiken Flucht/Asyl einerseits und Arbeitsmigration/Integration von ausländischen Arbeitnehmern und ihrer Familien andererseits miteinander verbunden und zur »Ausländerfrage« bzw. zum »Ausländerproblem« zugespitzt. »Die lautstarke Asyldebatte lenkte ab von der allgemeinen Stagnation, Konzeptions- und Perspektivlosigkeit in der Ausländerpolitik, von den vorwiegend deklamatorischen Bemühungen um eine verstärkte Integration der Ausländerbevölkerung im Kontext der immer wieder folgenlos angekündigten Novellierung des Ausländerrechts, kurzum von der Vernachlässigung der politischen Sorgfaltspflicht im Umgang mit der gesellschaftlichen Wirklichkeit im Problemfeld Migration.« (101 f.) Diese erschöpfte sich seit den im Juli 1982 noch von der sozial-liberalen Koalition beschlossenen Maßnahmen auf erfolglose Konzepte der Rückkehrförderung. Auch das nach der Wende beschlossene Rückkehrförderungsgesetz (»10500 DM-Gesetz«) konnte die beabsichtigten Effekte nicht erzielen. Mit dem Regierungswechsel wurde die Ausländerpolitik jedoch zunehmend restriktiver, drei Entwicklungstendenzen sind zu nennen: »1. eine mit dem Wandel von vorwiegend arbeitsmarktpolitischen zu im weitesten Sinne innen- bzw. ordnungspolitischen Maßnahmen einhergehende ›Kompetenzverlagerung in der Ausländerpolitik vom Bundesarbeits- zum Bundesinnenministerium‹; 2. eine Tendenz zur Einbeziehung und Instrumentalisierung der ganz anders gelagerten Asylthematik bei wachsender Abwehrhaltung gegenüber dem Zuwanderungsdruck und Ausbleiben der seit langem angekündigten Verbesserung der Integrationsangebote durch eine Reform des Ausländerrechts; 3. die schon im Vorfeld des Regierungswechsels betriebene allgemeine Politisierung der Ausländerthematik.« (61) Die angekündigte Reform des Ausländerrechts kam erst 1990 mit der Verabschiedung des neuen Ausländergesetzes zum Abschluß, Inhalt und Tendenz dieses Gesetzes werde ich weiter unten ausführlicher darstellen. Der Ton in der politischen Auseinandersetzung wurde zunehmend schärfer, zumal Ende der ’80er Jahre rechtsextreme Parteien auf Kommunal- und später Landesebene spektakuläre Erfolge verzeichneten.[9]

Die *fünfte Phase* der Ausländerpolitik setzt *ab 1990/91* ein. »Sie wurde

9. Z. B.: Republikaner 7,7 % bei der Wahl zum Berliner Abgeordnetenhaus am 29.1.1989; bei der Kommunalwahl in Hessen am 12.3.1989 in verschiedenen Landkreisen bis zu 10,5 %, die NPD in Frankfurt 6,6 %; die Republikaner bei der Europawahl am 18.6.1989 bundesweit 7,1 % (in Bayern 14,6 %); die DVU bei der Senatswahl in Bremen 1991 6,2 %.

zunehmend geprägt durch die seit dem Ende der 1980er Jahre anhaltenden starken Zuwanderungen, durch die hochkomplexe neue Einwanderungssituation seit der deutschen Vereinigung und durch die verstärkte öffentliche Wahrnehmung von Zuwanderung, Eingliederung und Minderheiten als gesellschaftlichen Problemfeldern ersten Ranges. Hinzu kamen vielfältige, sich gegenseitig eskalierende Überschneidungen in der öffentlichen und politischen Diskussion über die Lage der seit langem im Lande lebenden Ausländerbevölkerung und über die Zuwanderung von Aussiedlern und asylsuchenden Flüchtlingen.« (66) In dieser Zeit verstärkte sich auch die Zusammenarbeit mit Staaten aus Osteuropa, mit denen nach dem Fall der Mauer eine Zusammenarbeit auch auf dem Sektor der Arbeitsmigration gesucht wurde.[10] Allerdings knüpft diese Politik bruchlos an die Konzepte der Politik vor dem 1. Weltkrieg und der ersten Phase nach dem 2. Weltkrieg an: »Allem Anschein nach kehren wir jetzt auch zu jener traditionellen deutschen Politik zurück, aus dieser Region kurzfristig und restriktiv den Bedarf an billigen Arbeitskräften zu decken.«[11]

Ausländische Arbeitnehmer

Die Tabellen 10 und 11 zeigen die Entwicklung, auf die die Ausländerpolitik zu reagieren versucht. Die höchste Zahl der Beschäftigten wurde 1973 – im Jahr des Anwerbestopps – erreicht, danach geht die Anzahl langsam zurück, verbleibt aber dauerhaft auf dem Niveau Ende der '60er Jahre. Im europäischen Vergleich liegt die Quote der Ausländerbeschäftigung in Deutschland über der vergleichbarer Nationen. Im Jahre 1991 betrug der Anteil z.B. in Frankreich 5,7 %, in den Niederlanden 3,1 % und in Schweden 5,3 %, während in Deutschland eine Quote von 8,5 % erreicht wurde.[12] Gleichzeitig waren in den Niederlanden und in Frankreich die Arbeitslosenquoten für Ausländer deutlich höher als für Staatsangehörige (Frankreich 17 % gegenüber 8,7 %, Niederlande 14 % gegenüber 4 %, Deutschland 10,9 % gegenüber 6,5 %); in Schweden lag die Arbeitslosenquote für Ausländer zwar deutlich niedriger bei 6,6 %, allerdings bei einer größeren Spanne zwischen Ausländerarbeitslosigkeit und Arbeitslosigkeit bei Staatsangehörigen (6,6 % gegenüber 2,4 %).[13]

10. Vgl. H. Rudolph 1996.
11. Bieback 1995, 107.
12. Werner 1994, 157 ff., Tab. 10, 12, 14 und 16.
13. Werner 1994, 153, Tab. 6.

Tab. 10: Gesamtzahl der beschäftigten Ausländer in der Bundesrepublik (in Tsd.) und Anteil an versicherungspflichtig Beschäftigten (v. H.)[14]

	1960	**1965**	**1970**	**1973**	**1975**	**1980**	**1985**	**1990**	**1995**
Anzahl	329	1217	1949	2595	2039	2016	1587	1740	2129
Prozent	1,6	5,8	9,1	11,6	10,1	9,5	7,6	7,9	9,4

Tab. 11: Anzahl der ausländischen Wohnbevölkerung in Deutschland[15]

			Darunter nach Staatsangehörigkeit in Prozent						
Jahr	Anzahl in Tsd.	Prozent	Italien	Griechen-land	Spanien	Portugal	Türkei	Jugo-slawien[16]	Polen
1961	686,2	1,2	28,7	6,1	6,4	0,1	1,0	2,4	–
1970	2600,6	4,3	20,3	11,7	9,2	1,8	16,5	15,8	0,7
1975	4089,6	6,6	14,7	9,5	6,0	2,9	26,2	16,6	–
1980	4453,3	7,2	14,2	6,7	4,0	2,5	32,8	14,2	–
1987	4240,5	6,9	11,8	6,0	3,0	1,6	34,3	13,0	1,8
1990	5342,5	8,4	10,3	6,0	2,5	1,6	31,7	12,4	4,5
1993	6878,1	8,5	8,2	5,1	1,9	1,5	27,9	18,0	3,8
1996	7314,0	8,9	8,2	5,0	1,8	1,8	28,0	17,8	3,9
1998	7319,6	8,9	8,4	5,0	1,8	1,8	28,8	16,2	3,9

Besonders aufschlußreich ist der Vergleich der Quote der Ausländerbeschäftigung mit der Entwicklung des ausländischen Bevölkerungsanteils, wie sie in Tabelle 11 dargestellt ist. Während 1970 – also in der Spitzenzeit der Ausländerbeschäftigung – der Anteil der Beschäftigten bei 9,1 % lag, war der Anteil an der Bevölkerung mit 4,3 % relativ gering. Zwanzig Jahre später ist die Beschäftigungsquote nur wenig zurückgegangen auf 7,9 %, während sich der Anteil an der Bevölkerung mit 8,4 % mehr als verdoppelt hat. Zudem liegt nun der Prozentsatz der Beschäftigten unter dem der Wohnbevölkerung. Dies verweist zum einen auf einen tiefgreifenden Wandel der ausländischen Bevölkerungsstruktur infolge des Familiennachzuges, zum anderen auf eine zunehmende Arbeitslosig-

14. Nuscheler 1995a, 113; für 1995 Statistisches Jahrbuch 1996, Zahlen für die alten Bundesländer.
15. Statistisches Jahrbuch 1976, 65, 1982, 66, 1995, 67, 1996, 68, 1997, 67 und 1999, 65; bis 1990 altes Bundesgebiet, 1993 mit den neuen Ländern.
16. Für 1993 Jugoslawien und die mittlerweile selbständigen Staaten.

keit ausländischer Arbeitnehmer. Ein Beleg für die Veränderung der Bevölkerungsstruktur ist der Rückgang des Anteils männlicher Ausländer von 62,6 % 1973 über 58,8 % 1980 auf 55,0 % im Jahre 1989. Seitdem steigt der Männeranteil wieder leicht an (1993: 57,0 %), was wahrscheinlich mit der Ende der ’80er Jahre ansteigenden Zahl der Asylsuchenden zusammenhängt, die – zumindest bei den Asylanträgen in Deutschland, wie weiter unten zu sehen sein wird – überwiegend männlichen Geschlechts sind.

Wie weiter oben dargestellt, wirkte sich der Anwerbestopp 1973 als eine Rückkehrsperre aus, die auch durch die staatliche Rückkehrförderung nicht überwunden wurde. Dies führte zu einer Verstetigung des Aufenthalt ausländischer Arbeitnehmer und ihrer Familien, die jetzt nicht mehr nur als Arbeitnehmer in Deutschland wohnen, sondern zunehmend ihr Leben hier einrichten. Im Vergleich zu deutschen Familien sind die ausländischen größer und kinderreicher.[17] Die Entwicklung spiegelt sich in der länger werdenden Aufenthaltsdauer der ausländischen Wohnbevölkerung, wie in Tabelle 12 dargestellt:

Tab. 12: Ausländische Wohnbevölkerung in der Bundesrepublik Deutschland 1996 nach Aufenthaltsdauer in Prozent[18]

Dauer	Anzahl in Tsd.	v. H.	Italien	Griechenland	Spanien	Portugal	Türkei	BR Jugoslawien	Marokko	Polen
< 1	412,2	5,6	4,0	3,0	3,2	8,3	3,7	4,1	4,3	8,6
1-4	1330,3	18,2	9,7	9,9	6,9	21,4	11,5	21,7	12,9	19,4
4-6	977,6	13,4	5,0	8,2	3,6	10,1	8,3	24,5	11,6	15,5
6-8	632,5	8,6	5,3	8,6	2,8	5,8	8,0	5,5	11,1	20,8
8-10	418,0	5,7	5,1	6,5	2,3	3,2	6,5	3,5	9,8	12,4
10-15	603,6	8,3	9,3	5,9	4,7	4,5	9,1	3,9	15,1	11,2
15-20	803,6	11,0	13,6	7,8	7,2	8,4	19,0	6,5	15,3	6,7
20-25	850,0	11,6	13,9	13,8	17,1	21,6	19,4	10,9	9,0	1,3
25-30	839,0	11,5	19,2	22,5	26,3	12,8	11,9	16,8	6,2	0,6
> 30	447,2	6,1	15,0	13,8	25,7	4,0	2,5	2,7	4,7	3,5

Insgesamt leben knapp 50 % der ausländischen Bevölkerung seit über zehn Jahren in der Bundesrepublik. Bei den Migranten aus den »klassischen Entsendeländern« ist der Anteil noch weitaus höher: Zwei Drittel

17. Beauftragte der Bundesregierung (Hg.) 1994, 56.
18. Beauftragte der Bundesregierung (Hg.) 1997a, 180 (Tab. 7, Prozentzahlen eigene Berechnung).

aller Spanierinnen und Spanier und knapp 50 % der Menschen aus Griechenland und Italien leben 1996 schon seit der Zeit vor dem Anwerbestopp in Deutschland. Bei den Gruppen mit kurzer Aufenthaltsdauer handelt es sich hier vorwiegend um in Deutschland geborene Kinder mit italienischer, griechischer oder spanischer Nationalität (von 17100 Italienern mit einer Aufenthaltsdauer unter einem Jahr sind 9 125 hier in diesem Jahr geborene Kinder[19]). 1988 waren von den etwas über 1 Million Ausländern unter 16 Jahren 69 % in Deutschland geboren.[20] Generell liegt die Geburtenziffer für Lebendgeborene ausländischer Staatsangehörigkeit deutlich über der für Lebendgeborene mit deutscher Staatsangehörigkeit (1987: 16,2 auf Tausend gegenüber 10,1 auf Tausend Einwohner).[21] Allerdings nähern sich die Geburtenziffern langsam an, während diese bei deutschen Staatsangehörigen leicht steigt, geht sie bei ausländischen langsam zurück. Bei manchen Nationalitäten liegt die Ziffer bereits unter der deutschen. Der Trend zu sinkenden Geburtenziffern betrifft allerdings nicht allein die in Deutschland lebenden Migrantinnen und Migranten; auch in den jeweiligen Herkunftsländern gehen die Geburtenraten zum Teil deutlich zurück.[22] Die Entwicklung wird also nicht vordringlich durch die Situation in Deutschland verursacht, sondern folgt einem allgemeinen Trend.

Etwas anders sieht es aus bei der Bevölkerung aus den Staaten des ehemaligen Jugoslawien. Der hohe Anteil der unter 4 Jahren hier Lebenden (624600 Menschen, d.H. 50,4 %) besteht vorwiegend aus Bürgerkriegsflüchtlingen aus den betroffenen Ländern. Ähnlich verhält es sich bei den Polen, von denen ein hoher Anteil in den Jahren 1988 und 1989 Asylanträge in Deutschland gestellt hat. Der weitaus größte Teil der Personen polnischer Nationalität besteht jedoch aus Werkvertragsarbeitnehmern. Diese erhalten projektgebunden Verträge über zwei, maximal drei Jahre. Die Zahl dieser Verträge betrug z. B. im Oktober 1992 116000, die weitaus meisten (über 60 %) im Bausektor; der Anteil von Verträgen mit polnischen Arbeitnehmern betrug mehr als die Hälfte.[23] Allerdings ist die Praxis der Werkvertragsarbeit in Deutschland sehr umstritten, da die Vertragsarbeitnehmer weit unter dem deutschen Lohnniveau beschäftigt werden und von der Sozialversicherungspflicht befreit sind. Von Seiten der Behörden wird gegen die Praxis der Werkvertragsarbeit eingewandt, daß die entsprechenden Verträge –im Gegensatz zu Gastarbeiterverträ-

19. Statistisches Jahrbuch 1995, 73.
20. Tichy 1993, 25 aufgrund Angaben des Statistischen Bundesamtes.
21. Beauftragte der Bundesregierung (Hg.) 1994, 55.
22. Beauftragte der Bundesregierung (Hg.) 1994, 56.
23. H. Rudolph 1996, 293.

gen – unabhängig von der Situation des Arbeitsmarktes geschlossen werden können. Eine Reaktion hierauf war die Entscheidung der Bundesanstalt für Arbeit, eine Überprüfungspflicht für Betriebe mit Kurzarbeit und für Regionen, deren Arbeitslosenquote um 30 % über dem Bundesdurchschnitt liegt, vorzuschreiben.[24] Eine weitaus geringere Rolle spielen Gastarbeiterverträge (1994: 5 529 Verträge), vorwiegend mit Arbeitnehmern aus Ungarn und Tschechien.[25] Der Hintergrund dieser Art von Beschäftigung sind Belange der Wirtschaft, die, wie in der ersten Periode der Arbeitsmigration, Arbeitnehmer für Bereiche sucht, in denen aufgrund der Struktur in Deutschland Engpässe bestehen. Die »neue Gastarbeiterpolitik« schließt damit bruchlos an die »alte« an und übernimmt deren Prämissen und Probleme.

Trotzdem kann man grundsätzlich davon ausgehen, daß es sich bei fast allen Menschen aus den Herkunftsländern der Arbeitsmigration vor 1973 nunmehr um Personen handelt, die mit aller Wahrscheinlichkeit dauerhaft in Deutschland bleiben werden. Dies zeigt auch die Zunahme binationaler Ehepaare; zwischen 1980 und 1990 stieg die Zahl binationaler Eheschließungen von ca. 28 000 (7,7 % aller Eheschließungen) auf ca. 39 800 (9,6 % aller Eheschließungen); im Jahre 1995 betrug die Zahl 56 860 (13,2 % aller Eheschließungen).[26] Dabei heiraten häufiger deutsche Frauen einen ausländischen Mann (55,4 %) als ausländische Frauen einen deutschen Mann.[27] Allerdings stammt nur bei weniger als einem Drittel der binationalen Eheschließungen ein Partner aus den ehemaligen Anwerbestaaten, bei seit 1985 steigender Tendenz. Die ausländischen Ehefrauen deutscher Männer stammen dabei meist aus Polen, Rumänien, Thailand, Kroatien und den Philippinen, ausländische Ehemänner deutscher Frauen meist aus der Türkei, dem ehemaligen Jugoslawien, Marokko, Algerien, Indien und Rumänien.[28] Als Problem gelten dabei insbesondere Ehen deutscher Männer mit Frauen aus Asien, es wird geschätzt, daß ungefähr die Hälfte dieser Ehen auf organisiertem Heiratshandel beruht.[29] Auf der einen Seite verweist dies auf die besonderen Probleme dieser Gruppe insbesondere durch die, auch ausländerrechtliche, Abhängigkeit vom Ehemann, auf der anderen Seite wird deutlich, daß das Stereotyp über insbesondere asiatische Ehefrauen deutscher Männer so un-

24. Bieback 1995, 108.
25. H. Rudolph 1996, 295.
26. Beauftragte der Bundesregierung (Hg.) 1997a, 116.
27. Beauftragte der Bundesregierung (Hg.) 1994, 54.
28. Beauftragte der Bundesregierung (Hg.) 1997a, 116.
29. Beauftragte der Bundesregierung (Hg.) 1997a, 124.

zutreffend ist. Zudem hat sich seit der Öffnung der ehemals sozialistischen Länder der Heiratshandel auf osteuropäische Herkunftsländer hin verschoben. Üblicherweise deutet eine hohe Rate interethnischer Heiraten auf eine relativ große Integration der Migrantinnen und Migranten hin. Die steigende Zahl binationaler Paare scheint auch in diese Richtung zu weisen. Allerdings muß einschränkend gesagt werden, daß der –nicht exakt bestimmbare – Heiratshandel die Statistik verzerrt.

Der hohe und weiter ansteigende Anteil von Kindern mit ausländischer Staatsangehörigkeit sowie der zunehmende Teil von älteren Menschen führt zu Problemen in der schulischen Integration, bzw. zu Problemen im Bereich der Kranken- und Altenpflege. Darauf werde ich weiter unten – im Abschnitt über die besondere Situation von Menschen ausländischer Staatsangehörigkeit – ausführlicher eingehen.

Asylsuchende und Flüchtlinge

In der öffentlichen Diskussion über die sogenannten »Asylanten« werden verschiedene Gruppen – oft aus mehr oder minder demagogischen Gründen – zusammengeworfen: Asylberechtigte (also rechtlich anerkannte Flüchtlinge), Asylbewerber (deren Anerkennungsverfahren noch nicht abgeschlossen ist), »de-facto-Flüchtlinge« (deren Asylantrag zwar abgelehnt wurde, die aber aus humanitären Gründen nicht abgeschoben werden), »Kontingentflüchtlinge«, bei denen sich die Bundesregierung gegenüber Hilfsorganisationen zur Aufnahme bereit erklärt hatte (z. B. die sogenannten »boat-people« aus Südostasien) und oftmals zudem noch Aussiedler, die nach deutschem Recht eingebürgert werden. So konstatierte Bundeskanzler Kohl in seiner Regierungserklärung am 16. 6. 1993: »Am 31. Dezember 1992 befanden sich 1,5 Millionen Flüchtlinge in Deutschland, davon mehr als 300 000 Flüchtlinge aus dem ehemaligen Jugoslawien. Die Zahl der Flüchtlinge weltweit wird derzeit auf 18 Millionen geschätzt. Das heißt, 8 Prozent fanden in Deutschland Aufnahme.«[30] Diese Zahlen, die aus dem Bundesministerium des Innern stammen (vgl. Tab. 13), halten einer näheren Überprüfung so nicht stand. Hinsichtlich der Asylbewerberzahlen ist darauf zu verweisen, daß in der absoluten Zahl der Asylanträge Folge- und Mehrfachanträge nicht berücksichtigt sind, worauf auch die Ausländerbeauftragte der Bundesregierung hinsichtlich der Flüchtlingszahlen hinweist,[31] (zwischen 1992 und 1995 waren immerhin 12,3 % der Anträge Mehrfachanträge, die Zahl der Folgeanträ-

30. Zitiert nach Bade 1994, 91.
31. Beauftragte der Bundesregierung (Hg.) 1995, 106, Anm. 3.

ge lag zwischen 28306 und 40910[32]); weiterhin werden in der offiziellen Statistik nur die Zuwanderungen, nicht aber die Weiter- und Rückwanderungen gezählt, durchschnittlich ein Drittel der Anträge erledigen sich jedoch dadurch »anderweitig«. Bei dem Zahlenspiel des Bundeskanzlers wird beim Vergleich mit der Flüchtlingszahl auf der Welt darüber hinaus der enge Flüchtlingsbegriff des UNHCR mit dem weiten der Bundesregierung vermengt; bezeichnenderweise zählt UNHCR Ende 1992 nur 827100 Flüchtlinge in Deutschland, was einer Quote von 4,1 % der weltweiten Flüchtlinge entspricht.[33] Allerdings hat sich in der Folgezeit die Lage dahingehend verändert, daß 1996 nach den Angaben des UNHCR 1,266 Millionen Flüchtlinge in Deutschland lebten, 9,6 % der weltweit gezählten Flüchtlinge.[34] Um die Entwicklung aufzuzeigen, seien hier dennoch die Zahlen des Bundesministeriums des Innern aufgeführt:

Tab. 13: In Deutschland lebende ausländische Flüchtlinge seit 1987 in Tausend[35]

Jahr	1989	1990	1991	1992	1993	1994	1995	1996	1997	1998
Asylberechtigte und im Ausland anerkannte Flüchtlinge	83,0	86,0	100,0	100,0	108,5	136,8	158,6	170,0	177,5	182,5
Familienangehörige Asylberechtigter	167,0	172,0	135,0	130,0	130,0	130,0	130,0	130,0	130,0	*
Kontingentflüchtlinge	35,3	36,0	38,0	38,0	53,0	67,0	88,0	103,0	95,0	112,3
Heimatlose Ausländer	32,7	32,0	28,5	28,0	22,0	20,6	18,8	17,0	16,0	15,0
de-facto-Flüchtlinge	310,0	490,0	520,0	640,0	755,0	650,0	550,0	500,0	360,0	370,0
Asylbewerber	236,0	330,0	380,0	610,0	550,0	390,0	345,0	330,0	320,0	285,0
Bürgerkriegsflüchtlinge	–	–	–	300,0	350,0	350,0	320,0	330,0	254,0	100,0
Gesamtzahl der Flüchtlinge am Ende des Jahres ca.	865,0	1100,0	1200,0	1800,0	1900,0	1700,0	1600,0	1600,0	1400,0	1100,0

32. Von Pollern 1996, 88.
33. UNHCR-Report 1994, 167.
34. Vgl. Kapitel I.1, hier die Tabellen 2 und 5 mit den Zahlen des UNHCR.
35. Beauftragte der Bundesregierung (Hg.) 1995, 120 (Tab. 9), Beauftragte der Bundesregierung (Hg.) 1997a, 182 (Tab. 9) und Beauftragte der Bundesregierung (Hg.) 2000, 239 (Tab. 9); Bürgerkriegsflüchtlinge werden erst seit 1992 gesondert erfaßt, * noch nicht bekannt.

Werden diese Flüchtlingszahlen ins Verhältnis zur Bevölkerungszahl gesetzt, rangiert die Bundesrepublik weltweit auf Platz 33 aller Staaten, weit hinter Ländern wie Malawi, Guinea, Costa Rica oder Pakistan, gemessen am Pro-Kopf-Bruttosozialprodukt liegt Deutschland sogar an 42. Stelle, knapp vor Nicaragua.[36] Allerdings ist Deutschland im Rahmen der EU der Staat, der absolut die meisten Flüchtlinge aufnimmt und relativ – hinter Schweden und Dänemark – an dritter Stelle steht. Es ist zu sehen: Die Frage nach den Flüchtlingszahlen ist eine des internationalen Vergleichs; nur vor dem Hintergrund der Weltflüchtlingsproblematik läßt sich die spezielle Situation in Deutschland angemessen einschätzen. Aus diesem Grunde sollen im folgenden zwar die absoluten Zahlen angegeben werden, ihre Bedeutung erhalten sie aber wie gesagt nur vor dem internationalen Hintergrund.

»Seit Errichtung des Bundesamtes für die Anerkennung ausländischer Flüchtlinge in Zirndorf im Februar 1953 wurden bis zum 31. Dezember 1995 von insgesamt 2 408 616 Asylantragstellern 226 243 Personen (9,39 %) als Asylberechtigte anerkannt.«[37] Die Entwicklung der Asylbewerberzahlen wird im folgenden dargestellt.[38]

Tab. 14: Asylbewerber in Deutschland nach Herkunftsregionen seit 1953 (in Tausend und Prozent) sowie Anerkennungsquote durch das Bundesamt

Jahr	Personen	Anerkennungsquo.	davon Personen aus in Prozent:					
			Westeur.	Osteur.	Asien	Amerika	Afrika	Staatenl.
1953	1 906							
1954	2 169							
1955	1 927							
1956	2 284							
1957	3 112							
1958	2 740							

36. UNHCR-Report 1994, 170f.
37. Von Pollern 1996, 90.
38. Münch 1993, 253, Statistisches Jahrbuch 1995, 68 (eigene Berechnung). Für 1995: von Pollern 1996, 86; für die Anerkennungsquoten Tichy 1993 sowie von Pollern 1994, 1995, 1996, 1997, 1998, 1999 und 2000. Von 1953-1958 wurden nur die Asylanträge gezählt, nicht die Personen, für die sie gestellt wurden, genauere Aufschlüsselung nach Herkunftsregionen stehen erst ab 1966 zur Verfügung. Die Anerkennungsquote von 104,4 % im Jahre 1971 ergibt sich dadurch, daß hier noch Fälle aus dem Vorjahr berücksichtigt sind. Unter Westeuropa wird in der offiziellen Asylstatistik auch die Türkei gezählt; unter Osteuropa nur die Staaten des sogenannten ehemaligen »Ostblocks«.

Jahr	Personen	Anerkennungsquo.	davon Personen aus in Prozent:					
			Westeur.	Osteur.	Asien	Amerika	Afrika	Staatenl.
1959	3 009							
1960	2 980							
1961	2 722							
1962	2 550							
1963	3 238							
1964	4 542							
1965	4 337							
1966	4 370		*	94,0	*	*	*	1,0
1967	2 992		*	88,6	*	*	*	1,0
1968	5 608	17,5	4,2	89,4	0,4	0,3	2,1	0,6
1969	11 664	53,4	2,6	92,7	0,5	0,1	1,0	0,8
1970	8 645	41,3	4,3	85,5	0,5	0,2	2,2	2,6
1971	5 388	104,4	5,3	64,7	1,6	0,5	4,3	5,7
1972	5 289	51,9	6,0	58,4	1,4	0,3	6,2	9,9
1973	5 595	36,1	5,3	51,3	1,5	1,0	6,0	9,0
1974	9 424	43,4	4,3	30,5	2,6	6,4	6,7	11,9
1975	9 627	30,3	4,9	27,0	31,6	4,0	7,4	7,5
1976	11 123	23,6	8,6	21,3	31,4	4,0	5,6	9,2
1977	16 410	11,3	7,9	16,4	39,7	2,7	7,7	11,0
1978	33 136	6,6	22,8	11,0	34,5	1,2	8,7	8,8
1979	51 493	12,3	35,3	8,3	43,4	0,4	6,4	6,1
1980	107 818	11,6	53,9	7,2	29,7	0,2	7,7	1,4
1981	49 391	15,8	12,8	30,0	38,9	0,3	12,0	6,0
1982	37 423	13,4	9,9	30,9	35,5	0,4	18,4	5,0
1983	19 737	25,4	7,9	25,5	41,3	0,6	17,7	7,0
1984	35 278	18,6	11,9	20,9	47,8	0,2	16,6	2,6
1985	73 832	15,2	10,2	14,4	60,0	0,1	11,0	4,3
1986	99 650	8,9	8,7	16,5	56,8	0,1	9,5	8,3
1987	57 379	14,3	19,9	43,9	27,8	0,4	6,2	1,8
1988	103 076	7,4	14,4	54,8	22,3	0,3	6,4	1,7
1989	121 318	4,9	16,5	44,0	27,0	0,3	10,3	2,0
1990	193 063	4,4	11,4	41,2	31,5	0,2	12,5	0,3
1991	256 112	6,9	9,3	55,8	19,8	0,1	14,1	1,0
1992	438 191	4,3	6,5	64,4	12,9	0,1	15,4	0,8
1993	322 599	3,2	5,9	66,2	15,6	0,1	11,7	0,6
1994	127 210	7,3	15,0	45,6	24,6	0,2	13,6	1,0
1995	127 937	9,0	20,0	32,7	34,3	0,2	11,2	1,6

Jahr	Personen	Anerkennungsquo.	davon Personen aus in Prozent:					
			Westeur.	Osteur.	Asien	Amerika	Afrika	Staatenl.
1996	116 367	7,4	20,5	24,2	39,2	0,3	13,3	2,5
1997	104 353	4,9	16,1	23,7	43,6	0,4	13,5	2,6
1998	98 644	4,0	11,9	41,6	32,4	0,3	11,6	2,2
1999	95 113	3,0	9,5	40,6	36,7	0,3	10,1	2,8

Die Tabelle kann gelesen werden als ein Blick auf die Weltpolitik aus bundesdeutscher Perspektive. Bis Anfang der '70er Jahre kamen die Asylsuchenden weitestgehend aus *Osteuropa*, den Ländern des sogenannten Ostblocks. Entsprechend hoch waren angesichts der politischen Einschätzung der Situation in diesen Staaten die Anerkennungsquoten; insbesondere in der Zeit nach 1968, dem Einmarsch von Truppen des Warschauer Paktes in die Tschechoslowakei und der Flucht derer, die sich der Verfolgung entziehen wollten. Ab 1969, dem Beginn der Ostpolitik der damaligen Regierung Brandt/Scheel, beginnen die Zahlen aus Osteuropa kontinuierlich zu sinken bis auf den Tiefstand von 7,2 % im Jahre 1980. Danach steigen die Zahlen sprunghaft an. Nach den andauernden Streiks im Jahre 1980 wird 1981 in Polen das Kriegsrecht verhängt, eine Intervention von Truppen des Warschauer Paktes wurde von vielen für möglich – oder gar wahrscheinlich – gehalten. Gegen Ende der '80er Jahre beginnen die Zahlen wiederum zu steigen, um anfangs der '90er zu einem neuen Höchststand zu kommen. Nach dem Zusammenbruch der kommunistischen Regierungen kommen nunmehr Menschen nach Deutschland, die angesichts der unüberschaubaren Situation in ihren Heimatländern und den negativen Nebenfolgen der kapitalistischen Modernisierung dort keine Zukunftsperspektiven mehr sehen. Generell bestand bei Asylbewerbern aus dem »Ostblock« Abschiebeschutz, der 1989 auf Beschluß der Innenministerkonferenz aufgehoben wurde.

Unter *Westeuropa* werden statistisch die Flüchtlinge aus der *Türkei* gezählt (wohl weil sie nicht dem »Ostblock« zuzurechnen waren). Die Zahl der Flüchtlinge von dort korrespondiert ebenfalls mit der politischen Entwicklung. 1980 im Jahr des Militärputsches in der Türkei beantragen 57 913 Menschen Asyl in Deutschland, 53,7 % der Asylsuchenden in diesem Jahr. Unter diesen Zahlen verbergen sich auch asylsuchende Kurden, die in den offiziellen Statistiken nicht eigens ausgewiesen werden. Sie sind ein beachtlicher Teil der seit dieser Zeit gezählten Flüchtlinge aus »Westeuropa«, ohne daß eine genauere Zahl angegeben werden könnte. Geschätzt wurde, daß Ende der '80er Jahre ca. 350 000 Kurden in Deutschland lebten.[39]

39. Aicher 1988, 194.

Ähnlich auffällig ist die Entwicklung der Bewerberzahlen aus *Asien*. Waren diese zuvor nur gering, steigen sie ab 1975 sprunghaft an. 1975 war das Ende der Südostasienkriege mit der Kapitulation der Republik Südvietnam, dem Sieg der Roten Khmer in Kambodscha und der Pathet Lao in Laos. 1978 erfolgt der Staatsstreich in Afghanistan mit dem darauf folgenden Guerillakrieg gegen die UdSSR und dem Bürgerkrieg nach deren Abzug. 1979 rief nach der Flucht der Schah-Familie der Revolutionsführer Ajatollah Khomeini die »Islamische Republik Iran« aus. Vor den Folgen der Islamisierung des Landes flohen nach Schätzungen mehr als eine Million Menschen. Obwohl der Hauptteil der Geflohenen in den Regionen um den Iran blieb, betrug der Anteil der geflohenen Iraner 1986 in Deutschland immerhin über 20 % der Asylbewerber. In Sri Lanka nahm mit dem Pogrom vom Juli 1983 der Konflikt zwischen Tamilen und Singhalesen die Form eines Bürgerkriegs an. Danach gingen die Flüchtlingszahlen in die Hunderttausende. Auch hier suchte ein kleiner Teil in Deutschland Asyl; im Jahre 1985 knapp ein Viertel der gesamten Asylbewerber. Aufgrund der Situation in Sri Lanka verhängte die Mehrzahl der Bundesländer einen generellen Abschiebungsstopp.

Der Anteil an Flüchtlingen aus *Amerika* ist über den ganzen Zeitraum relativ gering. Eine Ausnahme bilden die Jahre ab 1974 nach dem Sturz der Regierung Allende durch das Militär im Jahr 1973. Insgesamt sind seitdem etwa 3000 Chilenen in die Bundesrepublik geflohen, angesichts der zur damaligen Zeit geringen Anzahl der Asylbewerber ein relativ hoher Anteil.[40]

Unübersichtlicher ist die Situation in *Afrika*. Größere Gruppen von Flüchtlingen von diesem Kontinent kommen seit Mitte der '70er Jahre nach Deutschland (1976 erstmals mehr als Tausend) mit steigender Tendenz. Ein großer Teil von ihnen stammt aus Eritrea, seit 1974 herrschte dort ein Bürgerkrieg zwischen den eritreischen Befreiungsbewegungen und dem äthiopischen Militär. In den letzten Jahren stammt darüber hinaus ein Großteil der Flüchtlinge aus den westafrikanischen Staaten Ghana, Nigeria und Zaire. Zu Beginn der '90er Jahre kommen seit den Auseinandersetzungen zwischen der Militärregierung und islamistischen Gruppen nun verstärkt Flüchtlinge aus Algerien hinzu.

Hinter den in der Tabelle aufgeführten *Staatenlosen* verbergen sich *hauptsächlich palästinensische Flüchtlinge*. Deren Zahl beginnt nach den auf den »6-Tage-Krieg« folgenden palästinensisch/israelischen Konflikten zu steigen. 1973 ereignet sich der vierte israelisch-arabische Krieg, gleichzeitig führt der Libanon einen Feldzug gegen die im Land befindlichen

40. Brecht 1988, 113.

Palästinenser, schließlich marschiert Syrien 1976 im Libanon ein. Entsprechend hoch sind Anfang der '70er Jahre die Flüchtlinge aus diesem Gebiet auch in Deutschland.

Allein schon die hier zu beobachtende Übereinstimmung der Flüchtlingszahlen mit den entsprechenden Konflikten in den Herkunftsregionen ist ein deutliches Argument gegen die immer wieder zu hörende Unterstellung des »Asylmißbrauchs« von Seiten der Antragsteller. Das immer wieder zu hörende Argument, daß gegenwärtig die Hauptfluchtursachen weniger die politische Verfolgung, »sondern vielmehr die Folgen des Krieges im ehemaligen Jugoslawien, das Wohlstands- und Wirtschaftsgefälle gegenüber den osteuropäischen Staaten und den Ländern der Dritten Welt« seien,[41] wird konterkariert von der Tatsache, daß die Hauptherkunftsländer in der Regel Gebiete sind, in denen tatsächlich von politischer Verfolgung ausgegangen werden muß.[42] Die Übersicht zeigt auch, wie die Zahl der Asylsuchenden von der jeweiligen politisch beeinflußten Asylpraxis abhängt. Nach den hohen Zahlen von 1980 beschloß die Bundesregierung – auch unter dem Einfluß einer von Ausländerfurcht und -feindlichkeit geprägten öffentlichen Debatte – Restriktionen für sich in Deutschland aufhaltende Asylbewerber wie Arbeitsverbot, Streichung des Kindergeldes, Auszahlung der Sozialhilfe durch Sachleistungen und Unterbringung in Gemeinschaftsunterkünften sowie eine erweiterte Sichtvermerkspflicht für Flüchtlinge aus Hauptherkunftsländern wie die Türkei, Afghanistan, Iran, Sri Lanka oder Äthiopien. Als die Zahlen bis 1986 wieder anstiegen, reagierte die Bundesregierung – mit der Asylnovelle vom Januar 1987 – mit grundsätzlichem Arbeitsverbot für fünf Jahre und der erweiterten Haftung von Beförderungsunternehmen bei Verstößen gegen das Transportverbot für Personen ohne entsprechende Papiere. Hinzu kam eine Vereinbarung mit der DDR über die Notwendigkeit von Anschlußvisa für Reisende in die BRD. Schließlich geht aus der Übersicht hervor, wie darauf durch die Einschränkung des Asylgrundrechts durch die Grundgesetzänderung von 1993 (den sogenannten »Asylkompromiß«) die Bewerberzahlen stark zurückgingen. Auf die Veränderungen des Asylrechts im Verlaufe der Jahre und die zugehörige öffentliche Debatte werde ich weiter unten im Abschnitt über die rechtlichen Regelungen ausführlich eingehen.

Wie aus Tab. 14 ersichtlich, kommen *gegenwärtig* die meisten Antrag-

41. So aktuell von Pollern 1997, 91.
42. So etwa 1997 Türkei (Kurden); BR Jugoslawien, Irak, Afghanistan, Sri Lanka, Iran und Armenien, aus denen weit mehr als die Hälfte der Flüchtlinge stammten; vgl. die Übersicht in von Pollern 1997, 91.

steller aus Europa, vornehmlich aus den Staaten des ehemaligen Jugoslawien, der Türkei und – mit abnehmender Tendenz – aus Rumänien und Bulgarien. Die hohe Zahl der Personen aus den Kriegsgebieten dort erklärt sich daraus, daß lange Zeit die Bürgerkriegsflüchtlinge mangels anderer Alternativen in das – eigentlich ausweglose – Asylverfahren gedrängt wurden (so befand z.B. das Berliner Bundesverwaltungsgericht, daß bosnische Moslems keinen Anspruch auf Asyl haben, auch wenn ihr Heimatort im Gebiet der bosnischen Serben liegt, da im moslemischen Teil Bosniens der Schutz vor Verfolgung gewährleistet sei[43]). Hinter den hohen Zahlen der Bewerber aus Rumänien und Bulgarien verbergen sich mehrheitlich Roma, die in ihren Herkunftsgebieten – aber nicht nur dort – massiven Diskriminierungen und Verfolgungen ausgesetzt sind.[44] Trotzdem beträgt die Anerkennungsquote weniger als 1 %, 1994 und 1995 für Asylsuchende aus Rumänien ganze 0,02 % (Tab. 16).Der übrige Teil der Antragsteller verteilt sich auf Asien und Afrika, im Durchschnitt der letzten Jahre im Verhältnis 2:1. Über den Anteil von Frauen an den Asylantragstellern liegen keine konkreten Zahlen vor,[45] Schätzungen belaufen sich auf 20 bis 30 %.[46]

Tab. 15: Asylbewerber in Deutschland seit 1985 nach Hauptherkunftsländern[47]

Land	1985	1988	1990	1992	1993	1995	1997	1999
Bulgarien	97	177	8 341	31 540	22 547	1 152	761	90
Jugoslaw.[48]	258	20 812	22 114	122 666	95 625	32 711	17 471	33 678
Polen	6 672	29 023	9 155	4 212	1 670	119	151	42
Rumänien	887	2 634	35 345	103 787	73 717	3 522	794	222
Türkei	7 528	14 870	22 082	28 327	19 104	25 514	16 840	9 065
UdSSR/GUS	*	116	2 337	1 724	5 280	1 436	1 196	2 094

43. Frankfurter Rundschau vom 8.8.1996, 4.
44. So Nuscheler 1995a, 120.
45. S. auch Rethmann 1996, 36.
46. Buhr 1988, 192.
47. Nuscheler 1995a, 119. Für 1995 und 1997 von Pollern 1996, 1998, 1999 und 2000. Bei mit * gekennzeichneten Spalten lagen entweder keine genauen Zahlen vor oder haben diese Staaten zu diesem Zeitpunkt noch nicht existiert.
48. Ab 1992 Jugoslawien und die mittlerweile selbständigen Staaten.

Land	1985	1988	1990	1992	1993	1995	1997	1999
Algerien	*	110	1 035	7 669	11 262	1 447	1 586	1 473
Ghana	3 994	1 304	3 786	6 994	1 973	1 110	369	277
Nigeria	158	485	5 399	10 486	1 083	1 613	1 137	305
Armenien	*	*	*	909	6 449	3 387	2 488	2 386
Afghanistan	2 632	1 462	7 348	6 351	5 506	7 515	4 735	4 458
China	*	86	574	2 564	4 396	673	1 621	1 236
Indien	4 431	1 590	5 612	5 798	3 807	2 691	1 860	1 499
Irak	568	298	707	1 484	1 264	6 880	14 088	8 662
Iran	8 840	7 867	7 271	3 834	2 664	3 908	3 838	3 407
Libanon	4 576	4 233	16 229	5 622	2 449	1 126	964	598
Pakistan	3 240	2 390	3 983	5 215	2 753	3 116	2 316	1 727
Sri Lanka	17 380	3 383	3 793	5 303	3 280	6 048	3 389	1 254
Vietnam	53	106	9 428	12 258	10 960	2 619	1 494	2 425

Die Anerkennungsquoten unterlagen in den letzten Jahren starken Schwankungen. Allerdings gibt diese Quote keinen präzisen Überblick über die tatsächliche Anerkennung als Asylberechtigter, da nur die Anerkennung durch das Bundesamt in Zirndorf gezählt wird, nicht aber die Anerkennungsquote durch die Verwaltungsgerichte. Diese werden statistisch nicht genau erfaßt; es kann aber davon ausgegangen werden, daß sich durch die Entscheidungen der Gerichte die Anerkennungsquote zum Teil mehr als verdoppelt.[49] Die Zahl dieser Verfahren ist bedeutend: So waren Ende 1994 165 058 Asylklagen in erster Instanz anhängig (mehr als Asylanträge in diesem Jahr);[50] im Jahr 1995 gingen bundesweit in erster Instanz 102 842 Asylklagen ein, 1999 83 489.[51]

49. So Bade 1994 unter Bezug auf den – damaligen – Bundesinnenminister Schäuble. Für die Verwaltungsgerichte in Baden-Württemberg gibt von Pollern für erfolgreiche Asylklagen folgende Quoten an: 1999: 13,6 %; 1998: 7,3 %; 1997: 9,8 %;1996: 8,6 %, 1995: 10,6 %, 1994: 11,1 %, 1993: 8,6 %, 1992: 7,6 %, 1991:: 6,1 %, 1990: 15,9 %, 1989: 11,6 %, 1988: 11,4 %.
50. Von Pollern 1996, 92.
51. Von Pollern 1997, 95 und 2000, 83.

Tab. 16: Anerkennungsquoten der letzten Jahre für Hauptherkunftsländer:[52]

	1988	1989	1990	1991	1992	1993	1994	1995	1996	1997
Bosnien-Herzeg.	–	–	–	–	2.3	1.3	0.2	*	*	*
BR Jugoslawien	0.2	0.4	0.7	2.0	1.9	5.8	5.6	5.2	3.1	1.9
Rumänien	2.9	1.5	0.5	0.3	0.1	0.1	0.0	*	*	*
Türkei	7.4	4.3	4.4	8.3	9.7	14.4	20.9	21.5	12.8	11.1
Ghana	0.2	0.2	0.1	0.6	0.3	0.1	*	*	*	*
Afghanistan	24.4	17.5	12.7	41.5	32.2	11.5	15.6	11.6	4.9	9.6
Armenien	–	–	–	–	0.0	0.8	0.9	2.1	0.5	0.6
Irak	41.4	38.3	38.5	51.5	58.4	35.9	28.0	45.2	31.6	17.0
Iran	28.4	27.3	27.2	47.2	44.5	39.7	36.3	37.8	26.9	18.9
Pakistan	12.0	9.5	37.2	22.6	9.1	1.5	4.2	4.5	3.5	3.3
Sri Lanka	1.0	0.1	0.5	3.2	24.8	33.9	23.6	14.7	8.2	4.6
Gesamt	8.6	4.8	4.4	6.9	4.3	3.2	7.3	9.0	7.4	4.9

Vergleicht man die Anerkennungsquote mit den Bewerberzahlen, fällt auf, daß diese bei steigenden Bewerberzahlen sinkt und bei sinkenden wieder ansteigt. Zudem ist die Anerkennungsquote abhängig von der jeweiligen »offiziellen« Bewertung der politischen Situation der Herkunftsländer, wie sie insbesondere in den Länderberichten des Auswärtigen Amtes dargelegt ist. Nach dem »Golfkrieg« waren die Anerkennungsquoten für Flüchtlinge aus dem Irak relativ hoch und sinken seitdem ab. An der Verfolgungssituation im Irak hat sich seither jedoch nur wenig verändert, zudem sind laut Amnesty International Personen, die im Ausland Asyl beantragt haben, im Irak mit der Todesstrafe bedroht.[53] Auch von Iran, Afghanistan und Sri Lanka (mit ehemals hohen und 1995 geringen Anerkennungsquoten) berichtet Amnesty weiterhin von Menschenrechtsverletzungen und politischer Verfolgung. Bei Sri Lanka ist der

52. Von Pollern 1989, 1990, 1991, 1993, 1994, 1995 und 1997. Für mit * gekennzeichnete Stellen liegen keine genauen Zahlen aus diesen Berichten vor. Die Zahlen für 1995 habe ich dem Bericht 1997 entnommen, weil in von Pollern 1996 eine andere Bezugsgröße (Anerkennungen in Relation zur Gesamtzahl der Anerkennungen) zugrunde lag. Ich danke Herrn Dr. von Pollern für seinen diesbezüglichen brieflichen Hinweis.
53. Amnesty International 1996a, 61; allerdings ist deswegen die Ablehnungsquote bei irakischen Flüchtlingen mit 5,4 % sehr gering; die Mehrzahl der Flüchtlinge erhält das sog. kleine Asyl.

Rückgang dadurch zu erklären, daß in der Bundesrepublik davon ausgegangen wird, daß es innerstaatliche Fluchtalternativen gebe. Daß dies tatsächlich eine Möglichkeit sei, wird von Hilfsorganisationen bestritten. Generell gering sind die Chancen von afrikanischen Flüchtlingen, als Asylberechtigte anerkannt zu werden. In den letzten zehn Jahren liegt der Durchschnitt der Anerkennungen weit unter der Gesamtquote (zwischen 0,5 % 1995 und 3,6 % 1988 mit abnehmender Tendenz). Signifikant höher lag die Anerkennungsquote 1985 mit 11,7 %, was vor allem an der hohen Zahl eritreischer Flüchtlinge mit hoher Anerkennungsquote (69,5 %) lag; trotzdem war die Gesamtquote auch 1985 mit 29,2 % deutlich höher als die für afrikanische Bewerber.[54] Auffallend niedrig sind prinzipiell die Anerkennungsquoten von Flüchtlingen aus schwarzafrikanischen Staaten. Auf die entsprechenden Regelungen und Verfahren in der Asylpraxis werde ich weiter unten ausführlicher zu sprechen kommen.

Rechtmäßig abgelehnte Asylbewerber werden nicht automatisch abgeschoben. nach § 51 Abs. 1 des Ausländergesetzes erhalten diejenigen Abschiebungsschutz, deren Leben und Freiheit im Herkunftsland aufgrund ethnischer, religiöser oder sozialer Zugehörigkeit oder politischer Verfolgung bedroht ist. Dieser Abschiebungsschutz wird in der Praxis *»kleines Asyl«* genannt. Der entsprechende Personenkreis erhält eine Aufenthaltsgestattung (vgl. dazu Kapitel I.2.2). Nach § 53 Abs. 1 und 2 erhalten auch die Personen Abschiebungsschutz, bei denen die konkrete Gefahr der Folter oder der Todesstrafe besteht (sogenannter *Schutz aus humanitären Gründen*).[55] Allerdings beinhaltet der Abschiebungsschutz keinen eigenen Rechtsstatus. Die mit dem Abschiebungsschutz gewährte Duldung kann jederzeit widerrufen werden. Die Zahl dieser »de-facto-Flüchtlinge« übersteigt in Deutschland die der anerkannten Asylberechtigten beträchtlich: 1996 lebten in der Bundesrepublik etwa 500 000 de-facto-Flüchtlinge (vgl. Tab. 13). Entsprechendes gilt auch für die Anerkennungsquote; so erhielten 1997 9 779 Personen (5,7 %) das »kleine Asyl« und weitere 2 768 (1,6 %) den Schutz vor Abschiebung aus humanitären Gründen.[56]

54. Von Pollern 1986, 69.
55. Den genaueren rechtlichen Zusammenhang werde ich weiter unten ausführlicher darstellen.
56. Von Pollern 1998, 132; seit 1994 hat sich die Zahl der Flüchtlinge mit Abschiebungsschutz gemäß §§ 51 Abs. 1 und 53 Abs. 1 f. folgendermaßen entwickelt: 1994: 4 314 (2,8 %) kleines Asyl und 1 532 (1,0 %), 1995: 5 368 (2,7 %) und 3 631 (1,8 %), 1996: 9 611 (4,9 %) und 2 082 (1,1 %) (von Pollern 1995, 28, 1996, 20 f., 1997:93). Zählt man diese Personen zu den anerkannten Asylbewerbern hinzu, ergeben sich für diese Jahre Anerkennungsquoten zwischen 11,0 und 13,5 %. Auffällig ist weiterhin, daß seit 1995 die Asylanerkennungsquote

In diesem Zusammenhang ist eine weitere Gruppe zu nennen, über die es der Sachlage entsprechend nur wenig Informationen gibt: Ausländer, die sich *illegal* in Deutschland aufhalten. Zur Zeit kann nicht mit hinreichender Sicherheit angegeben werden, wie groß diese Gruppe ist. Schätzungen schwanken zwischen 500000 und 1 Million.[57] Dies sind zu einem Teil abgelehnte Asylbewerber, die sich der drohenden Abschiebung auf diese Weise entziehen. Es wird angenommen, daß deren Zahl nach der Verschärfung des Asylrechtes weiter zunehmen wird. Darüber hinaus handelt es sich jedoch vor allem um Menschen, die zum Zweck der illegalen Beschäftigungsaufnahme einreisen (über die »grüne Grenze« oder mit Touristenvisa), vor allem aus Osteuropa.[58] Wird das Problem dieser »Illegalen« in der Öffentlichkeit noch kaum diskutiert, ist in Presseberichten vor allem von der Prostitution von Frauen die Rede, die durch Schlepper illegal nach Deutschland eingeschleust werden (häufig gegen ihren Willen zur Prostitution gezwungen) und ohne rechtlichen Schutz und Absicherung ihrem Gewerbe nachgehen.[59] Einen Arbeitsmarkt für illegal sich in Deutschland aufhaltende Frauen von den Philippinen gibt es offensichtlich im Bereich der Haushaltshilfen.[60]

Aus- und Übersiedler

Wie weiter oben bereits angesprochen, sind zwischen 1950 und 1996 mehr als 3,9 Millionen Menschen als Aussiedler in die Bundesrepublik gezogen. Bei den deutschstämmigen Minderheiten in Osteuropa besteht auch weiterhin die Tendenz, nach Deutschland auszusiedeln. Und dies hat, wie auch in den Jahren zuvor, Gründe, die eng mit der deutschen Geschichte verknüpft sind. Denn die Ausreisewünsche sind nicht, wie bisweilen an-

sinkt (von 9,0 % auf 4,9 %) und die Quote für Personen mit Abschiebungsschutz steigt (von 4,5 % auf 7,3 %). Dies kann als Anzeichen für eine restriktivere Anerkennungspraxis des Bundesamtes gedeutet werden, zumal das kleine Asyl vorwiegend Flüchtlingen aus den Staaten zuerkannt wird, die auch über eine überdurchschnittlich hohe Anerkennungsquote im »großen« Asyl verfügen (1997 stammten drei von vier Personen mit kleinem Asyl aus dem Irak, gleichzeitig ist die Anerkennungsquote, wie aus Tab. 16 ersichtlich, für dieses Land deutlich zurückgegangen).

57. Lederer/Nickel 1997, 35 ff.; die Autoren weisen mehrfach darauf hin, daß bislang von gesicherten Zahlen nicht ausgegangen werden kann, auch eine Auswertung der Berichte über Aufgriffe von illegalen Ausländern an den deutschen Grenzen führt nicht zu exakten Ergebnissen.
58. Vgl. ausführlich Lederer/Nickel 1997, 18 ff.
59. Vgl. Lederer/Nickel 1997, 45 f.
60. Tichy 1993, 55.

gedeutet wird, ausschließlich wirtschaftlich motiviert. Vielmehr hängen sie, wie weiter oben beschrieben, mit den Verfolgungs- und Deportationsmaßnahmen gegenüber den deutschen Minderheiten als Folgen des deutschen Angriffskrieges im 2. Weltkrieg zusammen. Unterscheidet man die push- und pull-Faktoren, die die Ausreiseentscheidung bestimmen, sind in erster Linie die Unterdrückung, Einengung und Nichtakzeptanz der Deutschen als ethnische, religiöse und sprachlich-kulturelle Minderheit als push-Faktoren anzusehen. »Hinzu kommen in der GUS die desolate wirtschaftliche und gesellschaftliche Lage, zunehmende ethnische Spannungen und Nationalitätenkonflikte, das schwindende Vertrauen in die politische Kraft der GUS-Staaten, diese Probleme zu bewältigen und schließlich die erleichterten Ausreisemodalitäten der GUS-Behörden.«[61] Auch bei den pull-Faktoren spielen nach einer Umfrage des Münchener Osteuropa-Institutes die wirtschaftlichen Gründe nur eine nachgeordnete Rolle; im Vordergrund stehen Familienvereinigung und der Wunsch »als Deutsche unter Deutschen leben zu können«.[62] Diese national gefärbte Motivation wurde oft interpretiert als Relikt des deutschen Nationalismus. Diese Interpretation unterschlägt jedoch, daß die Gruppenidentität – besonders unter der älteren Generation – auf der einen Seite Solidarität gestiftet hat und auf der anderen Seite Grund von Unterdrückung und Deportation war. Dieser starke Bezug zu nationaler Identität und deutscher Sprache resultiert jedoch eher direkt aus der Erfahrung von Unfreiheit.[63] Darüber hinaus entstand durch die zunehmende Übersiedlung so etwas wie ein »Wanderungsfieber«, das auch aus anderen Massenwanderung bekannt ist. Die allgemeine Aufbruchstimmung reißt zuvor Unentschlossene mit. Zudem werden die Verbleibenden durch die Ausreise zunehmend zu einer noch kleineren Minderheit. »Die Aussiedlerbewegung führt mithin in den Herkunftsgebieten nicht zu einer Entlastung, sondern zu einer weiteren Auflösung jenes ›Deutschtums‹, dessen Schwächung denen, die gingen, schon Hauptargument für die Ausreise war. Dies aber ist ein sich selbst weitertreibender und beschleunigender Prozeß, der gebietsweise, z.B. in Siebenbürgen, längst den Scheitelpunkt überschritten hat, jenseits dessen eine tatsächliche Besserstellung deutscher Minderheiten mangels Masse nicht mehr greift.«[64]

Wie weiter oben bereits dargestellt, erreichte die Zuwanderung von

61. Bade 1994, 158.
62. Ebd.
63. So in der Tendenz auch die Ergebnisse der Befragung von Kussmann/Schäfer 1982.
64. Bade 1994, 159.

Aussiedlern in den Jahren 1989 und 1990 einen Höhepunkt. Zusammen mit den Übersiedlern aus der DDR wurden in den beiden Jahren 1,35 Millionen Menschen in der Bundesrepublik aufgenommen. Auf diese beträchtlichen Zahlen und die damit verbundenen Probleme (Wohnraum etc.) reagierte die Bundesregierung mit dem Aussiedleraufnahmegesetz vom 1.7.1990. Durch dieses Gesetz konnte über das Verwaltungsverfahren die Einreise gesteuert werden. Eine direkte Kontingentierung wurde durch das Kriegsfolgenbereinigungsgesetz von 1993 eingeführt, das im Zusammenhang mit dem »Asylkompromiß« ausgehandelt wurde. Dieses Gesetz schreibt den Zuzug auf den Durchschnitt der Jahre 1991/92 fest, also auf ca. 220000 Personen jährlich.

Einbürgerungen

Die Zahl der Einbürgerungen ist in den letzten 20 Jahren kontinuierlich gestiegen. Allerdings geht diese Zunahme vor allem auf Anspruchseinbürgerungen zurück, die vor allem die Einbürgerung von Aussiedlern umfassen, während die Steigerung bei den Ermessenseinbürgerungen, also die Einbürgerung von »normalen« Ausländern, weitaus geringer ist. Aber auch hier sind die Zuwachsraten sehr groß (in den letzten Jahren über 30 %, seit 1993 etwas weniger, weil seitdem Einbürgerungen nach §§ 85 f. Ausländergesetz (AuslG) zum Teil als Anspruchseinbürgerungen gezählt werden). Im Vergleich zur gesamten ausländischen Wohnbevölkerung jedoch ist der Anteil an Einbürgerungen sehr gering (0,6 %).

Tab. 17: Einbürgerungen im Zeitverlauf[65]

		Einbürgerungen			
			darunter		
	Ausländische Bevölkerung		Anspruchs-einbürgerungen	Ermessenseinbürgerungen	
Jahr		Insgesamt		Absolut	Prozentual
1974	4 127 366	24 744	12 256	12 488	0,3
1975	4 089 594	24 925	14 198	10 727	0,3
1976	3 948 337	29 481	16 347	13 134	0,3

65. Beauftragte der Bundesregierung (Hg.) 1995, 124 und Beauftragte der Bundesregierung (Hg.) 2000, 243 (Tab. 13b); Statistisches Jahrbuch 1997, 68. Durch die seit 1993 veränderte Rechtslage und dem Anspruch auf Einbürgerung entsprechend §§ 85 und 86 Abs. 1 AuslG sind die Zahlen für die Ermessenseinbürgerungen nicht mehr ohne weiteres mit denen zuvor vergleichbar; die hier aufgeführte Zahl addiert Ermessenseinbürgerungen und Anspruchseinbürgerungen nach den erwähnten Paragraphen.

Jahr	Ausländische Bevölkerung	Einbürgerungen			
		Insgesamt	darunter		
			Anspruchs-einbürgerungen	Ermessenseinbürgerungen	
				Absolut	Prozentual
1977	3 948 278	31 632	18 097	13 535	0,3
1978	3 981 061	32 710	18 635	14 075	0,4
1979	4 143 836	34 952	19 780	15 172	0,4
1980	4 453 308	37 003	22 034	14 969	0,3
1981	4 629 729	35 878	22 235	13 643	0,3
1982	4 666 917	39 280	26 014	13 266	0,3
1983	4 534 863	39 485	25 151	14 334	0,3
1984	4 363 648	38 046	23 351	14 695	0,3
1985	4 378 942	34 913	21 019	13 894	0,3
1986	4 512 679	36 646	22 616	14 030	0,3
1987	4 240 532	37 810	23 781	14 029	0,3
1988	4 489 105	46 783	30 123	16 660	0,4
1989	4 845 882	68 526	50 794	17 742	0,4
1990	5 342 532	101 377	81 140	20 237	0,4
1991	5 882 267	141 630	114 335	27 295	0,5
1992	6 495 792	179 904	142 862	37 042	0,6
1993	6 878 100	199 443	154 493	44 950	0,6
1994	6 990 500	259 170	232 875	26 295	0,9
1995	7 173 900	313 606	238 625	71 981	1,0
1996	7 314 000	302 830	216 474	86 356	1,2
1997	7 365 833	278 662	195 749	82 913	1,1

Die Einbürgerungszahlen differieren stark nach Nationalitäten. In absoluten Zahlen stellen die türkischen Migranten die größte Gruppe, in Relation zur jeweiligen Bevölkerungszahl jedoch sind dies nur 0,6 %. Die höchsten Einbürgerungsquoten finden sich bei Tunesiern (5,1 %), Afghanen (3,2 %) und Marokkanern (2,5 %), die niedrigsten bei Türken (0,6 %), Italienern (0,2 %) und jugoslawischen Serben (0,1 %), also bei den Nationalitätengruppen, die den größten Anteil an der ausländischen Bevölkerung stellen und sich am längsten in Deutschland aufhalten.[66] Dies überrascht um so mehr, als nach Umfragen das Interesse an einer Einbürgerung bei diesen Gruppen hoch ist (über die Hälfte), vor allem bei jüngeren Migrantinnen und Migranten.[67] Die hohe Diskrepanz ist unter anderem dadurch zu erklären, daß nur in Ausnahmefällen (nach § 87 AuslG) eine Mehrstaatigkeit (doppelte Staatsbürgerschaft) hingenommen wird. Erfahrungen aus den Niederlanden zeigen, daß mit der Hin-

66. Vgl. Beauftragte der Bundesregierung (Hg.) 1995, 20.
67. Beauftragte der Bundesregierung (Hg.) 1995, 21 mit Bezug auf eine MARPLAN-Umfrage 1994.

nahme der Mehrstaatigkeit die Einbürgerungszahlen steigen.[68] Ein weiteres Indiz ist, daß in Deutschland die Einbürgerungsquote bei den Nationalitäten am höchsten liegt, bei denen § 87 AuslG in Anwendung gekommen ist, also bei Tunesiern, Marokkanern und Afghanen.

Auswirkungen auf die Einbürgerungszahlen hatte auch die Erleichterung der Einbürgerung für junge Ausländer und für Ausländer mit langem Aufenthalt (§§ 85 f. AuslG). 1993 haben 29 108 Personen von dieser Regelung Gebrauch gemacht, also etwa doppelt so viele Personen wie sich z. B. 1987 insgesamt haben einbürgern lassen. Insgesamt ist dieser Effekt aber immer noch vergleichsweise gering, so daß wahrscheinlich nur die Ermöglichung einer doppelten Staatsbürgerschaft (auf die rechtlichen Probleme hierbei werde ich weiter unten in Abschnitt I.2.2.1 näher eingehen) die Einbürgerungsquoten stärker beeinflussen werden würde.

Autochthone ethnische Minderheiten in Deutschland

Neben den bisher genannten Gruppen leben in Deutschland ethnische Minderheiten, die zum Teil schon vor langer Zeit nach Deutschland siedelten, bzw. in diesem geographischen Raum ihre Heimat haben: Dänen, Sorben, Sinti und Roma sowie Juden.[69]

Die *dänische Minderheit* entstand aufgrund von Grenzziehungen im Zusammenhang der Entstehung des deutschen Nationalstaates im 19. Jahrhundert: 1864 mußte Dänemark das Herzogtum Schleswig an die Allianz von Preußen und Österreich abtreten, 1866 wurde es preußisch, mit der Reichsgründung 1871 zugleich Teil des Deutschen Reiches. Nach dem 1. Weltkrieg wurde aufgrund von Regelungen des Versailler Vertrages in zwei Zonen durch Volksabstimmung die künftige Staatsangehörigkeit bestimmt, die nördliche Zone, entschied sich für Dänemark, die südliche für Deutschland. Seitdem bestehen in beiden Staaten in den jeweiligen Regionen ethnische Minderheiten.

Während der Zeit des Deutschen Reiches stand die dänische Minderheit unter starkem Assimilierungsdruck, vor allem im Blick auf die Verwendung der dänischen Sprache. Erst die Weimarer Verfassung garantier-

68. Beauftragte der Bundesregierung (Hg.) 1995, 20.
69. Gelegentlich werden auch die Friesen als eigene ethnische Gruppe genannt. Sicher ist, daß das Friesische eine eigenständige westgermanische Sprache ist und daß die Friesen auf eine lange Besiedlung im norddeutschen und niederländischen Raum zurückblicken können. Trotzdem halte ich diese Punkte nicht für ausreichende Kriterien, um die Friesen als eigene ethnische Gruppe zu verstehen.

te Minderheitenschulen mit dänischer Unterrichtssprache.[70] Zudem wurden das dänische Vereinswesen gefördert und eine dänische Kulturarbeit ermöglicht.[71] Während der Zeit des Nationalsozialismus wurde die Möglichkeit der Pflege der dänischen Minderheitenkultur zwar beschnitten, nicht aber vollkommen unterdrückt.

Nach dem Krieg wurden die Rechte der dänischen Minderheit durch eine auf völkerrechtlicher Ebene abgegebene Erklärung der Bundesregierung von 1955 garantiert. »In ihr versichert die Regierung der Bundesrepublik Deutschland, daß die im Staatsgebiet der Bundesrepublik Deutschland lebende dänische Minderheit die volle staatsbürgerliche Gleichstellung mit den Deutschen im Sinne des Grundgesetzes genießt, und daß ihr die Erhaltung ihres dänischen Volkstums gewährleistet wird.«[72] In der schleswig-holsteinschen Landesverfassung von 1989 wird darüber hinaus ausdrücklich festgestellt, daß Minderheiten Sonderrechte benötigen und beanspruchen können. Die Staatsangehörigkeit der dänischen Minderheit ist deutsch. Die Zugehörigkeit zur dänischen Minderheit wird auf der Basis des Bekenntnisprinzips geregelt, »d.h. dänischer Minderheitenangehöriger ist, wer sich dazu erklärt bzw. sich in bestimmter Weise ›dänisch‹ organisiert oder politisch verhält, z.B. bei Wahlen.«[73] Aufgrund dessen ist die Größe der Gruppe nicht exakt zu bestimmen, sie wird auf ca. 50000 Personen geschätzt. Die politische Vertretung wird vom Südschleswigschen Wählerverband übernommen, der als regionale Partei von der 5%-Klausel befreit ist, jedoch bei Wahlen eine Stimmenzahl erzielen muß, die der für einen Sitz erforderlichen Stimmenzahl entspricht.[74] Zur Zeit existieren 53 dänische Schulen und 62 Kindergärten, die von der Landesregierung und der dänischen Regierung unterstützt werden, eine eigene Zeitung, eine Jugend- und Kulturorganisation sowie

70. Weimarer Verfassung Artikel 113: »Die fremdsprachigen Volksteile des Reiches dürfen durch die Gesetzgebung und Verwaltung nicht in ihrer freien, volkstümlichen Entwicklung, besonders nicht im Gebrauch ihrer Muttersprache beim Unterricht sowie bei der inneren Verwaltung und Rechtspflege beeinträchtigt werden.« Zitiert nach Heckmann 1992, 27.
71. Vgl. hierzu Heckmann 1992, 7.
72. Kimminich 1985, 154; allerdings beinhaltet die Bonn-Kopenhagener-Erklärung von 1955 nicht die Garantie der Repräsentanz in staatlichen Parlamenten. Die Ausnahme der dänischen Minderheit von der 5-Prozent-Klausel beruht auf einem Beschluß des schleswig-holsteinischen Landtages. Zu Inhalt und Entstehung der Bonn-Kopenhagener-Erklärung vgl. K. Ipsen 1996, 272ff.
73. Heckmann 1992, 8.
74. Vgl. hierzu Nonnenbroich 1972.

andere kulturelle Einrichtungen. Seit 1921 gibt es eine selbständige dänische Kirche mit zu Zeit 25 Pastoren.[75] Daß die Sonderstellung der dänischen Minderheit in Krisenfällen doch nicht so allgemein anerkannt ist, zeigt die Reaktion konservativer Politiker auf die Politik des SSW-Abgeordneten Meyer während der »Barschel-Affäre«, als dieser aufgrund der Stimmenverhältnisse im Landtag eine entscheidende Rolle spielte: CDU-Abgeordnete polemisierten, daß es nicht anginge, daß ein Däne Schleswig-Holstein regiere.[76]

Die *sorbische Minderheit* lebt im Osten der Bundesländer Brandenburg und Sachsen. Die Sorben sind die einzige slawische Gruppe, die sich in den nunmehr deutschen Gebieten östlich der Elbe behaupten konnten. Das Siedlungsgebiet ist die Lausitz, die während der Zeit der deutschen Ostsiedlung als karges und unzugängliches Land für die Kolonisierung relativ unattraktiv war. Im Gegensatz zu anderen slawischen Gruppen kam es – wohl auch aufgrund der relativ niedrigen Bevölkerungszahl – nicht zu einer nationalstaatlichen Eigenentwicklung, die Sorben blieben eine »regionale Minderheit«.[77] Die Sorben gliedern sich in zwei weitere regionale Gruppen mit jeweils eigener Sprache und eigener konfessioneller Prägung: überwiegend protestantische Niedersorben in der Niederlausitz mit einer dem Polnischen und überwiegend katholische Obersorben in der Oberlausitz mit einer dem Tschechischen verwandten Sprache.[78] Waren Mitte des 19. Jahrhunderts mit 166000 Menschen noch etwa die Hälfte der Bevölkerung der Lausitz sorbisch, wird die Zahl der Sorben gegenwärtig auf etwa 60000 geschätzt.

Ähnlich der dänischen Minderheit waren die Sorben während des Deutschen Reiches einem starken Assimilierungsdruck ausgesetzt, der allerdings im Blick auf die anti-polnische Politik des Kaiserreiches noch stärker ausgeprägt war. Als Reaktion darauf wurde 1912 mit der »Domowina« eine Dachorganisation sorbischer Vereine gegründet mit dem Ziel, die sorbische Sprache und Kultur zu bewahren. Wie die Dänen waren auch die Sorben in der Weimarer Zeit durch Artikel 113 der Verfassung mit besonderen Rechten ausgestattet; ebenso unterlagen sie als Minderheit Repressionen durch das nationalsozialistische Regime – 1937 wurde z. B. die Domowina verboten. Nach dem Ende der nationalsozialistischen Diktatur wollte die DDR dem eine beispielhafte Nationalitätenpolitik entgegenstellen. »Dafür wurden auch beträchtliche Mittel zur Verfügung

75. Ludwig 1995, 128.
76. Nach Heckmann 1992, 8, Anm. 11.
77. In der Terminologie von Heckmann 1992, 62f.
78. Heckmann 1992, 26f.

gestellt und eine beeindruckende Liste von Einrichtungen geschaffen. Im Bildungswesen wurde Sorbisch-Unterricht vermittelt und an zehn Oberschulen war Sorbisch – fakultativ – Unterrichtssprache.«[79] Allerdings stand die sorbische Kulturpolitik unter dem Einfluß und Kontrolle der SED, auch die Domowina war durch die Partei bestimmt. Allerdings boten sich vor allem im Bereich religiöser Traditionen und Bindungen Nischen, die es erlaubten, sich dem Zugriff der Partei zu entziehen. Insgesamt muß also die Sorbenpolitik der DDR differenziert betrachtet werden, denn zu keiner Zeit zuvor waren die Sorben mit vergleichbaren Rechten und Möglichkeiten ausgestattet wie in der DDR, allerdings unter den bereits genannten Prämissen der Parteiorientierung. Nach der Vereinigung Deutschlands wurden die Sorben durch die Landesverfassungen von Brandenburg und Sachsen als Minderheit geschützt; neben den Ländern stellt auch der Bund Fördermittel für kulturelle Angelegenheiten bereit. Allerdings gibt es Berichte, die von Mißgunst und Vorurteilen der Mehrheitsbevölkerung gegenüber den Sorben aufgrund von deren besonderer Förderung zeugen.[80]

»Das gravierendste Problem für die Sorben war und ist jedoch der Land und Dörfer zerstörende Braunkohletagebau, in der DDR nach den energiepolitischen Entscheidungen der SED immer stärker forciert. Seit der Jahrhundertwende, vor allem aber in den letzten Jahrzehnten, sind rund 60 Dörfer zwangsgeräumt und zerstört worden. Die Bewohner wurden zumeist in städtische Neubaugebiete umgesiedelt und aus ihren Traditionen gerissen.«[81] Aktuell ist die Auseinandersetzung über die Zukunft des Dorfes Horno, gegen dessen Zerstörung sich nun, anders als in den Jahren zuvor, vehementer Widerstand formiert hat. Neben den so entstehenden und schon entstandenen ökologischen Problemen liegen die sozialen auf der Hand: Die Umsiedlung aus den kleinen Orten in größere Städte mit nicht mehr einheitlicher Bevölkerung führt zum Rückgang des Gebrauchs der sorbischen Sprache, aber auch die Pflege sorbischer Kultur wird erschwert. Hinzu kommt, daß aufgrund der wirtschaftlichen Situation in den östlichen Bundesländern viele aus der wirtschaftlich »unterentwickelten« Region in städtische Zentren auch des Westens ziehen.

Nicht unproblematisch ist die Einordnung der in Deutschland lebenden *Juden* unter die ethnischen Minderheiten. Dies ist nur möglich, wenn der Ethniebegriff, wie bereits geschehen, streng von askriptiven Konnotationen gelöst und als Selbstzuschreibung einer bestimmten Gruppe ver-

79. Heckmann 1992, 27.
80. So etwa Kaulfürst 1990.
81. Heckmann 1992, 28.

standen wird. Nur insofern sich Juden in Deutschland als eigene Gruppe verstehen und auch organisieren, kann dann von ihnen als eigener ethnischer Gruppe gesprochen werden.

Die Möglichkeit jüdischer Existenz in Deutschland steht unter dem Vorzeichen des Holocaust. Nach dem Ende der nationalsozialistischen Diktatur, schien es vielen Juden unvorstellbar, daß nach Auschwitz Juden in Deutschland leben könnten. »Der Jüdische Weltkongreß erklärte 1948, im Jahr der Gründung Israels, daß kein Jude mehr deutschen Boden betreten werde. Am schärfsten betonten die zionistischen Organisationen diesen Standpunkt und ließen später lange keine Vertreter der Juden in der Bundesrepublik zu Zionistenkongressen zu.«[82] Die Folge war eine lange Zeit die doppelte Isolierung deutscher Juden zum einen in Deutschland, zum anderen durch die Mißbilligung durch Juden aus aller Welt. In Deutschland lebten nach dem Einmarsch der alliierten Truppen noch etwa 15000 von ehemals etwa einer halben Million Juden in Deutschland, vorwiegend in Mischehen und zum kleinen Teil im Untergrund. (16) Eine besondere Entwicklung ergab sich dadurch, daß viele der aus den Konzentrationslagern befreiten osteuropäischen Juden nach Deutschland zurückkehrten, weil sie in ihrer Heimat neuem Antisemitismus und Pogromen ausgesetzt waren und hofften, über Deutschland nach Israel oder in die USA emigrieren zu können. So hielten sich in den fünf Jahren nach dem Kriegsende fast 200000 jüdische DPs in Deutschland auf, von denen 12000 in Deutschland bleiben wollten.[83] Die Zahl der Rückkehrer aus dem Exil war gering, es wird geschätzt, daß etwa 5 % der Juden, die vor dem nationalsozialistischen Terror geflohen waren, nach Deutschland zurückwanderten, ein großer Teil waren politisch aktive jüdische Antifaschisten sowie überproportional viele Wissenschaftler und Künstler. (19)

Anfang der neunziger Jahre wurde die Zahl der in Deutschland lebenden Juden auf etwa 50000 geschätzt, genauere Zahlen lagen nur über die Mitglieder der 65 jüdischen Gemeinden in Deutschland vor, deren Zahl bei 28000 lag.[84] Daß die Mitgliederzahl der jüdischen Gemeinden sich über lange Zeit kontinuierlich in dieser Größenordnung bewegte, suggeriert eine – jedoch nur scheinbare – Kontinuität. »Die Entwicklung der jüdischen Minorität verlief in einer demographisch einmaligen Form. Das Durchschnittsalter der Juden in Deutschland schwankte in den letzten dreißig Jahren nur zwischen 45 und 50 Jahren, das heißt, die Gemein-

82. Richarz 1986, 14. Im folgenden beziehe ich mich bei der Darstellung auf diesen Aufsatz und gebe die entsprechenden Seitenzahlen im Text an.
83. Vgl. dazu ausführlich Jacobmeyer 1986.
84. Heckmann 1992, 13.

den bestanden immer überwiegend aus älteren Menschen. Dementsprechend starben etwa siebenmal soviel Juden wie geboren wurden. Diese Bevölkerungsabnahme wurde erstaunlicherweise durch einen entsprechenden Einwanderungsüberschuß ausgeglichen. Jährlich wanderten über 1000 Juden ein und etwa 400 aus. Die Gesamtzahl der jüdischen Einwanderer betrug in den letzten 30 Jahren etwa 40 000 Personen.« (22) Diese Entwicklung führt dazu, daß es in absehbarer Zeit kaum mehr »deutsche Juden«, sondern nur noch »Juden in Deutschland« geben wird, die jüdischen Gemeinden in Deutschland sind heute »primär Einwanderungsgemeinden ausländischer Juden«. (23) Dem korrespondiert, daß sich nach einer empirischen Untersuchung »92 % aller in Deutschland lebenden Juden nicht als Deutsche« verstehen, obgleich sie deutsche Staatsangehörige sind; auch unter den in Deutschland geborenen Juden ist diese Zahl mit 82 % nur unwesentlich geringer. (30, Anm. 21) »Die starke Inhomogenität der Juden in Deutschland bringt für die Gemeinden große Probleme mit sich. Sie sind damit überfordert, die verschiedenen Herkunftsgruppen zu integrieren, da fast allen Juden heute in Deutschland gemeinsam ist, daß sie an jüdischer Religion und Kultur nur wenig Interesse zeigen. Damit fällt das wichtigste Integrationsmittel weg. Juden, die eine lebendige Verbindung zum Judentum haben und über jüdisches Wissen verfügen, bilden eine verschwindende Minderheit. Dies gilt auch für viele Gemeindeführer, die sich deshalb mehr auf Interessenvertretung, Sozialarbeit und zionistische Aktivitäten konzentrieren.« (24) Seit 1992 hat sich die Situation drastisch verändert. Seit dieser Zeit sind nach Schätzungen des Zentralrats der Juden in Deutschland mehr als 60 000 osteuropäische Zuwanderer jüdischen Glaubens nach Deutschland gekommen.[85] Für sie wird das Gesetz über Maßnahmen für im Rahmen humanitärer Hilfsaktionen aufgenommene Flüchtlinge von 1980 angewandt, sie haben also den Status der »Kontingentflüchtlinge« mit gesichertem Bleiberecht. Wie viele Menschen dieser Gruppe allerdings dauerhaft in Deutschland bleiben werden, ist offen, weil für einige Deutschland nur eine Etappe auf der weiteren Migration – vor allem in die USA – ist.

In der deutschen Bevölkerung sind antisemitische Einstellungen und Handlungen immer noch verbreitet. Zwar ist das antisemitische Einstellungssyndrom in den letzten fünfzig Jahren beträchtlich zurückgegangen. Umfragen zufolge haben aber in den westlichen Bundesländern weiterhin 16 % der Bevölkerung eine massive antisemitische Einstellung, in den öst-

85. Beauftragte der Bundesregierung (Hg.) 1997a, 81.

lichen Bundesländern ist der Anteil mit 6% deutlich niedriger.[86] Drei Viertel aller Deutschen lassen kaum oder überhaupt keine antisemitischen Vorurteile erkennen.[87] Insgesamt nimmt die Neigung zu antisemitischen Einstellungen mit dem Alter und geringerem Bildungsgrad zu. Allerdings ist bei ostdeutschen Jugendlichen ein beachtliches Potential an antisemitischen (12%), nationalistischen (50%) und fremdenfeindlichen (29%) Einstellungen vorhanden; insgesamt sind diese Einstellungen bei männlichen Jugendlichen deutlich ausgeprägter als bei weiblichen.[88] Allerdings sind antisemitische Stereotype über den engeren Personenkreis hinaus weiter verbreitet: »So glauben 18 Prozent der Deutschen, viele Juden versuchten aus der Vergangenheit Vorteile auf Kosten der Deutschen zu ziehen, 19 % halten die religiöse Komponente des antisemitischen Ressentiments (›Schuld der Juden am Tode Jesu‹) noch für relevant, 20 Prozent halten Juden für egoistisch, 21 Prozent finden Juden ›intolerant‹, und 36 Prozent stimmen der Behauptung zu, die Juden hätten zuviel Einfluß auf der Welt.«[89] Entsprechende Äußerungen sind immer wieder in der öffentlichen und politischen Diskussion – auch außerhalb der einschlägigen rechtsextremen Zirkel – zu hören.[90] Im Zusammenhang der rechtsextremen Gewalt spielt der Antisemitismus eine vergleichsweise geringe Rolle (so richteten sich 1992 nur 2,4 % der rechtsextremistischen Gewalt gegen jüdische Einrichtungen[91]), trotzdem scheint das antisemitische Potential auch in dieser Hinsicht aktualisierbar zu sein.

Die in Deutschland gegenwärtig – wie fast überall in Europa – am meisten diskriminierte und verfolgte ethnische Minderheit sind die *Sinti und Roma.* »Roma« ist die Selbstbezeichnung dieser Menschen, deren Zahl weltweit auf etwa 10 Millionen geschätzt wird, ca. 6 Millionen von ihnen sind in Europa, vorwiegend im östlichen Europa, ansässig. Die große Mehrheit der in Deutschland lebenden Roma bezeichnet sich als »Sinti«, ihre Vorfahren siedeln seit dem 15. Jahrhundert in Mitteleuropa, von ihnen unterscheiden sich die »Roma« genannten Gruppen, die in den letzten hundert Jahren vorwiegend aus Polen und Ungarn nach Deutschland kamen. In Deutschland leben zur Zeit etwa 60000 Sinti und Roma, etwa zwei Drittel von ihnen sind Sinti.[92] Von diesen sind ca. 90% deut-

86. Vgl. Bergmann/Erb 1995, 59ff.
87. Benz 1996b, 119.
88. Bergmann/Erb 1995, 60; die Umfragen beziehen sich auf 14-18jährige in Sachsen und Sachsen-Anhalt.
89. Benz 1996b, 118.
90. Vgl. Bergmann 1995.
91. Jaschke 1994, 71.
92. Vgl. Hundsalz 1982, 137ff.

sche Staatsangehörige, die übrigen sind zu etwa gleichen Teilen staatenlos oder besitzen eine andere Staatsangehörigkeit;[93] ihre Sprache ist neben Deutsch das Romanes, das aus dem altindischen Sanskrit stammt.

Die Geschichte der Verfolgung und Diskriminierung der Sinti und Roma ist fast so alt wie ihre Geschichte in Europa. Als die ersten von ihnen – aus den nordindischen Regionen – im 15. Jahrhundert nach Mitteleuropa kamen, genossen sie für kurze Zeit kaiserlichen Schutz, der jedoch schon gegen Ende des Jahrhunderts aufgehoben wurde. Seitdem bestand Verbot der Ansiedlung und der permanenten Gewerbeausübung. Im 18. Jahrhundert unternommene Ansiedlungs- und Assimilierungsvorhaben, die zum Teil gewaltsam durchgesetzt werden sollten, scheiterten. »Mit der Industrialisierung erschlossen sich die Sinti bestimmte ökonomische Nischen als Musikanten, Artisten, Handwerker, Künstler und Händler. Ihre Dienstleistungen waren besonders für die Landbevölkerung von Bedeutung.«[94] Mit der Industrialisierung und der effektiveren öffentlichen Verwaltung wurden jedoch gleichzeitig die Möglichkeiten bereitgestellt, die Sinti und Roma mit polizeilichen Sondermaßnahmen zu kontrollieren und zu kriminalisieren (Errichtung eines »Zigeuner-Nachrichtendienstes« 1899, Zigeunerpolizeistelle in Bayern 1926, Gesetz zur »Bekämpfung des Zigeunerwesens« in Hessen 1929). Die Karteien des Zigeuner-Nachrichtendienstes dienten zur Zeit der nationalsozialistischen Diktatur dann zur Grundlage der »Endlösung der Zigeunerfrage«. 1936 wurde vom Reichsinnenminister durch einen Runderlaß zu »Bekämpfung der Zigeunerplage« der »Rastplatz Marzahn« eingerichtet, der das erste Lager für »Fremdrassige« war.[95] 1938 entstand die »Reichszentrale zur Bekämpfung des Zigeunerunwesens« unter Heinrich Himmler. 1940 begannen die Nationalsozialisten mit der Deportation der Sinti und Roma in die Konzentrationslager in Polen. Wie viele Sinti und Roma in Europa dem nationalsozialistischen Terror zum Opfer fielen, kann nur geschätzt werden, die Gesamtzahl der Ermordeten lag wahrscheinlich bei 500000 bis 600000, als gesichert gilt die Mindestzahl von 277000.[96] Wie stark die Ablehnung und die Vorurteile in der deutschen Gesellschaft waren (und vielleicht noch sind), zeigt die offizielle Reaktion auf die nationalsozialistische Vernichtungspolitik: erst 1982 erfolgte die offizielle Anerkennung der Verbrechen von Seiten der Bundesregierung, bis 1965 war eine Entscheidung des Bundesgerichtshofes von 1956 gültig, in der die Maßnah-

93. Vgl. Hundsalz 1982, 140.
94. Heckmann 1992, 10.
95. Vgl. Benz 1994.
96. Vgl. hierzu allgemein: Kenrick/Puxon 1981.

men des nationalsozialistischen Deutschland gegenüber den »Zigeunern« bis 1943 als »kriminalpräventiv« bezeichnet wurde.[97] »Aufgrund einer sorgfältigen empirischen Untersuchung des Verhaltens der Polizei gegenüber Sinti und Roma läßt sich sagen, daß die Polizei in der Bundesrepublik bis heute von der ›Haltung des prinzipiellen Verdachts‹ gegenüber der Gruppe ausgeht und kein Teil polizeilicher Ermittlungsarbeit – von der Kontrolle der KFZ-Kennzeichen bis zur Altersbegutachtung von Kindern – von präventiven und abschreckenden Zielsetzungen ausgeschlossen zu sein scheint.«[98]

Das Bild der »Zigeuner« ist durch eine charakteristische Ambivalenz geprägt. Zum einen sind es die lebensfrohen Naturmenschen, die frei von den Zwängen des Alltags leben, auf der anderen Seite die verschlagenen und unehrlichen Gestalten, die vor allem durch ihre kriminelle Neigung auffallen.[99] Die meisten derartigen Vorurteile, die gegenüber den Sinti und Roma bestehen, werden durch empirische Untersuchungen widerlegt. So haben ca. 90 % der Sinti und die Mehrheit der Roma einen festen Wohnsitz, viele von ihnen über Generationen hinweg. »Viele Sinti fahren gar nicht mehr, weil ihnen die Mittel zum Erwerb der Fahrzeuge fehlen. Andere fahren nicht mehr, weil die Diskriminierung während der Reise für sie unerträglich ist.«[100] Hauptreisegründe sind vor allem Handel und Geschäft. Trotzdem ist der Wunsch, zumindest einige Zeit im Jahr auf traditionelle Art zu reisen, weiterhin hoch, denn die Reise ist ein wichtiges Mittel, die traditionellen Bindungen zu erhalten und zu pflegen. Über die wirtschaftliche Integration der Sinti und Roma gibt es stark differierende Informationen; die angegebene Arbeitslosenquote liegt zwischen 25 % und 75 %. Diese Differenz liegt unter anderem darin begründet, wie in den jeweiligen Studien Arbeitslosigkeit definiert wird, denn ca. zwei Drittel der Sinti geben Handel als berufliche Tätigkeit an.[101] Insgesamt kann aber als gesichert angesehen werden, daß mehr als ein Drittel der Sinti zur Armutsbevölkerung zählt. »Die wirtschaftlichen Schwierigkeiten der Gruppe hängen mit ethnischen Vorurteilen, dem weit unterdurchschnittlichen schulischen Qualifikationsniveau und ›anti-modernen‹ Einstellungen, die vor allem gegen unselbständige Tätigkeiten gerichtet sind, vor allem aber auch mit der durch Modernisierung von Kommunikation, Handel und Unterhaltung bewirkten Strukturkrise der

97. Heckmann 1992, 11.
98. Ebd.
99. Vgl. zu den Stereotypen Benz 1996c.
100. Hundsalz: 1982, 45.
101. Vgl. Hundsalz 1982, 87 ff.

traditionellen ›Zigeuner-Nischenökonomie‹ zusammen.«[102] Für die Sinti und Roma in Deutschland verschärft sich die Situation gegenwärtig dadurch, daß viele Roma aus Staaten des ehemaligen Ostblock – vor allem aus Rumänien – vor Verfolgung und Diskriminierung fliehen und in Deutschland Asyl beantragen. Diese Menschen unterliegen doppelten Vorurteilen gegenüber ihrer Gruppe und ihrem Status als Asylantragsteller. Das ohnehin schon äußerst problematische Verhältnis zwischen Mehrheitsbevölkerung und Minderheit wird so zusätzlich belastet. Auf politischer Ebene versucht der Zentralrat der Deutschen Sinti und Roma, analog etwa zu den Dänen und Sorben, als eine von mehreren deutschen Volksgruppen anerkannt zu werden; dann bestünde die Möglichkeit sprachlicher und kultureller Förderung.

Resümee

Deutschland ist ein wanderungserfahrenes Land. Seit dem 2. Weltkrieg kamen 11,6 Millionen Flüchtlinge und Vertriebene aus den ehemaligen deutschen Ostgebieten, bis 1989 übersiedelten oder flohen 5,6 Millionen Menschen aus der Sowjetischen Besatzungszone und der DDR in den Westen, bis 1996 wurden 3,9 Millionen Aussiedler gezählt und gegenwärtig leben 7,3 Millionen Menschen ausländischer Staatsangehörigkeit in Deutschland. Allein diese Zahlen summieren sich auf 28,4 Millionen Menschen. Werden noch die dazugerechnet, die Kinder von Elternteilen aus diesen Gruppen sind, wird deutlich, daß die Mehrheit der Bevölkerung Deutschlands Migrationserfahrung innerhalb der eigenen Familie besitzt. Das Schicksal von Migrantinnen und Migranten könnte also jedem und jeder aus eigener Anschauung oder aus Erzählungen von Betroffenen bekannt sein. Trotzdem ist von diesen Erfahrungen in der öffentlichen Diskussion um nun »fremde« Migranten – ob ausländische Arbeitnehmer, Aussiedler oder Asylsuchende – nur wenig zu hören. Auch die Generation, die nach dem Krieg zu denen gehörten, die die Flüchtlinge mehr oder minder freiwillig aufnahmen, könnten von den Problemen und von den positiven Erlebnissen bei der Integration erzählen. (Meine Eltern z.B. gehören zu diesen beiden Gruppen.) Nun folgt aus der eigenen Erfahrung nicht automatisch ein entsprechendes eigenes Verhalten, zumal die Flüchtlinge damals und heute nicht hinsichtlich aller Merkmale vergleichbar sind.

Im historischen Überblick haben sich eine Reihe Parallelen bzw. Über-

102. Heckmann 1992, 12.

schneidungen gezeigt. Bis zu diesem Jahrhundert haben Deutsche von der Möglichkeit der Migration auf die ein oder andere Weise profitiert. In geringerem Maße politisch oder religiös Verfolgte bzw. Unzufriedene, in weitaus größerem arme oder von sozialem Abstieg bedrohte Menschen haben die Möglichkeit genutzt, durch kontinentale oder interkontinentale dauerhafte Migration ihre Lage zu verbessern, allerdings nicht immer mit Erfolg. Allerdings wanderten diese Menschen in Länder, wo – zumindest von Seiten derer, die die politische Macht besaßen – die Einwanderung erwünscht war und häufig sogar gefördert wurde. Diese Situation ist gegenwärtig nicht mehr gegeben. Diese klassische »Auswanderungssituation« besteht für heutige Migranten – zumindest für die überwiegende Mehrheit insbesondere aus den ärmeren Regionen der Welt – so nicht mehr. Migration vollzieht sich auf einem enger gewordenen Raum und ist nun noch stärker als zuvor orientiert an den ökonomischen Möglichkeiten der Herkunfts- und Zielländer. Zu realisieren, daß Deutschland aufgrund seiner wirtschaftlichen Situation zum Zielland und dadurch de facto zum Einwanderungsland geworden ist, fällt trotzdem offensichtlich vielen schwer.

In ähnlicher Weise ist Deutschland seit nunmehr einem Jahrhundert »Arbeitseinfuhrland« und Ziel kurzfristiger und längerfristiger temporärer Arbeitsmigration. Auffallend ist hier, wie sich die Argumente in der politischen Diskussion damals und heute ähneln. Allerdings ist die Situation heute insofern von der vor dem 1. Weltkrieg unterschieden, als – auch infolge politischer Entscheidungen wie dem Anwerbestopp und dem Familiennachzug – eine Situation entstanden ist, in der aus der kurzfristigen erst eine längerfristige und im Effekt eventuell eine permanente Ansiedlung geworden ist. Wie die politische Diskussion hierauf reagiert und welche Möglichkeiten diskutiert werden, wird weiter unten ebenso noch ausführlicher Gegenstand der Darstellung sein wie die Frage nach dem ökonomischen Nutzen sowohl der Arbeitsmigration als auch der Einwanderung.

Das Phänomen der weltweiten Massenzwangswanderungen ist trotz einiger historischer »Vorläufer« vor allem ein Problem dieses Jahrhunderts. Wie bei der Darstellung der weltweiten Flüchtlingssituation deutlich wurde, betrifft dies allerdings Deutschland – trotz der relativ hohen Zahlen von Asylsuchenden – nur am Rande. Das Weltflüchtlingsproblem ist vielmehr ein »Weltordnungsproblem« (Kühnhardt) und muß auch entsprechend erörtert werden. Der Blick auf die bundesrepublikanischen Verhältnisse allein wäre der Situation kaum angemessen. Allerdings wird diese in der öffentlichen Diskussion auf die Frage des Asylrechtes eingeengt. Trotzdem werde ich im Verlauf der folgenden Erörterungen auf den

Problemkomplex des Asylrechtes ausführlicher eingehen, dabei soll jedoch die weitergehende Fragestellung nicht außer acht bleiben.

Nur vor dem Hintergrund der deutschen Geschichte dieses Jahrhunderts erschließt sich die Aussiedlerbewegung deutschstämmiger Minderheiten aus Osteuropa. Die Integration dieser – nach geltendem Recht – deutschen Zuwanderer stellt eine eigene und von der Integration anderer Zuwanderer in mancher Hinsicht verschiedene Aufgabe dar.

Für die deutsche Minderheitenpolitik bezeichnend ist das Schicksal des Versuchs, den Minderheitenschutz im Grundgesetz zu verankern, was insbesondere auch von den Vertretungen der Minderheitengruppen forciert wurde.[103] »Diese Initiative scheiterte im September 1994 im Bundestag. Bundesinnenminister Manfred Kanther begründete die Ablehnung damit, daß die Stellung der Minderheiten durch den Gleichheitsgrundsatz des Grundgesetzes gesichert und eine spezielle Schutzklausel daher nicht notwendig sei.«[104] Diese Argumentation nimmt allerdings die Pointe von Minderheitenrechten nicht wahr. Denn zum einen geht es hier um Gruppen- und nicht – wie im einschlägigen Grundgesetzartikel – um Individualrechte, zum anderen geht es nicht nur um den passiven Schutz vor Diskriminierung, sondern um die Förderung ethnischer und kultureller Minderheiten. Auf Länderebene scheint die Gewährung solcher Rechte offensichtlich auf weniger Probleme zu stoßen, deshalb sind die sorbische und die dänische Minderheit entsprechend abgesichert. Die Sinti und Roma, die kein derart regional abgegrenztes Siedlungsgebiet haben, bleiben aber bis auf weiteres ohne entsprechenden rechtlichen Schutz.

103. Zur juristischen Frage des Minderheitenschutzes vgl. allgemein Hofmann 1995, insbesondere 76 ff.

104. Ludwig 1995, 17.

2.2 Rechtliche Aspekte

»Zwischen dem Menschen und dem Bürger klafft eine Wunde: der Fremde.«[1] Der Fremde entzieht sich der juristischen Definition. Trotzdem ist das Recht, wie andere gesellschaftliche Subsysteme, genötigt, Exklusion und Inklusion zu regeln und eine entsprechende Grenze zu markieren. Daher ist die Zugehörigkeitssemantik Resultat einer – in diesem Falle juristischen – Konstruktion. Diese wird auch dann wirksam, wenn nicht explizit auf sie abgestellt wird. So kennt etwa das Grundgesetz die Differenz zwischen Menschen im allgemeinen, zu denen auch die Fremden gehören, und Menschen im besonderen: Der Grundrechtekatalog in Art. 1-19 bezieht sich auf der einen Seite ausdrücklich auf die Menschenwürde (Art. 1 Abs. 1) und bekennt sich zu den Menschenrechten (Art. 1 Abs. 2), unterscheidet aber in seiner Ausgestaltung zwischen Grundrechten, die gleichermaßen für alle Menschen gelten, und Grundrechten, die ausdrücklich Deutschen vorbehalten sind: Versammlungsfreiheit (Art. 8), Vereinigungsfreiheit (Art. 9), Freizügigkeit (Art. 11) und freie Wahl des Arbeitsplatzes (Art. 12). Darüber hinaus unterscheidet das Grundgesetz zwischen Menschen und Bürgern: Politische Teilhaberechte sind den Deutschen vorbehalten, da alle Staatsgewalt vom Volke ausgeht (Art. 20 Abs.1) und zu diesem Volk nur gehört, wer die deutsche Staatsangehörigkeit – oder in bestimmten Fällen – die deutsche Volkszugehörigkeit besitzt (Art. 116); wobei die Ausübung der Rechte z. B. an bestimmte Altersgrenzen gebunden ist.

Insgesamt gesehen verhält sich das Grundgesetz gegenüber Fremden eher indifferent.[2] Fremdheit ist eben kein juristischer Begriff. Die rechtliche Exklusions- und Inklusionssemantik folgt statt dessen der Unterscheidung zwischen Staatsangehörigen und Ausländern, unabhängig davon, ob die Ausländer durch lange Anwesenheit zu Inländern und damit Nahen geworden sind. Denn eigentlich bezeichnet der Begriff des Ausländers dem Wortsinn nach »einen Menschen, dessen Lebensmittelpunkt sich außerhalb des Landes befindet und der nicht zu diesem Land und seiner Gesellschaft gehört.«[3] Es ist deutlich, daß mit der Unterscheidung Deutsche/Ausländer der in Abschnitt II.2.1 entfaltete komplizierte Sachverhalt der Ethnizität in angemessener Weise kaum zu fassen ist. Mehr noch sträubt sich der Begriff der Ethnizität gegen eine juristische Definition.[4]

1. Kristeva 1988, 106.
2. Frankenberg 1993, 42.
3. Rittstieg 1996a, IX.
4. Vgl. Wollenschläger 1996, 440 f.

Aber diese Überlegungen zu Ethnizität und Recht führen bereits in den ersten zu behandelnden Themenkreis: das Staatsangehörigkeitsrecht. Auf der darin grundgelegten Unterscheidung zwischen Staatsangehörigen und Ausländern basiert das darauf zu diskutierende Ausländerrecht; hier werde ich mich vor allem auf die aufenthaltsrechtlichen Regelungen beziehen. Ein Spezialfall ist schließlich das Asylrecht, das grundgesetzlich verankert ist und in den einschlägigen Asylgesetzen präzisiert wird. Ein prinzipielles Problem der Darstellung der Rechtslage ist, daß kaum ein anderer Rechtsbereich eine derart hohe Änderungsfrequenz hat wie das Ausländer- und Asylrecht. Dies betrifft seltener grundlegende Sachverhalte, häufiger Detailregelungen, die für die Betroffenen jedoch unter Umständen eine außerordentlich große Bedeutung haben können (so etwa die Ausdehnung der Leistungen des Asylbewerberleistungsgesetzes auf einen Zeitraum von drei Jahren statt zuvor einem Jahr). Dies ist meines Erachtens ein weiterer Hinweis auf den immens politischen Charakter des Ausländer- und Asylrechts, der es den Betroffenen erschwert, Rechts- und damit Verhaltenssicherheit aufzubauen.

2.2.1 Staatsangehörigkeitsrecht in Deutschland

Die Staatsangehörigkeit ist Produkt der neuzeitlichen Entwicklung des Nationalstaats. Die entstehenden territorial abgegrenzten Gebiete waren genötigt, sowohl ihre Beziehungen untereinander zu regeln, also den jeweiligen Herrschafts- und Schutzbereich zu definieren, als auch intern darauf zu reagieren, daß die nunmehr zu Bürgern avancierten Untertanen sich aus den zuvor Zugehörigkeit verbürgenden Korporationen und Ständen gelöst hatten.[5] Nach der klassischen Staatslehre konstituieren daher drei Elemente einen Staat: Staatsgebiet, flächendeckende Staatsgewalt und Staatsvolk. Eine präzise Bestimmung der Staatsangehörigkeit (Zugehörigkeit zu einem Staatsvolk) ist daher insofern eine Voraussetzung für das völkerrechtliche Verhältnis der Staaten untereinander, als sichergestellt werden muß, wer zu welchem Staat gehört und wer nicht. Insofern ist die einfache Staatsangehörigkeit der Normalfall, weil mit dem Nationalstaat auch die ausschließliche Personalhoheit gegeben ist. Die Regelung der Zugehörigkeit geschieht nun im Medium des Rechts. »In Literatur und Rechtsprechung wird die Staatsangehörigkeit von einer Auffassung als Rechtsverhältnis, von einer anderen als Eigenschaft, d.h. als Status oder als Kombination dieser beiden Elemente angesehen. Weitgehend Einigkeit besteht lediglich darin, daß sich aus der Staatsangehö-

5. Vgl. Grawert 1984, 182f.

rigkeit zwischen Individuum und Staat wechselseitige Rechte und Pflichten ergeben, zu denen insbesondere die Wehrpflicht, die Loyalitätspflichten, das Recht auf diplomatischen Schutz sowie das Wahlrecht zählen.«[6] Mit der Frage, wie Staatsangehörigkeit zu konzeptualisieren ist, verbunden ist die, was die Zugehörigkeit konstituiert, worin also die Inklusion in ein Staatsgebilde begründet ist. Grundsätzlich sind dabei zwei Möglichkeiten zu unterscheiden, die in der Diskussion abgekürzt als ius sanguinis und ius soli bezeichnet werden. Im ersten Falle begründet die Abstammung die Staatsangehörigkeit (ius sanguinis), im anderen Falle der Geburtsort, bzw. der gewünschte Ort der politischen Teilnahme (ius soli). Im Blick auf die Einbürgerung wird noch ein drittes Prinzip wirksam, das eng mit dem ius soli zusammenhängt und ihm historisch vorausging, das Wohnsitzprinzip (ius domicilii). Ich komme auf diese Unterscheidungen weiter unten ausführlicher zurück.

Mit der Zugehörigkeit zu einem Staat ist ein Netz wechselseitiger Rechte und Pflichten verbunden. Die Notwendigkeit einer Staatsbürgerschaft ist damit so lange gegeben, wie die aus ihr resultierenden Rechte die allgemeinen Menschenrechte übersteigen, bzw. so lange die Möglichkeit der Durchsetzung der Menschenrechte nicht überall gewährleistet ist. Darum ist es nur konsequent, daß der *Anspruch auf Staatsangehörigkeit* in Art. 15 der Allgemeinen Erklärung der Menschenrechte von 1948 aufgenommen ist und daß in Art. 15 Abs. 2 garantiert ist, daß niemandem seine Staatsangehörigkeit willkürlich entzogen werden darf und daß niemandem das Recht verwehrt werden darf, seine Staatsangehörigkeit zu wechseln.[7] Präzisiert wurde auf völkerrechtlicher Ebene dieser Anspruch durch Art. 3 des Vierten Protokolls zur Konvention zum Schutze der Menschenrechte und Grundfreiheiten vom 16. September 1963, in dem die kollektive oder individuelle Ausweisung von Staatsangehörigen aus ihrem Staatsgebiet sowie der Entzug des Rechts auf Einreise in das Hoheitsgebiet des Staates verboten wird. Die konkrete Ausgestaltung des Staatsangehörigkeitsrechts überläßt das Völkerrecht jedoch den Staaten selbst.

In *Deutschland* ist das Staatsangehörigkeitsrecht nicht in einem einheitlichen Gesetz geregelt.[8] Das Grundgesetz setzt es in seinen einschlägigen Bestimmungen (z. B. Art. 16 oder Art. 116) voraus, ohne es präzise

6. Schrötter/Möhlig 1995, 375.
7. Art. 15 Abs. 1: Jeder Mensch hat den Anspruch auf Staatsangehörigkeit. Abs. 2: Niemandem darf seine Staatsangehörigkeit willkürlich entzogen und ihm das Recht verwehrt werden, seine Staatsangehörigkeit zu wechseln.
8. Zur Geschichte des deutschen Staatsangehörigkeitsrechts vgl. Mangoldt 1999, 244 ff. und Renner 1999.

zu bestimmen.[9] »Staatsangehörigkeitsregelungen finden sich außer im Reichs- und Staatsangehörigkeitsgesetz noch im Grundgesetz, in den drei Staatsangehörigkeitsregelungsgesetzen, im Bundesvertriebenengesetz, dem Gesetz über heimatlose Ausländer, dem Ausländergesetz und den Ratifikations- und Ausführungsgesetzen zu verschiedenen völkerrechtlichen Verträgen, wie den beiden Staatenlosenabkommen oder dem Europaratsübereinkommen zur Verringerung der Mehrstaatigkeit vom 6. Mai 1963. Ganz zu schweigen von den Zuständigkeits- und Gebührenverordnungen bis hin zu den geheimnisvollen Verordnung zur Regelung von Staatsangehörigkeitsfragen vom 20. Januar 1942, die für einzelne Einbürgerungen vom Ausland her noch immer anwendbar ist.«[10] Schon die Zersplitterung der Materie ist ein Argument für eine Neuregelung dieses Bereiches.

In der Folge der Migrationen der letzten Jahre ist der Anteil der *Bewohner ohne deutsche Staatsangehörigkeit* kontinuierlich gestiegen und liegt gegenwärtig etwas unter 9 %. Der Anteil der Ausländerinnen und Ausländer, die schon seit langer Zeit hier leben oder hier geboren sind, wird immer größer. Insbesondere für die Angehörigen der zweiten und dritten Generation ergibt sich eine seltsame Situation als Inländer mit ausländischem Paß. Dies sah auch die Bundesregierung schon 1984: »Diese Gruppe (scil. die Ausländer der zweiten und dritten Generation) hat ihren Lebensmittelpunkt in der Bundesrepublik Deutschland und ist den Verhältnissen in dem Land, dessen Staatsangehörigkeit sie besitzt, weitgehend entfremdet. Hier besteht ein öffentliches Interesse an der Einbürgerung schon deswegen, weil kein Staat es auf Dauer hinnehmen kann, daß ein zahlenmäßig bedeutender Teil der Bevölkerung über Generationen hinweg außerhalb der staatlichen Gemeinschaft und außerhalb der Loyalitätspflicht ihm gegenübersteht.«[11] In gleicher Weise geht auch das Bundesverfassungsgericht davon aus, daß »eine Kongruenz zwischen den Inhabern demokratischer politischer Rechte und den dauerhaft einer bestimmten staatlichen Herrschaft Unterworfenen« wünschenswert sei.[12]

9. Allerdings war in den Beratungen des Hauptausschusses des Parlamentarischen Rates klar, daß Art. 16 darauf ziele, Staatenlosigkeit auf jeden Fall zu vermeiden (vgl. die Diskussion der 44. Sitzung am 19.1.1949, Kauffmann (Hg.) 1986, 236 ff.).
10. R. Meireis 1994, 242.
11. Antwort der Bundesregierung vom 3. Oktober 1984 auf eine Große Anfrage der SPD-Fraktion zur Fortentwicklung des Ausländerrechts, BT-Dr 10/2071, zitiert nach R. Meireis 1994, 245.
12. Entscheidung zum Ausländerwahlrecht vom 31. Oktober 1990, BVerfGE 83, 37 (52), zitiert nach R. Meireis 1994, 245.

»Denn eine reine Gebietszugehörigkeit, die auf Pflichten beschränkt ist, denen keine Rechte korrespondieren, widerspricht dem Grundgedanken eines demokratischen Gemeinwesens. Dieser Grundgedanke besagt, daß alle, die dauerhaft den Gesetzen eines Staates unterworfen sind, auch das Recht haben sollen, sie mitzubeschließen.«[13]

Eine *Änderung des Staatsangehörigkeitsrechts* wurde schon seit den achtziger Jahren mehrfach angekündigt, aber erst unter der rot-grünen Reagierungskoalition kam es 1999 zur Verabschiedung einer Novellierung des Staatsangehörigkeitsrechts. Diese Novellierung war von einer lebhaften Diskussion begleitet. Bereits im Vorfeld der Debatte um das Staatsangehörigkeitsänderungsgesetz hatte die SPD-Bundestagsfraktion einen Entwurf formuliert, der darauf zielte, daß Kinder ausländischer Eltern mit Geburt die deutsche Staatsangehörigkeit erwerben, wenn zumindest ein Elternteil hier geboren wurde und lebt.[14] Für Kinder der sogenannten dritten Generation sollte also das ius soli gelten. Weiter reichte der Entwurf des Bundesrates von 1993,[15] nach dem schon Kinder der zweiten Generation die deutsche Staatsangehörigkeit durch Geburt in Deutschland erwerben. Demgegenüber sah die Koalitionsvereinbarung zwischen CDU/CSU und FDP von 1994 die Einführung einer Kinderstaatsangehörigkeit vor. »Die Kinder bleiben somit formal Ausländer und werden nicht-volljährigen Deutschen auf Antrag der Eltern lediglich gleichgestellt. Weist der Betroffene nach Vollendung des 18. Lebensjahres das Erlöschen der weiteren Staatsangehörigkeit nach, wandelt sich die deutsche Kinderstaatsangehörigkeit in die deutsche Staatsangehörigkeit um.«[16] Das Problem, das mit diesem Vorschlag umgangen werden sollte, ist die Hinnahme einer doppelten Staatsangehörigkeit. Hier sind die grundlegenden Fragen, ob sie zum einen überhaupt wünschenswert und zum anderen mit bestehendem Recht vereinbar ist. Nach dem Regierungswechsel legte augrund der Koalitionsvereinbarungen von SPD und GRÜNEN Innenminister Schily bereits Januar 1999 einen Entwurf vor, der durch eine konsequente Bereitschaft zur generellen Hinnahme von Mehrstaatigkeit geprägt war. Gegen diesen Entwurf regten sich recht bald juristische und politische Bedenken. Insbesondere CDU und CSU mobilisierten gegen den sogenannten »Doppelpaß« weite Teile der Bevölkerung. Daraufhin einigte sich die Regierungskoalition auf einen

13. W. Huber 1996b, 399.
14. Entwurf BT-Dr 12/4533 und Antrag vom 19.1.1995 (BT-Dr 13/259), vgl. dazu Wollenschläger/Schraml 1994b: 226 und Schrötter/Möhlig 1995, 378.
15. Vgl. Wollenschläger/Schraml 1994b, 225.
16. Schrötter/Möhlig 1995, 379; vgl. dazu kritisch Ziemske 1995.

Kompromißvorschlag, der im Mai 1999 verabschiedet wurde und zum Jahresbeginn 2000 in Kraft trat. Die Debatte um das neue Staatsangehörigkeitsrecht hatte zwei inhaltliche Kernprobleme: die Übernahme von Elementen des Territorialprinzips (ius soli) und die Frage einer doppelten Staatsangehörigkeit.

Die grundlegende Differenz bei der Frage nach dem Erwerb der Staatsangehörigkeit ist, ob ein demotisch-politisches oder ein ethnisch-völkisches *Konzept von Volk und Nation* favorisiert wird.[17] Geht man von einem demotisch-politischen Verständnis aus, bedeutet Staatsbürgerschaft mehr als nur Staatsangehörigkeit. Kern der Staatsbürgerschaft – das wird im französischen Begriff der citoyenneté und im englischen citizenship deutlich[18] – sind die politischen Teilhabe- und Kommunikationsrechte. Dies schließt an Rousseaus Begriff der Selbstbestimmung ebenso an wie an Kants Verständnis des Staatsbürgers. Kant zufolge sind Freiheit, Gleichheit und Selbständigkeit die dem Staatsbürger zugehörigen Attribute. Inhaltlich bestimmt ist die Staatsbürgerschaft durch die Fähigkeit zur Selbstgesetzgebung: »Nur die Fähigkeit der Stimmgebung macht die Qualifikation zum Staatsbürger aus; jene aber setzt die Selbständigkeit dessen im Volk voraus, der nicht bloß Teil des gemeinen Wesens, sondern auch Glied desselben, d.i. aus eigener Willkür in Gemeinschaft mit anderen handelnder Teil desselben sein will.«[19] Folgt man dieser Linie,[20] ist Staatsbürgerschaft mehr als ein bloßes rechtliches Inklusionsverhältnis, bei dem die Individuen dem Staat äußerlich bleiben, sondern Ausdruck einer politischen Praxis, mit der sich der Staat reproduziert und sich die Individuen in den Staat integrieren. Insofern ist die rechtlich institutionalisierte Staatsbürgerrolle in eine freiheitliche politische Kultur eingebettet, wie Habermas im Anschluß an kommunitaristische Positionen vermerkt: »Die Verfassungsprinzipien können erst dann in den gesellschaftlichen Praktiken Gestalt annehmen und zur treibenden Kraft für das dynamisch verstandene Projekt der Herstellung einer Assoziation von Freien und Gleichen werden, wenn sie im Kontext der Geschichte einer Nation von Staatsbürgern so situiert werden, daß sie mit Motiven und Gesinnungen der Bürger eine Verbindung eingehen.«[21] Kennzeichen der Staatsbürgerschaft in diesem Sinne ist die Teilnahme an einer politischen Praxis und die Einbettung in eine politische Kultur, aber nicht die

17. Vgl. zu der Unterscheidung Kap. II.2.1.
18. Vgl. zur neueren Diskussion Kymlicka/Norman 1994.
19. Kant 1797, 432 f. (A 166, B 196).
20. Wie z. B. Habermas 1991d, 637 ff. es tut.
21. Habermas 1990d, 642.

Zugehörigkeit zu einer bestimmten kulturellen Lebensform oder einer bestimmten ethnischen Gruppe.

Das *ius sanguinis* steht in Zusammenhang mit einem ethnisch-völkischen Begriff der Nation. Die Zugehörigkeit ist in hier biologisch vermittelt; zu einem Volk kann man nicht durch Wahl gehören, sondern nur durch Abstammung. Auf der einen Seite hat sich das Ius-sanguinis-Prinzip bewährt, weil durch es die Frage der Zuschreibung von Staatsangehörigkeit eindeutig geregelt werden kann. Deshalb liegen Elemente dieses Prinzips fast überall den jeweiligen Staatsangehörigkeitsrechten zugrunde. Es trägt damit dem Anliegen Rechnung, eine gewisse ethnische Homogenität der Staatsangehörigen zu identifizieren. Auf der anderen Seite besteht die Gefahr, diese ethnische Homogenität zu hypostasieren: »Dem ins sanguinis liegt die Vermutung zugrunde, Loyalitätskonflikte könnten durch die gemeinsame Abstammung vermindert werden. Denn die Abstammung gibt begründete Anhaltspunkte einer gemeinschaftlichen Homogenität durch gemeinsame Sprache, Geschichte und Kultur, und schafft so eine natürliche Verbundenheit der Staatsangehörigen, deren Näheverhältnis zum Staatsverband im Regelfall eng genug ist, Loyalitätskonflikte erst gar nicht aufkommen zu lassen.«[22] Im Abschnitt II. der Arbeit werde ich zeigen, daß die These einer gemeinsamen Abstammung, Kultur und Geschichte Resultat einer – historisch kontingenten – Konstruktion ist. Die Kategorie Volk ist selbst begründungsbedürftig. Deshalb kann Volk nicht einfach als Begründung einer bestimmten Auffassung von Staatsangehörigkeit herangezogen werden. Zudem wird hier tendenziell obrigkeitsstaatlich gedacht, wenn natürliche Verbundenheit, Loyalität und Nähe allein als positive Kennzeichen der staatsbürgerlichen Integration angenommen werden. Ein solches Verständnis ist geprägt von der Treue des Staatsbürgers zum Staat,[23] der gegenüber die – potentiell kritische – politische Teilhabe und Selbstbestimmung eine nur untergeordnete Rolle besitzt. Es ist zu sehen: die Frage nach dem Begründungsprinzip der Staatsbürgerschaft beruht auf voraussetzungs- und folgenreichen philosophischen und politischen Vorentscheidungen, die eine Diskussion erschweren.

In diesem Zusammenhang ist es daher ratsam, sich noch einmal *rechtsgeschichtlich* zu vergewissern, wie die beiden Staatsangehörigkeitskonzepte entstanden sind. Im europäischen Kontext hat das britische Staatsbürgerrecht die längste Tradition. Es hat feudale Wurzeln, war ursprünglich als reines ius soli konzipiert und entstammt dem Untertanen-

22. Ziemske 1994, 232.
23. Vgl. Löwer 1993, 157.

verhältnis zum König. »Die Herrschaft und der Schutz des Königs verpflichtet das Individuum zur Treue und macht es zum ›subject‹. Dieser passive Gehorsam wurde von jedem im Herrschaftsgebiet verlangt, ebenfalls von ansässigen Fremden.«[24] Dieses Untertanenverhältnis ist ein personales Verhältnis. Dies hat auch Auswirkungen auf den rechtlichen Schutz, denn die einzelne Person steht auch unter der Rechtshoheit des jeweiligen Landesherrn. Daraus folgt, daß ein Fremder in einem anderen Herrschaftsgebiet als rechtlos angesehen wurde; denn es bestand ja keine Loyalitäts- und keine Rechtsbeziehung zu dem dortigen Regierenden. Aus wirtschaftlichem Interesse etablierte sich aber ein Schutzrecht für reisende Kaufleute, das bereits im 13. Jahrhundert auf die Landesfürsten übertragen wurde.[25]

Das amerikanische Staatsbürgerrecht hat die britische Tradition des ius soli übernommen und – im Gegensatz zu Großbritannien – auch weitgehend beibehalten. Ähnlich war auch das revolutionäre französische Staatsbürgerrecht[26] prinzipiell ein ius soli bzw. domicilii, zusätzlich gab es auch die Möglichkeit, durch Bekenntnis zur französischen Verfassung die Staatsbürgerschaft zu erhalten. Im Code civil von 1804 wurden dann neben dem ius soli (Optionsrecht auf die französische Staatsbürgerschaft für jedes in Frankreich geborene Kind innerhalb eines Jahres nach Erlangen der Volljährigkeit) auch Elemente des ius sanguinis eingeführt. Dies ist auch deswegen interessant, weil die Regelungen des Code civil später auch von einer Reihe deutscher Staaten übernommen wurden. Erst später – zum ersten mal in Bayern 1818[27] – und vor allem in Preußen 1842 wurde vollkommen vom Prinzip des ius soli abgerückt und allein die Abstammung zum Kriterium gemacht.[28] Es fällt auf, daß im Verlauf des 19. Jahrhunderts sich in Europa das ius sanguinis als Leitmodell gegenüber dem ius soli durchsetzte.[29] Der Zusammenhang mit der Entstehung des modernen Nationalstaats ist nicht zu übersehen. Deswegen ist der

24. Bös 1993, 629.
25. Vgl. Renner 1996, 24 f.
26. Vgl. Bös 1993, 624 f.
27. B. Huber 1987, 182.
28. Vgl. Franz 1992a, 238; § 2 des Gesetzes über die Erwerbung und den Verlust der Eigenschaft als preußischer Untertan sowie über den Eintritt in fremde Staatsdienste von 1842 besagte: »Jedes eheliche Kind eines Preußen wird durch die Geburt preußischer Untertan, auch wenn es im Ausland geboren ist. Uneheliche Kinder folgen der Mutter.« und ergänzend dazu § 13: »Der Wohnsitz innerhalb Unserer Staaten soll in Zukunft für sich allein die Eigenschaft als Preuße nicht begründen.«.
29. Vgl. Bös 1993, 634 f.

Verweis auf eine Verbindung des ius sanguinis mit einem ethnischen Volksbegriff und einem entsprechend konzipierten Nationalstaat auch keinesfalls polemisch,[30] sondern entspricht nur der historischen Entwicklung. Dem entspricht auch, daß das Abstammungsprinzip im Europa des 19. Jahrhunderts als das modernere galt,[31] weil es den Anforderungen des Nationalitätenprinzips besser entsprach als das traditionelle ius soli. Insofern ist es meines Erachtens zutreffend, diesen Prozeß als Ethnisierung des Rechts zu beschreiben.[32] In diesem Jahrhundert tendieren aufgrund der Migrationssituation die europäischen Staaten noch stärker zum ius sanguinis, um sich gegenüber Migranten abzuschließen. Dies zeigt z. B. der British Nationality Act von 1981, der in Großbritannien endgültig den Wechsel der Rechtsprinzipien dokumentiert.[33]

Die Rechtslage hinsichtlich der *doppelten* oder *mehrfachen Staatsangehörigkeit* ist relativ klar. Allgemein wird sie als Übel betrachtet, das nach Möglichkeit vermieden werden soll; ein bindendes Verbot von Mehrstaatigkeit gibt es aber weder auf völkerrechtlicher noch innerstaatlicher Ebene in Deutschland.[34] Die Ablehnung einer doppelten Staatsangehörigkeit wird häufig begründet mit dem Europaratsübereinkommen über die Verringerung von Mehrstaatigkeit und über die Wehrpflicht von Mehrstaatern aus dem Jahr 1963, dem die Bundesrepublik im Jahr 1969 beigetreten ist.[35] Inwieweit das Abkommen einer Neuregelung des Staatsangehörigkeitsrechts unter Hinnahme von Mehrstaatigkeit tatsächlich im Wege steht, wurde kontrovers diskutiert. Allerdings steht die Praxis der beigetretenen Staaten zum Teil im Widerspruch zur Regelung, ein Teil der Vertragsstaaten legt das Abkommen so aus, »daß dadurch die erleichterte Einbürgerung eingewanderter Wanderarbeitnehmer und ihrer Familienangehörigen unter Beibehaltung der bisherigen Staatsangehörigkeit nicht untersagt wird.«[36] Ein weiterer Hinweis darauf, daß das Übereinkommen der aktuellen Situation nicht mehr entspricht, ist, daß auf europäischer Ebene seit einiger Zeit vom Prinzip der Vermeidung von Mehrstaatigkeit

30. So der Vorwurf von Löwer 1993, 157. Löwers weitergehende Folgerung, daß der Abstammungserwerb der Staatsbürgerschaft für Nicht-Einwanderungsländer das einzige formale Prinzip und das ius soli für Einwanderungsländer typisch sei, ist historisch und sachlich unzutreffend. Vgl. im Blick auf die USA dazu Neuman 1995.
31. B. Huber 1987, 182.
32. So der Titel von Bös 1993.
33. Vgl. dazu Bös 1993, 630.
34. Vgl. Schrötter/Möhlig 1995, 376 ff. und Wollenschläger/Schraml 1994b, 226 f.
35. So Ziemske 1994, 232.
36. Schrötter/Möhlig 1995, 377.

abgerückt wird.[37] In einem Vorschlag einer Expertenkommission zur Änderung des Übereinkommens, »wird ausdrücklich empfohlen, für die zweite und die folgenden Ausländergenerationen, für Ehegatten aus gemischtnationalen Ehen und Kinder aus solchen Ehen Mehrstaatigkeit zuzulassen.«[38]

Wie auch immer die Frage juristisch letztlich zu bewerten sein wird, ist faktisch die Möglichkeit gegeben, Ausländer unter der Beibehaltung der alten Staatsangehörigkeit einzubürgern. (§ 87 AuslG) Die genaue Zahl der Bundesbürgerinnen und -bürger mit doppelter Staatsangehörigkeit ist nicht bekannt, da sie nicht statistisch erfaßt wird. Schätzungen kommen für die alten Bundesländer auf eine Zahl von 2 Millionen Personen mit mehrfacher Staatsangehörigkeit allein in den letzten zehn Jahren.[39] Jedenfalls scheint die faktische Mehrstaatigkeit nicht derartige juristische und politische Probleme aufzuwerfen, daß sie nicht hingenommen werden kann. Im Blick auf Wahlrecht, Wehrpflicht, internationales Privatrecht usw. sind im Rahmen völkerrechtlicher Vereinbarungen Möglichkeiten gegeben, so daß zumindest prinzipiell einer mehrfachen Staatsangehörigkeit nichts im Wege steht.[40]

Kritiker der doppelten Staatsbürgerschaft argumentieren darüber hinaus mit einem *Loyalitätskonflikt*, zu dem die Hinnahme von Mehrstaatigkeit führe. Die Staatsangehörigkeit wird hierbei durch die Merkmale der Unentrinnbarkeit, der Unentziehbarkeit und Einzigkeit gedacht. »Ansonsten gilt der Gedanke der Einzigkeit als Grundsatz, der seine Rechtfertigung in der rechtlichen und persönlichen Unmöglichkeit findet, mehreren Loyalitätspflichten genügen zu können. Wer den prinzipiell möglichen Loyalitätskonflikt nicht sehen will, zeigt damit, daß er mit der Treuepflicht des Bürgers dem Staat gegenüber, von der auch das BVerfG spricht, nur wenig anzufangen weiß.«[41] Diese Argumentation leuchtet nicht ein, weil in modernen Gesellschaften die Individuen ohnehin in

37. Belege bei Wollenschläger/Schraml 1994b, 327 und Schrötter/Möhlig 1995, 377.
38. R. Meireis 1994, 246.
39. R. Meireis 1994, 247; von den 44 950 Ermessenseinbürgerungen 1993 wurden etwa ein Drittel (16 880) unter Hinnahme von Mehrstaatigkeit vollzogen (Beauftragte der Bundesregierung (Hg.) 1995, 125, Tabelle 14); hierbei sind nicht die binationalen Ehen gezählt, bei denen eine eventuelle Einbürgerung als Anspruchseinbürgerung gezählt wird. Die größte Zahl dürften Aussiedler sein, die die deutsche Staatsangehörigkeit erhalten, ohne verpflichtet zu sein, ihre alte aufzugeben.
40. Vgl. Wollenschläger/Schraml 1994b, 227 f.
41. Löwer 1993, 157.

einem System von sich überkreuzenden Loyalitäten stehen und an verschiedenen Ansprüchen orientiert sind (z. B. gegenüber Arbeitgeber, religiöser Gemeinschaft, politischer Partei und Familie). Nur wenn die »Treue zum Staat« die einzige Loyalitätsbeziehung wäre, könnte die Argumentation schlüssig sein. Wer so argumentiert, denkt Staatsbürgerschaft nach dem Modell von Untertan und Obrigkeit und nicht republikanisch als Mit- und Selbstbestimmung. Ob in einer Zeit sich verschränkender internationaler Beziehungen außerdem die Loyalität gegenüber mehreren Gesellschaften und Staaten wirklich von Nachteil sein muß, ist eine offene Frage.[42] Deshalb könnte das Loyalitätsargument nur dann zum Tragen kommen, wenn mehrfache Staatsangehörigkeit unvermeidbare und nicht hinnehmbare rechtliche Probleme mit sich brächte, das aber ist nicht der Fall.

Allerdings ist im Blick auf *Europa* zu berücksichtigen, daß mit dem Vertrag von Maastricht bereits die sogenannte Unionsbürgerschaft eingeführt ist, die den Staatsangehörigen der Mitgliedsstaaten weite Rechte einräumt.[43] Die Änderung des deutschen Staatsangehörigkeitsrechts hat also auch Folgen für alle Mitgliedstaaten der EU. Insofern scheint es sinnvoll, »die Staatsangehörigkeit als ganz zentrales Rechtsinstitut nicht einzelstaatlich, sondern einheitlich in der Europäischen Union zu regeln.«[44] Dabei ist zu beachten, daß das Staatsangehörigkeitsrecht als genuin einzelstaatliches Recht nur jeweils von den einzelnen Staaten gesetzt werden kann und nicht als europäisches Recht, solange die Union als Staatenbund und nicht als Bundesstaat konzipiert ist. In eine ähnliche Richtung weist der Vorschlag, langfristig das Problem auf völkerrechtlicher Ebene neu zu regeln. »Obwohl Mehrstaatigkeit keine unlösbaren Rechtsprobleme nach sich zieht, wäre aus Gründen der Rechtssicherheit langfristig der Abschluß eines multilateralen völkerrechtlichen Vertrages zu empfehlen,

42. So auch Neuman 1995, 446 mit pragmatischen Argumenten in bezug auf Handel und Erziehung.
43. Daß im Blick auf Europa das Festhalten an alten Vorstellungen von Staatlichkeit obsolet werden könnte, hat bereits Carlo Schmid in der 44. Sitzung des Hauptausschusses des Parlamentarischen Rates am 19. 1. 1949 bei der Beratung über Art. 16 GG vermerkt: »Ich glaube, wir sollten doch dem Zug entgegenwirken, der in der Gesetzgebung aller Staaten seit einigen Jahren festzustellen ist, diese Tendenz, die darauf hinausgeht, nur noch die Einstaatlichkeit zuzulassen. Gerade wenn man europäisch denkt, wenn man über den Nationalstaat hinausdenkt, dann sollte man – ich will mich übertrieben ausdrücken – die mehrfache Staatsangehörigkeit geradezu begünstigen; jedenfalls sollte man sie nicht ausschließen.« (Kauffmann (Hg.) 1986, 239 f.)
44. Schrötter/Möhlig 1995, 378.

der das Modell einer effektiven oder herrschenden und einer ruhenden Staatsangehörigkeit zum völkerrechtlichen Grundsatz erhebt.«[45]

Da jedoch kaum zu erwarten ist, daß entsprechende europäische oder gar weltweite Regelungen in absehbarer Zeit getroffen werden, ist eine Änderung des deutschen Staatsangehörigkeitsrechtes dringlich; über eine solche Notwendigkeit besteht in der Bundesrepublik Deutschland auch Konsens.[46] Meines Erachtens gibt es keine triftigen Gründe gegen die Übernahme von Elementen des ius soli in das deutsche Recht. Da, wie bereits angesprochen, die Aufgabe der alten Staatsangehörigkeit das größte Hindernis für eine Einbürgerung darstellt, und zumindest prinzipiell alle rechtlichen Probleme einer Mehrstaatigkeit lösbar sind, wäre die Hinnahme von Doppelstaatsangehörigkeit das »kleinere Übel« gegenüber der jetzigen Situation. Bewußt sollte darüber hinaus auch sein, daß eine größere rechtliche Integration noch kein Garant für eine bessere soziale Integration ist. Die Staatsangehörigkeit kann zwar Integrationshilfe sein,[47] aber Integrationsprozesse von Seiten der Migrantinnen und Migranten ebenso wie von der Seite der Deutschen nicht ersetzen. Eine politische Integration, die der ganzen in Deutschland lebenden Bevölkerung ermöglicht, die Gesetze zu beschließen, denen sie unterworfen ist, erscheint mir jedoch ein Gebot des demokratischen Selbstverständnisses zu sein.

Auch nach der Reform von 1999 ist das Reichs- und Staatsangehörigkeitsgesetz von 1913 (RuStAG), jetzt in *Staatsangehörigkeitsgesetz* (StAG) umbenannt, immer noch Grundlage des Staatsangehörigkeitsrechtes.[48] Es schreibt in § 4 das Abstammungsprinzip (ius sanguinis) als Konstitutionsmerkmal der Staatsangehörigkeit fest; die deutsche Staatsangehörigkeit wird durch Geburt erworben, wenn ein Elternteil die deutsche Staatsangehörigkeit besitzt. Daneben haben nun Elemente des ins soli Eingang in das StAG gefunden. Nach § 4 Abs. 3 S. 1 StAG erwirbt ein Kind ausländischer Eltern die deutsche Staatsangehörigkeit durch Geburt in Deutschland, wenn sich ein Elternteil seit acht Jahren rechtmäßig gewöhnlich aufhält und eine Aufenthaltsberechtigung oder seit drei Jahren eine unbefristete Aufenthaltserlaubnis besitzt. Dabei wird nicht vorausgesetzt, daß die Eltern in ehelicher Gemeinschaft leben oder beide Elternteile ihren Aufenthalt in Deutschland haben. Mit dieser Re-

45. Wollenschläger/Schraml 1994b, 229.
46. Beauftragte der Bundesregierung (Hg.) 1995, 55.
47. Vgl. Neuman 1995 für den Kontext der USA.
48. Vgl. zur Änderung des Staatsangehörigkeitsrechts Renner 1999 und Mangoldt 1999.

gelung wird für das Kind vorübergehend die doppelte Staatsangehörigkeit hingenommen. Allerdings ist die Möglichkeit, beide (und im Falle eines Kindes mit Eltern verschiedener Nationalitäten auch mehrerer) Staatsangehörigkeiten zu behalten, eingeschränkt. Nach § 29 StAG muß der deutsche Mehrstaater nach Vollendung des 18. Lebensjahres erklären, ob er oder sie die deutsche Staatsangehörigkeit beibehalten will. Wird bis zur Vollendung des 23. Lebensjahres keine Erklärung abgegeben, erlischt die deutsche Staatsangehörigkeit ebenso, wie wenn er oder sie erklärt, die ausländische Staatsangehörigkeit beizubehalten. Die Beibehaltung der deutschen Staatsangehörigkeit hat dabei zur Voraussetzung, daß die ausländische Staatsangehörigkeit aufgegeben wird oder erlischt. Nur wenn die Aufgabe oder Verlust der anderen Staatsangehörigkeit nicht möglich oder nicht zumutbar ist, wird auf Antrag die Mehrstaatigkeit hingenommen (§ 29 Abs. 4 StAG).[49] Inwieweit diese Regelung mit Art. 16 Abs. 1 GG, der den Entzug der deutschen Staatsangehörigkeit, allerdings unter Gesetzesvorbehalt, untersagt, vereinbar ist, ist strittig.

Geändert hat sich auch der Erwerb der Staatsangehörigkeit für Volksdeutsche im Sinne des Art. 116 GG sowie die deutschstämmigen Aus- und Übersiedler. Deren Anspruch ergibt sich aus dem Gesetz über die Angelegenheiten der Vertriebenen und Flüchtlinge von 1953 (BVFG).[50] Künf-

49. Ein weiterer Verlustgrund ist der Erwerb einer fremden Staatsangehörigkeit nach § 25 StAG. Damit soll vermieden werden, daß nach der Entlassung aus der ausländischen Staatsangehörigkeit (und dem Erwerb der deutschen) eine Wiedereinbürgerung beantragt werden kann (vgl. Renner 1999, 160).
50. Dort wird in § 1 Abs. 1 als Vertriebener auch bezeichnet, wer als deutscher Staatsangehöriger oder Volkszugehöriger seinen Wohnsitz »in den Gebieten außerhalb der Grenzen des Deutschen Reiches nach dem Gebietsstande vom 31. Dezember 1937 hatte und diesen in Zusammenhang mit den Ereignissen des zweiten Weltkrieges infolge Vertreibung, insbesondere durch Ausweisung und Flucht, verloren hat.« Diese Bestimmung wird präzisiert in § 1 Abs. 2 Nr. 3 BVFG, demzufolge als Aussiedler anzusehen ist, »wer als deutscher Volkszugehöriger oder deutscher Staatsangehöriger nach Abschluß der allgemeinen Vertreibungsmaßnahmen die z. Zt. unter fremder Verwaltung stehenden Ostgebiete, Danzig, Estland, Lettland, die Sowjetunion, Polen, Tschechoslowakei, Ungarn, Rumänien, Bulgarien, Jugoslawien, Albanien oder China verlassen hat oder verläßt«. Den Begriff der »deutschen Volkszugehörigkeit« regelt § 6 BVFG: »Deutscher Volkszugehörigkeit im Sinne dieses Gesetzes ist, wer sich in seiner Heimat zum deutschen Volkstum bekannt hat, sofern dieses Bekenntnis durch bestimmte Merkmale wie Abstammung, Sprache, Erziehung, Kultur bestätigt wird.« Der Einbürgerungsanspruch für Aussiedler schließlich ergibt sich aus § 6 des Gesetzes zur

tig wird darauf verzichtet, diese Personen per Verwaltungsakt einzubürgern, statt dessen erhalten sie mit der Ausstellung der Spätaussiedlerbescheinigung die deutsche Staatsangehörigkeit (§3 Abs. 4 und §7 StAG).

Im wesentlichen unverändert geblieben sind die Regelungen, nach denen ein Ausländer auf Antrag eingebürgert werden kann (§8 RuStAG), die Entscheidung hierüber liegt jedoch im Ermessen der zuständigen Behörden. Die Voraussetzungen für eine solche *Ermessenseinbürgerung* sind in den Einbürgerungsrichtlinien von 1977 formuliert. Zu ihnen gehören etwa die freiwillige und dauernde Hinwendung zu Deutschland, die sich im Beherrschen der deutschen Sprache und der Kenntnis der politischen Ordnung und eine Einordnung in die deutschen Lebensverhältnisse und Kultur ausdrückt.[51] Politisches Engagement in einer Emigrantenorganisation steht einer dauernden Hinwendung zu Deutschland grundsätzlich entgegen (Nummer 3.1.1). Darüber hinaus sind bestimmte wirtschaftliche Voraussetzungen zu erfüllen (z. B. Unterhalt aus eigenen Mitteln).

Grundlegend umgestaltet wurde der *Anspruch auf Einbürgerung*, den bestimmt Personengruppen besitzen (§§85 ff. AuslG). Die alte Regelung des Ausländergesetzes[52], nach denen für junge Ausländer eine erleichterte Einbürgerung garantiert wurde, ist aufgehoben. Sie bezog sich auf junge Ausländer zwischen 16 und 23 Jahren, die seit acht Jahren ihren Aufenthalt in Deutschland haben und sechs Jahre eine Schule in Deutschland besucht haben (§85 AuslG alt) hatten, und auf Ausländer, die sich seit 15 Jahren in Deutschland aufhielten (§86 AuslG alt). Statt dessen wurde im neuen §85 AuslG die erforderliche Mindestaufenthaltsdauer auf acht Jahre gesenkt und zusätzliche Anforderungen formuliert. So stehen – wie schon im alten Gesetz – Verurteilungen wegen einer Straftat der Einbür-

Regelung von Fragen der Staatsangehörigkeit von 1955, der die Einbürgerungspflicht auf Antrag ausdrücklich für Deutsche ohne deutsche Staatsangehörigkeit festschreibt.

51. Vgl. die polemische Charakterisierung von Bös 1993, 635 f.: »Idealtyp der deutschen Einbürgerungsrichtlinien ist eine Art ›rückhaltloser kultureller Überläufer‹, der mit der Ehrung, Deutscher zu werden, nicht nur seine alte Staatsbürgerschaft abgibt, sondern auch deutlich demonstriert, ab jetzt in Sprache und Lebensweise ganz Deutscher zu sein. Der Ausländer sieht sich also der paradoxen Situation gegenüber, schon Deutscher sein zu müssen, ehe er es rechtlich werden darf.«
52. Im Zusammenhang mit den sogenannten Asylkompromiß wurden im Mai 1993 aus den »in der Regel« zu erfüllenden Ansprüche zwingende Rechtsansprüche. Zu den Änderungen von 1993 allgemein vgl. Renner 1993.

gerung entgegen; darüber hinaus sind parallel zu den oben genannten Einbürgerungsrichtlinien in der Regel bestimmte wirtschaftliche Bedingungen zu erfüllen sowie der Verlust bzw. die Aufgabe der alten Staatsangehörigkeit nachzuweisen. Hinzugekommen sind der Besitz der Aufenthaltserlaubnis bzw. der Aufenthaltsberechtigung und das Bekenntnis zur freiheitlich demokratischen Grundordnung; darüber hinaus werden nicht ausreichende Kenntnisse der deutschen Sprache als Ausschlußgrund angeführt (§ 86 Abs. 1 AuslG). Wie die Feststellung der Sprachkenntnisse geregelt wird, ist noch offen, es zeichnet sich jedoch bereits ab, daß dies in verschiedenen Bundesländern unterschiedlich restriktiv gehandhabt werden wird.

Neben der Einbürgerungspraxis gibt es eine weitere Ausnahme vom Abstammungsprinzip im Bereich des *Minderheitenschutzes* (Dänen und Sorben) mit einem bezeichnenden Unterschied: die Zugehörigkeit zu einer ethnischen Minderheit wird durch das Bekenntnisprinzip begründet. Trotzdem sind die Mitglieder einer ethnischen Minderheit deutsche Staatsangehörige. Das zeigt, daß unabhängig von den Regelungen des Einbürgerungsrechts die deutsche Staatsangehörigkeit auch hier nicht allein auf die deutsche Volkszugehörigkeit bezogen ist, sondern daß mit anderen Worten auch im deutschen Staatsangehörigkeitsrecht Elemente des ius soli zu finden sind.

2.2.2 Ausländerrecht in Deutschland

Das Ausländergesetz regelt die rechtlichen Belange der Bevölkerung Deutschlands ohne deutsche Staatsangehörigkeit. Uneingeschränkt gilt es jedoch nur für die Ausländer, die nicht freizügigkeitsberechtigte EU-Bürger, denen zusätzliche Rechte zustehen, (sogenannte Drittstaatsangehörige) sind. Ausgenommen sind auch alle Ausländer, die nicht der deutschen Gerichtsbarkeit unterliegen (wie etwa diplomatisches und konsularisches Personal und NATO-Stationierungsstreitkräfte). Umstritten ist der Rechtsstatus für türkische Staatsangehörige, denn wegen des Assoziationsverhältnisses der Europäischen Gemeinschaft mit der Türkei gelten für diese Vergünstigungen in bezug auf Aufenthaltsstatus, Erwerbstätigkeit und sozialrechtliche Stellung. Wie die deutschen Behörden diese Sonderstellung allerdings konkret auslegen, ist bislang noch nicht abschließend geklärt.[53]

Wie kaum ein anderes Recht ist das Ausländerrecht *Ausdruck einer politischen Grundsatzentscheidung*, in diesem Falle der Entscheidung, wie

53. Vgl. Beauftragte der Bundesregierung (Hg.) 1994, 83f. und 1995, 59.

sich die Bundesrepublik Deutschland prinzipiell zu Migration und Migrantinnen und Migranten stellt. Aufgrund dieses immens politischen Charakters des Ausländerrechts waren die Entwürfe für die Neuregelung des Ausländerrechts in den 80er Jahren sehr umstritten.[54] »Die Kontroverse um das Ausländerrecht basiert aber nicht nur auf unterschiedlichen Wertungen und Zielsetzungen, sondern vor allem auf einer unterschiedlichen Sicht der gesellschaftlichen Realität. Noch immer ist es nicht Gemeinplatz, daß die Anwerbung von Gastarbeitern und der Nachzug von Familienangehörigen eine dauerhafte Einwanderung und eine irreversible Veränderung der deutschen Gesellschaft zur Folge gehabt haben. Es wird daher vielfach verkannt, daß das Ausländerrecht nicht nur den Zugang fremder Staatsangehöriger zum Bundesgebiet und ihren vorübergehenden Aufenthalt regelt, sondern die Lebensbedingungen von drei bis vier Millionen Inländern fremder Staatsangehörigkeit prägt.«[55]

Die im April 1990 vom Bundestag schließlich verabschiedete Fassung, die seit 1991 in Kraft ist, hat keinen sonderlich guten Ruf. Das Gesetz gilt als typisches Juristengesetz, das für Außenstehende – und gar die Betroffenen – nicht zu verstehen und zu durchschauen ist.[56] In der Tendenz jedoch erleichtert das neue AuslG gegenüber dem Vorgänger von 1965 die Einbürgerung, differenziert die Aufenthaltsrechte nach dem Aufenthaltszweck und erweitert die Aufenthaltsrechte. Auf der anderen Seite werden die Ausweisungsbefugnisse verschärft, erweiterte Ermessensspielräume bei der Verlängerung befristeter Aufenthaltserlaubnisse (mit daraus resultierender rechtlicher Unsicherheit) und machte die Bewilligung unbefristeter Aufenthaltsberechtigungen von bestimmten Faktoren – z. B. den Nachweis ausreichenden Wohnraums – abhängig. Zu beachten ist darüber hinaus, daß gemäß § 104 AuslG Verwaltungsvorschriften Detailfragen regeln (DVAuslG); hierunter fällt auch die Frage der Befreiung vom Erfordernis der Aufenthaltsgenehmigung für ausländische Jugendliche. Im folgenden sollen die für den Aufenthalt relevanten Bereiche des AuslG von 1991 kurz vorgestellt werden.

Aufenthalt

Ein einklagbares Recht auf Einreise und Aufenthalt für Nicht-Staatsangehörige, ein ius immigrandi, gibt es in keinem Staat der Welt.[57] Jeder

54. Vgl. Nuscheler 1995a, 186 ff.
55. Rittstieg 1991, 25.
56. Vgl. Wollenschläger/Schraml 1991, 66 oder Nuscheler 1995a, 187.
57. Hingegen ist das Auswanderungsrecht (ius emigrandi) als Religionsfreiheits-

Staat behält sich vor, Ausländern die Einreise und den Aufenthalt unter bestimmten Umständen zu versagen. Im deutschen Ausländerrecht sind die verschiedenen *Aufenthaltstitel* je nach Materie in verschiedene Gesetze differenziert.[58] Innerhalb des AuslG werden die Aufenthaltsrechte nach dem Aufenthaltszweck unterschieden. Die folgende Graphik vermittelt ein Bild über die Systematik der verschiedenen Titel.[59]

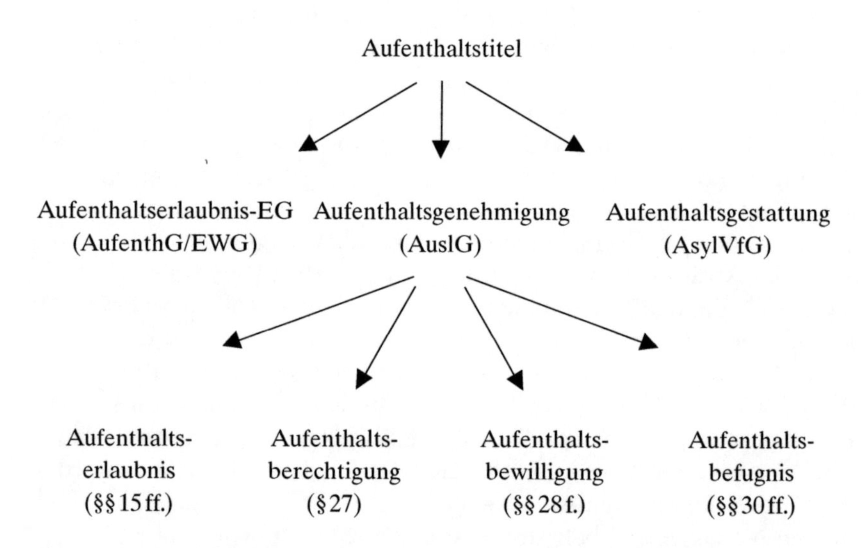

Prinzipiell brauchen alle Ausländer, die in die Bundesrepublik Deutschland einreisen und sich aufhalten wollen, eine *Aufenthaltsgenehmigung* (§ 3 Abs. 1 AuslG), Ausnahmen hiervon werden durch Rechtsverordnung geregelt, dies gilt auch für Kinder und Jugendliche. Generell ist die Aufenthaltsgenehmigung vor der Einreise in der Form eines Sichtvermerks (Visum) einzuholen, auch hier sind verschiedene Staaten von der Visumspflicht befreit. Neben den ausländerrechtlichen Aufenthaltstiteln im engeren Sinn gibt es noch solche für EU-Angehörige und Asylbewerber; ich komme darauf weiter unten zurück.

garantie älteren Ursprungs und mittlerweile fast überall auf der Welt anerkannt. Die älteste Rechtsurkunde für das ius emigrandi ist der Augsburger Religionsfrieden von 1555, dieses religiös begründete Auswanderungsrecht wurde im Westfälischen Frieden von 1648 bestätigt. Allerdings mußte ein weitergehendes Auswanderungsrecht im 19. Jahrhundert erst gegen Widerstände durchgesetzt werden. Vgl. dazu in Kapitel I.1 die Darstellung der politischen Debatte über Auswanderung in Deutschland.

58. Vgl. hierzu im Überblick Wollenschläger/Schraml 1991.
59. Wollenschläger/Schraml 1991, 61.

Die *Aufenthaltserlaubnis* ist der Aufenthaltstitel, der in der Regel die Ausländer betrifft, die auf Dauer in der Bundesrepublik leben wollen. Die Aufenthaltserlaubnis ist allgemein und nicht zweckgebunden, sie bildet damit die Grundlage für eine Aufenthaltsverfestigung. Unter bestimmten Bedingungen (Besitz der Aufenthaltserlaubnis seit fünf Jahren, ausreichender Wohnraum, wirtschaftliche Versorgung) besteht ein Anspruch auf die Erteilung einer unbefristeten Aufenthaltserlaubnis. (§24 AuslG) Die weitestreichende Form des Aufenthaltsrechts ist die *Aufenthaltsberechtigung*, die an weitreichendere Bedingungen geknüpft ist, aber auch weitreichenden Schutz gewährt. (§27 AuslG) Anspruch auf eine Aufenthaltsberechtigung haben Personen, die acht Jahre, bzw. nach der Aufenthaltsbefugnis mindestens drei Jahre eine Aufenthaltserlaubnis besitzen (eine verkürzte Frist von fünf Jahren gilt bei Asylberechtigten, ehemaligen deutschen Staatsangehörigen und Personen, die mit einem Deutschen (so der Gesetzestext!) in ehelicher Lebensgemeinschaft leben.

Von diesen zweckfreien Aufenthaltstiteln sind die *Aufenthaltsbewilligung* und Aufenthaltsbefugnis zu unterscheiden. Die Bewilligung wird erteilt für einen zeitlich befristeten Aufenthalt, bei dem eine Aufenthaltsverfestigung ausgeschlossen ist (z.B. bei Studierenden oder Touristen). Mit der *Aufenthaltsbefugnis* schließlich ist ein Rechtstitel für Flüchtlinge geschaffen worden, die nicht als Asylberechtigte anerkannt worden sind (de-facto-Flüchtlinge). Die Aufenthaltsbefugnis allerdings gewährt nur einen unsicheren Aufenthaltsstatus. Sie gilt nur für zwei Jahre (kann allerdings verlängert werden), eine Verfestigung in Form einer unbefristeten Aufenthaltserlaubnis ist erst nach acht Jahren möglich (Ermessensbestimmung in §35 Abs. 1 AuslG). Für Kriegs- und Bürgerkriegsflüchtlinge wurde mit der Änderung des AuslG im Zuge des sogenannten Asylkompromisses die Möglichkeit der Aufenthaltsbefugnis gewährt. Problematisch in diesem Zusammenhang ist jedoch, daß die Aufnahme als Kriegs- und Bürgerkriegsflüchtling gemäß §32a AuslG einen gleichzeitigen Asylantrag ausschließt. Der generell unsicherste rechtliche Aufenthaltsstatus ist schließlich die *Duldung*. Die Duldung ist rechtlich eine Aussetzung der Abschiebung, wenn diese aus humanitären Gründen nicht durchgeführt werden kann. Ich komme weiter unten ausführlicher hierauf zurück.

Während des Asylverfahrens erhalten die Bewerberinnen und Bewerber eine *Aufenthaltsgestattung* (§§55ff. AsylVfG). Mit dieser ist jedoch kein Aufenthaltsrecht im Sinne des §5 AuslG verbunden. Die Aufenthaltsgestattung ist zeitlich auf die Dauer des Verfahrens begrenzt und geht einher mit einer räumlichen Beschränkung auf den Bezirk der Ausländerbehörde seines Aufenthaltsortes. Das heißt, daß sich Asylbewerberinnen und -bewerber ohne Genehmigung nicht an anderen Orten aufhalten dürfen. Falls sie ohne Genehmigung angetroffen werden, kann ohne vorherige Androhung die Rückkehr in den Aufenthaltsbereich zwangsweise durchgesetzt werden, gegebenenfalls kann zur Durchsetzung dieser Rückkehrpflicht (§36 AuslG) Haft angeordnet werden (§59 AsylVfG). Die Aufenthaltsgestattung erlischt bei der Unanfechtbarkeit der Ablehnungen des Bundesamts, in der Regel ist dies verbunden mit der Bekanntgabe einer Abschiebungsanordnung nach §34a AsylVfG. Damit verfügt die entsprechende Person über keinen legalen Aufenthaltstitel mehr.

Im Zusammenhang mit dem Aufenthaltsrecht stehen auch die *Regelungen zum Familiennachzug* in den §§17ff. AuslG. Grundlegende Voraussetzungen hierfür sind der Besitz einer Aufenthaltserlaubnis (entsprechende Regelungen in §29 bei Aufenthaltsbewilligung und §31 bei Aufenthaltsbefugnis) sowie ausreichender Wohnraum und die Bestreitung des Lebensunterhaltes aus eigenen Mitteln. Ein Rechtsanspruch auf Ehegattennachzug besteht nur bei den Ausländern, die eine Aufenthaltsberechtigung besitzen oder als Asylberechtigte anerkannt sind, beziehungsweise beim Besitz einer Aufenthaltserlaubnis, wenn die Ehe zum Zeitpunkt der Einreise bereits bestanden hat. Schwieriger ist die Situation für *gleichgeschlechtliche Partner*, deren Lebensgemeinschaft nach gängiger Rechtsprechung nicht unter dem Schutz von Art. 6 Abs. 1 GG steht, von dem sich der aufenthaltsrechtliche Schutz von ausländischen Ehegatten ableitet. Allerdings ergingen im Jahr 1996 zwei gerichtliche Urteile (Bundesverwaltungsgericht und OVG Nordrhein-Westfalen), die ein Aufenthaltsrecht bei gleichgeschlechtlichen Partnern zulassen.[60] Dabei stützen sich die Urteile auf Art. 8 der Europäischen Menschenrechtskonvention (EMRK), in dem der Schutz des Privatlebens gesichert wird. »Als Argumente für die Erteilung der Aufenthaltserlaubnis führt das OVG NRW an, daß es dem deutschen Partner nicht zuzumuten ist, die Lebensgemeinschaft außerhalb des Bundesgebietes zu führen, da sich die wirtschaftliche Existenz des deutschen Partners und somit des Paares hier befindet. Im weiteren ist die Führung der Lebensgemeinschaft im Herkunftsland (hier: Rumänien) des ausländischen Partners nicht möglich, da homosexueller Geschlechtsverkehr dort strafbar ist. Eine Verweigerung des Aufenthalts würde die Lebensgemeinschaft auf Dauer verhindern und dadurch einen nachhaltigen Eingriff in das Persönlichkeitsrecht und die Menschenwürde darstellen.«[61] Allerdings wird aus den Urteilen deutlich, daß diese Regelung nur für Ausnahmefälle zutrifft. Hier wirkt

60. Vgl. hierzu ausführlicher Wegner 1997.
61. Wegner 1997, 88.

sich aus, daß in Deutschland – im Gegensatz zu anderen europäischen Staaten – bislang noch keine Möglichkeit gegeben ist, einen Rechtsstatus für gleichgeschlechtliche Partnerschaften etwa im Sinne einer Partnerschaftsregistrierung zu erlangen.

Ledige *Kinder* haben grundsätzlich nur bis zum 16. Lebensjahr einen Anspruch auf Nachzug, Besondere Regelungen gibt es für Kinder von Ausländern der zweiten und späteren Generation sowie bei Kindern, die länger als fünf Jahre in Deutschland leben. Ursprünglich waren nach § 2 DVAuslG ausländische Kinder unter 16 Jahren aus EG- und EFTA-Staaten sowie aus Jugoslawien, Marokko, der Türkei und Tunesien von dem Erfordernis einer Aufenthaltsgenehmigung befreit. Am 15. Januar 1997 wurde diese Regelung für die letzte Gruppe durch eine Verordnung des Bundesinnenministeriums aufgehoben, gleichzeitig wurde eine Frist für die Einholung der Aufenthaltsgenehmigung bis Ende 1997 gesetzt.[62] Die Begründung hierfür war, daß illegale Einwanderung von Kindern gestoppt werden solle. Die Folge allerdings ist auch, daß selbst Kinder, die in Deutschland geboren und aufgewachsen sind, Visa und Aufenthaltsgenehmigungen benötigen, wenn sie – z.B. nach einem Urlaub – nach Hause zurück kommen wollen. Von Angehörigen der betroffenen Gruppen wird diese Regelung als Diskriminierung empfunden; der neue Status widerspräche darüber hinaus allen Bemühungen um Integration und zeige, daß Ausländer Bürger zweiter Klasse seien. Der Bundesrat hat im März 1997 dieser Änderung im Kern zugestimmt und sie mit einer Änderung verabschiedet. Den Kindern und Jugendlichen aus den besagten Staaten wird nun in der Regel von Amts wegen eine Aufenthaltsgenehmigung erteilt.[63]

Unabhängig vom Status des zuerst in Deutschland wohnenden Ehepartners oder Elternteils können Ehepartner ein eigenständiges Aufenthaltsrecht nach § 19 AuslG erhalten. Dies ist der Fall, wenn entweder die eheliche Lebensgemeinschaft zwei Jahre in der Bundesrepublik rechtmäßig bestanden hat, oder wenn es zur Vermeidung einer besonderen Härte erforderlich ist, den weiteren Aufenthalt zu ermöglichen; dies trifft insbesondere dann zu, wenn bei der Auflösung der Ehe eine erhebliche Beeinträchtigung der schutzwürdigen Belange, auch des Kindeswohls eines mit dem Ehegatten in familiärer Lebensgemeinschaft lebenden Kindes, droht. Diese Regelung wurde neu gefaßt, weil die Rechtssprechungspraxis gezeigt hatte, daß die ältere Fassung, die vom Vorliegen

62. BGBl. 1997 I 4.
63. BGBl. 1997 I 751.

einer außergewöhnlichen Härte ausging, dazu führte, daß ein eigenständiger Aufenthaltstitel nicht gewährt wurde.[64]

Im Bundesgebiet geborene Kinder von Ausländern mit Aufenthaltserlaubnis oder -genehmigung erhalten von Amts wegen eine Aufenthaltserlaubnis, mit der Volljährigkeit wird sie zu einem eigenständigen Recht. Ebenso haben ausländische Kinder, die in Deutschland aufgewachsen sind, in der Regel nach acht Jahren Aufenthalt in Deutschland ein Recht auf Wiederkehr nach Deutschland und auf die Erteilung einer Aufenthaltsberechtigung.

Eine Übersicht über die verschiedenen Aufenthaltstitel vermittelt folgende Tabelle:

Tab. 18: Aufenthaltsstatus ausländischer Wohnbevölkerung nach ausgewählten Staatsangehörigkeiten 1998 in Prozent[65]

Nationalität	insgesamt	Aufenthaltserlaubnis befristet	Aufenthaltserlaubnis unbefrist.	Aufenthaltsberechtigung	Aufenthaltsbewilligung	Aufenthaltsbefugnis	Aufenthaltsgestattung	Duldung
Türkei	2 110 223	36,2	28,9	23,7	0,3	0,9	2,3	0,5
BR Jugosl.	719 474	17,0	22,3	14,6	0,5	2,1	11,2	16,7
Bosnien-He.	190 119	19,8	9,7	8,7	1,3	6,0	4,0	36,7
Polen	283 604	31,2	21,5	2,4	14,7	3,6	0,8	0,5
Kroatien	208 909	22,9	35,0	32,1	2,8	0,4	0,3	1,6
Iran	115 094	20,8	39,1	10,0	1,8	7,6	10,1	0,9
Vietnam	85 452	22,9	31,1	1,6	1,3	5,7	5,0	16,2
Afghanistan	68 267	10,9	18,6	0,4	0,4	20,6	21,9	15,6
Sri Lanka	58 309	25,2	21,3	3,9	0,5	9,3	20,5	4,1

Seit der Pariser Gipfelkonferenz von 1974 wurde die *Freizügigkeit für alle EG-Bürgerinnen und Bürger* immer wieder gefordert. Doch erst 1990 hat der Rat der EG durch Richtlinien einen rechtlich abgesicherten Aufenthaltsstatus für Studierende, aus dem Erwerbsleben Ausgeschiedene und

64. So etwa das Urteil des OVG Rheinland-Pfalz vom 3.2.1999 (Az. 11 B 10100/99, EZAR 023 Nr. 16), das im Leitsatz formuliert: »Allein der Umstand, daß ein Ehegatte wegen physischer oder psychischer Mißhandlung durch den anderen Ehegatten aufgehoben hat, begründet keine außergewöhnliche Härte im Sinne des § 19 Abs. 1 Satz 1 Nr. 2 und Satz 2 AuslG.«
65. Beauftragte der Bundesregierung (Hg.) 2000, 238, Tab. 8, Prozentzahlen eigene Berechnung. Fehlende Zahlen zu 100 % ungeklärter Aufenthaltsstatus bzw. vollziehbar zur Ausreise verpflichtet.

alle anderen nicht Erwerbstätigen (Richtlinien 90/364/EWG ff) geschaffen.[66] Damit wurden die noch bestehenden Lücken im Aufenthaltsgesetz (AufenthG/EWG) von 1980 geschlossen. Das AufenthG/EWG gewährt Arbeitnehmern und Selbständigen, die Staatsangehörige eines Mitgliedsstaates sind, und deren Familienangehörigen Freizügigkeit. Aufgrund des Assoziationsratsbeschlusses von 1980 steht Ausländern türkischer Staatsangehörigkeit ebenfalls eine besondere aufenthaltsrechtliche Stellung zu. Wie weit die daraus resultierenden Rechte genau reichen, ist noch nicht abschließend geklärt.[67] Mit Wirksamwerden des Schengener Abkommens werden Drittstaatsangehörige, die in einem der Mitgliedsstaaten über einen legalen Aufenthaltsstatus verfügen, Reisefreiheit haben, aber kein darüber hinausgehendes Aufenthaltsrecht.[68]

Arbeitserlaubnis

Die Systematik des Arbeitserlaubnisrechts für Ausländer basiert seit der Verabschiedung 1997 auf den §§ 284 ff. SGB III: generell besteht für nichtdeutsche Arbeitnehmer Beschäftigungsverbot, das durch eine Genehmigung des Arbeitsamtes (als Arbeitserlaubnis bzw. –berechtigung) beseitigt werden kann. Zwischenstaatliche Regelungen (z. B. Anwerbeverträge oder EG-Recht) gehen dem vor. Eine Arbeitserlaubnis kann erteilt werden, wenn die Beschäftigung keinen nachteilige Auswirkungen auf den Arbeitsmarkt hat, wenn keine deutschen oder ihnen gleichgestellte ausländischen Arbeitnehmer (Unionsbürger, Inhaber einer Aufenthaltsberechtigung gemäß § 27 AuslG oder einer unbefristeten Aufenthaltserlaubnis gemäß §§ 24-26 AuslG) zur Verfügung stehen und die ausländischen Arbeitnehmer nicht zu ungünstigeren Bedingungen beschäftigt werden. (§ 285) Die Funktion der Arbeitserlaubnispflicht ist also, den Vorrang dieser Arbeitnehmer sicherzustellen.[69] Dazu dient auch die Wartezeit für die Erstbeschäftigung (§ 3 Arbeitsgenehmigungsverordnung ArGV), die zwischen vier Jahren (bei Ehegatten und Kindern von Ausländern, die über eine befristete Aufenthaltserlaubnis bzw. -bewilligung verfügen) und einem Jahr (bei Ehegatten und Kindern von Ausländern, die über eine Arbeitserlaubnis und eine Aufenthaltsbefugnis

66. Vgl. Khan 1992.
67. Vgl. dazu Beauftragte der Bundesregierung (Hg.) 1994, 83 f. und 1995, 59.
68. Vgl. zur Politik der EU im Blick auf Drittstaatsangehörige im Überblick Ketelsen 1991.
69. Vgl. Bieback 1995, 100 f.

bzw. Duldung und bei Ausländern, die aus bestimmten Gründen eine Duldung verfügen) beträgt.

Unionsbürger sind wegen der europarechtlich geregelten Freizügigkeit von der Erlaubnispflicht befreit; daneben auch Angehörige bestimmter Berufsgruppen (z.B leitende Angestellte internationaler Konzerne, Künstler und Hochschullehrer, aber auch ausländische Studierende für Ferienjobs) (§ 9 ArGV). Das bedeutet, daß ein Großteil der in Deutschland lebenden Migrantinnen und Migranten auf dem deutschen Arbeitsmarkt Freizügigkeit genießen. Entgegen der bisweilen in der Öffentlichkeit geäußerten Ansicht heißt dies, daß diese Gruppe den deutschen Arbeitnehmern gleichgestellt ist.

Bei der Erteilung wird – analog zu den Aufenthaltstiteln – zwischen Arbeitserlaubnis und –berechtigung unterschieden. Die Arbeitserlaubnis kann nach Lage und Entwicklung des Arbeitsmarktes erteilt und regional und inhaltlich beschränkt werden (§ 1 Abs. 1 ArGV); sie ist auf die Dauer der Beschäftigung, maximal auf 3 Jahre befristet (§ 4 Abs. 1 ArGV). Liegen die gesetzlichen Voraussetzungen vor, besteht ein Rechtsanspruch auf Erteilung.[70] Die Arbeitsberechtigung gilt unabhängig von Lage und Entwicklung des Arbeitsmarktes, ist unbeschränkt (§ 286 Abs. 3 SGB III) und gilt in der Regel unbefristet. Anspruch auf eine Arbeitsberechtigung haben vor allem ausländische Familienangehörige Deutscher, anerkannte Asylberechtigte, die sogenannten Kontingentflüchtlinge und Ausländer, die länger als sechs Jahre in Deutschland leben und eine Aufenthaltserlaubnis oder -befugnis besitzen oder fünf Jahre eine versicherungspflichtige Tätigkeit ausgeübt hat (§ 286 Abs. 1 SGB III). Grundsätzlich gilt für Arbeitserlaubnisse der Vorrang des Aufenthaltsrechtes; mit Verlust der Aufenthaltsgenehmigung erlischt die Arbeitserlaubnis.

In der Verteilung der Arbeitserlaubnisse spiegelt sich die Struktur der Beschäftigung von Arbeitsmigranten.[71] Zum einen fällt auf, daß der Anteil von Staatsangehörigen aus EG-Staaten seit der Zeit der höchsten Ausländerbeschäftigung in den Jahren 1974/75 von 46 % der Beschäftigten auf 26,5 % zurückging. Im Jahre 1993 (Stichtag 31.12.) gab es in Deutschland 1,1 Millionen Arbeitserlaubnisse, davon 11,8 % allgemeine und 88,4 % besondere (die besondere Erlaubnis entsprach der Arbeitsberechtigung, die allgemeine der –erlaubnis). Deutlicher wird jedoch die Strukturveränderung, wenn man die Zahl der neuerteilten Erlaubnisse betrachtet. So wurden 1993 854 264 allgemeine und 438 920 besondere Arbeitserlaubnisse erteilt. Das bedeutet, daß die Zahl der Saison- und

70. Entscheidung des Bundessozialgerichts; vgl. Bieback 1995, 100.
71. Zahlen nach Bieback 1995, 99.

Werkvertragsarbeitnehmer mittlerweile einen großen Teil der Beschäftigung von Ausländern ausmacht.[72]

Ausreisepflicht, Ausweisung und Abschiebung

Ausländer ohne gültige Aufenthaltsgenehmigung sind *zur Ausreise verpflichtet* (§ 41 Abs. 1 AuslG). Damit wird gleichzeitig der Aufenthalt strafbar und die Arbeitserlaubnis erlischt. Die Ausreisepflicht kann begründet werden durch Ablauf oder Beendigung der Befreiung vom Erfordernis der Aufenthaltsgenehmigung, durch Ablauf, Widerruf oder nachträgliche Befristung der Aufenthaltsgenehmigung und durch Ausweisung.[73] Der Ablauf der Befreiung vom Erfordernis der Aufenthaltsgenehmigung kann auch in Deutschland geborene Kinder von Einwanderern betreffen. Zwar stehen diesen im entsprechenden Fall Ansprüche auf Erteilung von Aufenthaltsgenehmigungen zu. »Diese Ansprüche sind jedoch an gesetzliche Voraussetzungen gebunden, die nicht in jedem Fall vorliegen, so daß Fälle der Aufenthaltsbeendigung auch für in Deutschland geborene Kinder eintreten können, ohne daß eine Ausweisung ausgesprochen werden muß.«[74]

Wie in Tab. 18 zu sehen war, ist der Anteil der ausländischen Bevölkerung mit einer nur befristeten Aufenthaltserlaubnis relativ hoch. »Zum Teil haben auch seit Jahrzehnten im Land lebende Einwanderer nur befristete Aufenthaltserlaubnisse, weil sie wegen mangelnden Wohnraums, Vorliegen von Ausweisungstatbeständen oder aus anderen Gründen die Voraussetzungen für die Erteilung unbefristeter Aufenthaltserlaubnisse oder von Aufenthaltsberechtigungen nicht erfüllten oder schlicht versäumt haben, sich um diesen gesicherten Aufenthaltsstatus zu bemühen.«[75] Dies kann dann zu Problemen führen, wenn kein Rechtsanspruch auf unbefristete Verlängerung gemäß § 24 AuslG besteht. Dann nämlich ist zu verfahren wie bei einem Erstantrag. Nach § 7 AuslG wird keine Aufenthaltsgenehmigung erteilt bei Vorliegen eines Ausweisungsgrundes, wenn der Lebensunterhalt nicht aus eigenen Mitteln gesichert ist und

72. Einen genauen Überblick vermittelt Seidel 1995b.
73. Ich orientiere mich hier und im folgenden an Rittstieg 1996b, 42 ff.
74. Rittstieg 1996b, 43; das gilt insbesondere im Blick auf § 17 AuslG, in dem die Erteilung einer Aufenthaltserlaubnis von ausreichendem Wohnraum und der Bestreitung des Lebensunterhalts aus eigenen Mitteln abhängig gemacht wird, vgl. Otte 1994b, 108.
75. Rittstieg 1996b, 44; Rittstieg weist in diesem Zusammenhang darauf hin, daß die zuständigen Behörden hier auch häufig ihrer Beratungspflicht nicht oder nur unzureichend nachkommen.

wenn »der Aufenthalt des Ausländers aus einem sonstigen Grund Interessen der Bundesrepublik Deutschland beeinträchtigt und gefährdet.« (§7 Abs. 2 Ziff. 3). Insbesondere letzteres ist problematisch, weil nicht präzise bestimmt ist, was hier als Interessen zu verstehen sind. Deshalb ist meines Erachtens Rittstieg zuzustimmen, der darauf verweist, »daß zu den normativ hochrangigsten Interessen der Bundesrepublik Deutschland gehört, die Menschenrechte von Immigranten zu wahren. Dieses Interesse hat normativen Vorrang vor kurzfristigen wirtschaftlichen oder arbeitsmarktpolitischen Zielsetzungen.«[76] Befristete Aufenthaltsgenehmigungen können nachträglich zusätzlich befristet werden, wenn eine wesentliche Voraussetzung der Bewilligung entfällt (§12 Abs. 2); dies trifft insbesondere dann zu, wenn die Voraussetzung eine bestehende Ehe war.[77] Allerdings kann auch der Bezug von Sozialhilfe als Voraussetzung einer nachträglichen Befristung vorliegen, da – wie oben bereits angeführt – die Bestreitung des Lebensunterhalts aus eigenen Mitteln zu den Voraussetzungen für die Erteilung einer befristeten Aufenthaltsberechtigung zählt. Die zum Teil prekäre soziale und wirtschaftliche Situation von Migrantinnen und Migranten kann also auch Auswirkungen auf ihren Aufenthaltsstatus haben; unter Umständen kann damit der Verlust der Aufenthaltsberechtigung verbunden sein. Auch wenn die entsprechenden Regelungen im konkreten Fall keine Anwendung finden, ist die Situation für die Betroffenen belastend, weil keine Sicherheit über den Status gegeben ist. Dies trifft selbst auf in Deutschland geborene Kinder von Migranten zu.

Wenig beachtet und in der Regel kaum von Bedeutung ist die Aufenthaltsbeendigung aufgrund eines Widerrufs. Nach allgemeinem Verwaltungsrecht kann grundsätzlich jeder Verwaltungsakt widerrufen werden, wenn Umstände eingetreten sind, die dem Fortbestand des Verwaltungsaktes entgegenstehen. Dies trifft auch auf die Genehmigung von Aufenthaltsberechtigungen zu. Von den in §43 Abs. 1 AuslG genannten Widerrufsgründen ist vor allem Ziff. 4 von Bedeutung. Wenn die Anerkennung als Asylberechtigter oder die Rechtsstellung als ausländischer Flüchtling erlischt, kann die Aufenthaltsgenehmigung widerrufen werden. Dies kann z.B. dann der Fall sein, wenn gemäß §73 Abs. 1 AsylVfG die Voraussetzung für die Asylgewährung – z.B. die Verfolgung im Herkunftsland – nicht mehr vorliegt. Mit anderen Worten: Haben sich die politischen Verhältnisse im Herkunftsland eines Asylberechtigten derart

76. Rittstieg 1996b, 46.
77. Vgl. zur Rechtsprechung Otte 1994b, 108f.

geändert, daß mit einer Verfolgung nicht mehr zu rechnen ist, kann seine oder ihre Aufenthaltserlaubnis widerrufen werden mit der Folge, daß der oder die Betroffene ausreisen muß. »Bei der Ermessensausübung sind die Dauer des Aufenthaltes, das Maß der Eingliederung und die Vorschrift in Art. 34 der Genfer Flüchtlingskonvention zu berücksichtigen, derzufolge sich die Vertragsstaaten verpflichten, Flüchtlingen die Eingliederung und Einbürgerung zu erleichtern.«[78]

Während die bisher angesprochenen Fälle einer Aufenthaltsbeendigung in der öffentlichen Diskussion nur eine geringe Rolle spielen, ist dies bei der *Ausweisung* und der Abschiebung anders. Allerdings werden Ausweisung und Abschiebung häufig verwechselt oder gleichgesetzt. Die Ausweisung ist ein Verwaltungsakt, der die Legalität des Aufenthaltes beendet, die Abschiebung ist der zwangsweise Vollzug der Ausreisepflicht, der demzufolge auch Personen betreffen kann, die nie einen legalen Aufenthaltsstatus hatten. Die Ausweisung ist in den §§45 bis 48 AuslG geregelt, wobei die Belange des Ausländers gegenüber den Interessen des Gesetzgebers abgewogen werden müssen. »Ein Ausländer kann ausgewiesen werden, wenn sein Aufenthalt die öffentliche Sicherheit und Ordnung oder sonstige erhebliche Interessen der Bundesrepublik Deutschland beeinträchtigt.« (§45 Abs. 1) Bei der Entscheidung über die Ausweisung sind jedoch die Dauer des Aufenthalts, schutzwürdige persönliche und wirtschaftliche Bindungen sowie die Folgen für Familienangehörige zu berücksichtigen. (§45 Abs. 2)[79] Ausweisungsgründe können Gefährdung der Sicherheit oder der freiheitlich demokratischen Grundordnung ebenso sein wie schwerwiegende Verstöße gegen Rechtsvorschriften (wobei Drogengebrauch oder Prostitution besonders genannt wird) oder die längerfristige Obdachlosigkeit oder die Inanspruchnahme von Sozialhilfe (§46). Gegenüber diesen Kann-Ausweisungen führt §47 Gründe auf, bei deren Vorliegen auszuweisen, bzw. in der Regel auszuweisen, ist. Dies trifft zu bei Freiheitsstrafen von mindestens fünf Jahren oder mehrfachen Freiheitsstrafen von mindestens acht Jahren, bzw. bei der Regel-Ausweisung bei Strafen von mindestens zwei Jahren ohne Bewährung; bei Drogenkriminalität sind die Mindeststrafen geringer angesetzt. In der Rechtsprechung umstritten ist, inwieweit die Kriterien auch für Jugendstrafen gelten oder nicht.[80] Prinzipiell ist verfassungs-

78. Rittstieg 1996b, 49; in Deutschland gilt deshalb gemäß §27 Abs. 3 Ziff. 3 AuslG für Asylberechtigte eine auf fünf Jahre verkürzte Frist für die Erteilung einer Aufenthaltsberechtigung.
79. Vgl. zur diesbezüglichen Rechtsprechung Otte 1994a, 74.
80. Vgl. Otte 1994a, 68f.

rechtlich einzuwenden, daß eine Ausweisung nicht allein aufgrund eines Rechtsverstosses verfügt werden kann, dies würde gegen das Verbot der Doppeltsanktionierung verstoßen. Anders gesagt, Gefängnisstrafe und Ausweisung wären zwei Strafen für ein und dieselbe Straftat. Daraus folgt, daß eine Ausweisung nur präventiv im Blick auf die Sicherung der künftigen Ordnung zulässig sein kann.[81]

Die *Abschiebung* ist neben dem Freiheitsentzug die schärfste Form des unmittelbaren Zwanges, den die deutsche Rechtsordnung vorsieht. Eine Abschiebung ist durchzuführen, wenn der Ausreisepflichtige seiner Pflicht nicht freiwillig nachkommt oder wenn aus Gründen der öffentlichen Sicherheit und Ordnung eine Überwachung der Ausreise erforderlich erscheint (§49 AuslG). Entsprechend Art. 33 GFK verbietet §51 AuslG die Abschiebung politisch Verfolgter, wenn deren Leben oder Freiheit wegen ihrer Rasse, Religion, Staatsangehörigkeit, Zugehörigkeit zu einer bestimmten sozialen Gruppe oder der politischen Überzeugung bedroht ist.[82] Weitere Abschiebungshindernisse sind vor allem die konkrete Gefahr der Folter und die Gefahr der Todesstrafe (§53). Dabei ist nach deutscher Rechtsprechung in beiden Fällen von einer konkreten Gefahr für die Einzelperson auszugehen, eine generelle oder abstrakte Gefahr allein genügt nicht.[83] Das Problem hierbei ist, wie diese konkret bestehende Gefahr vom Auszuweisenden nachgewiesen werden kann; denn potentiell drohende Gefahren sind in der Regel nicht konkret nachzuweisen. Genau dies führt dazu, daß aus Deutschland Abgeschobene nach der Abschiebung in ihrem Herkunftsland doch der Folter ausgesetzt wurden. Entsprechend ist auch nicht die Verhängung der Todesstrafe allein, sondern deren drohender Vollzug Grund für ein Abschiebungsverbot.[84] Schließlich ist die konkrete Gefahr für Leib, Leben und Freiheit im Herkunftsland ein mögliches Abschiebungshindernis. »Allgemeine Gefahren wie Bürgerkrieg, Krieg, Naturkatastrophen reichen nicht aus.«[85] In diesen Fällen kann die jeweilige oberste Landesbehörde für bestimmte Flüchtlingsgruppen die Abschiebung aussetzen; bei Fristen, die sechs Mo-

81. Rittstieg 1996b, 50.
82. §51 AuslG übernimmt damit wörtlich die Bedingungen der GFK; damit wird auch im deutschen Ausländerrecht frauenspezifische Verfolgung oder Verfolgung wegen der sexuellen Orientierung nicht explizit als Abschiebungshindernis genannt. Vgl. zur Abschiebung von De-facto-Flüchtlingen ausführlich R. Marx 1991 und 1995a; aus der Sicht des UNHCR Koisser/Nicolaus 1991.
83. Vgl. im einzelnen Otte 1994a, 113.
84. Ebd.
85. Ebd.

nate übersteigen in Einvernehmen mit dem Bundesministerium des Innern (§ 54).[86]

Zur Vorbereitung der Abschiebung oder zur Sicherung der Abschiebung kann gemäß § 57 AuslG auf richterliche Anordnung *Abschiebungshaft* angeordnet werden. Nur innerhalb dieses konkreten Rahmens ist sie zulässig, sie ist keine Sanktion für illegale Einreise oder unerlaubten Aufenthalt. Es muß vielmehr der begründete Verdacht bestehen, daß sich die jeweilige Person der Abschiebung entziehen will (§ 57 Abs. 2 Ziff. 5). Dabei ermöglicht das Ausländergesetz eine Gesamtdauer der Abschiebungshaft von 18 Monaten; also ein Jahr mehr als die für Untersuchungshaft bestimmte Dauer (nach § 121 StPO sechs Monate, die nur bei bestimmten Bedingungen zu verlängern sind, bei mehr als zwölf Monaten nur in ganz besonderen Ausnahmefällen). Hier ergibt sich die Frage nach der Verhältnismäßigkeit einer solchen Maßnahme in Relation zum Zweck der Aufenthaltsbeendigung. »Schwerwiegende Menschenrechtsprobleme wirft schließlich der Vollzug der Abschiebungshaft auf. Die Unterbringung zu vieler Abschiebungshäftlinge in zu kleinen Hafträumen mit unzureichenden sanitären Einrichtungen rügt das Landgericht Bremen; daß auch ein Abschiebungshäftling Anspruch auf Körperpflegemittel und ein Taschengeld für persönliche Bedürfnisse hat, mußte das VG Berlin betonen.«[87]

Die Maßnahmen zur Aufenthaltsbeendigung von Ausländern geben dem Handeln der Verwaltung und der politischen Gestaltung relativ weite Spielräume. Noch stärker als sonst ist hier das Ausländerrecht durch politische Vorgaben bestimmt. Ein Beispiel hierfür ist die Wiedereinführung der Erfordernis einer Aufenthaltsgenehmigung für junge Ausländer aus bestimmten Staaten unter 16 Jahren (vgl. § 2 DVAuslG) durch den Bundesinnenminister im Januar 1997. Insgesamt führt dies zu einer nicht zu unterschätzenden Rechtsunsicherheit von in Deutschland lebenden Migrantinnen und Migranten hinsichtlich ihres Aufenthaltsrechts. Dies zeigt sich auch, worauf ich im nächsten Abschnitt zurückkommen werde, an der Zurückhaltung, Sozialleistungen zu beanspruchen. Denn der Nachweis ausreichenden Einkommens kann im Blick auf die Aufenthaltsrechte eine Rolle spielen. Noch ungesicherter ist der Status von Flüchtlingen. Deren Duldung hängt unter Umständen nur an der Lagebeurteilung des Auswärtigen Amtes, die für Abschiebungsstoppregelungen eine

86. Vgl. hingegen Göbel-Zimmermann 1995, der bei den Landesregierungen weitere Handlungsspielräume für den Erlaß von Abschiebungsstoppregelungen sieht.
87. Rittstieg 1996b, 55.

Rolle spielt. Die subjektive Furcht vor Verfolgung oder Bedrohung reicht rechtlich bekanntlich nicht aus.

Insgesamt tendieren die aufenthaltsrechtlichen Regelungen zwar zur endgültigen Umsetzung der Freizügigkeit im Rahmen der europäischen Union. Die Aufenthaltsrechte der Ausländer aus Staaten außerhalb der Union, die schon seit längerem in Deutschland leben, werden darüber hinaus durch das AuslG gestärkt; allerdings besteht gleichzeitig die Tendenz, Neuzuzüge zu beschränken oder zu verhindern, mit Flüchtlingen restriktiv umzugehen, und einen Daueraufenthalt zu erschweren oder unmöglich zu machen.[88] Insofern stellt sich das AuslG auf die faktische Einwanderung in den letzten Jahren – zögerlich – ein, läßt aber gleichzeitig kein Konzept für einen Umgang mit der weiter bestehenden faktischen Einwanderung erkennen.

2.2.3 Die Debatte um Asyl und Asylrecht

Daß das Asylrecht im Zusammenhang mit der Ausländerthematik diskutiert wird, hängt allein an dem Faktum, daß Flüchtlinge unter der Bedingung nationalstaatlicher Organisation immer *ausländische* Flüchtlinge sind. Aber das Asylrecht ist sowohl von der Herkunft als auch der aktuellen Gestaltung kein Ausländer-, sondern Flüchtlingsrecht. Asyl wird nicht gewährt aufgrund des Status Ausländer, sondern aufgrund des Status Flüchtling.[89] Das Asylrecht folgt daher von seinem Ansatz her nicht der Exklusions- und Inklusionssemantik; im Asylrecht wird nicht bestimmt, wer »wir« und wer die »anderen« sind. Entsprechend ist mit dem Asyl-

88. In diesem Zusammenhang ist auch auf die behördliche Praxis zu verweisen: »Der Rechtsstaat endet für viele Menschen an der Schwelle der Ausländerbehörde. Antragsteller bekommen angesichts unübersehbarer Wartezeiten keinen Zugang, Anträge werden nicht entgegengenommen, monatelang nicht bearbeitet, über Rechtsmittel wird nicht entschieden. Kurzfristige Duldungen mit der Geltungsdauer von zwei oder drei Wochen werden als Folterwerkzeuge benutzt, um Flüchtlingen die Erwerbstätigkeit unmöglich und den weiteren Aufenthalt unerträglich zu machen. Mit diesen üblichen Praktiken werden Menschen zermürbt und zur Ausreise oder zum Untertauchen gezwungen, ohne daß ein aufenthaltsbeendender Rechtsakt ergeht.« Rittstieg 1996b, 40.
89. Anders dagegen Reichel 1987, 26 f., der dahingehend argumentiert, daß Deutsche aus dem Schutzbereich des Asylrechts per se ausgeschlossen seien. Darüber hinaus sei vorausgesetzt, daß sich der asylbegründende Tatbestand der politischen Verfolgung – ungeachtet der sogenannten Nachfluchtgründe – im Ausland ereignen muß. Trotzdem begründet die Verfolgung das Recht auf Asyl und nicht der Status Ausländer.

recht auch kein Einwanderungsrecht, gegeben, da es grundsätzlich nur für Verfolgte gilt.[90]

Allerdings folgt das moderne Asylrecht dem *Territorialprinzip.*[91] Zwischenstaatlich anerkannt ist einzig das Recht souveräner Staaten, auf ihrem Territorium Asyl zu gewähren. »Asylgewährung, besagt dieses ›Recht‹, darf von anderen Staaten nicht als Verletzung ihrer Souveränität, ja nicht einmal als unfreundlicher Akt gewertet werden. Diesem Recht der Asylgewährung korrespondiert freilich keine völkerrechtliche *Pflicht* der Staaten *zur Aufnahme* politischer Flüchtlinge, jedoch ein Schutz vor Ausweisung (Art. 32, 33 GFK). Vor eine solche Pflicht hat die Staatenpraxis wiederum die nationalstaatliche Souveränität gesetzt.«[92] Unter der Bedingung nationalstaatlicher Organisation greift das Asylrecht immer in die Personalhoheit der Staaten ein, setzt damit auch die fremde Staatsangehörigkeit voraus. Völkerrechtlich unumstritten ist dabei, daß jeder Staat auf seinem Territorium in seinen Handlungen – also auch in der Asylgewährung und -versagung – frei ist, soweit nicht völkerrechtliche Normen verletzt werden.[93] Vor dieser nationalen Souveränität macht auch die Allgemeine Erklärung der Menschenrechte von 1948 halt, wenn sie in Art. 14 zwar statuiert: »Jeder Mensch hat das Recht, in anderen Ländern vor Verfolgungen Asyl zu suchen und zu genießen.«, aber gleichzeitig die Staaten nicht verpflichtet, Asyl auch zu gewähren. Unter diesen Bedingungen bleibt das Menschenrecht auf Asyl ein Recht, sich auf die Flucht zu begeben. Trotzdem besagt die Bindung an die nationale Souveränität der Staaten noch nicht, daß das Asylrecht genuin ein Fremdenrecht ist, auch unter diesen Bedingungen bleibt es ein Flüchtlingsrecht.

Das Grundrecht auf Asyl

Dies zeigt im deutschen Kontext die Thematik von *Art. 16 Abs. 2 II GG* (nach der Asylrechtsänderung Art. 16a); das Asylrecht steht dort im Zusammenhang mit dem Verbot der Ausbürgerung deutscher Staatsangehöriger gegen den Willen der Betroffenen und dem Auslieferungsverbot. Diese Rechte sind als individuelle Schutzrechte ausformuliert. Dieser

90. So auch Tugendhat 1986, 79.
91. Vgl. Reuter 1994, 193 ff.
92. Frankenberg 1987, 26.
93. So Reichel 1987, 33; daraus folgt auch, daß die Ausgestaltung des Asylrechts in die alleinige Regelungskompetenz der Staaten fällt, sofern diese sich nicht völkerrechtlich anderweitig bindend verpflichtet haben.

Rechtskomplex hat seine Wurzeln zum einen in der Ausbürgerungspraxis des nationalsozialistischen Regimes und zum anderen in der Erfahrung der nationalsozialistischen Verfolgung und Ermordung von Juden, Regimegegnern, Homosexuellen und anderen Gruppen.[94] »Die Tatsache, daß für sie angesichts des in Deutschland praktizierten Entzugs elementarer Menschenrechte die letzte Hoffnung auf Rettung des Lebens darin lag, in einem anderen Land Zuflucht zu finden, ließ für die Autoren des Grundgesetzes keinen Zweifel daran zu, daß es sich beim Recht auf Asyl um ein elementares Menschenrecht handelt. Hier wie in anderen Fällen zerschellt der Zweifel an der universalen Geltung eines elementaren Rechts am Faktum seiner Verletzung. Wer selbst darauf angewiesen war, Zuflucht vor politischer Verfolgung zu finden, weiß, daß das Recht auf Asyl zu den elementaren Menschenrechten gehört.«[95] Das Asylrecht ist also von seinem Grundgehalt her ein individuelles Schutzrecht für Flüchtlinge unter der Bedingung der Existenz souveräner Nationalstaaten. Diese Deutung entspricht auch der historischen Genese des Asylrechts, wie ein kurzer Überblick über die *Rechtsgeschichte* zeigen kann.

Exkurs: Geschichte des Asylrechts

Der Begriff des Asyls geht auf griechische Verhältnisse zurück, wenn auch entsprechende Regelungen in anderen Kulturen ebenfalls zu beobachten sind. *Religionsgeschichtlich* basiert das Asyl auf der Trennung zwischen der sakralen und profanen Sphäre. »Die Sphäre des Heiligen ist in einer Weise von dem Profanen geschieden, daß profane Formen, ›Rechtssicherheit‹ herzustellen, etwa durch Blutrache, in ihr ausgeschlossen sind; derjenige, der im Bannkreis des Heiligen steht, hat teil an der Kraft dieser Sphäre.«[96] Entsprechend gibt es auch Beispiele dafür, daß diese Kraft nicht allein von Orten, sondern auch von heiligen Personen ausgehen kann. Dabei wirkt die sakrale Macht gleichzeitig auch die Einhaltung des Schutzes durch ein Tabu, dieses kann für den Schützling unter Umständen lebenslang erhalten bleiben.[97]

Im *griechischen Kontext*[98] bezeichnet das Asyl einen Ort (ασυλον oder ασυλο τοπο), an dem der Zugriff auf Personen und Sachen verboten ist. Diese Stätten waren vor allem Heiligtümer; ursprünglich wurde das Asyl durch die Berührung mit dem Heiligen (z.B. dem Altar) begründet. In der klassischen Epoche entwikkelten sich Heiligtümer, die insbesondere den Schutz der Asylie gewährten; es waren oft große Tempelbezirke, in denen sich die Flüchtlinge (ικεται) aufhielten. Eine andere Form von Asyl mit analoger Bedeutung entstand später als Rechts-

94. Vgl. Tremmel 1992, 61 ff.
95. W. Huber 1996b, 390.
96. Wißmann 1979, 316.
97. Ebd. mit Bezug auf Henssler 1954.
98. Ich folge hier Tremmel 1992, 3 ff.; vgl. dazu auch ausführlicher Walser 1974.

schutz für Handelnde aus anderen Staaten.[99] Die Flüchtlinge konnten Menschen sein, die sich vor Rechtsfolgen (darunter auch die Blutrache) in Sicherheit bringen wollten, aber auch geflohene Sklaven. Später spielten auch politische Flüchtlinge eine Rolle.[100]

Die *israelitische Tradition* kennt ein ähnlich gelagertes Asylrecht. Der Tempel gewährt Schutz vor Verfolgung. Inwieweit in der Frühzeit magische Vorstellungen eine Rolle gespielt haben, mag dahingestellt sein (Anklänge hieran finden sich etwa in 1Kö 1,50, wo Adonija die Hörner des Altars ergreift, um Schutz zu finden). In den rechtlichen Regelungen spielen aber magische Vorstellungen keine Rolle mehr; ein Zeichen dafür ist etwa, daß im Bundesbuch (Ex 21,13 f.) der Altar Schutz nur bei unvorsätzlicher Tötung, nicht aber bei Mord gewährt.[101] Wahrscheinlich basiert das jüdische Asylrecht auf dem Schutz vor Blutrache,[102] jedenfalls soll der Schutz des Asyls gewährt werden, bis das Gericht geurteilt hat (Dtn 19,6). Wie auch immer man den Zusammenhang historisch einordnen will, deutlich wird zumindest, daß es funktional dazu diente, »archaische Vergeltungsmechanismen im Rechtsleben der Völker einzudämmen und zu überwinden.«[103] In den Texten der hebräischen Bibel besteht die Tendenz, das Asyl als Rechtsinstitut zu begreifen, das der Begrenzung der Gewalt dient, bzw. der Verrechtlichung der Gewaltausübung bei der Strafverfolgung.

In der Zeit der *Alten Kirche und im frühen Mittelalter* war das Asylrecht genuin kirchliches Recht und ausgestaltet als *Kirchenasyl.* Die beiden Grundlagen hierfür waren die reverentia loci (Ehrwürdigkeit der Stätte) und die intercessio (Beistandspflicht) des Bischofs.[104] Das Kirchenasyl schützte dabei nicht generell vor Bestrafung, vielmehr ging es hier – wie Reuter treffend formuliert – um den Kampf um das bessere Recht. »Doch der von der Kirche bis ins hohe Mittelalter erhobene Anspruch, sich den Maßstab für Schuld und Unschuld nicht einfach von den weltlichen Instanzen vorgeben zu lassen, verstand sich niemals als Mißachtung des Rechts, sondern als Vollzug eines besseren Rechts: an die Stelle der Todesstrafe trat die kirchliche Buße, Leibesstrafen sollten durch Geldbußen ersetzt werden.«[105] Der kirchliche Anspruch, Asyl gewähren zu dürfen, wurde von der kaiserlichen Gesetzgebung nur zögerlich anerkannt; das Kirchenasyl war immer wieder Anlaß für die Auseinandersetzung zwischen geistlichen und weltlichen Machtansprüchen. Endgültig anerkannt wurde das Kirchenasyl dann erst zu Beginn des 5. Jahrhunderts.[106] Immer wieder wurde aber auch danach versucht, Ausnahmen zu formulieren, die vom Asyl ausgenommen waren (z. B. Mörder, Steuerschuldner, Juden). Die älteste kirchliche Rechtsquelle für das Asylrecht ist das Konzil von Orange von 441. Dort wurde auch die reverentia loci und die intercessio gemein-

99. Wißmann 1979, 317.
100. Vgl. Kimminich 1983, 11 f.
101. Vgl. Falk 1979, 318.
102. So schon Löhr 1930.
103. Reuter 1994, 190; mit gleicher Tendenz auch Dudda 1996.
104. Vgl. mit Nachweisen Landau 1979, 320 f.
105. Reuter 1994, 193.
106. Landau 1979, 320 f.

sam als Wurzel des Asyls formuliert.[107] Gleichzeitig wurde der Bruch des Rechts mit Kirchenstrafen sanktioniert. Aber auch im kirchlichen Raum wurde bald die Notwendigkeit gesehen, die Asylpraxis einzuschränken, um nicht Verbrechern einen unverdienten Schutzraum zu geben. »Auf der Suche nach eingrenzenden Kriterien nahm dann die spätmittelalterliche Kanonistik unter Bezug auf das römische Recht Straßenräuber und Piraten, Feldplünderer und den Mord an der heiligen Stätte vom Asylschutz aus.«[108]

Im *Zeitalter der Aufklärung* verliert mit der Emanzipation der politischen Macht von der Kirche das kirchliche Asylrecht zunehmend an Bedeutung. An die Stelle des Kirchenasyls tritt das *territoriale Asyl.* Im Blick lag dabei auch nicht mehr die Frage nach dem Asyl als Mittel der Durchsetzung eines besseren Rechtes, sondern der Schutz von politischen oder religiösen Flüchtlingen. Allerdings ist es nicht gelungen, das territoriale Asylrecht naturrechtlich zu begründen und durchzusetzen.[109] Zwar vertrat Hugo Grotius den Gedanken, daß aus der Heimat vertriebene Fremde sich in anderen Ländern niederlassen dürfen müßten. Allerdings hat Grotius dabei nicht allein die politischen Flüchtlinge im Blick, obwohl es selbst in Frankreich politisches Asyl genoß. Es zielt vielmehr auch – wie schon in Grotius' Frühwerk de mare libero – auf die Begründung des freien Handels. Das von Grotius postulierte Recht auf dauernden Aufenthalt beinhaltet nämlich auch das Recht, »unbewohnte Gebiete und unbebautes Land in Besitz zu nehmen.«[110] Mit dem naturrechtlich begründeten Asylrecht ist bei Grotius also auch die Begründung der Bildung von Handelskolonien verbunden, wofür er sich ja auch im politischen Rahmen eingesetzt hatte. Es geht also bei Grotius weniger um Asyl im klassischen Sinn, sondern eher um die Begründung des Rechts auf Aus- und Einwanderung, das bei äußerer Not für die Migranten besteht.[111]

Dem entspricht, daß in der Folgezeit das Asylrecht von den Staaten als Gnadenrecht verstanden und praktiziert wurde, das vor allem auch entsprechend der politischen Opportunität gewährt wurde.[112] Erst im *19. Jahrhundert* begann sich ein liberales Asylrecht zu entwickeln, für das die belgischen Gesetze beispielhaft sind. Im Auslieferungsgesetz von 1833 wurde dort festgelegt, daß politische Verfolgte ausdrücklich vor der Auslieferung bewahrt seien; dies wurde 1856 durch eine Attentatsklausel eingeschränkt, die später von den meisten Staaten übernommen wurde.[113] Das Asylrecht des 19. Jahrhunderts wurde als individuelles Recht verstanden. Mit den großen Flüchtlingsbewegungen *seit dem Beginn dieses Jahrhunderts* begann sich jedoch eine völlig neue Situation abzuzeichnen, die für das Asylrecht sehr folgenreich war. »Die großen Flüchtlingsmassen nach dem Ersten

107. Landau 1979, 322.
108. Reuter 1994, 193.
109. Vgl. Reuter 1994, 194ff.
110. So Reuter 1994, 194.
111. So auch die Argumentation in Rethmann 1996, 261ff.; in diesem Zusammenhang verweist Rethmann darauf, daß Grotius hierbei auch ein Konzept der sicheren »Drittstaaten« vertritt, aus denen Ausländern kein Aufenthaltsrecht gewährt werden solle (263).
112. Vgl. Tremmel 1992, 57f.
113. Steinbach 1995, 1129.

Weltkrieg, die weit über das Maß der natürlichen Migrationsprozesse hinausgegangen waren, veranlaßten die Staaten Europas und Nordamerikas, nach umfangreichen internationalen Hilfsmaßnahmen und nach Errichtung eines gerechten und sozialen, internationalen Flüchtlingsrechts zu suchen.«[114] Eine besondere Rolle hatte hierbei das 1921 gegründete Hochkommissariat für Flüchtlingsfragen des Völkerbundes (Nansenamt). Von Bedeutung waren vor allem die vom Kommissariat herausgegebenen Flüchtlingspässe. »Die ›Nansenpässe‹ vergrößerten nicht nur die Bewegungsfreiheit und Sicherheit der Flüchtlinge, sondern berührten das innere Recht der Zufluchtsstaaten. Damit wurde der erste Schritt in Richtung auf einen internationalen Flüchtlingsschutz getan, der das Schicksal des Asylanten mit einer zu schaffenden internationalen Asylrechtsordnung verband.«[115] Das 1930 gegründete Nansenamt erarbeitete schließlich eine Konvention, die die Mitgliedsstaaten zur Asylgewährung verpflichtete, ohne jedoch den einzelnen Flüchtlingen ein Asylrecht gegenüber den Staaten einzuräumen. Diese Konvention wurde unter anderem für die Flüchtlinge vor der nationalsozialistischen Diktatur bedeutsam, da sie von den wichtigsten Asylländern (Belgien, Frankreich, Großbritannien und Tschechoslowakei) ratifiziert wurde.[116]

Eine abschließende Form erlangten die Bemühungen um ein *internationales Flüchtlingsrecht* jedoch erst *nach dem Zweiten Weltkrieg* mit der Aufnahme des Rechtes auf Asyl in die Allgemeine Erklärung der Menschenrechte von 1948 und durch die Genfer Flüchtlingskonvention von 1953. Allerdings bezieht sich der entsprechende Art. 14 I der UN-Charta nur auf das Recht, Asyl zu suchen und zu genießen. Dieses Recht stand aber zuvor auch kaum in Frage. Das Problem war doch vielmehr, ob diesem Recht auch eine Pflicht zur Asylgewährung korrespondiert. Aber genau hierzu schweigt die Menschenrechtserklärung. Auch die GFK regelt nicht die Frage der Asylgewährung, sondern setzt sie voraus, indem sie sich explizit nur auf die Rechtsstellung von Flüchtlingen bezieht, die bereits auf ein Staatsgebiet gelangt sind. Einen Schritt weiter geht erst die UN-Deklaration über territoriales Asyl vom 14.12.1967, nach der Asylsuchende nicht mehr an der Grenze abgewiesen werden können. Trotzdem behalten die Staaten das Recht, autonom über die Asylgewährung zu entscheiden und sie gegebenenfalls zu versagen.[117] Eine weitergehende internationale Vereinbarung kam seitdem nicht zustande. Eine von der Generalversammlung der UN einberufene Asylrechtskonferenz brachte 1977 kein Ergebnis. »Während den westlichen Staatenvertretern der Flüchtlingsschutz im bereits entschärften Entwurf der UN-Expertenkommission nicht weit genug ging, sahen ihn die sozialistischen und die Staaten der Dritten Welt als zu weitgehend an. Sie befürchteten Souveränitätsverluste und Einmischungen in ihre inneren Angelegenheiten. Der bundesdeutsche Vorschlag, ein Individualrecht auf Asyl mit justizieller Kontrolle festzuschreiben, erhielt nur vier Stimmen.«[118]

An dieser Stelle kann nicht die Debatte um die Begründung und Ausgestaltung

114. Tremmel 1992, 59.
115. Steinbach 1995, 1130.
116. Ebd.
117. Vgl. Reichel 1987, 36.
118. Reichel 1987, 37.

der Menschenrechte im allgemeinen und den menschenrechtlichen Status des Asylrechts nachgezeichnet werden.[119] Festgehalten werden kann allerdings, daß eine menschenrechtliche Begründung des Asylrechtes ihren Grund darin haben muß, daß Flüchtlingen überhaupt Schutzrechte zuerkannt werden müssen. »Das grundlegende Menschenrecht steht nämlich dann auf dem Spiel, wenn ein Mensch keiner politischen Gemeinschaft (mehr) angehört und keine Bürgerrechte (mehr) besitzt. Als Fundament aller Menschenrechte im Plural tritt damit nur ein einziges Recht hervor: nämlich das Recht, Rechte zu haben und einer politischen Gemeinschaft anzugehören. *Das Asylrecht ist ein Notrecht zum Schutz des Basisrechts auf politische Gemeinschaft.*«[120]
Als Ergebnis dieser kurzen historischen Rekonstruktion kann festgehalten werden, daß sich das Asylrecht von seinen historischen Wurzeln her als Flüchtlingsrecht entwickelt hat, wobei allerdings charakteristische Verschiebungen zu beobachten sind. Zum einen von einem religiös begründeten zu einem – menschenrechtlich noch nicht vollständig abgesicherten – staatlichen Recht. Zum anderen von einem Schutzrecht aufgrund rechtlicher Verfolgung zu einem Schutzrecht aufgrund religiöser und politischer Verfolgung. Aber immer ging es darum, einzelne Personen dem Zugriff eines sie Verfolgenden zu entziehen. Gleichzeitig war immer prekär, auf welche Personengruppen das Asylrecht Anwendung finden solle und dürfe. Die Geschichte des Asylrechts ist damit auch die Geschichte der Debatte um seine Einschränkung.

Diese Herkunft des Asylrechts spiegelt sich auch in den *Debatten des Parlamentarischen Rates* um die Aufnahme des Asylartikels ins deutsche Grundgesetz.[121] Die Beratungen waren geprägt durch die Erfahrung einer Reihe der Mitglieder, die selbst während der nationalsozialistischen Herrschaft Asyl in anderen Staaten gefunden hatten: »Das Wissen, daß viele von ihnen nur überlebt hatten, weil sie ins Exil gegangen waren, andere Staaten ihnen also Asyl gewährt hatten, aber auch die Kenntnis, daß zehntausenden von Verfolgten diese Möglichkeit versperrt gewesen war, weil ihnen potentielle Zufluchtsstaaten aus egoistischen, nationalistischen Motiven die Aufnahme verweigert hatten.«[122]

Schon in den Beratungen war umstritten, wie weitgehend das Asylrecht gestaltet werden solle. Umstritten war vor allem, ob es inhaltlich an bestimmte Voraussetzungen gebunden werden solle. So verwies etwa Fechter (CDU) in der Sitzung am 4.12.1948 darauf, daß bei einem uneingeschränkten Asylrecht auch Faschisten aufgenommen werden müß-

119. Vgl. zu den Menschenrechten allgemein W. Huber 1992e und zum Asylrecht R. Marx 1985a.
120. Reuter 1994, 199 unter Aufnahme der bekannten Formulierung Hannah Arendts.
121. Protokolle dieser Debatte sind zusammengestellt in Kauffmann (Hg.) 1986, 232-251. Zum Zusammenhang vgl. auch Steinbach 1995, 1132ff.
122. Münch 1993, 17.

ten.[123] Dieses Argument nahm sein Kollege von Brentano in der Sitzung vom 19.1.1949 auf: »Ich sehe keinen Grund dafür ein, daß etwa Ausländer, die aus ihrer Heimat nach Deutschland gekommen sind, weil sie sich in ihrer Heimat aktiv gegen die Demokratie eingesetzt haben, in Deutschland unbedingt ein Asylrecht haben sollen.«[124] Von Brentano sprach sich nur für ein Auslieferungsverbot für politisch Verfolgte aus – was seiner Auffassung nach eine Landesverweisung weiterhin möglich machte – und wollte das Asylrecht im engeren Sinn nur für Deutsche reservieren. Durchgesetzt hatte sich jedoch die Auffassung, wie sie von Renner (KPD), Wagner (SPD) und vor allem vom Ausschußvorsitzenden Schmid (SPD) formuliert wurde. So wandte Wagner gegen von Brentano ein: »Ich glaube, man sollte da vorsichtig sein mit dem Versuch, dieses Asylrecht einzuschränken und seine Gewährung von unserer eigenen Sympathie oder Antipathie und von der politischen Gesinnung dessen abhängig zu machen, der zu uns kommt. Das wäre dann kein unbedingtes Asylrecht mehr, das wäre ein Asylrecht mit Voraussetzungen, mit Bedingungen, und eine solche Regelung wäre in meinen Augen der Beginn des Endes des Prinzips des Asylrechts überhaupt. Entweder wir gewähren Asylrecht, [...] oder aber wir schaffen es ab.«[125] Vor allem Renner machte darauf aufmerksam, daß der Demokratiebegriff, der von von Brentano verwendet wurde, relativ sei, da sich kaum ein Land als undemokratisch bezeichnen würde. Ebenso dürfe auch nicht eine Einschränkung auf nicht-kriminelle Emigranten eingeführt werden, da aus der Zeit des Nationalsozialismus bekannt sei, daß das Regime versucht habe, seine Gegner zu kriminalisieren.[126] Schon in der ersten Lesung hatte sich Schmid gegen eine Einschränkung gewährt mit dem Argument: »Die Asylrechtgewährung ist immer eine Frage der Generosität, und wenn man generös sein will, muß man riskieren, sich gegebenenfalls in der Person geirrt zu haben. Das ist die andere Seite davon, und darin liegt vielleicht auch die Würde eines solchen Aktes.«[127] In dieselbe Richtung geht die Argumentation von Mangoldts (CDU), der Schmid ergänzt: »[...] wenn wir irgendeine Einschränkung aufnehmen würden, wenn wir irgend etwas aufnehmen würden, um die Voraussetzungen für die Gewährung des Asylrechts festzulegen, dann müßte an der Grenze eine Prüfung durch die Grenzorgane vorgenommen werden. Dadurch würde die ganze Vorschrift völlig

123. Kauffmann (Hg.) 1986, 234.
124. Kauffmann (Hg.) 1986, 242.
125. Kauffmann (Hg.) 1986, 243.
126. Kauffmann (Hg.) 1986, 249.
127. Kauffmann (Hg.) 1986, 234f.

wertlos.«[128] Diese Position setzte sich schließlich durch, der entsprechende Grundgesetzartikel wurde in dritter Lesung in der Fassung »Politisch Verfolgte genießen Asylrecht« einstimmig angenommen.

Aus den Sitzungsprotokollen wird deutlich, daß die Flüchtlingserfahrung der Hintergrund der Aufnahme des Asylartikels in das Grundgesetz war. Dabei spielte die eigene Emigration ebenso eine Rolle wie die Situation in Deutschland nach dem Krieg. »Dabei wußten die Mitglieder des Parlamentarischen Rats aus der Vergangenheit und der Gegenwart ihrer Beratungen durchaus, daß Flucht meist eine Massenbewegung ist. Elf Millionen nichtdeutsche Flüchtlinge wurden bei Kriegsende allein in Europa geschätzt. Der Parlamentarische Rat war sich also bewußt, daß das Asylgrundrecht auch von Massen in Anspruch genommen werden könnte.«[129] Darüber hinaus spielte die Erfahrung eine Rolle, daß in der Zeit der nationalsozialistischen Herrschaft eine Reihe von Staaten die Vermeidung von Problemen und Belastungen höher gewertet wurde als die Gewährung von Asyl und damit gegebenenfalls die Rettung von Menschenleben. Nicht trotz, sondern wegen der Erfahrung, daß die Gewährung von Schutz höhere Priorität haben muß als Eigeninteressen, wurde das Asylrecht als absolutes und subjektiv-öffentliches Recht in den Grundrechtekatalog des Grundgesetzes übernommen.[130]

Inhaltlich ist das Asylrecht im wesentlichen durch drei Grundsätze gekennzeichnet: durch den Schutz vor Zurückweisung an der Grenze, durch den Schutz vor Ausweisung und den Schutz vor Auslieferung. Ergänzt werden diese Abwehrrechte in Deutschland durch die staatliche Verpflichtung zur Sicherung eines menschenwürdigen Daseins.[131] Mit der Anerkennung als Asylberechtigter sind deshalb verschiedene Rechte verbunden. So zählt zu den Folgen der Anerkennung der Anspruch auf unbefristete Aufenthaltserlaubnis (§ 68 AsylVfG); nach fünf Jahren kann eine Aufenthaltsberechtigung erteilt werden (§ 27 Abs. 3 Nr. 3 AuslG). Als Ausweis wird den Berechtigten ein internationaler Flüchtlingsausweis gemäß Art. 28 GFK ausgestellt, der eine visafreie Einreise in die meisten europäischen Staaten ermöglicht. Ebenso wird die Einbürgerung erleichtert, so daß bereits nach sieben Jahren ein Antrag aussichtsreich ist. Dem Schutz der Familie dienen sowohl das sogenannte Familienasyl (§ 26 AsylVfG) als auch die Regelungen des Ehegatten- und Familiennach-

128. Kauffmann (Hg.) 1986, 235; von Mangoldt verweist in diesem Zusammenhang auf die Erfahrungen aus dem Krieg.
129. Kirchenamt der EKD (Hg.) 1986a, 14.
130. So die Argumentation von Münch 1993, 21 f.
131. Vgl. dazu und für das folgende Krais/Tausch 1995, 137 ff.

zuges nach §§ 17f. AuslG. Ebenso haben Asylberechtigte einen erleichterten Zugang zum Arbeitsmarkt, da ihnen unabhängig von der Lage und Entwicklung des Arbeitsmarktes eine unbefristete besondere Arbeitserlaubnis nach § 19 AFG zusteht. Schließlich besteht ein Anspruch auf Eingliederungshilfen wie etwa Sprachkurse und Ausbildung. Im Falle einer Anerkennung ist der Status der Flüchtlinge rechtlich weitgehend abgesichert und geht in einigen Bereichen über den ausländerrechtlich gesicherten Bereich hinaus. In der politischen Diskussion sind allerdings – von Ausnahmen abgesehen – weniger die Rechte der anerkannten Asylbewerberinnen und -bewerber umstritten als vielmehr die Frage der Anerkennung selbst. Zur Diskussion steht also, wer als »politisch Verfolgter« entsprechend Art. 16 GG anzusehen ist.

Das Grundgesetz selbst definiert den *Tatbestand der politischen Verfolgung* nicht. Die Feststellung der Verfolgung vollziehen statt dessen das Bundesamt für die Anerkennung ausländischer Flüchtlinge bzw. im Falle eines Widerspruchs die Verwaltungsgerichte. Deshalb gehört das Asylrecht – wie das Kriegsdienstverweigerungsrecht – zu den »verwalteten Grundrechten«. Lange Zeit wurde als Interpretationshilfe für den Begriff der politischen Verfolgung Art. 33 Abs. 1 GFK herangezogen.[132] Dementsprechend wurde die »begründete Furcht vor Verfolgung« als asylrelevant bewertet. Entsprechend urteilte das Bundesverwaltungsgericht: »Eine begründete Furcht vor Verfolgung ist dabei anzunehmen, wenn der Asylbewerber in seiner Heimat bereits verfolgt worden ist oder wenn er gute Gründe hat, dort eine solche Verfolgung zu befürchten. Gute Gründe für eine Furcht vor Verfolgung liegen vor, wenn dem Asylbewerber bei verständiger Würdigung des Falles nicht zuzumuten ist, daß er in seinem Heimatland bleibt oder dorthin zurückkehrt.«[133] Das Merkmal der Verfolgung gilt neben der politischen Überzeugung auch für die religiöse Grundentscheidung (z.B. Religionszugehörigkeit) oder unverfügbare Merkmale, die das Anderssein des Betroffenen prägen (z.B. sexuelle Ausrichtung).

Seit 1980 jedoch wurde in der Rechtsprechung die Furcht vor Verfolgung durch eine objektive Beurteilung der Verfolgungsgefahr ersetzt. Das Bundesverfassungsgericht entschied in der sog. Ahmadiyya-Entscheidung von 1980, daß asylrechtlicher Schutz zu gewähren sei, wenn jemand »aus politischen Gründen Verfolgungsgefahren mit Gefahren für Leib und Leben oder Beschränkungen der persönlichen Freiheit aus-

132. Zum Begriff der begründeten Furcht vor politischer Verfolgung der GFK vgl. Amann 1994, 61 ff.
133. BVerwG DVBl. 1966, 145; zitiert nach Nuscheler 1995a, 150.

gesetzt wäre«. Und weiter: »Soweit nicht eine unmittelbare Gefahr für Leib, Leben oder persönliche Freiheit besteht, können Beeinträchtigungen der bezeichneten Rechtsgüter allerdings ein Asylrecht nur dann begründen, wenn sie nach ihrer Intensität und Schwere die Menschenwürde verletzen«.[134] Mit anderen Worten: Nicht mehr die begründete Furcht vor Verfolgung begründet das Recht auf Asyl, sondern eine tatsächliche Verfolgung, wobei diese so schwerwiegend sein muß, daß die Menschenwürde des Verfolgten dabei auf dem Spiel steht. So sind z. B. Beschränkungen der wirtschaftlichen Existenz solange keine asylrelevanten Einschränkungen, als nicht eine »Vernichtung der wirtschaftlichen Existenz« vorliegt.[135] Entsprechend ist auch Folter allein nicht automatisch ein Anerkennungsgrund.

Die Rechtsprechungspraxis betont, daß die politische Verfolgung mittelbar oder unmittelbar vom *politischen System* des Herkunftsstaates ausgehen muß. »Verfolgungen durch Privatpersonen oder nichtstaatliche Gruppen besitzen dagegen im Prinzip keine Asylrelevanz; erforderlich ist vielmehr das Vorliegen von ›Staatsunrecht‹.«[136] Dieses kann zum einen unmittelbar von den Organen des Staates ausgehen, bzw. – etwa in Bürgerkriegsfällen – von quasistaatlichen Organisationen, die den Staat ersetzen.[137] Zum anderen liegt eine mittelbare Verfolgung vor, wenn der Staat »einzelne oder Gruppen zu Verfolgungsmaßnahmen anregt oder derartige Handlungen unterstützt oder tatenlos hinnimmt und damit den Betroffenen den erforderlichen Schutz versagt«.[138]

Um den Tatbestand der politischen Verfolgung zu erfüllen, müssen tatsächliche Verfolgung und die unmittelbare oder mittelbare Zurechnung auf das politische System zugleich vorliegen. Dies führt in der Praxis zu dem Ergebnis, daß erlittene oder drohende *Folter* nicht automatisch als Asylgrund gilt, selbst wenn sie von staatlichen Organisationen – wie z. B. der Polizei – praktiziert wird. Als Beispiel zitiert Nuscheler aus einem Urteil des Bundesverwaltungsgerichts zur Ablehnung von Asylbewerbern aus der Türkei: »Verletzungen der Menschenwürde, wie sie in der Anwendung von Folterpraktiken und anderen Mißhandlungen während des Ermittlungsverfahrens liegen, begründen einen Anspruch auf Asyl

134. BVerfGE 54, 357; zitiert nach Reichel 1987, 60.
135. Reichel 1987, 60.
136. Reichel 1987, 82.
137. Daraus ergibt sich als Konsequenz auch, daß das Asylrecht nicht auf Staatenlose angewandt werden kann, denn staatliche Verfolgung bezieht sich in diesem Sinne nur auf die Angehörigen des entsprechenden Staates; vgl. Schenk 1993, 37.
138. Schenk 1993, 37.

jedoch nur dann, wenn ihnen die Betroffenen gerade wegen ihrer durch das Asylrecht geschützten politischen Merkmale oder Überzeugungen ausgesetzt sind. [...] Übergriffe während des Polizeigewahrsams sind, wie das Berufungsgericht ermittelt hat, in der Türkei weit verbreitet und gegenüber ›politischen‹ wie ›gewöhnlichen‹ Straftätern ein gängiges Mittel zur Erzwingung von Aussagen, insbesondere von Geständnissen, denen in der türkischen Strafverfahrenspraxis eine wichtige Funktion zur Überführung des Täters zukommt. [...] Liegen die Dinge jedoch so, dann erweist sich der Umstand, daß systematisch zu Foltermaßnahmen gegriffen wird, aus dem Blickwinkel des Asylrechts als nicht erheblich.«[139] Allerdings besteht im Falle konkret drohender Folter Abschiebungsschutz gemäß § 53 Abs. 2 AuslG; die damit verbundene Duldung gewährt dem Folteropfer allerdings einen weitaus geringeren ausländerrechtlichen Status als die Anerkennung als Asylberechtigter.

Schließlich spielen die *Motive der staatlichen Verfolgung* in der Rechtsprechung eine Rolle. So zitiert Thomä-Venske aus einem Bescheid des Bundesamtes im Fall einer abgelehnten Iranerin: »Auch wenn sie ihre Auspeitschung als äußerst demütigend empfunden hat, stellt diese Maßnahme dennoch keine individuelle politische Verfolgung dar. Vielmehr handelt es sich dabei um eine Strafe, die zur Aufrechterhaltung der islamischen Ordnung ergriffen wurde und die in dieser oder ähnlicher Weise jede Person getroffen hätte, die eines vergleichbaren Vergehens beschuldigt worden wäre.«[140] Auf der Linie dieser Begründung liegt auch das Argument von Reichel, der in seiner völkerrechtlichen Interpretation des Asylrechts zu dem Schluß kommt, daß eine politische Verfolgung nur dann asylrelevant sei, wenn eine »menschenrechtlich unzulässige, illegitime Zielsetzung seitens des Herkunftsstaates« vorliege.[141] Daraus folgt zwingend, daß menschenrechtlich unzulässige Praktiken wie etwa Folter oder Vergewaltigung selbst dann nicht asylbegründend sind, wenn sie von staatlichen Organen ausgehen, solange sie nicht der Durchsetzung unzulässiger Ziele dienen; und die Erhaltung der staatlichen Ordnung an sich – wie auch immer sie geartet sein mag – ist menschenrechtlich noch nicht fragwürdig. Allerdings, so ist hier anzumerken, hätten unter diesen Voraussetzungen auch Verurteilte von Freislers Volksgerichtshof keine Chance als Asylbewerber.

In diesem Zusammenhang steht auch die Frage, inwiefern *frauenspezi-*

139. Nuscheler 1995a, 151 f.
140. Abl. Bescheid des Bundesamtes 439-11117-85-, zitiert nach: Thomä-Venske 1988, 119, Anm. 20.
141. Reichel 1987, 123.

fische Verfolgung als asylbegründender Tatbestand zu werten ist.[142] Das Problem hierbei ist, daß frauenspezifische Verfolgung zumeist der Privat- und nicht der staatlichen Sphäre zugerechnet wird. »Frauenspezifische Verfolgungssituationen werden als rein humanitäre, aber nicht asylrelevante Frage verstanden. Argumentiert wird dabei häufig mit spezifischen Eigenarten einer Kultur. Das Werte- und Gesetzsystem des Verfolgerstaates dürfe nicht nach unserem Rechtsverständnis beurteilt werden. Spezifische Verfolgungssituationen, denen Frauen ausgesetzt sind, werden als allgemeinübliche Praxis einer anderen Rechtsordnung gebilligt. Allgemein übliche Praxis ist wiederum das, was die BewohnerInnen des Herkunftslandes aufgrund des dort herrschenden Systems allgemein hinnehmen müssen.«[143] Asylrelevante Bedeutung erhält eine frauenspezifische Verfolgung nach geltender Rechtsprechung nur, wenn sie über das allgemein hinnehmbare Maß hinausgeht. Dies trifft z.B. Frauen aus dem Iran, wo Frauen Restriktionen auferlegt werden, die allgemein gelten und daher für die Asylgewährung nicht herangezogen werden, wie das oben genannte Beispiel der Auspeitschung zeigt. Entsprechend wird frauenspezifische Verfolgung kaum als Fluchtgrund genannt. Statt dessen wird meist Sippenhaft oder ethnische bzw. religiöse Verfolgung als Grund angegeben, auch wenn frauenspezifische Tatbestände eine besondere Rolle spielen.[144] In diesen Zusammenhang gehört auch die Frage, inwieweit die drohende Beschneidung von Frauen als asylrelevant anerkannt werden kann. Zum erstenmal wertete das VG Magdeburg 1996 genitale Verstümmelung als »asylrechtlichen Eingriff in die physische und psychische Integrität«.[145]

Ein weiteres Problemfeld ist in diesem Zusammenhang die *sexuelle Orientierung* der Flüchtlinge als Asylgrund. 1988 hat das Bundesverwaltungsgericht in einem Urteil unter bestimmten Voraussetzungen Verfolgung wegen der sexuellen Orientierung als politische Verfolgung, und damit als asylbegründend, anerkannt.[146] Dies geschah unter ausdrücklichem Bezug auf die Verfolgung von Homosexuellen im Dritten Reich. Allerdings muß – so das Urteil – die homosexuelle Orientierung eine irreversible Prägung der jeweiligen Person sein. »Wer sich also bei Stellung eines Asylantrags auf eine Verfolgung wegen sexueller Orientierung stützen

142. Vgl. dazu Gottstein 1986 und 1988 sowie Rosner 1996.
143. Rosner 1996, 53.
144. Vgl. Rosner 1996, 56ff. mit Beispielen.
145. VG Magdeburg, Az.: 1 A 185/95, zitiert in die tageszeitung vom 30.4.1997, 16.
146. Ich beziehe mich hier auf die Darstellung in Senatsverwaltung für Jugend und Familie Berlin (Hg.) 1994, 13ff.

will, muß glaubhaft machen, daß die Homosexualität zwingender Bestandteil seiner/ihrer Persönlichkeitsstruktur ist, d.h. ihre/seine sexuelle Identität ist und von jeher war.«[147] Im übrigen gilt auch bei der Verfolgung wegen sexueller Orientierung, daß sie eindeutig als politische Verfolgung gekennzeichnet sein muß. Das bedeutet, daß eine strafrechtliche Verfolgung homosexueller Handlungen im Heimatland allein noch keine asylrechtliche Bedeutung besitzt; gleiches gilt im Prinzip auch für eine drohende Todesstrafe. Das Bundesverwaltungsgericht führt in diesem Zusammenhang an, daß »das Asylrecht nicht die Aufgabe habe, möglicherweise gewandelte moralische Anschauungen in der Bundesrepublik über homosexuelles Verhalten in anderen Staaten durchzusetzen.« Ausnahmen sind allerdings dann zu machen, wenn wegen der sexuellen Orientierung »eine von der Rechtsordnung der Bundesrepublik nicht mehr hinnehmbare, besonders starke und unerträglich harte Strafe drohe.«[148] Allerdings wird damit der Maßstab des Verfolgerlandes gewählt, was eigentlich gegen die Tendenz des Asylrechtes steht. Im Konkreten folgt aus der Rechtsprechung, daß sexuelle Orientierung nur dann als Asylgrund anzusehen ist, wenn mit der politischen Verfolgung das Ziel angestrebt wird, Homosexuelle als bestimmte soziale Gruppe zu treffen.

Obwohl die Anerkennungs- und Rechtsprechungspraxis den Begriff der politischen Verfolgung so eng ausgelegt hat und noch auslegt, blieb das Asylrecht in der politischen Diskussion umstritten. Der Grund hierfür war und ist, daß trotz der geringen Anerkennungsquoten, die angesichts der Auslegungspraxis verständlich sind, die Zahl der Asylbewerberinnen und -bewerber seit Ende der 70er Jahre vorher unbekannte Höhen erreichte (vgl. Tab. 14 in Kap. I.2.1). Da an der Anerkennungspraxis wenig zu verändern war, wollte man das Asylrecht nicht ganz abschaffen (was an der Situation wenig geändert hätte, da für die Bundesrepublik die GFK weiter bindend und für alle Asylberechtigten ohnehin in Anwendung zu bringen ist), wurde vor allem der Weg der Verschärfung des Asylverfahrensrechts gewählt. Dies führte bis zum sog. Asylkompromiß mit der Grundgesetzänderung von 1993, mit der – von der Materie her – verfahrensrechtliche Fragen in den Grundrechtekatalog des GG aufgenommen wurden.

147. Senatsverwaltung für Jugend und Familie Berlin (Hg.) 1994, 14.
148. Zitiert in: Senatsverwaltung für Jugend und Familie Berlin (Hg.) 1994, 17.

Exkurs: Rechtsgeschichte des deutschen Asyl- und Asylverfahrensrechts und die politische Auseinandersetzung um die Änderung des Asylrechts

Obwohl mit dem Inkrafttreten des Grundgesetzes 1949 ein individuelles Grundrecht auf die Gewährung politischen Asyls garantiert wurde, gab es in der Bundesrepublik Deutschland bis zur Ratifikation der GFK kein geregeltes Anerkennungsverfahren für politische Flüchtlinge. Rechtliche Grundlage für alle fremdenrechtlichen Probleme, zu denen auch das Asylrecht gezählt wurde, war nach 1949 wieder die noch aus dem Dritten Reich stammende Ausländerpolizeiverordnung von 1938. Daran änderte auch die 1953 erlassene Asylverordnung (AsylVO) nichts, die sich ausdrücklich nur auf die Regelungen der GFK bezog.[149] Die Folge davon war, daß kein klarer verfassungsrechtlicher Begriff der politischen Verfolgung definiert wurde. Das führte dazu, daß sich die deutsche Asylpolitik und -praxis weitgehend auf Flüchtlinge aus dem »Ostblock« ausrichtete, die bis zu Beginn der 70er Jahre 80 – 90 % der in Deutschland asylsuchenden Flüchtlinge ausmachten (vgl. Tab. 14 in Kap. I.2.1). Dies hängt aber auch damit zusammen, daß die Rechtsprechung Art. 1 der GFK unterschiedlich anwandte. Dieser Artikel beinhaltete eine Zeitschranke; nur Ereignisse, die vor dem 1, Januar 1951 eingetreten waren, wurden berücksichtigt.[150] Verfolgungstatbestände in osteuropäischen Ländern – etwa im Zusammenhang des Ungarn-Aufstandes von 1956 – wurden auf Gründe zurückgeführt, die vor dem Stichtag ihre Ursache hatten. Diese Interpretation galt jedoch nicht für Flüchtlinge aus Algerien; der nach 1951 ausgebrochene Kolonialkonflikt wurde nicht auf die historischen Hintergründe des Kolonialismus zurückgeführt.[151]

Eine verfahrensrechtliche Regelung des Asylrechts nach Art. 16 Abs. 2 II GG brachte erst das Ausländergesetz von 1965 (§§28-46 AuslG a. F.). Formell entsprach das Verfahren der alten AsylVO. Zuständig war das Bundesamt, über den Antrag entschied nach einer Vorprüfung ein aus drei Mitgliedern bestehender, weisungsunabhängiger Anerkennungsausschuß. Widerspruch gegen den Bescheid war möglich, nach dessen Ablehnung konnte entsprechend dem allgemeinen Prozeßrecht Klage (einschließlich Berufung und Revision) erhoben werden. Materiell führte das AuslG 1965 in §28 erstmals das Konzept des anderweitigen Verfolgungsschutzes ein. Personen, die in anderen Staaten Schutz entsprechend der GFK oder anderweitig erhalten hatten, hatten keinen Anspruch auf Asylrecht.[152] Politisch war das Asylrecht in dieser Phase nicht umstritten. Im Gegenteil wurde darauf Wert gelegt, im Blick auf »Ostblock–Flüchtlinge« das Recht sehr weit aufzufassen. So beschlossen die Länderinnenminister, Asylbewerber aus »Ostblockstaaten« auch dann nicht abzuschieben, wenn ihr Asylantrag abgelehnt worden

149. Vgl. dazu ausführlicher Münch 1993, 50 ff.
150. Diese Zeitschranke wurde erst durch das Zusatzabkommen vom 31. Januar 1967 aufgehoben.
151. Vgl. R. Marx 1985b, 380.
152. Vgl. A. Zimmermann 1994a, 16.

war; diese Regelung hatte bis 1987 für polnische und ungarische und bis 1989 für alle anderen »Ostblockstaaten« Bestand.[153]

Politischer Druck auf das Asylrecht entwickelte sich dann in den 70er Jahren; Folge davon war, daß das Asylrecht seitdem dreißigmal verändert wurde.[154] Ursachen waren zum einen der Anstieg der Asylbewerberzahlen; sie verdoppelte sich von 5 388 im Jahr 1971 auf 11 123 1976 und lag ein Jahr später schon um das dreifache höher bei 16 410. Zudem hatte sich die Herkunftsstruktur der Bewerber verändert; kamen 1971 noch 64,7 % aus Osteuropa, waren es 1977 nur noch 16,4 %, hingegen stieg die Quote der asiatischen Flüchtlinge im selben Zeitraum von 1,6 % auf 39,7 %; gleichzeitig fiel die Anerkennungsquote von über 50 % auf 11,3 % (vgl. Tab. 14 in Kap. I.2.1). Außerdem gab es Streitigkeiten zwischen Bund und Ländern wegen der Verteilung und Unterbringung der Flüchtlinge, die nicht ohne ausländer- und asylfeindliche Untertöne geführt wurden.[155] Schließlich wurde Kritik laut an der Verfahrensdauer; im Jahre 1977 lag diese bei der Ausnutzung aller Rechtsmittel, derer sich etwa zwei Drittel aller Antragsteller bedienten, bei mehr als sechs Jahren.[156] Vor allem die bayerische Landesregierung begann angesichts dieser Zusammenhänge vom Asylmißbrauch zu sprechen, der durch das unnötig perfekte Rechtsschutzsystem Deutschlands begünstigt werde.[157]

Die Bundesregierung reagierte auf die zunehmende Kritik am Asylrecht mit dem ersten Gesetz zur Beschleunigung des Asylverfahrens von 1978, in dem die Widerspruchsinstanz im Bundesamt abgeschafft wurde und die Berufungsmöglichkeit ausgeschlossen wurde, wenn ein Asylantrag erstinstanzlich als »offensichtlich unbegründet« abgelehnt worden war. Da diese Regelungen nicht den erwarteten Erfolg zeigten und gleichzeitig die Asylbewerberzahlen weiter anstiegen (eine Verdoppelung in einem Jahr von 51 493 im Jahr 1979 auf 107 818 im Folgejahr; damit hatte sich die Bewerberzahl in einem Jahrzehnt etwa verzwanzigfacht), wurden 1980 im zweiten Beschleunigungsgesetz weitere Einschränkungen im Verfahren gemacht. So wurden die Anerkennungsausschüsse durch Einzelentscheider ersetzt und die verwaltungsrechtliche Zuständigkeit dezentralisiert (zuvor war allein das Verwaltungsgericht Ansbach für Klagen zuständig). Zusätzlich wurden weitere Verfahrenseinschränkungen bei Klagen verfügt und die Ausländerbehörden zum Erlaß aufenthaltsbeschränkender Maßnahmen ermächtigt. Flankiert wurden diese Regelungen durch ein Sofortprogramm der Bundesregierung, das eine zeitweise Versagung der Arbeitserlaubnis ebenso vorsah wie eine Ausdehnung der Visumspflicht und eine Umstellung der Sozialhilfeleistungen auf Sachleistungen.[158] Zwar hatten diese Maßnahmen tatsächlich den Effekt, daß die Bewerberzahlen drastisch zurückgingen (auf zwischenzeitlich 19 737 Anträge im Jahr 1983) und sich die Verfahrensdauer deutlich verkürzte (auf etwa zwei Jahre), allerdings begann mit dem wieder einsetzenden Anstieg der Flüchtlingszahlen ab Mitte der 80er Jahre der Druck auf das Asylrecht wieder zu steigen.

153. Vgl. zu politischen Diskussion ausführlicher Münch 1993, 58 ff.
154. Nuscheler 1995a, 339, ein tabellarischer Überblick findet sich dort S. 146 ff.
155. R. Marx 1985b, 382.
156. Belege bei Münch 1993, 72 f.
157. Vgl. Münch 1993, 180 ff.
158. Vgl. im einzelnen R. Marx 1985b, 384 f.

Zwischenzeitlich war 1982 mit dem Asylverfahrensgesetz (AsylVfG) eine Neuregelung eingeführt worden, die die Verfahrensvorschriften des Ausländergesetzes und der Beschleunigungsnovellen ersetzte. Auch das AsylVfG führte weitere Beschränkungen ein, durch die die Zurückweisung von Asylsuchenden an der Grenze möglich wurden und bei »offensichtlich unbeachtlichen« oder »offensichtlich unbegründeten« Anträgen durchgeführt werden konnten. Eine weitere Folge des AsylVfG war, daß das Verfahren ausschließlich für Verfolgte im Sinne des Grundgesetzes Anwendung fand. »Damit stand für Personen, die Flüchtlinge im Sinne der Genfer Flüchtlingskonvention waren, ohne daß ihnen zugleich die Eigenschaft eines politisch Verfolgten im Sinne von Art. 16 Abs. 2 S. 2 GG a. F. zukam, kein formelles Anerkennungsverfahren mehr zur Verfügung.«[159] Da schon 1986 die Bewerberzahl sich der Grenze von 100000 wieder annäherte, wurde schon 1987 das AsylVfG weiter verschärft, indem selbstgeschaffene Nachfluchtgründe als grundsätzlich unbeachtlich definiert wurden und indem die widerlegliche Vermutung anderweitigen Verfolgungsschutzes eingeführt wurde. Derzufolge konnte an der Grenze abgewiesen werden, wer sich zuvor drei Monate in einem verfolgungssicheren Staat aufgehalten hatte (Mitgliedsstaat der EG sowie Österreich, Schweiz, Schweden und Norwegen).

Mit dem neuen Ausländergesetz von 1991 waren – wie bereits oben beschrieben – einige asylrelevante Sachverhalte berührt, vor allem was aufenthaltsrechtliche Zusammenhänge betrifft (z. B. Familienasyl); zudem wurde nach § 51 AuslG das Refoulement-Verbot nach Art. 33 GFK in das deutsche Recht übernommen. Eine weitere Verschärfung des AsylVfG wurde schließlich noch einmal 1992 beschlossen, aber diese Neuregelung stand schon im Schatten der Auseinandersetzung um die Änderung des Art. 16 Abs. 2 II GG.

Spätestens seit Ende der 80er Jahre war es erklärtes Ziel von CDU und CSU, das »Asylproblem« durch eine Grundgesetzänderung zu lösen., indem es unter einen Gesetzesvorbehalt gestellt wird.[160] Ziel war dabei vor allem die Reduzierung der Zahl der Asylbewerber. Als Argument wurde dabei auch genannt, daß eine Begrenzung der Asylbewerberzahlen Voraussetzung sei für eine Reduzierung der entstehenden Ausländerfeindlichkeit in Deutschland. Begleitet wurden die Versuche, eine Grundgesetzänderung durchzusetzen, durch eine öffentliche Debatte, in der ausländerfeindliche Argumente eine immer größere Rolle spielten.[161] Dies zeigte sich auch am Wahlerfolg rechtsextremer Parteien wie Republikaner, NPD und DVU in Kommunal- und Landtagswahlen seit Ende der 80er Jahre. Waren zuvor SPD, FDP, GRÜNE und PDS noch eindeutig gegen eine Grundgesetzänderung, schwenkte die SPD 1992 nach großem öffentlichen Druck – auch aus den eigenen Reihen – mit den Petersberger Beschlüssen um. Demzufolge sollte zwar das individuelle Asylrecht nicht angetastet werden, bestimmte Ausländer sollten jedoch davon ausgeschlossen sein (etwa bei Herkunft aus verfolgungsfreien Staaten oder bei Täuschung bei der Antragsstellung). Ebenso vollzog die FDP intern einen Kurswechsel, der wie bei der SPD nicht zuletzt mit dem Blick auf Wahlergebnisse begründet war; schließlich war 1992 mit 438 191 Asylbewerberinnen

159. A. Zimmermann 1994a, 19.
160. Vgl. zur Debatte in CDU und CSU Tremmel 1992, 130 ff.
161. Vgl. Kauffmann 1986 und für die Debatte ab 1990 Prantl 1994.

und -bewerbern eine »Rekordzahl« erreicht. Jedenfalls machten die Kursänderungen von SPD und FDP den Weg frei für eine Verhandlungsrunde mit CDU und CSU, als deren Ergebnis der sogenannte Asylkompromiß entstand. Dieser wurde zur Grundlage des Gesetzentwurfs zur Neuregelung des Asylrechts, der trotz vehementer Proteste der Flüchtlingslobby und der Ablehnung durch GRÜNE und PDS am 26.5.1993 im Bundestag beschlossen wurde und am 1.7.1993 in Kraft trat.

Die wichtigsten Regelungen des *neuen Art. 16a GG* sind verfahrensrechtliche Einschränkungen, die mit der Änderung in Verfassungsrang erhoben wurden.[162] Dies sind die Drittstaatenregelung gemäß Art. 16a Abs. 2 und die Herkunftsstaatenregelung in Art. 16a Abs. 3. Die Drittstaatenregelung besagt, daß keinen Rechtsanspruch auf Asyl die Personen haben, die aus einem EG-Mitgliedsstaat oder aus einem sicheren Drittstaat einreisen. Als sicher gelten solche Staaten, in denen die GFK und die Europäische Menschenrechtskonvention angewandt werden, laut AsylVfG sind das neben den EG-Staaten Finnland, Norwegen, Österreich, Polen, Schweden und die Tschechische Republik, also alle Nachbarstaaten Deutschlands. Für Asylsuchende steht legal folglich nur der See- und der Luftweg offen. Zusätzlich kann nach § 34a des mit dem Asylkompromiß geänderten AsylVfG eine Abschiebung in einen sicheren Drittstaat nicht mehr rechtlich verhindert werden, der Klageweg kann nur vom Ausland aus beschritten werden.

Die Herkunftsstaatenregelung besagt, daß der Gesetzgeber Staaten bestimmen kann, bei denen gewährleistet scheint, daß eine – asylbegründende – politische Verfolgung oder unmenschliche Bestrafung und Behandlung von Menschen aufgrund der allgemeinen Rechtslage und den politischen Verhältnissen nicht stattfindet (derzeit Bulgarien, Ghana, Polen, Rumänien, Senegal, Slowakische und Tschechische Republik sowie Ungarn). Flüchtlinge aus diesen Staaten gelten nicht als politisch verfolgt und müssen besondere Gründe geltend machen, um Asyl zu erhalten. Um eine Einreise möglichst zu verhindern, wurde hierfür mit § 18a AsylVfG die Möglichkeit eines verkürzten Verfahrens auf dem Flughafen vor dem Entscheid über die Einreise geschaffen (sog. Flughafenregelung).

Die Drittstaatenregelung ist im Zusammenhang der europäischen Übereinkommen von Schengen (SDÜ) und Dublin (DÜ) zu sehen.[163] Mit Inkrafttreten des Schengener Durchführungsabkommens am 26.3. 1995 verfügen die Unterzeichnerstaaten über eine gemeinsame Außengrenze. Damit haben sich die Staaten auf die Durchführung einheitlicher

162. Zu den Einzelheiten vgl. ausführlich B. Huber 1993 und Renner 1993.
163. Vgl. hierzu Hailbronner/Thiery 1997, denen ich in der Darstellung weitgehend folge.

und verstärkter Außengrenzkontrollen verständigt (Art. 3-8 SDÜ), sie bemühen sich um eine Vereinheitlichung des Einreise- und Visumsrechts (Art. 9-27 SDÜ) und forcieren die polizeiliche und justizielle Zusammenarbeit. Für den Bereich des Asylrechts haben die Abkommen von Schengen und Dublin weitreichende Konsequenzen (Art. 28-38 SDÜ). So soll zum einen gewährleistet werden, daß nur ein einziger Staat für die Prüfung eines Asylantrags zuständig ist, zum anderen daß damit die Weiterwanderung der Antragsteller in andere Schengen-Staaten möglichst unterbunden wird. Das heißt, daß das Asylverfahren nach dem Recht des zuständigen Staates durchgeführt und die jeweilige Entscheidung durch die anderen Signatarstaaten anerkannt wird. Für die Regelung der Zuständigkeit enthält das SDÜ einen Kriterienkatalog. »Die wichtigsten Kriterien dabei sind ein enges Verwandtschaftsverhältnis, sofern eine Vertragspartei dem Verwandten des Asylbewerbers bereits den Flüchtlingsstatus zuerkannt und den Aufenthalt gewährt hat; die Ausstellung einer Aufenthaltserlaubnis; die Erteilung eines Visums; die Gestattung einer visumfreien Einreise; die illegale Einreise oder der tatsächliche Aufenthalt.«[164] Das bedeutet etwa konkret, daß eine Antragstellerin, die am Frankfurter Flughafen einreist, beantragen kann, daß sie nach Frankreich einreisen kann, um dort ihr Asylbegehren zu verfolgen, weil ihr Ehemann dort als Flüchtling anerkannt ist (Art. 35 Abs. 1 SDÜ und Art. 4 Satz 1 DÜ). Dies gilt jedoch nur, wenn eine Anerkennung des Ehepartners vorliegt. Bei sonstigen Fällen (etwa bei zwei laufenden Verfahren in zwei unterschiedlichen Staaten) liegt die Frage der Familienzusammenführung im Ermessen der jeweils zuständigen Behörden. Eine prinzipielle Familienzusammenführung ist mit den Abkommen von Schengen und Dublin nicht intendiert. In der Regel heißt dies, daß besondere humanitäre oder familiäre Gründe vorliegen müssen, um die Familienzusammenführung zu gestatten (etwa schwere Krankheit, Minderjährigkeit oder Schwangerschaft).

Zu den Neuregelungen im Zuge des »Asylkompromisses« gehört auch § 32a AuslG, mit dem eine begrenzte Aufenthaltsbefugnis für Kriegs- und Bürgerkriegsflüchlinge eingeführt wurde, die allerdings eine Einigung von Bund und Ländern voraussetzt. Gleichzeitig sind Flüchtlinge nach § 32a AuslG vom Asylverfahren ausgeschlossen (§ 14 Abs. 3 AsylVfG).

Herkunftsstaaten- und Drittstaatenregelung haben für das Asylverfahren die Folge, daß zunächst nicht mehr geprüft wird, ob die Antragsteller politisch verfolgt sind, sondern ob sie überhaupt berechtigt sind, einen entsprechenden Antrag zu stellen. Der Nachweis politischer Verfolgung

164. Hailbronner/Thiery 1997, 57.

wird gegenüber der Frage des Fluchtweges zweitrangig. Unter anderem deshalb ist das neue Asylrecht von der Flüchtlings-Lobby, aber auch von einer Reihe von Politikern auch der Parteien, die den »Asylkompromiß« getragen haben, vehement kritisiert worden.[165] Amnesty International zieht aus den Erfahrungen mit dem neuen Asylrecht nach zwei Jahren folgendes Fazit: »Das am 1.7.1993 in Kraft getretene geänderte Asylgrundrecht bedeutet einen entscheidenden Einschnitt in den Flüchtlingsschutz in der Bundesrepublik. Der Individualanspruch auf Asyl gilt nur noch eingeschränkt. Bestimmte Gruppen von Asylsuchenden, gleichgültig ob sie politisch Verfolgte oder von Menschenrechtsverletzungen bedroht sind oder nicht, werden vom Zugang zum Asylverfahren ausgeschlossen. Diejenigen, die den Zugang zum Asylverfahren schaffen, sind zum Teil mit Schnellverfahren konfrontiert, die wegen knapper Fristen die Durchsetzung ihres Asylanspruchs erheblich erschweren. Trotz einiger Verbesserungen genügt die Qualität der Entscheidungen des Bundesamtes, aber auch der Verwaltungsgerichte, nicht in allen Fällen den Anforderungen an die Prüfung der Asylgründe in einem fairen und umfassenden Asylverfahren. Gesetzesvorschriften, die positive Maßnahmen für Flüchtlinge ermöglichen, werden nicht angewandt. Die Ausländerbehörden zeigen sich immer weniger bereit, ihre eingeschränkten Entscheidungsmöglichkeiten zugunsten eines Abschiebungsschutzes für Asylsuchende auszuschöpfen. Die vielbeschworene Harmonisierung der europäischen Asylpolitik kommt nicht voran. Eine Verständigung auf Mindeststandards für die Durchführung von Asylverfahren, die den Empfehlungen des internationalen Flüchtlingsrechts entsprechen, ist bisher nicht erreicht worden. Das Klima für Flüchtlinge ist in der Bundesrepublik Deutschland und in Westeuropa in den letzten zwei Jahren rauher geworden.«[166] Vom Ton her moderater, aber inhaltlich auf der gleichen Linie liegt der Bericht der Kommission für Ausländerfragen und ethnische Minderheiten der EKD: »Die Chancen politisch Verfolgter, in Deutschland Asyl zu erhalten und nicht in Verfolgerstaaten abgeschoben zu werden, haben sich erheblich verschlechtert. Die Neuregelung degradiert die Asylsuchenden zum Objekt negativer Zuständigkeitskonflikte und wird deshalb dem schweren Schicksal und dem Leid vieler Flüchtlinge nicht gerecht.«[167]

Der massiven Kritik und dem Zweifel an der Verfassungsgemäßheit des neuen Asylrechts ist das Bundesverfassungsgericht in seiner Entschei-

165. Vgl. etwa die Beiträge in Brodorotti/Stockmann (Hg.) 1995.
166. Amnesty International 1996b, 77 f.
167. Kirchenamt der EKD (Hg.) 1994, 14.

dung vom 14. Mai 1996 in den meisten Fällen nicht gefolgt.[168] Bis auf spezifische Einzelfallprobleme hat es den Klägern gegen die Neuregelung nicht Recht gegeben. Bei den Kritikern des neuen Asylrechts hat dieses Urteil Unverständnis ausgelöst. »Es unterliegt keinem Zweifel, daß die drei Urteile des Bundesverfassungsgerichtes vom 14. Mai 1996 einen dramatischen Wendepunkt in der bisherigen verfassungsgerichtlichen Rechtsprechung zum Asylrecht, jedoch auch einen Bruch mit der bisherigen grundrechtsfreundlichen Tradition des Bundesverfassungsgerichts markieren.«[169] Trotzdem ist die restriktive Asylpolitik Deutschlands im wesentlichen bestätigt worden. Außerdem fühlen sich die Verfechter des Asylkompromisses dadurch bestätigt, daß seit der Grundgesetzänderung die Zahl der Asylsuchenden auf das Niveau von 1980 zurückgegangen ist und seitdem die Brisanz der Asylthematik in der öffentlichen Diskussion deutlich nachgelassen hat.

Asylverfahrensgesetz und Asylbewerberleistungsgesetz

Das Asylrecht der Bundesrepublik Deutschland ist ein »verwaltetes Grundrecht«. Das heißt, daß die Anerkennung als asylberechtigte Person in einem Verwaltungsverfahren festgestellt wird. Die zuständige Behörde hierfür ist das Bundesamt für die Anerkennung ausländischer Flüchtlinge; die Rechtsgrundlage für das Anerkennungsverfahren ist das *Asylverfahrensgesetz*, dessen Entstehung weiter oben bereits dargestellt wurde. Ergänzend zum AsylVfG tritt das Asylbewerberleistungsgesetz hinzu, in dem geregelt wird, auf welche Sozialleistungen Asylbewerber Anspruch haben.

Voraussetzung für den Zugang zum Asylverfahren ist grundsätzlich die Einreise; die Möglichkeit einen Antrag zu stellen, setzt die Einreise voraus. Grundsätzlich besteht in besonderen Fällen für die Grenzbehörden die Möglichkeit, die Einreise zu verweigern und Ausländer an der Grenze zurückzuweisen. Diese Möglichkeit wurde durch die Änderungen des AsylVfG im Zuge der Grundgesetzänderung noch ausgebaut. Nicht zuletzt aufgrund der möglichen Einreiseverweigerung werden Asylgesuche in der überwiegenden Mehrheit nicht bei den Grenzbehörden gestellt, sondern direkt beim Bundesamt nach der Einreise. So betrug der Anteil der Asylgesuche bei Grenzbehörden in den 80er Jahren zwischen ca. 10 % und 20 % der Gesamtzahl, die überwiegende Mehrheit davon war auf

168. Vgl. zu den Folgerungen aus den Asylurteilen des BVerfG Maaßen/de Wyl 1997.
169. R. Marx 1996, VII.

dem Luftweg eingereist, hauptsächlich über den Flughafen Frankfurt/Main.[170] Wer ohne erforderliche Einreisepapiere einreist, hat an der Grenze um Asyl nachzusuchen (§ 18 AsylVfG), wer unerlaubt einreist hat sich unverzüglich bei einer Aufnahmeeinrichtung, bei der Ausländerbehörde oder der Polizei zu melden und um Asyl nachzusuchen. Die Grenzbehörden haben eine Pflicht zur Zurückweisung bei Einreise aus einem sicheren Drittstaat, die Ausländerbehörden können nach Ermessen in diesem Fall entsprechend handeln. Grundsätzlich jedoch sind Grenzbehörde, Ausländerbehörde und Polizei verpflichtet, Antragsteller zu einer Erstaufnahmeeinrichtung weiterzuleiten. Zuständig für die Bearbeitung von Asylanträgen ist dann das Bundesamt (§ 5 AsylVfG).

Über den *Asylantrag* entscheidet nach einer Anhörung ein Einzelentscheider. Zwar hat das Bundesamt die Pflicht, den entsprechenden Sachverhalt zu klären, allerdings ist der Antragsteller zur Mitwirkung verpflichtet. Das heißt: »Der Ausländer muß selbst die Tatsachen vortragen, die seine Furcht vor politischer Verfolgung begründen, und die erforderlichen Angaben machen. Zu den erforderlichen Angaben gehören auch solche über Wohnsitze, Reisewege, Aufenthalte in anderen Staaten und darüber, ob bereits in anderen Staaten oder im Bundesgebiet ein Verfahren mit dem Ziel der Anerkennung als ausländischer Flüchtling oder ein Asylverfahren eingeleitet oder durchgeführt ist.« (§ 25 Abs. 1 AsylVfG) Entsprechendes gilt auch für Gründe, die einer Abschiebung entgegenstehen. Diese Mitwirkungspflicht bedeutet, daß ein Antragsteller gezwungen ist, gegebenenfalls gegen sich selbst auszusagen; denn nach § 30 Abs. 3 S. 5 AsylVfG ist ein Antrag als offensichtlich unbegründet abzulehnen, wenn er seine Mitwirkungspflichten gröblich verletzt, also Sachverhalte falsch darstellt oder verschweigt. Diese Mitwirkungspflicht beschränkt sich jedoch auf die persönlichen Umstände und Tatsachen des Antragstellers; die allgemeinen politischen und menschenrechtlichen Verhältnisse des Verfolgerstaats sind vom Bundesamt zu ermitteln. Nach der Anhörung hat der Einzelentscheider festzustellen, ob eine Asylberechtigung vorliegt oder nicht; im Falle einer Ablehnung ist weiter zu prüfen, inwieweit eine Flüchtlingseigenschaft gemäß § 51 AuslG vorliegt (Verbot der Abschiebung politisch Verfolgter – »kleines Asyl«) beziehungsweise inwieweit Abschiebungshindernisse nach § 53 AuslG vorliegen (z. B. bei drohender Folter oder Todesstrafe). Falls keiner dieser Fälle

170. Vgl. dazu ausführlich Hailbronner 1994, 17 ff. mit detaillierten Zahlenangaben; im Jahr 1989 stellten z. B. von 121 318 Antragstellern nur 22 751 ihr Asylgesuch bei Grenzbehörden (18,75 %), von diesen waren 18 798 über den Flughafen Frankfurt eingereist (82,62 %).

vorliegt, ist die entsprechende Person zur Ausreise verpflichtet (§§49ff. AuslG). Bei einer Ablehnung ist es möglich, einen *Folgeantrag* zu stellen (§71 AsylVfG), an den allerdings hohe Anforderungen geknüpft sind. Die Voraussetzungen für ein neues Asylverfahren müssen im Sinne des §51 Abs. 1-3 Verwaltungsverfahrensgesetz (VwVfG) vorliegen; das heißt es müssen Wiederaufnahmegründe vorgebracht werden (etwa Änderung der Sachlage z.B. bei Veränderung der Verfolgungssituation im Heimatland, Veränderung der Rechtslage oder Vorliegen neuer Beweismittel), darüber hinaus darf kein grobes Verschulden des Bewerbers vorliegen und außerdem besteht eine Frist von drei Monaten nach Kenntnisnahme des Wiederaufnahmegrundes.[171] Zudem bewirkt ein Folgeantrag kein Aufenthaltsrecht. Prinzipiell können Folgeantragsteller damit abgeschoben werden. Damit sind der Möglichkeit, durch einen erneuten Asylantrag den Aufenthalt zu verlängern, enge Grenzen gesetzt.

Jeder Person, die von der Entscheidung einer Behörde in ihren Rechten betroffen ist, steht nach Art. 19 Abs. 4 GG der *Rechtsweg* offen, das trifft selbstverständlich auch für abgelehnte Asylbewerber zu. Mit diesem Grundrecht ist jedoch kein Anspruch auf einen mehrinstanzlichen Rechtsweg begründet, insofern ist es verfassungsgemäß wenn nach §78 Abs. 1 AsylVfG die Verwaltungsgerichtsentscheidungen im Asylverfahren (bei offensichtlich unzulässigen oder offensichtlich unbegründeten Fällen) unanfechtbar sind. Im Asylverfahren sind die Rechtsbehelfsfristen im Vergleich zu anderen Verwaltungsverfahren zum Teil erheblich verkürzt, in der Regel auf zwei Wochen, bei »offensichtlich unbegründeten« Fällen sogar auf eine Woche (§74 Abs. 1 AsylVfG). Ebenso haben üblicherweise Klagen gegen Verwaltungsentscheidungen nach §80 Abs. 1 Verwaltungsgerichtsordnung (VwGO) aufschiebende Wirkung. Dies trifft im Bereich des Asylverfahrens in der Regel nicht zu; §75 AsylVfG schränkt die aufschiebende Wirkung auf Ablehnungsfälle, die nicht auf Unbeachtlichkeit oder offensichtlicher Unbegründetheit beruhen, sowie auf Fälle des Widerrufs der Anerkennung ein. Das heißt – und das war besonders im Blick auf den Rechtsschutz im sogenannten Flughafenverfahren nach §18a AsylVfG relevant –, daß eine aufschiebende Wirkung durch ein Verwaltungsgericht angeordnet werden muß (Antrag nach §80 Abs. 5 VwGO). Das Urteil des BVerfG zum Eilrechtsschutzverfahren vom 14. Mai 1996 hat die Neuregelungen im Zusammenhang mit dem Asylkompromiß bestätigt. Das heißt, daß hier im Normalfall der Rechtsweg gegen einen Ablehnungsbescheid vom Ausland her beschritten werden muß.

171. Vgl. im einzelnen zum Asylfolgeantragsverfahren Bell/von Nieding 1995.

Wie bereits angesprochen, gelten Verwaltungsgerichtsurteile bei unzulässigen oder offensichtliche unbegründeten Anträgen als unanfechtbar. Aber auch in den übrigen Fällen sind die Rechtsmittel stark eingeschränkt. So darf nach § 78 Abs. 3 AsylVfG eine Berufung nur zugelassen werden bei Fällen mit grundsätzlicher Bedeutung, bei Divergenzen des Urteils mit höherinstanzlichen Entscheidungen oder bei Verfahrensmängeln. Revision ist nur gegen Urteile des Oberverwaltungsgerichts zulässig. Ziel der knappen Fristsetzungen und der Beschränkung der Rechtswege und -mittel ist die Beschleunigung des Verfahrens.

Während des Asylverfahrens genießen Asylbewerber *keine Niederlassungsfreiheit*. Für die Dauer des Verfahrens werden die Bewerber im Bundesgebiet verteilt und einer bestimmten Aufnahmeeinrichtung zugewiesen. Aufenthaltsrechtlich erhalten sie eine Aufenthaltsgestattung (§ 55 Abs. 1 AsylVfG), die räumlich auf den Bezirk der Ausländerbehörde beschränkt ist, in der die zuständige Aufnahmeeinrichtung liegt (§ 56 Abs. 1 AsylVfG). Die Antragsteller sind verpflichtet, mindestens sechs Wochen, aber höchstens drei Monate in einer Aufnahmeeinrichtung zu wohnen (§ 47 AsylVfG), es sei denn sie werden innerhalb dieser Zeit unanfechtbar als Asylberechtigte anerkannt oder sie haben innerhalb dieser Zeit durch Heirat einen Rechtsanspruch auf Erteilung einer Aufenthaltsgenehmigung nach dem Ausländergesetz (§ 23 Abs. 1 AuslG) erhalten (§ 48 AsylVfG). Während der Zeit des Aufenthalts in einer Aufnahmeeinrichtung dürfen Asylbewerber keiner Erwerbstätigkeit nachgehen (§ 61 AsylVfG). Danach kann eine Arbeitserlaubnis erteilt werden, ohne daß allerdings ein Rechtsanspruch darauf besteht. Diese Neuregelung hob das zuvor gültige grundsätzliche Arbeitsverbot auf.

Im Rahmen des sogenannten Asylkompromisses mit der Neufassung des Art. 16a GG wurden auch die Leistungen an Asylbewerber durch das *Asylbewerberleistungsgesetz* (AsylbLG) neu geregelt.[172] »Ziel des Asylkompromisses war es, den Mißbrauch des Asylrechts zu bekämpfen. Dieses Ziel wird dementsprechend auch mit dem AsylbLG verfolgt. Dies bedeutet, daß der Mißbrauch staatlicher Leistungen durch Asylbewerber und vollziehbar zur Ausreise verpflichtete Ausländer bekämpft werden soll. Die Leistungen des AsylbLG sind mit Blick auf dieses Ziel ausgestaltet. Dem leistungsberechtigten Personenkreis soll in der Regel nur das Existenzminimum in Form von Sachleistungen bewilligt und Geld grundsätzlich nur zur Verfügung gestellt werden, um die persönlichen Bedürf-

172. Vgl. zur Darstellung der einzelnen Regelungen Röseler 1994 und Deibel 1995.

nisse des täglichen Lebens zu decken.«[173] Darüber hinaus war es erklärtes Ziel, mit dieser Reduktion der Sozialleistungen Einsparungen in den öffentlichen Haushalten zu erzielen.[174] Die Regelungen des AsylbLG betreffen alle Ausländer, die sich tatsächlich im Bundesgebiet aufhalten und die eine Aufenthaltsgestattung nach dem Asylverfahrensgesetz (§ 55 AsylVfG) besitzen oder vollziehbar zur Ausreise verpflichtet sind (nach § 42 Abs. 2 AuslG) sowie deren Ehegatten und minderjährige Kinder (§ 1 AsylbLG). Darüber hinaus wurden durch die Änderung des AsylbLG vom 30.5.1997 auch Kriegs- und Bürgerkriegsflüchtlinge nach § 32 und 32a AuslG, Personen entsprechen der Flughafenregelung nach Art. 16a GG und explizit Ausländer, deren Abschiebung nach §§ 55 f. AuslG ausgesetzt ist (Duldung) oder sich in Abschiebehaft befinden einbezogen. 1998 wurde eine Anspruchseinschränkung eingeführt für Personen, »bei denen aus von ihnen zu vertretenden Gründen aufenthaltsbeende Maßnehmen nicht vollzogen werden können«, und diejenigen, »die sich in den Geltungsbereich dieses Gesetzes begeben haben, um Leistungen nach diesem Gesetz zu erlangen«. (§ 1a AsylbLG) Es geht, mit anderen Worten, zum einen um Personen, die sich erfolgreich ihrer Abschiebung widersetzt haben. Das führt dazu, daß Personen in Abschiebehaft noch einmal deutlich schlechter gestellt sind als die, die Leistungen nach dem AsylbLG erhalten. Zum anderen geht es, ja um wen? Es ist nicht nachvollziehbar, wie geprüft werden könnte, ob die Voraussetzung zutrifft. Denn entweder müßte jedem abgelehnten Asylbewerber unterstellt werden, eingereist zu sein, um Leistungen zu empfangen (umgangssprachlich: ein Wirtschaftsflüchtling oder Scheinasylant zu sein), oder aber es müßte der Nachweis geführt werden, daß die Leistungserhaltung die vorrangige Intention der Einreise gewesen ist.

Die Leistungen gemäß dem AsylbLG werden im *Regelfall als Sachleistungen* erbracht, dies gilt auch für Kleidung und Gebrauchsgüter (§ 3 Abs. 1 AsylbLG). Dabei wird – so die gängige Rechtsprechung – gebrauchtes Material als ausreichend angesehen.[175] Falls Entsprechendes nicht geleistet werden kann, werden Wertgutscheine oder andere unbare Abrechnungen gewährt. Zu den Sachleistungen werden den »Leistungsberechtigten« DM 80 (bis zur Vollendung des 14. Lebensjahres DM 40) zur Deckung persönlicher Bedürfnisse ausgezahlt. Von der Versorgung durch Sachmittel können diejenigen ausgenommen werden, die nicht in Aufnahmeeinrichtungen oder Gemeinschaftsunterkünften (gemäß § 53

173. Deibel 1995, 57.
174. Deibel 1998, 28.
175. Belege bei Deibel 1995, 59.

AsylVfG) oder anderen vergleichbaren Einrichtungen wohnen. Für sie ist die Leistung im Normalfall in Form von Wertgutscheinen und nur im Ausnahmefall in Form von Geldleistungen zu erbringen. Dafür werden für den Haushaltsvorstand DM 360, für Kinder bis sieben Jahren DM 220 und für allen anderen Haushaltsangehörigen DM 310 als für die Bedarfsdeckung ausreichend angesehen (§ 3 Abs. 2 AsylbLG). Damit liegen die Bedarfssätze des AsylbLG deutlich unter den Regelsätzen des Bundessozialhilfegesetzes (BSHG), die 1996 je nach Bundesland zwischen DM 532 und DM 507 für Haushaltsvorstände und Alleinstehende, zwischen DM 254 und DM 266 für Kinder bis sieben Jahren und gestaffelt für weitere Haushaltsangehörige bis zu zwischen DM 426 und DM 406 betrugen. Diese Kürzung entspricht der zuvor geltenden Regelung nach § 120 Abs. 2 BSHG. Da jedoch schon die Hilfe zum Lebensunterhalt nach dem BSHG eigentlich als geschütztes Existenzminimum angesehen wird, erhebt sich Kritik gegen die unter diesem Minimum liegenden Leistungen des AsylbLG. Denn die Menschenwürde, an die das BSHG in § 1 Abs. 2 gebunden ist, werde so für unterschiedliche Menschengruppen unterschiedlich definiert.[176]

Darüber hinaus sollen für die Personen, die unter das AsylbLG fallen und die in Aufnahme- oder vergleichbaren Einrichtungen (also in der Regel Gemeinschaftsunterkünften) wohnen, Arbeitsgelegenheiten (in den Unterkünften, aber auch bei staatlichen, kommunalen oder gemeinnützigen Trägern) bereit gestellt werden (vergleichbar mit § 19 Abs. 2 BSHG). Für die zu leistende Arbeit wird eine Aufwandsentschädigung in Höhe von DM 2 je Stunde gezahlt (§ 5 AsylbLG). Schon gegen die Möglichkeit zur Verpflichtung zu gemeinnütziger Arbeit entsprechend dem BSHG hat die Internationale Arbeitsorganisation (ILO) scharf protestiert und auf das völkerrechtlich bindende Übereinkommen über Zwangs- und Pflichtarbeit von 1930 verwiesen, in dem in Art. 2 festgestellt wird: »Als Zwangs- oder Pflichtarbeit im Sinne dieses Übereinkommens gilt jede Art von Arbeit oder Dienstleistung, die von einer Person unter Androhung irgendeiner Strafe verlangt wird und für die sie sich nicht freiwillig zur Verfügung stellt.«[177] Die Bundesregierung hat sich dieser Rechtsauffassung nicht angeschlossen.

Falls Personen, die unter das AsylbLG fallen, über eigenes Einkommen oder Vermögen verfügen, haben sie dem Kostenträger für sich und ihre

176. Vgl. Kirchenamt der EKD (Hg.) 1994, 24 ff. und Kirchenamt der EKD (Hg.) 1995, 25 ff.; zu den verfassungsrechtlichen Bedenken gegen das AsylbLG vgl. auch Röseler 1994, 292 ff.
177. Zitiert nach Nuscheler 1995a, 178.

Familie die Sachleistungen in der oben genannten Höhe sowie zusätzliche Kosten für Unterbringung und Heizung (nach der alten Fassung des AsylbLG: DM 300 für den Haushaltsvorstand und weitere DM 150 für jedes weitere Familienmitglied, nach der Neufassung ist die Festsetzung der Pauschalbeträge Sache der Länder) zu erstatten. Das waren – nach der alten Regelung – z. B. für eine fünfköpfige Familie DM 2500; und dies für (nicht gewünschte) Gemeinschaftsverpflegung, Unterbringung in Mehrbetträumen und zur Verfügung gestellte gebrauchte Kleidung und Gebrauchsgegenstände; falls allerdings noch Geldbeträge gezahlt worden sind (die oben erwähnten DM 80 bzw. DM 40), sind selbstverständlich auch diese zurückzuerstatten. Allerdings bleibt ein Teil des Einkommens aus Erwerbstätigkeit von der Kostenerstattung außer Betracht.

Durch die Neufassung des AsylbLG von 1997 wurde § 2 vollkommen neu gefaßt. Waren zuvor die Leistungen nach dem AsylbLG auf ein Jahr begrenzt, wurde diese Frist nunmehr auf mindestens drei Jahre ausgedehnt. Die Begründung war hier, daß schon ein Jahr nach Inkrafttreten etwa zwei Drittel der Asylbewerber nach § 2 keine Leistungen gemäß AsylbLG, sondern gemäß BSHG erhielten. Dies erschien dem Gesetzgeber sowohl zu kostspielig als auch dem Ziel des Gesetzes, potentielle Asylbewerber abzuschrecken, zuwiderlaufend.[178] Leistungen in besonderen Fällen (also entsprechend den Regelungen des BSHG) sind nunmehr an zwei Voraussetzungen geknüpft: zum einen muß der berechtigte Personenkreis mindestens drei Jahre Leistungen nach dem AsylbLG erhalten haben, zudem ist erforderlich, daß eine Ausreise aus humanitären, rechtlichen oder persönlichen Gründen (entsprechend § 55 AuslG) nicht erfolgen kann. Dabei wurde ein Termin gesetzt; die Dauer von drei Jahren beginnt mit dem Inkrafttreten der Neuregelung, das heißt mit dem 1. Juni 1997. Das bedeutet, daß alle Leistungsberechtigten, auch die zuvor entsprechend der alten Regelung Hilfe zum Lebensunterhalt bezogen haben, erst ab 1. Juni 2000 besondere Leistungen erhalten können.[179]

178. Vgl. in aller Deutlichkeit Deibel 1998, 28.
179. Deibel 1998, 33 f.

2.3 Zur Situation von Migrantinnen und Migranten in der Bundesrepublik Deutschland

Die psychosoziale Situation einer Gruppe darzustellen, ist ein schier aussichtsloses Unterfangen. Soziale und ökonomische Daten sind eines, die Realität, die hinter diesen Zahlen steht ist etwas anderes. Die Situation der Betroffenen erschließt sich vollständig erst, wenn diese auch selbst zu Wort kommen und ihre Situation aus ihrer Perspektive erzählen.[1] Dies zeigt sich schon darin, daß für die meisten Migrantinnen und Migranten ein Problem als größte Sorge gesehen wird, das sich als solches nicht messen und zählen läßt, aber trotzdem die Befindlichkeit am stärksten bestimmt, die *Ausländerfeindlichkeit* in Deutschland. In einer repräsentativen Befragung nannten 31,3 % aller Migrantinnen und Migranten dies als ihre größte Sorge weit vor finanziellen Problemen und der Trennung von der Heimat.[2] In einer Untersuchung mit Asylbewerbern konnte ein Zusammenhang zwischen Fremdenfeindlichkeit und psychosomatischen Beschwerden nachgewiesen werden[3]. Dabei hat die Zahl der fremdenfeindlichen Straftaten seit dem Höchststand 1993 (6721 Straftaten) stark abgenommen.[4] Erst im Jahr 1997 begannen die Zahlen, wieder zu steigen. Trotzdem verstummen seitdem ausländerfeindliche Parolen nicht; auch in der politischen Diskussion werden immer wieder tendenziell ausländerfeindliche Argumente ins Feld geführt (so z. B. vom Bundesinnenminister in Bezug auf die »Kriminalitätsbelastung« durch Ausländer; vgl. dazu den Abschnitt I.2.3.6 weiter unten).

Wenn ich mich im folgenden trotzdem auf die – scheinbar neutrale – Ebene der Daten beziehe, geschieht das allein deshalb, weil nur so ein knapper Überblick gegeben werden kann und nicht, weil ich die Perspektive der Migrantinnen und Migranten selbst für unwesentlich halte. Im Rahmen einer solchen Untersuchung ist es mir allerdings nicht möglich, umfangreiches qualitatives Material zu erheben und darzustellen. Dies muß anderen Untersuchungen vorbehalten bleiben.

Im folgenden wird die psychosoziale Situation der Migrantinnen und

1. Vgl. etwa Scheinhardt 1993.
2. MARPLAN-Untersuchung 1994, zitiert in Beauftragte der Bundesregierung (Hg.) 1995, 21. Die Sorge vor der Ausländerfeindlichkeit variiert nationenspezifisch zwischen 41,2 % der Türken und 19,1 % der Italiener.
3. Katzenstein 1997.
4. Die Entwicklung lief von 2426 Straftaten 1991 über 1992: 6336, 1993: 6721 zu 1994: 3491 Straftaten, 1995 wurden 2468 registriert und 1996 2232. Vgl. Beauftragte der Bundesregierung (Hg.) 1997a, 191 (Tab. 16).

Migranten in Deutschland anhand von Parametern dargestellt, die aus der Armutsforschung stammen.[5] Es sind dies die Bereiche wirtschaftliche Situation (in der ich Einkommens- und Arbeitssituation zusammenfasse), Ausbildungs-, Wohn- und gesundheitliche Situation. Für diese Bereiche liegen umfangreiche Daten vor allem aus den SOEP-Untersuchungen sowie den Repräsentativuntersuchungen des Bundesministers für Arbeit und Sozialordnung vor. Ergänzt wird die Darstellung durch einen Unterabschnitt über die soziale Situation älterer Migrantinnen und Migranten, eine Gruppe, die sich zunehmend als »Problemgruppe« erweist. Schließlich wird in einem weiteren Unterabschnitt die These von der überdurchschnittlich hohen Ausländerkriminalität diskutiert. Dies geschieht an dieser Stelle, weil in der öffentlichen Diskussion immer wieder auf diese Thematik zurückgegriffen wird, um eine Verschärfung ausländerrechtlicher Bestimmungen zu fordern oder durchzusetzen.

2.3.1 Wirtschaftliche Situation

Arbeitsverhältnisse und -einkommen

Wie weiter oben bereits dargestellt, hat die Beschäftigung ausländischer Arbeitnehmer bis in die achtziger Jahre hinein zu einer Unterschichtung des deutschen Arbeitssystems geführt. Dies läßt sich wirtschaftswissenschaftlich auch als Arbeitsmarktsegmentation beschreiben: die Beschäftigung ausländischer Arbeitnehmer hat die Funktion der Arbeitsmarktergänzung.[6] Die Frage, der nun nachgegangen werden soll, ist, ob diese Beschreibung auch für die Arbeitsmarktsituation der Gegenwart zutrifft.

Die Untersuchung der Arbeitssituation und -einkommen liegt auch deshalb nahe, weil das Erwerbseinkommen, gerade bei den Arbeitsmigranten, die wichtigste Einkommensquelle darstellt. Bei den Personen im erwerbsfähigen Alter ist das Erwerbseinkommen bei der ausländischen Bevölkerung mit 77,8 % (Vergleich Deutsche in den alten Bundesländern: 78,1 %) die primäre Einkommensquelle, bei den Angehörigen der traditionellen Gastarbeiterländer liegt die Rate noch deutlich höher (Spanier 87,1 %, Italiener 86,0 %).[7] Der Unterschied zur deutschen Vergleichsgruppe liegt vor allem darin begründet, daß bei diesen das Renteneinkommen eine deutlich größere Rolle spielt, was die unter-

5. Vgl. DGB/Paritätischer Wohlfahrtsverband (Hg.) 1994.
6. Körner 1990, 92 ff.
7. Velling 1995, 250 f. mit Daten aus dem Jahr 1991.

schiedliche Altersstruktur widerspiegelt. Allerdings zeigt sich auch, daß ausländische Familien häufiger als deutsche auf Arbeitslosenunterstützung und -hilfe sowie Sozialhilfe angewiesen sind.

Methodisch kann die Arbeits- und Einkommenssituation nachvollzogen werden mit Hilfe der Daten aus den Sozio-Ökonomischen-Panel-Untersuchungen (SOEP), mit denen die Entwicklung der Beschäftigungsverhältnisse in Vergleichsgruppen jeweils im Zeitraum von 1984-1989 und 1990-1994 erfaßt werden kann. Als Einschränkung muß hier gelten, daß die Zahlen für 1989 bzw. 1994 sich nur auf die bereits zuvor befragte Gruppe beziehen, also nur die Entwicklung innerhalb der zugrundeliegenden Kohorte nachvollzogen werden kann. Die Zahlen für 1989 und 1994 sind mit anderen Worten nicht repräsentativ für alle zu diesem Zeitpunkt beschäftigten ausländischen Arbeitnehmer, sondern nur für die 1984 und 1990 schon Befragten. Eine Auswertung dieser Daten wurde von Seifert[8] vorgenommen, auf dessen Analysen ich mich im folgenden beziehe.

Tab. 19: Sozioökonomischer Status und Mobilität von Deutschen und Ausländern im Zeitraum von 1984-1994 (in Prozent):[9]

	Erste Längsschnittuntersuchung				Zweite Längsschnittuntersuchung			
	Ausländer		Deutsche		Ausländer		Deutsche	
	1984	1989	1984	1989	1990	1994	1990	1994
Gesamt								
Ungelernte Arbeiter	25	20	4	4	20	16	4	3
Angelernte Arbeiter	45	44	12	12	44	44	11	9
Facharbeiter	19	23	18	17	24	22	19	17
Untere Angestellte	4	3	10	9	4	6	10	12
Mittlere u. höhere Ang.	3	6	33	37	4	6	35	39
Selbständige	4	4	12	11	3	6	11	10

8. Seifert 1995 für den Zeitraum 1984-1989 und Seifert 1996 für beide Zeiträume.
9. Seifert 1996, 423. Die Daten entstammen dem SOEP, Längsschnittstudien 1984-1989 und 1990-1994. Bei der deutschen Vergleichsgruppe fehlende Zahlen bis 100 resultieren vor allem aus Beamten, eine Position, die Migranten nicht einnehmen können. Bei der Gruppe der Migranten aus der zweiten Generationen wurde die entsprechend deutsche Altersgruppe zum Vergleich herangezogen (16-25 Jährige).

	Erste Längsschnittuntersuchung				Zweite Längsschnittuntersuchung			
	Ausländer		Deutsche		Ausländer		Deutsche	
	1984	1989	1984	1989	1990	1994	1990	1994
Zweite Generation								
Ungelernte Arbeiter	22	15	9	3	13	7	4	2
Angelernte Arbeiter	25	35	11	14	29	27	9	4
Facharbeiter	32	28	21	24	37	28	31	28
Untere Angestellte	14	7	18	11	13	20	16	16
Mittlere u. höhere Ang.	5	15	29	37	9	16	31	37
Selbständige	2	2	3	6	0	2	3	4
Frauen								
Ungelernte Arbeiter	35	33	6	7	38	25	8	5
Angelernte Arbeiter	48	44	12	14	35	39	13	11
Facharbeiter	3	5	3	4	9	5	5	4
Untere Angestellte	8	7	21	18	10	17	19	24
Mittlere u. höhere Ang.	3	8	39	42	7	11	43	41
Selbständige	4	4	13	9	2	3	7	9

Die Tabelle 19 stellt den *ökonomischen Status* der Beschäftigten dar und gibt in der Zeitreihe Aufschluß über die *berufliche Mobilität.* Aus der Übersicht geht deutlich hervor, daß der Anteil der un- und angelernten Arbeiter im Untersuchungszeitraum nur geringfügig zurückgegangen ist. Im ersten Zeitraum sank die Rate um sechs Prozentpunkte, im zweiten um vier; 60 % der ausländischen Arbeitnehmer sind also noch 1994 als un- oder angelernte Arbeiter beschäftigt. Im Bereich der Facharbeiter konnte zwischen 1984 und 1989 ein leichter Anstieg beobachtet werden, im zweiten Zeitraum hingegen sogar ein geringer Rückgang bei einem geringen Anstieg der Angestellten und Selbständigen.

In der Tendenz vergleichbar, in den Zahlen jedoch deutlich unterschiedlich sind die Angaben über die Beschäftigungsverhältnisse, die aus den Daten des Mikrozensus entstammen. Demzufolge sind 1993 66,7 % der erwerbstätigen Ausländer als Arbeiter (1989 73,7 %), 25,3 % als Angestellte (1989 19,1 %) und 7,4 % als Selbständige (1989 6,5 %) beschäftigt.[10] Die Differenzen erklären sich zum Teil aus dem Sachverhalt, daß bei den Mikrozensus-Daten auch die Auszubildenden gezählt werden. Aber auch hier besteht eine deutliche Diskrepanz gegenüber der deutschen Erwerbsbevölkerung, bei der der Anteil der Angestellten bei 53,5 % liegt.[11]

10. Beauftragte der Bundesregierung (Hg.) 1995, 134; Quelle Statistisches Bundesamt.
11. Beauftragte der Bundesregierung (Hg.) 1995, 35.

Im Vergleich mit den deutschen Beschäftigten zeigt sich bei beiden Datenreihen also eine deutliche Differenz: In der Gruppe der Deutschen bleibt die Zahl der Un- und Angelernten über den gesamten Zeitraum niedrig mit einem leichten Rückgang, während im Angestelltenbereich die Zahlen auf ohnehin hohem Niveau weiter ansteigen. Generell kann daraus geschlossen werden, daß weiterhin von einer Unterschichtung des Arbeitsmarktes durch die ausländischen Arbeitnehmer ausgegangen werden muß. Die meisten arbeiten in den Bereichen, in denen deutsche Arbeitnehmer nur in geringem Maße vertreten sind und in denen Frauen einen überproportional hohen Anteil haben.

Etwas freundlicher sieht die Entwicklung für die Angehörigen der sogenannten zweiten Generation aus. Sie sind durchschnittlich in höheren Positionen beschäftigt als die ausländischen Arbeitnehmer der ersten Generation mit einer deutlichen Tendenz zum Angestelltenbereich. Allerdings zeigt der Vergleich mit der deutschen Kontrollgruppe, daß auch hier durchgängig von einem geringeren beruflichen Status ausgegangen werden muß; der Schwerpunkt bei der zweiten Generation liegt im Bereich angelernter und Facharbeiter, bei der deutschen Vergleichsgruppe dominieren Facharbeiter und mittlere bis höhere Angestellte. Trotzdem wirken sich die steigende Aufenthaltsdauer und die zunehmende Qualifizierung ausländischer Jugendlicher aus in Richtung auf eine langsame Abgleichung der beruflichen Verhältnisse.

Bei den beschäftigten Frauen ist der Anteil im niedrig qualifizierten Bereich noch höher als der Durchschnitt; dies gilt sowohl für deutsche als auch für ausländische Beschäftigte. Nimmt man den unteren Angestelltenbereich hinzu, der durch ein relativ niedriges Gehaltsniveau gekennzeichnet ist (vgl. Tab. 19), sind 1994 über 80 % der berufstätigen ausländischen Frauen in relativ gering dotierten Bereichen tätig gegenüber 40 % der deutschen Frauen. Der Vergleich führt zu dem überraschenden Ergebnis, daß in Relation zur jeweiligen Bezugsgruppe ausländische Frauen in relativ geringerem Maße (81 % zu 66 %) eine schlechtere berufliche Position haben als deutsche Frauen (40 % zu 24 %).

Diese Interpretation wird bestätigt, zieht man zum Vergleich die *Beschäftigungsbereiche* heran, in denen ausländische Arbeitnehmer vorwiegend beschäftigt sind:

Tab. 20: Deutsche und ausländische Erwerbstätige nach Beschäftigungsbereichen im Zeitraum von 1984-1994 (in Prozent):[12]

	Erste Längsschnittuntersuchung				Zweite Längsschnittuntersuchung			
	Ausländer		Deutsche		Ausländer		Deutsche	
	1984	1989	1984	1989	1990	1994	1990	1994
Gesamt								
Industrie	63	64	33	35	62	53	34	34
Bau	13	13	8	6	12	11	6	6
Handel, Verkehr	8	6	16	16	8	11	16	17
Sonstiger tertiärer Sektor	14	14	38	40	19	23	42	42
Zweite Generation								
Industrie	43	55	35	40	68	50	32	31
Bau	10	7	8	9	2	6	11	9
Handel, Verkehr	23	12	20	15	16	16	22	16
Sonstiger tertiärer Sektor	22	25	34	35	13	28	35	43
Frauen								
Industrie	63	57	22	24	54	42	22	21
Bau	0	1	2	2	1	0	2	1
Handel, Verkehr	9	7	21	20	9	14	21	22
Sonstiger tertiärer Sektor	27	36	51	53	36	45	55	54

Im Zeitraum zwischen 1984 und 1989 blieb die Verteilung relativ stabil: knapp zwei Drittel der ausländischen Beschäftigten arbeitete in der Industrie, ungefähr ein Fünftel im Dienstleistungsbereich. Erst im Zeitraum von 1990 bis 1994 deutet sich eine stärkere Verschiebung an: der Anteil der Industriebeschäftigten geht zurück und der Anteil im Dienstleistungssektor steigt. Das entspricht in etwa der Verschiebung zwischen Arbeiter- und Angestelltenbereich in Tab. 19. Deutlicher noch sind die Veränderungen für die zweite Generation ausländischer Arbeitnehmer, hier ist vor allem der starke Anstieg an Beschäftigten in Verwaltung und sozialen Dienstleistungen auf immerhin ein Fünftel der Beschäftigten. In ähnlichem Maße verändert sich das Verhältnis bei den beschäftigten Frauen; während 1984 der Anteil der in der Industrie Beschäftigten dem allgemeinen Durchschnitt entsprach, zeigt sich bis 1994 eine starke Tendenz zur Beschäftigung im Dienstleistungsbereich. Mit dieser Veränderung ist jedoch nicht unbedingt eine Statusverbesserung für ausländische Frauen verbunden: »An occupational improvement for foreign women solely on the basis of the change from the secondary sector to the service

12. Seifert 1996, 424. Der zu 100 % fehlende Wert bei der deutschen Bevölkerung entspricht den in der Landwirtschaft Tätigen

sector cannot be assumed. It is also conceivable that foreign women are displaced in manufacturing due to the introduction of shift-work, and thus must switch to less favourable employment positions in the service sector.«[13] Insgesamt gilt, daß die Beschäftigten im tertiären Sektor tendenziell eher Tätigkeiten mit niedrigem Status ausüben. »Das Kredit- und Bankgewerbe, Versicherungen oder andere höhere Positionen im tertiären Sektor bleiben Ausländern weitgehend verschlossen.«[14] Dies belegt auch der Blick auf die Berufe, in denen der Ausländeranteil der Beschäftigten überproportional hoch ist: »Schweißer (28,3 %), Montierer und Metallberufe (25,7 %), Kunststoffverarbeiter 24,8 %, Gästebetreuer (24 %), Hilfsarbeiter (23,9 %), Ernährungsberufe (22,8 %), Bergleute (21,7 %), Reinigungsberufe (21,7 %).«[15]

Auch der Blick auf die *Einkommensentwicklung* bestätigt die bisherigen Ergebnisse:

Tab. 21: Bruttoverdienst (in DM) nach Stellung im Beruf und Beschäftigungsbereich:[16]

	Erste Längsschnittuntersuchung				Zweite Längsschnittuntersuchung			
	Ausländer		Deutsche		Ausländer		Deutsche	
	1984	1989	1984	1989	1990	1994	1990	1994
Gesamt	2400	2870	2760	3200	2810	3330	3270	4160
Zweite Generation	1970	2700	1960	2710	2320	3310	2240	3210
Frauen	1820	2040	1960	2300	2010	2570	2360	2940
Beschäftigungsstatus								
Ungelernte Arbeiter	2100	2340	1710	1670	2240	2700	1500	1940
Angelernte Arbeiter	2360	2860	2230	2530	2790	3230	2510	2920
Facharbeiter	2850	3240	2830	3270	3240	3870	3440	3960
Untere Angestellte	1760	2250	1840	2070	2330	2630	2010	2520
Mittlere u. höhere Ang.	3490	3710	3240	3810	3160	3930	3720	4960

13. Seifert 1996, 425.
14. Seifert 1995, 170.
15. Beauftragte der Bundesregierung (Hg.) 1995, 35.
16. Seifert 1996, 426; Dienstleistungsbereich I: produktiosorientierte, Dienstleistungsbereich II: konsumentenorientierte Leistungen, Dienstleistungsbereich III: öffentliche Verwaltung und soziale Dienste. Mit * gekennzeichnete Rubrik: statistisch nicht verwertbare Populationsgröße.

	Erste Längsschnittuntersuchung				Zweite Längsschnittuntersuchung			
	Ausländer		Deutsche		Ausländer		Deutsche	
	1984	1989	1984	1989	1990	1994	1990	1994
Beschäftigungssektor								
Industrie	2450	2930	3040	3590	2930	3470	3630	4810
Bau	2720	3170	2880	3320	3080	3910	3270	4210
Handel, Verkehr	2340	2730	2160	2630	2660	3040	2630	3480
Dienstleistungen I	*	*	3130	3490	2040	3490	3560	4580
Dienstleistungen II	1500	1850	1760	2180	1430	2290	1790	2390
Dienstleistungen III	2460	2970	2590	2870	2480	3000	3340	3990

Generell zeigt sich, daß das Einkommensniveau ausländischer Arbeitnehmer signifikant unter dem der deutschen liegt (1984: 15,0 %, 1990: 16,4 % höherer Verdienst bei deutschen Arbeitnehmern). Während jedoch im ersten Vergleichszeitraum die Differenz abnahm (von 15,0 % auf 11,5 %), hat sich im zweiten die Differenz noch erhöht (von 16,4 % auf 24,9 %). Allgemein läßt sich die Einkommensdifferenz aus dem hohen Anteil un- und angelernter Arbeiter bei den ausländischen Beschäftigten ableiten. Der Anstieg der Differenz resultiert vor allem aus der Einkommensentwicklung im Bereich der mittleren und höheren Angestellten, deren Bruttoverdienst bei den deutschen Beschäftigten – bei einem Beschäftigtenanteil von 39 % (Tab. 19) – um ein Drittel anstieg. In dieser Gruppe ist die Einkommensdifferenz zwischen deutschen und ausländischen Angestellten mit 26,21 % überproportional hoch; ein Hinweis darauf, daß Ausländern der Zugang zu qualitativ höheren Tätigkeiten immer noch weitgehend verwehrt ist. Entsprechend vollzieht sich die Einkommensentwicklung innerhalb der beiden Gruppen: War die Einkommenssteigerung in der Zeit von 1984 bis 1989 bei den Ausländern höher als bei den Deutschen (19,6 % gegen 15,9 %), hat sich dies im Zeitraum von 1990 bis 1994 umgekehrt (18,5 % zu 27,2 %). Die Möglichkeiten für einen beruflichen Aufstieg waren demzufolge für deutsche Beschäftigte deutlich größer als für ausländische. Dieser Trend hält weiterhin an, da die Einkommenssteigerung ausländischer Arbeitnehmer niedriger liegt als bei deutschen. Während bei den monatlichen Nettoverdiensten ausländischer Arbeitnehmer zwischen den Jahren 1985 und 1995 die Steigerung inflationsbereinigt 3,8 % betrug, war sie bei deutschen beinahe doppelt so groß (6,9 %).[17] Die Einkommensschere zwischen deutschen und ausländischen Arbeitnehmern wird also – trotz der zunehmenden Be-

17. Beauftragte der Bundesregierung (Hg.) 1997a, 53 f.

schäftigung von Angehörigen der zweiten Generation, die, wie gleich dargestellt, über eine etwas bessere Ausgangsposition verfügt als die erste – zukünftig noch weiter geöffnet sein. Der Trend verweist auf eine zunehmende – so auch weiter unten dargestellt die Armutsentwicklung – Proletarisierung und Pauperisierung von Migrantinnen und Migranten.

Grundlegend verschieden von der allgemeinen Entwicklung ist die bei den Angehörigen der zweiten Generation und der entsprechenden deutschen Vergleichsgruppe. Hier fällt auf, daß sich im ersten Untersuchungszeitraum die Einkommen nicht signifikant unterscheiden, während sie im zweiten bei ausländischen Beschäftigten leicht höher liegen als bei den deutschen; allerdings ist die Steigerungsrate bei letzteren etwas höher. Erklärt werden kann dies zum einen dadurch, daß in dieser Altersgruppe die Beschäftigungsmobilität bei der ausländischen Gruppe höher ist als bei der deutschen[18], ausschlaggebend erscheint mir jedoch zu sein, daß in dieser Altersspanne (16-25 Jährige) die Personen mit den höchsten Einkommensaussichten noch gar nicht in der Statistik erscheinen, weil sie noch studieren: die Absolventen einer universitären Ausbildung. Erst eine Untersuchung über längere Zeiträume bei dieser Altersgruppe könnte zeigen, ob sich in späteren Jahren dieser Trend nicht deutlich umkehrt, sobald die Studierenden entsprechende Berufspositionen wahrnehmen. Das höhere Einkommensniveau in dieser Altersgruppe ist also kein Hinweis auf eine bevorzugte soziale Position, sondern im Gegenteil Folge einer – im Vergleich zu den gleichaltrigen Deutschen – schlechteren Ausbildung.

Das Einkommensniveau ausländischer und deutscher Frauen liegt deutlich unter dem allgemeinen Durchschnitt. Neben dem fehlenden Zugang zu höheren Positionen ist dies auch dadurch begründet, daß der Anteil von Teilzeitbeschäftigten bei Frauen deutlich höher ist als bei den Männern.[19] Darüber hinaus kommt bei ausländischen Frauen hinzu, daß viele in Bereichen mit niedrigem Einkommensniveau (zunehmend im Dienstleistungsbereich) arbeiten. Der Wechsel von Industriearbeit in diese Sparte war dabei häufig mit Einkommensverlusten verbunden.

Auf den ersten Blick überraschend mag auch sein, daß un- oder angelernte ausländische Arbeiter über ein höheres Einkommen verfügen als die entsprechenden deutschen. »Thus can be explained by the high level of part-time employment among the German unskilled workers; these positions are held predominantly by women.«[20] So betrug die durchschnitt-

18. So Seifert 1996, 425.
19. Ebd.
20. Ebd.

liche wöchentliche Arbeitszeit bei ungelernten Arbeitern 1989 bei der ausländischen Gruppe 35, bei der deutschen Gruppe 28 Stunden.[21]

Wie oben in Tabelle 19 zu sehen war, steigt der *Anteil der Selbständigen* unter den in Deutschland lebenden Ausländern kontinuierlich. 1995 wurden 239 000 selbständige Erwerbstätige (dazu etwa 25 000 mithelfende Familienangehörige) gezählt, was einen Anteil von 8,7 % aller ausländischen Erwerbstätigen ausmacht.[22] Hinzu kommen noch 176 000 freiberuflich tätige Migrantinnen und Migranten. Die Selbständigenquote ist bei den italienischen Migranten mit 11,1 % (vorwiegend im Gastgewerbe) mit am höchsten, von den absoluten Zahlen folgen die türkischen Migranten, die von allen Gruppen die größten Zuwachsraten haben.[23] Die verstärkte Tendenz zur Selbständigkeit ist seit Beginn der 80er Jahre festzustellen; verbunden mit diesem Trend ist ein Ausstieg aus dem Bereich der ethnischen Nischenökonomie in andere Geschäftsbereiche hinein.[24] Nach einer Schätzung des RWI betrug der Umsatz aller ausländischen Selbständigen im Jahre 1992 etwa 70 Milliarden DM bei einem Investitionsvolumen von 2 Milliarden DM. Dabei bieten die ausländischen Betriebe ca. 500 000 Arbeitsplätze an, etwa ein Viertel der Nachfrage erfolgt durch die Arbeitsmigranten selbst.[25] Außerdem zeichnen sich die ausländischen Betriebe durch eine hohe Ausbildungsbereitschaft, gerade auch für ausländische Jugendliche, aus.[26]

Für diesen Trend zur Selbständigkeit sind verschiedene Gründe zu nennen. Zum einen drückt sich darin eine veränderte Zukunftsplanung der Migrantinnen und Migranten aus, zum anderen gewinnt die Selbständigkeit einen hohen Eigenwert und schließlich ist damit die Hoffnung auf sozialen Aufstieg und höherem Einkommen verbunden.[27] Allerdings ist offen, ob mit dem Schritt in die Selbständigkeit das Entstehen eines neu-

21. Seifert 1995, 178.
22. Beauftragte der Bundesregierung (Hg.) 1997a, 57.
23. Beauftragte der Bundesregierung (Hg.) 1995, 39 mit Daten aus dem Mikrozensus April 1993 und einem Gutachten des RWI.
24. Sen/Wierth 1992, 78.
25. Beauftragte der Bundesregierung (Hg.) 1995, 40 f.; allerdings liegen für Umsätze und Arbeitsplatzangebot nur Schätzzahlen vor; andere Berechnungen gehen für das Jahr 1994 davon aus, daß allein die türkischen Selbständigen (37 000 oder 20,3 %) 31 Milliarden DM Umsatz zu verzeichnen hatten bei einem Investitionsvolumen von 8 Milliarden DM und einem Arbeitsplatzangebot von 135 000 Stellen (darunter 15 % Deutsche); vgl. hierzu Seidel 1995a, 54.
26. Goldberg 1991, 415.
27. Vgl. Goldberg 1991, 411.

en Migranten-Mittelstandes verbunden ist, oder ob nicht vielmehr damit nur ein Wechsel vom marginalen Beschäftigten zum marginalen Unternehmer vollzogen wird.[28] Für die zuletzt genannte Einschätzung spricht – trotz der oben angeführten Umsatzerfolge –, daß ausländische Betriebe eine eher kürzere Lebensdauer und größere Fluktuation haben als deutsche und daß das Einkommen ausländischer Selbständiger 10 % unter dem Durchschnittseinkommen ausländischer Erwerbstätiger liegt.[29] Es ist kein Zufall, daß der rapide Anstieg der Selbständigenzahlen mit dem Anstieg der Arbeitslosenzahlen korreliert: Ein wesentliches Motiv für die selbständige Existenzgründung ist häufig Arbeitslosigkeit oder die Angst vor ihr.[30] Entsprechend gehört zu den Problemen ausländischer Selbständiger unzureichende berufliche (betriebswirtschaftliche) Qualifikation und unzureichende Branchenkenntnisse.[31] Trotz dieser Probleme ist aber damit zu rechnen, daß die Zahl der ausländischen selbständigen weiterhin ansteigt und mittelfristig auf dem Niveau der deutschen Selbständigenquote liegen wird.

Arbeitslosigkeit

Seit Beginn der '80er Jahre sind die ausländischen Arbeitnehmer in weit stärkerem Maße von Arbeitslosigkeit betroffen als Deutsche. So lag 1996 die Arbeitslosenquote für ausländische Arbeitnehmer mit 18,9 % weit über dem Durchschnitt von 10,1 % (Tab. 22). Im europäischen Vergleich ist die Arbeitslosigkeitssituation in Deutschland relativ günstig sowohl im Blick auf Staatsangehörige als auch Ausländer. So waren in den Niederlanden und in Frankreich die Arbeitslosenquoten für Ausländer deutlich höher als für Staatsangehörige (Frankreich 17 % gegenüber 8,7 %, Niederlande 14 % gegenüber 4 %, Deutschland 10,9 % gegenüber 6,5 %); in Schweden lag die Arbeitslosenquote für Ausländer zwar deutlich niedriger bei 6,6 %, allerdings bei einer größeren Spanne zwischen Ausländerarbeitslosigkeit und Arbeitslosigkeit bei Staatsangehörigen (6,6 % gegenüber 2,4 %).[32]

28. So die Einschätzung des RWI, vgl. Beauftragte der Bundesregierung (Hg.) 1995, 40.
29. Ebd.
30. Beauftragte der Bundesregierung (Hg.) 1994, 32.
31. Goldberg 1991, 415.
32. Werner 1994, 153 (Tab. 6).

Tab. 22: Anzahl (in Tsd.) der sozialversicherungspflichtig beschäftigten Ausländer in der Bundesrepublik (westliche Bundesländer) (in Tsd.) und Arbeitslosenquote ausländischer Erwerbspersonen im Vergleich zur Gesamtquote 1980-1998[33]

	1980	1982	1984	1986	1988	1990	1992	1994	1996	1998
Anzahl	2018	1787	1608	1570	1609	1775	2030	2141	2068	1987
∅ Arbeitslose	5,0	11,9	14,0	13,7	14,4	10,9	12,2	16,2	18,9	19,6
∅ BRD	3,8	7,5	9,1	9,0	8,7	7,2	6,6	9,2	10,1	10,5

Während des gesamten Zeitraums blieb die Zahl der ausländischen Beschäftigten relativ konstant (Anteil ca. 8 %), während die Arbeitslosenquote stark anstieg und immer – und bisweilen recht deutlich – über dem Gesamtdurchschnitt lag. Die Entwicklung hängt unter anderem damit zusammen, daß die Ausländerbeschäftigung in der deutschen Wirtschaft eine »Arbeitsmarktausgleichsfunktion« hat. Ausländische Arbeitnehmer arbeiten häufiger in der sogenannten »Randbelegschaft«. »Da die Arbeitsplätze in der ›Randbelegschaft‹ meist qualitativ inferior sind, eignen sich die wenig qualifizierten ausländischen Arbeitnehmer besonders für die Beschäftigung in diesem Bereich der betrieblichen Arbeitsmarkthierarchie: Folglich sind es die Ausländer, die bei Produktionseinschränkungen als erste entlassen und bei einer Ausdehnung der Produktion als letzte (wieder) eingestellt werden.«[34] Zudem »gab es nach 1987 durch die Zuwanderungswellen von besser qualifizierten Aus- und Übersiedlern einen Verdrängungswettbewerb auf dem Arbeitsmarkt.«[35]

Mit der gegenwärtig stark ansteigenden Arbeitslosenquote verändert sich auch die Struktur der betroffenen Gruppe. Zwar liegt die Quote der *Langzeitarbeitslosen* bei ausländischen Beschäftigten noch unter der der deutschen, sind die Zuwachsraten bei den Ausländern deutlich höher.[36] Negativ wirkt sich außerdem aus, daß bei arbeitslosen Migrantinnen und Migranten der Anteil der Personen ohne abgeschlossene Berufsausbildung eklatant hoch ist (1994 78,4 % gegenüber 38,9 % bei deutschen Arbeitslosen). Hier zeigt sich die Folge der Unterschichtung des Arbeitsmarktes sehr deutlich. In einer Zeit zunehmender Arbeitslosigkeit sind die Beschäftigungschancen ungelernter oder angelernter Beschäftigter – also weitgehend der ausländischen Beschäftigten – überproportional ge-

33. Beauftragte der Bundesregierung (Hg.) 2000, 262 f. (Tab. 30 und 31).
34. Körner 1990, 94.
35. Nuscheler 1995a, 115.
36. Beauftragte der Bundesregierung (Hg.) 1995, 38.

ring. Bei einer weiteren Veränderung des Arbeitsmarktes von Produktion zu Dienstleistung besteht folglich gerade für die ausländische Arbeitsbevölkerung ein großes Risiko, länger oder gar auf Dauer arbeitslos zu werden und zu bleiben. Forderungen, Ausländer verstärkt in berufliche Bildungsmaßnahmen zu integrieren, sind daher zwar verständlich, aber diese Maßnahmen allein werden kaum ausreichen, um die strukturelle Benachteiligung von Migrantinnen und Migranten auf dem Arbeitsmarkt ausgleichen zu können

Die folgende Tabelle zeigt, daß die Betroffenheit durch Arbeitslosigkeit sich unterschiedlich auf die verschiedenen *Nationalitätengruppen* verteilt, wenn auch die Arbeitslosenquote und die Betroffenheitsquote (also der prozentuale Anteil der im Verlauf eines Jahres von Arbeitslosigkeit Betroffenen in Bezug auf die gesamten Erwerbspersonen) durchschnittlich deutlich höher liegt als bei deutschen Beschäftigten.

Tab. 23: Arbeitslosigkeit im Jahr 1993 nach Nationalitätengruppen[37]

Nationalitätengruppe	Quote Männer	Quote Frauen	Quote gesamt	Betroffen-heitsquote	∅ Dauer (Monate)	Dauer < 3	>12
Türkei	15,9	19,0	16,9	31	8,3	41	20
(ehem.) Jugoslawien	11,0	10,1	10,6	19	8,6	42	19
Italien	14,3	17,1	15,1	22	10,6	36	25
Griechenland	14,1	14,9	14,4	21	10,4	37	24
Spanien	9,7	11,6	10,4	13	12,4	35	28
Portugal	7,9	9,3	8,4	12	10,3	39	23
andere Nationalitäten	13,1	12,3	12,8	23	8,7	41	20
Ausländer gesamt	13,6	14,2	13,8	23	9,1	40	21
Deutsche alte Bundesl.	8,1	9,0	8,5	13	11,6	36	27

Auffallend ist zum einen die überproportional hohe Arbeitslosigkeit vor allem türkischer, aber auch italienischer und griechischer Arbeitnehmer, während bei Portugiesen, aber auch bei Spaniern, die Quote in etwa auf dem Niveau der deutschen Erwerbspersonen liegt. »Diese großen Differenzen überraschen, da von der Migrationsgeschichte her keine großen Unterschiede zwischen diesen Nationen bestehen. Lediglich die Spanier sind im Durchschnitt etwas älter.«[38] Letzteres würde erklären, warum die Spanier einen größeren Anteil an Langzeitarbeitslosen aufzuweisen haben als andere Migrantengruppen, da ältere Arbeitnehmer häufiger von Langzeitarbeitslosigkeit betroffen sind als jüngere.[39] Allerdings lassen

37. Velling 1995, 142.
38. Seifert 1995, 172.
39. Velling 1995, 146.

sich darüber hinaus keine Merkmale finden, die die auffallenden Differenzen erklären könnten. »Unterschiedliche Qualifikationen jedenfalls scheiden als Erklärung aus, denn bei ausländischen Arbeitnehmern besteht nur ein geringer Zusammenhang zwischen beruflicher Qualifikation und Arbeitslosigkeit, dies ist ein weiteres zentrales Charakteristikum der Ausländerarbeitslosigkeit.«[40]

Die hohe Arbeitslosenquote ist insgesamt strukturell bestimmt. Seifert faßt diesen Befund folgendermaßen zusammen: »D.h. Ausländer sind überwiegend an Arbeitsplätzen mit geringen Qualifikationsanforderungen beschäftigt, die in hohem Maße rationalisierungsbedroht sind. Dies gilt für ausländische und deutsche Beschäftigte in diesem Bereich gleichermaßen. Darüber hinaus können sich ausländische Arbeitskräfte in qualifizierten Bereichen nicht etablieren und sind hier einem höheren Entlassungsrisiko ausgesetzt als deutsche Kollegen. Damit sind Ausländer in jedem Fall in höherem Maße durch Arbeitslosigkeit bedroht, der eine Teil, weil er in rationalisierungsanfälligen Bereichen tätig ist, der andere Teil, weil in qualifizierten Bereichen nicht die gleiche Beschäftigungsstabilität erreicht wird, wie sie deutsche Beschäftigte genießen.«[41]

Insgesamt sind ausländische Arbeitnehmer kaum von einer direkten Diskriminierung betroffen: »In sum, the income data reveal that foreign wage and salary earners have an income development comparable to that of German colleagues with the same qualifications.«[42] Indirekt benachteiligt sind sie jedoch durch die im Vergleich ungünstigere Beschäftigungsstruktur, mit der höhere Arbeitslosigkeitsrisiken und geringeres Einkommen verbunden sind. Dies gilt insbesondere für ausländische Frauen auf dem Arbeitsmarkt. Unter den verschiedenen Nationalitäten sind Türkinnen und Türken in besonderem Maße benachteiligt; sie haben sowohl ein überdurchschnittliches Arbeitslosigkeitsrisiko als auch ein vergleichsweise geringes Einkommensniveau.[43]

Abschließend kann festgestellt werden, daß unter den beschriebenen Umständen wenig darauf hinweist, daß sich die Arbeitsmarktverhältnisse zwischen Ausländern und Deutschen in naher Zukunft angleichen werden. Die Mehrzahl der ausländischen Arbeitnehmer und Arbeitnehmerinnen ist weiterhin im unteren Beschäftigungssegment (un- und angelernte Arbeiter) beschäftigt; auch die Angehörigen der zweiten Generation bleiben tendenziell im Vergleich zur deutschen Vergleichs-

40. Seifert 1995, 172.
41. Seifert 1995, 175.
42. Seifert 1996, 426.
43. Vgl. Seifert 1996, 426 (Tab. 3).

gruppe in relativ inferioren Positionen, auch wenn sich ein leichter Trend zur Angleichung abzeichnet. Mittelfristig kann sich die Situation der ausländischen Arbeitnehmer sogar verschlechtern, da deren Arbeitsplätze, auf denen eine große Zahl arbeitet, in besonderem Maße von Rationalisierung betroffen sein werden.

Asylsuchende und Flüchtlinge

Asylbewerber unterliegen, wie im vorigen Abschnitt dargestellt, für die Dauer ihres Verfahrens besonderen Rechtsvorschriften, aus denen sich auch die Besonderheiten ihrer wirtschaftlichen und sozialen Lage ableiten. Dies betrifft vor allem die Leistungen nach dem AsylbLG und die arbeitsrechtlichen Regelungen nach AsylVfG. Über die Arbeitsmarktsituation dieser Gruppe gibt eine Studie für das Bundesland Hessen Aufschluß, die sich auf die Jahre 1989 und 1990 bezieht.[44] Dieser Studie zufolge waren zum Befragungszeitpunkt 48,9 % der Flüchtlinge arbeitslos. Dabei sind erhebliche Differenzen zwischen Asylbewerbern und Asylberechtigten zu bemerken.[45] Bei den Bewerberinnen und Bewerbern gibt es eine große Gruppe von permanent arbeitslosen, die, aus welchen Gründen auch immer, gar nicht erst versuchen, eine Arbeit zu finden (ca. 23 %). Verschärft wird die Arbeitssituation durch die ungünstigen Rahmenbedingungen: »Von denen, die sich bemühen, eine Arbeit zu finden, scheitert die eine Hälfte an den ungünstigen Bedingungen der gefundenen Arbeit: Der Verdienst ist so niedrig, daß nach Abzug der Fahrtkosten ein Einkommen unterhalb der Sozialhilfe übrig bleibt oder daran, daß der Arbeitsplatz nicht mit einem öffentlichen Verkehrsmittel zu erreichen ist. Die andere Hälfte der Asylbewerber scheitert am Arbeitsamt, weil dieses keine Arbeitserlaubnis erteilt, solange die Chance besteht, daß ein(e) Bevorrechtigte(r) für den gefundenen Arbeitsplatz zur Verfügung steht.«[46] Seit 1997 hat sich die Situation insoweit verschärft, als seit dem 6.6.1997 aufgrund eines Erlasses der Bundesanstalt für Arbeit ein Arbeitsverbot für alle seit diesem Zeitpunkt eingereisten Flüchtlinge besteht.

Die Beschäftigungsbedingungen liegen noch deutlich unterhalb denen der Migrantinnen und Migranten insgesamt. So arbeiten 78,9 % als Un- oder Angelernte (63,4 % und 15,5 %), in Ausbildungsberufen hingegen nur 6,8 %; mehr als die Hälfte ist als Hilfsarbeiter, im Putz- und Rei-

44. Blahusch 1992.
45. Blahusch 1992, 113.
46. Blahusch 1992, 114.

nigungsdienst, am Fließband oder als Küchenhilfe beschäftigt.[47] Der durchschnittliche Stundenlohn lag dabei bei DM 9,88 netto, bei über der Hälfte unter DM 9,–.[48] Bei den Branchen dominieren Dienstleistungs- und verarbeitendes Gewerbe, vor allem Hotel und Gastronomie sowie Reinigungsbetriebe. »Von wenigen Ausnahmen abgesehen arbeiten Flüchtlinge nicht in ihrem ›erlernten‹ Beruf. Dies liegt nicht in erster Linie an dem unterschiedlichen Berufsprofil in den Herkunftsländern und der Bundesrepublik, sondern daran, daß die angebotenen Tätigkeiten nach dem Motto ›Hauptsache Arbeit‹ genommen werden (mußten). Gerade für die im Heimatland hoch qualifizierten Flüchtlinge wird der akzeptierten Arbeit eine Funktion der Sicherung der Persönlichkeit zugeschrieben, bis ein Umstieg in eigentliche berufliche Zielvorstellungen möglich wird.«[49]

Die Beschäftigung von Flüchtlingen und Asylsuchenden ist also vor allem auf Randbereiche des Beschäftigungsspektrums konzentriert, in denen die Fluktuation hoch und die Nachfrage nach Arbeitskräften saisonal unterschiedlich ist. Entsprechend niedrig sind die erzielten Einkommen und entsprechend hoch ist die Zahl der Arbeitslosen. Die berufliche Situation verbessert sich auch bei anerkannten Bewerberinnen und Bewerbern nur langsam. Tendenziell kann daher davon gesprochen werden, daß das Arbeitsmarktsystem durch die Flüchtlinge eine weitere Unterschichtung erfährt.

Armut

Anders als in den angelsächsischen Ländern ist in Deutschland das Thema Armut in den Sozialwissenschaften nur marginal behandelt worden.[50] Neben wissenschaftsinternen hatte dies vor allem gesellschaftliche Ursachen: »Im Westen Deutschlands ging man seit den 50er Jahren davon aus, mit der allgemeinen Wohlstandsentwicklung von einer ›Klassengesellschaft im Schmelztiegel‹ zu einer ›nivellierten Mittelstandsgesellschaft‹ werde sich Armut von selbst erledigen. Armut paßte nicht ins Bild einer ›immerwährenden Prosperität‹.«[51] Dies änderte sich erst, als Armut als politisches Thema aktuell wurde. Anstoß war vor allem die Studie von Heiner Geißler 1976, die die »neue Armut« als »neue soziale Frage« wie-

47. Blahusch 1992, 117 (Tab. 31) mit weiter differenzierten Tätigkeitsbereichen.
48. Blahusch 1992, 122.
49. Blahusch 1992, 118.
50. Vgl. Leibfried/Voges 1992.
51. Leibfried/Voges 1992, 16.

der ins Bewußtsein der Öffentlichkeit hob. Die zunehmende Arbeitslosigkeit und gleichzeitige Kürzungen im sozialen System wurde dann in den 80er Jahren, wieder von einem Politiker, als These der »Zwei-Drittel-Gesellschaft« thematisiert.[52] Das Phänomen der »Armut im Wohlfahrtsstaat« wurde nun auch in den Sozialwissenschaften breiter rezipiert.

Für die Diskussion des Armutsphänomens besitzt die Definition von Armut grundlegende Bedeutung. Generell lassen sich hier drei Konzepte unterscheiden: Primäre Armut als Gefährdung des physischen Existenzminimums (auch absolute Armut), Sekundäre Armut als subjektiv empfundene Mangellage innerhalb eines sozio-kulturellen Kontextes und Tertiäre Armut als objektiv nachvollziehbare Benachteiligung einzelner Personen oder Personengruppen.[53] Darüber hinaus ist es relevant, an welchen sozialen Gütern Armut bestimmt wird. Meist wird hier die Verfügung über das gesellschaftlich dominante Gut, also Geld, zur Grundlage genommen und Armut als Einkommensarmut definiert. Allerdings wird dabei außer Acht gelassen, daß sich Armut für die Betroffenen als mehrdimensionales Phänomen erweist, das die Lebensbedingungen in mehreren Feldern beeinträchtigt. »Mit dem Begriff ›lebenslageorientierter Ansatz‹ wird daher in Abgrenzung zu einem reinen Einkommenskonzept der Versuch bezeichnet, für die Lebenssituation relevante Lebensbereiche zu unterscheiden und im Hinblick auf die jeweilige tatsächliche Versorgungslage zu untersuchen. Solche Versorgungsbereiche bilden etwa die Felder Arbeit, Bildung, Wohnen und die Versorgung mit gesundheitlichen Diensten. [...] Dabei kann – unabhängig von der letztlich normativen Komponente des Armutsbegriffs – eine Kumulation von Unterversorgungslagen als Ausdruck einer generell ›depravierten‹ Lebenslage verstanden werden.«[54] An diesem *»kumulativen Armutskonzept«* orientiert sich auch der Armutsbericht des DGB und des Paritätischen Wohlfahrtsverbandes, der die Armutsentwicklung in Deutschland anhand der Daten des SOEP analysiert.[55]

Nach dessen Ergebnissen bilden die in Deutschland lebenden Ausländer eine »ausgesprochene Armutsgruppe«,[56] die in fast allen Bereichen deutlicher von Unterversorgungslagen betroffen ist als die deutsche Bevölkerung:

52. Glotz 1984.
53. Vgl. dazu ausführlicher Hochmuth/Klee/Volkert 1995, 7 ff.
54. DGB/Paritätischer Wohlfahrtsverband (Hg.) 1994, 25.
55. DGB/Paritätischer Wohlfahrtsverband (Hg.) 1994.
56. DGB/Paritätischer Wohlfahrtsverband (Hg.) 1994, 173.

Tab. 24: Überproportionale Unterversorgungsquoten in verschiedenen Bereichen[57]

	Unterversorgung 1992						
	Einkommen	Wohnraum	Wohnungsausstattung	Allgemeine Bildung	Berufliche Bildung	Arbeit	Zwei und mehr Unterversorgungen
Ost	12,7	15,8	13,4	0,7	10,2	21,3	10,3
West	6,5	10,5	2,2	3,5	24,2	5,8	7,3
Gesamt	7,8	11,5	4,4	3,0	21,4	9,6	7,9
Ausländer	16,7	44,2	8,3	27,2	55,7	10,6	37,2

Besonders auffallend ist das Ergebnis, daß fast 40 % der ausländischen Bevölkerung in den Bereich kumulativer Armut fallen, ein fast fünfmal höherer Anteil als der der deutschen Bevölkerung. Das deutlich höhere Risiko, als ausländische Person in Deutschland von Armut betroffen zu sein, zeigt sich ebenfalls im Bereich der relativen Einkommensarmut.[58] Unter die 50 %-Grenze des Durchschnittseinkommens fallen seit den 80er Jahren ungefähr ein Viertel der ausländischen Bevölkerung (im Vergleich: Deutsche etwa 10 %).[59] Entsprechend häufig sind Ausländer über eine längeren Zeitraum dauerhaft oder zeitweise von Armut betroffen. »Im Untersuchungszeitraum von neun Jahren sind nur 41,9 Prozent der Ausländer kein einziges Mal von Armut betroffen, bei mehr als der Hälfte dagegen sinkt mindestens einmal das Einkommen unter die Armutsgrenze. Die Intensität der Armutsbedrohung wird auch an dem Umstand erkennbar, daß 20,4 Prozent der Ausländer fünfmal und öfter unter die Armutsgrenze abrutschen.«[60] Dieses Ergebnis gewinnt an Brisanz, wenn man beachtet, daß das SOEP die Gruppen von Ausländern, die unter einem noch höheren Armutsrisiko stehen, wie z. B. Asylbewerber, nicht erfaßt, sondern sich im wesentlichen nur auf Arbeitsmigranten aus den »klassischen« Entsendeländern wie etwa Italien, Türkei oder Spanien bezieht.[61] Darüber hinaus steht nicht zu erwarten, daß sich die Situation in absehbarer Zeit verbessern wird. Im Gegenteil: »Es ist keine kollektive

57. DGB/Paritätischer Wohlfahrtsverband (Hg.) 1994, 175 (Tabelle gekürzt dargestellt).
58. Zu diesem Konzept vgl. Hochmuth/Klee/Volkert 1995, 17 ff.; als Armutsgrenze wird nach dem Maßstab der EU 50 % des jeweiligen Durchschnittseinkommens gewählt.
59. Vgl. DGB/Paritätischer Wohlfahrtsverband (Hg.) 1994, 192.
60. Hamburger 1994, 39.
61. Vgl. Seifert 1995, 101 ff.

Aufwärtsmobilität zu erkennen. Ausländer bleiben überdurchschnittlich oft in unteren Einkommenspositionen, und die Bilanz von Aufstiegs- und Abstiegsprozessen hat negative Vorzeichen, so daß eine ethnische Unterschichtung der Einkommenspyramide angenommen werden kann.«[62]

Ein weiterer wichtiger Parameter für Armut ist der *Sozialhilfebezug*. Generell kann gesagt werden, daß ausländische Haushalte mehr als doppelt so häufig Sozialhilfe beziehen als deutsche.[63] Allerdings ist diese Zahl insofern verzerrt, als Asylsuchende und Flüchtlinge seit Inkrafttreten des Asylbewerberleistungsgesetzes nicht mehr in der Sozialhilfestatistik erfaßt werden. Würde diese Gruppe hinzugerechnet, würden sich die in Tab. 25 aufgeführten Zahlen in etwa verdoppeln.[64]

Tab. 25: Sozialhilfeempfänger in der Bundesrepublik 1985-1995[65]

Jahr	Insgesamt	Deutsche	Ausländer	Anteil der Ausländer in v. Hd.	Ausländeranteil der Bevölkerung
1985	1 474 897	1 267 747	207 150	14,0	7,2
1986	1 545 724	1 287 118	258 606	16,7	7,4
1987	1 617 109	1 329 072	288 037	17,8	6,9
1988	1 670 700	1 315 235	355 465	21,3	7,3
1989	1 794 730	1 372 771	421 959	23,5	7,7
1990	1 832 087	1 334 273	497 814	27,2	8,4
1991	2 129 426	1 544 272	585 154	27,5	7,3
1992	2 438 132	1 646 847	791 285	32,5	8,0
1993	2 529 375	1 762 982	766 393	30,3	8,5
1994	2 308 397	1 856 469	451 928	19,6	8,6
1995	2 555 453	2 030 745	524 708	20,5	8,8

Dem überproportional hohen Anteil an den Sozialhilfeempfängern steht – wie die Ausländerbeauftragte der Bundesregierung angibt – ein gerin-

62. Seifert 1994, 22.
63. Im Jahr 1995 2,7 % der deutschen und 5,5 % der ausländischen Haushalte; vgl. Büchel/Frick/Voges 1997, 279ff. auf der Basis von SOEP-Daten. Da die Haushaltsgröße bei ausländischen Haushalten signifikant höher ist als bei deutschen, ist die von Sozialhilfe betroffene Personenzahl nochmals größer.
64. 1994 wurden 447 000 und 1995 489 000 Regelleistungsempfänger nach den §§ 2 und 3 AsylbLG gezählt (Beauftragte der Bundesregierung (Hg.) 1997b, 143 (Anm. 3))
65. Empfänger von laufender Hilfe zum Lebensunterhalt in und außerhalb von Einrichtungen; Beauftragte der Bundesregierung (Hg.) 1997b, 143.

gerer Anteil an den Gesamtausgaben für Sozialhilfe gegenüber, dieser beläuft sich auf etwa 10 %, liegt also in etwa auf dem Niveau des Bevölkerungsanteils.[66] Die Struktur des Sozialhilfebezugs ähnelt dem für die deutsche Bevölkerung. Insbesondere für die Gruppe der seit längerer Zeit Ansässigen (über zehn Jahre) ergibt sich, »daß ausländische Haushalte zwar häufiger Sozialhilfe beziehen als deutsche; bei Kontrolle der wichtigsten sozio-ökonomischen Merkmale ist jedoch kein signifikanter Unterschied mehr festzustellen. Der häufigere Bezug von Sozialhilfe bei Ausländern ist damit nicht auf die nationale Herkunft, sondern auf deren schwächere soziale Struktur zurückzuführen.«[67] Angesichts des Faktums, daß jeder fünfte Sozialhilfeempfänger ausländischer Herkunft ist, kann die Beobachtung, daß prinzipiell mit längerer Aufenthaltsdauer die Häufigkeit des Sozialhilfebezuges sinkt, nicht mehr allein dahingehend interpretiert werden, daß Sozialhilfe als transitorische Integrationshilfe anzusehen ist. Das ist sie sicher auch, aber es bestätigt sich auch hinsichtlich der Sozialhilfe die Interpretation, daß die ausländische Bevölkerung in Deutschland deutlich sozial benachteiligt ist; und sich diese Lage nicht auf – wie auch immer begründet – ethnische Faktoren zurückführen läßt.

2.3.2 Bildungs- und Ausbildungssituation

Schulische Bildung

Die Daten der Armutsuntersuchung von DGB und Paritätischem Wohlfahrtsverband weisen aus (vgl. Tab. 24), daß die Arbeitsmigranten in Deutschland im Bereich der allgemeinen (schulischen) und der beruflichen Bildung eine deutliche Unterversorgung aufweisen. Maßstäbe sind hier die formalen allgemeinbildenden und die Berufsbildungsabschlüsse.[68] Während nur 3,0 % der deutschen Bevölkerung z. B. im Bereich der schulischen Bildung von Unterversorgung betroffen sind, trifft dies bei der ausländischen Bevölkerung auf 27,2 % zu. Noch gravierender sind die Zahlen im Bereich der beruflichen Bildung, mehr als die Hälfte der ausländischen Bevölkerung ist hier betroffen. Allerdings differenziert der Armutsbericht von DGB und DPWV nicht zwischen den Angehörigen der ersten Generation der Migranten und denen der zweiten oder dritten Generation. Für diese stellt sich der Befund weitaus komplexer dar.

Für die Bildungs- und Ausbildungssituation der ersten Generation lie-

66. Beauftragte der Bundesregierung (Hg.) 1997a, 55.
67. Büchel/Frick/Voges 1997, 288.
68. Vgl. DGB/Paritätischer Wohlfahrtsverband (Hg.) 1994, 156 ff.

gen überraschenderweise keine detaillierten Untersuchungen vor.[69] Dies ist insofern besonders bedauerlich, als unumstritten ist, daß die Höhe des Bildungsniveaus stärker als andere Variablen das Eingliederungsverhalten der Migranten beeinflußt.[70] »Wurde das Bildungsniveau kontrolliert, unterschieden sich Jugoslawen nicht von Türken in ihrem Eingliederungsverhalten, und ›kulturelle‹ Differenzen wie religiöse Bindungen oder die Bindung an eigenethnische Bräuche und Gewohnheiten erwiesen sich dann als bedeutungslos.«[71] Allerdings weisen die verschiedenen Migrantengruppen deutliche Unterschiede in ihrem Bildungsniveau auf. So haben etwa jugoslawische Arbeitsmigranten ein vergleichsweise hohes, türkische Arbeitsmigranten ein vergleichsweise niedriges Bildungsniveau; zudem kommen hier regionale und geschlechtsspezifische Faktoren hinzu (so etwa der hohe Anteil türkischer Frauen ohne Schulabschluß).

Weiter oben wurde bereits aufgezeigt, daß die überwiegende Mehrheit der Arbeitsmigrantinnen und -migranten als un- oder angelernte Arbeiter beschäftigt sind. Dies ergibt allerdings hinsichtlich deren Ausbildung ein etwas schiefes Bild, denn die ausländischen Beschäftigten weisen im Vergleich zu ihren deutschen Kollegen, die in den selben Positionen beschäftigt sind, häufig ein höheres Bildungsniveau auf. Mit der Migration ist also oft eine berufliche Abwärtsmobilität verbunden.[72]

Weitaus differenzierter erforscht ist die Bildungs- und Ausbildungssituation ausländischer Kinder und Jugendlicher, besonders der sogenannten *zweiten Generation*. Generell gilt auch hier, daß Kinder aus Migrantenfamilien insofern benachteiligt sind, als sie häufiger als deutsche Kinder eine Sonderschule oder die Hauptschule besuchen, das Bildungssystem ohne Lehrabschluß verlassen und seltener eine berufliche oder eine Universitätsausbildung absolvieren (vgl. Tab. 26).[73] Auch wenn andere Ursachen der Benachteiligung wie Aufenthaltsdauer und Generationenstatus, sozio-ökonomische Situation der Eltern, Wohnortbedingungen und Geschlecht in einer multivarianten Analyse ausgeschlossen werden, ergibt sich eine Benachteiligung ausländischer Kinder und Jugendlicher: »Weder eine kurze Anwesenheit noch die niedrige sozio-ökonomische Herkunft vieler ausländischer Familien können die deutlichen Benachteiligungen, welche Kinder einzelner ethnischer Gruppen im deutschen

69. Vgl. Nauck 1994, 121.
70. So Esser 1982, 1985b, Nauck 1988b.
71. Nauck 1994, 123.
72. Nauck 1994, 122.
73. So die Untersuchung von Alba/Handl/Müller 1994, vgl. auch Boos-Nünning 1994b.

Schulsystem erfahren, gänzlich oder größtenteils erklären. Die am durchgängigsten benachteiligten Gruppen, sind die Italiener und die Türken, die eine deutlich geringere Wahrscheinlichkeit als gleichaltrige Deutsche haben, ein Gymnasium zu besuchen, jedoch konsistent häufiger die Hauptschule besuchen und im Anschluß an diese auch seltener eine berufliche Ausbildung absolvieren.«[74] Dieses Ergebnis überrascht um so mehr, als die von Aufenthaltsdauer und gesellschaftlicher Akzeptanz so unterschiedlichen Gruppen wie Italiener und Türken zu den am stärksten Benachteiligten gehören, während z. B. Jugoslawen oder Griechen weniger stark betroffen sind. Griechische Schülerinnen und Schüler etwa besuchen sogar häufiger ein Gymnasium als deutsche oder Kinder anderer ethnischer Herkunft.

Tab. 26: Schulische Plazierung oder Bildungsabschluß der zweiten Generation verschiedener Nationalität 1989[75]

Herkunft	Hauptschule ohne Lehre	Hauptschule mit Lehre	Realschule ohne Lehre	Realschule mit Lehre	Gymnasium	Fach/ allg. Hochschulreife	Berufliche Ausbildung	Keinen Abschluß/ keine Angaben
13-15 Jahre alt								
Türkei	64,1	1,8	24,6		8,6		0,8	
Jugoslawien	52,6	2,3	27,7		16,8		0,6	
Italien	69,6	2,2	19,6		7,6		1,1	
Griechenl.	58,4	0,0	20,8		20,8		0,0	
Deutschland	34,1	1,3	32,7		31,4		0,5	
16-18 Jahre alt								
Türkei	28,9	26,3	17,4	7,4	10,6	0,0	8,9	0,6
Jugoslawien	21,1	20,2	14,9	14,9	22,8	0,0	6,1	0,0
Italien	27,2	30,4	15,2	7,6	10,9	0,0	7,6	1,1
Griechenl.	12,8	14,1	19,2	3,8	37,2	7,7	5,1	0,0
Deutschland	8,7	23,5	15,7	18,3	28,8	0,8	4,0	0,3
19-21 Jahre alt								
Türkei	32,8	29,7	7,7	8,7	6,7	7,2	3,1	4,1
Jugoslawien	14,8	42,6	5,6	25,9	5,6	1,9	3,7	0,0
Italien	33,3	28,6	10,5	18,1	2,9	2,9	2,9	1,0
Griechenl.	19,3	31,6	8,8	10,5	14,0	14,0	1,8	0,0
Deutschland	9,3	24,9	6,7	14,2	17,5	9,7	1,0	0,7

74. Alba/Handl/Müller 1994, 227.
75. Alba/Handl/Müller 1994, 220, Vergleichszahlen für Deutsche: 217. Daten aus der anonymisierten 70 Prozent-Unterstichprobe des Mikrozensus 1989.

Da über die formalen Bildungsabschlüsse die späteren Berufschancen maßgeblich verteilt werden, folgt aus der schlechteren schulischen Placierung, daß Kinder und Jugendliche aus Migrantenfamilien auch künftig auf dem Arbeitsmarkt über weniger oder schlechtere Möglichkeiten verfügen werden als deutsche. 1997 verließen 19,4 % der ausländischen Schülerinnen und Schüler die Schule ohne Abschluß (Deutsche 7,7 %), 42,7 % verfügten über einen Hauptschulabschluß (Deutsche 25,1 %) und 9,0 % über die allgemeine Hochschulreife (Deutsche 25,5 %).[76] Zwar war bis Anfang der 90er Jahre eine leicht steigende Bildungsbeteiligung zu beobachten, dieser Trend hat sich aber nicht durchgehalten, im Gegenteil steigt aktuell die Quote der Hauptschülerinnen und -schüler, während die Quote der Gymnasiasten und Gymnasiastinnen sinkt.[77] Gerade angesichts des Strukturwandels auf dem Arbeitsmarkt steht damit zu befürchten, daß sich die Arbeits- und ökonomische Situation von Migrantinnen und Migranten in Zukunft eher verschlechtert als verbessert.

Im Vergleich mit Kindern und Jugendlichen, die erst im schulpflichtigen Alter nach Deutschland gekommen sind, weisen die Angehörigen der zweiten Generation bessere Bildungsergebnisse auf, allerdings, wie die Tabelle zeigt, immer noch deutlich schlechtere als die deutsche Vergleichsgruppe.[78] Bei den Gründen, woher die deutlich schlechteren Ergebnisse kommen, hat das Bildungsniveau des Elternhauses das deutlich größte Gewicht; aber auch Faktoren wie Wohnortbedingungen und vor allem Geschlecht spielen eine nicht unerhebliche Rolle.[79] Die jeweilige ethnische Bindung im Elternhaus ist aber nicht durchgängig bestimmend: »Allgemein scheinen die Türken die ausgeprägteste, die Jugoslawen jedoch die geringste ethnische Bindung in allen Dimensionen aufzuweisen, obgleich dieses Muster nicht konsistent über alle Indikatoren verläuft. Italiener und Griechen belegen die mittleren Plätze. Auf diesen finden sich somit die nach den Angaben des Mikrozensus am wenigsten benachteiligte Gruppe (die Griechen) und eine der am meisten benachteiligten Gruppen (die Italiener).«[80] Zwar besteht eine Beziehung zwischen ethnischer Orientierung (vor allem im Sprachverhalten) und schulischer Karriere, die Benachteiligung von Migrantenkindern kann jedoch nicht allein auf diesen Faktor zurückgeführt werden.

Die vergleichsweise geringere Zahl von Abiturientinnen und Abitu-

76. Beauftragte der Bundesregierung (Hg.) 1999, 38 (Tab. 19).
77. Beauftragte der Bundesregierung (Hg.) 2000, 113 ff.
78. So auch Esser 1985b.
79. Vgl. Alba/Handl/Müller 1994, 223 ff.
80. Alba/Handl/Müller 1994, 228; nach Daten aus dem SOEP.

rienten wirkt sich natürlich auf die Zahl der Studierenden an den Hochschulen aus. Insgesamt sind 8,6 % der Studierenden Ausländer, von denen wiederum nur 34,5 % eine deutsche Hochschulzugangsberechtigung haben (sogenannte Bildungsinländer). Seit Wintersemester 1990/91 können sich Bildungsinländer (im Gegensatz zu anderen ausländischen Studierenden, denen sie zuvor gleichgestellt waren) wie ihre deutschen Kommilitonen bei der ZVS für zentral vergebene Studienplätze bewerben. Für nicht zentral vergebene Studienplätze gilt die Gleichstellung nach einer Entscheidung des Oberverwaltungsgerichts für das Land Nordrhein-Westfalen allerdings nicht.[81] Die größten Nationalitätengruppen bilden die türkischen und griechischen Studierenden, wobei der prozentuale Anteil bei den griechischen ungefähr dreimal so groß wie bei den türkischen ist. Die Sonderstellung der griechischen Schülerinnen und Schüler wirkt sich also auch auf die Hochschulen aus. Insgesamt steigt die Zahl der Bildungsinländer an den Hochschulen in den letzten Jahren kontinuierlich an, der Trend zu höherwertigen Schulabschlüssen setzt sich auch im Hochschulbereich fort.

Die Analyse der schulischen Bildung macht aber deutlich, daß sich eine Angleichung im Blick auf Bildung und Ausbildung für die Kinder von Arbeitsmigranten keineswegs »naturwüchsig« ergibt. Die Benachteiligung im Berufsleben vererbt sich gewissermaßen von der ersten auf die zweite Generation, wenn auch in beschränktem Rahmen Verbesserungen zu beobachten sind. Natürlich besteht die Option, bei der Hoffnung auf weitere Angleichung auf die Kinder der dritten und vierten Generation zu setzen. Ob sich diese Hoffnung allerdings erfüllen wird, ist angesichts der oben dargestellten Tendenz eher fragwürdig. Deutlich wird jedenfalls, daß ein durchgängiges Konzept für Veränderungen im schulischen und betrieblichen Bildungssystem bislang nicht festzustellen ist; wenn dies auch unter dem Stichwort »interkulturelle Erziehung« immer wieder propagiert wird. Zumal auch hier Vorsicht geboten ist, weil es gute Gründe gibt, die Gründe für ethnische Benachteiligung im System Schule überhaupt festzumachen.[82] Wenn dem so ist, werden auch gutgemeinte Konzepte an der »institutionalisierten Diskriminierung von Migrantenkindern«[83] wenig ändern.

81. Vgl. Beauftragte der Bundesregierung (Hg.) 1995, 31.
82. So die Argumentation von Bommes/Radtke 1993 und Diehm/Radtke 1999, 102 ff.
83. So der Titel der zuvor genannten Arbeit.

Berufliche Bildung

»Auch heute noch ist die Ausbildungssituation nichtdeutscher Jugendlicher problematisch. Mehr als die Hälfte der jungen Frauen [...] und fast die Hälfte der jungen Männer, die heute 20-30 Jahre alt sind, haben keinen beruflichen Bildungsabschluß. Ein Teil dieser Gruppe ist arbeitslos, ein anderer Teil hat sich aus dem offiziellen Arbeitsmarkt zurückgezogen oder ist in den grauen Markt von Gelegenheitsarbeiten und ungesicherten Beschäftigungsverhältnissen ausgewichen, andere arbeiten als Ungelernte.«[84] Dem entspricht, daß der Anteil von ausländischen Jugendlichen an allen Auszubildenden 1991 mit knapp 8 % nur knapp halb so hoch war, wie ihr Anteil an der gleichaltrigen Bevölkerung.[85] Hinzu kommt, daß das Berufsspektrum ausländischer Jugendlicher weitaus enger ist als das der gleichaltrigen Deutschen. »Nach wie vor lernen viele von ihnen einen Beruf, dessen Verwertbarkeit auf dem Arbeitsmarkt als gering zu veranschlagen war und ist. Ausländische Auszubildende sind überdurchschnittlich in weniger zukunftsträchtigen Branchen oder gering bezahlten Tätigkeiten zu finden.«[86] In den lukrativeren und – zumindest tendenziell – perspektivreicheren Bereichen wie z.B. Kredit- und Versicherungsgewerbe sind ausländische Auszubildende unterrepräsentiert. Dies liegt unter anderem auch daran, daß ausländische Jugendliche in einigen Ausbildungsbereichen weiterhin auf Ablehnung stoßen.[87] Die Situation wird noch dadurch verschärft, daß ausländische Jugendliche, trotz hoher Ausbildungsmotivation, einmal eingegangene Ausbildungsverhältnisse häufiger abbrechen als deutsche; dies trifft insbesondere auf ausländische Mädchen zu.[88]

Die insgesamt schlechtere Ausbildungssituation wirkt sich auch auf die Berufseinstiegsphase aus. Bei einer Untersuchung der ersten fünf Berufsjahre zeigte sich, daß ausländische Arbeitskräfte in dieser Phase sowohl seltener permanent erwerbstätig und sehr viel häufiger von Arbeitslosigkeit betroffen sind als ihre deutschen Kolleginnen und Kollegen (47 % gegenüber 34 %) als auch zeitlich länger, woraus geschlossen werden kann, daß sie in instabileren Beschäftigungsverhältnissen arbeiten und insgesamt geringere Arbeitsmarktchancen besitzen.[89] Für diese Benachteiligung sind in der Interpretation von Seifert vor allem strukturelle Zu-

84. Beauftragte der Bundesregierung (Hg.) 1995, 28.
85. DIW 1994, 36.
86. Beauftragte der Bundesregierung (Hg.) 1995, 29.
87. Beauftragte der Bundesregierung (Hg.) 1995, 30.
88. Ebd.
89. Seifert 1995, 147 f.

sammenhänge verantwortlich, denn es »sprechen viele Anzeichen für die Annahme struktureller Barrieren beim Prozeß der beruflichen Statusallokation, denn es hat sich gezeigt, daß es für Ausländer der zweiten Generation, unabhängig vom Bildungsgrad, besonders schwierig ist, einen Ausbildungsplatz zu erlangen und auf dem Arbeitsmarkt Fuß zu fassen. Bereiche mit hoher Attraktivität, die von deutschen Bewerbern stark nachgefragt werden, bleiben ihnen weitgehend verschlossen. Wenn sie sich allerdings auf dem Arbeitsmarkt etablieren konnten, können sie auch entsprechende finanzielle Erträge erwarten.«[90]

Schul- und Ausbildungssituation ausländischer Frauen und Mädchen

In den vorigen Abschnitten wurde bereits mehrfach auf die besondere Schul- und Berufssituation ausländischer Mädchen und Frauen eingegangen. Dies soll nun etwas vertieft werden. Von den 7,174 Millionen in Deutschland lebenden ausländischen Staatsangehörigen waren 1995 43,9 % Mädchen und Frauen, davon ca. 60 % jünger als 35 Jahre,[91] bei Kindern und Jugendlichen unter 21 Jahren ist das Verhältnis 47 % zu 53 %.[92] Wie weiter oben bereits angesprochen, nimmt der weibliche Anteil an der ausländischen Bevölkerung kontinuierlich zu. Waren in der Zeit der Anwerbung ausländischer Arbeitskräfte vor allem Männer nach Deutschland migriert, hat sich dies nach dem Anwerbestopp durch den Familiennachzug verändert. Ein höherer Frauenanteil findet sich nur bei Migranten aus Nordeuropa sowie aus Korea, Thailand und den Philippinen.[93]

Die Bildungs- und Ausbildungssituation der Mädchen und Frauen der zweiten Generation ist deutlich besser als die ihrer Mütter. Auch im Vergleich zu den männlichen Kindern und Jugendlichen besitzen sie die besseren und weiterführenden Schulabschlüsse: mehr als ein Drittel der weiblichen, aber nur ein Viertel der männlichen ausländischen Schulabgänger verfügt über einen Realschulabschluß oder das Abitur.[94] Allerdings hat dies kaum einen Einfluß auf den Übergang in das Berufsleben. Dies zeigt sich z.B. an der Ausbildungsbeteiligung. So ist der Anteil der

90. Seifert 1995, 162.
91. Statistisches Jahrbuch 1996, 68 ff.
92. Beauftragte der Bundesregierung (Hg.) 1995, 72.
93. Beauftragte der Bundesregierung (Hg.) 1995, 65; als Gründe hierfür nennt die Ausländerbeauftragte neben der Arbeitsmigration auch Eheschließung mit Deutschen und Heiratshandel.
94. Vgl. Granato/Meissner 1994, 35 ff.

ausländischen Mädchen und Frauen an den ausländischen Auszubildenden zwar annähernd so hoch wie bei der deutschen Vergleichsgruppe, insgesamt liegt der Anteil jedoch weit unter dem der deutschen Gruppe: nur ein Drittel der ausländischen Schulabgängerinnen befindet sich in einer Berufsausbildung (deutsche zwei Drittel) und 44 % der 20 bis 25jährigen Migrantinnen bleiben ohne Berufsausbildung (deutsche 14 %).[95] Generell gilt, daß je früher die Einreise erfolgt ist, um so größer die Wahrscheinlichkeit ist, Schulabschluß und Ausbildung zu erhalten, am größten sind die Chancen für die in Deutschland Geborenen.

Ein weiteres Problem ist, daß sich die Ausbildungsberufe auf nur wenige Bereiche konzentrieren, mehr als die Hälfte der weiblichen Auszubildenden erhalten ihre Lehre in den fünf Berufen Friseurin (25,8 %), Verkäuferin (7,0 %), Einzelhandelskauffrau (6,7 %), Krankenschwester (6,6 %) und Arzthelferin (6,5 %),[96] also zudem in Berufen, die nur geringe Karrierechancen bieten. Ein Grund hierfür könnte sein, daß in diesen auch eher traditionellen Berufen am ehesten die Möglichkeit gesehen wird, verschiedene Erwartungen integrieren zu können, also etwa sowohl die Orientierung an der Familie als auch der Wunsch, nach eigenem Einkommen und finanzieller Unabhängigkeit. Berufs- und Familienarbeit sollen miteinander vereinbar sein. »Diese Erwartungen wirken sich schon in der Schullaufbahn aus, die bei Mädchen eher als bei Jungen diskontinuierlich verläuft und häufiger abgebrochen wird. Denn Mädchen werden oft früh in die Familienarbeit einbezogen – sie betreuen jüngere Geschwister oder werden zur Pflege der Großeltern im Herkunftsland herangezogen. Die Vereinbarkeit von Berufs- und Familienarbeit wie auch die Bindung der Ausbildung der Töchter an die Zukunftspläne der Eltern hat im Ausbildungsbereich zur Folge, daß viele junge Frauen nur wenige Berufe in Betracht ziehen können – Berufe, die auch im Herkunftsland der Eltern ausgeübt werden können und eher den Vorstellungen über Frauen angemessene Berufe entsprechen.«[97]

Trotz der Verbesserung der Situation sind ausländische Mädchen und Frauen immer noch doppelt benachteiligt: als Ausländerinnen und als Frauen. Als Frauen, weil sie trotz besserer schulischer Bildung über deutlich schlechtere Berufschancen verfügen als Männer, als Ausländerinnen, weil sie auf qualitativ schlechtere Berufe und Branchen beschränkt sind.

95. Beauftragte der Bundesregierung (Hg.) 1995, 66.
96. Granato/Meissner 1994, 72.
97. Beauftragte der Bundesregierung (Hg.) 1995, 66f.

Sprachkenntnisse

Gute Deutschkenntnisse sind eine Voraussetzung für den Schulerfolg, die Ausübung qualifizierter beruflicher Tätigkeiten, aber auch für die soziale Integration in Deutschland. Die Bedeutung guter Sprachkenntnisse wird auch von den Migrantinnen und Migranten betont; »96 % halten es für wichtig, Deutsch zu können, um rechtliche Ansprüche wahrnehmen zu können, um sich besser im Leben zurechtzufinden, aber auch wegen besserer Kontaktmöglichkeiten zu Deutschen.«[98] Dem entspricht, daß sich die Sprachkenntnisse der Migranten in der letzten Zeit gesteigert haben.

Tab. 27: Selbsteinschätzung der deutschen Sprachkenntnisse[99]

	Türken			ehem. Jugoslawien			Italiener			Griechen		
	1995	**1985**	**1980**	**1995**	**1985**	**1980**	**1995**	**1985**	**1980**	**1995**	**1985**	**1980**
sehr gut	17,6	6,5	3,7	14,2	18,9	6,4	17,8	12,9	5,5	17,6	15,6	10,4
gut	28,1	32,5	25,0	24,1	31,0	33,8	35,1	34,7	24,0	31,1	34,9	30,1
mittel	27,5	42,3	58,6	30,5	40,4	46,9	30,8	43,6	47,3	30,8	41,4	49,5
schlecht	18,0	17,7	11,8	20,2	8,8	11,2	12,4	7,7	20,2	14,0	7,7	8,8
sehr schlecht	6,8	1,1	0,9	8,4	1,0	1,8	3,2	1,2	3,1	5,6	0,4	1,2
keine	2,1	*	*	2,3	*	*	0,7	*	*	0,9	*	*
Summe	100	100	100	100	100	100	100	100	100	100	100	100

Detailliert betrachtet ergibt dieses Ergebnis ein in mancher Hinsicht interpretationsbedürftiges Bild. Zwar ist die Zahl derer, die ihre Sprachkenntnisse mit »sehr gut« einschätzen, deutlich gestiegen; allerdings auch die Zahl derer, die angeben, nur über »sehr schlechte« oder keine Kenntnisse zu verfügen. Die relative Verschlechterung bei Befragten aus dem ehemaligen Jugoslawien ist offensichtlich durch die Zuwanderung von Flüchtlingen nach 1992 zu erklären. Auch bei den Befragten türkischer Staatsangehörigkeit dürfte die Steigerung auf Personen zurückzuführen sein, die als Flüchtlinge nach Deutschland gekommen sind. Unklar ist jedoch, wie sich die Zahlen für die griechischen und italienischen Migrantinnen und Migranten erklären lassen.

Differenziert man das Ergebnis nach Altersgruppen, zeigt sich ein star-

98. Seifert 1995, 117.
99. Mehrländer/Ascheberg/Ueltzhöffer 1996, 270. Diese Zahlen decken sich weitgehend mit der Einschätzung durch die Interviewer; vgl. ebd.: 281. Vergleichbare Ergebnisse berichtet auch Seifert 1996, 427 auf der Basis der SOEP-Daten.

ker Zusammenhang zwischen Sprachkenntnissen und Lebensalter. Die Angehörigen der zweiten Generation verfügen im Gegensatz zu den älteren Migranten weitestgehend über gute Sprachfähigkeiten.[100] Allerdings ist dies weiter zu differenzieren, denn die Sprachkenntnisse sind nicht allein vom Alter und Generationenstatus abhängig, sondern sie variieren auch nach Geschlecht und Bildung. »Auf der einen Seite ordnen sich bei allen vier Nationalitäten Frauen in etwas höherem Maße in der Kategorie ›sehr gut‹ ein als Männer. (Am ausgeprägtesten ist dieser Unterschied beim türkischen Bevölkerungsteil. Dort gibt jede 5. Frau an, die deutsche Sprache ›sehr gut‹ zu beherrschen, aber nur knapp 16 % der Männer.) Auf der anderen Seite geben aber auch mehr Frauen an, die deutsche Sprache nur ›schlecht‹ bis ›überhaupt nicht‹ zu sprechen. Mit knapp 35 % ist dieser Anteil bei den Jugoslawinnen am höchsten (Türkinnen: 32 %).«[101] Generell jedoch zeigt sich bei den Männern eine bessere Sprachkompetenz als bei den Frauen. »Diese geschlechtsspezifischen Differenzen sind größtenteils auf eine stärkere Einbindung der Männer in das Erwerbsleben zurückzuführen, denn 52 % der voll- und teilzeiterwerbstätigen Frauen beurteilen 1989 ihre Sprechkenntnisse als gut, aber nur 29 % der nichterwerbstätigen Frauen.«[102]

Insgesamt zeigt die Beobachtung von Zeitreihen, daß die Dauer des Aufenthalts allein einen geringeren Einfluß auf die Verbesserung der Sprachfähigkeit hat als der Besuch einer deutschen Schule; wobei die Sprachkenntnisse mit dem jeweiligen Bildungsabschluß korrelieren, obwohl sich die Differenz zwischen Personen mit Hauptschulabschluß und mit Abitur deutlich verringert hat. Die Möglichkeit, Sprachkurse zu besuchen, die vom Bundesministerium für Arbeit und Sozialordnung gefördert werden, wird nur von einer kleinen Gruppe genutzt (1993 knapp 70 000).[103] Interessant in diesem Zusammenhang ist darüber hinaus, daß sich eine Korrelation zwischen einer stärkeren deutschen Sprachkompetenz und einer Abnahme der muttersprachlichen Kompetenz empirisch nicht nachweisen läßt. Dies gilt auch für die Angehörigen der zweiten Generation. Der Anteil derer, die angeben, über keine oder sehr schlechte muttersprachliche Kenntnisse zu verfügen, ist außerordentlich gering.

100. Z. B. gaben 30,9 % der Türkinnen und Türken bis 24 Jahre an, über sehr gute Sprachkenntnisse zu verfügen, bei den über 45 Jährigen nur 1,6 % (Italiener 36,7 % gegenüber 6,3 %, Griechen 37,9 % gegenüber 4,7 %); vgl. Mehrländer/Ascheberg/Ueltzhöffer 1996, 273 ff.
101. Mehrländer/Ascheberg/Ueltzhöffer 1996, 269.
102. Seifert 1995, 121.
103. Beauftragte der Bundesregierung (Hg.) 1995, 97 f.

Es ist also davon auszugehen, daß die überwiegende Mehrheit der Kinder aus Migrantenfamilien zweisprachlich aufwachsen.[104]

2.3.3 Wohnsituation

Bei der Beschreibung der Wohnsituation der in Deutschland lebenden Ausländer ist aufgrund des unterschiedlichen rechtlichen Status und dem daraus resultierenden (fehlenden) Zugang zum Wohnungsmarkt zu unterscheiden zwischen hier lebenden Arbeitsmigranten und -migrantinnen und Asylsuchenden. Darüber hinaus sind die Wohnbedingungen (also Wohnungsgröße und -ausstattung) und sozialräumliche Segregation getrennt darzustellen, obwohl es zwischen beiden Größen Verbindungen gibt.

Wohnraumsituation der Arbeitsmigrantinnen und -migranten

Während zu Beginn der regulären Arbeitsmigration die ausländischen Arbeitnehmerinnen und -nehmer fast ausschließlich in Gemeinschaftsunterkünften wohnten, trifft dies zur Zeit nur für eine kleine Minderheit zu. 90,3 % wohnen in einer gemieteten Wohnung, einem gemieteten Haus oder zur Untermiete, 6,5 % sind Eigentümer von Wohnungen oder einem Haus und 3,3 % wohnen in einem Wohnheim oder in Gemeinschaftsunterkünften.[105] Dies trifft allerdings nicht auf Personen zu, die sich im Asylverfahren befinden. Generell sind in Deutschland lebende Ausländerinnen und Ausländer in etwa dreifach höherer Weise von *Wohnraumunterversorgung* betroffen als Bundesbürgerinnen und -bürger (44,2 % gegenüber 11,5 %) und in etwa doppeltem Maße von einer Unterversorgung bei der Wohnungsausstattung (8,3 gegenüber 4,4 %) (vgl. Tab. 24). Zwar hat sich die Qualität der Wohnungsausstattung im Verlauf der letzten Jahre kontinuierlich verbessert, insgesamt liegt sie jedoch weiterhin hinter der der deutschen Bevölkerung zurück. Verfügten 1989 nur 58 % der ausländischen Haushalte über eine Zentralheizung (deutsche Haushalte 84 %), 89 % über eine Toilette in der Wohnung (deutsche Haushalte

104. Vgl. Mehrländer/Ascheberg/Ueltzhöffer 1996, 288 f.
105. Mehrländer/Ascheberg/Ueltzhoeffer 1996, 257 (Tab. 167); die Daten beruhen allerdings auf einer Umfrage bei Angehörigen der »klassischen« Migrationsländer (Griechen, Italiener, Türken und Personen aus den Ländern des ehemaligen Jugoslawien). Interessant sind hier die Veränderungen: 1980 lebten noch 9,7 % der Menschen aus dieser Personengruppe in Gemeinschaftsunterkünften und Wohnheimen, während der Anteil der Haus- bzw. Wohnungseigentümer bei 2,3 % lag.

97 %) und 85 % über ein Bad in der Wohnung (deutsche Haushalte 98 %),[106] hat sich die Wohnungsausstattung mittlerweile dem Standard deutscher Wohnungen weitgehend angenähert.[107] Eine deutliche Diskrepanz besteht bei der pro Kopf zur Verfügung stehenden Wohnfläche, diese betrug 1993 bei ausländischen Personen 21 qm (Deutsche 33 qm) bei durchschnittlich 1,1 Räumen pro Person (Deutsche (1,8).[108] bei ausländischen Personen ging die durchschnittliche Wohnfläche seit 1984 zurück, während sie bei Deutschen leicht anstieg.[109] Unter besonders beengten Verhältnissen müssen türkische Familien leben, ihnen stand 1989 nur 17,9qm pro Person zur Verfügung.[110] Die insgesamt schlechtere Wohnqualität schlägt sich allerdings nicht in niedrigeren Mieten nieder. Nach der Wohnungsstichprobe von 1993 liegt der Quadratmeterpreis bei ausländischen Haushalten bei DM 9,82, während er bei deutschen Haushalten DM 8,56 beträgt.[111] Ausländische Haushalte bezahlen also einen um ein Siebtel erhöhten Mietpreis und erhalten dafür Wohnungen mit durchschnittlich geringerer Qualität.

In besonderem Maße sind größere Familien von der Wohnraumknappheit betroffen: »Geht man von der Annahme aus, daß die Wohnungsversorgungslage zufriedenstellend ist, wenn Haushaltsgröße und Personenzahl annähernd übereinstimmen, so konnten die ausländischen Ein- und Zweipersonen-Haushalte als gut versorgt gelten, wohingegen im Bereich der Dreipersonenhaushalte und mehr deutliche Versorgungsdefizite zu verzeichnen waren. Mit zunehmender Haushaltsgröße stieg der Anteil der Ausländer, der unterversorgt war. Das Ausmaß dieses Versorgungsdefizits gewinnt an Brisanz, wenn berücksichtigt wird, daß fast 50 % der Ausländer in Haushalten mit vier und mehr Personen lebten – hier belief sich die Unterversorgung auf rund 90 %.«[112]

Sozialräumliche Segregation

Die gut 7,3 Millionen Menschen ohne deutsche Staatsangehörigkeit (Stand 1996) in Deutschland verteilen sich räumlich sehr unterschiedlich auf das Bundesgebiet. So lag 1990 zwar der Anteil an Einwohnern mit

106. Seifert 1995, 230.
107. Beauftragte der Bundesregierung (Hg.) 1997a, 67.
108. Beauftragte der Bundesregierung (Hg.) 1997a, 66.
109. Seifert 1995, 231.
110. Ebd.
111. Beauftragte der Bundesregierung (Hg.) 1997a, 68.
112. Waschke 1994, 5 mit Bezug auf eine Untersuchung in Köln (Keßler/Ross 1991).

ausländischer Staatsangehörigkeit insgesamt bei 8,2 %, die Verteilung differierte jedoch zwischen 5 % in *ländlichen Gebieten* und 15 % in *städtischen Ballungsgebieten*.[113] Insgesamt leben rund 80 % der Migrantinnen und Migranten in Städten mit mehr als 100000 Einwohnern.[114] Am höchsten ist der Ausländeranteil (Zahlen von 1995) mit 17,8 % in Großstädten mit einer Einwohnerzahl zwischen 500000 und 1 Million (z. B. Frankfurt 30,1 %, Stuttgart 24,1 %, München 23,6 % oder Köln 20,5 %).[115] Generell wächst in den Städten die ausländische Bevölkerung, vor allem aufgrund des positiven Saldos zwischen Zu- und Wegzügen.

Darüber hinaus ist der Anteil der ausländischen Wohnbevölkerung *regional* sehr ungleich verteilt. Schwerpunkte sind der süddeutsche Raum (Baden-Württemberg 12,3 %), Hessen, dort vor allem das Rhein-Main-Gebiet (14,8 %), Nordrhein-Westfalen (10,6 %) sowie die Städte (Hamburg 16,1 %, Berlin 12,5 % und Bremen 11,4 %). In den neuen Bundesländern (außer Berlin) hingegen ist der Ausländeranteil mit 1,5 % auf sehr niedrigem Niveau; ähnliches gilt für die norddeutschen Bundesländer (Niedersachsen 5,8 %, Schleswig-Holstein 4,9 %) und das Saarland (6,7 %).[116] Den bundesweit regional höchsten Anteil ausländischer Bevölkerung hat das Rhein-Main-Gebiet mit den Städten Frankfurt (30,1 %), Offenbach (29,8 %), Mainz (18,9 %) und Wiesbaden (18,1 %).[117] Es wird deutlich, daß die ausländische Bevölkerung dort am größten ist, wo ein Bedarf an Arbeitskräften – vor allem in der Industrie – am höchsten war bzw. noch ist; dies zeigt sich z. B. auch daran, daß in Städten mit Automobilproduktion (Rüsselsheim, Sindelfingen, Ingolstadt, Köln, Stuttgart) durchgehend ein überproportionaler Ausländeranteil zu verzeichnen ist.[118] »Die Verteilung der verschiedenen Nationalitäten ist dabei keineswegs einheitlich. Menschen aus der Türkei sind beispielsweise überdurchschnittlich in Regionen vertreten, deren Industrie vom Bergbau sowie der Eisen- und Stahlerzeugung geprägt ist: In Gelsenkirchen, Salzgitter, Duis-

113. Waschke 1994, 3.
114. Beauftragte der Bundesregierung (Hg.) 1997a, 64.
115. Beauftragte der Bundesregierung (Hg.) 2000, 241 (Tab. 11).
116. Statistisches Jahrbuch 1995, 47 und 67, eigene Berechnung sowie Statistisches Jahrbuch Deutscher Gemeinden 1996, 160 ff.
117. Statistisches Jahrbuch Deutscher Gemeinden 1996, 160 ff.; selbst die Stadt Bad Homburg, die als bevorzugtes Wohngebiet für höhere Einkommensgruppen gilt, liegt mit 16,5 % vor Städten wie Hamburg oder Essen. (a. a. O., 142 ff.).
118. Vgl. dazu auch Bucher/Kocks/Siedhoff 1991, 504 und die Übersichtskarte S. 506.

burg, Herne und Bottrop ist über die Hälfte aller Migranten türkischer Staatsangehörigkeit.«[119]

Aber auch innerhalb der Städte ist die ausländische Bevölkerung nicht gleichmäßig verteilt. In Berlin z. B. schwankt der Anteil zwischen 31,4 % in Kreuzberg oder 26,0 % im Wedding und etwa Marzahn 3,3 % oder Hellersdorf (2,2 %). Dies kann in Berlin noch auf die Folgen der Teilung zurückgeführt werden. Aber auch in anderen Großstädten läßt sich eine Schwerpunktbildung der ausländischen Bevölkerung beobachten.[120] Dabei fällt auf, daß der *Segregationsgrad* ausländischer deutlich über dem der deutschen Arbeitnehmer liegt; ein Hinweis darauf, daß die Segregation der ausländischen Bevölkerung nicht einfach auf die klassenmäßige Zugehörigkeit reduziert werden kann, was etwa Ipsen 1978 nahelegt. Generell liegt in den Städten der Ausländeranteil am höchsten in Gebieten mit »hohem Anteil an Gewerbe- oder Industrienutzung des tertiären (innerstädtische Gebiete) oder des sekundären Sektors mit entsprechend geringer Wohnumweltqualität« und mit »hohem Anteil an alter bis sanierungsreifer Bausubstanz und schlecht ausgestattetem Wohnraum«.[121] Die Konzentration auf Gebiete mit schlechter Wohnqualität hat dabei auch Auswirkungen auf das gesellschaftliche Ansehen. »Daraus entsteht ihre pauschale gesellschaftliche Zuordnung zu einer städtischen Armutsbevölkerung, die ihre nachhaltige Wirkung dadurch erhält, daß in den gleichen Wohngebieten auch solche deutschen Bevölkerungsgruppen untergebracht sind, die als ausgegrenzt gelten oder unter das Schlagwort ›Neue Armut‹ fallen.«[122]

In der öffentlichen Diskussion wird diese Entwicklung häufig mit der These »erklärt«, daß die *räumliche Segregation freiwillig* sei; Migranten hätten das Bedürfnis, mit Landsleuten zusammenzuleben. Diese These entpuppt sich bei näherer Analyse als ein Mythos. »Alle bekannten Forschungsarbeiten, die diese Frage mit unterschiedlichen methodischen Ansätzen, mit variierender Frageformulierung, in unterschiedlichen geographischen Gebieten, mit unterschiedlichen Stichproben und zu unterschiedlichen Zeitpunkten innerhalb eines Zeitraums von über 10 Jahren untersucht haben, sind mit nahezu identischen Ergebnissen zu dem Schluß gekommen, daß die überwiegende Mehrheit der Ausländer, insbesondere der Türken, in deutschen oder gemischten Nachbar-

119. Beauftragte der Bundesregierung (Hg.) 1997a, 64.
120. Vgl. Eichener 1988, 166 ff.
121. Eichener 1988, 175.
122. Waschke 1994, 2.

schaften und nur eine Minderheit ausschließlich unter Landsleuten leben will.«[123]

Der räumlichen Segregation und Konzentration in bestimmten Stadtteilen folgt meist die Entwicklung einer *ausländerspezifischen Infrastruktur.* »Wenn innerhalb ihres räumlichen Einzugsbereichs eine ausreichende Zahl von potentiellen Nutzern (Nachfragern, Besuchern) gesehen wird, lohnt sich die Eröffnung national orientierter Institutionen aus kommerziellen, nationalistischen, religiösen, politischen oder karitativen Motiven. Bei hinreichender Konzentration einer ethnischen Gruppe innerhalb eines Wohngebiets kann so ein vollständiges System nationalitätsspezifischer Infrastruktur alternativ zu den Institutionen der Aufnahmegesellschaft etabliert werden.«[124] Diese Infrastruktur erstreckt sich vom Verkauf ethnisch typischer Lebensmittel über Dienstleistungsangebote (Reisebüros, Versicherungen) zu Gastronomie, Freizeiteinrichtungen, religiösen und kulturellen Gruppen (Kulturvereine, Volkshäuser etc.).

Kontrovers diskutiert wird die Frage, inwieweit eine *räumliche Konzentration* ethnischer Gruppen in Stadtgebieten – mit den geschilderten Folgen – deren Integration in die Gesellschaft hemmt oder fördert. Während eine Vielzahl von Autoren[125] von einer integrationshemmenden Wirkung ethnischer Konzentration und Kolonienbildung ausgehen, führt Alpheis[126] gerade empirische Argumente gegen diese These an. Bei einer Untersuchung türkischer Migranten kommt Alpheis zu dem Ergebnis, daß die ethnische Struktur des Wohngebiets keinen nennenswerten Einfluß auf Anzahl und Dichte der interethnischen Kontakte hat.[127] Vor allem diese nimmt er als Gradmesser für Integration. Denn die Präferenz für den Einkauf in ethnisch geprägten Lebensmittelgeschäften ist noch kein Hinweis für den Grad der Eingliederung in die Aufnahmegesellschaft. Umgekehrt hat die sichtbare Präsenz von Ausländern im Wohngebiet nicht den Anstieg von Fremdenfeindlichkeit zur Folge, im Gegenteil liegt die fremdenfeindliche Einstellung bei Kontakten mit Ausländern als Nachbarn oder im Wohngebiet unter dem Durchschnitt der Bevölkerung.[128] Deutlicher noch kann sogar gesagt werden, daß die Integrationsbereitschaft der deutschen Bevölkerung abhängig ist von der An-

123. Eichener 1988, 38.
124. Eichener 1988, 186.
125. Z.B. Eichener 1988 oder Hoffmeyer-Zlotnik 1977, mit Abstrichen auch Heckmann 1992.
126. Alpheis 1990.
127. Zu den gleichen Ergebnissen kommt auch Esser 1990, 42ff.
128. Vgl. Silbermann 1995, 60ff.

wesenheit von Ausländern im Wohngebiet: »Durchgängig zeigt sich dabei im Westen eine positive Beziehung zwischen Ausländern im Wohngebiet und der Integrationsbereitschaft, die allerdings in den unterschiedlichen Stadtlagen unterschiedlich stark ausgeprägt ist: So übersteigt die Integrationsbereitschaft in *innerstädtischen Gebieten* mit Ausländern nur relativ schwach die in Gebieten ohne Ausländer.«[129] Das nun liegt an dem innerstädtischen Verhaltensmuster der Distanz; so zeigen sich die Innenstadtbewohner vor allem indifferent gegenüber der Integration von Ausländern unabhängig davon, ob Kontakte vorliegen oder nicht.[130] Noch deutlicher als die Anwesenheit von Ausländern wirken sich Kontakte mit Ausländern auf die Integrationsbereitschaft der deutschen Bevölkerung aus.[131] Auch hier weichen die Ergebnisse in Innenstadtgebieten mit hohem Ausländeranteil vom allgemeinen Trend ab, denn dort ist die Segregationsneigung relativ hoch. Aber auch hier ist dieser Effekt vor allem durch die indifferente Haltung der Bewohner bestimmt.

Darüber hinaus besteht kein Zusammenhang zwischen ausländerfeindlicher Gewalt und Ausländerbevölkerung: Zu ausländerfeindlich motivierter Gewalt kam es bislang eher in Städten mit vergleichsweise geringem Ausländeranteil, während in den Städten mit extrem hohem Ausländeranteil (etwa Frankfurt oder Offenbach) die Gewaltrate gering ist. Zwar können diese Beobachtungen auch als Argumente für desegregierende Maßnahmen herangezogen werden (etwa im Blick auf eine Senkung der ausländerfeindlichen Einstellung von Teilen der deutschen Bevölkerung), andererseits belegen diese Befunde auch, daß die räumliche Konzentration von Ausländern auch von Seiten der deutschen Wohnbevölkerung nicht unbedingt als Integrationshindernis angesehen wird.

An dieser Stelle ist noch einmal auf die in Abschnitt II.2.1 beschriebene Funktion von ethnischen Kolonien aufmerksam zu machen. Gerade für Migranten der ersten Generation haben diese Kolonien eine stabilisierende Funktion durch eine Binnenintegration. Diese Zwischenwelt (vgl. Abschnitt II.2.2), die relative Verhaltenssicherheit, die durch gewohnte Lebensweisen, Verankerung in ethnisch geprägten Vereinen usw. gestützt wird, kann sich unter bestimmten Bedingungen positiv auf die Integration in die Gesellschaft auswirken. »Der Umstand, daß diese Zwischenwelt ein Produkt von Versuchen der Migranten ist, mit der Einwanderung verbundene Probleme in der neuen Umgebung zu lösen, macht die ethnische

129. Böltken 1994, 85.
130. Ebd.
131. Böltken 1994, 88 ff.

Kolonie auch zu einer Übergangssituation.«[132] Allerdings sind ethnisch geprägte Wohngebiete nicht einfach identisch mit den ethnischen Kolonien. Vielmehr haben sie die Struktur eines sozialen Netzwerkes, für das räumliche Nähe zwar hilfreich sein kann, die aber nicht die Voraussetzung für sein Entstehen ist. Soziale Netzwerke entstehen als Beziehungsmuster quer zu räumlicher Segregation und häufig auch quer zu traditionellen Beziehungsmustern.[133] Damit wird deutlich, »daß die binnenintegrierte Gruppe ein Rückzugsfeld vor den Überlastungen eines verunsicherten Alltags ist«, zugleich aber auch »daß von diesem Rückzugsfeld her nun emotional besser gesichert, weitaus selbstbewußter, Kontakte zur Außenwelt anknüpfen kann.«[134]

Gründe für die Benachteiligung von Ausländern auf dem Wohnungsmarkt

Wohnraumunterversorgung und räumliche Segregation sind nicht allein auf direkte ethnische Diskriminierung und/oder selbstgewollte Segregation zurückzuführen. Der Zugang zu Wohnraum ist auch weitgehend bestimmt durch die sozioökonomische Position, die, wie weiter oben zu sehen war, wesentlich dadurch gekennzeichnet ist, daß ausländische Arbeitnehmer in der überwiegenden Mehrheit als un- oder angelernte Arbeiter beschäftigt sind. Insofern gehört die Wohnsituation der ausländischen Bevölkerung zu den allgemeinen Phänomenen der ungleichen Lebenschancen für unterschiedliche Schichten der Bevölkerung.[135] Allerdings tritt zur ökonomischen Benachteiligung eine ethnische Komponente hinzu. Bei ausländischen und deutschen Arbeitnehmern gleicher beruflicher Position ist eine deutliche Benachteiligung der ausländischen Gruppe zu beobachten.[136] Auch bei höheren Einkommen und damit höherer Zahlungsfähigkeit und -bereitschaft leben ausländische Personen unter qualitativ schlechteren Wohnverhältnissen als deutsche Personen.[137] Ausländer sind also aufgrund ihres beruflichen Status und ihrer Herkunft einer doppelten Deprivation ausgesetzt. Wegen dieser Situation treten Arbeitsmigrantinnen und -migranten kaum als Konkurrenten ge-

132. Heckmann 1992, 116.
133. Vgl. Keupp 1995a.
134. Elwert 1982, 728.
135. Worauf besonders Ipsen aufmerksam macht; vgl. D. Ipsen 1978, 572.
136. Eichener 1988, 32.
137. So Kürsat-Ahlers 1993, 221 mit Bezug auf türkische Arbeitnehmer der Ruhrkohle AG.

genüber der deutschen Bevölkerung auf dem Wohnungsmarkt auf. Vielmehr ist davon auszugehen, daß sich auf dem Wohnungsmarkt ein Teilmarkt für Ausländer etabliert hat, auf dem qualitativ minderwertige Wohnungen – mit zum Teil überhöhten Preisen – speziell für Ausländer angeboten werden.[138] Deshalb ist es meines Erachtens zutreffend, entsprechend der Situation auf dem Arbeitsmarkt auch von einer Unterschichtung auf dem Wohnungsmarkt zu sprechen.[139]

Darüber hinaus ist die ausländerfeindliche Einstellung eines Teiles der deutschen Bevölkerung als weiterer Grund für die Benachteiligung von Ausländern auf dem Wohnungsmarkt anzusehen. Dies ergibt sich aus empirischen Untersuchungen zur Praxis der Wohnungsvergabe. Auch wenn zum Teil sogar ausgesprochen anti-diskriminierendes Verhalten beobachtet werden kann, ist trotzdem die Bevorzugung deutscher Bewerberinnen und Bewerber die Tendenz.[140] »Dabei war festzustellen, daß die Bevorzugung deutscher Mieter teils intrinsisch, durch Vorurteile und Identifikation mit der eigenen Nationalität motiviert war, zum Teil aber auch extrinsisch, durch persönlichen Druck und – bei gewählten Wohnungsbeauftragten – durch den Zwang zur Legitimation bei den mehrheitlich deutschen Wählern. Daneben dominierte das Interesse an Konfliktfreiheit und Ordnung in den Siedlungen, was in einer Siedlung zu einer bewußten Konzentration der ausländischen Mieter in einem Teilgebiet führte.«[141] Also eine Ghettoisierung im Kleinen. Abgesehen davon ist ein solches Selektionsverhalten natürlich auch tendenziell ausländerfeindlich; Menschen werden pauschal als Ausländer, unabhängig von ihrer jeweils konkreten Herkunft, typisiert und in eine Gruppe zusammengefaßt. Daß unter »den« Ausländern genau so große – oder noch größere – Unterschiede bestehen wie zwischen Deutschen und bestimmten Gruppen oder auch zwischen Deutschen aus verschiedenen subkulturellen Kontexten, wird nicht erkannt.

Wohnsituation und Unterbringung von Flüchtlingen

Die Unterbringung von im Asylverfahren stehenden Flüchtlingen ist durch § 53 des Asylverfahrensgesetzes (AsylVfG) geregelt: »Ausländer, die einen Asylantrag gestellt haben und nicht oder nicht mehr verpflichtet sind, in der Aufnahmeeinrichtung zu wohnen, sollen in der Regel in Ge-

138. Vgl. Waschke 1994, 2.
139. So Kürsat-Ahlers 1993, 219.
140. Vgl. Eichener 1988, 138 ff.
141. Eichener 1988, 141 f.

meinschaftsunterkünften untergebracht werden.« Dieser *Unterbringung in Gemeinschaftsunterkünften* geht ein Aufenthalt in den Aufnahmeeinrichtung voraus, der in den § 44 ff. des AsylVfG geregelt ist. Der Aufenthalt dort ist auf sechs Wochen bis maximal drei Monate begrenzt (§ 47 AsylVfG). Allerdings bestimmt das AsylVfG keine Mindestbedingungen für die Größe und Beschaffenheit der Unterkünfte, den zuständigen Behörden wurde auch durch einschlägige Gerichtsentscheidungen ein extrem breiter Gestaltungsspielraum zugestanden.[142]

Die Gemeinschaftsunterkünfte sind gewöhnlich nicht zu diesem Zweck errichtet worden, es handelt sich meist um Schulen, Krankenhäuser, Turnhallen, Gasthäuser, aber auch Container und Schiffe. »Diese Gebäude befinden sich bereits in einem baulich äußerst schlechten und heruntergekommenen Zustand, so daß sie ihren ursprünglichen Zweck nicht mehr erfüllen können.«[143] Entsprechend sind die den Asylsuchenden zugewiesenen Räumlichkeiten: »Die oft nur notdürftig hergerichteten Altbauten verfügen nur selten über ausreichende sanitäre Anlagen wie Heizung, Duschen usw. Separate Toiletten und Waschräume für Männer und Frauen sind nicht immer vorhanden. Die Möblierung ist häufig unzweckmäßig, unvollständig und veraltet. Die wenigen Zimmer sind aufgrund der ständig wachsenden Zahl der einreisenden Flüchtlinge vollkommen überbelegt. Bei Auffanglagern bzw. Gemeinschaftsunterkünften in größeren Städten kommt oft noch die Größe der Unterkunft hinzu. Eine Reihe von Lagern – vor allem in Baden-Württemberg und Bayern – sind mit mehr als 500 Personen belegt. Die Überbelegung führt dazu, daß Menschen verschiedenster Nationalitäten auf engstem Raum zusammenleben müssen. Dem einzelnen Flüchtling steht häufig nur ein Wohnraum von 6qm zur Verfügung, der aufgrund von Unterbringungsschwierigkeiten stellenweise noch unterschritten wird.«[144] Die Unterbringung in solchen Lagern führt unweigerlich zu Stigmatisierung und Ausgrenzung aus der Gesellschaft.

Wegen dieser Bedingungen fordern vor allem die mit der Flüchtlingsarbeit vertrauten Wohlfahrtsverbände die Festsetzung von Mindestanforderungen für Sammelunterkünfte, so etwa das Diakonische Werk 1986 und 1993.[145] Die Verbesserung der Wohnbedingungen ist auch aus dem

142. Marx 1995b, 534, vgl. auch Neubauer 1995, 139 f.
143. Neubauer 1995, 129.
144. Neubauer 1995, 130 f. Nach § 6 Abs. 2 des Flüchtlingsaufnahmegesetzes für Baden-Württemberg von 1997 sind bei der Unterbringung in Gemeinschaftsunterkünften pro Person 4,5 qm Wohn- und Schlaffläche bei der Festlegung der Unterbringungsplätze zugrunde zu legen.
145. Die Kriterien des Diakonischen Werkes zeigen im Umkehrschluß, wie men-

Grunde erforderlich, daß die räumliche Enge, die damit verbundene Erfahrung von Ausgrenzung und das Fehlen jeder Privatsphäre zu psychosomatischen Problemen auf der einen Seite und von Aggression und Gewalt auf der anderen Seite führt. »Die Asylbewerber aus den verschiedenen Herkunftsregionen grenzen sich meistens gegeneinander ab, beobachten sich gegenseitig eifersüchtig, vermuten leicht eine gruppenspezifische Benachteiligung und sind deshalb kaum zu einem solidarischen Verhalten untereinander und gegenüber der Lagerverwaltung fähig. Streitereien und handgreifliche Auseinandersetzungen gehören zur Tagesordnung des Lagerlebens.«[146]

Mit der Unterbringung in Gemeinschaftsunterkünften verbunden ist die *Gemeinschaftsverpflegung*, die häufig von Großküchen geliefert wird. dabei wird auf unterschiedliche Ernährungsgewohnheiten bestenfalls im Blick auf religiöse Beschränkungen geachtet. Das Angebot wird oft als unzureichend empfunden, vor allem Kinder vertragen häufig die ungewohnte Ernährung nicht.[147] Darüber hinaus führt diese Form der Verpflegung zum Verlust familiären Zusammenhaltes, weil die Funktion gemeinsamen Essens und der Essenszubereitung entfällt und damit die soziale und kulturelle Bedeutung der Mahlzeiten schwindet. Dies wird dadurch verstärkt, daß die Verpflegung durch Großküchen meist mit einem strikten Kochver-

schenunwürdig die Wohnverhältnisse in den Gemeinschaftsunterkünften sind. Zu den Forderungen des Diakonischen Werkes gehören: »Die Belegung sollte in Zweibett- bis höchstens Vierbettzimmern erfolgen, die die Größe von neun qm pro Person nicht unterschreiten. Die Möglichkeit zur privaten Ausgestaltung der Räume sollte gegeben sein. Darüber hinaus sollte jedem Bewohner ein abschließbares Fach oder ein Schrank im Wohn-Schlafbereich zur Aufbewahrung persönlicher Unterlagen oder Dinge zur Verfügung stehen. Wohn- und Küchenbereich sollten räumlich getrennt sein. In jeder Küche sollte pro Zimmer ein Herd, ein Kühlschrank, eine Spüle mit fließend warmem Wasser und allen notwendigen Küchenutensilien zur Verfügung stehen. Bei einer Zimmerunterbringung sollten höchstens fünf Personen eine Toilette und eine Dusche nutzen. Duschräume sollten räumlich getrennt und separat für Frauen und Männer vorhanden sein. Es sollte darauf geachtet werden, daß den Bewohnern der Heime auch ausreichende Wasch- und Trokkenräume zur Verfügung stehen. Gemeinschaftsunterkünfte sollten mit Gemeinschafts- und Versammlungsräumen, Spielzimmer für Kinder sowie einem separaten Raum für die Beratung der Bewohner ausgestattet sein. In den Unterkünften sollte mindestens ein öffentlicher Fernsprecher mit Rückrufmöglichkeit installiert werden.« (Zusammenfassung der Forderungen des Diakonischen Werkes in Neubauer 1995, 139)

146. Nuscheler 1995a, 175.

147. Vgl. Kirchenamt der EKD (Hg.) 1994, 20f.

bot (ausgenommen für Mütter mit Säuglingen) in den Unterkünften einhergeht, die in der Regel auch gar nicht entsprechend eingerichtet sind.

Entgegen der häufig geäußerten Ansicht ist die Gemeinschaftsverpflegung nicht einmal kostengünstiger als die Selbstversorgung. Das gilt auch für den Ersatz von Geld- durch Sachleistungen, der im Asylbewerberleistungsgesetz (AsylbLG) von 1993 vorgesehen ist.[148] Auch im Blick auf die Unterbringung in Sammellagern sprechen gute Gründe dafür, daß sie »eine sehr kostenintensive Form der wohnungsmäßigen Versorgung von Flüchtlingen darstellt.«[149] Grundsätzlich kann also geschlossen werden, daß die abschreckende Wirkung, die durch die Regelungen des AsylVfG und des AsylbLG intendiert ist, auf Kosten der Kommunen und Kreise, die für die Unterbringung aufkommen müssen, erkauft wird.

2.3.4 Gesundheitliche Situation

Gesundheit ist ein Begriff, der zwar häufig in der Kommunikation unproblematisch gebraucht wird, der aber schwer zu operationalisieren ist, schon gar für Untersuchungen über den »Gesundheitszustand« einzelner oder bestimmter Gruppen. Denn das Verständnis von Gesundheit beruht auf soziokulturellen Wertungen, die von Gesellschaft zu Gesellschaft stark differieren können.[150] Dies hängt in nicht geringer Weise von verschiedenen Bestimmungen abweichenden Verhaltens ab: Bestimmte Symptome gelten in einigen Gesellschaften als normal (gesund), die in anderen als unnormal (krank) stigmatisiert werden; das ist besonders auffällig bei der unterschiedlichen Bewertung von Geistes»krankheiten« in verschiedenen Kulturen. Entsprechend sind auch die Vorstellungen und Bewertungen von Gesundheit und Krankheit einem Wandel unterworfen.

Dies führt dazu, daß Gesundheit in unterschiedlicher Weise bestimmt werden kann und bestimmt worden ist.[151] Vielfach wird die Definition der Weltgesundheitsorganisation (WHO) als Grundlage verwendet. Die WHO-Definition versteht Gesundheit nicht allein als Abwesenheit von Krankheit und Gebrechen, sondern als Zustand vollkommenen körperlichen, geistigen und sozialen Wohlbefindens.[152] Auf dieser Linie, neben

148. Nuscheler 1995a, 177.
149. Neubauer 1995, 142.
150. Vgl. Pollakowski 1995.
151. Vgl. hierzu Waller 1995, 9 ff.
152. Die Kategorie des Sozialen fehlt im übrigen beim Zitat der Bundesbeauftragten, die sich auf die WHO-Definition bezieht; Beauftragte der Bundesregierung (Hg.) 1995, 50.

dem körperlichen Zustand auch die geistige und soziale Situation einzubeziehen, liegen auch die neueren wissenschaftlichen Konzepte, die Gesundheit entweder in der Balance zwischen internen und externen Anforderungen und Ressourcen oder interaktionistisch-systemisch in der Balance verschiedener Faktoren wie soziale, physikalische Umwelt, persönliches Verhalten, community und anderem verstehen.[153] Da die Gesundheitswissenschaft noch eine vergleichsweise junge Disziplin ist, ist es nicht verwunderlich, daß sich eine allgemein anerkannte Definition von Gesundheit noch nicht hat durchsetzen können. Es scheint mir darüber hinaus ohnehin zweifelhaft, ob unter Anwendung solcher weiten Verständnisse von Gesundheit, die ich für sinnvoll und notwendig halte, überhaupt objektivierbare und operationalisierbare Untersuchungen möglich sind.

Das macht es allerdings schwer, sich ein präzises Bild über den *Gesundheitsstatus* – der, nimmt man den interaktionistisch-systemischen Ansatz ernst, ja prinzipiell kein Zustand sein kann – von z.B. Migrantinnen und Migranten in einer Gesellschaft zu verschaffen. Deshalb weichen viele Autorinnen und Autoren entweder auf das negative Verfahren aus und untersuchen den Krankenstand der jeweiligen Gruppen oder beschäftigen sich mit der individuellen Einschätzung der eigenen gesundheitlichen Situation. Allerdings muß darauf verwiesen werden, daß eine repräsentative Untersuchung über die Morbidität der ausländischen Bevölkerung in Deutschland zur Zeit noch fehlt; alle Analysen sind also auf lokal begrenzte und Detailuntersuchungen oder auf die SOEP-Daten angewiesen, die nur die subjektive Einschätzung wiedergeben können.

Auf den ersten Blick sind die Ergebnisse der verschiedenen Untersuchungen recht widersprüchlich. Einerseits können bei einzelnen Faktoren für die ausländische Bevölkerungen deutlich schlechtere Werte nachgewiesen werden, auf der anderen Seite äußern sich Migranten über ihren Gesundheitszustand deutlich zufriedener als die deutsche Kontrollgruppe und schließlich weisen Untersuchungen darauf hin, daß Migranten weniger an psychischen Beschwerden leiden als nicht migrierte Vergleichsgruppen.

Zur stärkeren gesundheitlichen Belastung verweist die Ausländerbeauftragte auf verschiedene Studien, die dies belegen.[154] So ist z.B. die Rate der Säuglingssterblichkeit deutlich höher als bei deutschen (6,5 von Tausend gegenüber 5,1 von Tausend), die Müttersterblichkeit ist bei aus-

153. Vgl. Waller 1995, 14ff.
154. Ich beziehe mich hier auf: Beauftragte der Bundesregierung (Hg.) 1994, 42ff., Beauftragte der Bundesregierung (Hg.) 1995, 51f. und Beauftragte der Bundesregierung (Hg.) 1997a, 68ff.

ländischen Frauen um das Doppelte erhöht,[155] ausländische Kinder erkranken häufiger an Infektionskrankheiten der Luftwege, des Magen-Darm-Traktes und der Harnwege, ebenso ist die Tuberkulosehäufigkeit deutlich erhöht. Weiterhin verfügen ausländische Kinder über einen deutlich schlechteren Impfstatus, Vorsorgeuntersuchungen werden seltener wahrgenommen, die Unfallrate ist deutlich höher[156] (dies gilt auch für Berufsunfälle ausländischer Beschäftigter).

Eine Reihe dieser Befunde lassen sich auf die soziale Situation zurückführen. Dies gilt insbesondere für Tuberkulose, aber auch für Erkrankungen, die häufig als migrationstypisch beschrieben werden. Dies kann z. B. an Erkrankungen an Magen- und Zwölffingerdarmgeschwüren gezeigt werden, die in der Literatur bisweilen als »Gastarbeiter-Ulcus« beschrieben werden. Hier kann nachgewiesen werden, daß die räumliche Mobilität (also Migration) weitaus weniger bedeutsam für die Erkrankungshäufung ist als die soziale Mobilität.[157] Oft also ist die kulturalistische Deutung von Symptomen verbunden mit einer Ethnisierung von Krankheit. Symptome, die ätiologisch anders zu entschlüsseln wären, werden vorschnell auf kulturelle Differenzen oder bestimmte Prägungen der Migranten zurückgeführt. So gleichen sich etwa psychosomatische Störungen von ausländischen Migranten und deutschen Übersiedlern oder Flüchtlingen aus der DDR in Struktur und Häufigkeit, das heißt, daß in diesem Zusammenhang nicht von einem ausländerspezifischen Krankheitsspektrum ausgegangen werden kann.[158]

Gerade auch im Bereich *psychischer Störungen* wird deutlich, daß die Beziehung zwischen Erkrankung und Migration sehr differenziert gesehen werden muß. Eine Untersuchung unter portugiesischen Arbeitsmigranten etwa konnte zeigen, daß »die portugiesischen Immigranten in Zürich eine bessere psychische Gesundheit aufweisen als ihre nicht-mobilen Landsleute in Lissabon«.[159] Im Blick auf die Ursache der psychischen Erkrankung der Migranten konnten bei dieser Ursache nur die so-

155. Beauftragte der Bundesregierung (Hg.) 1997a, 69.
156. Auch hier vermutet die Ausländerbeauftragte sozial bedingte Gründe: »Die große Zahl von Unfällen ausländischer Kinder könnte ein Hinweis sein auf zu kleine Wohnungen schlechter Qualität und eine Wohnlage, in der wenig ungefährliche Spielmöglichkeiten draußen bestehen. Die laut Statistik größere Gefährdung ausländischer Kinder ist auch Ausdruck ihrer sozialen Randlage.« (Beauftragte der Bundesregierung (Hg.) 1994, 43).
157. Vgl. Brucks/von Salisch/Wahl 1983, 76.
158. Brucks 1994, 56 f.
159. Binder/Simões 1980, 269; hierauf verweist auch Beauftragte der Bundesregierung (Hg.) 1994, 42 f.

ziale Situation und – in geringerem Maße – Anpassungsprobleme festgestellt werden.[160] Studien aus den achtziger Jahren erheben bei Arbeitsmigranten eine geringere oder ebenso hohe Belastung mit psychischen Erkrankungen als die deutsche Bevölkerung.[161]

Dies verweist darauf, daß Migration nicht per se pathogen ist, sondern für die Migrierenden Chance und Bedrohung zugleich.[162] Das bedeutet nicht, daß Folgen der Migration, wie z. B. Entwurzelung, Differenzerfahrung, nicht auch Ursachen von Erkrankungen sein können; allerdings führen diese Ursachen nicht dazu, daß generell von einer höheren Morbidität von Migrantinnen und Migranten ausgegangen werden kann. Dabei spielen natürlich die Migrationsgründe eine erhebliche Rolle. »Stark traumatisierende Flucht- oder Kriegserlebnisse wirken fort – quasi als Hypothek – auch wenn sie bereits überwunden scheinen.«[163] Allerdings existieren bislang nur wenige detaillierte Untersuchungen über den Zusammenhang zwischen Flucht und Erkrankung wie auch solche zwischen Lebenssituation von Flüchtlingen (z. B. in Gemeinschaftsunterkünften) und Erkrankung, wenn auch von Praktikern immer wieder berichtet wird, daß die Situation im Asylverfahren zu einem hohen Maße an psychosomatischen Erkrankungen führt.[164] Besonders häufig wird als Folge der Gemeinschaftsunterbringung von Depression und übermäßigem Alkoholkonsum berichtet, die auch zu aggressivem Verhalten gegenüber anderen und sich selbst führen.[165] In einer älteren Studie in einem (zur damaligen Zeit noch so bezeichneten) Sammellager in Tübingen ermitteln die Verfasser vier zentrale Problembereiche: exogene Depressionen, Alkoholmißbrauch, Aggressionen und Regressionserscheinungen als Folge der Lagersituation.[166] In einer aktuellen Studie zur Korrelation zwischen psychosomatischen Beschwerden und Angst vor fremdenfeindlicher Gewalt kommt die Autorin zu dem Ergebnis, daß es eine eindeutige Beziehung zwischen diesen Sachverhalten gibt: mehr als ein Viertel der Befragten zeigte eine dauerhafte Belastung durch psychosomatische Symptome mit einer stark erhöhten Erkrankungsrate.[167] Es kann also davon ausgegangen werden, daß die besondere Lebenssituation der Flüchtlinge in Sammelunterkünften, zudem unter der Bedingung fremdenfeindlicher Gewalt, zu einer er-

160. Binder/Simões 1980, 270 ff.
161. Vgl. Friessem 1986, 70.
162. Vgl. Brucks 1994, 58 ff.
163. Brucks 1994, 58.
164. Vgl. Kirchenamt der EKD (Hg.) 1994, 21.
165. Nuscheler 1995a, 179.
166. Hennig/Kremsner/Paul/Weng 1982, 62.
167. Katzenstein 1997, 50 ff.

höhten Erkrankungsrate im psychischen und psychosomatischen Bereich führt.

Weitere Aufschlüsse über die gesundheitliche Situation der ausländischen Bevölkerung in Deutschland ergeben sich aus der Analyse der SOEP-Daten:

Tab. 28: Chronische Beschwerden und Krankheiten bei Deutschen und Ausländern nach Erwerbsstatus in Prozent[168]

	1984	1985	1986	1987	1988	1989
Deutsche						
insgesamt	30	29	31	32	29	30
erwerbstätig	27	24	26	27	22	23
arbeitslos	27	26	32	40	31	32
nicht erwerbstätig	39	39	42	44	41	43
Ausländer						
insgesamt	22	21	23	23	21	24
erwerbstätig	21	19	19	20	18	21
arbeitslos	44	33	55	37	42	34
nicht erwerbstätig	23	24	26	27	25	29

Tab. 29: Durchschnittliche Gesundheitszufriedenheit bei Deutschen und Ausländern nach Erwerbsstatus[169]

	1984	1985	1986	1987	1988	1989
Deutsche						
insgesamt	7,2	7,1	6,9	6,8	6,7	6,6
erwerbstätig	7,4	7,3	7,2	7,0	6,9	6,8
arbeitslos	6,7	6,9	6,7	6,5	6,3	6,2
nicht erwerbstätig	6,8	6,9	6,5	6,4	6,2	6,1
Ausländer						
insgesamt	7,2	7,1	6,9	6,9	6,7	6,6
erwerbstätig	7,3	7,2	7,1	7,1	6,9	6,8
arbeitslos	6,6	6,7	5,4	6,1	5,8	5,8
nicht erwerbstätig	7,2	6,9	6,6	6,4	6,5	6,5

168. Elkeles/Seifert 1993, 238.

	1984	1985	1986	1987	1988	1989
Stellung im Beruf						
ungelernter Arbeiter	7,2	6,9	7,0	6,6	6,3	6,2
angelernter Arbeiter	6,9	6,9	6,9	7,0	6,9	6,7
Facharbeiter	8,1	7,8	7,3	7,5	7,3	7,2
Angestellter	7,5	7,4	7,8	7,3	7,7	7,3
Selbständiger	6,6	6,6	7,2	7,4	7,2	6,9

Bei der Übersicht über die Umfrageergebnisse wird zum einen deutlich, daß ausländische Arbeitnehmer in geringerem Maße von *chronischen Erkrankungen* betroffen sind als deutsche und daß die subjektive *Gesundheitszufriedenheit* der ihrer deutschen Kollegen weitgehend entspricht. Die niedrigere Erkrankungshäufigkeit trotz durchschnittlich höherer Belastung am Arbeitsplatz[170] ist weitgehend darauf zurückzuführen, daß mit der Anwerbung der Arbeitskräfte in der Zeit bis 1973 eine Selektion nach Krankheitskriterien durch die Anwerbekommissionen der Bundesanstalt für Arbeit verbunden war. »1970 betrug die Ablehnungsquote aus gesundheitlichen Gründen 10,4 %, wobei sie für die Türkei allein gesehen 1972 fast 20 % betrug. Fast zur Hälfte war der Ablehnungsgrund eine röntgenologisch nachgewiesene Lungenveränderung, es folgten Schäden der Sinnesorgane und pathologische Laborbefunde der Urin- und Blutuntersuchung.«[171] Entsprechend war in der Anwerbephase der Krankenstand der ausländischen Arbeitnehmer deutlich niedriger als der der deutschen, um sich dann anzugleichen und schließlich in den 80er Jahren den der deutschen zu übersteigen. Diese Erhöhung läßt sich zu einem erheblichen Teil auf die – oben bereits beschriebene – strukturelle Benachteiligung der ausländischen Arbeitnehmer durch betrieblichen Status und härtere Arbeitsbedingungen zurückführen.[172]

Deutlich wird in den Tabellen, sowohl bei den chronischen Erkrankungen als auch bei der Gesundheitszufriedenheit, der starke Zusammenhang zwischen Arbeitslosigkeit und Krankheit. Darüber hinaus weisen Beschäftigte, für die besonders belastende Arbeitsbedingungen anzunehmen sind, ihre Gesundheit deutlich schlechter einschätzen als die anderen. Die Frage ist, ob die gesundheitlichen Belastungen Ursache oder Folge der Arbeitslosigkeit sind. In einer differenzierten Analyse der Befragungsergebnisse kommen Elkeles und Seifert zu dem Schluß, »daß der durchschnittlich schlechtere Gesundheitszustand arbeitsloser Ausländer

170. Vgl. Brucks/von Salisch/Wahl 1983, 73.
171. Ebd.
172. So Oppen 1985, 206.

bzw. deren niedrige durchschnittliche Gesundheitszufriedenheit weitgehend Ausdruck gesundheitlicher Selektionsprozesse und arbeitsmarktpolitischer Verwerfungen ist, bei denen Personen mit gesundheitlichen Beeinträchtigungen schlechtere Chancen auf dem Arbeitsmarkt haben, also häufiger unter den Entlassenen sind und geringere Wiederbeschäftigungsaussichten haben.«[173]

Der Gesundheitszustand der ausländischen Bevölkerung ist also weitgehend durch deren soziale Situation bedingt. Kulturspezifische Ursachen spielen demgegenüber nur eine geringe Rolle.[174] Was in dieser Hinsicht mitunter eine Rolle spielen kann, ist die unterschiedliche Ausdrucksform für gesundheitliche Beschwerden. Dieses Phänomen leitet über zu den Problemen von *Migrantinnen und Migranten im* und mit dem *deutschen Gesundheitssystem.*

Studien zu diesem Thema (etwa im Bereich transkultureller Pflege) nehmen meist nicht die Perspektive der Migrantinnen und Migranten ein, sondern beschäftigen sich mit Problemen mit ausländischen Patienten.[175] Dabei besteht die Tendenz, die zweifellos vorhandenen Konflikte kulturalistisch zu deuten oder aber in interkulturellen Problemen – wie etwa sprachliche Verständigungsschwierigkeiten – zu verorten.[176] In mancher Hinsicht kann die Beachtung kultureller Differenzen tatsächlich dazu beitragen, Konflikte zu entschärfen oder zu vermeiden. Das gilt insbesondere beim häufig thematisierten Schmerzerleben. Die häufig beobachtete expressive Schmerzäußerung vor allem von Patientinnen und Patienten aus dem Mittelmeerraum wurde – aufgrund unklarer medizinischer Diagnose – als Übertreibung oder Simulation interpretiert und durch Begriffe wie »Mamma-Mia-« oder »Mittelmeer-Syndrom« stigmatisiert. Dabei hat Schmerz im Krankheitserleben dieser Patientinnen und Patienten eine andere Funktion und wird entsprechend anders geäußert. Allerdings wird eine entsprechende expressive Schmerzäußerung selten toleriert.[177] Sensibilität für andere kulturelle Deutungsmuster kann dabei helfen, mit entsprechenden Problemen adäquat umzugehen und sie richtig zu interpretieren.[178]

Ein weiteres Problem ist das Sprachproblem.[179] Verständigungsschwie-

173. Elkeles/Seifert 1993, 240.
174. Vgl. Brucks 1994, 54ff.
175. Z.B. Gätschenberger 1993.
176. So etwa durchgängig E. Zimmermann 1986 und 1994.
177. Vgl. Arbeitsgruppe Interkulturelle Pflege 1997, 254.
178. So auch Brucks 1994, 55f.
179. Vgl. Gätschenberger 1993, 270f., aber auch: Beauftragte der Bundesregierung (Hg.) 1995, 52f.

rigkeiten führen zu Problemen in der medizinischen Therapie und in der Pflege und haben darüber hinaus Auswirkungen auf die Häufigkeit von Arztbesuchen: je schlechter die Deutschkenntnisse, desto häufiger wird ein Arzt oder eine Ärztin aufgesucht.[180] Aber verschiedene Untersuchungen verdeutlichen, daß die Verständigungsprobleme häufig tieferliegende Ursachen haben. Zum Beispiel zeigt sich, daß in der psychotherapeutischen Arbeit deutsche Patientinnen und Patienten aus der Unterschicht ähnlich »sprachlos« sind wie Migrantinnen und Migranten.[181] In Interviews berichten ausländische Patientinnen, daß es weniger die Sprachprobleme sind als eine tiefergehende Verständnislosigkeit, die für sie zum Problem werden. Sprachliche Verständnisschwierigkeiten werden vorschnell als kognitive Verständnisprobleme identifiziert.[182] Die Forderung nach besseren Dolmetscherdiensten ist in diesem Kontext zwar ein Schritt hin zu verbesserter Kommunikation, kann jedoch allein das zugrundeliegende Problem nicht lösen.

In einer qualitativen Studie, die, anders als bislang üblich, Migranten und Migrantinnen auf ihre Erfahrungen mit dem deutschen Gesundheitswesen befragt, kommen die Autorinnen und Autoren allerdings zu dem Schluß, »daß primär nicht die Zugehörigkeit zu einer bestimmten Kultur zu Konflikten im Krankenhaus führt, sondern vielmehr institutionelle Rahmenbedingungen, die die individuelle Situation des Einzelnen nicht ausreichend berücksichtigen.«[183] Insofern ist die Forderung nach einer Stärkung der interkulturellen Kompetenz für alle Gesundheitsfachberufe nachzuvollziehen;[184] Vorsicht scheint aber geboten, die Probleme allein als kulturbedingt zu deuten, ohne die sozio-ökonomische Situation der Migrantinnen und Migranten zu beachten und ohne die strukturellen Gegebenheiten im deutschen Gesundheitssystem mit einzubeziehen. Entsprechend ist es wenig sinnvoll, etwa ein spezifisches Pflegemodell für Migrantinnen und Migranten zu entwickeln; dies würde vielmehr zu einer weiteren Ethnisierung beitragen.[185]

180. Elkeles/Seifert 1993, 239.
181. Leyer 1991, 59.
182. Arbeitsgruppe Interkulturelle Pflege 1997, 197f. So auch die Untersuchung von Rehbein 1986, die zeigt, daß es weniger um Mißverständnisse im Bereich des Gesagten geht, sondern um die Implantierung von medizinischem Fachwissen unter Ausklammerung des vom Patienten (aus verschiedenen Gründen) Ungesagten.
183. Arbeitsgruppe Interkulturelle Pflege 1997, 193.
184. So etwa Schiff 1996, 26f.
185. Vgl. Habermann 1995, 21.

2.3.5 Soziale Situation älterer Migrantinnen und Migranten

Die *Altersstruktur* der in Deutschland lebenden Migrantinnen und Migranten unterscheidet sich erheblich von der der deutschen Bevölkerung. So waren 1990 über ein Fünftel der deutschen Bevölkerung älter als 60 Jahre mit steigender Tendenz, für das Jahr 2030 wird mit einem Anteil von etwa einem Drittel gerechnet.[186] Demgegenüber ist die ausländische Bevölkerung weitaus jünger, 1996 betrug der Anteil der über 60-Jährigen bei ihnen nur 6,4 %.[187] Die Steigerungsrate ist dabei bei den Migrantinnen und Migranten deutlich höher als bei der deutschen Bevölkerung. Zwar wird mittelfristig weiterhin davon auszugehen sein, daß die Altersstruktur der ausländischen Bevölkerung jünger als die der deutschen ist; langfristig jedoch spricht alles für eine Angleichung.

Tab: 30: Ausländer und Deutsche nach Altersgruppen 1972, 1982 und 1992[188]

Altersgruppe	1972		1982		1992	
	Deutsche	Ausländer	Deutsche	Ausländer	Deutsche	Ausländer
unter 15 J.	22,7	21,4	15,7	26,8	15,2	21,6
15-25 J.	13,3	20,0	16,7	17,3	11,6	19,7
25-35 J.	13,5	29,7	13,6	21,5	17,0	21,4
35-45 J.	13,3	17,8	13,7	18,3	13,8	16,5
45-55 J.	11,8	6,9	13,2	9,6	13,4	12,3
55-65 J.	11,0	2,5	11,2	3,9	12,3	5,9
über 65 J.	14,5	1,8	15,9	2,6	16,7	2,7

Mit welchen Zeiträumen man auch immer für diese Angleichung rechnet, deutlich dabei wird, daß die zunehmende Zahl der ausländischen Alten zu bislang wenig beachteten Problemen führen wird. Dies betrifft in erster Linie die *materielle Situation*. »Ausländische Erwerbstätige der ›ersten Generation‹ weisen in der Regel kürzere Versicherungszeiten in der Bundesrepublik Deutschland auf und waren vorwiegend in wenig qualifizierten Positionen beschäftigt, in denen auch die Einkommen entsprechend gering sind.«[189] Dies bestätigt auch der Forschungsbericht des Bun-

186. Tews 1996, 6.
187. Beauftragte der Bundesregierung (Hg.) 1997a, 177 (Tab. 4, eigene Berechnung).
188. Beauftragte der Bundesregierung (Hg.) 1997b, 23 (Tab. 1.1.3).
189. Beauftragte der Bundesregierung (Hg.) 1995, 78.

desministeriums für Arbeit und Sozialordnung; dieser Untersuchung zufolge verfügt ein Drittel der befragten Rentner (Zeitpunkt 1992) über ein durchschnittliches Pro-Kopf-Einkommen von weniger als DM 500 netto. »Selbst wenn man berücksichtigt, daß diese Zahl auf subjektiven Angaben basiert, die immer mit Unsicherheiten behaftet sind, muß doch davon ausgegangen werden, daß ein beträchtlicher Anteil der ausländischen Rentner nur über ein monatliches Pro-Kopf-Einkommen verfügt, das unter dem Sozialhilferegelsatz für Haushaltsvorstände liegt. Demgegenüber gibt allerdings lediglich eine Minderheit der Befragten an, tatsächlich Sozialhilfe zu beziehen. Es ist bekannt, daß insbesondere ältere Menschen, die eigentlich anspruchsberechtigt wären, aus Unkenntnis oder Scham auf eine Antragstellung verzichten. Für ältere Ausländer kommt hinzu, daß der Bezug von Sozialhilfe grundsätzlich einen möglichen Ausweisungsgrund darstellt, so daß die Vermutung naheliegt, daß zahlreiche eigentlich anspruchsberechtigte ältere Ausländer insbesondere aufgrund befürchteter rechtlicher Konsequenzen auf eine Inanspruchnahme von Sozialhilfe verzichten.«[190] Diese Zahlen decken sich im wesentlichen mit denen der Ausländerbeauftragten, die in ihrem Bericht 1995 darauf hinweist, daß die monatlichen Rentenanwartschaften der ausländischen Versicherten im Jahr 1989 bei 60-Jährigen durchschnittlich DM 605 betrugen (Deutsche DM 1059).[191] Im Falle einer Rückkehr haben die Migranten aufgrund bilateraler Abkommen in der Regel ein Anrecht auf ihre in Deutschland erworbenen Rentenansprüche. Trotzdem ist der Anteil der älteren Menschen, die ihren Lebensabend in Deutschland verbringen, sehr groß.

Prinzipiell besteht auch im Alter eine starke *Rückkehrorientierung.* »31 % der befragten älteren Ausländer wollen ihren Angaben zufolge in die Heimat zurückkehren. Demgegenüber gibt ein Fünftel der Befragten an, in der Bundesrepublik bleiben zu wollen und eine Minderheit von 4 %, zwar in die Heimat zurück zu wollen, dies aber nicht zu können. Weitere 34 % möchten ihren Lebensabend teilweise in der Bundesrepublik und teilweise im Heimatland verbringen und 10 % der Befragten haben sich noch nicht entschieden oder machen ihre endgültige Entscheidung von bestimmten Umständen abhängig.«[192] Diese Einschätzung gewinnt noch an Bedeutung, zieht man hinzu, daß genau die Hälfte der Befragten in dieser Studie angibt, daß Deutschland für sie zur zweiten Heimat geworden ist (42 %) oder sie sich in Deutschland mehr zu Hause fühlen als

190. Sen/Cryns/Kaya-Smajgert 1992, 99; die Befragung bezieht sich allerdings nur auf türkische und italienische Migrantinnen und Migranten.
191. Beauftragte der Bundesregierung (Hg.) 1995, 78.
192. Sen/Cryns/Kaya-Smajgert 1992, 86.

in ihrer Heimat (8 %).[193] Allerdings steht zu erwarten, daß die meisten Migrantinnen und Migranten, trotz bestehender Rückkehrorientierung in Deutschland bleiben werden. Die Rückkehrorientierung nämlich gehört zu den Sinngebungsstrukturen, mit deren Hilfe die Migranten ihr Leben planen und deuten. Insofern gilt für die ausländische Bevölkerung der ersten Generation, daß sie ihre Situation provisorisch betrachtet und auf die Zukunft hin orientiert haben. »Sie haben die Gegenwart als ›Parenthese‹ erlebt; ihr Hinarbeiten auf die Ziele war von ständigem Befriedigungsaufschub begleitet.«[194] Insofern fällt es schwer, diesen integralen Bestandteil des Lebensplans im Alter aufzugeben, auch wenn sich die Rahmenbedingungen geändert haben, also etwa die Kinder nicht auch zurückkehren wollen und die Verbindungen ins Heimatland im Laufe der Zeit dünner geworden sind. In diese Richtung weist auch die oben erwähnte Antwort älterer Migranten, die – zu gut einem Drittel – für sich eine Pendelexistenz zwischen Herkunftsland und Deutschland ins Auge fassen. Der Gesetzgeber hat diesem Wunsch entsprechend das AuslG dahingehend geändert, daß bei ausländischen Rentenempfängerinnen und -empfängern die Aufenthaltsgenehmigung nicht mehr wie zuvor bei längerem Auslandsaufenthalt erlischt.

Als Gründe, was dafür spricht, in Deutschland zu bleiben, stehen die gesundheitliche Versorgung (75 %) und die Kinder, die in Deutschland bleiben (61 %) im Vordergrund; gut ein Viertel gibt an, sie fühlten sich hier wohl oder die sozialen Verhältnisse seien ihnen vertraut, eine ähnliche Bedeutung hat die angenommene bessere finanzielle Absicherung (32 %).[195] Der hohe Prozentsatz bei der Nennung der gesundheitlichen Versorgung kann ein Hinweis darauf sein, daß im Bereich der Altenhilfe und Altensozialarbeit mit Migranten mittelfristig neue Aufgaben und Anforderungen entstehen, auf die die Einrichtungen bislang nur unzureichend vorbereitet sind.[196]

Diese Anforderungen scheinen um so dringlicher, als sich die Vorstellung von der ausländischen Großfamilie bei näherer Betrachtung als Irrtum erweist. So sind 10,4 % der über 50-Jährigen Migrantinnen und Migranten ledig, 9,0 % verwitwet oder geschieden, insgesamt also etwa ein Fünftel alleinstehend, wobei der Prozentsatz mit zunehmendem Alter steigt, bei den über 75-Jährigen beträgt er 42,6 %.[197] Hinzu kommt, daß

193. Sen/Cryns/Kaya-Smajgert 1992: Tabellenanhang: Frage 126.
194. Dietzel-Papakyriakou 1993, 149.
195. Sen/Cryns/Kaya-Smajgert 1992: Tabellenanhang: Frage 132.
196. Vgl. dazu ausführlicher Schiff/Dallmann 1998.
197. Beauftragte der Bundesregierung (Hg.) 1995, 116 (Tab. 4, eigene Berechnung).

etwa 11 % der Migranten angeben, daß im Falle einer dauerhaften Pflegebedürftigkeit niemand da wäre, der die Pflege übernehmen könnte.[198] Als Pflegepersonen werden vor allem die Kinder genannt, wobei den Betroffenen oft klar ist, daß sie nicht sicher sein können, daß die Kinder diese Aufgabe auch wahrnehmen werden.[199]

Eine besondere Rolle spielt für die älteren Migranten die ethnische Kolonie, die ihre Bedeutung gegenüber der Zeit des Berufslebens noch steigert.[200] Soziale Einrichtungen in diesen Kolonien dienen dann vielfach als Netzwerke für die ältere Generation: »Selbstorganisation, Klubs und Kulturzentren der ersten Generation – ursprünglich zur Pflege der Kultur, Sprache und Tradition des Herkunftslandes gegründet – verändern sich nach und nach zu Altentreffs, denn die zweite Generation orientiert sich stärker am Aufnahmeland.«[201] Damit verbunden ist allerdings eine stärkere Segregation der ausländischen Alten, dieses Problem stellt sich insbesondere für die ausländischen Frauen.[202]

2.3.6 Die These von der überdurchschnittlich hohen Ausländerkriminalität

Die Diskussion um die angeblich oder tatsächlich überdurchschnittlich hohe Kriminalitätsbelastung von Ausländern in der Bundesrepublik ist sicherlich das sensibelste und umstrittenste Thema in diesem Bereich. Kaum eine These findet hier nicht energischen Widerspruch; die Bandbreite der Ansichten geht von einer extrem hohen Belastung der ausländischen Bevölkerung bis zu einer unterdurchschnittlichen. Die Gründe für diese Differenzen sind zum einen die statistischen Angaben selbst sowie in der Forschung kontrovers diskutierte Theorien der Entstehung von Kriminalität, die die Interpretation der Daten jeweils beeinflussen.

Im Bereich der statistischen Erfassung der Kriminalität dienen als Grundlage die Polizeiliche Kriminalstatistik (PKS), die die jeweiligen Tatverdächtigen zählt, und die Strafverfolgungsstatistik, die die eingeleiteten Strafverfahren und Verurteilungen zählt. Dabei wird allgemein zugestanden, daß der Anteil der Nicht-Deutschen (so die Kategorie der PKS) bei den Verurteilten deutlich unter dem der Tatverdächtigen liegt, daß also mit anderen Worten bei Nicht-Deutschen häufiger das Verfah-

198. Sen/Cryns/Kaya-Smajgert 1992: Tabellenanhang: Frage 142.
199. Vgl. Wedell 1993a, 172.
200. Vgl. Dietzel-Papakyriakou 1993, 120 ff.
201. Tews 1996, 39.
202. Vgl. Dietzel-Papakyriakou 1993, 55 ff.

ren eingestellt wird, bzw. das Verfahren zu keiner Verurteilung führt. Darüber hinaus gibt es statistische Verzerrungseffekte,[203] die bei der Interpretation der absoluten und relativen Zahlen berücksichtigt werden müssen. So sind etwa unter der Kategorie Nicht-Deutsche auch Touristen, Stationierungsstreitkräfte und Illegale erfaßt, also etwa auch Straftäter, die nur zu dem Zweck, eine Straftat zu begehen, nach Deutschland einreisen. Weiter werden auch Verstöße gegen das Ausländer- und das Asylverfahrensgesetz in den Statistiken gezählt, Tatbestände also, die per definitionem von deutschen Staatsangehörigen nicht begangen werden können (bzw. nur in geringem Umfang als Beihilfe zu Verstößen gegen das Ausländerrecht). Dies betrifft immerhin zwischen ein Viertel und ein Fünftel aller registrierten Fälle. Bei der Bereinigung der absoluten Zahlen um diese Gruppen muß allerdings einbezogen werden, daß Verstöße gegen das Ausländer- oder Asylverfahrensrecht fast zur Hälfte von Illegalen begangen werden.[204] Hinzu kommt, daß mit Hilfe der PKS nur das sogenannte Hellfeld (also die polizeilich registrierten Straftaten) erfaßt wird, bei dem davon ausgegangen werden muß, daß dies zu 90 % vom Anzeigeverhalten der Bevölkerung abhängt;[205] das bedeutet auch, daß damit Stereotypen und Vorurteile der deutschen zur Kriminalisierung der ausländischen Bevölkerung beitragen könnten.[206] Schließlich ist zu berücksichtigen, daß die PKS eine »echte Tatverdächtigenzählung« ist, also Täter nur einmal erfaßt. Mit anderen Worten werden Täter, die mehrerer Delikte verdächtigt werden, nur einmal gezählt. Bereinigt man die Tatverdächtigenzahlen also um die ausländerrechtlichen Tatbestände, entfallen dabei auch die Personen, die zugleich anderer Delikte (Diebstahl o. ä.) beschuldigt werden. Weitere Verzerrungsfaktoren sind die unterschiedliche Alters- und Bevölkerungsstruktur der ausländischen Bevölkerung (die statistisch am stärksten belastete Altersgruppe der 21 bis 45-Jährigen ist überproportional groß, der Männeranteil ist höher usw.),[207] die Wohnkonzentration in Großstädten, in denen die registrierte Krimi-

203. Vgl. Schöch/Gebauer 1991, 41 ff. und Kubink 1993, 34 ff.
204. Schöch/Gebauer 1991, 42.
205. So etwa Ahlf 1993, 132 oder Kubink 1993, 56, die in der Interpretation der Zahlen sonst weit auseinander liegen.
206. So für viele Kubink 1993, 57.
207. Vgl. Kubink 1993, 36 f.; der Anteil der 21 bis 45-Jährigen lag 1987 etwa bei 47,5 %, bei Asylsuchenden sogar bei 85 %, in der deutschen Bevölkerung hingegen bei 35 %; Schöch/Gebauer 1991, 43, Fußnote 134 verweisen darauf, daß der Anteil von Frauen über 50 Jahren bei der deutschen Bevölkerung etwa ein Fünftel, bei der ausländischen hingegen nur ein Zwanzigstel ausmacht.

nalität besonders hoch ist,[208] und schließlich die unterschiedliche Sozialstruktur (erhöhter Anteil der ausländischen Bevölkerung in den sozial schwächeren Schichten).[209]

Dies wären allesamt nur statistische Detailprobleme, würde nicht die angenommene oder tatsächliche höhere Kriminalitätsbelastung der Ausländer in Deutschland in der politischen Diskussion nicht immer wieder als Argument für eine restriktivere Ausländerpolitik herangezogen. Deshalb muß an dieser Stelle zumindest ansatzweise der Versuch unternommen werden, differenziert auf die Situation einzugehen.

Die PKS weist für 1994 mit 612 988 einen Anteil von 30,1 % nicht-deutscher Tatverdächtiger aus, das waren im Vergleich zum Vorjahr 11,2 % weniger, was vor allem auf einen starken Rückgang tatverdächtiger Asylbewerberinnen und -bewerber (minus 40,4 %) zurückzuführen ist, was einem Anteil von 25,3 % entspricht (1993 noch 37,1 %).[210] In den Jahren zuvor war der Anteil nicht-deutscher Tatverdächtiger kontinuierlich gestiegen:

Tab. 31: Nichtdeutsche Tatverdächtige nach Aufenthaltsstatus von 1988-1992[211]

Aufenthalts-status	1992		1991		1990		1989		1988	
	Anzahl	Prozent	Anzahl	Prozent	Anzahl	Prozent	Anzahl	Prozent	Anzahl	Prozent
Illegal	58452	11,5	43455	10,7	47585	12,4	43235	12,9	31554	11,0
Legal	450853	88,5	362090	89,3	335998	87,6	292776	87,1	255190	89,0
davon:										
Asylbewerber	172728	33,9	108355	26,7	86875	22,6	74323	22,1	52763	18,4
Arbeitnehmer	91497	18,0	82950	20,5	79035	20,6	76096	22,6	73802	25,7
Gewerbetreibender	10206	2,0	9217	2,3	8729	2,3	8860	2,6	8639	3,0
Tourist/Durchreisend	44834	8,8	41963	10,3	47875	12,5	31733	9,4	24877	8,7
Student/Schüler	37235	7,3	37284	9,2	36990	9,6	33473	10,0	31559	11,0
Stationierungsstreitkr.	6204	1,2	7846	1,9	8653	2,3	9209	2,7	9240	3,2
Sonstige	88149	17,3	74475	18,4	67841	17,7	59089	17,6	54310	18,9
Insgesamt	509305	100,0	405545	100,0	383583	100,0	336011	100,0	286744	100,0

Unbeschadet aller statistischer Verzerrungen zeigt die Tabelle zuerst einmal, daß die Tatverdächtigenzahlen in weitaus stärkerem Maße steigen als die Bevölkerungszahl: war zwischen 1988 und 1992 die ausländische Bevölkerung um 44,7 % gestiegen, betrug die Steigerungsrate bei den Tatverdächtigen 77,6 %. In beiden Bereichen ist die Zunahme weitgehend auf den Anstieg der Asylbewerberzahlen zurückzuführen; die Zahl der

208. Vgl. Geißler/Marißen 1990, 666 f.
209. Vgl. Kubink 1993, 44 ff.
210. Beauftragte der Bundesregierung (Hg.) 1995, 22.
211. Für 1990-1992 Ahlf 1993, 136, für 1988-1989 Kubink 1993, 43; Zahlen ab 1991 nur für die alten Bundesländer.

tatverdächtigen Bewerberinnen und Bewerber hat sich innerhalb der oben dargestellten vier Jahre mehr als verdreifacht. Dahingegen sind im Bereich der anderen Migranten (also der Arbeitsmigranten der ersten und der nachfolgenden Generationen, die zum größten Teil unter den Rubriken Arbeitnehmer und Schüler/Studenten erscheinen) die absoluten Zahlen nur verhältnismäßig geringfügig gestiegen, die relativen Zahlen sogar stark gesunken. Dahingegen kann davon ausgegangen werden, »daß bei den meisten Vergleichsgruppen die Steigerungsraten nach der PKS bei den deutschen Tatverdächtigen im Zeitraum von 1987 bis 1991 abgenommen« haben.[212]

Gerade die Zahl der tatverdächtigen *Asylbewerberinnen und -bewerber* ist in besonders starker Weise durch *Verzerrungseffekte* betroffen. So waren etwa 1989 24,2 % der ausländischen Tatverdächtigen wegen Vergehen gegen das Ausländer- oder Asylverfahrensgesetz beschuldigt, 4,8 % wurden im Zusammenhang des Asylverfahrens wegen Urkundenfälschung beschuldigt.[213] Darüber hinaus wird allgemein anerkannt, daß es sich bei der Mehrzahl der Delikte, die Asylbewerbern zur Last gelegt werden, um minderschwere Delikte wie Diebstahl (insbesondere Ladendiebstahl)[214] und Erschleichen von Leistungen (Schwarzfahren) handelt,[215] also um Tatbestände, die sich zum großen Teil aus der besonderen Situation der Asylbewerberinnen und -bewerber herleiten lassen (vgl. nur die Regelungen des AsylbLG), wobei gerade beim Ladendiebstahl wiederum verstärkte Kontrolle gegenüber anders aussehenden und damit auffälligen Personen angenommen werden kann. Allerdings muß in diesem Zusammenhang auch erwähnt werden, daß in dieser Gruppe der Anteil der Tatverdächtigen von Rauschgiftdelikten ebenfalls überproportional hoch ist. Insgesamt schon gehört z. B. Handel und Schmuggel von Heroin zu den Deliktgruppen, in denen die Zahl der ausländischen Tatverdächtigen besonders hoch ist (1992: 41 %);[216] von denen etwa ein Drittel (1989: 32,2 %)[217] Asylbewerber sind. Wenn auch die Mehrzahl der Tatverdächtigen unter die Gruppe der Touristen und Durchreisenden fällt (1989 bei Kokain und LSD etwa zwei Drittel), bleibt doch festzuhalten, daß ein signifikanter Teil der Asylbewerberinnen und -bewerber im Bereich der

212. Ahlf 1993, 132.
213. Kubink 1993, 40 f.
214. Für das Jahr 1990 wurden 33 015 Fälle gezählt, das entspricht einer Quote von 38,0 % aller den Asylbewerbern zur Last gelegten Delikte (Traulsen 1993, 303, eigene Berechnung).
215. Ahlf 1993, 137.
216. Ahlf 1993, 138.
217. Kubink 1993, 31.

Drogenkriminalität auffällt; allerdings ist die absolute und relative Zahl vergleichsweise gering, so wurden etwa 1989 etwa 2 % der Bewerber eines Rauschgiftdeliktes beschuldigt.[218]

Anders sieht die Situation bei den *traditionellen Arbeitsmigrantinnen und -migranten* aus. Hier liegt der Anteil der Strafverdächtigen zwar immer noch über dem der deutschen Bevölkerung, variiert jedoch stark nach Nationalitäten. So sind etwa Spanier, Portugiesen und Griechen nicht häufiger oder seltener straffällig als die deutsche Bevölkerung, während etwa Türken oder Personen aus dem ehemaligen Jugoslawien deutlich stärker belastet sind.[219] Hier macht sich darüber hinaus ein Altersunterschied bemerkbar: *ausländische Kinder, Jugendliche und Heranwachsende* (18 bis 21 Jahre) sind in deutlich stärkeren Maße betroffen als die deutsche Vergleichsgruppe. So lag der Anteil ausländischer jugendlicher Tatverdächtiger 1992 bei 28,4 %, bei den Heranwachsenden sogar bei 38,5 %.[220] Allerdings relativieren sich diese Zahlen je nach herangezogener Vergleichsgruppe. Bei einem Vergleich der deutschen und ausländischen Angeklagten in Stuttgart zeigte sich, daß bei gleicher sozialer Situation junge Ausländer weniger häufig vor Gericht stehen als junge Deutsche.[221]

Die Probleme bei der Interpretation der statistischen Daten verweisen auf zugrundeliegende theoretische Kontroversen. Die These der überproportionalen Kriminalität der jugendlichen Ausländer wird vor allem von Autoren kritisiert, die vor dem Hintergrund der Theorie des labeling-approach argumentieren.[222] Die Kriminalität ist hier Folge eines gesellschaftlichen Zuschreibungsprozesses, der sich in erhöhter Anzeigebereitschaft der Bevölkerung und erhöhter Kontrolle der staatlichen Verfolgungsinstanzen manifestiert.[223] »Aus der Struktur der ausländischen Tatverdächtigen lassen sich zunächst ausländerspezifische Kontrollpraktiken folgern. Zahlreiche Indizien deuten darauf hin, daß sich vorurteilsgeprägte Kriminalitätswahrnehmungen, die von der Bevölkerung an die Polizei weitergeleitet werden, bei den Instanzen der formellen Sozialkontrolle fortsetzen. Der Hintergrund dieser Ermittlungsstrategie dürfte in

218. Ebd.
219. Vgl. Schöch/Gebauer 1990:48 und Ahlf 1993, 132.
220. Beauftragte der Bundesregierung (Hg.) 1994, 62.
221. Geißler/Marißen 1990, 669 ff.; ähnliche Ergebnisse liefert auch Mansel 1986.
222. Vor allem Mansel 1988, auch Geißler/Marißen 1990.
223. Inwieweit darüber hinaus von einer spezifischen Ausländerfeindlichkeit der Polizei gesprochen werden kann, ist nicht zu beantworten, da entsprechend validiertes empirisches Material fehlt. Vgl. insgesamt zu dem Problemfeld: Stock/Klein 1994.

dem Bemühen liegen, eine möglichst effektive Arbeitspraxis zu entwikkeln. Ausländer, die sich in der Situation des Verdachts nur schwer behaupten können, werden besonders häufig verfolgt.«[224] Folge dieser Praxis ist eine Disziplinierung der Betroffenen: »Zur Diskriminierung und zur Aufrechterhaltung des Vorurteils gegenüber den Gastarbeiternachkommen reicht jedoch eine überproportional häufige Registrierung in der polizeilichen Kriminalstatistik gegenüber der altersgleichen Gesamtpopulation der Deutschen aus.«[225] Dies setzt sich fort in einer härteren Bestrafung ausländischer Jugendlicher, wenn es zu einer Verurteilung kommt.[226] Selbst Kritiker dieser Arbeiten gestehen zumindest zu, daß zu einem gewissen Bereich die Theorie des labeling-approach einen Erklärungsbeitrag zur hohen Zahl ausländischer Tatverdächtiger liefert.[227]

Autoren, die die höhere Kriminalitätsbelastung der ausländischen Bevölkerung als gegeben ansehen, verweisen dabei unter anderem auf anomietheoretische Überlegungen zurück, denenzufolge die Kriminalität aus einer Diskrepanz zwischen den allgemeinen gesellschaftlich gesetzten Zielen und den sozialstrukturellen Mitteln, sie zu erreichen, resultiert.[228] Die Erklärungskraft dieses Ansatzes reicht jedoch nicht sonderlich weit. Zwar kann erklärt werden, warum bei Asylbewerbern Ladendiebstahl und Erschleichung von Leistungen (Schwarzfahren) häufiger auftritt, auf der anderen Seite läßt sich darüber hinaus ein zu erwartender Anstieg bei Bereicherungs- und Zueignungsdelikten gerade nicht feststellen.[229]

Kaum mehr vertreten wird die Kulturkonfliktthese, der zufolge die Kriminalität aus einem kulturell bedingten Werte- und Normkonflikt resultiert. Wieder aufgegriffen wurde sie allerdings von Schöch und Gebauer in Zusammenhang mit anomie- und sozialisationstheoretischen Überlegungen.[230] Sie deuten die Kriminalität der zweiten Generation als Resultat eines inneren Konfliktes, als Unsicherheit der normativen Orientie-

224. Kubink 1993, 239 als Ergebnis einer empirischen Analyse. In diesem Zusammenhang ist auch darauf zu verweisen, daß die Strafverfolgung von Bundesland zu Bundesland variiert. Mansel zufolge ist etwa das Risiko eines in einem CDU/CSU regierten Bundesland lebenden Türken, wegen eines Verstoßes gegen das Ausländergesetz verurteilt zu werden, fünfmal höher als in einem SPD regierten (Mansel 1994, 303).
225. Mansel 1988, 363.
226. Geißler/Marißen 1990, 681 ff.; mit gleicher Tendenz jetzt auch Ludwig-Mayerhofer/Niemann 1997.
227. So etwa Schöch/Gebauer 1991, 56 f.
228. Vgl. im Überblick Kubink 1993, 72 ff.
229. So Kubink 1993, 300.
230. Schöch/Gebauer 1991, 55 ff.

rung, die sich in anomischen Zuständen ausdrücken kann, besonders wenn die Orientierung an bestimmten peer-groups hinzutritt, in der alternative subkulturelle Werte und Normen gelten. Empirische qualitative Studien zeichnen ein ähnliches Bild der Situation.[231] Wenig plausibel ist es allerdings, etwa die hohe Kriminalitätsbelastung von Asylbewerbern aus der sogenannten dritten Welt als Ausdruck eines Kulturkonflikts zu deuten; die spezifische Situation als Asylbewerber reicht als Erklärung vollkommen aus, Probleme mit Sprache und rechtlichen Regelungen sind weniger als Ausdruck der verschiedenen Kultur zu deuten als vielmehr gesellschaftlich bestimmt. Darüber hinaus erweckt der Begriff des Kulturkonflikts den Eindruck, als lägen die Probleme in den unterschiedlichen Kulturen selbst und nicht in den Bewältigungs- und Anpassungsstrategien der Personen. Im Bereich der Jugendkriminalität etwa ist doch zuerst einmal vom bestehenden Generationenkonflikt auszugehen, der dann unter bestimmten Bedingungen zusätzlich eine Verstärkung zum Beispiel durch traditionelle Orientierungen der Elterngeneration erfahren.[232]

Insgesamt zeigt sich in der Diskussion über die Kriminalitätsbelastung der ausländischen Bevölkerung vor allem die Problematik einer angemessenen Interpretation des vorliegenden statistischen Materials. Diese scheint mir vor allem darin zu bestehen, daß nicht hinreichend reflektiert wird, was im Blick auf welchen Sachverhalt überhaupt verglichen wird. Dies fängt schon bei der unklaren Bestimmung der Referenzgruppe »Ausländer« an. Den Konstruktcharakter dieser Kategorie habe ich bereits in Kapitel II.2 ausführlich diskutiert. Würde man aber allein auf die Staatsangehörigkeit als Unterscheidungsmerkmal abheben, müßten alle anderen Unterschiede in den Vergleichsgruppen sowie die unterschiedliche Zuschreibungspraxis theoretisch eliminieren. »Ein derartiges Verfahren, das den Begriff der Ausländerkriminalität ernst nähme, offenbart zugleich, wie sehr die logische Folgerichtigkeit hier ins Abseits führen würde. Eine direkte kausale Verknüpfung zwischen Staatsangehörigkeit und Kriminalität ist nämlich schon rein gedanklich nicht plausibel zu machen und könnte höchstens in der Lesart einleuchten, daß die Nichtdeutschen wegen des Fehlens der deutschen Staatsangehörigkeit benachteiligt wären.«[233] Oder aber, so ist hinzuzufügen, eine solche Verknüpfung wäre nur plausibel unter der Annahme, daß es ethnische oder rassische Unterschiede im Bereich der Normenkonformität gäbe, daß also z.B. Polen stehlen, Orientalen betrügen und Juden übervorteilen, also unter der An-

231. Vgl. etwa Weigt/Lorke 1994.
232. So die Interpretation von Weigt/Lorke 1994.
233. Walter/Kubink 1993, 309.

nahme rassistischer oder ethnizistischer Ideologien. Will man nicht Gefahr laufen, solche Positionen zu stärken, wäre es meines Erachtens sinnvoller, nicht auf nationalitätsspezifische Unterschiede abzuheben, sondern genauer zu differenzieren. »Gegenüber allen Versuchen, Kriminalität mit Nationalität(en) zu verkoppeln, fragt sich, warum statt dessen nicht soziale Mangellagen, besondere Belastungssituationen und unbestreitbare Versäumnisse thematisiert werden? Man könnte auf viele auftretende Schwierigkeiten mit Nichtdeutschen ohne weiteres die allgemeinen Ansichten zu Sozialisationsdefiziten, Zugangsbarrieren und Kontrollstilen (in sozialen Brennpunkten etwa) beziehen, ohne auf die Staatsangehörigkeit abzuheben.«[234] Allerdings würde dieser Verzicht auch bedeuten, daß man einen weiteren Indikator für die soziale und gesellschaftliche Benachteiligung der ausländischen Bevölkerung in Deutschland aufgibt.

2.3.7 Zusammenfassung

Die Darstellung von Aspekten der psychosozialen Situation von Migrantinnen und Migranten in Deutschland hat gezeigt, daß sie differenziert betrachtet und analysiert werden muß. Zum einen ist die Lebenssituation je nach Migrantengruppen sehr unterschiedlich. Flüchtlinge und Asylbewerber haben aufgrund ihres Status andere Probleme als Arbeitsmigranten. Dies gilt insbesondere während des Asylverfahrens. Allerdings gibt es kein detailliertes Material über die Lebenssituation von anerkannten Asylbewerberinnen und -bewerbern oder anderen Flüchtlingen mit gesichertem Aufenthaltsstatus. Es ist unbekannt, ob oder in welchem Maße sich deren Situation von der der Arbeitsmigranten unterscheidet.

Darüber hinaus war zu sehen, daß die Situation nationalitätenspezifisch variiert. Von den Staatsangehörigen der klassischen Entsendeländer weisen vor allem die Türkinnen und Türken den höchsten Grad der Benachteiligung auf, während die Lebensverhältnisse etwa der Griechen und Spanier denen der deutschen Bevölkerung am nächsten kommen. Schließlich wurde nochmals deutlich, daß auch generationenspezifisch und geschlechtsspezifisch zu unterscheiden ist; im allgemeinen hat sich – sowohl bei Männern als auch bei Frauen – die Situation der zweiten oder dritten Generation gegenüber der ihrer Eltern und Großeltern verbessert.

Insofern zeigt die Darstellung, daß es nur wenig sinnvoll ist, von *den* Ausländern oder *den* Migranten zu sprechen, da sich deren soziale Situa-

234. Walter/Kubink 1993, 310.

tion in vielen Hinsichten unterscheidet; dieser Gruppe gehören sowohl der griechische Geschäftsmann als auch der vietnamesische Gelegenheitsarbeiter an oder der von Abschiebung bedrohte Ghanaer. Aber auch innerhalb der jeweiligen Gruppen gibt es ein mehr oder minder breites Spektrum von Lebens- und Problemlagen.

Trotzdem ist es notwendig, Migrantinnen und Migranten als Gruppe mit der Bevölkerung deutscher Staatsangehörigkeit zu vergleichen. Denn nur so zeigt sich, daß die ausländische Bevölkerung von einer relativen Benachteiligung in allen Bereichen betroffen ist. Auch wenn es Einzelfälle gibt, die nicht nur nicht benachteiligt, sondern vielleicht sogar in Relation zum Durchschnitt der deutschen Bevölkerung in einer bevorzugten Situation sind, gilt doch generell, daß die Verteilung von Gütern und Chancen zwischen den Gruppen der Deutschen und Nichtdeutschen ungleich ist.

Dabei sind Migranten in einigen Bereichen doppelt benachteiligt: aufgrund ihrer sozialen Position und ihres Status als Ausländer, Migrantinnen sogar dreifach: neben sozialer Position und Ausländerstatus auch als Frauen. Dies zeigt sich besonders deutlich im Wohnbereich. Für die Miete steht ihnen durchschnittlich weniger zur Verfügung als den Deutschen, gleichzeitig werden sie bei der Wohnungsvergabe benachteiligt, was sich unter anderem auch daran zeigt, daß sie für schlechtere Wohnungen höhere Quadratmeterpreise bezahlen.

Da die in Deutschland lebenden Migrantinnen und Migranten aufgrund ihrer Staatsangehörigkeit – unbeschadet des Kommunalwahlrechts für EU-Angehörige – kein Wahlrecht besitzen, entsteht politisch die an das 19. Jahrhundert erinnernde Situation, daß ein großer Teil der Arbeiterschaft über keine politischen Mitspracherechte verfügt. Dies ist eine Folge der Unterschichtung der deutschen Beschäftigungsstruktur durch ausländische Arbeitnehmer, die Ulrich Beck für die deutsche Bevölkerung auch als Fahrstuhleffekt charakterisiert hat.[235]

2.4 Resümee

In diesem Kapitel wurde die aktuelle Situation von Ausländern in Deutschland dargestellt. Der Begriff »Ausländer« wurde auch deshalb beibehalten, weil nach der geltenden Rechtslage diesem Personenkreis nicht die bürgerlichen Rechte zustehen, die für deutsche Staatsangehöri-

235. U. Beck 1986, 124 f.

ge gelten (und das Wahlrecht ist nur eines davon). Der Fülle des Materials wegen wurde dieses Kapitel in drei Abschnitte unterteilt.

Im ersten dieser Abschnitte wurde die Darstellung der Migrationssituation auf Deutschland zugespitzt. Dabei wurde deutlich, daß hier die Diskussion über Migration nur vor dem Hintergrund der politischen Debatte um Arbeitsmigranten und Flüchtlinge zu verstehen ist. Dies gilt insbesondere für die Situation der Arbeitsmigranten. Ebenso konnte gezeigt werden, daß die Zahl der Asylsuchenden korreliert mit internationalen politischen Entwicklungen, so daß sich schon deswegen eine Pauschalisierung der Flüchtlinge als Wirtschaftsflüchtlinge verbietet. Gleichzeitig ergab sich, daß die Anerkennungspraxis mit politischen Vorgaben korreliert.

Insgesamt konnte gezeigt werden, daß für Deutschland eine Einwanderungssituation schon lange gegeben ist, dies belegt nicht allein die Zahl der in Deutschland lebenden Ausländer, sondern vielmehr der Sachverhalt, daß der größte Teil dieser Gruppe schon seit sehr langer Zeit hier lebt, bzw. hier geboren ist. Dieser Situation muß sich die politische wie auch die ethische Diskussion stellen. Dies gilt insbesondere für die Frage der rechtlichen Inklusion.

Im zweiten Abschnitt wurde die rechtliche Situation dargestellt. Im Bereich des Staatsangehörigkeitsrechts wurde die problematische Verknüpfung von ethnischen Kriterien (ius sanguinis) und Staatsangehörigkeit diskutiert. Es konnte dabei deutlich gemacht werden, daß diese Verknüpfung sich nicht zwingend aus den rechtlichen Vorgaben ergibt. Weiter wurde auch die Thematik der doppelten Staatsangehörigkeit erörtert. Es ergaben sich hier nur wenig Argumente, die einer möglichen Einführung prinzipiell widersprechen.

Für den Bereich des Asylrechts wurde der doppelte politische Charakter dieses Rechts herausgearbeitet. Doppelt insofern, als das moderne Asylrecht einerseits auf der politischen Unterscheidung von Staaten beruht und sich auf politisch Verfolgte bezieht und andererseits in seiner Ausgestaltung von politischen Vorentscheidungen und Rahmenbedingungen abhängig ist. Hierbei wurde vor allem die Problematik eines engen Begriffes der Verfolgung aufgezeigt, der in mancher Hinsicht den Fluchtgründen der Asylsuchenden nicht gerecht wird. Darüber hinaus konnte aufgezeigt werden, daß die Gestaltung des Aufenthalts von Asylsuchenden in vieler Hinsicht humanen Standards nicht genügt; die politische Vorgabe der Verringerung der Zahl der Asylsuchenden hat zur Aufgabe von moralischen Minimalbedingungen geführt, die sich auch ethisch – also im Blick auf die Intention, die Zahl der nach Deutschland einreisenden Flüchtlinge zu begrenzen – nicht rechtfertigen läßt.

Schließlich konnte in der Darstellung der geltenden ausländerrechtlichen Regelungen gezeigt werden, daß das deutsche Recht zwar differenziert auf Migration reagiert (z.B. durch die Differenzierungen im Aufenthaltsrecht), aber trotzdem nur beschränkte Integrationsmöglichkeiten bietet (was wieder auf das Staatsangehörigkeitsrecht verweist). Zudem wurde deutlich, daß auch Aufenthaltstitel wie unbefristete Aufenthaltserlaubnis oder Aufenthaltsberechtigung – z.B. bei hier geborenen Jugendlichen oder Kindern – kein unwiderrufbares Recht auf Aufenthalt sichern. Unter bestimmten Lebensumständen haben Migranten die begründete Befürchtung, ihre Aufenthaltserlaubnis zu verlieren, auch wenn es sich um Personen handelt, die in Deutschland geboren und aufgewachsen sind.

Der dritte Abschnitt schließlich hatte die soziale und wirtschaftliche Situation von Migranten zum Inhalt. Hier wurde deren Situation anhand der Parameter Arbeit und Einkommen, Bildung, Wohnen und Gesundheit, die auch in der Armutsforschung eine zentrale Rolle spielen, erörtert. Insgesamt stellte sich die Situation sehr differenziert dar, da sie für einzelne Nationalitätengruppen stark differiert (so ist sie z.B. für Italiener und Türken deutlich schlechter als etwa für Spanier oder Personen aus dem ehemaligen Jugoslawien). Darüber hinaus gelten für Asylsuchende grundsätzlich andere Bedingungen als für Arbeitsmigranten.

Trotz dieser Einschränkungen läßt sich die Gruppe der Ausländer in Deutschland als sozial benachteiligt beschreiben: Bei allen Parametern sind Ausländer im Vergleich zu deutschen Staatsangehörigen schlechter gestellt. Dies verweist darauf, daß das sogenannte »Ausländerproblem« nicht in erster Linie als Kulturproblem oder gar als Kulturkonflikt zu charakterisieren ist, sondern in erster Linie als soziales Problem. Erst in diesem Zusammenhang gewinnen kulturelle Differenzen und Anpassungsprobleme ihre besondere Brisanz. Dies zeigte sich auch in der Diskussion der These von der überproportional hohen Ausländerkriminalität. Problematisch hierbei ist vor allem, daß in der Analyse dieser Thematik fast durchgehend von der wirtschaftlich-sozialen Situation abstrahiert, und die höhere Kriminalitätsbelastung statt dessen auf kulturelle oder ethnische Differenzen zurückgeführt wird.

Für die weitere Diskussion stellt sich die Frage, wie mit der faktisch gegebenen Einwanderungssituation in Deutschland umzugehen ist. Dies beinhaltet zum einen rechtlich-politische Themen wie Aufenthaltsrechte oder Staatsangehörigkeit, zum anderen normative wie die nach den des Zusammenlebens von Menschen mit unterschiedlicher nationaler Herkunft und kultureller Prägung. Die Debatte um die sogenannte »multikulturelle Gesellschaft« muß also an dieser Stelle geführt und auf ihre normative Komponenten hin zugespitzt werden.

Schließlich stellt sich die Frage nach dem öffentlich-politischen Umgang mit Migration, sei es mit Arbeitsmigration oder mit Flüchtlingen. Wie auch immer man im konkreten Bereich des Asylrechts urteilen mag, bleibt doch die Forderung im Raum, eine eigenständige Migrationspolitik zu entwerfen, die sich nicht allein darauf zurückzieht, die Belange der hier lebenden Ausländer zu regulieren, sondern darüber hinaus sowohl international zur Lösung des Weltordnungsproblems beizutragen versucht als auch Ansätze einer Einwanderungspolitik entwickelt.

Im rechtlichen Bereich bedarf es einer Reflexion der Begriffe Volk und Staat, denn je nach Interpretation dieser Größen ist die Ausgestaltung des Staatsangehörigkeitsrechts zu bewerten. In diesem Zusammenhang bedarf es theologischerseits zusätzlich einer Aufarbeitung der dogmatischen Kategorie der Schöpfungsordnungen.

Hinsichtlich des Asylrechts ist zu diskutieren, welche Konsequenzen sich aus einer menschenrechtlichen Begründung des Asylrechts im Blick auf die konkrete Ausgestaltung von Asylverfahren und Aufenthalt während dieses Verfahrens ergeben. Nicht strittig ist meines Erachtens, daß das Asylrecht auf Verfolgte beschränkt bleiben muß, soll es nicht in seinem Kernbestand ausgehöhlt werden. Allerdings ist in diesem Zusammenhang zu fragen, ob der im deutschen Recht zugrundegelegte Verfolgungsbegriff hinsichtlich tatsächlicher Verfolgungssituationen so aufrecht erhalten werden kann.

In Abschnitt I.2.3 konnte gezeigt werden, daß das Migrationsproblem in erster Linie ein soziales Problem ist. Dies verweist über die bereits angesprochenen migrationsethische Thematik hinaus auf Fragen der Wirtschaftsethik bzw. Sozialpolitik und deren ethischer Reflexion. Stichworte hier wären die Fragen nach Gerechtigkeit, Solidarität und einer »Option für die Armen« ebenso wie die Auseinandersetzung über eine Erneuerung der Systeme sozialer Sicherung im Sinne eines Wohlfahrtspluralismus gegenüber einem Abbau dieser Systeme im Namen liberalistischer Wirtschaftstheorie.

II. »Fremd ist der Fremde nur in der Fremde« Konstruktionsprinzipien des Fremden

Der Mensch ist ein soziales Wesen. In der Regel leben Menschen nicht vereinzelt, sondern in verschiedenartig gestalteten sozialen Bezügen, die sich unter anderem durch unterschiedlich stark ausgeprägte Interaktionen zwischen den Mitgliedern voneinander abheben. Schon hierdurch gibt es verschiedene Grade der Vertrautheit. Prinzipiell ist jedoch jedem Individuum jeder andere Mensch »fremd«, denn Vertrautheit entsteht erst durch Interaktion, dadurch, daß sich die Personen kennen *lernen*. Dies geschieht in der frühkindlichen Interaktion insbesondere zwischen der Mutter und dem Kleinkind, in verschiedenen Sozialisationsinstanzen, im alltäglichen Verhalten. Die meisten Menschen, denen eine Person begegnet, bleiben ihr fremd, denn der Aufbau von Vertrautheit erfordert Zeit. So viel Zeit steht in modernen Gesellschaften, in denen Interaktionen Primärgruppen überschreiten, nicht mehr zur Verfügung.

Innerhalb der sozialen Beziehungen entstehen unterschiedliche Abstufungen von Vertrautheit und Fremdheit. Dabei ist manchmal die Erfahrung zu machen, daß Vertrautheit nicht von der Anzahl der Kontakte abhängt, daß manche Personen einem sehr schnell vertraut sind, während gegenüber anderen, zu denen vielleicht schon länger und regelmäßiger Kontakt besteht, eine gewisse Fremdheit nicht überwunden werden kann – vielleicht ist dies auch nicht einmal gewollt. Der Umgang mit Vertrautheit und Fremdheit, die Handhabung dieser Differenz zur Regulierung sozialer Beziehungen, gehört zu den Alltagsanforderungen. Fremdheitserfahrungen dürfte unter den Bedingungen der Moderne jeder Mensch aus verschiedenen Kontexten kennen. Sei es als Tourist oder Touristin in weit entfernten Ländern, als »Neuer« oder »Neue« in einer Gruppe, die sich schon längere Zeit kennt, als Gast einer Party mit ihm oder ihr fremden Menschen oder auch als Besucher von Gottesdiensten mit ihm oder ihr unbekannten Riten.

Was diese Fremdheitserfahrungen verbindet, ist, daß es sich beim Fremdsein nicht um die Bezeichnung einer Eigenschaft handelt, die dem oder der Fremden gleichsam anhaftet, sondern um die Bezeichnung einer Relation. Denn »fremd« ist ein Mensch nicht immer und zu jeder Zeit, sondern nur in bestimmten Situationen. Fremd ist der Fremde immer in Beziehung zu einem sozialen Ort, zu einer sozialen Zeit oder in Relation zu anderen Menschen. Fremdsein ist also eine Zuschreibung, die entweder als Selbstbeschreibung (ich fühle mich hier und jetzt oder gegenüber anderen fremd) oder als Fremdzuschreibung (der oder die andere ist mir oder uns gegenüber fremd oder fremd geworden) getroffen wird. Fremdheit ist relational zu Bezugsgruppen, sie ist ein soziales Phänomen, das aber zugleich in den Individuen psychisch verankert ist.

Dieser Relationscharakter von Fremdheit und seine Paradoxien werden deutlich in einem Wortspiel von Karl Valentin und Liesl Karlstadt:[1]

LIESL KARLSTADT: Wir haben in der letzten Unterrichtsstunde über die Kleidung des Menschen gesprochen, und zwar über das Hemd. Wer von euch kann mir einen Reim auf Hemd sagen?
KARL VALENTIN: Auf Hemd reimt sich fremd!
L.K.: Gut – und was heißt die Mehrzahl von fremd?
K.V.: Die Fremden.
L.K.: Jawohl, die Fremden. – Und aus was bestehen die Fremden?
K.V.: Aus »frem« und aus »den«.
L.K.: Gut – und was ist ein Fremder?
K.V.: Fleisch, Gemüse, Obst, Mehlspeisen und so weiter.
L.K.: Nein, nein, nicht was er ißt, will ich wissen, sondern wie er ist.
K.V.: Ja, ein Fremder ist nicht immer ein Fremder.
L.K.: Wieso?
K.V.: Fremd ist der Fremde nur in der Fremde.
L.K.: Das ist nicht unrichtig. – Und warum fühlt sich ein Fremder nur in der Fremde fremd?
K.V.: Weil jeder Fremde, der sich fremd fühlt, ein Fremder ist, und zwar so lange, bis er sich nicht mehr fremd fühlt, dann ist er kein Fremder mehr.
L.K.: Sehr richtig! – Wenn aber ein Fremder schon lange in der Fremde ist, bleibt er dann immer ein Fremder?
K.V.: Nein. Das ist nur so lange ein Fremder, bis er alles kennt und gesehen hat, denn dann ist ihm nichts mehr fremd.
L.K.: Es kann aber auch einem Einheimischen etwas fremd sein!
K.V.: Gewiß, manchem Münchner zum Beispiel ist das Hofbräuhaus nicht fremd, während ihm in der gleichen Stadt das Deutsche Museum, die Glyptothek, die Pinakothek und so weiter fremd sind.
L.K.: Damit wollen sie also sagen, daß der Einheimische in mancher Hinsicht in seiner eigenen Vaterstadt zugleich noch ein Fremder sein kann. – Was aber sind Fremde unter Fremden?
K.V.: Fremde unter Fremden sind: wenn Fremde über eine Brücke fahren, und unter der Brücke fährt ein Eisenbahnzug mit Fremden durch, so sind die durchfahrenden Fremden Fremde unter Fremden, was sie, Herr Lehrer, vielleicht gar nicht so schnell begreifen werden.
L.K.: Oho! – Und was sind Einheimische?
K.V.: Dem Einheimischen sind eigentlich die fremdesten Fremden nicht fremd.

1. Valentin 1942.

Der Einheimische kennt zwar die Fremden nicht, kennt aber am ersten Blick, daß es sich um einen Fremden handelt.

L.K.: Wenn aber ein Fremder von einem Fremden eine Auskunft will?

K.V.: Sehr einfach: Frägt ein Fremder in einer fremden Stadt einen Fremden um irgend etwas, was ihm fremd ist, so sagt der Fremde zu dem Fremden, das ist mir leider fremd, ich bin nämlich hier selbst fremd.

L.K.: Das Gegenteil von fremd wäre also – unfremd?

K.V.: Wenn ein Fremder einen Bekannten hat, so kann ihm dieser Bekannte zuerst fremd gewesen sein, aber durch das gegenseitige Bekanntwerden sind sich die beiden nicht mehr fremd. Wenn aber die zwei mitsammen in eine fremde Stadt reisen, so sind diese beiden Bekannten jetzt in der fremden Stadt wieder Fremde geworden. Die beiden sind also – das ist zwar paradox – fremde Bekannte zueinander geworden.

Die ins Absurde gesteigerte Semantik des Fremden ist nochmals ein Hinweis darauf, daß Fremdsein kein ontologischer Status ist. Die Frage, die zu stellen und im folgenden zu beantworten ist, kann also nicht heißen: Wer *ist* ein Fremder oder eine Fremde? – vielmehr ist dem Beachtung zu schenken, was Fremdheit konstituiert, wer oder was einen Fremden oder eine Fremde zum oder zur Fremden macht. Es dürfte einleitend deutlich geworden sein, daß sich diese Frage nach den Konstitutionsbedingungen von Fremdheit in einer doppelten Hinsicht stellt: in der individuellen und sozialen Konstruktion von Fremdheit und Vertrautheit. In den nächsten beiden Kapiteln werden diese Perspektiven – psychologische und soziologische – vorgestellt, wenn auch deutlich ist, daß beide aufeinander bezogen sind. Die leitende Frage ist jeweils, wie Fremdheit konstruiert wird und welche Mechanismen dazu führen, andere als »fremd« zu kategorisieren und das eigene Verhalten dieser Kategorisierung anzupassen.

1. Psychische Konstruktion des Fremden

1.1 Das fremde Innen – Psychologie der Fremdenwahrnehmung

Eine Analyse der Wahrnehmung des Fremden mit psychologischen oder gar psychoanalytischen Kategorien steht vor einem wissenschaftstheoretischen Problem. Dieses liegt daran, daß sich auch die Psychoanalyse seit Freud als naturwissenschaftlich orientierte Disziplin versteht, die valides Wissen über die Pathologien psychischer Phänomene bereitstellt.[2] Damit ist im Blick auf die Fremdenproblematik eine entscheidende Voraussetzung bereits gegeben. Wie andere Wissenschaften auch[3] beobachtet die Psychoanalyse ihren Gegenstandsbereich mit Hilfe einer für sie typischen Unterscheidung. Sie folgt in ihrer Unterscheidung der medizinischen Wissenschaft, sie operiert mit einer Form, der Differenz von pathologisch/gesund.[4] Dabei bleibt sie jedoch insofern auf der Innenseite dieser Form, als sie keinen exakten Begriff der Gesundheit entwickelt, sondern gesund als unbestimmte andere Seite der Form ihrer Unterscheidungen benutzt. Kurz gesagt: Gesund ist alles, was nicht pathologisch ist.[5] Wie andere medizinische Disziplinen hat die Psychoanalyse hier eine Präferenz, sie bezieht sich auf den markierten Bereich, das Pathologische. Daraus folgt, daß die psychoanalytische Beschäftigung mit dem Phänomen des Fremden von Besonderheiten, die als pathologisch bezeichnet werden, ausgeht. Wenn sich also die Theorie mit Fremden beschäftigt, bezieht sie sich auf pathologische Phänomene wie Fremdenangst und

2. Vgl. hierzu die Darstellung in Habermas 1973, 300ff.
3. Ob die Psychoanalyse tatsächlich eine Wissenschaft oder vielmehr eine »Parawissenschaft« ist (so Luhmann 1990a, 573), braucht an dieser Stelle nicht weiter diskutiert zu werden. Es genügt, die Psychoanalyse als Methode zu beobachten und zu beschreiben, die ihren Gegenstand mit Hilfe einer Unterscheidung beobachtet und sich an ihr orientiert; also zu beobachten, wie die Psychoanalyse beobachtet. Zumindest in dieser Vorgehensweise unterscheidet sich die Psychoanalyse nicht von anderen Disziplinen der Wissenschaft. Zur grundlegenden Rolle der Beobachtung für das Wissenschaftssystem vgl. Luhmann 1990a, 68ff.
4. Ich beziehe mich hier auf den Formbegriff, den Luhmann im Anschluß an Spencer Brown entwickelt; vgl. dazu Luhmann 1990a, 79ff.
5. Die nicht bezeichnete andere Seite einer Unterscheidung bleibt damit notwendigerweise unbestimmt, denn »eine Unterscheidung negiert nicht etwa das, was sie nicht bezeichnet, sondern setzt es als ›unmarked space‹ gerade voraus.« (Luhmann 1997, 222 unter Bezug auf Spencer Brown).

Fremdenhaß, die von vornherein *als* pathologisch konnotiert sind. Damit stellt sich gar nicht erst die Frage, ob und mit welchen Gründen die negative Reaktion auf Fremdes als krankhaft und nicht etwa als gesund oder normal zu bezeichnen ist. Mit anderen Worten: Wenn die Psychoanalyse sich mit Fremdheit befaßt, ist die Entscheidung bereits gefallen, daß es sich bei negativen Beziehungen zum Fremden um pathologische Phänomene handelt.

Damit ist auch die Spezifik der psychoanalytischen Beschäftigung mit dem Fremden bereits gegeben. Sie geht von Reaktionen aus, die als pathologisch bezeichnet werden, und versucht, diese ätiologisch auf frühkindliche Entwicklungsstörungen zurückzuführen. Fremdenangst und Fremdenhaß haben gemäß der psychoanalytischen Logik ihre Wurzel in der pathologisch verlaufenen frühkindlichen Entwicklung. A posteriori läßt sich die Fremdenproblematik also als pathologische Fassung einer Konstruktion des Fremden erklären. Das Bild einer gelungenen Beziehung zum Fremden entsteht erst vor dem Hintergrund der pathologischen. Insofern bleibt diese gelungene Beziehung immer unbestimmt. Anders gesagt: Genaueres sagen kann die Psychoanalyse nur zur Entstehung von Fremdenangst und Fremdenhaß, die, indem sie psychoanalytisch beobachtet werden, schon als pathologisch bezeichnet sind. Daher liefert die Beschäftigung mit psychoanalytischen Theorien des Fremden allein einen Beitrag zur negativen Konstruktion des Fremden, ohne genauer beschreiben zu können, wie es denn anders sein könnte. Erst vor diesem Hintergrund läßt sich die folgende Darstellung psychoanalytisch orientierter Theorien der Konstruktion des Fremden verstehen.

»Der andere, das ist (mein) eigenes Unbewußtes«[6]; mit diesem an Freud angelehnten Satz kann die zentrale These der psychologischen Konstruktion des Fremden beschrieben werden. Die an der klassischen Psychotherapie orientierte Forschung zieht hierfür vor allem Freuds Studie über das Unheimliche[7] sowie seine Studien über narzißtische Störungen als Quellen heran.[8] Grundlegend ist dabei, daß die Wahrnehmung des Fremden als des Nicht-Ich für die psychische Entwicklung konstitutiv ist, daß aber gleichzeitig bei einer mißlungenen Bewältigung des Konflikts zwischen Ich und Nicht-Ich narzißtische Störungen in der Form von Fremdenangst und Fremdenhaß auftreten können.[9] Nun ist allerdings

6. Kristeva 1988, 200.
7. Freud 1919.
8. Vgl. zur historischen Rekonstruktion der Freudschen Narzißmustheorien Palmowski 1989.
9. Kritisch kann dabei allerdings gegen die psychoanalytische Methode selbst

der Begriff *Narzißmus* in der Beschreibung von Problemen der Gegenwart ebenso beliebt wie beliebig.[10] Der auch von den bereits angeführten Autorinnen und Autoren verwendete Begriff geht jedoch zurück auf seine Bestimmung bei Kernberg,[11] der zwischen einem »normalen« und einem pathologischen Narzißmus unterscheidet. »Dieser beruht auf übermäßiger (konstitutioneller) oraler Aggression und frühen Spaltungen und erweist sich als Abwehrstruktur, die zur Ausbildung eines unrealistisch-krankhaften ›Größenselbst‹, zu kalter Mißachtung und Entwertung anderer und zu pathologischer Zerstörungswut führt. Weil hier das reale und das ideale Selbst mit dem beneideten idealen Objekt zu einem grandios überhöhten Selbstkonzept verschmolzen sind, um die strukturellen Defekte zu kompensieren, kann der schwer narzißtisch Gestörte nach Kernberg weder normale Abhängigkeit (z.B. vom Analytiker!) ertragen noch Dankbarkeit empfinden oder trauern – er muß sein eigenes Ideal sein, und noch jede Idealisierung eines anderen ist nur verkappte Aggression.«[12] Pathologisch ist hier nicht der Selbstbezug an sich, sondern »eine libidinöse Besetzung einer pathologischen Selbststruktur, welche Abwehrfunktionen hat gegen archaische Selbst- und Objektrepräsentanzen, die präödipale Konflikte, welche um Liebe und Aggression kreisten, vernachlässigten.«[13] Für das entsprechende Krankheitsbild hat sich der Begriff der Borderline-Persönlichkeiten etabliert.

Allerdings kann Narzißmus auch als eine eigenständige Entwicklungslinie des Selbst konzipiert werden, die zu einem reifen Selbsterleben führt.[14] Dieser Narzißmus ist notwendig, um die psychischen Instanzen und den Körper libidinös zu besetzen; nur so kann das Individuum die Instanzen und seinen Körper als eigen und zugehörig empfinden. Narzißtische Störungen sind nun als Fehlentwicklung dieser Besetzung zu verstehen, vor allem als Folge einer gestörten empathischen Beziehung zwi-

eingewendet werden, daß sie auf einem xenophobischen Verstehensmodell beruht: »in Analogie zum naturwissenschaftlichen Experiment kann sie sich das Eigene des Analytikers und das Fremdseelische des Patienten nur als Größen vorstellen, die einander stören und deshalb durch penible Arrangements unter Kontrolle gehalten werden müssen.« (Bittner 1993, 203)

10. Die Verwendung reicht von Zivilisationskritik, Kulturanalyse bis hin zu Phänomenen wie Helfersyndrom, bestimmte Religionsformen oder zum Postulat eines neuen (nämlich narzißtischen) Sozialisationstypus. Vgl. H. Wahl 1993, 113 f.
11. Kernberg 1975.
12. H. Wahl 1993, 111.
13. Battegay 1983, 213.
14. Vgl. Kohut 1971.

schen Mutter und Kleinkind.[15] Narzißtische Störungen äußern sich dann z.B. in mangelnder Beziehungsfähigkeit, notorischem Selbstbezug und ähnlichem.

Probleme wie Fremdenangst oder Fremdenhaß werden nun in der Linie narzißtischer Persönlichkeitsstörungen gesehen. Sie sind der projektive Umgang mit der Störung der narzißtischen Regulation, eine massive Störung des Selbst- bzw. Selbstwertgefühls.[16] Von den verschiedenen Autoren, die sich mit der »seelischen Krankheit Fremdenfeindlichkeit«[17] befaßt haben, werden verschiedene Konstellationen markiert, in denen die Störung wurzelt. Es sind dies vor allem Beobachtungen von Phänomenen in der frühkindlichen Entwicklung, zum einen der sogenannten Acht-Monats-Angst,[18] zum anderen der Aufbau einer weiteren Fremdenrepräsentanz im 17. und 18. Monat mit der Ambivalenz zwischen Angst und Neugier bzw. Interesse.[19] So unterschiedlich die einzelnen Autoren die jeweiligen Probleme gewichten und werten, ist ihnen doch gemein, daß sie die Art und Weise des Aufbaus einer Fremdenrepräsentanz an typischen Konstellationen festmachen, in denen das Kind in seiner Entwicklung mit einem ihm gegenüberstehenden Nicht-Ich konfrontiert ist. In meiner Darstellung verfolge ich kein systematisches Interesse in dem Sinn, daß die unterschiedlichen Ansätze harmonisiert werden sollen. Ich beschreibe die aufeinander folgenden Konfliktkonstellationen (wobei die Reihenfolge nicht im Sinne einer Entwicklungslogik zu lesen ist), um einen Überblick zu geben, in welchen Zusammenhängen sich die Fremdenrepräsentanz aufbaut.

Grundlegend ist, wie gesagt, die Spannung zwischen Ich und Nicht-Ich. Diese Spannung tritt in der frühkindlichen Entwicklung in verschiedenen Konstellationen auf. Zum *ersten* wenn die Mutter in einen zugewandten und abgewandten Teil aufgespalten und der negative Teil zur Projektionsfläche wird. »Weil das noch nicht separierte Kind in seinen Anfängen ausgerichtet nach dem Lustprinzip die gute Mutter als Teil seiner selbst sieht, der nicht zugewandte Teil der Mutter der abspaltungswürdige, böse Teil ist, erlebt das Kind hier erstmals seine nichtbefriedigten Bedürfnisse als einen nicht zu ihm gehörigen, ihm fremden Teil, sozusagen ein *Nicht-Ich*. Dieses Nicht-Ich muß aber aus dem System der Projektion ausgeschlossen werden. Findet das Kind späterhin in der Abwesenheit der Mutter

15. Vgl. Battegay 1983, 210ff.
16. Vgl. Auchter 1990, 1130.
17. So Auchter 1993.
18. Vgl. Spitz 1959.
19. Vgl. Mahler/Pine/Bergman 1975.

nicht zu seinem Spiel, seinem Tun in diesem offenen Raum, wird das innere Bild, die Repräsentanz der nicht gegenwärtigen, der hier angeblich nicht genügenden Mutter zur bleibend negativ besetzten Repräsentanz. Sie wird wegbereitend für die Projektion allen Nicht-Genehmens, dem Widerstand gegenüber der fremden Situation, wegbereitend für das Vorurteil.«[20] Dies ist darüber hinaus im Zusammenhang des Aufbaus einer ersten Objektbeziehung zu sehen, der Beziehung zur Brust der Mutter, die dann allmählich zu einer Beziehung zur ganzen Person der Mutter ausgebaut wird.[21] Die Projektion und Spaltung von guten und bösen, inneren und äußeren Anteilen hat dabei eine wichtige Funktion für den Aufbau einer stabilen Persönlichkeit. »Die Projektion schützt es vor seinen selbtzerstörerischen Impulsen und ermöglicht und unterstützt erste Unterscheidungen zwischen innen und außen. Die Spaltung verfestigt die Unterscheidung in gut und böse und verleiht dem Kind die Möglichkeit, zwischen dem zu unterscheiden, was für es gut, und dem, was schlecht ist.«[22]

Eine *zweite* frühkindliche Konstellation wird von einer Reihe von Autoren in Verbindung gebracht mit der bereits angesprochenen Acht-Monats-Angst. Sie tritt auf, wenn das Kind andere Personen als die Mutter als eigene Personen erfaßt. »Die erste angstauslösende Fassung ist eine Negation: fremd ist, was nicht Mutter ist.«[23] Dabei können zwei Verhaltensweisen beobachtet werden: Entweder das Kind »fremdelt«, das heißt, es fühlt sich von den anderen in seiner symbiotischen Beziehung zur Mutter bedroht und reagiert mit Angst oder es zeigt Neugier und Verwunderung gegenüber anderen Personen. »Um diese beiden frühkindlichen Reaktionsformen herum kristallisieren sich jene Haltungen, die zum Exotismus und zur Xenophobie führen werden. Allmählich entwickeln sich die inneren Bilder – Repräsentanzen –, die den Fremden (oder die, das Fremde) als etwas Anziehendes, Begehrenswertes, eben Exotisches, oder als etwas Furchterregendes, zu Vermeidendes erscheinen lassen.«[24] Dabei ist es der Vater, der dann später als erste dauerhafte Repräsentanz des Fremden aufgebaut wird, es entsteht die »frühe Triangulation« im Beziehungsgefüge.[25] Es wird hier deutlich, daß in der analytisch orientierten Theorie im reiferen Lebensalter auftretende Phänomene wie Fremden-

20. Eckstaedt 1993, 120.
21. Vgl. Raguse-Stauffer 1990, 464 ff.
22. Raguse-Stauffer 1990, 465.
23. Erdheim 1988, 238.
24. Erdheim 1987, 259.
25. Erdheim 1988, 238 f.

angst oder -haß zurückgeführt werden auf eine unzureichende Lösung des frühkindlichen Konflikts um eine erste Repräsentanz des Fremden als dem »Nicht-Ich«, die dann mit der Gestalt des Vater ausgefüllt wird. Gelingt eine Loslösung aus der symbiotischen Einheit mit der Mutter nicht, besteht eine Tendenz zu narzißtischen Störungen: die passive Versorgungssituation wird idealisiert, gleichzeitig werden die negativen Affekte abgespalten und auf das Nicht-Ich projiziert. Als Repräsentanz dieser negativen Affekte bieten sich dann in späteren Lebensphasen die Fremden an; ich komme weiter unten darauf zurück.

Die *dritte* mögliche Konstellation ist die Geburt eines Geschwisters. Denn auch ein Geschwister wird zuerst wahrgenommen als ein Nicht-Ich, das zudem die Mutter beansprucht. Dieses Nicht-Ich wird zuerst einmal bedrohend und angstauslösend erlebt, es ist der Verursacher für die Angst vor dem Liebesverlust der Mutter. Anders als in der ersten Konstellation ist dieser Verursacher jedoch gegenwärtig, hieraus erklären sich auch die direkten Angriffe von Kleinkindern auf ihre neugeborenen Geschwister, die es als Nicht-Ich zu akzeptieren gilt. »Bleibt ein Nicht-Akzeptieren, so bedeutet das eine Abspaltungsbereitschaft, die sich als bereitgestellte Verarbeitungsstruktur ins erwachsene Leben verlängert und die den möglichen Zugewinn in der Objektbeziehung leugnet und nicht zu erarbeiten vermag.«[26]

Eine *vierte* Konstellation wird beschrieben im Zusammenhang mit einer Phase, die etwa im 18. Monat lokalisiert ist. Hier bildet sich eine weitere Fremdenrepräsentanz heraus, die um die Personen kreist, die Nicht-Mutter, Nicht-Vater sowie Nicht-Geschwister sind. Kinder nehmen in dieser Phase andere Personen als die der engeren familiären Situation als andere Personen wahr und reagieren auf sie durchaus ambivalent mit Angst, Neugierde und Interesse.[27] Dabei können beide Reaktionsweisen dicht beieinander liegen. Kinder können sich dann verlegen von Fremden abwenden, die zuerst das Interesse beansprucht hatten. Es entsteht so etwas wie ein Loyalitätskonflikt zwischen Mutter und den anderen.[28] Erdheim deutet dies als Vorgriff auf die spätere – durchaus mit Angst besetzte – Trennung von der Mutter. »An der Repräsentanz des Fremden haftet immer die Erinnerung an die ursprüngliche Trennung von der Mutter. Die damals gemachten Erfahrungen bilden den Grundstock für die Bedeutungsvielfalt, die das Fremde im Verlauf der Lebensgeschichte entwickeln wird. Daß das Fremde immer auch an Trennung gemahnt, bleibt

26. Eckstaedt 1993, 121.
27. Mahler/Pine/Bergman 1975, 119 ff.
28. Mahler/Pine/Bergman 1975, 122.

eine Quelle von Angst- und Schuldgefühlen, deren Abwehr durch die Xenophobie, durch die Vermeidung des Fremden ermöglicht werden soll.«[29] Allerdings steckt in den Problemen dieser Konstellation auch ein Entwicklungspotential für den späteren Umgang mit dem oder den Fremden: »Ich nehme an, daß diese Repräsentanz des Fremden ebenso entwicklungsfähig ist oder stagnierend sein kann wie diejenigen von Mutter und Vater; sie kann – kontaminiert von den elterlichen Repräsentanzen – die archaischen Züge behalten, die wir in vielen Feindbildern erkennen können, oder sie reift mit der Ich-Entwicklung heran zu einem Interesse und die Neugierde wachhaltenden Moment des Lebens.«[30]

Schließlich erscheint in einer *fünften* Konstellation, in der ödipalen Phase, der Vater als Nicht-Ich. »Das Kind, infolge des ersten Triebschubes nun vorzugsweise am gegengeschlechtlichen Elternteil orientiert, erlebt gegenüber dem geliebten Objekt, dieses durch die Gegenwart des anderen Elternobjektes nicht erreichen zu können, von der besonderen und bindenden Beziehung der Eltern ausgeschlossen zu sein. Dieser Anspruch, vorzugsweise als vom *Vater* vertreten aus der Sicht des Kindes erlebt, wird ebenfalls von ihm als unlustbetont und nicht zu seinem Lust-Ich gehörig erlebt.«[31] Der Vater wird als Eindringling in die Mutter-Kind-Beziehung erlebt und ist doch gleichzeitig Objekt von Haß und Liebe. Die spätere Beziehung zu Fremden wird dann von der geglückten oder mißglückten Lösung des ödipalen Konflikts präformiert: »So entscheidet letztlich die ödipale Konstellation in ihrer geschlechtsspezifischen Signatur darüber, wie die Repräsentanz des Fremden einen psychischen Niederschlag findet, der entweder zur Seite des Hasses neigt oder aber die Liebe begünstigt. Denn die Liebe setzt, so mag vielleicht eine Quintessenz der Psychoanalyse lauten, die Anerkennung des Fremden als Anderen voraus, der nicht auf die Bedingungen des an seinen frühen Wurzeln stets narzißtisch verfaßten Ichs reduzierbar ist.«[32]

Die Konstruktion des Fremden »verdankt« sich in Reaktion auf Störungen der narzißtischen Regulation, die aus diesen Konstellationen erwachsen, psychischen Abwehrmechanismen. Das »fremde Eigene« wird verdrängt und kehrt in der Projektion auf andere wieder. Dort wird es dann als unheimlich und bedrohend oder auch als ambivalent erlebt.[33]

29. Erdheim 1987, 259.
30. Erdheim 1988, 240.
31. Eckstaedt 1993, 121.
32. Heim 1992, 721.
33. Vgl. Wangh 1962, 1156: »Wenn das, was verleugnet wird, entfremdet oder verdrängt ist, sich gleichwohl dem Bewußtsein aufzwingt und wenn ihm dabei

Diese Projektionen werden von einer Reihe von Therapeuten in Verbindung mit (analen) *Reinheitsphantasien* gebracht. »Fremdenhaß, Fremdenfeindlichkeit, die Angst vor dem Fremden und dessen immer wieder neu auflodernde Ausgrenzung und Verfolgung beruhen auf einer spezifischen Gestalt der Illusionsbildung. Wir können diesen Kern [...] als eine Phantasmagorie der Reinheit verstehen, einem homogenen Körper vergleichbar, der auf die Heterogenität des Fremden mit Abwehr reagiert.«[34] Heim arbeitet hier mit einer Analogie zwischen Körpergrenzen und sozialen Grenzen. »Nicht nur Innen und Außen mit einer möglichst scharfen Trennlinie dazwischen, sondern mit ihr auch die Opposition rein/unrein werden zu Strukturmerkmalen in der binären Codierung des sozialen Raums.«[35] Identität basiert in diesem Sinne auf einer Grenzbestimmung zwischen Innen und Außen. Deshalb werden die Stellen wichtig, die einen Übergang, eine Öffnung ermöglichen, also die Körperöffnungen, die psychisch mit Bedeutungen aufgeladen werden. Gleichzeitig aber sind diese Bereiche prekär, da sie eine geschlossene Identität nicht zulassen: »Die – für Freud bekanntlich weitgehend unvermeidliche – Triebfeindlichkeit, ja Repressivität von Kultur und Gesellschaft, zumal in ihren modernen Formationen, stempelt die Ausscheidungen, die diese Pforten passieren, zur Materie am falschen Platz, matter on the wrong place. So kann abermals deutlich werden, wie der von jeder Triebdimension entleerte, d.h. die Triebe mit ihren konflikthaften Befriedigungswünschen nach außen kehrende Narzißmus das Bild eines abgedichteten, in sich geschlossenen Raumes bildet – ein Idealbild der Reinheit eben.«[36]

Deutlich wird dieser Zusammenhang an der rechtsradikalen Reinheitsmetaphorik, die zum Beispiel davon spricht, Deutschland von Ausländern »säubern« zu wollen ebenso wie an rassistischen oder ethnozentrischen Reinheits- und Homogenitätsvorstellungen. Eigene Reinheit verbindet sich mit der Ablehnung alles Nicht-Zugehörigen: »Was nicht ich ist, ist Scheiße.«[37] In diesem Zusammenhang bieten sich dann die als Fremden erlebten Ausländer als Projektionsfläche an. »So werden die Fremden bezichtigt, faul und dreckig zu sein, gierig und schmarotzend, auf Kosten anderer zu leben, andere zu betrügen, sexuell verführend und

wieder etwas von jener Angst anhaftet, die ursprünglich zur Abwehr geführt hatte, dann graut einem; wenn nun als weitere Abwehrmaßnahme das Ganze projiziert wird, bekommt das Opfer der Projektion die Qualität des Dunklen und Unheimlichen.«

34. Heim 1992, 711.
35. Heim 1992, 724.
36. Heim 1992, 725.
37. Heim 1992, 722.

gewalttätig zu sein. Gelingt es uns erfolgreich, Abkömmlinge dieser Wünsche aus unserer Innenwelt zu verbannen und das Unannehmbare in der Figur des Fremden zu lokalisieren, können wir es in ihm verfolgen und kontrollieren und sind selbst frei davon.«[38] Eigene nicht zugelassene Triebwünsche werden nach außen projiziert und können dann entweder abgewertet oder im Extremfall bekämpft werden. Das negativ bewertete Fremde ist das verdrängte Eigene. Insofern ist es dann kein Zufall, wenn gerade die Sexualität in den »Fremdbildern« eine überproportional große Rolle spielt.[39] Diese projizierten Fremdbilder können sich unter bestimmten Voraussetzungen zu ausgesprochenen Feindbildern verdichten. Die Fremden werden zu Feinden, zu »Müllkippen für unseren eigenen Seelenmüll«.[40] Dafür ist es nicht einmal notwendig, daß eine Begegnung mit Fremden in größerem Maß stattfindet. »Die Mischung aus realen und imaginären Fremden ergibt zusammen ein Fremdenbild, das sich ganz hervorragend für Grenzziehungsprozesse bei gleichzeitiger Vermischung von Imagination und Wirklichkeit eignet. Die Strukturen des imaginären Fremden und des unbewußten Eigenen ähneln sich in einer überraschenden Weise: das Unbewußte kennt weder Zeit noch Widerspruch. Die Konstruktion des Fremden entspricht dieser ›Struktur‹ (wenn man es so nennen kann), so daß es die Fremden nicht immer braucht, sowohl um die ›Fremden zu machen‹ als auch, um vor ihnen Angst zu haben. ›Gefährliche Fremde‹ sind viele und sie sind mächtig, seien sie auch nur wenige und schwach.«[41]

Weniger vom Phänomen narzißtischer Störung geht der Ansatz des Ethnopsychologen *Mario Erdheim* aus. Zwar geht auch er von einer Verankerung der Fremdenrepräsentanz in der frühkindlichen Phase aus, virulent wird für ihn das Problem jedoch im postödipalen Konflikt in der Differenz von Kultur und Familie. »In der Dynamik zwischen Familie und Kultur spielt das Moment des Fremden eine hervorragende Rolle. Die Faszination, die vom Fremden ausgeht, verlockt zum Ausbruch aus der Familie und steht insofern auch im Dienste der kulturellen Entwicklung. Zuvor muß aber die Angst überwunden werden, die schon früh in Verbindung mit dem Fremden auftritt.«[42] Diese Fremdenrepräsentanz ist jedoch ambivalent. Wie beim Fremdeln in der frühkindlichen Phase kann das Fremde als Verlockung oder als Bedrohung erlebt werden. »Gerade

38. Bohleber 1995, 23.
39. Vgl. Bielefeld 1991b, 104.
40. Auchter 1990, 1134.
41. Bielefeld 1991b, 105.
42. Erdheim 1988, 238.

dann, wenn man mit Freud den dynamischen und historischen Aspekt der Kultur betont, spielen das Fremde und die Repräsentanz, die man daraus bildet, eine entscheidende, den Wandel vorantreibende oder hemmende Rolle: Das Fremde wird entweder zur Verlockung, durch die das Individuum angeregt wird, die kulturellen Verhältnisse, in denen es lebt, zu verändern, oder aber es wird zur Gefahr, die dazu zwingt, die bestehenden Verhältnisse zu konservieren.«[43]

Als zwei Bewältigungsstrategien beschreibt Erdheim Xenophobie und Exotismus. »An der Repräsentanz des Fremden haftet immer die Erinnerung an die ursprüngliche Trennung von der Mutter. Die damals gemachten Erfahrungen bilden den Grundstock für die Bedeutungsvielfalt, die das Fremde im Verlauf der Lebensgeschichte entwickeln wird. Daß das Fremde immer auch an Trennung gemahnt, bleibt eine der Quellen von Angst- und Schuldgefühlen, deren Abwehr durch die Xenophobie, durch die Vermeidung des Fremden ermöglicht werden soll.«[44] Eine Bewältigungsstrategie ist die Abspaltung. Das Böse ist das Außen; die angstauslösenden Anteile werden auf die Fremden projiziert. Erhalten sich die Spannungstendenzen, werden die Trennungen von Mutter, und später Familie nicht verarbeitet, baut sich die Fremdenrepräsentanz aus bis hin zur Entstehung manifester Feindbilder. Der Exotismus ist jedoch nur die Kehrseite der Medaille, auch er ist eine Bewältigungsstrategie bei nicht verarbeiteter Trennung. Erdheim sieht hier einen Bezug zum Ödipus-Mythos: »Die an die Fremde geknüpfte Hoffnung, *dort* den Problemen zu entkommen, die man *hier* nicht zu lösen vermag, ist ein zentrales Motiv des Ödipus-Dramas und verweist auf einen Wesenszug des Exotischen.«[45]

Virulent werden diese Bewältigungsstrategien in der Lebensphase, in der es zur Trennung vom familiären Lebenszusammenhang kommt. »Mit der Pubertät sollte der Ablösungsprozeß des Jugendlichen von seiner Ursprungsfamilie anfangen: Xenophobie ist dann diejenige Haltung, die die Ablösung von der Familie dadurch verhindert, daß alles Fremde gehaßt und vermieden werden muß; Exotismus zieht zwar den Jugendlichen in die Fremde, fördert in diesem Sinn die Trennung von der Familie und ihren Werten, konserviert aber im Untergrund die alten Bindungen. […] In der Xenophobie meidet man das Fremde, um das Eigene nicht in Frage stellen zu müssen, im Exotismus zieht es einen in die Fremde, und man muß deshalb zu Hause nichts ändern.«[46] Bei Krisenphänomenen können

43. Erdheim 1988, 240.
44. Erdheim 1987, 259.
45. Erdheim 1987, 260.
46. Erdheim 1987, 261.

nun diese Beziehungsmuster, die ohnehin latent bleiben, wieder reaktiviert werden, als Regression, um den Veränderungen ausweichen zu können. Allerdings spielen diese Mechanismen nicht allein eine Rolle bei der Bewältigung individueller Krisenphänomene, sie haben auch Bedeutung im überindividuellen Rahmen von Kultur und Ethnizität.

»Die psychohygienische Funktion der Fremdenrepräsentanz ist jedoch nicht nur auf das Individuum beschränkt; ihre verheerende Wirkung rührt vielmehr daher, daß sie auch auf der Ebene der Gruppe bedeutsam wird. Die fremde Ethnie kann dann zum Inbegriff von all dem werden, was man in der eigenen Kultur verleugnen muß.«[47] Erdheim geht dabei vom Dualismus zwischen Familie und Kultur aus, die in Verbindung mit den sexuellen Entwicklungsschüben in ödipaler Phase und Pubertät zu sehen sind. »Die Familie ist der Ort des Aufwachsens, der Tradition, der Intimität im Guten und im Bösen, der Pietät und der Verfemung. Die Kultur hingegen ist der Ort der Innovation, der Revolution, der Öffentlichkeit und der Vernunft.«[48] Veränderungen im Bereich der Kultur (Erdheim spricht hier vom Kulturwandel) können nun auch durch Regressionsmechanismen bewältigt werden wie im individuellen Bereich. Auch hier bieten sich die Fremden als Negativfolie an, vor der das Eigene profiliert werden kann und die gleichzeitig dazu dient, die angstmachenden Entwicklungen der eigenen Kultur als Resultat der zerstörerischen Anwesenheit der Fremden zu interpretieren.

Hier zeigen sich dann Parallelen zwischen Ablösungsproblemen der Adoleszenz und dem Kulturwandel. »Man könnte sagen, das Ethnische stellt den Versuch dar, den das Subjekt quälenden Antagonismus zwischen Familie und Kultur zu versöhnen. Das Ethnische deckt sich weder mit der Familie noch mit der kulturellen Dynamik, versucht aber beide einander näher zu bringen, indem es ihre Gegensätzlichkeit mildert.«[49] Auf der gesellschaftlichen Ebene bieten sich Rassismus und Nationalismus als Ersatzlösungen an. »Der Rassismus macht die ganze *Volksgemeinschaft* zur Familie und bringt den antagonistischen Pol der Kultur zum Verschwinden, und der Nationalismus wird zu einer phantasmagorischen Wiedereinsetzung der Familie in die verlorenen Machtpositionen.«[50] Die Paradoxie dieses Vorgangs liegt nun darin, daß eine solche regressive Bewältigungsstrategie gleichzeitig die Ausbildung einer reifen ethnischen Identität geradezu verhindert, indem sie sich dem zur Kultur

47. Erdheim 1992, 733.
48. Erdheim 1992, 737.
49. Erdheim 1993, 176.
50. Erdheim 1993, 178.

gehörenden Wandel verschließt. Der Versuch, Identität zu konservieren, führt zu Blockaden sowohl in der individuellen als auch gesellschaftlichen Entwicklung. Insofern ist das Auftauchen von Fremdenfeindlichkeit immer ein Symptom für Probleme der Identitätsentwicklung. »Gelingt es uns, immer wieder ein hinreichend gutes Gefühl der Identität aufzubauen und in Zeiten, in denen wir unserer Identität nicht so sicher sind, darauf vertrauen, daß es auch wieder Zeiten geben wird, in denen es uns gelingt, eine hinreichend gute Identität aufzubauen, dann wäre es möglich, das Fremde mehr zuzulassen, uns mehr damit auseinanderzusetzen, uns davon herausfordern und verändern zu lassen – dann könnten Faszination und Angst zugelassen werden. Ohne das Zulassen dieser Faszination aber riskieren wir, in unserer Entwicklung steckenzubleiben.«[51]

Aus *feministischer Perspektive* wird eingewandt, daß eine solche psychologische Deutung von Fremdenangst und Fremdenfeindlichkeit dazu tendiert, diese als universelles Muster zu kennzeichnen.[52] Dabei werde jedoch übersehen, daß Xenophobie – wie auch Sexismus – ihre Wurzeln in der Organisation des Geschlechterverhältnisses haben: »Die beiden dialektisch aufeinander bezogenen Momente einer reifen Beziehung, nämlich die Fähigkeit zur Abgrenzung *und* die Fähigkeit zur Öffnung für den anderen, sind in der patriarchalen Zivilisation voneinander getrennt und zu dichotomisch getrennten Merkmalen von Männlichkeit und Weiblichkeit stilisiert worden. Auf diese Weise kamen Männer und Frauen dazu, sich in einer grotesken Asymmetrie zu ergänzen: Während der Junge, um Mann zu werden, alles daran setzt, sich von seinem ersten weiblichen Beziehungsobjekt, der Mutter, zu *trennen* und zugleich seine Bedürfnisse und Verschmelzungswünsche zu verdrängen, opfert das Mädchen, der Beziehungen willen, die sie erstrebt, ihre Autonomie und damit ihren Anspruch, im gesellschaftlichen Leben politisch handlungsfähig und hand-

51. Kast 1994, 237.
52. So etwa explizit Menzel 1993 der konstatiert, »daß eine ontogenetische und phylogenetische Prädisposition dem Fremden gegenüber besteht, deren Auswirkung als aversive emotionale Spontanreaktion ubiquitär zu finden ist. Die beobachtbaren Verhaltensweisen zeichnen sich durch ein identisches Verlaufsmuster aus und sind prinzipiell als Vorsicht, Mißtrauen oder präzise Angst vor Neuheit, Unbekanntem oder Fremdheit zu bezeichnen.« (Menzel 1993, 124) Ähnlich urteilt auch G.-H. Neumann 1983, der verhaltensbiologisch die Neigung zu aggressivem Verhalten gegenüber Fremden aus der Neigung zu gruppenkonformen Handeln ableitet. Allerdings kann aus der Bevorzugung der Wir-Gruppe noch nicht zwingend eine feindselige Haltung gegenüber Nicht-Gruppenmitgliedern abgeleitet werden. Vgl. hingegen Nunner-Winkler 1993 im Anschluß an die Gruppenexperimente von Tajfel.

lungsmächtig zu werden.«[53] Dieser These kann an dieser Stelle nicht ausführlicher nachgegangen werden, allerdings ist in der Tat auffallend, daß Parallelen zwischen Fremdenfeindlichkeit und Sexismus zu beobachten sind.[54] Die Fremden sind nur eine Folie für die Projektion eigener abgespaltener Anteile. Als weitere stehen immer auch andere Gruppen zur Verfügung wie etwa Juden und Homosexuelle.[55]

Insofern geht es bei der psychologischen Konstruktion von Fremdheit nicht grundsätzlich um *die* Fremden im Sinne von Ausländern, sondern eher um *das* Fremde, das je nach Situation und Ausgangslage verschiedene Gestalt annehmen kann. Das Fremde ist dabei immer aufgeladen mit eigenen Anteilen, die, vom Ich abgespalten, auf eben das Fremde projiziert werden. Dabei wird deutlich, daß dieses Fremde immer ambivalent ist, es kann sowohl Gegenstand der Aggression als auch der Attraktion sein: Auch fremdenfeindlich disponierte Personen kann es im Urlaub in »fremde« Länder ziehen. Die Anziehungskraft des einen spricht noch nicht gegen die Aggressionsbereitschaft gegenüber dem anderen. Im Gegenteil können solche Ambivalenzen erst recht zum Auslöser von Fremdenfeindlichkeit zu Hause sein. Denn eigentlich hat das Fremde seinen Ort in der Fremde, wo es als solches genossen werden kann. Dadurch kann hier alles beim alten bleiben; Bedrohung und Anziehung werden gewissermaßen räumlich getrennt und können so stillgestellt werden. Die Ambivalenz wird nicht als Ambivalenz erlebt, sondern separiert und auf verschiedene Ebenen verschoben. Insofern passen Exotismus und Xenophobie zusammen, sie können beide als Mechanismus dienen, sich dem Fremden gerade nicht auszusetzen – und damit zu lernen, sondern es auszugrenzen und abzuspalten.

Für den Aufbau der eigenen Identität ist es eine Voraussetzung, zwischen sich und anderen unterscheiden und eine Grenze aufbauen zu können. Die Konstellation zwischen mir und den anderen muß in eine Form überführt werden, die für weitere Entwicklungen tragfähig ist. Fremdenangst und Fremdenhaß können vor diesem Hintergrund als Mechanismen interpretiert werden, die dabei helfen, eine problematisch verlaufene Ich-Entwicklung zu bewältigen, indem man sich den eigenen Problemen nicht stellt. Das heißt allerdings nicht, daß als Entwicklungsideal eine vollkommene Offenheit gegenüber Fremdem und Fremden anzusehen wäre. Im Gegenteil wäre dieses Ideal darin zu sehen, Fremdes *als* anderes zu sehen und zu akzeptieren und die Ambivalenzen, die sich in der Begegnung er-

53. List 1996, 109.
54. Vgl. auch Auchter 1993, 226.
55. Vgl. Parin 1985.

geben, auszuhalten und produktiv austragen zu können. Dies hieße den Blick auf sich selbst aushalten zu können, ohne die eigenen negativen Anteile abspalten und auf andere projizieren zu müssen: »Erst wenn es gelingt, sich von der Fixierung auf die Dualität in gut und böse, schwarz und weiß, faul und fleißig, ungebildet und gebildet, dreckig und sauber usw. zu lösen, wenn also das Andersartige ganz einfach als andersartig, aber auch das eigene Leben als eigen-artig erlebt werden darf, ist dem Fremdenhaß der Boden entzogen.«[56]

1.2 Stereotype und Vorurteile – Zur Konstruktion von Fremdgruppen

Im vorhergehenden Abschnitt wurde beschrieben, welche Mechanismen bewirken können, daß die Persönlichkeitsentwicklung von Individuen zu fremdenfeindlichen Dispositionen führt. Ein Problem dieser individualpsychologischen Sicht ist, daß so kaum analysiert werden kann, wie solche Einstellungen kollektiv verbreitet werden. Warum, mit anderen Worten, größere Personengruppen fremdenfeindlich agieren können oder warum fremdenfeindliche Einstellungen innerhalb einer Gesellschaft weit verbreitet sein können.

Der Beantwortung dieser Frage widmet sich die *Vorurteilsforschung*. Sie ist in den zwanziger Jahren dieses Jahrhunderts in den USA in Abgrenzung zur Rassentheorie entstanden. »Historisch gesehen besteht ihre besondere Bedeutung vor allem darin, daß sie mit dem psychologischen Paradigma brach, daß das Problem in der Unterschiedlichkeit der ›Rassen‹ liege.«[57] An die Stelle der Vorstellung der Überlegenheit der eigenen – weißen – Rasse trat die, daß das Problem nicht in den Eigenschaften der Diskriminierten, sondern in den Wahrnehmungen und Einstellungen der Diskriminierenden lag. Seitdem sind verschiedene weitere Beobachtungen und Theoriemodelle in die Vorurteilsforschung integriert worden, was die Folge hat, daß gegenwärtig kaum von einem einheitlichen Begriff oder gar einer einheitlichen Theorie ausgegangen werden kann. Aus diesem Grund halte ich es für sinnvoll, zuerst knapp die Entwicklung der Vorurteilsforschung zu skizzieren, um danach die meines Erachtens zentralen Ergebnisse darzustellen und auf ihre Relevanz für das Thema zu befragen.

Von Anfang an war das Thema Vorurteile eng verknüpft mit dem Be-

56. Hettlage-Varjas/Hettlage 1990, 483.
57. Rommelspacher 1997, 157.

griff des *Stereotyps.* Dieser geht zurück auf den amerikanischen Journalisten Lippmann, der ihn in die sozialwissenschaftliche Diskussion eingeführt hat.[58] Lippmann zufolge beziehen sich Stereotype auf die Verarbeitung von Informationen in einer komplexen Umwelt. Sie sind – modern gesprochen – funktional auf die Komplexität der Informationen in der Gesellschaft bezogen, indem das Individuum mit ihnen die Wahrnehmung strukturiert. Im neueren Sprachgebrauch würde man sie als Konstrukte – Lippmann nennt sie Fiktionen – bezeichnen, mit deren Hilfe sich Individuen in der Welt orientieren. Dabei sind diese Stereotypen sozial vermittelt und in kulturell bestimmte Wertsysteme eingebettet. Insofern sind Stereotype nicht einfach wahr oder falsch, sondern Klassifizierungssysteme, die der Unterscheidung wahr/falsch vorausgehen.

Empirisch untersucht wurden Stereotype bzw. Vorurteile (ich verwende beide Begriffe zunächst synonym und werde erst weiter unten einen Differenzierungsvorschlag machen) in den dreißiger Jahren. Katz/Braly 1933 gelten als die »Klassiker« des behavioristischen Ansatzes, für sie sind Stereotype Zusammenfassungen verschiedener individueller Eigenschaftszuschreibungen für soziale Gruppen. Das Forscherteam befragte Studenten nach der Beurteilung ethnischer und nationaler Gruppen. Die zugeschriebenen Eigenschaften wurden mit Hilfe zuvor erhobener Eigenschaftslisten operationalisiert. Je kleiner die Zahl der zugeschriebenen Eigenschaften jeweils ist, um so prägnanter ist dieser Untersuchung zufolge ein nationales Stereotyp. In einer weiteren Studie konnte eine Korrelation zwischen Stereotypen und rassistischen Vorurteilen nachgewiesen werden. Unklar bleibt bei diesem Ansatz, wie es zur Entstehung der entsprechenden Stereotype kommt und welche Funktion diese für die soziale Wahrnehmung haben.

Einen Schritt weiter führen im Anschluß daran persönlichkeitspsychologische und psychodynamische Erklärungsmodelle. Wegweisend waren hier die Studien über die *Autoritäre Persönlichkeit.*[59] Im Gegensatz zu Katz/Braly »steht in der *Autoritären Persönlichkeit* die Frage nach den Bedingungen gesellschaftlich problematischer Feindseligkeit zwischen ethnischen Gruppen im Zentrum des Interesses. Vorurteile beruhen auf einem Defekt in der Entwicklung der Persönlichkeit.«[60] Zentrale Hypo-

58. Lippmann 1922. Ich folge in der Darstellung dem Problemaufriß von Schäfer 1988. Für den Bezug auf Lippmann vgl. Schäfer 1988, 11.
59. Adorno/Frenkel-Brunswik/Levinson/Sanford 1950; als Vorarbeit hierzu kann die breit angelegte Studie des Instituts für Sozialforschung über Autorität und Familie (Institut für Sozialforschung (Hg.) 1936) gelten, die aufgrund der Entstehungszusammenhänge nur Fragment blieb.
60. Schäfer 1988, 21.

these ist die Faschismus-Skala (F-Skala), mit deren Hilfe das Syndrom antidemokratischer und autoritärer Einstellungen abgelesen werden soll. Bedingung und Auslöser des autoritären Syndroms ist eine Persönlichkeitsstruktur, die als sadomasochistischer Charakter gekennzeichnet wird. »Um die ›Internalisierung‹ des gesellschaftlichen Zwanges zu erreichen, die dem Individuum stets mehr abverlangt als sie ihm gibt, nimmt dessen Haltung gegenüber der Autorität und ihrer psychologischen Instanz, dem Über-Ich, einen irrationalen Zug an. Das Individuum kann die eigene soziale Anpassung nur vollbringen, wenn es an Gehorsam und Unterordnung Gefallen findet; die sadomasochistische Triebstruktur ist daher beides, Bedingung und Resultat gesellschaftlicher Anpassung.«[61] In diesem Zusammenhang gewinnen Stereotypisierung und Vorurteile ihre Funktion, sie sind sowohl Mittel der sozialen Identifikation als auch Hilfe zur Kanalisierung der libidinösen Energie.[62] Die Ursache dieser Persönlichkeitsstruktur wird in der autoritären Familienerziehung gesehen und vor allem am autoritären Erziehungsstil des Vaters festgemacht.

Gegen das Konzept der Autoritären Persönlichkeit wird – neben methodischen Problemen – eingewendet, daß in daran anschließenden Forschungen zum einen keine eindeutige Beziehung zwischen autoritärer Persönlichkeitsstruktur und Vorurteilen oder rassistischen Einstellungen festgestellt werden konnte,[63] und zum anderen den sozialen Bedingungen in dieser Theorie nur sekundäre Bedeutung zugemessen wird, denn diese kommen nur als Auslöser für die Persönlichkeitsstruktur in den Blick und nicht auch als Erklärung für das Auftreten aktueller rassistischer Einstellungen und Handlungen.

In den Zusammenhang persönlichkeitspsychologischer Modelle gehört auch die *Frustrations-Aggressions-Hypothese*, die bekannteste Fassung hiervon ist die Sündenbock-Theorie.[64] Diese Theorie geht davon aus, daß Aggressionen durch Frustration ausgelöst werden und daß, wenn diese nicht gegen den Verursacher gerichtet werden können, auf Ersatzobjekte verschoben werden. Ähnlich setzt auch die Theorie der relativen Deprivation an, die einen Zusammenhang zwischen relativer Benachteiligung und Aggressionsbereitschaft postuliert. Allerdings läßt sich die Frustrations-Aggressions-Hypothese in beiden Fassungen empirisch nicht verifizieren, Frustration führt nicht automatisch zur Aggression, ebenso kann sie zu Rückzug, Unsicherheit oder Autoaggression führen.

61. Adorno 1973, 323.
62. Ebd.
63. Vgl. Duckitt 1992, 196 ff.
64. Vgl. Bierhoff 1993, 175 ff. und Duckitt 1992, 71 ff.

Eine weitere Forschungsrichtung widmet sich aufgrund dieser theoretisch und praktisch unbefriedigenden Lage stärker den *sozialen Bedingungen von Stereotypen und Vorurteilen* zu. Klassiker hierfür ist die Untersuchung von Allport 1954. Neben persönlichkeitsspezifischen sieht er drei Gruppen sozialer Determinanten von Vorurteilen: historische, soziokulturelle und situative. Diese sind vermittelt durch die Persönlichkeitsstruktur. Gerade die Frage nach den situativen Determinanten hat eine Reihe wichtiger Analysen nach sich gezogen, so etwa die Experimente von Sherif/Harvey/White/Hood/Sherif 1961, die zur Theorie des realistischen Gruppenkonflikts ausgebaut wurden.[65] Diese besagt, daß unter den Bedingungen von Wettkampf/Konkurrenz Interaktionen zu Feindseligkeit zwischen den Gruppen führen, zu negativen Einstellungen und Stereotypen gegenüber der jeweils anderen Gruppe, zu Anwachsen der Solidarität innerhalb der Gruppen und Überschätzung der eigenen und Unterschätzung der anderen. Die konflikthafte Situation bei zufällig gebildeten Gruppen allein ist demzufolge schon hinreichende Bedingung für die Entstehung dieser Effekte.

Weiterführend sind hier die Arbeiten von Tajfel 1969 und 1970, der im »minimal group paradigm« gezeigt hat, »daß die bloße Kategorisierung von Personen in eine Ingroup und eine Outgroup, in Abwesenheit aller Interessengegensätze und kompetitiver Interdependenz ausreicht, die Bevorzugung von Angehörigen der Ingroup und die Benachteiligung von Angehörigen der Outgroup hervorzurufen.«[66] Es zeigen sich also bei beliebiger Gruppenbildung Solidarisierungseffekte, die zur Bevorzugung der Gruppenmitglieder führt. Kritisch dagegen ist allerdings eingewandt worden, daß Gruppenloyalität allein noch nicht Ablehnung der Mitglieder der Outgroup impliziert: »Zwar scheint es sehr wohl überall so zu sein, daß die Eigengruppe eine höhere Bedeutung hat als die Fremdgruppe, aber die Angehörigen der Fremdgruppe müssen deshalb nicht herabgesetzt werden. Anders formuliert: Die Einstellungen zur Eigengruppe

65. Aus soziologischer Perspektive weist die Studie von Elias/Scotson 1960 in die gleiche Richtung. Die Autoren beobachteten am Beispiel einer Kleinstadt die Interdependenz von Etablierten und Außenseitern und stellten dabei Mechanismen fest, die den hier beschriebenen ähneln: Mit Hilfe einer Statusideologie grenzen sich die Etablierten ab, bewerten sich selbst als hochwertig und schreiben den Außenseitern negative Eigenschaften zu. (Elias/Scotson 1960, 218 ff.) Interessant hierbei ist, daß dabei ein projektiver Mechanismus beobachtet werden kann; die zugeschriebenen schlechten Eigenschaften sind solche, die bei der eigenen Gruppe abgespaltet werden sollen.
66. Schäfer 1988, 29.

und zur Fremdgruppe sind relativ unabhängig voneinander. Eine positive Wertschätzung der Eigengruppe bedingt keineswegs notwendig eine negative der Fremdgruppe. Dazu kommt, daß diese Einstellungen sehr wechselnd und hoch situationsspezifisch sind.«[67] Ähnlich urteilen auch Mummendey/Simon im Anschluß an entsprechende Studien. Empirisch belegen läßt sich allein die Bevorzugung der eigenen Gruppe, nicht jedoch die Diskriminierung der Fremdgruppe: »Lediglich Minoritäten, insbesondere statusniedrigere Minoritäten, zeigten als einzige Tendenzen zur Favorisierung der eigenen Gruppe bzw. zur Schlechterbehandlung ihrer Outgroup. Diese und Ergebnisse aus Vorläuferstudien zeigen ganz eindeutig, daß soziale Kategorisierung – anders als im positiven Bereich – keine hinreichende Bedingung für soziale Diskriminierung im negativen Bereich ist. Die Ergebnisse lassen vielmehr eine Asymmetrie hinsichtlich der für Ingroup-Favorisierung bzw. Outgroup-Diskriminierung hinreichenden Bedingungen für den positiven Bereich einerseits, für den negativen andererseits vermuten. Im negativen Bereich verlangt soziale Kategorisierung offensichtlich weitergehende Spezifizierungen (hier hinsichtlich der Status- oder der numerischen Relation zwischen den Gruppen), ehe es zu sozialer Diskriminierung kommt.«[68]

Diese und andere Ansätze verweisen auf die Bedeutung des Kategorisierens für Gruppenprozesse. In diesem Forschungsbereich werden Stereotype und Vorurteile im Zusammenhang sozialer Kognitionsprozesse untersucht. Mit *Kategorisierung* wird – ähnlich Lippmanns Stereotypenbegriff – ein Prozeß beschrieben, in dem die für ein Individuum relevante Umwelt nach Kategorien geordnet wird, die in bezug auf ihre Relevanz für Handlungen, Absichten oder Einstellungen ähnlich oder äquivalent sind. Das heißt, im Prozeß des Kategorisierens wird die Welt strukturiert. Dabei ist das Kategoriensystem sozial bedingt; es wird in der Sozialisation erworben und sprachlich vermittelt. Grundsätze des kategorialen Denkens sind die Generalisierbarkeitsannahme (d.h. Merkmale eines exemplarischen Vertreters einer Kategorie werden allen anderen zugeschrieben), die Wesensannahme (d.h. alle Mitglieder einer Kategorie teilen

67. Rommelspacher 1997, 162 mit Bezug auf Duckitt 1992. Duckitt verweist darauf, daß verschiedene Studien gezeigt haben, daß der Diskriminierungseffekt mit dem Status der jeweiligen Gruppe korreliert und zudem von der Selbsteinschätzung der Gruppe abhängig ist. Darüber hinaus konnten Unterschiede zwischen den Ergebnissen aus Laborversuchen festgestellt werden – wie etwa das Ferienlagerexperiment von Sherif/Harvey/White/Hood/Sherif 1961 oder Tajfel 1969 und 1970 – und aus der Feldforschung; vgl. Duckitt 1992, 112ff.
68. Mummendey/Simon 1991, 363f.

zugrundeliegende Gemeinsamkeiten – auch ein schwarzer Schwan ist ein Schwan) und die Konstanzannahme (d.h. trotz äußerlicher Veränderungen bleibt die Identität erhalten).[69]

Dies ist im Blick auf Objektwahrnehmung unproblematisch, anders jedoch sieht es aus, wenn die Kategorien auf soziale Sachverhalte angewandt werden. In diesem Falle ist damit zu rechnen, »daß diese Denkgewohnheit dann, wenn Kategorien schief gebildet oder fehlgedeutet werden, der Stereotypisierung Tür und Tor öffnet. Diese Gefahr [...] besteht, wenn *soziale* Kategorien nach dem Muster ›natürlicher‹ Kategorien gedeutet werden.«[70] Soziale Kategorien in diesem Sinne sind solche, die sich auf die soziale Umwelt beziehen. Dabei tritt das Phänomen auf, daß Ähnlichkeiten innerhalb einer Kategorie und Unterschiede zwischen den Kategorien deutlicher wahrgenommen werden als sie es »tatsächlich« – also in den Augen eines anderen Beobachters – sind. Dies folgt aus bestimmten Vereinfachungsmechanismen: »Die induktive Vereinfachung besteht darin, daß ein Element aufgrund weniger Merkmale einer bestimmten Kategorie zugeordnet wird, selbst dann, wenn weitere Merkmale mit dieser Kategorie nicht vereinbar sind. Bei der deduktiven Vereinfachung folgt aus der Zuordnung eines Elements zu einer Kategorie, daß diesem Element auch ohne genaue Prüfung Eigenschaften zugeschrieben werden, die für die Kategorie insgesamt gelten.«[71] Hinzu kommt, daß Verstärkung bzw. Vereinfachung jeweils unterschiedlich ausfallen, je nach dem wie stark die Homogenität einer Gruppe ausgeprägt ist. Bei homogenen Gruppen (etwa im Freundeskreis, in der Familie) fallen vor allem abweichende Verhaltensweisen, »während bei inhomogenen Großgruppen, wie Nationen und ethnischen Minderheiten, eher die konsistenten Verhaltensweisen erinnert, die Unterschiede als irrelevant vergessen werden. Das bedeutet, wir gewinnen über ethnische Gruppen per se ein stärker typisiertes, undifferenziertes Bild, da wir zumeist nur abstrakte Informationen über die Gruppe als Ganze speichern, die indirekt anhand prototypischer Mitglieder der Outgroup (›der reiche Jude‹, ›der Schein-

69. Zu neurophysiologischen Grundlagen kategorialen Denkens vgl. Rosenfield 1992, 105ff.; am Vorgang des Spracherwerbs zeigt er, daß der Vorgang der Kategorisierung selbstbezüglich ist und auf sich selbst aufbaut; die Kategorien beruhen damit nicht auf irgendwelchen seinsmäßigen äußeren Gegebenheiten, sondern sie sind die Form, mit deren Hilfe das Gehirn seine – in Luhmannscher Terminologie – bewußtseinsförmige Autopoiesis steuert. Den Hinweis auf Rosenfield verdanke ich Dieter Weber.
70. Nunner-Winkler 1993, 798.
71. Thomas 1992, 226.

asylant‹) gewonnen werden.«[72] Zudem wird beim Fremdbild nicht nur stärker typisiert, sondern auch extremer.

In diesem Zusammenhang gibt es Überschneidungen mit der Attributionsforschung, also der Frage nach den Mechanismen der Zuschreibung von Gründen in der sozialen Interaktion. Dabei fällt auf, »daß bei Angehörigen von Outgroups das Verhalten eher internen Dispositionen zugeschrieben wird: die besondere Konzentration der Juden im Handel wird auf deren angeborenen ›jüdischen Krämergeist‹ zugerechnet. Demgegenüber wird bei Angehörigen der Ingroup eher auf den Kontext attribuiert, d.h. deren Verhalten wird eher durch das persönliche Schicksal, widrige äußere Umstände usw. erklärt.«[73] Es handelt sich dabei um eine Überattribution auf die Person, das heißt, daß bestimmtes Verhalten direkt der Person und nicht den situativen Umständen oder dem Objekt der Handlung zugerechnet werden.[74]

Im Bereich der sozialen Wahrnehmung bedarf es allerdings eines Auslösers, damit Stereotype aktiviert werden. »Offenkundig werden stereotype Attribute aber nicht gleichermaßen allen Individuen als Mitgliedern von Gruppen zugeschrieben, mit denen eine Person interagiert. Nur im jeweiligen Kontext auffällige, ›saliente‹ Gruppenzugehörigkeit aktivieren das Stereotyp einer Gruppe.«[75] Dies kann zum Beispiel geschehen, wenn Gruppen als solche wahrgenommen werden, wie im Ferienlager-Experiment von Sherif und im Minimalgruppenexperiment von Tajfel gezeigt werden konnte. So lange die Gruppenzugehörigkeit nur temporär oder zufällig ist, ergeben sich aus der Gruppensolidarität noch keine Probleme: »Jede Woche kann man im Sportunterricht die Fußballteams neu zusammenstellen und jedesmal ist der Kampfgeist wieder da: ›Wir gegen die!‹ Nach Spielende aber kehren die Jungen in die gemeinsame Klasse zurück.«[76] Probleme sind jedoch dann zu erwarten, wenn Gruppenzugehörigkeiten auf Dauer gestellt werden, vor allem, wenn Gruppenzugehörigkeiten salient werden, die nicht nach willkürlichen, sondern identitätskonstitutiven Kriterien gebildet sind: »Dann werden die beiden Bestandteile kategoriales Denken und Gruppennorm amalgamiert: Ethnozentrismus entsteht und zugleich wächst das Risiko, daß kategoriales Denken in Stereotypisierung und Eigengruppenpräferenz in Fremdgruppendiskriminierung umschlägt.«[77]

72. Bergmann 1994, 122.
73. Bergmann 1994, 123.
74. Vgl. dazu ausführlicher Bierhoff 1993, 248 ff.
75. Schäfer 1988, 34.
76. Nunner-Winkler 1993, 800.
77. Nunner-Winkler 1993, 801.

Mit diesen Überlegungen sind bereits Bestandteile der *Theorie sozialer Identität* angesprochen.[78] Diese Theorie geht davon aus, daß die soziale Identität als Teil der personalen Identität, des Selbstkonzepts einer Person, im wesentlichen durch die Zugehörigkeit zu bestimmten Gruppen vermittelt ist. Da die Selbstachtung eine grundlegende Rolle für die Personen spielt, besteht eine Tendenz, die soziale Zugehörigkeit so positiv wie möglich sehen zu können. Dies wird erreicht durch soziale Vergleiche zwischen Eigengruppe und Fremdgruppe. »These processes are assumed to be activated when a particular social categorization becomes salient. To the extent that this occurs, individuals will respond to others – no longer in terms of their personal characteristics, but in terms of their category or group identities. [...] When a particular social categorization is cued, the need for a positive social identity creates a competitive intergroup orientation, which engenders perceptual biases and discriminatory behavioral strategies in attempts to differentiate ingroup from outgroup in a manner favoring the ingroup.«[79] Positive soziale Identität setzt positive Vergleichsergebnisse voraus, wie negative auf negativen beruht. Bei negativen Ergebnissen stehen den Individuen verschiedene Strategien offen. Soziale Mobilität vorausgesetzt, kann es eine Lösung sein, die Gruppenzugehörigkeit zu wechseln – was einigen Individuen einer Gruppe gelingen, anderen mißlingen mag –; der Wechsel der Gruppenzugehörigkeit ist in diesem Sinne eine individualistische Strategie. Besteht diese Möglichkeit nicht, können kollektive Strategien gewählt werden: Veränderung der Vergleichssituation durch soziale Kreativität, das heißt durch Einbeziehung neuer Vergleichsgesichtspunkte oder durch sozialen Wettbewerb, das heißt durch Umwertung der Vergleichsattribute oder die Wahl anderer Vergleichsgruppen. Soziale Kreativität kann zuvor wenig geachtete Qualitäten stärker ins Gesichtsfeld rücken (z. B. Emotionalität statt Rationalität im Diskurs über Geschlechtsrollen – oder Geschlechtsstereotypen?); dies kann die Entstehung von Subkulturen, in denen »abweichende« Werte eine herausgehobene Rolle spielen, zur Folge haben. Unter Umständen kann die Propagierung solcher »Alternativen« dazu führen, daß sich auch die gesellschaftlichen Werte verändern. Beispiele für sozialen Wettbewerb sind bei der ersten Möglichkeit (Umwertung) etwa die Afroamerikaner der USA (»black is beautiful«) oder ökologisch orientierte Initiativgruppen (»small is beautiful«); diese Strategie läßt sich gegenwärtig auch bei stigmatisierten ausländischen Jugendlichen in Deutschland beobachten, die sich nun selbst stolz als »Kanaken«

78. Tajfel 1978, vgl. dazu Thomas 1992, 227 ff. und Duckitt 1992, 84 ff.
79. Duckitt 1992, 84.

bezeichnen. Strategien entsprechend der zweiten Möglichkeit (Wahl anderer Vergleichsgruppen) sind häufig bei von sozialem Abstieg bedrohten Gruppen zu beobachten; hier verorten sich die Gruppen in einer Prestigehierarchie dadurch, daß Gruppen identifiziert werden, die noch weniger angesehen sind.

Eine Möglichkeit der Diskreditierung einzelner oder sozialer Gruppen im sozialen Vergleich ist die *Stigmatisierung*. In die Diskussion eingeführt wurde dieser Begriff von Goffman 1963. Mit Stigma wird dabei ein physisches, psychisches oder soziales Merkmal bezeichnet, das einzelne oder Gruppen von anderen oder der Gesellschaft unterscheidet und aufgrund dessen diese einzelnen oder Gruppen sozial isoliert oder diskriminiert werden. Dabei geht es nicht in erster Linie um das Merkmal als solches (etwa bestimmte körperliche Auffälligkeiten wie die Hautfarbe oder Verhaltensweisen wie Homosexualität), sondern um die sozialen Prozesse, in denen entsprechende Merkmale verwendet werden, um eine Diskreditierung vorzunehmen und zu begründen. Es kommt folglich auf die sozialen Beziehungen an, ob ein Merkmal als Stigma verwendet – oder von den Betroffenen als solches empfunden wird. »Was in einem bestimmten sozialen Kontext als Stigma gilt, kann in anderen sozialen Beziehungen für normal gehalten werden. Wiederum kommt es auf die Bezugsgruppen an: die Deprivation ist nur relativ, darum aber nicht weniger wirksam.«[80] In diesem Sinne ist Stigmatisierung eine weitere Strategie im Prozeß sozialen Vergleichens, mit deren Hilfe Statusunterschiede wirksam gemacht werden können.

Die bislang referierten Ergebnisse der sozialpsychologischen Forschung lassen sich folgendermaßen zuspitzen: Die Wahrnehmung operiert mit vereinfachenden Wahrnehmungsschemata, mit Kategorien; im Bereich sozialer Wahrnehmung übernehmen Stereotype diese Funktion. Mit Hilfe dieser Stereotypen wird die komplexe soziale Welt so strukturiert, daß soziales Handeln möglich wird, ohne jeweils in der konkreten Situation differenzieren zu müssen. Insofern haben Stereotype auch eine entlastende Funktion. Diese Merkmale von Stereotypen lassen sich in folgender Weise zusammenfassen: »Stereotype sind Klassenbegriffe, das heißt abstrakt-allgemeine Begriffe. Damit ist eine ungenaue, vereinfachende Bestimmung der einzelnen Elemente dieser Klassen verbunden. Sie sind nicht deswegen falsch oder fehlerhaft, ebensowenig wie Klassenbegriffe der wissenschaftlichen Sprache. Während die wissenschaftliche Disziplin in der Regel ein Aufgreifen und die nähere Bestimmung der einzelnen Elemente einer Klasse fordert, trachtet der Com-

80. Dreitzel 1968, 322.

monsense, die Wirrnisse dieser akademischen Übung zu vermeiden. Er nimmt mit seinen Stereotypen mangelhafte Unterscheidungen innerhalb der Begriffe und zugespitzte Unterscheidungen zwischen den Begriffen in Kauf: Nach Lippmanns Stereotypenbegriff wird Orientierung durch Vereinfachung, durch die Vermeidung unnötiger Komplikationen erreicht.«[81]

Vorurteile sind demgegenüber eine bestimmte Form von Stereotypenbildung. Bei ihnen spielt ihr evaluativer Gehalt eine besondere Rolle. Als Definition von Vorurteilen kann gelten: *»Vorurteile sind stabile allgemeine Überzeugungen über das Verhalten und die Eigenschaften von Mitgliedern anderer Gruppen im Rahmen des für die eigene Gruppe verbindlichen kulturellen Bezugsrahmens, die einen kognitiven und einen – meist negativen – evaluativen Gehalt haben, die mit der Selbstdeutung der betroffenen Gruppe nicht übereinstimmen und einen Deutungsrahmen für die Interaktionen mit dieser Gruppe bilden.«*[82] Wichtig in diesem Zusammenhang ist, daß beide – Stereotype und Vorurteile – jeweils gruppenspezifisch sind. Im Blick auf den größeren Zusammenhang, in den die jeweiligen Gruppen eingebettet sind, sind sie zudem bestimmt durch den spezifischen kulturellen Bezugsrahmen. Nur innerhalb dieses Rahmens sind Vorurteile und Stereotype verständlich. Dabei ist zu beachten, daß die Bewertung von Einstellungen als Vorurteilen von einem Maßstab abhängig ist. Dieser ist jedoch nicht einfach gegeben, sondern kulturell bestimmt. »In den kognitiv orientierten Theorien bildet die Realität selbst den Vergleichsmaßstab, und man übersieht dabei oft genug, daß Urteile – und daher auch Vorurteile – nicht mit der Realität selbst, sondern nur mit anderen Urteilen, die man für wahr oder präzise halten mag, verglichen werden können. Solche Bezugsurteile sind aber selbst in eine kulturell determinierte Weltperspektive eingebettet und daher kein absoluter Maßstab.«[83]

Stereotype und Vorurteile sind demzufolge soziale Konstruktionen der Wirklichkeit. Sie bilden nicht die Welt ab, auch sind sie nicht einfach unangemessene Verallgemeinerungen. Vielmehr handelt es sich um Mechanismen, die die soziale Wahrnehmung strukturieren. Deswegen sind sie eng bezogen auf die soziale Praxis derer, die mit ihnen operieren. »Sie sind kennzeichnend für eine *community*, eine größere oder kleinere Gemeinschaft von Menschen, die sich auf sie beziehen, wenn sie *kommunizieren* und miteinander interagieren.«[84]

81. Schäfer 1988, 52.
82. Schlöder 1988, 73.
83. Schlöder 1988, 69 f.
84. Schlöder 1988, 83.

In der Theorie des realistischen Gruppenkonflikts und im Minimalgruppen-Theorem wird deutlich, daß unter bestimmten Umständen Stereotype und Vorurteile mobilisiert werden. Dann können sie destruktive Kraft gewinnen, um eine Outgroup in bestimmter Weise zu diskriminieren. Die Theorie der sozialen Identität kann dabei plausibel machen, daß mit entsprechenden Konflikten dann zu rechnen ist, wenn eine positive soziale Identität nicht mehr besteht oder in Gefahr ist. In solchen Fällen kann mit der Strategie der Stigmatisierung eine Aufwertung der eigenen durch Abwertung der fremden Gruppe erreicht werden.

Überdies war zu sehen, daß Stereotype und Vorurteile eine selbstbestätigende Struktur haben. Dies ist bedingt durch Grundmuster kategorialen Denkens wie die Konstanz-, Wesens- und Generalisierungsannahme. Das heißt, daß einzelne Individuen, die einer Gruppe zugerechnet werden, die Eigenschaften zugeschrieben bekommen, die das Stereotyp dieser Gruppe bilden. Verstärkt wird dies noch dadurch, daß bei Fremdgruppen Unterschiede vernachlässigt und Gemeinsamkeiten betont werden. Schon bei geringen Übereinstimmungen werden also die Stereotype aktiviert.

Die Einsicht in die Struktur von Stereotypen und Vorurteilen kann hinsichtlich der »Konstruktion des Fremden« deutlich machen, mit welchen Prinzipien deren soziale Wahrnehmung geschieht und welche generellen Annahmen den Bildern von Fremden zugrunde liegen. Darüber hinaus wird plausibel gemacht, daß und mit welchen Mitteln Stereotype und Vorurteile bei Konflikten mobilisiert werden. Aber gerade im Blick auf fremdenfeindliche Einstellungen und manifeste Fremdenfeindlichkeit bleiben einige Fragen offen.

So ist eine direkte Verknüpfung zwischen Vorurteilen und Diskriminierung kaum herzustellen. Schon hinsichtlich des Konzepts der Autoritären Persönlichkeit war ja bemerkt worden, daß eine direkte Verbindung von Persönlichkeitsstruktur und Einstellung nicht nachgewiesen kann, gleiches gilt für das Verhältnis von Einstellung und Verhalten.[85] Das entspre-

85. Vgl. Thomas 1991, 157 ff. Ein immer wieder zitiertes Paradebeispiel hierfür ist eine in den dreißiger Jahren in den USA gemachte Beobachtung. Ein Sozialwissenschaftler reiste mit einem chinesischen Ehepaar durch die USA und wurde mit einer Ausnahme immer bedient und aufgenommen. Später schrieb er die Hotels und Gaststätten an und fragte, ob sie Chinesen als Gäste akzeptieren würden; 92 % der Befragten lehnten dies ab (zitiert in Thomas 1991, 157 f.). Dieser gängigen Forschungsmeinung widersprechen Eckes/Six 1994 vehement. In einer Meta-Analyse von einschlägigen Untersuchungen aus den letzten über fünfzig Jahren kommen sie zu dem Schluß, daß die Varianz von Einstellungs- und Verhaltensmaßen mehr als 50 % höher ist als bisher angenommen. Deshalb ist ihnen zufolge – entgegen der bisherigen Meinung

chende diskriminierende Verhalten hängt in hohem Maße von verschiedenen Faktoren ab, von denen die Vorurteilsstruktur nur eine ist. Heckmann zählt als solche auf:[86] Neben einer bestimmten Einstellung ›Vorurteil‹ kann es weitere (auch weitere Vorurteile) geben, denen eine größere Zentralität bzw. ein höherer Platz in der Einstellungshierarchie zukommen. Weiter können allgemeine Einstellungen oder Verhaltensdispositionen sich gegenüber partikularen zu Personen oder Kollektiven durchsetzen (etwa die Neigung zu konformem Verhalten). Zudem ist zu beachten, daß Handeln von einer Situationsdefinition bestimmt ist, in die Folgenabschätzungen ebenso eingehen wie Denkmuster und Motive der Person. Außerdem spielen materielle Interessen eine Rolle (Fremdenfeindlichkeit kann unter Umständen geschäftsschädigend sein) und schließlich spielen staatliche oder gesellschaftliche Machtmittel eine nicht zu gering einzuschätzende Rolle. Heckmann berichtet am Beispiel der Südstaaten in den USA, daß durch die Durchsetzung von antidiskriminierenden Gesetzen in der Bevölkerung ein Einstellungswandel erzielt werden konnte.[87] Dies wird in der Regel konsonanztheoretisch gedeutet. Die Diskrepanz zwischen Einstellung und Verhalten sind unter der Bedingung von äußerem normativem Zwang nicht im Blick auf das Verhalten aufzulösen, deshalb ist für die Individuen die Einstellungsänderung die bessere Strategie, diese Dissonanz aufzulösen.

Hinsichtlich ethnischer Stereotype und Vorurteile fällt weiterhin auf, daß diese – anders als etwa die Theorie des rationalen Gruppenkonflikts nahelegen würde – häufig auch gegenüber Personen und Gruppen verbreitet sind, zu denen kein Kontakt vorhanden ist oder die real gar nicht als konkurrierende Gruppe auftreten. So wird in der öffentlichen Diskussion über Vorurteile in Deutschland zutreffend von einem verbreiteten Antisemitismus ohne Juden gesprochen. Gerade ethnische Vorurteile und Stereotype werden erlernt. Sie sind Bestandteil der Kultur der entsprechenden Gesellschaften. Auch aus diesem Grund können sie bei neuen Situationen wieder reaktiviert werden, aus Nachbarn werden dann unter Umständen wieder Fremde oder gar Feinde. In diesem Zusammenhang spielen ethnische Ideologien eine große Rolle. Ich werde im Kapitel II.2 ausführlich darauf eingehen. Doch zuvor ist noch einmal genauer nachzufragen, unter welchen Bedingungen fremdenfeindliches Verhalten

– sehr wohl von einer Korrelation zwischen Einstellung und Verhalten auszugehen.

86. Vgl. Heckmann 1992, 126f.

87. Heckmann 1992, 128f.

entsteht. Eine besondere Rolle spielt im deutschsprachigen Raum hier die Rechtsextremismusforschung.

1.3 Fremdenfeindlichkeit in Deutschland

Die Diskussion über Fremdenfeindlichkeit in Deutschland hat sich – vor allem in Folge der Anschläge in Mölln 1992 und Solingen 1993 sowie der Ereignisse in Rostock 1992 und Hoyerswerda 1991 – auf den Zusammenhang von Rechtsradikalismus (insbesondere dem Rechtsradikalismus unter männlichen Jugendlichen) und Fremdenfeindlichkeit verengt.[88] Damit wurde vielfach der Eindruck erweckt, es handele sich bei beiden Phänomenen nur um eines, Fremdenfeindlichkeit und Rechtsradikalismus wurden gleichgesetzt. Dies stellt aber eine unzulässige Verkürzung des Problems dar, denn es läßt sich zeigen, daß es Fremdenfeindlichkeit auch ohne rechtsradikale Einstellungen gibt; wenngleich beide Phänomene in besonders enger Weise verknüpft sind. Das Problem, daß Fremdenfeindlichkeit und Rechtsradikalismus gleichgesetzt werden, ergibt sich zum Teil auch daraus, daß in empirischen Untersuchungen Rechtsradikalismus über fremdenfeindliche Einstellungen operationalisiert wird.[89] Wenn dies aber der Fall ist, kann nicht mehr deutlich zwischen beiden Phänomenen unterschieden werden, was zum Teil zu den Verwirrungen und Unklarheiten beiträgt, durch die die Debatte um Rechtsradikalismus und Ausländerfeindlichkeit geprägt ist. Um diesen Fehler zu vermeiden, möchte ich im folgenden von empirischen Daten zu Fremdenfeindlichkeit in Deutschland ausgehen, um daran anschließend zu fragen, welche Gründe genannt werden können, warum es zu ausländerfeindlichen Handlungen gekommen ist.

Auch wenn man voraussetzt, daß Rechtsradikalismus und Fremdenfeindlichkeit nicht identisch sind, gibt ein Blick auf rechtsextremistische Organisationen, Gruppen und Parteien erste Hinweise auf das möglicherweise fremdenfeindlich mobilisierbare Potential. Der Verfassungsschutz zählte Ende 1992 mehr als 40000 Mitglieder in verschiedenen rechtsextremistischen Personenzusammenschlüssen.[90] Das Wählerpotential für

88. Ich verwende im folgenden die Begriffe Ausländerfeindlichkeit und Fremdenfeindlichkeit ebenso synonym wie die Begriffe Rechtsextremismus und Rechtsradikalismus. Für eine stärkere begriffliche Differenzierung vgl. Jaschke 1994, 25ff.
89. Vgl. etwa Heitmeyer 1987, 143ff.
90. Zur Zählung und deren Problematik vgl. Neureiter 1996, 41ff.

rechtsextreme Parteien wird zwischen 15 und 20 % eingeschätzt.[91] Hinsichtlich fremdenfeindlicher Gewalt ist dabei zu berücksichtigen, daß sich nur etwa 25 % der jugendlichen Gewalttäter einer rechtsextremen Gruppe zuordnen, knapp 40 % einer Skinheadgruppe (wobei Mehrfachnennungen möglich waren).[92] Das heißt, daß der weitaus größte Teil der Straftäter nicht dem organisierten Rechtsextremismus, sondern eher Cliquen und anderen nichtorganisierten Gruppen zuzurechnen ist. Fremdenfeindliches Verhalten ist also nicht allein der wie auch immer konzeptualisierten organisierten rechtsextremen Szene zuzuordnen, vielmehr ist es ein Phänomen, das sich nicht auf bestimmte gesellschaftliche Gruppen eingrenzen läßt. Es ist also die Frage zu stellen, wie weit verbreitet Fremdenfeindlichkeit in der Gesellschaft ist.

Die meines Erachtens umfassendste und solideste aktuelle Repräsentativumfrage in Deutschland zu diesem Thema ist die *Silbermann-Umfrage*, sie stammt aus dem Jahr 1993 (nach den Anschlägen in Mölln und Solingen) und wurde im Jahr 1995 veröffentlicht.[93] Diese Studie operationalisiert »Fremdenfeindlichkeit« über die Indikatoren: Verständnis für ausländerfeindliche Tendenzen, Einstellung zu ausländerfeindlichen Verhaltensweisen, Unzufriedenheit mit dem Zahlenverhältnis von Deutschen und Ausländern, Kontaktvermeidung mit Ausländern, soziale Distanz zu verschiedenen ethnischen und nationalen Gruppen, Bewertung der deutschen Ausländerpolitik als »zu ausländerfreundlich« und starke restriktive Lösungsvorschläge zum Verfahren mit ausländischen Arbeitnehmern, Asylsuchenden und Aussiedlern. (15) Bei diesen Indikatoren wird deutlich, wie problematisch eine genaue Bestimmung des Phänomens ist. Denn etwa die Unzufriedenheit mit dem Zahlenverhältnis von Deutschen und Ausländern im Wohngebiet (eine der Fragen der Untersuchung) hängt auch vom tatsächlichen Zahlenverhältnis ab. Unzufriedenheit ist dann meines Erachtens noch kein hinreichender Indikator, wenn die befragte Person z. B. in einem Gebiet mit überwiegend nichtdeutscher Wohnbevölkerung lebt. Ebenso ist das Verständnis für ausländerfeindliche Einstellung anderer noch kein Hinweis auf die eigene Einstellung, denn es besagt nur, daß man die Position des anderen nachvollziehen kann, was noch keine Zustimmung impliziert.[94]

91. Vgl. Neureiter 1996, 62 ff.
92. Willems/Würtz/Eckert 1993, 30 ff.
93. Silbermann 1995. Im folgenden beziehen sich Seitenzahlen im Text auf diese Arbeit. Die Verfasser sprechen nicht von Ausländer-, sondern von Fremdenfeindlichkeit, weil dieser Begriff der allgemeinere ist, der die subjektive Beliebigkeit der Einstellung betont (Silbermann 1995, 6).
94. Die zum Teil sehr stark voneinander abweichenden Ergebnisse verschiedener

Das Ergebnis dieser Untersuchung ist, daß bei 15,5 % aller Befragten eine mehr oder minder hohe fremdenfeindliche Einstellung (10,3 % mittelhoch, 4,2 % stark, 1 % sehr stark)[95] vorliegt; 35,3 % werden mit etwas fremdenfeindlich eingestuft, 34,5 % mit kaum und 14,7 % mit gar nicht. (40) Die Verfasser der Studie schließen aus der nur geringen Zahl gar nicht fremdenfeindlicher Personen, »daß *Fremdenfeindlichkeit in unterschiedlich starker Ausprägung für unsere Gesellschaft leider ›normal‹ ist.*« (41) Zudem sei mit der relativ hohen Zahl fremdenfeindlich Eingestellter eine potentielle Gefahr für die Demokratie gegeben.

Interessant über dieses Gesamtergebnis hinaus sind die Korrelationen mit soziodemographischen Faktoren. So kommt die Umfrage zu dem Ergebnis, daß Fremdenfeindlichkeit im Osten Deutschlands zwar leicht höher liegt als im Westen (18 % gegenüber 14,6 %), daß aber hieraus nicht geschlossen werden kann, daß es sich überwiegend um ein Problem der Ostdeutschen handele. (43 f.) Keine Korrelation läßt sich hinsichtlich des Geschlechts nachweisen (was insofern bedeutsam ist, als vielfach ein Bezug zwischen Ausländerfeindlichkeit und Geschlechtszugehörigkeit postuliert wird, ich komme weiter unten darauf zurück). Nur gering ausgeprägt ist der Zusammenhang zwischen fremdenfeindlicher Einstellung und Alter (etwas höhere Werte nur bei den über 50 Jährigen). Hingegen ist eine negative Korrelation zwischen formalem Bildungsgrad und Fremdenfeindlichkeit festzustellen: »Insgesamt bedeuten die Ergebnisse, daß *der Einfluß der formalen Bildung auf den Grad der Fremdenfeindlichkeit zwar nicht zu leugnen ist und sich auch gesamtgesellschaftlich wesentlich stärker auswirkt als vergleichsweise das Alter, andererseits aber wesentlich schwächer ist als oftmals angenommen wird.*« (50) Weitere Zusammenhänge finden sich vor allem im Bereich der allgemeinen Zufriedenheit in verschiedenen Lebensbereichen (positive Korrelation) und im Bereich des Alltagskontaktes (negative Korrelation) sowie bei bestimmten Be-

Umfragen resultieren zum größten Teil aus der unterschiedlichen Operationalisierung des Begriffs Ausländerfeindlichkeit. Ein Beispiel: Bei H. Becker 1993 lauteten zwei – von insgesamt nur fünf – aufeinander bezogene Statements, die auf einer vierstufigen Skala bewertet werden sollten: »Gerade wir Deutsche sollten politisch verfolgten Menschen Asyl gewähren.« und »Die vielen Flüchtlinge entwickeln sich zu einer ernsten Bedrohung für unser Land.« Das zweite Statement beinhaltet schon eine eindeutige Wertäußerung, das erste lädt durch das vorangestellte »gerade« zur Differenzierung ein. Wenn die Fragen schon so beeinflussend gestellt werden, ist es kein Wunder, wenn schließlich gefolgert wird, daß 45 % der Westdeutschen eine ausländerfeindliche oder eher ausländerfeindliche Einstellung haben.

95. Zur Indizierung vgl. Silbermann 1995, 38 ff.

rufsgruppen (überdurchschnittlich Werte vor allem bei Arbeitern und Selbständigen). Keine signifikanten Zusammenhänge bestehen zwischen Arbeitslosigkeit und fremdenfeindlicher Einstellung (im Gegenteil war der Index der Fremdenfeindlichkeit bei Arbeitslosen etwas geringer als der Durchschnitt). Aber selbst in den Bereichen, in denen Zusammenhänge aufgezeigt werden konnten (etwa auch der Statusunsicherheit im Blick auf den Arbeitsplatz), waren die Korrelationen nur relativ schwach ausgeprägt. Insgesamt kann aus den Ergebnissen der Schluß gezogen werden, daß es zwar soziodemographische Faktoren gibt, die eine entsprechende Einstellung begünstigen, daß aber nicht davon gesprochen werden kann, daß diese Faktoren Fremdenfeindlichkeit erst produzieren würden. Die Ausnahme hier ist das Vorliegen einer ethnozentristisch-nationalistischen Grundhaltung, die geprägt ist durch den Glauben an eine kulturelle Überlegenheit Deutschlands, einer Ablehnung multikultureller Vorstellungen aufgrund des Glaubens an die Existenz national oder ethnisch begründeter Unterschiede zwischen Menschen und ein durch die Wirtschaftskraft begründeter Nationalstolz. »Manifest starke Fremdenfeindlichkeit tritt im allgemeinen als ein fester Bestandteil eines irrational nationalistisch, autoritaristisch, expansionistisch und wohlstandschauvinistisch geprägten Einstellungssyndroms in Erscheinung.« (105)[96]

Allerdings ist mit diesem Befund das Phänomen nicht erklärt, sondern nur verschoben. Denn zum einen müßte nun gefragt werden, wie und unter welchen Bedingungen es zur Entstehung dieses ethnozentrisch-nationalistischen Syndroms kommt. Zum anderen kann aufgrund der Umfrageergebnisse nur geschlossen werden, daß es eine Beziehung zwischen diesem Syndrom und Fremdenfeindlichkeit gibt, nicht jedoch, daß Fremdenfeindlichkeit aus diesem Syndrom resultiert. Wie sollte sonst erklärt werden, daß sich fremdenfeindliche Einstellungen – wenn auch in unterschiedlicher Intensität – über die gesamte Gesellschaft verteilt finden lassen? Beließe man es bei dieser Erklärung, bestünde die Gefahr, eine ganze Gesellschaft als nationalistisch zu stigmatisieren. Zudem erscheint mir eine solche Sicht zu statisch; gesellschaftliche Prozesse, die die Zunahme von fremdenfeindlichen Einstellungen beeinflussen könnten, werden außer Acht gelassen.

Deutlich wird dies, wenn man die Ergebnisse der Silbermann-Umfrage von 1993 mit früheren Ergebnissen vergleicht. In einer Auswertung ver-

96. Vgl. hierzu auch die Ergebnisse von Blank/Schmidt 1994, die zu dem Ergebnis kommen, daß – vor allem in Westdeutschland – ein positives nationales Selbstverständnis (Nationalstolz) deutlich mit einer Abwertung von Fremdgruppen bis hin zur Fremdenfeindlichkeit verbunden ist.

schiedener Umfragen aus den achtziger Jahren kommt Wiegand zu dem Schluß, daß in den achtziger Jahren die ausländerfeindliche Einstellung in Deutschland nicht nur nicht zugenommen, sondern sogar abgenommen habe.[97] In einzelnen Bereichen interpretiert Wiegand die Ergebnisse ebenso wie Silbermann: etwa hinsichtlich der Abhängigkeit von fremdenfeindlichen Einstellungen von Faktoren wie Schulbildung. Wie auch immer man die einzelnen Aussagen werten und gewichten mag, deutlich wird zumindest, daß die Einstellungen über längere Zeitverläufe hin variabel sind; anzunehmen wäre darüber hinaus, daß sie abhängig sind von öffentlichen Debatten über die Themenkreise.[98]

Um diese Umfrageergebnisse einschätzen zu können, bietet sich ein Blick auf den *europäischen Kontext* an. Generell ist zu sagen, daß Ausländerfeindlichkeit und Rechtsradikalismus europäische Phänomene sind. Belegt wird dies allein schon durch den Sachverhalt, daß Parteien, die rechtsextreme Positionen vertreten, fast in allen europäischen Staaten in den letzten Jahren zum Teil beträchtliche Wählerstimmen auf sich ziehen konnten. Genaueren Aufschluß über die Einstellungen der Bevölkerung in den EU-Ländern liefern die Eurobarometer Umfragen. Eine Auswertung belegt, daß xenophobe Einstellungen durchgängig verbreitet sind.[99] Operationalisiert wurde dies über die Frage, ob Ausländer als ein großes Problem gesehen würden; dieser Aussage stimmten in den meisten Ländern mehr als zwei Drittel der Befragten zu.[100] Über einen Xenophobie-Index dargestellt, ergibt sich eine große Verbreitung ausländerfeindlicher Einstellungen für Belgien, Frankreich, Griechenland, Deutschland, Dänemark und Großbritannien.[101]

Werden diese Zahlen korreliert mit dem Anteil der ausländischen Bevölkerung, ergibt sich ein eindeutiger Zusammenhang.[102] Dieser ist jedoch nicht so zu interpretieren, daß die Einstellungen kausal auf die demographische Struktur bezogen werden könnten, daß also die »Ausländer« auch noch für die fremdenfeindliche Einstellung der Inländer verantwortlich gemacht würden. Belegt werden kann nur, daß die Einstellungen stark von äußeren Faktoren abhängen. Dies wird auch gestützt durch Zeitreihenvergleiche. So ist etwa der Anteil der Personen, die eine

97. Wiegand 1992.
98. So etwa Willems 1993a und 1993b oder Ohlemacher 1994.
99. Ich beziehe mich auf die Untersuchungen von Fuchs/Gerhards/Roller 1993 und Küchler 1996.
100. Küchler 1996, 254; Ausnahmen waren vor allem Irland, Spanien, Portugal und Dänemark.
101. Die höchsten Werte finden sich in dieser Reihenfolge; vgl. Küchler 1996, 257.
102. Fuchs/Gerhards/Roller 1993, 249.

stärkere Restriktion des Zuzugs von Ausländern befürworten, in Deutschland von 1993 zu 1994 stark zurückgegangen (was auf die Verschärfung des Asylrechts 1993 zurückgeführt werden könnte). In anderen Ländern blieben die Zahlen in etwa gleich oder stiegen sogar an.[103]

Interessant ist in diesem Zusammenhang auch die Beobachtung, daß die Grenzziehung zwischen »Wir« und »den anderen« auf der Basis von Erfahrungen in den jeweiligen Gesellschaften gemacht wurden. »Je mehr Ausländer einer bestimmten Nationalität in einem Land wohnen, desto größer ist die Wahrscheinlichkeit, daß diese als die ›Anderen‹ wahrgenommen werden. Diese Wahrscheinlichkeit erhöht sich, wenn die anwesenden Ausländer nicht aus dem europäischen Kulturkreis stammen.«[104] Dies kann als ein Hinweis auf die Theorien des Gruppenkonflikts und das Minimalgruppen-Paradigma gelesen werden. Stark wahrgenommene Bevölkerungsteile werden zu Gruppen aggregiert und – zumindest von einem großen Teil der Bevölkerung – als Konkurrenz gedeutet. Ausländerfeindliche Einstellungen sind demzufolge nicht unabhängig von Prozessen der sozialen Grenzziehung. Dabei muß jedoch darauf verwiesen werden, daß dies nicht reale Grenzziehungen und direkte Kontakte impliziert. Die Wahrnehmung der »anderen« ist in jedem Falle medial vermittelt. Dies erklärt auch, warum direkte Kontakte mit Ausländern – wie die Silbermann-Umfrage belegt – eher negativ mit ausländerfeindlichen Einstellungen korreliert.

Die angeführten Untersuchungen belegen deutlich, daß fremdenfeindliche Einstellungen ein *über die ganze Gesellschaft verbreitetes Phänomen* sind. Erklärungsmodelle, die dies nur auf bestimmte Gruppen beziehen, greifen eindeutig zu kurz. Darüber hinaus ist offensichtlich, daß monokausale Erklärungsmuster ebenso wenig zu einer Deutung beitragen; entsprechende Einstellungen hängen von einer ganzen Reihe unterschiedlicher Faktoren ab. Zudem kann auch nicht die These gestützt werden, daß Fremdenfeindlichkeit ein universelles Phänomen sei. Denn hierfür streuen die Werte zu stark im Blick auf unterschiedliche Nationen und auch hinsichtlich verschiedener demographischer Gruppen. Schließlich muß festgehalten werden, daß eine umfassende Theorie der Entstehung fremdenfeindlicher Einstellungen, die die verschiedenen Faktoren in einen einheitlichen Zusammenhang bringen könnte, bislang nicht in Sicht ist. Dies wird sich auch im folgenden zeigen, wenn im Anschluß an das bisher Dargestellte die Frage diskutiert werden soll, unter welchen Bedingungen ausländerfeindliche Gewalt entsteht.

103. Küchler 1996, 254.
104. Fuchs/Gerhards/Roller 1993, 243.

Untersuchungen über die zeitliche Eskalation fremdenfeindlicher Gewalt liefern diesbezüglich eine Reihe interessanter Einzelbeobachtungen, die die Rolle der medialen Vermittlung deutlich hervortreten läßt.[105] Zum einen findet fremdenfeindliche Gewalt überproportional häufig am Wochenende statt, vor allem Samstag abends (24,6 %); zumeist in Verbindung mit Alkoholexzessen. Zum anderen waren die Anschläge von Hoyerswerda und Rostock nicht Endpunkt einer Eskalation von Fremdenfeindlichkeit, sondern sie haben vielmehr einen Anstieg fremdenfeindlicher Gewalt zur Folge gehabt, waren also Auslöser und nicht Resultat einer ausländerfeindlichen Gewalt. Die Studie von Lüdemann/Erzberger vertritt hier eine Schwellentheorie, derzufolge Gewalt auftritt, wenn eine bestimmte Schwelle, die aus Sanktionserwartung und Gruppenverhalten resultiert, überschritten wird. Demzufolge haben Medienrepräsentanz und politische Debatte eine wichtige Bedeutung. »Die Medien übernahmen also durch ihre überregionale Berichterstattung Informations- und damit Koordinierungsfunktionen für potentielle Gewalttäter, indem Gleichgesinnte und Unterstützer von Anschlägen über Häufigkeit, Umstände und Handlungsfolgen bereits verübter Anschläge genau informiert wurden.«[106] Die Berichte über unsanktionierte Ausschreitungen in Verbindung mit Zustimmung durch Teile der Bevölkerung hatten eine Reduzierung der Schwelle zur Folge. Brosius/Esser beschreiben zudem eine Anstiftungswirkung durch die Medienberichterstattung. Diese ist unabhängig von der Art und Weise der Berichterstattung. Nachahmungseffekte wurden nicht ausgelöst, die Steigerung fremdenfeindlicher Straftaten nach der Berichterstattung blieb unspezifisch.[107] Wie in anderen Fällen auch (vor allem bei Protestbewegungen) wird durch die Medien eine Öffentlichkeit hergestellt, die andere in die Lage versetzt, sich mit den transportierten Themen zu identifizieren und das eigene Verhalten darauf abzustimmen. Durch die medienspezifischen Kontruktion der Realität (Luhmann) werden soziale Phänomene erst wahrnehmbar, aber als Konstruktion. In diesem Sinne kann man meines Erachtens nicht von einer Verursachung von fremdenfeindlichen Straftaten durch die Medienberichterstattung sprechen, vielmehr sind Öffentlichkeit, mediale Vermittlung und die Konstruktion sozialer Realität so miteinander gekoppelt, daß Veränderungen auf der einen Seite immer entsprechende Reaktionen auf der anderen auslösen. Medienschelte wäre

105. Vgl. Brosius/Esser 1996 und Lüdemann/Erzberger 1994a.
106. Lüdemann/Erzberger 1994a, 186.
107. Brosius/Esser 1996, 205 ff.

auch hier nichts anderes als der Versuch, den Boten zu strafen, weil er die Vermittlungsfunktion inne hat.

Ein ähnlicher Zusammenhang läßt sich daher auch im Verhältnis von Gewalttaten und öffentlicher Meinung nachweisen.[108] Damit verweisen diese Untersuchungen auf die Rolle mikrostruktureller und Intra-Gruppen-Prozesse einerseits und die Rolle medialer Vermittlung andererseits, also auf Prozesse, die nicht direkt mit dem Phänomen Fremdenfeindlichkeit verknüpft sind. Damit helfen diese Untersuchungen zwar nicht zu klären, warum entsprechende Einstellungen und entsprechendes Verhalten auftreten, sie aber sie zeigen, unter welchen Randbedingungen dies geschieht und durch welche Zusammenhänge dies begünstigt wird.[109]

Die Frage nach den Ursachen fremdenfeindlicher Einstellungen und Handlungen ist in der letzten Zeit vor allem in der *Jugendforschung* diskutiert worden. Vor allem seit den Straftaten von Mölln und Solingen ist die Zahl der Veröffentlichungen in die Höhe geschnellt. Grund hierfür ist die Beobachtung, daß ausländerfeindliche Straftaten überwiegend von männlichen Jugendlichen begangen werden.[110] Allerdings befaßt sich die Jugendforschung nicht erst seit dieser Zeit mit der Problematik. Bereits 1987 hat Heitmeyer in einer Untersuchung unter Jugendlichen eine weit verbreitete rechtsextremistische Orientierung beobachtet.[111] Die verschiedenen Untersuchungen können an dieser Stelle zwar nicht ausführlich gewürdigt werden,[112] trotzdem sollen die Hauptprobleme der Forschung knapp zur Darstellung kommen.

Eine Forschungsrichtung deutet rechtsextremistische Orientierung und daraus folgende Gewalt im Anschluß an die Analysen von U. Beck[113] als Resultat gesellschaftlicher Modernisierungsprozesse.[114] Die mit der Modernisierung verbundenen Individualisierungsschübe – so Heitmeyer – führten bei den Jugendlichen zu Vereinzelungserfahrungen, Ohnmachtsgefühlen und Handlungsunsicherheiten.[115] Da sich gleichzeitig handlungsorientierende Institutionen, sei es im Bereich der Familie oder in Beruf, weitgehend auflösen, seien bei Jugendlichen zunehmend Desinte-

108. So Ohlemacher 1994.
109. Vgl. hierzu auch Neureiter 1996, 258 ff.
110. Vgl. Willems/Würtz/Eckert 1993, 16 ff.; über 90 % der Tatverdächtigen sind jünger als 25 Jahre, der Anteil der weiblichen Tatverdächtigen liegt unter 5 %.
111. Heitmeyer 1987.
112. Ausführliche Zusammenstellungen der Diskussion finden sich in Butterwegge 1996 und Neureiter 1996; eine gute knappe Übersicht bietet Scherr 1996.
113. Vor allem U. Beck 1986.
114. So vor allem die Studien von Heitmeyer u. a. 1992 und Heitmeyer 1994.
115. Vgl. Heitmeyer u. a. 1992, 16 ff.

grationsphänomene zu beobachten. Diese Leerstelle werde durch rechtsextremistische Organisationen, vor allem aber durch entsprechende Subkulturen (wie etwa Skinheads) und Cliquen aufgefangen.[116] Erklärungsmuster für den Weg einzelner Jugendlicher in rechtsextremistische Gruppen und Cliquen ist für Heitmeyer die Instrumentalisierungsthese.[117] Dieser zufolge geschieht bei erfahrener oder antizipierter Handlungsunsicherheit die Instrumentalisierung anderer für den Erhalt der eigenen Identität mittels sozialer Vorurteile. In einem weiteren Schritt geschieht Instrumentalisierung bei erfahrener oder antizipierter Ohnmacht »durch die Dokumentation von Stärke und Überlegenheit oder durch die Zerstörung der Integrität anderer«, bei erfahrener oder drohender sozialer Vereinzelung schließlich »mittels nationalisierender Exklusion«; wobei entsprechende Verhaltensweisen jeweils durch rechtsextremistische Konzepte legitimiert wird.[118]

Heitmeyers Ansatz hat in Forschung und öffentlicher Diskussion eine weite Verbreitung gefunden, was Radtke – süffisant – auf vier Faktoren zurückführt: »Sie scheint in sich hohe Plausibilität zu haben; das Gewaltproblem wird auf eine Teil- bzw. Randgruppe der Gesellschaft eingegrenzt; zugleich kommt sie dem Gefühl entgegen, das jede vorangehende Generation über die nachfolgende Jugend hat: Es wird alles immer schlimmer. Und schließlich ergibt sich fast zwanglos eine Lösungsstrategie: Erziehung.«[119] Gegen das Konzept Heitmeyers wurden vor allem methodische, aber auch inhaltliche Argumente genannt. Methodisch wurde die Bielefelder Studie[120] vor allem deshalb beanstandet, weil aus den qualitativ erhobenen Ergebnissen generelle Schlußfolgerungen abgeleitet wurden. Weiterhin wurde das Interpretationsverfahren kritisiert: »So liegt das zentrale Problem der Untersuchung darin, daß die Äußerungen

116. Wobei im Bereich der Gewaltanwendung vor allem die letzte Gruppe eine Rolle spielt: »Nach dem, was wir aus verschiedenen Quellen wissen, sind Jugendliche aus dem rechtsextremistischen *Organisations*-Kontext nur in relativ geringem Umfang direkt an der Gewalt beteiligt. Ähnliches gilt auch für die quantitative Beteiligung von Jugendlichen aus dem *Subkultur*-Kontext der Skinheads. Anders verhält es sich indes bei der Qualität. Dabei finden sich in diesem Zusammenhang dann jene Gewalttaten, die durch besondere Brutalität herausragen. Die Todesfälle und Morde zeigen es. Der ganz große Anteil der Straftaten wird im *Cliquen*-Kontext verübt, und zwar zu 95 % im Umfeld ihres Wohnfeldes.« (Heitmeyer 1994, 35).
117. Vgl. Heitmeyer u. a. 1992, 595 ff.
118. Heitmeyer u. a. 1992, 597.
119. Frank-Olaf Radtke, zitiert in Butterwegge 1996, 88 f.
120. Heitmeyer u. a. 1992.

der Probanden auf von den Autoren unterstellte Orientierungsmuster abgesucht und identitätslogisch zugerechnet, aber gerade nicht in ihrem Eigensinn rekonstruiert werden.«[121] Gravierender noch als diese methodischen Probleme sind jedoch eine Reihe inhaltlicher Anfragen.

Aus feministischer Perspektive[122] moniert Rommelspacher, daß der geschlechtsspezifische Unterschied der Einstellungen nicht hinreichend beachtet werde. Denn Mädchen seien im Vergleich zu Jungen orientierungsloser und verfügten über ein geringeres Selbstwertgefühl; zudem hätten sie noch schlechtere Aussichten auf dem Arbeitsmarkt. Heitmeyer zufolge müßten Mädchen besonders für rechtsextreme Einstellungen prädestiniert sein, daß Gegenteil sei jedoch der Fall.[123] Darüber hinaus ist rechtsradikale Gewalt gerade nicht auf die Personenkreise beschränkt, bei denen in besonderem Maße von Desintegrationsphänomenen ausgegangen werden muß. Eine Trierer Studie kommt aufgrund einer Analyse von Täterstrukturen zu dem Ergebnis: »Insgesamt jedoch ist hier die statistische Gruppe der fremdenfeindlichen Straf- und Gewalttäter eher gekennzeichnet von Jugendlichen, die in der Regel sowohl über einen formalen Bildungsabschluß und Berufsqualifikation verfügen, als auch über feste Lehr- oder Arbeitsstellen.«[124] Zwar spielten Zukunftsängste eine große Rolle, aber noch nicht eine vorhandene Desintegration. Vielmehr deutet diese Studie das Problem eher als (realistischen?) Gruppenkonflikt: »In einer solchen Situation wird der erhebliche Zustrom von Aussiedlern und Asylbewerbern und die wohlfahrtsstaatliche Alimentierung dieser Gruppen von vielen als unmittelbare Konkurrenz und Bedrohung um einen erhofften und angestrebten sozialen Status wahrgenommen, aber auch jenseits eigener und unmittelbarer Konkurrenzängste als ungerechtfertigt und überzogen kritisiert. Nicht eigene Deklassierungs- und Desintegrationserfahrungen, sondern eher Vorstellungen von Verteilungs-Ungerechtigkeiten und einer als illegitim wahrgenommenen ›Privilegierung‹ ausländischer Bevölkerungsgruppen spielen daher bei der Erklärung dieses Phänomens eine wichtige Rolle.«[125] Auch aus der Einstellungsforschung wurden abweichende Befunde publiziert. Eine Württemberger Forschungsgruppe gelangte bei Untersuchungen zur Einstellung von Jugendlichen zu rechtsradikalen und fremdenfeindlichen Aussagen zum Ergebnis, daß Zustimmung zu diesen Aussagen vor allem

121. Scherr 1996, 107.
122. Vgl. dazu im Überblick Birsl 1996.
123. Rommelspacher 1991, 82.
124. Willems/Würtz/Eckert 1993, 133.
125. Willems/Würtz/Eckert 1993, 134.

von nicht benachteiligten Jugendlichen geäußert wurden.[126] Statt von aus Individualisierungsprozessen resultierenden Desintegrationsphänomenen sei vielmehr von einem Prozeß sozialer Segmentierung auszugehen, der auf der einen Seite zu Deprivationssituationen führe (aus denen auch rechtsextremistische Einstellungen resultieren könnten), auf der anderen Seite zu wohlstandschauvinistischen Einstellungen bei den sozial besser gestellten Jugendlichen. Dies allerdings zu deuten im Sinne von Rechtsextremismus und Ausländerfeindlichkeit als »Aufstand der Modernisierungsgewinner« ist unverständlich angesichts des nicht zu leugnenden Sachverhalts, daß jugendliche Tatverdächtige zu einem überwiegenden Anteil schulisch und von der Ausbildung eher unterdurchschnittlich qualifiziert sind und gerade nicht über ein auch nur durchschnittliches Einkommen verfügen.[127]

Untersuchungen zum rechten Einstellungspotential in der deutschen Jugend haben hingegen Heitmeyers Thesen eher bestätigt.[128] Zum einen ergab sich die Beobachtung, daß nationalistische und ausländerfeindliche Einstellungen nicht eindeutig zusammenhängen (in Westdeutschland 12,0 nationalistische gegen 20,5 % ausländerfeindliche Einstellungen, in Ostdeutschland 11,5 gegen 32,0 %). Zum anderen ergaben die Untersuchungen, daß ein einheitliches rechtsextremes Weltbild kaum nachgewiesen werden kann. »Statt dessen haben wir es eher mit verschiedenen Facetten ›rechter‹ Einstellungen zu tun, die sich nicht zu einem einheitlichen Ein-

126. Held/Horn/Leiprecht/Marvakis 1992.
127. Willems/Würtz/Eckert 1993, 21 ff. weisen zwar nach, daß die Tatverdächtigen überwiegend »nur« über einen Hauptschulabschluß verfügen, daß der Anteil der Arbeitslosen überproportional hoch ist, daß der Berufsstatus der Beschäftigten zu weit über 90 % ungelernter oder Facharbeiter ist und daß die durchschnittlichen Einkommen deutlich unter 1000.– DM liegen. Gleichzeitig aber interpretieren sie diese Daten dahingehend, daß kaum von Desintegrations- oder Deklassierungsphänomenen ausgegangen werden könne. Tatsächlich lassen sich generalisierende Schlußfolgerungen aus den Ergebnissen nicht ziehen, trotzdem aber scheint mir angesichts dieser Struktur der Tatverdächtigen evident, daß der größte Teil dieser Gruppe – im Vergleich zum Durchschnitt der Gesellschaft – den eher schwächeren sozialen Schichten angehört. Hinsichtlich formaler Bildung, Berufsabschluß und Position weist diese Gruppe Zahlen auf, die mit denen ausländischer Jugendlicher durchaus vergleichbar, in mancher Hinsicht sogar schlechter sind (vgl. Abschnitt I.2.3.1 und 2). Auch diese Beobachtung läßt sich deuten als Hinweis auf konfligierende Gruppenprozesse, eine Deutung, die Willems/Würtz/Eckert 1993 selbst nahelegen.
128. Ich beziehe mich auf die Analyse des DJI-Jugendsurveys in Hoffmann-Lange 1996.

stellungssyndrom zusammenfügen.«[129] Auch hinsichtlich der Ausländerfeindlichkeit findet sich parallel zu massiven negativen Einstellungen die Meinung, daß die Anwesenheit von Ausländern zur Bereicherung der deutschen Kultur beitrügen. Deuten läßt sich dies etwa dahingehend, daß es eine instrumentelle Einstellung insofern gibt, als bestimmte Vorteile zwar wahrgenommen (z. B. in der Gastronomie), gleichzeitig aber Ausländer als Konkurrenz bezeichnet werden; entsprechend etwa dem Muster: »Ihre Anwesenheit birgt zwar Vorteile, aber besser wären wir ohne sie dran.« Weiterhin konnte die These erhärtet werden, daß manifeste Deprivation nicht direkt mit ausländerfeindlichen Einstellungen korreliert. »Alles in allem zeigen die Ergebnisse, daß ungünstige wirtschaftliche Lebensumstände nur indirekt für die Entwicklung fremdenfeindlicher Einstellungen verantwortlich sind: sie fördern die Entstehung sozialer Desorientierung, und diese wiederum leistet der Ausländerfeindlichkeit Vorschub. Der direkte Zusammenhang zwischen ungünstigen Lebensverhältnissen und Ausländerfeindlichkeit ist dagegen nur schwach.«[130] Dies kann als Bestätigung der Heitmeyerschen These gelten, daß nicht direkte Deprivation, sondern vielmehr gesellschaftliche Anomie (Orientierungsverlust, Desintegration) als Ursache ausländerfeindlicher Einstellungen und Verhaltensweisen anzusehen ist.

Kritik und Gegenkritik an Heitmeyers Ansatz zeigen meines Erachtens vor allem, daß – von zugrundeliegenden unterschiedlichen gesellschaftstheoretischen Ausgangspositionen abgesehen – einlinige Erklärungskonzepte dem komplexen Phänomen nicht gerecht werden können. Aus sozialen Lagen resultieren nicht gleichsam automatisch bestimmte politische Einstellungen oder gar ein bestimmtes Verhalten. Auch sind diese keine einfache Widerspiegelung bestimmter Persönlichkeitsstrukturen. Weitere Aufschlüsse über das Phänomen könnten nur mehrdimensionale Analysen liefern unter Einbeziehung von Faktoren wie: tatsächliches Verhalten, individuelle Sozialisation, psychosoziale Befindlichkeiten, Auslösereize, kulturelle, ökonomische und soziale Situation sowie sozioökologische und politische Situation.[131] In diesem Zusammenhang könnten und müßten dann auch psychologische und psychotherapeutische Erfahrungen einfließen, ohne deren Resultate zu generalisieren.[132]

129. Hoffmann-Lange 1996, 126.
130. Hoffmann-Lange 1996, 131.
131. Vgl. K. Wahl 1995.
132. Vgl. etwa Streeck-Fischer 1994: Am Fallbeispiel eines jugendlichen Skinbheads beschreibt die Verfasserin den Weg zur Gewalt in vier Schritten. (1) Grenzverletzungen durch grenzüberschreitendes Agieren, (2) Feindbil-

Jeweils moderat interpretiert, könnten die unterschiedlichen Konzepte und Untersuchungsergebnisse dahingehend zusammengefaßt werden, daß die Interpretation der eigenen sozialen und wirtschaftlichen Situation als gefährdet oder unsicher unter bestimmten Umständen Katalysator für ausländerfeindliches Verhalten werden kann. Dies kann für Personen zutreffen, die zwar formal in den Bildungs-, Ausbildungs- und Arbeitssektor integriert sind, ihre Position darin jedoch als schwach empfinden. Damit ist nicht ausgesagt, daß es sich um ein reines »Randgruppenproblem« handelt. Auch dient eine solche Aussage nicht der Täterentlastung, sondern verweist auf mögliche – z. B. sozialpädagogische – Handlungsoptionen. Eine Leugnung dieser Zusammenhänge würde diese jedoch verstellen. Die trotz aller Muster bestehende Heterogenität des Phänomens der Ausländerfeindlichkeit und des Rechtsextremismus Jugendlicher verweist deshalb darüber hinaus auf weitere Desiderate diesbezüglicher Forschung.

1.4 Resümee

Dieses Kapitel der Untersuchung diskutierte die Konstruktionsprinzipien des Fremden in psychologischer Perspektive, dabei wurde zum einen auf psychoanalytische Theorien der Pathologien der Fremdenwahrnehmung Bezug genommen, zum anderen auf Theorien der Vorurteils- und Feindbildentstehung sowie auf Ergebnisse empirischer Untersuchungen zu Fremdenfeindlichkeit und Rechtsextremismus in Deutschland.

dungen, (3) Dehumanisierung des gewählten Feindes und (4) Gewaltanwendung, häufig in einem durch Alkohol induzierten rauschhaften Gewaltexzeß. Diagnostisch beschreibt sie den Delinquenten als Patienten mit Borderline-Störung. Aus ihrer therapeutischen Erfahrung schließt sie: »Viele Skinheads – zu 70 % Jugendliche im Alter von 13 bis 20 Jahren – sind aufgrund ihrer frühen und aktuellen Lebensbedingungen in einer existentiell verunsicherten Situation. [...] Sie haben weder sichere und sichernde Bindungen noch familiären Rückhalt. Aufgrund anhaltender Erfahrungen von Mangelhaftigkeit und Unzulänglichkeit in Schule und Beruf finden sie keine positiven Selbstverwirklichungs- und Lebensperspektiven. So führt sie der Weg von der Familie in die Gesellschaft in einen Zustand von Unbehaustheit, Hoffnungslosigkeit und existentieller Bedrohung.« (Streeck-Fischer 1994, 78) Vgl. hierzu auch den analytisch orientierten Programmaufsatz dazu: Streeck-Fischer 1992. Allerdings erliegt die Verfasserin der Versuchung, ihre qualitativen Beobachtungen zu generalisieren und in Richtung der Heitmeyerschen Desintegrationsthese zu deuten. Diese Schlußfolgerungen gibt das empirische Material allerdings nicht her.

Es wurde dabei im ersten Abschnitt deutlich, daß aufgrund der spezifischen analytischen Zugangsweise ein Erklärungsmuster nur für pathologisch qualifizierte Formen der Fremdenwahrnehmung entwickelt werden kann. Fremdenangst und Fremdenhaß werden psychoanalytisch zurückgeführt auf narzißtische Störungen, die aus frühkindlichen Entwicklungsstörungen resultieren. Die negative Einstellung gegenüber Fremden läßt sich so deuten als Projektion von eigenen nicht bewußten Anteilen auf Fremde: Fremde sind wir uns selbst, der andere, das ist mein eigenes Unbewußtes (Kristeva).

Bei der Erörterung von Vorurteilen und Feindbildern wurde herausgearbeitet, daß die Bildung von Stereotypen bei der Wahrnehmung von Fremdgruppen ein »normales« Phänomen ist, das jedoch bei bestimmten Rahmenbedingungen die Form von Vorurteilen und zugespitzt von Feindbildern annehmen kann. Die Konstruktion von Feindbildern hat dabei die Funktion, in Situationen, die als anomisch erlebt werden, die eigene Unsicherheit abzufedern und nach außen zu verlagern. Eine besondere Rolle spielen hierbei Gruppenbildungen und -konflikte, wie die Theorien vom realistischen Gruppenkonflikt und vom Minimalgruppen-Paradigma zeigten. Gruppenbildungen und Gruppenvergleiche fördern demzufolge die Stereotypisierung der Fremdenwahrnehmung.

Prinzipiell ist auch hier von projektiven und Konkurrenzmechanismen auszugehen. Rahmenbedingungen, die das Entstehen von Feindbildern und entsprechendes fremdenfeindliches Verhalten begünstigen, können – wie bei der Durchsicht der Ergebnisse der Jugendforschung deutlich geworden ist – Verunsicherungen der sozio-ökonomischen Position ebenso sein wie Orientierungskrisen aufgrund unsicherer Perspektiven. Offen geblieben ist dabei allerdings, ob und gegebenenfalls wie die analytischen Ergebnisse von frühkindlichen Entwicklungsstörungen und die Mechanismen, die die Ausbildung von Feindbildern nach sich ziehen, zu einem einheitlichen theoretischen Bild von einer negativen Fremdenrepräsentanz zusammengeführt werden können.

Durchgängig zeigte sich auch der Konstruktchararakter der Wahrnehmung von Fremden. Die Kennzeichnung des Fremdenbildes als Konstrukt bedeutet – auch dies ist hinreichend deutlich geworden – nicht, daß es sich um reine Phantasiegebilde handelt. Die Konstruktbildung ist vielmehr als Generalisierung zu verstehen, die bestimmte Erfahrungen und Wahrnehmungen stereotypisiert und damit Komplexität reduziert. Dies hat die Funktion, Wahrnehmung und soziales Handeln von Realitätsprüfungen zu entlasten. Darin verbirgt sich allerdings die Gefahr, daß sich unrealistische Bilder und Vorstellungen verfestigen. Unrealistisch meint in diesem Zusammenhang, daß stereotype Wahrnehmung und die Beobachtung durch einen außenstehenden Beobachter divergieren, wobei zu beachten ist, daß auch Beobachter mittels eigener Stereotypen ihre Wahrnehmung kategoriseren. Es geht also nicht in einem einfachen Sinn um »richtige« oder »falsche« Wahrnehmung, sondern darum, die soziale Wahrnehmung korrigierbar zu halten. Nur solange diese Korrigierbarkeit gewährleistet ist, ist soziales Lernen möglich, damit auch die Revision »unrealistischer« Stereotypen. Soziales Lernen heißt dann wiederum nicht die Ersetzung falscher durch richtige, sondern die unangemessener durch angemessenere Stereotypen.

Anhand der Forschungen über Ausländerfeindlichkeit und Rechtsextremismus in Deutschland wurde eine Antwort auf die Frage gesucht, unter welchen Bedingungen ausländerfeindliche Einstellungen entstehen und gegebenenfalls in entsprechende Handlungen münden. Es wurde deutlich, daß eine einfache Erklärung nicht zur Verfügung steht, die verschiedenen Studien kommen zu teilweise sich widersprechenden Ergebnissen. Monokausale Erklärungsversuche sind, so läßt sich resümieren, der komplexen Situation nicht angemessen. In der Tendenz konvergieren die verschiedenen Untersuchungsergebnisse in der Vorstellung daß eine Interpretation der eigenen sozialen und wirtschaftlichen Situation als gefährdet oder unsicher unter bestimmten Umständen Katalysator für ausländerfeindliches Verhalten werden kann. Da es im wesentlichen um die Interpretation der eigenen Situation geht, können auch Personen, die formal als gut integriert scheinen, über entsprechende Einstellungen und Verhaltensstrukturen verfügen.

Für die ethische Analyse dieses Zusammenhangs ergeben sich aus dieser Darstellung eine Reihe von Perspektiven und Folgerungen. Zuerst einmal ist festzuhalten, daß die Konstruktion von Fremden nicht »an sich« etwas moralisch Verwerfliches darstellt, sondern daß der Aufbau einer Fremdenrepräsentanz gelingen oder mißlingen kann. Die Handhabung der Differenz zwischen Eigenem und Fremdem gehört zu den Grundoperationen, über die jeder Mensch verfügen muß, um als soziales Wesen existieren zu können. Die Unterscheidung von Fremdem und Eigenem kann dabei dazu führen, sich entweder abzuschotten oder für eine Öffnung bereit zu sein. Dies gilt sowohl auf der individuellen wie auf der sozialen Ebene.

Vor einer Gefahr ist jedoch zu warnen: Wenn fremdenfeindliche Haltungen oder Handlungen auf psychische Pathologien zurückgeführt werden, stellt sich immer wieder die Frage nach der Verantwortung. Denn eine Tendenz des »Psychologisierens« ist häufig die »Entschuldigung« von Tätern. Die damit tangierten Themen sind das Verhältnis von Freiheit und Verantwortung, Gebundenheit in Strukturen und Schuld.

Ein weiteres Problem ist, daß die Zurückführung von Fremdenfeindlichkeit auf psychologische oder soziale Invarianten so interpretiert werden kann, daß Angst oder Ablehnung gegenüber Fremden als universale Konstante gesehen werden. Fremdenfeindlichkeit ist dann gewissermaßen eine anthropologische Konstante (so etwa Enzensberger[133]), die verändern zu wollen, von mangelnder Einsicht in das Wesen des Menschen zeugt. Demgegenüber muß daran festgehalten werden, daß die Unterscheidung zwischen innen und außen, zwischen fremd und vertraut offen ist für verschiedene Optionen zwischen vollständiger Abschottung oder vollständiger Öffnung. Es geht also um einen verantwortlichen Umgang mit dieser Differenz und um die Einsicht in die Wandelbarkeit der Kriterien, mit deren Hilfe die Unterscheidung gehandhabt wird.

Nimmt man die psychologischen Deutungen allerdings ernst, stellt sich verschärft die Frage nach den Bedingungen, die fremdenfeindliches Handeln begünstigen. Fremdenfeindlichkeit ist dann in erster Linie ein sozialethisches Problem, weil es nicht allein um individuelle Faktoren geht, sondern um die Bedingungen, die zur Entstehung dieser Faktoren beitragen, und um die Bedingungen, die daran mitwirken, daß aus bestimmten Einstellungen bestimmte Handlungen folgen.

Ähnlich sind auch die Konsequenzen aus den Ergebnissen sozialpsychologischer Forschung. Nicht schon die Wahrnehmung von Fremdgruppen mit Hilfe von Stereotypen ist das ethische Problem. Wahrnehmung von Fremdgruppen setzt die Verwendung von Stereotypen voraus, wenn eine Gruppe überhaupt »als Gruppe« wahrgenommen werden soll und nicht als zufällige Ansammlung von Individuen. Allerdings ist jede Stereotypenbildung anfällig für eine Mutation in Richtung Vorurteil und später Feindbild. Trotzdem muß davor gewarnt werden, jede Wahrnehmung mit Hilfe von Stereotypen ethisch/moralisch zu diskreditieren. Auch hier kann eine Lösung des Problems nur in der Richtung gesucht werden, daß die Bedingungen ins Auge gefaßt werden, unter denen Gruppen zur Feindbildkonstruktion tendieren. Nicht die Unterscheidung wir/die anderen selbst ist schon das Problem, sondern erst die Art und Weise ihrer Handhabung. Es geht also ethisch gesehen darum, zu verhindern, daß Gruppenkonflikte ein solches Ausmaß erreichen, daß die in ihnen aktivierten Vorurteile zu destruktivem Verhalten führen. Anders gesagt: Eine Verhinderung der Identifikation mit einer Wir-Gruppe ist weder möglich noch wünschenswert, soll der Aufbau einer sozialen Identität gelingen. Allerdings muß darauf geachtet werden, daß die Gruppen-

133. Vgl. etwa Enzensberger 1992 und 1994, hier vermerkt, weil seine Thesen eine breite öffentliche Debatte auslösten.

differenz nicht zur Gruppenkonkurrenz wird. Denn wird die jeweils andere Gruppe als Konkurrenz im Kampf um als knapp interpretierte Ressourcen erlebt, besteht die Gefahr, daß die Unterscheidung zwischen uns und den anderen zu einem Feindbild ausgebaut wird. In ethischer Hinsicht geht es um die Verhinderung beziehungsweise Ausgleichung von Konkurrenzsituationen, also um soziale Gerechtigkeit.

In diesem Kapitel wurde die Frage der Konstruktion des Fremden auf einer Mikro- und Mesoebene diskutiert. An manchen Stellen wurde dabei schon deutlich, daß die Fremdenwahrnehmung hier abhängig ist von Konstruktionsprinzipien des Fremden auf der Makroebene. Diese werden markiert durch Begriffe wie Volk, Nation oder Kultur. Die zugrundeliegende Unterscheidung zwischen »uns« und »den anderen« verweist damit auf den Diskurs über Ethnizität, über die Kategorien also, die auf der Ebene von sozialen Großgruppen und Gesellschaften – auch auf der Ebene der Weltgesellschaft – Zuordnungen markieren. Um die Diskussion über die Konstruktion des Fremden zu komplettieren, wird im nächsten Kapitel auf diese Begriffe und ihre Konzeptualisierungen eingegangen werden.

2. Soziale Konstruktion des Fremden

Die leitende Frage für dieses Kapitel ist, wie bereits gesagt, was Fremde zu Fremden macht, welche Mechanismen dafür zuständig sind, andere als »fremd« zu kategorisieren. Dem soll im folgenden aus soziologischer Perspektive nachgegangen werden.

In der Soziologie ist einer der frühesten und wegbereitenden Texte für die Beschreibung von Fremden *Simmels* »Exkurs über den Fremden« aus dessen Soziologie von 1908.[1] Ihm entstammt die, mittlerweile klassisch gewordene, Bestimmung des Fremden »[nicht] als der Wandernde, der heute kommt und morgen geht, sondern als der, der heute kommt und morgen bleibt.«[2] Nicht der oder die schlechthin Unbekannte werden zu Fremden; die Unterscheidung zwischen Zugehörigkeit und Nicht-Zugehörigkeit setzt vielmehr Anwesenheit – und dadurch in gewissem Sinne auch Nähe – voraus. »Soziologisch bedeutsam ist nur der, der bleibt, weil sich nur durch den Bleibenden jene Spannung aufbaut, die Simmel als ›Einheit von Nähe und Ferne‹ bezeichnet. Fremdheit ist für Simmel ein sozialer Status, der die Dazugehörigkeit und Nicht-Dazugehörigkeit des Fremden kombiniert.«[3] Die Konstruktion von Fremdheit setzt paradoxerweise ein gewisses Maß an Vertrautheit voraus; es geht folglich nicht um Fremdheit »an sich«, sondern um die Frage, wie die Stellung des Fremden gesellschaftlich wahrgenommen und bewertet wird. Simmel faßt dies in der Unterscheidung von Fremdsein und Distanz: »die Distanz innerhalb des Verhältnisses bedeutet, daß der Nahe fern ist, das Fremdsein aber, daß der Ferne nah ist.«[4] Paradigmatisch für diese Situation des innenstehenden Außenstehenden ist bei Simmel der – in den mittelalterlichen Gesellschaften, die er hier wohl vor Augen hat: jüdische – Händler. Er kommt von außen und bleibt auch äußerlich, indem er nur Geschäfte macht, aber nicht in die Gesellschaft inkludiert ist. »Insofern nicht etwa Personen in die Fremde wandern, um diese Erforderlichkeiten (scil. Produkte, die nicht in der Nähe hergestellt werden) einzukaufen – in welchem Falle sie dann in diesem andern Gebiete eben die *fremden* Kaufleute sind – muß der Händler ein Fremder sein, für einen anderen ist keine

1. Simmel 1908.
2. Simmel 1908, 764.
3. Nassehi 1995a, 444 (Zitat aus Simmel 1908, 765).
4. Simmel 1908, 765.

Existenzgelegenheit.«[5] Ähnliche Funktionsstellen in vormodernen Gesellschaften können Fremde als Richter, Militärführer oder gar als Stadtherren haben. Aufgrund ihrer Nichtinklusion in die Personenverbände vormoderner Sozialsysteme stehen Fremde außerhalb der sonst gültigen Solidarbeziehungen und gelten demzufolge eher als unparteiisch bzw. im Falle der Militärs als loyal.[6] Allerdings ist die Stellung des Fremden außerhalb des Sozialverbandes stets prekär, ihm kann die zugestandene Position jederzeit wieder entzogen werden, gleichzeitig fehlt der Rückhalt in der sozialen Gruppe. Tendenziell kann der Fremde immer zum Verräter gestempelt werden, gerade weil er in die üblichen Solidarbeziehungen nicht eingebunden ist, was ihn ja gerade für die bestimmten Funktionen prädestinierte. Die Geschichte der Juden in vormodernen – und auch modernen! – Gesellschaften Europas ist hierfür ein sprechendes Beispiel.

Während in Simmels Überlegungen der Fremde tendenziell der Fremde bleibt, gerade dann, wenn er nicht wieder geht, steht in anderen klassischen soziologischen Konzepten des oder der Fremden die Frage im Mittelpunkt, welche Leistungen der Fremde selbst zu erbringen hat, um die Erfahrung der Fremdheit zu bewältigen. Zu nennen ist hier vor allem das Konzept des »Marginal Man«, wie es von *Park* und anderen Forschern der Chicago School entwickelt wurde, und das wegbereitend war für die späteren Theorien von Kulturkonflikt und Kulturschock (ich komme im Abschnitt 2.2 ausführlicher darauf zurück).[7] Einwanderer und andere Minderheiten befinden sich Park zufolge in einer Krisensituation, die durch ihre Randstellung ausgelöst wird. »Der Wanderer erlebt in diesem Fall den Wechsel von einer Gruppe in die andere, von einer Gesellschaft in die andere, als *Kulturkonflikt*, der sich in ihm selbst abspielt. Er leidet unter einer ›spiritual instability, intensified self-consciousness, restlessness and malaise‹. Dieser Konflikt bedeutet, daß die betroffene Person *weder* zur einen *noch* zur anderen Gruppe bzw. Kultur gehört: sie steht jeweils *am Rande*. Der Prototyp des *marginal man* war für Park der kosmopolitische, emanzipierte Jude (insofern ein ›naher Verwandter‹ des Simmelschen *Fremden*). Er bezeichnete ihn auch als ›kulturellen Mischling‹ *(cultural hybrid)*.«[8] Impliziert dabei ist die Unverträglichkeit zwischen Herkunftskultur und Kultur des Aufnahmelandes. Der *marginal man* muß sich entscheiden und dabei entweder die eigene Kultur verlie-

5. Ebd.
6. Vgl. Hahn 1993, 28.
7. Zur soziologischen Forschungstradition der Chicago School vgl. Joas 1987, 426 ff.
8. Treibel 1990, 76, mit Zitat aus Park 1928, 356.

ren oder dauerhaft außerhalb der neuen Kultur zu bleiben. »Marginalität ist also, wenn man *Parks* Umschreibungen in einer präziseren Begrifflichkeit resümiert, gekennzeichnet durch Beziehungen zu unterschiedlichen, ja antagonistischen Gruppen bei sozial *ungeklärter Zugehörigkeit;* die marginale Lage bewirkt einen *Kulturkonflikt* in der Person und das Auseinanderfallen von zugeschriebener und angestrebter sozialer Zugehörigkeit, d.h. eine *Referenzgruppensituation*.«[9]

In ähnlicher Weise fragt später auch *Schütz* nach den Prozessen, die der Fremde zu bewältigen hat, wenn er in eine ihm fremde soziale Umwelt gerät.[10] »Der Fremde ist für Schütz ein Mensch, der die unbefragten Hintergrundüberzeugungen der *world taken for granted* nicht teilt und durch die Konfrontation mit einer neuen kulturellen Umwelt in eine *persönliche Krisis* gerät. Nun umfaßt dieser unbefragte Boden von Hintergrundüberzeugungen keineswegs nur banale Konventionen des Zusammenlebens, sondern gewissermaßen die letzten, vorreflexiven Sicherheiten, auf die das soziale Leben aufgebaut ist. Schütz sieht den Fremden als einen schockierten Eindringling, der sich nur durch eine völlige Neuordnung seines persönlichen Relevanzsystems in die neue Struktur zu integrieren vermag.«[11] Schütz hat bei seiner Beschreibung eine andere Problemstellung vor Augen als Simmel oder Park. Bei ihm geht es um die Situation des Exils – die Beschreibung spiegelt deutlich die Situation Schütz‹ selbst, der 1939 aus Wien in die USA emigrierte – in der die Frage der Anpassung an die Aufnahmegesellschaft eine grundlegend andere Rolle spielt als etwa im Bild des Fremden als Händler bei Simmel.

Gemeinsam ist diesen klassischen Ansätzen, daß sie von festgeschriebenen In-Group/Out-Group-Relationen ausgehen. Die Gesellschaft, die dem oder der Fremden gegenübersteht, ist relativ stabil und in sich geschlossen. »All diesen Theorien des Fremden liegt eine Gesellschaftstheorie zugrunde, die Gesellschaft als normativ integrierten Verband mit stabilen Mustern und reziproken sozialen Verhältnissen versteht. Diese Konsequenz ergibt sich sowohl aus dem als Strukturtheorie gebauten Strukturfunktionalismus als auch aus der phänomenologischen Soziologie von Schütz, die eher als individualistische Handlungstheorie firmiert.«[12] Nun ist die These einer stabil normativ integrierten Gesellschaft zumindest für gegenwärtige Gesellschaften kaum mehr plausibel zu machen. Ferner sind die klassischen Ansätze dahingehend unterkom-

9. Heckmann 1981, 116.
10. Schütz 1944.
11. Nassehi 1995a, 445.
12. Nassehi 1995a, 446.

plex, als sie sowohl von einem starren Antagonismus zwischen Herkunfts- und Aufnahmekultur ausgehen als auch zu wenig berücksichtigen, daß Integration bzw. Assimilation einen Prozeß beschreibt. Die marginale Lage des Migranten ist nicht nur Ergebnis einer unzureichenden Anpassungsleistung, sondern auch Produkt einer Marginalisierung durch die Aufnahmegesellschaft. Schließlich wird so Fremdheit ontologisiert und zu einer Eigenschaft, die dem oder der Fremden anhaftet; dadurch wird es allein für ihn oder sie zur Aufgabe, diese Fremdheit abzustreifen oder aufzugeben bzw. Lernprozesse zu beginnen, die ihn oder sie befähigen, sich anzunähern. Die Fremdheit kann bei diesen Konzepten allein durch den oder die Fremde selbst abgebaut werden. Dadurch daß Fremdheit als Faktum erscheint, bleibt zudem unklar, nach welchen Grundlagen Fremdheit gewöhnlich zugerechnet wird. Zwischen fremd und fremd bleibt ein Unterschied: z. B. je nach dem, ob der oder die Fremde »nur« aus einer anderen Stadt oder gar einem anderen Land kommt; d. h. gewöhnlich wird dieser Unterschied als Unterschied wahrgenommen und kommuniziert.

In modernen funktional differenzierten Gesellschaften ist Fremdheit allgemein eher die Regel als die Ausnahme. Fremdheit hier verstanden als persönlich unbekannt. »Auch die rechtsstaatliche Ordnung der Bundesrepublik sichert dem Bürger seine *informationelle Selbstbestimmung* zu, und das heißt das Recht auf Fremdheit. Fremdheit wird hier zur Ressource, die es ermöglicht, der Kontrolle durch andere entzogen zu sein: Fremdheit als Bollwerk gegen Fremdbestimmung. Insofern Fremdheit als Schutz vor Kontrolle wirken kann, kann sie als institutionell verankertes Recht zum Moment zahlreicher sozialer Beziehungen werden. Marktbeziehungen kommen z. B. nur zustande, weil die ökonomische Transaktion nicht an die vorgängige Überwindung der wechselseitigen Fremdheit der Beteiligten geknüpft ist (etwa an Verwandtschaft oder Freundschaft oder doch Volksgenossenschaft).«[13] Aber diese Beobachtung schöpft die ganze Tragweite von Beziehungen, die durch Fremdheit geprägt sind, noch nicht aus. Selbstverständlich sind die meisten Menschen, denen man tagtäglich z. B. in Großstädten begegnet, einem fremd. Der Kreis der Vertrauten ist demgegenüber sehr klein. (Wobei die Frage ist, ob nicht auch die Vertrauten uns letztlich fremd bleiben und fremd bleiben müssen. Denn auch die Kommunikation zwischen Vertrauten – sogar unter Liebenden – steht unter der Bedingung der doppelten Kontingenz;[14] es ist unmöglich, in den anderen oder die andere hineinzusehen, das Ge-

13. Hahn 1993, 27.
14. Vgl. Luhmann 1984, 148 ff.

genüber gerät nur als »black box« in den Blick.) Allerdings geschieht der Umgang mit den *mir* Fremden in der Regel unter der Annahme von Konsens und Gemeinsamkeit; jedoch nur bis zu einer gewissen Grenze, denn außerhalb sind *die* Fremden. Manche Fremde sind eben fremder als die anderen. Und die Grenze zwischen beiden Gruppen wird in der Regel markiert durch Ethnizität.

So stehen im folgenden ersten Abschnitt dieses Kapitels die Konstruktionsprinzipien ethnischer Unterscheidungen im Zentrum der Diskussion. Nach der Darstellung von Entstehung und Funktion ethnischer Differenzierung werde ich auf die zur Zeit folgenreichsten Formen zu sprechen kommen, in denen sich Ethnizität darstellt, die Formen Volk und Nation.

Gerade der Volksbegriff ist dabei eng verknüpft mit einer weiteren Form, mit der Fremdes von Eigenem unterschieden wird, mit dem Begriff der Kultur. So werden ich im zweiten Abschnitt dieses Kapitels kulturalistische Deutungen von Fremdheit diskutieren. Dabei muß ich jedoch eine Einschränkung machen. Die ethnologische und kulturanthropologische Diskussion über Kultur und Fremdheit,[15] über eine Hermeneutik des Fremden in religionswissenschaftlicher und theologischer Perspektive[16] sowie phänomenologische Zugänge zum Phänomen Kultur und Fremdheit[17] werde ich in der Darstellung allenfalls streifen. Dies hängt natürlich auch damit zusammen, daß eine eingehende Diskussion dieser Ansätze noch einmal ein jeweils ein eigenes Kapitel beanspruchen und damit den Rahmen dieser Arbeit weiter ausdehnen würde; aber gegen eine ausführlichere Auseinandersetzung sprechen vor allem inhaltliche Gründe. Diese Arbeit handelt nicht vom Verstehen des oder der Fremden; vielmehr geht es mir darum zu verstehen, was Fremde überhaupt erst zu Fremden macht. Die Einsicht in die Konstitutionsprinzipien von Fremdheit gehen dem Bemühen um die Verständigung voraus. Die – ethischen oder moralischen – Forderungen, die Fremden oder das Fremde verstehen zu sollen, Verständigungsprozesse zu initiieren und ähnliches können nach der Anlage dieser Arbeit gegebenenfalls als Ergebnis formuliert werden. Mir geht es, mit anderen Worten, im Blick auf diese Thematik vor allem darum, ob eine solche Forderung legitimerweise erhoben werden kann. Gibt es Argumente, die mich oder uns ethisch oder moralisch nötigen, in solche Verständigungs- und Verstehensprozesse einzutreten? Aus diesem Zugang ergeben sich auch weitere »Fehlstellen« in dieser Arbeit; etwa

15. Vgl. dazu etwa Geertz 1983 und Greverus 1995.
16. Vgl. etwa Sundermeier (Hg.) 1991.
17. Vgl. die Arbeiten von Waldenfels 1990 und 1997b.

hinsichtlich interkulturellen Lernens oder interkultureller Kommunikation.[18]

Im entsprechenden Abschnitt sollen also Interpretationen diskutiert werden, die die Unterscheidung zwischen »uns« und »den anderen« mit Hilfe des Kulturbegriffs vollziehen. Darüber hinaus ist zu fragen, welche Rolle die Kultur in Migrationssituationen spielt. Dem werde ich mich über das Konzept der »Zwischenwelt« nähern. Von hier aus werden sich dann eine Reihe von Phänomenen erschließen, die die heutige Migrationssituation mit prägen.

2.1 Ethnizität

Für jede Gesellschaft ist, wie für jedes soziale System überhaupt, die Definition von Innen und Außen, Zugehörigkeit und Nichtzugehörigkeit konstitutiv. Das heißt, jedes soziale System ist angewiesen auf die Einrichtung von *Grenzen.*[19] Grenzen schließen dabei nicht einfach aus, sondern regulieren die Trennung und Verbindung von System und Umwelt: »Mit Hilfe von Grenzen können Systeme sich zugleich schließen und öffnen, indem sie interne Interdependenzen von System/Umwelt-Interdependenzen trennen und beide aufeinander beziehen.«[20] Damit dienen Grenzen gleichzeitig der Etablierung von Ordnung innerhalb des Systems. Es ist deutlich, daß die Grenzziehung durch Dichotomisierung gesteuert wird: Wir/die Anderen, Mitglieder/Nichtmitglieder, Zugehörige/Fremde, Christen/Heiden, Staatsangehörige/Ausländer und so weiter. »Nur die Distinktion von Zugehörigen gegenüber Nicht-Zugehörigen ermöglicht überhaupt erst die Konstruktion eines *strukturierten* Innenraums gegenüber einem Außenraum, ermöglicht Gruppenbildung und Gruppenerhalt und ist damit Voraussetzung von Vergesellschaftung irgendwelcher Art, sei dies ein Verein, ein Verband, eine Partei, eine Konfession, eine Staatsnation, eine Minderheit etc.«[21] Gesellschaften, als mehrere Subsysteme übergreifende soziale Einheiten, haben in ihrer Entwicklung unterschiedliche Kategorien verwendet, um die Zugehörigkeit zu bestimmen: Religion z. B. im Mittelalter und seit dem 19. Jahrhundert die Begriffe Volk und Nation. Die Konstruktion der relevanten Zugehörigkeits-

18. Vgl. zum ersten Auernheimer 1995 und kritisch Kiesel 1996, zum zweiten Maletzke 1996.
19. Vgl. Luhmann 1984, 51 ff.
20. Luhmann 1984, 52 f.
21. Imhof 1993, 330.

semantik, in der Form einer Semantik der Ungleichheit, ist eine Leistung, die in einer Gesellschaft in der Regel durch ein Subsystem erbracht werden muß, z. B. im Mittelalter durch die Religion, seit dem 19. Jahrhundert durch Politik und Recht. Diese Leistung »besteht darin, Deutungen zur Verfügung zu stellen, die das Fremde durch die Festlegung von Unterscheidungskriterien als solches konstruieren und konstituieren, um den Umgang mit ihm in sozial vorgegebene Bahnen zu lenken und so zu erleichtern. Sowohl für den einzelnen als auch für die gesellschaftlichen Instanzen kommt das Fremde/das Andere nicht als schlichte ›Realität‹ vor, sondern nur als soziale, kontextabhängige Deutung, die ihrerseits auf Unterscheidungen und Bezeichnungen beruht und eine Konstruktion ist.«[22]

Die grundlegende Unterscheidung von Innen und Außen läßt sich nicht allein, wie eben geschehen, durch systemtheoretische Argumentation beschreiben, sie ergibt sich auch vor dem Hintergrund einer vom Begriff der Lebenswelt ausgehenden Analyse.[23] Habermas zufolge[24] geht alltagssprachliches kommunikatives Handeln von einem intersubjektiv geteilten Hintergrundwissen aus, auf welches die Kommunikationsteilnehmer zurückgreifen, um sich über unterschiedliche Deutungen der Situation verständigen. Dieses gemeinsam geteilte Hintergrundwissen versorgt die Kommunizierenden mit Begründungen, die jeweils Geltungsansprüche stützen können; gäbe es keine gemeinsam geteilte Basis, liefe die Argumentation ins Leere. Dieses Hintergrundwissen, die Lebenswelt, kann nie gänzlich aktualisiert werden, nur situationsweise werden Bestände in der Kommunikation abgerufen, während der Rest im Hintergrund verbleibt. Die Lebenswelt in Gänze ist also mit anderen Worten den Kommunikationsteilnehmern unzugänglich. Nehmen die kommunikativ Handelnden auf die Lebenswelt Bezug, geschieht das in der ersten Person Plural; das heißt, es wird von einem gemeinsam geteilten Verständnis ausgegangen, das mit dem »wir« beschrieben wird. »Die kommunikativ Handelnden müssen voraussetzen, daß sie ihre Identität im Hinblick auf dasselbe Kollektiv in derselben Weise auslegen, damit sich überhaupt ein Konsens aushandeln läßt.«[25] Personale und kollektive Identität sind folglich in der Lebenswelt aufeinander bezogen.

Es wird deutlich, daß unter diesen Bedingungen Personen, die den gemeinsamen Hintergrund nicht teilen, als Außenstehende, als Fremde erfahren werden. »In solchen Situationen erfahren wir nicht nur, daß unsere

22. Radtke 1991, 80 f.
23. So Hoffmann 1996, 153 ff., von dem ich hier ausgehe.
24. Habermas 1981.
25. Hoffmann 1996, 157.

Lebenswelt eine Außengrenze hat, jenseits derer sie keine Geltung mehr beanspruchen kann. Wir werden uns plötzlich auch mehr oder weniger der Kriterien bewußt, die die personellen Grenzen zwischen ›uns‹ und den ›Fremden‹ herstellen. Obwohl diese Kriterien von dem kollektiv geteilten Hintergrundwissen unserer Lebenswelt definiert werden, geben sie uns zunächst weniger Auskunft darüber, wer ›wir‹ sind, als daß sie festlegen, wer nicht zu ›uns‹ gehört.«[26] Das Wissen, wer »wir« sind, wird erst durch Reflexion zugänglich; darüber hinaus ist es angewiesen auf Konstrukte, die ein solches »Wir-Gefühl« symbolisieren, die also »uns« als »Wir-Gruppe« beschreiben. »Daß wir mehr über die ›Fremden‹ als über ›uns‹ zu wissen glauben, läßt sich nicht mit Vorurteilen oder Rassismus erklären. Deutungen dieser Art marginalisieren ein Phänomen, das unaufhebbar damit verbunden ist, daß wir unsere Lebenswelt stets als gegeben voraussetzen. Weil diese Lebenswelt für uns als solche nicht zum Thema werden kann, wird uns dort, wo sie Menschen ausgrenzt, zwar bewußt, daß sie immer schon auf ein Kollektiv bezogen ist und ihr daher eine kollektive Identität inhärent ist.«[27] Die Frage ist daher, welche Konstrukte herangezogen werden, die Wir-Gruppe von den Fremden abzugrenzen. Die Semantik der Selbstbeschreibungen ist dabei historisch kontingent; die Kategorie des Volks ist, wie sich im Verlauf der Darstellung zeigen wird, nur eine unter mehreren Möglichkeiten, die Lebenswelt abgrenzend zu beschreiben.

Gesellschaftstheoretisch bezieht sich das Phänomen der Zugehörigkeitssemantik auf das Grundproblem der sozialen *Integration* einer Gesellschaft. Hier wird in der soziologischen Diskussion generell zwischen kultureller und struktureller Integration unterschieden: kulturelle Integration bezieht sich dabei auf das Symbolsystem einer Gesellschaft, strukturelle Integration auf das Positionssystem. Die Unterscheidung zwischen Zugehörigkeit und Nichtzugehörigkeit betrifft vor allem den Bereich der kulturellen Integration, wenn auch Fragen der positionellen Integration tangiert sind. Kulturelle Integration bedeutet die Partizipation am Symbolsystem der Gesellschaft, an den grundlegenden geteilten Normen und Werten, die in den gesellschaftlichen Institutionen gewissermaßen manifest werden. Deshalb hängen kulturelle Integration und soziale Identität aufs engste zusammen: »Die soziale Identität, so weiß es die Profession – und dies durch soziologische, historische, sozialpsychologische und ethnologische Forschung vielfach evidenziert – bezeichnet jenen Stoff, der jenseits der verdinglichten Selbstverständlichkeit der zentralen Institutio-

26. Ebd.
27. Hoffmann 1996, 158.

nen, Werte und Normen einer Gesellschaft, eine *affirmative Zugehörigkeit* zu dieser Gesellschaft verschafft, mithin einen *Loyalitätsverband* gegenüber ›dem Fremden‹ konstituiert und gleichzeitig jene In-Group/Out-Group-Relationen, Fremd- und Eigentypisierungen voraussetzt, die alle Vergesellschaftungsformen kennzeichnen.«[28]

Wichtig in diesem Zusammenhang ist, daß soziale Identität auf Typisierungen beruht, also auf Konstruktionen des Selbst und des Anderen, die zwar an beobachtbaren Unterschieden und Übereinstimmungen Anhalt haben, aber nicht mit diesen identisch sind. Aus diesem Grund setzt – gerade bei großen, nicht mehr durch direkte interpersonale Interaktion verbundenen, sozialen Gruppen – die Selbsttypisierung bei der Typisierung des Nicht-Identischen an. Soziale Großgruppen bestimmen ihre Identität durch die Beschreibung dessen, was sie nicht sind. »Das Identische wird im Normalfall durch das Nicht-Identische definiert: Das, was uns als Gleiche unterscheiden läßt, setzt sich ab vom Ungleichen. Damit dient uns das Fremde, um zu wissen, wer wir sind. Das Fremde ist identitätsstiftend, indem es uns sagt, was wir nicht sind.«[29] Ein Beispiel mag diesen Zusammenhang verdeutlichen. In der Volkstheorie der deutschen Romantik wurde die Sprache als zentrales Unterscheidungsmerkmal entdeckt. »Ein Volk ist der Inbegriff von Menschen, welche dieselbe Sprache reden.«[30] Allerdings widerspricht diese Definition der historischen Realität jener Zeit. Denn die Größen, die sich damals zu distinkten »Völkern« entwickelten, waren durch alles andere verbunden, nur nicht durch eine gemeinsame Alltagssprache. So sprachen z.B. gegen Ende des 18. Jahrhunderts nur ca. 12-13 % der Franzosen »Französisch«, in Italien wird für die Zeit der Vereinigung mit einem Anteil von 2,5 % der Bevölkerung gerechnet, die die »Nationalsprache« im Alltag verwendeten und auch für Deutschland sah die Situation nicht grundlegend anders aus.[31] Grundlage der Distinktion war also nicht die positive Bestimmung einer gemeinsam verwendeten Sprache, sondern die Unterscheidung von denen, die eine grundlegend andere Sprache gebrauchten. Erst in der Unterscheidung von anderen Sprachfamilien gewinnt die eigene Sprache Gestalt. Gleichzeitig ist der Bezug auf die Sprache eine Typisierung und nicht die Beschreibung einer gesellschaftlichen Realität.

Die Form der Typisierungen, mit denen Zugehörigkeit bzw. Nichtzugehörigkeit bestimmt werden, sind – historisch – kontingent. Seit dem

28. Imhof 1993, 329.
29. Ebd.
30. Jacob Grimm, zitiert nach Dittrich/Radtke 1990, 22.
31. Vgl. dazu Hobsbawm 1990, 64 ff.; die Zahlen: 75.

19. Jahrhundert und auch – was nicht nur manchen modernisierungsgläubigen Sozialwissenschaftler verwundert – gegenwärtig werden vor allem ethnische Kategorien für die Bestimmung von Zugehörigkeit herangezogen. Im folgenden soll nun das Ethnizitätsknäuel, das sich schon an der Vielzahl und dem bisweilen ungenauen Gebrauch der entsprechenden Begriffe wie Ethnie, Volk oder Nation zeigt, entwirrt werden. Ziel der Überlegungen ist zu zeigen, daß die Einteilung der Welt in Ethnien Produkt einer Konstruktion ist, die jedoch an »realen«, das heißt beobachtbaren, Zusammenhängen Anhalt hat.

Begriffsbestimmungen

Für die Begriffsbestimmung beziehe ich mich auf die Definitionsvorschläge, die Heckmann vorgelegt hat, und die mir für die weitere Arbeit am praktikabelsten erscheinen.[32] Er unterscheidet sieben Grundkategorien: Ethnizität, ethnische Kollektive, Volk, Nation und Nationalstaat, ethnische Gruppen, ethnische Minderheiten und ethnische Mehrheiten. Diese Kategorien werden im folgenden kurz vorgestellt, bevor sie im weiteren Verlauf der Darstellung näher untersucht werden.

»*Ethnizität* bezeichnet die für individuelles und kollektives Handeln bedeutsame Tatsache, daß eine relativ große Gruppe von Menschen durch den Glauben an eine gemeinsame Herkunft, durch Gemeinsamkeiten von Kultur, Geschichte und aktuellen Erfahrungen verbunden sind und ein bestimmtes Identitäts- und Solidarbewußtsein besitzen.« (56) Diese gemeinsam vorgestellte Ethnizität ist bezogen auf das Entstehen *ethnischer Kollektive*, die über eine soziale Beziehungsstruktur verfügen. Damit ist eine soziale Kategorie vorhanden, die Selbst- und Fremddefinitionen auf der Basis von Ethnizität ermöglicht. Gleichzeitig ergibt sich so eine Ressource, auf die Gemeinschaftshandeln zurückgreifen kann. *Volk* ist das umfassendste ethnische Kollektiv: »Volk steht für (kooperative und konfliktäre) reale Beziehungen, gleichzeitig aber auch für Chancen von ›Gemeinschaftshandeln‹. Volk in diesem Sinne ist ein Produkt der Herausbildung moderner Gesellschaften.« (57) Vom Volk unterschieden sind *Nation* und *Nationalstaat* als historische Entwicklungsstufen von Gesellschaften. »Nation ist ein ethnisches Kollektiv, das ein ethnisches Gemeinsamkeitsbewußtsein teilt und politisch-verbandlich in der Form des Nationalstaats organisiert ist. Der Nationalstaat ist eine politische Orga-

32. Zuerst in Heckmann 1988, weiter ausgeführt in Heckmann 1992, 56ff. Seitenzahlen im Text beziehen sich im folgenden auf Heckmann 1992 (Hervorhebungen von mir).

nisationsform, in welcher der Anspruch einer Übereinstimmung politisch-staatsverbandlicher und ethnischer Zugehörigkeit gestellt wird; das Staatsgebiet eines Nationalstaats umfaßt dabei häufig nicht nur die Wohngebiete eines Volkes in ihrer Gesamtheit oder in Teilen, sondern auch die Wohngebiete weiterer ethnischer Gruppen.« (57) Diese *ethnischen Gruppen* sind somit als Teilbevölkerungen staatlich verfaßter Gesellschaften zu kennzeichnen, die die ethnische Zugehörigkeit der Mehrheitsbevölkerung nicht teilen. Ethnische Gruppen können dabei sowohl – in den selteneren Fällen – Angehörige eines Volkes sein (wie z.B. die Sorben in Deutschland) als auch Teile von Völkern sein (wie z.B. die Dänen in Deutschland). »Eine kollektive Identität begründet sich zum einen auf ein Bewußtsein der Gruppe von sich selbst, zum anderen als Urteil und Zuschreibung ›von außen‹, d.h. anderer Gruppen; ethnische Gruppen sind z.T. durch gemeinsame Institutionen und Beziehungssysteme verbunden, z.T. stehen sie (nur) für die Mobilisierbarkeit gemeinsamen Handelns.« (57) Von den ethnischen Gruppen sind weiterhin *ethnische Minderheiten* zu unterscheiden, die vor allem durch ihre soziale Position innerhalb einer Gesellschaft bestimmt sind. »Ethnische Minderheiten sind die innerhalb eines Systems ethnischer Schichtung benachteiligten, unterdrückten, diskriminierten und stigmatisierten ethnischen Gruppen. Nach den Entstehungsbedingungen ihrer Lage, nach unterschiedlichen sozialstrukturellen Stellungen und politischen Orientierungen lassen sich folgende Typen ethnischer Minderheiten unterscheiden: nationale und regionale Minderheiten, Einwandererminderheiten, kolonisierte Minderheiten und neue nationale Minderheiten.« (57) *Ethnische Mehrheiten* sind die ihnen gegenüber dominanten ethnischen Gruppen.

Ethnizität

Der Begriff »Ethnizität« ist in der sozialwissenschaftlichen Literatur relativ jung, wenn auch der Sachverhalt, den er beschreibt, seit Beginn des Jahrhunderts theoretisch bearbeitet wurde. Glazer und Moynihan, durch deren Buch »Ethnicity. Theory and Experience.« von 1975 der Begriff weiter verbreitet wurde, führen aus, daß er im englischsprachigen Raum zum ersten Mal im Jahr 1953 nachgewiesen werden kann.[33] Die Funktion ethnischer Gruppen- und ethnischer Kolonienbildung jedoch wird bereits in den 20er Jahren dieses Jahrhunderts von den Forschern der »Chicago School« beschrieben, die sich um eine theoretische Klärung der Assimila-

33. Glazer/Moynihan 1975, 1.

tion von Einwanderern in amerikanischen Städten bemühten.[34] Im deutschsprachigen Raum findet sich die klassische Beschreibung ethnischer Gemeinschaften in Max Webers posthum erschienenen Werk »Wirtschaft und Gesellschaft«. *Weber* schließt bei der Bestimmung der ethnischen Gruppen an Tönnies' Unterscheidung von Gemeinschaft und Gesellschaft an[35]; dabei hebt er bereits den Konstruktcharakter des »ethnischen Gemeinsamkeitsglaubens« hervor: »Wir wollen solche Menschengruppen, welche auf Grund von Aehnlichkeiten des äußeren Habitus oder der Sitten oder beider oder von Erinnerungen an Kolonisation und Wanderung einen subjektiven Glauben an eine Abstammungsgemeinschaft hegen, derart, daß dieser für die Propagierung von Vergemeinschaftungen wichtig wird, dann, wenn sie nicht ›Sippen‹ darstellen, ›ethnische‹ Gruppen nennen, ganz einerlei, ob eine Blutsgemeinsamkeit objektiv vorliegt oder nicht. Von der ›Sippengemeinschaft‹ scheidet sich die ›ethnische‹ Gemeinsamkeit dadurch, daß sie eben an sich nur (geglaubte) ›Gemeinsamkeit‹, nicht aber ›Gemeinschaft‹ ist, wie die Sippe, zu deren Wesen ein reales Gemeinschaftshandeln gehört. Die ethnische Gemeinsamkeit (im hier gemeinten Sinn) ist demgegenüber nicht selbst Gemeinschaft, sondern nur ein die Vergemeinschaftung erleichterndes Moment. Sie kommt der allerverschiedensten, vor allem freilich erfahrungsgemäß: der politischen Vergemeinschaftung, fördernd entgegen. Andererseits pflegt überall in erster Linie die politische Gemeinschaft, auch in ihren noch so künstlichen Gliederungen, ethnischen Gemeinschaftsglauben zu wecken und nach ihrem Zerfall zu hinterlassen, es sei denn, daß dem drastische Unterschiede der Sitte und des Habitus oder, und namentlich, der Sprache im Wege stehen.«[36]

Ich habe diese Passage deshalb so ausführlich zitiert, weil in ihr einige Intuitionen ausgesprochen sind, die durch die historische Forschung im wesentlichen bestätigt wurden, wie ich weiter unten noch ausführen werde. Dazu gehört die Beobachtung, daß Ethnizität als Gemeinsamkeitsglaube der politischen Vergemeinschaftung in der Regel folgt und nicht etwa vorausgeht. Weiter der Hinweis, daß dieser Glaube an äußeren Ähnlichkeiten ansetzt, ohne daß diese Ähnlichkeiten in realen Zusammenhängen wie z. B: Verwandtschaftsbeziehungen, begründet sein müssen. »Wichtig ist, daß die zum Gemeinsamkeitsglauben veranlassenden Merkmale meist im funktionalen Sinne periphere Merkmale sind, die eigent-

34. Zum Überblick vgl. Treibel 1990, 53 ff.
35. Tönnies 1887.
36. Weber 1922, 237.

lich für die soziale Organisation der Gruppe ohne Bedeutung wären.«[37] In diesen Zusammenhang gehört auch die Unterscheidung zwischen ethnischen Gruppen und Sippengemeinschaften, die durch ein reales Gemeinschaftshandeln gekennzeichnet sind; für die also etwa Verwandtschaftsbeziehungen in Selbstverständnis und sozialer Praxis eine Rolle spielen, was für ethnische Gruppen so nicht generell zutrifft. Und schließlich die Einsicht, daß der Gemeinsamkeitsglaube noch nicht selbst auf Vergemeinschaftung beruht, sondern diese nur fördert, wenn er entsprechend aktiviert wird. Darüber hinaus weist Weber auf die Symbolhaftigkeit ethnischer Konventionen hin, an denen sich die Zugehörigkeit festmacht. »Alle Unterschiede der ›Sitten‹ können ein spezifisches ›Ehr‹- und ›Würde‹-Gefühl ihrer Träger speisen. Die ursprünglichen Motive der Entstehung von Verschiedenheiten der Lebensgepflogenheiten werden vergessen und die Kontraste bestehen als ›Konventionen‹ weiter.«[38] Diese Konventionen symbolisieren nun die ethnische Zugehörigkeit und können zu ethnischen Grenzziehungen herangezogen werden. »Ethnischer Gemeinschaftsglaube enthält immer eine intern bindende und eine extern abstoßende Komponente sowie eine die Einmaligkeit und Eigenwertigkeit der Konfiguration betonende Identifikation.«[39]

Damit ist bei Weber schon die Funktion von Ethnizität für die *Grenzziehung* von Gemeinschaften angedeutet. Dies hebt auch Fredrik Barth – ein Klassiker der aktuellen Ethnizitätsdebatte – in seinem Ethnizitätsbegriff hervor: »The critical focus of investigation from this point of view becomes the ethnic *boundary* that defines the group, not the cultural stuff that it encloses. The boundaries to which we must give attention are of course social boundaries, though they may have territorial counterparts. If a group maintains its identity when members interact with others, this entails criteria for determining membership and exclusion.«[40] Diese Grenze knüpft an bestehenden Unterschieden an, die vor allem in der Struktur des sozialen Lebens zu finden sind. Allerdings schließen diese Grenzen nicht automatisch ethnische Gruppen von ihrer Umwelt ab. Die Grenzen gewährleisten vielmehr den Bestand der Identität einer Gruppe unter der Voraussetzung auch des interethnischen Kontakts. Dazu notwendig ist die Normierung dieses Kontakts durch soziale Regeln.

37. Esser 1988, 236 f.
38. Weber 1922, 236. So auch Esser 1988, 237: »Ethnische Konventionen überpointieren die wirklichen Unterschiede bzw. schaffen diese Unterschiede erst.«
39. Esser 1988, 236.
40. F. Barth 1969, 15.

»Stable inter-ethnic relations presuppose such a structuring of interaction: a set of prescriptions governing situations of contact, and allowing for articulation in some sectors of domains of activity, and a set of proscriptions on social situations preventing inter-ethnic interactions in other sectors, and thus insulating parts of the cultures from confrontation and modification.«[41] Versteht man die Ausbildung ethnischer Gruppen als Prozeß der Grenzziehung, ist zu beachten, daß diese zwei nur analytisch und nicht empirisch zu trennende Bewegungen umfaßt, »den nach ›innen‹ weisenden Prozeß der Gruppenidentifikation, die Herstellung einer kollektiven Identität, und den über die Grenzen der sich konstituierenden Gruppe hinausweisenden Prozeß der Klassifikation der ›anderen‹. Beide Prozesse konstituieren ein spezifisches Ordnungsmuster zur Bestimmung des ›Innen‹ und ›Außen‹ sozialer Gruppen, das im Falle von Ethnien ›kulturelle Merkmale als Abgrenzungskriterien kreiert.«[42] Grenzziehungen sind also Produkt einer sozialen Konstruktion sowohl des Innen – als Identität – und des Außen, gegenüber dem die Identität erst ihre spezifische Prägung gewinnt. Das Innen und Außen ethnischer Gruppen als Produkt solcher Grenzziehung sind folglich aufeinander bezogen. Das eine geht nicht dem anderen voraus, sondern im Prozeß der Grenzziehung entstehen erst beide, Außen- und Innenseite der Unterscheidung.[43] Bei der Bestimmung des Innen und Außen können – müssen jedoch nicht – kulturelle Bestimmungen herangezogen werden; es gibt sowohl Gruppen, die sich als ethnische Einheit definieren, ohne eine gemeinsame Kultur zu teilen, als auch ethnische Grenzziehungen, die bestehen bleiben, obwohl sich die unterschiedlichen Gruppen kulturell angeglichen haben. »Ethnizität sagt also nichts aus über kulturelle Unterschiede, und umgekehrt sind kulturelle Unterschiede nicht konstitutiv für Ethnizität.«[44]

Die Karriere des Begriffs der Ethnizität in der Gegenwart hängt zusammen mit der Verwunderung darüber, daß diese Kategorie unter der Bedingung der Moderne nicht nur Bestand hat, sondern darüber hinaus zunehmende Bedeutung gewinnt. Verbunden ist diese Verwunderung mit

41. F. Barth 1969, 16.
42. Dittrich/Lentz 1994, 31.
43. Hier zeigen sich Parallelen zu der Studie von Elias/Scotson 1960. Die von ihnen in einer Kleinstadt beobachtete Etablierten-Außenseiter-Konfiguration läßt sich deuten als ein solcher Prozeß der Grenzziehung. Interessant in diesem Zusammenhang ist, daß die sich dabei entwickelnde Statusideologie Ähnlichkeiten mit ethnischem Gemeinschaftsglauben hat, so z. B. hinsichtlich imaginierter Gemeinsamkeiten, gemeinsamer Kultur und gemeinsamer Geschichte.
44. Welz 1994, 72

dem – modernitätskritischen – *ethnic revival* der 70er Jahre in den USA. Hiermit wird die »Wiederentdeckung« der ethnischen Herkunft von Einwanderernachkommen in der dritten oder vierten Generation bezeichnet. Es ging vor allem darum, die eigenen kulturellen »Wurzeln« (»Roots« war entsprechend auch der Titel von dem in dieser Zeit viel gelesenen Familiendrama Alex Haileys, das das Schicksal einer afroamerikanischen Familie zu den »Ursprüngen« zurückverfolgt) wiederzuentdecken. Dabei hatte das *ethnic revival* vielfach folkloristische Züge.[45] Ebenso zeichnete es sich durch die Verklärung der »Anfänge« aus: »Die ›new ethnics‹ verklären in ihrer Kritik der mobilitätssüchtigen und zukunftsbesessenen modernen amerikanischen Gesellschaft der 50er und 60er Jahre die Generation der Großeltern, ihr ›Leben im Augenblick‹, ihr ›Sein‹. Aber die Gegenwart, das ›Sein‹, kann eigentlich für diese Generation nicht die wirklich bevorzugte Zeit gewesen sein. Sie lebten hin auf eine Zukunft der nächsten zehn Jahre: Ausziehen aus den beengten Quartieren der Lower East Side von New York, Möbel anschaffen (vielleicht jedem Kind ein eigenes Bett?), die Eltern, die Brüder nachkommen lassen können mit dem ersparten Ticket für die Schiffspassage. Die Vergangenheit in Europa wurde erinnert mit Heimweh, vielleicht aber auch das Zurückgelassene nur abgespalten und verdrängt. Wahrscheinlich also Heimweh, aber keinesfalls Nostalgie, nach den Lehmhütten in Irland, den schmalen Holzhäuschen des Schtetl. Wenn man sich in die Einwanderungserfahrung der Ersten Generation versetzt, wird die ethnische Nostalgie der Dritten und Vierten Generation in Amerika vollends zum Phänomen einer Überfluß-Gesellschaft.«[46] Auch wenn man das *ethnic revival* weniger kritisch sieht, fällt auf, daß in einer Situation, in der die ethnische Prägung weitgehend verblaßt ist, Ethnizität als Ressource für persönliche und soziale Identität genutzt werden kann. Dies ist als Reaktion auf die Veränderung von Werten und Lebensweisen in der modernen Gesellschaft zu verstehen: »What is different today, however, in the contrasting terms of ›tradition‹ and ›modernity‹, is the way large masses of persons find inherited ways and old creeds ›outdated‹, and new modes and creeds of uncertain validity; and therefore the sense of uprootedness spreads throughout entire societies.«[47] Die Verankerung in der ethnischen Gemeinschaft – vorgestellt oder nicht – kann dagegen so etwas wie einen psychologischen Anker bieten. Dies gelingt um so mehr, als Ethnizität

45. Vgl. dazu insgesamt die – bisweilen sarkastische – Darstellung in Elschenbroich 1986, 102 ff.
46. Elschenbroich 1986, 118 f.
47. Bell 1975, 143.

Gefühle und politische Interessen miteinander verbinden kann. »Ethnicity has become more salient because it can combine an interest with an affective tie. Ethnicity provides a tangible set of common identifications – in language, food, music, names – when other social roles become more abstract and impersonal.«[48] Diese affektiven Bande sind oftmals eher affektive Besetzungen; Ethnizität wird vollends zum Konstrukt, wenn z.B. eine ethnische Küche »wiederentdeckt« und gepflegt wird, die historisch niemals die der Vorväter und -mütter gewesen ist: »Interessant wäre, genauer zu verfolgen, wie sich die ethnische Küche erst in Amerika entwikkelte, Olivenöl, Salami, Parmesan waren Köstlichkeiten, die viele Italiener erst in Amerika kennenlernten.«[49] Kritiker des *ethnic revival* sprechen daher in diesem Fall von »symbolischer Ethnizität«,[50] die mit den realen Lebensumständen kaum mehr etwas zu tun habe. Dies gilt insbesondere für weiße Amerikaner in der Mittelschicht. Was allerdings nicht bedeutet, daß Ethnizität nur auf diese symbolische Bedeutung zu reduzieren sei. »Von einer *faktisch* bedeutsamen *Ethnizität*, die mehr als symbolische Identifikation ist, kann man nur bei den relativ *neuen* Einwanderergruppen (aus Mexico, der Karibik oder Korea) in den Vereinigten Staaten sprechen.«[51]

Die zweite Quelle der Verwunderung über die Persistenz von Ethnizi-

48. Bell 1975, 169.
49. Elschenbroich 1986, 117.
50. Treibel 1990, 140.
51. Treibel 1990, 143; vgl. hierzu auch Waters 1990, die aufgrund eigener empirischer Untersuchungen die ethnische Identität bei Angehörigen der weißen Mittelschicht als Option beschreibt, die im Alltagsleben meist folgenlos bleibt. Allerdings hat sie die Funktion, Gemeinschaftszugehörigkeit und Individualität auf symbolischer Ebene zu integrieren: »Die symbolische Ethnizität befriedigt dieses spezifisch amerikanische Bedürfnis, ›irgendwohin‹ zu gehören. Wenn man eine ethnische Identität hat, ist man etwas Besonderes und gleichzeitig Teil einer Gemeinschaft. Sie wird vererbt, also nicht freiwillig gewählt, und ist doch gleichzeitig das Resultat einer persönlichen Entscheidung. Und sie erlaubt, die eigene Individualität in der Weise zum Ausdruck zu bringen, daß man sich nicht in jeder Hinsicht von allen anderen Menschen abhebt. Kurzum, die symbolische ethnische Identität ist die Antwort auf das Dilemma, das tief in der amerikanischen Kultur verwurzelt ist.« (Waters 1990, 208) Gleichzeitig ist diese symbolische ethnische Identität kompatibel mit rassistischen und ethnizistischen Überzeugungen: »Amerikaner die eine symbolische Ethnizität haben, glauben nach wie vor, daß die ethnische Identität – ebenso wie die Rasse – biologische Wurzeln hat. Sie selbst haben viele Wahlmöglichkeiten, aber sie fahren fort, anderen eine Identität zuzuschreiben – vor allem eine, die sie an der Hautfarbe festmachen können.« (Waters 1990, 229)

tät ist ihre Bedeutung in gesellschaftlichen Verteilungskämpfen und nationalen wie auch internationalen Konflikten. Für die ersten beiden Punkte ist hier vor allem der Regionalismus anzuführen[52], insgesamt die zunehmende Zahl als ethnisch zugerechneter oder als ethnisch bezeichneter Konflikte auf der ganzen Welt, etwa gegenwärtig in Ruanda und Burundi oder im ehemaligen Jugoslawien.

Der Bezug auf Ethnizität ist im historischen Kontext ambivalent, Ethnizität kann durchaus verschiedene Funktionen in unterschiedlichen Situationen haben. So eignet sie sich als Ressource, auf die zur Mobilisierung von Interessen bei gesellschaftlichen Konflikten zurückgegriffen werden kann. »Ethnicity is one response, in many instances of hitherto disadvantaged groups, to the breakup of older, and historically fused social and cultural, political and economic dominance structures, and represents an effort by these groups to use a cultural mode for economic and political advancement.«[53] Umgekehrt ist natürlich Ethnizität auch für die Unterdrückung anderer Gruppen mobilisierbar, wenn sie z.B. kulturelle oder soziale Überlegenheit legitimiert und damit eine repressive Praxis rechtfertigt. In anderen Situationen kann Ethnizität für soziale Bewegungen auch belastend wirken; wenn wie z.B. zu Beginn des 1. Weltkriegs die ethnische Solidarität die internationale Solidarität der Arbeiterbewegung überstieg.

Diese Irritationen angesichts des Fortbestands von Ethnizität haben dazu geführt, daß diese nun von einigen Autoren nicht als Relikt angesichts gesellschaftlicher Modernisierungsprozesse, sondern als deren Folge interpretiert werden. Die theoretisch anspruchsvollsten Ansätze im deutschsprachigen Raum wurden von Esser und Nassehi vorgelegt. Bei beiden ist der Ethnizitätsbegriff verbunden mit Migrationsphänomenen und der Entstehung national verfaßter Gesellschaften. Ihr Erkenntnisinteresse ist, wie und warum es bei diesen Prozessen zur Ausbildung ethnischer Zuschreibungen und Selbstbeschreibungen kommt und welche Funktion sie haben. Allerdings bedeutet, nach der Funktion von Ethnizität zu fragen, nicht gleichzeitig, daß damit ausdrücklich die Prämissen eines soziologischen Funktionalismus geteilt werden, obgleich dies für den Ansatz Nassehis zutrifft. Essers theoretischer Hintergrund hingegen ist der methodologische Individualismus in Form einer kognitiven Handlungstheorie.[54] Eine eingehendere Auseinandersetzung mit den theoretischen Voraussetzungen würde jedoch an dieser Stelle zu weit führen, ich

52. Vgl. Blaschke 1989.
53. Bell 1975, 172.
54. Vgl. zum theoretischen Hintergrund Nauck 1988a.

beschränke mich statt dessen auf die Darstellung der für das engere Thema einschlägigen Ergebnisse.

Esser fragt nach der Funktion ethnischer Differenzierung für die von Modernisierungsprozessen betroffenen Personen.[55] Diese beschreibt er als »Interaktionsnetzwerke, Hilfeleistungsbeziehungen, Heiratsregeln und Definitionen von Zusammengehörigkeit und personaler Identität in einem solchen Verband«. (239) Damit können Modernisierungsverluste aufgefangen werden, die vor allem durch Mobilisierung hervorgerufen werden. »Migrationen, Kolonisationen, Sozialstrukturveränderungen, Auf- und Abstiege, Vervielfältigungen und Ent-Standardisierungen führen sämtlich zu einer nachhaltigen De-Stabilisierung von Routinen, Selbstverständlichkeiten und Selbstverständnissen. Oft genug sind diese Vorgänge mit der Entstehung neuartiger materieller und sozialer Problemlagen verbunden, für die die herkömmlichen Lösungen nicht mehr greifen.« (240)

Diese Auflösung herkömmlicher Bindungen durch Migration versuchen die Betroffenen zu kompensieren. Eine Möglichkeit der Kompensation besteht in der Aufnahme von Beziehungen in Gruppen, die auf askriptiven Grundlagen beruhen, wobei gut möglich ist, daß diese Grundlagen durch Fremdzuschreibung erst hergestellt werden: »Wenn und insoweit (durchaus zufälligerweise) Personen mit ähnlichen Merkmalen (z.B. Sprache, Kleidung, regionale Herkunft, externe Stigmatisierung u.a.) sich so wiederfinden, ist die Intensivierung oder gar Neuaufnahme von sozialen Beziehungen auf derartigen askriptiven Grundlagen die durchaus ›rationale‹ Reaktion.« (240) Die Bildung ethnischer Kolonien – ich komme auf den Begriff später ausführlicher zurück – kann also gefaßt werden als rationale Reaktion auf gesellschaftliche und soziale Problemlagen. Gleichzeitig kann Esser plausibel machen, daß diese Reaktion mit dem Prozeß der gesellschaftlichen Modernisierung verknüpft ist. Hinzu kommt, daß die ethnische Klassifikation in der modernen Gesellschaft zwar arbiträr ist, aber gerade dies die Voraussetzung für soziale Mobilisierbarkeit bildet. »Gerade wegen dieses arbiträren Charakters der Organisationsbasis lassen sich – fallweise und nur ausnahmsweise dauerhaft – sehr vielschichtige, uneindeutige, sich überkreuzende Interessen ganz unterschiedlich motivierter und eingebundener Akteure organisieren und mobilisieren. Gerade weil ›funktionale Differenzierung‹ die Auflösung einfacher Interessenlinien bedeutet, werden ›sichtbare‹, askriptive Merk-

55. Esser 1988, die Seitenzahlen im Text beziehen sich im folgenden auf diesen Aufsatz.

male zur (nunmehr oft einzigen) Möglichkeit der Mobilisierung eines Tages-Interesses über alle sonstigen trennenden Linien hinweg. Geschlecht, Alter, körperliche Behinderung kann diese Basis dann gelegentlich ebenso sein wie die Zugehörigkeit zu einer ethnischen Kategorie.« (243)

Essers Argument reicht jedoch noch weiter. Die ethnische Differenzierung ist nicht nur Reaktion auf die gesellschaftliche Modernisierung, sie ist darüber hinaus für die Entstehung moderner Gesellschaften funktional, in dem sie hilft, Folgeprobleme der Modernisierung abzufedern. »Migranten wandern aus objektiv erlebten Deprivationen in Bereich defizitärer Funktionserfüllung des Aufnahmesystems, treten (zunächst) nicht in Konkurrenz zu den machtüberlegenen Gruppierungen und bleiben in der ethnischen Selbstgenügsamkeit fürs erste gewissermaßen unsichtbar und unorganisiert.« (245) Allerdings bestünde bei einer dauerhaften Abschließung der Migrantengruppen die Gefahr gesellschaftlicher Konflikte: »Voraussetzung für die Entwicklung eines relativ konfliktarmen Systems ist allerdings, daß diese Prozesse nicht schließlich in ein Muster ein-dimensionaler (und damit für ›erfolgreiche‹ Mobilisierung empfänglicher) ethnischer Schichtung, sondern in einem viel-dimensionalen System unterschiedlicher Bereiche und Grade der Assimilation, kultureller Pluralisierung und Überkreuzung mit Klasseninteressen münden, das eindeutige Benachteiligungs- und Konfliktfronten nicht enthält.« (245) Esser sieht also nicht in der gesellschaftlichen Modernisierung an sich die Voraussetzung für ethnische Differenzierung und Mobilisierung, sondern in der Ungleichzeitigkeit der Entwicklung. Daher rechnet er auch mit der Möglichkeit, »daß mit einer (mindestens: denkbaren) Auffüllung der Modernisierungs-Lücken auch die (systematischen) Grundlagen für *systematische* und *dauerhafte* ethnische Mobilisierung *entfallen*. Anders gesagt: solange ›Modernisierung‹ nicht funktionale Differenzierung, sondern die Entwicklung eines ungleichgewichtigen Systems von ökonomischer Entwicklung, imperialistischer Formen der Nationalstaatentwicklung, ungleicher Durch-Kapitalisierung durchaus auch im Sinne der ›Ausbeutung‹ immer weiterer Regionen der Welt bedeutet, solange ist damit zu rechnen, daß die mit ›Modernisierung‹‹ entstandenen Mobilisierungsvoraussetzungen auch zur Reaktion auf diese Ungleichgewichte benutzt werden.« (246) Zugespitzt gesagt: Esser teilt die These, daß ethnische Differenzierung mit der Modernisierung – sprich: funktionaler Differenzierung – abnehmende Bedeutung erhalten wird; nur ist in den Gesellschaften der Gegenwart die Modernisierung eben noch nicht weit genug vorangeschritten, erst mit ihrer Durchsetzung wird mit einem Zurückgehen der ethnischen Differenzierungen zu rechnen sein.

Genau an dieser Stelle setzt *Nassehis* Kritik an Essers Theorie ethnischer Differenzierung ein.[56] Nassehis theoretisches Bezugssystem ist die funktionale Systemtheorie Luhmanns. Mit ihm geht Nassehi – wie ansatzweise auch Esser – von der Kennzeichnung moderner Gesellschaften als funktional differenzierte aus. Allerdings ist auch Luhmann zufolge die funktionale Differenzierung nicht die einzige, sondern nur die primäre Differenzierungsform moderner Gesellschaften: »Daß es innerhalb der Gesellschaft auch andere Differenzierungen gibt, die nicht in funktionaler Differenzierung aufgehen – etwa eine Stratifikation in Einkommensklassen, Geschlechtsrollendifferenzen, Konfessionen etc. –, ist unmittelbar einleuchtend.« (263) Der Ansatzpunkt für eine theoretische Klärung des Phänomens der Ethnizität ist in diesem Kontext die Frage der Inklusion in die Gesellschaft, denn in der funktional differenzierten Gesellschaft gibt es keine »innergesellschaftliche Instanz mehr, die die Gesamtordnung der Gesellschaft regelt und dem einzelnen einen Platz darin zuweist.« (263) An diese Stelle tritt nun die Ethnizitätssemantik. Sie liefert die Ressource für kollektive Identifikationen und wird damit zum Motor für das Entstehen einer kollektiven Identität. »Nicht mehr Religion als überwölbende Sinninstanz, sondern Sprache, Literatur und eigene Geschichtsschreibung werden zu Indikatoren für die Inklusion in die Gesamtgesellschaft, die ja mit beginnender funktionaler Differenzierung immer weniger kollektive Identität zu sichern imstande war.« (264). Mit dem Funktionsverlust der Religion als gesamtgesellschaftlicher Sinnstifterin entsteht eine Vakanz im Bereich des gemeinsam geteilten Wertkonsenses, die nun Ethnizität auszufüllen beginnt. »Ethnische und nationale Semantiken lassen sich exakt auf dieser Ebene des Wertkonsenses wiederfinden. Ihre spezifische Funktion ist es, dem einzelnen eine Inklusion in gesellschaftliche Kommunikation zu ermöglichen, weil er seine Identität kaum noch durch einfache Zugehörigkeit zu sozialen Aggregaten vorstellen kann. Oder kürzer formuliert: *Ethnizität/Nationalität wird zu einem wesentlichen Identitätsmerkmal.* Nicht von ungefähr spricht man von der Nation als einer *Ersatzreligion.*« (265)

Das Entstehen der Ethnizitätssemantik erscheint Nassehi allerdings als ein historisches Phänomen im Übergang von stratifizierten zu funktional differenzierten Gesellschaften. Denn mit der zunehmenden Durchsetzung funktionaler Differenzierung geht eine Individualisierung der Personen und damit ein Strukturwandel der Inklusionsformen einher. Es geht zunehmend nicht mehr um eine Vollinklusion in die Gesellschaft, sondern um eine Teilinklusion in gesellschaftliche Subsysteme. »Eth-

56. Nassehi 1990, 263; die Seitenzahlen im Text beziehen sich im folgenden auf diesen Aufsatz.

nische und nationale Semantiken haben für die internationalisierten Systemprozesse der Wirtschaft – Stichwort *Weltmarkt* –, der Politik – multinationale Bündnisse –, der Wissenschaft – *international scientific community* – wenig Bedeutung. Sie treten zwar überall in Erscheinung, erzeugen aber nur wenig Resonanz, weil sie innerhalb der jeweiligen Systemprozesse nur von marginaler, im Falle der Politik von nicht mehr ausschließender Bedeutung sind. Ethnische Semantiken haben damit also offenbar ihre *gesamtgesellschaftliche Inklusionskraft* verloren – analog zur Dezentrierung der modernen Gesellschaft, die keine Zentralinstanz der Selbstbeschreibung in toto mehr kennt.« (274) Dies hat Auswirkungen auf die Konstitution einer individuellen Identität der Personen, die in der modernen Gesellschaft statt einfach an einer stabilen Gruppenidentität partizipieren zu können, nun selbst eine eigene Identität aufbauen müssen. »Daß in einer solchen Gesellschaft wertkonsentierende, verbindende Semantiken wie die ethnisch-nationale nicht mehr jene identitätsbildende Kraft haben können, liegt auf der Hand. [...] *War damals die Zugehörigkeit zur Nation und Ethnie exklusive, obligatorische Bedingung für die Ausbildung einer stabilen Identität und überhöhte sie die individualisierende Multiinklusion in gesellschaftliche Funktionssysteme zu einer kollektiven Identität, so sind demgegenüber in der späten Moderne Ethnizität und Nationalität nicht nur keine obligaten Identitätsmerkmale mehr, sondern nur noch zwei unter vielen.* In hochkomplexen, funktional differenzierten Gesellschaften können und müssen sich Personen nicht mehr exklusiv über die Zugehörigkeit zur Nation identifizieren, weil sie durch Multiinklusion an Prozessen teilhaben, für die Ethnizität sogar *keine* Rolle spielt.« (274)

Das bedeutet nun nicht, daß Ethnizität in gesellschaftlichen Konflikten nicht mehr ins Gewicht fällt. Als ein Mechanismus der sozialen Inklusion kann sie immer wieder als Merkmal der Selbstidentifikation reaktiviert werden. Dies ist allerdings nicht notwendigerweise so, weil eine Vielzahl von Identifikationsmöglichkeiten zur Verfügung steht. Die Wahl von Ethnizität ist demnach kontingent, und bietet sich dann an, wenn soziale Problemlagen mit exkludierenden Zuschreibungen der Gesellschaft zusammenfallen. »Von einem ›cultural lag‹ wäre hier nur in dem Sinne zu sprechen, daß die früh-moderne kompensatorische Funktion von Ethnizität in einem solchen Fall restituiert wird. Demnach ist es weniger eine Aufgabe der Moral als eine der Funktionssysteme – vor allem Wirtschaft, Politik und Erziehung/Bildung –, Generalinklusion zu sichern.« (280).

Zusammenfassend läßt sich *Ethnizität als Semantik der gesellschaftlichen Inklusion und Exklusion* bezeichnen. Diese leistet sie durch die Errichtung von Grenzen, die in der Regel sozial und kulturell definiert sind.

Die Entwicklung der Ethnizitätssemantik ist ein Phänomen, das mit der Entstehung moderner, funktional differenzierter Gesellschaften verbunden ist. Ethnizität übernimmt dabei die Funktion älterer Inklusionssemantiken, insbesondere der Religion. Dabei knüpft Ethnizität an beobachtbare Unterschiede an, bzw. produziert sie erst als relevante Unterschiede dadurch, daß sie ihnen Wert beimißt. Aufgrund ihres askriptiven und arbiträren Charakters eignet sich Ethnizität besonders als Kristallisationspunkt bei der Definition und Austragung sozialer Konflikte, unabhängig davon, ob sie von einer Mehrheit zur Ausgrenzung einer Minderheit oder von einer Minderheit zur Mobilisierung ihrer Interessen verwendet wird.

Weiter oben wurde bereits kurz angedeutet, daß Ethnizität nicht allein auf Selbstbeschreibung beruht, sondern ebenso Zuschreibung von anderen sein kann. Diese Beobachtung wurde bereits in den 40er Jahren von amerikanischen Forschern, die sich mit abweichendem Verhalten von Jugendlichen aus Einwandererfamilien beschäftigten, gemacht.[57] Dieser Vorgang der Zuschreibung ethnischer Identität wird mit *Ethnisierung* bezeichnet. Im deutschsprachigen Raum wurde dieser Begriff vor allem durch die Untersuchung von Bukow und Llaryora[58] populär. Hintergrund ist bei diesen die – aus der Theorie devianten Verhaltens stammende – Theorie des »labeling approach«, des Sachverhalts also, daß einzelne oder Gruppen sich in ihrem Verhalten und Selbstbild dem Etikett (label) anpassen, das ihnen gegeben wird. Ansatzpunkt des Ethnisierungskonzepts ist die These, daß »die Ausländer« erst durch Politik, Wissenschaft und Pädagogik zum Problem erklärt würden. Zur Markierung des Problems dienten dann externe Zuschreibungen; im konkreten Falle die Kategorisierung als Ausländer, ihre Ethnisierung. »Mit dem Begriff der Ethnisierung soll die ethnisch ausgewiesene Soziogenese einer Minderheit bezeichnet werden. Gemeint ist, wie ein Wanderer seiner für selbstverständlich gehaltenen Gesellschaftlichkeit enthoben und in eine Minorität eingeordnet wird, und dabei in eine Dynamik des Ein- und Ausgrenzens sowie der ethnischen Fremd- und Selbstidentifikation gerät.«[59] Das heißt, auch die Selbstbeschreibung einer Minderheit als ethnischer Minderheit ist nur die Reaktion auf eine zuvor durch die Gesellschaft des Aufnahmelandes vollzogene Etikettierung. Vor allem die dazu herangezogene Annahme einer Kulturdifferenz zwischen Migranten und Aufnahmegesellschaft ist empirisch sowohl endogen als auch exogen belanglos. En-

57. Vgl. Treibel 1990, 143 ff.
58. Bukow/Llaryora 1988.
59. Bukow/Llaryora 1988, 51.

dogene Belanglosigkeit – hierauf weist auch Esser hin – bedeutet, daß ethnische Differenzierung in modernen Gesellschaften ihre strukturierende Kraft eingebüßt hat: Nicht mehr der zugeschriebene Status (ascribed status) bestimmt die gesellschaftliche Position, sondern der erworbene Status (achieved status).[60] Die kulturellen Unterschiede sind jedoch auch exogen belanglos: Im gesellschaftlichen Vergleich der Kulturen von Herkunfts- und Aufnahmeland zeigt sich – so Bukow und Llaryora –, daß die Affinitäten höher sind als die Differenzen. Illustriert werden kann dies durch den Vergleich des Familienlebens. Dort sind zwar kulturelle Differenzen zu beobachten. »Es sieht aber auch so aus, als ob diese Differenzen sich in einem sehr engen Rahmen abspielen. Sie basieren tendenziell auf Varianten eines gemeinsamen Grundtypus, am Fall der Familie auf dem Grundtypus der Kleinfamilie. Außerdem scheinen noch nicht einmal diese kulturellen Varianten ethnisch eindeutig verrechenbar zu sein. [...] Ethnisch bedeutsam werden all diese feinen Unterschiede (die sicher nicht gravierender sind als die Unterschiede innerhalb *einer* Gesellschaft zwischen verschiedenen Klassen), erst in Krisensituationen. Genauer: Wo jemand mit einer neuen Situation als Einheimischer gegenüber dem Zuwanderer und umgekehrt nicht klar kommt, wird er individuelle Gründe, und das heißt in dieser Lage, eben zunächst ethnische Gründe *suchen*, kleine Unterschiede zu ethnischen Differenzen aufzubauschen.«[61]

Oder plastischer ausgedrückt: Die Unterschiede zwischen einer deutschen Arbeiterfamilie und einer Wohngemeinschaft von Punks sind deutlich größer als zwischen dieser deutschen Familie und einer türkischen Arbeiterfamilie.

Mit der Theorie des »labeling approach« kann weiterhin erklärt werden, daß und warum sich die ethnisch Etikettierten dann entsprechend verhalten. Um sich selbst zu stabilisieren, wird auf kulturelle Unterschiede zurückgegriffen. Dies trifft um so mehr zu, als Abweichungen vom Etikett als Bestätigung der Zuschreibung interpretiert werden können, nämlich als Überanpassung, Übereifer usw. In einer solchen Situation erscheint dann die Betonung der Ethnizität als einzig rationale Folge: »Was liegt dann näher, als sich der individuellen Vergangenheit zuzuwenden, die lebensgeschichtlichen Bezüge überprägnant zu reaktivieren. Wie von selbst gerät der biographische Identitätsanteil zu einem Rückzugspotential und das gerade gegenüber aktuellen sozialen Bezügen. Auf diese Weise tritt

60. Vgl. auch Hoffmann-Nowottny 1973, 29, der die Reaktivierung des zugeschriebenen Status bei Zugewanderten als neofeudale Absetzung kennzeichnet.
61. Bukow/Llaryora 1988, 40.

die Vergangenheit in den Vordergrund und Familie, Verwandtschaft, Landsleute und Herkunftsgesellschaft erfahren allgemein eine erhebliche Aufwertung. Bald dreht sich alles um Eigenes, um kontrafaktische Besonderheiten. Die Vergangenheit wird nach identitätsstützenden Momenten geradezu abgesucht. Schließlich wird so etwas wie eine ›ethnic redefinition‹ inszeniert.«[62] In diesen Zusammenhang gehört auch die Wiederbelebung religiöser Orientierungen von Migranten, wie sie z.B. als Reislamisierung türkischer Arbeitsmigranten beschrieben worden ist.[63]

Schließlich folgt aus Ethnisierung und ethnischer Redefinition die Herausbildung ethnischer Minoritäten: »Eine lebenspraktisch festgemachte Unterscheidung, ob sie nun in einer nicht-konventionellen sexuellen Gewohnheit, in einer nicht-konventionellen Nationalität oder in welchem Element auch immer besteht, wird verallgemeinert und wesensmäßig zugeschrieben.«[64] Zur Verfestigung des Minoritätenstatus trägt schließlich noch die Politik bei, indem sie Ethnizität als Kategorie aufgreift und zum Problem erhebt. Dies kann sowohl von Seiten der Minderheit als auch von Seiten der Mehrheit her geschehen. Zumal – wie weiter oben bereits beschrieben wurde – sich die Kategorie Ethnizität für die Mobilisierung vorzüglich eignet. »Ethnizität wird in sozialen Verteilungskämpfen eingesetzt, die nun in einer pluralisierten, als multikulturell vorgestellten Gesellschaft, die auf formaler Rechtsgleichheit beruht, als Gegensätze zwischen den horizontal angeordneten Gruppen erscheinen. Sich (gegenseitig) ethnisch definierende Gruppen im unteren Abschnitt des sozialen Stratums konkurrieren gegeneinander oder werden gegeneinander ausgespielt.«[65]

Die zentrale These der Vertreter des Ethnisierungskonzepts, daß ethnische und kulturelle Unterschiede prinzipiell belanglos seien, halte ich für theoretisch und empirisch problematisch, wenn auch zuzugestehen ist, daß ethnische Herkunft und kulturelle Unterschiede allein noch nichts erklären. Denn es stellt sich die Frage, warum in bestimmten sozialen Situationen gerade ethnische Differenzen und nicht andere aktiviert werden, um Interessen zu mobilisieren; gravierende Unterschiede in Lebensform, Wertmaßstäben, sexuellen Präferenzen, aber auch in Ernährungsgewohnheiten und Lebensstilen gibt es innerhalb der deutschen Bevölkerung in eben solchem Maße wie zwischen Deutschen und Migranten, wobei schon deutlich wird, daß damit die Rede von *den* Deut-

62. Bukow/Llaryora 1988, 52.
63. Vgl. Schiffauer 1984.
64. Bukow/Llaryora 1988, 54.
65. Dittrich/Radtke 1990, 28f.

schen eben so problematisch ist wie die von *den* Migranten. Was Bukow, Llaryora und andere Vertreter der Ethnisierungsthese außer acht lassen, ist, daß auch die Migranten schon ethnische Klassifizierungen mitbringen, wenn sie aus Staaten kommen, die sich als Nationalstaaten verstehen. Ethnische Gruppen und zum Teil ethnisch zugerechnete Konflikte gibt es nicht nur im Aufnahmeland, sondern bereits im Herkunftsland, wenn auch vielleicht in anderer Weise. Der Ethnisierungsprozeß allein erklärt noch nicht das Phänomen der Ethnizität. Allerdings ist es zutreffend, daß Ethnisierung die ethnische Identifikation von Migranten verstärkt. Darüber hinaus dient der Rückgriff auf ethnische Kriterien der Ausgrenzung von Migranten und damit der Definition von sozialen Konflikten, die dann entlang dieser Grenzziehung abgearbeitet werden können. Insofern gibt es auch einen Zusammenhang zwischen Ethnisierung und Fremdenfeindlichkeit. Ich werde darauf weiter unten ausführlicher zurückkommen.

Ethnische Gruppen, Volk und Nation

Wie zu sehen war, ist das Ethnizitätskonzept verbunden mit der Entstehung moderner Gesellschaften. Genauer kann gesagt werden, daß ein Zusammenhang besteht zwischen der Entwicklung von Nationalstaaten und Ethnizität als zugehörigem Inklusionsmechanismus. Allerdings wird diese Ansicht nicht von allen Nationalismustheorien geteilt. Um die konkurrierenden Theorieansätze einordnen zu können, soll deshalb kurz skizziert werden, welche Positionen in der akademischen Diskussion einander gegenüberstehen.[66]

Zum einen ist strittig, ob Nationen entweder als Konstrukte anzusehen sind oder gleichsam natürliche Größen im historischen Prozeß darstellen. *Konstruktivistische* Ansätze sind vor allem bei kritischen Theoretikern verbreitet und gehen vom artifiziellen Charakter dieser Größe aus. »Nationen sind keine historischen Realitäten, sondern das Resultat nationalistischer Ideologien, Konstrukte, Legenden also, welche spezifisch instrumentelle, materielle und partikularistische Zwecke in strategischen Handlungskontexten durchsetzen helfen. Sie sind artifiziell, extrem fluktuierend und wandelbar, durch und durch konstruiert und ›von oben‹ (durch Eliten und Organisationen) manipulierbar. Nationen sind Erfindungen, Konstrukte.«[67] Sie sind in den Worten von Benedict Anderson

66. Ich folge hier der Darstellung von Bader 1995, 92 ff., der sich selbst auf Smith 1984 und 1986 bezieht.
67. Bader 1995, 92 f.

»imagined communities«[68], ein Begriff, der sich im nationenkritischen Diskurs durchgesetzt hat. Die Gegenposition zum Konstruktivismus ist der Primordialismus. *Primordialistische* Theorien gehen von der Dauerhaftigkeit und Permanenz ethnischer Gemeinschaften aus. Ethnizität stützt sich auf primordiale Verbindungen beruhend auf Herkunft, Rasse, Sprache, Territorium oder Religion. Ethnizität ist gleichsam naturwüchsig und kann bei der Entstehung moderner Nationen reaktiviert werden. Daher sind Nationen reale Gebilde, die auf historischen, biologischen oder soziologischen Zusammenhängen aufbauen. Nationalistische Ideologien beziehen sich folglich zumeist auf primordialistische Legitimationen, um die Zweifel- und Alternativlosigkeit nationaler Gruppen zu legitimieren.

Weiterhin ist strittig, ob Nationen spezifisch moderne Gebilde sind oder aber alte und universelle. *Perennialisten* sehen Ethnizität als zeitlich und regional universelles Phänomen. Selbst unter der Voraussetzung der Konstrukthaftigkeit ist davon auszugehen, daß an allen Orten und zu allen Zeiten Ethnizität und ethnische Gruppen als Ordnungsprinzip und Grundlage menschlicher Gesellschaften fungiert hat. Demgegenüber gehen *Modernisten* davon aus, daß sich die Entstehung ethnisch definierter Gruppen und Nationen dem Modernisierungsprozeß verdankt, also ein spezifisches Phänomen der europäischen Geschichte ist und sich von da aus als Ordnungsprinzip weltweit durchgesetzt hat. Nationalismus ist folglich historisch kontingent und spezifisch modern.

Schließlich ist die Frage, ob ethnische Gruppen und Nationen spezifisch politische Einheiten sind oder soziale und kulturelle. *Kulturalistische* Theorien betonen dabei eher den objektiven Charakter von ethnischen Gruppen oder Nationen als kulturellen Phänomenen, während *politizistische* Theorien eher vom subjektiven Charakter und der Funktion von Ethnizität für die Herausbildung politischer Einheiten ausgehen. Während die ersten beiden Alternativen sich prinzipiell ausschließen (Nationen sind entweder natürlich oder Konstrukt), kann die letzte Alternative aufgelöst werden, indem die Nationen, die in der Moderne entstehen, zugleich als Konstrukt und historischer Prozeß verstanden werden. Dann kann Nation als spezifisch modernes Phänomen gefaßt werden, daß auf historisch ältere Zusammenhänge zurückgreift; das Phänomen der Ethnizität wäre damit älter als das moderne der Nation, Nationen greifen auf eine bestimmte ethnische Kultur, die damit gewissermaßen einen objektiven Kern der politischen Nationen bildet.[69]

68. Anderson 1983.
69. So etwa Smith 1986. Gegen diesen »nationalen Spiritualismus« wendet sich bereits Bauer 1907. Bauer geht davon aus, daß die Besonderheiten einer Na-

Grundsätzlich läßt sich bei den divergierenden Theorieansätzen zwischen »harten« und »weichen« Theorien unterscheiden. Harte Theorien gehen von objektiven Gegebenheiten aus, die den Kern von ethnischen Gruppen und Nationen ausmachen, während weiche Theorien konstruktivistisch beziehungsweise subjektivistisch argumentieren und ethnische Gruppen und Nationen als menschliche Hervorbringungen verstehen. Gegen die harten Theorieansätze sprechen vor allem *ethnologische und historische Argumente.*

Ethnologische Forschungen zeigen, daß ethnische Organisationsformen keineswegs überall und zu allen Zeiten vorherrschend waren. Für afrikanische »Ethnien« wurde nachgewiesen, daß ihre Entstehung mit der kolonialen Verwaltungspraxis zusammenhängt, Land kollektiv nach dem Prinzip »Ethnie« zuzuweisen.[70] Dadurch wurden zum Beispiel Gruppen, die sozioprofessionell geprägt waren (und durch Wechsel der Profes-

tion, ihr Nationalcharakter, keine Erklärung für die Entstehung moderner Nationen ist, sondern selbst erklärungsbedürftig. Das Wesen der Nation wird in einem historischen Prozeß geformt und liegt diesem nicht zugrunde: »Vor allem hat man dem Nationalcharakter mit Unrecht eine Dauerhaftigkeit zugeschrieben, die sich geschichtlich widerlegen läßt; es kann nicht geleugnet werden, dass die Germanen zur Zeit des Tacitus eine Reihe übereinstimmender Charaktermerkmale besassen, die sie von anderen Völkern, etwa von den Römern derselben Zeit, unterschieden und es kann ebensowenig geleugnet werden, dass die Deutschen unserer Zeit gewisse gemeinsame, von anderen Völkern verschiedene Charakterzüge zeigen, wie immer diese Charakterzüge entstanden sein mögen. Aber darum wird doch kein Unterrichteter leugnen, dass der Deutsche von heute viel mehr mit den anderen Kulturnationen seiner Zeit gemein hat als mit den Germanen des Tacitus.« (Bauer 1907, 3) Die Nationen sind ihrem Wesen nach historisch und nicht überzeitlich. Allerdings versucht Bauer, im Geist seiner Zeit, die Kontinuitäten im Nationalcharakter insofern materialistisch zu erklären, als er davon ausgeht, daß die historische Erfahrung von den Eltern auf die Kinder vererbt werde. (Bauer 1907, 10ff.) Insgesamt kann man Bauers Untersuchung als Versuch lesen, den Nationenbegriff – gut marxistisch – vom Kopf auf die Füße zu stellen. Seine Kritik erinnert dabei an Marx‹ Analyse des Fetischcharakters der Ware (K. Marx 1867, 85ff.), der bekanntlich darin besteht, daß die Warenform »den Menschen die gesellschaftlichen Charaktere ihrer eignen Arbeit als gegenständliche Charaktere der Arbeitsprodukte selbst, als gesellschaftliche Natureigenschaften dieser Dinge zurückspiegelt«. (K. Marx 1867, 86) Entsprechend spiegelt der nationale Spiritualismus die in historischen Prozessen sedimentierte Erfahrung den Menschen als überzeitliches Wesen der Nation zurück.

70. Vgl. etwa für den Sudan K. Beck 1989; Beck verweist darauf, daß sogar der Slogan »Sudan den Sudanesen« einem englischen Kolonialbeamten zugeschrieben wird (81).

sion gewissermaßen ethnisch konvertierten) und unter Umständen sogar verschiedene Sprachen verwendeten, als Ethnie konstituiert.[71] Andere Gruppen hatten Alters- oder Generationsklassen als Inklusionsmechanismus[72], wieder andere waren über das Prinzip Nachbarschaft organisiert. Bei der Ethnogenese in den afrikanischen Kolonien kamen dabei mehrere Faktoren und Interessen zusammen. Von Seiten der Kolonialverwaltung war es vor allem der Wunsch nach eindeutig abgrenzbaren Verwaltungseinheiten, so z.B. im Sudan: »Die einzelnen Verwaltungseinheiten mußten konstituiert werden: Stämme, so wie sie sich der britische Verwaltungsoffizier vorstellte. Wo es keine eindeutigen Stämme gab, mußten entsprechend den Bedürfnissen der Verwaltung welche geschaffen werden. [...] Es wurden zum Teil heterogene Populationen, die sich durch die zufälligen Ereignisse des Mahdi-Aufstandes und der Wiedereroberung in Nachbarschaft zueinander befanden, zu Stämmen zusammengefaßt. Andere Populationen wieder wurden durch administrative Grenzen getrennt.«[73] Zur Legitimation der so entstandenen Einheiten wurde auf Tradition zurückgegriffen – und zwar von beiden Seiten, sowohl von der Kolonialverwaltung als such von den zum Teil neu entstandenen Stämmen. »Die Mitglieder der Stämme mußten ihre Nutzung des Stammesgebietes durch traditionelle Stammeszugehörigkeit im Jargon der Genealogie legitimieren. Dies muß eine ungeheuer produktive Phase in der Erfindung von Traditionen und der Manipulierung von Genealogien gewesen sein.«[74] Mit diesen ethnologischen Beispielen ist natürlich nicht gesagt, daß die Konstitution ethnischer Gruppen immer Folge von Herrschaftserfordernissen ist. Allerdings hat die ethnologische Forschung deutlich machen können, daß ethnische Gruppen nicht gleichsam naturwüchsig entstehen. Die Form Ethnie ist eine Beobachtungskategorie und ein Zuweisungsmechanismus, nicht jedoch selbstverständliches Grundmuster sozialer Lebensformen.

Das Verwaltungsprinzip Ethnie ist allerdings sehr alt. »Bei den alten Persern, dann weiter entwickelt von Alexanders Diadochen und den darauf folgenden byzantinischen und osmanischen Herrschaften, war das Prinzip der indirekten Verwaltung durch die Konstitution von *›ethnoi‹* (griechisch) als effizientes Verwaltungssystem erkannt worden. Denn

71. Elwert 1989, 443. Ähnliches gilt auch für die Siebenbürger Sachsen, die ursprünglich ebenfalls eher eine funktionale und nicht ethnische Gruppe bildeten. Vg. Sundhaussen 1992, 38.
72. Vgl. Zitelmann 1989 für die Oromo in Äthiopien.
73. K. Beck 1989, 90.
74. K. Beck 1989, 91 f.

eine auf ein Haupt bezogene (kephale) Organisation war notwendig, um Ansprechpartner für die zentrale Verwaltung bereitzustellen. Eine Selbstorganisation der moralischen Instanzen (Religion, Gerichtsbarkeit) war von diesen Ethnien gefordert, eine Selbstorganisation kultureller Elemente (Trachten, Sprache, Schrift) war bei ihnen zugelassen.«[75] Historisch gesehen war die Herrschaftsform des Imperiums in jener Zeit die am weitesten verbreitete. Das Problem, auf das die Imperien mit dem Prinzip der indirekten Verwaltung reagierten, war die Entfernung zwischen den Gebieten und Bevölkerungen, über die sich das Imperium erstreckte und der Zentralgewalt. Deshalb war es nur rational, den Verwaltungseinheiten eine weitgehende Autonomie zuzugestehen. »Imperien sind ihrem Wesen nach kosmopolitisch und deshalb Gegner des Nationalismus – oder zumindest jedes Nationalismus‹, der nicht derjenige der imperialen Führungsnation selber ist. Die Herrschaft von Imperien ist gemeinhin eine unbeständige Mischung aus Unterdrückung und Toleranz: Unterdrückung jeder Unabhängigkeitsbewegung, Toleranz, jedenfalls manchmal, gegenüber der Vielfalt der Kulturen, Religionen, Sprachen und tradierten Lebensweisen, die das Imperium zu dem machen, was es ist.«[76] Die Rationalität der ethnischen Toleranz besteht darin, nicht zusätzliche Konfliktpotentiale zu schaffen, solange die Herrschaft nicht in Frage gestellt wird. Voraussetzung dafür ist die Zuschreibung der Personen zu einer ethnischen Gruppe allein in den Verwaltungseinheiten, während die Unterscheidungen in der Metropole selbst belanglos werden. Schwierigkeiten in der Verwaltungspraxis entstehen jedoch dann, wenn diese Eindeutigkeit – vor allem bei akephalen Gruppen – nicht besteht und erst durch die Verwaltung selbst hergestellt werden muß.

Einschränkend muß gegen das ethnologische Argument eingewandt werden, daß die ethnologische Forschung bisweilen dazu tendiert, mit der Dekonstruktion der Begriffe deren Kontinuitäten zu übersehen. Ethnien allein als Folge kolonialer Zuschreibungspraxis zu begreifen, läßt außer Acht, daß Ethnizität als Prinzip der Selbstorganisation selbst historisch produktive Formen angenommen hat und auch aktuell sowohl als Ressource für den Konstitutionsprozeß von Nationalstaaten als auch für den Widerstand gegen zentrale Herrschaft genutzt werden kann.[77] Aber auch wenn man Ethnizität als Selbstorganisation faßt, bleibt außer Frage, daß dieses Prinzip nicht derart universal ist, daß prinzipiell jede Art von Selbstorganisation ethnisch induziert ist. »Daß relevante Teile der

75. Elwert 1989, 445.
76. Walzer 1983b, 102.
77. So die Kritik von Sigrist 1994.

Menschheit sich in erster Linie als Heiratsklassen, Altersklassen, sozioprofessionelle Gruppen, Verwandtschaftslinien oder Lokalgruppen organisierten, nicht aber als ›Ethnien‹, und daß sich auch bei ›ethnischer‹ Organisation mehrere Gruppenzugehörigkeiten überschneiden konnten, ist durch den politischen Prozeß verschüttet worden.«[78] Die Entstehung ethnischer Gruppen ist ein zu komplexer Prozeß, als daß sie essentialistisch auf einzelne kontingente Fakten – politische wie die kolonialistische Verwaltungspraxis oder kulturelle wie gemeinsame Sprache oder kollektive Herkunftsmythen – reduziert werden könnte.

Die Entwicklung von Ethnizität als vorherrschendem Inklusionsmechanismus verweist auf die Entstehung der modernen Staaten. Wie zu sehen war, spielte Ethnizität als Verwaltungspraxis in vormodernen Imperien zwar bereits eine Rolle, war aber nicht ausschließliches Inklusionsprinzip, sondern im Gegenteil für die Zugehörigkeit zu den Imperien ohne Bedeutung, da diese multiethnische Gebilde waren. Dies verweist auf den Entstehungsprozeß moderner Staaten, mit ihm verbunden ist der Begriff der *Nation*.

Bei einem Begriff, der gegenwärtig sich fast überall auf der Welt durchgesetzt hat, mag es verwundern, daß seine Bedeutung erst modernen Ursprungs ist. Bis in das 18. Jahrhundert hinein waren Nationen im modernen Sinne unbekannt. Entsprechend weit war das Bedeutungsfeld von lateinisch »natio«. In den Reichsgesetzen des »Heiligen Römischen Reiches Deutscher Nation« bezeichnete der Begriff ab dem 15. Jahrhundert ein Sprachgebiet. Anders bei den kirchlichen Konzilien, dort bedeutete natio eine Herkunftsregion, unbeschadet der Frage, ob die Delegierten aus dieser natio die gleiche Sprache verwendeten oder nicht. »Auf den Konzilien des 15. Jahrhunderts war die Natio Germania noch ein kirchenrechtlicher Begriff für alle Völker, die nicht der französischen, der italienischen oder der englischen Nation angehörten. Der Natio Germania gehörten also auch die Polen, Böhmen, Ungarn und Skandinavien an.«[79] An den Universitäten waren die Studentengruppen ebenfalls nach nationes eingeteilt, wobei auch hier eher regionale denn sprachliche Besonderheiten prägend waren – Verkehrssprache war in den beiden letzten Fällen ohnehin Latein. So gehörten an den französischen Universitäten auch Studierende aus Italien und Spanien zur »nation de France«, während etwa Studierende aus der Normandie eine eigene Nation bildeten.[80] Der regionale Bezug des mittelalterlichen Nationenbegriffs ist verbunden

78. Elwert 1989, 446.
79. Oberndörfer 1989, 8.
80. Vgl. hierzu Kimminich 1985, 27f.

mit der lateinischen Wurzel des Wortes (natio von nasci = geboren werden). In diesem Gebrauch ist der Gedanke einer Abstammungsgemeinschaft impliziert, jedoch nicht in dem Sinne, daß diese für die jeweiligen Personen prägend war. Im Gegenteil ist darauf zu verweisen, daß die Identifikation einer Nation nur in der Fremde eine Rolle spielte, eben auf den Versammlungen des Konzils oder auf den Universitäten. »Es wäre keinem Studenten eingefallen, nach seiner Rückkehr aus der Universitätsstadt auch noch daheim Nation spielen zu wollen. Das wäre völlig sinnlos gewesen.«[81]

Auch auf der Ebene der politischen Organisation war der Begriff der Nation im modernen Sinne nicht gebräuchlich. »Die politische Organisationsform ›Reich‹ war gleichgültig gegenüber der ethnischen Zusammensetzung ihrer Bevölkerungen. Die herrschenden Eliten von Adel und Ritterschaft waren international in ihrer Herkunft und kulturellen Orientierung. Gemeinsame Identität bei ihnen beruhte auf der Gemeinsamkeit des Status, nicht ethnischer Zugehörigkeit. Das Christentum als vorherrschende Weltanschauung im Mittelalter und die Kirche waren universalistisch ausgerichtet.«[82] Bis in die Gegenwart hinein spielt in den Herrscherhäusern ethnische Abstammung keine Rolle; multinationale Konzerne der Gegenwart sind bei der Auswahl ihrer leitenden Angestellten in höherem Maße ethnisch orientiert als die Nationalstaaten des 19. Jahrhunderts bei der Auswahl ihrer Herrscher, wie Hobsbawm süffisant bemerkt.[83] Nicht einmal die Beherrschung der Volkssprache war Kriterium für die herrschenden Eliten. Daß die Bevölkerung auf dem Land ihre Fürsten nicht hätte verstehen können, wären sie miteinander in Kontakt getreten, und umgekehrt, war nicht die Ausnahme, sondern eher die Regel. Und selbst jene Herrscher, die sich für die Durchsetzung von vereinheitlichten Nationalsprachen einsetzten, verwendeten diese selbst meist nicht.[84]

Die Funktion des Organisationsprinzips Nation wird deutlich vor dem Hintergrund der Größen, die es im historischen Prozeß ablöst. Diese Größen waren in vormoderner Zeit Reich, Religion und Stand. Das Reich sorgte für die räumliche, die Ständehierarchie für die soziale Stratifikation und die Religion für die Integration der Gesellschaften. Wobei vorausgesetzt war, daß sowohl politische Herrschaft als auch soziale Stra-

81. Zernatto 1966, 77, zitiert nach Kimminich 1985, 28.
82. Heckmann 1992, 40.
83. Hobsbawm 1990, 102.
84. Vgl. Anderson 1983, 88 ff.

tifizierung religiös legitimiert sein mußten.[85] Diese Struktur löst sich unter dem Einfluß verschiedener Prozesse auf, wobei diese natürlich untereinander verknüpft sind. Diese historischen Entwicklungen können an dieser Stelle verständlicherweise nur grob skizziert werden:[86] Zu nennen ist zum einen die Auflösung des vereinigenden Bandes der Religion vorerst durch die Reformation und die in Folge der Konfessionskriege sich stabilisierende Konfessionalisierung. Damit war an die Stelle »der« Religion die Konfession getreten. Gleichzeitig entstehen territoriale Einheiten, die sich gegen die Vorherrschaft der Kirche auf der einen und der Zentralgewalt auf der anderen abgrenzen. Darüber hinaus zentralisieren die Landesfürsten ihre Macht, indem sie sich gegen die Landstände durchsetzen und dadurch den Feudalgewalten ihre Machtgrundlage entziehen. Die so entstehenden Territorialstaaten sind gekennzeichnet »durch kontinuierliche Machtausübung von Seiten einer Autorität, durch die Monopolisierung von Gewalt und das Halten eines stehenden Heeres, durch die Institutionalisierung formaler und einheitlicher Rechtssysteme sowie die Errichtung eines Verwaltungssystems und einer Bürokratie.«[87] Kennzeichnend für die neu entstehenden Gebilde sind Vereinheitlichung und Zentralisierung. Hierfür war die sich durchsetzende Konfessionalisierung vorerst durchaus funktional: »Die in den Religionskriegen ausdividierte und nach dem Prinzip ›cuius regio, eius religio‹ territorial fundierte religiöse Zugehörigkeit schuf dem frühneuzeitlichen Staat einen Untertanenverband, der sich trotz aller Ständedifferenzen bezüglich der Konfession kollektiv von der religiösen Zugehörigkeit der Untertanenverbände anderer Territorien und der Diaspora im eigenen Territorium unterschied.«[88] Mit dem politischen Prozeß verknüpft sind Veränderungen der Wirtschaftsform, insbesondere die Umstellung von Subsistenz- und Tauschwirtschaft auf die Geldwirtschaft mit der Ausdifferenzierung von Märkten. Vorher lokal unverbundene Räume wurden dadurch in größerem Maße miteinander verknüpft und voneinander abhängig. Den Höhepunkt erreichte diese Entwicklung im Merkantilismus der absolutistischen Staaten mit seiner territorial ausgerichteten Wirtschaftspolitik.

Die in dieser Zeit entstehenden Staaten beruhen jedoch nicht auf der

85. Vgl. zur mittelalterlichen Ständelehre Duchrow 1970, 428 ff. und zum Verhältnis Imperium/Religion: 321 ff.
86. Die Literatur hierzu ist mittlerweile kaum mehr zu überblicken; ich verweise darum nur auf die Gesamtdarstellungen von Anderson 1983, Smith 1986 und Hobsbawm 1990.
87. Heckmann 1992, 41.
88. Imhof 1993, 346.

Grundlage ethnischer Zugehörigkeit. »Die Bevölkerung der Territorialstaaten war kulturell und sprachlich heterogen; ihre Zusammenfassungen folgten nicht kulturellen Mustern, sondern waren Resultat der Machtpolitik von Fürsten beim Kampf um die Begründung, Festigung und Ausweitung von Territorien. Ein kulturelles und ideologisches Interesse an kultureller Vereinheitlichung existierte bei den Fürsten per se nicht, jedoch gab es zunehmend pragmatische Gründe, die Förderung von Staat, Verwaltung und Wirtschaft mittels einer einheitlichen Verkehrssprache zu unterstützen.«[89] Zwei kurze Beispiele mögen dies verdeutlichen: Preußen galt z. B. noch 1815 aufgrund seiner Bevölkerungsstruktur nach der Annexion von Teilen Polens als »slawisches Königreich«;[90] von Metternich ist noch 1847 der Ausspruch überliefert, Italien sei für ihn nicht mehr als ein geographischer Begriff.

Die *Sprachenfrage* war neben politischen und wirtschaftlichen Problemen das Vehikel und die Antriebsfeder für weitere Vereinheitlichungsprozesse. Vor allem Anderson macht auf die Bedeutung der Entwicklung der Drucktechnik und der Entstehung eines Marktes für Bücher aufmerksam, die eine Vereinheitlichung der Schriftsprache geradezu forderten.[91] Gleichzeitig wurde die Einführung einer einheitlichen Verwaltungssprache immer dringender. Hauptgrund hierfür war die Einrichtung stehender Heere, für die eine einheitliche Kommandosprache gefunden werden mußte sowie die zunehmende Bürokratisierung der Herrschaft. Wichtigstes Mittel zur Durchsetzung der »Volkssprache« wird die Schule, in der die Einheitssprache Unterrichtsgrundlage wird. Dies weist darauf hin, daß die Sprache nicht eine quasi natürliche Grundlage für Ethnizität ist. Sprache kann, muß jedoch nicht Basis ethnischer Gruppenbildung sein. Vielmehr ist häufig zu beobachten, daß die Entstehung einer Nationalsprache der Nationenwerdung folgt und nicht vorangeht.[92] Allerdings ist die Sprachenfrage eine mögliche Ressource der Mobilisierung in ethnischen Konflikten. Das wird besonders dort deutlich, wo die autochthone Bevölkerung von Kolonisatoren oder anderen herrschenden Gruppen dominiert wird. Diese legitimieren ihre Macht in der Regel nicht durch die Sprache, sondern vor allem durch ihre »überlegene« Form der materiellen Produktion mit der damit meist verbundenen militärischen Übermacht. Das Beherrschen der dominierenden Sprache kann dann für die autochthone Bevölkerung der Wegbereiter für sozialen Aufstieg sein.

89. Heckmann 1992, 43.
90. Oberndörfer 1989, 8.
91. Anderson 1983, 44 ff.
92. Vgl. Kummer 1990 mit Beispielen aus Ostafrika und Südamerika.

»Einsprachig zu sein bedeutet, gefesselt zu sein, sofern die eigene Muttersprache nicht zufälligerweise auch eine Weltsprache ist.«[93] Genau an dieser Stelle jedoch besteht die Möglichkeit, die Dominanz der herrschenden Gruppen als Sprachdominanz zu fassen und im Sinne einer kulturellen Unterdrückung zu interpretieren. Die Sprachenfrage wird dann unmittelbar politisch.[94] Hobsbawm führt eine Reihe von Fällen auf, bei denen erst relativ spät die Sprachenfrage in ethnischen bzw. nationalistischen Bewegungen als Thema entdeckt wurde, so in Irland, Finnland oder Katalanien.[95] Auch dies verweist darauf, daß es eine ursprüngliche Verbindung von Ethnizität/Nationalismus und National-/Volkssprache nicht gibt. Die Sprache ist ein Element unter anderen, das zur Artikulation ethnischer bzw. nationalistischer Ziele herangezogen werden kann.

War der Absolutismus anfangs noch vor allem religiös legitimiert, verblaßt – auch unter dem Einfluß der Aufklärung – der Einfluß der Religion. Im aufgeklärten Absolutismus Preußens unter Friedrich dem Großen z.B. tritt die religiöse Integration zurück hinter die politische. Ähnliches gilt erst recht für das nachrevolutionäre Frankreich. Wird jedoch die Herrschaft säkularisiert, entsteht die Frage, was diese Herrschaft legitimiert und durch welchen Mechanismus die *Integration der national konzipierten Staaten* geleistet wird.[96] Mit der Destabilisierung der Lebensmuster – wie z.B. Familie, Religion, dörfliche Strukturen – müssen neue Wege der Inklusion in die Gesellschaft gefunden werden. Dieser Prozeß wird soziologisch als Durchsetzung funktionaler gegenüber stratifikatorischer Differenzierung beschrieben. Mit der Durchsetzung der funktionalen Differenzierung als vorherrschendem Prinzip in der Gesellschaft stellt sich folglich die Frage nach der Inklusion von Personen neu. An die Stelle herkömmlicher Orientierungen tritt nun die an der Nation. »Die *Funktion* der Entstehung ethnischer und nationaler Semantiken, also Selbstidentifikation als Grundlage für Identitätsbildungen, die sich an der ethnischen Zugehörigkeit ausrichten, besteht in der Möglichkeit der Voll-

93. Hobsbawm 1990, 137 f.
94. Kummer 1990, 272 ff. am Beispiel Böhmens und der tschechischen Sprache.
95. Hobsbawm 1990, 126 ff.
96. In diesem Sinne verweist Young darauf, daß in der Definition des Begriffs der Nation insofern zirkulär verfahren wird, als dieser den Begriff des souveränen Staates schon voraussetzt. Damit wird dem moralischen Argument, daß aus dem Vorliegen des Nationstatus schon das Recht auf staatliche Souveränität folge, die Plausibilität bestritten. Denn es kann nicht mehr präzise angegeben werden, was denn Nationen von anderen ethnischen Gruppen unterscheide, und warum die einen den legitimen Anspruch stellen können und die anderen nicht. (Young 1998, 437)

inklusion von Personen in gesellschaftliche Kommunikation trotz ihrer neuen Stellung als Menschen, deren *soziostrukturelle Außenstellung* dazu führt, daß Identitätsbildung wegen des Mangels an alternativloser Zugehörigkeit zu sozialen Aggregaten prekär wird. Ethnizität und Nationalität bilden also *Brücken zur Integration trotz struktureller Desintegration.* Genau genommen hat Ethnizität kaum eine *gesellschaftliche* Funktion im Sinne eines ausdifferenzierten Teilsystems wie etwa Wirtschaft, Recht, Familie oder Politik. Aus diesem Grunde ist die *Nation* auch kein gesellschaftliches Teilsystem, sondern nur ein askriptives, auf einem kollektiven Wertkonsens beruhendes Identitätsmerkmal, das in gewisser Hinsicht ein unerläßliches Verbindungsstück zwischen den immer komplexer werdenden gesellschaftlichen Prozessen und der notwendigen Sozialintegration von Personen schafft.«[97]

Bei der Konzeptionalisierung von Nation wurden historisch zwei unterschiedliche Wege beschritten, die in Anlehnung an Francis[98] *demotisch-politischer* bzw. *ethnisch-völkischer Nationenbegriff* genannt werden können. Paradigmatisch für die Entwicklung des ethnisch-völkischen Nationenkonzepts ist die Entwicklung in Deutschland, für die des demotisch-politischen die Entwicklung in Frankreich.[99]

97. Nassehi 1990, 268 f.
98. Francis 1965 und Lepsius 1986.
99. Zur ideengeschichtlichen Entwicklung vgl. Kallscheuer/Leggewie 1994. Anders als hier dargestellt können auch sechs verschiedene Volkstypen unterschieden werden. So Hoffmann 1996, der im Anschluß an Berger/Luckmann 1967 Kultur, Person und Institution als kategoriale Komponenten lebensweltlicher Objektivationen beschreibt. Je nach dem Verhältnis dieser Komponenten untereinander ergeben sich verschiedene Volkstypen; so z. B: die Anordnung Kultur – Person – Institution das französische Konzept, Institution – Kultur – Person ist typisch für das kanadische Verständnis und Person – Kultur – Institution für das deutsche. Volk wird hier verstanden als »Aktualisierung einer personellen Einheit, die durch die Generationen hindurchgreift, indem sie sich durch Abstammung fortpflanzt.« (166 f.) Der Vorrang der Konstitution des Volkes durch persönliche Abstammung wird durch ein spezifisches Verständnis von Kultur gestützt; während die institutionelle Ausgestaltung des Volkseins demgegenüber historisch kontingent bleibt. Hoffmann begreift nun Ethnizität als Volksverständnis dieser Art. Ethnizität wird damit nicht zu einem Grundbegriff sozialer Ordnung in der Moderne, sondern als bestimmte Fassung des Nationen/Volksbegriffs dargestellt. Worauf Hoffmann damit – meines Erachtens vollkommen zurecht – hinweist, ist, daß Ethnizität mit den Vorstellungen von Nation und Volk in einen analytischen Zusammenhang gebracht werden muß. Nicht folgen kann ich Hoffmann in der Analyse von Ethnizität als Spezialfall des Volksbegriffes. Denn auch in die anderen von ihm beschriebenen Volkstypen sind empirisch und historisch Vorstellun-

In Deutschland ist die Entwicklung des Nationalismus – an dieser Stelle gemeint ist die theoretische Rechtfertigung des Organisationsprinzips Nation – verbunden mit dem *Volksbegriff*, der in der deutschen Romantik verwurzelt ist.[100] Zuvor wurde der Begriff »Volk« zumeist pejorativ gebraucht und bezeichnete »die in einem bestimmten geographischen Raum lebende Bevölkerung oder die soziale Schicht der Besitzlosen und Nichtgebildeten.«[101] Wegbereitend für die Neudefinition des Begriffes wurde Johann Gottfried Herder. »Grundlegend für den Herderschen Volksbegriff, der nicht mehr eine Gruppe innerhalb der Nation, sondern die Nation selbst bezeichnete, war der Gedanke einer sprachlich-kulturellen Individualität der Völker, verbunden mit der Vorstellung, daß diese zugleich als die eigentlichen Träger einer von der Vorsehung gelenkten Menschheitsgeschichte figurierten.«[102] Bei Herder ist der Volksbegriff jedoch noch nicht im ideologischen Sinn nationalistisch gefärbt, vielmehr hat die Volksidee bei ihm universalistischen Charakter. Für ihn kommt es vielmehr auf die Vielgestaltigkeit des Schöpferhandelns in den Völkern an, so daß eine Vorrangstellung eines Volkes vor allen anderen nicht in den Blick kommen kann. Zwar vertrat auch Herder die Auffassung, daß es aufgrund des Volkscharakters der Menschheit das natürlichste sei, daß Volk und Staat zusammenfallen, jedoch ist der Zusammenhang zwischen Volk und Staat weder zwingend noch unhintergehbar, Völker und Nationen bestehen auch dann noch weiter, wenn die staatliche Existenz nicht mehr besteht.

Seine nationalistische Umdeutung erfährt der Volksbegriff in Deutschland durch die Französische Revolution und die daran anschließenden Befreiungskriege. Sowohl die Zeit unter französischer Besatzung als auch die nach dem Wiener Kongreß weiterbestehende kleinstaatliche Lösung ließ vor allem unter den Intellektuellen der romantischen Zirkel den Wunsch nach einer einheitlichen kulturellen Größe entstehen. Da politisch nicht in Sicht, wurde die kollektive Identität vor allem in der imaginären Größe des Volkes gesucht. »Die romantische Vorstellung von Volk und Nation bezog sich auf eine unentfremdbare Grenze der Verständigung und Gemeinsamkeit, auf ein jenseitiges Land und eine Gemeinschaft, die der endlichen, beschränkten und kopierbaren Wirklichkeit in

gen von Ethnizität eingelagert, die zwar nicht den Volksbegriff im engen Sinne begründen, aber dennoch wirksam sind. Wie sonst sollte das Phänomen ethnischer Gruppenbildungen in Nationen begriffen werden?

100. Vgl. Schönemann 1989 und Giesen/Junge/Kritschgau 1994, besonders:353 ff.
101. Schönemann 1989, 278.
102. Schönemann 1989, 279.

Politik und weltlichen Geschäften entrückt war.«[103] Diese stärkere Gefühlsbetontheit des völkisch-nationalen Syndroms läßt sich auch am Bedeutungswandel des Patriotismus ablesen, der von einer eher kosmopolitischen Einstellung zur Zeit der Aufklärung zu einer gefühlsmäßigen Bindung an die Herkunftsgemeinschaft mutiert.[104]

Auf der anderen Seite wurde der Volksbegriff von den Propagandisten einer deutschen Nation politisiert, deutlich wird dies z. B. an den Positionen von Fichte, Arndt und de Lagarde. Vor allem bei Arndt war der deutsche Nationalismus genährt durch antifranzösisches Ressentiment, genährt von der als Schmach empfundenen Besetzung deutscher Länder durch Frankreich. Gegenüber der deutschen Knechtschaft soll sich Deutschland als Volk konstituieren um sich von der Fremdherrschaft zu befreien. Ähnlich die Position Fichtes, für den die Volkhaftigkeit der Deutschen allerdings paradigmatisch bereits gegeben war. »Die Deutschen sind für *Fichte* die Inkarnation eines ›Urvolkes‹, denn sie allein würden eine gewachsene, lebendige Sprache besitzen. *Fichte* wollte davon überzeugen, daß unter allen neueren Völkern nur die Deutschen jenes Volk seien, in welchem der Keim zur menschlichen Vervollkommnung liege. Hier wird zum erstenmal ausgesprochen, daß am deutschen Wesen die Welt genesen werde.«[105] In der Hervorhebung der Sprache fließen die

103. Giesen/Junge/Kritschgau 1994, 355 f. Dies deckt sich auch mit dem Ergebnis der Studie von Langewiesche 1992, der die Entwicklung des Nationenbegriffs im deutschen Gebiet in der ersten Hälfte des 19. Jahrhunderts untersucht. Ihmzufolge war in dieser Zeit mit dem Nationbegriff in der Regel nicht die Forderung nach einem einheitlichen Nationalstaat verbunden. Diese entstand erst in der zweiten Hälfte des Jahrhunderts im Vorfeld der Nationalstaatsgründung.

104. Fuchs 1991, 99 ff.; Fuchs verweist in diesem Zusammenhang auf strukturelle Analogien zwischen Patriotismus und Pietismus mit ihrer »virtuosen Gefühligkeit«: »Als Steigerung des eudämonistischen Vorteilsmomentes (für das Allgemeinwohl) im Pflichtethos (durch Kappen des unchristlichen Egoismus) lädt Pietismus den staatsnahen Patriotismus mit religiösen Vibrationen auf; als Tradition emphatischer Kommunikation sucht er Anlässe für die Kommunikation emphatischen Lebens und findet sie in patriotischen Kommunikationszusammenhängen unter Begriffen wie Vaterland, Heimat, Volk, Nation, die er nun seinerseits mithilfe des eigenen (religiösen) Motivarsenals emphatisch anreichert. Dabei entsteht ein ›patriotischer Spiritualismus‹, der *Gemeinschaft und Transzendenz* zugleich bietet und gleichwohl (in seinen staatsnahen Ausprägungen) argumentativ-rational vorkommt.« (101) Vor diesem Hintergrund wird noch einmal deutlich, warum der Nationalismus auch die Funktion einer Ersatzreligion übernehmen konnte.

105. Heckmann 1992, 45. Allerdings vertritt Fichte in den »Reden an die deutsche Nation« einen Volksbegriff, der nicht in erster Linie auf Abstammung, also

Motive des romantischen Volksbegriffes und der politischen Nationalismus zusammen. Es ging darum, den deutschen Volksgeist in Geschichte und Kultur aufzufinden, um ihn so für das nationale Anliegen nutzbar zu

Zugehörigkeit zu einer »Blutsverwandtschaft, zielt (obwohl ihm dieser Gedanke auch nicht fern liegt, vgl. Fichte 1808, 137), sondern auf eine Geist- und Gemütsverwandtschaft, die in erster Linie auf der gemeinsamen Sprache beruht (so vor allem in der vierten Rede; Fichte 1808, 58ff.). Damit meint Fichte allerdings nicht die aktuell gesprochene Sprache, die in einen mythischen Ursprung zurückprojiziert wird; vielmehr geht er von einer gemeinschaftlichen Sprachentwicklung aus, in der sich Sprache und Geist in wechselseitiger Abhängigkeit entfalten. Wenn Fichte in diesem Zusammenhang von den Deutschen als dem Urvolk spricht, meint er damit nicht eine historische Priorität oder gar eine rassische Priorität. Sondern: »Der eigentliche Unterscheidungsgrund liegt darin, ob man an ein absolutes Erstes und Ursprüngliches im Menschen selber, an Freiheit, an unendliche Verbesserlichkeit, an ewiges Fortschreiten unseres Geschlechts glaube, oder ob man an alles dieses nicht glaube, ja wohl deutlich einzusehen und zu begreifen vermeine, daß das Gegenteil von diesem allen stattfinde. Alle, die entweder selbst, schöpferisch, und hervorbringend das Neue, leben, oder, die, falls ihnen dies nicht zuteil geworden wäre, das Nichtige wenigstens entschieden fallen lassen, und aufmerkend dastehen, ob irgendwo der Fluß ursprünglichen Lebens sie ergreifen werde, oder die, falls sie auch nicht so weit wären, die Freiheit wenigstens ahnden, und sie nicht hassen, oder vor ihr erschrecken, sondern sie lieben: alle diese sind ursprüngliche Menschen, sie sind, wenn sie als ein Volk betrachtet werden, das Volk schlechtweg, Deutsche.« (Fichte 1808, 121; siebte Rede) Hinter diese Bewegung aus Freiheit treten Abstammung – und sogar Sprache – fast vollständig zurück. Deutsch-Sein wird so zum Synonym für die Fichtesche Philosophie selbst; um ihre Durchsetzung geht es: »was an Geistigkeit, und Freiheit dieser Geistigkeit glaubt, und die ewige Fortbildung dieser Geistigkeit durch Freiheit will, das, wo es auch geboren sei, und in welcher Sprache es rede, ist unsers Geschlechts, es gehört uns an und es wird sich zu uns tun.« (Fichte 1808, 122) Religiöse Konnotationen liegen dann auf der Hand: Volk und Nation werden zum Äquivalent der Gemeinde, das Volk wird Garant der Ewigkeit des Lebens, in ihm hat das einzelne Leben Anteil an der Unvergänglichkeit (achte Rede); selbst der Fleisch/Geist-Dualismus wird von Fichte reformuliert als Gegensatz zwischen unbewußter Natur und Leben im Geiste der oben näher bezeichneten Ursprünglichkeit (neunte Rede). Die Pädagogik Pestalozzis dient dann als Medium, diese Form von Volkstum und Volkszugehörigkeit in der (übrigens koedukativen) Erziehung zu befördern (neunte und zehnte Rede). In der Fichteschen Philosophie und ihrer pädagogischen Durchsetzung kommt das Volk gleichsam zu sich selber und wird damit wirklich. Wenn das Urvolk zwar seine historischen Vorfahren hat, liegt die Verwirklichung dieses Ursprungs nicht in der Vergangenheit, sondern ist noch zu erreichendes Ziel. Insofern ist Volk bei Fichte Bildungsbegriff und nicht Ursprungsmythos.

machen. »Die Fleißarbeit der Brüder Grimm, Epen, Märchen und Lieder zu sammeln und die Bedeutung der Wörter in einem Deutschen Wörterbuch zu katalogisieren, war Teil einer politischen Homogenisierungsanstrengung, die den Anspruch der bis dahin heterogenen Bevölkerung auf Nationbildung in definierten Grenzen und unter einer legitimen politischen Verfassung begründen sollte.«[106] Dieses Bestreben erscheint dem distanzierten Blick als die Erfindung einer Nation, deren einigende Bande, da so empirisch nicht vorhanden (schließlich mußte die Volkwerdung der Deutschen geradezu emphatisch gefordert werden), konstruiert werden mußten. Medium hierfür wurde in Deutschland vor allem die Sprache. »Aber ›Sprache‹ konnte die Funktion der Vergemeinschaftung nicht als gesprochene Vernakulärsprache übernehmen, die in Hunderte von Familien-, Lokal- und Regionalsprachen zerfiel, die sich deutlich voneinander unterschieden. Erst ihre Standardisierung machte ihren nationalen Anspruch sichtbar. Standardisierung allerdings steht in einem unaufgelösten Widerspruch zu der Mystifizierung der ›Muttersprache‹.«[107]

Parallel hierzu entdeckte die Geschichtswissenschaft, die in jener Zeit im eigentlichen Sinne erst entstand, eine Kontinuität »deutscher« Geschichte von den Germanen bis zur Gegenwart. »Der in Rom erzogene Cheruskerfürst *Arminius*, der Reformator *Luther*, *Friedrich der Große* ›König von Preußen‹, der Französisch sprach und Deutsch nur radebrechen konnte, wurden zu Helden des Kampfes um den deutschen Nationalstaat umgedeutet. Das alte erste Heilige Römische Reich, das gerade in seiner Blütezeit ein Vielvölkerimperium war, wurde jetzt zum ethnisch-deutschen Staat, zum heiligen Reich ›deutscher‹ Nation ›verfälscht‹.«[108] Diese Suche nach – und das Finden von – nationalen Wurzeln war in den unterschiedlichsten Spielarten auf dem ganzen Kontinent verbreitet. »Allein dadurch, daß sie zu einem ›Volk‹ wurden, wuchsen die Bürger eines Landes zu einer Art Gemeinschaft zusammen, wenn diese auch nur vorgestellt war, und deren Mitglieder machten sich auf die suche nach Dingen, die sie miteinander gemeinsam hatten – Stätten, Gebräuche, Persönlichkeiten, Erinnerungen, Zeichen und Symbole – und fanden sie auch. Andererseits konnte das Erbe von Gruppen, Regionen und Lokalitäten der neuentstandenen ›Nation‹ in ein gesamtnationales Erbe eingehen, so daß selbst alte Konflikte deren Versöhnung auf einer höheren, umfassenderen Ebene repräsentierten.«[109] Die Besonderheit des deut-

106. Dittrich/Radtke 1990, 21.
107. Dittrich/Radtke 1990, 22.
108. Oberndörfer 1989, 8.
109. Hobsbawm 1990, 108.

schen ethnisch-völkischen Nationalismus war also nicht die Erfindung von Traditionen und legitimierenden Mythen, sondern die Volksideologie, die die Bewohner deutscher Länder zu einer Blut- und Abstammungsgemeinschaft zusammenschloß, die sie prinzipiell von allen anderen absonderte, wenn nicht gar zu etwas besonderem machte. Die romantische Vorstellung der Nation als homogener Volksgemeinschaft war dabei nicht nur geprägt durch eine Grenzziehung gegenüber den »äußeren Feinden«, also dem revolutionären Frankreich, sondern auch durch eine Reinheitsvorstellung vom deutschen Volk als Abstammungs- und Blutgemeinschaft, die einen deutlich antimodernistischen Charakter hatte. Dadurch wurde die Bestimmung des »Deutschtums« begleitet von einer negativen Beschreibung des »Nicht-Deutschen«, womit in erster Linie die Juden gemeint waren. Der deutsche Nationalismus der Romantik hatte einen ausgeprägten Antisemitismus zur Grundlage. Moßmann zeigt dies in einer Interpretation von Schriften Achim von Arnims und seiner »Christlich-deutschen Tischgesellschaft«: »Aus der doppelten Verneinung der bürgerlichen Moderne einerseits und der Suprematie Frankreichs andererseits entwickelten sie einen spezifisch deutschen Nationalbegriff, dessen exklusiv-ausstoßender Charakter sich nicht nur gegen andersnationale Nachbarn, sondern vor allem gegen die jüdische Minderheit im eigenen Land richtete.«[110] Dabei trugen die antisemitischen Positionen von Arnims Züge, die von einem besonderen, nicht veränderbaren Wesen der Juden ausgingen. Nicht zuletzt aufgrund dieser Zusammenhänge war auch der deutsche Nationalismus besonders empfänglich für die sich im 19. Jahrhundert immer weiter ausbreitende Rassentheorie.

Anfangs nur eine intellektuelle Bewegung, gewinnt der Nationalismus im Verlauf des 19. Jahrhunderts in Deutschland eine immer größere Bedeutung. Eine Rolle spielt hierbei natürlich, daß der Nationalismus in ganz Europa in dieser Zeit zur beherrschenden Ideologie wird. Auch hier wird fast überall die Sprache als Vehikel für die Verbreitung nationaler Anliegen genutzt. Zudem verbinden sich im Verlaufe des 19. Jahrhunderts Nationalismus und Imperialismus. Anderson macht in seinen historischen Beispielen deutlich, daß die Herrscher in den großen europäischen Staaten die nationalistische Idee übernehmen, um ihre Herrschaftsansprüche nach innen und ihre Machtansprüche nach außen zu legitimieren.[111] Dieser nachträgliche »Nationalismus von oben« ist die Reaktion auf politische und soziale Probleme der jeweiligen Großreiche. Die nationale Ideologie soll die Integration der heterogenen Bevölkerun-

110. Moßmann 1996, 141.
111. Vgl. Anderson 1983, 88 ff.

gen mit den jeweiligen Staaten bewirken. Je stärker jedoch der völkisch-nationale Charakter betont wird, um so mehr wird es zum Problem, wenn die Bevölkerung eines Staates nicht so ethnisch homogen ist, wie es der Ideologie entspricht. Kulturelle, sprachliche oder andere Unterschiede laufen der Vereinheitlichungstendenz zuwider. Daraus folgt, daß entsprechende Minderheiten sich entweder zu assimilieren haben oder aber – im extremen Fall – gewaltsam zu vertreiben sind. Diese Tendenz wird schon 1855 von de Lagarde deutlich ausgesprochen: »Es ist zweifellos nicht statthaft, daß in irgendeiner Nation eine andere Nation bestehe; es ist zweifellos geboten, diejenigen welche ... jede Dekomposition befördert haben, zu beseitigen: es ist das Recht jedes Volkes, selbst Herr auf seinem Gebiet zu sein, für sich zu leben, nicht für Fremde.«[112] Ethnisch-völkischer Nationalismus zielt auf ethnische Homogenität; im Konzept der ethnisch einheitlichen Nation sind »ethnische Säuberungen« im Keim bereits angelegt. Im deutschen Reich nach 1871 zeigte sich diese Homogenisierungspoltik in den Germanisierungskampagnen gegenüber der dänischen und polnischen Minderheit in Deutschland ebenso wie in Elsaß-Lothringen. Auf dieser Linie liegt ebenfalls das deutsche Staatsbürgerschaftsrecht, nach dem die Staatsangehörigkeit an die ethnische Abstammung gekoppelt ist.

Im Gegensatz zum ethnisch-völkischen sieht der *demotisch-politische Nationbegriff* das Volk nicht durch seine ethnische Abstammung, sondern durch den Akt der politischen Willensbildung konstituiert. Geprägt wurde dieser Begriff in der Zeit der Französischen Revolution. Zuvor wurde er traditionalistisch als Bevölkerung gegenüber dem Souverän verwendet.[113] Die ideengeschichtlichen Wurzeln des neuen Konzepts liegen in der Aufklärung und dem antiabsolutistischen Motiv, gegen die Lehre von der Souveränität der Fürsten ein alternatives Modell politischer Legitimation zu stellen. Verbunden hiermit sind Umstellungen im Verständnis von Recht und Moral. Auf der einen Seite werden naturrechtliche Begründungen des Rechts zunehmend auf positive Begründung umgestellt, auf der anderen Seite tritt ein autonomes, auf das Individuum bezogenes Modell von Moral an die Stelle der inhaltlich bestimmten Tugendlehre ständischer Gesellschaften.[114] Die Theorie der Volkssouveränität schließt hier insofern an, als sie die demokratische Willensbildung vom – wie auch immer vorgestellten – gemeinsamen Ethos löst und an ein Verfahren der Willensbildung bindet. Der korrespondierende Volksbegriff beschreibt

112. Zitiert nach Heckmann 1992, 45.
113. Schönemann 1989, 280.
114. Vgl. Luhmann 1989c, 380ff.

dann zuerst einmal negativ das Volk im Gegensatz zum Staatsapparat als Quelle der Legitimation. »Gerade dieser negative Volksbegriff kennt keinerlei ethnische, kulturelle oder soziologische Kriterien, die Zugehörigkeiten oder Ausschlüsse begründen könnten.«[115]

Dieses Konzept der Volkssouveränität ist eng verbunden mit dem Nationbegriff der französischen Revolution. Nation meint hier anfangs noch nicht die staatliche Verfaßtheit einer Gesellschaft, sondern ist ein innergesellschaftlicher Begriff, der die Trägerschaft der Souveränität bezeichnet. Die Frage, die sich in Frankreich im Blick auf die Einberufung der Generalstände stellte, war die der angemessenen Repräsentation. Durch die Repräsentation sieht Abbé Sieyès die Nation definiert als eine »Körperschaft von Gesellschaftern (associés), welche unter einem gemeinschaftlichen Gesetzesleben und durch eine und dieselbe Legislative repräsentiert werden.«[116] Ziel der Argumentation ist es nachzuweisen, daß auch der Dritte Stand als Nation anzusehen ist und somit legitimerweise die Herrschaft beanspruchen kann. Dabei argumentiert Sieyès mit der Bindung der Nation an das allgemeine Interesse am Allgemeinwohl und mit dem Zusammenhang von gemeinschaftlichem Willen und Gesellschaftsvertrag. Insofern folgt daraus, »daß die Generalstände *als solche* bei der Schaffung einer französischen Verfassung den Nationalstatus nicht erlangen können, da sie Partikularinteressen vertreten und geradezu Vertreter dreier Nationen sind.«[117] Demgegenüber hat der dritte Stand als die Mehrheit der Bevölkerung Recht und Anspruch, die französiche Nation zu bilden. Konsequenterweise wird auf dieser Linie in der Verfassung von 1791 die Nation als Trägerin der Souveränität bezeichnet. Erst als wegen des ersten Koalitionskrieges sich die Situation verändert und eine breitere Legitimationsbasis gesucht wird, tritt das Volk an die Stelle der Nation. Parallel mit dieser Veränderung vollzieht sich auch in der politischen Öffentlichkeit ein Wechsel. War zuvor der Volksbegriff auf Einmütigkeit aller Franzosen ausgerichtet, wird er mehr und mehr zum Kampfbegriff gegen die gesellschaftlichen Schichten, die verdächtigt werden, sich dem nationalen Interesse entgegenzustellen.[118]

Schon hier zeigt sich die Tendenz auch des demotisch-politischen Nationalismus zur Homogenisierung der Bevölkerung. Bürger im eigentlichen Sinne ist, wer politisch am Kampf um den Erhalt der Nation mit-

115. Maus 1994, 605.
116. Zitiert nach Kallscheuer/Leggewie 1994, 134. Zum Konzept des Abbé Sieyès vgl. Freitag 1992.
117. Freitag 1992, 75.
118. Vgl. Schönemann 1989, 282f.

wirkt. »Es schien deswegen das Recht und sogar die Pflicht des neuen Nationalstaats, alle Partikularismen, einschließlich ethnischer, einzuebnen und die Homogenisierung der Staatsbevölkerung, die der absolutistische Staat begonnen hatte, einzuebnen.«[119] Zwar war die Frage der Zugehörigkeit zur französischen Nation unabhängig von der Frage ethnischer und kultureller Zugehörigkeiten – dies zeigte sich auch in der Debatte, ob Juden Franzosen sein könnten – nur eine des politischen Willens, aber dies bedeutet nicht automatisch eine prinzipielle Offenheit gegenüber ethnischen Besonderheiten. Auch hier kann die kulturelle und ethnische Pluralität zum politischen Problem werden, das durch eine Assimilierungspolitik zu lösen versucht wird. »C'est précisement á cause cette hétérogenité que l'unité culturelle, au nom du projet politique, y a été toujours particulièrement affirmé et mise en oeuvre par des institutions centralisées, et en particulier par le système d'enseignement; c'est cette élaboration de la nation qui a été qualifiée de'politique d'assimilation‹.«[120] Ein Problem war hier vor allem die Sprachenfrage. Zum Zeitpunkt der Revolution sprachen die Hälfte der Franzosen kein Französisch und nur 12-13 % sprachen Französisch »richtig«.[121] Nicht zuletzt aufgrund militärischer Notwendigkeiten der revolutionären Volksarmee war es erstes politisches Ziel, die Nationalsprache durchzusetzen – gegebenenfalls mit Zwangsmitteln. Andererseits ist die demotisch-politisch verstandene Nation prinzipiell offener als die ethnisch-völkische im Blick auf Staatsbürgerschaft und Einbürgerung. Ist der politische Wille vor allem ausschlaggebend, spielt die Frage der Herkunft keine oder nur eine untergeordnete Rolle. Frankreich hat deshalb seit der Revolution daran festgehalten, »daß jene, die seine Sprache sprechen, an seiner Kultur und seinen in den Werten der Revolution symbolisierten politischen Vorstellungen teilnehmen, als ›Staatsbürger‹ in die nationale Gemeinschaft eingegliedert werden können.« Allerdings beinhaltet dieses Konzept eine Tendenz zur Vereinheitlichung: »Frankreich wurde vom Staat um die Kernidee der einen und unteilbaren Nation herum aufgebaut. Das zwingt zu einer Integrationspolitik.«[122]

Anders gelöst ist dieses Problem in Staaten, die sich auf ethnisch-pluraler Basis gegründet haben, wie etwa der Schweiz. Auch hier ist wird die Nation nicht durch ethnische Abstammung, sondern durch den politischen Willen unterschiedlicher ethnischer Gruppen legitimiert, die über

119. Heckmann 1992, 215.
120. Schnapper 1991, 78, zitiert nach Heckmann 1992, 255.
121. Hobsbawm 1990, 75.
122. Schnapper 1993, 319.

institutionalisierte Mechanismen und eine föderalistische Struktur ihre Interessen ausgleichen. Dies ist verbunden mit weitgehenden Autonomierechten einerseits und der Anerkennung unterschiedlicher Sprachen als Nationalsprachen andererseits.

Historisch können also idealtypisch zwei Konzeptionen der Nation unterschieden werden, die in der Realität natürlich nicht so sauber auseinanderzuhalten sind. In der Gegenwart mischen sich bei den meisten Staaten demotisch-politisches und ethnisch-völkisches Verständnis der Nation. Bei beiden Konzepten jedoch besteht eine Tendenz zur Homogenisierung der Bevölkerung. Während diese bei eher demotisch-politisch ausgerichteten Nationen vor allem auf dem Weg der Assimilation herbeigeführt werden soll, reagieren ethnisch-völkisch ausgerichtete Nationen sowohl durch Ausgrenzung als auch durch Assimilation auf das Phänomen ethnischer Minderheiten, die im Konstitutionsprozeß des Nationalstaates entstehen. Damit wird jedoch der Prozeß der Ethnisierung des Politischen weiter vorangetrieben, denn in der Regel reagieren ethnische Gruppen auf die Ethnisierung durch die Mehrheitskultur mit einer verstärkten Selbstethnisierung. »Vereinheitlichungsstreben und Nationalismus lassen das (noch) nicht ›Vereinheitlichte‹ zum nicht erwünschten ›Abweichenden‹ werden; ethnisches Vereinheitlichungsstreben konstituiert ethnische Minderheitenlagen. Anpassungs- und Assimilierungsdruck oder offene Feindschaft gegen ethnische Gruppen hat die Tendenz, deren Widerstand hervorzurufen, die ethnische Minderheitenlage zu verstärken und damit dem Vereinheitlichungsprozeß entgegenzuwirken.«[123] Vor dem Hintergrund der historischen Entwicklung der Nationalstaaten ist es nicht verwunderlich, daß ethnische Homogenität eine Ausnahme ist und multiethnische Bevölkerungen in den Staaten dagegen die Regel. Nach einer Untersuchung, die Heckmann zitiert, waren 1971 nur 9,1 % der Staaten der Welt ethnisch homogen, während 40,2 % der Staaten aus fünf oder mehr ethnischen Gruppen bestand.[124] An diesem Sachverhalt hat sich in der Zwischenzeit – auch wenn seither eine Reihe neuer Staaten, vor allem aus dem Zerfall vormals multiethnischer Staaten, entstanden sind – nichts Grundsätzliches verändert. In 184 unabhängigen Staaten der Welt bestehen 600 Sprach- und ca. 5000 ethnische Gruppen.[125]

123. Heckmann 1992, 46.
124. Heckmann 1992, 52.
125. Kymlicka 1995, 1.

Ethnische Minderheiten

Die Existenz von Nationalstaaten, so ist zu sehen, geht einher mit der Existenz ethnischer Minderheiten. Doch ist die Entstehung moderner Nationalstaaten nicht der einzige Grund für die Entstehung dieser Minderheiten in unserem Jahrhundert. Eine Rolle spielen weiterhin die internationale Arbeitsmigration, ausgelöst im letzten Jahrhundert durch einen tiefgreifenden Strukturwandel der wirtschaftlichen Produktion und in diesem Jahrhundert weiterbestehend unter anderem aufgrund der Ungleichzeitigkeit der wirtschaftlichen Entwicklung, und die Auswirkungen des Kolonialismus. Diese Prozesse führten zu Minderheitensituationen, die analytisch unterschieden werden müssen: Im Zusammenhang mit der Nationalstaatenentwicklung entstehen nationale und regionale Minderheiten, im Zusammenhang der Arbeitsmigration Minderheiten durch Siedlungsmigration und Arbeitsmigration, im Zusammenhang mit dem Kolonialismus kolonisierte Minderheiten und »neue« nationale Minderheiten nach der Autonomie vormals kolonialisierter Gebiete.[126]

Nationale Minderheiten sind meist direkte Folge der Entwicklung der Nationalstaaten im 19. und zu Beginn dieses Jahrhunderts. »Nationale Minderheiten sind sozialstrukturell heterogene Bevölkerungsgruppen, die in Folge der Konstitution des Nationalstaats aufgrund historischer Siedlungsstrukturen, oder Staatsgebietsveränderungen als Resultat von Vereinbarungen oder Konflikten zwischen Nationalstaaten, innerhalb eines in Bezug auf ihre ethnische Identität, Kultur und Geschichte fremden Staatsgebiet leben.« (62) Wichtig hierbei ist die Verbindung mit einem Nationalstaat, dem sich die Minderheit entweder zugehörig oder verbunden fühlt. Die meisten nationalen Minderheiten in Europa sind Produkt der territorialen und staatlichen Neuordnung Europas nach dem 1. Weltkrieg.[127] Ordnungs- bzw. wie sich später herausstellte Unordnungsprinzip war das von US-Präsident Wilson proklamierte Selbstbestimmungsrecht der Völker. Die Durchsetzung dieses Prinzips schuf jedoch neue Probleme ungeahnten Ausmaßes, »gerade der Versuch, die

126. Ich folge hier Heckmann 1992, 59 ff.; Seitenzahlen im Text beziehen sich darauf.

127. Vgl. Hobsbawm 1990, 211 (Anm. 9): »Es ist festzuhalten, daß die brisanten nationalen Fragen Europas nach 1989 exakt dieselben waren, die man 1918 bis 1921 geschaffen hatte und die vor 1914 entweder nicht existiert oder die kaum politische Probleme bereitet hatten. Slowaken gegen Tschechen, die Spannungen zwischen den nationalen Bevölkerungen in Jugoslawien, Rumänien und den baltischen Staaten und der transkaukasische Separatismus sind zahlreiche Beispiele dafür.«

Einheit von Staat und Nation herzustellen, führte aufgrund historischer Siedlungsstrukturen, die einer Kongruenz von Staatsgebiet und sprachlich-kulturell-geschichtlicher Besonderheit entgegenstanden, notwendig zur Herausbildung von Minderheitenlagen.« (61) Konsequenzen waren unter anderem riesige »Bevölkerungsausmischungen«, z.B. zwischen Griechenland und der Türkei, aber auch rechtliche Absicherung der kulturellen Besonderheit von nationalen Minderheiten, wie sie z.B. bei den Dänen im Deutschen Reich zumindest auf dem Papier bestand. Entsprechend war der Minderheitenschutz in den zwanziger Jahren ein Politikum ersten Ranges, wenn auch ein effektiver Schutz vor Repressalien effektiv nicht erreicht wurde. Darüber hinaus entstanden kriegerische Konflikte, wenn nationalistische Bewegungen sich auf das Selbstbestimmungsrecht beriefen, während dies von der nationalen Mehrheit bekämpft wurde wie z.B. bei Kurden und Armeniern.

Auch *regionale Minderheiten* sind das Ergebnis der Durchsetzung des Nationalstaatsprinzips. Es wurde bereits darauf verwiesen, daß von Nationalstaaten – gleich ob demotisch-politisch oder ethnisch-völkisch angelegt – starke Homogenisierungs- und Assimilationsbestrebungen ausgehen, die jedoch nicht immer und überall erfolgreich sind. »Regionale Minderheiten sind Bevölkerungsgruppen, die – aus unterschiedlichen Gründen – den Vereinheitlichungs- und Assimilierungsprozessen gegenüber ihre ethnische Identität bewahrt haben oder als ethnische und politische Bewegung ›verschüttete‹ ethnische Traditionen und Kultur und bestimmte Bilder der Vergangenheit wiederentdecken und wiederbeleben wollen.« (63) Hier vollzog sich in Europa seit den 70er Jahren ein *ethnic revival*, bei dem regionalistische Gruppen ihr Recht auf kulturelle Eigenheit und Sprache und – in einigen Fällen – auf politische Teilautonomie einforderten. Die Motive der regionalistischen Bewegungen sind durchaus heterogen; sie reichen von stärker kulturell orientierten oder sprachlichen bis hin zu separatistischen Forderungen, wie z.B. bei den Basken. Eine neue Spielart ist der Regionalismus in Italien, wo in den wirtschaftlich entwickelteren Regionen des Nordens die Loslösung vom unterentwickelten Süden mit regionalistischen Argumenten propagiert wird. Ursachen für den Regionalismus können neben der Unterdrückungserfahrung durch die Mehrheitskultur auch wirtschaftliche Dominanz bzw. Deprivation sein; häufig sind die Motive aber auch von modernitätskritischen Gefühlen dominiert, die regionale Bindungen gegen die zentralistische oder universalistische Vereinheitlichung ins Feld führen will.

Die Migrationen der Neuzeit führten und führen zu Minderheitslagen in den Aufnahmeländern. Dies gilt gleichermaßen für die »klassische« Auswanderung und die reguläre oder irreguläre Arbeitsmigration. Auslöser für die Migration sind wirtschaftliche Ungleichgewichte verbunden mit einem – so vor allem in der Blütezeit der Auswanderung – Bevölkerungsüberschuß in den Herkunftsländern. Direkte *Siedlungswanderer* waren bei den Auswanderungsbewegungen die verschwindende Minderheit. Bei ihnen, die »unbewohntes Land« besiedelten und urbar machten, handelte es sich meist um religiöse Minderheiten, die als geschlossene Gruppen migrierten und in ihrer neuen Heimat die alte Sozialstruktur wieder aufrichteten. Bei den meisten Auswanderern handelte es sich jedoch eher um Menschen, die als Arbeiter in die städtischen Gebiete drängten und – wenn überhaupt – erst nach einer längeren Zeit als Siedler die Städte verließen. Bei beiden Gruppen, die hier unter dem Begriff Siedlungswanderer geführt werden, ist die Bildung einer ethnischen Minderheit möglich, jedoch nicht notwendig. »Von ethnischen Minderheiten läßt sich zum einen sprechen, wenn es Siedlungseinwanderern gelingt, ein ethnisches Institutionensystem zu errichten oder, zum anderen, wenn über Ketten- und Gruppenmigration ›mitgebrachte‹ Kulturmuster und Institutionen im Einwanderungskontext fortgeführt und gesichert werden.« (67)

Von den Siedlungsmigranten sind *Arbeitsmigranten* zu unterscheiden. Bei der Arbeitsmigration ist der längere bzw. lebenslange Aufenthalt, anders als bei den Siedlungsmigranten, in der Regel nicht intendiert, aber doch möglich und unter bestimmten Konstellationen sogar wahrscheinlich. »Arbeitsmigranten sind Bevölkerungsgruppen zumeist ländlicher Herkunft, die im Einwanderungsland überwiegend als unterste Schicht der industriellen Lohnarbeit beschäftigt sind und sich in diskriminierenden Lebensverhältnissen reproduzieren müssen; von Arbeitsmigranten als ethnischer Minderheit läßt sich sprechen, wenn sie ein eigenständiges soziokulturelles System, die Einwandererkolonie entwickeln, welche Ergebnis der Wechselwirkung von Herkunftsfaktoren und den Lebens- und Arbeitsbedingungen der Einwanderungsgesellschaft ist.« (68) Im europäischen Kontext und vor allem in Deutschland bilden die Arbeitsmigranten die größten Gruppen von ethnischen Minderheiten. Die Konstitution dieser Gruppen als ethnische Minderheiten ist – wie weiter oben dargestellt – sowohl die Folge von Ethnisierung von Seiten der Aufnahmegesellschaft als auch der Selbstorganisation und -definition durch die Migrantinnen und Migranten selbst.

Wie bereits angesprochen wurde, ist bei Arbeits- und Siedlungsmigranten zu beobachten, daß diese im Aufnahmeland dazu tendieren, sich – mehr oder minder informell – in Form *ethnischer Kolonien*, beziehungsweise in der angelsächsischen Terminologie in *ethnic communities*, zu organisieren. Das Phänomen, daß Einwanderer gleicher Herkunftsländer dazu neigen, sich in bestimmten Wohngebieten anzusiedeln, die dann entsprechend geprägt sind, wurde bereits früh beschrieben. In den Arbeiten von Forschern der Chicago-School wurde die Stadtentwicklung Chicagos untersucht und festgestellt, daß sich um das eigentliche Stadtzentrum Kolonien (slums) gebildet hatten, die ethnisch geprägt waren.[128] Ähnliches wurde auch im Ruhrgebiet bei den dort ansässig gewordenen polnischen Migranten beobachtet. Neben der räumlichen Konzentration spielen vor allem die sozialen Beziehungen innerhalb der Gruppen eine große Rolle. Dies zeigt sich z. B. am ausgeprägten Vereinswesen, durch das etwa die deutsche community in den amerikanischen Städten geprägt war.[129] Für die ethnischen Kolonien ist also nicht allein der ethnische Gemeinsamkeitsglaube strukturierend, sondern vielmehr ein real bestehendes Gemeinschaftshandeln, das sich in gegenseitiger Hilfeleistung, sozialer Organisation und zum Teil in ethnischer Ökonomie niederschlägt. Als Funktion der ethnischen Kolonien für die Eingewanderten können Neueinwandererhilfe, Stabilisierung der Persönlichkeit neu Eingewanderter, Selbsthilfe, kulturspezifische Sozialisation und Interessenartikulation und -vertretung genannt werden.[130]

Die Entstehung ethnischer Kolonien hängt mit dem Phänomen der Kettenwanderung zusammen. »Kettenwanderung ist eine Form der Wanderung, in welcher Migranten soziale Beziehungen zu bereits Ausgewanderten, die im Herkunftskontext begründet sind, vor allem Verwandtschaft und (frühere) Nachbarschaft, für ihren Migrationsprozeß nutzen: von den Ausgewanderten erfahren sie über Chancen, erhalten Hilfe für ihre Reise, für das Finden von Arbeitsplätzen und Wohnungen, auch für die Anpassung an die neue Umgebung. Beziehungen aus dem Herkunftskontext werden in die Einwanderungsgesellschaft ›verpflanzt‹ bzw. am neuen Ort wiedererrichtet.«[131] Die ethnic community spielt vor allem für die Migrantinnen und Migranten der sogenannten ersten Generation eine Rolle, für die Angehörigen der zweiten Generation verändert sich deren Funktion, vor allem weil für diese Gruppe die Bindung an die Herkunftsgesellschaft eine deutlich geringere Rolle spielt. Darüber hinaus ist darauf zu verweisen, daß die so entstehende Minderheitenkultur gegenüber denen der Herkunftskultur und der des Aufnahmelandes ein drittes dar-

128. Vgl. Treibel 1990, 54 ff.
129. Vgl. Harzig 1992, 168 ff.
130. Heckmann 1992, 112 ff.
131. Heckmann 1992, 99. Für die Bundesrepublik gibt Heckmann an, daß ca. 70 % der Arbeitsmigranten Verwandte im Bundesgebiet haben, mit denen sie engen Kontakt pflegen; bei alten Migrantengruppen, wie z. B. den Italienern, liegt die Quote sogar bei 90 % (Heckmann 1992, 102).

stellt; in der einschlägigen Literatur spricht man daher von Einwanderergesellschaft. »Mit diesem Begriff wird darauf hingewiesen, daß die Eingewanderten nicht die Kultur der Herkunftsgesellschaft in das Einwanderungsland transportieren, sondern daß eine spezifische Kultur und Gruppenstruktur entsteht, die sich sowohl von der Kultur der Einheimischen wie von der Herkunftskultur unterscheidet.«[132]

Die räumliche Konzentration von Migranten in bestimmten Wohngebieten hat jedoch, wie die Untersuchung von Alpheis an türkischen Migranten deutlich macht, keinen relevanten Einfluß auf deren soziale Assimilation.[133] Das Wohnen in ethnischen Kolonien sagt allein also noch nichts über Möglichkeiten und Wahrscheinlichkeiten von Integration und Assimilation aus. Dies führt Alpheis zum einen darauf zurück, daß auch die Bewohner ethnisch segregierter Gebiete keineswegs als homogen anzusehen sind und daß sich die sozialen Beziehungen nicht abhängig vom Wohngebiet entwickeln. Mit anderen Worten: ethnische Kolonien sind nicht von der räumlichen Konzentration abhängig, wenn auch de facto eine räumliche Konzentration zu beobachten ist. Dies hängt offensichtlich damit zusammen, daß die räumliche Segregation der Logik des Wohnungsmarktes folgt: Zu einer räumlichen Konzentration kommt es vor allem in Gebieten, die durch ein niedriges Mietniveau gekennzeichnet sind (z. B. Kreuzberg in Berlin oder Gutleutviertel in Frankfurt).

Eine ähnliche soziostrukturelle Stellung wie Arbeitsmigranten haben in den Aufnahmeländern *exilierte Minderheiten*, die aus unterschiedlichen Gründen aus ihrem Heimatland geflohen sind. Deren Motive zur Migration und auch die Funktion ethnischer Gruppierungen unterscheiden sich von denen der Arbeitsmigranten in verschiedener Hinsicht (z. B. der stärker politische Charakter entsprechender Exilgruppen). Je nach Aufenthaltsstatus kann die rechtliche Stellung im Exilland gesicherter oder ungesicherter als die der Arbeitsmigranten sein. Darüber hinaus ist die Rückkehrorientierung bei exilierten Minderheiten im Durchschnitt stärker ausgeprägt als bei den anderen Gruppen: die Migration erfolgte schließlich nicht freiwillig, sondern auf die eine oder andere Art erzwungen.

Schließlich entstanden ethnische Minderheitenlagen durch den europäischen Kolonialismus und dessen bis in die heutige Zeit reichende Folgen. Zu diesen gehören sowohl die Ausrottung und Unterdrückung ur-

132. Treibel 1990, 137 in Anschluß an Heckmann 1981. Diese Zwischenstellung kann auch als »Zwischenwelt« konzeptionalisiert werden; ich gehe darauf im nächsten Abschnitt ausführlicher ein.
133. Alpheis 1990.

sprünglich autochthoner Bevölkerungsgruppen als auch die Folgen willkürlicher Grenzziehungen in den Kolonien verbunden mit der Entstehung multiethnischer Nationen auf der einen Seite und der Trennung ethnischer Gruppen in angehörige verschiedener Staaten sowie die Konstruktion ethnischer Gebilde, die zuvor so nicht existierten. Die direkte Folge von Kolonialismus ist die Entstehung *kolonisierter Minderheiten*, insbesondere dort, wo die Kolonisatoren dauerhaft die Herrschaft übernommen haben. Die bekanntesten Gruppen kolonisierter Minderheiten sind z. B. die Aborigines in Australien, die Maori in Neuseeland und die indigenen Gruppen in Nord- und Südamerika. Die Kolonialisierung ihrer ursprünglichen Siedlungsgebiete ging in der Regel einher mit der Zerstörung der vorherigen Strukturen ihrer Stammesgesellschaften, der Zerstörung ihrer natürlichen Lebensgrundlagen, ihrer Vertreibung in Reservate genannte »Schutzzonen«, schließlich ihrer Dezimierung oder gar Ausrottung durch Krankheiten, Hunger und Verfolgung. Mittlerweile hat sich für diese marginalisierten Gruppen der Begriff »4. Welt« etabliert, der markieren soll, wie weit die Folgen von Unterdrückung und Unterentwicklung bei den betreffenden Gruppen reichen. Die Folgen der Kolonialisierung dauern bis in die Gegenwart an. Alkoholismus, Analphabetismus, geringe Lebenserwartung, hohe Kindersterblichkeit, hohe Suizidquoten kennzeichnen die Lebensbedingungen der meisten kolonisierten Minderheiten. Erst in jüngerer Zeit entwickelt sich bei einigen Gruppen ein politisches Selbstbewußtsein, das Widerstandspotentiale organisiert und eine Veränderung der Situation der Minderheiten anstrebt. So haben etwa die Maoris in Neuseeland mittlerweile ein relativ großes Maß an kultureller Autonomie durchsetzen können – z. B. Anerkennung von Maori als offizieller Landessprache – und bemühen sich mit Erfolg gerichtlich um die Rückgabe von Landesgebieten, die ihnen zur Zeit der Kolonialisierung vertraglich zugesichert worden waren. Trotz dieser einzelnen Beispiele ist die Situation bei den meisten anderen Gruppen – und zum guten Teil auch in Neuseeland – weiterhin von den oben genannten Bedingungen geprägt. Zusammenfassend läßt sich also sagen: »Kolonisierte Minderheiten sind Nachkommen der Urbevölkerung kolonial eroberter und besiedelter Territorien, denen in einem Prozeß der Beraubung, Liquidierung und Verdrängung ihre überkommene ökonomische Lebensgrundlage genommen und deren Sozialstruktur und Kultur weitgehend zerstört wurden. Sie befinden sich zumeist in einem widerstandsunfähigen Zustand der ökonomischen, psychosozialen und physischen Verelendung, haben einen geringen Akkulturations- und Assimilierungsgrad und sind weitestens aus dem gesellschaftlichen Arbeits- und Kommunikationsprozeß ausgegliedert.« (70 f.)

Die Entstehung der Nationalstaaten in den zuvor kolonialisierten Territorien folgte räumlich zumeist der Gebietseinteilung, die die Kolonialmächte eingerichtet hatten. Die entsprechenden Grenzziehungen waren durch ökonomische, strategische und politische Kalkulationen bestimmt und nicht orientiert an der Bevölkerungsverteilung in den Gebieten. Diese Praxis »bedeutete die Aufsplitterung historisch gewachsener Gesellschaften und Bevölkerungen und die administrative Wiederzusammenfassung von ethnisch heterogenen Bevölkerungsgruppen in der Kolonialverwaltung.« (71) Sie war teilweise mit der Erfindung von Ethnien und Traditionen und der Durchsetzung von Dialekten als Landessprache verbunden – unabhängig von den Praktiken der dort lebenden ethnischen Gruppen, die oft erst durch die koloniale Verwaltungspraxis als ethnische Gruppen konstituiert wurden. Die Nationalstaaten, die nach Ende der Kolonialisierung entstanden, waren demzufolge in der Regel ethnisch heterogen. Die Entstehung *neuer nationaler Minderheiten* ist daher die Folge aus Macht- und Verteilungskämpfen innerhalb dieser neu entstandenen Nationen. »Minderheitensituationen, d.h. die Unterdrükkung bzw. Diskriminierung ethnischer Gruppen in den jungen Nationalstaaten, resultieren aus dem Kampf der herrschenden Eliten der unterschiedlichen ethnischen und regionalen Gruppen um die Vorherrschaft im Gesamtsystem, d.h. aus dem Versuch einer ethnischen Gruppe, sich als ›Staatsvolk‹ zu etablieren, sowie der Durchwirkung dieser Prozesse durch das System der internationalen Beziehungen; Gruppen, die sich durchgesetzt haben, entwickeln das Bestreben, die innerlich disparaten und fragilen Staaten zu integrieren und wenden Politiken der Assimilierung an.« (71) Dabei muß im Auge behalten werden, daß die antikolonialistischen Bewegungen, die für die Unabhängigkeit der neuen Staaten kämpften, selbst auf Ethnizität und Nationalismus als Ressource zur Mobilisierung ihres Widerstands zurückgegriffen haben. Insofern bestehen die neuen Staaten auf einer ethnisch-nationalistischen Basis. Da jedoch die Errichtung neuer ethnischer und nationaler Identitäten, die alte Differenzierungen übergriff, nicht immer gelang, war oftmals die Ethnisierung der inneren Konflikte eine Möglichkeit, bei den Verteilungskämpfen um Macht und gesellschaftliche Ressourcen Rückhalt bei den eigenen Gruppen zu mobilisieren. Die Entstehung neuer ethnischer Minderheiten ist also nicht prinzipiell unumgänglich, sondern sie vollzieht sich dort, wo die nationale Integration multiethnischer Gesellschaften aus den verschiedensten Gründen scheiterte. Von der Konfliktstruktur entsprechen die neuen nationalen Minderheiten teils den »klassischen« nationalen Minderheiten, teils den regionalen. Es gibt sowohl Gruppen, die Anschluß oder Verbindung zu Staaten anstreben, die aus Mitgliedern der eigenen ethnischen Gruppe bestehen, als auch solche, die als regionale Gruppen entweder um Autonomie von oder auch um die Hegemonie in den jeweiligen Staaten kämpfen.

Es ist bereits angeklungen, daß die Entstehung ethnischer Minderheiten allein noch kein hinreichender Grund für die Entstehung *interethnischer Konflikte* ist. Allerdings nimmt gegenwärtig weltweit die Zahl der Auseinandersetzung mit ethnisch-nationalistischem Charakter zu; zwischen 1985 und 1992 waren etwa drei Viertel aller weltweit geführten Kriege zumindest teilweise ethnisch-nationalistisch motiviert, für die Jahre 1993 und 1994 wurden insgesamt 49 ethnisch-politische Konfliktherde gezählt.[134] Ethnische Heterogenität allein kann dabei nicht als Grund für die Auseinandersetzung angeführt werden, da einerseits Gesellschaften mit entsprechenden Differenzen sowohl konfliktär als auch stabil sein können, andererseits ethnische Konflikte zwischen Gruppen entstehen, die sich kaum voneinander unterscheiden (»Tutsi und Hutu etwa sprechen die gleiche Sprache, glauben an die selben Gottheiten, leben seit Jahrhunderten Seite an Seite und unterscheiden sich hinsichtlich ihrer Alltagskultur nur minimal«[135]). Wie kommt es also zur Politisierung ethnischer Differenzen? Diese Frage ist unterschiedlich zu beantworten, je nachdem, ob es sich um neue oder alte nationale bzw. regionale Minderheiten[136] handelt oder um Minderheiten, die aufgrund von Migrationsprozessen entstanden sind. Für die letzte Gruppe werde ich das Problem im Zusammenhang mit der Kulturkonflikttheorie und der Problematik von Integration bzw. Assimilation weiter unten diskutieren. Für die erste Gruppe liegen für die Frage eine Reihe von Erklärungsansätzen vor, die meines Erachtens durch den Ansatz von Wimmer integriert werden können.[137]

Für Wimmer hängt die Politisierung von Ethnizität eng mit der Entstehung moderner Nationalstaaten zusammen, die weiter oben schon eingehender diskutiert wurde. Wimmers These geht davon aus, »daß ethnische Konflikte dann entstehen, wenn im Prozeß der Staatsbildung oder der krisenhaften Reorganisation staatlicher Institutionen die ethnischen Unterteilungen so mit politischer Bedeutung geladen werden, daß ein Kampf darum entbrennt, welchem ›Volk‹ der Staat ›gehören‹ soll oder welchen Anteil daran es legitimerweise beanspruchen darf.« (467)[138] Dies

134. Wimmer 1995, 465.
135. Ebd.
136. Vgl. hierzu speziell Blaschke 1989.
137. Wimmer 1995, Seitenzahlen im Text beziehen sich darauf.
138. Ähnlich die Argumentation von Esser 1996b, der auf den Konflikt um »Posi-

geschieht vor allem dann, wenn zwei Bedingungen gegeben sind, die Ethnisierung der staatlichen Bürokratie und das Vorhandensein einer Bildungselite, die sich aufgrund ihrer ethnischen Zugehörigkeit benachteiligt fühlt. Zur Ethnisierung der Bürokratie kommt es, wenn entweder eine ethnische Mehrheitsbevölkerung Trägerin der Nation ist bzw. wird und – gleichsam selbstverständlich – die wichtigen bürokratischen Funktionsstellen besetzt. Bei unklaren Mehrheits- oder Machtverhältnissen folgt die Ethnisierung der Bürokratie hingegen der Bildung klientelistischer Gruppen. Klientelistische Netzwerke zehren vom Verständnis einer Gruppe, aufgrund der ethnischen Herkunft eine besondere Form der Solidarität zu besitzen. Deswegen wird von Angehörigen der eigenen Gruppe, die bürokratische Verfügungsmacht besitzen, erwartet, daß sie für »ihre Leute« sorgen. Wie im ersten Kapitel schon zu sehen war, deckt sich dies mit der psychologischen Beobachtungen, daß Menschen grundsätzlich zum Gruppenegoismus tendieren, selbst wenn es ihnen nicht bewußt ist; mit anderen Worten: ethnozentristische Verhaltensweisen sind eng verknüpft mit der Identität der der Gruppe verpflichteten Personen.[139] »Deshalb kommt es innerhalb der Bürokratie zu einer ›sozialen Abschließung‹ (Weber) und strategischen Gruppenbildung entlang ethnischer Grenzen. Diese Tendenz ist dann besonders ausgeprägt, wenn andere, nichtethnische Kriterien für die selektive Vergabe bürokratischer Vergünstigungen nicht vorhanden sind, wenn eine Aufgliederung der zivilen Gesellschaft in Parteien, Verbände und andere Interessengruppen keine historische Tradition hat.« (468)[140] Zu Konflikten kommt es erst dann, wenn eine Gruppe existiert, die sich durch die klientelistische Praxis der ethnisierten Bürokratie benachteiligt fühlt. Solche benachteiligten Bildungseliten können entweder das Produkt kolonialer Praxis sein oder auch Folge von Integrations- und Bildungsanstrengungen des Staates. Jedenfalls treten solche Gruppen in Konkurrenz zu den etablierten Bürokraten. »Diese schließen jedoch insbesondere in schlechten Zeiten ihre Reihen gegenüber den Emporkömmlingen ab. Die Minderheitseliten beginnen dann gegen die Diskriminierung zu politisieren und schon bald die ethnischen Grundlagen des Nationalstaats in Frage zu stellen oder einen eigenen zu fordern.« (470) Bei fast allen ethnischen Bewegungen spielen solche Minderheitseliten eine herausragende Rolle. Dies war im übrigen auch so bei der deutschen nationalistischen Bewegung im frühen 19. Jahr-

tionsgüter« abzielt, die in einem Staat nur als »Nullsummenkonflikte« ausgetragen werden können. (73 f.).

139. Vgl. Nunner-Winkler 1993.

140. Vgl. hierzu auch Kößler/Schiel 1994, 10 f.

hundert; hier waren es vor allem Mittelschichtsangehörige wie z.B. Lehrer, die als Protagonisten hervortraten.[141]

So wichtig solche Eliten bei der Politisierung von Ethnizität sind, ohne die Grundlage einer ethnischen Blockbildung bleiben die Konflikte nur latent. Auch hier ist zu beobachten, daß diese nur ausnahmsweise »ganze Völker« umfaßt. »Vielmehr sind es meist der männliche Teil und die politisch überhaupt handlungsfähigen Sektoren der Bevölkerung, welche sich eine ethnisierte Sicht auf die politische Landschaft zu eigen machen und damit die Blockbildung vorantreiben. Deshalb sollte man sich davor hüten, ethnische Konflikte als Auseinandersetzung zwischen antagonistischen ›Volksgruppen‹ zu thematisieren.« (472) Allerdings ist zu fragen, warum Bevölkerungsteile, die nicht direkt an der Auseinandersetzung um Macht- und Einflußpositionen partizipieren, sich ethnisch mobilisieren lassen. Denn ethnische Minderheiten sind in der Regel sozio-ökonomisch heterogen, von einer gemeinsamen Interessenlage ist also nur selten auszugehen. Auch die sozialpsychologische Gruppenegoismustheorie hilft nicht zu erklären, warum ethnische Differenzen nur unter bestimmten Bedingungen zu Konflikten führen, häufig jedoch latent bleiben oder als Differenzen kaum wahrgenommen werden. Auch hier scheint mir Wimmers These am plausibelsten zu sein. Er geht davon aus, »daß die ethnische Blockbildung mit dem Kampf um die kollektiven Güter des Staates zusammenhängt.« (476)[142] Ausgangslage ist hierbei die Ethnisierung der Bürokratie: »Unter diesen Bedingungen erscheinen die vom Staat zu vergebenden Ressourcen und Dienstleistungen nicht als *öffentliche* Leistungen, die allgemein zugänglich wären, sondern als kollektive Güter, an die nur gelangt, wer zur ›richtigen‹ *ethnischen* Gruppe gehört.« (476) Ethnische Blockbildung ist demzufolge das Resultat von Prozessen sozialer Abschließung, die nicht allein den Zugang zu Elitepositionen betrifft. »Es betrifft vielmehr gerade die unteren gesellschaftlichen Gruppierungen in ihrem Kampf um regulär entlohnte Arbeit, um

141. Vgl. Dittrich/Radtke 1990, 22.
142. Vgl. für Afrika Nuscheler 1996. »Wenn sich menschliche Gesellschaften im ›Kampf um das Überleben‹ zusammenfinden, dann sind ethnische Solidargemeinschaften eher Mittel und Ergebnis dieses Kampfes als historisch vorgegeben. In Verteilungskämpfen bilden sich ethnische Gruppierungen; über den unterschiedlichen Zugang zu Macht und zu Ressourcen profilieren sich ihre Begrenzungen und verschärfen sich ihre gegenseitigen Ab- und Ausgrenzungen. Konflikte ergeben sich also nicht so sehr aus der Unvereinbarkeit von Traditionen, sondern vielmehr aus der Tatsache, daß einzelne Individuen oder Gruppen im Poker um politischen Einfluß und wirtschaftliche Vorteile die ›ethnische Karte‹ spielen.« (297)

sichere Arbeitsplätze, um Anrechte in der Sozialversicherung oder auf Wohlfahrtsleistungen u. ä.«[143]

Die Verteilungsproblematik besteht nicht allein im Blick auf die zu verteilenden Güter und Leistungen, sondern auch auf die zu erbringenden Kosten: »Nun ist es aber so, daß – wie ein baskischer Nationalist einmal ausgedrückt hat – die Kuh an einem anderen Ort zu fressen pflegt, als sie ihr Euter hat. Die staatlichen Ressourcen werden nicht nur verteilt, sondern müssen auch eingezogen werden. Für die breite Masse der Bevölkerung spielt mit anderen Worten die ungleiche Verteilung der *Kosten* des Staatswesens häufig eine wichtigere Rolle als diejenige der Gewinne.« (478) Dies ist überall dort von Bedeutung, wo entweder relativ entwikkelte Regionen Transferleistungen für relativ unterentwickelte Regionen aufbringen müssen wie z. B. in Norditalien oder aber Mehrheitsbevölkerungen sozial schwächere Minderheiten durch staatliche Leistungen unterstützen bzw. glauben, daß es sich so verhält wie z. B. im Blick auf durch Arbeitsmigration entstandene Minderheiten. Ethnische Konflikte wurzeln also nicht in einer wie auch immer zu begründenden Verschiedenheit der Völker oder allein auf wirtschaftlichen und sozialen Ungleichgewichten. »Eine Ethnisierung des Politischen ist vielmehr dann zu erwarten, wenn staatliche Güter entlang ethnischer Linien ungleich verteilt und deshalb politische Loyalitätsverbände auf der Basis ethnischen Gemeinsamkeitsglaubens organisiert werden. Die soziale Abschließung und konfliktive Politisierung ethnischer Gruppen ist also nur zu verstehen, wenn sie in bezug auf die grundlegenden Funktionszusammenhänge des modernen Nationalstaates analysiert werden.« (487) Das schließt nicht aus, daß ethnische Konflikte auch eine historische Dimension haben. Auch im kollektiven Gedächtnis gespeicherte Unterdrückungs- oder Benachteiligungserfahrungen können, wenn der nationale Konsens in multiethnischen Staaten brüchig wird, reaktiviert und für neu anstehende Konflikte herangezogen werden.

Zusammenfassend läßt sich *Ethnizität* als ein gesellschaftlicher Inklusions- und Exklusionsmechanismus kennzeichnen, der seine Karriere im Zusammenhang mit der Entstehung der Nationalstaaten und der an sie anschließenden Prozesse begann. Ethnizität bezeichnet dabei einen kollektiv geteilten Gemeinsamkeitsglauben, der sich in der Vorstellung gemeinsamer Herkunft und Geschichte, Sprache und kultureller Besonderheiten ausdrückt. Die Durchsetzung ethnischer Unterscheidungen in der Folge der Entwicklung der Nationalstaaten führt zur Entstehung ethnischer Gruppen, die in bestimmten Konstellationen zu ethnischen Min-

143. Kößler/Schiel 1994, 10.

derheiten werden können. Ethnizität fungiert bei diesen Prozessen von beiden Seiten als Inklusions- und als Exklusionsmechanismus. Mit Hilfe der ethnischen Unterscheidung wird auf der einen Seite die Wir-Gruppe konstituiert (als Volk oder Nation), auf der anderen Seite werden die anderen in ihrem Status kategorisiert. Auf diese Ethnisierung reagieren Gruppen durch stärkeren Rückbezug auf ihre Gruppe (Selbstethnisierung als Wir-Gruppe) und damit auch wieder mit der Unterscheidung zwischen Innen und Außen, Zugehörigkeit bzw. Nichtzugehörigkeit. Allerdings ist die Entstehung ethnischer Gruppen nicht allein als Reaktion auf Ethnisierungsstrategien zu begreifen: Ethnizität wird von den entsprechenden Gruppen meist schon »mitgebracht«, sei es, daß sie aus ethnisch strukturierten Nationalstaaten stammen oder daß sie bereits einen ethnischen Gemeinschaftsglauben pflegen.

Im Blick auf die oben diskutierten unterschiedlichen theoretischen Ansätze der Nationalismustheorien folgt daraus, daß es sich weitgehend nur um scheinbare Alternativen handelt. Ethnische Differenzierungen sind sowohl Resultat der Konstruktion von Ethnizität als auch eines realen historischen Prozesses.[144] Ethnische Grenzziehungen haben in der Regel Anhalt an Praktiken der materiellen und symbolischen Kultur bestimmter Gruppen wie Sprache, Religion, aber auch Recht, Sozialstrukturen und Gewohnheiten wie z.B. Küche und Kleidung. Solche Besonderheiten können zur Grenzziehung herangezogen werden und bilden dann »ethnische Symbole«, wobei manche ethnischen Symbole erst im Verlauf der Entstehung ethnischer Gruppen eingeführt und durchgesetzt werden (im Bereich der Nationen z.B. Flaggen, Hymnen, Feste, aber auch – im 20. Jahrhundert – Nationalmannschaften bei sportlichen Veranstaltungen usw.). Ihre Bedeutung gewinnen die zur Grenzziehung herangezogenen Besonderheiten jedoch erst in der Konstruktion von Ethnizität, während sie zuvor als Unterschiede einfach bestehen.

Dies verweist auch auf die unterschiedlichen Aussagen perennialistischer und modernistischer Theorien. Grenzziehungen zwischen Gruppen sind wohl tatsächlich so alt wie die Menschheit selbst und die Unterschiede zwischen den Gruppen sind unter anderen auch solche der kulturellen Besonderheiten. Allerdings wurden diese Unterschiede nicht zu allen Zeiten ethnisch codiert. Die ethnische Codierung der Differenz ist – und hierin ist den Modernisten recht zu geben – ein spezifisch modernes Phänomen; die Grenzziehungen verliefen historisch nicht entlang distinkter Ethnien, sondern folgten der Logik politischer Herrschaft, wie z.B. bei den Großreichen, aber auch in der politischen Struktur feudalistischer

144. Vgl. Bader 1995, 92ff.

Gesellschaften, oder der Religion, wie z.B. im exilischen und nachexilischen Judentum. Gesellschaften, die über andere als ethnische Inklusions- und Exklusionsmechanismen verfügten, auch als ethnische Gruppen zu bezeichnen, weil sie in vieler Hinsicht kulturelle Eigenarten pflegten und sich durch sie von anderen Gruppen unterschieden, hat analytisch wenig Sinn, weil dies den spezifischen Inhalt ethnischer Grenzziehung undeutlich werden läßt: alle Grenzziehungen zwischen sozialen Gruppen sind dann »irgendwie« ethnisch, ohne daß noch die grundlegenden Unterschiede der Inklusions- und Exklusionsmechanismen gefaßt werden könnten.

Schließlich besteht auch zwischen kulturalistischen und politizistischen Theorien nur ein scheinbarer Widerspruch.[145] Ethnische Differenzierungen haben wie eben angeführt einen kulturellen Kern. Dieser wird jedoch erst wirksam, wenn er politisch formuliert und instrumentalisiert wird zur Mobilisierung nationaler Interessen oder zum Widerstand gegen dominante Nationen im Kontext von Kolonialismus oder Regionalismus. Ohne einen solchen kulturellen Kern wären Stabilität und Dauer ethnischer Formen nur schwer erklärbar. Ebenso bliebe unklar, wie kollektive ethnische Identitäten allein auf der Grundlage politischer Strategie Bestand haben könnten. Statt dessen wäre zu fragen, wieso unter bestimmten Bedingungen gerade der Rekurs auf ethnisch-kulturelle Besonderheiten politischen Ertrag verspricht.

Ethnizität und damit die soziale Zuschreibung von Fremdheit zeigt sich in der soziologisch-historischen Analyse als ein komplexes Phänomen. Deutlich geworden jedoch ist, daß die Betonung der Unterschiede und damit die ethnische Grenzziehung keine »natürliche« Gegebenheit menschlicher Sozialität ist, sondern eine historisch kontingente Form der Grenzziehung zwischen verschiedenen Gruppen. Auch bleibt festzuhalten, daß Ethnizität nicht der einzige Inklusions- bzw. Exklusionsmechanismus sozialer Gruppen in der Gegenwart ist. Daneben – und bisweilen mit Ethnizität verwoben – bestehen weitere wie Religion, wirtschaftlicher oder wissenschaftlicher Status (scientific community). Allerdings hat sich Ethnizität weitgehend auf staatlicher Ebene durchgesetzt: moderne Staaten verstehen sich als Nationalstaaten. Außerdem kann ethnische Grenzziehung immer wieder als Ressource für die Mobilisierung bei wirtschaftlichen oder politischen Verteilungskämpfen herangezogen werden; sei es bei der internen Verteilung knapper werdender Ressourcen (gegenüber exilierten Minderheiten oder Arbeitsmigranten) oder auch bei Machtkämpfen um die Dominanz in neuen Nationalstaaten z.B. in Afrika.

145. Vgl. Bader 1995, 103ff.

In der bisherigen Darstellung habe ich den Begriff der Kultur und entsprechende Ableitungen wie Kulturdifferenz und kulturelle Praktiken gebraucht, ohne deren Bedeutung näher einzuführen. Deutlich geworden ist allerdings, daß der Kultur- und der Ethnizitätsbegriff relativ eng miteinander verwoben sind. Im folgenden soll das bisher Versäumte nachgeholt werden. Dargestellt wird die Konstruktion des Fremden durch die Theorie des Kulturkonflikts.

2.2 Kulturalistische Deutungen von Fremdheit

Theorien der Ethnizität zielen – so war zu sehen – ab auf die Bildung von Wir-Gruppen durch die Etablierung ethnisch definierter Grenzen. Einen anderen Zugang zum Phänomen der Fremdheit wählen kulturalistische Theorien. Bei ihnen liegt der Schwerpunkt auf der Beobachtung der kulturellen Differenz zwischen Migranten und der jeweiligen Gastgesellschaft. Dabei haben sie die Probleme im Blick, die sich bei der Eingliederung der Migranten in diese Gesellschaft ergeben. Deshalb sind kulturalistische Theorien eng verbunden mit den Forschungen zur Integration bzw. Assimilation, denen sie eine bestimmte Deutung beilegen: Die Schwierigkeiten der Integration bzw. Assimilation seien zurückzuführen auf die kulturelle Differenz zwischen Herkunfts- und Gastgesellschaft. Bevor nun Theorien der Kulturdifferenz diskutiert werden, soll deshalb ein Überblick über theoretische Modelle der Assimilation gegeben werden.

Theorien des Kulturkonflikts oder des Kulturschocks gehen zurück auf Forschungen im klassischen Einwanderungsland USA. Ihre Wurzeln liegen in der amerikanischen Diskussion gegen Ende des 19. Jahrhunderts, als in der Öffentlichkeit Ängste und Abwehrreaktionen thematisiert wurden, die durch die Masseneinwanderung – zu der Zeit zunehmend von Menschen aus dem süd- und osteuropäischen Raum – ausgelöst wurden.[146] Es wurden protektionistische und restriktive Maßnahmen diskutiert, um den Einwanderungsprozeß steuern zu können. Ein Auslöser war die Beobachtung, daß bei Einwanderern relativ häufig sozial abweichendes Verhalten wahrzunehmen war. In einer Zeit, in der der biologistische Determinismus vorherrschendes wissenschaftliches Paradigma war, wurde sozial abweichendes Verhalten auf biologische Bedingungen zurückgeführt; im Kontext der Einwanderung als Zusammenhang zwischen Migration und Geisteskrankheit. »Epidemiologische Forschungen

146. Vgl. Castelnuovo 1990.

mit Hilfe vergleichender Fallstudien von im Ausland Geborenen und Einheimischen kamen fast unvermeidlich zu Ergebnissen zum Nachteil der ersteren: Geisteskrankheiten wurden in wesentlich höherem Prozentsatz unter den im Ausland geborenen registriert, die Fälle von Schizophrenie betrugen sogar das Doppelte, und die verschiedenen ethnischen Gruppen erhielten geradezu eine Kennzeichnung je nach der ihnen eigenen Pathologie.«[147] In späteren Veröffentlichungen wurde dieser Zusammenhang noch radikalisiert, indem Auswanderung als Folge von Geisteskrankheit beschrieben wurde.

Die Gegenposition zur These von der endogenen Herkunft des abweichenden Verhaltens von Migranten wurde durch die soziologischen Forschungen der Chicago School vorbereitet, deren Marginalisierungsthese ja besagt, daß die Randständigkeit der Migranten auf die kulturelle Differenz zwischen Herkunftsland und Einwanderungsland zurückzuführen sei. Gestützt wurde dies durch die breit angelegte Untersuchung von Thomas und Znaniecki (The Polish Peasant in Europe and America, Erstveröffentlichung 1918-1921). »Im Mittelpunkt des Interesses (scil. dieser Untersuchung) steht die Desintegration des traditionellen Familienlebens; es kommt zu Prozessen der Vereinzelung der Emigranten, der Entstehung der vom Familienverband gelösten Ehe und Kleinfamilie. Untersucht wird weiterhin u.a. der Entstehungsprozeß und die Bedeutung der Emigrantenkolonien, die Psychologie des Auswanderungsprozesses und Phänomene der ›sozialen Desorganisation‹: Auflösung der Ehe, Mord, Vagabundieren von Jugendlichen.«[148] Gedeutet wurden die Schwierigkeiten der Einwanderer von den Forschern der Chicago School als Anpassungsprobleme. Der Prozeß der Anpassung verläuft, Park und Burgess zufolge,[149] in einem vierstufigen »race-relations-cycle«. Dieser Prozeß kann zwar langwierig sein, läuft aber auf eine völlige Angleichung (Assimilation) der Einwanderer an die Kultur des Aufnahmelandes hinaus. Allerdings ist der race-relations-cycle eher ein normatives Konzept als eine empirisch abgesicherte Theorie des Verhältnisses von Einwandererminoritäten und Aufnahmegesellschaft. Denn es ist immer möglich, daß der Prozeß auf einer Stufe stehen bleibt und stabile Systeme ethnischer Schichtung aufgebaut werden (Kastensysteme, ethnische Kolonien etc.), die eine Assimilation verhindern.

Im Hintergrund des Konzepts des race-relations-cycles steht die These, daß die Assimilation von Einwanderern sowohl aus sozialwissenschaft-

147. Castelnuovo 1990, 300.
148. Heckmann 1981, 46f.
149. Vgl. hierzu Treibel 1990, 58ff.

licher Sicht unvermeidlich als auch aus politischer Sicht wünschenswert sei. Allerdings gehen auch Park und Burgess davon aus, daß sich der Akkulturationsprozeß über drei Generationen hin ausdehnt. In der ersten, der Einwanderergeneration, seien zwar Anpassungen an das gesellschaftliche Leben des Einwanderungslandes zu beobachten, jedoch vollziehe sich das Alltagsleben weitgehend in der ethnischen Kolonie. Erst in der zweiten Generation würde die Akkulturation als Problem ausgetragen, um dann in der dritten Generation durch vollkommene Akkulturation, das heißt Assimilation, zu verschwinden. Aber schon in den dreißiger Jahren wiesen empirische Studien nach, daß der Akkulturationsprozeß keinesfalls notwendigerweise als three-generation-assimilation-cycle ablaufe. So wurde zum Beispiel darauf verwiesen, daß es gerade in der dritten Generation häufig zu einem ethnic revival komme.[150] Die Generationsmodelle beschreiben also zwar bestimmte empirische Regelmäßigkeiten, ohne daß mit ihnen jedoch schon ein theoretische Ansatz vorliegt, der den Ablauf und die Probleme der Akkulturation begrifflich und empirisch fassen kann.

Als Erweiterung und Präzisierung der Generationsmodelle wurden in der Folgezeit Stufenmodelle der Assimilation entwickelt.[151] Interessant ist in diesem Zusammenhang die Arbeit von Taft,[152] der nicht mehr allein von kulturellen Unterschieden ausgeht, sondern prinzipiell nach den Problemen eines sozialen Gruppenwechsels fragt. Dabei unterscheidet er zwischen monistischen, interaktionistischen und pluralistischen Assimilationsprozessen. Monistisch bezeichnet das Aufgehen des Individuums oder der Gruppe in der neuen Gruppe, interaktionistisch das beiderseitige Annähern der Gruppen und pluralistisch das Konzept eines kulturellen Pluralismus. Im Bereich der monistischen Assimilation geht Taft von einem siebenstufigen Prozeß aus:[153]

1. kulturelles Lernen (Kenntnisse über die Aufnahmegruppe, Sprachkenntnisse; nicht von Kontakten abhängig)
2. positive Einstellung zur Aufnahmegruppe; Interaktionen, aber auch Gefahr von Mißverständnissen
3. eher ablehnende Einstellung zur Herkunftsgruppe, Rückzug vom Gruppenleben durch Annäherung an die Aufnahmegruppe (Unverträglichkeit der Normen)
4. Akkomodation (äußerliche Anpassung); Rollenübernahme, aber keine Identifikation; Gefahr der Überanpassung

150. Vgl. Heckmann 1992, 172f.
151. Vgl. Treibel 1990, 64ff.
152. Taft 1957.
153. Treibel 1990, 66.

5. soziale Akzeptanz durch die Aufnahmegruppe; bestimmter Grad an Vertrautheit
6. Identifikation (Mitgliedschaft in der Aufnahmegruppe)
7. Übereinstimmung der Normen (des neuen Gruppenmitglieds mit denen der Aufnahmegruppe).

Auch für Taft ist der Assimilationsprozeß offen, wenn auch das Erreichen der siebten Stufe für ihn das Ziel des Prozesses ist. Allerdings kommt es häufig vor, daß zwar eine kulturelle Assimilation (Stufen 1, 4 und 7) stattfindet, die soziale Assimilation (Stufen 5 und 6) jedoch ausbleibt. Zudem weist Taft zurecht darauf hin, daß die Normen der Aufnahmegruppe keineswegs so festgefügt und homogen sind, wie das Stufenmodell nahezulegen scheint.

Weitergeführt wurde die Assimilationstheorie durch die Forschungen von Eisenstadt,[154] der die Eingliederung von Migranten in Palästina und Israel in den 40er und 50er Jahren untersuchte. Eine zentrale Rolle bei ihm spielt die Frage der Wanderungsmotivation. Je nach Motivation zur Migration und den Erwartungen an das Einwanderungsland gestaltet sich der Assimilationsprozeß (Eisenstadt selbst verwendet den Begriff Absorption) anders. Insgesamt verläuft der Prozeß in drei Phasen, von denen die erste die Wanderungsmotivation ist, die zweite der eigentliche Wanderungsprozeß, dem die Absorption folgt, wobei dies der Ausnahmefall ist, während eine pluralistische Struktur den Regelfall darstellt. Der Wanderungsprozeß bedeutet für die Migranten den Verlust an Rollen, sozialen Beziehungen und gesellschaftlicher Teilhabe. Folge davon sind Unsicherheit und Angst, die bei Ausbleiben der Integration zu anomischem Verhalten führen kann, allerdings können sie auch Motivation bieten, sich dem Assimilationsprozeß zu öffnen. Eisenstadt weist darauf hin, daß bei der Eingliederung die Primärgruppen der Migranten eine große Rolle spielen. »Akkulturation der Einwanderer wird besonders gefördert, wenn die Primärgruppen ihre Solidargefühle auf die neue Gesellschaft ausdehnen, wenn sie Beziehungen zu Organisationen der Einwanderungsgesellschaft aufnehmen und stabile Beziehungen zu ›alten‹ Gruppen der Einwanderungsgesellschaft aufnehmen, kurz das Maß ihrer gesellschaftlichen Partizipation erweitern.«[155] Der Erfolg des Assimilationsprozesses hängt also sowohl von der Transformationsbereitschaft der Einwandererprimärgruppen als auch von der prinzipiellen Offenheit der aufnehmenden Gesellschaft ab.

Die klassische Fassung des Assimilationskonzeptes stammt von Gor-

154. Eisenstadt 1954.
155. Heckmann 1992, 175.

don.[156] Sein Buch stellt eine kritische Bilanz der Assimilations-›Leistung‹ nicht so sehr der Einwanderer, als der US-Gesellschaft dar. Er kontrastierte die Selbstbilder der amerikanischen Gesellschaft (melting pot bzw. cultural pluralism) mit der tatsächlichen Situation der schwarzen und ethnischen Minderheiten in den USA.«[157] Dabei verknüpft Gordon die Assimilationstheorie mit dem Begriff der ethnischen Identität. Ethnizität ist bei ihm weniger mit der konkreten nationalen Herkunft der Migranten verbunden, sondern basiert auf einem umfassenden Verständnis der eigenen Identität, das mit dem der ethnischen Gruppe verbunden ist. Jedoch ist die ethnische Identität nicht der einzige Parameter der Gruppenzugehörigkeit, vielmehr wird diese zugleich durch Ethnizität und soziale Klasse bestimmt. Der Begriff für die Fusion beider ist bei Gordon »ethclass«; jenes Segment innerhalb einer ethnischen Gruppe, das durch Klassenzugehörigkeit bestimmt ist. Die Identität wird also durch die Zugehörigkeit zur jeweiligen ethclass (z.B. weiße, angelsächsische obere Mittelschicht oder irisch katholische untere Mittelschicht oder schwarze Unterschicht) bestimmt.

Der Assimilationsprozeß ist demzufolge überaus komplex und vollzieht sich auf mehreren Ebenen. Dargestellt werden kann er in der folgenden Übersicht:[158]

Subprocess or Condition	Type or Stage of Assimilation	Special Term
Change of culture patterns to those of host society	Cultural or behavioral assimilation	Acculturation
Large-scale entrance into cliques, clubs, and institutions of host society on primary group level	Structural assimilation	None
Large-scale intermarriage	Marital assimilation	Amalgamation
Development of sense of peoplehood based exclusively on host society	Identificational assimilation	None
Absence of prejudice	Attitude receptional assimilation	None
Absence of discrimination	Behavior receptional assimilation	None
Absence of value and power conflict	Civic assimilation	None

156. Gordon 1964.
157. Treibel 1990, 69.
158. Gordon 1964, 71.

Die kulturelle oder verhaltensmäßige Assimilation ist Gordon zufolge Voraussetzung und nicht Zielpunkt für eine weitergehende Assimilation. Eine Schlüsselposition unter den Variablen nimmt dabei die strukturelle Assimilation ein. »Certain hypotheses about the relationship of these variables were advanced; these were (1) that in majority-minority group contact cultural assimilation or acculturation would occur first; (2) that acculturation may take place even when none of the other types of assimilation has occured; and this situation of ›acculturation only‹ may continue indefinetely; and (3) that if structural assimilation occurs along with or subsequent to acculturation, all the other types of assimilation will inevitably follow.«[159] Wenn strukturelle Assimilation erreicht wird, also die Aufnahme in die üblichen Primärgruppen der Einwanderungsgesellschaft, vollzieht sich die weitere Assimilation quasi automatisch. Da Gordon auf diese Weise kulturelle und strukturelle Assimilation voneinander trennt, können die Phasen des Modells nicht als teleologische Struktur verstanden werden. Es ist jederzeit möglich, und unter bestimmten Bedingungen sogar wahrscheinlich, daß der kulturellen Assimilation die strukturelle nicht folgt.

Die skizzierten klassischen Theorien der Assimilation bezogen sich alle auf Einwanderungssituationen. Der Forschungsschwerpunkt lag auf der Frage, wie sich Einwanderungsminoritäten in die Gesellschaft des Aufnahmelandes einpaßten. Weiterhin stimmen die Theorien weitgehend darin überein, daß in diesem Kontext die Anpassungsleistungen vorwiegend durch die Einwanderer selbst und nicht von der Gastgesellschaft zu vollbringen sind. Zudem wird die Differenz zwischen Einwanderern und Einheimischen vor allem dadurch bestimmt, daß sich die Kultur der Migranten von der des Einwanderungslandes in einem gewissen Maße unterscheidet, so daß die Situation der Einwanderer vor allem durch die Kulturdifferenz bestimmt ist. Allerdings wurde der Begriff der Kultur bislang unspezifisch gebraucht. Deswegen soll im folgenden kurz dargestellt werden, welche Bereiche der Begriff *Kultur* umfaßt.

Zuerst einmal fällt auf, daß auch der Begriff Kultur ein moderner ist, er wird erst ab Mitte des 18. Jahrhunderts gebräuchlich im Gegensatz zur Natur.[160] Es spricht viel dafür, daß der Begriff zu Vergleichszwecken eingeführt wurde, mit ihm konnte Kontingentes unter einem bestimmten Bezugspunkt vergleichbar gemacht werden: »Vor allem liegt in der vergleichenden Intention, daß das, was verglichen wird, auch anders möglich ist, also kontingent ist. Kultur entsteht, wenn wir diesem Wink folgen, immer

159. Gordon 1975, 84.
160. Vgl. Luhmann 1997, 587.

dann, wenn der Blick zu anderen Formen und anderen Möglichkeiten abschweift, und eben das belastet die Kultur mit dem Geburtsfehler der Kontingenz.«[161] In gewisser Weise reagiert Kultur auf die Erfahrung von Neuheit und Andersheit, die nicht als bloße Abweichung, sondern als andere Möglichkeit wahrgenommen wird. Erst das gehäufte Auftreten von Neuheiten läßt die Entwicklung eines Vergleichsrahmens nötig werden, mit dessen Hilfe Bestehendes und Neues verglichen werden kann.

In diesem Sinne läßt sich Kultur mit Luhmann als das Gedächtnis der Gesellschaft beschreiben, das auf die Anforderung reagiert, Vergangenes so bereitzuhalten, daß im Horizont der zeitlichen Entwicklung Anschlußfähigkeiten für künftiges Handeln offen gehalten werden.[162] Mit dem Begriff der Kultur entsteht deshalb gleichzeitig der der Tradition. Mit diesem Begriff wird der Vergleich ermöglicht zwischen der Gegenwart der Gesellschaft und ihrer Geschichte. Gleichzeitig eröffnen sich damit Wahlmöglichkeiten für die Gestaltung der Zukunft; es ist möglich, sich der Tradition entsprechend zu verhalten oder abzuweichen, es geht also um die »Inanspruchnahme von Vergangenheit zur Bestimmung des Variationsrahmens der Zukunft«.[163] Eine Option für Kultur und Tradition käme damit einer Einschränkung des Variationsrahmens für zukünftige Optionen ein. Die Beschränkung auf die durch das Gedächtnis Kultur repräsentierte Vergangenheit führt also zur Entwicklungsunfähigkeit der Gesellschaft. Insofern ist Kultur also ein »historischer« Begriff, der auf den gesellschaftlichen Umgang mit dem Zeitproblem verweist. Darüber hinaus ermöglicht er, über Zeitgrenzen hinweg unterschiedliche Kulturen – also Gedächtniszusammenhänge – im Blick auf die Gegenwart zu vergleichen. Wird dabei der Vergleichspunkt mit der eigenen Kultur der Gegenwart gleichgesetzt, entstehen kulturalistische Positionen, die alle anderen Kulturen nur relativ zur eigenen werten. Auf der anderen Seite entsteht Relativismus, wenn die Einsicht in den kontingenten Charakter der Kultur dazu führt, eine prinzipiell unbegrenzte Zahl von Vergleichsmöglichkeiten zu wählen, die selbst nicht mehr in eine Ordnung oder Werthierarchie gebracht werden können.

Wird Kultur so als Gedächtnisleistung der Gesellschaft verstanden und als Antwort auf das Zeitproblem gefaßt, wird deutlich, daß sie nicht in der Sachdimension fixiert werden kann. Da prinzipiell alles vergleichbar ist, kann es keine bestimmten Gegenstände geben, die von sich aus Kulturgegenstände sind. »Kultur ist zunächst eine Verdoppelung aller Artefak-

161. Luhmann 1995a, 48.
162. Ausführlich in Luhmann 1995a, 47 ff.
163. Luhmann 1997, 588.

te, Texte eingeschlossen. Neben ihrem unmittelbaren Gebrauchssinn gewinnen sie einen zweiten Sinn, eben als Dokument einer Kultur. Töpfe sind einerseits Töpfe, zum anderen aber auch Anzeichen einer bestimmten Kultur, die sich durch die Art ihrer Töpfe von anderen unterscheidet. Und was für Töpfe gilt, gilt auch für Religionen.«[164] Unter dem Gesichtspunkt der Vergleichbarkeit wird die Unterscheidung zwischen Hochkultur und Gebrauchskultur obsolet. Auf der andern Seite entsteht ein breiter Raum für die Vergleichbarkeit unterschiedlicher »Kulturen«. Um den Möglichkeitsspielraum dieser Vergleiche einzugrenzen, empfiehlt es sich, mögliche Bereiche, die mit Hilfe von Kultur verglichen werden, zu benennen.

Mit Bader[165] möchte ich dabei zwischen materieller und symbolischer Kultur unterscheiden. *Materielle Kultur* meint dabei die Gewohnheiten und Lebensweisen, die sich objektiv in der Lebensführung von Individuen und Gruppen niederschlagen, während symbolische Kultur vor allem die Deutungen, Werte und Normen meint, die die Lebensführung strukturieren. Zur materiellen Kultur gehören dabei also sowohl »folkloristische« Praktiken wie Küche, Kleidung und Bräuche, aber auch Wohn- bzw. Siedlungsgewohnheiten, medizinische und pflegerische Praktiken, Familienbeziehungen; Prestigehierarchien, Erziehungs- und Bildungspraktiken, aber auch spezifische Ausformungen von Religion, Recht und Politik.[166] Zur *symbolischen Kultur* gehören dahingegen Sprache, Wert- und Normsysteme, Weltbilder, Mythen, Symbole und Traditionen. Die Unterscheidung der beiden Kulturbereiche ermöglicht eine genauere Analyse von Assimilations- und Akkulturationsprozessen. So sind z. B: bestimmte Formen des ethnic revival vor allem auf der Ebene der materiellen Kultur anzusetzen, während zugleich die Normen des Einwanderungslandes weitgehend übernommen worden sind. Bestimmte Praktiken können also weiterhin kulturell bestimmt sein, wenn die symbolischen Deutungen schon längst verblaßt sind. Auf der anderen Seite ist es genau so denkbar, daß Individuen und Gruppen an der symbolischen Kultur festhalten, z. B. Sprache und Wertmaßstäbe ihrer Herkunftskultur, während auf der Ebene des alltäglichen Verhaltens eine Akkulturation an die Lebensgewohnheiten der Gastgesellschaft stattgefunden hat.

Die subjektive Seite der Kultur ist die *ethnische Identität*[167] der Personen, die bei Akkulturations- und Assimilationsprozessen auf dem Spiel

164. Luhmann 1995b, 145.
165. Bader 1995, 94 ff.
166. Vgl. Bader 1995, 96, der sich selbst an Smith 1986, 14 f. anlehnt.
167. Zum Überblick über den Begriff vgl. Schnell 1990.

steht bzw. neu ausbalanciert werden muß. Identität kann dabei gefaßt werden als das jeweils biographisch vermittelte Bewußtsein von Sich-Selbst-Gleichbleiben im Prozeß der Lebensführung. Dabei kann zwischen personaler Identität auf der einen Seite (im Blick auf die Lebensgeschichte) und sozialer Identität (im Blick auf die jeweiligen Rollenerwartungen) auf der anderen Seite unterschieden werden. In diesem Kontext ist ethnische Identität zuerst einmal als Bestandteil der sozialen Identität zu begreifen. Das heißt, daß ethnische Identität zum einen von außen, der Gesellschaft des Gastlandes, zugeschrieben wird in Form von bestimmten Erwartungen an das Verhalten, zum andern durch das Selbstverständnis der ethnischen Gruppe bestimmt ist, der die jeweilige Person angehört (wobei Selbstverständnis der Gruppe und Selbstverständnis der Person nicht identisch sein müssen und es gewöhnlich auch nicht sind). Schon auf dieser Ebene muß jede Person einen für sie akzeptablen Ausgleich der verschiedenen Rollenerwartungen finden, der auf der Ebene der Ich-Identität dann den »ethnischen Anteil« ausmacht. Die Situation verschärft sich jedoch, wenn darüber hinaus die verschiedenen sozialen Identitäten von Personen in modernen Gesellschaften in Einklang gebracht werden müssen. Dies führt zu Problemen »bei relativer kultureller Distanz, Divergenzen und Konflikten zwischen ethnischen Gruppen: Kategorisierungen, Bewertungen und Erwartungen der verschiedenen Bezugsgruppen, denen ein Minderheitenangehöriger ausgesetzt ist, umfassen hier einen weiten Spannungsbogen mit der Folge, daß Abstimmungen zwischen diesen Erwartungen, ›Balancen‹ und Integrationsakte wesentlich schwieriger werden, mit mehr Unsicherheiten, Mehrdeutigkeiten und Zweifeln verbunden sind, und ein höheres Maß an Steuerungskapazität und individueller Konflikttoleranz erfordern.«[168] Mit anderen Worten: Sobald die ethnische Identität zu einem wichtigen Bestandteil der persönlichen Identität wird, kann es dann zu Problemen und Belastungen kommen, wenn sie mit anderen sozialen Identitäten in Konflikt gerät. Als Alternativen sind dann entweder eine verstärkte Annäherung an die Mehrheitsgesellschaft möglich, also Assimilation, oder aber ein Rückzug auf die Herkunftskultur in einem Prozeß von Ethnisierung und Selbstethnisierung. Auf dieser Ebene setzen Theorien des Kulturkonflikts an. Jene Beschreibungen also, die die Probleme, die bei der Akkulturation entstehen, als durch die kulturelle Differenz zwischen Herkunfts- und Mehrheitsgesellschaft bestimmt, deuten.

Als Beispiel für eine solche Theorie, die aus der Kulturperspektive die Probleme von Arbeitsmigranten interpretiert, möchte ich die Arbeit von

168. Heckmann 1992, 198.

Hettlage-Varjas und Hettlage[169] vorstellen. Beide gehen von der theoretischen Einsicht aus, daß sich die Analyse von Assimilationsprozessen bei Arbeitsmigranten[170] von den Modellen lösen muß, die vor allem die Probleme von Emigranten – wie in der amerikanischen Assimilationsforschung – zum Gegenstand haben. Es ist zu beachten, »dass der Arbeitsmigrant eben kein Emigrant ist, sondern in seinem Heimatland viel tiefer verwurzelt und ihm verpflichtet bleibt als derjenige, der kraft äusserer und innerer Umstände einen endgültigen Bruch mit seiner Herkunft vollzieht und vollziehen muss. Beziehungsstrukturen und kulturelle Deutungsmuster müssen daher notwendigerweise unterschiedlich sein. Sie finden ihren Niederschlag in besonderen Reaktionsweisen gegenüber der Heimat, gegenüber dem Gastland (und umgekehrt) und münden in einer spezifischen Selbstdefinition als Gruppe ein.« (358) Um die besondere Situation von Arbeitsmigranten erhellen zu können, bemühen sich die Autoren konsequenterweise um eine möglichst genaue phänomenologische Analyse des Fremdseins dieser Gruppe. Als Grundlage hierfür dienen Interviews mit Migrantenfamilien in der Schweiz, die im Rahmen von Forschungstätigkeiten und Beratungsarbeit entstanden sind.

Die ersten Erfahrungen im Gastland tragen Hettlage und Hettlage-Varjas zufolge häufig den Charakter einer traumatischen Krise. Diese hat ihre Wurzel schon in Enttäuschungen in der Heimat, die aus unterschiedlichen Gründen verlassen wurde. Jeder Wohnsitzwechsel ist mit psychischer und sozialer Verunsicherung verbunden, um so mehr, wenn er in eine mehr oder minder fremde Umgebung führt. Diese Verunsicherung äußert sich vor allem als Verlust von Alltagsroutinen, also als Verlust von lebensweltlichen Gewißheiten. »Denn das, was in der bisherigen

169. Hettlage-Varjas/Hettlage 1984, Seitenzahlen im Text beziehen sich im folgenden hierauf.
170. Hettlage-Varjas/Hettlage 1984 sprechen gemäß der sprachlichen Gewohnheit in der Schweiz nicht von Arbeitsmigranten oder gar »ausländischen Mitbürgern«, sondern von Fremdarbeitern: »Beschwörungsformeln wie ›ausländische Mitbürger‹, sind eigentlich dazu angetan, die eigene Unsicherheit zuzudecken und kontraphobisch zu überspringen. Immerhin hat das distanzbetonte Sprachverhalten der Schweizer – die Arbeitsmigranten als *Fremd*arbeiter zu bezeichnen – den Vorteil, keine falschen Tatsachen vorzuspiegeln: der Arbeitsmigrant ist in erster Linie ein Fremder. Dies zu betonen, ist umso wichtiger, als die Fremdheit einen doppelten Aspekt beinhaltet: der Fremde wirkt nicht nur auf den Einheimischen fremd, er selbst fühlt sich auch fremd in der neuen Umwelt.« (361) Gerade die Rede von den »ausländischen Mitbürgern« verschleiert den Zusammenhang, daß die »Mitbürger« keine Bürgerinnen und Bürger sind, weil ihnen die Bürgerrechte im Gastland gerade nicht zukommen, sondern vorenthalten bleiben.

Welt des Herkunftslandes selbstverständlich war, die geläufigen Orientierungsmuster der Gruppe, sind in der neuen Lebenswelt ausseralltäglich geworden und damit in ihrer Funktion entwertet. Das, was bisher fraglos interiorisiert war, wird wieder nach aussen geworfen und erscheint als ent-fremdet, exteriorisiert. Die Biographie des einzelnen ist mit gültigen Alltagsroutinen nicht mehr ausgefüllt. Die Züge der neuen Welt fahren eben nicht nach dem alten Fahrplan.« (364) Das soziale Wirklichkeitsverständnis muß also neu konstruiert und mit dem alten in irgendeinen sinnvollen Zusammenhang gebracht werden. Insofern ist die Auseinandersetzung mit der neuen Lebenswelt gleichzeitig verbunden mit einer neuen Ausbalancierung der eigenen Identität.

Dies wird bei Arbeitsmigranten dadurch erschwert, daß sie im Gastland aufgrund ihrer besonderen Situation stigmatisiert werden. Das hängt unter anderem mit der sozialen Position zusammen, die sie im neuen Land einnehmen. Zum größten Teil wurden Arbeitsmigranten für statusniedrige Arbeiten angeworben. Im Sozialgefüge der Aufnahmegesellschaft führte dies zu einer »Unterschichtung« des Arbeitssystems durch die Arbeitsmigranten.[171] »Man macht sich und dem Ausländer klar, dass er für die ›Dreckarbeit‹ da sei. Als pars pro toto schlägt das nicht selten in eine Aussage über die Persönlichkeit des Fremdarbeiters um. So wie das Stereotyp des ›gerissenen Juden‹ auf seine soziale und ökonomische Sonderstellung zurückgeht, so wird auch das Stereotyp des Fremdarbeiters von seiner sozio-ökonomischen Stellung bedingt. [...] Man kann nun beobachten, wie dieses negative Stereotyp sich von der Qualität der Arbeit ablöst und eine erschreckende Eigendynamik entfaltet. So bleiben die Italiener ›dreckig‹, auch wenn sie mittlerweile geschätzte und qualifizierte Arbeiter sind und obwohl ihre Frauen so häufig als Putzfrauen tätig sind und wegen ihrer Sauberkeit geschätzt werden.« (367) Hinzu kommt, daß Arbeitsmigranten in einer dilemmatischen Situation stehen: Weil sie sich – offiziell – nur befristet im Gastland aufhalten, wird eine stärkere Akkulturations- und Assimilationsbereitschaft nicht erwartet, gleichwohl werden sie gerade wegen ihrer unangepaßten Fremdheit stigmatisiert.

Ein weiteres Charakteristikum der Situation von Arbeitsmigranten ist das Pendeln zwischen Herkunfts- und Gastland.[172] Dies ist begründet in der Rückkehrorientierung der meisten Arbeitsmigranten. »Laut den uns verfügbaren Biographien erstreckt sich die Planung nur auf die *ferne* Zukunft. Alles dreht sich um diese, die zugleich eine Zukunft der ehrenvol-

171. Vgl. Körner 1990, 89ff., zum Begriff der Unterschichtung Harbach 1976, 121ff.
172. Vgl. dazu ausführlicher Giordano 1984, 444ff.

len, prestigehaltigen und identitätsvermittelnden Wiederkehr ist. Eine Nahplanung für die Gegenwart und die nächsten Jahre des Arbeitslebens verliert demgegenüber an Wichtigkeit. Alles kumuliert in dem Satz: ›Die Kinder sollen es einmal besser haben‹! Dass es gerade diese Kinder sind, an denen die spätere Rückkehr oft scheitern wird, tritt nicht ins Bewusstsein.« (370) Diese Rückkehrbindung materialisiert sich oftmals im eigenen Haus in der Heimat. Allerdings wird dies aufgrund der faktischen Lebensumstände oftmals gerade zum Symbol der Pendlerexistenz, weil es den Charakter eines Ferienhauses erhält. In diesem Zusammenhang weisen Hettlage-Varjas und Hettlage darauf hin, daß auch das Verhältnis zum Herkunftsort für die meisten Migranten dilemmatisch strukturiert ist. Von vielen wird die Notwendigkeit der Migration als Abschiebung von zu Hause interpretiert.

Gleichzeitig besteht – auch vermittelt über die Geldüberweisungen an die Familie im Heimatort – eine »quasi-kontraktuelle Rückbindung«. Dies schlägt sich in der Identität der Migranten nieder: »auf der einen Seite wird er von der Heimat abgeschoben, gleichzeitig aber von ihr nicht losgelassen. Hierin liegt wohl eine Tiefenstruktur, die das Verhalten vieler Fremdarbeiter zu ihrem Gastland prägt und die nicht nur durch den Zeitfaktor allein erklärlich ist.« (371) Ähnlich zwiespältig geprägt ist auch das Verhältnis zum Gastland: auf der einen Seite als Arbeitskraft umworben, auf der anderen Seite marginalisiert und stigmatisiert. Zudem werden die Arbeitsmigranten zur Projektionsfläche für die Ambivalenzen, die von Seiten der Einheimischen bestehen. Das Fremde hat als Fremdes seine Attraktivität – was nicht allein die Wachstumsbranche Ferntourismus belegt. Gleichzeitig aber wird nicht gewünscht, diese fremden Verhältnisse im eigenen Land zu erleben. »Als Projektionsschirm für den Hauch des Ungewöhnlichen ist der Südländer zugleich auch das Spiegelbild eigener negativer Gruppenqualitäten, auf die er zwangsläufig auch hinweist. Obwohl kulturell und materiell an der Gestaltung der Lebensverhältnisse im Gastland mitarbeitend, wird ihm diese Leistung nicht positiv aufgerechnet.« (372) Folge dieser Pendelexistenz ist, daß die Arbeitsmigranten der Herkunftsgesellschaft entfremdet werden, während sie in der Aufnahmegesellschaft nicht heimisch werden können. Dies führt zu Problemen bei der eventuellen Remigration. »Als Rückkehrer hat er sich, ob er will oder nicht, teilweise eine neue Biographie zugelegt. Aber auch die Daheimgebliebenen haben ihr Leben weitergelebt, ohne dass der Remigrant Mitglied dieser Tradition hätte sein können. Alle Erfahrungen zeigen, dass der Rückkehrer in den Augen der Zurückgebliebenen (z.T. von ihm selbst hochstilisierte) Aspekte des Fremden an sich trägt. Seine Sonderexistenz im Ausland sichert ihm nur oberflächlichen Statusgewinn, denn nur selten gelingt es ihm, sich wieder voll in seine Ursprungsgesellschaft einzugliedern.« (374)

Auf diese durch Ambivalenzen geprägte Situation reagieren die Arbeitsmigranten mit der Konstruktion einer *Zwischenwelt*, die Identität und die bestimmenden Lebenswelten zu integrieren versucht. »Zwischenwelt nennen wir jenen psychischen, sozialen und kulturellen Standort, den ein Mensch bezieht, wenn er unter dem Anspruch eines einheitlichen Lebensentwurfs versucht, gegensätzliche Lebenswelten, von denen er abhängig ist, zusammenzufügen. Unter dem Druck, seine Identität finden zu müssen, und sie sozial zur Geltung zu bringen, verbindet er Bestandteile dieser Welten so, wie er sie erfahren hat und ständig neu erfährt, zu einem eigenständigen Integrat und Bezugspunkt. Da der Mensch sein Verhältnis zu den erfahrenen Lebensformen laufend ändert, ist das Konzept der Zwischenwelt weniger eine einmalige Zustandsbeschreibung als ein Denk- und Handlungs*prozess*.« (378) Die Konstruktion der Zwischenwelt ist also als Integrationsleistung der Arbeitsmigranten zu verstehen. Sie ist die Wirklichkeitskonstruktion, mit deren Hilfe die ambivalenten Anforderungen in eine Form gebracht werden, in der sie bearbeitet und gelebt werden können. Die Anpassungsvorgänge an die Gesellschaft und Kultur des Gastlandes kann aus dieser Sicht als ein Prozeß der laufenden Rekonstruktion der Zwischenwelt gedeutet werden. Gleichzeitig erlaubt dieses Konzept, Formen der psychischen, sozialen und physischen Probleme der Arbeitsmigranten zu begreifen als Ausdruck der in der Zwischenwelt angelegten Spannungen zwischen den Kulturen der Herkunfts- und der Gastkultur. Es geht dann nicht mehr um einen Konflikt zwischen beiden Kulturen, sondern vielmehr um Bearbeitungsprozesse dieses Konflikts, die sich auf einer anderen Ebene, eben der der Zwischenwelt, abspielen. Es sind nicht die unversöhnbaren Anforderungen zweier different gedachter Kulturen, sondern die Integrationsprobleme, die sich aus der Bearbeitung der Differenzerfahrungen ergeben.

Die zwischenweltlichen Identifikationsprozesse verlaufen Hettlage-Varjas und Hettlage zufolge entlang bestimmter Phasen; wobei hier nicht an eine teleologische Struktur gedacht ist, sondern an eine Abfolge von Konstellationen, die bearbeitet werden können, aber nicht müssen. Beschrieben werden fünf Stufen, von denen die beiden letzten nicht von den Migranten der ersten Generation erreicht werden, sondern erst von Angehörigen der zweiten und dritten Generation. Unterschieden werden (1) die Phase der interkulturellen Wahrnehmung, (2) die Phase der sozialen Kategorisierung, (3) die Phase der reflektierten Neudefinition, (4) die Phase der lebensgeschichtlichen Selbstverständlichkeit und (5) die Phase der bikulturellen Reminiszenz. Die erste Phase ist geprägt von kulturellen Fremdheitserfahrungen. Diese zu bewältigen, werden unterschiedliche Strategien eingeschlagen. Hettlage-Varjas und Hettlage beschreiben drei Möglichkeiten: Überanpassung, Integrationsverweigerung und Latenz der Entscheidung. Die erste Strategie besteht darin, möglichst allen Erwartungen nachzukommen, um möglichst schnell nicht mehr als Fremder aufzufallen. Damit allerdings werden die sich so verhaltenden Personen sowohl den Angehörigen der eigenen Gruppe als auch den Angehörigen der Gastkultur suspekt. Die zweite Strategie besteht im Rückzug in oder gar in der Fixierung auf die eigene kulturelle Identität. »Um den ersten Fremdheitsschock zu begegnen, versuchen sehr viele Migranten, sich beinahe trotzig von der auf ihnen lastenden neuen Lebensweise abzuheben und Elemente des gewohnten Lebensstils hervorzukehren, die ihnen vorher entweder gar nicht aufgefallen oder nicht als verstärkenswert vorgekommen waren.« (383) Dazu kann auch die (Wieder-)Entkeckung religiöser Bindungen gehören, die zuvor keine oder eine nur geringe Rolle gespielt haben.[173] Probleme entstehen am ehesten dann, wenn der Rückzug auf Dauer gestellt wird: »Was anfangs ein psychohygienischer wichtiger Schritt war, sich nicht abrupt von Traditionsbindungen abnabeln zu wollen, wird nun chronifiziert. Immer höhere Wälle gegen die Fremdkultur werden aufgeschaufelt. Die vom Lebensalltag erzwungenen Ansprüche und Anpassungen werden auf ein Minimum reduziert und so weit als möglich abgewiesen. Regredierend kämpft er darum, der neuen Welt einen möglichst geringen Tribut zu zahlen und seine Biographie davon ›unbeschädigt‹ zu halten.« (384) Die dritte Strategie schließlich besteht in der Latenthaltung der Integrationsproblematik; die Situation wird auf Dauer offen gehalten. Unter Beibehaltung der Rückkehrorientierung wird die Aufenthaltszeit in der Aufnahmegesellschaft verlängert. Die Latenz der Entscheidung verhindert dabei häufig eine realistische Sicht der Situation. Die Rückkehr nach Abschluß des Arbeitslebens erweist sich dann als Illusion, vor allem, wenn die Kinder, die dann in der entsprechenden Kultur aufgewachsen sind, sich gegen eine Remigration wenden.

173. So auch Bausinger 1986, 92: »Es zeigt sich, daß scheinbar urtürkische Formen sich teilweise erst entwickelt haben auf der Wanderung, die in vielen Fällen nicht direkt nach Deutschland führte, sondern zunächst aus anatolischen Dörfern in die Stadt, nach Istanbul. Dort erst kehrte man vielfach zu den Symbolen der Tracht und Kleidung zurück, und in Deutschland verstärkte sich diese Tendenz – die Tendenz einer demonstrativen Rückkehr, die eigentlich keine Rückkehr ist, sondern eine regressive Neufassung, ähnlich wie die Hinwendung zu religiösen Gebräuchen und Geboten: Retürkisierung also, Re-Islamisierung und nicht einfach Kontinuität.«

Die Phase der sozialen Kategorisierung ist gekennzeichnet durch die Einsicht, daß die Zeit des Aufenthalts in der fremden Kultur als Gestaltungsraum erlebt wird. »Dadurch können auch neue Bedürfnisse (Wahrnehmung eigener Berufschancen, Lebensplanung für die Kinder) in den Vordergrund treten. Man lebt nicht mehr im Aufbruch, sondern versucht, sich innerlich und äusserlich im Gastland einzurichten.« (388) Dies setzt eine distanzierte Sicht sowohl der eigenen Herkunft als auch der Kultur des Gastlandes voraus. »Die Besonderheit der 2. Phase der Integrationsarbeit liegt darin, dass die Selbst- und Fremdkategorisierung nicht mehr in einer *gegenkulturellen Absetzung* gegen die dominante Kultur gesucht wird, sondern in ein *subkulturelles Näherrücken* umschlägt.« (389) Die Anteile der Herkunftsorientierung und der an den Gepflogenheiten in der Aufnahmegesellschaft beginnen sich zu durchmischen und zu überkreuzen. Deutlich wird dies an dem Statement einer italienischen Frau in einer Beratung: »Eine sizilianische Mutter werde ich immer bleiben, aber eine sizilianische Ehefrau bin ich schon lange nicht mehr.« (390) Neue Erfahrungen und alte Orientierungen werden also zu einer neuen Identität zusammengeführt. Die Veränderungen werden sowohl als Gewinn als auch als Verlust empfunden. Diese Selektivität der Orientierungen ist die Voraussetzung für den Wechsel in die dritte Phase der reflektierten Neudefinition. Sie ist dadurch bestimmt, daß die Zugehörigkeitsdefinition wechselt, »wir« heißt nun die Anbindung an das Gast-, nicht mehr an das Herkunftsland. »Die Identifikation mit der alten Heimat besitzt keine Leitfunktion mehr, sie ist zur eigenen Vergangenheit geworden. Man kann den Weg zurück nicht mehr finden; man will ihn auch nicht mehr finden. Der Graben ist zu gross geworden.« (391) Allerdings vollzieht sich diese Neudefinition auf der Grundlage der Zugehörigkeit zur »Zwischenwelt«; diese Neudefinition ist also nicht gleichbedeutend mit Assimilation. Hierfür ist die emotionale Bindung an die Herkunftskultur auch noch zu stark.

Die Stärke des Ansatzes von Hettlage-Varjas und Hettlage liegt ohne Zweifel darin, daß sie – aufgrund ihrer therapeutischen und beraterischen Praxis – versuchen, die Integrationsprobleme von Arbeitsmigrantinnen und -migranten aus deren Perspektive zu verstehen. Dadurch entsteht ein realistischer Blick auf die Interpretationen, mit deren Hilfe Migranten ihre Situation deuten. Ebenso werden die Strategien zum Umgang mit ihrer Situation ernst genommen, also z. B. der Wunsch nach traditionellen Bindungen. Darüber hinaus erlangt auch die Funktion und die Problematik der Herkunftsorientierung eine plausible Deutung. Und schließlich steht mit dem Konzept der Zwischenwelt ein Begriff bereit, der die ambivalente Situation der Arbeitsmigrantinnen und -migranten zwischen Herkunfts- und Aufnahmegesellschaft zu thematisieren erlaubt. Kritisch ist jedoch nachzufragen, inwieweit durch die Übernahme des Kulturkonzepts nicht Deutungen – sowohl der Migranten selbst als auch der sie beobachtenden Sozialwissenschaftler und Therapeutinnen – als Realität ausgegeben werden. Anders gesagt: Verbirgt sich hinter der Rede von der Kulturdifferenz nicht etwa eine kulturalistische Ideologie, die von einem unversöhnbaren Antagonismus zwischen Kulturen ausgeht und diese auf einen wie auch immer bestimmten Status quo festschreibt?

Diese Kritik gipfelt im Vorwurf des *Kulturdeterminismus*. Probleme der Integration von Arbeitsmigrantinnen und -migranten würden allein auf die tatsächlichen oder nur vorgestellten Differenzen der Kultur zugerechnet, ökonomische, soziale und sozialpsychologische Faktoren würden statt dessen ignoriert. Aus dieser Perspektive erscheint die Rede von der Unterschiedlichkeit der Kulturen als Konstruktion, die die tatsächlichen Gründe der Integrationsprobleme verschleiert, mit anderen Worten als Ideologie zur Aufrechterhaltung des Status quo, durch die die Situation der Arbeitsmigranten als unterprivilegierte Randlage festgeschrieben wird. Auf diese Weise wird die Kultur zu einem »ehernen Gehäuse«[174], zu einer »Uniform«, einer »Livree« (Finkielkraut), die nichts anderes als die Unterwerfung und Knechtschaft derer ausdrückt, die sie tragen. Dabei wird außer acht gelassen, daß die Traditionen und Kulturen selbst historisch kontingent sind und vor allem, daß sie unterdrückerische Praktiken sein können. So fragt Finkielkraut polemisch: »Gibt es eine Kultur da, wo man über Delinquenten körperliche Züchtigungen verhängt, wo die unfruchtbare Frau verstoßen und die Ehebrecherin bestraft wird, wo die Aussage eines Mannes soviel wert ist wie die von zwei Frauen, wo eine Schwester nur Anspruch auf die Hälfte des Erbes hat, das ihrem Bruder zufällt, wo die Frauen beschnitten werden, wo die Mischehe verboten und die Polygamie erlaubt ist?«[175] Finkielkraut beschreibt den sich verbreitenden Kulturrelativismus als Folge falsch verstandener Toleranz, resultierend aus der Scham historisch vorausgegangener Unterdrückung. »Aus Scham über die Herrschaft, die man so lange über die Völker der Dritten Welt ausgeübt hat, schwört man sich, nicht wieder damit anzufangen und beschließt – gleich als Auftakt – ihnen die Härten der Freiheit nach europäischer Art zu ersparen. Aus Angst, den Einwanderern Gewalt anzutun, verbindet man sie mit der Livree, die die Geschichte ihnen zugeschnitten hat. Um sie so leben zu lassen, wie es ihnen paßt, versagt man es sich, sie vor möglichen Untaten oder Mißbrauch ihrer jeweiligen Tradition zu

174. Apitzsch 1993, 163.
175. Finkielkraut 1987, 111.

schützen. Um die Grausamkeit der Entwurzelung zu mildern, übergibt man sie wehrlos, auf Gedeih und Verderb wieder ihrer Gemeinschaft und schafft es so, die Anwendung der Menschenrechte auf die Menschen des Westens zu beschränken, und das alles in dem Glauben, diese Rechte zu erweitern, wenn man jedem die Wahl läßt, in seiner Kultur zu leben.«[176] Auf diese Weise perpetuiert der Kulturdeterminismus die Herrschaft gegenüber anderen »Kulturen« und gibt dieser Unterdrückung noch eine ideologische Fassade, die suggeriert, daß die Herrschaft im eigenen Interesse der Unterdrückten sei. So tritt der Kulturalismus die Nachfolge des Rassismus an, indem soziale und ökonomische Machtverhältnisse als Ausdruck einer natürlichen bzw. historisch notwendigen Differenz zwischen Herrschern und Beherrschten erklärt werden.[177]

Theoretisch hängt die Frage, ob Kultur ein determinierender Faktor ist, davon ab, ob die kulturelle Identität als ein unaufgebbarer Bestandteil der Identität von Personen gesehen wird. Nur wenn dies zutrifft, muß davon ausgegangen werden, daß eine Aufgabe der kulturellen Identität gleichbedeutend ist mit Identitätsverlust und den daraus resultierenden Problemen. Nun kann kaum der Einsicht widersprochen werden, daß im Verlauf der Identitätsentwicklung sich auch ein Bewußtsein kultureller oder ethnischer Identität entwickelt.[178] Offen ist jedoch, welchen Status die kulturelle Identität besitzt und inwieweit sie revidierbar und Lernprozessen offen ist. Von einer weitgehenden Festlegung durch die »kulturelle Basispersönlichkeit« geht die Studie von Schrader, Nikles und Griese aus,[179] die sich mit den Integrationsproblemen von Jugendlichen der 2. Generation befaßt. Diese befinden sich dieser Untersuchung zufolge als »Wanderer zwischen zwei Kulturen« in einem »Kulturkampf« mit der Elterngeneration[180], der sie für abweichendes Verhalten besonders anfällig macht. Dabei stellen die Verfasser eine Korrelation zwischen Einreisealter und kultureller Identitätsbildung her. Demzufolge sind drei Gruppen zu unterscheiden: Jugendliche, die ihre kulturelle Basisidentität bereits mitbringen, also erst im Schulalter migriert sind, Kinder, die im Vorschulalter gekommen sind und durch eine diffuse kulturelle Basispersönlichkeit gekennzeichnet sind, die zu Identitätskonfusionen führt und Kinder, die im Kleinstkindalter in die neue Kultur gekommen und daher

176. Finkielkraut 1987, 113.
177. So z. B. Castelnuovo 1990, 307.
178. Nunner-Winkler 1993.
179. Schrader/Nikles/Griese 1976; die erste umfassende Untersuchung über die Probleme von Jugendlichen der 2. Generation im deutschsprachigen Raum.
180. Schrader/Nikles/Griese 1976, 109.

in einer Mischkultur aufgewachsen sind.[181] Die Struktur der kulturellen Basispersönlichkeit sei also weitgehend maßgebend für Art und Auftreten von Assimilationsproblemen. Gegen diese Festlegung auf einen kulturellen Kern der Persönlichkeit spricht identitätstheoretisch die Einsicht, daß Identität keine festgefügte Struktur ist, sondern ein Prozeß der ständigen biographischen Revision und Uminterpretation des Selbstbildes. Aber auch empirisch sprechen gewichtige Gründe gegen die These der kulturellen Basispersönlichkeit. So weist vor allem Apitzsch darauf hin, daß Migration selbst Resultat eines Prozesses ist, in dem kulturelle Festlegungen von Anfang an in Frage stehen. »Jede Migrationsgeschichte ist eine Auseinandersetzung von Individuen mit Modernisierungsprozessen, die sie bereits in ihrer Herkunftsgesellschaft erleben. Menschen, die aus diesen Zusammenhängen in die Migration gehen, sind nicht erst im Zielland mit unterschiedlichen Lebensformen und Lebensdeutungen konfrontiert. Vielfach, wie im europäischen Süden oder dem afrikanischen Mittelmeerraum, begreifen sie die Migration ausdrücklich als Alternative zu regressiver Modernisierung, die sie bekämpfen oder ablehnen, bzw. deren Opfer sie wurden.«[182]

Aus dieser Perspektive erscheint der Kultur- eher als ein Modernisierungskonflikt, der die Identität von Migrantinnen und Migranten bereits vor der Migrationsentscheidung prägt: »In jedem Fall resultiert Emigration aus diesen Zusammenhängen nicht aus einer fraglosen Übereinstimmung mit kollektiven Gruppennormen, sondern ist eine Alternative zu passiver Unterwerfung oder offener Rebellion. Emigration ist somit in fast jedem Fall eine mehr oder minder bewußte konflikthafte Auseinandersetzung mit den Normen einer Lebenswelt, die längst vor Beginn der Emigration nicht mehr fraglos hingenommen wurde.«[183] Dies belegt z.B. auch eine Untersuchung hinsichtlich der Bildungs- und Berufswünsche ausländischer Jugendlicher. Hier konnte festgestellt werden, daß kein signifikanter Zusammenhang hinsichtlich der Orientierung mit der Aufenthaltsdauer festgestellt werden kann. Es ist also wahrscheinlich, daß hier die Normen der Herkunfts- und der Aufnahmegesellschaft weitgehend übereinstimmen.[184]

Diese Sicht des Phänomens wird gestützt durch die Beobachtung, daß

181. Zur Kritik des Ansatzes von Schrader/Nikles/Griese 1976 vgl. Kiesel 1996, 142 ff.
182. Apitzsch 1993, 170.
183. Apitzsch 1993, 172; die Verfasserin bezieht sich hier vor allem auf Untersuchungen bei süditalienischen Familien.
184. Vgl. Twenhöfel 1984, 417 f.

Migration nicht allein als internationale, externe, Wanderung zu verstehen, sondern in einem Prozeß eingebettet ist, in dem die Binnenwanderung in den Herkunftsländern eine große Rolle spielt. Eine »Modernisierungsdifferenz« besteht nicht nur zwischen Herkunfts- und Gastland der Arbeitsmigranten, sondern bereits innerhalb des Herkunftslandes. Am Beispiel der Türkei läßt sich zeigen, daß eine »Modernisierungsgrenze« zwischen einem moderneren West- und einem traditionelleren Ostteil verläuft. Entsprechend sind starke Migrationsbewegungen von Osten nach Westen zu beobachten.[185] Gleichzeitig besteht ein Zentrum/Peripherie-Gefälle, das sich in einer zunehmenden Verstädterung auswirkt. So ist zwischen 1950 und 1990 die Stadtbevölkerung von 25 % auf 59 % angestiegen, die Landbevölkerung ist von 75 % auf 41 % geschrumpft.[186] Eine kulturelle Differenz im Sinne einer Modernisierungsdifferenz besteht also nicht nur für Migrantinnen und Migranten, die in westliche Industriestaaten gewandert sind, sondern auch schon für die Binnenmigranten in der Türkei. So erklärt sich auch die Erfahrung mancher Migranten aus der Türkei, daß sie in der Türkei modernere Lebensverhältnisse kennengelernt haben als in der türkischen community in Deutschland.[187]

Darüber hinaus ist darauf zu verweisen, daß die spezifische soziale Situation der Arbeitsmigranten in den Aufnahmegesellschaften nicht das Resultat individueller Wünsche, sondern sozialstruktureller Gegebenheiten ist. Dazu gehören etwa die berufliche und die Wohnsituation. Wie in Abschnitt I.1.3 gezeigt wurde, diente die Ausländerbeschäftigung in den Ökonomien der Industrieländer der Unterschichtung des Arbeitssystems durch die Beschäftigung der Migranten in niedrigen Positionen, verbunden mit geringerer Entlohnung, niedrigerem sozialen Status usw. Der gesellschaftliche Ausschluß von Ausländern auf dem Arbeitsmarkt beruht nicht auf kulturellen Differenzen, sondern auf der Selektivität der Beschäftigungsverhältnisse. »Angesichts solcher Verhältnisse wäre es in der Tat in hohem Masse ideologieverdächtig, das Faktum ausländertypischer (Ausländer werden davon betroffen wie andere Randgruppen auch) Unterprivilegierung und Desintegration auf kulturelle und damit schliesslich doch wieder auf individuelle Eigenheiten, gemessen an den Erfordernis-

185. Vgl. Cingi 1997, 88 ff.
186. Cingi 1997, 86.
187. Zur Illustration die Aussage eines Türken bei einer qualitativen Studie über ausländische Patienten im deutschen Gesundheitswesen: »In der Türkei, Türkinnen also, ich habe keine so moderne Frauen gesehen wie in der Türkei, diese Türkinnen. Man muß in die Türkei gehen, um in der Türkei diese Türken da erleben, wie sie sind. Hier sind diese Türken (...), die leben wie vor dreißig Jahren.« (Arbeitsgruppe Interkulturelle Pflege 1997, 197.

sen der Residenzgesellschaft also auf ›Defizite‹ zurückzuführen. Zur Erklärung eher geeignet erscheinen hingegen das Paradigma des gesellschaftlichen Verteilungskampfes (insbesondere in ökonomischen Krisen) sowie generell sozial-psychologische Theorien sozialer Abwehrmechanismen, die Besonderheiten im Verhaltensbereich lediglich zum *Anlass* sozialer Ausgrenzung von Randgruppen resp. Ausländern nehmen.«[188] Bestehende Unterschiede in – unter Umständen kulturell bestimmten – Besonderheiten können also bei Konflikten zur Definition herangezogen werden, ohne daß deswegen diese Besonderheiten Ursache des Konflikts sind. Der Kulturkonflikt ist aus dieser Perspektive dann nichts anderes als die Interpretation von anders begründeten Konflikten von Seiten der Gesellschaft des Aufnahmelandes. »Nicht die Probleme von Ausländern mit unserer Kultur, sondern diejenigen, die wir mit der der Ausländer haben, sind für die Existenz von Konflikten in den genannten Fällen entscheidend.«[189]

2.3 Resümee

In diesem Kapitel über die soziale Konstruktion des Fremden wurde der Schwerpunkt auf die Phänomene der Ethnizität und des sogenannten Kulturkonflikts gelegt. Beide wurden analysiert vor dem Hintergrund der Notwendigkeit von Grenzziehung für Wir-Gruppen.

Ethnizität konnte als moderne Semantik der Inklusions- und Exklusionsmechanismen der modernen Gesellschaft herausgearbeitet werden. Nation und Volk wurden dabei als Begriffe dargestellt, die zum einen die politische Differenzierung der Weltgesellschaft in Staaten bezeichnen und zum anderen die Inklusionsbedingungen für die staatliche Organisation markieren. Dabei konnte deutlich gemacht werden, daß beide Begriffe historisch kontingente Konstrukte sind. Beide Begriffe lassen sich als die Form einer Unterscheidung verstehen, mit deren Hilfe die Welt politisch beobachtet wird. Gleichzeitig ergab sich die Einsicht in den polemogenen Charakter der Form Nation, der bei Verteilungsproblematiken und ähnlichen politischen Problemen aktualisiert werden kann. Gleiches gilt für die Form Volk, also für die vor allem ethnisch definierte Zugehörigkeitssemantik. Ethnizität konnte in diesem Zusammenhang

188. Twenhöfel 1984, 420 f.
189. Twenhöfel 1984, 421.

als Ressource beschrieben werden, auf die in Minderheitensituationen ebenso wie in Unterdrückungssituationen zurückgegriffen werden kann, um soziale Bewegungen zu mobilisieren.

Gegenüber den Tendenzen, den Kulturbegriff als Synonym für den Ethnizitätsbegriff zu verwenden, wurde in der Darstellung von kulturalistischen Deutungen der Fremdheit stärker auf die individuellen Auswirkungen von Migrationsprozessen für Migranten abgezielt. Probleme, vor die Migranten in der Migrationssituation gestellt sind, lassen sich beschreiben als Erfahrung kultureller Differenz. Auf diese reagieren sie durch die Konstruktion einer »Zwischenwelt«, in der frühere kulturelle Orientierungsmuster bewahrt oder gar erst aktualisiert werden und in die Orientierungsmuster der Einwanderungsgesellschaft integriert werden können. Vor diesem Hintergrund erschließen sich Anpassungs- und Integrationsprobleme bei der Migration. Allerdings muß dabei festgehalten werden, daß Probleme, die durch Migration entstehen, nicht durch diese Kulturdifferenz oder sogar durch einen unversöhnlichen Kulturkonflikt induziert sind. Vielmehr werden Probleme sozialer oder ökonomischer Art vielfach kulturell interpretiert und damit der Besonderheit von Migrantengruppen zugerechnet (Ethnisierung sozialer Konflikte). Unbeschadet dessen würde jedoch ein Verzicht auf den Kulturbegriff dazu führen, spezifische migrationsbedingte Integrationsprobleme nicht mehr angemessen formulieren zu können.

Für die ethische Analyse dieses Zusammenhangs ergeben sich aus dieser Darstellung eine Reihe von Perspektiven und Folgerungen. Es wäre zuerst einmal ein Fehler und Rückfall in alte ontologische Denkmuster, aus der Einsicht in den Konstruktcharakter von Ethnien und Nationen zu folgern, daß eine ideologiekritische Enttarnung dieser Begriffe zu deren Verschwinden führen würde. Die Pointe der konstruktivistischen Perspektive auf Ethnizität ist gerade, daß diese *als* Konstrukt ihre Wirkung entfaltet. Weiterhin wurde deutlich, daß die Beschreibung der Welt und der eigenen Gruppe mit Begriffen wie Nation und Ethnie ein typisch modernes Phänomen ist. Allein die Verweise auf ihre Herkunft im 19. Jahrhundert und auf die Erfordernisse einer internationalen Weltwirtschaft können noch nicht die These von ihrem Absterben oder die Forderung, künftig auf sie zu verzichten, begründen. Kurz: Es ist für die weitere ethische Diskussion wichtig zu sehen, daß eine bloß ideologiekritische Betrachtung dieser Phänomene das Zentrum des Problems verfehlt.

Grundlegend geht es bei Begriffen wie Ethnie oder Nation um Beschreibungen einer Wir-Gruppe, die sich von anderen abgrenzt oder ausgegrenzt wird. Wenn von der anthropologisch unumstrittenen These ausgegangen wird, daß der Mensch ein soziales Wesen ist, stellt sich automatisch das Anschlußproblem, mit welchen Selbstbeschreibungen soziale Gruppen sich bestimmen und von anderen abgrenzen. Daß es solche Semantiken des »Wir und die Anderen« geben muß, wenn ein Gruppenzusammenhalt aufrecht erhalten werden soll, ist offensichtlich. Die Frage kann im Anschluß dann nur sein, welche Semantik ethisch vorzuziehen ist. Anders gesagt: Gibt es alternative Selbstbeschreibungen, die einem weniger polemogenen Charakter haben als Nation und Ethnie. Darüber hinaus ist zu fragen, ob für Gesellschaften bestimmte Inklusionspflichten oder Exklusionsrechte bestehen, und weiter, welche Inklusionsbedingungen und -voraussetzungen ethisch zu rechtfertigen sind und welche nicht. Denn die Einsicht in die Notwendigkeit von Exklusions- und Inklusionssemantiken bedeutet noch nicht, daß eine bestimmte historisch kontingente Fassung ethisch auch zu rechtfertigen ist. Anders gesagt: Aus dem Sachverhalt, daß es Inklusions- und Exklusionssemantiken geben muß, folgt noch nicht, daß Ethnizität als Kriterium für Zugehörigkeit oder Nicht-Zugehörigkeit als ethisch gerechtfertigt gelten kann. Vielmehr ist nach den Kriterien zu fragen, nach denen der Zugang zu Staaten gerecht geregelt werden kann. Ich komme in Abschnitt III.1.3 – im Anschluß an die Debatte um den Kommunitarismus – ausführlicher darauf zurück. Schließlich verweist dieser Zusammenhang auch auf die Frage nach der spezifisch christlichen Form der Selbstbeschreibung. Lassen sich hieraus Leitlinien entwickeln, mit deren Hilfe sich ein neuer oder anderer Zugang zum Inklusionsproblem formulieren läßt?

Ähnliches gilt auch für den Bereich kulturalistischer Deutungen von Fremdheit. Auch wenn Kultur oder kulturelle Zugehörigkeit Konstrukte sind, folgt daraus nicht deren Irrelevanz für das Selbstverständnis von Gruppen oder Individuen. Allerdings ist auf einen Zusammenhang zu verweisen, der auch in der Debatte um den Kommunitarismus immer wieder als Argument genannt wird: Die Vorstellung kultureller Homogenität ist modernen Gesellschaften nicht angemessen. Vielmehr ist davon auszugehen, daß diese Gesellschaften in sich schon »multikulturell« verfaßt sind, also ein breites Spektrum von typischen Verhaltensweisen und -orientierungen umfassen. Salopp gesagt: Auch ohne Migration wäre von einer kulturellen Pluralität innerhalb dieser Gesellschaften auszugehen. Ein Problem in diesem Zusammenhang ist, daß sich hier kulturalistische und ethnizistische Deutungen von Fremdheit überlagern. Kulturelle Unterschiede werden vorzugsweise entlang ethnischer Grenzen beobachtet, wobei der Eindruck entsteht, daß Kultur und Ethnie identisch seien. Dies mag vielleicht für vormoderne Gesellschaften zutreffend gewesen sein – obwohl es auch hier zahlreiche Gegenbeispiele gibt –, für moderne Gesellschaften trifft dies auf keinen Fall mehr zu. Für die ethische Analyse des Problems ist es daher unumgänglich, zwischen Kultur und Ethnie deutlich zu unterscheiden.

Prinzipiell verweist die Einsicht in kulturalistische Deutungsmuster von Fremdheit darüber hinaus auf die Nötigung, Fremdheitserfahrungen auch von der Perspektive der Fremden selbst zu sehen, und zu beobachten, mit Hilfe welcher Mechanismen sie sich selbst auf diese Situation einstellen. Migranten sind nicht nur für die Einwanderungsgesellschaft fremd, sie selbst erfahren ihre Situation als Personen, die in der Fremde sind. Erst aufgrund einer Einsicht in diese wechselseitige Fremdheit kann versucht werden, Möglichkeiten zu finden, diese Fremdheit abzubauen. Wobei den Migranten zugestanden werden muß, daß eine wie auch immer verstandene Integration nicht durch eine abrupte Aufgabe kultureller Deutungsmuster (was einer Konversion gleich käme), sondern nur prozeßhaft geschehen kann über die Konstruktion von Zwischenwelten, die alte und neue Orientierungsmuster nebeneinander bestehen lassen können.

III. Sozialphilosophische und theologisch-ethische Hintergründe

Im vorhergehenden Teil dieser Untersuchung wurden verschiedene Zugänge zum Phänomen der Fremdheit beschrieben. In der Darstellung konnte deutlich gemacht werden, daß die Zuschreibung von Fremdheit historisch wandelbaren Konstruktionsprinzipien folgt. Diese Konstruktionsprinzipien reagieren auf das Problem von Inklusion und Exklusion in bezug auf Wir-Gruppen. Im Blick auf das Thema dieser Untersuchung wurde die Darstellung zugespitzt auf die Phänomene Ethnizität und Kultur. In der politischen Auseinandersetzung um Migration und Einwanderung wird immer wieder auf diese Begriffe zurückgegriffen. Wie stellt sich dieses Phänomen jedoch in der sozialphilosophischen und der theologisch-ethischen Diskussion dar?

Das soziologische Faktum, daß Inklusions- und Exklusionssemantiken zur Stabilisierung kollektiver Identitäten dienen, stellt sich in ethischer Perspektive als die Frage, inwieweit gegenüber Fremden, also (noch) nicht inkludierten Personen Verpflichtungen bestehen. Und auf die spezielle Migrationsproblematik zugespitzt: Lassen sich, und wenn ja, unter welchen Voraussetzungen, Inklusionsverpflichtungen formulieren? Und weiter: Für wen gelten welche Verpflichtungen und wie sind sie jeweils zu begründen? Es ist offensichtlich, daß die Antworten auf diese Fragen davon abhängen, von welchem Verständnis von Ethik und Moral ausgegangen wird. Wenn gegenüber jedem und jeder prinzipiell die gleichen Verpflichtungen bestehen, ergeben sich andere Konsequenzen, als wenn der eigenen Gruppe gegenüber besondere Verpflichtungen bestehen, die Vorrang haben vor den Verpflichtungen gegenüber anderen. Mögliche materialethische Konsequenzen hängen an dieser Stelle von theoretischen Vorentscheidungen ab.

Die Frage nach Inklusionsverpflichtungen verweist also auf Grundlagenprobleme, die sich in der Auseinandersetzung zwischen universalistischen und partikularistischen Ansätzen spiegeln. Universalistische Theorien betonen die prinzipielle Gleichheit, während partikularistische Ansätze auf Differenz zielen. Universalistische Theorien, so meine These, tendieren zu einer Zurücknahme oder gar Aufgabe von Exklusionsmechanismen aufgrund universaler Prinzipien (seien es z.B. nun allgemeine Menschenrechte oder Prinzipien der kommunikativen Vernunft). Von daher sind solche Theorien gegenüber aktuellen In- und Exklusionssemantiken eminent kritisch, aber möglicherweise differenzblind. Partikularistische Theorien hingegen gehen von Differenzen aus und betonen die Notwendigkeit von Differenz- und Grenzbestimmungen, die nötig sind, um das jeweils Besondere in seinem Wert anerkennen zu können. Dabei wird auf allgemeine Letztbegründungen und –instanzen verzichtet und das in bestehenden Gemeinschaften schon Geltende betont. Solche Ansätze können zwar dem Anliegen der Anerkennung des Besonderen, der Anerkennung von Differenz, zur Geltung verhelfen, bergen aber möglicherweise die Gefahr, unreflektiert kontingente Differenzen mit ihren spezifischen In- und Exklusionssemantiken zu übernehmen.

Für diese Untersuchung ist es deshalb an dieser Stelle notwendig, danach zu fragen, welche Vorzüge und Nachteile bestimmte Formen der Theoriebildung für die Erörterung materialethischer Fragen besitzen. Genauer ist zu bestimmen, ob sich die theologische Ethik auf eine strikte Gegenüberstellung partikularistischer und universalistischer Ansätze einlassen muß, oder ob nicht aus theologischer Perspektive Denkfiguren bereit stehen, die hier eine vermittelnde Position nahelegen. Aus den genannten Fragestellungen ergibt sich nun der Fortgang der Untersuchung in diesem Abschnitt.

Das *erste Kapitel* dieses zweiten Teils der Untersuchung soll daher sozialphilosophische Hintergründe beleuchten. Es soll gefragt werden, ob die sozialphilosophische Diskussion dabei helfen kann zu klären, inwieweit gegenüber den als fremd kategorisierten Menschen ethische und/oder moralische Verpflichtungen bestehen. Dabei soll en passant der Fokus der Debatte auf die Fremden gelegt werden, die heute kommen und morgen bleiben, bzw. gestern gekommen und heute – und vermutlich auch morgen – da sind und da sein werden: Migrantinnen und Migranten.

Als Fokus der Diskussion beziehe ich mich dabei auf das universalistische Moralkonzept von Jürgen Habermas einerseits und auf als kommunitaristisch etikettierten Autoren, die partikularistische Ansätze betonen, andererseits. Diese Auswahl hat für den Vorteil, daß ein expliziter Bezug zu meiner Thematik gegeben ist. Aus beiden Perspektiven werden Konsequenzen formuliert, die sich auf die Frage der Zugehörigkeit zu ethnischen und/oder kulturellen Gemeinschaften ergeben. Das theoretische Interesse an den Konstruktionsprinzipien universaler oder partikularer Ethik bzw. Moral, läßt sich deshalb mit dem materialethischen Interesse an Inklusions- und Exklusionsmechanismen sinnvoller verbinden, als es etwa mit einer Diskussion des Verhältnisses zwischen Allgemeinem und Besonderem möglich wäre.

In ersten Abschnitt dieses Kapitels beziehe ich mich zunächst auf den Vorschlag von Habermas, zwischen ethisch-evaluativen und Moralfragen zu unterscheiden. Habermas zufolge sind diese Bereiche durch unterschiedliche Aufgabenstellungen, Begründungsleistungen und Gegenstandsbestimmungen charakterisiert. Zum einen geht es um partikulare Fragen, die nur aus der Perspektive der ersten Person und nur von Teilnehmerinnen und Teilnehmern an einer gemeinsam geteilten Lebenswelt thematisiert werden können, zum anderen um Fragen, die gleichsam alle – zumindest alle Betroffenen – angehen, und die vernünftig begründet für alle verbindlich gemacht werden können. An dieser Stelle kann es nicht darum gehen, das Habermassche moralphilosophische Theorieprogramm zu rekonstruieren und einer Kritik zu unterziehen,[1] statt dessen soll gefragt werden, inwieweit dieses Programm für die oben genannte Fragestellung Antworten bereitstellen kann. Der Einsatz bei Habermas soll daher ein doppeltes leisten: zum einen möchte ich mich auf seine Unterscheidung beziehen, um so zuerst einmal die unterschiedlichen Positionen gegeneinander abheben zu können, zum anderen lese ich Habermas als Vertreter der universalistischen (Moral-)Position. Diese wird kontrastiert von der eher partikularistisch orientierten kommunitaristischen Kritik universalistisch-liberaler Sozialphilosophie.

Auch in Abschnitt III.1.2 beanspruche ich nicht, eine eingehende Analyse und Würdigung kommunitaristischer Theoriebildung zu leisten (zumal es *die* kommunitaristische Theoriebildung ohnehin nicht gibt, ich in diesem Fall also eine Vielzahl einzelner Autorinnen und Autoren zu rekonstruieren hätte),[2] sondern ich möchte auch hier zugespitzt fragen, was aus dieser Perspektive für meine spezifische Fragestellung folgt.

Das erste Kapitel wird dann so aufgebaut sein, daß in Abschnitt III.1.1 der Unterscheidungsvorschlag von Habermas vorgestellt und dabei seine universalistische Position skizziert werden wird. In Abschnitt III.1.2 wird dann die sogenannte Kommunitarismusdebatte unter der Perspektive der Kontexte der Gerechtigkeit vorgestellt, um dann in Abschnitt III.1.3 explizit zu fragen, ob aus den entsprechenden Positionen Konsequenzen für den Umgang mit Migrantinnen und Migranten resultieren.

Im *zweiten Kapitel* stehen dann theologisch-ethische Entwürfe im Mittelpunkt. Der Habermasschen Unterscheidung folgend werden vier Ansätze als partikularistische Ethiken gelesen, die, von einer religiösen Weltsicht (in diesem Falle einer christlichen) ausgehend, zu ethisch-evaluativen Fragen einen besonderen Zugang haben. Zwar erheben theologi-

1. Hierfür verweise ich für den theologischen Bereich auf die Arbeit von Hoerschelmann 1996, insbesondere S. 84-197.
2. Hierfür verweise ich auf die Arbeit von Forst 1994, auf den ich mich in der Darstellung weitgehend beziehe.

sche Ethiken – zwar nicht durchgängig, aber doch zumeist – den Anspruch, nicht allein als partikulare Binnenethik einer religiös geprägten Sondergruppe verstanden zu werden, allerdings kann dies nicht gleichermaßen auch für ihre Begründungsleistungen gelten. Eine theologische Ethik zehrt nämlich von Voraussetzungen, die nicht in demselben Maße von allen geteilt werden. »Im Unterschied zu universalistischen Moraltheorien beansprucht sie jedoch nicht, ihre Begründungsleistungen gegenüber allen ›vernunft- und sprachbegabten Wesen‹ ausweisen und verteidigen zu können. Die Evidenz ihrer materialen Begründungen erschließt sich einer distanzierten Außenperspektive nicht.«[3]

Es wird also in diesem zweiten Kapitel von der Darstellung der Grundzüge der jeweiligen Ansätze ausgehend zu fragen sein, wie aus der spezifischen Perspektive Partikularität und Universalität thematisiert werden und was aus dieser Thematisierung für die Frage nach Inklusion und Exklusion folgt. Es geht dabei darum zu sehen, wie die theologischen Ethiken ihren Geltungsbereich bestimmen, also für welchen Personenkreis sie Evidenz beanspruchen. Damit hoffe ich eine vorläufige Klärung erreichen zu können hinsichtlich des Anspruches einer partikularen theologischen Ethik, die sich auf das Thema Migration bezieht.

Die ethischen Ansätze, die jeweils bestimmte Ausschnitte betonen, haben dabei eine je eigene Schwerpunktsetzung: Rendtorffs »ethische Theologie«, die auf eine Theorie der Lebensführung zielt, Hauerwas' theologischer – besser ekklesiologischer – Kommunitarismus, Ogletrees phänomenologischer Zugang, der die Bedeutung der Lebenswelt unterstreicht sowie Hubers Konzept der Verantwortungsethik als Ethik kommunikativer Freiheit.

Das *dritte Kapitel* schließlich knüpft insofern an das vorhergehende Kapi-

3. Hoerschelmann 1996, 298; dieser Aussage ist meines Erachtens zuzustimmen, auch wenn von Pannenberg etwa der Anspruch erhoben wird, seine ethische und systematische Theoriebildung so angelegt zu haben, daß sie bis in ihre Voraussetzungen hinein durchweg »von außen« nachvollzogen werden kann. Zwar sieht Pannenberg einen eigenen, auf der Anthropologie beruhenden, Zugang der Ethik zu ihrem Gegenstand. Trotzdem gilt ihm zufolge: »Wiewohl nämlich eine ethische Argumentation sich auf dem Boden der Anthropologie bewegen muß, ist doch in einer theologischen Anthropologie eine Gotteslehre immer schon vorausgesetzt, wenigstens in allgemeinen Zügen.« (Pannenberg 1996, 83) Aber einen Gedankengang zu entwickeln, der auch von der Außenperspektive nachvollzogen und als in sich konsistent angesehen werden kann, bedeutet noch nicht, daß dadurch die Beobachter aus der Außenperspektive gleichsam genötigt sind, die Binnenperspektive als ihre zu übernehmen. Eine spezifische Weltsicht zu verstehen, heißt noch nicht, sie auch zu teilen.

tel an, als nun Aspekte der jüdisch-christlichen Tradition hinsichtlich des Verhältnisses zu Fremden erörtert werden. Diese Vorgehensweise legitimiert sich unter anderem dadurch, daß zum einen in der protestantischen Ethik das Schriftprinzip immer eine grundlegende Rolle auch dahingehend gespielt hat und noch spielt, als durch dieses die Besonderheit und Eigenständigkeit theologisch-ethischer Reflexion gesichert zu werden beansprucht wird. Zum anderen greift der Bezug zur biblischen Tradition das Anliegen auf, das – nicht nur bei Hauerwas – durch den Begriff der *story* markiert wird. Diese christliche *story* konnte ja als identitätsverbürgendes Element christlicher Lebenspraxis dargestellt werden. Deshalb ist es im Zusammenhang christlich-ethischer Theorie unumgänglich, sich dieser *story* zu vergewissern. Solange dabei der Anspruch erhoben wird, theologische Ethik wissenschaftlich zu betreiben, muß sich eine Vergewisserung dieser *story* historisch-kritischer Methoden bedienen.

Dementsprechend werde ich in einem ersten Abschnitt dieses Kapitels mich noch einmal inhaltlich der Bedeutung der christlichen Tradition für die christliche Identität vergegenwärtigen und dabei auf die zuvor behandelten theologisch-ethischen Entwürfe zurückgreifen. Danach werden die meines Erachtens wichtigsten Aussagen der hebräischen und griechischen Bibel einer exegetischen Analyse unterworfen, um festzustellen, inwieweit die christliche Tradition zu einer ethischen Debatte über Migration beitragen kann.

Das *vierte* und letzte *Kapitel* dieses Teils der Arbeit wird die Frage stellen, wie Partikularität und Universalität sich in kirchlicher Perspektive darstellen und wie sich dies auf die kirchliche Praxis auswirkt. Deshalb bietet es sich hier an, kirchliche Aussagen und Handlungsformen im Kontext der Migration zu analysieren.

1. Partikularistische Ethik und universalistische Moral

Alasdair MacIntyre beginnt seine Untersuchung »After Virtue« mit einem »beunruhigenden Gedankenexperiment«: »Stellen wir uns vor, die Naturwissenschaften würden das Opfer der Auswirkungen einer Katastrophe.«[4] Das zusammenhängende naturwissenschaftliche Wissen, so MacIntyres Gedankenspiel, sei verlorengegangen und nur Fragmente seien übrig geblieben. Vor allem fehlten die Grundlagen und Hintergründe, so daß es nicht mehr möglich sei, aus den Restbeständen einen Zusammenhang und damit den Sinn des naturwissenschaftlichen Weltbildes zu rekonstruieren.[5] Am Beispiel dieser gedachten Katastrophe expliziert MacIntyre seine, der gesamten Untersuchung zugrundeliegenden, These: »Die Hypothese, die ich aufstellen möchte, lautet, daß in der Welt, in der wir leben, die Sprache der Moral ebenso verwahrlost ist wie die Sprache der Naturwissenschaften in dieser imaginären Welt. Wenn das zutrifft, besitzen wir heute nur noch Bruchstücke eines Begriffsschemas, Teile ohne Bezug zu jenem Kontext, der ihnen Bedeutung verliehen hat. Wir besitzen in Wahrheit nur Scheinbilder der Moral, und wir gebrauchen weiterhin viele ihrer Schlüsselbegriffe. Aber wir haben zu einem großen Teil, wenn nicht sogar völlig, unser Verständnis, theoretisch wie praktisch, oder unsere Moral verloren.«[6]

Bei einem nur flüchtigen Blick auf die »Sprache der Moral«, die in den durch die westliche Tradition geprägten Kulturen gesprochen wird, könnte man dazu verleitet werden, dieser These zuzustimmen. Selbst ein Blick auf die theologischen Ethiken – mitsamt ihren geisteswissenschaftlichen Hintergrundvorstellungen – würde bestätigen, daß von einem gemeinsam geteilten Grundkonsens nicht gesprochen werden kann. Meine These hierzu ist, daß diese Verwirrung auf einem nicht hinreichend explizierten Verständnis von dem, was als Ethik und Moral zu bezeichnen ist, beruht.

4. MacIntyre 1981, 13. Die deutsche Übersetzung des Titels dramatisiert die Tendenz des Buches noch, wenn vom »Verlust der Tugend« und der »moralischen Krise der Gegenwart« die Rede ist; im Original spricht MacIntyre statt dessen knapp von »A Study in Moral Theory«.
5. Denn, so Negt/Kluge: »Was Sinn hat, ist eine Kategorie des Zusammenhangs«. Negt/Kluge 1981, 377.
6. MacIntyre 1981, 15.

Mit einem entsprechend starken Begriff der praktischen Vernunft, der die Bereiche der Ethik, der Moral und des pragmatischen Handelns umgreift, kann es gelingen, diese Bereiche in sinnvoller Weise aufeinander zu beziehen und alle Theorien, die nur an jeweils einen Ausschnitt anknüpfen, so zu reformulieren, daß sie sich in den größeren Zusammenhang einpassen.

Jürgen Habermas hat mit seinem Vorschlag, innerhalb der praktischen Vernunft zwischen ihrem pragmatischen, ethischen und moralischen Gebrauch zu unterscheiden, einen Ansatzpunkt beschrieben, von dem eine integrative Theorie ausgehen kann.[7] Diese Unterscheidung soll in einem ersten Abschnitt vorgestellt und diskutiert werden. Rainer Forst hat in seiner Untersuchung über »Kontexte der Gerechtigkeit«[8] in der Diskussion zwischen kommunitaristischen und liberalen Theorien gezeigt, daß sich beide Positionen dann vereinbaren lassen, wenn sie als spezifische Antworten auf Probleme, die in bestimmten Kontexten der Gerechtigkeit entstehen, gelesen werden. So entsteht eine differenziertere Sicht auf die gesellschaftliche Realität und die unterschiedlichen Theorien des Gerechten und des guten Lebens. Die Darstellung und Diskussion der Untersuchung Forsts wird den zweiten Abschnitt bilden. Daran schließt sich eine Zuspitzung dieser Debatte auf die Fragen der Inklusion bzw. Exklusion im Blick auf Gemeinschaft oder Gesellschaft an. Die diskutierten Positionen werden hinsichtlich ihrer Konkretionen befragt.

Die Klärung dieser prinzipiellen Fragen hat für die weitere Bearbeitung grundlegende Bedeutung. Die kommunitaristische Kritik an den als »liberal« bezeichneten Theorien läßt sich ja als Frage lesen, wie sich das Verhältnis von Gemeinschaft und Individuum bestimmen läßt; oder zugespitzt: Wieviel Gemeinschaft braucht der Mensch, um als Individuum authentisch sein Leben führen zu können (Taylor)? Die Klärung dieser alten sozialphilosophischen Frage schärft die Wahrnehmung für die Probleme, die sich im Zusammenhang mit der Integration (oder Nicht-Integration) fremder Menschen in eine Gesellschaft stellen. Ohne die Grundfrage angemessen bearbeitet zu haben, bleibt die Alternative zwischen unreflektiertem Multikulturalismus und reaktionärer Gemeinschaftsrhetorik unauflösbar.

7. So auch der Titel von Habermas 1991b.
8. Forst 1994.

1.1 Vom pragmatischen, ethischen und moralischen Gebrauch der praktischen Vernunft

»In der praktischen Philosophie speist sich die Diskussion nach wie vor aus drei Quellen – der Aristotelischen Ethik, dem Utilitarismus und der Kantischen Moraltheorie.«[9] Aus diesen Quellen entspringen noch immer unterschiedliche Debatten und Ansätze, so daß sich immer wieder die Frage stellt, inwieweit und ob sich die verschiedenen Traditionen aufeinander beziehen oder verbinden lassen. Die Unterscheidung dieser drei Traditionen selbst ist dabei weniger kontrovers. So differenziert auch Ogletree, auf den ich in der Darstellung weiter unten ausführlicher eingehen werde, wie Habermas zwischen konsequentialistischen, deontologischen und perfektionistischen Konzeptionen.[10] Ähnlich wie Habermas ordnet auch Ogletree diesen Ansätzen unterschiedliche Vorstellung von Person und Handlung zu: In den konsequentialistischen Ansätzen stehen zielorientierte Handlungen im Vordergrund, in deontologischen menschliche Interaktionen in einem intersubjektiven Kontext und in perfektionistischen geht es eher um den Aufbau des menschlichen Selbst. Außerdem entsprechen den unterschiedlichen Konzepten je eigene moralische Sprachen; »values, duties and obligations, and virtues«[11] heißen die entsprechenden Begriffe.

Habermas versucht zu zeigen, daß diese drei Traditionen praktischer Philosophie auf einem jeweils spezifischen Gebrauch praktischer Vernunft beruhen, durch den die Ansätze sowohl unterschieden als auch aufeinander bezogen sind. Im Hintergrund dieser Differenzierung steht das *Lebensweltkonzept*, wie es Habermas vor allem in seiner »Theorie des kommunikativen Handelns«[12] entwickelt. Die Lebenswelt wird dabei von Habermas so gedacht, daß sie durch »einen kulturell überlieferten und sprachlich organisierten Vorrat an Deutungsmustern« repräsentiert ist.[13] Die Lebenswelt ist der Raum, innerhalb dessen alle sprachlichen Äußerungen ihre Bedeutung gewinnen: »In der kommunikativen Alltagspraxis gibt es keine schlechthin unbekannten Situationen. Auch neue Situationen tauchen aus einer Lebenswelt auf, die aus einem immer schon vertrauten kulturellen Wissensvorrat aufgebaut ist.«[14] Die von allen Kom-

9. Habermas 1991b, 100.
10. Ogletree 1983, 16ff.
11. Ogletree 1983, 34.
12. Habermas 1981, Bd. 2, 171ff.
13. Habermas 1981, Bd. 2, 189.
14. Habermas 1981, Bd. 2, 191.

munikationsteilnehmern geteilte Lebenswelt ist also in der kommunikativen Alltagspraxis verankert; für das Problem ethischer und moralischer Fragen bedeutet dies, daß zunächst zwischen Moralität und Sittlichkeit nicht unterschieden wird, weil die Funktion der Lebenswelt nur so lange aufrecht erhalten werden kann, wie das gemeinsam geteilte Hintergrundwissen auch im Hintergrund verbleibt. Dabei ist auch das sittliche und moralische Handeln auf die Ressourcen der Lebenswelt angewiesen. »Die moralisch urteilenden Subjekte können normalerweise ihrer Einsicht gemäß erst handeln, wenn sie in sittlichen Lebenszusammenhängen zu moralisch handlungsfähigen Subjekten herangebildet worden sind. Die Sittlichkeit einer Lebensform bewährt sich also in Bildungsprozessen, die dem Einzelnen seine konkreten Pflichten bewußt machen und ihn zugleich motivieren, danach zu handeln.«[15]

In lebensweltlicher Alltagskommunikation wird demnach zwischen moralischen, ethischen und pragmatischen Ebenen noch nicht unterschieden; die verschiedenen Zusammenhänge bleiben im Alltag miteinander verwoben. Dies wird erst anders, wenn in der Lebenswelt ein Zusammenhang zum *Problem* wird, wenn also Berechtigung und Geltung von vorher unhinterfragten Normen oder Werten zur Disposition gestellt werden. Erst mit der Frage, warum jemand sich bestimmte Werte zu eigen machen oder warum eine bestimmte Norm Geltung haben soll, tritt der entsprechende Bereich aus dem Hintergrund heraus und wird zum Thema. Der Verständigung über Normen und Werte, die vorher geteilt wurden und aus einem konkreten Anlaß thematisch werden, dienen die *Diskurse*, in denen über Geltungsansprüche verhandelt wird.[16]

Erst auf der Ebene der Diskurse muß zwischen moralischen und ethischen Fragen unterschieden werden. Im Diskurs haben die Diskursteil-

15. Habermas 1984, 36 f.
16. Vgl. hierzu Habermas 1981, Bd. 1, 369 ff. Es ist an dieser Stelle weder nötig noch möglich, den von Habermas entwickelten Begriff des kommunikativen Handelns insgesamt zu entfalten. Hingewiesen sei aber darauf, daß Habermas mit der Verbindung des Lebensweltkonzeptes und der Sprechakttheorie eine Grundlegung für seine Gesellschaftstheorie entwirft, mit deren Hilfe er die Pathologien der gesellschaftlichen Entwicklung ausgehend von Webers Rationalisierungsthese in Prozessen beschreiben kann, die er abgekürzt als Kolonialisierung der Lebenswelt bezeichnet. Als Einführung in die Theorie Habermas' empfehlen sich noch immer McCarthy 1978 (zum diskutierten Zusammenhang vor allem 309 ff.) und Gripp 1984 (hier vor allem 72 ff.). Zum Begründungsprogramm der Diskursethik, die den Analysen kommunikativen Handelns entwächst vgl. aus theologischer Perspektive Hoerschelmann 1996.

nehmer jedoch ein differenziertes Verhältnis zu ihrer Lebenswelt. »Aus der Perspektive eines Teilnehmers an moralischen Argumentationen stellt sich die auf Distanz gebrachte Lebenswelt, wo kulturelle Selbstverständlichkeiten moralischer, kognitiver und expressiver Herkunft miteinander verwoben sind, als Sphäre der Sittlichkeit dar. Dort sind die Pflichten derart mit konkreten Lebensgewohnheiten vernetzt, daß sie ihre Evidenz aus Hintergrundgewißheiten beziehen können. Fragen der Gerechtigkeit stellen sich dort nur innerhalb des Horizontes von *immer schon beantworteten Fragen* des guten Lebens. Unter dem unnachsichtig moralisierenden Blick des Diskursteilnehmers hat diese Totalität ihre naturwüchsige Geltung eingebüßt, ist die normative Kraft des Faktischen erlahmt – können sich vertraute Institutionen in ebenso viele Fälle problematischer Gerechtigkeit verwandeln. Vor diesem Blick ist der überlieferte Bestand an Normen zerfallen, und zwar in das, was aus Prinzipien gerechtfertigt werden kann, und in das, was nur noch faktisch gilt. Die lebensweltliche Fusion von Gültigkeit und sozialer Geltung hat sich aufgelöst. Gleichzeitig ist die Praxis des Alltags in Normen und Werte auseinandergetreten, also in den Bestandteil des Praktischen, der den Forderungen streng moralischer Rechtfertigung unterworfen werden kann, und in einen anderen, nicht moralisierungsfähigen Bestandteil, der die besonderen, zu individuellen oder kollektiven Lebensweisen integrierten Wertorientierungen umfaßt.«[17] Das heißt nicht, daß ethische Fragen, also Fragen des guten Lebens, nicht mehr rational erfaßt, sondern, daß ethische Fragen nicht als moralische Fragen thematisiert werden können. Ethische Fragen stehen, anders als moralische, nicht unter dem Universalisierungskriterium, da sie sich dezidiert auf kulturelle – und damit partikulare – Zusammenhänge beziehen. Denn »die Ideen des guten Lebens sind keine Vorstellungen, die als ein abstraktes Sollen vorschweben; sie prägen die Identität von Gruppen und Individuen derart, daß sie einen integrierten Bestandteil der jeweiligen Kultur oder Persönlichkeit bilden. So geht die Herausbildung des moralischen Gesichtspunktes mit einer Differenzierung innerhalb des Praktischen Hand in Hand: *die moralischen Fragen*, die unter dem Aspekt der Verallgemeinerungsfähigkeit von Interessen oder der *Gerechtigkeit* grundsätzlich rational entschieden werden können, werden nun von den *evaluativen Fragen* unterschieden, die sich unter dem allgemeinsten Aspekt als Fragen des *guten Lebens* (oder der Selbstverwirklichung) darstellen und die einer rationalen Erörterung nur innerhalb des unproblematischen Horizonts einer geschicht-

17. Habermas 1984, 38f.

lich konkreten Lebensform oder einer individuellen Lebensführung zugänglich sind.«[18]

Es geht Habermas also nicht darum, was ihm von verschiedener Seite vorgeworfen worden ist, ethische und moralische Fragen zu trennen, er versucht vielmehr, sie »in ihren unterschiedlichen Aufgabenstellungen, Begründungsleistungen und Gegenstandsbestimmungen so voneinander abzuheben, daß ihre jeweilige Eigenständigkeit hervortritt«.[19] Dieser Intention dient die Unterscheidung vom pragmatischen, ethischen und moralischen Gebrauch der praktischen Vernunft und den entsprechenden Diskursen.

Die verschiedenen Arten des Vernunftgebrauchs entstehen durch die Bearbeitung von Problemen. Je nach Problemlage sind Entscheidungen nach unterschiedlichem Muster zu fällen. Dabei differenziert Habermas zwischen Problemen, bei denen praktische Überlegungen über die Zweckmäßigkeit einer bestimmten Handlung im Vordergrund stehen, weiteren, bei denen die Identität der Person betroffen ist und solchen, bei denen die Interessen anderer direkt einbezogen sind. Im ersten Fall geht es »um eine rationale Wahl der Mittel bei gegebenen Zwecken oder um die rationale Abwägung der Ziele bei bestehenden Präferenzen.«[20] Also um die Fälle, die Taylor als »schwache Wertungen« bezeichnet.[21]

18. Habermas 1984, 39.
19. Hoerschelmann 1996, 125.
20. Habermas 1991b, 102.
21. Taylor 1977. Habermas bezieht sich in seinem in Habermas 1991b beschriebenen Konzept auf Taylors Unterscheidung zwischen schwachen und starken Wertungen, die dieser selbst im Anschluß an Harry Frankfurt entwickelt. Frankfurt differenziert zwischen Wünschen erster und zweiter Ordnung. Wünsche zweiter Ordnung beziehen sich reflexiv auf die eigenen Wünsche und erlauben es dem Menschen, eigene Wünsche zu bewerten. Taylor nimmt diese Unterscheidung auf und differenziert noch einmal zwischen den Bewertungen dieser Wünsche. Schwache Wertungen beziehen sich auf das Angenehme und Zweckmäßige; starke Wertungen statt dessen beziehen sich reflexiv auf die eigenen Wertungen. »Diese Wertungen, die den Akteurinnen als ein geprägter Code von Gütern bereitstehen, existieren zunächst unabhängig von den Handlungsoptionen der einzelnen, werden aber als moralisches Reservoir aktualisiert und entsprechend reformuliert. Dies ist ein kreativer Akt, und das Selbst ist insofern eine ›interpretierende *Kreation* seiner selbst‹, als sich die Personen über die starken Wertungen nicht nur den moralischen Konventionen angleichen, sondern durch starke Wertungen erst in die Lage versetzt werden, ihre Lebensführung im Lichte einer reicheren Sprache zu kreieren und von daher *authentisch* zu werden.« (Kreuzer 1999, 78; unter Aufnahme einer Wendung Forsts).

Wenn auch Entscheidungen in diesem Bereich durchaus komplexe Zusammenhänge zur Grundlage haben können, bleiben jene doch im Bereich der Zweckrationalität. »Solange sich die Frage: Was soll ich tun? auf solche pragmatischen Aufgaben bezieht, sind Beobachtungen und Untersuchungen, Vergleiche und Abwägungen am Platz, die wir, gestützt auf empirische Informationen, unter Gesichtspunkten der Effizienz oder mit Hilfe anderer Entscheidungsregeln vornehmen.«[22] Grundlegend anders stellt sich die Situation dar, wenn statt nach Präferenzen nach den Zwecken oder Werten selbst gefragt wird.

Dann nämlich, wenn auf die Werte Bezug genommen wird, die einem Problem zugrunde liegen, kommt die entscheidende Person selbst ins Spiel. »Je radikaler sich diese Frage stellt, um so mehr spitzt sie sich auf das Problem zu, welches Leben man führen möchte, und das bedeutet: welche Person man ist und zugleich sein möchte. Wer in lebenswichtigen Entscheidungen nicht weiß, was er will, wird am Ende danach fragen, *wer er ist und wer er sein möchte.*«[23] Hier bezieht sich Habermas auf Taylors Konzept der »starken Wertungen«. Im Fall von starken Wertungen wird die Identität der entscheidenden Person thematisch. »Starke Wertungen sind eingebettet in den Kontext eines Selbstverständnisses. Wie man sich selbst versteht, hängt nicht nur davon ab, wie man sich beschreibt, sondern auch von den Vorbildern, denen man nachstrebt. Die eigene Identität bestimmt sich zugleich danach, wie man sich sieht und sehen möchte – als wen man sich vorfindet und auf welche Ideale hin man sich und sein Leben entwirft. Dieses existentielle Selbstverständnis ist im Kern evaluativ und trägt ein Janusgesicht wie alle Wertungen. In ihm sind beide Komponenten verwoben: die deskriptive der lebensgeschichtlichen Genese des Ich und die normative des Ich-Ideals.«[24] Probleme, die sich auf die starken Wertungen einer Person beziehen, sind also immer auch Identitätsprobleme. In der Tradition allerdings hat dieser Problemkreis in der aristotelischen Ethik und den Entwürfen, die sich auf sie beziehen, seinen Platz, dort also, wo es um Fragen des »guten Lebens« geht. »Die praktische Vernunft, die in diesem Sinn nicht nur auf das Mögliche und das Zweckmäßige, sondern auf das Gute abzielt, bewegt sich, wenn wir dem klassischen Sprachgebrauch folgen, im Bereich der Ethik.«[25] Das Taylorsche Konzept der »starken Wertungen« erlaubt es Habermas, im klassischen Sinne *ethische Fragen als Identitätsprobleme* zu fassen, die dann we-

22. Habermas 1991b, 102.
23. Habermas 1991b, 103.
24. Habermas 1991b, 104.
25. Habermas 1991b, 103.

der einen universellen noch einen über Wahrhaftigkeit hinausgehenden Geltungsanspruch für sich reklamieren können. »Ethischen Fragen ist die Referenz der ersten Person und damit der Bezug zur Identität (eines Einzelnen oder) einer Gruppe grammatisch eingeschrieben.«[26] Das heißt: »Fragen des guten Lebens – darauf zielt die Unterscheidung von Habermas – sind einer rationalen Erörterung nur innerhalb eines unproblematischen Horizonts einer konkreten Lebensform zugänglich, aus der sich die Beteiligten gerade nicht ›herausdrehen‹ können.«[27] Dies liegt darin begründet, daß die Identität einer Person in lebensweltlichen Zusammenhängen verankert ist. Die Lebenswelt liefert die kommunikativen Ressourcen, aus denen der Identitätsaufbau gespeist wird. Die Identität einer Person aber ist immer nur partikular, auch wenn sie in kommunikativen Zusammenhängen aufgebaut oder sogar grundsätzlich sozial konstituiert wird. Das ändert jedoch nichts daran, daß von Identität sinnvoll nur gesprochen werden kann, wenn Identität klar von der Gemeinschaft, der sie sich verdankt, unterschieden wird. Auch für kollektive Identitäten, die sich in bestimmten Lebensformen ausdrücken, gilt entsprechendes: »Lebensformen kristallisieren sich ebenso wie Lebensgeschichten um partikulare Identitäten. Diese dürfen, wenn das Leben nicht mißlingen soll, moralischen Forderungen, die sich nach Maßgabe des in einer Lebensform jeweils verwirklichten Grades der Rationalität ergeben, nicht widersprechen. Das erklärt auch, warum eine Rationalisierung der Lebenswelt die Betroffenen nicht notwendig – und nicht einmal normalerweise – *glücklicher* macht.«[28] Ethische Fragen stellen sich trotz der Einbindung in lebensweltliche Zusammenhänge vor allem in einer egozentrischen Perspektive.[29] Das gilt für Habermas, auch wenn er im Bereich der Ausbildung der Identität – und damit in seinem Personenkonzept – durchaus mit kommunitaristischen Ansätzen übereinstimmt. Denn »meine Identität ist auch geprägt durch kollektive Identitäten, und meine Lebensgeschichte ist in übergreifende historische Zusammenhänge eingelassen. Insofern berührt das Leben, das gut für mich ist, auch die Lebensformen, die uns gemeinsam sind.« Auf der anderen Seite muß jedoch beachtet werden: »Aber ethische Fragen zielen in eine andere Richtung als moralische: die Regelungen interpersoneller Handlungs-

26. Habermas 1993, 165.
27. Hoerschelmann 1996, 126.
28. Habermas 1984, 48.
29. Vgl. Habermas 1992a, 198: »Die Identität einer Gruppe bezieht sich auf Situationen, in denen die Angehörigen emphatisch ›Wir‹ sagen können; sie ist keine Ich-Identität im Großformat, sondern bildet deren Ergänzung.«

konflikte, die sich aus gegensätzlichen Interessenlagen ergeben, ist hier noch kein Thema.«[30]

Grundlegend anders stellt sich deshalb die Situation dar, wenn Handlungen die Interessen anderer berühren. Genau dann können partikulare Begründungen eine Handlung nicht mehr hinreichend rechtfertigen und genau dann wird aus einem Problem ein moralisches Problem. »Ohne einen radikalen Wechsel der Perspektive und der Einstellung kann aber ein interpersoneller Konflikt von den Beteiligten nicht als ein moralisches Problem wahrgenommen werden.«[31] Bei *moralischen Fragen* muß also von allen partikularen lebensweltlichen Zusammenhängen abstrahiert werden, denn »Gegenstand der moralisch-praktischen Fragen bilden denn auch verallgemeinerungsfähige Normen innerhalb der sozialen Welt, die allgemeine Zustimmung finden können und daher Anerkennung verdienen.«[32] Die strikte Verallgemeinerung ist das Kennzeichen moralischer Fragen. Verkörpert wird dies im Kategorischen Imperativ Kants, »demzufolge eine Maxime nur dann gerecht ist, wenn *alle* wollen können, daß sie in vergleichbaren Situationen von jedermann befolgt wird. Jeder muß wollen können, daß die Maxime unserer Handlung ein allgemeines Gesetz werde.«[33] Die Diskursethik Habermas' radikalisiert dieses Universalisierbarkeitsprinzip insofern, als dort der Verallgemeinerungstest nicht mehr solipsistisch, sondern im Diskurs der – aktuell oder virtuell – Betroffenen in der intersubjektiven Argumentation durchgeführt wird. »Unter den Kommunikationsvoraussetzungen eines inklusiven und zwanglosen Diskurses unter freien und gleichberechtigten Partnern fordert der Grundsatz der Universalisierung, daß sich jeder der Beteiligten in die Perspektive aller anderen hineinversetzt; gleichzeitig behält jeder Betroffene die Möglichkeit zu prüfen, ob er, auf der Grundlage einer wechselseitigen Kritik der Angemessenheit von Deutungsperspektiven und Bedürfnisinterpretationen, aus jeweils seiner Sicht eine strittige Norm als allgemeines Gesetz wollen kann.«[34]

Die eine praktische Vernunft argumentiert also je nach Problemlage in einer anderen Weise. Entsprechend liegen auch die Handlungsanweisungen auf verschiedenen Ebenen. Im Bereich pragmatischer Zweck-Mittel-Kalkulationen führen die Überlegungen zu »bedingten Imperativen«, die jeweils ein »relatives Sollen« ausdrücken.[35] Ethischen Fragen entsprechen

30. Habermas 1991b, 106.
31. Habermas 1991b, 105.
32. Hoerschelmann 1996, 127.
33. Habermas 1991b, 107f.
34. Habermas 1991c, 157.
35. Habermas 1991b, 102.

dagegen »unbedingte Imperative«, die die Form »klinischer« Ratschläge und Empfehlungen haben. »Der imperativische Sinn dieser Sätze läßt sich als ein Sollen verstehen, das nicht von subjektiven Zwecken und Präferenzen abhängt und doch nicht absolut ist.«[36] Moralischen Problemen gehören schließlich kategorische oder unbedingte Imperative zu. Deren imperativischer Sinn ist ein Sollen, »das weder von subjektiven Zwecken und Präferenzen, noch von dem für mich absoluten Ziel eines guten, gelungenen oder nicht-verfehlten Lebens abhängig ist. Was man tun ›soll‹ oder tun ›muß‹, hat hier vielmehr den Sinn, daß es gerecht und daher Pflicht ist, so zu handeln.«[37] Zwischen den verschiedenen Ebenen besteht ein Gefälle, das sich durch den jeweils unterschiedlichen Grad der Universalisierbarkeit beschreiben läßt. Dies wird besonders deutlich, wenn zum Vergleich die Stufen des moralischen Bewußtseins herangezogen werden, die Habermas im Anschluß an Kohlberg entwickelt hat.[38] Der moralische Gebrauch der praktischen Vernunft entspricht in der kantischen Fassung des kategorischen Imperativs der sechsten, bzw. in der diskursethischen Fassung der siebten Stufe.[39] Habermas geht es jedoch nicht

36. Habermas 1991b, 104. Dies liegt in der lebensweltlichen Verankerung ethischer Fragen begründet, auf die sich ethische Ratschläge dann auch wieder beziehen: »Ethische Fragen werden mit klinischen Ratschlägen beantwortet, die sich auf die Rekonstruktion der bewußtgemachten und zugleich kritisch, also sondierend angeeigneten Lebensform stützen.« (Habermas 1992a, 199)
37. Habermas 1991b, 108.
38. Vgl. hierzu Habermas 1976 und 1983.
39. Vgl. dazu das Schaubild in Habermas 1976, 83. Der ethische Gebrauch der praktischen Vernunft hat im Moralentwicklungsschema keinen Ort. Gemessen an Reichweite und Geltungsbereich wäre sie hingegen am ehesten zwischen der dritten und der vierten Stufe einzuordnen. Die Idee des guten Lebens schwankt dort ja zwischen der »konkreten Sittlichkeit primärer und sekundärer Gruppen«, der Geltungsbereich zwischen den »primären Bezugspersonen« und den »Angehörigen des politischen Verbandes«. Vgl. dazu Habermas 1986b, 62ff. Allerdings gesteht auch Habermas zu, daß der deontologisch verstandenen Gerechtigkeit Solidarität als ihr entsprechender zweiter Aspekt zugeordnet werden muß; es gibt – so Habermas – keine Gerechtigkeit ohne Solidarität: »Die deontologisch begriffene Gerechtigkeit fordert als ihr Anderes Solidarität. Dabei handelt es sich nicht so sehr um zwei Momente, die sich ergänzen, als vielmehr um zwei Aspekte derselben Sache. Jede autonome Moral muß zwei Aufgaben in einem lösen: sie bringt die Unantastbarkeit der vergesellschafteten Individuen zur Geltung, indem sie Gleichbehandlung und damit gleichmäßigen Respekt vor der Würde eines jeden fordert; und sie schützt die intersubjektiven Beziehungen reziproker Anerkennung, indem sie von den Individuen als Angehörigen einer Gemeinschaft, in der sie sozialisiert worden sind, Solidarität fordert. *Gerechtigkeit* bezieht

darum, die Superiorität des moralischen über dem ethischen Denken zu behaupten. Vielmehr will er durch die Unterscheidung des Vernunftgebrauchs den verschiedenen Bereichen entsprechende Diskurse zuordnen, in denen die entsprechenden Fragen nach je eigenen Regeln und Verfahren geklärt werden.

Pragmatische Diskurse haben die Aufgabe, technische und strategische Empfehlungen zu begründen. »Sie dienen dazu, empirisches Wissen auf hypothetische Zwecksetzungen und Präferenzen zu beziehen und die Konsequenzen von (unvollständig informierten) Entscheidungen nach zugrunde gelegten Maximen zu bewerten.«[40] Da sie auf Verwendungszusammenhänge zielen, »besteht keine *interne* Beziehung zwischen Vernunft und Willen.«[41] Es geht in ihnen nur um Ratschläge der Klugheit, um »Vorzüglichkeitsurteile« in dem Sinn, welche Handlungen anderen im Blick auf ein angestrebtes Ziel vorzuziehen sind. Natürlich mag es auch Gründe geben, bestimmte Ratschläge in pragmatischen Diskursen abzulehnen, die z. B. in der Identität einzelner ihre Wurzel haben; diese Gründe sind den pragmatischen Diskursen selbst jedoch äußerlich. Über Identitäten läßt sich auf dieser Ebene nicht verhandeln, weil es nicht möglich ist, sie aus rein pragmatischen Gründen zu ändern. Identitäten sind eben kein Gegenstand einer kontingenten Wahl, sondern verdanken sich lebensweltlich verankerten Zusammenhängen.

Das heißt nicht, daß die Identität nicht veränderbar wäre und nicht in einem weiteren Sinne darum auch durch eine Entscheidung einzelner bestimmt werden könnte; eine solche Änderung läßt sich jedoch nur auf der Ebene *ethisch-existentieller Diskurse* explizieren, weil dort »Begründungen ein rationales Motiv für den Wechsel von Einstellungen bilden.«[42] Die »starken Wertungen«, die in der Identität einer Person verankert sind, sind selbst in Rahmen einbegriffen, der sie selbst begründet und damit Personen überhaupt ermöglicht, eine eigene Identität aufzubauen. »Reflexiven Abstand gewinnt der Einzelne zur eigenen Lebensgeschichte nur im Horizont von Lebensformen, die er mit anderen teilt und die ihrer-

sich auf die gleichen Freiheiten unvertretbarer und sich selbst bestimmender Individuen, während sich *Solidarität* auf das Wohl der in einer intersubjektiv geteilten Lebensform verschwisterten Genossen bezieht – und damit auch die Erhaltung der Integrität dieser Lebensform selbst. Moralische Normen können nicht eins ohne das Andere schützen: die gleichen Rechte und Freiheiten des Individuums nicht ohne das Wohl des Nächsten und der Gemeinschaft, der sie angehören.« (Habermas 1986b, 70)

40. Habermas 1991b, 111.
41. Ebd.
42. Ebd.

seits den Kontext für jeweils verschiedene Lebensentwürfe bilden.«[43] In ethischen Diskursen geht es demzufolge um die Orientierungen, die sich zu einer bewußten Lebensführung verdichten. Die Lebensführung selbst ist geprägt sowohl von der Vergangenheit als auch von den Projektionen in die Zukunft. Dabei hat die Reflexion auf die Lebensführung die Form einer Hermeneutik der Lebensgeschichte.[44] In der kritischen Rekonstruktion wird eruiert, was für eine Person oder eine Lebensform als gut angesehen werden kann. »›Rekonstruktion‹ bedeutet hier nicht nur die deskriptive Erfassung eines Bildungsprozesses, durch den man geworden ist, als den man sich vorfindet; sie bedeutet zugleich eine kritische Sich-

43. Ebd. Wie oben bereits angemerkt, nimmt Habermas in diesem Zusammenhang Taylors Konzept der starken Wertungen auf. Auch für diesen sind die starken Wertungen nicht einfach Gegenstand einer kontingenten Wahl der Personen, zu denen man sich einfach entscheiden könnte oder es auch sein lassen könnte. (Vgl. Taylor 1991, 45 ff.) Vielmehr gewinnen die Wertungen ihre Bedeutung innerhalb eines Rahmens. Für Taylor sind diese Rahmen (frameworks) die unhintergehbare Bedingung für die Ausbildung von Identität. »Für die Wissenschaft vom Menschen ist es unmöglich, von dieser radikalen Situiertheit, von den sozialen und kulturellen Prägungen zu abstrahieren. Personen existieren in Kontexten: sie existieren in einem Geschlecht, leben in einer bestimmten gesellschaftlichen Schicht und sind Angehörige einer bestimmten Ethnie. Die *frameworks* mit ihren Hintergrundüberzeugungen bilden die unentbehrliche Voraussetzung für das Verstehen von Personen und deren Handlungen. Die Kontexte bilden den Hintergrund, vor dem das Leben verständlich – und auch für das jeweilige Subjekt der Lebensform in gewissem Sinne allererst ›führbar‹ – wird.« (Kreuzer 1999, 101) Für Taylor ist die Situiertheit in diesen Rahmen Kennzeichen menschlicher Existenz überhaupt: »Ich für meinen Teil möchte für die kühne These eintreten, daß es für uns völlig unmöglich ist, ohne Rahmen auszukommen. Andres formuliert, der Horizont, vor dem wir unser durch eben diesen Horizont verständlich gemachtes Leben führen, muß solche starken qualitativen Unterscheidungen mit umfassen. Meine Behauptung ist überdies nicht so gemeint, als handelte es sich bloß um ein zufällig für menschliche Wesen geltendes psychologisches Faktum, von dem sich eines Tages vielleicht herausstellen könnte, daß es auf einen einzelnen Ausnahmemenschen oder auf einen neuen Typus – einen Übermenschen der desengagierten Objektivierung – nicht zuträfe. Vielmehr besagt die These, es sei konstitutiv für menschliches Handeln, daß man sein Leben innerhalb eines derart durch starke qualitative Unterscheidungen geprägten Horizonts führt. Ein Überschreiten dieser Grenzen wäre gleichbedeutend mit dem Verlassen eines Daseins, das nach unseren Begriffen noch das einer integralen, also unversehrten Person ist.« (Taylor 1989a, 54 f.)
44. Im klinischen Fall kann diese Hermeneutik in professionalisierter Form durch einen Therapeuten angeleitet und unterstützt werden; vgl. dazu schon Habermas 1973, 262 ff.

tung und reorganisierende Anordnung der aufgenommenen Elemente in der Weise, daß die eigene Vergangenheit im Lichte aktueller Handlungsmöglichkeiten als Bildungsgeschichte der Person, die man in Zukunft sein und bleiben möchte, akzeptiert werden kann.«[45]

Wie zu sehen war, sind bei pragmatischen Diskursen Vernunft und Wille nicht intern aufeinander bezogen; anders in ethischen Diskursen, wobei dort von der konkreten Lebensform als Hintergrund ethischer Orientierung nicht abstrahiert werden kann. *Moralisch-praktische Diskurse* sind demgegenüber durch eine Distanzierung von solchen Selbstverständlichkeiten gekennzeichnet, denn: »Moralisch-praktische Diskurse erfordern hingegen den Bruch mit allen Selbstverständlichkeiten der eingewöhnten konkreten Sittlichkeit wie auch die Distanzierung von jenen Lebenskontexten, mit denen die eigene Identität unauflöslich verflochten ist.«[46] Die Entbindung moralischer Fragen aus dem lebensweltlichen Kontext deutet Habermas mit Weber als Folge der neuzeitlichen Rationalisierung: »Rationalisierung nennt Weber nämlich auch die kognitive Verselbständigung von Recht und Moral, d. h. die Ablösung moralisch-praktischer Einsichten, ethischer und rechtlicher Doktrinen, Grundsätze, Maximen und Entscheidungsregeln von Weltbildern, in die sie zunächst eingebettet waren.«[47] Dieser Prozeß der »Entzauberung« mit der Herausbildung unterschiedlicher Wertsphären ist unter neuzeitlichen Bedingungen nicht reversibel. »Diese Ausdifferenzierungen markieren für Habermas einen Fortschritt, der durch jeden Versuch einer Re-identifizierung von gerechtem und gutem Leben zugleich unterlaufen werde und dadurch die Freisetzung partikularer Lebensformen und individueller Lebensgeschichten blockiere.«[48] Daher sind moralisch-praktische Fragen nur noch unter strikt universalistischen Kriterien diskutierbar. Diesen Anspruch allerdings kann nur eine Diskursethik einholen. »Nur unter den Kommunikationsvoraussetzungen eines universell erweiterten Diskurses, an dem alle möglicherweise Betroffenen teilnehmen und in dem sie in hypothetischer Einstellung zu den jeweils problematisch gewordenen Geltungsansprüchen von Normen und Handlungsweisen mit Argumenten Stellung nehmen könnten, konstituiert sich die höherstufige Intersubjektivität einer Verschränkung der Perspektive eines jeden mit den Perspektiven aller.«[49] Diese abstrakte und dekontextualisierte Begründung von Normen führt

45. Habermas 1991b, 112.
46. Habermas 1991b, 113.
47. Habermas 1981, Bd. 1, 231.
48. Hoerschelmann 1996, 128.
49. Habermas 1991b, 113.

aber zu dem Problem, wie diese unter empirischen Bedingungen wieder auf konkrete Situationen angewendet werden können. Deshalb sieht sich Habermas genötigt, zwischen Diskursen der Normbegründung und -anwendung zu unterscheiden. »Dabei kann die Unparteilichkeit des Urteils nicht wiederum durch einen Universalisierungsgrundsatz gesichert werden: bei Fragen der kontextsensiblen Anwendung muß vielmehr die praktische Vernunft mit einem Prinzip der Angemessenheit zur Geltung gebracht werden.«[50] Daher besteht eine enge Verbindung zur Begründung und Durchsetzung des Rechtes.

Im *Recht* fließen die Ebenen des praktischen Vernunftgebrauchs zusammen, da dort Regelungen geschaffen werden müssen, die zwar moralischen Normen nicht widersprechen, sich aber doch unter den kontingenten Bedingungen einer bestimmten Rechtsgemeinschaft behaupten. »Das Medium Recht wird eben auch für Problemlagen in Anspruch genommen, die die kooperative Verfolgung kollektiver Ziele und die Sicherung kollektiver Güter verlangen. Die Begründungs- und Anwendungsdiskurse müssen sich deshalb auch für den pragmatischen und vor allem für einen ethisch-politischen Gebrauch der praktischen Vernunft öffnen. Sobald eine vernünftige kollektive Willensbildung auf konkrete Rechtsprogramme abzielt, muß sie die Grenzen von Gerechtigkeitsdiskursen überschreiten und Probleme von Selbstverständigung und Interessenausgleich einbeziehen.«[51] Auf das aus diesem Ansatz begründete Modell der politischen Willensbildung werde ich weiter unten eingehen, weil sich dieses methodisch für eine Theorie ethisch-moralischer Urteilsbildung fruchtbar machen läßt.

Habermas sieht, das macht diese Bemerkung über das Recht deutlich, daß allein der Hinweis auf universale Geltung noch nicht ausreicht, um auszuschließen, daß sich hinter dem universalistischen Anspruch partikulare Interessen verbergen (und auf diesen Zusammenhang macht die kommunitaristische Kritik universalistisch-»liberaler« Ansätze immer wieder aufmerksam). »Um die Fesseln einer falschen, bloß prätendierten Allgemeinheit selektiv ausgeschöpfter und kontextinsensibel angewendeter universalistischer Prinzipien zu zerbrechen, bedurfte es immer wieder, und bedarf es bis heute, sozialer Bewegungen und politischer Kämpfe, um aus den schmerzhaften Erfahrungen und den nicht wieder gut zu machenden Leiden der Erniedrigten und Beleidigten, der Verwundeten und Erschlagenen zu lernen, daß im Namen des moralischen Universalismus niemand ausgeschlossen werden darf – nicht die unterprivilegierten Klassen,

50. Habermas 1991b, 114.
51. Habermas 1992a, 191.

nicht die ausgebeuteten Nationen, nicht die domestizierten Frauen, nicht die marginalisierten Minderheiten. Wer im Namen des Universalismus den anderen, der für den anderen ein Fremder zu *bleiben* das Recht hat, ausschließt, übt Verrat an dessen eigener Idee.«[52] Auch der moralische Gebrauch der praktischen Vernunft ist auf eine Kritik angewiesen, die er zwar mit Argumenten versorgen kann, die er aber nicht durch eigene Argumentation ersetzen kann. Deshalb ist auch der moralische Diskurs letztlich auf Anregungen aus der Lebenswelt angewiesen, ohne in seiner Begründung direkt auf diese zurückgreifen zu können.

Die politische Willensbildung wird von Habermas als ein Spezialfall von Anwendungsdiskursen beschrieben. Denn dort fließen die verschiedenen Diskurse zusammen mit der politischen Meinungs- und Willensbildung und der in verschiedenen Instanzen lozierten Macht. Die Verbindung dieser Bereiche illustriert Habermas mit Hilfe eines Prozeßmodells, »das von pragmatischen Fragestellungen ausgeht, über die Verzweigung in Kompromißbildung und ethische Diskurse zur Klärung moralischer Fragen fortschreitet und mit einer juristischen Normenkontrolle endet.«[53]

Habermas stellt dieses Modell der politischen Willensbildung durch folgende Verlaufsskizze dar:[54]

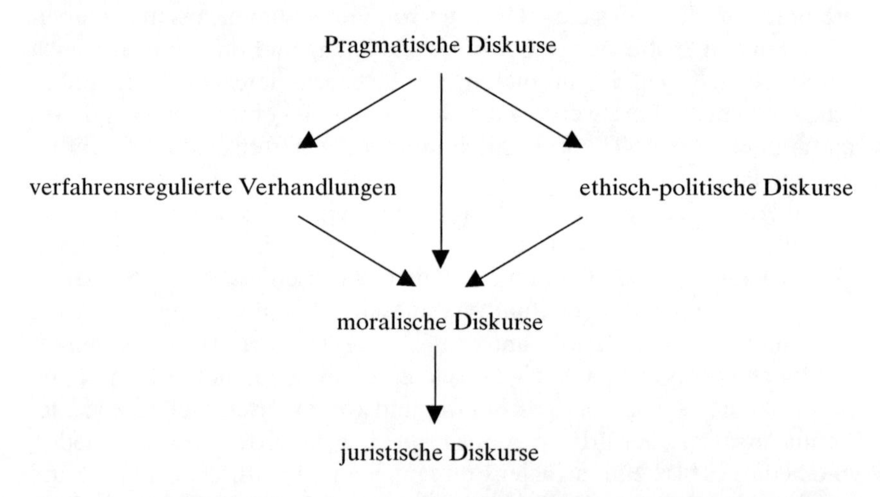

Im ersten Stadium geht es um die pragmatische Bestimmung bestimmter Programme. »Die Begründung hängt in erster Linie von einer richtigen Situationsdeutung und von der angemessenen Beschreibung des anste-

52. Habermas 1991b, 115 f.
53. Habermas 1992a, 201.
54. Habermas 1992a, 207.

henden Problems ab, vom Zufluß relevanter und zuverlässiger Informationen, von der richtigen, erforderlichenfalls auch theoretisch angeleiteten Verarbeitungen dieser Informationen usw.«[55] Dabei werden die Informationen und das in ihnen enthaltene Expertenwissen behandelt, als wäre es wertneutral. Erst die Bewertung der entsprechenden Informationen führt dazu, die Präferenzen und Wertorientierungen zu diskutieren, mit deren Hilfe überhaupt entschieden werden kann. »Pragmatische Diskurse erstrecken sich nur auf die Konstruktion und Folgenabschätzung möglicher Programme, nicht auf die vernünftige Formierung des Willens, der einen Vorschlag nur adoptieren kann, wenn er sich die darin hypothetisch vorausgesetzten Ziele und Werte *zu eigen macht.*«[56] Für die Weiterbearbeitung des Problems ergeben sich je nach Konstellation drei Ebenen, auf denen weiterdiskutiert werden muß. Bei unmittelbar moralisch relevanten Fragen folgen Diskurse, »die die strittigen Interessen und Wertorientierungen im Rahmen des verfassungsrechtlich interpretierten und ausgestalteten Systems der Rechte einem Verallgemeinerungstext unterziehen.«[57] Gewissermaßen ein moralischer Diskurs unter öffentlich-politischen Bedingungen. Ähnlich wird bei ethisch relevanten Fragen verfahren, bei denen in einem Selbstverständigungsprozeß die kollektive Identität vergewissert werden muß. »In komplexen Gesellschaften wird aber selbst unter idealen Bedingungen oft weder die eine noch die andere Alternative offenstehen, nämlich immer dann, wenn sich herausstellt, daß alle vorgeschlagenen Regelungen vielfältige Interessen auf je verschiedene Weisen berühren, ohne daß sich ein verallgemeinerbares Interesse oder der Vorrang eines bestimmten Wertes begründen ließen.«[58] Dann bleibt die Möglichkeit von Verhandlungen, die allerdings die Kooperationsbereitschaft der Beteiligten zur Voraussetzung haben. Im Normalfall zielen solche Verhandlungen auf Kompromisse, die entgegengesetzte Positionen miteinander vermitteln. Der Vorteil des Kompromisses liegt darin, daß sein Inhalt begründungsoffen ist: »Während sich ein rational motiviertes Einverständnis auf Gründe stützt, die alle Parteien *in derselben Weise* überzeugen, kann ein Kompromiß von verschiedenen Parteien aus jeweils *verschiedenen* Gründen akzeptiert werden.«[59] Schließlich müssen

55. Habermas 1992a, 203.
56. Ebd.
57. Habermas 1992a, 204.
58. Ebd.
59. Habermas 1992a, 205. Dabei betont Habermas, daß die Verfahrensbestimmungen unter denen über einen Kompromiß verhandelt wird, selbst moralisch gerechtfertigt werden müssen, um tatsächlich einen fairen Kompromiß zu ermöglichen.

die Ergebnisse verfahrensregulierter Verhandlungen und ethisch-politischer Diskurse einer moralischen Prüfung unterzogen werden, weil die ethische und pragmatische Rationalität auf den moralischen Diskurs verwiesen bleibt: »Weil die Kompromißbildung moralische Diskurse nicht ersetzen kann, läßt sich die politische Willensbildung nicht auf Kompromißbildung reduzieren. Mutatis mutandis gilt das auch für ethisch-politische Diskurse. Denn deren Ergebnisse müssen mit moralischen Grundsätzen wenigstens kompatibel sein.«[60] Da die politische Willensbildung durch ihre Fassung in Gesetze abgeschlossen wird, steht am Ende des Willensbildungsprozesses der juristische Diskurs, in dem die Gesetze einer Kohärenzprüfung unterzogen werden.

Die von Habermas vorgeschlagene Unterscheidung eines dreifältigen Gebrauchs der praktischen Vernunft reagiert auf und ist bezogen auf philosophische Debatten, die gewöhnlich unter dem »Label« Kommunitarismus versus Liberalismus wahrgenommen werden. Dort geht es bekanntlich um die Verhältnisbestimmung zwischen ethischen und moralischen Fragen. Es kann nicht Aufgabe dieser einleitenden Reflexion über Methode und Reichweite ethisch-moralischer Theorie sein, diese Debatte im einzelnen nachzuzeichnen und zu analysieren. Deswegen möchte ich mich im folgenden auf eine Arbeit beziehen, die meines Erachtens den elegantesten Lösungsvorschlag für besagte Kontroverse liefert, Rainer Forsts Untersuchung über die »Kontexte der Gerechtigkeit«. Diese Arbeit ist auch deshalb hier anschlußfähig, weil sie sich dezidiert auf die eben skizzierte Position Habermas' bezieht.

1.2 Die Kommunitarismusdebatte: Kontexte der Gerechtigkeit

Der Kristallisationspunkt der Debatte zwischen Kommunitaristen und Liberalen ist John Rawls' 1971 erschienenes Buch »Eine Theorie der Gerechtigkeit«, das »Werk, das den Nachrufen auf die vergangene, große Tradition der normativen politischen Philosophie ein Ende setzte und dessen aktualisierende Reformulierung kantischer Argumente im Rahmen einer liberalen Vertragstheorie sich nicht nur als ein wirksamer Gegenentwurf zu utilitaristischen Theorien erwies, sondern auch als Anstoß der Entwicklung alternativer liberaler Ansätze, individuelle Freiheit und soziale Gleichheit zu vereinbaren«.[61] Eine besondere Rolle spielt bei

60. Habermas 1992a, 206.
61. Forst 1994, 13. Die Seitenangaben im Text beziehen sich, wenn nicht anders vermerkt, im folgenden auf diese Arbeit.

Rawls die Vorstellung eines Urzustandes, in dem sich alle Beteiligten unter einem »Schleier des Nichtwissens« begegnen. Damit ist gemeint: Um zu einem gerechten Verfahren zu gelangen, mit dem die Beteiligten gemeinsam definieren, was künftig als gerecht zu gelten habe, muß vorausgesetzt werden, daß alle als gleichberechtigte Vertragspartner sich in Unkenntnis über ihren tatsächlichen gesellschaftlichen Stand befinden. »Sie wissen nicht, wie sich die verschiedenen Möglichkeiten auf ihre Interessen auswirken würden, und müssen deshalb Grundsätze unter allgemeinen Gesichtspunkten beurteilen.«[62] Hinter diesem Urzustand verberge sich, so die Kritiken an Rawls' Konzept, das typisch liberale, kapitalistische und männliche Individuum amerikanischen Zuschnitts, das losgelöst von allen Bindungen nur seine eigenen Interessen verfolge und zu moralischem Handeln nicht zu motivieren sei.[63] Die kommunitaristischen Kritiken treffen sich dabei in der These, daß Gerechtigkeit nur zu begreifen sei in einem »kommunitären« Kontext.[64] Diese These besagt, »daß der ›Kontext der Gerechtigkeit‹ eine Gemeinschaft sein muß, die in ihren historisch gewachsenen Werten, Praktiken und Institutionen, kurz: ihrer

62. Rawls 1971, 159. Rawls nennt eine ganze Reihe von Informationen, die den Beteiligten im Urzustand hinter dem »Schleier des Nichtwissens« verborgen sind: »Vor allem kennt niemand seinen Platz in der Gesellschaft, seine Klasse, seinen Status; ebensowenig seine natürlichen Gaben, seine Intelligenz, Körperkraft usw. Ferner kennt niemand seine *Vorstellung vom Guten*, die Einzelheiten seines vernünftigen Lebensplanes, ja nicht einmal die Besonderheiten seiner Psyche wie seine Einstellung zum Risiko oder seine Neigung zu Optimismus oder Pessimismus. Darüber hinaus setze ich noch voraus, daß die Parteien die besonderen Verhältnisse in ihrer eigenen Gesellschaft nicht kennen, d.h. ihre wirtschaftliche und politische Lage, den Entwicklungsstand ihrer Zivilisation und Kultur.« (160, Hervorhebung von mir.)
63. Im Grunde variiert die kommunitaristische Position die Kritik, die Marx 1844 an der Konzeption der Menschenrechte geübt hat: »Vor allem konstatieren wir die Tatsache, daß die sogenannten *Menschenrechte*, die *droits de l'homme* im Unterschied von den *droits du citoyen*, nichts anderes sind als die Rechte des *Mitglieds der bürgerlichen Gesellschaft*, d.h. des egoistischen Menschen, des vom Menschen und Gemeinwesen getrennten Menschen.« (K. Marx 1844, 47f.)
64. Die begrifflichen Schwierigkeiten deuten sich schon dadurch an, daß die amerikanische Bezeichnung »Communitarianism« gleichermaßen unübersetzt in die deutschsprachige Diskussion übernommen wurde. Das liegt unter anderem daran, daß der entsprechende deutsche Begriff »Gemeinschaft« belastet ist (vgl. dazu Joas 1993), während jenseits des Atlantiks der Begriff *community* einen umfassenden Bedeutungshorizont hat und die örtliche »Kommune« – hier überschneiden sich die Begriffe – genauso umfaßt wie bestimmte Lebensformen.

Identität, einen normativen Horizont bildet, der für die Identität ihrer Mitglieder und damit für die Normen des Gerechten konstitutiv ist. Nur *innerhalb* dieses Wertehorizontes ist es möglich, Fragen der Gerechtigkeit zu stellen und damit zu beantworten, was für die Gemeinschaft vor dem Hintergrund ihrer Wertungen und ihres Selbstverständnisses gut ist und gelten soll. Gerechtigkeitsprinzipien erwachsen aus einem solchen Gemeinschaftskontext, gelten nur in ihm und können nur dort verwirklicht werden«. (14f.) Dem entspricht der Vorrang der Ethik vor der Moral, da die Frage der individuellen und kollektiven Identität die Bedingung dafür ist, was als für alle geltend angesehen werden könne.

Die Debatte zwischen »Liberalen« und »Kommunitaristen« ist indes sehr komplex und verzweigt. Es ist daher nicht sinnvoll, pauschal von »den« Kommunitaristen und »den« Liberalen zu sprechen. Gleichwohl hat Forst in seinem Beitrag gezeigt, daß sich die Auseinandersetzung auf vier zentrale Themen reduzieren läßt: »Erstens die Kritik der atomistischen Personenkonzeption liberaler Theorien, zweitens die Kritik des Neutralitätsanspruchs liberaler Gerechtigkeits- und Rechtsprinzipien und des Vorrangs individueller Rechte vor dem gemeinschaftlichen Guten, drittens die Kritik der mangelnden integrativen, ›sittlichen‹ Kraft liberaler Auffassungen der politischen Gemeinschaft, viertens schließlich die Kritik universalistischer Moraltheorien.« (15) Diesen vier Problemkreisen ordnet Forst vier verschiedene Begriffe von Person und Gemeinschaft zu, denen jeweils eigene normative Kontexte entsprechen: ethische Person, Rechtsperson, Staatsbürgerschaft und moralische Person. (16) In der Diskussion dieser vier Kontexte entfaltet Forst eine Position »jenseits von Liberalismus und Kommunitarismus«, die die Argumente beider Seiten aufnimmt und zu einer umfassenderen Theorie der Gerechtigkeit verknüpft. An dieser Stelle mag es genügen, auf den ersten und letzten Kontext einzugehen, da sich in beiden paradigmatisch die Frage diskutieren läßt, wie Ethik und Moral sinnvoll unterschieden und aufeinander bezogen werden können.

Der erste von Forst diskutierte Kontext ist zugleich für diese Untersuchung der wichtigste; es geht um die *Frage der Konstitution der Person*. Die Auseinandersetzung hierüber kann auch als Ausgangspunkt der gesamten Debatte betrachtet werden, ausgelöst wurde sie durch Michael Sandels Kritik an Rawls Gerechtigkeitstheorie.[65] »Nach der Überzeugung von Sandel fußt die Gerechtigkeitstheorie von Rawls auf einem Konzept der menschlichen Person, das deren kulturelle Einbettung in gemeinschaftlich geteilte Lebensbezüge, Wertüberzeugungen und ethische Ori-

65. Sandel 1982.

entierungen ausblende.«[66] Sandel zufolge stützt sich die Rawlssche Theorie auf ein Personenkonzept, das so nicht haltbar sei. Wenn dieses jedoch aufgegeben werden müsse, werde auch die zugehörige Gerechtigkeitstheorie hinfällig. Denn statt von einem »ungebundenen oder entkörperten Selbst« müsse man davon ausgehen, daß persönliche Identität intersubjektiv konstituiert werde; daher könne von einem Selbst unabhängig von dem es konstituierenden Kontext nicht gesprochen werden. »Sein (scil. Sandels) Begriff des ›konstituierten Selbst‹, das seine Identität einer ›konstitutiven Gemeinschaft‹ verdankt, verneint die Möglichkeit einer von dem geteilten Vokabular einer Gemeinschaft und einem Hintergrund gemeinsamer Praktiken und Überzeugungen getrennt wahrnehmbaren Identität«. (25f.)[67] Nur innerhalb einer konstitutiven Gemeinschaft kann daher auch bestimmt werden, was als individuell und gemeinschaftlich Gutes angesehen werden kann. Wegen dieser Konstitutionsbedingung muß daher immer vom Vorrang des Guten vor dem Gerechten gesprochen werden. Aus diesem Grund werden deontologische Theorien den Konstitutionsbedingungen von Person und Gemeinschaft nicht nur nicht gerecht, sondern »wird sie zur gesellschaftlichen Praxis, so zerstört sie sogar diese ›persönlichen und politischen Bindungen‹.« (30)[68]

Forsts Kritik an Sandels Ansatz zielt im wesentlichen auf den Nachweis eines »kommunitaristischen Fehlschlusses«, nämlich »illegitimerweise von der Tatsache einer Konstitution von Identität in Gemeinschaften auf die normative Verpflichtung, diese Identität als Teil der Gemeinschaft aufrechtzuerhalten« zu schließen. (38f.) Auch wenn man von der gesellschaftlichen Konstitution der Person ausgeht, muß noch zu denken sein, wie sich diese in ihrer Selbstbestimmung von ihrem Kontext unterscheidet. Denn nur, wenn das Selbst die Möglichkeit hat, die eigenen starken Wertungen auch zu verändern oder bestimmte gemeinschaftlichen Werte und Bindungen zu hinterfragen, kann von einem wirklichen Selbst gesprochen werden. Der »kommunitaristische Fehlschluß« führt deshalb dazu, die Möglichkeit der Kritik des Individuums an der Gemeinschaft preiszugeben. Forst weist in diesem Zusammenhang darauf hin, daß Meads Unterscheidung zwischen »I« und »Me«, also zwischen der Perspektive, die durch die Verinnerlichung von Erwartungen anderer und von sozialen Rollen aufgebaut wird, und der Instanz, die Selbstverwirklichung

66. Von Soosten 1992a, 62.
67. Sandel schließt sich in diesem Zusammenhang an Taylors Konzept der »starken Wertungen« an, das weiter oben bereits angesprochen wurde.
68. Diese Kritik an liberalen Theorien findet sich so vor allem noch bei MacIntyre 1981.

ermöglicht und sich darin von dem sozial konstituierten Selbst unterscheidet, dazu helfen könnte, beide Perspektiven zusammen zu denken. (39)

Einen weiteren Hinweis Forsts halte ich in diesem Bereich für zentral. Er macht deutlich, daß in modernen Gesellschaften nicht mehr davon ausgegangen werden kann, daß Personen von nur einer Gemeinschaft geprägt werden. Dies zeigt sich schon, wenn man beachtet, daß jeder und jede in vielen Lebensbereichen unterschiedliche Rollen übernimmt, die in irgendeiner Weise verklammert werden müssen, gerade weil sie miteinander in Konflikt geraten können. Darüber hinaus ist davon auszugehen, daß Identitäten von verschiedenen Gemeinschaften mit je eigenen Wertmustern und normativen Kontexten geprägt werden. Es ist deshalb zu fragen, »wie sich die Identität von Personen ›zwischen‹ verschiedenen Gemeinschaften bildet, wie eine Person, die sich zu einer familiären, einer religiösen und einer politischen Gemeinschaft zugehörig fühlt, ein und dieselbe Person bleiben kann, wenn diese Zugehörigkeiten konträre Anforderungen stellen. Zerfällt in diesem Fall ihre Identität in gegensätzliche Fragmente?« (39) Bei Sandel wurzelt diese Unklarheit – so Forst – in der fehlenden Differenzierung innerhalb seines Konzeptes der »konstitutiven Gemeinschaft«; deshalb kann er den unterschiedlichen normativen Strukturen verschiedener Gemeinschaftsformen nicht gerecht werden. »Was demnach fehlt, ist ein differenzierter Blick auf die verschiedenen Formen von Gemeinschaften, denen Personen zugehören, die verschiedene Werte und Normen, über die diese sich integrieren, und die Frage, inwiefern die Identität von Subjekten hiervon betroffen ist. Ein solches, differenzierteres Bild müßte eine dialektischere Fassung des wechselseitigen Verhältnisses von Individuum und Vergesellschaftung bieten, als es bei Sandel zu finden ist, ein Modell des Verhältnisses von Selbst und Gemeinschaft, das jenseits der Alternative von Atomismus und sozialem Monismus liegt.« (40) Ich würde an dieser Stelle Forsts Argument dahingehend erweitern, daß Personen unter den Bedingungen der Moderne nicht allein durch die unterschiedlichen Gemeinschaften geprägt sind, denen sie zugehören, sondern darüber hinaus auch durch die Lebensumstände, die Einfluß darauf haben, wie sich jemand in der sozialen Welt bewegt und sich in ihr verortet. Ein Beispiel: Ich verstehe mich als Städter, das heißt, daß bestimmte Umstände, die andere vielleicht zur Kritik der städtischen Lebensweise heranziehen – wie etwa eine vergleichsweise größere Anonymität – für mich eher positiv besetzt sind und den Reiz städtischen Lebens ausmachen. Diese Prägung bleibt nicht ohne Einfluß auf mein Selbstverständnis und ebenso auf die Werte, die mir wichtig sind. Es könnte durchaus sein, daß meine Vorstellungen von Partnerschaft, Sexualität und gutem Leben allgemein in großem Maß durch meine städtische Lebensweise geprägt sind. Dies ist nicht gleichbedeutend mit dem Gefühl der Zugehörigkeit zu einer bestimmten Stadt, obwohl dies sicherlich auch eine Rolle spielt; ich verstehe mich durchaus auch als Frankfurter, das allein beschreibt jedoch nicht hinlänglich mein Selbstverständnis als Städter, das mich noch nicht automatisch zum Mitglied einer bestimmten *community* macht. Städtische Lebensformen gibt es eben nicht nur in Frankfurt, sondern genauso etwa in Berlin, München oder Düsseldorf. Und weiter: Eine alleinerziehende Mutter denkt und urteilt wahrscheinlich anders über Partnerschaft, soziale Sicherung, das Verhältnis zwischen Beruf und persönlicher Situation als eine Mutter in einem großfamiliären Zusammenhang, deswegen gibt es jedoch noch keine »Gemeinschaft alleinerziehender Mütter«. Für die Beschreibung solcher Prägungen, die aus der sozialen Situation, der jeweiligen Lebensweise und ähnlichem entspringen, ist der Gemeinschaftsbegriff zu eng. Mit ihm ist nicht zu fassen, daß die Vorstellungen vom guten Leben, die starken Wertungen, von Umständen abhängen, die nicht auf die Verbindung mit einer bestimmten Gemeinschaft zurückgeführt werden können.[69]

Forst selbst sieht eine Verknüpfung der Perspektiven durch eine Unterscheidung der Personenkonzepte gegeben. An Rawls anknüpfend spricht er vom Konzept der *Rechtsperson*, an Sandel anknüpfend von der *ethischen Person*. Rawls' Begriff der Rechtsperson beansprucht dabei nicht, eine Theorie der personalen Identität zu liefern, er ist »ein ›politischer‹ Begriff insofern, als er sich allein auf die abstraktere Ebene der politischen Gerechtigkeit und nicht der Konstitution des Selbst bezieht.« (42) Dadurch ist das Personenkonzept offen für unterschiedliche ethische Bestimmungen, die Rechtsperson ist nahezu ethisch neutral in dem Sinne,

69. Beispielhaft skizziert Giusti 1994, 770 das Problem an seiner eigenen Biographie und macht damit die Pluralität bestimmender Gemeinschaften an seiner individuellen *story* fest: »Ich selbst, der ich jetzt auf deutsch über angelsächsische Debatten schreibe, bin Peruaner zum Teil europäischer Abstammung, spanischer Muttersprachler in einem meist indianischsprechenden Land, habe eine strengkatholische und kulturliberale Erziehung hinter mir, habe auch den lateinamerikanischen Traum nach einer sonderbaren kulturellen Identität jahrelang träumen müssen, praktiziere mittlerweile das, wenn nicht universale, doch mindestens universitäre Metier des Philosophieprofessors, gelte in meinem Land als Mitglied einer privilegierten Klasse und in Deutschland als Türke ... Welche ist denn meine Gemeinschaft? Oder in welcher sollte ich mich wiedererkennen? Wohl in allen genannten, sollte ich vielleicht sagen: in der unversöhnten Koexistenz all dieser Wertgemeinschaften in mir selber (aufgrund meiner persönlichen Sozialisierung), in meinem Land und *mutatis mutandis* auch sonstwo.«

daß ihr gerade keine besonderen Wertungen und Deutungen zugrunde liegen. Hinter dem »Schleier des Nichtwissens« ist im Urzustand ja auch die jeweilige Vorstellung des Guten verborgen.[70] Daher sind ethische und Rechtsperson so aufeinander zu beziehen, daß die eine der Kern und die andere die Hülle der jeweils anderen darstellen: »Die Identität der *Rechtsperson* stellt sozusagen die *äußere abstrakte Hülle* der *ethischen Person* dar; sie schützt die partikulare Identität einer Person und beschränkt sie zugleich nach allgemeinen, moralischen Prinzipien der Gerechtigkeit.« (48) Die Sphäre des Rechtes bleibt damit von partikularen Vorstellungen des Guten unabhängig, ermöglicht jedoch andererseits, daß unterschiedliche Möglichkeiten nebeneinander in der Rechtsgemeinschaft Bestand haben können. Die Vorstellung der Rechtsperson impliziert also nicht eine bestimmte Vorstellung des Guten, sie ist vielmehr darauf angewiesen, daß die partikularen Identitäten aus anderen Quellen gespeist werden.

Der Unterscheidung zwischen ethischer und Rechtsperson korrespondiert die zwischen ethischer und politischer Gemeinschaft. Im Anschluß an Rawls konstruiert Forst das Verhältnis zwischen beiden analog zum Personenkonzept: »Während sich die politische Gemeinschaft über eine politische und öffentliche Gerechtigkeitsauffassung normativ integriert, integrieren sich partikulare Gemeinschaften über Auffassungen des Guten verschiedener Arten, besonders insofern, als sie von ›comprehensive moral doctrines‹, ›umfassenden ethischen Lehren‹, bestimmt sind:« (50) Die politische Gemeinschaft ist folglich insofern ethisch neutral, als sie die »Schutzhülle« für, möglicherweise divergierende, Auffassungen des Guten darstellt, auf die sie gleichwohl angewiesen bleibt. Aus diesem Grund sind auch die jeweils entsprechenden Freiheitskonzepte aufeinander bezogen. Der Rechtsperson und der durch diese konstituierten politischen Gemeinschaft entspricht das rechtlich-»negative« Konzept persönlicher Handlungsfreiheit, der ethischen Person und den zugehörigen ethischen Gemeinschaften das ethisch-»positive« Konzept der Freiheit im Sinne von Selbstverwirklichung.[71] Um abzusichern, daß mit dieser Kontrastierung der Begriff der Rechtsperson ethisch neutral zu fassen ist, greift Forst auf Habermas' Differenzierung zwischen dem ethischen und

70. Vgl. das Rawls-Zitat in Anm. .
71. Gerade Taylor legt großen Wert darauf, daß das moderne Konzept der Selbstverwirklichung, der Authentizität, eine Ressource für ethische Orientierung darstellt. Vor allem in Taylor 1991 bemüht er sich um den Nachweis, daß das Streben nach Authentizität ein moralisches Ideal zum Hintergrund hat; vgl. dort: 34 ff.

moralischen Gebrauch der praktischen Vernunft zurück. Wie oben ja zu sehen war, ist damit auch geltungstheoretisch auf die Unterscheidung von Fragen des guten Lebens von solchen der Gerechtigkeit abgehoben. »Ethische Werte und allgemein verbindliche Normen stellen *verschiedene Antworten* auf *verschiedene praktische Fragen* dar, die *verschiedenen Geltungskriterien* entsprechen.« (53)

Mit Hilfe des eben skizzierten Denkmodells ist es möglich, ethische und moralische Fragen im Blick auf die Konzepte von Person und Gemeinschaft sowohl zu unterscheiden als auch aufeinander zu beziehen. Dies hat direkte Auswirkungen auch auf einen Ansatz theologischer Ethik. Diese ist zuerst einmal als partikulare Ethik zu konstruieren, da nicht davon ausgegangen werden kann, daß alle den ihr zugrunde liegenden Überzeugungen zustimmen (ob sie ihnen zustimmen könnten, wenn sie nur hinreichend expliziert würden, ist eine andere Frage, die nichts an dem Faktum ändert, daß eben nicht alle zustimmen). Ihrem eigenen Anspruch nach kann sich eine theologische Ethik jedoch nicht mit dieser Partikularisierung zufrieden geben; dies wird weiter unten bei der Erörterung theologisch-ethischer Konzepte noch ausführlicher diskutiert werden. Bevor dies geschieht, soll nun noch auf die Debatte um Universalismus und Kontextualismus, die sich als eine um ein angemessenes Verständnis der moralischen Person darstellen läßt, eingegangen werden.

Der Begriff der *moralischen Person* verdankt sich dem Kontext allgemeiner moralischer Grundlagen, die für alle gleichermaßen gelten sollen. Die kommunitaristische Kritik macht allerdings gegen sich darauf beziehende universalistische Moraltheorien geltend, daß auch dem Prinzip der allgemeinen Rechtfertigung von Normen ein moralisches Gut zugrunde liege, daß also eine allgemeine Moral nur mit Bezug auf grundlegende Werte konstruiert werden könne. »Alle Normen von Recht und Moral, so allgemein sie sein mögen, stehen in einem kulturell-ethischen Kontext ›unserer‹ Identität.« (240); so jedenfalls dieser Einwand. Forsts umfangreiche Diskussion dieses Einwandes soll an zwei Beispielen vorgeführt werden, an den Positionen Walzers und MacIntyres.

Walzer geht dabei von dem grundlegenden aristotelischen Argument aus, daß sich Gerechtigkeit nur im Blick auf ihre soziale Bedeutung explizieren läßt.[72] Eine Gerechtigkeitstheorie kann daher nur gemeinschafts-

72. Daher vertritt Walzer einen eindeutig relativistischen Gerechtigkeitsbegriff: »Diese gemeinschaftlichen Traditionen (scil. Sprache, Gemeinschaft und Kultur) bestimmen nun in Fragen distributiver Gerechtigkeit, welche Güter je für wichtig und welche Verteilungskriterien je für angemessen gehalten werden. Auf diese Weise bestimmt Walzer den Begriff der Gerechtigkeit als von

hermeneutisch entwickelt werden. Moralphilosophie ist eine Sache der Interpretation, die als immanente Rekonstruktion die Moralprinzipien erhellt, die einer bestimmten Gemeinschaft zugrunde liegen.[73] Dabei baut Walzer jedoch eine anspruchsvolle Prämisse in seine Theorie ein: die geteilten Überzeugungen einer Gemeinschaft implizieren »einen Prozeß der intersubjektiven Bildung von Praktiken und Institutionen [...], in den gewisse Bedingungen von Reziprozität eingehen.« (247) Die gerechtigkeitskonstituierende Gemeinschaft ist eine Interpretationsgemeinschaft, die sich in öffentlichen Diskursen verständigt. Kritik muß sich innerhalb dieser Gemeinschaft bewegen, sie muß in der Sprache und anhand der Werte formuliert werden, die in ihr gelten. Diese partikulare Fassung moralischer Prinzipien wird von Walzer jedoch universalistisch aufgeladen.

Walzer geht davon aus, daß denen, die sich kritisch zu ihren eigenen Gemeinschaften verhalten, ein »moral sense« zukommt, der sich als »Protest gegen Unterdrückung, Ausbeutung, Gewalt und Grausamkeit« äußert. (249) Dieser Protest appelliert zwar an die Werte der Gemeinschaft, ist jedoch nicht zwangsläufig durch sie begründet. »So ist es nicht die ›Verbundenheit‹ des Kritikers mit seiner Gemeinschaft, die ein Kriterium der moralischen Qualität der Kritik ist, sondern die Frage, für wen und in wessen Namen der Kritiker spricht: nämlich im Namen der *Opfer* einer Gemeinschaft. Der Kritiker ist nicht primär ein verbundener, sondern ein ›verbindender‹ Kritiker; er verbindet seinen moralischen Einspruch mit den politisch-ethischen Kontexten, in denen er ihn erhebt; er appelliert an *die* sozialen Werte, die moralisch zu rechtfertigen sind.« (250) Die daraus resultierende Position läßt sich als »kontextualistischer Universalismus« bezeichnen; kontextualistisch ist er insofern, als die Bewertung der Normen nur innerhalb einer Interpretationsgemeinschaft vorgenommen werden kann, das heißt, daß den Kritikern und Kritikerinnen keine universalistischen Argumente zur Verfügung stehen, auch wenn sie Anliegen formulieren, die prinzipiell für alle gelten sollen. Damit sind zwei Ebenen gegeben, die in der moralischen Auseinandersetzung in unterschieden werden müssen. Intern sind Werte und Normen von und vor allen Ge-

Grund auf *relativistisch:* denn nur relativ auf die Praktiken einer je spezifischen Gemeinschaft bezogen läßt sich sagen, ob diese Gemeinschaft gerecht organisiert ist. Ein kritischer Maßstab von außen, der sich universalistisch verstehen würde, ginge folglich genuin am Begriff der Gerechtigkeit vorbei.« Rössler 1993, 1036f.

73. Daß es von diesem theoretischen Standpunkt aus problematisch wird, gesellschaftliche Praktiken sozialkritisch zu hinterfragen, darauf hat Okin 1987, 292ff. aus feministischer Perspektive aufmerksam gemacht.

meinschaftsmitgliedern zu rechtfertigen, extern besteht das Kriterium in Gestalt eines moralischen »Minimalcodes«, der die Normen einschließt, die in allen Gemeinschaften beachtet werden müssen. (252) Eine besondere Rolle spielt in dem Zusammenhang die Überlegung, wie sich Gemeinschaft und Fremde zueinander verhalten müssen. Der Minimalcode gibt somit an, was als moralisches Minimum im Umgang mit allen zu gelten habe. »Walzer ist an dieser Stelle gezwungen, eine universalistische Moral der Fremden von einer partikularistischen Moral der Einheimischen zu unterscheiden.« (254) Dieser moralische Minimalcode ist insofern abstrakt, als ihm keine eigene Lebensform entspricht, er ist also nicht ethisch geerdet. Gleichwohl kann keine Gemeinschaft umhin, diesen Minimalcode als äußeren Rahmen anzuerkennen. »Dem liegt die Einsicht zugrunde, daß Personen nicht nur ethische Personen in lokalen Gemeinschaften, Rechtspersonen in bestimmten Rechtsgemeinschaften, Bürger in bestimmten politischen Gemeinschaften sind, sondern auch, und zunächst, ›strangers‹, Fremde, die nichts weiter sind als ›Menschen‹.« (256) Es ist offensichtlich, daß Walzer damit in die Nähe naturrechtlicher Menschenrechtsbegründungen rückt. Ein wesentlicher Unterschied zu diesen bleibt jedoch bestehen: Der moralische Minimalcode kann nicht transzendental letztbegründet werden. Er bleibt immer verwiesen auf die menschlichen Erfahrungen und die Moral, die in allen Kulturen schon angelegt ist; Walzers Universalismus ist also nicht nur kontextualistisch, sondern auch hermeneutisch zu verstehen. Allerdings – so Forst – ist damit noch nicht sicher gestellt, daß die so eingeforderten Werte auch gelten. Die Geltung des moralischen Minimalcodes kann nur so begründet werden, daß in ihm der normative Raum beschrieben wird, den sich Menschen gegenseitig mit Gründen nicht bestreiten können. Geltungstheoretisch ist also zwischen dem Anspruch und seiner Geltung noch einmal zu unterscheiden: »Die genannten gemeinsamen Negativerfahrungen von Unterdrückung und Ungerechtigkeit und – positiv gewendet – der gemeinsame Wunsch nach einem Leben, das von diesen Erfahrungen frei ist, bilden zwar die *Basis* moralischer Ansprüche (und einer gemeinsamen Sprache des Menschseins), das Geltungskriterium dieser Ansprüche allerdings liegt in ihrer allgemeinen und wechselseitigen Nichtbestreitbarkeit.« (262) Damit rekurriert Forst aber auf einen formalen und prozeduralen Vernunftbegriff, wie er ihn vor allem bei Habermas entwickelt sieht, einen Vernunftbegriff, der zugleich einen kontexttranszendierenden und kontextimmanenten Charakter hat. »Moralische Geltungsansprüche übersteigen ›lokale‹ Kontexte, in denen sie entstehen. Moralische Probleme entstehen zwar auf kontingente Weise, sie erlauben jedoch keine kontingenten Antworten. Anders als ethische Werte oder Rechtsnormen sind

Moralnormen nicht ›vernünftig‹, wenn sie nur ›für uns‹ gelten und wir sie daher von ›anderen‹ nicht mit guten Gründen fordern und ihnen gegenüber nicht vertreten können.« (302f.) Genau gegen diese Auffassung jedoch wendet sich MacIntyres Kritik deontologischer Gerechtigkeitstheorien.

MacIntyres Position wird von Forst als »negativer Hegelianismus« umschrieben. (307) Negativ meint hier, daß jener davon ausgeht, daß »die Entzweiung, die Zersplitterung des einheitlichen Ethos von persönlichem Guten, gemeinschaftlichen Selbstverständnis und metaphysisch-theologischem Weltbild nicht mehr rückgängig gemacht werden kann.« (307) Aber negativ-hegelianisch ist MacIntyres Position meines Erachtens noch in einem weiteren Sinn. Sein Personenkonzept ist insbesondere durch das *story*-Konzept bestimmt: »Der Mensch ist in seinen Handlungen und in seiner Praxis ebenso wie in seinen Fiktionen im wesentlichen ein Geschichten erzählendes Tier. Er ist im wesentlichen kein Erzähler von Geschichten (stories), die nach der Wahrheit streben, aber er wird es durch seine Geschichte (history).«[74] Der Mensch wird durch seine eigene *story* sowohl individuiert als auch sozialisiert; er ist mit seiner *story* eingebettet in die seiner Gemeinschaft mit ihrer eigenen Geschichte *(history)*, die wiederum in einzelnen Geschichten *(stories)* repräsentiert ist. Identität und *story* sind demnach aufs engste miteinander verknüpft. Es ist nun nicht möglich von diesem Besonderen zu abstrahieren auf etwas Allgemeines, das diese Besonderheiten aufhebt. Jedes Allgemeine, so könnte man paraphrasieren, hat selbst wieder die Gestalt einer besonderen Geschichte in diversen Geschichten. Es ist auffällig, daß dies sich mit Adornos Anliegen trifft, das Besondere dem identifizierenden Zugriff des Allgemeinen zu entziehen, es zu retten.[75] Nur geht MacIntyre einen

74. MacIntyre 1981, 288 (Angabe der englischen Ausdrücke von mir).
75. Vgl. Adorno 1966, 148ff. Dieses Anliegen Adornos entfaltet sich als negative Dialektik, deren Idee es wäre, »des Ähnlichen innezuwerden, indem sie es als das ihr Unähnliche bestimmt.« (153) Diese negative Dialektik wird kritisch, weil zwischen dem Besonderem und seinem Begriff eine Spannung besteht, die der Erlösung bedarf. »Das Einzelne ist mehr sowohl wie weniger als seine allgemeine Bestimmung. Weil aber nur durch Aufhebung jenes Widerspruchs, also durch die erlangte Identität zwischen dem Besonderen und seinem Begriff, das Besondere, Bestimmte zu sich selber käme, ist das Interesse des Einzelnen nicht nur, das sich zu erhalten, was der Allgemeinbegriff ihm raubt, sondern ebenso jenes Mehr des Begriffs gegenüber seiner Bedürftigkeit. Er erfährt es bis heute als seine Negativität. Der Widerspruch zwischen Allgemeinem und Besonderem hat zum Gehalt, daß Individualität noch nicht ist und darum schlecht, wo sie sich etabliert.« (154) Weil diese Entzweiung

grundsätzlich anderen Weg. Er sieht einen Ausweg aus den Problemen in einem Rückzug auf eine aristotelische, sogar thomistische Position sowie in der Restitution lokaler Gemeinschaften. Entsprechend pathetisch schließt »After Virtue«: Was in diesem Stadium zählt, ist die Schaffung lokaler Formen von Gemeinschaft, in denen die Zivilisation und das intellektuelle und moralische Leben über das neue finstere Zeitalter hinaus aufrechterhalten werden können, das bereits über uns gekommen ist. Und da die Tradition der Tugenden die Schrecken der letzten Finsternis überstanden hat, sind wir nicht ganz ohne Grund zur Hoffnung.«[76] Das düstere Bild, das MacIntyre zeichnet, basiert auf der Deutung der Geschichte der neuzeitlichen Vernunft als Verfallsgeschichte. Durch das Projekt der Aufklärung wurde die moralische Vernunft ihrer – theistischen – Wurzeln beraubt, während das ehrgeizige Projekt einer nicht-metaphysischen Moralbegründung scheitern mußte. Gleichzeitig beruht der moderne Liberalismus als Erbe der aufklärerischen Tradition auf einem mangelhaften Konzept der Person. MacIntyres Kritik an Ansätzen universalistischer Moralbegründung beruft sich so auch durchgehend auf diesen einen Zusammenhang, »der Auffassung, daß Personen ihr Selbstverständnis, ihre Konzeptionen des Guten und des Gerechten und ihr Vermögen, normativ zu urteilen, nur in Kontexten einer bestimmten Gemeinschaft, einer bestimmten Tradition finden.« (306) Von diesem Ansatz ausgehend entfaltet MacIntyre sein Konzept des guten Lebens einer Person, das durch drei zentrale Bestandteile geprägt ist: »die narrative Ordnung eines Lebens (als ›Suche nach dem Guten‹), sein Eingebundensein in soziale Praktiken einer Gemeinschaft (in der es ›interne‹ und dem Gemeinwohl zuträgliche Güter gibt) und die Zugehörigkeit zu einer moralischen Tradition, die absolute Werte, ein ›letztes Telos‹, vorgibt.« (310) Aber auch hier beruht die Argumentation, wie Forst zeigt, auf einem kommunitaristischen Fehlschluß, nämlich die Konstitutionsbedingungen der Person und der Gemeinschaft gleichzeitig als normative Forderung anzusehen und darüber hinaus gleichsam zu ontologisieren. Für Forst zeigt sich so, »daß aus der Notwendigkeit, eine Person stets als Mitglied einer ethischen Gemeinschaft und Tradition zu verstehen, nicht folgt, daß das Verhältnis von ethischen Personen zu ihrer Gemeinschaft und Tradition, zu anderen Gemeinschaften und Traditionen und zu Personen, die anderen Gemeinschaften angehören, allein in den Begriffen einer ethischen Tradition beschrieben werden kann.« (325 f.) Statt Moral in Ethik

grundlegend ist, kann sie nur als Negativität erhalten werden, die letztlich nur durch Erlösung aufgehoben werden kann.

76. MacIntyre 1981, 350.

aufzulösen, wie es in MacIntyres Ansatz geschieht, müssen Ethik und Moral so differenziert werden, daß Moral nur dort zur Geltung kommt, »wo ethische Werte und Bindungen nicht hinreichen, die legitimen Ansprüche moralischer Personen anzuerkennen.« (326) Moral erweist sich so als äußere Hülle der Ethik, wie die Rechtsperson als äußere Hülle der ethischen Person angesehen werden kann. Die moralische Beschränkung des ethischen Bereiches ist in Wirklichkeit erst die Ermöglichung ethischer Lebensformen unter den Bedingungen moderner pluraler Gesellschaften. »Die Pluralität ethischer Werte ist kein Argument gegen die Möglichkeit einer Moral, sondern eines dafür: für die gerechtfertigte Basis des gemeinsamen Lebens ethisch differenter Personen.« (410f.) Erst die moralische Hülle kann die Koexistenz partikularer ethischer Orientierungen garantieren.

Die *»Kontexte der Gerechtigkeit«* stellen somit einen Zusammenhang her, innerhalb dessen unterschiedliche ethische, rechtliche, politische und moralische Fragen sowohl unterschieden als auch in Beziehung gesetzt werden können. Für mich ist in dieser Untersuchung vor allem von Interesse, wie das Verhältnis von Ethik und Moral bestimmt wird. Ethische Fragen, so war zu sehen, werden von Forst als Orientierungsfragen gefaßt, in denen die Identität von Person und Gemeinschaft thematisch wird. »Personen sind somit *ethisch autonom* zu nennen, wenn sie in der Lage sind, die Frage nach ihrem Guten auf der Basis einer Reflexion ihrer gemeinschaftlich und werthaft konstituierten Identität sinnvoll und begründet zu antworten.« (394) Als Rahmen benötigt die ethisch autonome Person jedoch Bedingungen, wie Forst in der Diskussion mit Walzer gezeigt hat, die ihr im Miteinander mit potentiell allen anderen ethischen Orientierungen einen moralischen Minimalstandard garantiert. »Moralisch urteilen heißt, als Mensch andere Menschen als Mitglieder der umfassenden Gemeinschaft aller Menschen zu betrachten und sich einem jeden gegenüber hier und jetzt so zu verhalten, wie es mit allgemeinen Gründen gerechtfertigt werden kann.« (407) Die Notwendigkeit dieser moralischen Hülle der Ethik ist also dadurch gegeben, daß Personen sich begegnen »nicht nur als Mitglieder von ethischen oder politischen Gemeinschaften, sondern als ›Fremde‹, ohne das ›Netz‹ gemeinsamer Werte oder gegenseitiger Rechtsansprüche.« (433) Es wird sich zeigen, daß der Umgang mit Fremden der Prüfstein für ein angemessenes Verständnis von Ethik und Moral ist, insbesondere, wenn sie sich christlich verstehen will.

Die Form der Beziehung innerhalb der differenzierten Kontexte der Gerechtigkeit läßt sich dann skizzieren als *Anerkennungsverhältnis.*[77] In

77. Maßgeblich hierfür ist Honneth 1994a.

der Anerkennung durch andere erfährt die einzelne Person ihre besondere Identität, die allerdings geprägt ist durch das spannungsreiche Verhältnis zwischen Individualität und Gemeinschaftlichkeit. Personen »identifizieren sich mit und zugleich in Abhebung von ihren ›konstitutiven‹ Gemeinschaften; sie wollen als Individuen geschätzt werden, die die geteilten Werte dieser Gemeinschaft auf besondere Weise verkörpern. Die Dialektik ethischer Anerkennung – und das Bewegungsgesetz ethischen Lebens – liegt in dieser Spannung zwischen Gemeinschaftlichkeit und Individualität, zwischen Vergesellschaftung und Individuierung.« (425) Dabei sind die Individuen auf ihre Anerkennung verwiesen, das zeigt sich schon daran, was mangelnde Anerkennung an Verletzungen auslösen kann. Die daraus erwachsene Fragilität der persönlichen Identität ist so ein Signum der neuzeitlichen Gesellschaft. »Die aus dem Inneren begründete, unverwechselbare persönliche Identität genießt diese selbstverständliche Anerkennung nicht. Sie muß Anerkennung erst im Austausch gewinnen, und dabei kann sie scheitern. Neu ist daher nicht das Bedürfnis nach Anerkennung, neu ist vielmehr, daß wir in Verhältnissen leben, in denen das Streben nach Anerkennung scheitern kann.«[78] Darum ist die ethische Anerkennung in einem weiteren Sinn verwiesen auf moralische Anerkennungsverhältnisse, die einen Rahmen bilden für individuelle Ausprägungen.

Moralische Anerkennung ist also von ethischer zu unterscheiden. Sie beruht nicht auf der jeweiligen Besonderheit der Person, sondern auf dem, was alle Menschen miteinander verbindet: ihr Menschsein. So erhält moralische Anerkennung die Form der Achtung: »Moralische Anerkennung ist eine Form der Achtung des anderen und des Geachtetseins durch andere, das die Selbstachtung als Mensch ermöglicht – die Selbstachtung als Mensch, der von anderen reziprok als Instanz geachtet wird, vor der sie sich moralisch zu rechtfertigen haben, Kantisch ausgedrückt: als Zweck und nicht als Mittel zu anderen Zwecken.« (433)[79] Darum hat die moralische Anerkennung ihren minimalen Kern in der Anerkennung der Individualität des Individuums, in der Anerkennung seiner physischen und psychischen Integrität. »In der Anerkennung der moralischen Person erhält die Rede von der Achtung der ›Würde‹ des Menschen den Sinn der Achtung von Personen als leibliche, verletzliche und ›eigene‹ Wesen, die das Recht haben, ihr Leben in physischer und psychischer Integrität selbst

78. Taylor 1992a, 24.
79. Damit scheint die Moraltheorie auch gegenüber der Systemtheorie anschlußfähig zu werden, die ja in der Luhmannschen Fassung Moral als Achtungskommunikation konstruiert. Vgl. Luhmann 1978a.

zu leben – nicht, weil sie sich selbst ›besitzen‹, sondern weil niemand eine Person mehr besitzt als diese sich selbst. Als solche haben sie das moralische Recht auf eine reziproke und allgemeine Rechtfertigung all der Handlungen, die sie in ihrer Integrität betreffen. In dem Zuerkennen dieses Rechts liegt die basale Form moralischer Anerkennung.« (435)

Die Verhältnisbestimmung von Ethik und Moral, die in den letzten beiden Abschnitten erörtert wurde, soll das grundbegriffliche Raster abstekken, innerhalb dessen sich auch theologisch-ethische Entwürfe verorten müssen. Dazu ist allerdings notwendig, die theologisch-ethische Theoriebildung daraufhin zu befragen, wie in ihr jene Verhältnisbestimmung zu denken ist und worin innerhalb dieser das Spezifikum einer *theologischen* Ethik zu sehen ist. Damit wäre dann der Zusammenhang gegeben für eine Skizzierung einer theologischen Ethik des Guten und Gerechten.

1.3 Inklusion und Exklusion in kommunitaristischer Perspektive und bei Jürgen Habermas

Unabhängig davon, ob man von einem eher kommunitären oder eher liberalen Verständnis ausgeht, stellt sich die konkrete Frage, wie sich die Zugehörigkeit zu Gemeinschaft oder Gesellschaft denken läßt, bzw. was aus der Zugehörigkeit bzw. Nicht-Zugehörigkeit folgt. Es geht also darum, wie Mitgliedschaft zu konzipieren ist, welche Haltung aus dieser Mitgliedschaft für das Gemeinwesen folgt und wie innerhalb dieses Gemeinwesens mit Minderheiten bzw. Mehrheiten umgegangen werden soll. Diese Fragen werden an den Ansätzen Michael Walzers, Alasdair MacIntyres und Charles Taylors knapp skizziert. Diesen wird dann die Position Jürgen Habermas' gegenübergestellt, um ausgehend von der Differenz zwischen ihnen Grundzüge einer sozialphilosophisch abgesicherten Position zu Inklusion und Exklusion unter den Bedingungen der Moderne skizzieren zu können.[80]

80. Ich verzichte an dieser Stelle auf eine Diskussion von Kymlickas Position zu Fragen des kulturellen Pluralismus und der Minderheitenrechte (vgl. Kymlicka 1989 und 1995), obwohl dieser zu den einflußreichsten Autoren zu diesem Problembereich, insbesondere im nordamerikanischen Kontext, gehört. Kymlicka versucht ja, Minderheitsrechte mit Hilfe liberaler Argumente zu begründen. In Aufnahme von Rawls Theorie der Grundgüter (vgl. Rawls 1971, 111 ff. und 433-492) faßt Kymlicka kulturelle Zugehörigkeit als ein solches Gut, das in sich seinen Wert trägt (Kymlicka 1989, 162 ff.; vgl. zur Kritik dieser Argumentation Tomasi 1995, 587 ff.). Dabei kommt es Kymlicka darauf an, daß es sich nicht allgemein um kulturelle Zugehörigkeit als Option, son-

Mitgliedschaft als gerecht verteiltes Gut (Michael Walzer)

Einer Theorie der distributiven Gerechtigkeit in kommunitärem Rahmen[81] stellt sich ein grundlegendes Problem: Innerhalb welcher Grenzen sind Güter zu verteilen? Michael Walzer geht bei der Bearbeitung dieses Problems von real existierenden Gemeinschaften aus, die sich mit real existierenden Staaten oder Ländern decken. Zwar ist ihm bewußt, daß sich in der Moderne die Distributionssphären nicht mehr durch nationale Grenzen beschränken lassen. Trotzdem geht er von nationalen Größen aus, weil in ihnen so etwas wie eine politische Gemeinschaft mit einer Welt gemeinsamer Bedeutungen lokalisiert ist. »Sprache, Geschichte und Kultur verbinden sich in ihr [scil. der politischen Gemeinschaft] – so eng wie nirgendwo sonst –, um ein kollektives Bewußtsein zu erzeugen. Und wenn der Nationalcharakter als fester und dauerhafter geistiger Rahmen auch offensichtlich ein Mythos ist, so sind die gemeinsamen Sensibilitäten und Intuitionen der Mitglieder einer historischen Gemeinschaft doch zweifelsfrei eine Lebenstatsache.« (61) Walzers Interesse gilt

dern um die bestimmte Zugehörigkeit handelt; dies begründet er identitäts- und sozialisationstheoretisch (vgl. Kymlicka 1989, 173 ff.). Wenn nun innerhalb einer Gesellschaft eine kulturelle Minderheit von der Mehrheit so behandelt wird, daß sie unter Benachteiligungen und Verletzbarkeiten zu leiden hat, sind unter liberalen Prämissen besondere Minderheitenrechte geboten (Kymlicka 1989, 200). Allerdings schränkt Kymlicka den Kreis möglicher Trägerinnen solcher Rechte in seiner revidierten Argumentation (Kymlicka 1995) stark ein. In Frage dafür kommen recht besehen nur *societal cultures*, die im wesentlichen in Analogie zu Völkern bzw. Nationen charakterisiert werden, d. h. sie müssen möglichst vollständig das Leben ihrer Mitglieder bestimmen können, über gemeinsame Sprache und Geschichte verfügen, ein kollektives Bewußtsein ihrer Identität und Mitgliedschaft – also im Weberschen Sinne Ethnizität – hervorgebracht haben und vor allem auf ein abgegrenztes oder abgrenzbares Territorium bezogen sein (vgl. Kymlicka 1995, 76 ff.). Hieran zeigt sich, daß Kymlicka sein Modell dieser *societal cultures* an Vorbildern wie Kanada oder Australien gewonnen hat. Nur die Minderheitskulturen, die über die entsprechenden Merkmale verfügen, sind berechtigt, im umfassenden Sinn Anspruch auf alle drei Formen der Gruppenrechte, spezielle Repräsentationsrechte, Rechte der Selbstbestimmung und polyethnische Rechte, zu erheben (vgl. Kymlicka 1995, 35 ff.). Für die Frage nach der Inklusion und Exklusion von Migrantinnen und Migranten in Nationalstaaten oder Einwanderungsgesellschaften trägt Kymlickas Ansatz daher nur wenig aus. Zur aktuellen Diskussion von Kymlickas Thesen vgl. Brunner/Peled 1998 und Frank 1998.

81. Ich diskutiere im folgenden die Darstellung in Walzer 1983a. Seitenzahlen im Text beziehen sich hierauf. Als gute Einführung in die Gerechtigkeitstheorie Walzers vgl. Reese-Schäfer 1997, 496 ff.

dabei nicht der Frage der historischen Konstitution dieser Staaten, »sondern den Entscheidungen, die sie in der Gegenwart in bezug auf ihre gegenwärtigen und zukünftigen Populationen treffen. Das erste und wichtigste Gut, das wir einander zu vergeben und verteilen haben, ist Mitgliedschaft in einer menschlichen Gemeinschaft.« (65)

Die Gerechtigkeitsfragen beziehen sich darauf, wer in eine politische Gemeinschaft aufgenommen werden kann und ob und wie eine Beschränkung und Auswahl gerechtfertigt werden kann. Walzer setzt hier voraus, daß diese Fragen nur in der ersten Person Plural beantwortet werden können, daß also »wir«, die bereits Mitglieder einer Gemeinschaft sind, eine solche Auswahl vornehmen müssen. »Mitgliedschaft als soziales Gut wird begründet durch unser Verständnis von Zugehörigkeit, ihr Wert bemißt sich an unserer Arbeit und unserer Kommunikation; und so sind wir es (wer sonst sollte es sein?), denen die Verantwortung für ihre Vergabe und Verteilung zufällt.« (66) Die Antworten, die Walzer auf das Problem gibt, sind – wie für die Walzersche Argumentationsweise typisch – pragmatisch ausgerichtet. Er entwirft sie in Analogie und Differenz zu anderen Gruppen, für die sich ähnliche Probleme der Zugehörigkeit stellen: zu Nachbarschaften, Vereinen und Familien. Für *Nachbarschaften* ist es konstitutiv, daß es keine klar umrissenen Regeln des Zuzugs gibt (wenn auch implizit z. B. über den Markt eine Auswahl getroffen wird). Die klassische politische Ökonomie hat den Zugang zum nationalen Territorium ähnlich frei konzipiert wie die Nachbarschaft. Gegen dieses Modell erheben sich aber vor allem pragmatische Einwände. »Wenn wir die Fälle ausklammern, deren Entwicklung per Gesetzeszwang erfolgte, dann ist festzustellen, daß sich historisch gesehen Nachbarschaften überall dort in abgeschlossene oder parochiale Gemeinschaften verwandelten, wo der Staat offen war, wie etwa in den kosmopolitischen Städten multinationaler Reiche, in denen Staatsbürokratien keine spezielle Identität begünstigten, sondern es vielmehr den verschiedenen Gruppen überließen, ihre eigenen institutionellen Strukturen auszubilden.« (74 f.) Offene Staaten führen zu geschlossenen Nachbarschaften, bzw. offene Nachbarschaften setzen geschlossene Staatsgrenzen voraus, ließe sich zusammenfassen. »Die Mauern des Staates niederreißen heißt nicht, […] eine Welt ohne Mauern zu schaffen, sondern vielmehr tausend kleine Festungen zu errichten.« (75) Wenn keine äußeren Grenzen vorhanden sind, gilt »My home is my castle«, könnte man paraphrasieren.

Anders geregelt ist die Mitgliedschaft bei *Vereinen*, die – und darin ähneln sie modernen Staaten – ihren Mitgliedschaftszugang kontrollieren können, aber Austritte nicht verhindern können. Vereine wie Staaten haben Aufnahmekommissionen, die über die Zugangsbedingungen entscheiden. Insofern ist die Frage der Zugehörigkeit bei Staaten immer eine politische Entscheidung derer, die schon Staatsangehörige sind. »Die Einzelnen mögen gute Gründe namhaft machen, derentwegen sie ausgewählt und aufgenommen werden sollten, aber kein Außenstehender hat einen Rechtsanspruch darauf, tatsächlich hineinzugelangen. Die Mitglieder entscheiden frei über ihre zukünftigen Gefährten, und die Entscheidungen, die sie treffen sind autoritativ und letztinstanzlich.« (78) Bei den Aufnahmebedingungen werden sich Vereine und Staaten am ehesten an Kriterien wie Exklusivität oder gemeinsam geteilten Zielen (der Vereinsmitglieder) orientieren.

Allerdings spielt bei modernen Staaten auch die Analogie zu *Familien* (oder besser Verwandtschaften) eine Rolle. Deren Charakteristikum ist, »daß ihre Mitglieder sich moralisch mit den Menschen verbunden fühlen, die sie sich nicht ausgesucht haben und die außerhalb des eigenen Haushalts leben. In Zeiten der Not ist dieser Haushalt zugleich ein Refugium.« (78) Diese verwandtschaftliche Nähe wird auch von Staaten berücksichtigt, wenn sie z. B. bei der Einwanderung den Verwandten von bereits aufgenommenen Bürgern Priorität einräumen oder wenn in Notfällen Angehörige der eigenen Nation im Land Aufnahme finden (Walzer nennt als Beispiel die nach dem 1. Weltkrieg vertriebenen Griechen und Türken).

In der Analogie sind Staaten also zwischen Vereinen und Familien zu verorten. Allerdings besteht für Walzer eine wichtige Differenz: »Denn obwohl ein ›Fremder‹ keinen Rechtsanspruch auf Mitgliedschaft in einem Verein oder in einer Familie hat, ist es meiner Meinung nach durchaus möglich, so etwas wie ein territoriales oder lokales Anrecht zu formulieren.« (80) Dies wird damit begründet, daß das Territorium der Staaten als Lebensraum zu begreifen ist, der als Schutzraum dienen kann. Daraus können moralische Ansprüche entstehen: »Kann eine politische Gemeinschaft Elende und Hungrige, Verfolgte und Staatenlose, mit einem Wort, in Not geratene Menschen, nur einfach deshalb abweisen, weil sie Fremde, Ausländer sind?« (83) Anders gesagt, dem positiven Recht, sich die Mitglieder selbst auszusuchen, entspricht keines, Hilfestellung deshalb schon verweigern zu können. Oder: »Könnte dann aber die Aufnahme nicht ein moralisches Gebot sein, zumindest wenn es sich um solche Fremdlinge handelt, die keinen anderen Platz haben, an den sie gehen können?« (84)

Eindeutig eine moralische Pflicht zur *Aufnahme von Flüchtlingen* sieht Walzer dann, wenn diese Personen durch »unser« Zutun in ihre Situation gekommen sind (Walzer nennt das Beispiel der vietnamesischen Flüchtlinge). (89) Ähnliches gilt für politische Weggefährten oder Glaubensbrüder. Problematischer ist dies bei anderen Flüchtlingen und Asylsuchenden. Auf der einen Seite ist deren Forderung um Aufnahme absolut zwingend: »Wenn ihr mich nicht aufnehmt, so sagen sie, dann werde ich von denen, die in meinem eigenen Land herrschen, getötet, verfolgt oder brutal unterdrückt. Was haben wir dem entgegenzusetzen?« (88f.) Allerdings geht Walzer hier von Einzelpersonen aus. Bei großen Gruppen sieht Walzer eine Grenze der moralischen Verpflichtung, ohne diese aber genauer spezifizieren zu können. »Die Aufforderung ›Schickt mir ... eure bedrängten Massen, die danach dürsten, frei atmen zu können‹ ist hochherzig und vornehm; und häufig ist es moralisch einfach unumgänglich, auch große Zahlen von Flüchtlingen aufzunehmen; dennoch bleibt das Recht, dem Strom Einhalt zu gebieten, ein Konstituens von gemeinschaftlicher Selbstbestimmung.« (92)

Dieses Recht auf Grenzziehung begründet Walzer damit, daß – und dies ist verweist auf die amerikanische Tradition – mit der Einwanderung gleichzeitig die Einbürgerung gegeben sein muß. »Die Mitglieder der Gemeinschaft müssen bereit sein, die Männer und Frauen, die sie in ihr Land hereinlassen, als ihresgleichen in eine Welt gemeinsamer Verbindlichkeiten aufzunehmen, während die Einwanderer ihrerseits willens sein müssen, diese Verbindlichkeiten mitzutragen.«[82] (93) Fundiert wird diese Position wiederum durch eine Analogie; Walzer wählt hier die griechischen Metöken. Läßt ein Staat Personen einwandern, ohne ihnen die Bürgerrechte zu geben, hält er sie gewissermaßen im Stand von Dienstboten, die im Haus wohnen dürfen, ohne tatsächlich dazuzugehören. Dies wird zugespitzt im Blick auf die *sogenannten Gastarbeiter*. »Solange sie Gäste sind, sind sie auch Untertanen. Sie werden regiert, genau wie die athe-

82. Kritisch dazu van Gunsteren 1988, 737, der vermerkt, daß eine solche Forderung unrealistisch und unpraktisch sei: »Entry decisions must often be quickly and on the basis of unsufficient information. Walzer does not seem to be the kind of person who will say ›When in doubt, keep out.‹ Thus many will be admitted who do not fulfill the requirements of citizenship. Isn't it wiser to allow for a transition period during which applicant and receiving polity can learn more about each other by trial and error, and only then make decisions about citizenship?« In dieser Hinsicht müßte allerdings zwischen unterschiedlichen Formen von Migration unterschieden werden. Die Dringlichkeit der Entscheidung stellt sich so im wesentlichen für Flüchtlinge; und die Logik deren Aufnahme folgt noch einmal anderen Prinzipien als etwa bei der Arbeitsmigration. Zudem meint Walzer nicht, daß Einwanderern gewissermaßen gleich an der Grenze der neue Paß ausgehändigt werden solle, sondern daß prinzipiell die Bereitschaft bestehen müsse, die Migrantinnen und Migranten auch in die staatliche Gemeinschaft zu integrieren, wenn diese es wünschen; dem würden Übergangsfristen, wie sie van Gunsteren offensichtlich vor Augen hat, nicht widersprechen.

nischen Metöken, durch eine Schar von Bürgertyrannen.« (101) Der Gaststatus dient dazu, die Ausschließung aus der Gemeinschaft zu artikulieren. Als Gruppe sind sie eine entrechtete Klasse ohne Bürgerrechte. »Sie werden in eine inferiore Position hineingezwungen, die zugleich eine abnorme Position ist, denn sie sind Ausgestoßene in einer Gemeinschaft, die keine Kastennormen kennt, Metöken in einer Gesellschaft, die ortsansässigen Fremdlingen keinen wohldefinierten, geschützten und würdigen Platz einräumt. Das ist der Grund, weshalb die Herrschaft über Gastarbeiter so sehr an Tyrannei gemahnt. Es ist die Ausübung von Macht über Männer und Frauen, die, betrachtet man sie unter allen im Gastland auch nur annähernd wichtigen Gesichtspunkten, zwar wie Staatsbürger aussehen, die aber dennoch von den staatsbürgerlichen Rechten ausgeschlossen sind.« (103) Einen Zugang zu diesen Rechten zu ermöglichen, ist demzufolge eine Frage der politischen Gerechtigkeit. Diese wahrzunehmen, muß natürlich der Entscheidung der einzelnen Personen überlassen bleiben, zumal es um Rechte und Pflichten geht. Aber die Etablierung eines Dauerunterschiedes zwischen Fremdlingen und Einheimischen ist mit der Demokratie unvereinbar. »Kein demokratischer Staat kann die Etablierung dauerhafter Statusunterschiede zwischen Bürgern und Fremdlingen zulassen (auch wenn es Übergangsstadien von einer zur andern politischen Identität geben kann). Die in ihm lebenden Personen sind der Autorität dieses Staates entweder unterworfen, oder sie sind es nicht; wenn sie ihr unterworfen sind, dann müssen sie bei dem, was ihre Obrigkeit tut, ein Mitspracherecht und letztlich sogar ein gleiches Mitspracherecht haben.« (105)

Für Walzer ist die Frage der Inklusion also von zwei Prinzipien bestimmt. Zum einen ist von einem Selbstbestimmungsrecht der politischen Gemeinschaft hinsichtlich der Mitgliedschaft auszugehen: »Zulassung und Ausschluß sind der Kern, das Herzstück von gemeinschaftlicher Eigenständigkeit. Sie sind es, die der Selbstbestimmung ihren tieferen Sinn verleihen. Ohne sie gäbe es keine *spezifischen Gemeinschaften*, keine historisch stabilen Vereinigungen von Menschen, die einander in einer speziellen Weise verbunden und verpflichtet sind und die eine spezielle Vorstellung von ihrem gemeinsamen Leben haben.« (106) Zum anderen steht die Frage der Inklusion unter dem Gebot der politischen Gerechtigkeit: Wenn ich Menschen einwandern lasse – aus welchen Gründen auch immer – muß ich ihnen dann auch die Teilhaberechte zugestehen, muß ich sie zu Mitgliedern machen. »Das erste steht uns frei, beim zweiten sind wir Knechte.« (Faust I) Die Einsicht in den Gemeinschaftscharakter politischer territorialer Verbände führt bei Walzer zum Selbstbestimmungspostulat im Blick auf die Mitgliedschaft. Wenn dann aber von diesen Gemeinschaften ausgegangen wird, kann in ihnen kein politisches System der Herrschaft der Bürger über Gäste und Fremde etabliert werden. Diese moralische Forderung ist für Walzer im Verständnis der Mitgliedschaft zu einer Gemeinschaft schon inhärent. Insofern ist Reese-Schäfers Urteil, dieses Konzept sei eine »konsequente Interpretation liberaler Grundsätze auf kommunitaristischer Basis« durchaus zutreffend.[83] Die Frage nach politischer Gerechtigkeit im Blick auf die Inklusion und Exklusion wird beantwortbar nicht durch abstrakte Kriterien, sondern durch die Hermeneutik der ohnehin der Gemeinschaft schon zugrundeliegenden Werte. Auch allein auf dieser Basis kann dann Kritik an der politischen Praxis einer Gemeinschaft geübt werden.[84]

Auf der gleichen Linie liegt Walzers Argumentation hinsichtlich der Frage, wieviel Differenz eine Gemeinschaft ertragen kann, bzw. was *Toleranz* in der gegenwärtigen Situation bedeutet.[85] Seinem Ansatz entsprechend ist die Frage jeweils vor dem Hintergrund der Struktur des Staatswesens zu stellen, den es jeweils betrifft. Für unseren Zusammenhang sind dabei besonders Walzers Ausführungen über Nationalstaaten und Einwanderungsgesellschaften interessant.

Nationalstaaten sind dabei gekennzeichnet durch Toleranz gegenüber Individuen, nicht jedoch gegen Gruppen. In liberalen Nationalstaaten werden bei den einzelnen Staatsbürgerinnen und -bürgern Abweichungen toleriert. Generell sind sie gekennzeichnet durch eine Hervorhebung der Rechte der Individuen und eine Einschränkung der Rechte von Gruppen. In der Regel wird die Durchsetzung der Mehrheitskultur der Vorrang vor der Förderung von Minderheitskulturen gegeben werden. Zwar steht es den Individuen frei, sich freiwillig in Vereinigungen zu binden (etwa ethnischer oder kultureller Prägung), aber diese Bindung ist eine Bindung der *Individuen*. Anders gesagt: liberale Nationalstaaten schützen die Individuen vor den Ansprüchen freiwilliger Vereinigungen, seien sie kultureller, ethnischer oder religiöser Art. Diesen werden keine eigenen Kontrollmechanismen zugebilligt. »In dem Maße wie die internen Kontrollmechanismen geschwächt werden, können Minderheiten ihre Mitglieder nur noch halten, wenn ihre Lehrer zu überzeugen vermögen, wenn ihre Kultur anziehend, ihre Organisationen hilfreich und nützlich und ihre Auffassungen von einer Mitgliedschaft liberal und freisinnig sind.«[86] Das heißt, liberale Nationalstaaten üben insofern einen Assimi-

83. Reese-Schäfer 1997, 524.
84. So die Argumentation in Walzer 1987 und 1994a.
85. Ich folge hier Walzer 1997.
86. Walzer 1997, 38.

lierungsdruck aus, als Sondergruppen nicht unter »kulturellen Artenschutz« (Habermas) gestellt werden. Die kulturelle Selbstbehauptung einzelner Gruppen kann sich nur im großen Rahmen der Selbstbehauptung der Mehrheitsgesellschaft vollziehen.

Anders die Situation in klassischen Einwanderungsgesellschaften. Hier gibt es keine Gruppe, die legitimerweise für sich ein alleiniges Recht auf kulturelle Hegemonie behaupten könnte. Dies führt nach Walzer zur klassischen liberalen Staatsidee. Der Staat hat gegenüber allen Gruppen und Kulturen indifferent zu sein. Die Bürgerinnen und Bürger eines solchen Staates verfügen damit normalerweise über eine »Bindestrich-Identität«, in der sich kulturelle Identität und Staatsangehörigkeit verbinden. »Viele Bürger einer Einwanderungsgesellschaft ziehen jedoch eine doppelte oder Bindestrich-Identität vor, die sich aus einer kulturellen und einer politischen Identität zusammensetzt. Der Bindestrich des Italo-Amerikaners etwa symbolisiert die Akzeptanz des ›Italiener-Seins‹ durch andere Amerikaner, die Anerkennung, daß das ›Amerikaner-Sein‹ eine politische Identität ohne starke oder spezifische kulturelle Ansprüche ist.«[87] Das bedeutet nicht, daß auf der politischen Ebene keine ideellen Gemeinsamkeiten vorausgesetzt werden müßten. Im Gegenteil beruht die politische Identität auf einer gemeinsam geteilten Zivilreligion. Diese kann um so mehr integrierende Kraft entfalten, als sie ohne im engeren Sinne religiöse Gehalte auskommt. »Die Zivilreligion besteht aus einer vollständigen Menge politischer Doktrinen, historischer Erzählungen, vorbildlicher Gestalten, feierlicher Anlässe und Gedenktage, mit deren Hilfe sich der Staat der Gemüter bemächtigt, besonders derer seiner jüngeren oder neueren Mitglieder.«[88] Probleme stellen sich hier vor allem dann, wenn bestimmte Minderheiten die Toleranz der Gesellschaft in Frage stellen, also das gleichberechtigte Nebeneinander unterschiedlicher Gruppen angreifen. Hier plädiert Walzer dafür, selbst solche Gruppen zu tolerieren. Allerdings ist dann der Staat auch nicht verpflichtet, die besonderen Auffassungen dieser Gruppe als schützenswert zu achten. »Es gibt hingegen gar keinen Sinn, wollte man behaupten, daß die Achtung vor der Vielfalt einer Einwanderungsgesellschaft wie die Vereinigten Staaten daran hindern müsse, Achtung vor der Vielfalt zu lehren.«[89]

Für unseren Zweck stellt sich die Frage, wie in dieser Hinsicht die bundesrepublikanische Gesellschaft zu beschreiben ist. Denn Nationalstaaten oder Einwanderungsgesellschaften entsprechen unterschiedliche Sy-

87. Walzer 1997, 44 f.
88. Walzer 1997, 94.
89. Walzer 1997, 95.

steme der Toleranz. Die deutsche Situation liegt irgendwo auf der Schwelle beider Systeme. Sie ist keine klassische Einwanderungsgesellschaft, denn es gibt eine ansässige Bevölkerungsmehrheit, gegenüber der die Migrantinnen und Migranten eine Minderheit bilden. Zum anderen ist die deutsche Situation durch faktische Einwanderung im großen Maßstab gekennzeichnet. Im Walzerschen Sinne wäre dann für ein stärker nationales System der Toleranz zu plädieren, daß – ganz im Sinne Habermas‹, wie weiter unten noch deutlich werden wird – auf der einen Seite politische Assimilation verlangt werden kann, also die Anerkennung und die Teilnahme an den Formen demokratischer Willensbildung (was im übrigen ein entsprechendes Staatsangehörigkeitsrecht voraussetzen würde), und auf der anderen Seite kulturelle und sprachliche Differenz nur als individuelle Option toleriert. Das heißt nicht, daß bestimmte Organisationen und freiwillige Vereinigungen nicht Anspruch auf öffentliche Unterstützung hätten. Jedoch haben nicht alle Vereinigungen gleichen Anspruch.

Insgesamt liegen Walzers Überlegungen zur Toleranz auf der gleichen inhaltlichen Ebene wie die zur Frage der distributiven Gerechtigkeit. Gemeinschaften wird das Recht zur Grenzziehung und zur Gestaltung dieser Grenzziehung zugestanden. Deutlicher als zuvor differenziert Walzer jedoch zwischen Staaten und unterschiedlichen ethnischen oder kulturellen Gemeinschaften. Deren Verhältnis untereinander und zum Staat gehorchen dabei historisch kontingenten Systemen der Herrschaft. Insofern ist die Frage, wie Inklusion und Exklusion zu praktizieren sind und wo sie selbst wieder ihre Grenze haben, jeweils nur vor dem Hintergrund der partikularen Geschichte des jeweiligen Staatswesens zu stellen. Für die Applikation der Walzerschen Überlegungen auf die bundesrepublikanische Wirklichkeit folgt daraus unter anderem, daß geklärt werden muß, welcher Logik die Politik folgt, wie also der spezifisch deutsche Mix zwischen Einwanderungsgesellschaft und Nationalstaat zu bestimmen ist.

Patriotismus als Tugend (Alasdair MacIntyre)

Welche moralische Haltung ist der eigenen politischen Gemeinschaft gegenüber angemessen? Ist Patriotismus unter den Bedingungen der Moderne (noch) eine Tugend? Diese Fragen rühren an die Grundüberzeugungen kommunitaristischer Philosophen; dem entsprechend fallen die Antworten, die Alasdair MacIntyre auf diese Fragen gibt, wenig überraschend aus: Patriotismus ist angemessen und eine, sogar zentrale, Tugend.[90]

90. Hier und für das folgende ist grundlegend MacIntyre 1984, Seitenzahlen im Text beziehen sich hierauf.

In seiner Begründung hierfür geht MacIntyre von einem eingeschränkten Begriff von Patriotismus und einem spezifischen Begriff von Moral im Unterschied zu liberalen Moralkonzeptionen aus. *Patriotismus* gehört für MacIntyre zu den *loyalitätsbezeugenden Tugenden*, »zu denen auch eheliche Treue, die Liebe zur eigenen Familie und Verwandtschaft, Freundschaft und die Loyalität zu Institutionen wie Schulen oder Cricket- oder Baseball-Clubs gehören.« (85f.) Mit diesem Begriff soll eine Verwechslung mit Haltungen vermieden werden, die Patriotismus mit bestimmten Idealvorstellungen in Verbindung bringen (wie etwa im 1. Weltkrieg: Deutschland kämpft für *die* Kultur) oder im Sinne einer geistlosen Loyalität verstehen, ohne einen Sinn für die Spezifika dieser bestimmten Nation zu haben. Kennzeichen für den Patriotismus ist die Besonderheit des Objektes, auf den er sich bezieht.

Von einem neutralen moralischen Standpunkt aus, wie er für liberale Positionen typisch ist, erscheint eine solche Form von Patriotismus als unmoralisch. »Denn der Patriotismus erfordert von mir eine besondere Ergebenheit meiner Nation gegenüber, wie von dir gegenüber deiner. Er fordert von mir eine besondere Beachtung solch kontingenter sozialer Tatsachen wie wo ich geboren wurde und welche Regierung zu dieser Zeit dort herrschte, wer meine Eltern waren, wer meine Ur-Großeltern waren und so weiter, um für mich Fragen zu entscheiden, was eine tugendhafte Haltung ist – zumindest sofern es um die Tugend des Patriotismus geht. Somit sind der moralische Standpunkt und der patriotische Standpunkt in systematischer Hinsicht unvereinbar.« (87) Dieses Problem entsteht jedoch nicht, wenn ein anderes – eben MacIntyres kommunitaristisches – Moralverständnis zugrunde gelegt wird. Patriotismus stellt sich moralisch als Tugend dar, wenn drei Voraussetzungen akzeptiert werden: »1. Ich kann die Regeln der Moral nur in der Version aufnehmen, wie sie in einer bestimmten Gemeinschaft verkörpert sind. 2. Die Moral muß in Begriffe bestimmter erstrebenswerter Güter gerechtfertigt werden, die innerhalb des Lebens bestimmter Gemeinschaften genossen werden können. 3. Ich werde typischerweise nur durch die besonderen Arten moralischer Unterstützung, die mir meine Gemeinschaft gewährt, zum moralisch Handelnden.«[91] Das heißt, wäre ich meiner Gemeinschaft beraubt, fehlten mir auch meine moralischen Maßstäbe. Damit wäre Patriotismus eine Voraussetzung für moralisches Handeln überhaupt, weil ohne die Loyalität zu der Gemeinschaft und der sie prägenden Werte so etwas wie Charakter nicht einmal denkbar wäre.

In diesem Zusammenhang sieht MacIntyre vor allem einen wichtigen

91. Reese-Schäfer 1997, 270.

Einwand: Träfe diese Argumentation zu, wären zumindest bestimmte Bereiche oder Strukturen der Gemeinschaft der Kritik enthoben. Unter dieser Voraussetzung müßte Patriotismus als irrationale Haltung gekennzeichnet werden. Um dies zu vermeiden, definiert er Nation nicht substantialistisch oder kulturalistisch, sondern als historisches Projekt, dem der Patriot verpflichtet ist. Damit gewinnt MacIntyre die Freiheit, bestimmte Ausprägungen der Nation, seien es bestimmte Regierungen, historische Begebenheiten oder auch aktuelle Einstellungen, im Hinblick darauf zu kritisieren, ob diese dem gemeinsamen historischen Projekt zu- oder abträglich sind. »Der Patriot sieht sich durch die besondere Bindung an eine Vergangenheit, die ihm oder ihr eine bestimmte moralische und politische Identität verliehen hat, der Zukunft des Projekts verpflichtet, das seine oder ihre Nation ist und für deren Entwicklung er oder sie verantwortlich ist. Nur diese Treue ist unbedingt, während die Treue zu bestimmten Regierungen oder Regierungsformen völlig dadurch bedingt wird, ob sie dieses Projekt eher fördern als schädigen oder zerstören.« (96)[92]

Bezugspunkt der moralischen Haltung bleibt immer die eigene *Nation als politische Gemeinschaft.* Und dies deshalb, »weil ich eine wesentliche Dimension des moralischen Lebens übergehe und verliere, wenn ich nicht das gelebte Narrativ meines eigenen individuellen Lebens als Teil der Geschichte meines Landes verstehe.« (99) Nur das Eintauchen in die gemeinsame *story* befähigt mich, in Zustimmung und Ablehnung, in Stolz und Dankbarkeit aber auch mit Schuld die Geschichte meiner Gemeinschaft als Bestandteil meiner Geschichte zu übernehmen. MacIntyre macht an dieser Stelle den Einwand, daß dies nur möglich sei, solange eine Gemeinschaft nicht ihre Geschichte systematisch verleugnet, verzerrt oder durch eine fiktive Geschichte ersetzt. Allerdings stellt sich dann – im Hinblick auf das in Kapitel II.2 dieser Arbeit Gesagte – die Frage, welche Nation nicht ihre eigene Geschichte konstruiert und immer schon konstruiert hat im Blick auf eine fiktive Imagination von Gemeinschaftlichkeit. Was bedeutet dieser Einwand, wenn Nationen prinzipiell

92. Damit verwendet MacIntyre ein letztlich utilitaristisches Argument: Gut ist, was dieses Projekt weitest möglich fördert. Patriotismus ist folglich eine Sache des Erfolgs und nicht eine der Bindung an bestimmte inhaltliche Aspekte dieses Projekts. Patriotismus ist damit auch nicht auf Demokratie verpflichtet, sondern kann und muß im Extremfall sogar antidemokratisch sein, wenn eine totalitäre Regierungsform eine bessere Perspektive für das nationale Projekt verspricht. Auf das historische Beispiel angewendet, das MacIntyre selbst anführt: Der Widerstand gegen Hitler war erst in dem Moment gerechtfertigt, als abzusehen war, daß seine Politik Deutschland (!) in die Katastrophe führt.

als »imagined communities« (Anderson 1983) zu verstehen sind, deren Gemeinsamkeit auf einem Gemeinsamkeitsglauben beruht?

MacIntyres Hauptargument gegen liberale Konzeptionen staatsbürgerlicher Loyalität ist letztlich, daß niemand bereit sei, für ein abstraktes Prinzip als Soldat zu sterben: »Von sehr außergewöhnlichen Bedingungen einmal abgesehen, benötigt jede politische Gemeinschaft Streitkräfte für ihre minimale Sicherheit. Sie muß von den Mitgliedern dieser Streitkräfte verlangen, daß sie sowohl bereit sind, ihr Leben für die Sicherheit der Gemeinschaft zu riskieren, wie auch, daß ihre Bereitschaft dazu von ihrer eigenen individuellen Beurteilung, ob die Sache ihres Landes – gemessen an einem gegenüber den Interessen ihrer eigenen Gemeinschaft und den Interessen anderer Gemeinschaften neutralen und unparteiischen Maßstab – in bestimmten Fällen richtig oder falsch ist, unabhängig ist. Und dies heißt, daß gute Soldaten kaum Liberale sein dürften und daß in ihren Handlungen zumindest ein gewisses Maß der Moral des Patriotismus vorhanden sein muß.« (100) MacIntyre gesteht immerhin zu, daß von liberaler Position eine solche Haltung eine moralische Gefahr sein kann. Aber in verschlüsselter Form zieht er diesen Einwand zugleich wieder zurück. Um die Unrichtigkeit der liberalen Orientierung, die ihm zufolge in den USA vorherrscht, zu erweisen, müßte dargestellt werden, inwieweit die Verbindung zwischen Patriotismus und liberaler Gesinnung inkohärent ist. »Denn eine Moral partikularer Bindungen und Solidaritäten ist mit einer Moral universaler, neutraler und unparteiischer Prinzipien vermischt worden, die zu Inkohärenz führen muß.« (102). Und weiter: »Wollte man bestimmen, ob dies wahr ist oder nicht, riskierte man herauszufinden, daß wir in einer Art von Staatswesen leben, dessen moralische Ordnung auf einer systematischen Inkohärenz in der Form der öffentlichen Anerkennung miteinander unvereinbarer Prinzipien beruht.« (102) Genau das aber ist die These von »After Virtue«, die MacIntyre dort ausführlich zu erhärten versucht.[93] Dort geht er gerade von dieser systematischen Inkohärenz aus. Die – nicht explizit geäußerte – Schlußfolgerung muß also lauten, daß moralisch der Patriotismus gegenüber möglichen universalistischen Einwänden immer die vorzuziehende Haltung ist.

Die These, daß moralisches Handeln nur innerhalb der nationalen politischen Gemeinschaft denkbar sei, kann nicht überzeugen. Im Gegenteil – und darauf hat Reese-Schäfer verwiesen[94] – haben in diesem Jahrhundert viele Menschen den Weg beschritten, gerade aus universalistischen Motiven (aber auch aus ganz trivialen) ihr Heimatland zu verlassen und in

93. Vgl. MacIntyre 1981, 15.
94. Reese-Schäfer 1997, 272.

einen neuen Kontext zu migrieren. Wobei vielen durchaus bewußt war, daß damit der Abschied von bisherigen Bindungen verbunden war und das Knüpfen neuer. Schließlich folgt aus der Notwendigkeit staatlicher Organisation noch nicht automatisch die Identifikation mit der für mich zuständigen Nation. Wie auch die Tatsache, daß ich in einer bestimmten Schule meine Bildung erfahren habe, nicht automatisch eine tiefere Bindung zu dieser Institution erzeugt. Die eigene Prägung kann sowohl als kontingent erfahren (»Hätten mich meine Eltern nur auf eine andere Schule geschickt!«) als auch als Problem empfunden werden. Hinzu kommt, daß unter den Bedingungen der Moderne Loyalitäten – und in gewissem Rahmen auch die Wahl nationaler Loyalitäten – zum Gegenstand der Wahl werden. Und nicht zuletzt läuft der Hinweis auf die Bereitschaft, für's Vaterland zu sterben, in's Leere: »MacIntyres Sorge, daß anders die Bereitschaft, in den Krieg zu ziehen, nicht mehr gewährleistet wäre, war gerade die republikanische Hoffnung und auch die Immanuel Kants: daß nach ihrem freien Willen regierte Völker nicht bereit wären, gegeneinander Krieg zu führen.«[95]

Schwerwiegend scheint mir darüber hinaus der Einwand, daß eine konsequent kommunitaristische Perspektive national bezogenen Patriotismus geradezu untergraben kann. Denn plausibel ist MacIntyres Position allein dann, wenn die staatliche, nationale Gemeinschaft für ihre Bürgerinnen und Bürger die prägende ist. Was aber, wenn dies nicht der Fall ist, wenn Loyalitäten gegenüber anderen partikularen Größen und Traditionen die gegenüber dem Nationalstaat übersteigen? Für die USA könnte dies am Beispiel bestimmter religiöser Gruppen wie den Amish gezeigt werden: deren Loyalität gilt – und dies wäre aus kommunitaristischer Perspektive geradezu beispielhaft – ausschließlich ihrer *community*, während staatsbürgerliche Pflichten weitgehend abgelehnt werden. Letztlich führt aber auch ein gemäßigterer religiöser Kommunitarismus dazu, der religiösen *community* gegenüber der politischen den Vorrang einzuräumen (ich komme im nächsten Kapitel mit dem Ansatz von Stanley Hauerwas darauf zurück). Mit anderen Worten: aus MacIntyres Perspektive kann nicht die Priorität der Tugend Patriotismus vor anderen loyalitätsbezeugenden Tugenden begründet werden. Im Gegenteil: Je stärker die Bindung an eine bestimmte Gruppe mit ihrer Tradition, *story* und Lebensweise, desto schwächer die Bindung an umfassendere Einheiten. Müßte nicht konsequenterweise vor diesem Hintergrund etwa beim Thema Wehrpflicht die Loyalität gegenüber der Lebenspartnerin oder dem Lebenspartner Vorrang vor der »Pflicht für's Vaterland zu sterben« haben?

95. Reese-Schäfer 1997, 272 f.

Trotzdem spricht MacIntyre insofern einen wichtigen Punkt an, als in Krisensituationen natürlich gefragt ist, bis zu welcher Konsequenz Menschen bereit sind, sich mit Einsatz der eigenen Person für das gemeinsame Projekt politische Gemeinschaft einzusetzen. Aber es ist nicht zu sehen, warum ausgerechnet Patriotismus die Tugend sein soll, die genau dies ermöglicht. Ein Blick auf die sozialen Bewegungen der letzten Jahre legt eher eine gegenteilige Interpretation nahe: Gerade die Gruppen, die sich gerade nicht auf die Identifikation mit der Nation stützten, sondern im Gegenteil universalistische Perspektiven in dieser Gemeinschaft einforderten, haben sich – auch unter Einsatz der Person – am stärksten für das Projekt der politischen Gemeinschaft eingesetzt.

Politik der Differenz oder »kultureller Artenschutz« (Charles Taylor)

Die Forderung einer Politik der Differenz entsteht unter den Bedingungen der Moderne in dem Moment, wenn innerhalb einer politischen Gemeinschaft mehrere distinkte Gruppen zu identifizieren sind, die sich aufgrund spezifischer kultureller Besonderheiten von anderen Gruppen abgrenzen (oder von diesen abgegrenzt werden). Das Problem, das sich in dieser Hinsicht stellt, ist, wie innerhalb einer als politischen Gemeinschaft verstandenen Nation mit solchen Differenzen umgegangen werden kann oder muß.

Für Taylor spitzt sich dieses Problem dadurch zu, daß es im *Kontext einer Theorie der Anerkennung* gesehen werden muß.[96] Auf der Ebene der Individuen kann die Geschichte der Selbstbeschreibungen als Prozeß gelesen werden, der gegenwärtig zu einer Wertschätzung der persönlichen Identität mit dem Ideal der Authentizität geführt hat.[97] Identität ist für Taylor dabei nicht einfach Übereinstimmung, sondern ein Konzept, innerhalb dessen sich eine Person bestimmen kann. »Indem wir unsere Identität bestimmen, versuchen wir zu bestimmen, wer wir sind, ›woher wir kommen‹. Sie bildet den Rahmen, in dem unsere Vorlieben, Wünsche, Meinungen und Strebungen Sinn bekommen. Wenn mir manche Dinge, die ich für besonders wertvoll halte, nur in der Beziehung zu dem Menschen, den ich liebe, zugänglich werden, dann wird dieser Mensch ein Teil meiner Identität.« (23) Es kann hier nun nicht Taylors Identitätskonzept

96. Ich folge hier der Argumentation in Taylor 1992a, Seitenzahlen im Text beziehen sich hierauf.
97. So das großangelegte Projekt von Taylor 1989a; zugespitzt in Taylor 1991 auf eine »Ethics of Authenticity«.

entwickelt werden;[98] wichtig ist an dieser Stelle aber der Begriff der Rahmen (frameworks), das Bindeglied zwischen einem Verständnis persönlicher Identität und dem Verständnis für das, was Gemeinschaften konstituiert. Mit Hilfe dieser Rahmen verortet sich das Individuum im sozialen Raum und in der Zeit. Dabei ist das Individuum eingebunden in Netze der Verständigung (webs of interlocution), die im wesentlichen durch die bestimmte Gemeinschaft, in der sich die Individuen im sozialen Raum und in der Zeit bewegen, geprägt sind.[99] Ohne Gemeinschaft kein Individuum, könnte man zusammenfassen. Allerdings ist dieses Verhältnis nicht allein ein Konstitutionsverhältnis; aus ihm folgt auch eine normative Verpflichtung der Mitglieder für ihre Gemeinschaft. Die Mitglieder müssen den Erhalt ihrer Gemeinschaft selbst wollen und dafür eintreten, »das setzt aber voraus, daß die Bürger einen starken Sinn für die Zugehörigkeit zu ihrem Gemeinwesen haben, ja, das sie im äußersten Fall dazu bereit sind, für es zu sterben. Kurz, sie müssen etwas besitzen, das man bis ins 18. Jahrhundert hinein ›Patriotismus‹ nannte.«[100] Auch für Taylor ist also Patriotismus eine bürgerliche Tugend. An dieser Stelle interessiert jedoch mehr, was aus dieser Bindung an die jeweilige Gemeinschaft folgt, wenn nicht mehr von einer Homogenität dieser Gemeinschaft ausgegangen werden kann.

Bindeglied ist hier für Taylor der Begriff der *Kultur*. So weit ich sehe, hat Taylor diesen Begriff nirgends explizit eingeführt. Inhaltlich versteht Taylor Kultur als den Rahmen, innerhalb dessen eine Gemeinschaft ihre Besonderheit entwickelt und pflegt; es geht um spezifische Lebensformen ebenso wie um die gemeinsame Sprache und gemeinsame Wertvorstellungen. Mit anderen Worten: Kultur ist so etwas wie die Identität von Gemeinschaften (vgl. 45 ff.). Wie nun die Forderung nach Anerkennung von Individuen erhoben werden kann und muß, gilt gleiches auch für Kulturen. Das folgt aus der Einsicht, daß die Verweigerung von Anerkennung katastrophale Konsequenzen haben kann: »Gleiche Anerkennung ist nicht nur die einer gesunden demokratischen Gesellschaft angemessene Verfahrensweise, sondern ihre Verweigerung kann nach einer heute weit verbreiteten modernen Anschauung denen schaden, denen sie nicht zuteil wird.«[101] Wenn nun dieses Recht auf Anerkennung zu den Voraussetzungen demokratischer Staaten gehört, stellt sich die Frage, welche

98. Vgl. hierzu Kreuzer 1999, 71 ff.
99. Taylor 1989a, 71 ff.
100. Taylor 1992b, 9.
101. Taylor 1991, 60.

Folgen die Anerkennung unterschiedlicher Kulturen innerhalb dieser Staaten hat bzw. haben muß.

Taylor analysiert nun zwei verschiedene Ansätze, die jeweils versuchen, diese Anerkennung zu garantieren und zu institutionalisieren: die Politik des Universalismus und die Politik der Differenz. Geht erste davon aus, daß alle Menschen gleich seien, was vor allem im Begriff der Menschenwürde gefaßt ist, bezieht sich die zweite auf die unverwechselbare Besonderheit der einzelnen Individuen. Dabei hat auch diese Position universalistische Tendenzen: »Wir können das, was universell vorhanden ist – jeder Mensch hat eine Identität – nur anerkennen, indem wir auch dem, was jedem Einzelnen eigentümlich ist, unsere Anerkennung zuteil werden lassen.« (29) Die Ansätze führen zu unterschiedlichen Praktiken, die Taylor am Beispiel der Nicht-Diskriminierungspolitik diskutiert. Geht es der universalistischen Position um differenzblinde Räume, in denen jeder und jede unabhängig von seinen oder ihren Besonderheiten gleiche Rechte und den gleichen Zugang zu gesellschaftlichen Gütern hat, formuliert eine Politik der Differenz die Forderung, gerade die Differenz zur Grundlage der Politik zu machen, zum Beispiel durch Formen umgekehrter Diskriminierung oder in Form von Sonderrechten für bestimmte Gruppen. Dies verbindet sich mit einer Kritik an der universalistischen Position, der selbst unreflektierte Kontextualität vorgeworfen wird: »Es wird behauptet, der angeblich neutrale Komplex ›differenz-blinder‹ Prinzipien, der von der Politik der allgemeinen Menschenwürde verfochten wird, spiegele in Wirklichkeit eine ganz bestimmte hegemoniale Kultur. Allein die minoritären oder unterdrückten Kulturen würden gezwungen, eine ihnen fremde Form zu übernehmen. Folglich sei die angeblich faire, ›differenz-blinde‹ Gesellschaft nicht nur unmenschlich (weil sie Identitäten unterdrückt), sondern auch auf eine subtile, ihr selbst nicht bewußte Weise in hohem Grade diskriminierend.« (34)

Taylor geht auf diesen Vorwurf ein, indem er verschiedene Konzepte universalistischer Politik diskutiert. Am Beispiel der Frage kultureller Selbsterhaltung im frankophonen Kanada unterscheidet er zwei Spielarten einer auf universalistischen Prinzipien basierenden Politik. Zum einen (im Anschluß an eine Definition Dworkins) einen prozeduralen Liberalismus, der im Blick auf bestimmte inhaltliche Vorstellungen des guten Lebens indifferent bleibt, bzw. individuelle Freiheitsrechte kollektiven Zielen gegenüber immer den Vorrang gibt.[102] Zum anderen einen substantiellen Liberalismus, der unterscheidet zwischen bestimmten

102. Vgl. zum Freiheitsbegriff Taylor 1979.

Grundrechten, die als elementar erachtet werden und Sonderrechten, die sich aus den prägenden Vorstellungen des guten Lebens ergeben. »Eine Gesellschaft mit ausgeprägten kollektiven Zielsetzungen kann dieser Anschauung zufolge sehr wohl liberal sein, vorausgesetzt, sie ist imstande, Vielfalt zu respektieren, vor allem im Umgang mit denen, die ihren kollektiven Zielen nicht folgen mögen, und vorausgesetzt, sie kann die Grundrechte angemessen garantieren.« (53) Das Recht, in einer beliebigen Sprache Reklame zu verbreiten (ein Beispiel aus der kanadischen Diskussion), fällt für Taylor nicht unter die zu garantierenden Grundrechte. Ebenso ist es für ihn möglich, französischsprachige Eltern zu verpflichten, ihre Kinder auf französischsprachige Schulen zu schicken (wobei englischsprachigen Eltern das Recht zugestanden werden muß, ihre Kinder auf englischsprachige Schulen schicken zu können). Es geht Taylor also um mehr, als Reservate für bestimmte vom Aussterben bedrohte kulturelle Arten bereitzustellen. Vielmehr soll diese Politik aktiv bestreben, Angehörige bestimmter kultureller Gruppen zu erzeugen, um damit ihr Überleben sicherzustellen; es geht darum, »daß wir den Kulturen die Möglichkeit einräumen sollen, sich innerhalb vernünftiger Grenzen selbst zu behaupten.« (59) Dies ist Ergebnis einer Politik der Anerkennung, die sich auf das Recht der kulturellen Selbsterhaltung bezieht, nicht jedoch die weiterführende These einer Gleichwertigkeit aller Kulturen postuliert.

Die Forderung, *unterschiedliche Kulturen* als *gleichwertig* zu betrachten, leitet sich aus der Forderung nach Anerkennung ab, da ja die Nichtanerkennung als Mißachtung zu interpretieren ist, die von den Betroffenen als Schädigung empfunden wird.[103] In diesem Kontext sind auch die Forderungen verschiedener Gruppen in den USA anzusiedeln, im Bereich Bildung und Erziehung gleichberechtigt neben der »weißen« Kultur in Lehrplänen und anderen Zusammenhängen berücksichtigt zu werden. Hier vertritt Taylor nun eine vermittelnde Position, indem er den Anspruch auf Gleichwertigkeit zurückweist, aber trotzdem dafür plädiert, mit einer Annahme der Gleichwertigkeit anderen Kulturen gegenüberzutreten. Werturteile sind nicht zu dekretieren: »Wenn in unserem Werturteil etwas zum Ausdruck kommen soll, das von unserem Willen und unseren Wünschen unabhängig ist, dann kann uns dieses Urteil nicht durch ein ethisches Prinzip vorgeschrieben werden.« (66) Allerdings

103. Hier schließt sich Taylor dem Argument Kymlickas an, der die Legitimität von Minderheitsrechten mit Benachteiligungen und Verletzbarkeiten von Minderheitenkulturen durch die dominanten Kulturen begründet. Vgl. Kymlicka 1989, 200.

muß auf der anderen Seite vorausgesetzt werden können, daß anderen Kulturen mit Achtung gegenübergetreten wird, »daß Kulturen, die einer großen Zahl von Menschen von unterschiedlichem Charakter und Temperament über lange Zeiträume einen Bedeutungshorizont eröffnet haben – die, anders gesagt, ihrem Sinn für das, was gut, heilig, bewundernswert ist, Ausdruck verliehen haben –, gewiß etwas aufweisen, das unsere Bewunderung und unseren Respekt verdient, wenngleich sich daneben vieles finden mag, was wir verabscheuen und ablehnen müssen.« (70)

Taylor versteht seine Politik der Anerkennung also durchaus in der Linie einer Politik der Differenz, die die Besonderheiten von Individuen und Kulturen zum Ausgangspunkt nimmt. Wobei diese Position einen »gemäßigten Universalismus« postuliert, indem sie von einem universellen Potential ausgeht, daß Individuen und Kulturen eine je eigene und besondere Identität ausbilden können, und daß diese Identität nicht allein zu schützen, sondern darüber hinaus auch zu fördern ist. Im Hintergrund steht dabei durchaus eine romantische Vorstellung der Besonderheit der Individuen und Gruppen.[104] Dies drückt sich auch in Aussagen aus, in denen Taylor politische Gemeinschaften mit Familien vergleicht und Patriotismus in einer Linie mit Freundschaft oder Familiengefühl sieht.[105] Abgesehen davon stellen sich dieser Identitätspolitik gegenüber einige kritische Nachfragen.

Auch wenn Kulturen das Recht auf aktive Selbsterhaltung zuerkannt wird, ist damit nicht gesagt, daß Individuen auch gezwungen werden können, in dieser Kultur zu bleiben. Es muß für Personen »Austrittsmöglichkeiten« geben, sonst werden solche Kulturen totalitär. Wenn z. B. eine bestimmte Religion als wesentlicher Bestandteil einer bestimmten Kultur gesehen wird, müßte Taylors Argument lauten, daß Individuen gegebenenfalls das Recht zur Konversion innerhalb der Kultur verweigert wird. Wenn diese eine andere – oder keine – Religion praktizieren wollen, stünde ihnen dann nur die Möglichkeit der Migration offen. Das wiederum wäre eine Mißachtung der Identität solcher Individuen, die sich z. B. sowohl als »kultureller« Italiener als auch als praktizierender Atheist verstehen können. Es ist kein Zufall, daß Taylor solche Probleme vor allem an der Sprachenfrage diskutiert. Denn damit entzieht er sich dem Problem, daß auch kulturelle Identitäten durchaus nicht homogen sind, sondern verschiedene Prägungen haben können. Dies gilt im Bereich der Religion ebenso wie im Bereich von Wertvorstellungen, Zielen bis zu

104. Vgl. dazu die breite Rezeption Herders und der deutschen Romantik in Taylor 1989a, 639 ff. und Taylor 1991, 34 ff.
105. So in Taylor 1989b, 111.

alltäglichen kulturellen Prägungen wie Kleidung, Ernährung oder Musikgeschmack. Taylor bleibt zu sehr in romantischen Homogenitätsidealen gefangen, um die multikulturelle Wirklichkeit innerhalb bestehender Kulturen angemessen fassen zu können.

In diesem Zusammenhang kann Taylor nicht konsistent begründen, warum aus der Faktizität kultureller Partikularismen die Sollensforderung erwachsen kann, daß den verschiedenen Gruppen ein Recht auf Partikularität zuerkannt werden muß. Dieses Argument zehrt von Voraussetzungen, die es selbst nicht teilt. Denn entweder handelt es sich bei ihm um einen naturalistischen Fehlschluß, indem aus einem historisch kontingenten Sein ein absolutes Sollen abgeleitet wird – denn aus der Tatsache der Verschiedenheit menschlicher Kulturen kann nicht gefolgert werden, daß diese Diversität auch sein soll. Ebenso könnte dieser Zustand als vernünftigerweise zu überwindender gedacht werden. Der Hinweis, daß die Individuen eines kulturellen Hintergrundes bedürfen, um als Personen eine Identität aufbauen zu können, reicht als Argument nicht aus, denn damit ist noch nicht gesagt, daß nur ein bestimmter Hintergrund dies zu leisten imstande ist. Oder aber Taylor setzt ein von allen gemeinsam geteiltes Recht auf Verschiedenheit voraus, das dann aber nicht mehr allein aus den jeweiligen provinziellen Partikularismen abgeleitet werden kann. Denn dieses Recht hat eine interkulturelle Anerkennung unabhängig von den jeweiligen inhaltlichen Ausprägungen der unterschiedlichen kulturellen Überzeugungsmuster zur Voraussetzung, da es gleichermaßen über den verschiedenen Kulturen steht. Aber solche universalistische Perspektive lehnt Taylor dezidiert ab. Mir scheint sich so Forsts Interpretation zu bestätigen, daß die ethische Person einer moralischen Hülle bedarf, die ihr die jeweilige Partikularität garantiert.

Ein weiteres Problem hängt mit dem Bezug Taylors auf das frankophone Kanada zusammen. In der Provinz Quebec handelt es sich gerade nicht um eine kulturelle Minderheit, sondern um eine kulturelle Mehrheit innerhalb eines bestimmten Territoriums. Das Problem in dieser Situation ist, wie diese Mehrheit mit den Minderheiten in ihrem Kreis umgeht. Die Frage ist, welche Repräsentanz Minderheitenkulturen in der Öffentlichkeit zugestanden werden muß, ob von ihnen Assimilationsleistungen verlangt werden können oder dürfen. Dies sind auch die verbreitetsten Probleme in Migrationsgesellschaften. Und offensichtlich fällt es dort liberaler Politik einfacher, z.B. Schutz- und Sprachrechte zuzugestehen als der auf Homogenität bedachten kommunitaristischen Politik. In der Migrationssituation hat das Recht auf Besonderheit eine völlig andere Spitze als in der Perspektive Taylors, bei der es in der Regel um autochthone Gruppen geht, die bereits im Lande siedeln und von »kultureller

Überfremdung« bedroht sind. So müßte z.B. aus kommunitaristischer Perspektive der Bau einer Moschee in einer christlich geprägten Stadt, bzw. die Erlaubnis des Muezzin-Rufes verhindert werden, während aus liberaler Perspektive dem nichts im Wege stünde. Mit anderen Worten: Die Taylorsche Perspektive tendiert dahin, die kulturellen Werte von Mehrheitsgesellschaften gegenüber denen von Minderheiten zu schützen. »Die Differenzblindheit, die Taylor dem Liberalismus vorwirft, kehrt sich in der Politik der Differenz um im Blick auf diejenigen, die nicht der schützenswerten Kultur angehören.«[106]

Verfassungspatriotismus und ethische Imprägnierung des Rechtsstaats (Jürgen Habermas)

Die Position Jürgen Habermas' zur Frage der Inklusion in das politische System läßt sich aus seinem Verständnis der Staatsbürgerschaft herleiten. Deshalb hat dieses Verständnis formale Züge, auch wenn Habermas davon ausgeht, daß ethische Orientierungs- und Wertfragen dem Recht nicht fremd sind. Vom Konzept der Staatsbürgerschaft aus entwickelt sich dann auch seine Kritik an der Taylorschen Politik der Differenz; im Gegensatz zu Taylor und Walzer plädiert er für eine offene Einwanderungspolitik.

In seinem Verständnis der *Staatsbürgerschaft*[107] geht Habermas davon aus, daß dieses Konzept unabhängig vom Begriff einer nationalen Identität entstanden sei. Vielmehr entstamme es dem Rousseauschen Begriff der Selbstbestimmung, der auf der Volkssouveränität beruht. Dem entspricht die Theorie des Gesellschaftsvertrags, die eine Konstituierung von Herrschaft auf der Basis von Volkssouveränität und Selbstbestimmung voraussetzt.[108] Dabei ist der Volkswille, der sich zum Ausdruck bringt, nicht substanzhaft mißzuverstehen. Vielmehr geht es um die Bindung an ein demokratisches Verfahren, in dem ein Konsens erstritten oder erzielt wird (vgl. 637f.).[109] Dieses Verfahren differenziert sich unter demokratischen Bedingungen zu einer rechtsstaatlichen Verfassung aus.

106. Kreuzer 1999, 231 f.
107. Vgl. zum folgenden Habermas 1991d; Seitenzahlen im Text beziehen sich hierauf.
108. Vgl. in diesem Zusammenhang für die Zeit der Französischen Revolution Freitag 1992, der dieses Verhältnis an der einflußreichen Position des Abbé de Sieyes darstellt.
109. Damit belastet Habermas seine Theorie aber mit uneinlösbaren Konsensunterstellungen. Denn das Verfahren erzeugt – jedenfalls in der Regel – gerade keinen Konsens, sondern eine Entscheidung, die aber als Entscheidung

»In einer pluralistischen Gesellschaft drückt die Verfassung einen formalen Konsens aus. Die Staatsbürger wollen ihr Zusammenleben nach Prinzipien regeln, die, weil sie im gleichmäßigen Interesse eines jeden liegen, die begründete Zustimmung aller finden können. Eine solche Assoziation ist durch Verhältnisse reziproker Anerkennung strukturiert, unter denen jeder erwarten kann, von allen als Freier und Gleicher respektiert zu werden. Jede und jeder soll dreifache Anerkennung finden: Sie sollen in ihrer Integrität als unvertretbare Individuen, als Angehörige einer ethnischen oder kulturellen Gruppe und als Bürger, d.h. als Mitglieder des politischen Gemeinwesens, gleichen Schutz und gleiche Achtung finden können.« (638) Versteht man nun den demokratischen Rechtsstaat als Assoziation freier und gleicher Bürgerinnen und Bürger, folgt daraus, daß die Staatsangehörigkeit selbst nur als freiwillige gedacht werden kann. Zudem bezieht sich das Konzept der Staatsbürgerschaft vor allem auf die Staatsbürgerrolle, die die politische Teilhabe und Kommunikationsrechte als Bezugspunkte hat.

Allerdings ist dann der kommunitaristische Einwand zu beachten, daß ein rein formales Verständnis von Staatsbürgerschaft seine eigene Grundlage, nämlich die Beteiligung der Staatsbürgerinnen und -bürger nicht reproduzieren kann. Anders gesagt fehlt ein motivationaler Hintergrund, der zur Teilnahme am gemeinsamen Projekt der politischen Selbstbestimmung führt. »Darum bleibt der rechtlich konstituierte Staatsbürgerstatus angewiesen auf das *Entgegenkommen* eines konsonanten Hintergrundes von rechtlich nicht erzwingbaren Motiven und Gesinnungen eines am Gemeinwohl orientierten Bürgers. Das republikanische Modell der Staatsbürgerschaft erinnert daran, daß die verfassungsrechtlich gesicherten Institutionen der Freiheit nur so viel wert sind, wie eine an politische Freiheit *gewöhnte*, in die Wir-Perspektive der Selbstbestimmungspraxis eingewöhnte Bevölkerung aus ihnen macht. Die rechtlich institutionalisierte Staatsbürgerrolle muß in den Kontext einer freiheitlichen politischen Kultur eingebettet sein.« (641 f.) Das variiert Böckenfördes bekanntes Diktum, daß der Staat von Voraussetzungen lebe, die er selbst nicht garantieren kann.[110] Daher wird – wie oben bereits an den Positionen MacIntyres und Taylors beschrieben – an diesem Punkt von kommunitaristischer Seite Patriotismus als politische Tugend gefordert. Dem widerspricht Habermas nicht direkt, auch er geht davon aus, daß »die universalistischen Grundsätze demokratischer Rechtsstaaten irgendeiner

von den Beteiligten akzeptiert wird, gerade auch wenn die Unterlegenen ihr inhaltlich nicht zustimmen.

110. Böckenförde 1991, 112.

politisch-kulturellen Verankerung bedürfen.« (642) Darüber hinaus fragt er jedoch, wem oder was gegenüber die patriotische Loyalität bestehen soll. Nun zeigen für Habermas jedoch schon allein die Beispiele der USA oder der Schweiz, daß eine gemeinsame politische Kultur nicht auf einer ethnischen, sprachlichen, kulturellen oder anderen Übereinkunft beruhen muß, die von allen Bürgerinnen und Bürgern gemeinsam geteilt wird. »Eine liberale politische Kultur bildet nur den gemeinsamen Nenner eines *Verfassungs*patriotismus, der gleichzeitig den Sinn für die Vielfalt und Integrität der verschiedenen koexistierenden Lebensformen einer multikulturellen Gesellschaft schärft.« (642 f.) Dies gewinnt für Habermas besonders im Blick auf die europäische Einigung, die gerade die Loslösung von nationalistischen Partikularismen erfordert, aktuelle Bedeutung. »Wenn wir uns von den diffusen Vorstellungen über den Nationalstaat nicht freimachen, wenn wir uns der vorpolitischen Krücken von Nationalität und Schicksalsgemeinschaft nicht entledigen, werden wir den längst eingeschlagenen Weg in eine multikulturelle Gesellschaft, den Weg in einen regional weit aufgefächerten Bundesstaat mit starken föderativen Kompetenzen, vor allem den Weg zu einem Nationalitätenstaat eines vereinigten Europas nicht unbelastet fortsetzen können. Eine nationale Identität, die sich nicht in erster Linie auf ein republikanisches, ein verfassungspatriotisches Selbstverständnis stützt, kollidiert mit den universalistischen Regeln des Zusammenlebens gleichberechtigt koexistierender Lebensformen; sie kollidiert auch mit der Tatsache, daß sich die staatliche Integration heute auf drei Ebenen simultan vollzieht – in Land, Bund und Europäischer Gemeinschaft.«[111] Daß dies nicht allein ein pragmatisches Argument im Blick auf den europäischen Kontext ist, belegt schon der Sachverhalt, daß es ethnisch und kulturell homogene Staaten fast nirgendwo auf der Welt gibt. Weiterhin führt Habermas ein stärker gesellschaftstheoretisches Argument gegen die kommunitaristische These der moralischen Integration in die als *community* verstandene politische Gemeinschaft an.

Im Blick auf die moderne Gesellschaft müssen gesellschaftstheoretisch *verschiedene Arten der Integration* von Individuen unterschieden werden. Unter der Voraussetzung der funktionalen Differenzierung der Gesellschaft hat sich die Systemintegration von der Sozial- und politischen Integration abgekoppelt. Weniger trennscharf als Luhmann geht Habermas bei der Systemintegration von der über das Medium Geld strukturierten Wirtschaft aus, in der die Integration in das System über dieses Medium läuft. Dies steht in einem gewissen Widerspruch zu der über Werte, Nor-

111. Habermas 1990, 217.

men und Verständigung vermittelten Sozialintegration. Nun sieht Habermas die politische Integration, für die die politische Öffentlichkeit konstitutiv ist, als Bestandteil der allgemeinen Sozialintegration. Von dieser Einsicht aus würde sich die kommunitaristische These dahingehend kritisieren lassen, daß sie im Blick auf die unterschiedlichen Integrationsformen schlichtweg unterkomplex ist. Die gesellschaftliche Integration kann unter den Bedingungen funktionaler Differenzierung nicht mehr allein über die wertmäßig integrierte politische Gemeinschaft verlaufen, weil andere Funktionssysteme andere Integrationsmechanismen erfordern. Nun wählt Habermas diese Kritikmöglichkeit nicht, statt dessen fragt er nach den normativen Voraussetzungen für eine gelingende politische Integration im europäischen Rahmen. Dies würde eine Öffnung der noch national abgeschotteten politischen Öffentlichkeiten ebenso erfordern wie eine Kulturpolitik, die das Augenmerk auf die gemeinsame politische Kultur Europas lenkt, die die unterschiedlichen nationalen Traditionen integriert.

Aus diesem skizzierten Verständnis der Staatsbürgerschaft als politischer Partizipation leitet sich Habermas' Position zur Frage der *Inklusion von Migrantinnen und Migranten* logisch ab. Habermas geht hier von der Diskussion um besondere Pflichten, die nur innerhalb der Grenzen einer Gemeinschaft für deren Mitglieder bestehen, aus. (654 ff.) Wenn es bei Migrationen vor allem um die Frage des Aufenthaltes in national verfaßten Staaten geht, und diese Staaten nicht inhaltlich, sondern formal im Blick auf politische Teilhabe bestimmt sind, kann auch nicht aus ethnischen oder kulturellen Gründen gegen ein Recht auf Immigration argumentiert werden. »Legitime Beschränkungen des Rechts auf Immigration würden sich allenfalls unter konkurrierenden Gesichtspunkten begründen lassen, z. B. der Forderung, soziale Konflikte und Belastungen einer Größenordnung zu vermeiden, welche die öffentliche Ordnung oder die ökonomische Reproduktion der Gesellschaft ernstlich gefährden müßte.« (656 f.) Das heißt gegen Immigration sprechen bestenfalls pragmatische Gründe, jedoch keine substantiellen im Blick auf ethnische Zugehörigkeit oder kulturelle Konformität. Dies gilt jedoch mit einer Einschränkung und zwar auf die politische Lebensform, in die hinein migriert wird. »Die Identität des politischen Gemeinwesens, die auch durch Immigration nicht angetastet werden darf, hängt primär an den in der *politischen Kultur* verankerten Rechtsprinzipien und nicht an einer besonderen *ethnisch-kulturellen* Lebensform im ganzen. Demnach muß von den Einwanderern nur die Bereitschaft erwartet werden, daß sie sich auf die politische Kultur ihrer neuen Heimat einlassen, ohne deshalb die kulturelle Lebensform ihrer Herkunft aufgeben zu müssen. Die geforderte *politi-*

sche Akkulturation erstreckt sich nicht auf das Ganze ihrer Sozialisation.« (658f.) Diese politische Akkulturation muß allerdings als Voraussetzung für einen dauerhaften Aufenthalt gesehen werden, weil der Staat und die zugehörige Staatsbürgerrolle auf die politische Partizipation der Mitglieder angewiesen ist. Insofern geht es um die Akzeptanz einer demokratischen Staatsbürgerschaft, die verankert ist im Verfassungspatriotismus der Bürgerinnen und Bürger. Wobei dieser sich nicht auf das politische System als solches bezieht, sondern auf die formalen Prinzipien, die die Partizipation ermöglichen. Bevor die Frage gestellt wird, inwieweit ein solches Verständnis überhaupt hinreichende motivationale Kraft entfalten kann, soll zunächst noch einmal auf Habermas' Kritik der Taylorschen Politik der Differenz eingegangen werden, die ja gerade ein solch kulturell neutrales Verständnis von politischer Gemeinschaft für undenkbar erachtet.

Habermas' Interpretation zufolge[112] basiert Taylors Konzept auf einer verkürzten Interpretation einer liberalen Theorie der Rechte. Denn auch diese geht davon aus, daß die Rechtspersonen keine ungebundenen punktuellen Selbste sind. »Personen, auch Rechtspersonen, werden nur durch Vergesellschaftung individuiert. Unter dieser Prämisse verlangt eine richtig verstandene Theorie der Rechte genau die Politik der Anerkennung, die die Integrität des Einzelnen auch in seinen identitätsbildenden Lebenszusammenhängen schützt.« (154) Eine Politik der Anerkennung, so Habermas' Argumentation, beruhe eigentlich auf dem *Vorrang des Gerechten vor dem Guten*. Leitend ist dabei die am Anfang dieses Kapitels erörterte Unterscheidung ethischer und moralischer Fragen, die hier nicht wiederholt werden muß. Die Unterscheidung zwischen einer ethischen Sphäre der Verständigung über gemeinsam geteilte Ziele und einer moralischen Rechtssphäre bedeutet jedoch nicht, daß es keine Überschneidungen zwischen beiden gäbe. Im Gegenteil muß von einer »ethischen Imprägnierung des Rechtsstaats« ausgegangen werden. »Gewiß darf die Berücksichtigung kollektiver Ziele die *Struktur* des Rechts nicht auflösen, sie darf nicht die Rechts*form* als solche zerstören und damit die Differenz zwischen Recht und Politik aufheben. Aber es liegt in der konkreten Natur regelungsbedürftiger Materien, daß sich die Normierung von Verhaltensweisen im Medium des Rechts – anders als in der Moral – für die Zielsetzungen des politischen Willens einer Gesellschaft öffnet. Deshalb ist jede Rechtsordnung *auch* der Ausdruck einer partikularen Lebensform, nicht nur Spiegelung der universellen Gehalte der Grund-

112. Vgl. zum folgenden Habermas 1993, Seitenzahlen im Text beziehen sich hierauf.

rechte.« (167) Dies folgt schon aus dem partikularen Charakter politischer Willensbildung innerhalb einer gemeinsam geteilten Öffentlichkeit. In dieser sind die Fragen der politisch-ethischen Zielformulierungen immer virulent.

Insofern hat die Zusammensetzung des Staatsvolkes – als kontingentes Resultat eines historischen Prozesses – Einfluß auf die Zielbestimmungen im politischen Diskurs. Aus dieser Einsicht resultieren auch die Bestrebungen ethnischer Gruppen, einen eigenen Staat zu fordern. Dies hat jedoch paradoxe Folgen. »Der Nationalstaat selber erzeugt erst jene autonomistischen Bewegungen, in denen unterdrückte nationale Minderheiten um ihre Rechte kämpfen. Und indem der Nationalstaat Minderheiten einer zentralen Verwaltung unterwirft, setzt er sich in Widerspruch zu Prämissen der Selbstbestimmung, auf die er sich selbst beruft.«[113] Wenn also der Weg in die Homogenisierung ethnisch »sauberer« Nationen aus vielerlei Gründen kein Ausweg aus dem Problem ist, stellt sich die Frage, wie nun mit dem Faktum der Koexistenz verschiedener ethnisch oder kulturell geprägter Gruppen innerhalb eines Staates umzugehen ist. Hier ist es Habermas wichtig zu zeigen, daß die Möglichkeit der Koexistenz nicht auf ethisch aufgeladenen Wertvorstellungen beruht, sondern auf einem Konzept von Rechten.

In seiner Argumentation geht Habermas davon aus, daß Individuen – im Anschluß an Kymlicka – Träger von Rechten auf kulturelle Mitgliedschaft seien. Anders gesagt: Die »Integrität der einzelnen Rechtsperson kann, normativ betrachtet, nicht ohne den Schutz jener intersubjektiv geteilten Erfahrungs- und Lebenszusammenhänge garantiert werden, in denen sie sozialisiert worden ist und ihre Identität ausgebildet hat.« (172) Daraus ergeben sich – so Habermas – weitgehend Rechte auf Selbstverwaltung, Statusgarantien usw.; auch Formen der umgekehrten Diskriminierung lassen sich auf dieser Basis begründen. Aber – und das ist das grundlegende Argument – diese Rechte sind *Rechte:* »Diese und ähnliche Verpflichtungen resultieren aus Rechtsansprüchen und keineswegs aus einer allgemeinen Wertschätzung der jeweiligen Kultur. Taylors Politik der Anerkennung stünde auf schwachen Füßen, wenn sie von der ›Unterstellung des gleichen Werts‹ der Kulturen abhängig wäre.« (172f.) Darüber hinaus wäre es ein Mißverständnis, Kulturen museal konservieren zu wollen, weil dies deren dynamischen Charakter mißachten würde. Unter den Bedingungen der Moderne sind Kulturen geradezu durch ihre Fähigkeit gekennzeichnet, sich an veränderte Bedingungen anpassen zu können. »Selbst eine Mehrheitskultur, die sich nicht bedroht sieht, be-

113. Habermas 1987, 166.

wahrt sich ihre Vitalität einzig durch einen rückhaltlosen Revisionismus, durch den Entwurf von Alternativen zum Bisherigen oder durch die Integration fremder Impulse – bis hin zum Bruch mir eigenen Überlieferungen.« (175) Man könnte hinzufügen, daß sich – und das ließe sich gut an der Geschichte der abendländisch-christlichen Kultur zeigen – gerade die Kulturen dauerhaft bestehen, denen die Integration fremder und neuer Impulse gelingt; zum Absterben dieser Kulturen kommt es in dem Moment, wenn sie ihre Adaptionsfähigkeit verlieren und das Bisherige nur noch konservieren. Ein kultureller Artenschutz wäre letztlich gesehen für die geschützten Kulturen nur kontraproduktiv, sie würden zur bloßen Folklore verkommen.

Im Blick auf die Einwanderungssituation folgt aus dieser so verstandenen Politik der Anerkennung nur eine Einschränkung: Das einzige, was aus dieser Perspektive nicht toleriert werden kann, ist die Intoleranz. »In multikulturellen Gesellschaften kann die rechtsstaatliche Verfassung nur Lebensformen tolerieren, die sich im Medium solcher nichtfundamentalistischer Überlieferungen artikulieren, weil die gleichberechtigte Koexistenz dieser Lebensformen die gegenseitige Anerkennung der verschiedenen kulturellen Mitgliedschaften verlangt: Jede Person muß auch als Mitglied von Gemeinschaften anerkannt werden, die um jeweils andere Konzeptionen des Guten integriert sind.« (177) Diese Forderung erwächst nicht zuletzt aus der Einsicht, daß in komplexen Gesellschaften nicht mehr von einem von allen geteilten substantiellen Wertekonsens ausgegangen werden kann. Man könnte an dieser Stelle noch über Habermas hinausgehen und betonen, daß unter der Bedingung unterschiedlicher Lebensformen und Wertorientierung innerhalb einer national homogenen Gruppe selbst ohne Migration von einer multikulturellen Gesellschaft ausgegangen werden müßte. Bei einer solchen kulturellen Vielfalt gäbe es dann keine Alternative zu einem Konsens, der sich auf das in der Verfassung grundgelegte demokratische Verfahren politischer Willensbildung und Teilhabe stützt.

Zwischen den Stühlen – Unvereinbare Positionen?

An den Problemen, die sich durch Migration stellen, wird deutlich, daß der Unterschied zwischen liberalen und kommunitaristischen Ansätzen durchaus nicht nur akademischer Natur ist: aus den Positionen entwickeln sich unterschiedliche praktische Lösungen. Die Stärkung der Gemeinschaften, das Ziel kommunitärer Politik, basiert dabei auf empirisch gegebenen Motivationen ihrer Mitglieder. Denn offenbar bestehen affektive Bande denen gegenüber, die sich der gleichen Gruppe zugehörig fühlen. Dieser Befund läßt sich gruppenpsychologisch bestätigen (vgl. Abschnitt II.1.). Dort allerdings war zu sehen, daß das Phänomen der Bevorzugung von Gruppenmitgliedern sich auch bei künstlichen Gruppen zeigt, also bei solchen, die nicht auf eine gemeinsame Geschichte zurückblicken und sich nicht auf gemeinsame Werte beziehen können.

Wie auch immer, die Betonung der kommunitaristischen Argumentation liegt darauf, daß gegenüber den Mitgliedern der Gemeinschaft, der jemand zugehört, neben der Einsicht in eine Verbundenheit auch affektive Bindungen eine Rolle spielen. Ohne dieses affektive Element wäre nicht zu begründen, wie die Einbindung in eine Gemeinschaft zu einem speziellen Handeln motiviert. Anders gesagt: ohne Bezug auf affektive Bindung ließe sich der Vorrang einer partikularistischen vor einer universalistischen Perspektive nicht begründen. Dies ist auf der Ebene von Nachbarschaften, Familien, sozialen Netzwerken und anderen Formen der Vergemeinschaftung auch plausibel. Es stellt sich aber die Frage, ob dies auch auf der weitaus größeren Ebene von Nationen gelten kann, ob es also tatsächlich sinnvoll ist, von nationalen *Gemeinschaften* zu sprechen.

Dabei ist empirisch nicht zu bezweifeln, daß nationale Zugehörigkeit ein Zugehörigkeitsgefühl begründen *kann* – sie muß es aber nicht begründen. Denn nationale Zugehörigkeit *basiert* nicht auf diesem subjektiven Zugehörigkeitsgefühl. Und das gilt sowohl historisch (vgl. Abschnitt II.2.1) als auch empirisch für bestehende Nationalstaaten. In begrenztem Umfang ist die Frage der nationalen Zugehörigkeit zudem ein Objekt der subjektiven Wahl, was sich am Faktum der Auswanderung belegen läßt. Wenn auch empirische Studien zeigen, daß bei der Auswanderungsentscheidung private Motive die größte Rolle spielen,[114] ist trotzdem davon auszugehen, daß unter Umständen diese privaten Motive zum einen stärker sind als Zugehörigkeitsgefühle und zum anderen der Auswanderung ein Wechsel der nationalen Loyalität nachfolgen kann – aber nicht muß. Wichtig in diesem Zusammenhang ist jedoch der Sachverhalt, daß nicht die affektive Bindung an ein Volk, eine Nation oder eine Kultur die Zugehörigkeit begründet, sondern aus ihr resultiert. Darum ist es sinnvoll, zwischen den Ebenen der formalen Zugehörigkeit und der affektiven Bindung zu unterscheiden.

Die Frage, die sich im Anschluß an diese Überlegung stellt, lautet folgerichtig dann: Was heißt es, Staatsbürger oder Staatsbürgerin zu sein? Es kann hier nicht der Ort sein, die Theorien von *Staatsbürgerschaft* (was ohnehin nur eine ungenaue Übersetzung des englischen Begriffes *»citi-*

114. Vgl. Lüthke/Cropley 1989.

zenship« ist) zu untersuchen.[115] Weiterführend scheint mir hier Goodins Modell, das Staatsbürgerschaft versteht vor dem Hintergrund einer zugeschriebenen Verantwortlichkeit (assigned responsibility).[116] Die besonderen Rechte und Verpflichtungen innerhalb eines nationalen Staatswesens leiten sich hier ab von den allgemeinen Verpflichtungen gegenüber prinzipiell allen Menschen. Goodin geht davon aus, daß in bestimmten Fällen Verpflichtung und damit Verantwortlichkeit zugeschrieben wird, z.B. Personen, die für eine bestimmte Hilfeleistung besonders befähigt sind (an einem Unfallort wird es sinnvoll sein, einer anwesenden Krankenschwester oder Ärztin die Versorgung zu überlassen, statt selbst ungenügend Hilfe zu leisten). Spezielle Verpflichtungen resultieren aus bestimmten Fähigkeiten.

Ähnliches, so Goodins Argument, gilt für Nationalstaaten: »States are assigned special responsibility for protecting and promoting the interests of those who are their citizens.«[117] Mit anderen Worten: Es ist besser, wenn bestimmte Menschen für Bestimmtes verantwortlich sind, als wenn alle für alles verantwortlich sind. Ethik, so könnte man ergänzen, hätte dann, in Modifikation von Luhmanns Ethikbegriff, auch oder sogar vordringlich, die Funktion, Verantwortlichkeiten sowohl einzugrenzen als auch zuzuschreiben.[118] Der Staat garantiert in diesem Sinne die Zurechnung von Verantwortlichkeit an und für seine Bürgerinnen und Bürger, er erlangt dadurch in gewissem Sinn eine advokatorische Funktion: »What justifies states in pressing the particular claims of their own citizens is, on

115. Zur aktuellen Diskussion im angelsächsischen Bereich vgl. Kymlicka/Norman 1994. Kymlicka/Norman kommen diesbezüglich zu dem Schluß, daß bislang weder klar ist, was überhaupt normativ oder deskriptiv mit diesem Begriff gemeint ist, noch abzusehen ist, was von einer »theory of citizenship« überhaupt legitimerweise erwartet werden könne.
116. Vgl. Goodin 1988, aus kommunitaristischer Perspektive kritisch dazu Miller 1988.
117. Goodin 1988, 682. Mason 1997 weist jedoch zurecht darauf hin, daß Goodins Ansatz nicht hinreichend deutlich macht, warum gerade die »compatriots« die relevante Gruppe sein sollen, für die sich die Zuschreibung von Verantwortlichkeit anbietet. (Mason 1997, 434f.) Eine moralische Verpflichtung untereinander läßt sich ihmzufolge bestenfalls für die Bürgerinnen und Bürger eines Gemeinwesens unabhängig von ihrer Nationalität – eben für citizens – begründen, da dem Konzept der citizenship, im Unterschied zum Konzept der Nationalität, selbst ein intrinsischer Wert innewohnt: »Part of what it is to be a citizen is to incur special obligations: these obligations give content to what it is to be commited or loyal to fellow citizens and are justified by the good of the wider relationship to which they contribute.« (Mason 1997, 442).
118. So meine Argumentation in Dallmann 1997.

my account, the presumption that eyeryone has been assigned an advocate/protector.«[119] Wichtig in diesem Sinne ist, daß dieser Schutz weniger nach außen gerichtet ist, sondern vielmehr die soziale Absicherung (also die dritte Kategorie von Staatsbürgerschaft im Sinne Marshals: negative Freiheit, politische Mitbestimmung und soziale Rechte) umfaßt.[120] Die Pointe dieser Argumentation ist, daß diese zugeschriebene Verantwortlichkeit nicht im Sinne von wechselseitigem Nutzen zu verstehen ist, sondern gerade auch die einbegreift, die nicht in der Lage sind, selbst zählbaren Nutzen für die Gemeinschaft beizusteuern.[121]

119. Goodin 1988, 684.
120. Vgl. Marshal 1949.
121. Eine scharfe Kritik am »Wohlfahrtsargument« für Nationalstaaten formuliert Young 1998. Sie interpretiert dies Argument so, daß aufgrund des Zugehörigkeitsglaubens ein Gerechtigkeitsgefühl angenommen wird, das es erlaubt, Verteilungsgerechtigkeit auch für solche einzufordern, die den einzelnen Bürgerinnen und Bürgern zwar fremd, aber als Gemeinschaftsmitglieder doch über das Zugehörigkeitsgefühl vertraut sind. Problematisch daran ist für Young zweierlei: Zum einen könne dies zur Beschränkung der Gerechtigkeitspflichten auf Angehörige der gemeinsamen Nation führen und somit »zur Verteidigung von Privilegien und zur Beschränkung ihres Nutzens auf ganz bestimmte Personen dienen« (Young 1998, 438), also nationale gegen internationale Solidarität setzen. Zum anderen führe dieses Argument zum Ausschluß derer, die nicht der selben Nation angehören, auch wenn sie auf dem Territorium des entsprechenden Staates lebten. »Die These nach der sich Gerechtigkeitsverpflichtungen nur auf diejenigen erstrecken, mit denen Bürger sich als derselben nationalen Kultur und Geschichte zugehörig identifizieren, kann zur Rechtfertigung einer Haltung dienen, in der sozialpolitische Umverteilungsmaßnahmen zugunsten solcher Gruppen abgelehnt werden, mit denen sich viele Bürger eben nicht identifizieren.« (Young 1998, 439) Dies hätte dann auch Auswirkungen auf die Migrationspolitik, denn diese Auffassung »führt zur Ablehnung von Einwanderung und Einwanderungspolitik. Einwanderungsbeschränkungen werden auf diese Weise nicht nur zum Schutz einer nationalen Kultur gerechtfertigt, sondern auch zum Erhalt oder zum Ausbau einer Umverteilungspolitik, der die Bürger in dem Moment ihre Unterstützung entziehen, in dem sie Einwanderer von ihr profitieren sehen.« (Ebd.) Daß diese Kritik nicht unberechtigt ist, zeigt sich an der gegenwärtigen Migrationspolitik etwa in Europa. Allerdings treffen diese Argumente nur zu, wenn von einem substantialistischen Verständnis von Nation und Kultur ausgegangen wird. Das trifft aber für Goodins Vorschlag so nicht zu. Denn er versteht *citizenship* demotisch und gerade nicht ethnisch. Weiter unten werde ich zeigen, daß auf der Linie der Goodinschen Argumentation sehr wohl für ein Recht auf Zugehörigkeit plädiert werden muß, das sowohl Flüchtlinge als auch Arbeitsmigrantinnen und -migranten umfaßt. Sobald Zugehörigkeit als Mitgliedschaft in der Bürgerschaft, als *citizenship*, verstan-

Eine Diskussion von wohlfahrtsstaatlichen Modellen, die aus diesem Konzept folgen, kann an dieser Stelle unterbleiben. Wichtig ist mir, daß von dieser Theorie ausgehend sowohl die ethische Relevanz von Grenzziehungen bedacht als auch deren funktionaler Charakter in den Blick genommen werden kann. Ethisch haben diese Grenzziehungen den Sinn, einen Bereich für besondere Verpflichtungen von einem Bereich für allgemeine Verpflichtungen zu unterscheiden. Besondere Verpflichtungen beruhen dabei nicht auf einem – wie auch immer mythisch oder emotional begründeten – Gemeinsamkeitsglauben, sondern auf Effizienz: »Territorial boundaries are merely useful devices for ›matching‹ one person to one protector. Citizenship is merely a device for fixing special responsibility in some agent for discharging our general duties vis-à-vis each particular person.«[122] Selbstverständlich motiviert eine affektive Bindung an diesen Bereich spezieller Verpflichtung im konkreten Fall in besonderer Weise. Diese affektive Bindung ist jedoch nicht die Voraussetzung für diese Grenzziehung. Denkbar und praktizierbar ist auch eine rationale Übereinstimmung aufgrund der Einsicht in den effektiven Charakter solcher Gemeinschaften besonderer Verpflichtung (die Mitgliedschaft in Selbsthilfenetzwerken und sogar in Hilfsorganisationen braucht nicht immer – und es wäre interessant zu untersuchen, ob dies überhaupt für eine relevant große Gruppe zutrifft – affektiv motiviert sein, sie kann auch auf Nützlichkeitserwägungen, rationalen Motiven oder auch gänzlich anderen, vielleicht sogar narzißtischen, beruhen).

Diese Bereiche besonderer Verpflichtung haben in der Gegenwart die Gestalt von Nationalstaaten; sie strukturieren den Bereich der gegenseitigen Verantwortung einerseits und stellen andererseits Institutionen bereit, die sich für bestimmte Hilfesituationen ausdifferenzieren. Daß dies gegenwärtig von Nationalstaaten erfüllt wird, ist historisch kontingent und anders möglich; wobei die Kontingenz allein nicht gegen das Konzept von Nationalstaaten spricht. Gleichzeitig etablieren sich unterhalb der nationalen Ebene weitere Netze von Gegenseitigkeit, sei es in Familien, Vereinen, sozialen Netzwerken oder Religionsgemeinschaften. In modernen Gesellschaften ist die Mitgliedschaft in diesen Netzen zum Gegenstand der freien Wahl geworden, dies gilt in bestimmter Hinsicht mittlerweile selbst für die Familie.[123] Es besteht aus individueller Sicht eine

den wird, verliert Youngs Kritik ihre Plausibilität. Dies setzt allerdings voraus, daß alle Bewohner des Territoriums eines Staates auch zu dessen demos gerechnet werden.

122. Goodin 1988, 686.

123. Einschlägig hierfür U. Beck 1986, 161 ff.

Mischung verschiedener Zugehörigkeiten mit jeweils verschiedener emotionaler Bindung und verschiedener Verbindlichkeit der Verpflichtung. Die Loyalität gegenüber dem Nationalstaat ist nur eine unter vielen und in mancher Hinsicht nicht einmal die stärkste.[124]

Allerdings werden Migrationsprobleme auch bei diesem Ansatz nur unzureichend berücksichtigt. Am ehesten ergibt sich noch ein Zugang zur Asylproblematik. »Suppose, however, that someone has been left without a protector. Either he has never been assigned one, or else the one he was assigned has proven unwilling or unable to provide the sort of protection it was his job to provide. Then, far from being at the mercy of everyone, the person becomes the ›residual responsibility‹ of all.«[125] Dies entspricht im wesentlichen dem Menschenrecht auf Staatsangehörigkeit (Artikel 15 der Allgemeinen Erklärung von 1948). Denn wenn die Zuschreibung zu einem Bereich der Verantwortlichkeit wichtig für die Sicherung der elementaren Lebensbedürfnisse ist, dann muß gewährleistet sein, daß prinzipiell jeder Mensch einem solchen Bereich angehört. Aus dieser Begründungsfigur ergibt sich dann das Asylrecht als Menschenrecht, nämlich als Recht auf Zugehörigkeit zu einem Bereich besonderer zugeschriebener Verantwortlichkeit. Allerdings kann dieses Recht nur so allgemein beschrieben werden, denn: »It is the responsibility of the set of the states, taken as a whole, to give the refugee a home; but it is not the duty of any one of them in particular.«[126]

Unklar bleibt schließlich, welche Konsequenzen für Arbeitsmigration aus diesem Ansatz gezogen wird. Folgerichtig müßte hier eine Antwort auf der Linie der Argumentation Walzers gesucht werden. Wenn Arbeitsmigration von einem Gastland gewünscht wird, müßte dieses gleichzeitig bereit sein, die Personen, die dann kommen, in den Kreis derer, denen wechselseitig Verantwortung füreinander zugeschrieben wird, aufzunehmen.

Eine Lösung des Problems der Zugehörigkeit unter den Bedingungen nationalstaatlicher Organisation ergibt sich nur aus der Aufnahme sowohl partikularistischer als auch universalistischer Elemente. Von welchem Ansatz auch ausgegangen wird, ein Recht auf Zugehörigkeit muß jedem Menschen zugestanden werden. Dies gerät bei kommunitaristi-

124. »Forster's remark, ›If I had to choose between betraying my country and betraying my friend, I hope I should have the guts to betray my country,‹ seems now to represent the conventional wisdom.« Miller 1988, 653 (ohne Referenz für das Zitat).
125. Goodin 1988, 684.
126. Ebd.

schen Ansätzen deshalb aus dem Blick, weil von einer primären Zugehörigkeit ausgegangen wird, beziehungsweise weil besonderer Wert auf die Zugehörigkeit zu bestimmten kulturell geprägten *communities* gelegt wird. Am deutlichsten noch wird dieses Recht bei Walzer, indem er Mitgliedschaft als soziales Gut faßt, das von einer Gemeinschaft verteilt wird. Die Pointe von Walzers Argumentation liegt darauf, daß Mitgliedschaft nicht nur Voraussetzung für die Bestimmung dessen, was für eine Gemeinschaft als Gut bestimmt wird, ist, sondern selbst ein Gut, das verteilt werden muß oder immer schon verteilt ist und auf das Anspruch erhoben werden kann.

Die daran anschließende Frage ist dann, wer einen solchen Anspruch legitimerweise erheben kann. Konsens ist hierbei – zumindest implizit – daß dieser Anspruch zu erst für die gilt, die schon Mitglieder sind. Oder negativ gewendet: die Zugehörigkeit – jetzt speziell im Blick auf nationale Gemeinschaften – darf niemanden gegen seinen oder ihren Willen entzogen werden. Das genau ist der Punkt, an dem sich Vereine und Nationalstaaten unterscheiden. Aber dieses Ausschlußverbot ist letztlich universalistisch begründet als (Menschen-)Recht auf Zugehörigkeit. Ohne diese Voraussetzung tendierten Nationalstaaten – mehr als ohnehin – dazu, zu exklusiven Clubs zu werden, deren Eintrittsbedingungen an die Leistungsfähigkeit der potentiellen Mitglieder gekoppelt wären.

In einem weiteren Schritt besteht weitgehender Konsens, daß auch Flüchtlingen ein solches Recht auf Zugehörigkeit zugesprochen werden muß. Das Problem allerdings ist, daß es hier keinen speziellen Adressaten für dieses Recht gibt, sondern nur die Staatengemeinschaft insgesamt. Auch in diesem Zusammenhang führen die pragmatischen Antworten Walzers weiter. Eine besondere Verpflichtung besteht für Staaten dann, wenn das Fluchtschicksal der Asylsuchenden mit der Geschichte oder den politischen Handlungen eines Staates in besonderer Weise verknüpft ist. Allerdings ist diese Verpflichtung »nur« eine moralische, sie kann nicht eingeklagt werden. Dieser Zusammenhang spiegelt die menschenrechtliche Situation insofern, als den Rechten auf Zugehörigkeit und Asylsuche kein Recht auf Aufnahme korrespondiert. Eine entsprechende Regelung bleibt ein Desiderat internationaler Kooperation.

Im Blick auf Arbeitsmigrantinnen und -migranten im besonderen, aber auch auf Flüchtlinge, die Aufnahme gefunden haben, läßt sich aus beiden Perspektiven begründen, daß aus einem längeren Aufenthalt ein Anspruch auf Bürgerrechte erwächst. Dies folgt aus kommunitaristischer Perspektive daraus, daß die Mitgliedschaft in einer Gemeinschaft gegenseitige Verpflichtungen begründet und daß mit dem Gedanken der Mitgliedschaft die Vorstellung abgestufter Mitgliedschaft unvereinbar ist.

Aus der Perspektive von Habermas leitet sich dieser Anspruch aus dem Verständnis von Staatsbürgerschaft ab, das politisch die Mitsprache aller erfordert, die den Regeln des Staatswesens unterworfen sind.

Besteht hierin auch weitgehende Einigkeit, ist dann jedoch kontrovers, an welche Voraussetzungen Staatsbürgerschaft – und damit Zugehörigkeit – gebunden ist. Die Bereitschaft zur politischen Integration ist dabei nur der kleinste gemeinsame Nenner. Aus kommunitaristischer Perspektive ist dies jedoch zu wenig. Hinzukommen muß eine Bindung an diese bestimmte Gemeinschaft mit ihren bestimmten Werten und kulturellen Formen.[127] Je voraussetzungsreicher Zugehörigkeit und Mitgliedschaft verstanden werden, desto umfangreicher das Set an Erwartungen, das einem potentiellen künftigen Mitbürger oder einer Mitbürgerin entgegengebracht wird. Dabei wird deutlich, daß von künftigen Mitgliedern mehr erwartet wird als von aktuellen. Dies folgt daraus, daß die Zugehörigkeit zu einem Staatswesen nicht entzogen werden darf, wenn bestimmte Voraussetzungen nicht mehr vorliegen (also etwa bei Straffälligkeit, politischem Desinteresse, Wahlenthaltung, Sozialhilfebezug etc.). Mir scheint in diesem Zusammenhang jedoch Habermas' Argumentation zwingend, daß eine gemeinsame politische Kultur nicht auf einer von allen Bürgerinnen und Bürgern gemeinsam geteilten ethnischen, sprachlichen, kulturellen oder anderen Übereinkunft beruhen muß; daß also moderne Gesellschaften in sich »multikulturell« strukturiert sind, weil von einem gehaltvollen gemeinsamen moralischen Konsens nicht sinnvollerweise ausgegangen werden kann. Es wäre schon fraglich, wie – und auch von wem – der Kanon der gemeinsamen Werte bestimmt werden könnte, auf den potentielle Mitbürgerinnen und Mitbürger verpflichtet werden sollten. Ich sehe nicht, wie dies mehr sein könnte als die Bindung an die bestehende Rechtsordnung, die ohnehin – so Habermas – ethisch imprägniert ist und allein schon dadurch die Partikularität und Geschichte eines bestimmten Nationalstaates spiegelt.

Anders jedoch stellt sich das Recht auf kulturelle Zugehörigkeit und die besondere Verpflichtung bestehenden kulturellen Gemeinschaften

127. Vgl. etwa van Gunsteren 1988, 736, der drei Grunderfordernisse nennt. Eine »general citizen competence«, die im wesentlichen dialogische Bereitschaft zur Teilnahme an der politischen Öffentlichkeit einschließt, eine »competence to act as a member of *this* particular polity«, die eine Bereitschaft, sich dieser bestimmten historisch und kulturell geprägten Gemeinschaft anzuschließen, umfaßt, wozu Sprachfähigkeit und Kenntnis der historischen und kulturellen Wurzeln gehört, aber auch Achtung vor den geltenden Gesetzen und schließlich drittens »access to an *oikos*«, also die Fähigkeit, sich ökonomisch selbst absichern zu können.

gegenüber dar. So zutreffend mir an dieser Stelle Taylors Argumentation für kulturelle Sonderrechte erscheint, bleibt dennoch anzumerken, daß diese dazu tendieren können, bestimmte kulturelle Entwicklungsformen museal zu konservieren. Man muß an dieser Stelle nicht Lévy-Strauss' Unterscheidung zwischen kalten und heißen Kulturen bemühen, um doch konstatieren zu können, daß es im Blick auf Kulturentwicklung beides gibt, Entwicklung und Konstanz, daß aber nicht eines dem anderen vorzuziehen ist. Kulturentwicklung muß prinzipiell möglich sein und dies setzt voraus, daß Lern- und Adaptionsmöglichkeiten zumindest nicht ausgeschlossen werden.[128] Darüber hinaus folgt aus der Einsicht in das Recht auf kulturelle Zugehörigkeit auch, daß kulturelle Zugehörigkeit nicht per se der Integration in eine politische Gemeinschaft entgegensteht. Dies wäre nur dann der Fall, wenn die politische Gemeinschaft kulturell aufgeladen und substantiell von bestimmten kulturellen Gegebenheiten her verstanden würde. Es ist meines Erachtens – und auch darin stimme ich Habermas zu – nicht zu sehen, wie eine solche ethnisch-kulturelle Aufladung nationaler Zugehörigkeit begründet und inhaltlich gefaßt werden könnte.

Insgesamt führt also der Überblick über die verschiedenen sozialphilosophischen Ansätze bezüglich der Inklusions- und Exklusionsthematik zu dem Schluß, daß gemeinschaftsbezogene Näherbestimmungen »kommunitärer« Identität (sei diese nun stärker kulturell, ethnisch, national oder anderweitig bestimmt) den universalen Horizont von Zugehörigkeitsrechten zur Voraussetzung haben; oder anerkennungstheoretisch: die Anerkennung als Angehöriger oder Angehörige einer bestimmten kulturellen, ethnischen oder nationalen Gemeinschaft hat das Recht auf Zugehörigkeit zur Voraussetzung. Geht man weiter von diesem Recht auf Zugehörigkeit aus, folgen daraus Ansprüche auf politische Teilhabe für die, die aufgrund von Migrationen in anderen Staaten aufgenommen wurden. Gleichzeitig aber gilt auch kulturelle Zugehörigkeit als schützens-

128. In diesem Zusammenhang argumentiert auch Kymlicka, daß es nicht darum gehen kann, den bestimmten spezifischen Charakter einer Kultur (also das historisch kontingente Set von Werten, Praktiken etc.) als schützenswertes Gut zu betrachten, sondern allein den Erhalt der kulturellen Struktur (ein Begriff, der auf Dworkin zurückgeht), die den in ihr lebenden Menschen einen Kontext für ihre Wahlmöglichkeiten bereitstellt. (Kymlicka 1989, 165 ff.) Wenn sich Kymlicka auch in späteren Schriften vom Begriff der kulturellen Struktur distanziert (Kymlicka 1995, 82 f.), besteht er trotzdem darauf, daß es allein um den Schutz von Kulturen als einem Kontext der Wahlmöglichkeiten gehen kann, und nicht darum, bestimmte kulturelle Muster schlicht zu konservieren.

wertes Gut. Monokulturelle Vorstellungen von Nationalstaaten sind jedoch für moderne Gesellschaften der Gegenwart obsolet.

1.4 Resümee

In diesem Kapitel wurden sozialphilosophische Aspekte der Thematik diskutiert. Der erste Abschnitt bezog sich auf die von Habermas vorgeschlagene Unterscheidung zwischen einem moralischen, ethischen und pragmatischen Gebrauch der praktischen Vernunft. Der Vorschlag von Habermas wurde als Versuch gedeutet, Fragen des guten gemeinschaftlichen Lebens (in aristotelischer Tradition mit Ethik bezeichnet) von universalen Normen (Moral) zu unterscheiden und unter dem gemeinsamen Dach der praktischen Vernunft als in unterschiedlicher Weise rational zu behandelnde Phänomene miteinander zu verknüpfen. Fragen der Moral beziehen sich dabei auf die Perspektive aller Menschen und problematisieren, was für grundsätzlich alle gelten muß; ethische Fragen hingegen auf die Perspektive der 1. Person, sie thematisieren, was für mich bzw. für uns als gutes Leben anzusehen ist. Habermas unterscheidet damit partikularistische Ethiken (die prinzipiell im Plural vorkommen) und universalistische Moral, die jeweils unterschiedlich mit Hilfe der praktischen Vernunft begründet sind. Dieser Unterscheidung wohnt die Tendenz inne, Fragen des guten Lebens als moralisch irrelevant zu betrachten und der universalistischen Perspektive zu subordinieren.

Die kommunitaristische Debatte wurde aus der Perspektive von Forsts Arbeit über »Kontexte der Gerechtigkeit« rekonstruiert. Hier wurde deutlich, daß auch die kommunitaristische Kritik an nicht gemeinschaftsbezogenen Ethiken auf eine Minimalversion universalistischer Beschränkungen angewiesen ist, um überhaupt eine Pluralität unterschiedlicher Verständnisse von gutem Leben denken zu können. Die Kontexte der Gerechtigkeit stellen Forst zufolge einen Zusammenhang her, innerhalb dessen ethische, rechtliche, politische und moralische Fragen sowohl unterschieden als auch in Beziehung gesetzt werden können. Die Form der Beziehung innerhalb der differenzierten Kontexte der Gerechtigkeit läßt sich dann als Anerkennungsverhältnis skizzieren. In der Anerkennung durch andere erfährt die einzelne Person ihre besondere Identität, die allerdings geprägt ist durch das spannungsreiche Verhältnis zwischen Individualität und Gemeinschaftlichkeit.

Im Anschluß wurden die aus den jeweiligen theoretischen Prämissen folgenden Konzepte von Inklusion und Exklusion bei kommunitaristischen (Walzer, Taylor, MacIntyre) Autoren und bei Habermas dargestellt. Auch hierbei wurde deutlich, daß die kommunitaristische Tendenz, der Binnenperspektive von *communities* den theoretischen und praktischen Vorrang vor universalistischen Perspektiven zu geben, in dem Moment gebrochen wird, wenn Migration diese Gemeinschaften mit Problemen konfrontiert, die allein aus der Binnenperspektive weder hinreichend wahrgenommen noch befriedigend gelöst werden können.

Für die ethische Analyse dieses Zusammenhangs ergeben sich aus dieser Darstellung folgende Perspektiven. Die Unterscheidung zwischen ethischem, moralischem und pragmatischem Gebrauch der praktischen Vernunft ist im Blick auf die Unterscheidung zwischen universalistischen und partikularistischen Ansätzen zu präzisieren. Die diesbezüglichen Probleme wurden diskutiert im Zusammenhang mit der Auseinandersetzung um kommunitaristische Positionen.

Weiter konnte anhand von Forsts Rekonstruktion der Kommunitarismus-Debatte deutlich gemacht werden, daß auch kommunitaristische (und damit partikularistische) Positionen einen Minimalkonsens über universalistische Normen voraussetzen müssen, um überhaupt von einer Koexistenz verschiedener (kultureller) Deutungsmuster sprechen zu können. Damit stellt sich jedoch die Frage nach den vermittelnden Instanzen, über die und in denen eine Verständigung über einen solchen Minimalkonsens stattfinden kann.

Nicht zuletzt ist darüber hinaus das Problem angesprochen, wie unter der Bedingung der Existenz von Nationalstaaten einerseits die Zugangsbedingungen zu den jeweiligen Staaten zu regeln sind und aufgrund welchen Prinzips die Individuen mit dem je eigenen Nationalstaat verbunden sind. Hier stellt sich dann auf sozialphilosophischer Ebene die Frage der Inklusion und Exklusion im Blick auf Nationalstaaten.

Schließlich wurde deutlich, daß gerade das Phänomen der Migration neue Bedingungen schafft, die allein mit kommunitaristischen Mitteln nicht angemessen einer Lösung zuzuführen sind. Die ethische Frage, die sich in diesem Zusammenhang stellt, ist, ob es unter den Bedingungen der Migration so etwas wie ein Recht auf Inklusion in nationalstaatliche Gebilde gibt, für welche Gruppen dieses Recht anzusetzen ist und welche Verpflichtungen aus diesem Recht resultieren.

Dies ist im folgenden auch auf den Bereich kirchlicher Gruppen, Gemeinschaften oder Kirchen zu übertragen. Zwar kann davon ausgegangen werden, daß alle diese Einheiten sich auf eine gemeinsame *story* gründen, allerdings unterscheiden sie sich in deren Interpretation und auch in der spezifischen Ethik, die aus dieser Interpretation erwächst. Selbst wenn man davon ausgeht, daß eine christliche Ethik stets partikularistisch ist, muß doch auch in diesem Zusammenhang zwischen internen »Universalismen« und partikularen Ausprägungen unterschieden werden. Mit anderen Worten: die Unterscheidung zwischen Partikularismus und Universalismus findet sich sowohl innerhalb als auch außerhalb christlicher Ethik. In den nun folgenden Abschnitten ist nun diesen Fragen nachzugehen.

2. Partikularität und Universalität in theologisch-ethischen Entwürfen

Im vorigen Kapitel wurde gezeigt, daß die Frage, ob Inklusionsverpflichtungen oder Exklusionsrechte begründet werden können, abhängt vom Typus der zugrundeliegenden Theorie. Das zweite Kapitel dieses Teils der Arbeit widmet sich nun der Frage nach dem Verhältnis von Partikularität und Universalität in theologisch-ethischen Entwürfen. Dafür werden fünf Ansätze ausgewertet, die einen jeweils eigentümlichen Zugang zu theologisch-ethischer Theoriebildung einerseits und daraus folgend andererseits zu Partikularismus und Universalismus haben.

Für die theologische Reflexion stellt sich die Frage nach der Partikularität ihres Ansatzes gleichsam von außen. Denn aus der Binnenperspektive gehört zur christlichen Botschaft konstitutiv ihr universalistischer Bezug, denn sie erhebt den Anspruch, Heilsbotschaft für alle Menschen zu sein. Das Problem ergibt sich daraus, daß dieser universelle Anspruch in Konflikt steht mit der Außenwahrnehmung, daß eine partikulare Gruppe, die zudem intern noch einmal differenziert ist in verschiedene Kirchen und Gemeinschaften mit einem je unterschiedlichen Gepräge, diesen Anspruch erhebt. Der Universalitätsanspruch steht, zumindest in der externen Beobachterperspektive, in Widerspruch zum partikularen Status dieser Größe. Wie wird diese Differenz nun intern, also theologisch, reflektiert? Der Beantwortung dieser Frage soll eine Analyse von ausgewählten theologisch-ethischen Ansätzen dienen.

Jede Auswahl ist in gewissem Sinn willkürlich, weil neben inhaltlichen Gesichtspunkten auch persönliche Vorlieben und Kenntnisse diese Auswahl mit bestimmen. Gleichwohl gibt es für den hier gewählten Ausschnitt aus der theologisch-ethischen Theoriebildung gute Gründe. Die Position *Trutz Rendtorffs* wurde gewählt, weil dieser in seiner Konzeption der Ethik als Theorie der Lebensführung eine dezidiert individualistische Position bezieht. Deshalb stellt sich die Frage, ob von dieser Ausgangslage Probleme bearbeitbar sind, die sich auf die kollektive Lebensführung beziehen. Gibt es aus der individuellen partikularen Perspektive meiner Lebensführung Ansätze, kollektive Phänomene angemessen zu beschreiben? Hier wird die Frage sein, ob der Rückbezug auf eine Theologie der Schöpfungsordnungen ausreichend sein kann, die historisch kontingente Ausgestaltung dieser Ordnungen thematisieren zu können. Der Ansatz von *Stanley Hauerwas* bezieht gewissermaßen die Gegenposition. Für

Hauerwas ist, zumindest in seinen früheren Veröffentlichungen, auf die ich mich hier beziehe, die durch eine spezifische *story* konstituierte Gemeinschaft Ausgangspunkt der ethischen Reflexionen. Obwohl Hauerwas kein Kommunitarist im engeren Sinn des Wortes ist, da für ihn Gemeinschaft an sich keinen ethischen Eigenwert besitzt, kann seine Position dennoch als *ekklesiologischer Kommunitarismus* bezeichnet werden, da die Kirche gleichsam zum Subjekt ethischen Verhaltens wird. Hier stellt sich die Frage, ob sich aus dieser kirchlich-partikularistischen Position Folgerungen ableiten lassen, die das Zusammenleben in anderen Gemeinschaften – etwa der staatlichen – betreffen, oder ob diese Form der Theoriebildung gegenüber solchen sozialethischen Fragen indifferent bleibt. Demgegenüber wählt *Thomas W. Ogletree* mit dem Begriff der Lebenswelt eine Bezugsgröße, die eine Alternative zur Unterscheidung partikularistischer und universalistischer Theorien anzubieten scheint. Deshalb ist hier zu untersuchen, inwieweit der Begriff der Lebenswelt – auch bezogen auf den Ort der Kirche in dieser Lebenswelt – hinreichend präzise ist, um die Klippen einer rein partikularistischen oder rein universalistischen Position zu umfahren, oder ob damit nicht strukturelle Gegebenheiten der Gesellschaft unterbestimmt bleiben. Der Ansatz von *Wolfgang Huber* schließlich bietet sich als weitere vermittelnde Position an. Durch den Begriff der Öffentlichkeit wird hier ein Bereich beschrieben, der es ermöglicht, partikularistische Positionen in einen Diskurs einzubringen, bei dem es – über die bestehenden Partikularismen hinaus – um die Fragen der Gestaltung des Zusammenlebens in partikularer und universalistischer Perspektive geht.

In der Darstellung beanspruche ich nicht, die jeweiligen Entwürfe in ihrer Gesamtheit zu würdigen, das würde den Rahmen dieser Untersuchung sprengen. Statt dessen möchte ich versuchen, die für das Thema relevanten Zusammenhänge anzusprechen. Dies wird bei Rendtorff die Frage sein, wie er von seiner individualethischen Ausgangslage kollektive Gegebenheiten einholen kann. Bei Hauerwas wird der Schwerpunkt auf dessen *story*-Begriff liegen, um den herum sich das Konzept spezifischer Gemeinschaften entfaltet. Das Lebensweltkonzept wird schließlich, wie oben bereits angemerkt, der Fokus der Darstellung von Ogletrees Ansatz sein; bei Huber wird der Begriff der Öffentlichkeit im Zentrum stehen.

2.1 Trutz Rendtorff: Ethische Theologie

Rendtorffs theologische Ethik als individuelle Ethik der Lebensführung bezieht zumindest tendenziell eine partikularistische Position. Sie ist zu verstehen als Theorie der Lebensführung – also in der Habermasschen Terminologie als Ethik, als Frage nach dem guten Leben. Darüber hinaus ist die Rendtorffsche Ethik eine dezidierte Individualethik; sie fragt also nach dem für mich guten Leben. Wenn dabei auch ein sozialer Bezug des individuellen Lebens vorausgesetzt wird, bleibt die Perspektive doch auf die der ersten Person Singular beschränkt: Das Individuum muß sein Leben in der sozialen Welt gestalten und nicht mit ihr oder durch sie. Mit anderen Worten: das Individuum bleibt auch in der sozialen Welt mit sich allein. Daraus ergibt sich eine gewisse Indifferenz gegenüber den sozialen Gegebenheiten des Lebens, die jedoch – in Anlehnung an eine Theologie der Schöpfungsordnungen – als Institutionen Gottes gefaßt werden. Dem soll im folgenden kurz nachgegangen werden.

Im seiner »Ethik«[1] entfaltet Rendtorff die drei Grundelemente ethischer Lebenswirklichkeit, die die Darstellung strukturieren: das Gegebensein, das Geben und die Reflexivität des Lebens. Warum er gerade diese Elemente seiner Ethik zugrundelegt, wird allerdings nicht weiter erläutert. Unklar bleibt daher, wie diese Grundelemente theoretisch abgesichert und begründet werden, ob also andere Elemente nicht die gleiche Funktion vielleicht besser übernehmen könnten. So fungieren die Grundelemente als heuristisches Prinzip, sollen andererseits auch theologische Begründungslasten tragen.

Das erste Grundelement (Gegebensein des Lebens) fußt darauf, daß kein Mensch sein Leben aus sich selbst produziert, sondern empfängt. Thema der Ethik der Lebensführung ist daher nicht, »was alles überhaupt möglich sein und getan werden könnte«, »sondern das, was in einem gegebenen Leben verantwortet werden kann« (1, 63)[2] Damit wird die konkrete Lebensführung die Grundlage der Ethik; Rendtorff plädiert an dieser Stelle gar für eine biographische Ethik. Allerdings legt er in der Darstellung auf die Bedeutung der Biographie für die Identität und die ethische Orientierung des Individuums keinen Wert; der Bezug auf die Biographie bleibt rein formal. Das Gegebensein des Lebens ist ganz abstrakt die »Grundsituation der Ethik«. Dieses Faktum impliziert eine ethische Forderung: »Der Mensch muß das Leben empfangen.« (1, 64) Empfangenes Leben impliziert daher grundlegende Verbindlichkeiten: Leben gestaltet sich aus der Abhängigkeit und Freiheit eines verdankten

1. Rendtorff 1990, die Angaben im Text beziehen sich künftig hierauf.
2. Damit bezieht Rendtorff eine Gegenposition zur aristotelischen Bestimmung des ethischen Bereichs, die diesen vor allem durch die Kontingenz bestimmt sieht. Nic. I.1. 1094b11-27.

Lebens.[3] »Ethische Lebensführung ist die Gestaltung dieser Abhängigkeit; und im Wissen um diese innere, lebenseigene Sozialität kann die Abhängigkeit eines verdankten Lebens auch als Freiheit bestimmt werden.« (1, 66)[4] So wird *Freiheit* zum Grundbegriff des gegebenen Lebens; Freiheit allerdings versteht Rendtorff als Kontingenz: das individuelle Leben ist nicht notwendig. (1, 66f.) Dies nimmt er dann zum Ausgangspunkt für die liberale These, die individuelle Freiheit sei Bedingung der Sozialität und die geschichtliche Realisierung der individuellen Lebensführung vollziehe sich als »permanente Individualisierung der Wirklichkeit des Lebens«. (1, 67) Rendtorff gelingt nun die Volte, ausgehend von Autoren, die die intersubjektive Konstitution der Identität betonen (Mead und Erikson), den Aufbau der Identität als ethische Forderung zu postulieren, die in der Notwendigkeit zur Stellungnahme zum eigenen Leben begründet sei. Theologisch reformuliert wird der Gedankengang mit Hilfe schöpfungstheologischer Überlegungen: der Mensch ist als Geschöpf Gottes als Person zur Freiheit bestimmt. (1, 68ff.) Im Zusammenhang der Identitätsproblematik ist dann – dem aktuellen Trend folgend[5] – die Sündenthematik anzusiedeln. Deutlich wird bei all dem, daß der Argumentation eine theologische Bestimmung vorausgeht. Denn sonst könnte nicht nachvollzogen werden, warum sich aus der Tatsache, daß das Leben sich nicht selbst verdankt, weitergehende ethische Folgerungen ergeben sollen.

Die Überlegung, wie sich das Gegebensein des Lebens und eine Gebotsethik vermitteln lassen, führt Rendtorff zur Erörterung der Tradition. »Es sind Argumentationen zu entwickeln, die zeigen, daß das, was in irgendeinem Sinne sein *soll*, auch *wirklich geschieht* und insofern auch *ist*.« (1, 107) Mit diesem Gedanken will Rendtorff ausschließen, daß Ethik allein auf die Ebene der Gesinnung abgeschoben wird, ohne bestimmte Konkretionen in der Welt vorweisen zu können. Rendtorff faßt diesen Zusammenhang knapp als These: *»Ethik impliziert immer eine Welt.«* (ebd.) Die Relevanz der Tradition für die ethische Theoriebildung entfaltet Rendtorff in fünf Argumentationsschritten: Ausgangspunkt ist das

3. Hier greift Rendtorff die Schleiermachersche Bestimmung aus der Glaubenslehre auf, daß das schlechthinnige Abhängigkeitsgefühl (eben die Anerkennung der Tatsache, daß der Mensch sein Leben als gegebenes verdankt) die nicht zu hintergehende Begründung des Glaubens darstellt.
4. Rendtorff versucht ja, Freiheit gerade nicht als Autonomie oder gar als Willkürfreiheit, sondern als Voraussetzung menschlichen Handelns überhaupt zu fassen. Freiheit hat ihren Ort daher in der Sittlichkeit selbst und nicht erst in den Verwirklichungen sittlichen Handelns. Vgl. dazu Rendtorff 1978a, 381ff.
5. Vgl. z.B. nur Schneider-Flume 1985, Pannenberg 1983, 101ff. und 258ff.

Gegebensein der Welt. Dieses nötigt, das Gegebene als Faktum zur Kenntnis zu nehmen und in überindividueller Perspektive als besondere Weltsicht zu konstruieren. Schon in der Faktizität des Gegebenen ist damit eine ethische Forderung impliziert, nämlich sich zum Gegebenen auch zu verhalten, Stellung zu nehmen. Die Besonderheit theologischer Ethik ist darin zu sehen, daß der Blick auf die Lebenswirklichkeit immer schon durch die Perspektive geprägt ist, daß der Mensch das Leben von Gott empfangen hat. (1, 111)

Weiterhin impliziert jede Ethik Traditionsbildung, da alles Gewordene in einem geschichtlichen Prozeß geworden ist und jede geschichtliche Tätigkeit selbst wieder Tradition bildet. Rendtorff bezeichnet die Stetigkeit der individuellen Lebensführung im Blick auf ihre Traditionsbildung als »Lebensform«.[6] (1, 113) Den Gedanken, daß Ethik eine bestimmte Welt impliziere, führt Rendtorff zu einer weiteren Präzisierung: diese Welt ist immer auch eine soziale Welt. Dies expliziert er mit der Beschreibung der Sozialität des Lebens als Abhängigkeit zur Freiheit. (1, 114ff.) Auch hier wird wieder der Gedanke stark gemacht, daß neben dem Gegebensein der (in diesem Falle: sozialen) Welt gleichzeitig deren Bejahung ethisch vorausgesetzt werden muß. Für die Ethik bedeutet dies allerdings auch, daß sie angemessene Beschreibungen dieser sozialen Welt bereitstellen muß. Hier lehnt Rendtorff sich offensichtlich an die phänomenologisch orientierte (oder in der Diktion von Giddens: interpretative[7]) Soziologie Bergers und Luckmanns an. Wichtig ist ihm in diesem Zusammenhang, daß der Begriff der Gesellschaft eine Mehrzahl von verschiedenen sozialen Welten impliziert. Das Individuum kann folglich nicht allein durch nur eine soziale Größe (sei es Gesellschaft, Gemeinschaft oder was auch immer) konstituiert gedacht werden. »Pluralität und Komplexität sind darum wichtige Begriffe für das Verständnis von Sozialität. Sie üben eine kritische Funktion aus gegenüber allen Vorstellungen von der ›einen‹ Gesellschaft, die der Gesellschaft die Eindeutigkeit eines überindividuellen Subjektes verleihen.« (1, 117) Von daher kann Rendtorff dann postulieren, Individualität sei »der ethische Begriff von Freiheit im Horizont der Welt als Sozialität.« (1, 118) Theologisch abgesichert wird diese Bestim-

6. Auch hier fällt auf, daß Rendtorff Lebensformen als individuelle einführt und begründet und nicht als gemeinschaftlich geformte. Die dialektische Beziehung zwischen überindividuellen Lebensformen und individueller Einpassung bzw. Distanzierung kommt damit nicht in den Blick. Vgl. dazu Seel 1993, der Lebensformen als »Kulturen gemeinschaftlichen Handelns« beschreibt (245).
7. Vgl. Giddens 1984.

mung wiederum durch schöpfungstheologische Überlegungen, wobei Rendtorff vor allem die Denkfigur der »creatio continua« stark macht. Das wird auch dort deutlich, wo er am Modell der Schöpfungsordnungen anknüpft, ohne allerdings einerseits deren problematische Tradition (erinnert sei an Stapels Rede vom »Volksnomos«) auch nur zu erwähnen. (1, 124) Andererseits kritisiert Rendtorff die in der Verbindung mit lutherischer Ordnungslehre resultierende Ontologisierung historisch kontingenter Institutionen. Dem versucht er zu entgehen, indem er die ethische Verbindlichkeit der Schöpfungsordnungen eben nicht durch eine ontologische Wesensbestimmung, sondern in der Erfahrung ihres tatsächlichen empirischen Anspruchs begründet sieht. Allerdings betont er doch wieder den objektiven und verbindlichen Charakter der Ordnungen, die dem durch die Sünde korrumpierten ethischen Sinn des Menschen gegenübertreten. Dann allerdings muß doch wieder gefragt werden, von welchem Ansatz her die durch die Figur der Schöpfungsordnungen sanktionierten Institutionen kritisiert und verändert werden können.[8]

Daher behält die Rendtorffsche Ethik einen konservativen Zug insofern, als die Institutionen in ihrem Gegebensein gepflegt und bewahrt werden müssen. Damit ist die Tendenz verbunden, die jeweiligen Institutionen ihren Eigenlogiken zu überlassen. Dadurch fehlt ein eigenes ethisches Instrumentarium, um Fragen, die sich auf die Inklusion und Exklusion von Menschen in Gesellschaft und Staat beziehen, überhaupt stellen oder gar angemessen bearbeiten zu können.

Das mag darin begründet sein, daß die Verhältnisbestimmung von Individuum und Gemeinschaft oder Gesellschaft durchgängig unterbestimmt ist. So ergibt sich auch kein geeigneter Zugang zur Diskussion des Verhältnisses zwischen Individuum und Gemeinschaft, was auch am Rendtorffschen Kirchen- und Religionsverständnis deutlich wird.

In den Konkretionen der ethischen Theologie (Band 2 der »Ethik«) werden *Religion und Kirche* explizit behandelt. Im Bereich der Grundstruktur des »Gegebensein des Lebens« geht die Darstellung von der grundlegenden Bedeutung der *Religion* hin zu Fragen der Selbstbeschränkung der Kirche. Insgesamt fällt auf, daß so Kirche vor allem

8. Kreuzer 1994 hat gezeigt, daß dieses Problem in der Hegelschen Gedankenfigur des Staates als »Wirklichkeit der sittlichen Idee« wurzelt. Kreuzer schließt daraus: »Rendtorffs Theorie der ethischen Lebensführung, die beim Humanum ansetzt, [...] läuft auf eine Institutionenethik zu, da in den politischen Institutionen der neuzeitlichen Gesellschaft die christliche Freiheit bereits verwirklicht ist und eben diese Institutionen über ein notwendiges Korrektiv für das Mängelwesen Mensch verfügen.« (38)

durch negative Bestimmungen in den Blick kommt. Religion wird hingegen allgemein als Form der Gottesbeziehung (genauer: als Praxis der Gottesverehrung) eingeführt, die die Lebensführung auf das Gegebensein des Lebens überhaupt hin ausrichtet. (2, 37) »Der ethische Grundsinn von Religion als Lebensform ist daher primär nicht in ethischen Konsequenzen zu suchen, die sich aus Religion für das Handeln gewinnen lassen. Die Frage danach, welche ethischen Motive des Handelns Religion hervorrufe und befördere oder wie sie zu einer ethischen Lebensführung beitrage, sind für die Lebensform der Religion nicht konstitutiv, sondern von nachgeordneter Bedeutung.« (2, 38) Statt dessen bezieht sich der Mensch in seiner Lebensführung so auf Religion, daß in ihr die Gottesbeziehung ausdrücklich wird. Dies kommt zum Ausdruck in der fundamentalen Unterscheidung zwischen Gott und Mensch in der Wirklichkeit des Lebens. (2, 39) Dem einher geht ein beschränkter Geltungsbereich der Religion in der Lebenspraxis: Aus der Allgemeinheit der religiösen Gottesbeziehung läßt sich kein Anspruch auf die Gestaltung anderer Lebensbereiche ableiten. Es ist offensichtlich, daß Rendtorff sich so dem von N. Luhmann geprägten Religionsbegriff anschließt. Für diesen ist Religion ja innerhalb der funktional differenzierten Gesellschaft das Subsystem, in dem durch die Unterscheidung zwischen transzendent und immanent unbestimmte bzw. unbestimmbare Kontingenz in bestimmte bzw. bestimmbare überführt wird; Religion wird so zum gesellschaftlich ausdifferenzierten System der Kontingenzbewältigung. Als solches erbringt es für die anderen Subsysteme spezifische Leistungen, ohne die Funktion anderer Subsysteme substituieren zu können.[9]

Der Religion als Form der Praxis der Gottesbeziehung korrespondiert bei Rendtorff auf der subjektiven Seite die *Frömmigkeit* als »Konkretion der Lebensform der Religion in der individuellen Lebensführung«. (2, 61) Frömmigkeit ist dabei zu unterscheiden von Kirchlichkeit: »Für das protestantische Verständnis der Frömmigkeit ist die Selbständigkeit gegenüber der förmlichen Kirchlichkeit wesentlich.« (ebd.) Ihr »Sitz im Leben« ist die weltliche Lebensführung. Genauer zu bestimmen ist Frömmigkeit als Praxis der Selbstbesinnung. Diese partizipiert zwar an bestimmten geprägten Ausdrucksformen der Institution Kirche, steht dieser jedoch auch kritisch gegenüber: »Frömmigkeit ist die individuelle Konkretion der Unterscheidbarkeit des Menschen von seiner Welt im Erfahrungszusammenhang der empirischen Realität. Als Frömmigkeit gewinnt die Unabhän-

9. Zur genaueren Darstellung der Luhmannschen Religionstheorie verweise ich auf Dallmann 1994a, 89-109, zur Rendtorffschen Luhmann-Rezeption auf Scholz 1982, 189-203 sowie auf Dallmann 1994a, 121-124.

gigkeit des Menschen in den Abhängigkeiten des Lebens Gestalt.« (2, 63) In diesem Sinne kann Rendtorff Frömmigkeit auch als den »inneren Sinn der Menschenwürde« bezeichnen. (ebd.)

Diese Bestimmungen gehen der Kirche notwendig voraus. Diese kommt darum erst in den Blick, wenn es innerhalb dieses ersten Grundelementes darum geht, Rechenschaft über die Ziele des Handelns abzulegen. Es fällt dabei auf, daß die Reflexion der Grenzen auf die gesellschaftliche Vermittlung der Religion zielt und nicht mehr auf die Religion innerhalb der Lebensführung des Individuums. »Die Kirche (nicht das Individuum, HUD) ist zu ethischer Rechenschaft darüber aufgefordert, wie sie die Beziehung des Glaubens, dessen Hoffnung im Symbol des Reiches Gottes dargestellt wird, wahrnimmt und ihr in ihrer Praxis genügt. Diese Aufgabe der Rechenschaft über den Glauben konkretisiert sich an dem Gebrauch der Mittel, die der Kirche anvertraut sind.« (2, 91) Kirche ist dabei gegenüber der Religion sekundär; Kirche dient der Religion – und hier greift Rendtorff eine Formel Troeltschs auf – in dem Sinne, daß Religion die Kraft des Jenseits im Diesseits sei. (2, 92) Allerdings betont Rendtorff in seinen Ausführungen den Bezug der Kirche auf den jenseitigen Bereich. Denn in Anlehnung an Schleiermacher ist von ihr zu sagen, daß sie als »communio sanctorum lebt in der Stärke und Kräftigkeit des religiösen Selbstbewußtseins.« (ebd.) Jedoch nur auf dieses ist sie bezogen und nicht auf die Gestaltung der Welt: »Der Versuch, im Bild der Kirche von sich selbst die Antizipation der Hoffnung des Glaubens zu realisieren, ist die spezifisch religiöse Versuchung zur Herrschaft. Sie führt zu dem Anspruch, Kirche als eine Art Gegenwelt zur ethischen Lebenswirklichkeit des Menschen aufzubauen, der in die Klage über die Unmöglichkeit mündet, ein solches Bild mit der empirischen Realität der Kirche zu vermitteln.« (2, 93) Der Kirche entspricht also keine auf die Gestaltung der Welt gerichtete Ethik, sie hat deshalb auch keine Vorbildfunktion gegenüber anderen gesellschaftlichen Vermittlungen der menschlichen Lebenswirklichkeit. Damit vertritt Rendtorff das Gegenkonzept zum Ansatz Hauerwas‹, der weiter unten ausführlicher dargestellt werden wird.

Im Bereich der Grundstruktur des *»Gebens des Lebens«* geht die Darstellung den Weg von der Tradition zur Individualisierung. Die *Tradition* konkretisiert sich durch die kirchliche Vermittlung der Überlieferung des Glaubens. Dies wird gewährleistet durch den öffentlichen Gottesdienst als Grundelement des religiösen Bildungsprozesses. (2, 114) Schon der Gottesdienst zielt auf die Freiheit des Glaubens gegenüber der Verbindlichkeit kirchlicher Formen. Deutlich wird dies vor allem an der Zielbestimmung kirchlichen Handelns: die Selbständigkeit der Christen.

(2, 130) »Mag der gute Kirchenchrist auch das Ideal der Institution Kirche sein, so zielt die Praxis der Kirche als Mitteilung und Weitergabe des Glaubens doch auf die selbständige Lebensführung der Christen. Kirchlichkeit und Christlichkeit sind weder theologisch noch empirisch dekkungsgleich.« (2, 131) Die religiöse Mündigkeit ist so das Korrelat zur individuellen Frömmigkeit, beide werden von Rendtorff im Hinblick auf die eigene Verantwortung innerhalb der jeweiligen Grundstruktur thematisiert. Diese Entkoppelung von Christlichkeit und Kirchlichkeit ist ja Grundthema der Rendtorffschen Theologie.[10] Religiöse Mündigkeit bedeutet in diesem Zusammenhang auch, für die Ausgestaltung des religiösen Verhältnisses eigene Verantwortung zu übernehmen, dies vollzieht sich gewöhnlich im Rahmen der persönlichen Auseinandersetzung mit den Inhalten der Religion. (ebd.) Schließlich geht es im Bereich des Gebens des Lebens unter dem Rechenschaftsaspekt um das Thema »Wahrheit und Bekenntnisfreiheit«. Dabei ist die Orientierung am Bekenntnis die Form kirchlicher Selbstkritik, die sich damit gegenüber der eigenen Tradition neu ins Verhältnis setzt: »Eine Kirche, die sich am Bekenntnis orientiert, wird immer wieder dazu veranlaßt, ihr Bekenntnis auch auf sich selbst anzuwenden und insofern eine unmittelbare Gleichsetzung zwischen kirchlichen Traditionen und der Wahrheit, von der sie leben, zu verwerfen.« (2, 152) Auch hier fällt auf, daß der kritische Aspekt wieder auf die Institution und nicht das Individuum bezogen wird. Dabei bleibt außer Acht, daß auch in bezug auf das Individuum die Orientierung am Bekenntnis kritisch auf das konkrete Sein des Individuums gewendet werden könnte.

Im Blick auf die *»Reflexivität des Lebens«* geht Rendtorff schließlich auf exemplarische Handlungsformen von Kirche und Individuum ein. In Hinsicht auf die »gebotene Anerkennung von Verschiedenheiten« (so in der Darstellung des Aufrisses in 2, 12) wird der ethische Sinn der *Diakonie* diskutiert. Auch hier vertritt Rendtorff einen individualistischen Ansatz: »Aber es ist doch der individuelle Konflikt, der die konkrete Hilfsbedürftigkeit ausmacht, nicht seine allgemeinen Bedingungen. Ein Konzept von Diakonie, das diesen allgemeinen Bedingungen gilt und darauf abzielte, mit den Ursachen auch die Hilfsbedürftigkeit von Menschen überhaupt zu beseitigen, wäre nicht nur unrealistisch, sondern auch zumindest im Grundsatz die Aufhebung der Diakonie in allgemeine Politik.« (2, 179)[11]

10. Vgl. hierzu Rendtorff 1969 und Rendtorff 1971.
11. Auch diese Sicht entspricht der Luhmannschen Bestimmung der Diakonie. So Luhmann 1977, 58: »Für Diakonie ist bezeichnend, daß *sozialstrukturelle*

Rendtorffs Kirchenbegriff leitet sich folglich ab aus dem allgemeinen Begriff der Religion als Form der Praxis der Gottesbeziehung. Diese ist als Frömmigkeit subjektiv verankert und wird durch traditionelle Formen kirchlicher Religion zwar unterstützt, ist jedoch nicht auf diese angewiesen. »Christentum außerhalb der Kirche« ist deshalb nicht eine Verfallsform, sondern kann als angemessener Ausdruck gerade protestantischer Religiosität interpretiert werden. Wie bereits angedeutet, nehmen diese Bestimmungen Theorieelemente der funktionalistischen Systemtheorie auf.

Ausgangspunkt ist auch hier die vorfindliche Religion, Kirche kommt erst in den Blick als eine – historisch kontingente – Institutionalisierung, die auch unter den Bedingungen der gegenwärtigen Gesellschaft empirisch und theologisch weder als bestimmende Ausprägung von Religion noch als einzig bestimmende Ausprägung von Christlichkeit angesehen werden kann. Den Anschluß an den Religionsbegriff der funktionalen Systemtheorie Luhmanns erreicht Rendtorff, indem er Systemtheorie als Form der Subjektivitätstheorie liest: »Er (scil. Rendtorff) sieht in Luhmanns De-Substantiierung des Subjekts die Forderung erfüllt, die er, ein eigenes Konzept dabei voraussetzend, an die Adresse der Gesellschaftstheorie gerichtet formuliert: nämlich über die Beschränkungen des Blikkes auf die ›Manifestationen religiöser Institutionen und kirchlicher Praxis‹ hinaus ›das Interesse gleichermaßen auf die Selbsttätigkeit des religiösen Bewußtseins auch nach dessen angesagtem Ende‹ zu ›richten‹.«[12] Wenn Rendtorff dann noch in der Individualität der Menschen eine unhintergehbare Umwelt aller Systeme entdeckt und diese »innere Umwelt« »Freiheit« nennt,[13] kann dann in dieser Freiheit das religiöse Thema verortet werden, weil die je eigene Freiheit immer schon abhängt von der Möglichkeit der Freiheit als innere Freiheit innerhalb der System-Umwelt-Grenzen im sozialen System. Damit ist dann der sozialphilosophische Ausgangspunkt gegeben, von dem aus Individualethik als Theorie der Lebensführung konstruiert werden und gleichzeitig der Anspruch erhoben werden kann, nicht individualistisch, sondern gerade von der Gesellschaft her zu denken. Individuelle Lebensführung und individuelle

Probleme in *personalisierter Form*, also an Personen wahrgenommen werden (und das heißt natürlich in gewisser Weise auch: nicht als sozial*strukturelle* Probleme wahrgenommen werden).« Es ist deutlich, daß damit Modelle sozialdiakonischen Handelns obsolet werden. Vgl. zum Modell der gesamtgesellschaftlichen Diakonie die Darstellung in W. Huber 1973, 465 ff.

12. Scholz 1982, 191 mit Bezug auf Rendtorff 1975, 16 ff.
13. Daß sich das jedenfalls nicht mit Luhmann begründen läßt, hat Scholz 1982, 194 f. gezeigt.

Religiosität sind dann begründet in der sozialen Struktur (moderner) Gesellschaften. Gerade die vorgegebene gesellschaftliche Struktur nötigt dazu, das ist die Pointe der Rendtorffschen Argumentation, Religion und Ethik individualistisch zu bestimmen. Genau dies wird dann in der »Ethik« ausgeführt. Polemisch überspitzt läßt sich dann sagen, daß Rendtorff ethische Lebensführung reduziert auf die Freiheit, ja zu sagen zu dem, was ohnehin nicht zu ändern ist – und das als Feld der Verantwortung zu übernehmen und zu reflektieren, daß es auch gar nicht anders geht.

Sowohl im Blick auf die Gesellschaft als auch im Blick auf Religion und Kirche wird deutlich, daß Rendtorff vom Vorrang des Individuums vor allen sozialen Gemeinschaften ausgeht. Deshalb läßt sich Rendtorffs Position zu Recht als »liberale« Theologie modernen Zuschnitts kennzeichnen. Dem korrespondiert eine Art abstrakter Universalismus, bei dem prinzipiell die Freiheit des Individuums einem wie auch immer gearteten Recht von Institutionen vorausgeht. Mögen diese auch schöpfungstheologisch in ihrem Gegebensein in ihrem Bestand unhinterfragbar sein, haben sie doch im Blick auf das Individuum eine eher dienenden Funktion: sie ermöglichen diese seine Individualität in einer schon gestalteten Welt, ohne das Individuum auf bestimmte historisch kontingente Formen der Institutionen ein für allemal festlegen zu können. Letztlich läßt sich Rendtorffs ethische Theologie kennzeichnen als theologisch begründetes Plädoyer für die Vorordnung des Individuums vor der Gemeinschaft; an der konkreten Individualität prallen alle Ansprüche von Gemeinschaften, die nicht der Entfaltung der Freiheit des Individuums dienen ab. Allerdings bleibt bei diesem Ansatz unterbelichtet, welche positive Funktion Zugehörigkeit für konkrete Individuen besitzt.

2.2 Stanley Hauerwas: Ekklesiologischer Kommunitarismus

Der ethische Ansatz von Hauerwas ist dem Ansatz Rendtorffs direkt entgegengesetzt. Für ihn stellt sich die Frage nach Inklusion und Exklusion nicht als gesellschaftliche oder politische, sondern als religiöse. Die Kirche ist als *community* zu begreifen, die den staatlichen Regelungen insofern indifferent gegenübersteht, als für sie die grundlegende Leitdifferenz die Verortung innerhalb oder außerhalb der christlichen *story* ist, die Kirche begründet. Historisch-soziologisch kann dies als Rückgriff auf frühmittelalterliche Figuren interpretiert werden, bei denen die gesellschaftliche Inklusion mit der Unterscheidung zwischen Christen und Heiden gegeben war. Allerdings besteht ein signifikanter Unterschied: Hauerwas beabsichtigt nicht, die Gesamtinklusion in die Gesellschaft religiös zu begründen, statt dessen konzipiert er Kirche als Gegengesellschaft, die nach eigenen Differenzierungen geordnet und daher als Alternative zu begreifen ist. Staat und Kirche unterscheiden sich grundsätzlich durch ihre jeweils eigene Form der Inklusion. Dies führt auf der einen Seite dazu, daß ethnische oder andere Differenzierung für die Kirche keine Relevanz haben können, andererseits aber dazu, daß dem Staat selbst die Definition seiner eigenen Grenzen überlassen bleibt. Zwischen beiden Größen gibt es keinen Raum der Vermittlung. Prinzipiell wäre also eine »offene« Kirche in einer »geschlossenen« Gesellschaft denkbar. Unklar wird dann jedoch, aus welchen Gründen sich Gesellschaft und Staat überhaupt durch die andere – für sie vielleicht gar dysfunktuionale – Option in irgendeiner Weise aufgefordert fühlen könnten, die eigenen Inklusionsmechanismen zu überdenken oder zu reformulieren.

Die zentralen Punkte von *Hauerwas'* ekklesiologischem Kommunitarismus, die für diesen Zusammenhang interessieren, sind das *story*-Konzept und das Verständnis von Kirche als Charaktergemeinschaft, wobei das *story*-Konzept als theoretische Klammer fungiert, die die einzelnen Begriffe miteinander verbindet.

Das »*story*-Konzept«[14] hat in Hauerwas' Ethik verschiedene Funktionen. »Zum einen in der Weiterentwicklung der Konzeption von Charakter(bildung), um das Moment der Kontinuität des Menschen als Handlungssubjekt (agency) theoretisch zu explizieren, und zum anderen in der Näherbestimmung der Intentionalität des Handelnden.«[15] Darüber hinaus soll das *story*-Konzept die Identität der Person zu klären helfen, Kontingenz und Geschichtlichkeit menschlichen Handelns erhellen und weiter als Strukturmodell des Glaubens sowohl die biblische Tradition als auch das aktuelle Kirche-Sein der Christinnen und Christen erfassen. Angesichts dieser Zahl von Zusammenhängen, in denen das *story*-Konzept eine tragende Rolle spielt, scheint es unklar, »ob es überhaupt als einheitliches Theorieelement bezeichnet werden kann.«[16]

14. Hütter hat zurecht darauf hingewiesen, daß zwischen den Begriffen *story* und *narrative*, die von Hauerwas weitgehend synonym verwendet werden, unterschieden werden sollte. Hütter übersetzt *narrative* dabei mit »erzählter Geschichte«, während er *story* mit »bestimmter Geschichte«, bzw. im Plural mit »Geschichten« wiedergibt. *History* ist demgegenüber der Geschehenszusammenhang, der allerdings nur in bestimmten und erzählten Geschichten zugänglich ist. So die Übersetzungsanmerkung in Hauerwas 1981b, 338.
15. Hütter 1993, 132 f.
16. Hütter 1993, 133. Auch Nelson moniert die systematische Unschärfe der Begriffsbestimmungen und -zuordnungen, die er allerdings dem okkasionellen

Für mich ist in diesem Zusammenhang vor allem von Interesse, daß Hauerwas die Bestimmung des menschlichen Selbst als *story* faßt.[17] Wobei die »Gesamtstory« in verschiedene »Einzelstories« auseinanderfällt, die erst das Gesamtbild in seinen Facetten zustande bringen: »The unity of the self is therefore more like the unity that is exhibited in a good novel – namely with many subplots and characters that we at times do not closely relate to the primary dramatic action of the novel. But ironically without such subplots we cannot achieve the kind of unity necessary to claim our actions as our own.«[18] Der Zusammenhang des Lebens wird also durch eine Gesamtstory integriert, die letztlich nur dann eine zutreffende Beschreibung des Selbst liefert, wenn durch die diversen Einzelstories, seien sie auf den ersten Blick noch so peripher, das Selbst vervollständigt wird. Damit wird das Selbst allerdings tautologisch bestimmt. Denn die einzige Gesamtstory, die das Leben hinreichend umfaßt, ist das Leben selbst.[19] Diese Komplexität wird dadurch noch gesteigert, daß das Selbst wieder-

Charakter vieler Schriften Hauerwas' zurechnet: Nelson 1987, 139. Anders urteilen Wils und Mieth 1992: »Bei dem Moraltheologen Stanley Hauerwas führt sowohl die Simplifizierung des Tugend- und Pflichtbegriffs als auch die völlige Unbestimmtheit dessen, was Narration bedeutet, zu einem ethischen Fundamentalismus und Biblizismus.« (192) Bei aller gebotenen Kritik an Hauerwas' bisweilen unsystematischer Gedankenführung hätte eine eingehendere Lektüre der in der Tat bisweilen systematisch unscharfen Arbeiten zu einem etwas differenzierteren Bild geführt.

17. Vgl. dazu grundlegend Hauerwas 1974, 68-89 (»The Self as Story«).
18. Hauerwas 1981a, 144. Gegen dieses am Bild des klassischen Romans gewonnene Bestimmung wendet Steinfath meines Erachtens zurecht ein: »So sind die narrativen Muster, über die sich die Einheit des gelungenen Lebens herstellen soll, klassisch-realistischen Erzählmodellen abgelesen. Damit wird nicht nur die mögliche Vielzahl selbstbestimmter Lebensläufe in das Korsett einer wohlgegliederten Normalbiographie gezwungen; verleugnet wird auch, daß die Transformationen der modernen Ästhetik nicht nur Spiegel lebensweltlicher Entfremdungen sind, sondern in eins Eröffnung neuer Erfahrungsräume, deren produktive Aneignung zum Aufbrechen starrer Identitäten verhelfen könnte.« (Steinfath 1992, 90)
19. Vgl dazu. wiederum die Notiz von Miranda 1658, die ich bereits in der Einleitung zitiert habe. Es geht dort ja kurz gefaßt darum, daß Genauigkeit in der Beschreibung zur Abbildung der Wirklichkeit im Maßstab 1:1 tendiert. Das kann als Argument gegen das *story*-Konzept verwendet werden, wenn dieses so zugespitzt wird, daß keine Abstraktionen (also Allgemeinbegriffe) mehr zugelassen werden. Gegenüber dem schlechten Allgemeinen ergibt sich so ein schlechtes Besonderes, das tautologisch ist und nichts mehr besagt. Denn *story* als Identität würde demnach ja heißen, daß das Leben selbst seine eigene *story* ist.

um Bestandteil der *stories* anderer ist, bzw. dadurch, daß andere andere *stories* von einem Selbst erzählen als dieses selbst. Nun versucht Hauerwas, diese Probleme aufzufangen, indem er die Rolle anderer für die Konstitution des Selbst in sein Konzept einbezieht. »The necessary existence of the other for my own self is but a reminder that the self is not something we create, but is a gift. Thus we become who we are through the embodiment of the story in the communities in which we are born.«[20] Die Gemeinschaften, in denen sich das Selbst vorfindet, gehen dem Selbst und seiner Identität faktisch und logisch voraus: »Das Ich ist mehr der Gemeinschaft untergeordnet als umgekehrt, denn wir entdecken das Ich durch die erzählte Tradition einer Gemeinschaft.«[21]

Zwischen dem einzelnen Menschen und seiner *story* und der Gemeinschaft besteht dabei ein komplexer Zusammenhang, MacIntyre bezeichnet diesen als Verkörperung (»embodiment«) und Einbettung (»embedding«).[22] Die eigene *story* ist dabei in den Zusammenhang der Gemeinschaft so einbezogen, daß deren Tradition und Werthorizont, die die bestimmte Lebensform prägen, zum bestimmenden Faktor der eigenen Identität und des eigenen Handelns werden. Hütter bezeichnet diese in der Gemeinschaft sozial verkörperten Erzählstruktur als »Leitstory«: »Eine narrative/story dieser Art zieht den Menschen in eine Lebensform

20. Hauerwas 1981a, 148f.
21. Hauerwas 1983a, 74; vgl. zu diesem Zusammenhang Hütter 1993, 142f.
22. Den komplexen Zusammenhang zwischen Gemeinschaft und Individuum mit seiner *story* beschreibt MacIntyre im folgenden Zitat ausführlicher; eine zentrale Rolle spielt dabei der Begriff der lebendigen Tradition (»living tradition«): »Eine lebendige Tradition ist also eine historisch erweiterte und sozial verkörperte (socially embodied) Argumentation, und zwar teilweise eine Argumentation gerade um die Güter, die diese Tradition konstituieren. Innerhalb einer Tradition erstreckt sich das Streben nach Gütern über Generationen, manchmal über viele Generationen. Die Suche des einzelnen nach seinem Gut erfolgt daher im allgemeinen und charakteristischerweise in einem Kontext, der durch die Traditionen definiert wird, für die das Leben des einzelnen. Wieder ist das narrative Phänomen des Eingebettetseins (embedding) entscheidend: Die Geschichte (history) einer Praxis in unserer Zeit ist im allgemeinen und charakteristischerweise in der umfassenderen und längeren Geschichte der Tradition eingebettet und wird durch die Geschichte der Tradition verständlich gemacht, durch die die Praxis in ihrer jetzigen Form auf uns übertragen wurde; die Geschichte (history) jedes unserer Leben ist im allgemeinen und charakteristischerweise in der umfassenderen und längeren Geschichte einer Reihe von Traditionen eingebettet und wird durch sie verständlich gemacht. Ich muß eher ›im allgemeinen und charakteristischerweise‹ als ›immer‹ sagen, denn Traditionen verfallen, lösen sich auf und verschwinden.« (MacIntyre 1981, 296f.)

hinein und gestaltet sein Selbst, indem es die Beschreibung der sein Handeln bestimmenden Intentionen zu formen beginnt.«[23] Mit *narrative/story* soll begrifflich zweierlei gefaßt werden: Individuation und Sozialisation. Seit Mead ist die These von der sozialen Konstitution des Selbst zum Allgemeinplatz geworden. Das Selbst bildet sich demzufolge in der Interaktion mit dem Anderen, genauer dem »significant other«[24]. Die Rede von der »Leitstory« reformuliert diesen Zusammenhang insofern, als durch die Einbeziehung in die *story* der Gemeinschaft die *story* des oder der einzelnen erst ihre spezifischen Werte und Tugenden gewinnt. Die Lebensform mit ihrer *story* geht dem Leben des oder der einzelnen voraus und formt dessen bzw. deren Selbstverständnis.[25] Auf der anderen Seite individuiert sich das Selbst durch die bestimmte und kontingente Fassung der je eigenen *story*, die gerade nicht mit der »Leitstory« identisch ist, mit ihr gar nicht identisch sein kann. Die eigene *story* wird so zum principium individuationis, sie ist durch keine andere *story* zu substituieren und kann zutreffend nur in der ersten Person Singular erzählt werden.[26] Die Pointe dieser Bestimmung ist, daß das Selbst nur als *story* ge-

23. Hütter 1993, 142.
24. Mead 1934.
25. Ähnlich, aber mit spezifischen Unterschieden, sieht die empirische Lebenslaufforschung den Zusammenhang zwischen gesellschaftlichen Mustern und erzählten Lebensgeschichten. Vgl. W. Fischer 1978. »Allgemeine Typisierungen« werden ihm zufolge in Lebensgeschichten interaktiv umgesetzt. Es geht also um standardisierte Deutungsmuster, die der erzählten Version der Lebensgeschichte zugrunde liegen. (313) Dabei dienen »Karrieren« als sozial festgelegte Typisierungssequenzen, die der Geschichte innere Konsistenz verleihen. (316) Das Individuum durchläuft mehrere Karrieren, die wiederum miteinander zu verknüpfen sind durch eine sie fundierende Sinnstruktur. »Geschichten sind symbolische Konstruktionen, in denen Ereignisse und Handlungen interpretiert werden im Blick auf eine Sinnstruktur. Sie sind nicht Abbildungen der Realität, sondern Interpretationen, durch die die Wirklichkeit sozial konstituiert wird.« (318 in Anschluß an Schapp 1953) Schon von ihrer Struktur her sind also die Lebensgeschichten als Interpretation der eigenen Erlebnisse und Handlungen sozial präformiert und typisiert.
26. Ähnlich, aber mit einer stärkeren Betonung des sprachlichen Zusammenhangs, sieht Taylor das Verhältnis zwischen Selbst und Gemeinschaft. Ihm zufolge ist die Beschreibung des Selbst abhängig von eigenen Deutungen und der Einbettung in einen Kommunikationszusammenhang, der durch eine Sprachgemeinschaft markiert ist. Mit der Sprache werden auch bestimmte Einstellungen gelernt, von denen sich das Selbst später zwar distanzieren kann, aber nur, indem anderes festgehalten wird: So ist das Selbst eingelassen in Netze des sprachlichen Austauschs (»webs of interlocution«). Allerdings ist das Selbst bezogen auf das Verständnis des Lebens im Ganzen: Identität

faßt werden und kein abstrakter Kern des Selbst unabhängig von der *story* identifiziert werden kann. Daraus ergibt sich für Hauerwas der Schluß, »daß eine narrative/story wie ein *Eigenname* funktioniert und umgekehrt.«[27] Dies gilt im erweiterten Sinn dann auch im theologischen Zusammenhang: »Wie sich der Mensch durch sein Handeln identifiziert, das sich in einer bestimmten story erschließt, so identifiziert sich auch Gott durch sein Handeln, das sich in einer bestimmten story erschließt.«[28]

Auf den ersten Blick scheint die identitätstheoretische Pointe des *story*-Konzeptes in der Version von Hauerwas einleuchtend zu sein; meines Erachtens wird jedoch ein grundlegendes Problem in seiner Schärfe nicht erkannt. In ihrer identitätstheoretischen Aufladung erhält die *story* einen objektiven Charakter. In theologischer Perspektive gewinnt die Leitstory den ontologischen Status eines absoluten Seins, an dem die *stories* der Individuen, die sich auf diese Leitstory beziehen, partizipieren. Dabei wird schlicht unterschlagen, daß *story* keine ontologische, sondern eine hermeneutische Kategorie ist. Unabhängig von ihrer Interpretation bleibt eine *story* bedeutungslos. Dies gilt sowohl für die Leitstory, in die Individuen eingebettet sind als auch für deren Einzelstories, die dann eben nicht mehr wie Eigennamen funktionieren können.[29] Im Blick auf die Kirche führt das zu der Konsequenz, die, wie weiter unten zu sehen sein wird,

verortet das Selbst im Lebenszusammenhang, der wiederum geprägt und geformt ist durch die Frage nach dem guten Leben. Die Verbindung zwischen diesen wird durch die Erzählung *narrative* hergestellt: »Da wir unseren Standort im Verhältnis zum Guten bestimmen müssen, kann es uns gar nicht an einer Orientierung aufs Gute fehlen; folglich müssen wir unser Lebens als Geschichte sehen.« (Taylor 1989a, 103 f.) Welche herausgehobene Bedeutung hier die Sprachgemeinschaft hat, wird durch die Überlegungen in Taylor 1992a, 52 f. unterstrichen.

27. Hütter 1993, 147.
28. Hütter 1993, 148.
29. Denn es geht um biographische – also auch biographisch verflüssigte Identität – und nicht um eine numerische oder gar statische, die nur eine Identität bezeichnet, sie aber selbst nicht »ist«. In einer doppelten Hinsicht ist die Analogie zwischen Eigennamen und *story* jedoch anwendbar; dies kommt zum einen in der umgangssprachlichen Redewendung, sich einen Namen machen, zum Ausdruck. Das heißt, die Bedeutung des Namens wandelt sich im Laufe der Biographie, die Biographie bleibt dem Eigennamen nicht äußerlich; es ist möglich, einen guten (Ruf-)Namen zu erringen oder ihn zu verlieren. Zum anderen wirkt der Name unter Umständen auf die Biographie ein. Ein »guter Name« kann Türen öffnen, ein schlechter kann eine schwere Hypothek sein. Lächerliche Namen können Kinder anspornen, sich durchzusetzen (etwa Johnny Cashs Song »A Boy Named Sue« aus Hauerwas' Kulturkreis) oder dazu führen, daß sie sich zurückziehen und kein Selbstvertrauen entwickeln.

von Hauerwas auch gezogen wird, sie als Interpretationsgemeinschaft zu verstehen. Dann aber ist das Problem zu lösen, wie deren Einheit in der Vielzahl der möglichen Lesarten und Interpretationen zu konzipieren ist.

Dieser Ansatz hat Auswirkungen auf Hauerwas' Konzept des Handelnden. Das Grundproblem der Handlung liegt für ihn nicht in der (Willkür) Freiheit, so oder auch anders zu handeln, die fundamentale Handlungskategorie ist vielmehr *narrative/story*.[30] Daraus folgt, daß für die Ethik nicht grundlegend sein kann, was die Willkürfreiheit begrenzt, sondern was dem Handeln selbst vorausgeht, also *story* und die bestimmte Gemeinschaft, die dem Handelnden den Rahmen, die »Leitstory« liefert. Christliche Ethik ist daher nur zu entwerfen als *Ethik der Kirche* als der Gemeinschaft, die das Leben der Christinnen und Christen prägt. Spezifikum der Kirche ist dabei ihr Gegründetsein in der *story* Gottes mit den Menschen; die Ethik ist weiterhin zu entfalten im Blick auf den Charakter und die Tugenden, die dieser *story* entsprechen. Hauerwas' Ethik ist darum eine Ethik der Kirche, nicht des Einzelnen, eine Ethik des Seins, nicht des Tuns, eine Ethik der Nachfolge, nicht der allgemeinen Lebensführung oder der Verantwortung.

Weiter oben habe ich ausgeführt, wie bei Hauerwas das *story*-Konzept die Konstitution des Individuums begrifflich fassen soll. Gleichzeitig besteht – auch darauf habe ich bereits hingewiesen – eine enge Verknüpfung zwischen *story* und Gemeinschaft. Die die Kirche bestimmende *story* ist dabei die Geschichte Gottes mit der Welt. In ihr hat sich Gott in Israel und Jesus Christus offenbart, wobei die Offenbarung narrativen Charak-

30. Hauerwas 1983a, 92: »Verweise auf Handlungsträgerschaft als eines typischen Merkmals des Selbst können grundsätzlich nicht unsere ›Freiheit‹ von jeglicher Determiniertheit gewährleisten, da unsere Fähigkeit, selbst zu wissen, was wir getan haben, und unser Verhalten als unser eigenes zu behaupten, von den Beschreibungen abhängt, die wir lernen. Es besteht kein Widerspruch darin, sowohl an der Konzeption der Handlungsträgerschaft wie auch an der Konzeption des Menschen als Gemeinschaftswesen festzuhalten, da das Ausmaß und die Stärke der Handlungsträgerschaft genau von der Angemessenheit der Beschreibungen abhängt, die wir von unseren Gemeinschaften lernen. Unsere ›Freiheit‹ ist deshalb davon abhängig, daß wir in eine der Wahrheit entsprechende erzählte Geschichte hineingenommen werden, die ja in der Tat dann auch die Ressource ist, welche uns überhaupt erst die Kraft gibt, ›Charakter zu haben‹. Einfach ausgedrückt ist für unsere Fähigkeit, ›Charakter zu haben‹, nicht das Postulat einer transzendentalen Freiheit notwendig, sondern vielmehr erfordert sie, das narrative Wesen unserer Existenz anzuerkennen. Die grundsätzliche Kategorie, um Handlungsträgerschaft zu sichern, ist daher nicht ›Freiheit‹, sondern ›erzählte Geschichte‹.«

ter hat.[31] »Insoweit nun die christlichen Überzeugungen nichts anderes als die bejahende Weitererzählung dieser bestimmten Geschichte des Handelns Gottes von ihrem Zentrum in Jesus Christus aus darstellen, konstituieren sie sich selbst als *narrative/story*, bzw. als eine Reihe von *narratives/stories*, die eine Tradition bilden, die wiederum eine sie tragende Gemeinschaft schafft und gestaltet.«[32] Israel und die Kirche sind also die Träger dieser Geschichte. In ihnen hat die Ethik ihren Platz: »Unser zentrales Anliegen hat darin zu bestehen, besser zu verstehen, wie wir dem Gott gemäß leben können, den wir in den ›erzählten Geschichten‹ von Israel und Jesus finden, und wie diese ›bestimmten Geschichten‹ uns dabei helfen, die Mittel und Wege bereitzustellen, durch die wir andere Geschichten, die unser Leben für sich in Anspruch nehmen, wahrnehmen und uns kritisch aneignen können.«[33] In Aufnahme von Rendtorffs Terminologie ließe sich also sagen: »Jede theologische Ethik impliziert eine spezifische Ekklesiologie.

31. Vgl. Hauerwas 1983a, 75f.: »Gott (hat sich) selbst durch eine erzählte Geschichte (im Original: narratively) in der Geschichte (im Original: history) Israels und im Leben Jesu offenbart. Obwohl ein großer Teil der Bibel nicht die literarische Form der Erzählung besitzt, ist es vielleicht nicht zufällig, daß dies für die Evangelien zutrifft. In jedem Fall erzählt die Bibel als ganze die Geschichte des Bundes mit Israel, des Lebens, des Todes und der Auferstehung Jesu und der andauernden Geschichte der Kirche als Zusammenfassung dieses Lebens. Diese empirische Beobachtung ist nicht nur interessant; vielmehr ist der Begriff der wesentlichen Beschaffenheit der *erzählten Geschichte als der Form von Gottes Erlösung* der Grund, warum wir zurecht der Bibel die Wahrheit zuschreiben, die für unsere Erlösung nötig ist.« Die dogmatischen Begriffe sind gegenüber der *story* nachrangig und ohne diese nicht zu entschlüsseln. Gegen die Betonung der Bedeutung dogmatischer Lehrbildung wendet Hauerwas daher ein: »Aber eine solche Betonung übersieht die Tatsache, daß solche ›Dogmen‹ (im Original: doctrines) selbst eine Geschichte, oder vielleicht besser, den Umriß einer Geschichte darstellen. Behauptungen wie ›Gott ist Schöpfer‹ sind einfach Kurzfassungen, die uns daran erinnern, daß wir glauben, Teilnehmer in einer weitaus komplizierteren Geschichte zu sein, deren Autor Gott ist. Daher sind Dogmen nicht das, worauf es in den Geschichten ankommt; sie sind nicht die Bedeutung oder der Kern der Geschichten. Sondern sie sind Werkzeuge (manchmal sogar irreführende Werkzeuge), die dazu gedacht sind, uns zu helfen, die Geschichte besser zu erzählen. Weil die christliche Geschichte eine Geschichte ist, die konkret vollzogen wird, stellt die Liturgie wahrscheinlich ein viel wichtigeres Hilfsmittel dar, um uns zu helfen, die Geschichte Gottes zu hören, zu erzählen und zu leben, als Dogmen oder Bekenntnisse.« (Hauerwas 1983a, 71).
32. Hütter 1993, 149.
33. Hauerwas 1981b, 352.

Für die einzelne Person kommt es darauf an, sich selbst als Teil dieser *story* Gottes mit der Welt zu verstehen: »Wir wissen nur, wer wir sind, wenn wir unser Selbst in Gottes Geschichte hineinstellen, das heißt, unsere Geschichte innerhalb seiner Geschichte leben.«[34] Mit Hütter ist das Entscheidende dieser *story* deren transformativer Charakter.[35] Die *story* Gottes bleibt der Kirche und den einzelnen, die sich zu der Kirche zählen, nicht äußerlich. Die *story* Gottes bestimmt und verändert das Leben von Kirche und Christinnen und Christen. Insofern ist es angemessen, Heiligung als den zentralen Begriff der christlichen Charakterbildung anzusehen.[36] Die Heiligung hängt dabei eng mit einer grundlegenden Veränderung der Person zusammen, die verknüpft ist mit dem Bekenntnis persönlicher Schuld. Heiligung ist dabei jedoch nicht so zu verstehen, daß sie als einmal geschehene Charakterwandlung durch Gottes Handeln zu beschreiben wäre. Vielmehr handelt es sich bei Heiligung um einen Prozeß, in dem sich im entsprechenden Handeln der Charakter bildet. »What the Christian does cannot be separated from what he is, as what he does bears an intimate connection with his character as formed in sanctification. His external actions are intimately part of his internal being, for they are joined in his orientation of his self to God.«[37] Wie sich in der Nachfolge die Kirche als eine Gemeinschaft des Charakters oder der Tugend ausbildet, so formt sich auch das Selbst hin zu einem von der *story* Gottes geprägten Charakter mit den entsprechenden Tugenden. Christliche Ethik also ist kirchliche Ethik, die sich als Einübung in die Nachfolge bestimmen läßt. Inhaltlich wird diese Ethik der Nachfolge durch die Aufnahme des imitatio-Gedankens ausgelegt; Hauerwas' Ethik ist also zu charakterisieren durch Nachfolge als Nachahmung, wie Hütter überzeugend dargelegt hat.[38] »›Nachfolge als Nachahmung‹ wird letztlich also nur im Rahmen einer ethischen Ekklesiologie zu entfalten sein, in derer Zentrum diejenigen Vollzüge stehen, in denen Gottes Handeln entsprochen wird. Es ist die ›Geschichte Jesu‹, die sowohl definiert, wie Gott herrscht, als auch, wie eine derartige Herrschaft eine ihr entsprechende ›Welt‹ und ›Gesellschaft‹ schafft. Dabei ist der Gottesdienst der Ort, in dem die kirchliche ›Nachahmung Christi‹ ihr Zentrum hat und von dem sie aus-

34. Hauerwas 1983a, 72.
35. Hütter 1993, 149 f.
36. So die Interpretation von Reinders 1995, 151 ff.
37. Hauerwas 1975, 206.
38. Vgl. Hütter 1993, 186 ff.

gehen muß. Denn allein hier hat die dem Handeln Gottes entsprechende Gemeinschaft ihren Ursprungsort.«[39]

Die Kirche ist Trägerin der *story* Gottes, durch die sie selbst bestimmt wird und ihre Gestalt erhält. Diese Bestimmung erfährt ihre Präzisierung in der Unterscheidung der Kirche von der Welt. Hauerwas schließt sich hier an John Howard Yoder an,[40] der Kirche und Welt als relationale und gleichursprüngliche Zuordnungsfiguren konzipiert. Die Unterscheidung bezeichnet keine ontologische Struktur der Wirklichkeit, sondern die Stellung von Menschen (präziser: von Handelnden, »agents«), die die Freiheit haben, zu glauben oder eben nicht zu glauben. Hauerwas interpretiert das dahingehend, daß damit diese Unterscheidung quer zu den aktuellen Positionierungen liegt: die Unterscheidung zwischen Kirche und Welt bezieht sich auf die Menschen als Handelnde selbst.[41] Dabei ist in ihrer relationalen Struktur Kirche immer auf die Welt bezogen. Durch die Kirche gewinnt die Unterscheidung von Kirche und Welt erst ihren Sinn: »Indem wir eine derartige Gemeinschaft sind, erkennen wir, daß die Kirche der Welt verstehen hilft, was es bedeutet, Welt zu sein. Denn ohne die Kirche, die auf die Realität der Gottesherrschaft hinweist, gibt es keinen Weg, auf dem die Welt erkennen könnte, daß sie Welt ist.«[42] Daher erhält die Kirche nicht ihre Definition durch ihren Gegenbegriff der Welt, sondern die Welt ihre Bestimmung durch ihr Gegenüber, die Kirche. Daraus ergibt sich für die Kirche die ethische Aufgabe, Zeugendienst zu leisten gegenüber der Welt. Dies geschieht durch Treue zu ihrer Bestimmung: »Vielmehr ist die erste sozialethische Aufgabe der Kirche diejenige, Kirche zu sein – als Dienstgemeinschaft. [...] Als solche hat die Kirche keine Sozialethik; die Kirche ›ist‹ eine Sozialethik.«[43] Um so mehr kommt es darauf an, in ihrem eigenen Handeln, vor allem in den

39. Hütter 1993, 200. Vgl. dazu Hauerwas 1983a, 168 ff.; hier bestimmt Hauerwas die Kennzeichen der Kirche ausgehend von Gottesdienst und Sakramenten.
40. Yoder 1971.
41. Hauerwas 1983a, 160 f. (Anm. 3): Die Unterscheidung zwischen Kirche und Welt im Handelnden selbst zu lokalisieren bedeutet für Hauerwas: »Dadurch wird deutlich: 1. daß die Unterscheidung zwischen Kirche und Welt durch jeden Handelnden hindurchgeht und es daher keinen Grund zur Selbstgerechtigkeit auf der Seite derer gibt, die sich explizit mit der Kirche identifizieren; und 2. daß die ›Notwendigkeiten‹, von denen viele behaupten, daß man sie als inhärente Bestandteile der Tatsache, Welt zu sein, akzeptieren muß, wie z. B. die Gewalt, dies nur aufgrund unserer Untreue sind. Daher kann die Welt, wenn sie sich ihrer Natur als Gottes erlöste Untertanen gegenüber wahrhaftig verhält, ohne Gewaltanwendung geordnet und regiert werden.«
42. Hauerwas 1983a, 159.
43. Ebd.

gottesdienstlichen und sakramentalen Vollzügen, durchsichtig zu sein auf Gottes Handeln, um so Gottes Handeln gegenüber der Welt zu bezeugen, ihr einen »Vorgeschmack« von Gottes Reich zu geben.[44]

Hütter weist zurecht darauf hin, daß angesichts dieser Bestimmung sich die Frage aufdrängt, von welcher Kirche Hauerwas denn rede.[45] Hauerwas' Ekklesiologie sei weder empirisch noch normativ zu verstehen, sondern sei eine theologische Reflexion über die Kirche, die die Unterscheidung zwischen Empirie und normativem Ideal gerade aufbreche: »Die Logik der ethisch-ekklesiologischen Reflexion entzieht sich der falschen Dichotomie von ›Empirie‹ und ›Ideal‹, indem sie eine Wirklichkeit zum Gegenstand hat, die in sich einen Anspruch geltend macht: Als Wahrnehmung einer Bestimmung wirkt diese schon verändernd auf das Wahrgenommene ein.«[46] Dies kann jedoch nicht einleuchten, denn die Reflexion gewinnt ihre Kraft doch allein daher, daß sie den normativen Gehalt der Wirklichkeit (ausgeformt im spezifischen Charakter und dessen Tugenden) der Realität (Empirie) konfrontiert. Zwar wird so das Ideal schon in der Wirklichkeit verortet (in den Konsistenzansprüchen zwischen Tugend und konkretem Leben), aber doch nur so, daß das Ideal der Realität immer schon gegenüber steht. Im Grunde läuft dieses Verfahren auf eine, an ideologiekritischem Denken geschulter, kritische Theorie der Kirche hinaus, indem deren eigentlich geteilte und verkörperte Überzeugungen kritisch gegen sie selbst gewendet werden. Hauerwas bleibt immer noch der Alternative zwischen Ideal und Empirie verhaftet, allerdings mit einer Betonung des normativen und nicht des empirischen Aspektes. Denn nie wird die Empirie kritisch gegen das Ideal, sondern stets das Ideal kritisch gegen die Empirie gewendet. Eine z. B. soziologische Kritik kirchlichen Handelns scheint für Hauerwas daher undenkbar zu sein.

Trotz aller Kritik an Hauerwas' wenig stringenter Interpretation des *story*-Konzepts ist an der Einsicht festzuhalten, daß mit dessen Hilfe ein Verständnis der menschlichen Person und deren Identität entwickelt werden kann, das sowohl mit den Einsichten moderner Sozialpsychologie kompatibel ist als auch die Probleme vermeidet, die idealistische Identitätskonzepte mit sich bringen. Deshalb stellt das *story*-Konzept meines Erachtens eine angemessene Beschreibung für das Phänomen dar, wie Individuen ihre Identität bestimmen. Durch die Organisation der Lebensgeschichte in einer erzählbaren *story*, in der die einzelnen Begebenheiten

44. So Hauerwas 1988, 106.
45. Hütter 1993, 238.
46. Hütter 1993, 238 f.

und die Erlebnisse in einen Zusammenhang gebracht werden, erscheint das eigene Leben als besonderes, das durch die Verknüpfung seinen Sinn erhält. Sinn kann hier verstanden werden als Anschlußfähigkeit.[47] Der Sinn der Lebensgeschichte ist gewährleistet durch den »roten Faden«, der durch die Organisation der einzelnen Elemente der Lebensgeschichte zu einem fortlaufenden Zusammenhang entsteht. Gleichzeitig kann das *story*-Konzept plausibel machen, wie die individuelle Lebensgeschichte mit der der jeweiligen Gemeinschaften, in denen das Individuum situiert ist, verknüpft ist. Das Leben des oder der Einzelnen ist eingebettet in Erzählzusammenhänge, durch die es den Kontext für die eigene Geschichte empfängt und die es durch die eigene Geschichte in und mit der jeweils prägenden Gemeinschaft fortschreibt.

Problematischer sehe ich allerdings Hauerwas' Kirchenbegriff: Kirche als die Gemeinschaft, die durch die *story* Gottes mit den Menschen ihre Prägung erhält. Da für Hauerwas Charakter, moralische Überzeugungen und *story* eng aufeinander bezogen sind und für beides, Individuum und Gemeinschaft, die jeweils bestimmenden Größen sind, folgt daraus, daß Kirche ihren Charakter, ihre Werte und Tugenden durch ihre bestimmte Geschichte empfängt. Deshalb verschmelzen Überzeugungen und Handlungen zu einer Einheit. Daher kann es keine kirchliche Ethik als Handlungstheorie geben, da allein die Treue zur bestimmenden Geschichte Gottes mit den Menschen Basis und Inhalt aller Ethik ist. Deshalb »ist« die Kirche ihre eigene Ethik, deshalb ist eine Unterscheidung zwischen Dogmatik und Ethik nicht einmal denkbar und deshalb kann theologische Arbeit nur darin bestehen, die Geschichte Gottes mit den Menschen immer wieder neu und aktuell zu erzählen und dadurch fortzuschreiben.

Die Schwäche dieses Ansatz besteht unter anderem darin, nicht mehr angeben zu können, inwieweit diese Bestimmungen empirischen, normativen oder welchen anderen Status auch immer haben. Ein weiteres Problem ist, daß Hauerwas die hermeneutische Kategorie *story* als ontologische mißversteht. So verbaut er sich den Zugang zu einer Beschreibung einer pluralen Kirche als einer Vielzahl von Interpretationsgemeinschaften, die durch unterschiedliche Interpretationen und Lesarten der »einen« *story* Gottes unterschiedliche Traditionen ausbilden.

47. Dies ist kompatibel mit dem depotenzierten Sinnbegriff, den Luhmann im Anschluß an Husserl seiner funktionalen Systemtheorie zugrunde legt. Auch dort ist Sinn bezogen auf die Reproduktion der Systeme, indem die Erlebnisweisen Erleben und Handeln benutzt werden, um auf je unterschiedliche Weise die fortlaufende Sinn- und Systemreproduktion zu garantieren. Vgl. meine Darstellung in Dallmann 1994a, 37ff.

Es ist zu sehen, daß Hauerwas' Kirchenbegriff nicht komplex genug ist, Verhältnisbestimmungen zwischen Kirche und Welt so anzugeben, daß die unterschiedlichen Rollen und Zugehörigkeiten der Menschen, die Kirche und Welt zugleich angehören, aufeinander bezogen und unterschieden werden können. Trotzdem ist der Ansatz aufzunehmen und weiterzuführen, theologische Ethik als Interpretation und Bestimmung der Werte und Normen zu begreifen, die das Leben der Kirche und in der Kirche bestimmen. Nur wenn theologische Ethik »geerdet« ist durch den Bezug auf die Gemeinschaft, innerhalb deren diese Werte und Überzeugungen auch gelebt und tradiert werden, kann sie sich als Ethik selbst noch einmal unterscheiden von den Werten und Normen, die allgemein in der Gesellschaft gelten oder Geltung beanspruchen.

2.3 Thomas W. Ogletree: Hospitality to the Stranger

Die Arbeiten des methodistischen Ethikers Thomas W. Ogletree wurden in der bundesrepublikanischen Diskussion bislang kaum wahrgenommen.[48] Das ist insofern verwunderlich, als er sich in seinen Arbeiten auf »alteuropäische« Traditionsbestände stützt, primär auf die Phänomenologie im Gefolge Husserls. Den Schwerpunkt der Untersuchungen bildet vor allem die hermeneutische Frage des Gebrauchs der Bibel innerhalb der christlichen Ethik.[49] An dieser Stelle sind jedoch überwiegend die methodischen Grundentscheidungen von Interesse, wie sie von Ogletree vor allem in der Aufsatzsammlung »Hospitality to the Stranger«[50] und im methodologischen Kapitel von »The Use of the Bible in Christian Ethics«[51] expliziert werden.

Theoretische Grundlage von Ogletrees Ansatz ist ein phänomenologisches *Lebensweltkonzept* in der Tradition Husserls, wie es zum Beispiel von Peter L. Berger und Thomas Luckmann im Anschluß an Alfred Schütz entwickelt wurde.[52] Zentral ist für ihn der Begriff der »patterned interactions«, der die Arrangements der Lebenswelt beschreibt, die den Rahmen für Handlungen abgeben. Diese Interaktionsmuster – zumeist in Form von Institutionen – sind zwar in der Lebenswelt stets vorgegeben,

48. Hinweise finden sich allerdings in Ulrich 1993.
49. So auch der Titel von Ogletree 1983.
50. Ogletree 1985.
51. Ogletree 1983, 15-45.
52. Ogletree verweist hier auf die Standardwerke Berger/Luckmann 1967 und Schütz/Luckmann 1979/1984.

müssen aber an ihrer Angemessenheit für den Schutz und die Bewahrung des menschlichen Lebens und Wohlbefindens beurteilt werden. Allerdings ist der Begriff des oder der Handelnden aus phänomenologischer Sicht problematisch, denn er ist auch in der Reflexion nie unmittelbar, sondern stets schon durch seine oder ihre Vergangenheit vermittelt gegeben. Aufgrund der deskriptiven Orientierung der fundamentalen Ethik können daher auch die dem moralischen Handeln des Aktors zugrundeliegenden Werte nur als jeweils gegeben angenommen werden. Die Frage nach Herkunft und Entwicklung dieser Werte muß darum an die Wissenschaft, besonders die Entwicklungspsychologie verwiesen werden.

Das moralische Handeln wird darüber hinaus von einem Letzthorizont umfaßt innerhalb dessen die Frage nach der Bedeutung des Seins thematisch wird. Im Anschluß an die Heideggersche Terminologie sind hier Endlichkeit und Sorge zentral. Die Frage nach der Bedeutung des Seins unter den Bedingungen der Endlichkeit und Sorge deutet Ogletree als Vorbereitung für den religiösen Beitrag für das Verständnis des moralischen Lebens. Das Thematisch-Werden der Frage nach der Bedeutung des Lebens bietet den Anknüpfungspunkt (Ogletree spricht von »receptivity«) für religiöse Sinndeutung, hier konvergieren die moralische und die religiöse Fragestellung, denn dieses Thematisch-Werden erwächst aus der Situiertheit in einer Lebenswelt, die immer schon von einem entsprechenden Letzthorizont umgriffen ist. Die Explikation und Interpretation der Gehalte der sinndeutenden Konstrukte ist Aufgabe der symbolischen Ethik.

Die Lebenswelt ist für Ogletree näher durch vier Kategorien charakterisiert: durch Intentionalität, Intersubjektivität, Zeitlichkeit und durch Körperlichkeit der Aktoren. Dies konvergiert mit Niebuhrs Konstituenten des verantwortlichen Lebens.[53] Diese Strukturen der Lebenswelt bestimmen die wahrgenommene Realität. Dies konkurriert insofern nicht mit einer wissenschaftlichen Beschreibung, als jede Form von Wissenschaft selbst der Lebenswelt entspringt. Allerdings liefert die Wissenschaft jene Abstraktionen, mit Hilfe derer Zusammenhänge erklärt und so dargestellt werden können, daß auf Zukunft hin geplant werden kann. Eine Hermeneutik der Situation ist demzufolge auf eine Analyse der Strukturen der Lebenswelt angewiesen: »The point of calling attention to the structures which constitute the life-world is to order our reading of its concrete meanings, and to show the senses in which these meanings found the possibilities for the various forms of scientific and ethical abstraction.«[54]

53. Vgl. Ogletree 1985, 111.
54. Ogletree 1985, 112.

Nun gehen in eine Situation selbst schon Situationsdeutungen und -beschreibungen ein, die mit anderen gleichzeitigen Interpretationen in Konkurrenz treten. Daraus erwächst die Frage, wie diese unterschiedlichen Interpretationen zu bewerten und aufeinander zu beziehen sind. Ogletree beschreibt vier Typen der Interpretation, die jeweils ein bestimmtes Licht auf die verschiedenen Deutungen werfen und so helfen, die unbestimmte Komplexität der Interpretationen in bestimmbare zu überführen. Ogletree nennt: application (Anwendung), suspicion (Verdacht), retrieval (Wiedergewinnung) und hospitality (Gastfreundschaft).[55] Eine anwendende Interpretation bezieht bekanntes Wissen auf neue Situationen; es ist eine Form von Situationsdeutung, die am ehesten im Bereich der Sozialwissenschaften beheimatet ist. Verdachtsgeleitete Interpretation ist die Domäne der ideologiekritischen Tradition im Gefolge Nietzsches, Marx‹ und Freuds. Diese unterschiedlichen Ansätze aufeinander beziehen kann eine Interpretation, die auf Wiedergewinnung zielt. Dabei wird auf die den jeweils aktuellen Deutungen zugrundeliegenden Traditionen Bezug genommen, um von diesen ausgehend kreativ neue Alternativen zu gewinnen. Ogletree zieht dem eine »Hermeneutik der Gastfreundschaft« vor. In Anlehnung an Gadamer wird hier eine Horizontverschmelzung angestrebt: »the imaginative production of common ground which lays the basis for the possibility of fitting action.«[56]

Diese Hermeneutik wird mit Überlegungen zur sozialen Konstitution des Selbst verbunden, die Ogletree mit der biblischen Metapher *»Gastfreundschaft gegenüber dem Fremden«* beschreibt. Ausgangspunkt ist die funktionalistische Theorie Talcott Parsons. Wichtig ist für Ogletree in diesem Zusammenhang, daß die Interaktion auf einer Realität aufruht, die durch kulturelle Wertmuster schon strukturiert ist. Insofern ist die alltägliche Interaktion schon durch moralische Faktoren reguliert. Allerdings stellt der Parsonssche Funktionalismus noch nicht die Möglichkeiten bereit, innerhalb dieser grundlegenden moralischen Erfahrung der Wirklichkeit Wertmuster zu kritisieren beziehungsweise neue zu entwickeln. Unter der Voraussetzung der sozialen Konstitution des Selbst in der Interaktion müssen diese Möglichkeiten inner- und nicht außerhalb des Ego-Alter-Verhältnisses gesucht werden. In einer kritischen Rekonstruktion von Paul Tillichs Ansatz zeigt Ogletree, daß die Konstruktion der Moral als Selbstkonstitution defizitär bleiben muß, weil die Ich-Du-Beziehungen stets der Selbstkonstitution des Ich subordiniert bleibt.[57] Damit wird

55. Ogletree 1985, 116.
56. Ogletree 1985, 121.
57. Vgl. Ogletree 1985, 41.

er der Einsicht, daß das Selbst in seiner sozialen Konstitution dezentriert zu denken ist, nicht gerecht.

Eingeholt wird diese Einsicht durch die Arbeiten von Emmanuel Lévinas.[58] Bei Lévinas erwächst die Ethik aus der Begegnung mit dem oder der Anderen. Diese Begegnung stellt den Egoismus des Ich in Frage. »It confronts me with an appeal to take into account another center of meaning in my own understanding of the world, a center which in the nature of the case cannot be assimilated into my own process of self-integration.«[59] Der oder die Andere repräsentiert einen Modus des Andersseins, den das Ich nicht einfach unter eigene Bedeutungs- und Wertbegriffe subsumieren kann. Der Versuch schon wäre objektivierende Gewalt; Ethnozentrismus hieße das Äquivalent auf kultureller Ebene. Daher entspricht der Begegnung der sprachliche Diskurs, nicht die objektivierende Erkenntnis. Deshalb ist das Ich darauf angewiesen, die soziale Wirklichkeit durch den oder die Anderen zu erschließen; es gibt keinen selbstbezüglichen Zugang zur Realität. Allerdings ist bei dieser Ausgangslage zu klären, inwieweit Selbstbezüglichkeit – und damit Identität – überhaupt noch zu denken ist. Dabei geht Ogletree mit Lévinas davon aus, daß ein bestimmtes Maß an Genuß, also auch Selbstgenuß, vorausgesetzt werden muß, bevor das Ich überhaupt in Beziehung zum Anderen treten kann. Allerdings meint Lévinas, daß Individualität in einem emphatischen Sinn durch Selbsthingabe an den Anderen konstituiert wird. Damit wird aber die Frage der Ich-Identität wieder prekär. Während Tillich die soziale Komponente der Ich-Identität unter die Selbstkonstitution subordiniert, fällt Lévinas in das andere Extrem. Daher zieht Ogletree den Schluß, daß Selbstkonstitution und Selbstpreisgabe an den oder die Andere dialektisch aufeinander bezogen werden müssen. Die Öffnung auf den Anderen hin kann dann als »Gastfreundschaft gegenüber dem Fremden« präziser expliziert werden.

Wie zu sehen war, baut Ogletrees Ansatz theoretisch auf dem Lebensweltansatz auf, den er mit funktionalistisch-handlungstheoretischen Bezügen anreichert. Konstitutiv ist für ihn die Sozialität der Individuen, sie sind in der Konstitution ihres Selbst auf andere angewiesen. Aus diesem fundamentalen Zusammenhang folgert Ogletree, daß Sozialität nur auf der Basis der »Gastfreundschaft gegenüber dem Fremden« zu verstehen ist.

58. Ogletree bezieht sich auf »Totality and Infinity«, deutsche Übersetzung: Lévinas 1961. Zur Einführung in das Denken Lévinas' vgl. Krewani 1983 und ausführlicher 1992 sowie Strasser 1978; zum Thema selbst auch Lesch 1988.
59. Ogletree 1985, 46.

Allerdings bleiben meines Erachtens bei diesem Vorgehen eine Reihe von Fragen unbeantwortet. Zwar postuliert Ogletree einen prinzipiellen Bezug der Lebenswelt zu religiösen Fragen, aber wie die Antworten auf diese Frage selbst wieder unterschiedliche Kontexte konstituieren, bleibt offen. So ist die Rolle der Religion im Lebensweltkonzept unterbestimmt. Zwar postuliert Ogletree einen prinzipiellen Bezug der Lebenswelt zu religiösen Fragen (durch die Frage nach der Bedeutung des Lebens), aber wie die Antworten auf diese Frage selbst wieder unterschiedliche Kontexte konstituiert (von »civil religion« bis zur methodistischen Kirche, der Ogletree angehört), bleibt offen. Damit wird der ethische Ansatz Ogletrees jedoch ortlos, zumal er meist allgemein ohne eine ekklesiologische Ortsangabe von Christlichkeit spricht. Weiter bleibt die Beschreibung der Lebenswelt und ihrer Strukturen abstrakt. Es wird nicht deutlich, ob das phänomenologische Konzept tatsächlich leisten kann, was es vorgibt, nämlich eine angemessene Beschreibung der gesellschaftlichen Wirklichkeit zu geben. Kann mit diesem Ansatz der systemische Charakter moderner Gesellschaften wirklich adäquat erfaßt werden?[60] Hinzu kommt, daß Ogletree nicht hinreichend plausibel machen kann, ob der »Fremde«, der den Menschen als anderer gegenübertritt, der generalisierte andere (im Sinne Meads, auf den er sich dabei bezieht) oder der jeweils konkrete andere ist. Sind nicht von diesem Ansatz her alle Menschen für einander wechselseitig andere und damit Fremde? Nach welchem Maßstab kann dann zwischen nahen Fremden und fremden Fremden unterschieden werden?

Im Blick auf das Lebensweltkonzept: Fallen die Grenzen von Staat und Gesellschaft mit den jeweiligen Grenzen der Lebenswelt zusammen? Sind also die »Fremden« innerhalb oder außerhalb der jeweils geteilten Lebenswelt zu verorten? Mit der Metapher von der »Hospitality to the Stranger« wird eine nur scheinbare Öffnung der in sich geschlossenen Lebenswelt postuliert. Es bleibt bei Ogletree undeutlich, welche Grenzbestimmungen jeweils anzusetzen sind.

Ein weiteres grundsätzliches Problem sehe ich darin, daß ausgehend vom Lebensweltkonzept und der Verortung einer partikularen Kirche in

60. Vgl. dazu die Kritik von Habermas in Habermas 1981, Bd. 2, 182 ff. Habermas unterzieht dort den phänomenologischen Lebensweltbegriff einer kommunikationstheoretischen Rekonstruktion. Dabei kommt er zu dem Schluß, daß die Identifikation von Gesellschaft und Lebenswelt, wie sie in der verstehenden Soziologie, die auf jenen phänomenologischen Prämissen beruht, unterstellt wird, aufzulösen ist. Statt dessen sei es angebracht, »Gesellschaft als eine Entität zu betrachten, die sich im Verlaufe der Evolution sowohl als System wie als Lebenswelt ausdifferenziert.« (228)

partikularen Lebenswelten kaum ein Verständnis der Universalität der Kirche entwickelt werden kann. Überspitzt ausgedrückt läuft dieser Ansatz unter den Bedingungen moderner Nationalstaaten auf ein Konzept der Nationalkirchen hinaus. Anders ausgedrückt: Daß das christliche Ethos über partikulare Lebenswelten hinausreicht und einen weiterreichenden Anspruch erhebt, kann Ogletree kaum angemessen reformulieren, da es unsinnig ist, von einer weltweit geteilten Lebenswelt zu sprechen. Die Eigentümlichkeit, daß Kirche sowohl innerhalb bestimmter Lebenswelten und ihrer Sprachspiele und Hintergrundüberzeugungen verankert sind und gleichzeitig über sie hinausweisen, entgeht einem Konzept, daß dem Begriff der Lebenswelt unkritisch verhaftet bleibt. Die Spannung zwischen gleichzeitiger Partikularität und Universalität der Kirche wird so einseitig hin zur Partikularität aufgelöst.

Die Stärke des Ogletreeschen Ansatzes liegt zweifelsohne in der Betonung der Bedeutung der Hermeneutik für eine theologische Ethik. Deren Werte und Normen liegen bereits sozial vermittelt vor und müssen daher aufgespürt und in eine angemessene Situationsdeutung überführt werden. Die Strukturen der jeweiligen Lebenswelt sind demzufolge als Ressourcen des moralischen Lebens zu lesen. Ethik ist damit – säkular – Hermeneutik des sittlichen Lebens, die sich im Konflikt verschiedener Interpretationen bewähren muß; christliche Ethik hat dann darüber hinaus die Funktion, die biblische Tradition, in ihrer Fremdheit gegenüber der Lebenswelt, im hermeneutischen Vollzug so auf die Situation zu beziehen, daß die gegenwärtigen Perspektiven in einem neuen Licht erscheinen und neue Handlungsmöglichkeiten in den Blick kommen.

Damit stellt sich das Verhältnis von Kirche und Welt als Vermittlungsprozeß dar und nicht – wie in Konsequenz der Hauerwasschen Position – als Gegenüberstellung. Wie eine solche Vermittlungsinstanz jedoch aussehen könnte, bleibt allerdings offen. Ein möglicher Kandidat für diese Position ist der Begriff der Öffentlichkeit. Im folgenden wird, ausgehend vom Ansatz von Wolfgang Huber, zu fragen sein, ob damit die angezeigten Probleme gelöst werden können.

2.4 Wolfgang Huber: Verantwortung und Öffentlichkeit

Das Verständnis von Sozialethik als Verantwortungsethik, wie es Wolfgang Huber entwickelt hat, kann als ein Vermittlungsversuch zwischen diesen bereits referierten Positionen interpretiert werden. Auf der einen Seite ist Kirche zu verstehen als eigenständige Größe mit einer eigenen ethisch-moralischen Orientierung. Insofern steht sie Staat und Gesellschaft gegenüber. Allerdings steht sie – und darin wird die Lösung des Vermittlungsproblems gesucht – in Gesellschaft und Staat dem Staat und der Gesellschaft gegenüber. Die Vermittlungsinstanz, die es der Kirche erlaubt, sich als eigenständige Größe gegenüber Gesellschaft und Staat als kritische Instanz zu verstehen, wird in der Öffentlichkeit gesehen. Über die Öffentlichkeit kann Kirche Nähe und Distanz zu den anderen gesellschaftlichen Systemen kommunizieren, dabei aber nicht über die Annahme oder Ablehnung ihrer Angebote verfügen. Insofern ist der Ansatz einer öffentlichen Kirche in der gesellschaftlichen Öffentlichkeit angewiesen auf das Begleitkonzept Pluralismus. Die öffentliche Kirche ist plurale Kirche in pluralistischer Öffentlichkeit. Das Verhältnis zur Gesellschaft steht so unter den Vorzeichen von Konflikt und Konsens. Offen bleibt bei diesem Ansatz allerdings, wie Kirche dann gleichzeitig auch als Teil der Gesellschaft gedacht werden kann. Es bietet sich daher an, im folgenden diese Bestimmungen zu präzisieren.

Seinen Begriff von *Verantwortungsethik* entfaltet Huber in einem programmatischen Aufsatz aus dem Jahr 1983 »Sozialethik als Verantwortungsethik«.[61] Ausgangspunkt ist dabei eine historische Problemskizze, in der die Ansätze von Max Weber, Dietrich Bonhoeffer und Hans Jonas referiert werden. Die kritische Aneignung der *Weber*schen Unterscheidung zwischen Gesinnungs- und Verantwortungsethik knüpft an bei der – in der Diskussion zumeist unterschlagenen – Verhältnisbestimmung beider Ethiktypen. Zwar richtet sich Gesinnungsethik auf die Handlungsabsichten, während sich Verantwortungsethik auf die Handlungsfolgen bezieht, aber selbst bei Weber bleiben beide aufeinander bezogen, sie sind Ergänzungen, wie Huber mit Bezug auf die programmatische Rede Webers[62] darlegt. Darüber hinaus muß die Unterscheidung der Ethiktypen eingezeichnet werden in das religionsgeschichtlich fundierte Rationalisierungstheorem. Diesem zufolge führt die Entwicklungslogik ethischer Weltbilder von der Gesetzes- über die Gesinnungsethik zur Verantwortungsethik. Dabei ist die Abfolge nicht als schlichte Negation der früheren durch die späteren Orientierungen zu verstehen. Vielmehr führt der Weg »vom einfachen zum reflexiven Prinzipiengebrauch«.[63] »Nach der Aufklärung findet sich der einzelne in einer Welt vor, die durch eine Pluralität ethischer Orientierungen gekennzeichnet ist. Wer sich auf diese Situation einstellen will, muß seine eigenen ethischen Prinzipien reflexiv zu den Prinzipien anderer in Beziehung setzen; er muß die Gewis-

61. W. Huber 1983b.
62. Weber 1919.
63. W. Huber 1983b, 140 in Anlehnung an Schluchter 1979.

sensfreiheit des anderen genau so ernst nehmen wie seine eigene Gewissensfreiheit.«[64] Deswegen ist auch die Verantwortungsethik in Weberscher Perspektive nicht gewissens-los, sondern ist durch den Respekt vor dem Gewissen anderer geradezu charakterisiert.

Dietrich *Bonhoeffers* Verantwortungsbegriff entwickelt Huber ausgehend von den Überlegungen zur »Struktur des verantwortlichen Lebens« aus dem Ethikfragment. Die Pointe der Bonhoefferschen Überlegung sieht Huber dabei im Übergang von einer individuellen hin zu einer sozial fundierten Verantwortungsethik. »Es ist der Abschied von jener schlechten Abstraktion in der Ethik, die von einem isolierten einzelnen Menschen ausgeht, der sich an einem absoluten Maßstab des Guten orientiert und auf dieser Grundlage beständig zwischen Gut und Böse zu unterscheiden hat.«[65] Die Abkehr von dieser schlechten Abstraktion führt dazu, daß für Bonhoeffer Sozial- und Verantwortungsethik zu Synonymen werden: »Denn es geht ihm darum, die Frage nach dem Guten im Horizont der Frage nach einem gemeinsamen Leben und im Horizont der Frage nach der geschichtlich gewordenen gesellschaftlichen Wirklichkeit zu stellen. Nicht die individuelle Lebensführung für sich, sondern der Beitrag der individuellen Lebensführung zur Gestaltung der geschichtlichen Gegenwart ist das Thema der Ethik.«[66] Anders als Weber gibt Bonhoeffer weiterhin Auskunft über die religiöse Grundlegung des Verantwortungsbegriffs. Dieser ist gekennzeichnet durch seine Antwortstruktur und seinen Stellvertretungscharakter. Damit wird – so Huber – kommunikatives Handeln zum Gegenstand der Ethik. »Doch der Begriff der Verantwortung akzentuiert ein Moment der Einseitigkeit, des Zuvorkommens, das nicht vollständig an die Bedingungen der Gegenseitigkeit gebunden ist.«[67] Ethisches Handeln geschieht nicht unter der Erwartung der Gegenseitigkeit, sondern zeigt seine besondere Form in Akten der Stellvertretung und der Schuldübernahme; ethisches Handeln gewinnt so in seinem Freiheitsaspekt seine Gestalt als Wagnis.

Schließlich analysiert Huber Hans *Jonas'* Verwendung des Verantwor-

64. W. Huber 1983b, 140.
65. W. Huber 1983b, 143.
66. Ebd.; von diesem Ausgangspunkt erscheint Huber dann auch das Rendtorffsche Konzept einer »Theorie der Lebensführung«, wie es weiter oben dargestellt wurde, als verkürzt. Darüber hinaus ist zu sagen, daß mit dieser Bestimmung der Ethik ein Ausgangspunkt für die Debatte mit kommunitaristischen Ansätzen gegeben wäre. Diese Anknüpfung vollzieht Huber später dann allerdings ohne den expliziten Bezug auf Bonhoeffer.
67. W. Huber 1983b, 144.

tungsbegriffes.[68] Ausgangspunkt von Jonas' Analysen ist die Einsicht in die Krisen der Moderne, die durch die technologischen Entwicklungen und ihre Umsetzung nicht nur, aber vor allem in der industriellen Produktion herbeigeführt worden sind. »Daß der vom Menschen entwickelten Technik ein Potential der Selbstzerstörung innewohnt, daß die Ausweitung menschlicher Macht durch technische Mittel die Möglichkeit des Lebens auf dem Planeten Erde bedroht, ist die neue Situation, die eine neue Ethik fordert.«[69] Aus dieser Situationsbeschreibung folgert Jonas, daß Ethik die künftigen Folgen gegenwärtigen Handelns bedenken müsse. Huber merkt dazu an, daß dies sich mit Webers Fassung des Verantwortungsbegriffes decke. Ich würde jedoch sagen, daß Jonas Webers Ansatz insofern radikalisiert, als auch Handlungsfolgen beachtet werden müssen, die erst Generationen nach den jeweils vollzogenen Handlungen zum Vorschein kommen. Handlungsfolgen, die der Handelnde selbst nicht mehr verantworten kann, weil die Folgen eintreten, wenn der Handelnde selbst nicht mehr direkt zur Rechenschaft gezogen werden kann. Dieser radikalisierte Verantwortungsbegriff beruht in noch stärkerem Maße auf theologischen Voraussetzungen, die von Jonas selbst jedoch explizit nicht thematisiert werden. Dies wird noch verstärkt, wenn Jonas dann von einer »Totalität« der Verantwortung spricht, die Huber als Ausdruck einer elitären Utopie der Verantwortung kritisiert.[70] »Mit der Einsicht, daß alle Verantwortung Selbstbegrenzung zur Voraussetzung hat, ist eine solche Totalisierung des Verantwortungsbegriffs freilich nicht zu vereinbaren. Ihr kann man nur entgehen, wenn man von Verantwortung dialogisch denkt. Daß der Mensch Verantwortung trägt, ist nicht das erste, was über ihn zu sagen ist; dem geht schon immer voraus, daß er angeredet wird und dieser Anrede zu entsprechen lernt.«[71] Darum plädiert Huber für einen begrenzten Verantwortungsbegriff, der im übrigen auch Jonas' anthropologischem Pessimismus angemessener wäre: »Möglich wäre allerdings auch, daß Wege der Rettung in der Gefahr sich überhaupt erst dann zeigen, wenn wir damit aufhören, das an die erste Stelle zu rücken, was wir selbst in Gang setzen und in Gang halten. Nur wer seine eigene Sterblichkeit, seinen eigenen Tod akzeptiert, kann verantwortlich sein.«[72]

Hubers eigene Verwendung des Verantwortungsbegriffs orientiert sich an allen drei Ansätzen. Von *Weber* übernimmt er die religionssoziologi-

68. Dargelegt in Jonas 1979.
69. W. Huber 1983b, 145.
70. W. Huber 1983b, 147. Vgl. auch W. Huber 1992c, 140f.
71. W. Huber 1992c, 141.
72. Ebd.

sche Entwicklungslogik, die die Verantwortungsethik als Aufhebung der Gesetzes- und Gesinnungsethik versteht. Auf der Ebene der Gesinnungsethik wird dabei eine »relative Homogenität der ethischen Orientierung zwischen den Gliedern eines gesellschaftlichen Verbandes« vorausgesetzt[73], innerhalb dessen dann Ethik als Theorie der Lebensführung konstruiert werden müsse. Diese Grundlagen sind jedoch unter den Bedingungen der Moderne gerade nicht mehr gegeben. Am Beispiel der Gewissensfreiheit als Kennzeichen einer Ethik in der Moderne zeigt Huber die durchgreifenden Veränderungen auf. Gewissensfreiheit wird ja vor allem aufgrund der Pluralität ethischer Orientierungen zum Problem, weil gerade nicht mehr von einer weitgehenden Homogenität ethischer Überzeugungen ausgegangen werden kann, denn »von nun an muß jeder damit rechnen, daß ihm in der Gewissensorientierung des anderen eine fremde, eine von den eigenen Grundüberzeugungen abweichende Orientierung entgegentritt. Der Konsens gemeinsam geteilter Prinzipien kann jetzt nicht mehr als Voraussetzung betrachtet, er muß vielmehr als Ziel kommunikativen Handelns angesehen werden.«[74] Damit eignet der Verantwortungsethik notwendig eine reziproke und kommunikative Anerkennungsstruktur. An dieser Stelle hat dann auch die Rede von der kommunikativen Freiheit ihren Ort, die die eigene Freiheit immer reziprok an der Freiheit der anderen selbst begrenzt und ihre Möglichkeiten und Grenzen kommunikativ mit den anderen bestimmt.

Von *Bonhoeffer* übernimmt Huber die theologische Fundierung und Struktur des Verantwortungsbegriffes. Zusammenfassend bezeichnet Huber diese Struktur folgendermaßen: »In der Frage nach der ›Verantwortung vor …‹ ist jeder als unvertretbar einzelner in seiner Relation zu Gott und gerade deshalb als Freier angesprochen. In der Frage nach der ›Verantwortung für‹ ist jeder als der angesprochen, der für andere da ist und sich zum Dienst für andere aufgefordert weiß.«[75] Weiterhin konzipiert Huber in Anknüpfung an Bonhoeffer Verantwortungs- als Sozialethik, »denn ihr Thema ist die Frage nach den Möglichkeiten eines gemeinsamen Lebens, in dem Menschen das Faktum annehmen, daß sie aufeinander angewiesen sind. Ihr Thema ist die Gestaltung menschlicher Sozialität aus dem Geist der Liebe.«[76]

Von *Jonas* schließlich übernimmt Huber die Ausweitung der Verantwortung auf Handlungsfolgen, die künftige Generationen betreffen.

73. W. Huber 1983b, 150.
74. Ebd.
75. W. Huber 1983b, 149.
76. Ebd.

»Verantwortungsethik ist an der Frage orientiert: Wie sind heute zu ergreifende Maßnahmen vor dem Forum künftigen Lebens zu vertreten?«[77]

Die Motivation für diese Ausweitung begründet Huber dabei mit dem heute unbefangen kaum mehr zu verwendenden Begriff der »Betroffenheit«. »Am Anfang von Verantwortungsethik steht heute die Betroffenheit über die Folgen unseres Handelns, die Ratlosigkeit, wie ihnen entgegenzuwirken sei, ein Bewußtsein für die Folgen unseres Handelns, in dem das mögliche Scheitern genau so ernst ins Auge gefaßt wird wie der gewünschte Erfolg.«[78]

Abschließend verbindet Huber seine Fassung der Verantwortungsethik mit einem von Habermas entlehnten *Lebensweltkonzept*. Huber übernimmt die Unterscheidung dreier Weltbezüge innerhalb der kulturell und kommunikativ geteilten Lebenswelt, also die Unterscheidung zwischen einer objektiven, sozialen und subjektiven Welt.[79] Den drei Weltbezügen korrespondieren unterschiedliche Geltungsansprüche, die in der Kommunikation jeweils vorausgesetzt werden müssen. Im Bereich der objektiven Welt (also in bezug auf beobachtbare Sachverhalte) ist der Geltungsanspruch Wahrheit, im Bereich der sozialen Welt (also in bezug auf normative Ansprüche) ist der Geltungsanspruch Richtigkeit und im Bereich der subjektiven Welt (in Bezug auf »innere« Sachverhalte, zu denen nur das Individuum Zugang hat) Wahrhaftigkeit, Authentizität.[80]

77. W. Huber 1983b, 154.
78. W. Huber 1983b, 153.
79. W. Huber 1983b, 155 ff. Vgl. dazu die Einführung des Lebensweltbegriffes in Habermas 1981 Bd. 1, 107: »Kommunikativ handelnde Subjekte verständigen sich stets im Horizont einer Lebenswelt. Ihre Lebenswelt baut sich aus mehr oder weniger diffusen, stets unproblematischen Hintergrundüberzeugungen auf. Dieser lebensweltliche Hintergrund dient als Quelle für Situationsdefinitionen, die von den Beteiligten als unproblematisch vorausgesetzt werden. Bei ihren Interpretationsleistungen grenzen die Angehörigen einer Kommunikationsgemeinschaft die eine objektive Welt und ihre intersubjektiv geteilte soziale Welt gegen die subjektiven Welten von Einzelnen und (anderen) Kollektiven ab. Die Weltkonzepte und die korrespondierenden Geltungsansprüche bilden das formale Gerüst, mit dem die kommunikativ Handelnden die jeweils problematischen, d. h. einigungsbedürftigen Situationskontexte in ihre als unproblematisch vorausgesetzte Lebenswelt einordnen.« Vgl. dazu auch Habermas 1988b, 87 ff.
80. Bei Habermas gilt dieser dreifache Weltbezug nur innerhalb des kommunikativen, also verständigungsorientierten Handelns. Nur unter den Bedingungen kommunikativen Handelns erhebt ein Individuum alle drei Geltungsansprüche gleichzeitig, beansprucht also für seine Äußerung Wahrheit, Richtigkeit und Wahrhaftigkeit. Bei anderen Handlungstypen (Habermas unterscheidet

Huber bezieht nun verschiedene Ethiktypen auf die verschiedenen Weltbezüge mit ihren Geltungsansprüchen: Normative Ethik ist dann vorrangig an Richtigkeit, Gesinnungsethik an Authentizität und Verantwortungsethik an der Verknüpfung der drei Weltbezüge orientiert.[81] Verantwortungsethik wäre dann zu charakterisieren als kommunikatives Handeln, das, anders als die anderen Ethiktypen, auch Geltungsansprüche im Bereich der objektiven Welt erhebt. Es ist allerdings eine Verkürzung der Habermasschen Theorie kommunikativen Handelns, anhand dieser Geltungsansprüche erklären zu wollen, warum die anderen Ethiktypen Probleme der objektiven Welt vernachlässigt hätten. Denn auch auf der Basis einer Gesinnungsethik lassen sich ethische Sätze im Blick auf z.B. dic Wirtschaft formulicrcn. Da diese aber nach Hubers Zuordnung vor allem den Anspruch auf Authentizität beinhalten, hätten solche Sätze etwa die Form: »Ich persönlich finde, daß die Streichung eines Feiertages unangemessen wäre und meine, andere sollten auch so denken.«[82] Damit

weiter zwischen teleologischem, normengeleitetem und dramaturgischem Handeln) wird jeweils nur auf einen bzw. zwei Weltbezüge mit den entsprechenden Geltungsansprüchen bezug genommen. Vgl. Habermas 1981 Bd. 1, 148: »Für das kommunikative Handlungsmodell ist Sprache allein unter dem pragmatischen Gesichtspunkt relevant, daß Sprecher, indem sie Sätze verständigungsorientiert verwenden, Weltbezüge aufnehmen, und dies nicht nur wie im teleologischen, normengeleiteten oder dramaturgischen Handeln direkt, sondern auf reflexive Weise. Die Sprecher integrieren die drei formalen Weltkonzepte, die in den anderen Handlungsmodellen einzeln oder paarweise auftreten, zu einem System und setzen dieses gemeinsam als einen Interpretationsrahmen voraus, innerhalb dessen sie eine Verständigung erzielen können. Sie nehmen nicht mehr *geradehin* auf etwas in der objektiven, sozialen oder subjektiven Welt Bezug, sondern relativieren ihre Äußerung an der Möglichkeit, daß deren Geltung von anderen Aktoren bestritten wird. Verständigung funktioniert als handlungkoordinierender Mechanismus nur in der Weise, daß sich die Interaktionsteilnehmer über die beanspruchte *Gültigkeit* ihrer Äußerungen einigen, d. h. *Geltungsansprüche*, die sie reziprok erheben, intersubjektiv anerkennen.«

81. W. Huber 1983b, 156.
82. In diesem Zusammenhang ist unklar, was Huber damit meint, den systemischen Aspekt der Gesellschaft als Dimension der Lebenswelt zu fassen. (W. Huber 1983b, 155 f., Anm. 59) Folgte man diesem Vorschlag, wäre Gesellschaft insgesamt als Lebenswelt zu konzipieren. Damit wäre jedoch gerade die kritische Distanz der Lebenswelt gegenüber allen systemisch konstituierten Bereichen aufgegeben. Schließlich wird der Lebensweltbegriff von Habermas gerade eingeführt, um die Bereiche, in denen ein breiter Hintergrundkonsens vorausgesetzt werden kann, aufgrund dessen dann kommunikatives Handeln überhaupt entbunden werden kann, beschreiben zu können.

rückt Huber gesinnungsethische Argumentation in die Nähe des Emotivismus.

Vertieft wird Hubers Konzept in einem Aufsatz aus dem Jahre 1993 mit dem Titel »Toward an Ethics of Responsibility«.[83] Dort differenziert er deutlicher als zuvor zwischen spezifischen Verwendungen des Verantwortungsbegriffs.[84] In einem ersten Sinn bezieht sich dieser auf die Frage der

Vielleicht liegen Hubers Probleme mit den »Weltkonzepten« darin begründet, daß er diese reifiziert. Habermas jedoch verwendet diese Weltkonzepte so, daß er sie als Weltbezüge faßt, »die die kommunikativ Handelnden, indem sie für ihre Äußerungen Geltungsansprüche erheben, aufnehmen«. (Habermas 1981 Bd. 1, 114) Die Spitze dieser Bestimmung liegt dann doch gerade darin, daß im kommunikativen Handeln auf jeden Aspekt der Welt Bezug genommen wird, indem eine sprachliche Äußerung beansprucht, wahr zu sein (also sich auf beobachtbare Zusammenhänge der objektiven Welt zu beziehen), richtig zu sein (also sich auf normativ vermittelte Zusammenhänge der sozialen Welt zu beziehen) und wahrhaftig zu sein (also sich auf eine innere Welt zu beziehen, zu der allein der oder die Kommunizierende Zugang hat). Durch die Aufnahme der Sprechakttheorie versucht Habermas außerdem, diesen Ansatz zu einer Theorie sprachlich vermittelter Interaktion auszubauen, um den Handlungsaspekt selbst in die Kommunikationstheorie einzuholen. Vgl. dazu Habermas 1981 Bd. 1, 369 ff.

83. W. Huber 1993c.
84. Zur Genese des Verantwortungsbegriffs vgl. Bayertz 1995. Bayertz unterscheidet historisch und systematisch zwischen drei Fassungen des Verantwortungsbegriffs. Grundlegend für alle ist das Problem der Zurechnung von Handlungsfolgen auf einen Verantwortlichen. Beim klassischen Modell der Verantwortung stehen dabei die Begriffe der Kausalität, Intentionalität und Individualität im Mittelpunkt. Ausgangspunkt ist dabei die Vorstellung der Verantwortung gegenüber einem Richter, vor dem sich das Individuum für Folgen einer Handlung verantworten muß. Verantwortlich für eine Handlungsfolge ist dabei nur ein Individuum, das bewußt und mit freiem Willen intentional eine Handlung ausgeführt hat, welche zu einem andere schädigenden Ergebnis führt. Dabei wird deutlich, daß es sich bei der Verantwortung um eine dreistellige Relation handelt zwischen einem Subjekt und einem Objekt der Verantwortung sowie einem System von Bewertungsmaßstäben, welches erst eine Bewertung der Handlung ermöglicht. Daraus folgt, daß Verantwortung nur kommunikativ und sozial zu verstehen ist. Verantwortung ist daher Produkt einer Konstruktion: »Die Verantwortung wohnt nicht den Handlungen selbst inne, sondern wird den Subjekten von anderen Subjekten unter bestimmten Voraussetzungen, in bestimmten Kontexten und mit bestimmten Zielen auferlegt.« (24) Das Subjekt ist also nicht immer und unter allen Umständen verantwortlich; Verantwortung ist keine ontologische Gegebenheit, sondern eine Zuordnung.
Im zweiten Modell der Verantwortung stehen die Begriffe Risiko, Arbeitsteilung und Öffentlichkeit im Zentrum. Der Begriff der Verantwortung, in die-

persönlichen Verantwortung für eine Handlung. Der Begriff entstammt der Sphäre des Rechts: für eine Handlung (mit negativen Folgen) hat man sich vor einem Richter zu verantworten. Im christlichen Kontext wurde diese Form von Verantwortung universalisiert im Gedanken des

sem Zusammenhang erstmals auch explizit verwendet, reagiert auf den Übergang der traditionalen zur modernen Gesellschaft. Ausgangspunkt sind Probleme der Industrialisierung. Zum einen treten nun gesellschaftliche Folgen von Handlungen in den Vordergrund, Verantwortung wird zu einem öffentlichen Problem. Zugleich treten negative Folgen im Zusammenhang mit komplexen Handlungssystemen auf, so daß eine einfache Zuordnung der Verantwortung nicht mehr möglich ist. Bei solchen Problemen oder bei Systemversagen muß eine neue Möglichkeit gefunden werden, Handlungsfolgen zuzurechnen. Auf ökonomischem Gebiet leistet dies das Institut der Gefährdungshaftung, auf personaler Ebene die Delegation von Zuständigkeiten für bestimmte komplexe Sachverhalte. Damit aber erhält die Verantwortung einen prospektiven Charakter als Sorge für etwas. »Spezifisch für ›Verantwortung‹ ist gerade, daß die Anforderungen vorher *nicht* formuliert werden können und daß daher im einzelnen offenbleiben muß, *wie* Verantwortung wahrgenommen wird.« (34) Allerdings wird Verantwortung so entmoralisiert und rein funktional auf die Verantwortung für eine bestimmte Aufgabe bezogen. Dies steht wohl auch im Hintergrund von Webers Begriff der Verantwortungsethik; es geht um die Bewertung der Handlungsfolgen im Rahmen dessen, wofür ein Politiker verantwortlich ist.
Das dritte Verantwortungsmodell schließlich ist gekennzeichnet durch Globalisierung und Ontologisierung. Die globale Dimension ist dadurch erreicht, daß prinzipiell jede Handlung mit dazu beitragen kann, die Grundlagen des Überlebens späterer Generationen zu gefährden. Die Quellen der Verantwortung werden zudem ins Sein verlagert: aus dem was ist, folgt, wofür Verantwortung zu tragen ist: »Mit der Verlagerung des Grundes der Verantwortung in die Werthaftigkeit des Seins an sich verwandelt sich die Verantwortung in einen Anspruch des Objektes, der zunächst unabhängig von irgendwelchen Subjekten ›besteht‹ und sich dann sekundär an *alle* Subjekte richtet und damit schließlich an die ›Menschheit‹ als dem Kollektivsubjekt des technischen Handelns.« (60) Damit wird aber eine sinnvolle Verwendung des Verantwortungsbegriffs unmöglich gemacht, weil keine konkrete Zuordnung von Verantwortlichkeit mehr möglich erscheint. Statt dessen plädiert Bayertz für einen evaluativ neutralen Verantwortungsbegriff, der keine Wertungen konstituiert, sondern transportiert. »Daraus ergibt sich, daß jede Theorie der Verantwortung parasitär gegenüber einer Theorie der Moral ist: Sie lebt von moralischen Wertungen, die sie selbst nicht begründen kann.« (65) Dann kann Verantwortung auch wieder zum Problem werden, in dem nun gefragt wird, wer unter welchen Bedingungen verantwortlich sein kann. »Der Begriff der Verantwortung führt eine Differenz ein zwischen denen, die verantwortlich sind, und denen, die es nicht sind. Dementsprechend gehört es zu den zentralen Aufgaben jeder Theorie der Verantwortung, Kriterien dafür

eschatologischen Gerichts. »The transformation of this idea from the sphere of law to the sphere of ethics was historically possible only under the influence of the Christian idea that all humans have to give a last account to a divine judge at the end of history, in the fullness of time. Universal history as such became the ultimate horizon of human responsibility.«[85] Dadurch wird im Prinzip jede menschliche Handlung unter den Aspekt der Verantwortlichkeit gestellt, wie in der Parabel vom Weltgericht (Mt 25,31 ff.) eindrücklich dargestellt. Daß aus diesem Zusammenhang, wie Huber unterstreicht, allerdings schon folgt, daß auch die Reichweite dieser Verantwortung den universellen Horizont umfaßt, ist meines Erachtens nicht einsichtig. Es ist zwar klar, daß durch diese christliche Fassung des Verantwortungsbegriffs der Bereich der direkten Interaktion insofern überschritten wird, als aus ihr eine prinzipielle Verantwortlichkeit für Bedürftige resultiert. Aber an eine Verantwortung für Handlungsfolgen, die sich akkumulativ erst in weiterer Zukunft einstellen, wie z.B. bei ökologischen Problemen wie die Zerstörung der Ozonschicht, ist dabei noch nicht gedacht.

In einem weiteren Sinn – hier bezieht sich Huber auf Bonhoeffer und Jonas – bezeichnet Verantwortlichkeit ein Verhältnis für etwas (responsibility for«). Dies kann am »care«-Begriff verdeutlicht werden. »Of course, ›responsibility for‹ includes care, but it means more than that. It is not simply care *(Fürsorge)*, but prospective care *(Vorsorge)*. Not the instinct of care, but the specifically human capacity to anticipate the future constitutes ›responsibility for‹.«[86] Bei diesem ausgeweiteten Verantwortungsbegriff stellt sich dann allerdings die Frage, wer als Subjekt dieser Verantwortung gedacht werden kann. Denn es würde die Grenzen einer sinnvollen Verwendung des Verantwortungsbegriffes sprengen, wenn

bereitzustellen und zu begründen, wer unter welchen Bedingungen wofür verantwortlich ist (und wer nicht).« (67)
Daß eine Verantwortungsethik sich nicht allein auf das erste Modell der Verantwortung gründen kann, unterstreicht auch Huber (vgl. W. Huber 1993c, 573 f.). Allerdings tendiert sein Verantwortungsbegriff – in Anschluß an Jonas – auch zu Ontologisierung und Globalisierung mit den daraus folgenden theoretischen Problemen. Allerdings wird dies in Hubers Konzept dadurch gebrochen, daß in die Analyse die Untersuchung der Umstände, unter denen Verantwortung übernommen wird bzw. Verantwortlichkeit besteht eine Rolle spielt (»critical evaluation of the contextual conditions of action«; W. Huber 1993c, 589). In ähnliche Richtung weist die Einsicht in die Partikularität menschlicher Ziele, die letztlich auch zu unterschiedlichen Definitionen der Verantwortungszurechnung führt.

85. W. Huber 1993c, 583.
86. W. Huber 1993c, 582.

jedes Individuum prinzipiell für alles verantwortlich wäre. Deshalb dreht Huber die Richtung der Konstitution der Verantwortung um: Nicht mehr der freie Wille des handelnden Subjekts konstituiert die Verantwortung, sondern die entsprechende Situation mit ihren Handlungsmöglichkeiten und -folgen konstituiert ein verantwortliches Subjekt: »Rather the subjects of responsibility are constituted by the interplay between the specific realm of responsibility, the events possible in it, and the interpretation of the tasks emerging from it in a community of interpreters.«[87]

Dieses Verständnis von Verantwortung verlangt eine spezifische Fassung des Realitätsbegriffes. Denn wenn Realität begriffen wird in Begriffen, die eine »Eigengesetzlichkeit« der Realität suggerieren, erscheint kein Raum mehr, in dem verantwortliches Handeln noch möglich wäre. Deshalb geht Huber von einem dezidiert christologischen Realitätsbegriff aus: »To understand God as the one who entered worldly reality in faithfulness to the divine creation and for the sake of its fulfillment means to see the conflicts in reality – the conflicts between death and life, isolation and community, hatred and love, violence and peace, guilt and grace – from the perspective of the vivid and live-giving divine spirit whose presence in the world is symbolized by the incarnation, the cross, and the resurrection of Christ.«[88] Die Teilnahme an den Konflikten innerhalb der Realität bedeutet dann in christlicher Perspektive – im Sinne der Unterscheidung von »Analogie und Differenz« –, sich an Gleichnissen des gelingenden Lebens zu orientieren. Damit ist eine kritische Distanz zur Realität gegeben, die überhaupt erst verantwortliches Handeln ermöglicht. Eine Ethik der Verantwortung gewinnt so eine teleologische Struktur, weil sie ausgerichtet ist auf Zielbestimmungen verantwortlichen Handelns, die geprägt sind von eben jenen Gleichnissen des gelungenen Lebens. Allerdings steht diese teleologische Struktur unter einem Vorbehalt, der durch die Unterscheidung zwischen Eschatologie und Teleologie gekennzeichnet ist. Das eschatologische Ziel der Geschichte liegt allein im Bereich des göttlichen Handelns, es ist menschlichem Handeln entzogen. Die menschlichen Ziele sind demgegenüber relativ und fallibel. »That is reflected in the recognition that we encounter the teleological structure of ethics in form of a competeting plurality of *tele*. There is not often a competition between different persons or communities of interpretation representing different *tele*, but there is at the same time quite

87. Ebd. Daß die jeweilige Situation die Verantwortung konstituiert, ist übrigens auch eine biblische Einsicht; vgl. das Gleichnis vom »barmherzigen Samariter« Lk 10, 25 ff.
88. W. Huber 1993c, 585.

often a competition between different *tele* within the individual human agent.«[89] In dieser Situation verspricht sich Huber Orientierung durch den Bezug auf das Eschaton. Die eschatologische Perspektive muß mit der teleologischen in Beziehung gesetzt werden. Um jedoch die Zukunft offen zu halten für die Möglichkeit, sich an bestimmten Zielen zu orientieren, plädiert Huber in Anschluß an Jonas' für eine »Hermeneutik des Verdachts«. Aus ihr folgt ja, daß alle Handlungen so zu gestalten sind, daß zukünftige Generationen in der Biosphäre leben können, daß also die Lebensgrundlagen für spätere Generationen nicht durch gegenwärtiges Handeln zerstört werden. Das bedeutet für menschliches Handeln eine »Selbstbegrenzung aus Freiheit«[90] als grundlegende Tugend eines verantwortlichen Lebens.[91] Diese Selbstbegrenzung erstreckt sich auch auf den Gebrauch moralischer Prinzipien, sie beinhaltet einen reflexiven Prinzipiengebrauch. Die Durchsetzung eigener Prinzipien hat ihre Grenze in der Freiheit des oder der anderen, sich an eigenen Prinzipien zu orientieren. Dies läßt sich normativ formulieren als »Goldene Regel« auf der Ebene von Prinzipien (»respect the principles of others as much as you want others to respect your own«), woraus zwei Folgen zu ziehen sind: »The one says, respect other people in their dignity, independent of your judgement about their principles. The other says, exclude all kinds of violence from the controversies about principles or truth questions.«[92]

Auch in dieser überarbeiteten Version zielt Verantwortungsethik auf den und ist geleitet vom Gedanken der kommunikativen Freiheit. Damit bezieht Huber eine Position zwischen kommunitaristischen und liberalen Positionen. Auf der einen Seite hat der teleologische Charakter der Verantwortungsethik sein Recht. In diesem Zusammenhang sind auch die kommunitaristischen Ansätze zu lesen, die die kulturelle, gemeinschaftliche Konstitution der personalen Identität betonen und die gemeinschaftliche Fundierung der tragenden Werte und Tugenden unterstreichen. »But these perspectives emphasized in our days by many communitarian philosophers and theologians have to be related in a constructive way to the liberal heritage of their Enlightenment, namely, the respect for the freedom of conscience, for others as for oneself.«[93]

Mit dieser Bestimmung einer Verantwortungsethik hat Huber sich dann jedoch deutlich von Webers Verantwortungsbegriff abgesetzt, denn

89. W. Huber 1993c, 587.
90. So auch der Titel von W. Huber 1992c.
91. W. Huber 1993c, 588.
92. W. Huber 1993c, 589.
93. W. Huber 1993c, 590f.

dieser bezieht sich nicht nur, aber vor allem auf strategisches Handeln im Sinne eines Zweck-Mittel-Kalküls. Dies aber ist angesichts der Herausforderungen der Moderne nicht mehr hinreichend, um Verantwortung im Sinne von Für- und Vorsorge auch für künftige Generationen zu begründen. Mit dieser Verschiebung des Verantwortungsbegriff geht einher eine Veränderung des Freiheitsbegriffs. Dieser ist nicht mehr allein im Sinne der Autonomie zu konzipieren, sondern muß einer kommunikativen Grundstruktur Rechnung tragen. Dies soll Hubers Grundbegriff der kommunikativen Freiheit leisten.

Kommunikative Freiheit ist, wie bereits zu sehen war, der zentrale Begriff in Hubers ethischem Entwurf. Im folgenden soll die konkrete Bestimmung des Freiheitsbegriffes bei Huber etwas genauer betrachtet werden. Im Anschluß an die biblische, präziser: die neutestamentliche Rede von der Freiheit unterscheidet Huber vier Sprachformen. Zum einen ist Freiheit *zugesagte Freiheit*. Sie ist damit an Christus gebunden: »Die Freiheit, von der die Rede ist, wird allein durch Christus vermittelt; und zugleich: Das Werk Christi zielt auf nichts anderes als eben auf die Freiheit.«[94] Diese Bestimmung bleibt jedoch nicht abstrakt, sondern wird konkret in bezug auf die Gebundenheiten, von denen Christus befreit; Freiheit ist konkret.[95] Des weiteren ist Freiheit *ermächtigte Freiheit*. »Ermächtigt wird dazu, auch in den gegenläufigen Erfahrungen von Unfreiheit, auch in den der Freiheit fremden Ordnungen menschlichen Lebens an der Zusage der Freiheit festzuhalten.«[96] Wegen dem damit verbundenen Risiko, die zugesagte Freiheit immer wieder zu verfehlen, wird darum *zur Freiheit ermahnt*. Schließlich steht die Freiheit unter der Verheißung des kommenden Reiches Gottes; Freiheit ist also *verheißene Freiheit*. Dabei ist es wichtig, daß die Freiheit in der gegenseitigen Zuwendung der Gemeinde immer wieder erfahren und darin bewahrt wird. Die in Christus begründete und in der Gemeinde praktizierte Freiheit läßt sich darum als *kommunikative Freiheit* beschreiben: »Freiheit verwirklicht sich darin, daß der eine den anderen als Bereicherung seiner selbst und als Aufgabe des eigenen Lebens erfährt. Sie verwirklicht sich also als Gemeinschaft und in wechselseitiger Verständigung, in communio und communicatio; deshalb kann sie ›kommunikative Freiheit‹ genannt werden.«[97] Dieser Gedanke kann dann auch systematisch reformuliert

94. W. Huber 1980b, 117.
95. Vgl. auch Bartsch 1974, 138: »Die Urchristenheit hat Freiheit nicht theoretisch bestimmt, sondern sie im Gemeindeleben praktiziert.«
96. W. Huber 1980b, 117.
97. W. Huber 1980b, 118. Huber verweist für die Herkunft des Begriffes der kom-

werden: »Das Verständnis von Freiheit als kommunikativer Freiheit hat seinen Grund im Begriff Gottes, der sich als Christus definiert. In dem Sohn kommt Gott als der in Freiheit Liebende zum Menschen und befreit ihn zu einer Identität, die sich in Akten kommunikativen Daseins verwirklicht.«[98]

Dieser christliche Freiheitsbegriff korrespondiert mit dem und ist an wesentlichen Punkten unterschieden vom modernen Freiheitsverständnis, das Huber an den Aspekten wirtschaftlicher, politischer, kultureller und persönlicher Freiheit entfaltet.[99] Zwar bezieht sich christliche Freiheit konstruktiv auf diese Aspekte, läßt sich jedoch nicht auf sie reduzieren. In Weiterführung der oben genannten vierfachen Bestimmung christlicher Freiheit, verdeutlicht Huber diese weiter durch ihren persönlichen Charakter und die Einbeziehung von menschlicher Endlichkeit und Schuld. Gegen pessimistische Anschauungen, die gerade vom letztgenannten Aspekt ausgehend die Möglichkeit menschlicher Freiheit grundsätzlich negativ einschätzen, sieht Huber darin gerade ihrer realistischen und kritischen Aspekt begründet: »Aus theologischer Perspektive kommt es gerade darauf an, die Ursache der Unfreiheit, die in der *conditio humana* selbst liegt, von den Ursachen von Unfreiheit zu unterscheiden, die durch menschlich gemachte und veränderbare Bedingungen bestimmt sind.«[100]

Von diesem so definierten Begriff der kommunikativen Freiheit aus nähert sich Huber *kommunitaristischen Anliegen*. Die Brücke bilden hier Überlegungen zu Problemen, die mit den Stichworten Individualisierung und Wertewandel bezeichnet werden. Es können an dieser Stelle die beiden Theoreme nicht näher diskutiert und auf ihre Plausibilität hin befragt werden, obwohl ich bei einigen Deutungen der Individualisierungsthese deutliche Bedenken habe.[101] Huber jedenfalls deutet die Diskussion um

munikativen Freiheit auf Michael Theunissen; Theunissen 1978, 37ff. und 433ff.; vgl. schon Theunissen 1976, 453. Den Theuniss'schen Begriff der kommunikativen Freiheit rekonstruiert Habermas in der Analyse dessen Hegel- und Kierkegaardrezeption und zeigt auf, wie kommunikative Freiheit im Kern durch die theologische Intuition begründet ist, »daß der Mensch, um ganz selbst sein zu können, seiner eigenen kommunikativen Freiheit eine Ermächtigung durch die absolute Freiheit Gottes voraussetzen muß.« (Habermas 1992b, 127)

98. W. Huber 1980b, 118; unter Aufnahme der Barthschen Begrifflichkeit.
99. W. Huber 1996a, 101 ff.
100. W. Huber 1996a, 108.
101. Vgl. zu dieser Kritik z.B. Keupp 1995a und seine Deutung von Ergebnissen aus der empirischen Netzwerkforschung.

den »Wertewandel« als »Übergang von materialistischen zu postmaterialistischen Werten«.[102] »Als postmaterialistisch [...] gelten die Bedürfnisse nach Selbstverwirklichung und Anerkennung, weil sie sich mit der geistigen und sozialen Existenz des Menschen verbinden.«[103] Allerdings ist die Hoffnung verfehlt, daß mit diesem Wertewandel eine stärkere Betonung gemeinschaftlicher Lebensformen verbunden ist. Mit Bellah geht Huber eher davon aus, daß die »Maximierung der materiellen Bedürfnisbefriedigung« und die »Maximierung von Selbstverwirklichung, ästhetischer Befriedigung und sozialer Anerkennung« sich gegenseitig zu einer neuen Form von Individualismus verstärken.[104] Diese Tendenz zur Individualisierung – unbeschadet der Tatsache, daß der Wertewandel nicht einfach als Werteverfall gedeutet werden kann, wie vor allem konservative Kritiker unterstellen – läßt sich anhand von vier Komponenten beschreiben: der Auflösung traditioneller Lebensformen und der mit ihnen verbundenen gesellschaftlichen Bindungskraft, der Anforderungen an die Individuen, ihre eigene Identität selbst aufzubauen, ohne auf vorgegebene Muster ohne Begründung zurückgreifen zu können, der Pluralisierung von Lebensstilen und Lebensformen sowie einer erhöhten Sensibilisierung im Blick auf Probleme der eigenen Lebensführung.[105]

Damit sind die Fragen angeschnitten, die im Zentrum der Kontroverse zwischen Liberalismus und Kommunitarismus stehen. Diese findet auf vier Ebenen statt:[106] Die damit verbundenen Debatten »betreffen erstens die Konstitution des Selbst, das heißt die Kritik des atomistischen Personenbegriffs der liberalen Theorie; zweitens den Vorrang individueller Rechte vor gemeinschaftlichen Konzeptionen des Guten, das heißt das Problem der ethischen Neutralität von Gerechtigkeitsprinzipien; drittens geht es um die Voraussetzungen und Bedingungen politischer Integration und Legitimation; und viertens schließlich um die Möglichkeit und Begründung einer universalistischen und formal-prozeduralistischen Gerechtigkeitstheorie.«[107] Verallgemeinert besagt, so war in Abschnitt III.1.2 ja zu sehen, die kommunitaristische These, soweit man angesichts der Spannbreite von Autoren wie MacIntyre und Sandel auf der einen und Taylor und Walzer auf der anderen Seite von *der* kommunitaristischen

102. Huber schließt sich damit an die Arbeiten Ingleharts – vor allem Inglehart 1995 – an.
103. W. Huber 1996a, 111.
104. Ebd.; mit Bezug auf Bellah et al. 1985.
105. So W. Huber 1996a, 112ff. unter Berufung auf U. Beck 1986, Beck/Beck-Gernsheim 1994 und Schulze 1993.
106. Vgl. hierzu Forst 1993.
107. Forst 1993, 182.

These überhaupt sprechen kann, daß grundsätzlich vom Vorrang des Guten vor dem Gerechten und daher auch von einem Vorrang der Gemeinschaft vor dem Individuum ausgegangen werden müsse. Damit ist dann die Frage gestellt, wie Freiheit konzipiert werden kann, ohne das Konzept von persönlicher Freiheit zugunsten des Vorrangs der Gemeinschaft aufzugeben. Für Huber ist dies mit der Rede von der kommunikativen Freiheit ermöglicht: »Wer christliche Freiheit als kommunikative Freiheit auslegt, greift in diese Debatte (scil. zwischen Liberalismus und Kommunitarismus) mit einem Angebot ein, das die Alternative zwischen einem Vorrang der Freiheit – Liberalismus – und einem Vorrang der Gemeinschaft – Kommunitarismus – hinter sich läßt. Christliche Freiheit als kommunikative Freiheit bedeutet, daß die Gleichursprünglichkeit von Individualität und Sozialität, von Selbstbestimmung und Solidarität im Begriff der Freiheit selbst verankert ist. Christliche Freiheit als kommunikative Freiheit bedeutet, daß gelebte Freiheit die knappe Ressource Solidarität nicht aufzehren muß, sondern erneuern kann.«[108] Theologisch ist dieser Freiheitsbegriff insofern zu bestimmen, als sich menschliche Freiheit von der Freiheit Gottes unterschieden weiß und sich als endliche Freiheit begreift. Damit wird auch deutlich, daß eine Erhöhung der Freiheitsgrade auf einen moralischen Rahmen angewiesen ist, der die Freiheit begrenzt. Schließlich ist die Frage zu stellen nach den gemeinschaftlichen Lebensformen, die den Raum geben, kommunikative Freiheit zu leben.[109] So kommt die Rolle der *Kirche* als Raum und Anwältin dieser kommunikativen Freiheit in den Blick.

»Die Kirche ist der *Raum gelebter Freiheit*. Sie verfügt nicht über die Freiheit, sondern sie ist der Raum der Freiheit, weil in ihr das Wort von der Befreiung verkündigt wird. Die Freiheit, die sie so erfährt, ist kommunikative Freiheit; deshalb befähigt das befreiende Wort die Kirche dazu, eine *Zeugnis- und Dienstgemeinschaft* zu sein, eine zugleich *offene und bekennende Kirche für andere*.«[110] Der Begriff in dem bei Huber diese Aufgabenbestimmung zusammengedacht ist, ist der der *Konziliarität*. Er stammt aus dem ökumenischen Diskussionszusammenhang und wird von Huber zu einem zentralen ekklesiologischen Begriff weiterentwickelt.

108. W. Huber 1996a, 114. Vor diesem Hintergrund kritisiert Huber auch Rendtorffs Fassung einer Theorie menschlicher Lebensführung: »Der Protestantismus muß in der Krise der Moderne zum Verständnis menschlicher *Lebensführung* etwas anderes beitragen als die Apologie der individuellen Freiheit. Sein Beitrag muß auf eine Gestalt menschlichen Lebens zielen, in der solidarische, kommunikative Freiheit wirklich wird.« (W. Huber 1990, 65)
109. Vgl. hierzu W. Huber 1995a.
110. W. Huber 1978, 215.

Ausgangspunkt ist dabei die Erfahrung, daß die verschiedenen Kirchen in der Ökumene unterschiedliche kulturelle, theologische und institutionelle Prägungen besitzen. Deswegen wird die »Einheit in der Vielfalt« zum Problem. Konziliarität ist daher ein Gegenbegriff zu einem unverbindlichen Pluralismus. Konziliarität wird von Huber als die Art und Weise des Konfliktaustrages konzipiert, die Einheit in Verschiedenheit ermöglicht, ohne dabei die Unterschiede zu verwischen und ohne die Einheit der Kirche als Utopie aufzugeben.[111] »Konziliarität meint die besondere Form, in welcher in der christlichen Kirche der Streit um die Wahrheit und deren Konsequenzen ausgetragen wird. Sie ist der Inbegriff der Formen von Verständigung im Konflikt, die für die Kirche kennzeichnend sind. Die Kirche als Gemeinschaft der Verschiedenen bedarf einer Lebensform, in der die Einheit in der Pluralität immer wieder neu gewonnen werden kann. Von Anfang an zeigt sich das im Ringen um solche Einheit in der Pluralität nicht nur in den Einzelgemeinden, sondern auch zwischen ihnen.«[112] Damit ist angesprochen, daß die konziliare Struktur, in der kommunikative Freiheit gelebt werden kann, auf allen Ebenen der Kirche angesetzt werden muß; sie gilt daher für Ortsgemeinden, Initiativgruppen, Regionalkirchen und ökumenische Zusammenschlüsse.[113]

Konziliarität bezeichnet bei Huber die besondere Form, wie Kirche Konflikte austrägt, die durch die kommunikative Freiheit bestimmt und begrenzt ist. Allerdings ist weitergehend zu fragen, wie sich von dort aus das Verhältnis der Kirche zur Öffentlichkeit bestimmt; denn daran entscheidet sich, ob kirchliche Moral sich nur als Binnenmoral bestimmen lassen kann oder ob kirchliche Moral in der Öffentlichkeit als Kritik oder Bestätigung gesellschaftlicher Verhältnisse einen eigenen Anspruch hat. Huber diskutiert dies anhand der Unterscheidung zwischen dem Öffentlichkeitsanspruch des Evangeliums und dem Öffentlichkeitsauftrag der Kirche.[114] Anhand dieser Unterscheidung verdeutlicht Huber, daß allein dem Evangelium ein Öffentlichkeitsanspruch zukommen kann: »Will man vom Verhältnis von Kirche und Öffentlichkeit theologisch zureichend sprechen, so muß also der Hinweis auf den universalen Heilswillen Gottes und den darauf bezogenen Anspruch des *Evangeliums* auf öffentliche, universale Geltung am Anfang stehen. Erkennt man diesen als einzig legitim an, so muß sich alle öffentliche Wirksamkeit der Kirche daran prüfen lassen, ob sie diesem Öffentlichkeitsanspruch des Evangeliums

111. Vgl. W. Huber 1980a, 120ff.
112. W. Huber 1993a, 78.
113. Zur Typologie kirchlicher Strukturen vgl. W. Huber 1979, 44ff.
114. Vgl. W. Huber 1973, 611ff.

entspricht und dient.«[115] Nur von diesem Öffentlichkeitsanpruch des Evangeliums her läßt sich der Öffentlichkeitsauftrag der Kirche interpretieren: die Kirche dient in ihrem Handeln diesem ihr vorhergehenden Anspruch.

Daraus folgt, daß christliche Ethik auch als kirchliche Ethik nicht allein auf eine Binnenmoral beschränkt bleiben kann. »Vielmehr eignet dem christlichen Ethos wesentlich ein öffentlicher Charakter; ethische Einsichten, die im Zusammenhang des christlichen Glaubens gewonnen wurden, sollen in den öffentlichen Dialog eingebracht und zu anderen ethischen Positionen in ein argumentatives Verhältnis gesetzt werden.«[116] Dies ist in der Gegenwart um so wichtiger, als die Öffentlichkeit selbst keine einheitliche Größe mehr ist, sondern in sich selbst pluralistisch strukturiert ist. Auch hier macht sich Huber kommunitaristische Theoriebildung zu eigen, wenn er von der »öffentlichen Kirche in pluralen Öffentlichkeiten«[117] spricht: »Der Raum des Öffentlichen, in dem die allen gemeinsamen Aufgaben artikuliert werden und um ihre Lösung gestritten wird, bildet sich also durch die Interaktion zwischen einer Vielzahl von Gemeinschaften, die die Fähigkeit zu verantwortlichem Urteilen und Handeln zunächst im überschaubaren Bereich von ›face-to-face-communities‹ ausbilden.«[118] Damit nähert sich Huber allerdings dem Hauerwasschen Kirchenbegriff an, der, wie oben bereits dargestellt, Kirche ausschließlich als Charakter- und Tugendgemeinschaft bestimmt und sie damit der Gesellschaft bzw. anderen Gemeinschaften innerhalb der Gesellschaft schlicht entgegensetzt. Den damit verbundenen Problemen kann Huber nur entgehen, wenn er seinen vierfach gegliederten Begriff der kirchlichen Struktur gegenüber dem einlinigen Modell Hauerwas' deutlich profiliert.

Im Blick auf die Frage nach gesellschaftlicher Inklusion oder Exklusion ermöglicht dieses Konzept große Flexibilität. Denn es ist nicht auf eine bestimmte Form dieser Unterscheidung festgelegt. Die Frage also, mit Hilfe welcher Differenz prozessiert werden soll, kann sie, über die Gegensetzung von offener Kirche und geschlossener Gesellschaft hinaus, jeweils aktuell und problembezogen reagieren, indem sie etwa für eine Option für die Armen plädiert, Menschenrechte einfordert oder für eine kulturelle Öffnung eintritt. Im Blick auf Migration und durch Migration induzierte Probleme kann so auf unterschiedliche Situationen unter-

115. W. Huber 1973, 620.
116. W. Huber 1993a, 77.
117. So W. Huber 1994.
118. W. Huber 1994, 170.

schiedlich reagiert werden, wobei die Kirche keinen direkten Zugriff zu politischen Regelungsinstanzen hat, sondern über die Vermittlungsinstanz Öffentlichkeit auf andere gesellschaftliche Gruppen einwirken muß. Mit allen pluralistischen Ansätzen hat dieser jedoch gemeinsam, daß sichergestellt werden muß, daß Pluralität nicht zu Beliebigkeit wird. Deshalb muß Kirche sich intern festlegen auf bestimmte Optionen. Dies kann in protestantischem Sinne jedoch auch wiederum nur durch öffentliche (konziliare) Prozesse geschehen, in denen um die Wahrheit gestritten und Konsense gesucht werden.

2.5 Konsequenzen

Die Frage nach Partikularität und Universalität christlichen Glaubens und seiner Gestaltung in einer Gemeinschaft der Glaubenden verweist immer auf Verhältnisbestimmungen. Zum einen ist die Grenzziehung zwischen innen und außen zu bedenken; im Sinne einer Selbstbestimmung also die Frage nach der Zugehörigkeit. Zum zweiten jedoch wird auch die Verhältnisbestimmung zwischen dieser Gemeinschaft und der Umwelt, in der sie existiert, zum Thema theologischer Reflexion. Diese zweite Perspektive wurde in der Tradition – und wird zum Teil auch noch in der gegenwärtigen theologischen Diskussion – als Verhältnisbestimmung zwischen Kirche und Staat diskutiert, vorwiegend im Zusammenhang der Lehre von der Königsherrschaft Christi oder der sogenannten Zwei-Reiche-Lehre. In neuerer Zeit wird zunehmend die Frage gestellt, ob diese Unterscheidung der gesellschaftlichen Komplexität der Moderne noch gerecht wird, und ob nicht statt dessen umfassender das Verhältnis von Kirche und Öffentlichkeit thematisiert werden müßte oder ob stärker systemtheoretisch orientiert das Verhältnis des Subsystems Religion in seinen Referenzen zum Gesamtsystem und zu den anderen Subsystemen reflektiert werden müßte. Ich möchte diese Diskussion an dieser Stelle nicht weiter verfolgen. Denn mein Interesse ist es nicht, diese Verhältnisbestimmung näher zu diskutieren. Mit geht es ja vielmehr im Kontext der Migration um die Frage der Inklusion und Exklusion aufgrund ethnischer oder kultureller Unterscheidungen.

Im Durchgang durch verschiedene Ansätze theologischer Ethik konnte in diesem Kapitel gezeigt werden, daß nur eine solche Position hinreichend Spielraum für eine angemessene Thematisierung der Inklusions- und Exklusionsproblematik hat, die die Unterscheidung zwischen Partikularismus und Universalismus intern noch einmal reformulieren kann. Als solcher Ansatz hat sich das Hubersche Konzept einer Verantwortungsethik erwiesen, das über die Begriffe von Kirche und Öffentlichkeit sowohl erlaubt, eine spezifische christliche Sichtweise auf das Problemfeld zu entwickeln und gleichzeitig als öffentliche Theologie trotzdem – als partikulare Position – den Anspruch auf universale Relevanz zu erheben. Wenn dies die angemessene Art und Weise ist, auf die Ausgangsproblematik einzugehen, muß dann gefragt werden, welche Überlieferungen aus der christlichen Tradition für die Formulierung einer christlichen Position zu Inklusion und Exklusion herangezogen werden kann. Deshalb soll im folgenden zunächst diskutiert werden, ob es Traditionsbestände in der jüdischen und christlichen Überlieferung gibt, die Hinweise darauf geben, wie in der aktuellen Situation aus theologischer Perspektive hinsichtlich der Frage nach Exklusion und Inklusion geurteilt werden kann.

3. Aspekte der jüdischen und der christlichen Tradition

In diesem Kapitel soll es darum gehen, die Aspekte der jüdisch-christlichen Tradition zu skizzieren, die für die Frage nach Inklusion und Exklusion bedeutsam sind. Hierbei bieten sich zunächst solche Texte an, die sich explizit mit dem Thema der »Fremden« auseinandersetzen. Es wird sich jedoch im Verlauf der Untersuchung zeigen, daß über diesen Textbestand hinausgegangen werden muß, soll das Phänomen angemessen thematisiert werden. Dies liegt darin begründet, daß in antiken Gesellschaften die Frage von Exklusion und Inklusion nicht anhand ethnischer Kategorien entschieden wurden. Vielmehr ging es auf der einen Seite um Herrschaftsbereiche, die multiethnisch strukturiert waren (die antiken Großreiche), auf der anderen Seite – vor allem in Israel und später in den christlichen Gemeinden – um Grenzziehungen, die der religiösen Eigenlogik dieser Gebilde folgten. Wer »wir« und wer »die anderen« sind, wurde also durch die religiösen Semantik bestimmt, etwa durch die Unterscheidung Christen/Heiden. Es ist abschließend dann zu fragen, was die Ergebnisse der Traditionssichtung für das Verständnis einer christlichen Ethik beitragen.

Es ist allerdings nicht selbstverständlich, daß in einer ethischen Untersuchung ausführlich auf das Zeugnis der biblischen Überlieferung Bezug genommen wird. Deshalb ist das Vorgehen näher zu begründen. In den vorhergehenden Kapiteln wurde gezeigt, daß sich eine theologische Ethik als eine spezifische *Ethik* darstellen muß, die sich ihrer partikularen Herleitung bewußt ist, ohne deshalb den Anspruch aufzugeben, allgemeine Geltungsansprüche zu erheben. Dies ergab sich aus der Spannung zwischen dem besonderen Ort der theologischen Ethik innerhalb einer geschichtlich verankerten narrativen Tradition und dem Öffentlichkeitsauftrag, der aus dem Evangelium folgt. Wenn die spezifisch christliche Identität zu verstehen ist vor dem Hintergrund der ihr eigenen *story*, muß zunächst gefragt werden, in welcher Weise das hier behandelte Thema in ihr behandelt wird. Dies wirft natürlich Fragen auf, wie das komplexe Verhältnis zwischen biblisch vermittelter Tradition und christlicher Identität zu bestimmen ist. Deshalb muß in einem ersten Abschnitt dieser methodischen Frage noch einmal nachgegangen werden. Dabei kann auf Ergebnisse der Darstellung verschiedener ethischer Ansätze, wie sie in Kapitel III.2 erfolgte, zurückgegriffen werden. Dies wird durch einige weitere Überlegungen ergänzt. Daraufhin sind die Inhalte der Tradition zu befragen, um schließlich in einem Resümee Leitlinien für die folgende Untersuchung des Problems zu entwickeln.

3.1 Die Bedeutung der christlichen Tradition für die christliche Identität

Bei *Ogletree* hat der Rekurs auf die biblischen Traditionen seinen Ort in der symbolischen Ethik. Diese bezieht sich auf die Interpretation der Traditionen, die dem moralischen Verständnis zugrunde liegen: »Here the theme is not the elemental constituents of our worldly being, but particular, historically relative configurations of shared meanings which mold, express, and bestow significance on the moral life of communities and societies to which we belong.«[1] Im speziellen Fall der christlichen Ethik ist hier der Raum für die Interpretation der christlichen Tradition einschließlich ihrer biblischen Grundlagen. Hermeneutisch orientiert sich Ogletree an Gadamer. Ziel der Interpretation der biblischen Texte ist es, Tradition und lebensweltlich geprägte Gegenwart so aufeinander zu beziehen, daß im Rekurs auf die Tradition die gegenwärtige Praxis in ein kritisches Licht gerückt wird. Dabei wird von Ogletree vorausgesetzt, daß die biblische Überlieferung grundlegend ist für gegenwärtige moralische Überzeugungen: »If we turn to the Bible in our ethical inquiries, it is because we believe that it can disclose something important about moral experience. The interest in the Bible is not simply historical, the attempt to re-present moral notions which are characteristic of an ancient cultural totality, for the sake, let us say, of an enlarged consciousness of the origins of our own culture. It is existential, the concern to make sense of the moral life in relation to possibilities opening up in our own setting. It is for the sake of truth and goodness that we turn to the Bible.«[2]

Bei *Tödt* und *Huber* wird der Bezug zur biblischen Tradition unter dem Stichwort »Analogie und Differenz« explizit diskutiert. Beide entwerfen damit, in Anschluß an Barths Rede von der »analogia relationis«, ein Grundmodell theologischen Denkens, in dem Gleichnisse des Wirkens Gottes in der Welt so zur Sprache gebracht werden, daß mit ihnen die menschliche Praxis kritisch in den Blick genommen wird. Für den Umgang mit der biblischen Tradition folgt daraus, daß nicht aus den biblischen Schriften die Normen erst zu erheben und zu begründen sind, viel-

1. Ogletree 1985, 11.
2. Ogletree 1983, 1.

mehr haben die Schriften eine kritische Funktion, indem sie aufzeigen, in welchen Zusammenhängen christliches Denken über das Vorfindliche hinauszugehen hat. So eignet der theologischen Ethik im wesentlichen eine kritische Funktion gegenüber Ethik und Moral der Öffentlichkeit. Auf der anderen Seite gestattet die Gedankenfigur von Analogie und Differenz Anregung und Kritik in der anderen Richtung, nämlich daß die Kirche durch Normen und Werte aus dem öffentlichen Raum hinterfragt und kritisiert wird. In Aufnahme der Barthschen Terminologie heißt dies für Huber/Tödt: »Ordnungsprinzipien der ›Christengemeinde‹ und solche der ›Bürgergemeinde‹ verhalten sich demzufolge nicht so zueinander, als seien in nur einer Richtung die einen aus den anderen deduziert; sondern sie stehen zueinander im Verhältnis wechselseitiger Anregung und produktiver Klärung wie Kritik.«[3]

Es ist weder Zufall noch Nachlässigkeit, daß in der Darstellung von *Rendtorffs* Entwurf die Frage nach der Rolle der biblischen Tradition für eine theologische Ethik nicht diskutiert wurde, sie wird von ihm nicht explizit gestellt, im Sachregister fehlen bezeichnenderweise die Stichworte »Bibel« oder »Schrift«. Allerdings erörtert Rendtorff das Thema im Zusammenhang der Rolle der Tradition für die ethische Lebensführung unter dem Grundsatz: *»Ethik impliziert immer eine Traditionsbildung.«*[4] Die Traditionsbildung wird dabei von Rendtorff individuell gedacht. »Wer sich für bestimmte Werturteile entscheidet, entscheidet sich damit auch dafür, sie gegebenenfalls tatsächlich auszuführen. Er entscheidet sich dafür, sie als Voraussetzung seines Handelns zu akzeptieren und anzuerkennen. Damit entscheidet er sich aber für eine gewisse *Stetigkeit seines Handelns*, nicht nur für eine subjektive Auffassung über Werturteile. [...] Ein moralisches Handeln unterscheidet sich von einer willkürlichen und beliebigen Lebensführung dadurch, daß es sich selbst an Voraussetzungen bindet, im Verhältnis zu denen es sich auch selbst beurteilen kann.«[5] In

3. Huber/Tödt 1977, 208.
4. Rendtorff 1990, Bd. 1, 113.
5. Ebd. Die Problematik dieser Position liegt darin, daß Rendtorff hier vom Bild eines autonomen Individuums ausgeht, daß sich durch freie Entscheidung selbst an bestimmte Werturteile bindet. Leitend mag hier der Gedanke der »freien Selbstwahl« sein, den Mill in seiner Schrift »Über die Freiheit« entwickelt. Dabei unterschlägt Rendtorff freilich, daß sich jedes Individuum bereits in einem Raum vorfindet, der schon moralisch vorstrukturiert ist. Diesen Sachverhalt versucht Taylor zu berücksichtigen, indem er von Rahmenbedingungen (frameworks) spricht, innerhalb derer sich das Individuum verorten muß. Aber auch diese Verortung geschieht nicht durch eine einsame Entscheidung, sondern ist vermittelt durch die Biographie des jeweiligen In-

diesem Zusammenhang spricht Rendtorff von der »Ausbildung einer Lebensform«. Aber auch diese ist Folge des individuellen Entscheidens. »Die ethische Urteilsbildung bildet selbst eine Lebensform, sie errichtet Voraussetzungen, die das Handeln im einzelnen und die Lebensführung im Ganzen leiten.«[6] Erst von der individuellen Traditionsbildung gewinnt Rendtorff dann einen Zugang zur Tradition ethischer Urteilsbildung überhaupt. »Ethische Traditionen sind die lebenspraktisch gewordene

dividuums. »Ich definiere, wer ich bin, indem ich den Ort bestimme, von dem aus ich spreche: meinen Ort im Stammbaum, im gesellschaftlichen Raum, in der Geographie der sozialen Stellungen und Funktionen, in meinen engen Beziehungen zu den mir Nahestehenden und ganz entscheidend auch im Raum der moralischen und spirituellen Orientierung, in dem ich die für mich wichtigsten definierenden Beziehungen durch das Leben selbst herstelle.« (Taylor 1991, 69) In diesem Zusammenhang spricht Taylor von einem »unentrinnbaren Horizont«, vor dem bereits definiert ist, welche Fragen und Werte Bedeutung haben und welche nicht. Deshalb ist das Modell der freien Wahl im Blick auf die grundlegenden Werte, auf die sich eine Person bezieht, unzureichend, denn »die eigene Identität kann ich nur vor dem Hintergrund von Dingen definieren, auf die es ankommt. Wollte ich jedoch die Geschichte, die Natur, die Gesellschaft, die Forderungen der Solidarität und überhaupt alles ausklammern, was ich nicht in meinem eigenen Inneren vorfinde, so würde ich alles ausschließen, worauf es möglicherweise ankommen könnte. Nur wenn ich in einer Welt lebe, in der die Geschichte, die Forderungen der Natur, die Bedürfnisse meiner Mitmenschen, die Pflichten des Staatsbürgers, der Ruf Gottes oder sonst etwas von ähnlichem Rang eine ausschlaggebende Rolle spielt, kann ich die eigene Identität in einer Weise definieren, die nicht trivial ist.« (Taylor 1991, 51) Diesem Sachverhalt versucht Rendtorff zwar dadurch Rechnung zu tragen, daß er davon ausgeht, daß jede Ethik eine Welt impliziert. Für die christliche Ethik folgt daraus: »Der Aufbau und der Ausbau christlicher Ethik ist unlöslich verbunden mit dem Leben und der Sozialität von Kirche und Gemeinde. [...] Richtiger Lebenswandel und richtige Lehre, Orthodoxie und Orthopraxie, bestimmen und bedingen sich gegenseitig. Sie bilden in geschichtlicher Hinsicht so etwas wie eine christliche Lebenswelt.« (Rendtorff 1978b, 215) Eine Lebenswelt kann man sich aber nicht einfach aussuchen, sondern man findet sich darin vor. Gerade in der Lebenswelt ist der Hintergrund vorstrukturiert, vor dem Verständigung überhaupt erst möglich ist. Die Pointe liegt darin, daß dieser lebensweltliche Hintergrund eine selbstverständliche Geltung besitzt. Nimmt man diesen Gedanken ernst, wird unklar, inwiefern unter diesen Umständen überhaupt noch von einer *Entscheidung* im Blick auf Werturteile gesprochen werden kann, es sei denn, Rendtorff meint, auch die Übernahme dessen, was sich ohnehin nicht ändern läßt, sei schon eine Entscheidung.

6. Rendtorff 1990, Bd. 1, 114.

Form des ethischen Diskurses. Deshalb gehört zu ihrer inneren Geltung auch dessen Fortführung.«[7]

Seltsamerweise kommt die ethische Tradition in der Architektonik dieser ethischen Theologie nur unter dem Gesichtspunkt der Gebotsethik in den Blick. »Die Antwort der ethischen Tradition oder die Gebotsethik verweist den Fragenden auf eine ihm vorgegebene Autorität. Das heißt zunächst nichts anderes, als daß sie ihn auf Antworten verweist, die von anderen vor ihm gegeben worden sind, im Unterschied zu einem eigenen Gebot, einer selbstgewählten Maxime des Handelns. Das muß als eine sinnvolle Antwort akzeptiert werden, die tatsächlich auch in sehr vielen Fällen gegeben wird. Diese Antwort stellt die eigene, individuelle Lebensführung in den Zusammenhang einer größeren Gemeinschaft und verweist sie auf gültige überindividuelle Orientierungen:«[8] Dies kann doch aber nur dann eine sinnvolle Antwort sein, wenn *die* Tradition *meine* Tradition ist, in die ich gestellt bin oder in die ich mich gestellt habe. In einem anderen Zusammenhang hat Rendtorff die Funktion der Tradition allerdings weiter – und damit meines Erachtens zutreffender – gefaßt: »Die Traditionen der christlichen Ethik lassen erkennen, daß es der Ethik niemals nur um ein Sollen gegangen ist, sondern immer auch um die das Handeln tragenden Strukturen der Wirklichkeit.«[9] Insofern trägt die christliche Ethik bei zum Aufbau einer christlichen Lebenswelt.[10]

Allerdings gilt dabei in jedem Fall, daß Traditionen der Kritik offenstehen. Unter Aufnahme eines Arguments von Lübbe geht Rendtorff dabei davon aus, daß nicht die Tradition ihre Richtigkeit zu begründen hat, sondern daß die Beweislast bei der Veränderung von traditionell geltenden Normen auf der Seite derer liegt, die für eine Änderung plädieren.[11]

In diesem Sinne versteht Rendtorff die Auslegung der biblischen Botschaft als bestimmende Tradition in der Geschichte des Christentums. »Nicht die Theorie der Ethik, ihre Begründung und systematische Ent-

7. Ebd.
8. Rendtorff 1990, Bd. 1, 102.
9. Rendtorff 1978b, 216.
10. Dabei ist zu bedenken, daß es nicht *eine* christliche Lebenswelt gibt, sondern daß diese in ihrer Ausprägung von historischen und gesellschaftsspezifischen Besonderheiten abhängig ist. So auch Hertz 1978, auf den Rendtorff in diesem Zusammenhang verweist. »Entscheidend für die Existenz und die Gestaltung einer christlichen Lebenswelt ist daher immer das jeweils vorherrschende Selbstverständnis der christlichen Gemeinschaften, welches das theologische Deutungsschema für das Handeln und damit auch für die gesellschaftliche Integration durch dieses Handeln impliziert.« (Hertz 1978, 241)
11. Rendtorff 1990, Bd. 1, 114.

wicklung haben in der vom Christentum bestimmten Welt die geschichtlich bestimmende Rolle, sondern die Tradition der Auslegung biblischer Worte und Motive im Kontext der je neu geforderten ethischen Stellungnahme. Auch in der Folge der durch das neuzeitliche Denken weitgehend veränderten Weltsicht bleibt es deswegen ein wichtiges Desiderat der Theologie, sich über den Zusammenhang zwischen systematisch verfahrender Theologie und Auslegung der Bibel Rechenschaft abzulegen.«[12] Rendtorff macht hier zu Recht darauf aufmerksam, daß bei jeder Bezugnahme auf die Bibel nicht die Schrift selbst, sondern deren Auslegung die zentrale Rolle spielen. Der Zugang zur biblischen Tradition ist immer vermittelt durch Interpretation, weswegen die Reflexion über die der Interpretation zugrunde liegende Hermeneutik ein besonderes Gewicht erhält. Dies gilt auch im Blick auf die wissenschaftliche Exegese. Diese ist auf der einen Seite kritisch gegenüber den Geltungsansprüchen, die unter Beziehung auf die Schrift erhoben werden. »Diese historisch-kritische Funktion ist gleichsam das Wächteramt der Theologie gegenüber dem Autoritätsanspruch der Kirche, der sich selbst ja auf die vorausgesetzte Autorität der Heiligen Schrift beruft.«[13] Auf der anderen Seite ist die wissenschaftliche Exegese selbst noch einmal kritisch zu befragen, um nicht einem »Biblizismus höherer Ordnung« zu verfallen, der die Ergebnisse der Exegese selbst absolut setzt.

Konsequenterweise spielen biblische Begründungen bei den Konkretionen der Ethik keine Rolle. Gegebenenfalls wird die Bedeutung biblischer Motive in der christlichen Tradition erörtert, wobei Rendtorff vor allem das reformatorische Grundprinzip der Freiheit gegen eine traditions- und autoritätsfixierte Fassung ethischer Aussagen in Anschlag bringt.[14] Als Regulative fungieren bei ihm nicht Hinweise auf die biblische Tradition, sondern theologische Basisannahmen wie die Rede von der Schöpfung und eben die reformatorische Freiheitslehre. An ihrer angemessenen Berücksichtigung entscheidet sich das christliche und theologische der Ethik.

Bei *Hauerwas* besteht – so war im entsprechenden Abschnitt zu sehen – eine enge Verknüpfung zwischen *story* und Gemeinschaft. Für die theologische Ethik ausschlaggebend ist dabei die die Kirche bestimmende *story:* die Geschichte Gottes mit der Welt. In ihr hat sich Gott in Israel und Jesus Christus offenbart, wobei die Offenbarung narrativen Charak-

12. Rendtorff 1990, Bd. 1, 49.
13. Ebd.
14. Vgl. z.B. die Erörterung des Obrigkeitsverständnisses in Rendtorff 1990, Bd. 2, 47 ff.

ter hat, denn »Gott (hat sich) selbst durch eine erzählte Geschichte in der Geschichte Israels und im Leben Jesu offenbart. Obwohl ein großer Teil der Bibel nicht die literarische Form der Erzählung besitzt, ist es vielleicht nicht zufällig, daß dies für die Evangelien zutrifft. In jedem Fall erzählt die Bibel als ganze die Geschichte des Bundes mit Israel, des Lebens, des Todes und der Auferstehung Jesu und der andauernden Geschichte der Kirche als Zusammenfassung dieses Lebens.«[15] Israel und die Kirche sind also die Träger dieser Geschichte. In ihnen hat die Ethik ihren Platz: »Unser zentrales Anliegen hat darin zu bestehen, besser zu verstehen, wie wir dem Gott gemäß leben können, den wir in den ›erzählten Geschichten‹ von Israel und Jesus finden, und wie diese ›bestimmten Geschichten‹ uns dabei helfen, die Mittel und Wege bereitzustellen, durch die wir andere Geschichten, die unser Leben für sich in Anspruch nehmen, wahrnehmen und uns kritisch aneignen können.«[16] Das Entscheidende dieser *story* – so war weiter zu sehen – ist deren transformativer Charakter. Die *story* Gottes bleibt der Kirche und den einzelnen, die sich zu der Kirche zählen, nicht äußerlich, sie bestimmt und verändert das Leben von Kirche und Christinnen und Christen. Für die Kirche ergibt sich daraus die ethische Aufgabe, Zeugendienst zu leisten gegenüber der Welt. Dies geschieht durch Treue zu ihrer Bestimmung: »Vielmehr ist die erste sozialethische Aufgabe der Kirche diejenige, Kirche zu sein – als Dienstgemeinschaft. [...] Als solche hat die Kirche keine Sozialethik; die Kirche ›ist‹ eine Sozialethik.«[17]

Weiter wurden zwei Elemente der Reflexion auf die bestimmte Geschichte Gottes unterschieden, die Hütter Entdeckungs- und Begründungszusammenhang nennt. Letzterer ist dabei »das an die Geschichte Gottes gebundene Bedenken und Gewahrwerden dessen, worin die Urteile, das Handeln, die Praxisformen und die Tugenden ihren Grund haben.«[18] Kirchliche Ethik stellt sich deshalb bei Hauerwas dar als Reflexionszusammenhang, in dem Entdeckung (im Sinn der Situations- und Kontextanalyse) und Begründung (im Sinn der kritischen Vergegenwärtigung der narrativen Tradition) wechselseitig aufeinander bezogen werden. »Das Verhältnis von Begründungszusammenhang und Entdeckungszusammenhang ist somit als ein *Zirkel* zu verstehen, in dem die im Entdeckungszusammenhang gefällten Urteile, das in ihm erfolgte Handeln und die in ihm eingeübten Praxisformen im Begründungszusammen-

15. Hauerwas 1983a, 75.
16. Hauerwas 1981b, 352.
17. Hauerwas 1983a, 159.
18. Hütter 1993, 241.

hang auf ihre Konsistenz hin überprüft und somit begründet bzw. in einer Weise kritisiert werden, die ein anderes Urteilen und Handeln und andere Praxisformen erforderlich machen, die sich wiederum im Entdekkungszusammenhang zu bewähren haben.«[19] Die dem angemessene Methodik der Ethik ist weiter als narrative Kasuistik zu kennzeichnen. Sie zielt also nicht auf die Frage, was zu tun geboten ist, sondern auf die Ausbildung einer spezifisch christlichen Identität. »Somit entgeht kirchliche Ethik der Gefahr, der eine Ethik, die sich am Primat der Frage ›Was soll ich tun?‹ orientiert, verfällt, nämlich von der Geschichte zu abstrahieren, die die Identität des Handlungssubjektes bestimmt. Kirchliche Ethik dagegen thematisiert genau diese.«[20]

Eine ähnliche Position wie Hauerwas beziehen Bruce C. *Birch* und Larry L. *Rasmussen* in ihrer Untersuchung »Bibel und Ethik im christlichen Leben«, die nach ihrer Erstveröffentlichung 1976 in den USA ein weites Echo gefunden hat und 1989 in überarbeiteter Fassung neu publiziert wurde.[21] Auch diese Arbeit gehört zum Kontext kommunitaristisch orientierter Theologie, die Grundbegrifflichkeiten (Gemeinschaft, Tugend, Charakter, *story*) decken sich weitgehend mit denen Hauerwas‹. Ausgangspunkt der Untersuchung ist die These: »Die Bibel hat für das christlich-moralische Leben form- und normgebende Bedeutung. Christliche Ethik ohne die Schrift wäre nicht christliche Ethik.«[22] Allerdings geht christliche Ethik nicht in biblischer Ethik auf, weil aufgrund der Historizität des biblischen Zeugnisses zum einen bestimmte moralische Probleme der Gegenwart in der Bibel noch nicht thematisiert sein können, weil sie zur Abfassungszeit noch nicht existierten (z.B. Gentechnologie) oder weil sich der Kontext, in dem die Probleme stehen, grundlegend verändert hat (z.B. Ursachen des Hungers) und weil zum anderen biblische Texte in einer bestimmten kulturellen Situation entstanden sind und diese reflektieren. Was damals als selbstverständlich galt, kann heute nicht mehr in gleicher Weise übernommen werden.

Konsequenterweise vertreten Birch und Rasmussen auch keine Variante der Inspirationslehre. Die Autorität der Bibel liegt nicht in ihr selbst, sondern sie kommt ihr von außen zu: »Es heißt nicht, ›diese Urkunden sprechen mit Vollmacht‹, sondern: ›Jesus sprach mit Vollmacht‹. Die Autorität der Bibel selbst ist lediglich die indirekte Autorität des Zeugnisses

19. Hütter 1993, 246f.
20. Hütter 1993, 249.
21. Birch/Rasmussen 1989.
22. Birch/Rasmussen 1989, 20.

derer, die die Vollmacht der Worte Jesu an sich selbst erfuhren.«[23] Darum ist die Bibel als Buch der Kirche in der Kirche zu lesen; nur in ihr hat sie moralische Relevanz. Sie verleiht der Kirche ihre Identität, insofern diese in der Kontinuität der Geschichte Gottes mit den Menschen entspricht, wie sie in der Bibel bezeugt ist. »Kraft ihrer einzigartigen Beziehung zur Kirche ist die Bibel somit *ständige* Quelle, aus der die Gemeinde zur Formung moralischen Charakters und beim Fällen sittlicher Entscheidungen schöpft. Für Christen gibt es keine anderen Quellen sittlicher Weisheit, die dieses Kennzeichen für sich beanspruchen könnten. Der Vorrang der Bibel als Autorität für christliche Ethik bedeutet, daß sie deren einziger *notwendiger* Bezugspunkt ist. Er muß in *aller* ethischen Besinnung, die in der Kirchc stattfindct, ernstgenommen werden.«[24]

Allerdings legen Birch/Rasmussen Wert darauf, daß die Moral nicht »pur« aus den biblischen Texten extrahiert werden kann. Aufgrund ihres historischen Charakters bedarf die Bibel der methodischen Auslegung. Dabei ist es ihnen wichtig, daß bei der Exegese im Blick auf moralische Fragen der gesamte Kanon der Bibel in seiner Reichhaltigkeit ausgeschöpft wird; insofern geht es nicht um das Belegen von bestimmten Normen durch aus dem Zusammenhang gerissene Textstellen. Trotzdem lassen sich Birch/Rasmussen zufolge Tradition und aktuelle Situation sehr direkt aufeinander beziehen. »Die Anwendung der Bibel auf ethische Themen geschieht nicht mechanisch, sondern dialogisch. Der eine Pol des Dialogs ist die Situation, der unsere moralischen Anliegen entwachsen. Der andere Pol ist ein volles Verständnis des biblischen Zeugnisses, zu dem wir durch diszipliniertes exegetisches Nachdenken gelangen.«[25] Unter dieser Prämisse kann die Bibel in vierfacher Hinsicht auf das sittliche Leben der Gemeinde wirken: Zum einen wirkt die Bibel mit bei der Ausformung christlicher Identität und eines christlichen Charakters. Weiterhin kann die Bibel unmittelbar moralische Anweisungen erteilen: »Die vom biblischen Zeugnis benannten sittlichen Imperative sind als Teil der grundlegenden Identität der Gemeinde zu internalisieren.«[26] Zum anderen stellt die Bibel Perspektiven bereit, unter denen aktuelle ethische Probleme diskutiert werden können und schließlich dient sie als Grundlage konkreter Entscheidungsfindung bei anstehenden Problemen.

Mit diesen Schlußfolgerungen unterlaufen Birch/Rasmussen meines Erachtens jedoch den Standard, den sie selbst anlegen. Die historische

23. Birch/Rasmussen 1989, 188.
24. Birch/Rasmussen 1989, 192.
25. Birch/Rasmussen 1989, 211.
26. Birch/Rasmussen 1989, 226.

und kontextuelle Differenz wird übersprungen, wenn den Aussagen der Bibel direkte sittliche Imperative zu entnehmen sind: Die Tendenz wäre ein moralischer Biblizismus. Dieser wird auch dadurch nicht entschärft, daß das Subjekt der Exegese die christliche Gemeinschaft mit ihrer eigenen Tradition ist, die in Beziehung zur biblischen Tradition gesetzt wird. Denn die je eigene Tradition wird von Birch/Rasmussen so gedacht, daß sie direkt von jener beeinflußt ist beziehungsweise sich durch sie beeinflussen lassen soll.

Die dargestellten Positionen bieten einen Querschnitt durch die Verhältnisbestimmungen zwischen biblischer Tradition und Ethik. Während bei Rendtorff diese Verhältnisbestimmung dahin tendiert, von konkreten Traditionen zu abstrahieren und statt dessen auf allgemeine Prinzipien abzuheben, die der christlichen Tradition zu eigen sind, stehen auf der anderen Seite Hauerwas und Birch/Rasmussen, die der biblischen Tradition unmittelbar normative Bedeutung beilegen – allerdings bei Hauerwas mit der Einschränkung, daß es weniger um Handlungsnormen geht, sondern um die inhaltliche Bestimmung des »christlichen Charakters« mit dem ihm zukommenden Tugenden, aus dem dann jedoch bestimmte Handlungen folgen. Eine vermittelnde Position nehmen Tödt und Huber ein, bei denen der Bezug auf die biblische Tradition ein kritisches Korrektiv darstellt und dazu dient, mögliche Handlungs- oder Verhaltensoptionen unter einen »eschatologischen Vorbehalt« zu stellen.

Es ist deutlich, daß hier eine enge Verbindung zwischen der jeweiligen Ekklesiologie und der Rolle der biblischen Tradition für die Ethik besteht. Hauerwas – in ähnlicher Weise auch Ogletree – konzipiert Kirche nach dem Bild einer »community«, die durch eine bestimmte Tradition geprägt ist. Dementsprechend ist der Rekurs auf die Gründungstraditionen das hauptsächliche Verfahren ethischer Urteilsbildung, weil nur in der Treue zur Tradition die jeweilige »community« ihre Identität bewahren kann. Rendtorff hingegen löst die Kirche auf in den allgemeineren Begriff des Christentums. Unter den Bedingungen der Moderne kann dann der Bezug auf biblische Tradition keine bedeutende Rolle mehr spielen, statt dessen müssen die allgemeinen Prinzipien geltend gemacht werden, die der, vom Christentum selbst geprägten, Kultur zugrunde liegen. Huber und Tödt schließlich nehmen hier eine Mittelposition ein, weil sie Kirche differenziert betrachten in ihrem Wechselverhältnis von Analogie und Differenz zur sie umgebenden Gesellschaft. Was für die christliche Tradition gilt, gilt ebenso für das Verhältnis der Kirche zur Gesellschaft: sie ist sowohl ein Teil von ihr und steht ihr trotzdem in kritischer Solidarität gegenüber. Dann kann die Bedeutung der biblischen Tradition nur die sein, die – zugegeben partikulare – Identität kritisch gegenüber gesellschaftlichen Tendenzen in Anschlag zu bringen und argumentativ zu bewähren. Was tragen diese Beobachtungen aus für die Frage, wie und unter welchen Bedingungen der Rekurs auf das biblische Zeugnis für eine theologische Ethik notwendig und möglich ist?

Christofer Frey unterscheidet zwischen verschiedenen Formen der Begründung normativer Sätze in der Ethik. Dabei geht er grundsätzlich davon aus, daß die Methode der Deduktion bestimmter sittlicher Normen aus allgemeinen Prinzipien aus theoretischen Gründen nicht mehr aufrechterhalten werden kann. Statt dessen führt er vier Begründungstypen ein. Zum einen die »Rückführung in allgemeine Bestimmungsgründe«[27], die allerdings nur »als nachträglicher Akt« denkbar ist und daher bereits Normsätze voraussetzt, die geschichtlich in Geltung sind. Hier unterscheidet Frey zwischen regulativer (auf Universalisierbarkeit beruhender), transzendentaler (auf die Freiheit des Subjekts bezogener), generalisierter (empirisch an den Handlungsfolgen orientierter) und schematisierender (an Schlußverfahren orientierter) Prüfung. Ein weiterer Begründungstyp zielt auf die soziale Geltung im lebensweltlichen Kontext der Subjekte (Toulmin, Habermas). Der nächste Typ schließlich ist durch seine anthropologische Argumentation charakterisiert. Hier sieht Frey drei grundlegende Probleme: angesichts geschichtlicher Erfahrung ist der Ausgangspunkt bei der Autonomie des Menschen fragwürdig; wird angesetzt bei der Fähigkeit, rational zu prüfen und – wie etwa bei Rawls – einen neutralen Standpunkt einzunehmen oder sich in den jeweils anderen hineinzuversetzen, ist theologisch zu fragen, ob dann nicht die Realität der Sünde verkannt wird; und schließlich ist die Frage nach der Motivation für ethisches Handeln zu stellen. Wegen dieser Probleme schlägt Frey eine vierte Möglichkeit der Begründung vor, die sich an »Perspektiven menschlichen Lebens« orientiert. »Es handelt sich um geschichtlich gewordene, tradierte Perspektiven, die der Geschichtlichkeit des Offenbarungszeugnisses durch die Zeiten entsprechen können.«[28] Das allerdings setzt eine gewisse kulturelle Übereinkunft voraus, wie diese Perspektiven schon bestimmt sind, so daß an dieser Stelle nach der kirchlichen Vermittlung dieser Perspektiven in theologischer Hinsicht zu fragen ist.

Geht es in der Begründung einer theologischen Ethik um solche Perspektiven, verbietet sich ein deduktives Herleitungsverfahren. »Die sog. biblische Begründung kann nur theologisch – und damit systematisch – erfolgen. Sie gibt kein deduktives Verfahren für materiale sittliche Nor-

27. Frey 1993; ich beziehe mich im folgenden, wenn nicht anders angemerkt, auf die Darstellung der Begründungstypen auf S. 25f.
28. Frey 1993, 26.

men an, sondern setzt umfangreiche Normensysteme voraus, die entweder bekräftigt, modifiziert oder erweitert, vielleicht auch deutlich revidiert werden müssen. Diesen in sozialen Mitwelten eingeschlossenen Normensystemen bietet sie *Leitperspektiven* an«[29]

Der von Frey hier verwendete Normbegriff ist freilich etwas unscharf und meint wohl Handlungsorientierungen im umfassenden Sinn, zu denen neben Normen auch zum Beispiel Werte oder Tugenden zu rechnen sind. Perspektivierung meint dann, daß durch die sogenannte biblische Begründung Rahmen und Richtung der Orientierung entwickelt werden. Für die ethische Analyse folgt daraus meines Erachtens, daß zum einen diese Perspektiven aus der Tendenz der biblischen Überlieferung erhoben werden müssen und dann in einem weiteren Schritt bestehende Orientierungen daraufhin untersucht werden müssen, ob sie diesen Perspektiven entsprechen. In diesem Sinne ist die biblische Perspektivierung der theologischen Ethik sowohl konstruktiv als auch kritisch. Die Perspektivierung kann auf der einen Seite helfen, neue Orientierungen zu gewinnen und entsprechendes Handeln zu erproben, und auf der anderen Seite die kritische Analyse aktueller Handlungs- und Verhaltensformen zu hinterfragen. Damit wäre einerseits dem Postulat Rechnung getragen, daß sich christliche Ethik immer auf die Bibel zu beziehen habe. Andererseits wäre der Tendenz zu einem moralischen Biblizismus gewehrt, wie sie in den Ansätzen von Hauerwas und Birch/Rasmussen zu beobachten war. Und schließlich entspräche dieses Verfahren der Unterscheidung zwischen Analogie und Differenz in dem Sinne, daß beide sowohl konstruktiv als auch kritisch auf die ethische Urteilsbildung bezogen werden könnten.

3.2 Die »Fremden« im Alten Testament

In der theologischen Diskussion um eine Fremden- oder Migrationsethik spielt die Frage nach den »Fremden« im Alten Testament eine bedeutende Rolle. Dies liegt darin begründet, daß zum einen die »Fremden«-Gesetze eine eingehende Auseinandersetzung mit der Problematik vermuten lassen, und daß in Motivationssätzen zu rechtlichen Aussagen häufig auf den »Fremden«-Status Israels in Ägypten Bezug genommen wird, daß also Recht und eigene Identität eng verklammert scheinen. Dieser auf den ersten Blick eindeutige Befund stellt sich bei genauerer Analyse jedoch als äußerst heterogen dar. Denn in der aktuellen Diskussion

29. Frey 1993, 28f.

ist sowohl umstritten, welche Personengruppe mit den »Fremden« *(gerim)* in den entsprechenden Gesetzestexten überhaupt gemeint ist, als auch, welcher historischen und sozialen Situation diese Texte zuzurechnen sind. Darüber hinaus sind beide Fragen in der Diskussion aufeinander bezogen, weil einerseits die historische Situation zur Datierung der Texte herangezogen wird, und weil andererseits die Texte selbst Aufschluß über diese Situation geben sollen. Eine nicht bloß oberflächliche Diskussion der Fremdenthematik in den Texten des Alten Testaments hat sich daher der Analyse dieser Quellenprobleme zu stellen, will sie nicht vorschnell aktuelle Fragestellungen in diese Texte hineintragen. Deshalb soll im folgenden in einem ersten Schritt der Frage nach der mit *gerim* bezeichneten Personengruppe nachgegangen werden, Daraufhin müssen die Texte, die sich auf diese *gerim* beziehen, selbst untersucht werden; und schließlich ist die Frage zu beantworten, welche Rolle die eigene Identität spielt, wenn das Verhalten im Blick auf die *gerim* begründet werden soll.

Zur Wortbedeutung

In den hier zur Debatte stehenden Texten, bezeichnet *ger* – und das dazugehörende Verb *gur* – den Personenkreis, der gewöhnlich mit fremd, Fremder oder Fremde wiedergegeben wird. Allerdings zeigt Christoph Bultmann in seiner für das Thema einschlägigen Arbeit, »daß in dem Begriff *ger* selber kein Aspekt von Fremdheit im Sinne ausländischer Herkunft liegt. Bei der Erklärung des Wortes ist von dem Verb *gûr* auszugehen, das ein Ansässig-Sein bedeutet, das vom Ort des tatsächlichen Aufenthalts aus als das eines ›Fremden‹ erscheint.« Dieser ist also »fremd im Verhältnis zum einzelnen jeweiligen Ort seines Aufenthalts«.[30] Allgemein ist daher zu sagen, daß er eine Zwischenstellung zwischen Einheimischen und Fremden einnimmt. »Er lebt unter Leuten, die nicht blutsverwandt mit ihm sind, und er entbehrt daher des Schutzes und der Privilegien, die üblicherweise durch Blutsverwandtschaft und Geburtsort vorgegeben sind.«[31] Dabei – und das räumt auch Bultmann ein, der sonst dieser Bestimmung kritisch gegenübersteht – kann die Fremdheit über nationale Grenzen hinweg begründet sein.[32] Abzulehnen ist weiterhin die Parallelisierung der *gerim* mit dem griechischen Typus des Metöken

30. Bultmann 1992, 22. Zu Äquivalenten zu *ger* in anderen semitischen Sprachen vgl. Bultmann 1992, 22ff. und Kellermann 1973, 980ff.
31. Kellermann 1973: Sp. 983.
32. Bultmann 1992, 17.

(μετοικος).[33] Abgesehen davon, daß in LXX *ger* in der Regel mit *proselytos* (προσηλυτος)[34] übersetzt wird, sprechen vor allem inhaltliche Gründe dagegen. »Der Begriff des Metöken ist jedoch an die entsprechenden griechischen Stadtverfassungen und das nach ihnen geltende Bürgerrecht gebunden, zu dem aus dem antiken Israel und Juda nichts Vergleichbares bekannt ist.«[35] Vor allem der unterschiedliche soziale Rang des griechischen Metöken ist mit dem, was aus den Texten des Alten Testaments spricht, nicht vergleichbar. Eher entsprechen den *gerim* im griechischen Kontext die *thetes* (θητες), ungebundene Lohnarbeiter ohne soziale Bindungen.[36]

Auf jeden Fall ist der *ger* deutlich unterschieden vom *nokri*, der am ehesten mit »Ausländer« zu übersetzen ist.[37] Dies gilt vor allem für die entsprechenden deuteronomischen und deuteronomistischen Texte, im priesterschriftlichen Bereich werden diese als *bene nekar* bezeichnet.[38] In den gesetzlichen Bestimmungen des Dtn taucht der *nokri* vor allem in Zusammenhang mit wirtschaftsrechtlichen Regelungen auf.[39] »Die Texte lassen erkennen, daß der in Israel lebende Ausländer wohl häufig ein wirtschaftlich selbständiger und kapitalkräftiger Händler war«.[40] Auf die Unterscheidung zwischen *ger* und *nokri* werde ich weiter unten zurückkommen.[41]

Gerim – Sozialfall oder Fremde?

Wer also waren die *gerim*, von denen die alttestamentlichen Texte sprechen? Von einer Reihe Autoren werden sie identifiziert oder in Verbindung gebracht mit Flüchtlingen aus dem Nordreich Israel nach der assyri-

33. Dies legen nahe z.B. Bertholet 1896, 30, Kellermann 1973, 983f.
34. Zu προσηλυτος vgl. Kuhn 1959. In seltenen Fällen wird *ger* auch mit παροικος übersetzt, vgl. van Houten 1991, 179ff.
35. Bultmann 1992, 29. Vgl. hierzu auch Amusin 1981, 22f. mit einer genauen Auflistung der Konvergenzen und Divergenzen.
36. So Bultmann 1992, 29ff. in der Auseinandersetzung mit Webers Identifizierung der *gerim* mit den Metöken; so in Weber 1921.
37. Vgl. z.B. 1 Kön 8, 41: ein *nokri*, »der nicht von deinem Volk Israel ist, aus fernem Lande kommt«.
38. Vgl. Lang/Ringgren 1986: Sp. 456ff.
39. In Dtn 14, 21a, 15, 1ff. und 23, 20f.; vgl. dazu Bultmann 1992:93ff.
40. Schwienhorst-Schönberger 1990b, 114.
41. Zwischen dem *ger* und dem oftmals gleichzeitig genannten *toschab* sind keine Bedeutungsunterschiede festzustellen; vgl. schon, mit ausführlichen Hinweisen, Schmidt 1945, 279.

schen Invasion 722 v. Chr.[42] Es muß jedoch damit gerechnet werden, daß dieser Prozeß schon früher einsetzte. »Es war erst das unaufhaltsame Vorrücken der Assyrer und das Ende so vieler ehemals selbständiger Völker und Kleinstaaten in der zweiten Hälfte des 8. Jhs. v. Chr., das große Flüchtlingsströme auslöste.«[43] Gegen diese Interpretation erhebt Bultmann gewichtige Einwände. Sein Hauptargument ergibt sich aus seiner Auffassung, bei den *gerim* handele es sich um Angehörige eines sozialen Typus, die als landlose und bedürftige Menschen ihren Ort innerhalb der judäischen Gesellschaft, vor allem im ländlichen Milieu hätten.[44] Bultmann zufolge lassen sich in den entsprechenden Texten des Dtn keine Hinweise darauf finden, daß in dieser Zeit von einem massiven Auftreten solcher Personen auszugehen ist. Tatsächlich läßt sich dies auch kaum nachweisen. Crüsemann, der vor allem diese These vertritt, bezieht sich in seiner Argumentation auf archäologische Funde in Jerusalem, die darauf schließen lassen, daß in der fraglichen Zeit die Bevölkerung massiv angewachsen ist. Jedoch läßt sich ein Zusammenhang der Stadterweiterung mit der Flucht nordisraelitischer Bevölkerung bestenfalls wahrscheinlich machen, aber nicht historisch verifizieren.[45]

Auch wenn sich für die Identifikation der *gerim* mit Nordisraeliten keine eindeutigen Belege finden, stellt sich die Frage, warum offensichtlich erst in Texten aus der späten Königszeit ein Regelungsbedarf für die wirtschaftliche und soziale Situation der *gerim* entstand. Denn wenn man von der Erwähnung im Bundesbuch, Ex 22,20aα, absieht,[46] wird die *gerim*-Problematik erst in Texten des Dtn zum Thema.[47]

42. So z. B. von Cohen 1990, der den Terminus *ger* ausschließlich auf die Bevölkerung Nordisraels bezieht, allerdings aufgrund einer fragwürdigen Interpretation chronistischer Berichte, von Crüsemann 1987, 16 und wiederum Crüsemann 1993a, 344, Kellermann 1973, 986 und Schwienhorst-Schönberger 1990b, 112.
43. Crüsemann 1993a, 340.
44. Bultmann 1992, 44.
45. So auch Meier 1981, auf den sich Crüsemann vor allem bezieht. Meier versteht die »hypothetische Verbindung mit der biblischen Überlieferung 2 Chron 30,25«, in der von *gerim* die Rede ist, die aus Israel gekommen waren und in Juda wohnten, »voll und ganz als Desiderat«. (Meier 1981, 43) Auf jeden Fall kann die historisierende Deutung der späten Überlieferung in 2 Chr 30,25 nicht, wie Crüsemann es offensichtlich tut, als direkter Beleg für die Verbindung geltend gemacht werden.
46. Die Datierung des Bundesbuches ist insgesamt umstritten. Jedoch selbst wenn man es vordeuteronomisch ansetzt, läßt sich bestenfalls eine Datierung in der späten Königszeit plausibel machen. Dazu später mehr.
47. Natürlich wird auch die Datierung des Dtn kontrovers diskutiert; vgl. hierzu

Damit ist offen, wer oder was im *7. Jahrhundert*, wenn nicht Flüchtlinge vor den Assyrern, zum Auftreten des Problems geführt haben könnte. Dieser Frage geht Bultmann jedoch nicht weiter nach: »Wie die Waise und die Witwe scheint der soziale Typus des *ger* zum regelmäßigen Bild der judäischen Ortschaft zu gehören.«[48] Der Schutz von Witwen und Waisen ist im Alten Orient in vielen Kulturen seit dem dritten Jahrtausend als soziales Anliegen belegt.[49] Auch in vordeuteronomischen Texten werden Witwen und Waisen zusammen und jeweils einzeln unter besonderen sozialen Schutz gestellt.[50] Jedoch erst in deuteronomischen Texten werden Fremde, Waisen und Witwen als feststehende Gruppe genannt.[51] Die Zuordnung der *gerim* in diese Gruppe erklärt sich aus deren identischer Situation. Witwen und Waisen fallen aus den verwandtschaftlichen Solidaritätsbeziehungen, die in deuteronomischer Zeit vor allem durch die Familie gewährleistet werden,[52] heraus; dies gilt in gleichem Maße für die Fremden.

Es spricht folglich vieles dafür, daß erst in der entsprechenden Zeit – anders als zuvor – die *gerim* als besonders zu schützende Gruppe auftreten. Bezeichnenderweise spielen die »Fremden« auch in den älteren Gesetzestexten aus der Umwelt Israels nur eine geringe Rolle.[53] Wenn auch

Preuß 1982. Trotzdem kann unbeschadet der Debatte, ob das Dtn auf nordisraelitische Traditionen zurückgeführt werden kann, als terminus ad quem die sogenannte josianische Reform (2 Kön 22 f.) und somit das Jahr 622 v. Chr. festgehalten werden.

48. Bultmann 1992, 44. Bultmann nennt in diesem Zusammenhang zwar Verschuldungsprozesse, Erbteilung und große Kinderzahl bei gleichzeitig kleiner Betriebsgröße als verursachende Faktoren, jedoch geht er nicht der Frage nach, ob die Opfer jener Prozesse in den relevanten Texten auch als *gerim* bezeichnet werden oder ob andere soziale Gruppen diejenigen sind, die als Opfer aus diesen Prozessen hervorgehen.
49. Vgl. Krapf 1984, 87 mit Textbelegen.
50. Ebd.
51. Krapf 1984, 88 f.
52. Vgl. Kippenberg 1982, 23 ff. »Der Austausch von Frauen, Gütern und Diensten ist relativ zur agnatischen Gruppe: zum Haushalt hin wird er intensiver, zu den entfernten Verwandten des Clans hin schwächer. Die Gegenseitigkeit ist relativ zum Verwandtschaftssystem, woraus resultiert, daß die Begriffe der Verwandtschaft eine Erwartung solidarischen Handelns implizieren.« (29) Vgl. auch Otto 1994, 180 f.
53. Während Krapf die Einbeziehung Fremder in die sozialen Schutzbestimmungen als spezifisch israelitisches Anliegen sieht, weist Otto darauf hin, daß auch das mesopotamische Ethos entsprechende Weisungen kennt, die – wie im israelitischen Recht – theologisch begründet werden (Otto 1994, 84). Vgl. dazu auch Stamm 1974, 42 ff.

Bultmann zuzustimmen ist, daß es sich bei den *gerim* um einen »sozialen Typus« handelt, bleibt die Frage im Raum, welche Bedingungen zu seinem Entstehen geführt haben; wie sich dieser also in der Zeit zwischen frühem Königtum und 7. Jahrhundert entwickelt hat. Deshalb muß an dieser Stelle den sozialgeschichtlichen Verhältnissen der Zeit nachgegangen werden.

Die Quellenlage für eine Darstellung der *sozialgeschichtlichen Verhältnisse* in *der Königszeit* ist recht spärlich. Die beiden aktuellsten Untersuchungen zu diesem Bereich arbeiten daher mit der Interpretation sozialkritischer Texte vorexilisch datierter Propheten.[54] Ausgangspunkt ist bei beiden Arbeiten die These, daß zu Beginn der Königszeit der gesellschaftliche Reichtum relativ egalitär verteilt war. Mit der Etablierung des Königtums beginnt eine soziale Differenzierung in der Gesellschaft, die sich zuerst in der Gegenüberstellung von Königshof und Bevölkerung ausdrückt.[55] Durch diese Entwicklung zerbricht das alte Sozialgefüge noch nicht; doch hier werden die Grundlagen für eine spätere Differenzierung geschaffen. Katalysatoren für diese, spätestens ab dem achten Jahrhundert einsetzende, soziale Aufspaltung in Arme und Reiche sind z.B. die Schaffung eines zentralen Verwaltungswesens sowie die zunehmende Verstädterung. Während Fleischer den Grund dieser sozialen Entwicklung vor allem im Bevölkerungswachstum, verbunden mit einer Verkleinerung der bäuerlichen Betriebe durch Erbteilung erkennt,[56] sieht Kessler bislang keine Möglichkeit, den Auslöser der Entwicklung präzise zu bestimmen.[57] Die Tendenz dieser Entwicklung läßt sich trotzdem beschreiben: »Die zunehmende Bevölkerungszahl ließ die Menschen in Juda, die vorstaatlich unter den Bedingungen bäuerlicher Subsistenzökonomie lebten, nicht mehr ihr Auskommen finden, was zu Arbeitsteilung, Spezialisierung und zur Urbanisierung führte. In judäischen Provinzstädten und in Jerusalem entstanden Handwerkerquartiere. Mit dem Umzug von Familien in die Städte verloren die gentilen Sozialbeziehungen an Bedeutung, da in den Städten Familien unterschiedlicher Herkunft zu-

54. So Fleischer 1989 für das Nordreich aufgrund des Propheten Amos und Kessler 1992 für das Südreich mit Jesaja, Micha, Zephanja, Jeremia, Habakuk und Ezechiel.
55. So auch Kessler 1992, 157ff., der das soziologische Modell des »frühen Staates« übernimmt.
56. Vgl. Fleischer 1989, 370ff. Fleischer scheint dabei allerdings ein relativ konstantes lineares Wachstum anzunehmen, das jedoch ist schwer zu verifizieren. Hinzu kommt, daß er sein Modell analog der Entwicklung im Languedoc zwischen 15. und 18. Jahrhundert entwickelt.
57. Vgl. Kessler 1992, 124ff.

sammenwohnten. Die Urbanisierung und die damit verbundene Entsolidarisierung wurde im 8. Jahrhundert durch Hiskias Politik der Konzentration der Bevölkerung in befestigten Städten noch verstärkt.«[58] Weiterhin können ökonomische Mechanismen und deren Folgen, die die Situation verschärften, aufgezeigt werden: Eine wichtige Rolle spielt die Dynamik des Schuldenwesens, die dazu führt, daß vormals Freie zu Abhängigen und Mittellosen werden. Dies wird noch verschärft durch vermehrte Heranziehung der Landbevölkerung für königliche Frondienste und durch die Folgen der Kriegführung.[59] Es kommt zu einer Konzentration von Reichtum in den Händen weniger bei gleichzeitiger Verelendung immer größerer Teile der Bevölkerung.

Auf diese Situation reagiert die prophetische Sozialkritik, indem sie das alte Solidaritätsethos gegen die Durchsetzung ökonomischer Interessen in Anschlag bringt. Für unseren Zusammenhang entscheidend ist an dieser Stelle, daß dabei die Verlierer der Entwicklung bezeichnet werden. »Opfer dieser Entwicklung sind zwei unterscheidbare, aber bei Jesaja nahe zusammengesehene Gruppen. In 3,14 f. spricht Jesaja von den ›Elenden‹. Diese erscheinen in 10,2 erneut, u. zw. zusammen mit den ›Geringen‹. Es sind die wirtschaftlich Schwachen, die aufgrund ihrer Überschuldung in Abhängigkeit von den Reichen sind. In 10,1 f. werden mit ihnen die Witwen und Waisen genannt, die ohne diese auch in 1,17.23 erscheinen. Sie sind die personae miserae, die – wie die ›Elenden‹ und ›Geringen‹ – unter dem Aspekt ihrer Schwäche und Schutzbedürftigkeit gesehen werden.«[60] Nicht nur bei Jesaja, auch z. B. bei Jeremia werden die Opfer näher bezeichnet mit »Waisen« oder die »Armen« (Jer 5,28). Selbst also in zeitlicher Nähe zu Dtn werden die *gerim* nicht als Opfer der sozialen Entwicklung gesehen. Dem entspricht, daß van Houten klar zwischen den klassischen personis miseris und den Armen unterscheidet: »The poor are a group distinct from the widow, orphan and alien. The laws dealing with the poor are concerned only with indebtedness. They seek to return those Israelites who are losing or have lost their land to ownership through laws regulating the sabbath year and debt servitude. The laws are preventing landed Israelites from becoming destitude. The laws dealing with the alien, widow and orphan (and sometimes slaves and Le-

58. Otto 1994, 180.
59. Vgl. Kessler 1992, 117 ff. Für die Bedeutung der Frondienste für die prophetische Sozialkritik und auch die Theologie des Deuteronomiums vgl. Crüsemann 1983b.
60. Kessler 1992, 43.

vites) have a different thrust. The laws are providing for the economic maintenance of groups of people who have no land.«[61]

Das Fehlen der Gruppe der *gerim* in der prophetischen Sozialkritik ist also zumindest erklärungsbedürftig; jedenfalls widerspricht der Befund der Annahme Bultmanns, *gerim* als soziale Gruppe habe es in den Dörfern und Städten schon immer gegeben. Unter diesen Umständen ist daher doch die These wahrscheinlicher, daß es sich bei den *gerim* um Fremde handelt, die vor allem als Flüchtlinge in das Land gekommen sind. Allerdings ist zuzugestehen, daß diese Gruppe in den entsprechenden rechtlichen Texten nicht in ihrer Eigenschaft als Fremde, sondern im Blick auf ihren sozialen und ökonomischen Status thematisiert wird. Die Alternative »Sozialfall oder Fremde« erweist sich damit als kurzschlüssig. Es ist deshalb Crüsemann zuzustimmen, daß der Begriff des *ger* – wie der deutsche des »Flüchtlings« – »quer zur Frage der nationalen oder gar religiösen Herkunft und Prägung« liegt.[62] Es geht nicht um die Frage der nationalen oder ethnischen Identität, sondern um die Fremdheit in bezug auf die aktuelle örtliche und soziale Situation. Davon können sowohl Angehörige des eigenen Volkes, die – aus welchen Gründen auch immer – ihre Heimat verlassen haben, als auch Angehörige anderer Völker, die das gleiche Schicksal erlitten haben, betroffen sein. Für die weitere Betrachtung, wie nun die Bestimmungen im Blick auf die *gerim* aussehen, kann als vorläufiges Ergebnis festgehalten werden: *Gerim* sind zu verstehen als »Fremde« im Blick auf den bestimmten Status von sozial Hilfsbedürftigen, weil sie weder über verwandtschaftliche Solidarität noch Boden als Sicherungsgrundlage verfügen.

Vom sozialen Schutzrecht bis zur Frage der Integration: Entwicklungen in den gesetzlichen Regelungen im Blick auf die gerim[63]

Als älteste Norm zum Schutz von Fremden wird meist eine Bestimmung im *Bundesbuch*, Ex 22,20-23, genannt. Der ursprüngliche Kern lautet in der Übersetzung von Schwienhorst-Schönberger:[64]

61. Van Houten 1991, 95.
62. Crüsemann 1993a, 344.
63. Die folgende Darstellung erhebt nicht den Anspruch, einen kompletten Überblick über die einschlägigen Regelungen zu liefern. Ich werde exemplarisch die Stellen herausgreifen, aus denen die besondere Situation der *gerim* deutlich wird. Für einen umfassenden Überblick verweise ich auf die Monographien von van Houten 1991 und Bultmann 1992.
64. Schwienhorst-Schönberger 1990b, 111. Die Entstehung und Redaktion des Bundesbuches werden kontrovers diskutiert. Unabhängig von den jeweils zu-

20aα Einen Fremden sollst du nicht ausbeuten,
22bα denn falls er zu mir schreit,
22bβ werde ich sein Klagegeschrei erhören.

Der Kontext erweist die Bestimmung als Gottesrede. Diese theologische Begründung deutet Otto als Zeichen für den Übergang vom Recht zum Ethos, der notwendig wird, wenn die Grenzen der Sippe überschritten werden. »Das theologische Argument kann Schutz und Solidarität begründen, wo eine Begründung aus der Logik der Gesellschaft an eine Grenze kommt.«[65] Die theologische Begründung hat ihren religionsgeschichtlichen Hintergrund in altorientalischen Vorstellungen. »Die altorientalische Theologie kennt bereits von ältesten Zeiten an die Vorstellung, daß der König als Beauftragter der Götter den gesellschaftlich besonders gefährdeten Personen, den Witwen, den Waisen und den Armen, zum Recht verhilft.«[66] In der Jerusalemer Jahwe-Königstheologie wird dieses Motiv auf Jahwe übertragen. Auffallend dabei ist, daß in 22bα ein *ger* Jahwe anruft. »Daß die Anrufung Jahwes durch den bedrückten *ger* ganz selbstverständlich gedacht ist, erweist diesen unproblematisch als ein Mitglied der religiösen Gemeinschaft.«[67] Von Bedeutung ist weiter, daß an dieser frühen Stelle die Forderung, den Fremden zu schützen, noch nicht geschichtstheologisch begründet wird. Diese Begründung taucht erst in deuteronomistischen Texten auf.

Die Bestimmung in Ex 22,20-23* zielt laut Schwienhorst-Schönberger auf das Verbot, einen Fremden wirtschaftlich auszubeuten. »Das Verbum *jnh* bezeichnet nicht allgemein die Unterdrückung, sondern ganz konkret die wirtschaftliche Ausbeutung.«[68] Allerdings kann sich diese Deutung von *jnh* hi. nur auf späte Belege stützen. Einen expliziten Bezug zu wirtschaftlicher Ausbeutung gibt es nur in Ez 18,7.12.16 und Ez 22,7.29, also in Texten, die in Verbindung mit der Deuteronomistik gelesen werden müs-

grunde gelegten Hypothesen setzen verschiedene Exegeten diesen Abschnitt in einer – wie auch immer bestimmten – vordeuteronomischen Schicht an. Vgl. z.B. Osumi 1991, 219f., Schwienhorst-Schönberger 1990a, 338ff., Otto 1988, 38ff. Bei den drei genannten Arbeiten herrscht auch Einigkeit darüber, daß sich diese Schicht auszeichnet durch eine Theologisierung ursprünglich profanen Rechtes. Als Datierung wird eine Entstehungszeit zwischen dem Auftreten der prophetischen Sozialkritik und der Entstehung des Dtn angenommen.

65. Otto 1994, 84.
66. Schwienhorst-Schönberger 1990b, 111.
67. Bultmann 1992, 169 (Anm. 185).
68. Ebd.; ausgeführt wird die Argumentation in Schwienhorst-Schönberger 1990a, 338ff.

sen, sowie im Heiligkeitsgesetz in Lev 25,14.17, dort im Sinne von »übervorteilen« bei Kauf- und Verkaufshandlungen.[69] Eine eindeutige Verbindung des Verbs mit wirtschaftlicher Ausbeutung läßt sich, will man die Frühdatierung der Stelle aufrechterhalten, also nicht nachweisen. Hinzu kommt, daß die Verbindung von *ger* mit *janah* vor allem in deuteronomistischen Texten belegt ist. Das wiederum stützt Bultmanns Interpretation, die das Gebot der deuteronomistischen Überarbeitung zuweist.[70]

Auch sonst kann Schwienhorst-Schönbergers Interpretation des Textes im Bundesbuch kaum überzeugen. Er versteht ihn inhaltlich vor dem Hintergrund des Klientelverhältnisses von Schutzherrn zu Schutzbürger. Aber auch diese Zuordnung ist durchaus zweifelhaft.[71] Und selbst der Verweis, in Vers 22b werde die Rechtsinstitution des »Zetergeschreis« vorausgesetzt,[72] läßt sich im Sinne der Spätdatierung interpretieren.[73] Jedenfalls erweist sich so Schwienhorst-Schönbergers Erklärung, das Fremdenschutzgebot in 22,20aα werde durch die spätere Redaktion des Bundesbuches inhaltlich erweitert, es gebe in den Texten eine Tendenz von wirtschaftlichen hin zu umfassenden Schutzbestimmungen, als brüchig. Zeigen läßt sich nur, daß die Erweiterungen das Gebot präzisieren.

Einen differenzierteren Blick auf die *gerim* erlauben die Regelungen hinsichtlich der Fremden im *deuteronomistischen Gesetz* und der *Deuteronomistik*. Sie entwerfen ein hinreichend präzises Bild der sozialen Situation der *gerim* im ländlichen Israel. Dieses soll anhand einiger ausgewählter Texte dargestellt werden.

Die Bestimmungen in *Dtn 24,19-22* sind Nachernte- bzw. Nachlesebestimmungen, die die personas miseras, Fremder, Waise und Witwe, an den landwirtschaftlichen Erträgen teilhaben lassen. »Die Vorschriften ha-

69. Vgl. Ringgren 1982, 664.
70. Bultmann 1992, 166ff. Bultmann geht dabei vom selben Grundbestand des Textes aus, interpretiert ihn aber als Verallgemeinerung, »wie sie in der späteren Deuteronomistik auch in den Bearbeitungen des Jeremia- und Ezechielbuches in Kraft gesetzt werden.« (168)
71. Gerade dieses Verhältnis bestreitet Bultmann 1992, 42: »Die besitzlosen Personen stehen in einem gewissen Verhältnis zum Dorf, nicht aber zu einem individuellen Schutzherrn. Weil ihr Lebensunterhalt nicht durch die persönliche Bindung an einen Grundbesitzer garantiert ist, wird der Gemeinschaft des Dorfes durch die Verpflichtung ihrer einzelnen landbesitzenden Glieder darauf, den Besitzlosen Anteil an der Ernte zu gewähren, eine Verantwortung für sie auferlegt. Die Randgestalten sollen in das soziale System des Dorfes integriert werden, soweit die Ermöglichung ihres Lebensunterhalts eine solche Integration leisten kann.«
72. So Otto 1988, 40f., Schwienhorst-Schönberger 1990a, 344.
73. Bultmann 1992, 169, Anm. 185.

ben nicht das Recht des für die Ernte angestellten Arbeiters zum Gegenstand, sondern ordnen außerhalb der Sphäre ökonomischer Rationalität die Zulassung eines Tuns von bedürftigen, marginalen Gliedern der Gesellschaft, oder konkreter: der Dorfgemeinschaft, an, die zu dem Besitzer der landwirtschaftlichen Nutzflächen entweder in keinem Vertrags- oder Dienstverhältnis stehen oder zumindest nicht in Hinsicht auf ein solches Verhältnis gemeint sind.«[74] Interessant sind hier die Motivationssätze, die angeführt werden, um das entsprechende Verhalten nahezulegen; zum einen ist die Zulassung der Nachernte Bedingung für Gottes Segen für die Arbeit (V. 19), zum anderen wird an den Sklavenstatus in Ägypten erinnert. Entgegen van Houtens Ansicht, daß hiermit betont werde, daß das Land und seine Erträge Besitz Gottes seien,[75] zeigt sich in diesen Sätzen gerade, daß das Dtn das Verhältnis zum Boden entsakralisiert, denn die Motivierung verzichtet auf kultische und magische Elemente. »Mit dem bei der Einbringung der Erde vorgeschriebenen Verhalten ist nicht die Fruchtbarkeit des Bodens verknüpft, sondern der Erfolg der Arbeit, und die Bedingung des Segens ist nicht durch kultische Abgaben einzulösen, sondern durch eine bestimmte Gestaltung der sozialen Beziehungen«.[76] Aus den Ernte- und Nachlesevorschriften schließt Bultmann zurück auf die soziale und ökonomische Situation der Fremden in den judäischen Ortschaften: sie leben als Land- und Besitzlose in dörflichen Strukturen, sie sind nicht einem Haus oder einer Sippe zugeordnet.[77] Die Regelungen in Dtn 24,19 ff. zielen aber nicht auf eine Abschaffung dieser Verhältnisse: »Die Integration der Bedürftigen in die Gemeinschaft des Ortes ihres Aufenthalts ist jedoch eine begrenzte: die Erntevorschriften bewirken nichts, was auf die Befreiung dieser Gestalten aus ihrer Randlage zielt, sie schützen nur das Leben in dieser Lage.«[78]

Eng verbunden mit den Erntevorschriften in Dtn 24,19 ff. ist die Bestimmung *Dtn 14,28f.*, den Drittjahreszehnten für Bedürftige auszusondern. Eine besondere Bedeutung erhält diese Regelung dadurch, daß in sie, neben Fremdling, Waise und Witwe, auch der Levit einbezogen ist.[79] Es ist wahrscheinlich, daß mit dem Drittjahreszehnten die Sicherung des

74. Bultmann 1992, 36.
75. Van Houten 1991, 98.
76. Bultmann 1992, 36.
77. Bultmann 1992, 42 ff.
78. Bultmann 1992, 45.
79. Der besonderen sozialen Stellung der Leviten im Zusammenhang des deuteronomischen Gesetzes braucht hier nicht weiter nachgegangen werden. Ein Zusammenhang der sozial ungesicherten Position mit der josianischen Kultreform ist allerdings wahrscheinlich. Vgl. hierzu Bultmann 1992:45 ff.

Lebensunterhaltes für die Leviten gewährleistet werden soll. Durch die Einbeziehung der personarum miserarum in diese Regelung entsteht eine Regelung, die von Crüsemann als »erste Sozialsteuer«[80] und von Schwienhorst-Schönberger als »soziales Reformprogramm«[81] bezeichnet wird. Um ein »soziales Reformprogramm« im heutigen Sinne handelt es sich dabei freilich nicht, eher um die Gewährung von »Hilfe zum Lebensunterhalt«. So sind Erntevorschriften und Drittjahreszehntregelung »Ausdruck der Auffassung, die die dtn Bewegung vom Zusammenhalt der Ortschaften und der Verpflichtung der Grundbesitzer gegenüber den Besitzlosen hat.«[82] Die weitergehende Deutung Bultmanns, die Gleichstellung von Levit und *ger* impliziere, daß der *ger* nicht »aus dem Bereich der Verehrung einer fremden Gottheit« stammt, ist allerdings nicht nachzuvollziehen und durch die Texte nicht gedeckt. Nahegelegt wird durch sie nur, daß – anders als die personae miserae – die Leviten aufgrund ihrer früheren kultischen Funktionen Anspruch auf die Versorgung durch die Ortschaften haben.[83] Daß den *ger* keine religionsgesetzlichen Schranken von der Ortschaft und den Leviten trennen, kann mit Bezug auf Dtn 14,28f. gerade nicht geschlossen werden. Hier spielen diese Zusammenhänge schlicht keine Rolle. Anders sieht es aus bei den Speisevorschriften, die zuvor Thema in Dtn 14 sind; hier wird zwischen Israeliten auf der einen und Fremden auf der anderen Seite strikt unterschieden, dazu weiter unten mehr.

Im Zusammenhang der Sozialgesetzgebung ist die Einbeziehung der *gerim* in die Ruhetagsforderung des Dekalogs *Dtn 5,12-15* zu lesen.[84] Hierbei ist von besonderer Bedeutung die Frage, welche gesellschaftlichen Gruppen die Adressaten sind. Mit Crüsemann lassen sich diese als

80. Crüsemann 1993a, 341.
81. Schwienhorst-Schönberger 1990b, 112.
82. Bultmann 1992, 54.
83. So auch van Houten 1991, 98.
84. Wie nicht anders zu erwarten, wird in der Datierung des Dekalogs in Dtn 16,6-21 ein breites Spektrum der Möglichkeiten vertreten. Allgemein durchgesetzt hat sich die Auffassung, ihn entweder der deuteronomischen oder deuteronomistischen Zeit zuzuordnen. Dabei ist gerade das hier in Frage stehende Sabbatgebot von besonderer Bedeutung. Während nun Hossfeld 1982 für eine Spätdatierung in die exilische Zeit plädiert, bemüht sich Bultmann 1992, 61 ff. um den Nachweis, daß das Sabbatgebot sich auf eine schon in der Königszeit bekannte Praxis bezieht. Dann braucht der Dekalog in Dtn 5 auch nicht in die Exilszeit datiert zu werden. Wie auch immer man sich in dieser Hinsicht entscheiden mag, kann die Einbeziehung des *ger* in das Sabbatgebot als Reflex auf die Verhältnisse der Königszeit gedeutet werden, so daß nichts gegen eine Einbeziehung der Stelle im Kontext dieser Arbeit spricht.

die freien, landbesitzenden Bauern bestimmen.[85] Dies deckt sich mit Bultmanns These, daß vor allem diese Schicht als Trägerin der Religion in Frage kommt, für die die Bestimmungen im deuteronomistischen Gesetz gelten. Diese Schicht wird auf ein Solidarethos untereinander verpflichtet, wobei die sozial schwachen Randgestalten der Gesellschaft, gekennzeichnet durch die Trias Fremder, Witwe und Waise, nach Möglichkeit in die Gemeinschaft integriert werden sollen. Im Kontext von Dtn 5,12-15 wird der *ger* einbezogen in die Arbeitsruhe am Sabbat. Das setzt voraus, daß die *gerim* in einem Arbeitsverhältnis zu den grundbesitzenden Bauern standen; mit Blick auf *Dtn 24,14f.* wird am ehesten anzunehmen sein, daß sie als Tagelöhner beschäftigt waren. Dort wird die Lohnzahlung an Tagelöhner geregelt, unabhängig davon, ob sie den Status eines *ger* haben oder als »Bruder« anzuerkennen sind; beiden soll der Lohn am Arbeitstag ausgezahlt werden, was mit der Bedürftigkeit der Tagelöhner motiviert wird. Daher bedeutet implizit die Regelung in Dtn 5,12-15, »daß auch der *ger* am Sabbat nicht arbeiten darf, zugleich den Appell, ihm seinen Lebensunterhalt auch an dem Tag zu ermöglichen, an dem er ihn nicht als Gegenleistung für Arbeit erhalten kann.«[86] Allerdings zeigt die Regelung in Dtn 24,14, daß der Begriff des Tagelöhners nicht mit dem des *ger* identisch ist, es gibt demzufolge Tagelöhner mit unterschiedlichem Status. Aber kann dieser Status ein sozialer sein, wenn doch für beiderlei Tagelöhner gilt, daß sie bedürftig sind? Jedenfalls kann die Bezeichnung *ger* dann nur auf eine unterschiedliche Herkunft verweisen: die eine Gruppe der Tagelöhner entstammt der Ortschaft, während die andere zumindest vor Ort fremd ist. Ob diese feine Differenzierung angesichts der sozialen und wirtschaftlichen Lage der damaligen Zeit überhaupt aufrechterhalten werden kann, bleibt unklar, da wir über die konkreten Arbeitsverhältnisse zu der Zeit zu wenig wissen.

In einer Linie mit den bislang behandelten Regelungen steht die Einbeziehung der *gerim* in die Erntefeste, wie sie in *Dtn 16,9-15* geregelt wird. »Das Wochenfest und das Laubhüttenfest waren nicht nur in kultischer, sondern auch in sozialer Hinsicht zentrale Veranstaltungen einer israelitischen Familie. Die ganze Familie zog zum Heiligtum, lieferte dort ihre Gaben ab und feierte ein großes Freudenfest. An diesen Opferfeiern und den damit verbundenen üppigen Mahlzeiten sollen auch die Leviten, die Fremdlinge, die Waisen und die Witwen in gleicher Weise beteiligt werden«.[87] Also auch hier geht es im Kern um die Integration der sozialen

85. Vgl. Crüsemann 1983a, 28ff.
86. Bultmann 1992, 73.
87. Schwienhorst-Schönberger 1990b, 113.

Randfiguren in die dörfliche Gemeinschaft. Dies ist darin begründet, daß die Erntefeste explizit als Freudenfeste dargestellt werden (V. 11.14), von denen niemand ausgeschlossen werden soll. Das richtet jedoch das Augenmerk darauf, wovon Fremdlinge, Witwen und Waisen ausgeschlossen sind: »In order to gain greater insight into the status of aliens, it is not enough to note that they are included as participants at these feasts. We also need to note that they, and the other dependants, are not included in the Passover regulations.«[88] In der Interpretation dieses Sachverhaltes beziehen van Houten und Bultmann konträre Positionen. Für erstere liegt der Grund hierfür im Status der *gerim* als Fremde: »The reason for the omission of the list of participants lies in the significance of the Exodus event in the theology of Deuteronomy. The Exodus is the event in which God delivered them and made them his own people. It was the act whereby they gained their identity as his chosen people – demarcated from all other peoples. For this reason, the festival which remembers their founding history is not characterized as an occasion of joy and celebration. [...] Because of its nature, it is not appropriate to invite those who do not share their common history, i. e. aliens. Nor is it appropriate to make a point of including everyone.«[89] Bultmann erklärt hingegen die Exklusivität des Teilnehmerkreises im Blick auf die besondere Funktion des Passa-Massot-Festes für die Schicht der landbesitzenden Vollbürger: »Sie sind in der Stellung, die ihnen ihre wirtschaftliche Selbständigkeit verleiht, in besonderer Weise Träger der Religion. Es ist nach allem im Charakter des national bedeutsamen Passa-Massot-Festes im dtn Gesetz begründet, daß die Schicht der Bedürftigen wie auch das ›Haus‹ nicht in die Festgemeinschaft eingeschlossen werden.«[90] Dem widerspricht allerdings Bultmanns eigene Beobachtung, daß der Festteilnehmer »nicht als selbständig wirtschaftender Grundbesitzer« angesprochen wird, »sondern als ›Israelit‹ in dem Sinne, daß das Bekenntnis des Auszugs aus Ägypten fundamental für seine Religionsübung ist.«[91] Das religiöse Bekenntnis ist Grundlage für die Teilnahme am Fest und nicht der soziale Status, sonst müßte konsequenterweise auch die nicht-landbesitzende Stadtbevölkerung vom Fest ausgeschlossen werden. Allerdings werden Fremde, Witwen und Waise beim Passa nicht etwa ausgeschlossen, sondern nicht eingeschlossen. Das ist mehr als eine nur sprachliche Petitesse. Offensichtlich besteht Regelungsbedarf nur im Blick auf die Besonderheiten, nicht auf das Ge-

88. Van Houten 1991, 90.
89. Ebd.
90. Bultmann 1992, 57 f.
91. Bultmann 1992, 57.

wöhnliche. Daß Fremde, Waisen und Witwen an den Festen teilnehmen sollen, ist daher begründungsbedürftig, nicht deren Nicht-Teilnahme. Nach Abwägung aller Argumente kann daher aus dem Faktum, daß die *gerim* nicht am Passa-Fest teilnehmen, nicht mit Sicherheit geschlossen werden, daß sie als Fremde im Sinne von Ausländern zu betrachten sind. Allenfalls kann gesagt werden, daß sie – was dann auch für die Witwen und Waisen zutrifft – als religiös nicht gleichrangig behandelt werden, indem sie nur partiell in die religiöse Gemeinschaft integriert sind. Die Funktion der hier diskutierten Bestimmungen wird deutlich im Blick auf den sozialgeschichtlichen Kontext: »Bei der Einladung von Fremden und Leviten zum Mahl des Zehnten am Zentralheiligtum geht es um die Integration der Landlosen in das am Tempel kultisch konstituierte Israel. Mit der Ausweitung in der Institution des Drittjahreszehnten auf die Witwen und Waisen sollen die Schwächsten in die Gesellschaft des Volkes Israel integriert werden. Das Dtn reagiert damit auf den sozialen Umschichtungsprozeß im spätvorexilischen Juda.«[92]

Der nur partiellen Integration in die kultische Festgemeinschaft entspricht reziprok die Überlassung verbotenen Fleisches, die in *Dtn 14,21a* geregelt wird.[93] Hier wird das Verhalten gegenüber den *gerim* von dem gegenüber den *nokrim* unterschieden: Während den einen das kultisch nicht richtig geschlachtete Fleisch überlassen werden soll, wird es gegenüber den anderen zur Handelsware. Die *gerim* stehen damit ausdrücklich nicht unter der deuteronomischen Kultgesetzgebung.[94] Allerdings läßt sich hieraus nicht sicher darauf schließen, daß sie deswegen als nicht zum Gottesvolk zugehörige Menschen betrachtet werden. Denn in Dtn 14,21 werden die *gerim*, dem *am kadosch* gegenübergestellt, den Bultmann mit Seitz als die »freien und grundbesitzenden Vollbürger« identifiziert.[95] »Der *ger* ist religiös vom *›am qadô* nicht so unterschieden, daß er aufgrund herkunftsmäßiger Fremdheit keine volle Zugehörigkeit zum Volk des Gottes Jahwe erlangt hätte oder zu erlangen brauchte, sondern nur so, daß für ihn eine mindere Beanspruchung durch das Religionsgesetz gilt. *Im* Jahwevolk gilt also für den *ger* das Reinheitsgesetz nicht, vielmehr wird hier wiederum der Forderung Gottes durch Barmherzig-

92. Otto 1994, 183.
93. Auch hier ist die Zuordnung der Stelle zum dtn Gesetz umstritten; zu den Argumenten, Dtn 14, 21a zum dtn Grundbestand zu rechnen, vgl. Bultmann 1992, 85 ff.
94. So auch Crüsemann 1987, 20. Ob es jedoch eine zutreffende Formulierung ist, sie deswegen als »nicht *religiös gleichgeschaltete* Menschen« (Hervorhebung von mir) zu bezeichnen, mag dahingestellt bleiben.
95. Bultmann 1992, 88.

keit Genüge getan (vgl. 24,19ff.).«[96] Auch hier bezieht van Houten die Gegenposition. Für sie ist mit den Speisegesetzen eine präzise Unterscheidung zwischen Israel und Fremden gegeben: »The food laws effectively separate all Israelites from all non-Israelites. Without a doubt, the alien referred to here is a non-Israelite. An impoverished dependent Israelite must still obey the food laws. We notice, that the meat may not be given to the widow or the fatherless, but only to the alien.«[97] Diese »effektive Trennung« ist jedoch erst für spätere Zeiten als wahrscheinlich anzunehmen. Denn bei Dtn 14,21a handelt es sich um das »früheste überlieferte Verbot des Essens bestimmter, nicht durch richtige Schlachtung zu Tode gekommener Tiere oder Haustiere.«[98] Es ist daher davon auszugehen, daß dieses eine Neuerung gegenüber der zuvor geltenden Praxis einführen will.[99] Dann ist aber nicht auszuschließen, daß der Genuß solchen Fleisches noch nicht gleichbedeutend ist mit der der Ausgrenzung der *gerim* aus dem Gottesvolk. Dann aber stellt sich zurecht die Frage, warum nicht auch Witwen und Waisen von dieser Regelung profitieren dürfen, denn diese sind bei den anderen sozialen Regelungen einbezogen.[100]

Aus dem bisher Dargestellten wird deutlich, daß die *gerim* einerseits von den *nokrim*, den Ausländern, und andererseits von den jüdischen Vollbürgern unterschieden werden. Weiterhin war zu sehen, daß die Trias Fremder, Waise und Witwe nicht durchgängig den gleichen Regelungen unterliegt. Um deutlicher zeigen zu können, welchen Status die *gerim* in deuteronomischer Zeit hatten, sollen jetzt die Stellen untersucht werden, in denen die Unterscheidung gegenüber den »Ausländern« eine Rolle spielen.

Neben der bereits diskutierten Stelle in Dtn 14,21a taucht das Substantiv *nokri* in zwei weiteren Zusammenhängen im deuteronomischen Gesetz auf, in *Dtn 15,3* und *23,21*.[101] In 15,3 geht es um Regelungen im Zu-

96. Bultmann 1992, 89.
97. Van Houten 1991, 81.
98. Bultmann 1992, 92.
99. Bultmann weist zurecht darauf hin, daß in den zweifellos älteren kasuistischen Bestimmungen in Ex 21,34.35.36 offensichtlich davon ausgegangen wird, daß auch anderweitig zu Tode gekommene Tiere verwertet werden können.
100. Eine Ausnahme bilden Dtn 24,14f. – dort geht es um die Regelung der Lohnzahlung gegenüber Tagelöhnern, was die Auslassung erklärt – und Dtn 5,13-15, wo es um die Arbeitsruhe am Sabbat geht, die für Waisen und Witwen ebenso ohne Belang ist.
101. Auch die Zuordnung dieser Stellen zum Textbestand des dtn Gesetzes ist umstritten; für die Argumente für eine Zuordnung vgl. Bultmann 1992, 94ff.

sammenhang mit dem Erlaßjahr. Während dem »Bruder« alle sieben Jahre die Schulden erlassen werden sollen, gilt dies gegenüber dem »Ausländer« nicht. Ähnlich wird in 23,21 die Frage der Zinsnahme behandelt, von einem »Ausländer« dürfen Zinsen genommen werden, nicht von einem »Bruder«. Beides wird als Beleg dafür gesehen, daß auch schon in deuteronomischen Schichten Fremde negativ gesehen und entsprechend schlecht behandelt wurden.[102] Diese Sicht ist allerdings zu differenzieren: »Eine Abschließung gegenüber Fremden oder sogar Fremdenfeindlichkeit läßt sich jedoch nicht für das monarchische Israel, sondern erst für das unter Fremdherrschaft lebende und um seine Identität besorgte Frühjudentum dokumentieren.«[103] Zudem entspricht es altorientalischer Praxis, Ausländer am Privileg des Erlaßjahres nicht teilhaben zu lassen.[104] Jedenfalls lassen die oben genannten Gebote nicht den Schluß zu, daß die *nokrim* prinzipiell negativ gesehen wurden. »Denn es ist weder eine Tendenz zum Ausschluß dieser Personen aus dem Wirtschaftsverkehr erkennbar, noch kann man es eine ›schlechte Behandlung‹ nennen, wenn die Überwindung üblicher Standards (Kreditrückforderung, Zinsnahme) zugunsten einer speziellen Solidarethik der nationalreligiös gebundenen Einheit der Bevölkerung einer Monarchie nicht universal geltend und damit ihrerseits zum üblichen Standard gemacht wird.«[105] Dies wird bestätigt durch die soziale und wirtschaftliche Funktion der *nokri* in der agrarischen Gesellschaft der jüdischen Monarchie. Es kann davon ausgegangen werden, daß die *nokrim* als ökonomisch selbständige und wirtschaftlich abgesicherte Händler einen großen Anteil der Distribution von Gütern übernommen haben.[106] Sie sind nicht in die religiöse Gemeinschaft integriert und unterliegen deshalb nicht den religiös motivierten Schutzbestimmungen.[107] Der Unterschied zwischen *ger* und *nokri* wird al-

102. Z.B. Lang/Ringgren 1986: Sp. 457.
103. Ebd.
104. Vgl. ebd. mit weiteren Belegen.
105. Bultmann 1992, 98.
106. Vgl. Bultmann 1992, 101 f.; ob man deshalb schon so weit gehen kann wie Schwienhorst-Schönberger, der die Schlußfolgerung zieht: »Ein Satz wie ›Einen Ausländer sollst du nicht ausbeuten!‹ klänge für israelitische Ohren wohl genauso komisch wie für unsere Ohren der Satz: ›Einen Bankier sollst du nicht ausbeuten!‹« (Schwienhorst-Schönberger 1990b, 114 f.), kann offen bleiben.
107. So auch Crüsemann 1987, 21: »Im Wirtschaftsverkehr mit Ausländern, in Import- und Exportgeschäften also, sollen die normalen Regelungen des Wirtschaftslebens, also z. B. auch Vertragsfreiheit, gelten, nicht aber die innerhalb Israels zugunsten der Ärmeren geschaffenen Sonderregelungen.«

so nicht mit der unterschiedlichen nationalen Herkunft, sondern vor allem mit der unterschiedlichen sozialen Situation begründet: dem ökonomisch selbständigen *nokri* steht der *ger* gegenüber, der über keine eigenen Mittel, seinen Lebensunterhalt zu bestreiten, verfügt.[108]

Sachlich spielt die Integration von Fremden eine Rolle im sogenannten Gemeindegesetz *Dtn 23,2-9.*[109] Dort wird thematisiert, welche Völker zum *q^ehal JHWH* zugelassen werden dürfen und welche nicht. Von Bedeutung ist dann natürlich die Frage, um welche Größe es sich beim *q^ehal JHWH* tatsächlich handelt. Hier erscheint mir Bultmanns Deutung plausibel, es handele es sich um die lokale Versammlung der freien Vollbürger: »Der Jerusalemer Gesetzgeber steuert durch das Gesetz Vorgänge in der judäischen Landschaft, indem er sich an die Schicht wendet, die in den übrigen Gesetzen sichtbar wird, die wirtschaftlich selbständigen freien Vollbürger. *q^ehal JHWH* ist die aktuell zusammentretende Versammlung in den Ortschaften, nicht eine ideale Größe im Sinne der priesterschriftlichen Gemeinde«.[110] In Dtn 23,2-9 wird die Aufnahme von Ammonitern und Moabitern ausgeschlossen, während die Nachkommen der dritten Generation von Edomitern und Ägyptern zugelassen wird. Es ist an dieser Stelle nicht von Belang, wie Ein- bzw. Ausschluß im einzelnen begründet sind. Es genügt die Feststellung, daß unter bestimmten Voraussetzungen Angehörige fremder Völker Zugang zur »Gemeindeversammlung« erlangen können. Dies kennzeichnet die entsprechenden Personen als ökonomisch selbständige Existenzen, die über einen längeren Zeitraum ansässig geworden sind (drei Generationen). Daher liegt es nahe, sie als *nokrim* im oben genannten Sinn zu identifizieren. Auf jeden Fall verweist der offensichtlich vorhandene Regelungsbedarf darauf, daß mit der Ansiedlung von Angehörigen fremder Völker (also auch Ammoniter und Moabiter, sonst wäre deren Ausschluß nicht erklärungsbedürftig) zumindest in der späten Königszeit zu rechnen ist. Sofern diese dazu tendieren, in die Gemeinschaft integriert zu werden, ist eine Aufnahme in den *qahal* möglich, damit ist dann offensichtlich ein Statuswechsel von *nokri* zu *›ah* verbunden.[111]

Damit stellt sich im Blick auf die entsprechenden Regelungen im Deu-

108. So übereinstimmend van Houten 1991, 82 und Bultmann 1992, 102.
109. Für die Argumentation, zumindest einen Kernbestand mit Dtn 23,2.3.4.8.9 dem dtn Grundbestand zuzuweisen vgl. Bultmann 1992, 103 ff.
110. Bultmann 1992, 108.
111. Mit *›ah* – Bruder – ist kein Volksgedanke konnotiert, vielmehr handelt es sich um den gleichberechtigten Ortsgenossen innerhalb der lokalen Gemeinde; vgl. Bultmann 1992, 79 f.

teronomium ein differenziertes Bild der örtlichen Gesellschaft in der späten Königszeit dar. Neben den wirtschaftlich selbständigen Vollbürgern gibt es eine Reihe randständiger Gruppen, die auf Unterstützung angewiesen sind, zu diesen zählen auch die *gerim*. Von diesen unterschieden sind Angehörige fremder Völker, die als *nokrim* entweder Handel treiben oder ansässig sind, wobei bei bestimmten Völkergruppen eine spätere Integration mit entsprechendem Statuswechsel möglich ist. Für die besprochenen »Fremdengesetze« bewährt sich also Bultmanns Ansatz, *ger* als sozialen Typenbegriff zu deuten, der im Kern frei ist vom Aspekt der Fremdheit im Sinne einer bestimmten ethnischen Zugehörigkeit. Im Dunkeln bleibt jedoch, welche wirtschaftliche und/oder politische Entwicklung zur Entstehung dieses sozialen Typus geführt hat. Allein ökonomische Erklärungsmuster vermögen nicht zu erhellen, warum z.B. sowohl *gerim* als auch »Brüder« gleichermaßen als Tagelöhner genannt werden. Ein Zusammenhang mit der Flucht größerer Bevölkerungsgruppen aus dem Nordreich hingegen kann bestenfalls wahrscheinlich gemacht werden. Das spricht dafür, daß es sich wohl um einen komplexeren Vorgang handelt, bei dem verschiedene Faktoren bestimmend waren. Im weiteren wird zu fragen sein, wie sich die Sicht auf die *gerim* und auf Fremde durch die Erfahrungen des Exils verändert hat.

In der *Deuteronomistik* wird das soziale Programm des Deuteronomiums radikalisiert, das hat Auswirkungen auf die Sicht der Fremden. Ihren deutlichsten Ausdruck findet diese Radikalisierung in *Dtn 10,17-19*, wo die Verpflichtung zur Fürsorge für die *gerim* als Liebesgebot formuliert wird.[112] Das Gebot der Liebe wird dort begründet mit der vorgängigen Liebe Gottes zu den *gerim*, denen er Speise und Kleidung gibt sowie dem Motivationssatz, der Israel an die eigene Fremdlingschaft in Ägypten erinnert. Schwienhorst-Schönberger kann in seiner Analyse des bereits angesprochenen Textes aus dem Bundesbuch, Ex 22,20, zeigen, daß es der deuteronomistischen Theologie entspricht, den Aufenthalt Israels in Ägypten analog zum *ger*-Status zu interpretieren.[113] Diese Interpretation löst die deuteronomische, die vom Status eines Sklaven *(ebed)* ausgeht, ab. Die Differenz liegt nicht in einer unterschiedlichen Wertung von *ebed*- oder *ger*-Status, sondern in der Argumentationsstruktur. Während beim *ger*-Motiv analog zur Goldenen Regel verfahren wird, was gleichzeitig bedeutet, daß es nur im Zusammenhang mit Fremdengeboten zu Begründungen herangezogen werden kann, spielt das *ebed*-Motiv auf die grundlegende Heilstat Gottes an. Diese ist der Grund der Möglichkeit

112. Zu der literarischen Analyse und Einordnung vgl. Bultmann 1992, 121 ff.
113. Vgl. Schwienhorst-Schönberger 1990a, 347 ff.

und der Verpflichtung auf bestimmte Gebote. Deshalb kann der Verweis auf den *ebed*-Status auch für inhaltlich unterschiedliche Regeln angewandt werden. Die Möglichkeit, den Aufenthalt Israels in Ägypten als *ger*-Status zu interpretieren, wirft jedoch ein deutliches Licht darauf, wie die soziale Stellung der *gerim* in deuteronomistischer Zeit eingeschätzt wurde. Auf der anderen Seite werden hier Erinnerung und Tradition sowie die aktuelle Situation miteinander verknüpft und theologisch gedeutet. »Die eigene Fremdlingsvergangenheit bleibt also in gewisser Weise immer präsent, gerade in der Erinnerung daran, daß die Herausführung aus diesem Zustand der Abhängigkeit und das Leben im eigenen Land sich der Tat Gottes verdanken. Mit anderen Worten: Israel weiß darum, daß es sich in seiner Existenz als Volk nicht sich selbst verdankt, daß es nicht autochthon ist.«[114]

Daraus folgt, daß in den entsprechenden deuteronomistischen Texten die Thematik von sozialen auf weitere Schutzbestimmungen ausgeweitet wurden. Dies betrifft vor allem den Schutz in Rechtsangelegenheiten. In allgemein gehaltenen Wendungen schärft Dtn 1,16f. die Rechtsgleichheit von »Bruder« und *ger* ein, während in der Fluchreihe in Dtn 27 in Vers 19 die Rechtsbeugung gegenüber den personis miseris sanktioniert wird. Dies alles weist darauf hin, daß auch nach dem Sturz des judäischen Königshauses und der Deportation die sozialen Verhältnisse weitgehend gleich geblieben sind: »Das Ende der judäischen Monarchie bedeutete nicht einen tiefgreifenden Wandel der Sozialstrukturen der judäischen Gesellschaft, durch den die Schicht der *gerim* zu ökonomischer Selbständigkeit gelangt wäre. Im lokalen Milieu der judäischen Landschaft [...] besteht offenbar der Unterschied zwischen dem grundbesitzenden, wirtschaftlich selbständigen Freien und dem persönlich freien, aber wirtschaftlich abhängigen Arbeiter fort.«[115] Dem entspricht, daß in Weiterführung der integrativen Bestimmungen in deuteronomischen Texten auch in Regelungen wie Dtn 29,10 oder Dtn 31,12 der *ger* unter die Teilnehmer der Gemeindeversammlung, die auf die Weisung Gottes hören, gerechnet wird. Aus diesen Belegen läßt sich jedoch nicht der spätere Bedeutungswandel hin zum Proselyten nachweisen. Ähnliches gilt für den *nokri*, der in Texten wie Dtn 29,21 oder 1 Kön 8,41ff. als eine Person vorgestellt wird, die prinzipiell offen ist für eine Aufnahme in das Volk Israel. Allerdings geht es dabei nicht um die Beschreibung aktueller Praxis, sondern um die Erkenntnis der Größe und Macht Gottes, der solches bewirken kann.

114. Feldmeier 1992, 43.
115. Bultmann 1992, 128.

Die prekäre soziale Situation macht den *ger* zu einem Testfall für das gerechte Verhalten Israels; diese Thematik findet sich z. B. in den deuteronomistischen Bearbeitungsschichten der Prophetenbücher. Das wohl prominenteste Beispiel hierfür ist Jer 7,6 in der Tempelrede. Das gerechte Verhalten gegenüber den Fremden, Waisen und Witwen ist ein Zeichen dafür, daß Israel sein Verhalten geändert hat und den Geboten Gottes entsprechend lebt. Ähnlich wird das Unrecht gegenüber den Fremden in Ez 22,7 und Ez 22,29 als Beleg für die Schuld Israels herangezogen.

Insgesamt läßt sich für die deuteronomistischen Schichten beobachten, daß sich die Bewertung der *gerim* gegenüber den früheren Texten nicht wesentlich verschoben hat, obwohl eine Tendenz besteht, die Bestimmungen auszuweiten. Daß die *gerim* nun auch in der prophetischen Kritik genannt werden, unterstützt die weiter oben vertretene These, daß erst ab dem 7. Jahrhundert das Vorhandensein dieser Gruppe als soziales Problem erscheint. Die Ursache für dessen Entstehung wird tatsächlich in den sozialen und politischen Verhältnissen jener Zeit zu lokalisieren sein.

Die weitreichendsten Bestimmungen zum Umgang mit den *gerim* finden sich in *priesterschriftlich geprägten Texten*, vor allem im sogenannten *»Heiligkeitsgesetz«*.[116] Allerdings bahnt sich dort schon eine Verschiebung von sozialen zu sakralrechtlichen Bestimmungen an. In der Linie der bereits diskutierten sozialen Gesetzgebung liegt die Aufnahme der Nachernte- bzw. Nachlesebestimmungen in *Lev 19,9f.* Die Besonderheit hier ist, daß der *ger* mit dem *›ani*, dem Armen, gleichgestellt wird und die aus den älteren Texten bekannte Trias Fremder, Waise, Witwe aufgelöst ist. Weiter geht die Bestimmung in *Lev 19,33f.*, in der das Gebot aus dem Bundesbuch, Ex 22,20, aufgenommen und ergänzt wird. Diese Ergänzungen betreffen die sakralrechtliche Gleichstellung des *ger* mit dem *›ezrah*, dem Einheimischen, sowie das Gebot der Fremdenliebe als Ergänzung des Nächstenliebegebots in Lev 19,18, wobei das Fremdenliebegebot mit dem Verweis auf den *ger*-Status Israels in Ägypten begründet wird. Die Neubewertung des Typs des *ger* deutet sich in der Gegenübersetzung zum Einheimischen an. Hier wird er nicht mehr als Person innerhalb der Gesellschaft gesehen, sondern der Gesamtheit der Angeredeten gegenübergestellt.[117] Aus welchen Gründen sich dieser Bedeutungswandel anbahnt, ist ungeklärt, zumal es sozialgeschichtlich keine Hinweise darauf gibt, daß sich die soziale und ökonomische Situation grundlegend gewandelt hätte; im Gegenteil ist eher mit einer Verschärfung der sozialen Spannungen in der Zeit ab dem 6. Jahrhundert zu rechnen, zumal gerade hier die Mecha-

116. Vgl. zum Überblick, Zu Einordnung und Abgrenzung Preuß 1985.
117. Vgl. Bultmann 1992, 178.

nismen eine Rolle gespielt haben, die schon zuvor zur sozialen Krise geführt hatten.[118] Wenn die Deutung des *ger* als sozialer Typus zutrifft, wäre aufgrund der sozialen und ökonomischen Entwicklung zu vermuten, daß zunehmend mehr Menschen in eine solche Notlage geraten wären, die sie in die Position der *gerim* getrieben hätte.[119] Allerdings lassen sich die priesterschriftlich geprägten Bestimmungen mit einer solchen Entwicklung nur schwer in Einklang bringen. Deren Tendenz geht eher dahin, die *gerim* auch sakralrechtlich einzubinden. Wäre dies regelungsbedürftig, wenn die *gerim* ohnehin Israel entstammten und nur durch ihre prekäre soziale Lage in diesen Status geraten wären? Verschärft wird diese Frage durch einen Text, der allen bisherigen Ergebnissen der Untersuchung zuwiderläuft. Es handelt sich hier um die Bestimmung in *Lev 25,47ff.*, die den Schutz eines verarmten Israeliten vor dem Zugriff eines *ger* regelt.

»In Lev 25 ist ein erstaunlicher Gebrauch der Bezeichnung *ger* belegt, der sich von dem in Lev 19,9f. deutlich unterscheidet. Die Gestalt des *ger* ist hier nicht eine persona misera, auf die aus religiösen Gründen besondere Rücksicht zu nehmen wäre, sondern sie ist eine ökonomisch selbständige und gelegentlich überlegene Gestalt, die außerhalb der durch die Jahweverehrung gebundenen Gemeinschaft steht.«[120] Konkret geht es in Lev 25,47ff. um den Fall, daß ein Israelit bei einem *ger* in Schuldknechtschaft gerät.[121] Dabei wird davon ausgegangen, daß dieser *ger* zu Besitz gekommen ist, während der »Bruder« verarmte (V. 47).[122] Dem zuvor üblichen Sprachgebrauch entspräche eigentlich die Bezeichnung *nokri*, die hier jedoch nicht verwendet wird. Offensichtlich gab es also die Möglichkeit, daß lange ansässige *gerim* sich ökonomisch verbesserten, ohne daß damit ein Statuswechsel verbunden war. Das spricht jedenfalls dafür, daß zumindest im 5. Jahrhundert, in das die Bestimmung wahrscheinlich anzusiedeln ist, der Status des *ger* nicht allein über die ökonomische und soziale Stellung definiert wurde. Und dies ist wiederum nur erklärbar, wenn zuvor *gerim* nicht allein aufgrund ihrer sozialen Lage identifiziert wurden. Um diesen Sachverhalt zu deuten, böte sich daher die Erklärung an, daß es sich bei den *gerim* doch um eine einigermaßen

118. Vgl. hierzu Kippenberg 1982, 42ff.
119. Kippenberg geht davon aus, daß ab dem späten 6. Jahrhundert die bäuerlichen Betriebe nur noch eine zunehmend kleinere Zahl an Angehörigen versorgen konnte; so Kippenberg 1982, 53.
120. Bultmann 1992, 179f.
121. Daß die Frage der Schuldknechtschaft im 5. Jahrhundert ein drängendes Problem war, zeigt Kippenberg 1982, 54ff.
122. Daß ein *ger* Anteil am Land haben kann, wird auch in einem Text wie Ez 47, 21ff. vorausgesetzt.

fest umrissene Gruppe handelte, die im 7. Jahrhundert aufgetreten war, und die sich in einem längeren Prozeß mehr oder minder assimilierte. Während ein kleiner Teil sich wirtschaftlich emporarbeiten konnte, blieb dann der größere Teil dieser Gruppe im Status von sozial und wirtschaftlich Schwachen. Ebenso ließe sich damit erklären, daß zunehmend versucht, und wohl auch erreicht wurde, diese Gruppe religiös zu integrieren. Darauf verweisen auch die sakralrechtlichen Bestimmungen in den priesterlich geprägten Texten.

In den entsprechenden Bestimmungen in *Lev 17* findet sich der Begriff *ger* »nur in Inklusionsformeln, die die gleiche Gültigkeit von Gesetzesforderungen für den *ger* wie für den genuinen Israeliten fordern. »Das Prinzip der dieser Gleichstellung voraufgehenden Grenzbestimmung ist nicht mehr mit einer Beschreibung der sozialen Lage des *ger* zu gewinnen, vielmehr verfügt der *ger* ganz unterschieden über die ökonomischen Mittel dafür, kultischen Pflichten (Opfer) nachzukommen.«[123] Und weiter: »Die Stellung des *ger* ist insoweit eine ambivalente, als er seiner Herkunft nach unterscheidbar ist, während er in Israel als dem einheitlichen Geltungsbereich des Gesetzes ganz integriert ist.«[124] Auf dieser Linie liegt ebenfalls die Inklusionsformel in Ez 14,7. Bultmann deutet diese Bedeutungsverschiebung gegenüber den älteren Texten »mit dem Wandel der Bezugsgröße ›Israel‹, die nicht mehr an den konkreten sozialen Verhältnissen im judäischen Territorium orientiert ist, sondern an der Religionsgemeinschaft, die sich teils innerhalb, teils außerhalb des Landes findet.«[125]

Unterstützt wird diese Deutung durch die Regelung, unter welchen Bedingungen der *ger* den genuinen Israeliten gleichgestellt wird in *Ex 12,43ff.* Die volle Zulassung zur Passafeier setzt demzufolge die Beschneidung voraus, während der unbeschnittene Fremde *(ben nekar)* weiter ausgeschlossen bleibt. Zieht man weiterhin noch *Jes 56,1-8* hinzu, verweisen die Bestimmungen, die sich mit dem Eintritt des *ger* in die Religionsgemeinschaft befassen, auf die Situation der jüdischen Diaspora.[126] Fremde, die sich im Ausland der Religionsgemeinschaft angeschlossen haben, sollen in Jerusalem anerkannt und zum Tempel zugelassen werden. Von dieser Praxis her wird deutlich, wie der Sachverhalt vor-

123. Bultmann 1992, 191.
124. Ebd.
125. Bultmann 1992, 200.
126. Dezidiert anders hingegen Crüsemann 1987, 22f. Allerdings läßt sich ein Satz wie: »Und wer in Israel lebt, hat sich in bezug auf Gott so zu verhalten wie Israel, hat aber auch die entsprechenden Rechte.« (23) angesichts der differenzierten Regeln und Unterscheidungen im kultischen Bereich kaum aufrechterhalten.

bereitet wird, daß in der Septuaginta *ger* mit *proselytos* übersetzt werden kann.[127] Mit dem Wandel Israels von einer nationalen zu einer religiösen Größe geht offenbar eine Veränderung des Verständnisses der *gerim* einher. »In der sakralrechtlichen Terminologie wandelt sich der Begriff ger zu einer Bezeichnung dieses Typus des in Israel aufgenommenen nichtisraelitischen Fremden. Er ist als selbständige Gestalt unabhängig von territorialen oder sozialen Bedingungen auf die kollektive Größe Israel als Religionsgemeinschaft bezogen und in diese integriert.«[128]

Eine weitere Besonderheit des priesterlichen Sprachgebrauchs ist es, die Existenzweise der Patriarchen mit der Abstraktbildung *magur*, Fremdlingschaft, zu bezeichnen. Dabei wird der Sprachgebrauch älterer Texte aufgenommen und modifiziert.[129] Mit dieser Bestimmung ist aber keine soziale und ökonomische Konnotation mehr verbunden, sie bezieht sich vielmehr auf die Verfaßtheit der menschlichen Existenz. »Die Metapher der Fremdlingschaft klärt als (Selbst-)Bezeichnung Israels insgesamt die theologische Identität der sozialen Größe, die in den gesetzlichen Weisungen zur Integration der Fremden aufgerufen ist. Sie bezeichnet die Entdeckung, daß die Adressaten der Schutzbestimmungen für die Fremden selbst auf die Gewährung von Gerechtigkeit und Barmherzigkeit angewiesen sind.«[130] Der Blick auf das Fremdsein anderer wird so mit der eigenen Situation in Zusammenhang gebracht. So mußten »das eigene Fremdsein und dessen Folgen mit dem eigenen Selbstverständnis vermittelt werden, wenn man nicht daran zerbrechen wollte. Denn zerbrochen war das, was bisher die nationale und religiöse Einheit garantierte.«[131] Deshalb wird mit dem Rekurs auf die Vätergeschichte deren Existenz als Fremdlingschaft begriffen, um »die bedrückende Zeit der Fremde eben auch als Leben unter Gottes Verheißung verstehbar zu ma-

127. In 71 von 85 Fällen; vgl. Feldmeier 1992, 51 (Anm. 86). Allerdings ist damit nicht der terminus technicus für zum Judentum übergetretene Heiden gemeint, der in der LXX noch nicht vorausgesetzt werden kann. Vielmehr spiegelt dieser Sprachgebrauch nur wider, »daß sich der Akzent von der sozialen Stellung ganz auf die religiöse verlagert hat.« (ebd.)
128. Bultmann 1992, 212.
129. Vgl. dazu Steins 1994, 147 f. Kellermann 1973 differenziert nicht zwischen der Bezeichnung *magur* und *ger* und konstatiert, daß die Erzväter als *gerim* bezeichnet werden. So für Abraham in Gen 17,8 und 23,4 *(ger)*, Jakob Gen 28,4, Isaak 35,27 *(ger)* und 37,1 sowie Esau und Jakob in Gen 36,7 (Kellermann 1973: Sp. 986).
130. Steins 1994, 148. Vgl. dazu auch Spieckermann 1994.
131. Feldmeier 1992, 43.

chen«.[132] Schließlich wird nach der Rückkehr aus dem Exil, diese Kategorie der Fremdlingschaft »auf den einzelnen Frommen oder auf ganz Israel bezogen«, und metaphorisch verwendet »als Bezeichnung eines Grundzustandes der Existenz vor Gott.«[133] Auch dies kann als der Versuch gelesen werden, die eigene Situation so mit der Tradition und der Geschichte zu verbinden, daß in der Metapher des Fremdseins Selbst- und Gottesverständnis integriert sind, wobei die Pointe darin liegt, daß in ihr die Angewiesenheit auf Gott zum Schlüssel des Verständnisses wird. Bezeichnenderweise wird dieser metaphorische Sprachgebrauch – wie wir weiter unten sehen werden – in den Schriften des Neuen Testaments aufgenommen und auf die Existenzweise der Christen bezogen.

Identität zwischen Abgrenzung und Integration: Israel und die Fremden

Das bisher Beschriebene steht im Kontrast zu einem anderen Strang in den Texten des Alten Testaments, in dem sich eine deutliche Distanz, ja Feindschaft gegenüber allem Fremden ausdrückt. Hauptsächlich geht es in diesen Texten um die Abwehr fremder Götter, aber auch um die Ablehnung fremder Sitten und Gebräuche, bis hin zu scharfen Endogamieregeln. Dieser Traditionsstrang braucht an dieser Stelle nicht ausführlich untersucht werden;[134] allerdings ist doch die Frage zu stellen, wie beide Zusammenhänge in Beziehung zu setzen sind. Der Schlüssel zu dieser Frage liegt in der Einsicht, daß in den altorientalischen Gesellschaften Religion, Herrschaft und Kultur einen unaufgebbaren Zusammenhang bildeten. Die Übernahme fremder Kultur beinhaltete immer zugleich die Übernahme fremder Religion. »Daß Israel die brutale Einbeziehung in die altorientalischen Großreiche als im Grunde einziges Volk überlebte und seine eigene Identität wahren, ja erst eigentlich gewinnen konnte, war auch immer der deutlichen Abgrenzung gegen fremde, andere Völker zu verdanken.«[135] Trotzdem ist diese »eigene Identität« nur zu verstehen in ihrer Wechselwirkung mit anderen Kulturen. Ebach hat zurecht darauf aufmerksam gemacht, daß die besondere Identität Israels sich gerade der Begegnung mit anderen Kulturen verdankt. »Die hebräische Bibel, das Alte Testament selbst, wäre ohne multikulturelle Einflüsse nicht entstanden. Es ist seinerseits ein Zeugnis vielfacher Einflüsse vieler Kulturen des

132. Feldmeier 1992, 44.
133. Feldmeier 1992, 45.
134. Zum Zusammenhang vgl. Schwarz 1982.
135. Crüsemann 1987, 13.

alten Orients und der antiken Mittelmeerwelt.«[136] Diese multikulturellen Einflüsse betreffen nicht nur Randbereiche, sondern zentrale Inhalte des Jahwe-Glaubens von der Schöpfungs- bis zur Geschichtstheologie verdanken sich »fremden« Impulse. »Entscheidende Dimensionen des alttestamentlichen Gottesverständnisses waren mit JHWH, dem Gott Israels, nicht von Anfang an verbunden, sondern wuchsen ihm in der konkreten Begegnung mit einem neuen kulturellen Kontext hinzu.«[137] Der Schutz der eigenen Identität wird so zwar einerseits im wesentlichen durch Abgrenzung erreicht, andererseits bildet sich diese Identität in ihrer Eigenart erst durch die Begegnung mit Fremdem und der Auseinandersetzung damit. Dabei wird die Abgrenzung in der Regel explizit formuliert, während sich die Inklusion fremder Vorstellungen implizit vollzieht durch die Reformulierung z. B. der Gottes- oder Geschichtsvorstellung.

Die oben diskutierten Regelungen im Blick auf das Verhalten gegenüber den *gerim* und *nokrim* haben jedoch gezeigt, daß die Abgrenzung gegenüber Fremden sich nicht niederschlägt in einem aggressiven Verhalten gegenüber den Fremden, im Gegenteil. Auch wenn nicht mit letzter Sicherheit zu zeigen ist, daß es sich bei den *gerim* tatsächlich um Fremde in einem engen Gebrauch des Wortes handelt, konnte zumindest deutlich gemacht werden, daß gegenüber diesen Personen, die auf jeden Fall fremd im sozialen Kontext waren, Schutz und Fürsorge geboten waren. Es ist an dieser Stelle auch nicht wichtig, ob die *gerim* als im ethnischen Sinne Fremde zu verstehen sind oder als sozial entwurzelte Gruppe unbestimmter Herkunft. Denn nicht deren ethnische Herkunft, sondern deren soziale Lage motiviert die Aufforderung, sie zu schützen und der Fürsorge der Mehrheit anzubefehlen. Die Fürsorgepflicht wird so oder so nicht ethnisch, sondern durch die benachteiligte Lage begründet. Die Begründung der Weisungen beziehen sich dabei, jedenfalls bei den späteren Texten, auf die Erinnerung an eigene Fremdheitserfahrungen. Dadurch wird die eigene Identität mit dem Verhalten aufs engste verknüpft. Ethik und Moral, im Sinne der im Abschnitt III.1.1 entwickelten Unterscheidung, fallen damit zusammen. Das ist wenig verwunderlich, da diese Unterscheidung sich erst der modernen Entkoppelung von spezifischer religiöser Identität und einer davon unabhängigen universalistischen Moral verdankt. Zur Zeit der Entstehung dieser Texte war eine solche Unterscheidung nicht einmal denkbar, da die Religion ohnehin alle Lebensbereiche umfaßte und damit ein nicht religiös geprägtes und geregeltes Verhalten unmöglich war. Identität, Identitätssicherung und Fremdenlie-

136. Ebach 1983, 15.
137. Ebach 1983, 19.

be bilden daher in diesem Traditionszusammenhang eine Einheit. Die weitergehende Frage ist jedoch die, ob dieses Verhalten gegenüber Fremden in der späteren christlichen Tradition zu den konstitutiven Bestandteilen der sich entwickelten christlichen Identität gehörte. Darum muß im nächsten Schritt untersucht werden, wie die Fremdenthematik in den Schriften des Neuen Testaments ihren Niederschlag gefunden hat.

3.3 »Fremdheit« in den Texten des Neuen Testaments

In den Texten des Neuen Testaments spielt der Begriff der »Fremde« (παροικια) oder des »Fremden« (παροικος, παρεπιδημος, ξενος)[138] nur eine untergeordnete Rolle und wird meist metaphorisch gebraucht[139], nur selten im eigentlichen Wortsinn[140] sowie darüber hinaus im Zusammenhang mit Gastfreundschaft[141]. Natürlich ist es möglich, die ganze Botschaft des Neuen Testaments unter der Perspektive der Fremdheit zu lesen.[142] Dies hat insofern Anhalt an den Texten, als der Sache nach von Jesus erzählt wird, daß er sich aus allen Bindungen gelöst hat und als Wanderprediger nichts hat, »wo er sein Haupt hinlege.« (Mt 8,20)[143] Allerdings wird diese Fremdheit nicht als Fremdheit theologisch auf den Begriff gebracht. Theologisch bedeutsam ist dagegen in diesem Zusammenhang die explizite Aufnahme der Fremdlingsmetapher in Hebr und vor allem 1 Petr, während darüber hinaus der Sprachgebrauch im Zusammenhang mit der Thematik der Gastfreundschaft einen eigenen Traditionszusammenhang darstellt.

Die *Gastfreundschaft* gilt in den Texten der damaligen Zeit als selbst-

138. Zur exakten Wortbedeutung vgl. Feldmeier 1992, 8ff. sowie Stählin 1954, Schmidt/Schmidt 1954 und Grundmann 1935.
139. So παροικεω in Hebr 11,9; παροικια in Apg 13,17 und 1 Petr 1,17; παροικος in Apg 7,6 und 7,29, Eph 2,19 und 1 Petr 2,11 sowie παρεπιδημος in Hebr 11,13, 1 Petr 1,1 und 2,11; ξενος Eph 2,12.19, Hebr 11,13 (so auch Sand 1987, 61). Vom metaphorischen Sprachgebrauch geht auch Berger 1992 in seiner Darstellung aus.
140. So ξενος in Mt 27,7 und Hebr 13,9 sowie in Apg 17,18.21 und παροικεω in Lk 24,18. Zu beachten ist freilich, daß im Griechischen zwischen der Bedeutung »Fremder« und »Gast« nicht streng unterschieden wird; vgl. Stählin 1954, 1 ff.
141. Z. B. ξενος in Mt 25, 31 ff., Röm 16, 23 und 3Joh 5; ιλοξενος 1 Tim 3, 2, Tit 1, 8 und 1 Petr 4, 9; ιλοξενια Röm 12, 13 und Hebr 13, 2 sowie ξενιζω z. B. in Apg 10 passim, Hebr 13, 2 und ξενοδοχεω in 1 Tim 5,10.
142. So z. B. Lampe 1985.
143. Zur Funktion der Heimatlosigkeit bei Jesus und der Jesusbewegung vgl. Theißen 1977, 16 ff.

verständliche Tugend.[144] Sie wird in den entsprechenden Texten des Neuen Testaments vorausgesetzt, wobei vor allem an die jüdische Tradition angeknüpft wird.[145] »Aber für die Christen wurde daraus eine spezifisch christliche Äußerung der Gemeinsamkeit im Glauben. Es sind also nicht nur die besonderen antiken Reiseverhältnisse, die diese allgemeine Tugend der Gastlichkeit für die Christen naheliegend machten, da es aus privaten, beruflichen und missionarischen Gründen immer viele durchreisende Christen gab, sondern der im Bedarf an Fremdenunterkünften gegebene Anlaß wurde von der frühen Kirche eigens aufgegriffen, um das Postulat der Liebe nicht bloß verbal bleiben, sondern unter anderem in dieser Form konkret realisierbar und verbindlich werden zu lassen.«[146] Für die Praxis der Gastfreundschaft in der Alten Kirche wurde vor allem das sogenannte »Endgerichtsgleichnis« in Mt 25,31 ff. zur Begründung herangezogen.[147] In der gegenwärtigen Diskussion wird dieser Text allerdings kontrovers diskutiert, so daß kein Konsens der Interpretationen besteht. »The debate centers on who is being judged: all peoples (Jews, Christians, pagans) all nations (excluding Jews, but including Christians), simply all gentiles (excluding both Jews and Christians), or leaders within the Christian community; and the flash point in the debate is the claim that the least of the brethren of the Son of Man are Christians – missionaries or suffering members of the community – and not simply any person in need.«[148] Wie auch immer man hier urteilen mag, spiegelt sich in dieser Frage die alte Diskussion nach den Grenzen der Gastfreundschaft.[149] Das spezifisch Christliche an der Gastfreundschaft ist allerdings nicht in erster Linie ihre Praxis, sondern ihre christologische Begründung. Im Gast wird Christus selbst (Mt 25,35) oder werden zumindest Engel (Hebr 13,2) aufgenommen. Unzweifelhaft ist darüber hinaus, daß die Gewährung der Gastfreundschaft in der frühen Christenheit die Bedingung seiner Ausbreitung war. Ohne diese Praxis und die Solidarität der verstreut auseinander liegenden Gemeinden wäre die frühe Missionstätigkeit nicht möglich gewesen; dies gilt wohl schon für die Jesusbewegung selbst, wie die Berichte aus den Evangelien belegen.

Von theologisch größerer Bedeutung ist allerdings die *Übernahme der*

144. Vgl. mit Belegen Stählin 1954, 16 ff. sowie Bolkestein 1939.
145. Zur Beschreibung der jüdischen Praxis der Gastfreundschaft vgl. Dalman 1939, 129 ff. Im Blick auf das NT auch Kampling 1988, 226 ff.
146. Brox 1993, 206.
147. Vgl. vor allem Puzicha 1980 mit ausführlichen Belegen.
148. Donahue 1986, 5.
149. Vgl. z. B. 3Joh 9 die Verweigerung der Gastfreundschaft gegenüber einem »kirchenpolitisch Andersstehenden«; vgl. dazu Stählin 1954, 22.

Fremdlingsmetapher zur Kennzeichnung der christlichen Existenz.[150] Hier schließen die entsprechenden Texte vor allem an alttestamentliche Traditionen an. Damit befinden sich die christlichen Gemeinden in einem gewissen Gegensatz zur Position des zeitgenössischen Judentums und in der Nähe von bestimmten »Randgruppen«: »Eine positive Aufnahme der alttestamentlichen Fremdlingskategorie findet sich bezeichnenderweise nur *bei den Gruppen des Judentums, die außerhalb des Landes leben oder* – zumindest mit ihrem Zentrum – *das Kulturland verlassen haben, wobei der geographische und der theologische Aspekt zusammengehören:* Zum einen ist es das ›radikale‹ palästinische Judentum, die aus dem Land Israel in die Wüste hinausgezogene Gemeinschaft von Qumran, die diese Begrifflichkeit auf ihre Existenz als Gemeinde im Exil anwendet, jedoch sich selbst nicht direkt als Fremde bezeichnet. Zum anderen ist es das stark hellenistisch geprägte Diasporajudentum, vor allem in der Gestalt Philos, das die alttestamentliche Fremdlingsmetapher auffällig häufig aufnimmt und neu deutet. Beide Male sind es Gruppen, die wegen ihres Glaubens in ihrer Umgebung Außenseiter waren. Sie nehmen die alttestamentliche Kategorie der Fremde auf, um durch sie ihre eigene Sonderexistenz theologisch zu begründen.«(72 f.)

Fremdheit bei Philo und im hellenistischen Judentum

Während die Aufnahme der Fremdlingsmetaphorik in den *Qumran*-Schriften »als Ausdruck einer asketischen, elitären und kritisch gegen die bestehenden Institutionen gerichteten Lebensweise« zu interpretieren ist (51), läßt sich *Philos* Gebrauch vor dem Hintergrund von dessen eigener Fremdheitserfahrung als Diasporajude in Alexandria verständlich machen. Die Erfahrung der Fremdheit ist dabei die Kehrseite der Bewahrung der eigenen (religiösen) Identität. Sevenster hat an zahlreichen Beispielen gezeigt, wie diese Selbstabgrenzung (αμιξια) von den antiken Zeitgenossen als Anlaß von Kritik und Polemik verwandt wurde.[151] »In a way it is not surprising that the pagan writers immediately pick on the morals and customs of the Jews whenever they describe their life and society. These were the aspects which made them stand out, in practice, in ancient society, which first made non-Jews notice that there was something special, something strange about this nation which distinguished, and hence often segregated them from all the others. The result, however,

150. Ich folge hier weitgehend der Arbeit von Feldmeier 1992; Seitenzahlen im Text beziehen sich hierauf.
151. Sevenster 1975, 89 ff.

is that they aimed their criticism and ridicule, often hatred as well, against what they saw as strangely divergent customs without enquiring into a possible deeper connection.«[152] Für Philo kam noch hinzu, daß im Zusammenhang mit einem Pogrom im Jahre 38 der alexandrinische Präfekt die Juden als »Fremde und Ausländer« bezeichnete und sie damit politisch und sozial ausgrenzen wollte. (67) »In Auseinandersetzung damit betont Philo den Wert des jüdischen Glaubens, indem er ihn mit der Weisheit identifiziert, um dadurch zugleich die Ausgrenzung der Juden elitär zu deuten.«(68) Die Fremdheit ist dabei als das rechte Verhältnis des Weisen zu seiner irdischen Existenz gedacht. »Während die törichten und ungerechten Menschen in dieser sinnlichen Welt Heimat suchen, weiß der Weise, daß er bzw seine Seele in dieser Welt bzw in seinem Körper ein Fremdling ist, der eigentlich zur himmlischen Heimat gehört.« (61) Dabei ist es jedoch die Gnade Gottes, die das Erreichen dieser himmlischen Heimat gewährt und die im Glauben erhofft werden kann.[153] Vor dem Hintergrund dieser von Platon und der Stoa beeinflußten Philosophie deutet Philo den jüdischen Glauben. Die Patriarchen werden von ihm als exemplarische Weise verstanden, er identifiziert »das Leben dieser jüdischen Gestalten bzw. das mosaische Gesetz überhaupt mit dem philosophischen Ethos, wie er auch den jüdischen Glauben als Philosophie bezeichnet, da Philosophie in der wahren Gotteserkenntnis besteht und dieser wahre Gott ist für ihn allein der Gott der Tora.« (65) Umgekehrt bedeutet dies, daß der gläubige Jude als wahrhaft Weiser notwendigerweise als Fremder in seiner Umgebung lebt. *»Was Philo also in der Situation gesellschaftlicher Entfremdung intendiert, ist die Vermittlung eines anderen Bezugssystems, in dem die Werthierarchie neu definiert und so die eigene Situation neu beurteilt wird.«* (68f.) Daraus folgen ethische Konsequenzen: »Fremdlingsexistenz als Kehrseite der Zugehörigkeit zu Gott impliziert, sich nicht den Werten dieser Welt auszuliefern.« (69)

Die Konzeptionen der Gemeinschaft von Qumran und Philos haben einen wichtigen Überschneidungspunkt. »Neben der dualistischen Weltanschauung, die bei beiden im Hintergrund steht, ist ihnen auch gemeinsam, daß die Fremdlingsexistenz in einem elitären Sinn als Kehrseite einer allen anderen überlegenen Lebensweise verstanden wird, die ihren Grund in der Zugehörigkeit zu Gottes Volk hat. In Qumran wird dieser elitäre Aspekt vor allem durch die Verbindung mit der Erwählung unterstrichen, bei Philo durch den exklusiven Bezug zur Weisheit. Damit ist

152. Sevenster 1975, 119.
153. So Braun 1970, 322.

aber immer auch ein gesellschaftskritischer Aspekt verbunden«. (73)[154] Diese Aspekte sind ebenfalls in der theologischen Konzeption des 1 Petr festzustellen, doch wiederum mit einer spezifischen Verschiebung der Begründung der Fremdlingsexistenz.

Weiter oben habe ich bereits darauf aufmerksam gemacht, daß *Juden in der hellenistischen Welt* als sozial und religiös fremd empfunden wurden. Diese Fremdheit hatte zwar Anhalt an ihrer fremden ethnischen Herkunft, war aber im wesentlichen religiös begründet. Die Fremdheit, »that astonished and very soon offended the people in whose midst they lived lay in their way of life and their customs, which always forced a certain degree of segregation upon them. [...] There was always something exceptional about the Religion of the Jews, and this made them difficult in social intercourse, ill-adapted to the patterns of ancient society.«[155] Diese negative Einstellung gegenüber den Juden wurde auf die Christen übertragen. Die Vorwürfe und Verdächtigungen gegenüber den Christen sind die gleichen wie in der Polemik gegen die Juden. »Das gilt gerade für die zentralen Vorwürfe des Menschenhasses und der Gottlosigkeit und die darauf gegründeten Anschuldigungen.« (128) Allerdings weist Feldmeier zurecht darauf hin, daß in der Entstehungszeit der christlichen Gemeinden die Ablehnung der Christen noch deutlicher zum Ausdruck kam als die der Juden. Denn die jüdische Religion war als traditionsreiche Religion angesehen und daher rechtlich sanktioniert, während dies für die Christen gerade nicht zutraf. Damit fiel für diese »neue Religion« eine wichtige Legitimationsgrundlage weg. Ebenso konnten sie nicht auf eine ethnische Grundlage ihrer Religion verweisen, wodurch eine gesetzliche Anerkennung als Korporation fehlte. »Das hatte dann auch unmittelbare strafrechtliche Konsequenzen: Während die Juden ein Recht auf ihre religiösen Versammlungen hatten, wird den Christen immer wieder die Illegalität ihrer Zusammenkünfte vorgeworfen. Ebenso waren die Juden – im Gegensatz zu den Christen – von der kultähnlichen Verehrung des Herrschers dispensiert, wodurch ein wesentlicher Reibungspunkt entfällt.« (130) Hinzu kommt noch die weitaus aktivere Missionspraxis der christlichen Gemeinden, verbunden mit einem Rückhalt gerade bei sozial weniger angesehenen Gruppen.[156]

154. Feldmeier weist in diesem Zusammenhang darauf hin, daß Philo seine Hochschätzung gegenüber Essenern und verwandten Gruppen vielfach geäußert hat.
155. Sevenster 1975, 89.
156. Die Einschätzung, das frühe Christentum sei ein Unterschichtsphänomen, findet sich zuerst bei Kelsos im 2. Jahrhundert, der schrieb, das Christentum

Fremdheit als Metapher im 1. Petrusbrief

Auf diese Situation ist der 1 Petr bezogen.[157] Vor allem Brox hat überzeugend gezeigt, daß die Situation der Adressaten dieses »Rundschreibens« nicht durch eine akute staatliche Verfolgung bestimmt ist. »Die Situation, an die der Verfasser mit Sicherheit denkt, ist die bis zur Feindschaft gesteigerte Entfremdung zwischen Nichtchristen und Christen aufgrund der verschiedenen Verhaltensweisen bzw. des neuen Lebensstils der Christen.«[158] Und weiter: »Und zwar sind es eindeutig nicht die Behörden, nicht der Staat, die da ›schmähen‹ und verleumden und ›leiden‹ lassen, sondern es sind die Mitmenschen der jeweiligen Umgebung. Sie sind ›verwundert‹ bzw. verärgert über die Aufkündigung des gemeinsamen Lebensstils durch die Christen (4,4). Das ist ein Phänomen, das aus der Frühgeschichte des Christentums gut bekannt ist. Infolge ihrer kultischen, kulturellen, sozialen und moralischen Separation gerieten die Christen in eine Isolation (vgl. 4,2-4), die leicht und oft zu Diskriminierung und zu den pogromartigen Übergriffen führte, welche man von den Verfolgungsmaßnahmen des Staates dann zu unterscheiden hat.«[159] In etwa unter den gleichen Bedingungen vollzog sich ja, wie bereits zu sehen war, das Leben der jüdischen Gemeinden. Weiterhin kann davon ausgegangen

habe nur für Sklaven, Weiber und Kinder Anziehungskraft. »Seinen Worten nach waren die Evangelisten nichts anderes als ›Wollarbeiter, Schuster und Walker und die ungebildetsten und ungeschliffensten Leute‹, die ›Kindern und einigen unverständigen Weibern‹ vormachten, man müsse neuerdings ›in das Frauengemach oder in die Schusterwerkstatt gehen, um dort die vollkommene Weisheit zu empfangen.‹« (Meeks 1983, 111, dort auch die Belege) Allerdings kann Meeks zeigen, daß zumindest für die paulinischen Gemeinden dies nicht als Beschreibung der sozialen Schichtung akzeptiert werden kann. Vielmehr stelle die Gemeinde »einen repräsentativen Querschnitt durch die urbane Gesellschaft der damaligen Zeit dar.« (Meeks 1983, 157) Allerdings fehle sowohl das obere wie auch das niedrigste Segment der gesellschaftlichen Schichtung, so daß als »typischer Christ« Handwerker oder Kleinhändler zu bezeichnen seien (Meeks 1983, 156). Damit ist die Schilderung Kelsos' so weit auch nicht entfernt von der sozialen Realität der frühen Gemeinden. Abgesehen davon ist es relativ gleichgültig, wie sich diese Gemeinden »tatsächlich« sozial zusammengesetzt haben, solange im Urteil ihrer Umwelt das Christentum mit sozial weniger angesehenen Menschen identifiziert wurde.

157. An dieser Stelle brauchen die Einleitungsfragen zum 1 Petr nicht diskutiert werden. Ich beziehe mich im folgenden auf die Analysen von Feldmeier 1992 und Brox 1993.
158. Brox 1993, 29.
159. Brox 1993, 29f.

werden, daß diese Verhältnisse, »innerhalb der frühen Epoche ›zeitlose‹ Realität oder Möglichkeit« sind.[160]

Die theologische Leistung des 1 Petr liegt darin, daß er, in ähnlicher Weise wie Philo, aber mit unterschiedlicher theologischer Ausrichtung, diese Situation in traditioneller Terminologie deutet und damit die Möglichkeit gewinnt, das »Leiden« als positives Korrelat der christlichen Existenz zu verstehen. Dies geschieht unter anderem durch die Aufnahme der Fremdlingsmetaphorik, die der 1 Petr aus der Septuaginta übernimmt. (95ff.) Schon im Präskript bezeichnet 1 Petr die Adressaten als *eklektoi parepidemoi diasporas* (εκλεκτοι παρεπιδημοι διασπορας), die »Erwählten, die in der Fremde der Zerstreuung leben« (Brox) bzw. als »die auserwählten Fremdlinge, die verstreut wohnen« (Luther) und in der zentralen Stelle in 2,11 als *paroikoi kai parepidemoi* (παροικοι και παρεπιδημοι), als »Fremdlinge und Beisassen« (Feldmeier) bzw. als »Fremdlinge und Pilger« (Luther) oder als »Rechtlose in der Fremde« (Brox). Feldmeier hat deshalb nicht zu Unrecht beide Begriffe als »Schlüsselworte« des 1 Petr bezeichnet. (175ff.) Mit der Fremdheitsmetaphorik wird die christliche Existenz der Adressaten zutreffend und umfassend bezeichnet. »Aufgrund besonderer Erwählung sind die Christen eine ausgesonderte Gruppe, die (wie der 1 Petr das weiter erklärt) durch ein verändertes Leben in Distanz zur Umgebung und auch in Konflikt mit ihr gerät, also den üblichen Zugehörigkeiten entfremdet ist und als Minderheit in einer isolierenden Zerstreuung leben muß (vgl. 1,17; 2,11).«[161] Dieses Selbstverständnis leitet sich jedoch nicht aus der Ausgrenzung durch die Mitmenschen ab, sondern hat seinen Grund in der Zugehörigkeit zu Gott. *»Das Fremdsein wird nicht aus dem Widerspruch zur Gesellschaft, sondern aus der Entsprechung zu Gott und der Zugehörigkeit zu seinem Volk begriffen.«* (178) Wobei dieses Fremdsein doch immer eine kritische Distanz zur Gesellschaft impliziert. Die neue Existenz der Christen als Glieder des Volkes Gottes hebt sie aus der Welt hinaus, was wiederum die Ablehnung der Mitwelt provoziert. Allerdings folgt daraus keine Weltflucht, vielmehr werden die Christen im 1 Petr auf ihre Existenz als Fremde in der Fremde verwiesen. Denn diese Existenz hat zeichenhafte Funktion für die Mitwelt.

Wenn Christsein als Fremdlingschaft verstanden wird »als Nicht-Angepaßt-Sein an den verbreiteten Lebensstil, als Verweigerung von Identität und Zustimmung, als eine die greifbaren Lebensumstände transzendie-

160. Brox 1993, 32.
161. Brox 1993, 56.

rende Hoffnung, die das Leben unter diesen Bedingungen reguliert«,[162] hat dies paränetische und missionarische Komponenten. Beispielhaft sind beide Komponenten in 1 Petr 2,11 f. zusammengefaßt: Aus der Existenz als »Rechtlose in der Fremde« folgt die Aufgabe, ein »gutes Leben unter den Heiden zu führen«, »damit sie, während sie euch als Verbrecher verleumden, das sehen und aufgrund eurer guten Taten Gott am Tage des Gerichts loben.« (Brox) Das Leben der Gemeinde stellt sich so nicht als Weltflucht dar, sondern als Wahrnehmung des besonderen Auftrags, der aus der Erwählung folgt. »Gerade als teil dieser Welt muß sie Gottes Ruf in die Fremdlingschaft entsprechen. *Es geht nicht um Entweltlichung, sondern um Anderssein, nicht um Trennung, sondern um Unterscheidung.*« (181) Begründet wird der neue Lebensstil der Christen durch die Wiedergeburt, die durch die Auferstehung Christi von den Toten bewirkt wird (1,3). Wahrscheinlich spielt der 1 Petr hiermit auf die Taufe an,[163] in der das neue Leben Wirklichkeit wird. Allerdings hebt dieses Geschehen nicht aus der Wirklichkeit hinaus, sondern verweist auf eine neue Dimension der Wirklichkeit: die Wiedergeburt bewirkt eine neue Hoffnung, die die Welt transzendiert. Dabei konstituiert die Wiedergeburt/Taufe gleichzeitig eine »neue Gemeinschaft« (2,4-10), ja ein eigenes Volk (2,10). *»Schon begrifflich wird so die christliche Gemeinde als ein ganz eigenes Bezugssystem gedeutet, ja als ein mit den Institutionen der Umwelt in seinem Geltungsanspruch konkurrierenden Gegenentwurf.«* (143)

Zusammenfassend läßt sich also sagen: Der 1 Petr versteht die christliche Gemeinde als das neue Volk Gottes, das sich durch Erwählung und Wiedergeburt konstituiert und als dieses neue Volk in der Welt als Fremde erscheint. Fremdheit ist also für 1 Petr eine ekklesiologische Kategorie. Diese Fremdheit zeigt sich in einem Lebensstil, der die Gemeinde von der Welt unterscheidet, was dazu führt, daß sie von der Umwelt als fremd wahrgenommen wird. Trotzdem führt diese Fremdheit nicht zur Absonderung von der Welt, sondern verweist die Gemeinde in sie hinein, wo sie ihr Fremdsein als zeichenhafte Existenz lebt. Die neue Existenz stellt sich dar als besondere Ethik, die sich einer neuen Identität verdankt, nämlich die Identität die durch Erwählung und Wiedergeburt begründet ist. Wichtig ist, daß sich diese neue Identität aus theologischen Wurzeln speist und nicht einfach Reflex soziologischer Gegebenheiten ist.[164]

162. Brox 1993, 57.
163. So Brox 1993, 61.
164. Vgl. dazu auch die Kritik Feldmeiers an der These Elliotts, die Bezeichnung παροικος sei vor allem ein soziologische Terminus und bezeichne den sozialen Status der Gemeinde des 1 Petr (Feldmeier 1992, 203 ff.).

Fremdlingsexistenz im Hebräerbrief

Ungefähr gleichzeitig mit dem 1 Petr spielt auch im Hebr die Fremdlingsmetaphorik eine Rolle.[165] Dabei scheint er sich auf eine ähnlich gelagerte Situation zu beziehen: zum einen spielen Verfolgungen der Christen eine Rolle (10,32-34; 12,4), zum anderen »Ermüdungserscheinungen« der Gläubigen (5,11-14; 12,12). In diesen Kontext spricht der Hebr seine »Trost- und Mahnrede« (13,22), sein Hauptanliegen ist also im wesentlichen »pastoral-seelsorgerlich«[166] zu bestimmen. Wie nun nimmt der Hebr in diesem Zusammenhang die Fremdlingsmetaphorik auf?

Im 11. Kapitel präsentiert der Hebr eine »Wolke von Zeugen« (12,1), die »der christlichen Gemeinde als ermunterndes Vorbild wie als verpflichtendes Beispiel« vorgehalten werden. (88) Bedeutsam ist dabei, daß hier »insbesondere jene Zeugen genannt werden, die ihr Glaubenszeugnis – als Martyrium! – durch Leiden und Tod bewährt haben.«[167] Dies steht in Verbindung mit dem Sachverhalt, daß im Schlußteil des Hebr explizit auf die bedrängte Situation der Gemeinde eingegangen wird. Der Glaube, der zentrales Thema in Hebr 11 ist, bewährt sich also gerade in Zeiten der Bedrängnis, wie von den Vätern und Müttern des Glaubens zu lernen ist. »Das gilt im besonderen nochmals im Blick auf alle, die ihr Leben in der Fremde verbrachten. Ihre Heimatlosigkeit, so der Hebr, birgt die Verheißung der wahren Heimat, und das ist es offensichtlich, was er seinen Adressaten in ihrer Situation des Fremdseins in ihrer Mitwelt vermitteln möchte.« (89) Explizit wird die Fremdlingsmetaphorik bei Abraham und Sara verwandt (11,8-16). Ihr Aufenthalt in Kanaan wird als ein Leben in der Fremde gedeutet (παροικεω, αλλοτριος V. 9), der unstete Charakter dieser Existenz wird noch verschärft durch die Gegenüberstellung vom Leben in den Zelten und der Hoffnung auf die feste Stadt, die von Gott erwartet wird. »Die – zumindest vordergründig – politisch-soziale Fremdlingsexistenz Abrahams wird also sofort eschatologisch gedeutet: Es ist ein die ganze Existenz betreffendes Unterwegssein zum himmlischen Vaterland (vgl 11,16), ein Unterwegssein zu Gottes zukünf-

165. Für den 1 Petr nimmt Brox 1993 grob den Zeitraum zwischen 70 und 100 n. Chr. an, Exegeten, die einen Bezug zur domitianischen Verfolgung zu erkennen meinen, eher die späten 90er Jahre (vgl. die Argumentation in Brox 1993, 38 ff.). Für den Hebr wird weitgehend die Zeit zwischen 80 und 90 n. Chr. angenommen, so auch jetzt Braun 1984, Grässer 1990 und Weiss 1991. Für weitere Einleitungsfragen sei auf Weiss 1991, 35 ff. und Grässer 1990, 13 ff. verwiesen.
166. Weiss 1991, 52.
167. Weiss 1991, 558.

tiger Stadt (11,10 vgl 13,14), dem Gegenbild zur vorläufigen Zeltexistenz (11,9).« (89) Es fallen hier die Parallelen zu Philo auf, die weiter oben bereits angesprochen worden sind. »Daß die zwischen Philo und dem Hebräerbrief analoge Terminologie von ›himmlischem Vaterland‹ und ›Stadt Gottes‹ nicht auf einem Zufall beruht, geht daraus hervor, daß auch weitere mit diesen Begriffen verwandte Vorstellungsreihen sich auf beiden Seiten finden. Wenn der Fromme sein wahres Vaterland im Himmel hat, weilt er hier auf Erden in der Fremde. Philo formuliert ausdrücklich: ›denn als die Seele die himmlische Städte verließ, [...] gelangte sie in den Körper wie in ein fremdes Land‹ (Som I 181).«[168] Ein gravierender Unterschied zwischen Philo und Hebr liegt jedoch darin, daß – anders als Philo – Hebr die Fremdlingsexistenz nicht ausschließlich negativ begreift: Die Annahme der Fremdlingsexistenz erscheint als Bekenntnisakt (11,13), sie ist der irdischen Existenz allein angemessen, während die himmlische Existenz im »besseren Vaterland« Gegenstand der Verheißung und Hoffnung bleibt. So ist die Fremdlingschaft Zeichen des Glaubens, der sich auf das richtet, was man hofft, und nicht an dem zweifelt, was man nicht sieht (so programmatisch 11,1). Allerdings hat dieses Verständnis eine dualistische Tendenz, die jedoch vor dem Hintergrund apokalyptischer Vorstellungen gesehen werden muß: »Die *Stadt*, auf die die Christen zugehen, ist auch für den Hebr nicht nur die himmlische, sondern auch die ›kommende‹ (Hebr 13,14 vgl Offb 3,12; 21,2.10). Bei allem Bezug zur himmlischen Welt versteht sich die christliche Gemeinde doch auch in eine Geschichte eingebunden, eine Geschichte, die nicht nur auf ein Jenseits, sondern auf eine von Gott gesetzte und von seiner himmlischen Welt her bestimmte Zukunft zuläuft.« (94) Trotzdem ist die Differenz zwischen der Aufnahme der Fremdlingsmetaphorik bei Hebr und 1 Petr offensichtlich. Während bei Hebr die Metapher zum spezifischen Ausdruck des christlichen Glaubens wird, steht im 1 Petr stärker die christliche Lebensführung im Mittelpunkt. Beides schließt sich jedoch nicht aus: Wie die Ethik in 1 Petr in der durch die Wiedergeburt konstituierten neuen Identität gründet, folgt aus dem Glauben bei Hebr das entsprechende Verhalten (vgl. Hebr 12-13).

Deuteropaulinen und Paulus

Die Aufnahme der Fremdlingsmetaphorik in 1 Petr und Hebr hat Vorläufer bei *Paulus* und in den *Deuteropaulinen*. An erster Stelle ist hier ein Abschnitt aus dem Epheserbrief zu nennen. In Eph 2,11-22 wird das Ver-

168. Braun 1970, 320.

hältnis von Juden und Christen innerhalb der Gemeinde diskutiert. Die Heiden erhalten durch Christus Bürgerrecht in der Gemeinschaft Israels und sind dort keine »Fremde und Beisassen« mehr, sondern Mitbürger (συμπολιται statt ξενοι και παροικοι, Eph 2,12.19). Allerdings zielt dieser Sprachgebrauch darauf ab, daß die Fremdlingschaft der Heiden gegenüber den Juden in Christus überwunden ist. Positiv ausgedrückt haben die Heiden in Christus ein neues Bürgerrecht erhalten, nämlich an der eschatologischen Gemeinde, die Heiden und Juden umfaßt. Die Pointe liegt gerade darauf, daß die Heiden keine Fremden mehr sind. Dies schließt an Paulus an, der z. B. in Phil 3,20 vom himmlischen Bürgerrecht der Glaubenden spricht. »Durch den Bezug auf das Bürgerrecht vermag Paulus gerade den verpflichtenden, die ganze Wirklichkeit bestimmenden Charakter der himmlischen ›Staatszugehörigkeit‹ deutlich zu machen. Der Apostel nennt hier also sozusagen das positive Pendant zur Fremdlingsexistenz, das letztere sachlich impliziert.« (81) Es ist deutlich, daß Paulus auf die Aufhebung der Fremdlingsexistenz durch die Teilhabe an der neuen Gemeinschaft derer »in Christo« zielt. »Zu beachten ist jedoch, daß Paulus, obgleich er bei Gelegenheit die Entfremdung der Christen von ihrer Umgebung anspricht und sich damit auseinandersetzt, die Kategorie der Fremde in diesem Zusammenhang nicht explizit aufnimmt.« (82) Die neue Existenzweise der Christen impliziert zwar einen neuen Lebensstil, der sie von ihrer Umgebung »entfremdet«,[169] diese »Entfremdung« wird aber noch nicht – wie in 1 Petr – als erneute Fremdlingsexistenz gedeutet. Dies mag darin begründet sein, daß für Paulus die positive Aussage dominant war, daß das Sein in Christus neue Zugehörigkeiten schafft.

Trotzdem war für Paulus und die paulinischen Gemeinden die Frage der Stellung der christlichen Gemeinde in der Welt keinesfalls ein Randthema. Allerdings folgte die paulinische Semantik der Zugehörigkeit und Ausgrenzung nicht der Fremdlingsthematik, sondern bediente sich anderer Begriffe. Vor allem die Familienmetaphorik spielt bei der paulini-

169. Vgl. Berger 1991, 156; aus der Perspektive derer, die die frühen Christen erlebten, formuliert er: »Sie betrachteten frühe Christen als fremd, und zwar gerade wegen mangelnder Solidarität in den elementaren Bereichen der Vitalität. [...] Vor allen Denunziationen und Verfolgungen steht diese emotionale Barriere, die zumeist nicht genügend beachtet worden ist. Denn sie betrifft mangelnde Gemeinschaft in elementaren alltäglichen Bedürfnissen, zu denen auch das nach Ordnung gehört. Die (auch nur partielle) Nicht-Teilhabe an solchen Bedürfnissen ist wesentlich ärgerlicher als irgendwelche eschatologischen Utopien oder Gnadenlehren.«

schen Sprache der Zugehörigkeit eine große Rolle.[170] Die Abgrenzung wurde demgegenüber allgemeiner formuliert, die anderen sind etwa die Außenstehenden (εξω), präziser auch die Ungläubigen (απιστοι) oder die Ungerechten (αδικοι); selbst die Bezeichnung Heiden (εθνη) kann von Paulus pejorativ gebraucht werden.[171] Dabei ist den paulinischen Texten eine gewisse Ambiguität eigen, wenn die Frage nach dem Umgang mit den Außenstehenden thematisiert wird. Deutlich wird dies etwa am Beispiel des Götzenopferfleisches (ειδωλοθυτον) in 1Ko 8 und der Warnung vor jeglichem Götzendienst (ειδωλολατρια) in 1Ko 10,14ff.[172] Gleichzeitig markierten vor allem die Rituale, also Taufe und Herrenmahl, die Grenze zwischen Zugehörigen und Nichtzugehörigen. Insgesamt läßt sich bei den paulinischen Texten beobachten, daß die Abgrenzung weniger kultisch im Sinne von Reinheitsvorstellungen thematisiert wurde (was nicht heißt, daß Paulus etwa auf die Reinheitsmetaphorik vollkommen verzichtet hätte, sie dient nur nicht zur Markierung der Grenze zwischen außen und innen), sondern stärker in sozialen Begriffen.[173] Nicht zuletzt greift die paulinische Bezeichnung der Gemeinde als εκκλησια auf einen sozialen Begriff zurück.[174] In ihr werden alte Unterscheidungen hinfällig (Gal 3,28), gleichzeitig wird eine neue Zugehörigkeit begründet (Gottes Kinder in Christus), die neue Inklusions- und Exklusionsprobleme aufwirft (vgl. 1Ko 5,9ff.).

Zusammenfassend läßt sich die neutestamentliche Fremdentradition

170. Vgl. Meeks 1983, 182ff.; ähnlich auch Berger 1991, 155.
171. Vgl. Meeks 1983, 199ff. mit entsprechenden Belegen.
172. Vgl. K.-W. Niebuhr 1995, 358f.; es geht bei dem entsprechenden Text nicht um die Durchsetzung von Reinheitsvorstellungen, sondern allein um die Abgrenzung gegenüber dem Götzendienst der Heiden. Prekär wird dies vor allem deshalb, weil in einer Gemeinde aus Juden und Heiden gerade die, die selbst früher »Götzendiener« waren, besondere Probleme hiermit haben.
173. Vgl. K.-W. Niebuhr 1995, 359: »Die Herausforderungen, die aus dem Kontakt von Juden und Nichtjuden im Rahmen des synagogalen Lebens der Diaspora erwuchsen, ebenso wie die Mittel ihrer Bewältigung bildeten den Horizont, in dem die paulinische Gemeinde aus Juden und Nichtjuden ihre eigene Identität entwickeln konnte. Sie konnten freilich diese Identität nicht selbst begründen. Diese wurzelt vielmehr in der von Paulus der Gemeinde zugesprochenen Teilhabe an Leib und Blut Christi (10,16f.). In ihr ist die Grenze zwischen Juden und Nichtjuden in der Gemeinde aufgehoben, die gegenüber dem Götzendienst aber – gemeinsam mit der Synagoge – um so entschiedener gezogen. Damit ist die Gemeinschaft der Gemeinde im Herrenmahl sichtbare Entsprechung der Geisterfahrung bei der Gemeindegründung. In ihr nimmt die paulinische Kreuzesverkündigung Gestalt an.«
174. Vgl. immer noch Schmidt 1938.

beziehen auf ein Phänomen, das bei Wir-Gruppen-Prozessen grundsätzlich auftritt. Auf der einen Seite werden traditionelle Unterscheidungsmuster zurückgezogen und kritisiert. Die Botschaft vom Kreuz schafft neue Solidaritäten. Die Zugehörigkeit zu Christus kann nicht mehr abhängig gemacht werden von überkommenen Regeln. In den entstehenden Gemeinden konstituiert sich die neue Gruppe um die gemeinsame Praxis des Herrenmahls. Wenn dadurch nun diese Gruppe sichtbar wird und beschreibbar, stellt sich sofort die Frage danach, wer ihr zugehörig sein kann und wer nicht. Oder anders gesagt: Die neue Gruppe braucht eine Bestimmung ihrer Grenze, um eine eigene Identität ausbilden zu können.

Hinzu kommt die Erfahrung der Desintegration aufgrund des Lebensstils, der aus der Zugehörigkeit zu Christus (Paulus) beziehungsweise aus der durch die Wiedergeburt begründeten Zugehörigkeit zum neuen Gottesvolk (1 Petr) folgt. Diese wechselseitige Fremdheit wird interpretiert mit Hilfe der aus der Septuaginta übernommenen Fremdlingsthematik. Damit wird noch stärker als bei den paulinischen Gemeinden das soziale Verhalten innerhalb der Gemeinde und gegenüber der Umwelt zu einem Grenzziehungsmechanismus.

3.4 Resümee

In den Texten des sogenannten Alten Testaments – so war zu sehen – waren die Schutzbestimmungen für die *gerim* eingezeichnet in die Fürsorgeregelungen gegenüber sozial schwachen Gliedern der damaligen Gesellschaft. Dem gegenüber standen Regelungen, die den – vor allem wirtschaftlichen – Verkehr mit ausländischen Personen betrafen, und Normen, die die religiöse Identität Israels vor fremden kulturellen und religiösen Einflüssen sichern sollten. Abgrenzung war überall dort gefordert, wo Israel selbst in der Situation einer Minderheit war, die den Einflüssen einer dominierenden Kultur ausgesetzt war, sei es im Falle der politischen Abhängigkeit oder in der Situation von Exil und Diaspora. Der Umgang mit Fremden war also in jedem Falle relational verstanden, er veränderte sich je nachdem, ob diese innerhalb der Gesellschaft selbst schutzbedürftig waren oder ob Israel sich in einer Position befand, in der es selbst des kulturellen und religiösen Schutzes bedurfte. Insofern entsprechen die Bestimmungen der Goldenen Regel in ihrer positiven wie negativen Version: Der Umgang mit den Schwächeren muß dem entsprechen, was für sich selbst gewünscht wird. Ist allerdings die eigene religiöse Identität bedroht, bleibt nur die Abgrenzung zum Schutz der eigenen

Identität: »Fremdenliebe und Identitätssicherung« (Crüsemann) sind so komplementär aufeinander bezogen. In diesem Sinne sind auch die Motivationssprüche zu lesen, die auf den *gerim*-Status Israels Bezug nehmen. Allerdings fehlen Texte, die fremden religiösen Gruppen, die sich in Israel aufhielten, ebenso das Recht auf eine eigene religiöse Identität zugestehen. Dies mag seinen Grund unter anderem darin haben, daß sich dieses Problem für Israel als Staat so nicht stellte, zumindest in der Zeit, in der die entsprechenden Fürsorgeregelungen entstanden sind.

Ethisch relevant ist für unseren Zusammenhang, daß Fremdenliebe nicht einfach generalisiert werden kann, sondern stets einer Relationierung bedarf. Einfach ausgedrückt: Das Gebot der Fremdenliebe kann nicht einfach umgekehrt werden und marginalisierten Gruppen gegenüber der ihnen natürlich ebenfalls fremden Majorität moralisch geboten werden. Fremdenschutz genießen gerade die sozial schwachen Gruppen, während gegenüber anderen bloß die allgemeinen Regeln der Wirtschaft und des Rechts gelten. Insofern ist das Fremdenliebegebot keine Steigerung des allgemeinen Gebots der Nächstenliebe, sondern eine Präzisierung für einen besonderen Anwendungsfall. Der *ger* ist nicht zu lieben, weil er fremd ist (falls diese Deutung zutrifft), sondern weil er in einer Situation ist, in der er Zuwendung bedarf. Seine besondere Situation macht ihn zum Nächsten und nicht sein allgemeiner Status als Fremder.

Eine ethische Untersuchung zum Verhalten gegenüber Fremden, die auf die Texte der hebräischen Bibel Bezug nimmt, kann daher nicht von der je besonderen Situation abstrahieren, in denen sich sowohl die Fremden als Gegenüber der Handelnden als auch die Handelnden selbst befinden. Weiterhin wäre zu folgern, daß im Sinne der Goldenen Regel Fremden, die sich in einer marginalisierten Position befinden, das Recht auf eigene religiöse Identität zugesprochen werden muß, das für sich selbst in Anspruch genommen wird. Diese Tendenz zur Universalisierung der Anerkennung der Identität resultiert so nicht aus einem abstrakten Prinzip, sondern aus der Einsicht in die Schutzbedürftigkeit der eigenen Identität. Allerdings kann dieses Argument vor diesem Hintergrund nur dann Anwendung finden, wenn die entsprechende Situation gegeben ist, es gilt nicht allgemein. Schon gar nicht kann daraus das Recht der Durchsetzung der eigenen religiösen Identität gegenüber marginalisierten Gruppen gefolgert werden.

Die entsprechenden Texte des Neuen Testaments sind aus der Perspektive einer solchen marginalisierten Gruppe geschrieben. In ihnen wird die christliche Existenz mit der Metapher der Fremde gedeutet. Dabei hat die Metapher realen Anhalt an der konkreten Situation. Durch ihren besonderen Lebensstil, der Ausdruck der neuen Identität als Christinnen und

Christen in Jesus Christus ist, ist die christliche Gemeinde in der antiken Gesellschaft zunächst sozial und religiös desintegriert. Das darauf reagierende Verhalten zielt darauf ab, einerseits den Normen und Werten der Gesellschaft insoweit zu entsprechen, als es mit der eigenen Überzeugung in Einklang gebracht werden kann, und andererseits den besonderen Lebensstil so zu vertreten, daß er als Hinweis auf den besonderen Wert der neuen Existenzform als Christinnen und Christen deutlich wird. Der missionarische Aspekt liegt in dem zwanglosen Argument des guten Beispiels, zu dem die Gemeinde aufgefordert wird. Bestandteil dieses Lebensstils ist die Hilfe für sozial Schwache und andere Bedürftige (z.B. Reisende), wie sie besonders in den Gemeinden praktiziert wird. Nach außen hin entsteht so das Bild einer Gegengesellschaft, die als Solidargemeinschaft gesehen werden kann. Die so real existierende Abgrenzung nach außen verstärkt auf der einen Seite die eigene Identität, macht auf der anderen Seite jedoch die Christinnen und Christen zur Zielscheibe von Aggression und Gewalt.

Auch hier ist die besondere Existenzform der Gemeinde nur von der Situation her angemessen zu verstehen, in der sie lebt. Die Vorstellung, sich von der Gesellschaft zu unterscheiden, wird in dem Moment obsolet, in dem die Gesellschaft selbst im wesentlichen durch den christlichen Glauben bestimmt ist. Dieses Problem stellte sich spätestens mit der Durchsetzung der christlichen Religion innerhalb des Römischen Reiches. Es ist kein Zufall, daß gerade in diesem Moment zur Identitätssicherung die Grenze präziser gezogen werden muß. Dem diente auf der einen Seite die Dogmenbildung und der Abschluß der Kanonisierung der heiligen Schriften. Ein Blick in eine beliebige Dogmengeschichte kann lehren, daß mit jeder neuen Lehrbildung Grenzziehungen verbunden waren, die zur Exklusion anderer Gruppen führten. Auf der anderen Seite werden zunehmend die Juden zu der Gruppe, von der sich die Christen zu unterscheiden haben. Dabei dreht sich das Definitionsgefälle nun um; waren früher die Christen jene, die exkludiert wurden, werden sie jetzt die dominante Gruppe, die die Exklusion der Juden zum Aufbau der eigenen Identität nutzt. Es wäre eine sinnvolle Aufgabe, christlichen Antijudaismus als Produkt dieser Grenzziehung zu rekonstruieren. Zygmunt Bauman vertritt die These, daß sich gerade die Abgrenzung gegenüber den Juden für die Konstitution der eigenen Identität besonders anbot; das Judentum als so etwas wie ein alter ego der Kirche fungierte. »Das Christentum war nicht in der Lage, sich zu entwickeln – und schon gar nicht seine ökumenische Vormachtstellung zu betreiben, ohne gleichzeitig die jüdische Sonderstellung zu kontrollieren und zu festigen – mit der Vorstellung nämlich, Erbe und Überwinder Israels zu sein. Die christliche Identität speiste sich aus der Sonderstellung der Juden. Das Christentum wurde geboren aus der Ablehnung durch die Juden und bezog seine Vitalität aus der Feindschaft gegen die Juden.«[175] Unabhängig ob man dem im einzelnen so zustimmen möchte, kann trotzdem festgehalten werden, daß die Abgrenzung gegenüber Juden im Verlauf der Geschichte der Kirche zumindest zu den identitätskonstitutiven Merkmalen gehörte. Christlicher Antijudaismus ist Produkt der Grenzziehung und bezogen auf die Bestimmung der eigenen Identität, er ist eine christliche Antwort auf die Frage, wer »wir« und wer »die anderen« sind.

Für den Blick auf aktuelle Problemlagen kommt es darauf an, wie Kirche sich zu ihrer gesellschaftlichen Umwelt bestimmt: Ist sie prägender Teil der vorherrschenden Kultur oder spielt sie eine marginalisierte Rolle in einer säkularisierten Gesellschaft? Sollte eher letzteres unterstellt werden, wäre es tatsächlich Aufgabe der Gemeinde, einen alternativen Lebensstil zu praktizieren, der die Tendenzen der frühen Gemeinde aufnimmt. Wie auch immer man entscheidet, deutlich ist jedenfalls, daß sich die christliche Existenz in Analogie und Differenz zur Gesellschaft definieren muß, wenn die eigene besondere Identität aufrechterhalten werden soll. Auf der anderen Seite folgt daraus wiederum die Forderung, anderen Entsprechendes zuzugestehen; das heißt: Aus der Einsicht in die eigene besondere Identität folgt die Anerkennung der besonderen Identität anderer Gruppen. Dies gilt um so mehr, wenn die Gesellschaft, in der die Kirche lebt, in großen Teilen von ihr und ihrer Tradition bestimmt ist.

Deutlich geworden ist in der Darstellung darüber hinaus, daß die biblischen Traditionen nicht explizit auf die ethnische Zugehörigkeitssemantik Bezug nehmen. Die Zugehörigkeit wird vermittelt über Religion und nicht über die Kategorie Ethnie.[176] Allein dies schon verbietet eine kurzschlüssige Applikation dieser Texte im Blick auf moderne Migrationsphänomene und eine ethnisch geprägte Inklusions- und Exklusionssemantik. Was die Tradition aber deutlich macht, ist, daß die Lebensführung Ausdruck der leitenden theologischen Grundannahmen ist. Konkret: Eine Kirche, die intern andere Inklusions- und Exklusionsmechanismen verwendet als allein die Frage der Zugehörigkeit zu Christus, die sich in Taufe und Herrenmahl manifestiert, kann sich nicht mehr auf die gemein-

175. Bauman 1989, 52.
176. Vgl. etwa Richter 1996, 159 ff.; Luhmann 1997, 624 weist darauf hin, daß mit der Christianisierung des römischen Reiches die Religionszugehörigkeit als Exklusionskriterium eingeführt wurde, mit der Entscheidung über die Exkommunikation war gleichzeitig die über die gesellschaftliche Exklusion gefallen.

same jüdische und christliche Tradition berufen. Innerhalb der Kirche können ethnische und christliche Zugehörigkeit nicht miteinander gekoppelt werden, solange der Bezug auf die biblische Tradition aufrechterhalten werden soll. Ein Mißverständnis wäre es jedoch zu postulieren, daß in Christus keine Grenzziehungen mehr Geltung hätten. Dies wäre ein Verzicht auf die Bestimmung der eigenen Identität als Christ oder Christin oder als Kirche. Will man an der Sozialität der Kirche festhalten, sind Grenzbestimmungen unumgänglich. Denn soziale Gruppen sind ohne Grenzen nicht einmal denkbar.

Ein weiteres Grundproblem, das neben den genannten gegen eine vorschnelle Applikation der biblischen Texte auf die moderne Situation spricht, ist, daß die modernen Phänomene Staat und Ethnie Kategorien sind, die in der Entstehungszeit jener Texte so nicht gegeben waren. Man muß sich hier vor Äquivokationen hüten. Wenn vom »Staat« Israel oder vom römischen »Staat« die Rede ist, ist damit anderes gesagt als das, was heute unter Staat, Nation oder gar Volk gemeint ist. Zum einen handelte es sich damals zum großen Teil um das, was aus heutiger Sicht als multiethnische Herrschaftsgebiete oder Großreiche genannt werden müßte. Zudem waren diese Herrschaftsformen ohne eine religiöse Fundierung und Legitimation nicht denkbar. Die moderne Vorstellung eines säkularen Staates mit einer Trennung zwischen Staat und Religion hat grundlegend neue Voraussetzungen geschaffen. Gerade in neutestamentlicher Zeit war für die christlichen Gemeinden nicht das gegenüber zum »Staat« das zu lösende ethische Problem, sondern die Auseinandersetzung mit dessen religiösen Fundierungs- und Legitimationsansprüchen. Zumindest aktuell ist dieses Problem bei uns in dieser Weise nicht mehr gestellt, wenn von der Auseinandersetzung um den nationalsozialistischen Staat mit dessen quasireligiösen Legitimationsmythen einmal abgesehen wird.

Sowohl die alt- als auch die neutestamentlichen Textbefunde zeigen, so läßt sich zusammenfassen, daß die Inklusions- bzw. Exklusionsmechanismen durchgängig über religiöse Semantiken konstruiert wurden. Die grundlegende Unterscheidung verläuft also nicht entlang ethnisch oder national definierter Grenzen, sondern entlang religiös definierter. Die *gerim*, die in Israel siedeln, können sozial (z.B. als Bedürftige) und religiös inkludiert werden, solange dem nicht religiös motivierte Gründe entgegenstehen. Gegenüber den *nochri* stellt sich die Frage der Inklusion so nicht, ihnen gegenüber gelten die Regeln des Wirtschaftsverkehrs bzw. der politischen Opportunität. Scharfe Abgrenzungen haben hingegen ihren Ort in der Abwehr fremder Religion, denn an dieser Stelle scheint die eigene Identität bedroht, die religiös hergestellt wird. Insofern erklären sich die eher integrativen Regelungen gegenüber den *gerim* auf der einen Seite und die Gebote der Fairneß gegenüber den *nochri* auf der anderen Seite, während gegenüber fremden Religionen Kompromißlosigkeit gefordert wurde.

Ähnlich, jedoch mit anderem Schwerpunkt, stellt sich die Situation in den neutestamentlichen Texten dar. Auch hier verläuft Inklusion und Exklusion entlang der religiösen Grenze. Da sich die Christinnen und Christen jedoch als marginale Gruppe in einer religiös anders geprägten Umwelt sehen, kann ihre Existenz in der Welt als Fremdlingschaft gedeutet werden. Dies führt zu einem extrem starken Loyalitätsverhältnis innerhalb der Kleingruppe und zu einer starken Abgrenzung nach außen. Allerdings mit einer wichtigen Ausnahme: Die religiöse Umwelt wird zwar als heidnisch ausgegrenzt, gleichzeitig sind es aber die Heiden, die durch die Mission zu Angehörigen der christlichen Gruppe werden sollen. Es entwickelt sich also eine eigentümliche Dialektik von innen und außen, die – paradox formuliert – auf eine Öffnung durch Schließung hinausläuft. Die christliche Alternative (gewissermaßen als Gegengesellschaft) soll so attraktiv sein, daß andere sich ihr anschließen, damit dazugehören und sich damit wiederum nach außen abgrenzen. Es ist deutlich, daß dieses Konzept dann auf Probleme stößt, wenn sich das Verhältnis von innen und außen umkehrt, wenn mit anderen Worten das Christentum zur Mehrheitsreligion geworden ist. Dogmenbildung und Abgrenzung gegenüber Häretikern, Heiden und Juden waren Antworten der Kirche auf dieses Problem.

Damit zeigt sich, daß die biblische Tradition *nicht keine* Exklusionsmechanismen kennt, *sondern andere* als die gesellschaftliche Umwelt. Insofern taugt der Verweis auf die Tradition allein nicht, Alternativen für den neuzeitlichen staatlichen Umgang mit Exklusion und Inklusion aufzuzeigen. Statt dessen ist zu sehen, daß es sich hier um ein spezifisch politisches Problem handelt, das allerdings das Selbstverständnis der Nation in besonderer Weise berührt. Hier allerdings hat die Kirche als Größe innerhalb der Gesellschaft sowohl Anspruch auf Gehör als auch den Auftrag zur öffentlichen Stellungnahme. Dabei sollte sie jedoch vorsichtig sein, eine »hospitality to the stranger« zu fordern, während sie selbst andere Exklusionsmechanismen praktiziert. Theologische Ethik hat in diesem Zusammenhang zu reflektieren, daß eine Grenzbestimmung für soziale Gebilde zu deren Voraussetzungen gehören.

4. Die Kirche und die Fremden – Kirche zwischen Partikularität und Universalität

Im folgenden muß nun der Frage nachgegangen werden, welche Konsequenzen sich aus dem bisher Dargelegten für eine theologische Ethik hinsichtlich Exklusion und Inklusion und der – vielleicht falschen – Alternative Partikularismus und Universalismus ergeben. Das Ziel der Überlegungen wird sein, Perspektiven zu entwickeln, anhand deren sich die mit dem modernen Phänomen der Migration ergebenden Probleme thematisieren lassen.

Es ist ja schon im vorigen Kapitel deutlich geworden, daß der alleinige Rückgriff auf die Überlieferungen der jüdischen und christlichen Tradition aus mehreren Gründen noch keine hinreichenden Antworten auf die aktuellen Fragen geben kann. Vor allem war zu sehen, daß sich eine einfache Gegenüberstellung zwischen kirchlichem Universalismus und nationalstaatlichem Partikularismus verbietet. Denn die Kirche kennt nicht keine Inklusions- und Exklusionsmechanismen, sondern andere Mechanismen als Nationalstaaten. Und daß selbst ethnische Grenzziehungen hier eine Rolle spielen, lehrt ein Blick nicht allein auf die deutsche (sic!) Kirchengeschichte der jüngeren Zeit, sondern auch überall dort, wo sich staatskirchliche oder nationalitätsspezifische Organisationsformen ergeben haben. Man mag zwar argumentieren, daß solche Organisationsformen entweder eingebettet sind in die katholische, also ökumenische Bestimmung der einen Kirche, beziehungsweise daß solche Formen diesem Kennzeichen der Kirche schlicht widersprechen. Damit aber ist noch nicht das historische Faktum entkräftet, daß sich Kirche entlang einer ihr fremden Unterscheidung – nämlich der nationalen – selbst organisiert hat und immer noch organisiert und dies mehr oder minder stringent theologisch legitimiert, oder wenigstens zu legitimieren versucht.[1]

Die Einsicht, daß sich aus der biblischen Tradition nicht bruchlos Konsequenzen für den heutigen Umgang mit Migration ziehen lassen, bedeutet nun aber nicht, daß deswegen aus theologischer Perspektive nichts zu diesem Problembereich zu sagen wäre.[2] Ansatzpunkte für eine theologische Diskussion ergeben sich meines Erachtens aus zwei Zusammenhängen: einmal im Kontext der Vorstellungen der durch Fürsorge geprägten

1. Zum Beispiel mit schöpfungstheologischen Argumenten.
2. Vgl. entsprechend W. Huber 1996b, 387 ff.

Hinwendung zu den Fremden, die zu Nächsten werden und zudem im Gedanken der Gewährung eines rechtlichen Schutzraums, auf den auch Fremde einen Anspruch haben müssen.

Aus diesen Gründen legt sich nahe, zur Klärung des Verhältnisses der Kirche zu den Fremden, zwei Themenbereiche näher zu betrachten: Zum einen wie intern das Verhältnis von partikularen Kirchen und universaler Kirche reflektiert wird, wo mit anderen Worten hier Grenzbestimmungen eingeführt werden, zum anderen wie sich kirchliches Handeln in diesem Bereich konkret darstellt. Für den ersten Bereich bieten sich zwei Themen an: Ich orientiere mich dabei an der im Anschluß an Habermas skizzierten Unterscheidung zwischen einem moralischen, ethischen und praktischen Bereich ethischer Urteilsbildung. Damit soll der Einsicht Rechnung getragen werden, daß die partikularen Identitäten gleichermaßen einer moralisch-rechtlichen Hülle bedürfen, innerhalb derer sie zur Entfaltung kommen können. Es wird im folgenden also mit anderen Worten zu fragen sein, ob aus theologischer Perspektive sich Schlüsse ergeben für die Gestaltung der Differenz zwischen Inklusion und Exklusion unter der Bedingung der Migration. Den Schwerpunkt bildet beim ersten Thema die Frage nach der theologischen Relevanz der Menschenrechtsdiskussion für eine Frage der Umgang mir Migrantinnen und Migranten. Beim zweiten Thema wird dann das Hauptaugenmerk auf der theologischen Einschätzung der Phänomene von Volk und Nation liegen. Da beide Themenbereiche in der theologischen Diskussion bereits breit erörtert worden sind, kann es für mich an dieser Stelle genügen, die wichtigsten Zusammenhänge skizzenhaft zusammenzutragen.

Danach soll untersucht werden, wie bislang kirchliche Praxis auf die Migrationssituation reagiert. Im Blick auf meine Fragestellung bietet es sich hier an, mich auf die Kirche in Deutschland zu beschränken. Ich werde mich dabei vor allem auf zwei – in der gegenwärtigen Diskussion prominente – Zusammenhänge beziehen, auf die kirchlichen Stellungnahmen zum Thema sowie auf die Diskussion um das sogenannte Kirchenasyl. Diese Auswahl hat zudem den Vorteil, zum einen Positionen zu diskutieren, die auf Aktivitäten einzelner Kirchengemeinden basieren (im Bereich des Kirchenasyls) und zum anderen Stellungnahmen der organisatorischen Spitzen der evangelischen Kirche (EKD-Synode und Rat). Schließlich sollen konkrete Formen kirchlicher Aktivitäten im Kontext der Migration erörtert werden; ich beziehe mich dabei auf die diakonische Arbeit mit Arbeitsmigrantinnen und -migranten und Flüchtlingen und die Tätigkeiten der sogenannten Ausländergemeinden.

4.1 Kirche zwischen Partikularität und Universalität

4.1.1 Volk und Nation als theologische Kategorien

Die Verbindung oder gar Identifizierung von Religion beziehungsweise Kirche mit einem bestimmten Staat, einer bestimmten Nation oder einem bestimmten Volk ist keine typisch deutsche Besonderheit. Dieses Phänomen läßt sich in jüngster Zeit beobachten etwa im ehemaligen Jugoslawien, in der früheren Sowjetunion, aber auch in Lateinamerika. Dies mag damit zusammenhängen, daß Ethnizität eine Ressource bildet für Selbstbehauptungskämpfe, die sich im Zusammenhang von Befreiungsbewegungen ebenso nutzen läßt wie auch bei nationalistischen oder ethnizistischen Bewegungen.[3]

Wenn an dieser Stelle nun trotzdem die theologiegeschichtliche Entwicklung in Deutschland skizziert wird, hat dies zum einen den Grund, daß ich mich in dieser Untersuchung im wesentlichen auf diesen partikularen Kontext beziehe. Darüber hinaus hat und hatte die Diskussion über die hiesige Entwicklung auch eine nicht zu gering zu schätzende theologiegeschichtliche Bedeutung. Es kann an dieser Stelle nun allerdings nicht erwartet werden, daß das Verhältnis zwischen Kirche und Staat und das Verhältnis zwischen Kirche und Nation historisch und systematisch rekonstruiert werden muß. Dies würde nicht nur den Rahmen dieses Kapitels sprengen. Es soll vielmehr um eine Skizze der Diskussionszusammenhänge gehen, von denen ich mir eine weitere Klärung der Verhältnisbestimmung zwischen Partikularismus und Universalismus erwarte.

Die Verbindung von Kirche und Nation, die sich spätestens seit dem 19. Jahrhundert anbahnte, ist auch deswegen interessant, weil hier versucht wird, die spätmittelalterliche und moderne Grenzziehung zwischen Eigenem und Fremden zur Deckung zu bringen. Die Grenzziehung zwischen Christen und Heiden wird gleichsam identifiziert mit der zwischen dem eigenen Volk und seinen – tatsächlichen oder imaginierten – Feinden.

Die protestantische Verknüpfung von Volk und Nation mit der Kirche ist im wesentlichen ein Produkt des 19. Jahrhunderts, wenn auch an ältere Vorbilder angeknüpft wird. Dabei liegen die Wurzeln dieser Verknüpfung weniger in der Reformation, wenn auch in der protestantisch-nationalen Rhetorik immer wieder auf Luther zurückgegriffen wurde.[4] Allerdings steht Luthers Begriff von Volk und Nation eher dem der Humanisten nahe, war aber in noch stärkerem Maße von der Auseinander-

3. Vgl. schon Schöfthaler 1980.
4. Vgl. Tilgner 1970, 156.

setzung mit Rom geprägt.[5] Gerade auch an seiner Adelsschrift von 1520 läßt sich zeigen, daß er Volk eher unspezifisch sieht und vor allem nicht mit einem besonderen geographischen Gebiet oder einer Nation im modernen Sinne verbindet. Vielmehr ist der Begriff bei ihm eher auf soziale Gruppen, insbesondere das arme, gemeine Volk, gemünzt oder bezeichnet die Gesamtheit der Christen oder einzelne Gruppen innerhalb der Kirche.[6] Die nationale Haltung des Protestantismus seit dem 19. Jahrhundert ist ebenfalls weniger an die organisatorische Struktur der Kirche mit dem Summepiskopat des jeweiligen Landesherrn geknüpft, sondern steht stärker in der Tradition des revolutionären Nationalismus an der Wende zum 19. Jahrhundert.[7]

Anknüpfungspunkt war hier in besonderem Maße der *Herder*sche Volksbegriff.[8] Grundlegend für ihn war die – wie Taylor sie bezeichnet – expressive Vorstellung einer individuellen Originalität, die von Natur aus angelegt ist und deren Ausbildung Aufgabe der menschlichen Lebensführung ist. Dieses Verständnis der expressiven Individuation liegt nun auch Herders Volksbegriff zugrunde.[9] Zentral für ihn sind Poesie und Sprache der Völker, in denen sich deren Eigenart ausdrückt. Sprache und Poesie konstituieren gleichsam Volk und Nation (für Herder sind beide Begriffe synonym), sie gelten nicht als äußerliche Merkmale, »sondern als konstitutive Faktoren, die Volk und Nation überhaupt erst zu dem machen, was sie waren – zu spirituellen menschlichen Gemeinschaften, die vornehmlich auf einem Gleichklang innerer Werte beruhten.«[10] Diese Vorstellung der Eigenart der Völker, die in ihrer Geschichte zum Ausdruck gebracht werden sollen, wird von ihm schöpfungstheologisch abgesichert. Die Mannigfaltigkeit der Völker ist wie die der Individuen Ausdruck des Schöpferwillens Gottes. Herders Begriff von Volk und Nation zielt also nicht auf die Suprematie einer oder gar der eigenen Nation, sondern vielmehr auf deren bunte Pluralität; Herder kann dabei die Völker als verschiedene Gewächse im großen Garten Gottes beschreiben.[11] Allerdings ist diese Besonderheit als Besonderheit zu leben, zu pflegen und zum Ausdruck zu bringen. Eine Verschmelzung der Völker würde gerade de-

5. Vgl. Kosselleck/Gschnitzner/Werner/Schönemann 1992, 293.
6. Kosselleck/Gschnitzner/Werner/Schönemann 1992, 299.
7. So auch W. Huber 1973, 140 f.
8. Berücksichtigt man die wirkungsgeschichtliche Bedeutung von Herders Volksbegriff, verwundert um so mehr, daß Herms 1986 ihn in seinem TRE-Artikel vollkommen ausblendet.
9. Vgl. Taylors Herderinterpretation in Taylor 1989a, 651 ff.
10. Kosselleck/Gschnitzner/Werner/Schönemann 1992, 317.
11. Ebd.

ren Artenvielfalt zum Verschwinden bringen. Nicht auf ein Verschwinden der Nationen zielt Herder ab, sondern auf deren Koexistenz, die er sich analog zu Familien oder Gemeinschaften vorstellt.

So wurde auch nicht der Herdersche Volksbegriff zum Leitbild des protestantischen Nationalismus, sondern seine zugespitzte Fassung bei Fichte und Arndt. Stand schon bei Fichte ein deutsches Sendungsbewußtsein im Zentrum, sollte sich das deutsche Volk als »Urvolk« konstituieren, gewann der Volksbegriff bei Arndt – vor allem infolge der Befreiungskriege – eine noch stärker militärische, aggressive Note. Die Entwicklung der protestantischen Nationaltheologie im späten 19. Jahrhundert knüpft dabei an eine verbreitete kritische Strömung gegenüber dem preußischen aristokratischen Staatsprinzip an. Der entstehende deutsche Nationalstaat wurde als Staat ohne nationale völkische Basis angesehen. Demgegenüber knüpften vor allem de Lagarde und Langbehn an den Herderschen und Fichteschen Volksbegriff an, der für die deutsche Nation den ideologischen und motivationalen Hintergrund bilden sollte. »Nicht bloß der ›gemachte‹ Bildungsstaat, sondern die Stimme aus der Tiefe des Volkes‹ sollte nunmehr den ideellen Gehalt des deutschen Volkes hervorbringen und über das eigene Volk hinaus der ganzen Menschheit zum Segen werden.«[12]

Nach der Reichsgründung 1871 entstand so eine brisante theologisch-politische Gemengelage. Auf der einen Seite wurde die »verspätete Geburt der Nation« begrüßt, sah man doch im Kaiserreich einerseits die Möglichkeit der Verwirklichung des protestantischen deutschen Staates, so wurde andererseits das Fehlen eines tiefen nationalen Gefühles beklagt. Eine zentrale Rolle spielte dabei auf protestantischer Seite das antikatholische Ressentiment. Das Festhalten an der universalen römisch-katholischen Kirche wurde für unvereinbar mit nationalen Interessen erklärt. Hinzu kam die politische Option des Katholizismus für einen partikularistischen Einheitsstaat ohne starke zentrale Regierungsgewalt. Äußeres Zeichen dieser Frontstellung war die Gründung des »Evangelischen Bundes zur Wahrung der deutsch-protestantischen Interessen«.

Erst vor diesem Hintergrund erschließt sich die Bedeutung, die das nationale Gefühl beim Ausbruch des Weltkrieges *1914* gerade auch für die protestantische Theologie erlangte. Von protestantischer Seite stellte sich die nationale Begeisterung auch als Heilmittel gegenüber zuvor erlebten Krisenerscheinungen dar.[13] Auf die Bedeutung der Kirchenaustrittsbewe-

12. Tilgner 1970, 147.
13. Paradigmatisch für diese Sicht der Dinge mag der Vortrag von Althaus auf dem Königsberger Kirchentag 1927 sein. Der August 1914 wird als »hohes

gung vor 1914, des Verlustes der Arbeiterschaft für die Kirche und den Ressentiments vor Materialismus und Egoismus für die nationale Option der Protestanten hat Huber nachdrücklich hingewiesen.[14] Im Nationalgefühl, daß beim Kriegsausbruch zum Ausdruck kam, sah man die Überwindung zuvor trennender Schranken innerhalb des Volkes, zumal auch Sozialdemokratie und Zentrum in die nationale Begeisterung einstimmten. Ein beredtes Zeugnis dieser national-protestantischen Stimmung sind die Kriegspredigten protestantischer Theologen und Pfarrer.[15]

Die Niederlage Deutschlands wurde vom größten Teil der deutschen Theologie und Pfarrerschaft als Katastrophe empfunden. Dahm schätzt, daß in der *Nachkriegszeit* etwa 80 % der Pfarrer eine national-konservative Einstellung hatten,[16] politisches Sammelbecken war die Deutschnationale Volkspartei. Da mit dem Ende des Kaiserreiches auch die Verbindung zwischen Religion und Nation zerbrochen war, wurde um so stärker an den Volksbegriff angeknüpft. Theologisch bedeutsam wurden dabei vor allem Stapels These des Volksnomos und Althaus' Theologie der Schöpfungsordnungen. Honecker bemerkt hierzu zutreffend: »Es ist somit unverkennbar verletzter Nationalstolz und verwundete deutsche Identität, die zur Vorstellung einer besonderen deutschen Sendung und zur Wertung des Volkes als einer Schöpfungsordnung führte.«[17]

Es ist an dieser Stelle nicht nötig, die Lehre von den *Schöpfungsordnungen* zu rekonstruieren und kritisch zu beleuchten. Es genügt, darauf zu achten, wie die Lehre von den Schöpfungsordnungen systematisch die Grenze zwischen Zugehörigkeit und Nichtzugehörigkeit zieht. Grundlegend ist bei der Theologie der Schöpfungsordnungen ja die Ansicht, daß die Menschen in bestimmten Lebensordnungen (genannt werden

ergreifendes Volkserlebnis« gepriesen, als Bedrohung werden Zivilisation und Fremde genannt. Und wenn Althaus formuliert: »Aber die Fremde ist eine Macht auch in der Heimat: die Überfremdung unserer Literatur, des Theaters, der Künste, der Mode und der Feste, des Parteiwesens und der öffentlichen Dinge, die Preisgabe an volklose Geldmächte ist quälend zum Bewußtsein gekommen. Zivilisation und Überfremdung miteinander sind schließlich auch schuld an der Zerrissenheit unseres Volkes, an dem Geist des Klassenkampfes, der die Volksgemeinschaft zersetzt.« (Althaus 1927, 189), dann klingt darin deutlich die antisemitische Propaganda an, die gleichzeitig in internationalem Kapitalismus und internationalistischem Bolschewismus den Weltherrschaftsanspruch des internationalen Judentums am Werke sieht.

14. W. Huber 1973, 143.
15. Vgl. dazu Pressel 1967.
16. Dahm 1965, 9.
17. Honecker 1995, 93.

vor allem Ehe, Familie, Wirtschaft, Staat, aber auch Volk und Rasse) stehen, die Gott ihnen qua Schöpfung vorgegeben hat. Die Theorie läuft darauf zu, nicht nur die Faktizität solcher Ordnungen festzustellen, sondern darüber hinaus in diesen Lebensordnungen normative Quellen auszumachen, die die Menschen – unabhängig ob Christinnen oder Christen oder nicht – binden. Bezeichnend ist nun, daß das Volk als eines dieser Ordnungen auftaucht. »Volkstum nennen wir das besondere, von anderem unterschiedene Seelentum, das in aller einzelnen Volksgenossen Fühlen, Werten, Wollen, Denken als das Gemeinsame erscheint; den Mutterschoß arteigenen geistig-seelischen Wesens; eine übergreifende Wirklichkeit, ursprünglich für uns alle mit unserem Leben gegeben, vor unserem Entscheiden und Wollen.«[18] Der hymnische Ton kennzeichnet bereits den Kern der Aussage, das Volkstum erhält als Schöpfungsordnung eine besondere religiöse Bedeutung. Aus dieser erwächst dann auch Gottes Gebot hinsichtlich der Volkshaftigkeit menschlichen Lebens: »Die Erkenntnis, daß unser Volk und die volkhafte Bindung unseres Lebens Gottes Wille und Werk sind, bedeutet den Imperativ: wir haben unser Leben eben in seiner volkhaften Bestimmtheit und damit das uns anvertraute Leben unseres Volkes überhaupt dankend aus Gottes Händen hinzunehmen und es treu weiterzugeben. Hier entspringen die Imperative der Eugenik und der Volkstreue in jedem Sinne, der Verantwortung für das leibliche und geistige Erbe eines Volkes, für seine Sprache und Art, aber auch für die Verwirklichung und Erhaltung der Lebensgemeinschaft, die es bedeuten soll, also auch der Imperativ der sozialen Verantwortung für das Gesamtleben des Volkes.«[19]

Allerdings bringt Althaus Kirche und Volk nicht zur Deckung. Kirche ist für ihn die übergreifende Ordnung, die nicht in einem einzelnen Volk aufgehen kann. Trotzdem ist die Kirche in ihrer Gliederung dem jeweiligen Volk in besonderer Weise verpflichtet. Sie wird ihrem Auftrag jedoch untreu, wenn sie sich allein als völkische Kirche begreift und damit nur noch einen Nationalgott bezeugt und nicht mehr den Gott, der der Schöpfer der Völker als Lebensordnung der Menschen ist.[20] Den Schritt, Kirche und Volk beziehungsweise Nation zu identifizieren, geht Althaus noch nicht. Gleichwohl ist die Verbindung beider Ordnungen so nah, daß mit der Theorie des Volkes (und auch der Rasse)[21] als Schöpfungsordnung dieser Gedanke vorbereitet ist, der im Umfeld der Deutschen Christen

18. Althaus 1927, 188.
19. Althaus 1937, 20f.
20. Althaus 1937, 26f.
21. So in Althaus 1937, 18f.

dann auch explizit formuliert wurde. Folgenreicher noch ist Hirschs Lehre vom Volksnomos, in dem konkret das Heilige begegnet. Diesem Nomos ist nicht mehr auszuweichen, sein Anspruch auf das Leben absolut.[22]

Diese Entwicklung ist bezeichnend und typisch für die nationalistische Ideenwelt. Der »Entdeckung« der Größen Volk und Nation an der Schwelle vom 18. zum 19. Jahrhundert folgt der Versuch, diese auch theologisch einzuholen. Das fällt auch deshalb leicht, weil – gerade bei Herder – der Volksbegriff selbst schon theologische Wurzeln hat. Von Anbeginn wurde der Volksbegriff schöpfungstheologisch begründet und abgesichert. Entsprechendes gilt auch für den Begriff der Rasse. Nach dessen späterer Entwicklung wird auch dieser in eine Theorie der Schöpfungsordnungen eingepaßt.[23] Im historischen Abstand überrascht, wie schnell die Begriffe theologische Karriere gemacht haben. Gleichzeitig zeigt sich auch in der theologischen Rezeption des Volks- und Nationbegriffs dessen polemogene Struktur. In dem Moment, in dem diese Größen als Schöpfungsordnungen ernst genommen werden, tendieren sie dazu, zu ausschließenden Begriffen zu werden. Wenn die Aufteilung der Welt in Nationen, Völker und Rassen auf Gottes Schöpfungshandeln zurückgeht, ist eine besondere Beziehung der Christen, die in den Nationen, Völkern und Rassen leben, nicht nur legitimiert, sondern letztlich auch gefordert. Dies gilt um so mehr, wenn realisiert wird, daß sich christliches Leben immer schon in völkischen und nationalen Bindungen vorfindet. Denn dann ist die Realisierung christlicher Lebensführung nur innerhalb der Größen mit ihren bestimmten Imperativen möglich. Hinzu kommt, daß diesen Größen eine große Bindungskraft innewohnt. Demgegenüber verblaßt der Appell an die Bindung an die weltweite Kirche, die zur abstrakten Größe verschwimmt, wenn Leben außerhalb der schöpfungsgemäßen Ordnungen Volk und Nation nicht denkbar ist.

Systematisch bedeutet dies, daß eine der Theologie zumindest prinzipiell externe Grenzziehung als eigene anerkannt wird, und dadurch eine eigene Dynamik entwickelt. Die Verortung dieser Unterscheidung in der Schöpfungslehre gibt ihr zudem eine überzeitliche Bedeutung, der Konstruktcharakter dieser Grenzziehung wird verwischt. Karl *Barth* hat im

22. Vgl. zur Volksnomostheologie Wolf 1970, 182 ff.
23. Noch in der 3. Auflage der RGG wird im Artikel »Schöpfungsordnung« unbefangen die Rasse als eine solche bezeichnet. Lau 1961: Sp. 1492. Auch Elert, der maßgebliche Autor des Ansbacher Ratschlages von 1934, hält nach dem Zusammenbruch des Nationalsozialismus an der Bestimmung des Volkes als natürlicher Ordnung fest, wobei er weiterhin auch auf einer biologischen Bestimmung des Volkes festhält; vgl. Elert 1949, 134 ff.

übrigen diesen Konstruktcharakter sehr deutlich wahrgenommen. Bezeichnenderweise handelt auch Barth in der Schöpfungslehre von dieser Differenz (KD III/4 § 54), die er aber nicht anhand der Kategorien von Volk und Staat diskutiert, sondern unter dem Titel »Die Nahen und die Fernen«. Implizit wird darin deutlich, daß Grenzziehungen zum Leben der Menschen dazugehören, daß aber die explizite Gestalt dieser Grenzziehungen, anders als bei den »permanenten Ordnungen« von Mann und Frau, beziehungsweise Kinder und Eltern, variabel ist: »Wer kann denn eigentlich genau und verbindlich sagen, was er meint, wenn er von ›seinem‹ Volk und dem ›fremden‹ redet?«[24] Ironisch skizziert Barth die Unmöglichkeit, solche Grenzziehungen explizit zu begründen. Zwar gibt es faktisch die entsprechenden Unterschiede, sie haben jedoch keine ontologische oder schöpfungstheologische Stütze. »Das Gegenüber von Baslern und Zürchern, von Deutschen und Franzosen, oder auch das von südlichen und nördlichen, östlichen und westlichen Menschentypen und Menschengruppen und also das Gegenüber von Nahen und Fernen mit jenen echten und dauernden Kontrasten in einem Atemzug zu nennen, ihm eine von Gott gewollte und garantierte Beharrlichkeit zuzuschreiben, ist reine Willkür und für den, der auf Gottes Gebot hören will, geradezu lächerlich.«[25] Das Problem ist nicht, daß es solche Bindungen gibt. Sie sind real und sind historisch gewachsen. Wovor Barth jedoch warnt, ist, jene Bindungen zu hypostasieren und mit historisch-kontingenten Grenzziehungen zu identifizieren.

Es geht also auch in diesem Bereich darum, die christliche Lebensführung in notwendig partikularen Kontexten (von Nachbarschaft, Kommune, Land, Volk oder Staat) mit der universalen Ausrichtung der christlichen Botschaft zu verbinden. Diese partikularen Kontexte bedürfen dabei der besonderen Pflege und lassen einen Raum besonderer geteilter Solidarität entstehen. Ich habe in Kapitel III.1.3 darauf verwiesen, daß diese Grenzziehungen ethisch den Sinn haben, einen Bereich für besondere Verpflichtungen von einem Bereich für allgemeine Verpflichtungen zu unterscheiden. Besondere Verpflichtungen beruhen dabei nicht auf einem – wie auch immer mythisch oder emotional begründeten – Gemeinsamkeitsglauben, sondern darauf, daß die lokalen Kontexte den Ort der Lebensführung bilden. Selbstverständlich motiviert eine affektive Bindung an diesen Bereich spezieller Verpflichtung im konkreten Fall in besonderer Weise. Diese affektive Bindung ist jedoch nicht die Voraussetzung für diese Grenzziehung und begründet schon gar nicht einen Raum

24. KD III/4, 339.
25. KD III/4, 341.

exklusiver Verpflichtung mit einer Ausgrenzung alles Fremden. Denkbar und praktizierbar ist auch eine rationale Übereinstimmung aufgrund der Einsicht in den effektiven Charakter solcher Gemeinschaften besonderer Verpflichtung. Dies gilt im übrigen auch für die lokale Form der Kirchengemeinde. Nicht die affektive Bindung der Mitglieder begründet diese Gemeinde, sondern der gemeinsame Glaube als Basis der Vergemeinschaftungsform. Der lokalen Zugehörigkeit zu einer bestimmten Gemeinde steht jedoch nicht entgegen, daß diese eine Gemeinde eingebunden ist in einen umfassenden Kontext, der die lokalen Verbundenheiten transzendiert. Umgekehrt erhält die lokale Gemeinde erst aufgrund ihrer Zugehörigkeit zu diesem weiteren Rahmen ihre eigene Bedeutung.

Für eine theologische Ethik bedeutet dies, daß die Differenz zwischen der partikularen und universalen Perspektive nicht einseitig auflösbar ist.[26] Weder kann aufgrund der Universalität der christlichen Botschaft die Faktizität lokaler Verbundenheit geleugnet oder desavouiert werden, noch ist es möglich, die universale Perspektive einzuziehen zugunsten einer Hypostasierung lokaler Kontexte. Dies gilt für lokale Kommunen ebenso wie für Nationen und Völker. Die besonderen Verpflichtungen, die entstehen, weil der lokale Kontext der Ort der Lebensführung ist, können nicht aufgerechnet werden mit den Verpflichtungen, die durch eine weitere Verbundenheit gegeben sind, entweder mit der weltweiten Kirche oder gar mit der Menschheit. Denn die besonderen Verpflichtungen sprechen nicht gegen eine universale Perspektive, sondern sind deren notwendiges Komplement. Auch hier stellt sich die schroffe Entgegenset-

26. Pannenberg 1965 scheint eine solche Auflösung der partikularen zugunsten der universalen Perspektive nahezulegen. Aufgrund der eschatologischen Perspektive des universalen Gottesreiches schließt er auf einen Widerspruch zwischen Christentum und modernem Nationalismus. Die Nation erhält allein die Funktion, Wegbereiterin hin zu einer universalen Rechts- und Friedensordnung zu sein, die nicht als Zusammenschluß von Individuen, sondern als Vereinigung partikularer Zusammenschlüsse zu denken sei. (Pannenberg 1965, 143) Wichtig ist an dieser Stelle, daß Pannenberg die Nation funktional bezogen auf einen außerhalb ihrer selbst liegenden Zweck denkt. Auf diesen Zweck bezogen ist die Pflege partikularer – kultureller oder nationaler – Besonderheiten allein zu rechtfertigen. Das Problem an dieser Argumentation liegt darin, wie der eschatologische Universalismus des Reiches Gottes näher bestimmt wird; d. h. ob in ihm keine Unterscheidungen mehr gelten (als auch nicht solche zwischen gläubig/ungläubig, gerechtfertigt/Sünder, Christen/Heiden oder ähnliche) oder doch. Nur wenn das Reich Gottes im Sinne der apokatastasis panton verstanden wird, ist der Schluß von dessen Universalismus auf eine universalistische Gestaltung des Zusammenlebens der Menschen gedeckt.

zung von Partikularität und Universalität als falsche Alternative dar. Universale Solidarität – wenn ich diesen etwas pathetischen Ausdruck an dieser Stelle einmal verwenden darf – findet in der Regel statt in lokalen Kontexten und Vernetzungen. Damit ist auch die Alternative zwischen Nächsten- und Fernstenliebe (Nietzsche) obsolet. Denn selbst der Einsatz für die Fernsten findet zuerst einmal statt in lokalen Netzwerken gleichgesinnter und -motivierter Menschen (Beispiele lassen sich sowohl bei kirchlichen Initiativgruppen wie bei nichtkirchlichen Institutionen wie Amnesty oder Greenpeace finden). Lokale Verbundenheit und universale Perspektive sind so aufeinander verwiesen.

4.1.2 Christliche Ethik und Menschenrechte

Es ist hinlänglich bekannt, daß das Verhältnis der Kirchen – und auch der Theologie – zu den Menschenrechten, zumindest in historischer Perspektive, durchaus kontrovers ist.[27] Mir geht es an dieser Stelle auch nicht um eine Rekonstruktion der verschiedenen theologischen Begründungsversuche. Vielmehr verfolge ich das systematische Interesse herauszuarbeiten, was aus einer Übernahme der Menschenrechtsfigur in die theologische Ethik für die Lösung des Partikularismus/Universalismus-Problems folgt.

Huber zieht aus der Durchsicht durch die verschiedenen theologischen Begründungsversuche die Konsequenz, daß am ehesten das – von ihm auch favorisierte und ausgearbeitete – Modell von Entsprechung und Differenz das Grundproblem von universaler Geltung und christlicher Begründung zu lösen vermag: »Einer exklusiv christlichen Begründung widerspricht die Tatsache, daß der Begriff der Menschenrechte selbst nur ernst genommen wird, wenn der Zugang aller Menschen, unabhängig von ihren religiösen oder politischen Überzeugungen, zu ihnen offengehalten wird. Der Verzicht auf jede theologische Begründung scheitert daran, daß die Würde jeder menschlichen Person aus Gründen der profanen Vernunft allein nicht mehr einsichtig gemacht werden kann.«[28] Das von Huber angeführte Argument überzeugt jedoch nur, wenn man unter Begründung die Begründung der universalen Geltung versteht. Stellt man jedoch die Frage nach der Begründung der partikularen Geltung der Menschenrechte im Kontext theologischer Ethik, steht dann nicht mehr die Begründungsfähigkeit, sondern die Begründungsbedürftigkeit im Zentrum.

27. Vgl. im Überblick Huber/Tödt 1977, 37 ff. und W. Huber 1992e, 591 ff.
28. W. Huber 1992e, 593.

Mit dem Begriff Begründungsbedürftigkeit bezeichne ich den Umstand, daß geklärt werden muß, ob die Geltung der Menschenrechte im Kontext theologischer Ethik einer eigenständigen theologischen Begründung notwendig bedarf. Wird die Frage mit nein beantwortet, geht man also davon aus, daß im theologischen Rahmen die Menschenrechte keiner weiteren Begründung bedürfen, um in Geltung zu sein, führt dies in letzter Konsequenz dazu, daß gültige moralische Normen anerkannt werden, die partikular nicht nachvollzogen werden müssen.[29] In diesem Fall würde die Partikularität der christlichen Position und gleichzeitig die Notwendigkeit transpartikularer Normen explizit anerkannt. Allerdings – und darauf verweist auch Huber[30] – gerät diese Sichtweise vor das Problem, daß damit auch der christlichen Wahrheit selbst ein partikularer Status zugewiesen wird. Dies gerät in Kollision mit dem universalen Geltungsanspruch des Evangeliums.

Wird die Frage nach der Begründungsbedürftigkeit der Menschenrechte im christlichen Kontext mit ja beantwortet, ergibt sich ein anderes Dilemma. Denn dann wird die christliche Ethik erst recht partikular, indem nur solche Normen anerkannt werden, die christlich-theologisch reformuliert werden können. Im Blick auf die Menschenrechte ist es dann entweder glückliche Fügung, daß Menschenrechte und christliche Ethik vereinbar sind, oder es entsteht der Kulturalismusverdacht, der die Menschenrechte als Instrument für die Durchsetzung einer partikularen Sichtweise denunziert.

Also auch die Frage der Begründungsbedürftigkeit und -notwendigkeit der Menschenrechte verweist auf das Erfordernis, die faktische Partikularität des christlichen Glaubens mit dem universalen Geltungsanspruch des Evangeliums theologisch zu versöhnen. Diesem Erfordernis wird – von den eingangs diskutierten Positionen – am ehesten das Hubersche Modell der Konziliarität gerecht. Dabei wird dann dieses Modell von seiner Lokalisation im innerkirchlichen Raum erweitert auf den Bereich der Öffentlichkeit. Das führt dazu, die Kontextualität, und damit Partikularität, des eigenen Standpunktes zwar anzuerkennen, gleichzeitig aber einzutreten in den Dialog mit anderen Positionen. Dann jedoch stellt sich der Streit um eine entweder partikulare oder universale Geltung der

29. In diese Richtung tendiert auch Rendtorff 1987, 114f., wenn er vor einer abschließenden Definition der Menschlichkeit des Menschen warnt und für Unterscheidungen plädiert, die Kirche und Staat, Gesellschaft und Religion unterschiedliche Bereiche der Freiheit zuweisen.
30. W. Huber 1992e, 591.

Menschenrechte als falsche Alternative dar, denn auch hier wird in partikularen Kontexten um universale Geltungsansprüche gerungen.

An dieser Stelle empfiehlt sich noch ein kurzer Blick auf die beiden Begründungsfiguren, die in der theologischen Diskussion um Menschenrecht und Menschenwürde eine zentrale Rolle spielen: Gottesebenbildlichkeit und Rechtfertigung. Der Gedanke der Gottesebenbildlichkeit impliziert die Gleichheit der Menschen. Gleichzeitig verbindet sich mit ihm die theologische Deutung des Begriffs der Menschenwürde.[31] Diese Deutung der Gottesebenbildlichkeit ist in ihrer Tendenz individualistisch. Denn die Spitze der Argumentation zielt darauf, daß jeder (einzelne) Mensch qua Ebenbildlichkeit mit jedem oder jeder anderen gleich ist. Ebenso wird die reformatorische Rechtfertigungslehre individualistisch interpretiert. Der oder die einzelne Glaubende wird durch die Rechtfertigung befreit und zur Verantwortung befähigt. Gleichzeitig wird zwischen der Person und ihren Handlungen unterschieden. Die Rechtfertigung gilt der Person, nicht ihrem schuldhaften Handeln; der Sünder wird gerechtfertigt – und nicht die Sünde. In beiden Argumentationen ist das Individuum zentraler Bezugspunkt: Zum einen in seiner durch die Schöpfung gegebenen Gleichheit und Würde, zum anderen in seiner Freiheit und Personalität. Diese sind gegeben vor aller partikularen – auch kirchlichen – Vermittlung. Deshalb verwundert es nicht, wenn dieses protestantische Verständnis von Freiheit, Gleichheit und Würde in der amerikanischen Menschenrechtstradition eine wirkmächtige Verbindung mit politischem Liberalismus eingehen konnte. Die Konstitution von Personalität und Würde wird individualistisch gedacht. Gottesebenbildlichkeit und Rechtfertigung beziehen sich auf die Person und konstituieren deren Freiheit und Verantwortung. Nicht die Zugehörigkeit zu einer Gattung, einem Volk oder einer Kirche begründet Personalität, sondern diese ist konstituiert im Gottesverhältnis.

Gegenüber dieser, im sozialphilosophischen Sinne, liberalen Lesart steht die sich etwa seit dem Beginn des 19. Jahrhunderts entwickelnde Begründung der Partikularität menschlichen Lebens in sinnstiftenden Gemeinschaften. Hier sind die Begriffe Volk und Nation als theologische Kategorien zentral. Bevor nun also überlegt werden kann, wie sich aus dieser Position christlicher Ethik zwischen Partikularismus und Universalismus Leitlinien für eine theologische Reflexion der mit Migration verbundenen Phänomene entwickeln lassen, soll deren Deutung knapp skizziert werden.

31. Vgl. W. Huber 1996b, 226 ff.

4.2 Kirchliche Stellungnahmen und kirchliche Praxis im Kontext von Migration

Bevor abschließend Antworten auf die dargestellten Fragestellungen gesucht werden, soll in einem Zwischenschritt knapp untersucht werden, wie bislang kirchliche Praxis auf die Migrationssituation reagiert. Ich werde mich dabei vor allem auf zwei – in der gegenwärtigen Diskussion prominente – Zusammenhänge beziehen, auf die kirchlichen Stellungnahmen zum Thema sowie auf die Diskussion um das sogenannte Kirchenasyl. Diese Auswahl hat zudem den Vorteil, zum einen Positionen zu diskutieren, die auf Aktivitäten einzelner Kirchengemeinden basieren (im Bereich des Kirchenasyls) und zum anderen Stellungnahmen der organisatorischen Spitzen der evangelischen Kirche (EKD-Synode und Rat). Schließlich sollen konkrete Formen kirchlicher Aktivitäten im Kontext der Migration erörtert werden; ich beziehe mich dabei auf die diakonische Arbeit mit Arbeitsmigrantinnen und -migranten und Flüchtlingen und die Tätigkeiten der sogenannten Ausländergemeinden.

4.2.1 Kirchenasyl als kirchliche Handlungsform im Kontext der Asylproblematik

Kaum eine kirchliche Handlungsform hat derartige Reaktionen in der Öffentlichkeit ausgelöst wie das sogenannte Kirchenasyl. Prinzipiell wird in der aktuellen Diskussion mit diesem Begriff der Vorgang bezeichnet, daß einzelne Kirchengemeinden Asylsuchenden in Gemeinde- oder Kirchenräumen einen Aufenthalt gewähren, um sie vor drohender Abschiebung zu schützen, und damit erreichen wollen, daß ihr Asylantrag entweder neu bewertet wird oder daß andere Fakten anerkannt werden, die einen Abschiebungsschutz bewirken könnten. In der öffentlichen Diskussion ist von Gegnern dieser Praxis unter anderem eingewandt worden, daß die Kirchen sich damit gegen bestehendes Recht richteten und damit unzulässigerweise das Verhältnis zwischen Kirche und Staat belasteten. Auf der Seite der Befürworter reicht die Spanne von Positionen, die das Kirchenasyl als zivilen Ungehorsam legitimieren möchten, bis zur »offiziellen« Position, die Kirchenasyl als Nothilfe in besonderen Fällen verstanden wissen möchte. Im folgenden sollen die hier angesprochenen Problembereiche kurz skizziert werden, um daran anschließend grundsätzlich nach Berechtigung und Reichweite dieser Handlungsform zu fragen.

Die Bedeutung des Kirchenasyls wurde und wird in der Diskussion häufig überschätzt. So standen im Jahr 1995 etwa 20000 Abschiebungen

74 Fälle von Kirchenasyl in evangelischen und katholischen Gemeinden gegenüber, die etwa 230 Flüchtlinge betrafen.[32] Insgesamt wurden bis 1995 232 Kirchenasyle gezählt, wobei die Zahl noch etwas höher liegen dürfte, da nicht alle Fälle in der Öffentlichkeit bekannt werden.[33] Auch über den Erfolg dieser Maßnahmen gibt es unterschiedliche Bewertungen. Prinzipiell kann jedoch davon ausgegangen werden, daß bei zwischen 70 und 80 % der Fälle die geschützten Personen vor einer Abschiebung bewahrt werden konnten.[34]

Einer der zentralen Diskussionspunkte in diesem Zusammenhang ist die Frage, inwieweit das Kirchenasyl als ziviler Ungehorsam oder als Nothilfe in besonderen Situationen zu verstehen ist. Dieser Frage soll im folgenden kurz nachgegangen werden. Jürgen Habermas hat im Zusammenhang mit der Debatte der sogenannten »Nachrüstung« versucht, den unklar verwendeten Begriff »ziviler Ungehorsam« deutlicher zu fassen.[35] Er geht dabei aus von John Rawls' Definition des zivilen Ungehorsams »als einer öffentlichen, gewaltlosen, gewissensbestimmten, aber politisch gesetzwidrigen Handlung, die gewöhnlich eine Änderung der Gesetze oder der Regierungspolitik herbeiführen soll.«[36] Wobei ergänzt werden muß, daß damit auch die verwaltungsmäßige Durchführung legal beschlossener Rechtsnormen gemeint ist, was für unseren konkreten Fall ja von einiger Bedeutung ist, und daß das gebrochene Gesetz nicht mit dem identisch sein muß, gegen das protestiert wird.

Wenn ein Akt zivilen Ungehorsams als gerechtfertigt gelten soll, müssen nach Rawls drei Bedingungen erfüllt sein: »Der Protest muß sich gegen wohlumschriebene Fälle schwerwiegender Ungerechtigkeit richten; die Möglichkeiten aussichtsreicher legaler Einflußnahme müssen erschöpft sein; und die Aktivitäten des Ungehorsams dürfen kein Ausmaß annehmen, welches das Funktionieren der Verfassungsordnung gefähr-

32. Vogelskamp 1996b, 5.
33. Vgl. Vogelskamp 1996a, 5.
34. Vgl. Vogelskamp 1996b, 7 und Rat der EKD und Deutsche Bischofskonferenz 1997b, 99.
35. Vgl. Demand 1996, 99 ff., der festhält, daß auch in der breiten US-amerikanischen Literatur zum Thema keine einheitliche Begriffsbestimmung festzustellen ist. Als Problem beschreibt er vor allem, daß bei den Definitionsversuchen nicht hinreichend zwischen empirisch-deskriptiven und normativpräskriptiven Elementen unterschieden wird. Dies ist von Bedeutung für die Frage, ob Kirchenasyl als ziviler Ungehorsam verstanden wird oder nicht. Denn es ist dann zu beachten, welche Bestimmung zivilen Ungehorsams jeweils vorausgesetzt wird.
36. Rawls 1971, 401.

det.«[37] Ziviler Ungehorsam ist in diesem Sinne zu verstehen als moralisch begründeter Protest, bei dem es nicht um Eigeninteressen oder bloß private Glaubensüberzeugungen geht, sondern der öffentlich ist und sich an die Öffentlichkeit wendet, dabei jedoch die vorsätzliche Verletzung einzelner Rechtsnormen einschließt, ohne die Rechtsordnung als ganze in Frage zu stellen. Indem einzelne Rechtsnormen gebrochen werden, wird die Orientierung an übergeordneten Rechten eingefordert; das unterscheidet zivilen Ungehorsam grundsätzlich von Akten des Widerstandes. Der im zivilen Ungehorsam enthaltene Appell an übergeordnete Rechtsnormen schließt daher die Bereitschaft ein, für die rechtlichen Folgen der Normverletzung auch einzustehen.[38]

In diesem Rahmen ist eine Abwägung des Verhältnisses zwischen Zweck und Mitteln des zivilen Ungehorsams vorzunehmen. Zivil ist dieser Ungehorsam nur so lange, als die Regelverletzung nicht außer Verhältnis zum angestrebten Protestzweck steht. Insbesondere muß die physische und psychische Integrität des Protestgegners und/oder Unbeteiligter gewahrt bleiben.

Rechtsethisch betrachtet stellt ziviler Ungehorsam die Frage an Sinn und Grenzen der Mehrheitsregel. Die Frage lautet zum einen, inwieweit Beschlüsse der Mehrheit unzulässig übergeordnete Normen angreifen und zum anderen, inwieweit die Durchführung mehrheitlich beschlossener Rechtsnormen individuelle Rechte einzelner in unzulässiger Weise beschneidet oder negiert. Sinn hat diese Frage nur, solange angenommen werden kann, daß rechtliche Normen nicht allein durch ein legales Verfahren legitimiert werden können, sondern zu ihrer Anerkennung auch einer moralischen Legitimierung bedürfen. Damit ist ein hoher Anspruch eines demokratischen Rechtsstaates vorausgesetzt: Er mutet seinen Bürgerinnen und Bürgern zu, die Rechtsordnung nicht aus Furcht vor Strafe, sondern aus freien Stücken anzuerkennen. Das heißt dann auch, daß er aus Prinzipien gerechtfertigt werden können muß, die nicht wieder Gegenstand formaler Abstimmungsverfahren sein dürfen. Zudem folgt in einem modernen Rechtsstaat die Rechtsordnung der sozialen Praxis. In die Rechtsordnung sind daher viele Mechanismen der Selbstkorrektur eingebaut. Das bedeutet, daß morgen schon rechtlich zulässig sein kann,

37. Habermas 1983b, 34.
38. Vgl. Huber/Reuter 1990, 305ff., die sechs Kriterien für zivilen Ungehorsam nennen: Verletzung der Geltungsbedingungen der Mehrheitsregel, öffentlicher Appell an die aktuelle Mehrheit, universalisierbare politische Ziele, Bereitschaft, für die Folgen einzustehen, Gewaltfreiheit und zeichenhafter, symbolischer Charakter.

was heute verboten ist und umgekehrt. Daher kann ziviler Ungehorsam ein Schrittmacher für längst überfällige Korrekturen oder Neuerungen sein. In diesem Sinn ist ziviler Ungehorsam ein Beitrag für die Auseinandersetzung um ein »besseres Recht«, indem er um übergreifender Rechtsnormen willen bestehende Normen oder Praktiken kritisiert und gegebenenfalls bricht.

Inwiefern läßt sich nun Kirchenasyl als ziviler Ungehorsam verstehen? Um diese Frage zu beantworten, ist es sinnvoll, noch einmal kurz an die Geschichte des Asylrechts zu erinnern (vgl. den Exkurs in Kapitel I.2.2.3).

Das moderne staatliche Asylrecht geht auf religiöses Recht zurück. Asyl war gebunden an heilige Menschen oder heilige Ordnung. Das Heilige hat eine eigene Sphäre, dessen Überschreitung nicht nur den Zorn der Götter herbeiführt. Wer daher zu diesen heiligen Orten oder Menschen flüchtete, war vor dem Zugriff anderer geschützt. Das religiöse Asyl hatte dabei die Funktion, archaische Vergeltungsmechanismen (z.B. Blutrache) im Rechtsleben der Völker einzudämmen und zu überwinden.[39]

In der hebräischen Bibel ist die Begründung des Asyls entmythologisiert. Hier hat das Asylrecht eine strafrechtliche Funktion; es soll das Tatprinzip durch das Verschuldungsprinzip ersetzen. Es besteht die Tendenz, das Asyl als Rechtsinstitut zu begreifen, das der Begrenzung der Gewalt dient, bzw. der Verrechtlichung der Gewaltausübung bei der Strafverfolgung.

In der Zeit der Alten Kirche und im frühen Mittelalter war das Asylrecht genuin kirchliches Recht, ausgestaltet als Kirchenasyl. Die Grundlagen hierfür waren die reverentia loci (Ehrwürdigkeit der Stätte) und die intercessio (Beistandspflicht) des Bischofs. Das Kirchenasyl schützte dabei nicht generell vor Bestrafung, vielmehr ging es hier – wie Reuter treffend formuliert – um den Kampf um das bessere Recht.[40] Dabei hat sich die Kirchenasylpraxis gegenüber dem kaiserlichen Recht im römischen Reich nur zögerlich durchgesetzt; auch damals ging die Diskussion meist um eine Begrenzung der Asylpraxis und um den Ausschluß bestimmter Tätergruppen vom Asylschutz.

Im Kirchenasyl kommen so zwei Motive zusammen: die Anknüpfung an die beschriebenen älteren Traditionen und die Pflicht der kirchlichen Amtsträger und der Gemeinden zum Eintreten für die Schutzbedürftigen und Notleidenden. Das kircheneigene Asylrecht ist nun im Zuge der Aufklärung und der Ausbildung des modernen Rechtsstaates zum staatlichen

39. Reuter 1994, 190f.
40. Reuter 1994, 191f.

Recht geworden. Die Kirche hat seitdem nur in ihrem eigenen Bereich das Recht, selbst rechtliche Normierungen zu setzen, in allen übergeordneten Bereichen gilt die Rechtshoheit des Staates. Ein eigenes kirchliches Asylrecht besteht daher nicht.

Das heißt jedoch nicht, daß es nicht auch die Praxis des Kirchenasyls gibt. Diese hat jedoch eine andere Funktion. Zum einen beziehen sich Gemeinden, wenn sie Kirchenasyl gewähren, für Handlungsweise auf eigene alte Traditionen. Dabei wird auch auf die Erfahrungen der amerikanischen Sanctuary-Bewegung zurückgegriffen.[41] Mit dem Rückgriff auf diese Traditionen soll eine Identität christlichen Handelns dadurch hergestellt werden, daß diese auf eine neue Situation hin befragt und modifiziert wird. Der Rückgriff auf das Modell des Kirchenasyls will also gerade nicht überholtes Recht wieder einsetzen, sondern dient der Ausbildung einer christlichen Identität im Blick auf die als moralisch gefordert empfundene eigene Handlungsweise. Diese wird durch die Tradition des Kirchenasyls in den Kontext christlicher Kirche gestellt, um sich so der eigenen Identität in sich verändernden Zeiten zu vergewissern.

Wenn nun von verschiedener Seite betont wird, daß Kirchenasyl nicht als ziviler Ungehorsam zu verstehen ist, wird vor allem darauf aufmerksam gemacht, daß es sich hier um Akte der Nothilfe für gefährdete Menschen handelt.[42] Aus dieser Perspektive leitet sich Kirchenasyl also aus der Beistandspflicht ab. Gegen die These, beim Kirchenasyl handele es sich um Akte zivilen Ungehorsams, wird außerdem angeführt, daß es hier nicht um eine – für die Theorie zivilen Ungehorsams bedeutende – zeichenhafte Regelverletzung handele[43] und daß bei der Gewährung von Kirchenasyl keine Rechtsverletzung vorliege.[44] Nun ist die strafrechtliche Relevanz von Kirchenasyl durchaus komplexer zu bewerten, als es auf den ersten Blick den Anschein hat. Eine strafrechtlich relevante Gesetzesverletzung kann auf jeden Fall dann vorliegen, wenn ein zur Ausreise verpflichteter Ausländer versteckt und so dem Zugriff der Polizei entzogen wird.[45] Unklar ist, ob schon z. B. passiver Widerstand bei der Durchführung einer Abschiebung als Widerstand gegen Vollstreckungsbeamte (§ 113 StGB) gewertet werden kann.[46] Im Falle strafrechtlich relevanter

41. Vgl. hierzu B. Huber 1988, Koranyi 1988 und Robinson 1986.
42. So W. Huber 1995c, 163 oder Rat der EKD und Deutsche Bischofskonferenz 1997b, 100.
43. W. Huber 1995c, 163.
44. Schmude 1996, 16.
45. Vgl. B. Huber 1988, 153.
46. Vgl. B. Huber 1988, 153 f.

Handlungen im Zusammenhang mit dem Kirchenasyl kann jedoch nicht auf das kirchliche Selbstbestimmungsrecht (Art. 140 GG), die Religions-, Bekenntnis- und Gewissensfreiheit (Art. 4 GG) oder das Widerstandsrecht (Art. 20 Abs. 4 GG) zurückgegriffen werden.[47] Nimmt man dies zur Grundlage, ist der These zuzustimmen, daß es sich in der Regel bei den Fällen von Kirchenasyl nicht um strafrechtlich relevante Handlungen handelt. Allerdings wäre es ein sehr formalistisches Verständnis von zivilem Ungehorsam, wenn aufgrund des Fehlens eines strafrechtlich relevanten Normenverstoßes schon auf das Nichtvorliegen von zivilem Ungehorsam geschlossen würde. Denn – abgesehen von der ohnehin nicht »kanonisierten« Definition – Kirchenasyl wendet sich konkret gegen eine bestehende Rechtsprechungs- und Verwaltungspraxis, die als defizitär verstanden wird.

Die These, daß es sich beim Kirchenasyl um Akte der Nothilfe für gefährdete Personen handele, wird gestützt durch eine Umfrage bei Kirchenasyl gewährenden Gemeinden. Über zwei Drittel der Gemeinden nannten Gefahren für Leib, Leben und Freiheit der Flüchtlinge bei einer Abschiebung als wichtigsten Grund für ihr Handeln.[48] Die humanitäre Motivation spielt sicherlich die größte Rolle bei der Entscheidung für die Gewährung von Kirchenasyl. Allerdings hat die Befragung der Gemeinden ein methodisches Problem. Nach einer – zumindest teilweise – auch politischen Begründung des Handelns wurde gar nicht erst gefragt. Das für zivilen Ungehorsam konstitutive Moment, eine Änderung der bestehenden rechtlichen Situation oder Entscheidungspraxis zu intendieren, war nicht Gegenstand der Untersuchung. Allerdings benannten die Gemeinden und Aktionsgruppen deutliche Mängel im Asylverfahren und der Verwaltungspraxis.[49] Es kann also geschlossen werden, daß sich hier die humanitäre Motivation mit einem kritischen Verhältnis zur gängigen Asylpraxis verbindet. Nimmt man die Definition zivilen Ungehorsams von Rawls als Grundlage, dann ist bei diesen Voraussetzungen Kirchenasyl als solches nicht als ziviler Ungehorsam zu bezeichnen, denn bei Rawls spielt der politische Appell eine zentrale Rolle.[50] Allerdings wird so die Kirchenasylpraxis auf die jeweils konkrete Gewährung von Kirchenasyl reduziert. Bezieht man jedoch die kirchlichen Positionen zur aktuellen Asylpraxis der Bundesrepublik Deutschland mit ein, ergibt sich ein differenzierteres Bild. Deswegen sollen im folgenden die kirchlichen Stellung-

47. Vgl. B. Huber 1988 oder Jacobs 1990, 37 f.; anders jedoch Geis 1996.
48. Vogelskamp 1996a, 11 f.
49. Vogelskamp 1996a, 20 ff.
50. Vgl. Rawls 1971, 399 ff.

nahmen zum Bereich Asylpolitik und darüber hinaus zum allgemeinen Problem der Migration analysiert werden.

4.2.2 Kirchliche Stellungnahmen zur Asylpolitik und zu Problemen der Migration

Im folgenden Kapitel werde ich Kundgebungen, Beschlüsse und Stellungnahmen der evangelischen Kirche zu den Problemfeldern Migration und Asyl analysieren. Ich beschränke mich hierbei weitgehend auf Verlautbarungen der EKD-Synode und des Rates der EKD. Diese Beschränkung hat nicht allein arbeitsökonomische Gründe. Sie bietet sich auch an, weil die Positionen der EKD mit denen der katholischen Kirche im großen und ganzen übereinstimmen.[51] Ebenso weichen die Positionen der Gliedkirchen der EKD nur in Nuancen von der der Gesamtkirche ab; Unterschiede gibt es hier vor allem in der Beurteilung des deutschen Asylrechts und der Asylpraxis.[52] In der Darstellung werde ich chronologische mit inhaltlichen Aspekten verbinden. Zuerst sollen die Stellungnahmen von Synode und Rat der EKD zum Themenkomplex Migration allgemein, danach zum Thema Asyl diskutiert werden.

Stellungnahmen der Synode der EKD zum Themenbereich Migration

Die Synode der EKD hat sich seit den siebziger Jahren kontinuierlich mit Problemen der Migration befaßt. Als roter Faden zieht sich durch die Stellungnahmen die Intention, die Rechte der Migrantinnen und Migranten zu sichern und zu erweitern und für Modelle des Zusammenlebens zu werben. Dies wird schon beispielhaft in der »Entschließung der Synode betr. Ausländische Arbeitnehmer« von 1970 deutlich. Die Synode stellt fest, daß den ausländischen Arbeitnehmern der Dank der ganzen Bevölkerung für deren Mitarbeit am Gemeinwesen gebührt. Allerdings entspricht dem nicht die Position, die ausländische Arbeitnehmer in Deutschland einnehmen. »Auch für diese Mitbürger müssen die Grundrechte unseres freien sozialen Rechtsstaates gelten. Wir sehen diese Rechte gegenwärtig vor allem gefährdet durch ein ungenügendes Ausländerrecht, durch politische Pressionen mancher ausländischer Regierungen auf ihre in der Bundesrepublik lebenden Staatsbürger oder deren Angehörige in der Heimat, durch Mietwucher, nicht tarifgemäße Entlohnung, ungenügende Bildungsmöglichkeiten oder andere, die Chancengleichheit

51. Vgl. Rethmann 1994 und 1996, 271-293.
52. Vgl. Just 1993.

beeinträchtigende Diskriminierungen.«[53] Vor allem in den frühen Stellungnahmen nehmen wie hier im engeren Sinne sozialpolitische Themen einen breiten Raum ein. Auf dieser Linie liegen auch die Entschließungen zum »Bildungsnotstand der Kinder ausländischer Arbeitnehmer« und zur »Verbesserung der Wohnverhältnisse ausländischer Arbeitnehmer« von 1971.[54] Bei beiden wird implizit oder explizit davon ausgegangen, daß die Arbeitsmigration über einen zeitlich eng begrenzten Rahmen hinausgeht bzw. hinausgehen wird. Deutlich wird bei den frühen Entschließungen, daß Migration in erster Linie als Arbeitsmigration wahrgenommen wird. Dies ändert sich ansatzweise Mitte der siebziger Jahre. Dies hängt zusammen mit dem 1973 verhängten Anwerbestopp für ausländische Arbeitnehmer und dessen migrationspolitische Folgen (vgl. Abschnitt I.2.1).

Auf diese Entwicklung reagierte die Synode mit der Entschließung zur »Lage der ausländischen Arbeitnehmer in der BRD« von 1974: »Die Synode beobachtet, daß sich in der Bundesrepublik eine Tendenz bemerkbar macht, die Lasten der gegenwärtigen wirtschaftlichen Situation einseitig auf ausländische Arbeitnehmer abzuwälzen. Sie bittet die Gemeinden, dem entgegenzutreten und soziale Maßnahmen zugunsten der ausländischen Arbeitnehmer verstärkt zu fördern.«[55] In diesem Zusammenhang wendet sich die Synode gegen Bemühungen, die ausländischen Arbeitnehmer und ihre Familien zu einer Rückkehr in die Herkunftsländer zu drängen. Statt dessen solle die soziale Lage der Betroffenen verbessert werden. Diese Linie setzt sich in den Entschließungen und Kundgebungen von 1975, 1977 und 1978 fort. Deutlich wird dies unter anderem an der Forderung, für Verbesserung des Aufenthaltsrechtes zu sorgen.[56] Ein weiterer Ausdruck des Bemühens um eine bessere Integration ist der zum erstenmal am 12.10.1975 begangene »Tag des ausländischen Mitbürgers«, in dem in den Gemeinden ein Zeichen für ein verstärktes Miteinander von Deutschen und Ausländern gesetzt werden soll.[57]

Mit Beginn der achtziger Jahre verschiebt sich der Blickwinkel weiter auf Probleme des Zusammenlebens; dies wird unter anderem deutlich am Aufgreifen des Themas unterschiedlichen religiösen Bekenntnisses (Beschluß zur »Begegnung mit Muslimen« von 1980)[58] und der verstärkten Aufmerksamkeit für Probleme, die sich durch unterschiedliche kulturelle

53. Synode der EKD 1970, 11.
54. Synode der EKD 1971a und 1971b.
55. Synode der EKD 1974, 154.
56. Synode der EKD 1977, 326.
57. Vgl. den Aufruf des Rates der EKD 1975.
58. Synode der EKD 1980a.

Orientierungen ergeben (Kundgebung zum »Zusammenleben von Deutschen und Ausländern« von 1980).[59] Hier ist zum ersten Mal in Synodentexten nicht ausschließlich von ausländischen Arbeitnehmern und deren Familien, sondern von Ausländern allgemein die Rede. Ebenso wird hier zum ersten Mal der Kulturbegriff verwendet: »Unterschiedliche kulturelle und religiöse Traditionen und Verhaltensweisen verstärken oft Vorurteile und Ängste, die zur Ausländerfeindlichkeit bei Deutschen, aber auch zu deutschfeindlichen Äußerungen bei Ausländern führen.«[60] Angesichts der dadurch entstehenden Schwierigkeiten werden die Kirchengemeinden aufgefordert, Formen der Zusammenarbeit für das Zusammenleben verschiedener Kulturen zu finden.

In der öffentlichen Diskussion hatte sich das Klima seit 1980 erheblich verschärft. Grund hierfür war vor allem die im Bundestagswahljahr 1980 entfachte Debatte über das Asylrecht, die verbunden war mit latenten und manifesten fremdenfeindlichen Äußerungen (vgl. Abschnitt I.2.1). Auf die angeheizte Diskussion reagierte die Synode mit ihren Kundgebungen und Beschlüssen von 1981, 1982 und 1983. Hier geht sie vor allem auf die Probleme ein, die sich angesichts der aktuellen Diskussion für schon längere Zeit in Deutschland lebende Migrantinnen und Migranten ergeben. »Angesichts einer zunehmenden Arbeitslosigkeit und Fremdenangst beobachtet die Synode besorgt die öffentliche Diskussion über Einschränkungen bei der Aufenthaltserlaubnis, Verschärfungen bei Ausweisungen und Abschiebungen sowie Begrenzungen des legalen Familiennachzugs von Ausländern. Solche Einschränkungen widersprechen dem im Grundgesetz geforderten Schutz von Ehe und Familie und dem Elternrecht.«[61] Das Verhalten und die Politik gegenüber Ausländern wird zunehmend als ein Prüfstein für christliche Ethik und kirchliche Praxis gesehen: »Der Umgang mit Fremden ist ein Prüfstein für Mitmenschlichkeit. Begegnungen mit Fremden sind eine Herausforderung und Möglichkeit, unser Zusammenleben in der einen Menschheit zu gestalten.«[62]

Die Positionen der EKD-Synode werden zusammengefaßt deutlich im Diskussionspapier der Kommission für Ausländerfragen und ethnische Minderheiten zur Neufassung des Ausländerrechts von 1985.[63] Die Kommission verfolgt in diesem Papier konsequent das Ziel, ausländerrechtliche Regelungen so zu gestalten, daß die Integration hier lebender Mi-

59. Synode der EKD 1980b.
60. Synode der EKD 1980b.
61. Synode der EKD 1981.
62. Synode der EKD 1983.
63. Kirchenamt der EKD (Hg.) 1985.

grantinnen und Migranten auch von rechtlicher Seite gewährleistet werden kann. Dies wird noch einmal anschaulich am zweiten Papier der Kommission zu diesem Thema 1988.[64]

Insgesamt verschiebt sich ab Mitte der achtziger Jahre der Themenschwerpunkt der synodalen Äußerungen zu Problemen des Asyls und des Asylrechts. Dies hängt sicher damit zusammen, daß seitdem in der öffentlichen Diskussion die Frage der Integration von Arbeitsmigrantinnen und -migranten hinter die Asylthematik zurückgetreten ist. Gleichwohl hat sich die Synode auch weiterhin gelegentlich mit Migrationsthemen befaßt. In der Regel geschah dies in Zusammenhang mit Berichten der Kommission für Ausländerfragen und ethnische Minderheiten und im Kontext der Diskussionen um eine Revision des Ausländergesetzes. So kritisierte die Synode 1989 den Entwurf des Bundesinnenministeriums. Die Verbesserungen wurden als ungenügend bezeichnet, da sie an Voraussetzungen gebunden blieben, die schwer zu erfüllen sind. Im einzelnen bezog sich die Kritik vor allem auf den geforderten Nachweis von ausreichendem Wohnraum oder auf die neuformulierten Ausweisungstatbestände. Die Synode resümierte: »Mit diesem Gesetz würde sich insgesamt die Situation für die ausländischen Menschen praktisch eher verschlechtern als verbessern.«[65]

Im Jahr 1991 wurde das Diskussionspapier der Kammer zum Thema »Wanderungsbewegungen in Europa. Perspektiven und Aufgaben« veröffentlicht.[66] In diesem Papier wird versucht, die Migration in Europa und die aus ihr resultierenden Probleme in ihrem Zusammenhang darzustellen und zu werten. Über diese erste Darstellung in einem offiziellen kirchlichen Papier hinaus ist bemerkenswert, daß in ihm dezidiert Kritik am Konzept der Nationalstaaten geäußert wird: »Nach wie vor bestimmt das nationalstaatliche Konzept weithin das politische und rechtliche Handeln. Zu seinen wichtigsten Grundsätzen gehören die territoriale Souveränität und die kulturelle Einheit. Die angedeuteten Fragen und Schwierigkeiten drängen zu der grundsätzlichen Überlegung, ob dieses Konzept heute noch zeitgemäß und zukunftsweisend sein kann.«[67] (280f.) Hier wird also – in einem quasi-offiziellen Dokument – über die Ebene konkreter Probleme und ihrer rechtlichen Ursachen hinausgegangen. Das Problem der Migration ist danach nicht nur eines, das innerhalb der Ge-

64. Kirchenamt der EKD (Hg.) 1988 und der Beschluß der Synode der EKD 1989.
65. Synode der EKD 1989.
66. Kirchenamt der EKD (Hg.) 1991.
67. Kirchenamt der EKD (Hg.) 1991, 280f.

sellschaft zu lösen ist. Vielmehr wird deutlich gemacht, daß es zum einen in einen globalen Kontext eingebettet ist, und daß zum anderen die Organisationsform der internationalen Beziehungen mit zum Problem gehört. Zwar stellte sich die Synode ausdrücklich hinter die Aussagen des Diskussionspapiers,[68] aber die politische Spitze wurde – abgesehen von der Einordnung der Migrationsprobleme in globale Zusammenhänge – später nicht wieder aufgegriffen.

Stellungnahmen des Rates der EKD zum Themenbereich Migration

Wie die Synode äußerte sich auch der Rat der EKD seit den siebziger Jahren kontinuierlich zu Problemen im Zusammenhang mit Migration. Die erste Stellungnahme des Rates stammt aus dem Jahr 1973, das »Rundschreiben des Rates der EKD an die Leitungen der Gliedkirchen betr. kirchliche Aufgaben für ausländische Arbeitnehmer und ihre Familien«.[69] Ausgangspunkt war hier die Besorgnis, daß das »starke und teilweise unkontrollierte Anwachsen der Ausländerzahlen« zu sozialen Problemen führt. »Notunterkünfte, der Bildungsnotstand ausländischer Kinder, die Familientrennung, die steigende Zahl illegaler ausländischer Arbeitnehmer, ihre Isolation in der deutschen Gesellschaft sowie unbefriedigende Rechtsverhältnisse stellen die Gesellschaft der Bundesrepublik Deutschland vor neue soziale, politische und kulturelle Probleme, die in ihrer Dringlichkeit weithin so nicht vorausgesehen wurden.«[70] Der Rat sieht in dieser Situation die Notwendigkeit, daß Gemeinden und Einrichtungen der Kirche sich verstärkt um diese Personengruppe bemühen. Gleichzeitig wird implizit deutlich gemacht, daß sich so in Deutschland eine Einwanderungssituation etabliert hat. »Immer mehr ausländische Arbeitnehmer und ihre Angehörigen werden in der Bundesrepublik bleiben, da für sie keine realen Möglichkeiten mehr bestehen, in ihre Heimat zurückzukehren, wo sie Arbeitslosigkeit, ein geringeres Lohnniveau und oft unsichere politische Verhältnisse erwarten.«[71] Deshalb ist es notwendig, die rechtlichen Möglichkeiten für einen Daueraufenthalt einzuräumen. Im Tenor gleich äußert sich der Rat in seinem Wort anläßlich der Vorbereitungen zum ersten »Tag des ausländischen Mitbürgers« 1975. »Soll die Gefahr eines Gegeneinanders vermieden werden, dann sind Formen der Zusammenarbeit zu entwickeln, die es den Ausländern ermögli-

68. Synode der EKD 1991.
69. Rat der EKD 1973.
70. Rat der EKD 1973, 120.
71. Rat der EKD 1973, 122.

chen, auf sozialem, kulturellem und wirtschaftlichem Gebiet ihr Schicksal mitzubestimmen.«[72] Der Anwerbestopp von 1973 wird grundsätzlich begrüßt, gleichzeitig aber ein verbessertes Aufenthaltsrecht gefordert. »Aber gerade weil eine Erhöhung des Anteils ausländischer Arbeitnehmer nicht anzustreben ist, sind die Lebensverhältnisse der verbleibenden ausländischen Arbeitnehmer und ihrer Familienangehörigen so zu verbessern, daß unterschiedliche Lebensbedingungen zur deutschen Bevölkerung weitgehend abgebaut werden.«[73]

Ähnlich wie die Synode bezieht sich der Rat vordringlich auf die sozialen und rechtlichen Probleme, die mit der faktischen Einwanderung gegeben sind. Seine Position zielt nach außen zu einer Verbesserung der sozialen und rechtlichen Rahmenbedingungen, nach innen zu einem verstärkten Engagement der Gemeinden und Einrichtungen für diese Zielgruppe. Diese Position präzisiert der Rat in seinem 1982 veröffentlichten Papier »Gesichtspunkte der Ausländerproblematik«. Ausgangspunkt sind wiederum Probleme des Zusammenlebens, hier vor allem im Wohnbereich. Neben dem Hinweis auf die positive wirtschaftliche Funktion ausländischer Arbeitnehmer sieht der Rat angesichts konjunktureller Probleme »die Gefahr, daß übergreifende wirtschaftliche Probleme den Ausländern einseitig angelastet werden.«[74] Um die Probleme zu entschärfen, plädiert der Rat für eine Beschränkung der Zuwanderung und eine Begrenzung der Freizügigkeit etwa im Blick auf Griechenland und die Türkei. Allerdings legt er weiterhin großen Wert auf die Familienzusammenführung. Implizit werden jedoch auch Rückkehrhilfen befürwortet: »Maßnahmen zur Schaffung von Arbeitsplätzen in den Herkunftsländern« sowie ein Recht auf Wiederkehr trotz längerem Aufenthalt im Heimatland.[75]

In den folgenden Jahren verschiebt sich der Schwerpunkt der Äußerungen des Rates zunehmend auf Fragen des Asylrechtes. Erst wieder das »Gemeinsame Wort« mit der katholischen Bischofskonferenz nimmt dann wieder umfassend den größeren Problemzusammenhang auf.

Stellungnahmen der Synode der EKD zum Themenbereich Asyl

Seit Beginn der achtziger Jahre wird zunehmend die Asylproblematik zu einem kontinuierlichen Thema der EKD-Synode. Schon in der ersten

72. Rat der EKD 1975, 230.
73. Rat der EKD 1975, 231 f.
74. Rat der EKD 1982, 3.
75. Rat der EKD 1982, 4 f.

Entschließung zum Thema Asyl im Jahr 1980 sind zwei Zusammenhänge zentral: der Einsatz für den Erhalt des Art. 16 GG und die Probleme, die durch die Verwaltungspraxis für Asylsuchende entstehen – hier geht es vor allem immer wieder um die Situation in den Sammellagern und Gemeinschaftsunterkünften.[76] Angesichts der anhaltenden öffentlichen Asyldiskussion und dem zeitweiligen Rückgang der Bewerberzahlen aufgrund der Änderungen im Asylverfahren Anfang der achtziger Jahre mahnt die Synode 1984 eine liberalere Asylpraxis der Bundesrepublik an und verweist darauf, daß Deutschland einen der letzten Plätze bei den Aufnahmeländern von Flüchtlingen einnehme.[77]

Seit Mitte der achtziger Jahre ist die Position der Synode weitgehend bestimmt durch den Entwurf der Kommission für Ausländerfragen und ethnische Minderheiten von 1986 mit dem Titel »Flüchtlinge und Asylsuchende in unserem Land«,[78] auf den sich die Synode in den Folgejahren immer wieder bezieht. In Anknüpfung daran wendet sich die Synode gegen alle Versuche, das Asylrecht grundsätzlich oder durch Verfahrensverschärfungen oder andere Restriktionen einzuschränken: »Die Synode hält das Asylrecht nach Art. 16 GG nach wie vor für ein unverzichtbares Grundrecht, das in vollem Umfang gültig bleiben muß. Sie warnt deshalb auch vor gesetzgeberischen und administrativen Maßnahmen – etwa weiter verschärften Visabestimmungen und Druck auf die Fluggesellschaften und andere Beförderungsunternehmen –, wenn sie zur Folge haben, daß dadurch der Zugang für politisch Verfolgte unmöglich gemacht wird. Das Recht auf Asyl darf nicht dadurch außer Kraft gesetzt werden, daß ein Asylbegehren gar nicht mehr gestellt werden kann.«[79] Diese Position wird auch 1987, nach einer weiteren Verschärfung verfahrensrechtlicher und arbeitserlaubnisrechtlicher Vorschriften ausdrücklich bestätigt.[80]

Der nächste Anlaß für die Synode, sich mit der Asylthematik auseinanderzusetzen, war die Anfang der neunziger Jahre beginnende erneute Diskussion um eine Änderung des Asylartikels des Grundgesetzes. Anders als der Rat, ich komme weiter unten darauf zurück, bleibt die Synode auch angesichts der öffentlichen Debatte bei der Position, der Asylartikel dürfe nicht angetastet werden. Der Parteienkompromiß von 1992 und die Asylrechtsänderung von 1993 wird von der Synode – anders hingegen der Rat – nicht nur nicht begrüßt, vielmehr wird in den Stellungnahmen deut-

76. Synode der EKD 1980c.
77. Synode der EKD 1984.
78. Kirchenamt der EKD (Hg.) 1986.
79. Synode der EKD 1986.
80. Synode der EKD 1987.

lich, daß die Neuregelungen für sehr bedenklich gehalten werden. So beginnt der Beschluß zur »Aufnahme von Flüchtlingen und Asylsuchenden« von 1993 mit dem Satz: »Die Synode bekräftigt den Grundsatz, daß politisch Verfolgten das Recht auf Asyl gewährt werden muß und daß es zur Aufgabe der Kirche gehört, Flüchtlinge zu schützen.«[81] Aus diesem Satz spricht zum einen die Skepsis, daß mit dem neuen Asylrecht dieses Recht erhalten bleibt. Unter der Leitfrage, ob Flüchtlinge unter den neuen Bedingungen weiterhin Schutz finden können, formuliert die Synode weitere Anfragen an die neuen Regelungen im Zuge des Parteienkompromisses. Zum anderen stellt sich vor diesem Hintergrund die Synode gegen den Asylkompromiß, indem sie betont, daß der Flüchtlingsschutz zur Aufgabe der Kirche gehört. Wenn der Staat diesen Schutz nicht mehr gewährleistet, hat sich die Kirche gegen diese Praxis zu stellen; so jedenfalls läßt sich dieser Satz interpretieren. Ohne ausdrücklich darauf Bezug zu nehmen, läßt er sich ebenso als Legitimation für Gemeinden lesen, die sich zum Kirchenasyl entschließen, wenn Verfolgten die Abschiebung droht.

Diese Interpretation ist meines Erachtens auch deshalb plausibel, weil die Synode in den Folgejahren die 1993 bezogene Position immer wieder bekräftigt und zuspitzt. Auf die Probleme des Asylverfahrens und der mit dem AsylbLG und den weiteren Verfahrensänderungen verbundenen Probleme für die Asylsuchenden wird immer wieder aufmerksam gemacht, insbesondere im Hinblick auf die Berichte der Kommission für Ausländerfragen und ethnische Minderheiten.[82] Eher doppeldeutig ist allerdings der Passus im Beschluß der Synode von 1994, in dem die Synode versichert, daß zwar keine prinzipielle Absage an das neue Asylrecht intendiert sei, aber trotzdem Änderungen der bestehenden Rechtslage und eine Verbesserung der Rechtsanwendung nötig seien.[83] Die angemahnten Änderungen waren jedoch gerade Bestandteil des Parteienkompromisses, der zur Änderung des Asylrechts geführt haben. Dies ist um so rätselhafter, als im Kommissionsbericht für die Abschaffung des Flughafenverfahrens plädiert wird und die Drittstaatenregelung und das Konzept der

81. Synode der EKD 1993, 3.
82. Kirchenamt der EKD (Hg.) 1994 und 1995.
83. Synode der EKD 1994, 7; im Wortlaut: »Sie [scil. die Synode] weist insbesondere auf die in der Anlage beigefügten ›Schlußfolgerungen des Berichtes [scil. Kirchenamt der EKD (Hg.) 1994] hin, die neben Änderungen der bestehenden Rechtslage vor allem rasche Verbesserungen in der Rechtsanwendung fordern; damit ist jedoch keine prinzipielle Absage an das neue Asylrecht verbunden.«

sicheren Herkunftsstaaten in Zweifel gezogen werden,[84] also Regelungen, die explizit Bestandteil des neuen Art. 16a GG sind. Meines Erachtens läßt sich dies nur so interpretieren, daß zwar die Intention, das Asylrecht von asylfremden Zuwanderungen zu entlasten, geteilt wird, daß aber gleichzeitig die Regelungen, die dies bewirken sollen, als ungenügend angesehen werden, weil sie das Asylrecht selbst aushöhlen. Daß es der Synode um einen Schutz politisch und anderweitig Verfolgter geht, läßt sich auch aus dem Beschluß von 1995 entnehmen. Dort wird z. B. explizit für die Anerkennung geschlechtsspezifischer Verfolgung als Asylgrund plädiert und wiederum das Drittstaatenkonzept angezweifelt.[85] Die Haltung der EKD-Synode läßt sich deuten als der Versuch, sich nicht explizit gegen geltendes Recht und die höchstrichterliche Rechtsprechung zu äußern, gleichzeitig aber durch inhaltliche Kritik das bestehende Recht in Frage zu stellen.

Stellungnahmen des Rates der EKD zum Themenbereich Asyl

Schon früher als die Synode hat sich der Rat der EKD kontinuierlich mit Fragen des Asylrechts und der Asylpraxis befaßt. Zumindest bis zum Jahr 1992 war die Position des Rates eindeutig. Der Rat sprach sich immer wieder für eine Sicherung des Asylartikels aus und kritisierte Bestrebungen, das Asylrecht auf verfahrensrechtlichem Wege einzuschränken. Ein eventueller Mißbrauch des Asylrechts kann kein Argument für eine einschränkende Verfahrensänderung sein: »Der Rat ist der Auffassung, daß auch bei Asylanträgen, die mißbräuchlich gestellt sein könnten, die Prüfung in einem rechtsstaatlichen Grundsätzen entsprechenden Verfahren gewährleistet bleiben muß. Eine Zurückweisung des Asylanten an der Grenze oder seine Abschiebung vor der unanfechtbaren Entscheidung über den Asylantrag sollte in keinem Falle zulässig sein.«[86] Diese Position bekräftigte der Rat auch während der Diskussionen über das Asylrecht in den achtziger Jahren. »Er [scil. der Rat] verkennt nicht die vielen Probleme, die sich aus der großen Zahl Asylsuchender für Staat und Gesellschaft ergeben. Dennoch hat der Rat Sorge, daß eine Reihe der jetzt in der Öffentlichkeit diskutierten Maßnahmen im Ergebnis das Asylrecht einschränken könnten.«[87] Gleichzeitig kritisiert der Rat die Aufnahmepraxis, insbesondere die Lagerunterbringung von Asylbewerbern.

84. Vgl. Kirchenamt der EKD (Hg.) 1994, 49 ff.
85. Synode der EKD 1995, 8.
86. Rat der EKD 1977.
87. Rat der EKD 1980.

Bemerkenswert ist, daß der Rat seine Position trotz der öffentlichen Diskussion über den »Asylmißbrauch« beibehielt. Gegen die auch in den Medien verbreitete Polemik über Scheinasylanten und Wirtschaftsflüchtlinge hält der Rat fest: »Wenn auch die Mehrzahl aus asylfremden Gründen in unser Land kommt, sollte doch beachtet werden, daß nur wenige leichtfertig ihre Heimat verlassen, auch wenn sie durch wirtschaftliche Not dazu getrieben werden.«[88] Um die Problematik angesichts steigender Bewerberzahlen zu entschärfen, setzt der Rat auf Verfahrensbeschleunigungen, wobei immer wieder betont wird, daß damit keine inhaltliche Einschränkung des Asylrechts verbunden sein dürfe.

Im Jahr 1986 veröffentlicht die EKD den Bericht der Kommission für Ausländerfragen und ethnische Minderheiten »Flüchtlinge und Asylsuchende in unserem Land«. Die in dieser Schrift, die ich weiter unten ausführlicher darstellen werde, bezogene Position prägt die Aussagen des Rates bis 1992. Noch vor der Veröffentlichung des Papiers bekräftigte der Rat in einer Stellungnahme sein unbedingtes Festhalten am Asylrecht: »Verfolgte und Schutzsuchende sind hilfsbedürftige Menschen. Jesus selbst hat uns aufgegeben, ihnen unsere Zuwendung nicht zu versagen (Evangelium des Matthäus 25, 31-46). Zahlen und Organisationsprobleme dürfen uns den Blick auf den bedrängten Einzelnen nicht verstellen.« Und weiter: »Eine Änderung des im Grundgesetz verankerten Rechts auf Asyl lehnt der Rat ab. Er sieht im Asylrecht eine Ausprägung des obersten Gebots unserer Verfassung, die Menschenwürde zu schützen.«[89] Noch im Jahr 1990 hebt der Rat die Unverletzlichkeit des Asylrechts hervor. Angesichts der Zuwanderung aus Osteuropa mahnt er eine flexible Wanderungspolitik an, die auch das Asylverfahren entlasten würde.[90]

Eine Wende markiert die mit der katholischen Bischofskonferenz verfaßte »Gemeinsame Erklärung zur Aufnahme von Flüchtlingen und zum Asylrecht« von 1992. Angesichts weiter steigender Asylbewerberzahlen hatte sich 1992 der öffentliche Druck auf die SPD, einer Änderung des Asylgrundrechts zuzustimmen, immens gesteigert. Eine für eine Verfassungsänderung nötige Mehrheit begann sich abzuzeichnen. Im Kontext dieser Entwicklung steht das Gemeinsame Wort von 1992. Auf der einen Seite plädiert auch das Wort für eine Bewahrung des Asylrechts, auf der anderen Seite wird die große Zuwanderung als Belastung gesehen. Deshalb fordert das Wort die politisch Verantwortlichen auf, »eine Asyl- und Flüchtlingspolitik in die Wege zu leiten, die das Grundrecht auf Asyl für

88. Rat der EKD 1982, 5.
89. Rat der EKD 1986, 247.
90. Rat der EKD 1990, 269.

politisch Verfolgte schützt und in erforderlichem Umfang die Zuwanderung steuert und begrenzt.«[91] Wie Just zu recht bemerkt, ist diese Gleichrangigkeit der Zielsetzungen neu. Zuvor wurde das Asylrecht nicht als Instrument der Steuerung der Zuwanderung gesehen.[92] Dies steht in einem schroffen Gegensatz zu den Positionen der achtziger Jahren, dort wurde ja für einen Erhalt des Asylrechts trotz möglicher mißbräuchlicher Antragstellung plädiert. Auch einer Einschränkung der Sozialhilfeleistungen für Asylbewerber stimmt das Wort weitgehend zu (Sozialhilfe als Sachleistungen).[93] Wenn auch gleichzeitig immer wieder betont wird, daß am Wesensgehalt des Asylrechts festgehalten werden müsse und daß auch künftig Einwanderungsmöglichkeiten erhalten bleiben müßten, bereitet das Gemeinsame Wort doch den Weg für die Zustimmung des Rates der EKD zum sich abzeichnenden Parteienkompromiß.

Dieser wird endgültig vollzogen in der Erklärung des Rates zur »Neuregelung des Asylrechts« von 1993. Hier wird der Asylkompromiß ausdrücklich gewürdigt und eine Änderung des Asylrechts explizit gerechtfertigt. Zwar sei das Asylrecht ein wichtiges Vermächtnis, aber die neue Situation bedürfe neuer Lösungen: »Es führt nicht weiter, isoliert für die uneingeschränkte Gültigkeit der gegenwärtigen Fassung von Art. 16 GG einzutreten. Die Situation von 1993 ist quantitativ und qualitativ eine andere als 1949. Daraus müssen Folgerungen gezogen werden.«[94] Wenn auch die These, daß sich die Asylsituation seit 1949 quantitativ geändert habe, zumindest oberflächlich eine gewisse Plausibilität hat (obgleich mit guten Gründen angezweifelt werden kann, daß für die »Väter des Grundgesetzes« eine solche Höhe der Bewerberzahlen jenseits des Vorstellungsvermögens lag; vgl. Abschnitt I.2.2.3), so ist doch unklar, worin der Rat die qualitative Veränderung sieht. Am Faktum politischer Verfolgung zumindest hat sich nichts geändert, im Gegenteil ist die Sensibilität für weitere asylrelevante Verfolgungsgründe eher gestiegen. Qualitativ läge eher eine Erweiterung des Asylrechts auf z. B. geschlechtsspezifische Verfolgungsgründe nahe.

Neben einer Zustimmung zum Asylkompromiß stehen in der Erklärung von 1993 jedoch auch einige einschränkende Hinweise und weitergehende Forderungen. Der Rat insistiert darauf, daß auch bei den Konzepten sicherer Drittstaaten und verfolgungsfreier Herkunftsländer gewährleistet bleibt, daß politisch Verfolgte tatsächlich Schutz finden.

91. Rat der EKD und Deutsche Bischofskonferenz 1992, 36a.
92. Just 1993, 4.
93. Rat der EKD und Deutsche Bischofskonferenz 1992, 36c.
94. Rat der EKD 1993, 16.

Darüber hinaus bekräftigt der Rat die Forderung nach einer Einwanderungsgesetzgebung, um begrenzte Zuwanderungsmöglichkeiten zu schaffen. Nicht zuletzt dringt der Rat auch darauf, verstärktes Gewicht auf die Bekämpfung der Fluchtursachen in den Herkunftsländern zu legen. Daß genau an diesen Punkten die Vorstellungen des Rates nicht umgesetzt wurden, wird dann in den folgenden Jahren Auslöser für eine wieder verstärkte Kritik an der Asylrechtspraxis in Deutschland.

Der Kurswechsel des Rates führte zu einer breiten innerkirchlichen Kritik an seiner Position. Schon vor dem Parteienkompromiß hatten die Landeskirchen sich öffentlich gegen die sich abzeichnende Asylrechtsänderung gewandt. Insgesamt neun Gliedkirchen der EKD stellten sich gegen die Grundgesetzänderung, keine stimmte ihr zu.[95] Mehr noch, von Seiten der Landeskirchen wurde moniert, daß der Rat von einer einvernehmlichen Linie abgewichen sei, ohne mit den Gliedkirchen in einen Dialog zu treten und ohne offenzulegen, was ihn zu seiner Meinungsänderung veranlaßt habe.[96] Es mag sein, daß auch dies innerkirchliche Kritik mit dazu beigetragen hat, daß der Rat in den Folgejahren sich kritisch gegen das deutsche Asylrecht gewandt hat. Ich komme bei der Darstellung der Kommissionsberichte und des zweiten Gemeinsamen Wortes darauf zurück.

Ebenfalls für innerkirchliche Kritik haben die Thesen des Rates zum Kirchenasyl gesorgt. In diesem Papier aus dem Jahr 1994 setzt der Rat das Kirchenasyl in den Kontext der christlichen Beistandspflicht; dieser Beistand sei kein Widerstand gegen die Rechtsordnung. Die Beistandshandlungen beim Kirchenasyl zielten auf die Überprüfung von Abschiebeentscheidungen in Einzelfällen. »Mit der Betreuung von Schützlingen und der Fürsprache für sie wird die Legitimität der Rechtsnormen und ihrer Anwendung nicht in Frage gestellt.« Aber gleichzeitig betont der Rat: »Gleichwohl können diese Einzelfälle auf Mängel in der allgemeinen Rechtslage oder bei einzelnen Gesetzesregelungen hinweisen, die dann mit dem Ziel einer Änderung zum Gegenstand öffentlicher Kritik und Auseinandersetzung gemacht werden müssen.«[97] Das ist selbstwidersprüchlich. Denn bei diesen »Einzelfällen« besteht aus der Perspektive der Kirchenasyl gewährenden Gemeinden der begründete Verdacht, daß die Anwendung einer bestehenden Rechtsnorm höheres Recht bricht, z. B. Menschenwürde und Unversehrtheit der Person. Damit wird die Le-

95. Vgl. Just 1993.
96. Just 1993, 5 mit Bezug auf einen Brief eines Synodenausschusses der Evangelischen Kirche von Berlin-Brandenburg.
97. Rat der EKD 1994, 48.

gitimität des Verfahrens in Frage gestellt. Sonst würde es gar keinen Sinn ergeben, auf die Überprüfung dieses Verfahrens zu dringen.

Hier zeigt sich das gleiche Dilemma wie bei den Stellungnahmen zum Asylrecht. Auf der einen Seite will der Rat nicht das bestehende Recht in Frage stellen, auf der anderen Seite wird jedoch gesehen, daß das bestehende Recht und seine Anwendung nicht den Standards genügt, die der Rat eigentlich voraussetzt. Dieser Zwiespalt wird erklärlich, wenn man als Intention der Thesen den Versuch annimmt, die Praxis der Kirchenasyl genannten Handlungen auf der einen Seite zu legitimieren, auf der anderen Seite denen entgegenzutreten, die das Kirchenasyl als Rechtsbruch und Widerstandshandeln diffamierten.[98] Hauptgegenstand der Kritik war aber darüber hinaus die sechste These. Dort formuliert der Rat: »Wo Hilfe in rechtswidriger Form, etwa durch Verstecken von Ausländern vor den Behörden, gewährt wird, darf nicht die Kirche als handelnde und verantwortliche Institution in Anspruch genommen werden.« Gewissensbedingte Rechtsverletzung sei Sache des Gewissens des einzelnen: »Wer die Kirche oder eine bestimmte Gemeinde in einen Rechtsbruch hineinziehen will, begründet damit seinen Zweifel an der Ernsthaftigkeit seiner persönlichen Gewissensentscheidung und an seiner Bereitschaft, die Folgen seines Handelns auf sich zu nehmen.«[99] Diese These ist sowohl wegen ihres unpräzisen Kirchenbegriffs als auch wegen der Verkennung der Umstände, unter denen gewöhnlich Kirchenasyl gewährt wird, problematisch. Deswegen wandte schon der Bischof von Berlin-Brandenburg gegen diese These ein: »Beschlüsse zum Schutz von Flüchtlingen werden aber von Gemeindekirchenräten getroffen. Diese gemeinschaftlich getroffene Entscheidung darf nicht individualisiert werden. Wir dürfen die Gemeinden nicht im Stich lassen.«[100] Die sechste These ist nur plausibel, wenn der Rat damit unterstellen will, daß unter Umständen einzelne Personen Kirchengemeinden für ihren persönlichen Widerstand instrumentalisieren. Die Realität der Kirchenasylpraxis der Gemeinden trifft dies allerdings in keiner Weise.[101] Ebenso ist unklar, wen oder was der Rat in diesem Zusammenhang mit Kirche meint. Es könnte vermutet werden, daß der Rat damit entweder die EKD oder gar sich selber im Sinn hat, in beiden Fällen ein eher eingeschränkter Kirchenbegriff. Trotzdem liegt es nicht in der Linie der Ratsthesen, sich von der Kirchenasyl-

98. Vgl. Schmude 1996, der den größten Teil der Vorarbeiten für den Text geleistet hat.
99. Rat der EKD 1994, 48.
100. Huber 1995c, 165.
101. Vgl. Vogelskamp 1996a und 1996b.

praxis zu distanzieren, sondern sie als Akte christlicher Nothilfe zu legitimieren. Daß mit der Notwendigkeit, gegebenenfalls Kirchenasyl als Nothilfe praktizieren zu müssen, eine massive Kritik an der bestehenden Rechts- und Verwaltungspraxis impliziert ist, wird vom Rat jedoch nicht hinreichend deutlich gesehen.

Nach der Vorlage der Berichte der Kommission für Ausländerfragen und ethnische Minderheiten in den Jahren 1994 und 1995 bezieht der Rat eine zunehmend kritische Position gegenüber den Folgen des neuen Asylrechts. Seine Kritik richtet sich dabei vor allem auf die Mängel des Asylverfahrens, die zu Zweifeln Anlaß geben, daß politisch Verfolgte tatsächlich ausreichend geschützt werden, und auf die Konsequenzen des Asylbewerberleistungsgesetzes.[102] Offensichtlich hat der Rat die Folgen der Asylrechtsänderung, der er ja ausdrücklich zugestimmt hatte, falsch eingeschätzt. Allerdings führt ihn diese Einsicht nicht zu einer Revision dieser Grundeinstellung, sondern zu dem Versuch, unter den gegebenen Bedingungen die noch verbleibenden Möglichkeiten der Asylgewährung und des Schutzes von Flüchtlingen auszuschöpfen. Die Frage, ob die Probleme des Asylverfahrens mit der Asylrechtsänderung intendierte Folgen sind und nicht nur nicht intendierte Nebenfolgen, stellt der Rat allerdings nicht.

Berichte der Kommission für Ausländerfragen und ethnische Minderheiten

Die erste umfangreiche Positionsbestimmung der EKD zur Flüchtlingsproblematik ist der Bericht *»Flüchtlinge und Asylsuchende in unserem Land«* von 1986, der von einer Arbeitsgruppe der Kommission für Ausländerfragen und ethnische Minderheiten erarbeitet wurde. Der Bericht kann insofern als offizielle Stellungnahme gelesen werden, als der Rat ihn zustimmend zur Kenntnis genommen und zur Publikation freigegeben[103] und die Synode sich mit einem Beschluß ausdrücklich hinter die Ausarbeitung gestellt hat.[104]

Ausgangspunkt des Berichts ist eine weitgehende Skepsis in der Öffentlichkeit gegenüber dem Grundrecht auf Asyl und eine in diesem Klima entstehende Fremdenfeindlichkeit, die verbunden ist mit einer zunehmenden Polarisierung des öffentlichen Klimas. Der Bericht sieht darin jedoch nicht vorrangig eine Belastung für die deutsche Bevölkerung, son-

102. Rat der EKD 1995.
103. Kirchenamt der EKD (Hg.) 1986, 1.
104. Synode der EKD 1986.

dern für die Flüchtlinge und Asylsuchenden; zumal unter den erschwerten Lebensbedingungen, unter denen sie – z.B. in Sammelunterkünften – leben: »Die menschliche Isolierung, die Belastungen des Lagerdaseins, die erzwungene Untätigkeit und die allgemeine Kälte des gesellschaftlichen Klimas führen nach den Erfahrungen der kirchlichen Sozialbetreuer zunehmend zu psychischen und sozialen Langzeitschäden bei vielen Asylsuchenden und ihren Familien.«[105]

Zwar ist eine zunehmende Sorge angesichts einer sich verstärkenden Zuwanderung nicht unverständlich, so der Bericht, daraus dürfe jedoch keine Einschränkung des Asylrechts abgeleitet werden. »Doch wäre eine Einschränkung des Grundrechts auf Asyl kein geeignetes Mittel, um ihr zu begegnen. Flüchtlinge und Asylsuchende sind in ihrer Menschenwürde in besonderer Weise gefährdet und schutzbedürftig. Die Asylpolitik ist deshalb ein sensibler Bereich, der die Grundlage des demokratischen Rechtsstaats berührt: die Menschenwürde, deren Schutz das oberste Gebot der Verfassung ist.«[106] Damit übernimmt der Bericht eine menschenrechtliche Begründung des Asylrechts und bezieht dieses inhaltlich auf Art. 1 Abs. 1 GG; eine Argumentation übrigens, der das Bundesverfassungsgericht in seinem Urteil zum Asylrecht von 1996 ausdrücklich nicht gefolgt ist.[107]

Gleichzeitig wendet sich der Bericht gegen eine öffentliche Polemik, die unterstellt, daß durch das Asylrecht der Boden für eine ungehinderte Einreise von Flüchtlingen aus der ganzen Welt in ungeahnter Höhe drohe. »Die evangelische Kirche vertritt nicht die Auffassung, die Bundesrepublik Deutschland könne und solle unbegrenzt Flüchtlinge aufnehmen. [...] Die Millionen Menschen, die heute in aller Welt unter Verfolgung, Verletzung von Menschenrechten und Existenzbedrohung leiden, könnten nicht alle in der Bundesrepublik aufgenommen werden. Aber sie wollen das auch gar nicht in so großer Zahl. Äußerungen, die ein solches Bild an die Wand malen, haben keinen realen Hintergrund.«[108] Deutliche Kritik wird in diesem Zusammenhang an der Bundesregierung geübt. Sie erwecke in der Öffentlichkeit den Eindruck, Deutschland sei bei der Aufnahme von Flüchtlingen an der Grenze des Möglichen angelangt und betreibe mit dieser Begründung eine Politik der geschlossenen

105. Kirchenamt der EKD (Hg.) 1986, 5f.
106. Kirchenamt der EKD (Hg.) 1986, 18.
107. In den Leitsätzen zum Urteil heißt es: »Das Asylgrundrecht gehört nicht zum Gewährleistungsinhalt von Art. 1 Abs. 1 GG. Was dessen Gewährleistungsinhalt ist und welche Folgerungen sich daraus für die deutsche Staatsgewalt ergeben, ist eigenständig zu bestimmen.« Zitiert nach R. Marx 1996, 1.
108. Kirchenamt der EKD (Hg.) 1986, 22.

Grenzen.[109] Ausdruck dieser Politik seien Abschreckungsmaßnahmen wie verschärfte Visabestimmungen, Arbeitsverbot, Unterbringung in Sammelunterkünften und Freizügigkeitsbeschränkungen. Damit werde das Asylrecht instrumentalisiert und in seinem Wesensgehalt ausgehöhlt. Wieder mit Bezug auf den Gedanken der Menschenwürde und seiner biblischen Begründung formuliert die Kommission: »Die Kirche warnt davor, den humanen Anspruch der Verfassung im Umgang mit Asylsuchenden und Flüchtlingen zugunsten anderer Interessen zu reduzieren.«[110]

Inhaltlich hat diese Position Auswirkungen auf die Gestaltung verfahrensrechtlicher Regelungen. »Die Prüfung jedes Asylbegehrens in einem den Grundsätzen unseres Rechtsstaats entsprechenden Verfahren muß gewährleistet bleiben. Das schließt eine Zurückweisung des Asylsuchenden an der Grenze durch die Grenzorgane ohne ordentliches Verfahren oder die Ausklammerung des Zuganges aus bestimmten Ländern aus.«[111] Gleichzeitig wendet sich die Kommission gegen die Rede von einem Asylmißbrauch. Allein die Ablehnung von Asylgesuchen sei noch kein Hinweis auf mißbräuchliche Antragstellung, denn vielfach bestünden trotz Ablehnung triftige Verbleibsgründe. Von der niedrigen Anerkennungsrate auf eine Notwendigkeit, das Asylrecht zu ändern, zu schließen, ist daher nicht zulässig.

Kernpunkt einer Lösung ist für die Kommission die Verfahrensbeschleunigung. Für eine menschenwürdige Gestaltung des Verfahren ist es notwendig, die Situation der Bewerberinnen und Bewerber zu verbessern, das heißt im einzelnen etwa Verzicht auf Sammelunterkünfte außer in der Zeit der Ersterfassung, Verzicht auf Sozialhilfeleistungen als Sachleistungen; diese Praxis trage zur Entmündigung bei und sei auf Dauer mit der Menschenwürde unvereinbar.

Die kirchlichen Aufgaben sieht der Bericht in innerkirchlicher und öffentlicher Meinungsbildung, in kirchlich-diakonischer Flüchtlingsarbeit in Beratungsstellen, Aufnahmeeinrichtungen und ähnlichem; als wichtig wird erachtet, daß zudem eine gemeindebezogene Arbeit intensiviert wird. In diesem Zusammenhang steht der Bericht der Praxis des Kirchenasyls eher reserviert gegenüber. Allerdings wird unter Bezug auf die EKD-Denkschrift »Evangelische Kirche und freiheitliche Demokratie« die Möglichkeit gesehen, über demonstrative, zeichenhafte Handlungen auf Probleme hinzuweisen.[112]

109. Ebd.
110. Kirchenamt der EKD (Hg.) 1986, 28.
111. Kirchenamt der EKD (Hg.) 1986, 36.
112. Kirchenamt der EKD (Hg.) 1986, 34f.

Die Synode der EKD bat 1993 den Rat, einen Bericht zur Praxis des Asylverfahrens und zum Abschiebungsschutz vorzulegen. Hintergrund dieses Synodenbeschlusses war die Debatte um die kirchliche Position zum Asylrecht nach der Grundgesetzänderung 1993. Sowohl dem Rat als auch der Synode ging es um die Frage, ob die Neuregelungen immer noch einen tatsächlichen Schutz politisch Verfolgter gewährleisten. Mit der Erstellung des Berichts beauftragt wurde die Kommission für Ausländerfragen und ethnische Minderheiten, die 1994 als Ergebnis das Papier *»Asylsuchende und Flüchtlinge – Zur Praxis des Asylverfahrens und des Schutzes vor Abschiebung«*[113] vorlegte. Die Synode der EKD stellt sich hinter diesen Bericht und »gibt ihrer Besorgnis um den Bestand des Grundrechts auf Asyl Ausdruck.«[114]

Im Kern ist der Bericht der Kommission eine äußerst harsche Abrechnung mit der bestehenden Rechtssituation und Verwaltungspraxis nach der Neuregelung des Asyls von 1993. Insbesondere die Drittstaatenregelung und das Konzept der verfolgungssicheren Herkunftsländern werden als bedenklich erachtet. Als Fazit des neuen Asylrechts zieht der Bericht: »Die Chancen politisch Verfolgter, in Deutschland Asyl zu erhalten und nicht in den Verfolgerstaat abgeschoben zu werden, haben sich verschlechtert. Die Neuregelung degradiert den Asylsuchenden zum Objekt negativer Zuständigkeitskonflikte und wird deshalb dem schweren Schicksal und Leid vieler Flüchtlinge nicht gerecht.« (14) Ebenfalls massive Kritik äußert der Bericht in jeglicher Hinsicht an der Gestaltung des Asylverfahrens: »Deshalb muß bei der rechtlichen und tatsächlichen Gestaltung des Asylverfahrens das allergrößte Gewicht auf sorgfältige und möglichst erschöpfende, am Grundrecht auf Asyl und am Menschenrechtsschutz orientierte Aufklärung gelegt werden. Diesem Erfordernis tragen weder das Asylverfahrensrecht von 1992 noch die Verfahrenspraxis Rechnung.« (15)

Ein grelles Licht wirft der Bericht auf die psychosoziale Situation der Asylsuchenden während der Zeit des Verfahrens. Schwerpunkt des Berichts sind hier die Sammelunterbringung und die Beschränkung von Leistungen durch das Asylbewerberleistungsgesetz. Hinsichtlich dieser Situation konstatiert der Bericht einen tiefgreifenden Dissens zwischen Kirche und Staat: »Staatliche Maßnahmen nehmen im Sinne einer ›Anreizverminderung‹ für eine Antragstellung immer mehr restriktiven Charakter an und bewirken die rechtliche, soziale und individuelle Beein-

113. Kirchenamt der EKD (Hg.) 1994; Seitenzahlen im Text beziehen sich im folgenden darauf.
114. Synode der EKD 1994, 68.

trächtigung des Flüchtlings. Die Kirchen vertreten aufgrund ihres Selbstverständnisses ein Konzept, das sich ausschließlich am Zweck des vorläufigen Schutzes für den Flüchtling und an seiner ›Verfahrensfähigkeit‹ orientiert.« (27f.)

In gleicher Weise sieht die Kommission den Schutz vor Abschiebung bei politischer Verfolgung nicht hinreichend gewährleistet. Der Bericht zählt Beispiele von Abschiebungen trotz konkreter Gefahr der Folter ebenso auf wie die Nichtberücksichtigung individueller Härtefallgründe. Als Resümee wird festgehalten, daß die Abschiebungspraxis problematisch und rechtlich fragwürdig ist, häufig auf unzureichender Prüfung der Fälle durch das Bundesamt beruht und den Flüchtlingsschutz hinter die Interessen, Zuwanderung zu verhindern, zurückstellt. (33) Die Gewährung von Kirchenasyl wird als Folge dieser Mängel im Abschiebungsschutz gesehen.

Ähnliche Probleme sieht der Bericht im Bereich der Abschiebehaft und beim Umgang mit Bürgerkriegsflüchtlingen. Als Schlußfolgerung formuliert der Bericht: »Das Asylverfahrensgesetz sollte so geändert werden, daß politische Verfolgung mit hinreichender Sicherheit erkannt werden kann.« (50) Dieser Satz formuliert die denkbar schärfste Kritik an der deutschen Asylpraxis. Denn es wird vorausgesetzt, daß deren eigentliche Intention, politisch Verfolgte zu schützen, durch die Rechts- und Verwaltungspraxis nicht verwirklicht wird.

Der erste Bericht wurde vor allem innerkirchlich stark diskutiert und rezipiert. Seine politische Wirkung kann allerdings als gering eingeschätzt werden. Gespräche des Ratsvorsitzenden, des Bevollmächtigten der EKD bei der Bundesregierung und des Vorsitzenden der Kommission für Ausländerfragen und ethnische Minderheiten mit dem Bundesinnenminister blieben ergebnislos.[115] Nicht zuletzt deshalb reagierte der Rat mit einer Stellungnahme, in der er seine Position noch einmal präzisierte.[116] Jedenfalls fand der Rat nach dem Bericht wieder zu einer stärker asylrechtskritischen Linie zurück, nachdem er während der Diskussionen in den Jahren 1992 und 1993 den sogenannten Asylkompromiß begrüßt hatte.

Eine der Wirkungen dieses Berichts war ebenfalls, daß die Synode wegen ihrer Skepsis um den Bestand des Asylgrundrechts um einen weiteren Bericht zur Praxis des Asylverfahrens und des Schutzes vor Abschiebung bat. Dieser wurde im folgenden Jahr vorgelegt und diskutiert.[117] Dieser

115. Vgl. Kirchenamt der EKD (Hg.) 1995, 8f.
116. Rat der EKD 1995.
117. Kirchenamt der EKD (Hg.) 1995; Seitenzahlen im Text beziehen sich im folgenden darauf.

zweite Bericht unter dem gleichen Titel liegt inhaltlich auf der gleichen Linie wie der von 1994.

In den Bereichen Asylverfahren und Abschiebungsschutz präzisiert der zweite Bericht im wesentlichen die Positionen des im Jahr zuvor vorgelegten Papiers. Dies gilt insbesondere für die Kritik am Konzept der sicheren Drittstaaten. Hier zeigt der Bericht, wie mit Hilfe bilateraler Rückübernahmeabkommen der Gehalt des Refoulement-Verbots in Art. 33 GFK unterlaufen wird. Als Konsequenz heißt dies: »Die Drittstaatenregelung in ihrer jetzigen Ausformung stellt in ihrer Wirkung den Beginn des Ausstiegs der Bundesrepublik Deutschland aus dem humanitären Völkervertragsrecht dar.« (22)

Ebenfalls breiten Raum nimmt dic Kritik am Asylbewerberleistungsgesetz ein. Insgesamt wird dieses als Angriff auf die Menschenwürde der Asylsuchenden interpretiert. Neben der allgemeinen Verschlechterung der Lebenssituation führe es auch zu einem geringeren Rechtsschutz (weil die Möglichkeit stark eingeschränkt wird, den Rechtsweg zu finanzieren) und zu einer ungenügenden medizinischen Versorgung.[118]

Zudem legt der Bericht umfangreiches Material über die besondere Situation von Flüchtlingskindern und unbegleiteten Minderjährigen sowie über die Situation weiblicher Flüchtlinge vor. In diesem Zusammenhang mahnt der Bericht die Anerkennung frauenspezifischer Fluchtgründe im deutschen Asylrecht ebenso an wie die frauenspezifischer Abschiebeschutzgründe.

Insgesamt bietet der zweite Bericht vor allem einen faktenreichen Überblick über die rechtliche und psychosoziale Situation von Flüchtlingen und Asylsuchenden in Deutschland. Die Kirche wird als Lobbyistin

118. Insgesamt folgt der Bericht hier der von EKD und Diakonischem Werk 1993 vorgelegten Stellungnahme zum Gesetz zur Neuregelung der Leistungen an Asylbewerber (EKD und Diakonisches Werk 1993). Hier wird eine grundsätzliche Kritik am Entwurf des AsylbLG formuliert. »Es stellt sich die Frage, ob der einzelne Leistungsberechtigte mit der pauschal gekürzten Leistung noch ein Leben führen kann, wie es unserem christlichen Menschenbild und der Würde des Menschen entspricht.« (83) Daher wird gefolgert: »Es ist grundsätzlich zu fragen, ob Einschränkungen der existentiellen Grundsicherung, die die Menschenwürde berühren, Instrumente einer Politik der Begrenzung und Steuerung von Zuwanderung sein können.« (83) Allerdings seien, so die Stellungnahme, begrenzte Beschränkungen (in Erstaufnahmeeinrichtungen) denkbar. Zusätzlich formuliert die Stellungnahme Kritik an Einzelregelungen »Das vom Gesetz nahegelegte Sachleistungs- und Gutscheinprinzip lehnen wir ab, da es eine erhebliche menschliche Härte bedeutet und verbunden mit alltäglichen Diskriminierungen menschenunwürdig ist.« (84)

für diese Bevölkerungsgruppe verstanden. Neben der Lobbyarbeit werden Arbeitsfelder benannt (etwa Kirchenasyl oder diakonische Tätigkeiten), in denen der besondere Auftrag der Kirche für Flüchtlinge konkret werden kann.

In der Außenwirkung teilte der zweite Bericht das Schicksal des ersten. Über eine vor allem binnenkirchliche und eine Rezeption innerhalb der Flüchtlings-Lobby kam er nicht hinaus. Ähnliches gilt für das zwei Jahre später veröffentlicht Gemeinsame Wort der Kirchen in Deutschland.

Das Gemeinsame Wort von 1997

Bei der Vorbereitung des Gemeinsamen Wortes vom Rat der EKD und der Deutschen Bischofskonferenz von 1992 kamen beide Seiten überein, eine umfassende Ausarbeitung zum Themenbereich Migration vorzulegen. Seit 1993 arbeitete eine ökumenische Arbeitsgruppe am Text, der 1997 als Gemeinsames Wort veröffentlicht wurde.[119] Die Ausarbeitung geht dabei von geschichtlichen und aktuellen Migrationserfahrungen in Deutschland aus, erörtert daraufhin Ursachen von Migration. Dem folgen biblisch-theologische Überlegungen, von denen aus Perspektiven für die Zukunft ebenso beschrieben werden wie kirchliche Aufgaben angesichts der Migration.

Gleich zu Beginn distanziert sich das Gemeinsame Wort von 1997 implizit von der 1992 bezogenen Position zum Asylrecht und der Grundgesetzänderung: »Strittig war und ist dabei besonders die Frage, in welcher Weise von dieser Entwicklung das Grundrecht auf Asyl und die Genfer Flüchtlingskonvention berührt würden. Eine Spannung zwischen dem politischen Erfordernis, die Zuwanderungszahlen zu steuern und zu begrenzen, und der unbedingten Gültigkeit dieser ethisch normativen Rechtsgüter tritt offen zutage. Dies wirkt sich um so schärfer aus, als ein politisch klares und überschaubares Konzept bisher nicht hinreichend entwickelt ist.« (7) Mit anderen Worten heißt dies, daß das neue Asylrecht nicht als einwanderungspolitisches Steuerungsinstrument dienen kann und zudem seine Schutzfunktion nicht hinreichend erfüllt; zudem ist es weiterhin nicht gelungen, einwanderungspolitische Konzepte zu entwickeln. Deshalb ist das Erfordernis einer Migrationspolitik häufig wiederkehrendes Thema des Wortes.

Dieser Tendenz folgt auch die Entfaltung der Problemkonstellation in aktueller und historischer Perspektive. »Heute hat die Bundesrepublik

119. Rat der EKD und Deutsche Bischofskonferenz 1997b; Seitenzahlen im Text beziehen sich im folgenden auf diese Publikation.

Deutschland als faktisches Einwanderungsland wider Willen mit Problemen zu schaffen, die Deutsche in der Geschichte bis dahin vorwiegend andernorts verursachten, aber nur in sehr beschränktem Maße im eigenen Land zu bewältigen hatten.« (15) Daraus wird die Notwendigkeit einer Migrations- als Gesellschaftspolitik abgeleitet. »Multikulturelle und polyethnische Koexistenz in kultureller Toleranz und sozialem Frieden hängen deshalb entscheidend davon ab, ob und inwieweit Politik und Gesellschaft in Deutschland bereit sind, sich den Herausforderungen in den Problemfeldern von Migration, Integration und Minderheiten mit übergreifenden und weitsichtigen Konzeptionen zu stellen.« (30) Hier hat die Politik bislang, so ist dies wohl wiederum zu interpretieren, versagt. Mit der Betonung, daß Deutschland de facto ein Einwanderungsland geworden sei, stellt sich das Wort explizit gegen die Regierungspolitik, die immer noch davon ausgeht, daß keine Einwanderungssituation gegeben sei. Die Weigerung, Einwanderung zu gestalten, kann auf dieses Dogma der Regierungspolitik zurückgeführt werden.

Daß eine Migrationspolitik auch in Zukunft dringlich sein wird, verdeutlicht das Wort in seinen Aussagen zu Flucht- und anderen Migrationsursachen. Aufgrund der Vielzahl der Migrationsgründe[120] wird mit einem weiteren Wanderungsdruck auch nach Europa, wenn sich auch der Großteil der Migrationsbewegungen auf die Krisenregionen selbst verteilt, zu rechnen sein. »Die immer stärker werdende Ausweitung von individueller Flucht hin zu einem Massenphänomen läßt jedoch zunehmend die Gewalt-, Umwelt- und Armutsflüchtlinge, deren Flucht durch allgemeine Bedrohung und Verelendung und nicht durch individuelle Verfolgung verursacht wird, ins Blickfeld geraten. Daher dürfen die Grenzen des Asylrechtes nicht gleichzeitig auch die Grenzen des gesamten Flüchtlingsschutzes sein. Dieser kann gerade auch die menschenrechtliche und wirtschaftlich existentielle Not von Flüchtlingen weltweit nicht außer acht lassen, solange diese Fluchtursachen nicht durchgreifend bekämpft und gemindert wurden.« (35) Deutlich wird auch hier noch einmal, daß über das Asylrecht hinaus Instrumente entwickelt werden müssen, die eine humane Migrationspolitik gewährleisten. Darüber hinaus wird die Bekämpfung der Fluchtursachen zu einer weiteren zentralen Forderungen an eine legitimationsfähige Migrationspolitik.

Nach Situationsschilderung und -analyse entwickelt das Wort biblisch-theologische Überlegungen. Bezugspunkte sind hierbei vor allem das biblische Fremdenrecht sowie das Nächstenliebegebot, weiter bezieht sich das Wort aber auch auf das imago dei-Konzept. Aus der biblisch-theologi-

120. Vgl. dazu auch Kapitel III.1 dieser Arbeit.

schen Vergewisserung werden dann ethische Konsequenzen abgeleitet: Im Zentrum christlichen Handelns muß die umfassende Sorge um den Menschen stehen. Im Blick auf Migranten bedeutet dies, daß Beistand für Bedrängte Christenpflicht ist (hier bezieht sich das Wort auf die Ratsthesen zum Kirchenasyl). (55) Hinsichtlich des Asylrechts bekräftigt das Wort die Position, daß dieses auf der personalen Würde des Menschen basiert und entsprechend zu interpretieren ist. Hier äußert das Wort entsprechend Kritik am Bundesverfassungsgerichtsurteil von 1996: »Aus kirchlicher Sicht, das heißt der biblischen Auslegung der Menschenwürde des einzelnen, ergeben sich jedoch Anforderungen an den Gesetzgeber, die über das hinausgehen, was nach Auffassung des Bundesverfassungsgerichts grundgesetzlich geregelt ist.« (56) Daraus folgt für das Asylrecht: »Aus christlicher Sicht genügt es nicht, daß sich der Schutz von Flüchtlingen und eine dementsprechende Politik und Gesetzgebung an den grundgesetzlich unabweisbaren Mindestforderungen ausrichten, sondern daran, was nach den oben genannten Grundsätzen theologisch und ethisch geboten ist.« (56)

Im Zusammenhang der theologisch-ethischen Überlegungen bezieht sich das Wort auch auf die Frage nach universaler und partikularer Verantwortung. Zum einen ist deutlich, daß das Wort selbst zuerst einmal einen partikularen Standpunkt einnimmt: »Die Kirchen wenden sich bei ihren Aussagen zum Umgang mit Migranten und Fremden zunächst an sich selbst und ihre Mitglieder.« (55) Gleichzeitig wenden sie sich jedoch an die Öffentlichkeit. Aber die Verantwortung kann nicht auf den partikularen Aspekt beschränkt werden, weder binnenkirchlich noch binnenstaatlich. Zwar ist der Mensch als soziales Wesen immer in eine Gemeinschaft eingebunden. Jedoch dürfen diese Gemeinschaften nicht hypostasiert werden. Im Gegenteil sind die partikularen Gemeinschaften eingebunden in der fundamentalen Einheit »Menschheitsfamilie«: »Aus der immer engeren und allmählich die ganze Welt erfassenden gegenseitigen Abhängigkeit ergibt sich als Folge, daß das Gemeinwohl zwar immer noch auf die staatliche Gemeinschaft bezogen ist, jedoch mehr und mehr eine weltweite Dimension annimmt und darum auch Rechte und Pflichten umfaßt, die die ganze Menschheit betreffen.« (58) Daraus folgt dann auch, daß eine Politik der geschlossenen Grenzen angesichts dieser Voraussetzungen nicht begründbar sein kann.

Aus diesen Positionen leitet das Gemeinsame Wort Perspektiven für die Zukunft ab. Es wird noch einmal betont, daß das Asylrecht kein Instrument für allgemeine Zuwanderung sei. Damit sei jedoch noch nicht die Einschränkung des Asylrechts legitimiert, denn: »Dabei bleiben auch nach den Entscheidungen des Bundesverfassungsgerichts vom 14. Mai

1996 zum Asylrecht Zweifel, ob politische Verfolgung stets mit ausreichender Sicherheit erkannt werden kann und rechtsstaatlich unangreifbar geprüft und festgestellt wird.« (61) Dabei äußert das Wort wieder Kritik am Drittstaatenkonzept. Weiter wird gesehen, daß Zuwanderungsregelungen nur dann Sinn haben, wenn gleichzeitig Fluchtursachen bekämpft werden, was eine internationale Zusammenarbeit und eine Veränderung des wirtschaftlichen Ungleichgewichts voraussetzt.

Gefordert wird deshalb ein Gesamtkonzept für Zuwanderung, das im europäischen Rahmen gesehen werden muß. Dazu sind Änderung des Ausländergesetzes unbedingt nötig. »Die in Deutschland geltenden legislativen und administrativen Regeln über Einreise und Aufenthalt von Zuwanderern werden den Anforderungen in Einzelbereichen nicht mehr gerecht.« (67) Begleitend wird die Veränderung des Staatsangehörigkeitsrechts (ius soli statt ius sanguinis) gefordert. Um zu einer angemessenen Lösung zu kommen, muß zudem das Ausländerrecht aus dem Bereich des Polizeirechts gelöst werden. »Es geht nicht an, Ausländer maßgeblich aus der Perspektive der Gefährdung von öffentlicher Sicherheit und Ordnung zu betrachten, ihre persönlichen Bedürfnisse dem staatlichen Interesse an der Gefahrenabwehr unterzuordnen und damit den Schutz ihrer personalen Würde hintanzustellen. Die mit dem Zuzug und dem Aufenthalt von Wanderarbeitnehmern und deren Familienangehörigen zusammenhängenden Fragen müssen zuvörderst unter den Gesichtspunkten von Menschenwürde, Arbeitsrechten, Familienschutz und Verhältnismäßigkeit gesehen und einer Lösung zugeführt werden.« (70) Für eine gelungene Integration ist neben sozial- und arbeitspolitischen Maßnahmen auch die gegenseitige Akzeptanz unterschiedlicher kultureller Gegebenheiten notwendig. »Zuwanderer haben ein Recht auf Wahrung, Pflege und Fortentwicklung ihrer kulturellen Identität, sofern diese Verwirklichung mit den Grundwerten der Bundesrepublik Deutschland vereinbar ist und sie auf dem Boden der freiheitlich-demokratischen Grundordnung handeln. Ein wichtiges Ziel ist die gleichberechtigte Beteiligung der eingewanderten Bevölkerung am öffentlichen Leben.« (79)

Vielfältige Aufgaben kommen so auf Kirchen und Gemeinden zu und werden von ihnen wahrgenommen. Hauptaugenmerk liegt hier auf dem Dialog, der die Zusammenarbeit zwischen Christen und Gemeinden verschiedener Sprache und Herkunft ebenso umfaßt wie interreligiöse und interkulturelle Begegnungen. Als besonders wichtig wird hier die Arbeit in den einzelnen Kirchengemeinden gesehen, weil dort die Möglichkeiten der Begegnung und des Zusammenlebens vor Ort in besonderem Maße gegeben sind. Hierbei geht das Wort auch noch einmal auf das Kirchenasyl ein. Hier bleibt das Wort im Rahmen der zuvor veröffentlichten Positionen, indem sie es in den Kontext der Nothilfe stellt. Die Erfahrungen damit belegen, »daß angesichts der anhaltenden großen Zahl von Flüchtlingen und Asylbewerbern, die in Deutschland Schutz suchen, und einer weitgehenden Schematisierung der Anerkennungsregeln sorgfältige Einzelfallüberprüfungen nicht immer vorgenommen werden können.« (99) Daher ist Kirchenasyl Ausdruck der christlichen Beistandspflicht. Schließlich formuliert das Wort eine Reihe von Aufgaben für Diakonie und Caritas.

Das Gemeinsame Wort von 1997 ist zweifellos die fundierteste und umfassendste Stellungnahme der Kirchen zum Problemfeld Asyl und Migration. Die Positionen der Kirchen bleiben dabei weitestgehend auf der Linie der in den vorangehenden Jahren veröffentlichten Stellungnahmen. Allerdings spricht aus dem Text eine größere Skepsis gegenüber dem geänderten Asylrecht als beim Gemeinsamen Wort von 1992 oder der Erklärung des Rates von 1993. Insgesamt hat jedoch das Gemeinsame Wort nur verhältnismäßig geringe öffentliche Resonanz gefunden. Es steht und stand öffentlich im Schatten des ebenfalls 1997 veröffentlichten Wortes zur wirtschaftlichen und sozialen Lage.[121]

4.2.3 Kirchliche Arbeitsformen im Kontext der Migration

Eine Darstellung kirchlicher Arbeitsformen im Kontext der Migration steht vor der Schwierigkeit, daß über einen der Schwerpunkte kirchlicher Arbeit, die Arbeit in den einzelnen Kirchengemeinden, kaum Material zur Verfügung steht, schon gar nicht ein Querschnitt über Projekte und Aktivitäten oder gar über persönliche Kontakte im »ganz normalen« Gemeindealltag. In den Gemeinden gibt es – vor allem in den Städten – selbstverständlich eine ganze Reihe Gemeindeglieder ohne deutsche Staatsangehörigkeit, die an den Gottesdiensten teilnehmen, Gemeindeveranstaltungen besuchen, ihre Kinder taufen lassen, heiraten oder bestattet werden. Über diese alltägliche Zugehörigkeit zu einer Kirchengemeinde gibt es kein empirisches Material; deshalb kann an dieser Stelle nur darauf verwiesen werden, daß es sich hier vielfach um eine Form gemeindlicher Normalität handelt. Ein Versuch, das Thema Migration im Gemeindealltag zu verankern, ist der 1975 ins Leben gerufene »Tag des ausländischen Mitbürgers«[122], der seit 1983 als »Woche der ausländischen Mitbürger/Interkulturelle Woche« begangen wird. Wenn sich diese Veranstaltung im kirchlichen Alltag mittlerweile auch etabliert hat,

121. Rat der EKD und Deutsche Bischofskonferenz 1997a.
122. Vgl. Rat der EKD 1975.

kann nicht genau gesagt werden, in welchem Umfang die einzelnen Gemeinden oder Kirchenkreise in diesem Rahmen eigene Veranstaltungen anbieten oder wie weit diese Woche im Gemeindealltag angenommen und frequentiert wird.

Eine Gruppe von Migrantinnen und Migranten, die in dieser Untersuchung nicht im Zentrum steht, prägt den Gemeindealltag häufig in viel stärkerer Weise: die Aussiedler aus den GUS-Staaten und Rumänien. Bei sehr vielen Aussiedlerfamilien herrscht eine traditionelle Orientierung vor, die sich auch in traditionellen Formen von Kirchlichkeit zeigt.[123] Ein Beleg dafür mag sein, daß vielfach die Küster- bzw. Mesnerstellen in Gemeinden überwiegend von Menschen aus Rumänien versehen werden.[124]

Während auf diese »normale« Form kirchengemeindlicher Interaktion hier nur hingewiesen werden kann, werde ich auf die Soziale Arbeit der Diakonie ausführlicher eingehen. Darüber hinaus soll eine besondere Form kirchlicher Arbeit im Kontext der Migration angesprochen werden, die evangelischen Ausländergemeinden.

Soziale Arbeit der Diakonie

Diakonische Hilfe für Fremde hat ihre Wurzeln in der frühkirchlichen Praxis der Gastfreundschaft für den Fremden, die selbst wieder an die jüdische Praxis anknüpft.[125] Diese Gastfreundschaft galt als eine der zentralen Tugenden, die nicht nur dem einzelnen Gemeindeglied überlassen blieb, sondern als Angelegenheit der Gemeinde erachtet wurde.[126] Dabei begrenzte sich die Unterstützung für die Zugereisten nicht allein auf die finanzielle Unterstützung aus der Gemeindekasse; bei denen, die sich niederlassen wollten, sollte von der Gemeinde die Möglichkeit eingeräumt werden, ihren Beruf auszuüben oder es sollte ihnen eine andere Arbeit beschafft werden. Allerdings wurde auch die Notwendigkeit gesehen, die Gastfreundschaft und die finanzielle Unterstützung zeitlich zu beschränken.

Diese Unterstützung migrierender Mitchristen hat sich auch später in der Zeit der Flucht aufgrund religiöser Verfolgung erhalten. Als Beispiel mag die Flucht wallonisch-flämischer Reformierter im 16. und die der Hugenotten im 17. Jahrhundert gelten. Z.B. in Frankfurt, das als eine Drehscheibe der Flüchtlinge galt, zogen zwischen 1685 und 1695 mehr

123. Vgl. Branik 1982 und Kossolapow 1987.
124. Vgl. von Keler 1992, 436.
125. Vgl. Rusche 1957a.
126. Vgl. hierzu im folgenden Harnack 1902, 128ff.

als 60000 Flüchtlinge (dreimal so viel wie die damalige Bevölkerung Frankfurts) durch und wurden von den Gemeinden unterstützt, nicht nur von den ansässigen reformierten, sondern auch von der lutherischen Gemeinde.[127]

Mit den Umbrüchen im 19. Jahrhundert veränderte sich die Perspektive diakonischer Arbeit im Kontext der Migration. Schwerpunkt war jetzt die Betreuung auswandernder oder ausgewanderter Deutscher. Die Auswandererberatung gilt als eines der ältesten Arbeitsgebiete der Inneren Mission.[128] Neben Beratung und Unterstützung stand hier immer auch die geistliche Versorgung im Mittelpunkt. Dem diente auch der Kontakt mit Stellen in den Einwanderungsländern, vor allem den USA. Die diakonische Tätigkeit beschränkte sich jedoch nicht nur auf die klassische Auswanderung, auch die Betreuung von Arbeitsmigranten und -migrantinnen im europäischen Ausland wurde als wichtiges Arbeitsfeld gesehen. Ein Beleg hierfür ist die Arbeit von Friedrich von Bodelschwingh zwischen 1858 und 1864 in Paris, wo zu dieser Zeit zwischen 50000 und 100000 deutsche Wanderarbeiter und -arbeiterinnen lebten.[129]

Die Einwanderung nach Deutschland wurde dann vor allem seit den späten sechziger Jahren als Aufgabe der Diakonie gesehen. Ich habe weiter oben bereits darauf verwiesen, daß die gesamtkirchlichen Gremien seit 1970 auch öffentlich verstärkt auf die Situation der »Gastarbeiter« aufmerksam machten. Zur Zeit arbeiten etwa einhundert Hauptamtliche in siebzig Schwerpunktberatungsstellen im Bereich Ausländerarbeit und 500 berufliche Mitarbeiterinnen und Mitarbeiter in ca. 300 Beratungsstellen und psychosozialen Zentren im Bereich der Flüchtlingsarbeit.[130]

Entstanden ist die heutige Sozialberatung der Diakonie aus der Beratungsarbeit vor allem griechischer Migranten in den siebziger Jahren.[131] Ein Grund für diese frühe Spezialisierung liegt darin, daß für die Zuwanderer aus den vorwiegend katholischen südeuropäischen Ländern vor allem die Caritas Angebote entwickelt hat.[132] Die Sozialberatung des Diakonischen Werks ist dabei eingebettet in ein Netz weiterer Angebote für Migrantinnen und Migranten, vor allem im Bereich der Jugendarbeit (Spiel- und Lernhilfen, Bildungsangebote u.ä.). Zunehmend wird jedoch

127. Vgl. Magdelaine 1985.
128. Vgl. Reichert 1992, 54ff.
129. Vgl. Pabst 1992.
130. Diakonisches Werk der EKD (Hg.) 1997, 24f.
131. Vgl. Schirmer 1992, 90f.
132. Vgl. hierzu Pölzl 1995; im Sozialdienst der Caritas für ausländische Arbeitnehmer sind zur Zeit ca. 450 Mitarbeiterinnen und Mitarbeiter beschäftigt.

erkannt, daß eine Spezialisierung des Angebots für die Sozialen Arbeit kaum mehr hinreichend ist. Statt dessen wird gesehen, daß die Arbeit mit und für Migrantinnen und Migranten als Querschnittsaufgabe aller sozialen Dienste verstanden werden muß.[133] Dies hängt damit zusammen, daß auch in den entsprechenden Fachdiensten verstärkt Menschen ohne deutsche Staatsangehörigkeit Beratung und andere Dienstleistungen nachfragen. Dieser Situation will die Diakonie mit der interkulturellen Öffnung aller sozialer Dienste begegnen. »Mit interkultureller Öffnung ist die konzeptionelle Berücksichtigung der kulturellen Vielfalt in unserer Gesellschaft und die Beseitigung von Zugangshindernissen zu sozialen Diensten oder Hilfeleistungen, die auf kulturellen oder ethnischen Unterschieden beruhen, gemeint. Sie betrifft gerade nicht primär den Bereich der migrantenspezifischen Dienste.«[134] Damit macht die Diakonie deutlich, daß die in Deutschland lebenden Ausländer nun zu einem festen Bestandteil der Bevölkerung geworden sind. Der faktischen Einwanderungssituation entspricht ein Konzept der sozialen Dienste, das die Anwesenheit der Migrantinnen und Migranten als Normalfall versteht; eine reine Spezialisierung würde hingegen die Ausgrenzung dieser Gruppe noch einmal verstärken, indem sie als Spezialfall behandelt, für den besondere und eigene Regeln gelten. Damit ist natürlich nicht gesagt, daß für Migrantinnen und Migranten keine speziellen Angebote mehr bereitgestellt würden; es gibt auch weiterhin einen migrationsspezifischen Bedarf an sozialer Arbeit. Aber diese Spezifität kann nicht mehr der Normalfall sein, wenn diese Gruppe als Bestandteil der Gesellschaft verstanden wird.

Wenn die interkulturelle Öffnung der sozialen Dienste konzeptionell umgesetzt werden soll, resultieren daraus Anforderungen an die Qualifikation und Ausbildung der Mitarbeiterinnen und Mitarbeiter. Zunehmend wird interkulturelle Kompetenz zu einer Schlüsselqualifikation werden. Dann aber muß auch in der Ausbildung dafür Sorge getragen werden, daß in die Curricula der Ausbildungsstätten entsprechende Angebote integriert werden (dies reicht von der Kenntnis des Ausländerrechts über Fremdsprachenkenntnis zur Kenntnis der politischen und sozialstrukturellen Grundlagen von Migration bis hin zum Training interkultureller Kommunikation).

Die Flüchtlingsarbeit hat sich in den letzten Jahren zu einem Schwerpunkt der Arbeit der Diakonie im Kontext der Migration entwickelt. Die besondere Verantwortung gegenüber Flüchtlingen leitet das Diakonische

133. Vgl. Diakonisches Werk der EKD (Hg.) 1997, 27f.
134. Diakonisches Werk der EKD (Hg.) 1997, 27.

Werk dabei vor allem aus dem Schutz der Menschenwürde ab. Es versteht soziale Arbeit in diesem Bereich als Krisenintervention. »Die elende Situation von Flüchtlingen ist häufig unmittelbarer Ausdruck mangelnden, weil ausgehöhlten Rechts und der psychosozialen Ausgrenzung. Ziel ist es, im Rahmen der gesetzlichen Vorgaben und unter der Berücksichtigung der verschiedenen aufenthaltsrechtlichen Gegebenheiten sowie der persönlichen Voraussetzungen und Interessen der Betroffenen eine möglichst vollständige Partizipation am gesellschaftlichen Leben in Deutschland zu erreichen, der Ausgrenzung auf allen Ebenen entgegenzuwirken.«[135] Damit verortet sich die Flüchtlingssozialarbeit in einem strikten Gegenüber zur offiziellen Flüchtlingspolitik, die eine Integration nichtanerkannter Asylbewerber gerade nach Möglichkeit ausschließen will. Die aufenthaltsrechtlichen und asylverfahrensrechtlichen Regelungen sowie das Asylbewerberleistungsgesetz haben ja ausdrücklich die Intention, eine Aufenthaltsverfestigung nach Möglichkeit auszuschließen, den Aufenthalt in Deutschland möglichst abzukürzen und gleichzeitig aufgrund der eingeschränkten Entfaltungsmöglichkeiten der Flüchtlinge abschrekkend auf potentielle Asylbewerber zu wirken.

Neben der allgemeinen Sozialberatung hat sich in der Folge in der Arbeit des Diakonischen Werkes vor allem die Verfahrensberatung zu einem zentralen Bestandteil der Flüchtlingssozialarbeit entwickelt. »Durch die Verfahrensberatung sollen Flüchtlinge die Möglichkeit erhalten, trotz der zeitlichen Kürze ihres Verfahrens die individuellen Möglichkeiten und Grenzen innerhalb des Asyl- und Ausländerrechtes zu erfahren und zu verstehen. Damit soll auch das Minimum an rechtsstaatlichen Grundsätzen in der Praxis des Asylverfahrens gesichert werden. Es muß auf verschiedenen Ebenen darauf hingewirkt werden, daß im Asylverfahren der einzelne Mensch im Mittelpunkt steht – und nicht allein Verwaltungsinteressen.«[136] Die Erfahrung in der Flüchtlingssozialarbeit lehrt offenbar, daß im Asylverfahren dieses Mindestmaß der Wahrnehmung von Rechtsansprüchen nicht gewährleistet ist. Zudem kann gezeigt werden, daß die Angebotsstruktur der Sozialarbeit freier Träger (wie Caritas und Diakonisches Werk) sich deutlich von der in staatlicher Trägerschaft unterscheidet. So kann etwa festgestellt werden, daß letztere sich vor allem an der Sicherung der Grundbedürfnisse der Flüchtlinge orientieren, während erstere ihre Angebote an sozialen, psychischen und kulturellen Problemen der Flüchtlinge ausrichten.[137] Zudem wird darauf verwiesen, daß

135. Diakonisches Werk der EKD (Hg.) 1996, 19.
136. Diakonisches Werk der EKD (Hg.) 1996, 33.
137. Vgl. Wurzbacher 1997, 77 f.

in der Rechts- und Verfahrensberatung öffentlicher Träger nicht immer konsequent im Blick auf die Rechte der Flüchtlinge beraten wird.[138]

Insgesamt befindet sich die diakonische Arbeit mit Migrantinnen und Migranten in einer Umbruchsituation. Im Bereich der Arbeit mit der »traditionellen« Klientel zeigt sich dies an der Forderung der interkulturellen Öffnung aller sozialer Dienste. Zudem ergeben sich neue Aufgabenbereiche, wie z. B. in der Versorgung älterer Migrantinnen und Migranten, für die eine angemessene Versorgungsstruktur bislang noch nicht geschaffen ist.[139] Damit reagiert soziale Arbeit auf die Erkenntnis, daß sich aus einer temporären Arbeitsmigration eine dauerhafte Einwanderung entwickelt hat. Das bedeutet, daß neben speziellen Angeboten und Aufgaben zunehmend der Situation Rechnung getragen werden muß, daß Migrantinnen und Migranten zur »normalen« Klientel entsprechender Einrichtungen geworden sind. Die Flüchtlingssozialarbeit sieht sich zunehmend mit den Folgen der restriktiven Flüchtlingspolitik konfrontiert. Oft kann sich die Arbeit hier nur auf die Sicherung minimaler Standards einer humanen Behandlung der Flüchtlinge beschränken. Unter anderem deswegen mehren sich die Stimmen, die den Sinn dieser Arbeitsform in Frage stellen.[140] Und dies nicht, weil kein Bedarf an dieser Arbeit bestünde, sondern weil in der gegenwärtigen Situation eine an professionellen Standards orientierte Arbeit kaum mehr möglich erscheint. Nicht zuletzt deshalb wird immer wieder betont, daß eine Hauptaufgabe sozialer und diakonischer Tätigkeit sein muß, auf eine Veränderung der politischen Rahmenbedingungen ebenso hinzuwirken wie auf eine größere Akzeptanz innerhalb der Bevölkerung in Deutschland.

Dies wiederum spiegelt sich in den Konzepten des Diakonischen Werkes darin, daß auf die Notwendigkeit verwiesen wird, die professionelle Hilfe durch Sozialarbeit stärker als bislang mit den einzelnen Kirchengemeinden zu vernetzen. Die Arbeit des Diakonischen Werkes mit Migrantinnen und Migranten benötigt die Unterstützung und die Solidarität der Gemeinden vor Ort. Nicht allein wegen des Bedarfs an ehrenamtlicher Tätigkeit und freiwilligem sozialem Engagement, sondern auch, weil sich dieser Arbeitsbereich – auch angesichts knapper werdender finanzieller Mittel – gegenüber der eigenen Basis rechtfertigen können muß. Anders ausgedrückt: Nur wenn auch in den Gemeinden und den entscheidenden Gremien die Notwendigkeit des Engagements der Diakonie in diesem Bereich gesehen wird, kann das Angebot auch in Zukunft auf-

138. Vgl. Wurzbacher 1997, 80 f.
139. Vgl. Schiff/Dallmann 1998.
140. Vgl. Wurzbacher 1997, 151 ff.

rechterhalten werden. Dazu bedarf es neben der Information über die Situation der Betroffenen auch der theologischen Reflexion des Problembereichs sowohl in der theologischen Forschung als auch in der Verkündigung und der Diskussion in den Gemeinden.

Evangelische Ausländergemeinden

Die Zahl der in Deutschland lebenden Ausländerinnen und Ausländer evangelischen Bekenntnisses ist mit ca. 250000 (etwa 3,4 % der ausländischen Bevölkerung) relativ gering.[141] Diese Christinnen und Christen sind in der Regel Mitglieder der evangelischen Ortsgemeinde und zugleich vielfach der überregionalen Zusammenschlüsse ethnischer evangelischer Gemeinden.

Die Existenz solcher spezifischer ethnischer Gemeinden ist kein neues Phänomen. Seit der Reformationszeit sind vor allem von geflohenen protestantischen Minderheiten immer wieder eigene Gemeinden gegründet worden, die oft anderen Bekenntnisses waren als die ortsansässigen protestantischen Gemeinden (z.B. die niederländischen oder französischen reformierten Gemeinden). Organisiert sind die Ausländergemeinden in der 1972 ins Leben gerufenen Konferenz der Ausländerpfarrer (KAP), die auch in verschiedenen EKD-Gremien repräsentiert ist. Insgesamt gibt es eine – kaum zu überschauende – Vielfalt unterschiedlicher ethnischer Gemeinden unterschiedlichen Bekenntnisses. Das Amt für multikulturelle Angelegenheiten in Frankfurt zählt z.B. 22 verschiedene evangelische und freikirchliche Gemeinden.[142]

Konzeptionell steht die Arbeit der Ausländergemeinden unter der Prämisse einer gemeinsamen Verantwortung von Herkunftskirchen und Aufnahmekirchen für die jeweiligen Gemeinden. Die Erfahrungen hiermit sind jedoch durchaus unterschiedlich. Zum Teil wird von Aversionen deutscher Gemeinden berichtet, etwa einen ausländischen Pfarrer anzuerkennen, der für die deutsche und eine Ausländergemeinde zuständig ist.[143] Häufig beschränkt sich die Verbindung zwischen den evangelischen Gemeinden und den Ausländergemeinden darauf, daß diesen Gemeinde- und Kirchenräume für Veranstaltungen und Gottesdienste zur Verfügung gestellt werden.

Ein Problem der Ausländergemeinden wird darin gesehen, daß diese

141. Micksch 1992, 56.
142. Vgl. Amt für multikulturelle Angelegenheiten der Stadt Frankfurt am Main (Hg.) 1996, 20ff.
143. Vg. Micksch 1986, 11f.

zur ethnischen Segregation beitragen und auch im Bereich der Kirche eine Zwischenwelt etablieren. Dies wird mancherseits auch deshalb als anstößig betrachtet, weil in der Kirche gilt, daß es in ihr keine In- und Ausländer gibt, sondern nur Brüder und Schwestern in Christus. Offensichtlich steht diese theologische Setzung jedoch im Widerspruch zu den Bedürfnissen der ethnischen Gemeinden. Denn diese vermissen in den deutschen Gemeinden häufig persönliche Kontakte, kritisieren zum Teil die als unpersönlich und kalt empfundene Gottesdienstform oder pflegen andere liturgische Traditionen und Formen, die sie in ihrem Gottesdienst nicht missen möchten. Gerade der Wunsch, eigene gelebte Frömmigkeitsformen weiter zu praktizieren, ist der Ausgangspunkt zur Gründung eigener Gemeinden oder Gemeinschaften. Insofern folgen die sogenannten Ausländergemeinden häufig nicht in erster Linie ethnischen Grenzziehungen, sondern vielmehr solchen unterschiedlicher Frömmigkeitsformen und gottesdienstlicher Praktiken. Ebenso beruhen die Ausländergemeinden nicht allein auf konfessioneller Differenzierung, denn es existieren sowohl ethnisch differente Ausländergemeinden gleichen Bekenntnisses als auch Ausländergemeinden mit dem gleichen Bekenntnis wie entsprechende deutsche Gemeinden. Zudem bestehen verschiedene Gemeinden gleicher Nationalität nebeneinander, die sich vor allem durch ihre Frömmigkeitsstile voneinander unterscheiden. Die Ausländergemeinden allein unter dem Gesichtspunkt ethnischer oder konfessioneller Differenzierung zu betrachten, würde der Situation der Vielfalt dieser Gemeinden nicht gerecht. In ihnen spiegelt sich neben der ethnischen Pluralität in unserer Gesellschaft vor allem die kulturelle Pluralität, die sich auch in unterschiedlichen Frömmigkeitsformen und -praktiken ausdrückt.

Ausländergemeinden haben in diesem Sinne eine ähnliche Funktion wie die ethnischen Kolonien. Sie ermöglichen Binnenintegration, sie reproduzieren kulturelle Muster und dienen nicht zuletzt als soziales Netzwerk für die Bewältigung alltäglicher Probleme. Neben der im engeren Sinne religiösen Versorgung lassen sich so im großen und ganzen drei Funktionsbereiche beschreiben: sozio-kulturelle Vermittlung, psycho-soziale Versorgung und Erziehung, Beratung, Weiterbildung.[144] Mit ihrer Funktion teilen die Gemeinden jedoch auch die Risiken der ethnischen Kolonien. So können sie zur Abgeschlossenheit tendieren; Verständigung ist dann nicht mehr möglich, weder in die eine, noch in die andere Rich-

144. Vgl. Amt für multikulturelle Angelegenheiten der Stadt Frankfurt am Main (Hg.) 1996, 191 ff.

tung. Bestehende konfessionelle oder rituelle Unterschiede werden auf diese Weise noch verfestigt.[145]

Da aber neben dem gemeinsamen Bekenntnis auch die Frömmigkeitspraxis und liturgische Formen die konfessionelle Identität prägen, gibt es auch kirchlicherseits keine Alternative zur Form der Ausländergemeinden und anderer Gemeinschaften. Dies gilt um so mehr, solange von Seiten der deutschen Gemeinden keine ähnliche Bindungskraft ausgeht wie von diesen; beziehungsweise solange sich deutsche Gemeinden gegenüber den ausländischen abschotten.

Evangelische Ausländergemeinden leisten so einen wichtigen Beitrag zur Binnenintegration der verschiedenen Migrantengruppen. Soll es jedoch dabei allein nicht bleiben, sind Anstrengungen vonnöten, deutsche und Ausländergemeinden in einen verstärkten Dialog zu bringen. Neben etablierten Formen wie etwa der Woche der ausländischen Mitbürger muß dafür eine Offenheit vor allem der deutschen Gemeinden angestrebt werden. Dazu könnten etwa gemeinsame Gottesdienste gehören (zumal die meisten ausländischen Gemeinden die Einrichtungen deutscher Kirchengemeinden nutzen), ein verstärktes Bemühen um nicht-deutsche Gemeindeglieder (z.B. durch Besuchsdienste). Nicht zuletzt gehört hierzu auch eine politische Sensibilität für die Belange der Migrantinnen und Migranten.[146] Die Voraussetzung hierfür ist in erster Linie Akzeptanz sowohl der unterschiedlichen Gemeinden als auch der faktischen Einwanderungssituation in Deutschland. Gelebte Ökumene erfordert die Anerkennung der religiösen Vielfalt der Bekenntnisse, Frömmigkeitsstile und Gottesdienstformen. Diese Anerkennung ist nicht gleichbedeutend mit der Aufgabe eigener traditioneller Bezüge und Besonderheiten und auch nicht mit dem Verwischen von Differenzen in der Vorstellung einer falschen Allgemeinheit. Zu dieser Anerkennung gehört auch Toleranz,[147] aber nicht allein. Vielmehr gehört hierzu auch die Einsicht, daß Kirche ihre Kraft auch aus der Vielfalt ihrer Formen schöpft, daß sich Kirche nicht mit einer historisch kontingenten Form ihrer Verwirklichung identifizieren läßt, daß Kirche ihre Vielgestaltigkeit erkennt als Werk des Heiligen Geistes in der Pluralität der Charismen, Anbetungs- und Handlungsformen.

145. So auch Schott 1981 im Blick auf Diasporagemeinden: »Die Gefahren der Diaspora lassen sich durch das Gegensatzpaar von Preisgabe der Identität auf der einen und Verhärtung, Abkapselung gegenüber der Umwelt auf der anderen Seite kennzeichnen.« (717)
146. Vgl. Micksch 1986, 17.
147. Etwa im Sinne von Walzer 1997, 82ff.

4.3 Resümee

Auch entlang der aktuellen theologischen Debatten ist noch einmal deutlich geworden, daß es nicht um eine generelle Zurückweisung von Grenzziehungen gehen kann, sondern darum, reflektiert und begründet sagen zu können, in welchen Kontexten welche Unterschiede zur Exklusion verwendet werden können. Deutlich geworden ist jedenfalls, daß ethnische Unterschiede für die Kirche keine exkludierende Bedeutung haben können, auch wenn sich konkrete Gemeinschaftsformen (Kirchen und Gemeinden) sinnvollerweise lokaler Organisationsprinzipien bedienen. Auf der anderen Seite ist im vorigen Abschnitt ebenfalls deutlich geworden, daß es zur Vielfalt der Ausdrucksformen des Glaubens auch gehört, daß – wie die Ausländergemeinden zeigen – sich unterschiedlich sprachlich und kulturell gewachsene und durch ihren Herkunftskontext geprägte Gemeinden gibt. Das ist ein Hinweis darauf, daß die Ökumene das ureigene Feld der Kirche ist, in dem sie Erfahrungen mit Inklusion und Exklusion aufarbeiten und Wege zur Überwindung der Unterschiede finden oder zumindest eine Form des Zusammenlebens erproben kann, in der Kirchen trotz ihrer partikularen Bestimmungen nicht nur miteinander koexistieren, sondern sich wechselseitig als besondere Ausprägungen des einen gemeinsamen Bekenntnisses anerkennen können. Ich werde im Schlußkapitel diesen Gedanken noch einmal ausführlicher aufnehmen.

Zur Einschätzung der Stellungnahmen der Evangelischen Kirche in Deutschland ist zu sagen, daß die Beschlüsse, Stellungnahmen, Kundgebungen und Berichte der EKD-Synode und des Rates im großen und ganzen eine bemerkenswerte Kontinuität zeigen. Schon früh – zumindest früher als durch andere gesellschaftliche Gruppen – wird der Problemkontext erkannt und benannt und früh werden auch Konsequenzen und Forderungen für das Zusammenleben in Deutschland formuliert. Dabei bezieht die Kirche Position für Migrantinnen und Migranten bzw. Asylsuchende.

Allerdings argumentiert die Kirche hier vorwiegend defensiv. Sie wendet sich etwa gegen die Einschränkung von Rechten oder gegen die Verschärfung asylrechtlicher Bestimmungen. Konkrete Forderungen zur Gestaltung zum Beispiel des Asylverfahrens oder zur Integration von Migrantinnen und Migranten finden sich nur selten und dann zumeist in unbestimmten Formulierungen ohne direkten Adressaten. Hier zeigt sich eine politische Zurückhaltung, die mit den Inhalten der kirchlichen Positionen nur schwer vereinbar ist. Denn inhaltlich würde eine Berücksichtigung der kirchlichen Positionen eine grundlegende Veränderung der Politik gegenüber Migrantinnen und Migranten sowie Asylsuchenden bedeuten. Dies gilt etwa für die angemahnte Einwanderungspolitik, die am Schutz der Menschenwürde orientierte Asylpolitik oder für die Bekämpfung der Flucht- und Migrationsursachen. Die Position der Kirchen ist so eine Minderheitsposition, die auf die Unterstützung der großen Parteien kaum rechnen kann.

Die fehlende Bereitschaft, einen expliziten Dissens mit dem ausländerpolitischen »Mainstream« zu formulieren, zeigt sich exemplarisch am Thema Kirchenasyl. Auf der einen Seite wird die Notwendigkeit dieser Handlungsform gesehen und im Rahmen der christlichen Beistandspflicht auch legitimiert, auf der anderen Seite soll jedoch der Eindruck vermieden werden, daß mit dem Kirchenasyl die Berechtigung des Asylrechts insgesamt angezweifelt würde. Sieht man jedoch die asylpolitischen Stellungnahmen der Kirche durch, wird deutlich, daß diese allerdings das Asylrecht durch die Neuregelungen bedroht und ausgehöhlt sehen. Gerade die Berichte der Kommission für Ausländerfragen und ethnische Minderheiten lesen sich als radikale Kritik der deutschen Asylpraxis in fast jeder Hinsicht. Den Berichten haben Synode und Rat jeweils zugestimmt. Nimmt man diese asylrechtliche Position hinzu, scheint es mir dann doch berechtigt, in der Praxis des Kirchenasyls auch zivilen Ungehorsam zu erkennen, auch wenn in den seltensten Fällen tatsächlich geltende Rechtsnormen durchbrochen werden. Denn jeder Fall von Kirchenasyl stellt exemplarisch – und in der Regel auch öffentlich – dar, daß die asylrechtlichen Regelungen nicht gewährleisten, daß ein Schutz politisch Verfolgter effektiv ermöglicht wird. Jeder Fall von Kirchenasyl ist eine massive Kritik an den rechtlichen Grundlagen und der administrativen Praxis des Asylverfahrens in Deutschland.

Eine Interpretation für diese politische Zurückhaltung bei gleichzeitiger deutlicher Stellungnahme könnte sein, daß die Gremien ihre Position für nicht konsensfähig halten, weder in der politischen Öffentlichkeit noch unter den Kirchenmitgliedern. Eine zu offensiv vertretene Position könnte die Kirche vor Legitimationsprobleme stellen und so vielleicht auch die bestehende Arbeit mit Migrantinnen und Migranten sowie Flüchtlingen gefährden. So stellt sich auch hinsichtlich der ausländerpolitischen Position der Kirche das vielfach beobachtete und diskutierte Dilemma, ob die diakonische Tätigkeit für bestimmte Gruppen nicht mehr bleibt als die individuelle Hilfe für einzelne Betroffene, ohne damit eine Veränderung der Situation anzustreben, die die einzelnen erst zu Betroffenen macht. In diesem grundsätzlichen Dilemma scheint mir auch die Position der Kirchen im Blick auf Migration und Asyl befangen.

Auffallend bei den kirchlichen Stellungnahmen ist jedoch, daß sie an keiner Stelle auf das Grundproblem zu sprechen kommen, die Frage nach den Kriterien von Inklusion und Exklusion überhaupt. Im Kern werden die faktischen ethnischen Grenzziehungen ebenso übernommen wie das Prinzip Ethnizität als Mittel der Grenzziehung. Oder einfacher. Auch die Kirche bleibt dem nationalstaatlichen Denken verhaftet. Zwar wird versucht, Härten, die sich aus dieser Situation ergeben, zu mildern (vor allem im Bereich Flucht und Asyl), zwar wird vorsichtig angemahnt, daß Alternativen zur restriktiven Ausländerpolitik (im Sinne einer Einwanderungspolitik) angezeigt seien, aber es wird nicht über das Bestehende hinausgedacht. Das ist auch deshalb bedauerlich, weil die Kirchen auf ihrem eigenen Feld hinreichend Erfahrungen mit »versöhnter Verschiedenheit« gemacht haben, die durchaus für politische Fragen von Interesse sein könnten. Ich komme im Schlußkapitel darauf noch zurück.

IV. Auswertung: Perspektiven auf christliche Identität und kirchliche Praxis

Im letzten Abschnitt dieser Untersuchung werde ich Folgerungen aus dem bisher Diskutierten ziehen. Dabei beanspruche ich nicht, wohlfeile Lösungen für das »Migrationsproblem« bereitzustellen, oder bestimmte politische Positionen vor anderen auszuzeichnen. Statt dessen ist meine Intention, dazu beizutragen, daß das Thema in seiner Komplexität wahrgenommen wird und nicht, wie so häufig, nur selektiv und eindimensional. Trotzdem werde ich im folgenden Konsequenzen formulieren, die meines Erachtens gezogen werden müssen. Diese Vorschläge entwachsen meiner Interpretation der Situation und meiner Interpretation der hier relevanten Werte, Normen und Güter, wobei ich nicht zwischen im engeren Sinne theologischen und sozialphilosophischen Argumenten unterscheide. Das ist auch nicht nötig. Denn es geht hier um einen Dialog über eine angemessene Form der Problemwahrnehmung und Vorschlägen zur Lösung, in den eine theologische Ethik ihre Argumente einbringt und auf Argumente hört und diese abwägt, die sich anderen – partikularen – Begründungskontexten verdanken. Die folgenden Überlegungen sollen also zu einer Diskussion über den »best account« (Rawls), die angemessenste Reaktion auf die Probleme, die durch Migration gegeben sind, beitragen. Nur so möchte ich sie verstanden und diskutiert sehen. Darüber hinaus geht meine Frage jeweils in die Richtung, was sich aus den diskutierten Zusammenhängen für eine kirchliche Praxis ergibt.

Das zentrale Problem für eine Ethik im Kontext der Migration ist, so hat es sich im Verlauf dieser Untersuchung herausgestellt, die Frage nach dem Umgang mit den Prinzipien der Exklusion bzw. Inklusion von Individuen in – wie auch immer vorgestellte – Gemeinschaften oder Gesellschaften. Eine Welt ohne entsprechende Mechanismen ähnelte dem Hobbesschen Urzustand, eine Vielzahl isolierter Individuen, die untereinander keine Bindungen hätten. In dem Moment, in dem Menschen nicht als »einsame Wölfe« (wobei Wölfe soziale Tiere sind und in Rudeln leben) verstanden werden, stellt sich die Frage der Grenzziehung zwischen denen, die einer bestimmten Gruppe zugehören, und denen, für die dies nicht der Fall ist. Mit der Sozialität ist die Frage nach Exklusion und Inklusion gegeben und damit auch die Unterscheidung zwischen »wir« und »die anderen«. Damit gehören Fremdheit und Nichtzugehörigkeit zusammen. Menschen können weder nicht nicht-inkludieren noch nicht nicht-exkludieren. Folglich kann nicht das Faktum von Exklusion und Inklusion Gegenstand der ethischen Reflexion sein, sondern die daraus resultierende Frage nach dem angemessenen Umgang damit. Im Blick hierauf sind die Ergebnisse psychologischer und soziologischer Forschung zu deuten.

So wurde im Kapitel zur psychischen Konstruktion von Fremdheit deutlich, daß nicht die Konstruktion von Fremden »an sich« etwas moralisch Verwerfliches darstellt, sondern daß der Aufbau einer Fremdenrepräsentanz gelingen oder mißlingen kann. Das Verhalten gegenüber Fremden ist daher nicht eine anthropologische Invariante, sondern ein im Verlauf der Sozialisation erworbenes Verhaltensmuster. Das der Unterscheidung von Fremdem und Eigenem korrespondierende Verhaltensrepertoire kann dann auf einem Kontinuum zwischen vollkommener Abschottung (bis hin zu feindseligen Handlungen) und vollkommener Öffnung (bis hin zur Ununterscheidbarkeit) liegen.

Selbst wenn man, wie es etwa bei verhaltensbiologisch orientierten Autoren der Fall ist, davon ausgeht, daß Distanz und Vorsicht gegenüber Fremden und Unbekannten zum biologischen Verhaltensrepertoire des Menschen gehört, kann daraus nicht gefolgert werden, daß die Ablehnung von Fremden ein nicht veränderbares Faktum in menschlichen Gesellschaften ist. Denn der Umgang mit dieser Verhaltensdisposition ist historisch kontingent und individuell und kulturell formbar. Hinzu kommt, daß in hinreichend komplexen Gesellschaften erst einmal definiert werden muß, wer als zugehörig und wer als nicht zugehörig bestimmt wird. In dem Moment, in dem die Größe einer Population es nicht mehr möglich macht, daß alle Angehörigen sich kennen können, müssen Semantiken entwickelt werden, die genau dies leisten. Diese Semantiken können – müssen jedoch nicht – sich an äußerlich wahrnehmbaren Merkmalen (Hautfarbe, Kleidung, Sprache, Sozialverhalten etc.) orientieren; aber nicht diese Merkmale konstituieren Fremdheit, sondern die Semantik, die diesen Merkmalen eine unterscheidende Funktion beilegt.

In diese Richtung weisen die Ergebnisse der sozialpsychologischen Forschung zu Stereotypen und Vorurteilen. Nicht schon die Wahrnehmung von Fremdgruppen mit Hilfe von Stereotypen ist das ethische Problem. Denn die Wahrnehmung von Fremdgruppen setzt die Verwendung von Stereotypen voraus, wenn eine Gruppe überhaupt »als Gruppe« wahrgenommen werden soll und nicht als zufällige Ansammlung von Individuen. Es hat darum keinen Sinn, vor Stereotypenbildung generell zu warnen. Stereotypen sind die Konstrukte, die in der Alltagswahrnehmung Komplexität reduzieren und damit in komplexen Gesellschaften überhaupt eine Verhaltenskonstanz ermöglichen. Zum Problem wird die Stereotypenbildung erst dann, wenn sich negative Zuschreibungen derart verfestigen, daß von Feindbildern gesprochen werden kann. Die Theorien vom Gruppenkonflikt und der sozialen Identität führen aus, daß vor allem Konkurrenz- oder Benachteiligungssituationen – oder solche, die entsprechend gedeutet werden – dazu führen, daß aus Stereotypen Vorurteile bzw. Feindbilder, oder daß latente Vorurteile und Feindbilder manifest werden. Die Unterscheidung zwischen Zugehörigkeit und Nichtzugehörigkeit wirkt typisierend, jedoch nur unter besonderen situativen Umständen wird die Fremdgruppe vorwiegend negativ und die Wir-Gruppe vorwiegend positiv gesehen.

Jede Stereotypenbildung ist also anfällig für eine Mutation in Richtung Feindbild. Jedoch muß davor gewarnt werden, jede Wahrnehmung mit Hilfe von Stereotypen ethisch/moralisch zu diskreditieren. Vielmehr müssen die Bedingungen ins Auge gefaßt werden, unter denen Gruppen zur Feindbildkonstruktion tendieren. Nicht die Unterscheidung »wir« und »die anderen« selbst ist schon das Problem, sondern erst die Art und Weise ihrer Handhabung. Nimmt man die psychologischen Deutungen also ernst, stellt sich verschärft die Frage nach den Bedingungen, die fremdenfeindliches Handeln begünstigen. Fremdenfeindlichkeit ist dann ein in erster Linie sozialethisches Problem, weil es nicht allein um individuelle Faktoren geht, sondern um die Bedingungen, die zur Entstehung dieser Faktoren beitragen, und um die Bedingungen, die dazu beitragen, daß aus bestimmten Einstellungen bestimmte Handlungen folgen.

Aus der Analyse von Theorien zur psychischen Konstruktion von Fremdheit können zusammenfassend zwei Bereiche bestimmt werden, die von besonderer ethischer Relevanz sind: die Unhintergehbarkeit der Stereotypenbildung und die Einsicht, daß vor allem soziale Faktoren zur Verfestigung von Vorurteilen und Feindbildern führen. Ich möchte dies noch ein wenig ausführen.

Es scheint mir zum ersten in diesem Kontext – ganz im Sinne von Luhmann – eine Aufgabe der Ethik zu sein, vor der Moralisierung jeglicher Stereotypen zu warnen. Um es an einem konkreten Beispiel zu sagen: Wenn eine Krankenschwester oder ein Krankenpfleger bei einer türkischen Patientin ohne zu fragen auf dem Essensanforderungskärtchen vermerkt, daß kein Schweinefleisch gewünscht wird, handelt es sich um ein stereotypes Bild. Eine Türkin ist Muslimin, die wiederum essen kein Schweinefleisch, also ißt auch die konkrete Patientin keines. Das mag für einen großen Teil türkischer Patienten und Patientinnen zutreffend sein, keineswegs jedoch für jede einzelne Person. Es gibt in der Türkei religiöse Minderheiten oder Menschen, für die religiöse Regeln keine Rolle mehr spielen und ähnliches. Im konkreten Fall mag eine solche Stereotypisierung falsch sein, dem jeweiligen Menschen nicht gerecht werden; trotzdem ist sie deshalb noch nicht moralisch verwerflich. Die Pflegeperson mag sogar die positive Absicht haben, der Patientin gegenüber angemessen zu handeln und ihre Besonderheit zu berücksichtigen; bei manchen – vielleicht den meisten – wird die stereotype Unterstellung sogar zutreffen, aber eben nicht bei allen.

Allerdings ist die Grenze zwischen im Alltag funktionalen Stereotypen und – in diesem Falle – ethnizistischen Vorurteilen nicht immer deutlich zu bestimmen. Problematisch wird es auf jeden Fall dann, wenn Stereotype ungeprüft auf konkrete Einzelpersonen angewandt werden. Aber wie das angeführte Beispiel zeigt, ist es auch dort eine Frage der ethischen Urteilskraft, wo genau die Grenze zu ziehen ist. Hierzu noch eine Bemerkung: Es ist – wie im entsprechenden Kapitel bereits angesprochen – eine Illusion zu glauben, daß Stereotype und Vorurteile durch gegenseitiges Kennenlernen alleine schon abgebaut werden könnten. Im Gegenteil können die Mechanismen des kategorisierenden Denkens dazu führen, daß die Stereotypen und Vorurteile bestätigt werden, während Abweichungen vom stereotypen Bild individuell attribuiert werden. Ein historisches Beispiel hierfür ist, daß bei einer Reihe deutscher Schriftsteller der Romantik (etwa Arnim oder Schlegel) gerade Reisen ins Ausland zum Anlaß wurden, in der Abgrenzung gegenüber dem Fremden eine eigene nationale Programmatik zu formulieren und zu präzisieren.[1] Ein rein touristisches Kennenlernen allein, so auch die Erfahrung einer Reihe von Projekten mit rechtsradikalen Jugendlichen, bricht noch keine eingefahrenen Vorurteile auf. Wenn überhaupt, bedarf es dazu gemeinsamer Erfahrungen und Erlebnisse, die ein Zugehörigkeitsgefühl entstehen lassen (so auch der Tenor des Sherifschen Ferienlagerexperiments).

Zum zweiten ist noch einmal darauf zu verweisen, daß Vorurteile vor allem in Situationen virulent werden, die in irgendeiner Weise als konflikthaft erlebt werden. Dies kann die Konkurrenz um knappe Ressourcen ebenso sein wie Statusunsicherheit oder eine Gefährdung der sozialen Identität (in der Regel hängen solche Auslöser ohnehin eng zusammen). Natürlich gibt es pathologische Formen von Fremdenhaß, die auf Sozialisations- oder frühkindliche Probleme zurückzuführen sind. Aber es läßt sich kein Hinweis dafür finden, daß dies für die Mehrzahl der Personen, die fremdenfeindliche Einstellungen haben und gegebenenfalls ein entsprechendes Verhalten an den Tag legen, zutrifft. In wirtschaftlichen und sozialen Krisen wird daher damit zu rechnen sein, daß eine Gruppe konstruiert wird, der gegenüber sich die bedroht fühlende Grup-

1. Vgl. Moßmann 1996, 129f.

pe als überlegen stilisiert und die als Ursache für die eigenen Schwierigkeiten dargestellt wird. In Gesellschaften, für die de facto eine Einwanderungssituation gegeben ist, werden dies häufig Migrantinnen und Migranten sein, wenn sich prinzipiell auch alle anderen Gruppen ebenso für ein Feindbild eignen: die Reichen, die Kapitalisten, die Sozialhilfebetrüger, die Jugendlichen, die Alten, wer auch immer. Damit soll keinem Fatalismus hinsichtlich gesellschaftlicher Ausgrenzungsmechanismen das Wort geredet werden. Im Gegenteil kann dies nur bedeuten, daß der Einsatz für gesellschaftliche Solidarität und Gerechtigkeit die einzige Möglichkeit ist, solche Prozesse wenn nicht zu verhindern, so doch zu mildern.[2] Bei aller Notwendigkeit, fremdenfeindliche Taten entsprechend strafrechtlich zu ahnden, bedeutet dies aber, daß die Ursachen hierfür nicht individualisiert werden dürfen. Vielmehr müssen präventiv gesellschaftliche Ursachen analysiert und bearbeitet werden. Dies gilt für strukturelle Ursachen in gleichem Maße wie für soziale Problemlagen, die einer sozialarbeiterischen Intervention zugänglich sind. In diesem Bereich liegt für die diakonische Tätigkeit der Kirchen ein – gerade im Blick auf Migration – unverzichtbares Arbeitsfeld.

Eng verbunden mit der sozialpsychologischen Analyse von Ausgrenzungsmechanismen ist die der Mechanismen der sozialen Konstruktion von Fremdheit. Die in diesem Zusammenhang zentralen Begriffe sind gegenwärtig noch Ethnizität, Volk und Nation. Es wäre jedoch ein Fehler und Rückfall in alte ontologische Denkmuster, aus der Einsicht in den Konstruktcharakter von Ethnien und Nationen zu folgern, daß eine ideologiekritische Enttarnung dieser Begriffe zu ihrem Verschwinden führen würde. Die Pointe der konstruktivistischen Perspektive auf Ethnizität, so wurde deutlich, ist gerade, daß diese *als* Konstrukt ihre Wirkung entfaltet. Weiterhin konnte gezeigt werden, daß die Beschreibung der Welt und der eigenen Gruppe mit Begriffen wie Nation und Ethnie ein typisch modernes Phänomen ist. Allein die Verweise auf ihre Herkunft im 19. Jahrhundert und auf die Erfordernisse einer internationalen Weltwirtschaft können noch nicht die These von ihrem Absterben oder die Forderung, künftig auf sie zu verzichten, begründen. Kurz: es ist für die weitere ethische Diskussion wichtig zu sehen, daß eine ideologiekritische Betrachtung dieser Phänomene allein das Zentrum des Problems verfehlt.

Grundlegend geht es bei Begriffen wie Ethnie oder Nation um Beschreibungen einer Wir-Gruppe, die sich von anderen abgrenzt oder ausgegrenzt wird. Wenn von der anthropologisch unumstrittenen These ausgegangen wird, daß der Mensch ein soziales Wesen ist, stellt sich

2. Vgl. Rat der EKD und Deutsche Bischofskonferenz 1997a.

automatisch das Anschlußproblem, mit welchen Selbstbeschreibungen soziale Gruppen sich selbst bestimmen und von anderen abgrenzen. Daß es solche Semantiken des »wir und die anderen« geben muß, wenn ein Gruppenzusammenhalt aufrecht erhalten werden soll, ist nicht von der Hand zu weisen. Die Frage kann im Anschluß dann nur sein, welche Semantik ethisch vorzuziehen ist. Anders gesagt: Gibt es alternative Selbstbeschreibungen, die einen weniger polemogenen Charakter haben als Nation und Ethnie?

Ähnliches gilt für den Bereich kulturalistischer Deutungen von Fremdheit. Auch wenn Kultur oder kulturelle Zugehörigkeit ein Konstrukt ist, folgt daraus nicht ihre Irrelevanz für das Selbstverständnis von Gruppen oder Individuen. Allerdings ist auf einen Zusammenhang zu verweisen, der in der Debatte um den Kommunitarismus immer wieder als Argument genannt wurde: Die Vorstellung kultureller Homogenität ist modernen Gesellschaften nicht angemessen. Vielmehr ist davon auszugehen, daß diese Gesellschaften in sich schon »multikulturell« verfaßt sind, also ein breites Spektrum von typischen Verhaltensweisen und -orientierungen umfassen. Dies ist auf den Bereich kirchlicher Gruppen, Gemeinschaften oder Kirchen zu übertragen. Zwar kann davon ausgegangen werden, daß alle diese Einheiten sich auf eine gemeinsame »story« gründen, allerdings unterscheiden sie sich in deren Interpretation und in der spezifischen Ethik, die aus dieser Interpretation erwächst. Selbst wenn man davon ausgeht, daß eine christliche Ethik stets partikularistisch ist, muß doch in diesem Zusammenhang zwischen internen »Universalismen« und partikularen Ausprägungen unterschieden werden. Mit anderen Worten: die Unterscheidung zwischen Partikularismus und Universalismus findet sich sowohl innerhalb als auch außerhalb christlicher Ethik.

Hier ist noch einmal auf die Problematik des Arguments aufmerksam zu machen, daß mit der Universalität christlichen Glaubens und der Kirche eine kritische Distanz zu nationalistischen Grenzziehungen impliziert sei. Dieses Argument kann nur dann überzeugen, wenn von einer Analogie zwischen den Größen Kirche und Nation ausgegangen wird. Dies ist jedoch aus verschiedenen Gründen so nicht möglich. Zwar sind beide Größen als eine Form von distinkten Größen zu beschreiben, aber daß für alle »Wir-Gruppen« gleiche Inklusions- bzw. Exklusionsmechanismen zu gelten hätten, folgt daraus noch nicht. Denn auch für die Kirche stellt sich die Frage nach Zugehörigkeit oder Nichtzugehörigkeit; und diese Frage ist im Verlauf ihrer Geschichte immer wieder Ausgangspunkt theologischer Dispute und entsprechender Selbstbeschreibungen geworden. Für Kirchen gelten nicht keine Inklusionssemantiken, sondern andere als für Nationalstaaten. Und daß ethnische Grenzziehungen für die Kirche keine Rolle spielen, ist darum noch kein Argument dafür, daß dies anderswo auch so zu sein hätte. Selbst wenn man Kirche und Nation als Schöpfungsordnungen ableitete, kann daraus noch nicht eine Gleichartigkeit der Grenzziehungen geschlossen werden. Im Gegenteil! Solange theologisch Kirche und Nation als getrennte Größen verstanden werden, spricht nichts dagegen, daß ihre Zugehörigkeitsmerkmale nach verschiedenen Prinzipien konzipiert sind. Umgekehrt ist es historisch so, daß Kirchen ethnische oder staatliche Grenzziehungen übernommen haben und heute noch übernehmen. Das Argument, daß ethnische Grenzziehungen für die Kirche keine Rolle spielen dürfen, kann bestenfalls auf sie selbst angewendet werden und eine Kritik nationalkirchlicher Organisationsformen begründen. Es gehört zu den nicht kleineren Verfehlungen der Kirchen in der jüngeren Vergangenheit und der Gegenwart, wenn Kirchen und Theologen ethnizistische Grenzziehungen – und deren oft mörderische Folgen – legitimieren oder gar verklären, bzw. nationalistische Ideologien rechtfertigen. Das steht mit dem zuvor Gesagten nur scheinbar in Widerspruch. Im Blick auf Theologie und Kirche liegt der Fehler darin, daß eine Grenzziehung übernommen wird, die der eigenen widerspricht. Denn für die Kirche selbst gilt ja, daß in ihr »nicht Jude noch Grieche, nicht Sklave noch Freier, nicht Mann noch Frau« ist. (Gal 3,28)

Es spricht auch nichts dagegen – und sogar, ich komme gleich darauf zurück, viel dafür – für Alternativen zu ethnischen oder kulturellen Grenzziehungen einzutreten. Die Kirchen haben eigene Erfahrungen mit Differenzen gemacht und können diese in der öffentlichen Diskussion vorbringen. Es gibt gute Gründe gegen Exklusionsmechanismen, die allein anhand ethnischer Kategorien operieren. Anders gesagt: Es geht nicht darum, die Notwendigkeit partikularer Identitäten zu bestreiten. Wenn man diese für notwendig hält, gibt es keine Alternative zu entsprechenden Inklusionssemantiken. Was aber angefragt werden kann und muß, ist, ob es ethisch verantwortbar ist, diese allein entlang nationaler, ethnischer oder kultureller Grenzziehungen zu konstruieren. Vereinfacht gesagt geht es um die Frage nach der Identität solcher – wie auch immer näher bezeichneter – *communities*. Deswegen ist es sinnvoll, hier noch einmal kurz an die im Rahmen der Auseinandersetzung um den Kommunitarismus geäußerten Argumente zu erinnern.

Dort war ja deutlich geworden, daß die schroffe Trennung universaler und partikularer Perspektiven so nicht aufrecht zu halten ist. Gleichwohl sind beide zu unterscheiden und aufeinander zu beziehen. Eine einseitige Option für Universalismus ist ethisch, eine einseitige Option für Partikularismus moralisch blind. Partikularistische Positionen sind insofern im Recht, als Personen in partikularen Kontexten verankert sind und in ihnen ihre Identität entwickeln (Taylor), universalistische, insofern diese Personen gleichsam den Schutz einer moralischen Hülle bedürfen, um in lokalen Gemeinschaften ihre Individualität sichern zu können (Forst).

Bedeutsam wird dies angesichts des Problems, wie unter der Bedingung der Existenz von Nationalstaaten einerseits die Zugangsbedingungen zu den jeweiligen Staaten zu regeln sind und aufgrund welchen Prinzips die Individuen mit dem je eigenen Nationalstaat verbunden sind. Hier stellte sich auf sozialphilosophischer Ebene die Frage der Inklusion und Exklusion im Blick auf Nationalstaaten. Es konnte gezeigt werden, daß gerade das Phänomen der Migration neue Bedingungen schafft, die allein mit kommunitaristischen Mitteln nicht angemessen zu lösen sind. Daher stellen sich ethisch die Fragen, ob es unter den Bedingungen der Migration so etwas wie ein Recht auf Inklusion in nationalstaatliche Gebilde gibt, für welche Gruppen dieses Recht anzusetzen ist und welche Verpflichtungen aus diesem Recht resultieren.

Eine Lösung des Problems der Zugehörigkeit muß davon ausgehen, daß jedem Menschen ein Recht auf Zugehörigkeit zugestanden werden muß. Hier führte Walzers Argumentation weiter, der Mitgliedschaft als soziales Gut faßt, das von einer Gemeinschaft verteilt wird. Mitgliedschaft ist in seinem Sinne nicht nur Voraussetzung für die Bestimmung dessen, was für eine Gemeinschaft als Gut bestimmt wird, sondern ist selbst ein Gut, das verteilt werden muß oder immer schon verteilt ist und auf das Anspruch erhoben werden kann. Es ist also eine Frage der distributiven Gerechtigkeit, wer in eine politische Gemeinschaft aufgenommen und ob und wie eine Beschränkung und Auswahl gerechtfertigt werden kann. Walzer setzt dabei voraus, daß diese Fragen nur aus der Perspektive derer, die bereits Mitglieder einer Gemeinschaft sind, beantwortet werden kann. Die Mitgliedschaftsform in modernen Staaten versteht Walzer in Analogie zu Familien und Vereinen. Mitgliedschaft ist unter modernen Bedingungen für ihn nicht mehr allein eine Frage der Abstammung, sondern auch eine der eigenen Entscheidung. Bezeichnenderweise geht Walzer an einer Stelle über diese Analogie hinaus. Denn Staaten bieten den auf ihrem Gebiet lebenden Personen einen Schutzraum. Aus dieser speziellen Funktion resultiert ein moralischer Anspruch, denen, die dieses Schutzes bedürfen, ihn auch zu gewähren. Aus dem positiven Recht, sich die Mitglieder selbst auszusuchen, kann nicht gefolgert werden, daß Hilfestellung gegenüber solchen Menschen verweigert werden könnte, nur weil diese nicht zum gleichen »Club« gehören. Ähnlich wie im Falle von Flüchtlingen urteilt Walzer hinsichtlich Arbeitsmigrantinnen und -migranten. Wenn ein Staat Arbeitsmigration nicht nur zuläßt, sondern auch fördert, kann den Migrierten das Recht auf Mitgliedschaft nicht vorenthalten werden, weil diese sonst als »Metöken« im Stand der Unfreiheit gehalten würden. »Kein demokratischer Staat kann die Etablierung dauerhafter Statusunterschiede zwischen Bürgern und Fremdlingen zulassen (auch wenn es Übergangsstadien von einer zur andern politischen Identität geben kann). Die in ihm lebenden Personen sind der Autorität dieses Staates entweder unterworfen, oder sie sind es nicht; wenn sie ihr unterworfen sind, dann müssen sie bei dem, was ihre Obrigkeit tut, ein Mitspracherecht und letztlich sogar ein gleiches Mitspracherecht haben.«[3]

Für Walzer ist die Frage der Inklusion also von zwei Prinzipien bestimmt. Zum einen ist von einem Selbstbestimmungsrecht der politischen Gemeinschaft hinsichtlich der Mitgliedschaft auszugehen, zum anderen steht die Frage der Inklusion unter dem Gebot der politischen Gerechtigkeit. Wenn von Gemeinschaften ausgegangen wird, kann in ihnen kein politisches System der Herrschaft der Bürger über Gäste und Fremde etabliert werden. Diese Position trifft sich weitgehend mit Habermas' Position zur Inklusion und Exklusion von Migrantinnen und Migranten. Habermas geht ja, so war zu sehen, von einem explizit politischen Verständnis von Mitgliedschaft aus. Wenn es bei Migration um die Frage des Aufenthaltes in national verfaßten Staaten geht, und diese Staaten im Blick auf politische Teilhabe bestimmt sind, kann auch nicht aus ethnischen oder kulturellen Gründen gegen ein Recht auf Immigration argumentiert werden. Beschränkungen sind nur unter pragmatischen Gründen legitimierbar, etwa um »Belastungen einer Größenordnung zu vermeiden, welche die öffentliche Ordnung oder die ökonomische Reproduktion der Gesellschaft ernstlich gefährden müßte.«[4] Allerdings muß erwartet werden können, daß sich Migrantinnen und Migranten, wenn sie dauerhaft in einem Staat bleiben möchten, sich auf dessen politische und Rechtskultur einlassen müssen, ohne deswegen jedoch ihre kulturellen Lebensformen aufgeben zu müssen.

Die Regelungen der Mitgliedschaft – folgt man Taylor und Habermas – müssen also so ausgelegt sein, daß das Recht der partikularen Gemeinschaften so mit universalen Ansprüchen vermittelt sind, daß zum einen ein Schutzraum für Verfolgte geschaffen werden und zum anderen Partizipation so wohl ermöglicht, aber auch gefordert werden muß.

Aus dem Recht zur Zugehörigkeit kann dabei jedoch keine komplementäre Pflicht zum Teilen einer bestimmten partikularen Lebensform abgeleitet werden. Dies ergibt sich schon allein daraus, daß nationale Ge-

3. Walzer 1983a, 105.
4. Habermas 1991d, 656 f.

meinschaften – wenn man diesen problematischen Begriff an dieser Stelle einmal verwenden kann – nicht mit bestimmten kulturellen Lebensformen zur Deckung zu bringen sind. So richtig die kommunitaristische These ist, daß sich Personsein nur in gemeinsam geteilten Lebensformen entwickeln kann, so unzutreffend ist der kommunitaristische Fehlschluß aus diesem anthropologischen Faktum Schlußfolgerungen hinsichtlich bestimmter Lebensformen abzuleiten. Personen sind zwar in diesen Lebensformen verankert, sie gehen jedoch nicht in diesen auf. Eine Hypostasierung lokaler Kontexte verbietet sich auch schon aus den oben dargestellten theologischen Gründen. Zudem zeigt die neutestamentliche Rede vom Fremdsein (vgl. Kap. III.3.3) deutlich, daß sich christliche Lebensführung gerade aufgrund ihrer Partikularität als Kontrast vollziehen kann gegenüber der kulturellen Prägung der Um- und Mitwelt. Die christliche Lebensführung läßt sich gewissermaßen als Protest verstehen gegenüber kulturellen Prägungen, die die eigene Existenz als fremd inmitten einer eigentlich vertrauten Lebenswelt erscheinen läßt. Es ist davon auszugehen, daß die frühen Christinnen und Christen die Hintergrundüberzeugungen (die *frameworks* im Sinne Taylors) der Mehrheitskultur sehr wohl kannten und verstanden, sie aber trotzdem nicht teilten. Aufgrund dieser eigenen Tradition und Herkunft sollten Christinnen und Christen heute sensibel sein gegenüber Ansprüchen von Mehrheitskulturen gegenüber einzelnen Gruppen und Minderheitskulturen in ihrer Mitte. Das Zusammenleben kann nicht angewiesen sein auf einen maximalen Wertekonsens, sondern kann nur beruhen auf einem Minimalkonsens darüber, was zur gesellschaftlichen Reproduktion unbedingt notwendig ist.[5] Gerade in liberalen Demokratien ist dabei das Bewußtsein wach, daß auch individuelle Ausnahmen möglich sein müssen, um die Integrität von Personen zu gewährleisten (z.B. Art. 4 GG)

Aus der Einsicht, daß Gemeinschaften konstitutiv für die Identitäten für Individuen sind, folgt auch theologisch, daß der Erhaltung und Pflege dieser Gemeinschaften ein besonderer Wert beigemessen werden muß.[6] Dies gilt um so mehr, wenn davon ausgegangen wird, daß auch für Christen und Christen die communio eine zentrale Bedeutung hat und in gemeinsamen Praktiken und Überzeugungen Ausdruck findet. In diesem Zusammenhang wird immer wieder zurecht auf die zentrale Bedeutung

5. In diesem Zusammenhang ist es kein Zufall, daß sich Fundamentalopposition häufig an der Frage des Steuerzahlens festmacht. Die jesuanische Antwort auf die Steuerfrage (Mk 12, 13-17 par.) kann als Paraphrase dieses Minimalkonsenses gelesen werden.
6. So auch Pannenberg 1996, 132f.

von Gottesdienst und Mahlfeier für die christliche Identität verwiesen.[7] Dabei ist vor einer Hypostasierung dieser konstitutiven Gemeinschaften zu warnen, wie sie etwa in der Lehre von den Schöpfungsordnungen auftritt. Gemeinschaften sind historisch wandelbar und kontingent. Und selbst wenn man theologisch von der prinzipiellen Unwandelbarkeit der Kirche ausgehen mag, folgt daraus noch nicht, daß sich diese Unwandelbarkeit auch auf die jeweilige historische und kulturelle Gestalt bezieht.

Gleichzeitig ist deshalb so etwas wie ein »Recht auf Partikularität« festzuhalten. Personen müssen sich von bestimmten und bestimmenden Lebensformen auch distanzieren können. Für das Christentum war – und ist – diese Möglichkeit eine Überlebensbedingung. Christlicher Glaube rechnet damit, daß Menschen sich aus bisherigen Orientierungen lösen und neue finden können. Wie in der Analyse des 1 Petr deutlich geworden ist, kann die Gemeinde dort gerade als Gemeinschaft der Gemeinschaftsfremden verstanden werden; also als eine von Personen, die sich von bisherigen Prägungen, Überzeugungen und Praktiken distanzierten. Dabei muß diesem »Recht auf Eintritt« auch ein »Recht auf Austritt« korrespondieren. Christlicher Glaube beruht in diesem Sinne auf der Möglichkeit, ein Anderer oder eine Andere werden zu können. Darum widerspricht ein Zugehörigkeitszwang dem Selbstverständnis christlichen Glaubens. Wird dieses »Recht ein Anderer zu sein« christlicherseits selbst in Anspruch genommen, kann es anderen nicht vorenthalten werden. Es geht in diesem Sinne nicht um eine abstrakte Gleichheit der Menschen (etwa im Sinne einer rein negativen Freiheit), die von deren jeweiligen Besonderheiten abstrahiert. Vielmehr geht es um einen Zustand, »in dem man ohne Angst verschieden sein kann.«[8]

Allerdings ist dann genauer zu klären, an welche Voraussetzungen Staatsbürgerschaft – und damit Zugehörigkeit – gebunden werden soll. Die *Bereitschaft zur politischen Integration* ist dabei nur der kleinste gemeinsame Nenner. Aus kommunitaristischer Perspektive ist dies jedoch zu wenig. Hinzukommen muß eine Bindung an diese bestimmte Gemeinschaft mit ihren bestimmten Werten und kulturellen Formen. Je voraussetzungsreicher Zugehörigkeit und Mitgliedschaft verstanden werden, desto umfangreicher sind die Erwartungen, die einem potentiellen Mitbürger oder einer Mitbürgerin entgegengebracht werden. Von künftigen Mitgliedern wird dabei mehr erwartet als von aktuellen. Dies folgt daraus, daß die Zugehörigkeit zu einem Staatswesen prinzipiell nicht entzogen

7. Vgl. klassisch Luther 1539 und CA VII, in diesem Jahrhundert etwa Barth KD IV/2 § 67 oder Bonhoeffer 1930, 154 ff.
8. Adorno 1951, 116.

werden darf, also auch dann nicht, wenn bestimmte Voraussetzungen nicht mehr vorliegen.

In diesem Zusammenhang sei noch einmal an Habermas' Argumentation erinnert, daß eine gemeinsame politische Kultur nicht auf einer von allen Bürgerinnen und Bürgern gemeinsam geteilten ethnischen, sprachlichen, kulturellen oder anderen Übereinkunft beruhen muß; daß also moderne Gesellschaften in sich »multikulturell« strukturiert sind, weil von einem gehaltvollen gemeinsamen moralischen Konsens nicht sinnvollerweise ausgegangen werden kann. Deshalb kann legitimerweise nicht mehr vorausgesetzt werden als die Bindung an die bestehende Rechtsordnung, die ohnehin – so Habermas – »ethisch imprägniert« ist und allein schon dadurch die Partikularität und Geschichte eines bestimmten Nationalstaates spiegelt.

Hinsichtlich der Migrantinnen und Migranten selbst bedeutet dies, daß ihnen ein Recht auf kulturelle Besonderheit zuerkannt werden muß. Dies ergibt sich aus der Einsicht in deren besondere Situation, die sich durch die Migration ergibt. Migranten sind nicht nur für die Einwanderungsgesellschaft fremd, sie selbst erfahren ihre Situation als Personen, die in der Fremde sind, und stellen sich mit Hilfe verschiedener Mechanismen auf diese Situation ein. Wobei den Migranten zugestanden werden muß, daß eine wie auch immer verstandene Integration nicht durch eine abrupte Aufgabe kultureller Deutungsmuster (was einer Konversion gleich käme), sondern nur prozeßhaft geschehen kann über die Konstruktion von Zwischenwelten, die alte und neue Orientierungsmuster nebeneinander bestehen lassen können.

Hier stellt sich die Frage nach dem Recht auf kulturelle Zugehörigkeit und nach der besonderen Verpflichtung gegenüber bestehenden kulturellen Gemeinschaften (wobei noch einmal zwischen autochthonen Gruppen und migrierten Gruppen zu unterscheiden ist). So zutreffend mir an dieser Stelle Taylors Argumentation für kulturelle Sonderrechte erscheint, bleibt dennoch anzumerken, daß diese dazu tendieren können, bestimmte kulturelle Entwicklungsformen museal zu konservieren. Statt dessen muß zugestanden werden, daß es beides gibt, Entwicklung und Konstanz in der Geschichte von Kulturen, daß aber nicht eines dem anderen prinzipiell vorzuziehen ist. Veränderung muß möglich sein und dies setzt voraus, daß Lern- und Adaptionsmöglichkeiten zumindest nicht ausgeschlossen werden. Zudem steht kulturelle Zugehörigkeit nicht per se der Integration in eine politische Gemeinschaft entgegen.

Als Ergebnis dieser Diskussionen kann formuliert werden, daß kommunitäre Identität (sei diese stärker kulturell, ethnisch, national oder anderweitig bestimmt) den universalen Horizont von Zugehörigkeitsrechten zur Voraussetzung hat, daß also die Anerkennung als Angehöriger oder Angehörige einer bestimmten kulturellen, ethnischen oder nationalen Gemeinschaft das Recht auf Zugehörigkeit voraussetzt. Geht man hiervon aus, folgen daraus Ansprüche auf politische Teilhabe für die, die aufgrund von Migrationen in anderen Staaten aufgenommen wurden. Obwohl gleichzeitig kulturelle Zugehörigkeit als schützenswertes Gut zu achten ist, sind dennoch monokulturelle Vorstellungen von Nationalstaaten für moderne Gesellschaften der Gegenwart obsolet. Ein Recht auf Zugehörigkeit kann auf der einen Seite also nicht voraussetzungslos postuliert werden, auf der anderen Seite jedoch kann es nicht denen mit guten Gründen vorenthalten werden, die faktisch innerhalb bestimmter Gesellschaften leben. In einer faktischen Einwanderungssituation ist es ethisch nicht zu rechtfertigen, den migrierten Menschen die gleichen Mitgliedschafts- und Teilhaberechte wie den anderen Bürgerinnen und Bürgern nicht zuzuerkennen. Allerdings ist damit noch nichts darüber ausgesagt, wie künftig mit Migration umzugehen ist, also ob und inwieweit künftige Einwanderung gewünscht und gestaltet wird. Ich komme weiter unten hierauf noch zurück.

Wie stellt sich nun *theologische Ethik* zum Recht der Staaten, ihre Grenzen, hier vor allem hinsichtlich der Mitgliedschaft, zu ziehen? In Kapitel III.2 dieser Untersuchung habe ich eine Reihe theologisch-ethischer Ansätze daraufhin untersucht und rekonstruiert, wie von ihnen ausgehend das Verhältnis von christlicher Partikularität (als einer Gemeinschaft neben anderen) gegenüber universalen Ansprüchen und den Ansprüchen anderer partikularer Gruppen zu bestimmen ist. Dort hatte ich im Ergebnis das Hubersche Konzept der öffentlichen Kirche und Theologie übernommen. Dieses ermöglicht über die Begriffe von Kirche und Öffentlichkeit, sowohl eine spezifische christliche Sichtweise auf das Problemfeld zu entwickeln, als auch gleichzeitig als öffentliche Theologie trotzdem – zwar als partikulare Position – den Anspruch auf universale Relevanz zu erheben. Wenn dies die angemessene Art und Weise ist, auf die Ausgangsproblematik einzugehen, muß dann gefragt werden, welche Überlieferungen aus der christlichen Tradition für die Formulierung einer christlichen Position zu Inklusion und Exklusion herangezogen werden kann und welche kirchliche Praxis in diesem Zusammenhang notwendig ist. Ohne dabei – wie Hauerwas – die schroffe Trennung zwischen Kirche und Staat zu postulieren, heißt dies aber, daß Kirche und Theologie in ihren Äußerungen und Handlungen als Gegenüber zu staatlichem Handeln und staatlichem Selbstverständnis auftreten können. Im Blick auf das Flüchtlingsproblem formuliert Link dies zutreffend folgendermaßen: »Und sie [scil. die Kirche] kann auch das nur tun, wenn sie dabei von ihrer eigenen Existenz ausgeht, wenn sie also dem Staat durch ihre eigene Existenz – durch die Art und Weise, wie sie selbst mit dem Problem der Flüchtlinge und mit den Sorgen und Befürchtungen der Bevölkerung umgeht – das *Evangelium* verkündigt.«[9]

Die Analyse der jüdisch-christlichen Tradition lieferte dann Hinweise darauf, an welchen Gesichtspunkten sich diese Praxis orientieren muß, wenn sie konsistent bleiben will. Hier sind mir vor allem drei Aspekte wichtig. *Erstens* konnte in der Analyse sowohl der alt- wie auch neutestamentlichen Textbefunde gezeigt werden, daß hier Inklusions- bzw. Exklusionsmechanismen durchgängig über religiöse Semantiken konstruiert wurden. Damit zeigte sich, daß jüdische und christliche Religion nicht über keine Exklusionsmechanismen verfügt, sondern über andere als die gesellschaftliche Umwelt. Insofern taugt der Verweis auf die Tradition allein nicht, Alternativen für den staatlichen Umgang mit Exklusion und Inklusion aufzuzeigen. Statt dessen ist zu sehen, daß es sich hier um ein spezifisch politisches Problem handelt, das allerdings das Selbstverständnis der Nation in besonderer Weise berührt. Hier allerdings hat die Kirche als Größe innerhalb der Gesellschaft sowohl Anspruch auf Gehör als auch den Auftrag zur öffentlichen Stellungnahme. Dabei sollte sie jedoch vorsichtig sein, vorschnell eine »hospitality to the stranger« zu fordern, während sie selbst andere Exklusionsmechanismen praktiziert; gleichzeitig muß sich die eigene Praxis an genau diesem Anspruch messen lassen.

Theologische Ethik hat in diesem Zusammenhang zu reflektieren, daß eine Grenzbestimmung für soziale Gebilde zu deren Voraussetzungen gehören. Schließlich führt eine kritische Betrachtung der eigenen Exklusionsmechanismen zu der Frage, wie innerkirchlich mit diesen umgegangen wird. Bekenntnisse, die in der Regel entsprechende Semantiken kodifizieren, ziehen Grenzen nicht nur zwischen Kirche und allen anderen (»Heiden«), sondern ebenso zwischen Kirche und Kirche. Das heißt: Die christliche Ökumene ist das ureigene Feld der Kirche, in dem sie ihre Erfahrungen mit Inklusion und Exklusion aufarbeiten und Wege zur Überwindung der Unterschiede finden oder zumindest eine Form des Zusammenlebens erproben kann, in der Kirchen trotz ihrer partikularen Bestimmungen nicht nur miteinander koexistieren, sondern sich wechselseitig als besondere Ausprägungen des einen gemeinsamen Bekenntnisses anerkennen können. Die ökumenische Erfahrung ist dann der spezifisch kirchliche Beitrag für einen Umgang mit der Partikularität unterschiedlicher Gemeinschaften. An den Erfolgen und Mißerfolgen des ökumenischen Diskurses kann Kirche selbst lernen, mit Differenzen umzuge-

9. Link 1993, 71.

hen, aber auch diese Lernerfahrungen exemplarisch für andere Verständigungsprozesse bereitzustellen. Gleichzeitig mahnen die Mißerfolge in der ökumenischen Verständigung die Kirche, daß ihre Universalität (Katholizität) zwar Anspruch, aber noch nicht Realität ist.

Dies ist insofern präzisierungsbedürftig, als angegeben werden muß, welche Unterschiede im ökumenischen Kontext einen Unterschied machen (dürfen) und welche nicht. Vor dem Hintergrund der christlichen *story* ist eindeutig, daß im Bereich der Kirche ethnische, nationale, kulturelle, sprachliche und politische, aber auch sexuelle, soziale und Bildungsunterschiede keine Rolle spielen dürfen. Problematischer ist es jedoch zu bestimmen, welche Unterschiede auf der Basis eines gemeinsamen Bekenntnisses anerkannt werden müssen und welche nicht. Allerdings darf die Programmformel der »versöhnten Verschiedenheit« nicht darüber hinwegtäuschen, daß es Beispiele sowohl für gelungene als auch mißlungene Bemühungen um wechselseitige Anerkennung in der Verschiedenheit gibt. Auch die Kirchengeschichte ist ein Feld für den »Kampf um Anerkennung« (Honneth). Dieser ist nicht einfach durch Programmformeln zu verdecken. Denn in der jeweiligen Situation steht jeweils zur Debatte, wie z.B. postulierte Gemeinsamkeiten zu interpretieren sind. Gegenstand der Debatte sind ja nur zu oft unterschiedliche Interpretationen von mehr oder minder identisch gesehenen Grundlagen (seien es nun das Abendmahl, die Rechtfertigungslehre, das Schrift- oder das Amtsverständnis). Es ist also der Diskurs über die Frage, welche Unterschiede tatsächlich Unterschiede begründen, selbst, der das Kennzeichen ökumenischer Praxis ausmacht. Was die Kirche vor vielen staatlichen Gemeinschaften auszeichnet, ist deshalb, daß ein entsprechender Diskurs auch öffentlich und kontrovers geführt wird. Dogmatische Borniertheiten wären hier das funktionale Äquivalent zu ethnischen Borniertheiten. Die Kunst in den jeweiligen Konflikten wäre, sich inhaltlich positionieren zu können (unterscheidbar zu sein), ohne diese Position zu petrifizieren. Das wird dann besonders schwierig, wenn bestimmte Positionen eng an die eigene Identität gekoppelt sind. Denn dann ist es die Frage, inwieweit man bereit ist, sich auf die Veränderung der eigenen Identität einzulassen (also zu lernen) oder nicht. In diesem Sinne ist eine funktionierende Ökumene eine lernfähige und lernbereite Ökumene, die sich durch Verschiedenheiten nicht verunsichern läßt, sondern sie als Chance begreift, zu wachsen und zu reifen.

Zweitens war vor allem in der Analyse der jüdischen Tradition festzustellen, daß dem eigenen Selbstverständnis ein Eintreten für marginalisierte Gruppen innerhalb der Gesellschaft entspricht; zu diesen Gruppen gehören auch die *gerim*. Es ist an dieser Stelle nicht einmal wichtig, ob die *gerim* als im ethnischen Sinne Fremde zu verstehen sind oder als sozial entwurzelte Gruppe unbestimmter Herkunft. Denn nicht deren ethnische Herkunft, sondern deren soziale Lage motiviert die Aufforderung, sie zu schützen und der Fürsorge der Mehrheit anzubefehlen. Die Fürsorgepflicht wird so oder so nicht ethnisch, sondern durch die benachteiligte Lage begründet. Wenn sich christliche Identität heute in dieser Tradition verortet, stellt sich nicht die Frage, ob die Fremden als Fremde der Solidarität und diakonischen Hilfe bedürfen. Damit würde nur einfach die ethnizistische Exklusionssemantik übernommen. Vielmehr stellt sich die Frage, ob durch Migration soziale Benachteiligungen entstanden sind und noch entstehen, auf die christliche Praxis sich beziehen muß. Wenn dies der Fall ist, ergibt sich die Motivation diakonischer Tätigkeit nicht aus dem Migranten-Sein der Migranten, sondern aus der jeweiligen sozialen und persönlichen Situation. Entsprechend muß diakonische Praxis auf unterschiedliche Problemlagen unterschiedlich reagieren.

In der Diskussion neutestamentlicher Tradition wurde schließlich *drittens* deutlich, daß christliche Identität selbst auf einer Fremdheitserfahrung basiert. In den entsprechenden Texten wird die christliche Existenz mit der Metapher der Fremde gedeutet. Dabei hat die Metapher realen Anhalt an der konkreten Situation. Durch ihren besonderen Lebensstil, der Ausdruck der neuen Identität als Christinnen und Christen in Jesus Christus ist, ist die christliche Gemeinde in der antiken Gesellschaft zunächst sozial und religiös desintegriert. Auch wenn sich die Situation zumindest in unserer Gesellschaft deutlich von dieser Erfahrung unterscheidet, kann jedenfalls festgehalten werden, daß christliche Existenz sich in Analogie und Differenz zur Gesellschaft definieren muß, wenn eine eigene besondere Identität aufrechterhalten werden soll. Aus dieser Einsicht in die Begründung der eigenen Identität erwächst ethisch die Forderung, anderen entsprechendes zuzugestehen. Aus der Einsicht in die eigene besondere Identität folgt die Anerkennung der besonderen Identität anderer Gruppen. Dies gilt um so mehr, wenn die Gesellschaft, in der die Kirche lebt, in großen Teilen von ihr und ihrer Tradition bestimmt ist. Aufgrund der eigenen Erfahrung muß daher betont werden, daß das Recht, verschieden zu sein, jeder anderen Person und jeder anderen Gruppe erst einmal zugestanden werden muß. Wobei – zumindest im Blick auf Migrantinnen und Migranten in einer Gesellschaft – auch deutlich ist, daß dieses Recht, verschieden zu sein, dort an seine Grenzen stößt, wo legitime Ansprüche anderer geschützt werden müssen. Ein differenzierter Zugang zum Phänomen von Universalismus und Partikularismus steht darum vor der Aufgabe, sowohl identitätskonstitutive Gemeinschaften zu schützen und zu pflegen, als auch die Möglichkeit offen zu halten, daß Personen sich von diesen Bindungen distanzieren und insofern als andere ihre Partikularität leben können. Zusammengefaßt werden kann dies in der Vorstellung, vom Recht, ein Anderer, also ohne Angst verschieden sein zu können.

Sensibilität für Grenzziehungsprozesse, das Eintreten für Benachteiligte und das Recht, verschieden sein zu dürfen, können also hinsichtlich des Umgangs mit Fremden als die wesentlichen Punkte christlicher Identität und Praxis festgehalten werden. Angesichts der aktuellen Situation muß dann allerdings konkret gefragt werden, was dies im einzelnen bedeutet. Deswegen muß auf den ersten Teil dieser Untersuchung verwiesen werden, in dem ich versuchte, ein möglichst präzises Bild der aktuellen Situation zu zeichnen.

Dort wurde gezeigt, daß das Problem der Migration nur in einer welthistorischen und weltumspannenden Perspektive angemessen thematisiert werden kann. Die Faktoren, die Migration entstehen lassen, sind nicht allein in einer Region zu lokalisieren. Anders gesagt: Es geht um die Mobilität der Weltgesellschaft in einer Situation, in der nationale Partikularismen auf politischer Ebene immer noch Bestand haben. Dies bedeutet allerdings, daß eine – wie auch immer verstandene – Lösung des Migrationsproblems nicht allein aus binnennationaler Perspektive angestrebt werden kann. Migration ist in erster Linie ein Weltordnungsproblem. In dieser Hinsicht ist eine Ethik der Migration angewiesen auf eine Ethik der Weltwirtschaftsordnung ebenso wie der weltpolitischen Entwicklung. Eine solche ist aber bislang immer noch ein Desiderat nicht allein theogisch-ethischer Forschung. Ergänzend muß jedoch darauf verwiesen werden, daß Migrationsursachen nicht allein und in jedem Fall auf wirtschaftliche Faktoren zurückgeführt werden können. Dies zeigt sich vor allem an den sich an ethnischen Unterscheidungen entzündenden Konflikten wie etwa in den Ländern des ehemaligen Jugoslawien, aber auch bei manchen Konflikten in Afrika. So sehr es dort auch um Verteilungskämpfe gehen mag, die Auseinandersetzungen allein darauf zu reduzieren, würde der Komplexität der Ursachen nicht gerecht.

Für die aktuelle Situation in Deutschland stellt sich die Frage, wie mit der faktisch gegebenen Einwanderungssituation umzugehen ist. Dies beinhaltet zum einen rechtlich-politische Fragen wie Aufenthaltsrechte oder Staatsangehörigkeit, zum anderen normative Fragen wie die nach dem Zusammenleben von Menschen mit unterschiedlicher nationaler Herkunft und kultureller Prägung. Die Debatte um die »multikulturelle Gesellschaft« muß also an dieser Stelle geführt und auf ihre normative Komponente hin zugespitzt werden.

Schließlich stellt sich die Frage nach dem öffentlich-politischen Umgang mit Migration, sei es im Bereich der Arbeitsmigration oder der Flüchtlinge. Wie auch immer man im konkreten Bereich des Asylrechts urteilen mag, bleibt doch die Forderung im Raum, eine eigenständige Migrationspolitik zu entwerfen, die sich nicht allein darauf zurückzieht, die Belange der hier lebenden Ausländer zu regulieren, sondern darüber hinaus sowohl international zur Lösung des Weltordnungsproblems beiträgt, als auch Ansätze einer Einwanderungspolitik entwickelt.

Im rechtlichen und politischen Bereich bedarf es dazu einer Reflexion der Begriffe Volk und Staat, denn je nach Interpretation dieser Größen ist die Ausgestaltung des Staatsangehörigkeitsrechts zu bewerten. Im Bereich des Asylrechts ist zu fragen, welche Konsequenzen sich aus einer menschenrechtlichen Begründung des Asylrechts ergeben im Blick auf die konkrete Ausgestaltung von Asylverfahren und Aufenthalt während dieses Verfahrens. Nicht strittig ist meines Erachtens, daß das Asylrecht beschränkt bleiben muß auf Verfolgte, soll es nicht in seinem Kernbestand ausgehöhlt werden. Allerdings ist in diesem Zusammenhang zu fragen, ob der im deutschen Recht zugrundegelegte Verfolgungsbegriff hinsichtlich tatsächlicher Verfolgungssituationen so aufrecht erhalten werden kann. Ich komme weiter unten darauf zurück.

Im entsprechenden Abschnitt (I.2.3) konnte gezeigt werden, daß das Migrationsproblem in erster Linie ein soziales Problem ist. Dies verweist über die bereits angesprochenen migrationsethische Thematik hinaus auf Fragen der Wirtschaftsethik bzw. Sozialpolitik und deren ethische Reflexion. Stichworte hier wären die Fragen nach Gerechtigkeit, Solidarität und einer »Option für die Armen« ebenso wie die Auseinandersetzung über eine Erneuerung der Systeme sozialer Sicherung im Sinne eines Wohlfahrtspluralismus gegenüber einem Abbau dieser Systeme im Namen liberalistischer Wirtschaftstheorie.

Aus dieser Problemskizze ergeben sich meines Erachtens fünf Themenbereiche, auf die eine Ethik im Kontext von Migration reagieren muß und für deren Lösung sie diskutieren muß. Im einzelnen sind dies die Bereiche: globale Migrationsursachen und -folgen (1), Fragen des Umgangs mit dem Asylrecht (2) durch Einwanderung hier entstehende Probleme (3), Fragen des Umgangs mit sozialen Problemen, die aus der Migration resultieren (4) und des Zusammenlebens von Menschen unterschiedlicher kultureller Prägung (5). Selbstverständlich sind diese Bereiche miteinander verknüpft, sie sind wechselseitig voneinander abhängig. Trotzdem sollen sie erst einmal je einzeln diskutiert werden, um einen Überblick über mögliche Lösungen zu erhalten.

(1)[tab]Ich habe bereits mehrfach darauf verwiesen, daß Migrationsprobleme »Weltordnungsprobleme« sind. Das heißt, Ursachen für Migration sind auf der einen Seite Bedingungen der Ungleichheit in globalem Maßstab und auf der anderen die Organisationsformen internationaler Koexistenz.

In der Übersicht über soziologische Migrationstheorien wurde die Unterscheidung zwischen push- und pull-Faktoren vorgestellt. Unabhängig davon, ob man eher mikro- oder makrosoziologische Erklärungsmuster präferiert, heißt dies, daß konkrete Ursachen Migrationsentscheidungen auslösen. In der Mehrzahl sind dies im weitesten Sinne ökonomische Faktoren, die eine Ungleichheit von Lebensbedingungen nach sich ziehen. Dies betrifft noch nicht einmal die krassesten Formen von Armut. Menschen, deren Überleben durch Unterernährung und Hunger gefährdet ist, gehören in der Regel nicht zu denen, die migrieren, vor allem, weil ihnen selbst hierfür die Mittel fehlen. Migrantinnen und Migranten, die aus ökonomischen Motiven ihre Entscheidung treffen, sind im Durchschnitt eher jung, oft auch beruflich qualifiziert. Sie hoffen, in den Zielländern ökonomische Bedingungen zu finden, die ihnen und denen, die von ihrer Arbeitskraft abhängig sind, ein angemessenes Auskommen gewährleisten können. Dabei spielen zwei Faktoren eine Rolle: zum einen die Möglichkeit, überhaupt einen Arbeitsplatz zu finden, zum anderen das Lohngefälle zwischen reicheren und ärmeren Ländern. Diese Motivlage spielte bei der Arbeitsmigration und der Auswanderung aus Deutschland im 19. Jahrhundert ebenso eine Rolle, wie bei der Arbeitsmigration nach Deutschland in den sechziger und siebziger Jahren. Im globalen Maßstab gilt dies gegenwärtig noch immer, wenn auch die Zielländer der Arbeitsmigration zunehmend im asiatischen Raum liegen.[10] Hinzu kommt, daß die Unzufriedenheit mit der politischen Situation häufig ein zusätzlicher Motivationsfaktor ist.

Solange Ungleichheit zu den Bedingungen und Folgen der Weltwirtschaft gehört, wird Arbeitsmigration zum Erscheinungsbild der Gesellschaften gehören. Hinzu kommt, daß die Arbeitsmigration für die Volkswirtschaften der Zielländer vorteilhaft ist. Unter den gegenwärtigen weltweiten Bedingungen wirtschaftlicher Produktion ist Arbeitsmigration nicht ein Ausnahmefall, sondern die Regel. Will man diese Form der Migration verhindern, gibt es keine Alternative zur Angleichung der globalen wirtschaftlichen Bedingungen, will man an diesen Verhältnissen nichts oder nur wenig ändern, bleibt keine andere Möglichkeit, als Migration als normales Faktum zu akzeptieren. Dann aber entspräche es dem Selbstverständnis demokratischer Staaten, entsprechende Rahmenbedingungen zu schaffen, damit die eigenen politischen und humanitären Stan-

10. Vgl. Körner 1990.

dards auch für Arbeitsmigrantinnen und -migranten gelten. Es ist eine extreme Verkennung der Realität, weltwirtschaftliche Ungleichheitsbedingungen hinzunehmen und gleichzeitig Migration verhindern zu wollen.

Aus theologischer Perspektive ist die Beibehaltung des weltwirtschaftlichen status quo keine mögliche Alternative. Wenn theologische Ethik an einer Option für die Armen festhalten will,[11] kann dies nur heißen, für eine Beseitigung der Ungleichheit einzutreten. Entsprechend bezieht sich das Wort des Rates der EKD und der deutschen Bischofskonferenz zur wirtschaftlichen und sozialen Lage in Deutschland auf die Option für die Armen und fordert entsprechende Schritte zur Überwindung wirtschaftlicher Ungleichheit.[12] Es ist weder sinnvoll noch möglich, hier im einzelnen auszuführen, was dieses konkret bedeutet. Trotzdem muß festgehalten werden, daß die beiden Problembereiche ökonomische Ungleichheit und Migration so eng miteinander verflochten sind, daß eine Lösung beide Bereiche umfassen muß.

Allerdings muß hier vor Vereinfachungen gewarnt werden. Würde die Art und Weise der Produktion und des Konsums der Industriestaaten (deren Reichtum mittlerweile ja nicht mehr in erster Linie von deren industrieller Leistungskraft abhängt) weltweit zum Standard werden, würden die ökologischen Folgen sehr schnell zur ökologischen Katastrophe führen. Diese Einsicht ist nur auf den ersten Blick trivial. Denn sie kann sehr schnell zum Argument dafür werden, die benachteiligten Regionen der Welt in ihrer Situation zu belassen. Andererseits ist das Eintreten der Industriestaaten für nachhaltigere Formen des Wirtschaftens unglaubwürdig, solange sie selbst den Großteil der natürlichen Ressourcen verbrauchen. Deswegen greift die Position des Wortes der deutschen Kirchen zu kurz, wenn allein gefordert wird, daß Industriestaaten wie Deutschland »Modelle zukunftsorientierten Wirtschaftens anbieten und durch ihr außenwirtschaftliches Verhalten stützen.«[13]

Ebenso ist es – ich habe dies bereits mehrfach angesprochen – unzureichend, Migrationsursachen allein an wirtschaftlichen Ungleichheiten festzumachen. Neben den wirtschaftlichen (zu denen ich hier auch ökologische wie Versteppung etc. rechne) bilden gegenwärtig politische Faktoren die Hauptursachen der weltweiten Migration. Ethnische Konflikte führen gegenwärtig zu Fluchtbewegungen, deren Auswirkungen hierzulande zu spüren sind. Gerade hier sollten die europäischen Nationen mit mora-

11. Grundlegend hierfür Bedford-Strohm 1993.
12. Rat der EKD und Deutsche Bischofskonferenz 1997a, 93 ff.
13. Rat der EKD und Deutsche Bischofskonferenz 1997a, 94.

lischen Urteilen vorsichtig sein, da die weltweit größten kriegerischen Auseinandersetzungen in diesem Jahrhundert hier ihren Ausgang nahmen und – zwar nicht allein – in nationalistischen Ursachen gründeten. Selbst wenn, was ja noch offen ist, die Entwicklung in Europa zu einem föderalistischen System tendiert, ist damit noch nicht die Ablösung nationalistischer, ethnizistischer oder kulturalistischer Positionen impliziert. Auch ein vereintes föderales Europa kann eine »nationalistische« oder kulturalistische Ab- und Ausgrenzungspolitik praktizieren. Dabei ist es einerlei, ob Europa zum Staatenbund oder Bundesstaat tendiert. Beides ist durchaus kompatibel mit einem Weltsystem, das auf der nationalstaatlichen Idee basiert. Die Frage wird sein, um welche Begriffe sich eine zukünftige europäische Identität konstituiert.

Es ist schwer auszumachen, für welche Option sich eine theologische Ethik hier aussprechen sollte. Gemeinschaften, auch politische Gemeinschaften, benötigen eine gemeinsame Identität und entsprechende Grenzziehungen. Es ist nicht zu sehen, daß ein abstrakter Universalismus hierfür ein Ersatz sein könnte. Auch die Universalität der Kirche bildet hier kein Alternativmodell. Denn diese Universalität beruht auf dem gemeinsamen Bezug zu einer – wie auch immer – gemeinsam geteilten *story*. Die »anderen« sind hier diejenigen, die diese Basis nicht teilen wollen oder können. Allerdings ist damit ein negatives Kriterium angesprochen. Die Kirche ist eine unglaubwürdige Zeugin für grenzüberschreitende Verständigungsprozesse und eine Überwindung ethnischer Grenzen, solange sie nicht selbst Ökumenizität glaubwürdig lebt.[14] Ebenso wäre es fatal, würde die Kirche die Konstruktion eines neuen Gegensatzes zwischen westlicher christlicher und islamischer Kultur legitimieren helfen.[15] Abgesehen davon, daß »die« christliche Kultur in sich genauso heterogen ist wie »die« islamische, ist schon historisch die Gleichsetzung von westlich und christlich so nicht haltbar. Das, was die westliche Form des Universalismus und der Demokratie, die hier gemeint ist, ausmacht, hat sich häufig genug gegen den erbitterten Widerstand der Kirchen erst durchsetzen müssen. Daß sich die Kirchen mit den Grundlagen von Demokratie und Menschenrechten arrangiert haben, ist ein Produkt des 20. Jahrhunderts. Und dies gilt unbeschadet der Tatsache, daß christliche Motive in die Entwicklung beider Konzepte eingegangen sind. Nur solange Kirche bereit und in der Lage ist, den ökumenischen und interreligiösen Dialog zu führen, kann sie glaubwürdig für eine Überwindung nationaler

14. So auch die Argumentation von W. Huber 1992b : 121 im Blick auf Multikulturalität.
15. Einschlägig hierfür Huntington 1996.

oder ethnischer Grenzziehungen eintreten. Solange verschieden Frömmigkeitsstile, Anbetungsformen, aber auch Differenzen in den Bekenntnisformen einer glaubwürdigen Ökumene im Weg stehen, sind die Versuche ökumenischer Verständigung ein schlechtes Vorbild. Ich argumentiere hier nicht für eine Einebnung der Differenzen oder eine Leugnung der Wichtigkeit einer eigenen partikularen kirchlichen Identität. Ökumene kann jedoch meines Erachtens nur heißen, daß es eine Gemeinschaft in der und durch die Anerkennung pluraler Glaubensformen gehen kann. Im konkreten heißt das etwa, daß ohne eine Mahlgemeinschaft der Kirchen von einer ökumenischen Anerkennung der Differenzen nicht gesprochen werden kann.

(2) Daß die gegenwärtige Asylpraxis in Deutschland vom Standpunkt einer christlichen Ethik als unzureichend zu kennzeichnen ist, kann an dieser Stelle schon als Konsens festgestellt werden.[16] Die Kritik richtet sich vor allem gegen die Einschränkung des Asylgrundrechts durch das Konzept der sicheren Drittstaaten, durch das die Möglichkeit, in Deutschland einen Asylantrag zu stellen, bzw. überhaupt zu einem Asylverfahren zu kommen, radikal beschnitten ist. Darüber hinaus werden Probleme im Asylverfahren angesprochen sowie die Auswirkungen des Asylbewerberleistungsgesetz auf hier lebende Flüchtlinge.

Die Problematik des neuen Art. 16a GG liegt meines Erachtens schon darin, daß vom Gesetzgeber zwei Bereiche unzulässig in Verbindung gebracht werden. Die Neuregelung soll dazu dienen, eine politisch nicht gewünschte Zuwanderung nach Deutschland zu begrenzen. Richtig hierbei ist, daß das Asylrecht in der Tat kein Instrument der Einwanderungspolitik sein kann und sein darf. Das sogenannte Asylproblem entstand ja unter anderem dadurch, daß das Asylverfahren aufgrund der restriktiven Ausländerpolitik die fast einzige Möglichkeit war, legal einreisen zu können, und unter Umständen ein – sei es nur zeitlich befristetes – Aufenthaltsrecht zu erhalten. Zwar wurde durch die Neuregelung das Ziel, Zuwanderung zu begrenzen, bis zu einem gewissen Grad erreicht, jedoch mit dem Effekt, daß der Kernbestand des Asylrechts ausgehöhlt wurde. Denn mittlerweile geht es nicht mehr allein um den Tatbestand der politischen Verfolgung, sondern darüber hinaus um die Frage nach Einreisewegen und Zwischenaufenthalten mit der Folge, daß politisch Verfolgte häufig gar nicht erst die Möglichkeit erhalten, als Asylberechtigte anerkannt zu

16. Ich verweise nur auf die kirchlichen Stellungnahmen und auf die einschlägigen Untersuchungen von Tremmel 1992, W. Huber 1996b, 389 ff., Reuter 1994, Rethmann 1996, 294 ff.

werden. Eine Nebenfolge davon ist, daß die Zahl der illegal Einreisenden seit der Neuregelung immens angestiegen ist.

Hinzu kommt, daß das Asylrecht – wie das internationale Flüchtlingsrecht insgesamt – der gegenwärtigen Flüchtlingssituation kaum mehr angemessen ist. Das Kernproblem ist, daß dieses Recht als Individualrecht ausgelegt und auf den »klassischen« politischen Verfolgten zugeschnitten ist, während zunehmend Verfolgungssituationen zu beobachten sind, bei denen nicht konkrete Einzelne, sondern spezifische Gruppen aus unterschiedlichen Gründen verfolgt werden. Bei einer Verfolgung wegen ethnischer Zuschreibungen etwa läßt sich die Verfolgung kaum mehr auf konkrete Einzelpersonen beziehen, vielmehr werden Menschen fast zufällig Opfer von Verfolgungen, ohne zuvor als Individuen konkreten Repressalien ausgesetzt gewesen zu sein. Für entsprechende Flüchtlinge ist es deshalb meist nicht möglich nachzuweisen, daß sie persönlich aus politischen Gründen verfolgt werden, weil der Verfolgungsgrund nicht auf das konkrete Individuum abzielt, sondern auf seine Zugehörigkeit zu einer bestimmten Gruppe. Dies gilt in gleicher Weise für geschlechtsspezifische Verfolgung oder Verfolgung aus religiösen Gründen. Gegenwärtig sieht es so aus, daß aufgrund dieses Begriffs der Verfolgung Asylanträge abgelehnt werden, gleichzeitig aber Abschiebungsschutz besteht. Dies führt dazu, daß an ihrem Leben bedrohte Menschen in einer ungesicherten Situation und unter Bedingungen leben müssen, die durch Restriktionen hinsichtlich der finanziellen und sozialen Unterstützung, der Freizügigkeit und der Möglichkeit zu arbeiten geprägt sind. Eine Modifikation des Begriffs der politischen Verfolgung wäre daher meines Erachtens ethisch geboten.

Damit habe ich die Einschränkungen bereits angesprochen, die für Asylbewerberinnen und -bewerber und andere Flüchtlinge gelten. Ich will an dieser Stelle nur einige Problembereiche benennen.[17] Die Unterbringung von Flüchtlingen in Gemeinschaftsunterkünften entspricht vielfach nicht gängigen humanitären Standards.[18] Dies gilt für die Wohnsituation im engeren Sinne, aber auch für Gemeinschaftsverpflegung, sanitäre Standards, Privatsphäre, Beschäftigungsmöglichkeiten und so weiter. Hier wird vom Gesetzgeber die Intention, potentielle Asylbewerber abzuschrecken, höher bewertet als ein dem hiesigen Niveau entsprechendes menschenwürdiges Unterkommen. Dies ist so nicht hinnehmbar. Glei-

17. Insgesamt verweise ich noch einmal auf die Berichte der Kommission der EKD für Ausländerfragen und ethnische Minderheiten: Kirchenamt der EKD (Hg.) 1994 und 1995.
18. Vgl. Wurzbacher 1997, 54 ff.

ches gilt für die für Flüchtlinge vorgesehenen Sozialleistungen. Durch die Abkoppelung des Asylbewerberleistungsgesetzes von der deutschen Sozialgesetzgebung können die dortigen Regelungen rechtlich unbedenklich unterlaufen werden. Das, was als lebensnotwendig erachtet wird, wird darum nicht mehr am normativen Begriff der Menschenwürde, sondern an politischer Opportunität festgemacht. Es ist vollkommen unverständlich, wie deutsche Politiker immer noch behaupten können, daß Asylsuchende und Flüchtlinge üppige Sozialleistungen erhalten, während diese auf die notwendigste Versorgung mit Nahrung und Kleidung sowie ein Taschengeld reduziert ist; selbst notwendige medizinische Hilfen werden Flüchtlingen oft vorenthalten. Es darf meines Erachtens nicht akzeptiert werden, daß so für Deutsche und hier lebende Migrantinnen und Migranten ein anderer Maßstab für ein menschenwürdiges Leben herangezogen wird. Nicht zuletzt widersprechen pragmatische Gründe dieser Praxis. Es wurde von den Wohlfahrtsverbänden immer wieder darauf hingewiesen, daß Unterbringung und Verpflegung der Flüchtlinge nach dem jetzigen Maßstab teurer ist als die Zahlung von Geldmitteln. Schließlich führt die Insulation zu Aggression und dann manchmal zu Gewaltbereitschaft auf beiden Seiten, bei Flüchtlingen und häufig auch bei Anwohnern. Aufenthaltsbeschränkung und mangelnde finanzielle Mittel schließlich führen zu einer asylspezifischen Kleinkriminalität.

Erfahrungen mit Kirchenasyl lehren, daß die Anhörungs- und Entscheidungspraxis des Bundesamtes, das für die Anträge zuständig ist, nicht immer rechtsstaatlichen Anforderungen genügt. Darauf verweist auch, daß die Verwaltungsgerichte in nicht geringem Umfang Asylberechtigte nach den Ablehnungsbescheiden durch das Bundesamt anerkennen. Dies liegt zu einem großen Teil daran, daß die Antragstellenden häufig nur unzureichend über die rechtliche und Verfahrenssituation informiert sind, hinzu kommen Sprachprobleme und extrem kurze Fristen, um sich überhaupt auf Anhörung und Verfahren vorzubereiten.[19] Hier sind Änderungen notwendig, wenn nicht hingenommen werden soll, daß politisch Verfolgte trotz ihres Rechts auf Asyl abgewiesen werden.

Dies mag an dieser Stelle als Erinnerung an die Verfahrenspraxis genügen. Die Konsequenz hieraus kann nur sein, eine Änderung des Asylverfahrensgesetzes und des Asylbewerberleistungsgesetzes einzufordern, die ein Verfahren und eine Lebenssituation für Flüchtlinge ermöglicht, die den sonst in Deutschland üblichen Standards entspricht. Hinzu kommt die Einsicht, daß die diakonische Arbeit der Kirche in diesem Bereich zu den unverzichtbaren Bestandteilen ihrer Tätigkeit gehört.

19. Vgl. Kirchenamt der EKD (Hg.) 1994, 14ff.

(3) Die Diskussion, wie künftig mit Zuwanderung umgegangen werden soll, wird gegenwärtig vor allem im Zusammenhang der Debatte um ein Einwanderungsgesetz geführt.[20] Strittig ist hier vor allem die Frage, ob eine weitere Zuwanderung nach Deutschland politisch gewollt wird oder nicht. Bei Befürwortern und Gegnern eines Einwanderungsgesetzes ist es unstrittig, daß aufgrund des Geburtendefizits in Deutschland mittelfristig mit einem Schrumpfen der Bevölkerungszahl und einer gleichzeitigen Erhöhung des Altersdurchschnitts der Bevölkerung zu rechnen ist, damit wird auch das Arbeitskräftepotential deutlich abnehmen. Um den Rückgang der Bevölkerung auszugleichen, wird – je nach Szenario – eine jährliche Nettozuwanderung von 300000 bis 500000 Menschen benötigt.[21] Inwieweit damit der Altenquotient der Bevölkerung (Relation der Bevölkerung über 65 Jahre zu der im Alter von 15 bis 64 Jahren) spürbar gesenkt wird, ist strittig.[22] Dabei ist gerade diese Frage besonders relevant, weil von der Höhe des Altenquotienten die Finanzierung der Renten und Pensionen abhängt. Ebenso ist unklar, wie sich die demographische Entwicklung auf die Beschäftigungszahlen auswirken werden. Zwar ist unbestritten, daß ohne Zuwanderer die Anzahl der Erwerbspersonen bis zum Jahre 2030 um über 10 Millionen sinken wird,[23] wie sich dies jedoch auf die Beschäftigung auswirken wird, ist kontrovers.[24] Dies hängt nicht zuletzt von der Arbeitsmarktperspektive aus, die gegenwärtig unter dem Schlagwort »der Arbeitsgesellschaft geht die Arbeit aus« diskutiert wird. Jedenfalls wird allgemein davon ausgegangen, daß es eine Tendenz dahin geben wird, vor allem höher oder hochqualifizierte Arbeitskräfte zu beschäftigen. Der Bereich, in dem vorwiegend Migrantinnen und Migranten arbeiten (un- oder angelernte Arbeitskräfte), wird zunehmend an Bedeutung verlieren. Um einen positiven Effekt für den Arbeitsmarkt zu erzielen, müßten vorwiegend gut ausgebildete jüngere Personen einwandern.

Bei allen Fehlerquoten, die solche Szenarien bergen, kann trotzdem davon ausgegangen werden, daß in Deutschland Zuwanderung in einem größeren Maßstab stattfinden wird. Die Frage ist, ob ein Einwanderungsgesetz den Zuzug sinnvoll steuern kann oder ob andere Regelungen sinn-

20. Zur politischen Debatte hierüber vgl. Kulluk 1996.
21. Hof 1996, 129, Birg 1993, 66.
22. Hof 1996, 133 geht von einem deutlichen, Birg 1993, 72 von einem eher marginalen Effekt aus.
23. Vgl. Thon 1991a.
24. Für eine Nettoeinwanderung, um Überbeschäftigung zu vermeiden, plädiert Hof 1996, 138f.; dagegen sieht Klauder 1993, 488 keine Notwendigkeit in mittelfristiger Perspektive.

voller erscheinen. Auf den ersten Blick scheint eine Einwanderungsregelung nur Vorteile mit sich zu bringen. Vor allem, weil sie Steuerungsinstrumente beinhalten könnte, nach denen die potentiellen Einwanderer und Einwanderinnen nach bestimmten arbeitsmarkts- oder bevölkerungspolitischen Kriterien ausgewählt würden. Aus einer gleichsam naturwüchsigen würde eine geplante und gesteuerte Einwanderung, die zudem flexibel den jeweiligen Erfordernissen angepaßt werden könnte.

Allerdings gibt es gute Gründe, dieser positiven Einschätzung skeptisch gegenüber zu stehen. Denn zum einen müßte jede andere Form der Zuwanderung effektiv ausgeschlossen werden. Die Wanderungsmotive der potentiellen Zuwanderer decken sich nicht automatisch mit den möglichen Zuwanderungskriterien. Eine selektive Einwanderung würde wahrscheinlich den sogenannten Zuwanderungsdruck nur unerheblich senken.[25] Ob ein Einwanderungsgesetz nur die gewünschte Form der Zuwanderung gewährleistet, hängt davon ab, wie restriktiv nicht gewollte Zuwanderung ausgeschlossen wird. Es entstünde die paradoxe Situation einer gleichzeitigen Öffnung und Schließung der Grenzen. Das Beispiel der USA zeigt, daß trotz gesteuerter Einwanderung das Problem der illegalen Zuwanderung weiterhin wächst. Auch eine Einwanderungsregelung verhindert keine Politik der geschlossenen Grenzen. Zudem hängt viel davon ab, wie die potentielle Einwanderung konkret gestaltet werden soll. Der Rückgang der Bevölkerungszahl und eine Senkung des Altenquotienten können ja nur erreicht werden, wenn aus den Zuwanderern Einwanderer werden. Die Erfahrung mit der Arbeitsmigration der letzten Jahrzehnte zeigt hingegen, daß die Migrantinnen und Migranten keine dezidierte Einwanderungsentscheidung getroffen haben, sondern vielmehr einen zeitlich begrenzten Aufenthalt planten. Dies gilt weitestgehend auch für Flüchtlinge und Asylsuchende. Hier besteht eine Diskrepanz zwischen den Migrationsmotiven und den Erfordernissen einer geplanten Einwanderung. Wenn dann mit der Migration eine Einbürgerung verknüpft würde, könnte sich dies als Migrationshindernis erweisen. Dann könnte die paradoxe Situation entstehen, daß gleichzeitig zu wenig reguläre und zu viele irreguläre Migrantinnen und Migranten zuwandern wollen. Wird die Zuwanderung jedoch nicht an eine Einbürgerung geknüpft, hängt es von einer Reihe von Faktoren ab, ob das gewünschte Ziel überhaupt erreicht wird. Schließlich kann ein Einwanderungsgesetz eventuell entstehende Integrationsprobleme bestenfalls mildern, nicht jedoch lösen. Für die gegenwärtig schon hier lebenden Migrantinnen und Migranten würde ein solches Gesetz ohnehin nichts ändern. Bei künftigen

25. Vgl. Steineck 1994.

Zuwanderern könnte unter Umständen die Bereitschaft, sich in die deutschen Lebensverhältnisse einzupassen (vor allem hinsichtlich des Spracheneerwerbs), steigen. Denn biographisch besteht ein Unterschied, ob eine Wanderung zeitlich beschränkt geplant oder als Lebensperspektive gesehen wird. Daß aber auch unter dieser Voraussetzung Einwanderung keinesfalls immer konfliktfrei gestaltet werden kann, belegen die Erfahrungen der Aussiedler aus Osteuropa, die in nicht geringem Umfang unter Anpassungsproblemen zu leiden haben. Weiterhin ist vollkommen offen, wie die schon hier lebende Bevölkerung auf die Zugewanderten reagieren wird. Der Anteil der Migrantinnen und Migranten stiege, folgt man den demographischen Szenarien, in den nächsten dreißig Jahren auf etwa 20 bis 30 %. Geht man davon aus, daß die Siedlungsstruktur der jetzigen ähneln würde, läge der Anteil in den Zentren bei ungefähr 50 %.[26] Daß eine Zuwanderung in diesem Rahmen ohne soziale und politische Konflikte vonstatten gehen könnte, ist wenig wahrscheinlich.

Neben diesen pragmatischen sind auch ethische Argumente anzuführen, die bei der Planung eines Einwanderungsgesetzes von Bedeutung sind. Arbeitsmigration bringt vor allem für die Zielländer der Migration positive ökonomische Effekte, für die Herkunftsländer führt sie hingegen eher zu einer Verschlechterung der Situation.[27] Dies verstärkt sich noch, wenn die Einwanderung nach Kriterien wie Bildung und Ausbildung gesteuert wird. Eine solcherart geplante Einwanderung würde Bemühungen zur Bekämpfung der Migrationsursachen unter Umständen konterkarieren. Darauf wurde – zu Recht – in der aktuellen Debatte um eine sogenannte »Greencard« aufmerksam gemacht. Denn speziell Arbeitsmigration ist hochselektiv. Im Abschnitt I.1.4 habe ich darauf verwiesen, daß insbesondere junge, gut ausgebildete und hochmotivierte Menschen sich zur Migration entschließen. Eine vor allem nach Bildungskriterien verfahrende Migrationspolitik verstärkt diese Selektivität. Dies wird in der migrationssoziologischen Debatte unter dem Stichwort »Brain Drain« breit diskutiert.[28] Insbesondere am Beispiel der USA läßt sich zeigen, wie deren Einwanderungspolitik dazu führt, daß hochqualifizierte Wissenschaftlerinnen und Wissenschaftler in die USA einwandern und zu deren volkswirtschaftlichen Erfolg beitragen, während gleichzeitig die Herkunftsländer mit den Folgen der Emigration belastet werden. Dabei geht es nicht in erster Linie um Verdienstmöglichkeiten im Gastland und drohende Arbeitslosigkeit im Entsendeland, sondern vielmehr um

26. Münz/Seifert/Ulrich 1997, 163.
27. Vgl. Körner 1990, 81 ff.
28. Vgl. ausführlich Han 2000, 28 ff.

bessere Lebens- und Arbeitsbedingungen nach dem Motto »brains go where brains are«.[29]

Zu bedenken ist weiterhin, welche Auswirkungen ein Einwanderungsgesetz für Flüchtlinge und Asylsuchende hätte. Ein Einwanderungsgesetz, das die Bedingungen für diese Gruppe weiter verschärfen würde, stünde im Gegensatz zum ethisch gebotenen Schutz für Flüchtlinge. Schließlich wäre ein Einwanderungsgesetz ethisch problematisch, das von den potentiellen Einwanderinnen und Einwandern die Aufgabe ihrer kulturellen Identität forderte.

Das heißt, das bei der Gestaltung eines Einwanderungsgesetzes folgende Punkte berücksichtigt werden müssen. Die Einwanderungsentscheidung darf nicht mit einer Aufgabe der bisherigen Staatsangehörigkeit zwingend gekoppelt werden. Allerdings sollte die Möglichkeit gegeben sein, sich nach kurzer Zeit einbürgern zu lassen, sinnvollerweise bei Beibehaltung der alten Staatsangehörigkeit (ich gehe im Anschluß hieran näher darauf ein). Eine derartige politische Integration kann nicht erzwungen werden, muß jedoch den Migrantinnen und Migranten ermöglicht werden, wenn sie diese wünschen. Hier schließe ich mich der Walzerschen Argumentation an, daß Migranten nicht zu »Metöken« in modernen Staaten werden dürfen. Darüber hinaus sind Einwanderungsgesetz und Asyl- und Flüchtlingsrecht voneinander zu entkoppeln. Gerade wenn man das Asylrecht als Schutzrecht ernst nimmt, darf es nicht mit Einwanderungsbeschränkungen oder -gewährleistungen, die einer anderen Logik folgen, vermischt werden. Gerade wenn gilt, daß das Asylrecht nicht als Einwanderungsrecht »mißbraucht« werden darf, gilt auch die Umkehrung, daß das Einwanderungsrecht nicht eine Verschärfung des Asylrechts nach sich ziehen darf.[30] Für eine solche Entkoppelung sprechen unter anderem pragmatische Gründe. Gerade für Bürgerkriegsflüchtlinge gilt, daß der größte Teil nach Beendigung des Konflikts zurückkehren möchte. Flüchtlinge sind keine Einwanderer. Falls Einwanderung politisch gewollt wäre, dürften Flüchtlinge nicht als solche gezählt

29. Han 2000, 33.
30. Entgegengesetzt urteilt Rethmann 1996, 320f. Insbesondere seinen Vorschlag, potentielle Zuwanderer sollten zwischen Asyl- und Einwanderungsantrag entscheiden, halte ich für realitätsfremd. Zum einen ist auf der Seite der Migrationsmotivation zu beachten, daß es einen gravierenden Unterschied ausmacht, ob jemand aufgrund akuter Bedrohung flieht, oder sich entscheidet, in ein anderes Land auszuwandern, um dort dauerhaft zu leben. In einer Fluchtsituation kann es von einem – möglicherweise traumatisiertem – Flüchtling nicht erwartet werden, eine Entscheidung treffen zu müssen, die seine gesamte Lebensperspektive betrifft.

werden. Unbeschadet dessen könnten Flüchtlinge einen Einwanderungsantrag stellen, wenn sie dies nach oder während ihres Aufenthaltes wünschten. Schließlich darf ein Einwanderungsrecht nicht ausschließlich an die Interessen des Einwanderungslandes gebunden werden. Das heißt zum Beispiel, daß eine Auswahl der Migrantinnen und Migranten nicht allein an arbeitsmarktrelevante Faktoren gekoppelt werden darf. Denkbar wären etwa Einwanderungszertifikate[31] oder Losverfahren wie sie zum Teil in den USA praktiziert werden. In keinem Falle darf ein Einwanderungsgesetz den Anstrengungen um eine Bekämpfung der weltweiten Fluchtursachen entgegenstehen. Unter diesen Bedingungen ist ein Einwanderungsgesetz ein sinnvolles Instrument, die Interessen der Bundesrepublik und die Interessen von Migrantinnen und Migranten in einem gewissen Maße ausgleichen zu können. Dabei muß, gerade von den Befürwortern, gesehen werden, daß ein solches Gesetz auch der Verhinderung von Zuwanderung dient. In diesem Sinne wäre es ein sinnvoller und tragbarer Kompromiß zwischen einer Politik der offenen und einer der geschlossenen Grenzen.

In enger Verbindung mit der Frage nach dem Einwanderungsrecht steht die Diskussion um Einbürgerung und Staatsangehörigkeit (vgl. I.2.2.2). Offen ist, ob die Möglichkeit der doppelten Staatsangehörigkeit – über das bislang ohnehin schon geltende Maß – politisch gewollt wird oder nicht, bzw. wie restriktiv Anforderungen an künftige Staatsangehörige formuliert werden. Das Argument, es könnten Loyalitätskonflikte entstehen ist zumindest für EU-Bürgerinnen und Bürger mittlerweile obsolet. Aber auch sonst erscheint es mir zumindest als fragwürdig. Mit der Übernahme der deutschen Staatsangehörigkeit spricht sich ohnehin schon eine gewisse Bindung aus; inwieweit dabei emotionale Bindungen eine Rolle spielen, kann getrost den einzelnen Bürgerinnen und Bürgern überlassen bleiben. Auch für Staatsbürgerinnen und -bürger qua Geburt kann legitimerweise eine solche emotionale Bindung nicht gefordert werden. Sonst wären wir sehr schnell wieder bei einer Rhetorik, die Kritiker zu »vaterlandslosen Gesellen« macht und »gute« Deutsche von anderen unterscheidet. Was legitimerweise von Staatsbürgerinnen und -bürgern erwartet werden kann und muß, ist die Anerkennung und Loyalität gegenüber den Formen der demokratischen Rechtsordnung. Es mag sein, daß der Begriff »Verfassungspatriotismus« unglücklich gewählt ist; aber er zieht meines Erachtens zutreffend die Grenze zwischen dem, was vorausgesetzt werden und dem, was zwar erwünscht und gefördert, aber nicht gefordert werden darf: die emotionale Bindung an Nation und

31. So der Vorschlag von Steineck 1994, 182.

Staat. (Nebenbei bemerkt sind glühende Patrioten und Nationalisten nicht immer die gesetzestreuesten Staatsbürger.)

Auf der anderen Seite spricht – was im neuen Recht ja teilweise berücksichtigt ist – einiges dafür, Einbürgerungen unter Beibehaltung der bisherigen Staatsangehörigkeit großzügiger zuzulassen. Vielfach steht die Forderung, die alte Staatsangehörigkeit aufzugeben, der Entscheidung zur Einbürgerung entgegen. Deshalb bleiben Migrantinnen und Migranten von der politischen Willensbildung ausgeschlossen. Wenn Integration auch nicht durch das Staatsangehörigkeitsrecht ersetzt werden kann, ist der Ausschluß von der politischen Teilhabe zumindest ein Integrationshindernis. Abgesehen davon könnte es ja sein, daß durch Beteiligung und Mitsprachemöglichkeiten die Identifikation wächst. Die Gegner der doppelten Staatsangehörigkeit scheinen die Integrationspotentiale politischer Willensbildung und Mitbestimmung sehr gering einzuschätzen.

Die das deutsche Staatsangehörigkeitsrecht prägende Vorstellung von Volkszugehörigkeit durch Blutsverwandtschaft kann auf Dauer nicht aufrechterhalten werden. Wenn die Einsicht in den Konstruktcharakter ethnischer Kategorien eines zeigen kann, dann doch dies, daß nicht reale Abstammung, sondern die Vorstellung von Zugehörigkeit für diese Größen konstitutiv sind. Weder biologisch noch historisch läßt sich die Vorstellung einer Blutsverwandtschaft halten. Wenn dies so ist, fällt aber die legitimatorische Grundlage des Abstammungsprinzips weg. Als pragmatische Regelung ist es insofern durchaus legitimierbar, als es auf jeden Fall sichert, daß einem neugeborenen Kind eine Staatsangehörigkeit zukommt; das Abstammungsprinzip verhindert, daß durch Geburt Staatenlosigkeit entsteht. Auf der anderen Seite kann eine – wie auch immer modifizierte – Form des ius soli garantieren, daß die Bewohner eines Staates gleichzeitig dessen Bürgerinnen und Bürger sind. Durch Elemente des ius soli kann verhindert werden, daß in einem Land geborene Kinder durch Geburt ihre politischen Mitbestimmungsrechte vorenthalten werden. Ethnische Herkunft und Staatsangehörigkeit sind eben nicht identisch. Diese Einsicht muß die Grundlage des Staatsangehörigkeitsrechts sein.

Aber auch hier ist vor zu großen Erwartungen zu warnen. Allein die deutsche Staatsangehörigkeit schützt nicht vor Ausgrenzung und Diskriminierung; sie schützt nicht einmal davor, zum Opfer eines Genozids zu werden, wie die deutsche Geschichte lehrt. Die deutsche Staatsangehörigkeit schützt nicht vor sozialen Mängellagen, sie verschafft nicht automatisch eine bessere Bildung und Ausbildung oder einen höher qualifizierten Arbeitsplatz. Kurz: Selbst wenn binnen kurzer Zeit die Mehrheit der hier lebenden Migrantinnen und Migranten die deutsche Staatsangehörigkeit erwürbe, würde dies an ihrer sozialen Situation nichts ändern; in den Augen vieler blieben sie wahrscheinlich auch als Deutsche Ausländer. Positive Effekte in dieser Hinsicht wären erst für die Zukunft zu erwarten. Jedoch würde sich für die Migrantinnen und Migranten selbst etwas ändern. Sie hätten ein gesichertes Aufenthaltsrecht, das ihnen unter keinen Umständen entzogen werden könnte, sie wären politisch daran beteiligt, ihr eigenes Geschick mitzubestimmen. Dies allein sind meines Erachtens schon hinreichende Gründe, stärker als bislang Elemente des ius soli in das Staatsangehörigkeitsrecht zu integrieren und gleichzeitig doppelte Staatsangehörigkeit zuzulassen.

(4) Soziale Probleme

In Kapitel I.2.3 dieser Arbeit habe ich anhand verschiedener Bereiche die soziale Situation von Migrantinnen und Migranten in Deutschland skizziert. Verallgemeinernd gesprochen führt die »Unterschichtung« im Beschäftigungsbereich zur Entstehung von sozialen Problemlagen bei Migrantinnen und Migranten. Dies konnte bei Beschäftigungsverhältnissen und Einkommen ebenso deutlich gemacht werden wie hinsichtlich Bildung und Ausbildung, Wohnsituation und gesundheitlicher Situation. Allerdings ist hier differenziert zu urteilen. Migrantinnen und Migranten sind nicht insgesamt eine Gruppe der »neuen Armen«. Ich habe mehrfach darauf verwiesen, daß sich die soziale Situation für Angehörige verschiedener Herkunftsländer sehr unterschiedlich darstellt, daß die Probleme der sogenannten zweiten Generation nicht identisch mit denen ihrer Mütter und Väter sind, daß es innerhalb der Migrantinnen und Migranten gleicher ethnischer Herkunft signifikante Unterschiede gibt. Das Bild der auf die eigene Wohnung fixierten, Kopftuch tragenden und der deutschen Sprache nicht mächtigen türkischen Frau ist ebenso ein Klischee wie das des italienischen Pizzabäckers oder des polnischen Wanderarbeiters, der seine Arbeitskraft als Tagelöhner verkauft. In Deutschland leben auch die türkische Abiturientin, die Jura studiert, der türkische Banker oder die polnische Krankenschwester. Migrantinnen und Migranten insgesamt als soziale Problemfälle zu charakterisieren, würde nur zusätzlich zur Stigmatisierung dieses Teils der deutschen Bevölkerung beitragen.

Wenn also Migrationsprobleme als soziale Probleme charakterisiert werden, darf nicht außer Acht bleiben, daß innerhalb dieser Gruppe Hierarchien bestehen, Statusunterschiede; es gibt auch unter Migrantinnen und Migranten eine Ober- und eine Unterschicht, es gibt Migrationsgewinner und -verlierer. Also ist in diesem Zusammenhang vor Verallgemeinerungen zu warnen. Generell von den sozial unterprivilegierten Migrantinnen und Migranten zu sprechen, trägt bei zur Ethnisierung und zur Stigmatisierung einer Gruppe, die in sich nicht homogen strukturiert ist.

Hinzu kommt ein weiteres Problem: Programme, die eine Ungleichheit der Lebenschancen korrigieren wollen, bedienen sich zwangsläufig des Mediums des Rechts. Jedoch zeigen selbst erfolgreiche Programme, wie Habermas am Beispiel von Programmen zur Gleichstellung von Frauen gezeigt hat, ambivalente Folgen.[32] »Aus juristischer Sicht besteht ein Grund für diese reflexiv erzeugte Diskriminierung in *überverallgemeinernden Klassifikationen* von benachteiligenden Situationen und benachteiligten Personengruppen.«[33] Denn jede spezielle Regelung beruht auf einer Interpretation von Unterschieden von – in unserem Fall – ethnischen oder migrationsspezifischen Lebenslagen und Erfahrungen; es werden mit anderen Worten bestehende Stereotypen durch entsprechende Regelungen verfestigt. Das liegt auch daran, daß Gleichstellungsprogramme in der Regel einen kompensatorischen Charakter haben. Es werden Abweichungen von einem, wie auch immer definierten, Normaltyp und bearbeitet. Benachteiligte Gruppen werden einem Bild von ihnen angeglichen, daß ihrer Selbstinterpretation, aber auch ihren Bedürfnissen, nicht ohne weiteres entspricht. Damit nicht – selbst durch wohlwollende Praktiken – die Verhältnisse zementiert werden, die durch jene Praktiken überwunden werden sollen, bedarf es einer Einbeziehung der Betroffenen selbst. Auch institutionell und rechtlich fixierte Stereotype dürfen nicht als etwas Gegebenes angenommen werden. »Diese sozialen Konstruktionen können heute nur noch in bewußter Weise gebildet werden; sie bedürfen einer Artikulation der Vergleichsgesichtspunkte und einer Begründung der relevanten Hinsichten, die *von den Betroffenen selbst* in öffentlichen Diskursen vorgenommen werden müssen.«[34] Das führt aber notwendig dazu, daß den Betroffenen auch die politischen Teilhaberechte zuerkannt werden müssen, die einen entsprechenden öffentlichen Diskurs erst erfolgversprechend machen. Sonst tendiert dieser zu einer Stellvertreterdiskussion, in der andere die Bedürfnisse derer artikulieren, die selbst nicht an diesem Diskurs teilnehmen (können). Daß dies weitere Stigmatisierungen und Benachteiligungen nach sich ziehen kann, läßt sich am Beispiel der Schule belegen.[35] Die Charakterisierung von Migrantenkindern als Problemgruppe legitimiert eine Sonderbehandlung dieser Gruppe mit dem Effekt der Exklusion aus der als homogen unterstellten »Lerngruppe« aufgrund negativer Erziehungscharakteristiken und –prognosen.

32. Vgl. Habermas 1992a, 504 ff.
33. Habermas 1992a, 510.
34. Habermas 1992a, 513.
35. Vgl. Diehm/Radtke 1999, 178 ff.

Dieses Dilemma von Benachteiligung durch Förderung spiegelt sich im Verhalten von Angehörigen der sogenannten zweiten und dritten Generation von Ausländern. Während ein Teil zum Rückzug in ethnische Gruppen tendiert, fordern andere, daß die Gesellschaft endlich aufhört, sie als Problemgruppe zu behandeln, und ihr Anderssein – oder besser ihr Sosein – einfach als Normalität zu akzeptieren. Aber auch hier ist vor rein kulturalistischen oder ethnizistischen Situationsdeutungen zu warnen. Denn für eine zunehmende Zahl von Angehörigen dieser zweiten und dritten Generation besteht ein Inklusionsproblem, das selbst durch eine mögliche politische Inklusion nicht aus dem Weg geräumt wird. Auch sie schützt nicht vor Exklusionen aus dem Bildungssystem oder dem Wirtschaftssystem. Denn solange viele Inklusionsmöglichkeiten in unserer Gesellschaft weitgehend durch Berufsarbeit bestimmt sind, kann eine Verbesserung der sozialen und ökonomischen Situation nur über die Qualifizierung im Bildungs- und Ausbildungsbereich erfolgen. Hier ist immer noch und zum Teil zunehmend festzustellen, daß für Migrantinnen und Migranten im Vergleich zu deutschen Altersgruppen Benachteiligungen sowohl bei Schulabschlüssen als auch bei der Berufsausbildung bestehen. Besonders problematisch ist die überproportional hohe Arbeitslosigkeit, insbesondere bei jugendlichen Migrantinnen und Migranten. Durch die derzeitig hohe Arbeitslosigkeit werden die durch die schlechteren Abschlüsse ohnehin schon geringeren Chancen auf dem Arbeitsmarkt zusätzlich geschmälert. Neben der schulischen Förderung sind vor allem Ausbildungsprogramme und ausbildungsbegleitende Hilfen notwendig, um Jugendliche besser zu qualifizieren und ihnen so einen Einstieg in das Arbeitsleben zu ermöglichen.[36] Hierzu gibt es mittlerweile eine große Zahl von Erfahrungen in Modellprojekten, die eine Intensivierung dieser Arbeit nahelegen.[37]

Eine fehlende Integration in den Arbeitsmarkt verbunden mit weiteren Faktoren wie der Erfahrung von Fremdenfeindlichkeit, Stigmatisierung sind wesentliche Faktoren für die zunehmende Desintegration in die Gesellschaft, die aus fehlenden Inklusionsmöglichkeiten resultiert. Dies kann dazu führen, daß politische und religiöse Fundamentalismen eine starke Anziehungskraft für Jugendliche ausüben. Dies wird vor allem dann zum Problem, wenn entsprechende Weltbilder zur Verfügung stehen und von Gruppen mit hohem Organisationsgrad propagiert werden. Zusammenfassend urteilen Heitmeyer/Müller/Schröder in ihrer Studie zu türkischen Jugendlichen: »Die Ergebnisse dieser Untersuchung weisen

36. Vgl. Beauftragte der Bundesregierung (Hg.) 1997, 36 f.
37. Vgl. etwa Weigt/Lorke 1994.

darauf hin, daß das Zusammenleben vor schweren Belastungen stehen wird, wenn zum einen keine weitreichenden politischen Initiativen zur sozialen Integration und zum anderen keine ebenso deutlichen Markierungen universal geltender demokratischer Wertvorstellungen erfolgen.«[38] Allein sozialpädagogisch begleitete Freizeitgestaltung reicht nicht aus, das entstehende Problem zu entschärfen. Neben sozialpolitischen Initiativen um angemessene Berufsmöglichkeiten muß es eine öffentliche Auseinandersetzung zu fremdenfeindlichen und rechtsextremen Entwicklungen in unserer Gesellschaft geben. Hier wäre es fatal, wiederum entsprechende Gruppen zu stigmatisieren und damit das Problem zu insulieren (etwa als Problem von Jugendlichen in den neuen Bundesländern). Das Problem steht vielmehr im Zusammenhang mit dem Selbstverständnis der Gesellschaft insgesamt. Solange es keinen Konsens über die faktisch bestehende Einwanderungssituation gibt, ist nicht damit zu rechnen, daß Desintegrationsphänomene abnehmen, im Gegenteil. Eine Politik der Ausgrenzung und Abschottung führt zu Reaktionen der Ausgegrenzten. Kirchliche Stellungnahmen haben immer wieder auf diesen Zusammenhang hingewiesen. Dies wird auch in Zukunft so nötig sein. Zu fragen ist allerdings, ob und gegebenenfalls wie diese Form von Lobbyarbeit verstärkt und in die eigene Praxis übersetzt werden kann.

Im Bereich der sozialen und diakonischen Arbeit mit Migrantinnen und Migranten ist daher zu überprüfen, inwieweit eine Spezialisierung der Arbeit auf diese Zielgruppe sinnvoll ist, und in welchen Bereichen solche Spezialisierung zugunsten einer allgemeinen interkulturellen Öffnung der sozialen und diakonischen Dienste anzustreben ist.[39] Ein Arbeitsfeld, in dem dies zukünftig von besonderer Bedeutung sein wird, ist die soziale Arbeit mit älteren oder alt gewordenen Migrantinnen und Migranten. Hier ist es meines Erachtens notwendig, ein differenziertes Angebot bereit zu stellen, das dem unterschiedlichen Bedarf angemessen ist. Ethnisch spezifizierte Pflegedienste und Einrichtungen gehörten ebenso dazu, wie die interkulturelle Öffnung der Pflegedienste insgesamt, die sich insbesondere in der Aus- und Weiterbildung der Mitarbeiterinnen und Mitarbeiter widerspiegeln muß (interkulturelle Kompetenz).

Soziale Randständigkeit und Perspektivlosigkeit sind die wichtigsten Ursachen für die Probleme, die zunehmend in der Öffentlichkeit wahrgenommen werden, die hohe Kriminalität bei ausländischen Jugend-

38. Heitmeyer/Müller/Schröder 1997, 191.
39. In der Rahmenkonzeption des Diakonischen Werkes wird die interkulturelle Öffnung als zentrale Aufgabe der sozialen Dienste für die Zukunft charakterisiert. (Diakonisches Werk der EKD (Hg.) 1997, 27 f.)

lichen (die, wie in Kapitel I.2.3.6 dargestellt, zudem sehr differenziert betrachtet werden muß) und die Tendenzen, sich in fundamentalistische Organisationen zurückzuziehen. Eine soziale führt zur kulturellen Desintegration, nicht umgekehrt. Die Frage ist, wie sich dies auf das gesellschaftliche Leben insgesamt auswirkt. Dies führt zur Debatte um die sogenannte multikulturelle Gesellschaft:

(5) Multikulturelle Gesellschaft

Kaum ein anderes Schlagwort hat in dem Maße zur Polarisierung in der Debatte um Migration geführt, wie das der multikulturellen Gesellschaft. Die Kritiker sehen darin ein Synonym für Auflösungsprozesse innerhalb der Gesellschaft, für den Verlust eines einheitsstiftenden Konsenses und damit den Verlust der sozialen, eher sogar der nationalen Identität. Für eine Reihe der Befürworter fungiert er fast als Heilsbegriff, er ist Synonym für eine »bunte« Gesellschaft, in der Verschiedenheit nicht nur gelebt, sondern sogar gefeiert wird. Hier wird schon deutlich, daß es in dieser Polarisierung nur am Rande um konkrete Probleme im Zusammenhang mit Einwanderung geht, sondern vielmehr um die Frage des gesellschaftlichen Selbstverständnisses. Im Vordergrund steht die Frage nach der nationalen Identität, um die Grundsätze, die die Integration der Gesellschaft gewährleisten sollen. Aus diesem Grund habe ich bislang darauf verzichtet, mit diesem Begriff zu arbeiten. Er ist im engeren Sinne kein analytischer Begriff, sondern ein politischer Kampfbegriff.

Im deutschsprachigen Raum wurde der Begriff »multikulturelle Gesellschaft« zuerst im kirchlichen Raum aufgegriffen und schnell populär.[40] Von Anfang an blieb dabei aber undeutlich, mit welchem Kulturbegriff hier operiert wurde. Diese Frage ist jedoch nicht unerheblich für das weitere Verständnis. Identifiziert man die Struktur einer Gesellschaft mit ihrer Kultur,[41] dann kann es in einem modernen Staat per se kein Nebeneinander unterschiedlicher Kulturen geben. Geht man jedoch von einem weiteren Kulturbegriff aus und begreift Kultur als weltanschaulich-religiöse Symbolwelt, über die sich Gesellschaftsmitglieder über das Leben in der Gesellschaft verständigen, dann ist jede moderne Gesellschaft, die weltanschauliche Pluralität zuläßt, multikulturell verfaßt.[42] In diesem Falle sind ethnisch geprägte Kulturen Subkulturen neben anderen, die sich nicht auf ethnische Konstrukte zur Selbstbeschreibung stützen (sondern

40. Vgl. zur Begriffsgeschichte Rethmann 1996, 324ff.
41. So der Nestor der deutschsprachigen Migrationssoziologie Hoffmann-Nowotny 1996, 106ff.
42. So Herms 1995, 72ff.

etwa auf geschlechtliche Orientierung, religiöses Bekenntnis, gemeinsame Erfahrung der Marginalisierung).[43]

In der öffentlichen Diskussion um die multikulturelle Gesellschaft werden diese Aspekte jedoch vernachlässigt und multikulturell mit multiethnisch gleichgesetzt. Dabei wird übersehen, daß »bestimmte Gruppen von Einwanderern – und zwar selbst unter Beibehaltung von relevanten Teilen der Ursprungskultur – sich ohne Schwierigkeiten integrieren (also zum Beispiel im Bereich von Wirtschaft und Bildung überaus erfolgreich sind) während dies für andere unter den gleichen Bedingungen ebenso offensichtlich nicht der Fall ist.«[44] Darüber hinaus wird oft übersehen, daß die kulturelle Distanz häufig erst nach der Einwanderung, oft sogar bei Angehörigen der zweiten und dritten Generation, anwächst und gelebt wird. Ich habe weiter oben hierfür auf das Beispiel türkischer Jugendlicher verwiesen. Schließlich gerät auch außer Blick, daß die Distanz zwischen Subkulturen, denen im wesentlichen deutsche Mitglieder angehören, in manchen Fällen gravierender ist, als zwischen ethnischen Gruppen oder sogar zwischen deutschen und nichtdeutschen Menschen gleicher Schichtzugehörigkeit. Plakativ gesagt: Die Distanz zwischen einem italienischen Banker und seinem deutschen Kollegen ist weniger groß als die Distanz beider zu einem Autonomen der Kreuzberger Szene.

Gewendet auf Migration läßt sich die Problematik, die mit dem Begriff Multikulturalität nur unzureichend gekennzeichnet ist, reformulieren als die Frage, welche Integrationsleistungen von Migrantinnen und Migranten legitimerweise gefordert werden können oder gar müssen und welche dem privaten oder gemeinschaftlichen Belieben vorbehalten werden können. Zu dieser Frage ist das wesentliche bereits gesagt. In pluralen Gesellschaften kann – und muß – von Einwanderern erwartet werden, daß sie sich in die politischen Strukturen integrieren, was die Anerkennung der Prinzipien eines demokratischen Rechtsstaates beinhaltet, während sie in Fragen der individuellen Lebensführung nach eigenen Vorstellungen leben können, sofern diese nicht mit jenen Prinzipien kollidieren. Nichts anderes kann und wird von den eingesessenen Bürgerinnen und Bürgern erwartet: politische Integration und kultureller Pluralismus. Herms rechnet daher zu Recht den erklärten Pluralismus und den erklärten Universalismus (als Verzicht auf einen partikularen Alleinanspruch) zu den konstitutiven Dimensionen einer sozialen Identität in modernen Gesellschaften.[45]

43. Vgl. Huber 1992b, 112.
44. Hoffmann-Nowotny 1996, 111.
45. Herms 1995, 87.

Knapp gesagt geht es also um die Frage, wieviel Verschiedenheit eine Gesellschaft toleriert. Dabei muß allerdings in Rechnung gestellt werden, daß Abweichungen von der »Normalität« bei Migrantinnen und Migranten in der Regel auf stärkere Ablehnung stoßen als bei Einheimischen.[46] Anerkennung von Verschiedenheit kann zwar normativ eingefordert werden, durchsetzen wird sie sich jedoch erst nach sozialen Kämpfen (dem Honnethschen »Kampf um Anerkennung«) und kollektiven Lernprozessen. Ein Beispiel hierfür aus jüngster Zeit ist die Anerkennung gleichgeschlechtlicher Lebensweisen, die sich bis jetzt noch nicht überall durchgesetzt hat. Hier sind denn auch Parallelen mit der Anerkennung ethnisch-kultureller Differenzen offensichtlich. Die Ausbildung einer distinkten Subkultur, das Entstehen subkultureller Netzwerke, die dann über den engeren Kreis hinausreichen, Feiern der Differenz und unterschiedliche Grade der Toleranz und Abwehr (etwa höher in Städten, in bestimmten Bildungsschichten, Berufsgruppen etc.).

Der Beitrag theologischer Ethik und kirchlicher Praxis ist das Eintreten für Differenz, begründet in der Einsicht in die Besonderheit der eigenen Identität und Geschichte. Dazu gehört zweierlei: Nach innen der Selbstverständigungsprozeß über die eigene partikulare Identität, die sich aus der Erinnerung an die eigene konstitutive *story* speist und die im Gottesdienst, im gemeinsamen Mahl, bestätigt und gefeiert wird; nach außen im Eintreten für die Gruppen, denen das Recht auf Besonderheit bestritten wird und das diakonische Handeln für die, die aufgrund ihrer Besonderheit in Problemlagen geraten. In ihrer Geschichte hat es sich die Kirche erkämpfen müssen, jetzt kann sie für es eintreten und es befördern: das Recht, ohne Angst verschieden sein zu können.

46. Darauf verweist Hoffmann-Nowotny 1996, 110, Anm. 21.

Literatur

Adorno, Theodor W. (1951): Minima Moralia. Reflexionen aus dem beschädigten Leben. Frankfurt 1997 (GS 4).

– (1966): Negative Dialektik. Frankfurt [3]1982 (GS 6).

– (1973): Studien zum autoritären Charakter. Frankfurt. (Enthält Adornos Beiträge aus Adorno/Frenkel-Brunswik/Levinson/Sanford 1950.)

Adorno, Theodor W.; *Frenkel-Brunswik*, Else; *Levinson*, Daniel J.; *Sanford*, R. Nevitt (1950): The Authoritarian Personality. New York.

Ahlf, Ernst-Heinrich (1993): »Ausländerkriminalität in der Bundesrepublik Deutschland nach Öffnung der Grenzen,« Zeitschrift für Ausländerrecht und Ausländerpolitik 13/1993, 132-138.

Aicher, Markus (1988): »Art. Kurden,« in: Opitz (Hg.) 1988, 191-196.

Alba, Richard D.; *Handl*, Johann; *Müller*, Walter (1994): »Ethnische Ungleichheit im deutschen Bildungssystem,« KZSS 46/1994, 209-237.

Allport, Gordon W. (1954): Die Natur des Vorurteils. Köln 1971. Erstveröffentlichung: The nature of prejudice. Cambridge (Mass.).

Alpheis, Hannes (1990): »Erschwert die ethnische Konzentration die Eingliederung?« in: Esser/Friedrichs (Hg.) 1990, 147-184.

Althaus, Paul (1927): »Kirche und Volkstum,« in: Hans-Walter Krumwiede – Evangelische Kirche und Theologie in der Weimarer Republik. Grundtexte zur Kirchen- und Theologiegeschichte, Band 2. Neukirchen-Vluyn 1990, 187-208. Erstveröffentlichung: Verhandlungen des Zweiten Deutschen Evangelischen Kirchentages 1927, Königsberg. Pr. 17.-21. Juni 1927. Hg. vom Deutschen Evangelischen Kirchenausschuß 1927, 204-224.

– (1937): »Kirche, Volk und Staat,« in: Eugen Gerstenmaier (Hg.) – Kirche, Volk und Staat. Stimmen aus der Deutschen Evangelischen Kirche zur Oxforder Weltkirchenkonferenz. Berlin 1937, 17-35.

Amann, Christine (1994): Die Rechte des Flüchtlings. Die materiellen Rechte im Lichte der travaux préparatoires zur Genfer Flüchtlingskonvention und die Asylgewährung. Baden-Baden (Nomos Universitätsschriften, Recht Bd. 128).

Amnesty International (1996a): Jahresbericht 1996. Frankfurt.

– (1996b): Zwei Jahre neues Asylrecht. Auswirkungen des geänderten Asylrechts auf den Schutz von Flüchtlingen. 2. überarbeitete Auflage Bonn.

– (1997): Jahresbericht 1997. Frankfurt.

Amt für multikulturelle Angelegenheiten der Stadt Frankfurt am Main (Hg.) (1996): Religionen der Welt. Gemeinden und Aktivitäten in der Stadt Frankfurt am Main. Frankfurt (Fachhochschulverlag 47).

Amusin, Joseph D. (1981): »Die Gerim in der sozialen Legislatur des Alten Testaments,« Klio 63/1981, 15-23.

Anderson, Benedict (1983): Die Erfindung der Nation. Zur Karriere eines folgenreichen Konzepts. Frankfurt, New York. Erstveröffentlichung: Imagined Communities. Reflections on the Origin and Spread of Nationalism. London 1983.

Angehrn, Emil (1985): Geschichte und Identität. Berlin, New York.
Anselm, Reiner (1992): »Ethische Theologie. Zum ethischen Konzept Trutz Rendtorffs,« ZEE 36/1992, 259-275.
Apitzsch, Ursula (1993): »Migration und Ethnizität,« in: Kößler/Schiel (Hg.) 1994, 161-178. Erstveröffentlichung in Peripherie 49/1993.
Arbeitsgruppe Interkulturelle Pflege (1997): »Kopf draußen – Füße drin. Wie erleben PatientInnen aus anderen Kulturen das deutsche Gesundheitswesen?« Pflege 10/1997, 193-198 und 252-257.
Arens, Edmund (Hg.) (1989): Habermas und die Theologie. Beiträge zur theologischen Rezeption, Diskussion und Kritik der Theorie des kommunikativen Handelns. Düsseldorf.
Ashkenasi, Abraham (Hg.) (1988): Das weltweite Flüchtlingsproblem. Sozialwissenschaftliche Versuche der Annäherung. Bremen.
Assion, Peter (1989): »Die Ursachen der Massenauswanderung in die Vereinigten Staaten – Objektive Zwänge und ihre subjektive Wahrnehmung,« Zeitschrift für Kulturaustausch 39/1989, 258-265.
Auchter, Thomas (1990): »Das fremde eigene Böse. Zur Psychoanalyse von Fremdenangst und Fremdenhaß,« Universitas 45/1990, 1125-1137.
– (1993): »Die seelische Krankheit ›Fremdenfeindlichkeit‹,« in: Streeck (Hg.) 1993, 225-234.
Auernheimer, Georg (1995): Einführung in die interkulturelle Erziehung. 2. überarbeitete und ergänzte Auflage. Darmstadt (Die Erziehungswissenschaft).
Bade, Klaus J. (1980): »Arbeitsmarkt, Bevölkerung und Wanderung in der Weimarer Republik,« in: Michael Stürmer (Hg.) – Die Weimarer Republik. Königstein i. Ts. 1980, 160-187.
– (1983): Vom Auswanderungsland zum Einwanderungsland? Deutschland 1880-1980. Berlin (Beiträge zur Zeitgeschichte 13).
- (Hg.) (1984): Auswanderer – Wanderarbeiter – Gastarbeiter. Bevölkerung, Arbeitsmarkt und Wanderung in Deutschland seit der Mitte des 19. Jahrhunderts. Referate und Diskussionsbeiträge des Internationalen Wissenschaftlichen Symposiums »Vom Auswanderungsland zum Einwanderungsland« an der Akademie für Politische Bildung Tutzing, 18. – 21. 10. 1982. Ostfildern.
– (1984a): »Vom Export der Sozialen Frage zur importierten Sozialen Frage: Deutschland im transnationalen Wanderungsgeschehen seit der Mitte des 19. Jahrhunderts,« in: Bade (Hg.) 1984, 9-71.
– (1984b): »Die deutsche überseeische Massenauswanderung im 19. und frühen 20. Jahrhundert: Bestimmungsfaktoren und Entwicklungsbedingungen,« in: Bade (Hg.) 1984, 259-299.
– (1984c): »Vom Auswanderungsland zum »Arbeitseinfuhrland«: kontinentale Zuwanderung und Ausländerbeschäftigung in Deutschland im späten 19. und frühen 20. Jahrhundert,« in: Bade (Hg.) 1984, 433-485.
– (1992a): »Auswanderer, Einwanderer, Wanderarbeiter ... Deutsche Erfahrungen in Geschichte und Gegenwart,« in: Winkler (Hg.) 1992, 17-31.
– (1992b): »Einführung,« in: Bade (Hg.) 1992a, 9-49.
– (1992c): »Fremde Deutsche: ›Republikflüchtige‹ – Übersiedler – Aussiedler,« in: Bade (Hg.) 1992b, 401-410.
– (1994): Ausländer – Aussiedler – Asyl. Eine Bestandsaufnahme. München.

– (1996): »Transnationale Migration, ethnonationale Diskussion und staatliche Migrationspolitik im Deutschland des 19. und 20. Jahrhunderts,« in: ders. (Hg.) 1996, 403-430.
– (Hg.) (1992a): Ausländer, Aussiedler, Asyl in der Bundesrepublik Deutschland. Bonn (Bundeszentrale für politische Bildung).
– (Hg.) (1992b): Deutsche im Ausland – Fremde in Deutschland. Migration in Geschichte und Gegenwart. München.
– (Hg.) (1994): Das Manifest der 60. Deutschland und die Einwanderung. München.
– (Hg.) (1996): Migration – Ethnizität – Konflikt: Systemfragen und Fallstudien. Osnabrück (IMIS-Schriften 1).
Bader, Veit-Michael (1995): Rassismus, Ethnizität, Bürgerschaft. Soziologische und philosophische Überlegungen. Münster (Einsprüche 4).
Balke, Friedrich; *Habermas*, Rebekka; *Nanz*, Patrizia; *Sillem*, Peter (Hg.) (1993): Schwierige Fremdheit. Über Integration und Ausgrenzung in Einwanderungsländern. Frankfurt.
Barth, Fredrik (Hg.) (1969): »Introduction«, in: ders. (Hg.) – Ethnic Groups and Boundaries. The Social Organization of Culture Difference. Bergen, Oslo, Boston, London: 9-38.
Barth, Karl (1932 ff.): Kirchliche Dogmatik. Zürich 1932-1967.
– (1946): Christengemeinde und Bürgergemeinde. Zürich (Theologische Studien 20).
Bartsch, Hans Werner (1974): »Freiheit und Befreiung im Neuen Testament,« IDZ 7/1974, 134-144.
Barwig, Klaus; *Bauer*, Dieter R. (Hg.) (1994): Asyl am Heiligen Ort. Sanctuary und Kirchenasyl. Vom Rechtsanspruch zur ethischen Verpflichtung. Ostfildern.
Barwig, Klaus; *Brinkmann*, Gisbert; *Huber*, Bertold; *Lörcher*, Klaus; *Schumacher*, Christoph (Hg.) (1994): Asyl nach der Änderung des Grundgesetzes. Entwicklungen in Deutschland und Europa. Hohenheimer Tage zum Ausländerrecht. Baden-Baden.
– (1996): Ausweisung im demokratischen Rechtsstaat. Hohenheimer Tage zum Ausländerrecht 1995. Baden-Baden.
Barwig, Klaus; *Huber*, Bertold; *Lörcher*, Klaus; *Schumacher*, Christoph; *Sieveking*, Klaus (Hg.) (1991): Das neue Ausländerrecht. Kommentierte Einführung mit Gesetzestexten und Durchführungsverordnungen. Baden-Baden.
Barwig, Klaus; *Mieth*, Dietmar (Hg.) (1987): Migration und Menschenwürde. Mainz.
Bastin, Klaus-Dieter (Hg.) (1992): Grenzen-lose Nächstenliebe. Arbeitsfeld Migration. Stuttgart (Beiträge sozialer Arbeit der Diakonie 6).
Battegay, Raymond (1983): »Kritische Betrachtungen zu den Narzißmustheorien,« Zeitschrift für Psychosomatische Medizin und Psychoanalyse 29/1983, 209-233.
Bauer, Otto (1907): Die Nationalitätenfrage und die Sozialdemokratie. Wien 1924 (Marx-Studien 2).
Bauman, Zygmunt (1989): Dialektik der Ordnung. Die Moderne und der Holocaust. Hamburg 1992. Erstveröffentlichung: Modernity and the Holocaust. Oxford.
Bausinger, Hermann (Hg.) (1986): Ausländer – Inländer. Arbeitsmigration und

kulturelle Identität. Tübingen (Untersuchungen des Ludwig-Uhland-Instituts der Universität Tübingen 67).
– (1986): »Kulturelle Identität – Schlagwort und Wirklichkeit,« in: Barwig/Mieth (Hg.) 1987, 83-99. Erstveröffentlichung in: ders. (Hg.) – Ausländer – Inländer. Arbeitsmigration und kulturelle Identität. Tübingen 1986 (Untersuchungen des Ludwig-Uhland-Instituts der Universität Tübingen im Auftrag der Tübinger Vereinigung für Volkskunde 67): 141-159.
– (1987): »Migration aus der Sicht der Sozialwissenschaften,« in: Barwig/Mieth (Hg.) 1987, 13-27.
Bayertz, Kurt (1995): Eine kurze Geschichte der Herkunft der Verantwortung. in: ders. (Hg.) –Verantwortung: Prinzip oder Problem? Darmstadt 1995, 3-71.
Beauftragte der Bundesregierung für die Belange der Ausländer (Hg.) (1994a): Bericht der Beauftragten der Bundesregierung für die Belange der Ausländer in der Bundesrepublik Deutschland 1993. Bonn (Mitteilungen der Beauftragten der Bundesregierung für die Belange der Ausländer).
– (1994b): in der Diskussion: Das Ausländergesetz. Erfahrungen nach drei Jahren. Bonn (Mitteilungen der Beauftragten der Bundesregierung für die Belange der Ausländer Nr. 4).
– (1995): Bericht der Beauftragten der Bundesregierung für die Belange der Ausländer in der Bundesrepublik Deutschland. Bonn (Mitteilungen der Beauftragten der Bundesregierung für die Belange der Ausländer).
– (1997a): Bericht der Beauftragten der Bundesregierung für die Belange der Ausländer in der Bundesrepublik Deutschland. Bonn (Mitteilungen der Beauftragten der Bundesregierung für die Belange der Ausländer).
(1997b): Migration und Integration in Zahlen. Ein Handbuch. europäisches forum für migrationsstudien, Bamberg (Forum Migration 4), bearbeitet von Harald W. Lederer. Bonn (Mitteilungen der Beauftragten der Bundesregierung für die Belange der Ausländer).
(1999): Daten und Fakten zur Ausländersituation. Berlin, Bonn (Mitteilungen der Beauftragten der Bundesregierung für Ausländerfragen).
(2000): Bericht der Beauftragten der Bundesregierung für Ausländerfragen über die Lage der Ausländer in der Bundesrepublik Deutschland. Berlin, Bonn (Mitteilungen der Beauftragten der Bundesregierung für Ausländerfragen).
Beck, Kurt (1989): »Bemerkungen zu Staat, Tradition und tribaler Organisation im Sudan,« in: Waldmann/Elwert (Hg.) 1989, 81-92.
Beck, Ulrich (1986): Risikogesellschaft. Auf dem Weg in eine andere Moderne. Frankfurt.
– (1990): Der Konflikt der zwei Modernen. Vortrag auf dem Deutschen Soziologentag in Frankfurt. Frankfurt.
Beck, Ulrich; *Beck-Gernsheim,* Elisabeth (Hg.) (1994): Riskante Freiheiten. Individualisierung in modernen Gesellschaften. Frankfurt.
Becker, Horst (1993): »Einstellungen zu Ausländern in der Bevölkerung der Bundesrepublik Deutschland 1992,« in: Blanke (Hg.) 1993, 141-150.
Becker-Hinrichs, Dietrich (1989): »Vom Asyl im Gotteshaus zum Asyl in der Gemeinde – Religionsgeschichtliche und theologische Aspekte des Asylrechts,« ThPr 24/1989, 102-113.

Bedford-Strohm, Heinrich (1993): Vorrang für die Armen. Auf dem Weg zu einer theologischen Theorie der Gerechtigkeit. Gütersloh.

Bell, Daniel (1975): »Ethnicity and Social Change,« in: Glazer/Moynihan (Hg.) 1975, 141-174.

Bell, Roland; *von Nieding*, Norbert (1995): »Das Asylfolgeantragsverfahren nach neuem Recht,« Zeitschrift für Ausländerrecht und Ausländerpolitik 15/1995, 119-127.

Bellah, Robert N.; *Madsen*, Richard; *Sullivan*, William M. u. a. (1985): Gewohnheiten des Herzens. Individualismus und Gemeinsinn in der amerikanischen Gesellschaft. Köln 1987; Erstveröffentlichung: Bellah, Robert N. et al. – Habits of the Heart. Individualism and Commitment in American Life. Berkeley, Los Angeles, London 1985.

Bender, Stefan; *Seifert*, Wolfgang (1996): »Zuwanderer auf dem Arbeitsmarkt: Nationalitäten- und geschlechtsspezifische Unterschiede,« ZfS 25/1996, 473-495.

Benz, Wolfgang (1992): »Fremde in der Heimat: Flucht – Vertreibung – Integration,« in: Bade (Hg.) 1992b, 374-386.

– (1994): »Vorurteil und Realität. Das Lager Marzahn: Nationalsozialistische Verfolgung der Sinti und Roma und ihre anhaltende Diskriminierung,« in: Benz 1996a, 139-169. Erstveröffentlichung in: Helge Grabitz, Klaus Bästlein, Johannes Tuchel (Hg.) – Die Normalität des Verbrechens. Bilanz und Perspektiven der Forschung zu den nationalsozialistischen Gewaltverbrechen (Festschrift für Wolfgang Scheffler). Berlin 1994.

– (Hg.) (1995): Antisemitismus in Deutschland. Zur Aktualität eines Vorurteils. München.

– (1996a): Feindbild und Vorurteil. Beiträge über Ausgrenzung und Verfolgung. München.

– (1996b): Die Aktualität des Vorurteils. Antisemitische Stereotype in Deutschland,« in: Benz 1996a, 115-138.

– (1996c): »Mythos und Vorurteil. Zum modernen Fremdbild des Zigeuners,« in: Benz 1996a, 170-194.

Berding, Helmut (Hg.) (1994): Nationales Bewußtsein und kollektive Identität. Studien zur Entwicklung des kollektiven Bewußtseins in der Neuzeit 2. Frankfurt.

Berger, Klaus (1991): Historische Psychologie des Neuen Testaments. Stuttgart (SBS 146/147).

– (1992): »Fremdheit als Kategorie biblischer Theologie,« in: Den Fremden wahrnehmen. Bausteine für eine Xenologie. Hg. von Theo Sundermeier, Gütersloh 1992 (Studien zum Verstehen fremder Religionen 5): 205 -211.

Berger, Peter L.; *Luckmann*, Thomas (1967): Die gesellschaftliche Konstruktion der Wirklichkeit. Frankfurt 1969. Erstveröffentlichung: The Social Construction of Reality. A Treatise in the Sociology of Knowledge. New York 1967 (erweiterte englische Bearbeitung der deutschen Erstfassung von 1963).

Bergmann, Werner (1994): »Sozialpsychologische Hintergründe der Ausländerfeindlichkeit,« in: Böhme/Chakraborty/Weiler (Hg.) 1994, 121-128.

– (1995): »Antisemitismus in öffentlichen Konflikten 1949-1994,« in: Benz (Hg.) 1995, 64-88.

Bergmann, Werner; *Erb*, Rainer (1995): »Wie antisemitisch sind die Deutschen? Meinungsumfragen 1945-1994,« in: Benz (Hg.) 1995, 47-63.
Bertholet, Alfred (1896): Die Stellung der Israeliten und der Juden zu den Fremden. Freiburg, Leipzig.
Bieback, Karl-Jürgen (1995): »Grundprobleme des Arbeitserlaubnisrechts,« Zeitschrift für Ausländerrecht und Ausländerpolitik 15/1995, 99-109.
Bielefeld, Ulrich (1991a): »Einleitung,« in: ders. (Hg.) 1991, 9-19.
– (1991b): »Das Konzept des Fremden und die Wirklichkeit des Imaginären,« in: ders. (Hg.) 1991, 97-128.
– (1994): »Gewalt und geschlossene Gesellschaft,« in: Böhme/Chakraborty/Weiler (Hg.) 1994, 173-183.
– (Hg.) (1991): Das Eigene und das Fremde. Neuer Rassismus in der Alten Welt? Hamburg.
Bierhoff, Hans Werner (1993): Sozialpsychologie. Ein Lehrbuch. 3. überarbeitete und erweiterte Auflage. Stuttgart, Berlin, Köln.
Binder, Johann; *Simões*, Mario (1980): »Psychische Beschwerden bei ausländischen Arbeitern: Eine Untersuchung bei portugiesischen Arbeitsmigranten,« ZfS 9/1980, 262-274.
Birch, Bruce C.; *Rasmussen*, Larry L. (1989): Bibel und Ethik im christlichen Leben. Gütersloh 1993 (Öffentliche Theologie 1). Erstveröffentlichung: Bible and Ethics in the Christian Life. Revised and expanded edition, Minneapolis 1989.
Birg, Herwig (1993): »Eigendynamik demographisch expandierender und kontraktiver Bevölkerungen und internationale Wanderungen,« in. Blanke (Hg.) 1993, 25-78.
Birsl, Ursula (1996): »Rechtsextremismus und Fremdenfeindlichkeit: Reagieren Frauen anders? Zur theoretischen Verortung der Kategorie Geschlecht in der feministischen Rechtsextremismus-Forschung,« in: Falter/Jaschke/Winkler (Hg.) 1996, 49-65.
Bittner, Günther (1993): »›nach unseren eigenen psychischen Konstellationen zu deuten‹ (S. Freud). Psychoanalytisches Verstehen als Scheitern des Eigenen am Fremden,« in: Streeck (Hg.) 1993, 199-212.
BIVS (Berliner Institut für Vergleichende Sozialforschung) (Hg.) (1992): Deutschsprachige Literatur zu Flucht und Asyl. Eine Bibliographie. Berlin (Beiträge zur Vergleichenden Sozialforschung).
Blahusch, Friedrich (1992): Flüchtlinge auf dem deutschen Arbeitsmarkt. Eine empirische Untersuchung am Beispiel Hessens. Frankfurt.
Blank, Inge (1992): »›nirgends eine Heimat, aber Gräber auf jedem Friedhof‹: Ostjuden in Kaiserreich und Weimarer Republik,« in: Bade (Hg.) 1992b, 324-332.
Blank, Thomas; *Schmidt*, Peter (1994): »Ethnizität, Nationalstolz und nationale Identifikation in Ost- und Westdeutschland. Ergebnisse einer quantitativen Studie,« in: Kößler/Schiel (Hg.) 1994, 201-232.
Blanke, Bernhard (Hg.) (1993): Zuwanderung und Asyl in der Konkurrenzgesellschaft. Opladen.
Blaschke, Jochen (1989): »Der Regionalismus in Westeuropa als Problem ethnisch-politischer Mobilisierung,« in: Waldmann/Elwert (Hg.) 1989, 237-258.

Blaser, Klauspeter (1980): »Kontextuelle Theologie als ökumenisches Problem,« ThLZ 36/1980, 220-234.
Böckenförde, Ernst-Wolfgang (1991): »Die Entstehung des Staates als Vorgang der Säkularisierung,« in: ders. – Recht, Staat, Freiheit. Studien zur Rechtsphilosophie, Staatstheorie und Verfassungsgeschichte. Frankfurt 1991, 92-114.
Böckenförde, Ernst-Wolfgang; *Spaemann*, Robert (Hg.) (1987): Menschenrechte und Menschenwürde. Historische Voraussetzungen – säkulare Gestalt – christliches Verständnis. Stuttgart.
Böhme, Gernot (1985): Anthropologie in pragmatischer Hinsicht. Darmstädter Vorlesungen. Frankfurt.
– (1997a): Ethik im Kontext. Über den Umgang mit ernsten Fragen. Frankfurt.
– (1997b): Einführung in die Philosophie. Weltweisheit – Lebensform – Wissenschaft. 2. Auflage Frankfurt.
Böhme, Gernot; *Chakraborty*, Rabindra; *Weiler*, Frank (Hg.) (1994): Migration und Ausländerfeindlichkeit. Darmstadt
Böltken, Ferdinand (1991): »Ausländer im Westen der Bundesrepublik Deutschland: Alltagsprobleme, Kontakte und Konflikte,« Informationen zur Raumentwicklung Heft 7/8 1991: Räumliche Probleme der Ausländerintegration: 481-499.
– (1994): »Regionalinformationen für und aus Umfragen: Einstellungen zum Zusammenleben von Deutschen und Ausländern im Wohngebiet,« Allgemeines Statistisches Archiv 78/1994, 74-95.
Bös, Matthias (1993): »Ethnisierung des Rechts? Staatsbürgerschaft in Deutschland, Frankreich, Großbritannien und den USA,« KZSS 45/1993, 619-643.
Bohleber, Werner (1992a): »Identität und Selbst. Die Bedeutung der neueren Entwicklungsforschung für die psychoanalytische Theorie des Selbst,« Psyche 46/1992, 336-365.
– (1992b): »Nationalismus, Fremdenhaß und Antisemitismus. Psychoanalytische Überlegungen,« Psyche 46/1992, 689-709.
– (1995): »Die Dynamik des Fremden,« in: Psychoanalytische Beiträge zu Rechtsextremismus und Fremdenfeindlichkeit von Horst-Eberhard Richter u. a. Münster, Hamburg 1995 (Materialien aus dem Sigmund-Freud-Institut 14): 19-30.
Bolkestein, H. (1939): Wohltätigkeit und Armenpflege im vorchristlichen Altertum. Utrecht.
Bommes, Michael (1993): »Migration und Ethnizität im nationalen Sozialstaat;« in: Kößler/Schiel (Hg.) 1994, 179-200. Erstveröffentlichung in ZfS 23/1994, 364-377.
Bommes, Michael; *Halfmann*, Jost (1994): »Migration und Inklusion. Spannungen zwischen Nationalstaat und Wohlfahrtsstaat,« KZSS 46/1994, 406-424.
Bommes, Michael; *Radtke*, Frank-Olaf (1993): »Institutionalisierte Diskriminierung von Migrantenkindern. Die Herstellung ethnischer Differenz in der Schule,« Zeitschrift für Pädagogik 39/1993, 483-497.
Bommes, Michael; *Scherr*, Albert (1990): »Die soziale Konstruktion des Fremden. Kulturelle und politische Bedingungen von Ausländerfeindlichkeit in der Bundesrepublik,« Vorgänge 29/1990, 40-50.

Bonhoeffer, Dietrich (1930): Sanctorum Communio. Eine dogmatische Untersuchung zur Soziologie der Kirche. Hg. von Joachim von Soosten. München 1986 (DBW 1)
– (1943/1963): Ethik. Zusammengestellt und herausgegeben von Eberhard Bethge. München 1963.
– (1943/1992): Ethik. Hg. von Ilse Tödt, Heinz Eduard Tödt, Ernst Feil und Clifford Green. München 1992 (DBW 6).
Boos-Nünning, Ursula (1994a): »Die Definition von Mädchen türkischer Herkunft als Außenseiterinnen,« in: Nestvogel (Hg.) 1994, 165-184.
– (1994b): »Familie, Jugend, Bildungsarbeit,« in: Bade (Hg.) 1994, 164-179.
Bornewasser, Manfred (1995): »Motivationale Hintergründe von Fremdenfeindlichkeit und Gewalt,« in: Siegfried Müller, Hans-Uwe Otto, Ulrich Otto (Hg.) – Fremde und Andere in Deutschland. Nachdenken über das Einverleiben, Einebnen, Ausgrenzen. Opladen 1995, 87-102.
Brändle, Werner (1984): Rettung des Hoffnungslosen. Die theologischen Implikationen der Philosophie Theodor W. Adornos. Göttingen (FSÖTh 47).
Brandes, Detlef (1992a): »Die Deutschen in Rußland und der Sowjetunion,« in: Bade (Hg.) 1992b, 85-134.
– (1992b): »Deutsche auf dem Dorf und in der Stadt von der Ansiedlung bis zur Aufhebung des Kolonialstatuts,« in: Eisfeld 1992, 12-44.
Branik, Emil (1982): Psychische Störungen und soziale Probleme von Kindern und Jugendlichen aus Spätaussiedlerfamilien. Ein Beitrag zur Psychiatrie der Migration. Weinheim, Basel.
Braun, Herbert (1970): »Das himmlische Vaterland bei Philo und im Hebräerbrief,« in: Verborum Veritatis. Festschrift für Gustav Stählin. Hg. von Otto Böcher und Klaus Hacker. Wuppertal: 319-327.
– (1984): An die Hebräer. Tübingen (HNT 14).
Brecht, Werner (1988): »Art. Chile,« in: Opitz (Hg.) 1988, 111-114.
Bretting, Agnes (1992): »Halleluja – wir ziehen nach Amerika: West-, Mittel- und Nordeuropa,« in: Dirk Hoerder und Diethelm Knauf (Hg.) – Aufbruch in die Fremde. Europäische Auswanderung nach Übersee. Bremen 1992, 27-47.
Brodorotti, Helene von; *Stockmann*, Christian (Hg.) (1995): Rassismus und deutsche Asylpolitik – Deutschland wohin?! Gesellschaftliche Kräfte gegen ethnische Randgruppen und Abbau von (Bürger-)Rechten. Frankfurt.
Brosius, Hans-Bernd; *Esser*, Frank (1996): »Massenmedien und fremdenfeindliche Gewalt,« in: Falter/Jaschke/Winkler (Hg.) 1996, 204-218.
Brox, Norbert (1993): Der erste Petrusbrief. 4. Auflage Zürich, Neukirchen-Vluyn (EKK XXI).
Brucks, Ursula; *von Salisch*, Erdmann; *Wahl*, Wulf-Bodo (1983): »Ausländische Arbeiter aus der Sicht der Medizin und der Gesundheitsversorgung,« Widersprüche 3/1983, H. 9, 71-77.
Brucks, Ursula (1994): »Psychosoziale und gesundheitliche Probleme der Migration,« in: Arthur J. Cropley, Hartmut Ruddat, Detlev Dehn, Sabine Lucassen (Hg.) – (1994) Probleme der Zuwanderung. Band 1: Aussiedler und Flüchtlinge in Deutschland. Göttingen, Stuttgart 1994, 53-71.
Brumlik, Micha; *Brunkhorst*, Hauke (Hg.) (1993): Gemeinschaft und Gerechtigkeit. Frankfurt.

Brumlik, Micha; *Kiesel*, Doron; *Kugelmann*, Cilly; *Schoeps*, Julius H. (Hg.) (1986): Jüdisches Leben in Deutschland seit 1945. Frankfurt.

Brunner, José; *Peled*, Yoav (1998): »Das Elend des liberalen Multikulturalismus: Kymlicka und seine Kritiker,« DZPh 46/1998, 369-391.

Bucher, Hansjörg; *Kocks*, Martina; *Siedhoff*, Mathias (1991): »Wanderungen von Ausländern in der Bundesrepublik Deutschland der 80er Jahre,« Informationen zur Raumentwicklung Heft 7/8 1991: Räumliche Probleme der Ausländerintegration: 501-511.

Büchel, Felix; *Frick*, Joachim; *Voges*, Wolfgang (1997): »Der Sozialhilfebezug von Zuwanderern in Westdeutschland,« KZSS 49/1997, 272-290.

Buhr, Kornelia (1988): »Frauenspezifische Verfolgung als Anerkennungsgrund im Asylrecht,« Demokratie und Recht 16/1988, 192-202.

Bukow, Wolf-Dietrich; Llaryora, Roberto (1988): Mitbürger aus der Fremde. Soziogenese ethnischer Minoritäten. Opladen.

Bultmann, Christoph (1992): Der Fremde im antiken Juda. Eine Untersuchung zum sozialen Typenbegriff »ger« und seinem Bedeutungswandel in der alttestamentlichen Gesetzgebung. Göttingen. (FRLANT 153).

Butterwegge, Christoph (1996): Rechtsextremismus, Rassismus und Gewalt. Erklärungsmodelle in der Diskussion. Darmstadt.

Castelnuovo, Delia Frigessi (1990): »Das Konzept Kulturkonflikt – Vom biologischen Denken zum Kulturdeterminismus,« in: Dittrich/Radtke (Hg.) 1990, 299-309.

Christoph, Joachim E. (Hg.) (1996): Kundgebungen. Worte, Erklärungen und Dokumente der Evangelischen Kirche in Deutschland. Band 3, 1969-1980. Hannover.

Cingi, Aydin (1997): »Arbeitsmigration in der Türkei,« in: Wilfried Heller (Hg.) – Migration und sozioökonomische Transformation in Südosteuropa. München (Südosteuropa-Studien 59) 1997, 83-104.

Cohen, Matty (1990): »Le ›ger‹ biblique et son statut socio-religieux,« RHR 152/ 1990, 131-158.

Colby, Anne; *Damon*, William (1993): »Die Integration des Selbst und der Moral in der Entwicklung des moralischen Engagements,« in: Edelstein/Nunner-Winkler/Noam (Hg.) 1993, 203-231.

Crüsemann, Frank (1983a): Bewahrung der Freiheit. Das Thema des Dekalogs in sozialgeschichtlicher Perspektive. München (KT 38).

– (1983b): »›damit er dich segne in allem Tun deiner Hand ...‹ (Dtn 14, 29). Die Produktionsverhältnisse der späten Königszeit, dargestellt am Ostrakon von Mesad Hashavjahu, und die Sozialgesetzgebung des Deuteronomiums,« in: Luise und Willy Schottroff (Hg.) – Mitarbeiter der Schöpfung. Bibel und Arbeitswelt. München 1983, 72-103.

– (1987): »Fremdenliebe und Identitätssicherung. Zum Verständnis der »Fremden«-Gesetze im Alten Testament,« WuD.NF 19/1987, 11-24.

– (1988): »Das Bundesbuch – Historischer Ort und institutioneller Hintergrund,« VT.S 40/1988, 27-41.

– (1992): Die Tora. Theologie und Sozialgeschichte des alttestamentlichen Gesetzes. München.

– (1993a): »›Ihr kennt die Seele des Fremden.‹ (Ex 23, 9) Eine Erinnerung an die

Tora angesichts von neuem Nationalismus und Fremdenhaß,« Conc(D) 29/1993, 339-347.
– (1993b): »Menschenrechte und Tora und das Problem ihrer christlichen Rezeption,« KuI 8/1993, 119-132.
– (1993c): »Das Gottesvolk als Schutzraum. Zum biblischen Asyl- und Fremdenrecht und seinen religionsgeschichtlichen Hintergründen,« in: Wolf-Dieter Just (Hg.) – Asyl von unten. Kirchenasyl und ziviler Ungehorsam – Ein Ratgeber. Reinbek bei Hamburg 1993, 48-71.
Dahm, Karl-Wilhelm (1965): Pfarrer und Politik. Soziale Position und politische Mentalität des deutschen evangelischen Pfarrerstandes zwischen 1918 und 1933. Köln, Opladen (Dortmunder Schriften zur Sozialforschung 29).
Daiber, Karl-Fritz (1986): »Art. Ausländer,« EKL[3] 1, 332-336.
Dallmann, Hans-Ulrich (1992): Das Kontingenzproblem bei Niklas Luhmann im Blick auf Religion, Kirche und Gemeinde. TFESG, Reihe B, Nr. 14. Heidelberg.
– (1994a): Die Systemtheorie Niklas Luhmanns und ihre theologische Rezeption. Stuttgart, Berlin, Köln.
– (1994b): »Das Zeitproblem in systemtheoretischer Perspektive bei N. Luhmann,« in: Dieter Georgi, Hans-Günter Heimbrock und Michael Moxter (Hg.) – Religion und Gestaltung der Zeit. Kampen 1994, 35-51.
– (1997): »Die Herausforderung der Ethik durch die Systemtheorie,« in: Alberto Bondolfi, Stefan Grotefeld, Rudi Neuberth (Hg.) – Ethik, Vernunft und Rationalität. Ethics, Reason and Rationality. Beiträge zur 33. Jahrestagung der Societas Ethica in Luzern, Schweiz, 1996. Münster 1997, 255-275.
Dalman, Gustav (1939): Arbeit und Sitte in Palästina Bd. VI. Zeltleben, Vieh- und Milchwirtschaft, Jagd, Fischfang. Gütersloh (SDPI 9).
Daniel, Claus (1981): Theorien der Subjektivität. Einführung in die Soziologie des Individuums. Frankfurt, New York.
Därmann, Iris (1996): »Der Fremde zwischen den Fronten der Ethnologie und Philosophie,« PhR 43/1996, 46-63.
Deibel, Klaus (1995): »Praktische Probleme bei der Bewilligung von Leistungen nach dem Asylbewerberleistungsgesetz,« Zeitschrift für Ausländerrecht und Ausländerpolitik 15/1995, 57-64.
– (1998): »Das neue Asylbewerberleistungsrecht,« Zeitschrift für Ausländerrecht und Ausländerpolitik 18/1998, 28-38.
Demand, Peter (1996): Kirchenasyl. Rechtsinstitut oder Protestform. Ein kontextueller Versuch. Bochum.
Deutscher Gewerkschaftsbund, Paritätischer Wohlfahrtsverband (Hg.) (1994): Armut in Deutschland. Der Armutsbericht des DGB und des Paritätischen Wohlfahrtsverbandes. Hg. in Zusammenarbeit mit der Hans-Böckler-Stiftung von Walter Hanesch u. a. Reinbek bei Hamburg.
Diakonisches Werk der EKD (Hg.) (1996): Aufnahme und Schutz von bedrohten Menschen – den Flüchtlingen eine Chance. Rahmenkonzept des Diakonischen Werkes der Evangelischen Kirche in Deutschland zur Flüchtlingsarbeit. Stuttgart 1996 (Diakonie Korrespondenz 2/96).
(1997): Miteinander leben. Rahmenkonzept für die Arbeit der Diakonie mit Migrantinnen und Migranten. 1996 (Diakonie Korrespondenz 9/97).

Diehm, Isabell; *Radtke*, Frank Olaf (1999): Erziehung und Migration. Eine Einführung. Stuttgart, Berlin, Köln (Grundriß der Pädagogik 3).

Dietzel-Papakyriakou, Maria (1993): Altern in der Migration. Die Arbeitsmigranten vor dem Dilemma: zurückkehren oder bleiben? Stuttgart (Soziologische Gegenwartsfragen NF 54).

Dittrich, Eckard J.; *Lentz*, Astrid (1994): »Die Fabrikation von Ethnizität,« in: Kößler/Schiel (Hg.) 1994, 23-43.

Dittrich, Eckard J.; *Radtke*, Frank-Olaf (1990): »Der Beitrag der Wissenschaften zur Konstruktion ethnischer Minderheiten,« in: dies. (Hg.) 1990, 11-40.

– (Hg.) (1990): Ethnizität. Wissenschaft und Minderheiten. Opladen.

DIW (Deutsches Institut für Wirtschaftsforschung) (1994): Ausländerintegration und Bildungspolitik. Wochenbericht 3/94 vom 20. Januar 1994, 33-38.

Donahue, John R. S. J. (1986): »The »Parable« of the Sheep and the Goats: A Challenge to Christian Ethics,« TS 47/1986, 3-31.

Dreitzel, Hans Peter (1968): Die gesellschaftlichen Leiden und das Leiden an der Gesellschaft. Vorstudien zu einer Pathologie des Rollenverhaltens. Stuttgart (Göttinger Abhandlungen zur Soziologie Bd. 14).

Duala-M'bedy, Munasu (1977): Xenologie. Die Wissenschaft vom Fremden und die Verdrängung der Humanität in der Anthropologie. Freiburg, München.

Dubiel, Helmut (1973): Identität und Institution. Studien über moderne Sozialphilosophien. Düsseldorf.

Duchrow, Ulrich (1970): Christenheit und Weltverantwortung. Traditionsgeschichte und systematische Struktur der Zweireichelehre. Stuttgart (FBESG 25).

Duckitt, John (1992): The Social Psychology of Prejudice. New York, Westport (Conn.), London.

Dudda, Frank (1996): »Das Asylrecht im Alten Testament,« Zeitschrift für Ausländerrecht und Ausländerpolitik 16/1996, 32-37.

Easterlin, Richard A. (1980): »Wirtschaftliche und soziale Aspekte der Einwanderung,« in: Einwanderung – Integration – ethnische Bindung. Harvard Encyclopedia of American Ethnic Groups. Eine deutsche Auswahl hg. von Donata Elschenbroich. Basel, Frankfurt 1985, 25-52. Erstveröffentlichung: Immigration. Economic and social characteristics. in: Harvard Encyclopedia of American Ethnic Groups, ed. by Stephen Thernstrom, Ann Orlov, Oscar Handlin. Cambridge (Mass.) 1985, 476-486.

Ebach, Jürgen (1983): »Aspekte multikulturellen Zusammenlebens in der hebräischen Bibel,« in: Jürgen Micksch (Hg.) – Multikulturelles Zusammenleben. Theologische Erfahrungen. Frankfurt 1983, 14-23.

Eckert, Willehad Paul (1978): »Art. Antisemitismus V. Mittelalter,« TRE 3, 137-143.

Eckes, Thomas; *Six*, Bernd (1994): »Fakten und Fiktionen in der Einstellungs-Verhaltens-Forschung: Eine Meta-Analyse,« Zeitschrift für Sozialpsychologie 25/1994, 253-271.

Eckstaedt, Anita (1993): »Der fremde Feind oder das eigene Unheimliche,« in: Mechtild M. Jansen und Ulrike Prokop (Hg.) – Fremdenangst und Fremdenfeindlichkeit. Basel, Frankfurt 1993, 105-1342.

Edelstein, Wolfgang; *Nunner-Winkler*, Gertrud; *Noam*, Gil (Hg.) (1993): Moral und Person. Frankfurt (Beiträge zur Soziogenese der Handlungsfähigkeit).

Eichener, Volker (1988): Ausländer im Wohnbereich. Theoretische Modelle, empirische Analysen und politisch-praktische Maßnahmenvorschläge zur Eingliederung einer gesellschaftlichen Außenseitergruppe. Regensburg (Kölner Schriften zur Sozial- und Wirtschaftspolitik 8).

Eisenstadt, Shmuel N. (1954): The Absorption of Immigrants. A comparative study based mainly on the Jewish community in Palestine and the State of Israel. London.

Eisfeld, Alfred (1992): Die Rußlanddeutschen. München (Studienbuchreihe der Stiftung Ostdeutscher Kulturrat 2).

Elert, Werner (1949): Das christliche Ethos. Grundlinien der lutherischen Ethik. Hamburg.

Elias, Norbert; *Scotson*, John L. (1960): Etablierte und Außenseiter. Frankfurt 1990. Erstveröffentlichung: The Establishment and the Outsiders. London 1960.

Elkeles, Thomas; *Seifert*, Wolfgang (1993): »Migration und Gesundheit. Arbeitslosigkeits- und Gesundheitsrisiken ausländischer Arbeitsmigranten in der Bundesrepublik Deutschland,« Sozialer Fortschritt 42/1993, 235-241.

Elsas, Christoph (1982): Ausländerarbeit. Stuttgart, Berlin, Köln, Mainz (Praktische Wissenschaft: Kirchengemeinde 1).

Elschenbroich, Donata (1986): Eine Nation von Einwanderern. Ethnisches Bewußtsein und Integrationspolitik in den USA. Frankfurt, New York.

Elsner, Lothar (1984): »Ausländerbeschäftigung und Zwangsarbeitspolitik in Deutschland während des Ersten Weltkrieges,« in: Bade (Hg.) 1984, 527-557.

Elwert, Georg (1982): »Probleme der Ausländerintegration. Gesellschaftliche Integration durch Binnenintegration?« KZSS 34/1982, 717-731.

– (1989a): »Nationalismus und Ethnizität. Über die Bildung von Wir-Gruppen,« KZSS 41/1989, 440-464.

– (1989b): »Nationalismus, Ethnizität und Nativismus – Über Wir-Gruppenprozesse,« in: Waldmann/Elwert (Hg.) 1989, 21-60.

Enzensberger, Hans Magnus (1992): »Im Fremden das Eigene hassen?« Der SPIEGEL Nr. 34, 46/1992, 170-180.

– (1994): Die große Wanderung. 33 Markierungen. Mit einer Fußnote »Über einige Besonderheiten bei der Menschenjagd«. Frankfurt.

Erdheim, Mario (1987): »Zur Ethnopsychoanalyse von Exotismus und Xenophobie,« in: ders. – Psychoanalyse und Unbewußtheit in der Kultur. Aufsätze 1980-1987. Frankfurt 1988, 258-265. Erstveröffentlichung: Institut für Auslandsbeziehungen (Hg.) – Exotische Welten – Europäische Phantasien. Stuttgart 1987, 48-53.

– (1988): »Die Repräsentanz des Fremden. Zur Psychogenese der Imagines von Kultur und Familie,« in: ders. – Psychoanalyse und Unbewußtheit in der Kultur. Aufsätze 1980-1987. Frankfurt 1988, 237-251.

– (1992): »Das Eigene und das Fremde. Über ethnische Identität,« Psyche 46/1992, 730-744.

– (1993): »Das Eigene und das Fremde. Über ethnische Identität,« in: Mechtild M. Jansen, Ulrike Prokop (Hg.) – Fremdenangst und Fremdenfeindlichkeit. Basel, Frankfurt 1993, 163-182 (erweiterte Fassung von Erdheim 1992).

Erikson, Erik H. (1946): »Ich-Entwicklung und geschichtlicher Wandel. Klinische Notizen,« in: ders.: 1966, 11-54. Erstveröffentlichung: Ego Development and

Historical Change. Clinical Notes. in: The Psychoanalytic Study of the Child 2/ 1946, 359-396.
– (1950): »Wachstum und Krisen der gesunden Persönlichkeit,« in: ders.: 1966, 55-122. Erstveröffentlichung: Growth and Crises of the »Healthy Personality«. in: Symposium on the Healthy Personality II: Problems of Infancy and Childhood, Transactions of Fourth Conference, March 1950.
– (1956): »Das Problem der Ich-Identität,« in: ders.: 1966, 123-212. Erstveröffentlichung: The Problem of Ego Identity. The Journal of the American Psychoanalytic Association 4/1956, 56-121.
– (1966): Identität und Lebenszyklus. Frankfurt.
Esser, Hartmut (1980): Aspekte der Wanderungssoziologie. Assimilation und Integration von Wanderern, ethnischen Gruppen und Minoritäten. Eine handlungstheoretische Analyse. Darmstadt/Neuwied (Soziologische Texte NF 119).
– (1982): »Sozialräumliche Bedingungen der sprachlichen Assimilation von Arbeitsmigranten,« ZfS 11/1982, 279-306.
– (1983): Die fremden Mitbürger. Möglichkeiten und Grenzen der Integration von Ausländern. Düsseldorf.
– (1985a): »Soziale Differenzierung als ungeplante Folge absichtsvollen Handelns: Der Fall der ethnischen Segmentation,« ZfS 14/1985, 435-449.
– (1985b): »Familienmigration und Schulkarriere ausländischer Kinder und Jugendlicher,« in: Esser/Friedrich (Hg.) 1990, 127-146. Erstveröffentlichung unter dem Titel »Familienmigration, Schulsituation und interethnische Beziehungen« in: Zeitschrift für Pädagogik 35/1985, 317-336.
– (1988): »Ethnische Differenzierung und moderne Gesellschaft,« ZfS 17/1988, 235-248.
– (1989): »Die Eingliederung in der zweiten Generation. Zur Erklärung »kultureller« Differenzen,« ZfS 18/1989, 426-443.
– (1990): »Prozesse der Eingliederung von Arbeitsmigranten,« in: Charlotte Höhn, Detlev B. Rein (Hg.) – Ausländer in der Bundesrepublik Deutschland. Deutsche Gesellschaft für Bevölkerungswissenschaft, 24. Arbeitstagung. Boppard (Schriftenreihe des Bundesinstituts für Bevölkerungsforschung 20) 1990, 33-53.
– (1996a): »Ethnische Konflikte als Auseinandersetzung um den Wert von kulturellem Kapital,« in:, Wilhelm Heitmeyer, Rainer Dollase (Hg.) – Die bedrängte Toleranz. Ethnisch-kulturelle Konflikte, religiöse Differenzen und die Gefahr politisierter Gewalt. Frankfurt 1996, 64-99.
– (1996b): »Die Mobilisierung ethnischer Konflikte,« in: Bade (Hg.) 1996, 63-87.
Esser, Hartmut, *Friedrichs*, Jürgen (Hg.) (1990): Generation und Identität. Theoretische und empirische Beiträge zur Migrationssoziologie. Opladen (Studien zur Sozialwissenschaft 97).
Evangelische Kirche in Deutschland, Diakonisches Werk der EKD (1993): »Stellungnahme zum Gesetz zur Neuregelung der Leistungen an Asylbewerber«, epd-Dokumentation 24-25/1993, 83 f.
Fahrenholz, Peter (1998): »Härte ist, was das Gesetz dafür hält. Abschiebung um jeden Preis? Der Fall einer jungen Kurdin, die jahrelang von ihrem Ehemann mißhandelt wurde,« Frankfurter Rundschau Nr. 148/27 vom 30. Juni 1998, S. 3.
Falk, Zeev W. (1979): »Art. Asylrecht II. Altes Testament,« TRE 4, 318 f.

Falter, Jürgen W.; *Jaschke*, Hans-Gerd; *Winkler*, Jürgen R. (Hg.) (1996): Rechtsextremismus. Ergebnisse und Perspektiven der Forschung. Politische Vierteljahresschrift 37/1996, Sonderheft 27. Opladen.

Feithen, Rosemarie (1985): Arbeitskräftewanderungen in der Europäischen Gemeinschaft. Bestimmungsgründe und regionalpolitische Implikationen. Frankfurt, New York.

Feldmeier, Reinhard (1992): Die Christen als Fremde. Die Metapher der Fremde in der antiken Welt, im Urchristentum und im 1. Petrusbrief. Tübingen (WUNT 64).

Fichte, Johann Gottlieb (1808): Reden an die deutsche Nation. 5. durchgesehene Auflage nach dem Erstdruck, Hamburg 1978 (Philosophische Bibliothek 204).

Fink-Eitel, Hinrich (1993): »Gemeinschaft als Macht. Zur Kritik des Kommunitarismus,« in. Brumlik, Brunkhorst (Hg.) 1993, 306-322.

Finkielkraut, Alain (1987): Die Niederlage des Denkens. Reinbek bei Hamburg 1989. Erstveröffentlichung: La défaite de la pensée. Paris 1987.

Fischer, Johannes (1992): »Christliche Ethik als Verantwortungsethik?« EvTh 52/1992, 114-128.

Fischer, Wolfram (1976): Identität – die Aufhebung der Religion? Der Identitätsbegriff als religionssoziologische Fundierungskategorie. WPKG 65/1976, 141-161.

– (1978): »Struktur und Funktion erzählter Lebensgeschichte,« in: Soziologie des Lebenslaufs, hg. von Martin Kohli. Darmstadt, Neuwied (Soziologische Texte Bd. 109) 1978, 311-336.

Fleischer, Gunther (1989): Von Menschenverkäufern, Baschankühen und Rechtsverkehrern. Die Sozialkritik des Amosbuches in historisch-kritischer, sozialgeschichtlicher und archäologischer Perspektive. Frankfurt (BBB 74).

Fletcher, Joseph (1966): Moral ohne Normen? Gütersloh 1967. Erstveröffentlichung: Situation Ethics. The New Morality. London 1966.

Forst, Rainer (1993): »Kommunitarismus und Liberalismus – Stationen einer Debatte,« in: Honneth (Hg.) 1993, 181-212.

– (1994): Kontexte der Gerechtigkeit: Politische Philosophie jenseits von Liberalismus und Kommunitarismus. Frankfurt.

Francis, Emerich K. (1965): Ethnos und Demos. Soziologische Beiträge zur Volkstheorie. Berlin.

Frank, Martin (1998): »Kultureller Pluralismus und Minderheitenrechte. Will Kymlickas zwei Begründungen von Minderheitenrechten,« DZPh 46/1998, 393-429.

Frankenberg, Günter (1987): »Politisches Asyl – ein Menschenrecht? Versuch, den Schutz vor Folter auszuweiten,« Kritische Justiz 20/1987, 17-35.

– (1993): »Zur Alchimie von Recht und Fremdheit. Die Fremden als juridische Konstruktion,« in: Balke/Habermas/Nanz/Sillem (Hg.) 1993, 41-67.

Frankfurt, Harry (1988): The Importance of What we Care About. Philosophical Essays. Cambridge, New York.

– (1993): »Die Notwendigkeit von Idealen,« in: Edelstein, Nunner-Winkler, Noam (Hg.) 1993, 107-118.

Franz, Fritz (1992a): »Das Prinzip der Abstammung im deutschen Staatsangehörigkeitsrecht,« in: Institut für Migrations- und Rassismusforschung (Hg.) – Rassismus und Migration in Europa. Beiträge des Kongresses »Migration und Rassismus in Europa«, Hamburg, 26. bis 30. September 1990. Hamburg/Berlin 1992, 237-245.

– (1992b): »Zwischenbilanz des deutschen Ausländerrechts,« Zeitschrift für Ausländerrecht und Ausländerpolitik 12/1992, 154-161.

Freitag, Hans Otto (1992): »Praktische Philosophie, Staatslehre, Staatsrecht und die Theorie des Gesellschaftsvertrages beim Abbé de Sieyes. Ein Beitrag zur historischen und aktuellen Bedeutung gesellschaftsvertraglicher Theoriebildung,« Rechtstheorie 23/1992, 63-85.

Freud, Sigmund (1919): Das Unheimliche. in: Sigmund Freud – Studienausgabe. Band IV Psychologische Schriften. Frankfurt 7. Aufl. 1989, 243-274.

Frey, Christofer (1993): »Vernunftbegründung in der Ethik. Eine protestantische Sicht,« ZEE 37/1993, 22-32.

Friessem, Dieter H. (1986): »Ausländische Arbeitnehmer, psychische Erkrankung und Arbeitslosigkeit. Problemaufriß und Diskussionsrahmen,« curare 9/1986, 69-82.

Fuchs, Dieter; *Gerhards*, Jürgen; *Roller*, Edeltraud (1993): »Wir und die anderen. Ethnozentrismus in den zwölf Ländern der europäischen Gemeinschaft,« KZSS 45/1993, 238-253.

Fuchs, Ottmar (Hg.) (1988): Die Fremden. Düsseldorf (TzZ 4).

Fuchs, Peter (1991): »Vaterland, Patriotismus und Moral. Zur Semantik gesellschaftlicher Einheit,« ZfS 20/1991, 89-103.

Gätschenberger, Gudrun (1993): »Pflege von Patienten aus verschiedenen Kulturen,« Deutsche Krankenpflege-Zeitschrift 8/1993, 569-572.

Gebauer, Stefanie (1988): »Asylrechtliche Anerkennung frauenspezifischer Verfolgung,« Zeitschrift für Ausländerrecht und Ausländerpolitik 8/1988, 120-128.

Geertz, Clifford (1983): Dichte Beschreibung. Beiträge zum Verstehen kultureller Systeme. Frankfurt.

Geis, Max-Emanuel (1996): »Rechtsfragen des sog. Kirchenasyls,« epd-Dokumentation 31/1996, 43-52.

Geißler, Heiner (1976): Die neue soziale Frage. Analysen und Dokumente. Freiburg.

– (1991): »Die bunte Republik – Multikulturelles Zusammenleben im neuen Deutschland und das christliche Menschenbild,« Zeitschrift für Ausländerrecht und Ausländerpolitik 11/1991, 107-113.

Geißler, Rainer; *Marißen*, Norbert (1990): »Kriminalität und Kriminalisierung junger Ausländer. Die tickende Zeitbombe – ein Artefakt der Kriminalstatistik,« KZSS 42/1990, 663-687.

Gensichen, Hans Werner (1978): »Evangelium und Kultur. Neue Variationen über ein altes Thema,« ZMiss 4/1978, 197-214.

Giddens, Anthony (1976): Interpretative Soziologie. Frankfurt, New York 1984. Erstveröffentlichung: New Rules of Sociological Method. London 1976.

– (1984): Die Konstitution der Gesellschaft. Grundzüge einer Theorie der Strukturierung. Frankfurt, New York 1988. Erstveröffentlichung: The Constitution of Society. Outline of the Theory of Structuration. Cambridge 1984.

– (1985): The Nation-State and Violence. Volume Two of A Comparative Critique of Historical Materialism. Cambridge.

– (1991): Modernity and Self-Identity. Self and Society in the Late Modern Age. Cambridge.
Giesen, Bernhard; *Junge*, Kay; *Kritschgau*, Christian (1994): »Vom Patriotismus zum völkischen Denken: Intellektuelle als Konstrukteure der deutschen Identität,« in. Berding (Hg.) 1994, 345-393.
Giordano, Christian (1984): »Zwischen Mirabella und Sindelfingen. Zur Verflechtung von Uniformierungs- und Differenzierungsprozessen bei Migrationsphänomenen,« Schweizerische Zeitschrift für Soziologie 10/1984, 437-463.
Giusti, Miguel (1994): »Topische Paradoxien der kommunitaristischen Argumentation,« DZPh 42/1994, 759-781.
Glazer, Nathan; *Moynihan*, Daniel P. (1975): »Introduction,« in: dies. (Hg.) 1975, 1-26.
– (Hg.) (1975): Ethnicity. Theory and Experience. Cambridge (Mass.), London.
Glotz, Peter (1984): Die Arbeit der Zuspitzung. Berlin.
Göbel-Zimmermann, Ralph (1995): »Handlungsspielräume der Landesregierungen für den Erlaß von Abschiebungsstoppregelungen,« Zeitschrift für Ausländerrecht und Ausländerpolitik 15/1995, 23-29.
Goffman, Erving (1963): Stigma. Über Techniken der Bewältigung beschädigter Identität. Frankfurt 1967. Erstveröffentlichung: Stigma. Notes on the Management of Spoiled Identity. Englewood Cliffs (N.Y.) 1963.
Goldberg, Andreas (1991): »Ausländische Selbständige auf dem bundesdeutschen Arbeitsmarkt. Ein Beispiel für den wirtschaftlichen und sozialen Aufstieg ehemaliger ausländischer Arbeitnehmer,« Informationen zur Raumentwicklung Heft 7/8 1991: Räumliche Probleme der Ausländerintegration: 411-419.
Goodin, Robert E. (1988): »What Is So Special about Our Fellow Countrymen?« Ethics 98/1988, 663-686.
Gordon, Milton M. (1964): Assimilation in American Life. The Role of Race, Religion and National Origins. New York.
– (1975): »Toward a General Theory of Racial and Ethnic Group Relations,« in: Glazer/Moynihan (Hg.) 1975, 84-110.
Gottstein, Margit (1986): Die rechtliche und soziale Situation von Flüchtlingsfrauen in der Bundesrepublik Deutschland vor dem Hintergrund frauenspezifischer Flucht- und Verfolgungssituationen. Bonn (ZDWF-Schriftenreihe 18).
– (1988):»Frauenspezifische Verfolgung und ihre Anerkennung als politische Verfolgung im Asylverfahren,« in: Ashkenasi (Hg.) 1988, 274-283.
Grässer, Erich (1990): An die Hebräer (1. Teilband Hebr 1 – 6). Zürich, Neukirchen-Vluyn (EKK XVII/1).
– (1993): An die Hebräer (2. Teilband Hebr 7, 1 – 10, 18). Zürich, Neukirchen-Vluyn (EKK XVII/2).
Graf, Friedrich Wilhelm (1990): »Bedingungen der Toleranz. Protestantismus und multikulturelle Gesellschaft,« EvKo 23/1990, 10-13.
– (1991): »Kultur des Unterschieds? Protestantische Tradition im multikulturellen Deutschland,« in: Richard Ziegert (Hg.) – Protestantismus als Kultur. Bielefeld 1991, 97-108.
Granato, Mona; *Meissner*, Vera (1994): Hochmotiviert und abgebremst. Junge Frauen ausländischer Herkunft in der Bundesrepublik Deutschland. Eine ge-

schlechtsspezifische Analyse ihrer Bildungs- und Lebenssituation. Bielefeld (Berichte zur beruflichen Bildung 165).
Grawert, Rolf (1984): »Staatsangehörigkeit und Staatsbürgerschaft,« Der Staat 23/1984, 179-204.
Grenholm, Carl-Henric (1994): »Art. Nationalismus,« TRE 24, 21-34.
Greverus, Ina-Maria (1995): Die Anderen und Ich. Vom Sich Erkennen, Erkannt- und Anerkanntwerden. Kulturanthropologische Texte. Darmstadt.
Gripp, Helga (1984): Jürgen Habermas. Und es gibt sie doch – Zur kommunikationstheoretischen Begründung von Vernunft bei Jürgen Habermas. Paderborn, München, Wien, Zürich.
Grözinger, Albrecht (1992): Es bröckelt an den Rändern. Kirche und Theologie in einer multikulturellen Gesellschaft. München.
Grohs, Gerhard; *Schwerdtfeger*, Johannes; *Strohm*, Theodor (Hg.) (1980): Kulturelle Identität im Wandel. Beiträge zum Verhältnis von Bildung, Entwicklung und Religion. (Dietrich Goldschmidt zum 65. Geburtstag). Stuttgart.
Gründer, Horst (1985): Geschichte der deutschen Kolonien. 3. verbesserte und ergänzte Auflage, Paderborn, München, Wien, Zürich 1995.
Grundmann, Walter (1935): »Art. παρεπιδημος,« ThWNT II: 63 f.
Gunsteren, Herman R. van (1988): »Admission to Citizenship,« Ethics 98/1988, 731-741.
Gustafson, James M. (1969): »Situation contra Prinzipien. Eine irreführende Debatte in christlicher Ethik,« ZEE 13/1969, 14-40.
Haberland, Jürgen (1988): Eingliederung von Aussiedlern und Zuwanderern. Sammlung von Texten, die für die Eingliederung von Aussiedlern aus den osteuropäischen Staaten und Zuwanderern aus der DDR und aus Berlin (Ost) von Bedeutung sind. 4. überarbeitete und erweiterte Auflage. Leverkusen.
Habermann, Monika (1995): »Vom Umgang mit dem Fremden – der Beitrag der Ethnologie zur Pflege,« in: Zweites Darmstädter Symposium. Pflegewissenschaft an (Fach-)Hochschulen am 14.9.1995 an der EFH Darmstadt. Dokumentation der Vorträge. Darmstadt 1995, 15-23. Nachdruck in: Uzarewicz/Piechotta (Hg.) 1997, 53-62.
Habermas, Jürgen (1973): Erkenntnis und Interesse. Mit einem neuen Nachwort. Frankfurt [6]1981.
– (1976a): Zur Rekonstruktion des Historischen Materialismus. Frankfurt.
– (1976b): »Moralentwicklung und Ich-Identität,« in: Habermas 1976a, 63-91.
– (1976c): »Können komplexe Gesellschaften eine vernünftige Identität ausbilden?« In: Habermas 1976a, 92-126.
– (1981): Theorie des kommunikativen Handelns (2 Bände). Frankfurt.
– (1983a): »Moralbewußtsein und kommunikatives Handeln,« in: ders. – Moralbewußtsein und kommunikatives Handeln. Frankfurt 1983, 127-206.
– (1983b): »Ziviler Ungehorsam – Testfall für den demokratischen Rechtsstaat. Wider den autoritären Legalismus in der Bundesrepublik,« in: Peter Glotz (Hg.) – Ziviler Ungehorsam im Rechtsstaat. Frankfurt 1983, 29-53.
– (1984): »Was macht eine Lebensform ›rational‹?« In: Habermas 1991a, 31-48. Erstveröffentlichung in: Herbert Schnädelbach (Hg.) – Rationalität. Frankfurt 1984.
– (1986a): »Treffen Hegels Einwände gegen Kant auch auf die Diskursethik zu?«

In: Habermas 1991a, 9-30. Erstveröffentlichung in: Wolfgang Kuhlmann (Hg.) – Moralität und Sittlichkeit. Frankfurt 1986, 16-37.
– (1986b): »Gerechtigkeit und Solidarität. Zur Diskussion über ›Stufe 6‹« in: Habermas 1991a, 49-76. Erstveröffentlichung in: Wolfgang Edelstein, Gertrud Nunner-Winkler (Hg.) – Bestimmungen der Moral. Frankfurt 1986, 291-318.
– (1987): »Geschichtsbewußtsein und posttraditionale Identität. Die Westorientierung der Bundesrepublik,« in: ders. – Eine Art Schadensabwicklung. Kleine Politische Schriften VI. Frankfurt 1987, 159-179.
– (1988a): Nachmetaphysisches Denken. Philosophische Aufsätze. Frankfurt.
– (1988b): »Handlungen, Sprechakte, sprachlich vermittelte Interaktionen und Lebenswelt,« in: Habermas 1988a, 63-104.
– (1990): »Nochmals: Zur Identität der Deutschen. Ein einig Volk von aufgebrachten Wirtschaftsbürgern?« In: ders. – Die nachholende Revolution. Kleine Politische Schriften VII. Frankfurt 1990, 205-224.
– (1991a): Erläuterungen zur Diskursethik. Frankfurt.
– (1991b): »Vom pragmatischen, ethischen und moralischen Gebrauch der praktischen Vernunft,« in: Jürgen Habermas 1991a, 100-118.
– (1991c): »Erläuterungen zur Diskursethik,« in: Habermas 1991a, 119-226.
– (1991d): »Staatsbürgerschaft und nationale Identität,« in: Habermas 1992a, 632-660. Erstveröffentlichung: St. Gallen 1991 unter dem gleichen Titel.
– (1992a): Faktizität und Geltung. Beiträge zur Diskurstheorie des Rechts und des demokratischen Rechtsstaats. Frankfurt.
– (1992b): »Kommunikative Freiheit und negative Theologie. Fragen an Michael Theunissen,« in: ders. – Vom sinnlichen Eindruck zum symbolischen Ausdruck. Philosophische Essays. Frankfurt 1997, 112-135. Erstveröffentlichung: Emil Angehrn u. a. (Hg.) – Dialektischer Negativismus. Frankfurt 1992, 15-34.
– (1993): »Anerkennungskämpfe im demokratischen Rechtsstaat,« in: Taylor 1992, 147-196.
Hahn, Alois (1993): »Soziologie des Fremden,« in: Erfahrungen des Fremden. Vorträge im Sommersemester 1992 Heidelberg 1993 (Sammelband der Vorträge des Studium Generale der Ruprecht-Karls-Universität Heidelberg): 23-34.
Hailbronner, Kay (1994): Reform des Asylrechts. Steuerung und Kontrolle des Zuzugs von Ausländern. Konstanz (Konstanzer Schriften zur Rechtstatsachenforschung 8).
– (1999): »Doppelte Staatsangehörigkeit,« Zeitschrift für Ausländerrecht und Ausländerpolitik 19/1999, 51-58.
Hailbronner, Kay; *Thiery*, Claus (1997): »Schengen II und Dublin – Der zuständige Asylstaat in Europa,« Zeitschrift für Ausländerrecht und Ausländerpolitik 17/1997, 55-66.
Hamburger, Franz (1994): »Migration und Armut,« Informationsdienst zur Ausländerarbeit Heft 3/4 1994, 36-42.
Han, Petrus (2000): Soziologie der Migration. Erklärungsmodelle – Fakten – Politische Konsequenzen – Perspektiven. Stuttgart.
Harbach, Heinz (1976): Internationale Schichtung und Arbeitsmigration. Reinbek bei Hamburg.
Harnack, Adolf (1902): Die Mission und Ausbreitung des Christentums in den ersten drei Jahrhunderten. Leipzig.

Hartmann, Gert (1993): Lebensdeutung. Theologie für die Seelsorge. Göttingen.
Harzig, Christiane (1992): »Lebensformen im Einwanderungsprozeß,« in: Bade (Hg.) 1992b, 157-170.
Hauerwas, Stanley (1974): Visions and Virtue. Essays in Christian Ethical Reflection. Notre Dame (Ind.), London [2]1981.
– (1975): Character and the Christian Life. A Study in Theological Ethics. Neuauflage mit einer neuen Einführung, Notre Dame (Ind.), London 1994.
– (1981a): A Community of Character. Toward a Constructive Christian Social Ethic. Notre Dame (Ind.), London [5]1986.
– (1981b): »Die Kirche in einer zerrissenen Welt und die Deutungskraft der christlichen ›Story‹,« in: Hans G. Ulrich (Hg.) – Evangelische Ethik. Diskussionsbeiträge zu ihrer Grundlegung und ihren Aufgaben. München 1990 (TB 83): 338-381. Erstveröffentlichung: The Church in a Divided World: The Interpretative Power of the »Christian Story«. in: Stanley Hauerwas 1981a, 89-110.
– (1983a): Selig sind die Friedfertigen. Ein Entwurf christlicher Ethik. Herausgegeben und eingeleitet von Reinhard Hütter. Neukirchen-Vluyn 1995 (Evangelium und Ethik 4). Erstveröffentlichung: The Peaceable Kingdom. A Primer in Christian Ethics. Notre Dame (Ind.), London 1983.
– (1983b): »On Keeping Theological Ethics Theological,« in: Revisions: Changing Perspectives in Moral Philosophy, ed. by Stanley Hauerwas and Alasdair MacIntyre. Notre Dame (Ind.) 1983, 16-42.
– (1987): »Einige Gedanken zur Entwicklung hoffnungsvoller Tugenden,« GlLern 2/1987, 107-113.
– (1988): Christian Existence Today. Essays on Church, World and Living in Between. Durham.
Hauerwas, Stanley, *Burrell*, David (1977): »From System to Story: An Alternative Pattern for Rationality in Ethics,« in: Stanley Hauerwas und L. Gregory Jones (Hg.) – Why Narrative? Readings in Narrative Theology, Grand Rapids 1989, 158-190. Erstveröffentlichung in: Stanley Hauerwas – Truthfulness and Tragedy: Further Investigations in Christian Ethics. Notre Dame (Ind.) 1977, 15-39.
Heckmann, Friedrich (1981): Die Bundesrepublik: Ein Einwanderungsland. Zur Soziologie der Gastarbeiterbevölkerung als Einwanderungsminorität. Stuttgart.
– (1984): »Anwesend, aber nicht zugehörig: Aspekte sozialer Diskriminierung der ausländischen Bevölkerung in der Bundesrepublik,« in: Bade (Hg.) 1984, 644-656.
– (1988): »Volk, Nation, ethnische Gruppe und ethnische Minderheiten. Zu einigen Grundlagen von Ethnizität,« Österreichische Zeitschrift für Soziologie 13/1988, H. 3, 16-31.
– (1991): »Ethnos, Demos und Nation, oder: Woher stammt die Intoleranz des Nationalstaats gegenüber ethnischen Minderheiten?« In: Bielefeld (Hg.) 1991, 51-78.
– (1992): Ethnische Minderheiten, Volk und Nation. Soziologie interethnischer Beziehungen. Stuttgart.
Hegel, Georg Wilhelm Friedrich (1807): Phänomenologie des Geistes. Frankfurt 1986 (Werke 3).
Heim, Robert (1992): »Fremdenhaß und Reinheit – die Aktualität einer Illusion.

Sozialpsychologische und psychoanalytische Überlegungen,« Psyche 46/1992, 710-729.
– (1993): »Die Opferung des Fremden. Zur Psychoanalyse des Sündenbocks,« Psychoanalyse im Widerspruch 4/1993, Heft 10, 5-22.
Heitmeyer, Wilhelm (1987): Rechtsextremistische Orientierungen bei Jugendlichen. Empirische Ergebnisse und Erklärungsmuster einer Untersuchung zur politischen Sozialisation. Weinheim, München (Jugendforschung).
– (1994): »Das Desintegrations-Theorem. Ein Erklärungsansatz zu fremdenfeindlich motivierter, rechtsextremistischer Gewalt und zur Lähmung gesellschaftlicher Institutionen,« in: Das Gewalt-Dilemma. Gesellschaftliche Reaktionen auf fremdenfeindliche Gewalt und Rechtsextremismus. Hg. von Wilhelm Heitmeyer. Frankfurt 1994, 29-69.
Heitmeyer, Wilhelm u. a. (1992): Die Bielefelder Rechtsextremismus-Studie. Erste Langzeituntersuchung zur politischen Sozialisation männlicher Jugendlicher. Weinheim, München (Jugendforschung).
Heitmeyer, Wilhelm; *Müller*, Joachim; *Schröder*, Helmut (1997): Verlockender Fundamentalismus. Türkische Jugendliche in Deutschland. Frankfurt.
Held, Josef; *Horn*, Hans; *Leiprecht*, Rudolf; *Marvakis*, Athanasios (1992): »Du mußt so handeln, daß Du Gewinn machst ...« Empirische Untersuchungen und theoretische Überlegungen zu politisch rechten Orientierungen jugendlicher Arbeitnehmer. Düsseldorf.
Hennig, Claudius; *Kremsner*, Wolfgang; *Paul*, Hari; *Weng*, Günther (1982): »Die psychische Situation der Asylbewerber aus der Dritten Welt im Sammellager Tübingen,« in: Claudius Hennig, Siegfried Wießner (Hg.) – Lager und menschliche Würde. Die psychische und rechtliche Situation der Asylsuchenden im Sammellager Tübingen. Tübingen 1982, 19-71.
Henrich, Dieter (1966): Fichtes ursprüngliche Einsicht. Frankfurt 1967 (Wissenschaft und Gegenwart 34). Erstveröffentlichung in: Subjektivität und Metaphysik. Festschrift für Wolfgang Cramer. Hg. von Dieter Henrich und Hans Wagner. Frankfurt 1966, 188-232.
Henssler, Ortwin (1954): Formen des Asylrechts und ihre Verbreitung bei den Germanen. Frankfurt.
Herbert, Ulrich (1992): »›Ausländer-Einsatz‹ in der deutschen Kriegswirtschaft, 1939-1945,« in: Bade (Hg.) 1992b, 354-367.
Herms, Eilert (1986): »Art. Johann Gottfried von Herder,« TRE 15, 70-95.
– (1995): »Die Bedeutung der Kirchen für die Ausbildung sozialer Identitäten in multikulturellen Gesellschaften. Eine systematisch-theologische Betrachtung,« KZG 8/1995, 61-89.
Hertz, Anselm (1978): »Die christliche Lebenswelt,« in: HCE.NA: 236-242.
Hettlage, Robert (1988): »Hauptlinien der Gastarbeiterforschung in der Bundesrepublik Deutschland. Über die interaktive Herstellung von Problembewußtsein,« Österreichische Zeitschrift für Soziologie 13/1988, H. 3, 74-94.
Hettlage-Varjas, Andrea; *Hettlage*, Robert (1984): »Kulturelle Zwischenwelten. Fremdarbeiter – eine Ethnie?« Schweizerische Zeitschrift für Soziologie 10/1984, 357-403.
– (1990): »Die Entstehung von Fremdenhaß in unserer Gesellschaft. Psychoanalyse und Soziologie im Dialog,« WzM 42/1990, 469-483.

Hobsbawm, Eric J. (1990): Nationen und Nationalismus. Mythos und Realität seit 1780. Frankfurt, New York 1991. Erstveröffentlichung: Nations and nationalism since 1780. Programme, myth, reality. Cambridge, New York, Melbourne.

Hochmuth, Uwe; *Klee*, Günther; *Volkert*, Jürgen (1995): Armut in der Sozialen Marktwirtschaft. Möglichkeiten und Probleme ihrer Überwindung aus ordnungspolitischer Sicht. Tübingen, Basel (Tübinger Volkswirtschaftliche Schriften 12).

Hoerder, Dirk; *Knauf*, Diethelm (1992): »Wanderungen in Europa und ihre Ausbreitung über die Welt,« in: dies. – Aufbruch in die Fremde. Europäische Auswanderung nach Übersee. Bremen 1992, 9-24.

Hoerschelmann, Thomas (1996): Theologische Ethik. Zur Begründungsproblematik christlicher Ethik im Kontext der diskursiven Moraltheorie. Stuttgart, Berlin, Köln.

Hof, Bernd (1996): »Szenarien künftiger Zuwanderungen und ihre Auswirkungen auf Bevölkerungsstruktur, Arbeitsmarkt und soziale Sicherung,« Allgemeines Statistisches Archiv 80/1996, 109-145.

Hoffmann, Lutz (1991): »Das ›Volk‹. Zur ideologischen Struktur eines unvermeidbaren Begriffs,« ZfS 20/1991, 191-208.

– (1996): »Der Volksbegriff und seine verschiedenen Bedeutungen: Überlegungen zu einer grundlegenden Kategorie der Moderne,« in: Bade (Hg.) 1996, 149-170.

Hoffmann, Lutz; *Even*, Herbert (1983): »Die Belastungsgrenze ist überschritten«. Entwurf einer Theorie der Ausländerfeindlichkeit. Bielefeld (Materialien des Zentrums für Wissenschaft und berufliche Praxis 15).

– (1984): Soziologie der Ausländerfeindlichkeit. Zwischen nationaler Identität und multikultureller Gesellschaft. Weinheim, Basel.

Hoffmann-Lange, Ursula (1996): »Das rechte Einstellungspotential in der deutschen Jugend,« in: Falter/Jaschke/Winkler (Hg.) 1996, 121-137.

Hoffmann-Nowotny, Hans-Joachim (1970): Migration. Ein Beitrag zu einer soziologischen Erklärung. Stuttgart.

– (1973): Soziologie des Fremdarbeiterproblems. Eine theoretische und empirische Analyse am Beispiel der Schweiz. Stuttgart.

– (1996): Soziologische Aspekte der Multikulturalität. in: Bade (Hg.) 1996, 103-126.

Hoffmeyer-Zlotnik, Jürgen (1977): Gastarbeiter im Sanierungsgebiet. Hamburg (Beiträge zur Stadtforschung 1).

Hofmann, Rainer (1995): Minderheitenschutz in Europa. Völker- und staatsrechtliche Lage im Überblick. Berlin (Forschungsergebnisse der Studiengruppe für Politik und Völkerrecht 19).

Honecker, Martin (1995): »Nationale Identität und theologische Verantwortung. Überlegungen zu einer spannungsvollen Beziehung,« ZThK 92/1995, 83-101.

Honneth, Axel (1988): »Nachwort,« in: Charles Taylor – Negative Freiheit? Zur Kritik des neuzeitlichen Individualismus. Frankfurt 1992, 295-314.

– (Hg.) (1993): Kommunitarismus. Eine Debatte über die moralischen Grundlagen moderner Gesellschaften. Frankfurt, New York (Theorie und Gesellschaft Bd. 26).

– (Hg.) (1994): Pathologien des Sozialen. Die Aufgabe der Sozialphilosophie. Frankfurt (Philosophie der Gegenwart).
– (1994a): Kampf um Anerkennung. Zur moralischen Grammatik sozialer Konflikte. Frankfurt.
– (1994b): »Das Andere der Gerechtigkeit. Habermas und die ethische Herausforderung der Postmoderne,« DZPh 42/1994, 193-220.
Houten, Christina van (1991): The Alien in Israelite Law. Sheffield. (JSOT.S 107).
Horkheimer, Max; *Adorno*, Theodor W. (1947): Dialektik der Aufklärung. Philosophische Fragmente. Frankfurt (GS Bd. 5).
Hossfeld, Frank Lothar (1982): Der Dekalog. Seine späteren Fassungen, die originale Komposition und seine Vorstufen. Freiburg, Göttingen (OBO 45).
Huber, Berthold (1987): »Die Beratungen des Reichs- und Staatsangehörigkeitsgesetzes von 1913 im Deutschen Reichstag,« in: Klaus Barwig, Klaus Lörcher, Christoph Schumacher (Hg.) – Aufenthalt – Niederlassung – Einbürgerung. Stufen rechtlicher Integration. Hohenheimer Tage zum Ausländerrecht 1986. Baden-Baden 1987, 181-220.
– (1988): »Sanctuary. Kirchenasyl im Spannungsverhältnis von strafrechtlicher Verfolgung und verfassungsrechtlicher Legitimation,« Zeitschrift für Ausländerrecht und Ausländerpolitik 8/1988, 153-158.
– (1993): »Das Asylrecht nach der Grundgesetzänderung,« in: Barwig/Brinkmann/Huber/Lörcher/Schumacher (Hg.) 1994, 213-234. Erstveröffentlichung: NVwZ 12/1993, 736 ff.
– (1996): »Straffällig gewordene junge Ausländer. Ausländer- und jugendhilferechtliche Aspekte,« in: Barwig/Brinkmann/Huber/Lörcher/Schumacher (Hg.) 1996, 117-129.
Huber, Wolfgang (1973): Kirche und Öffentlichkeit. Stuttgart (FBESG 28).
– (1978): »Die Kirche als Raum und als Anwalt der Freiheit,« in: Huber 1983a, 205-216. Erstveröffentlichung: DtPfrBl 78/1978.
– (1979): Kirche. Stuttgart, Berlin (ThTh.E).
– (1980a): Der Streit um die Wahrheit und die Fähigkeit zum Frieden. Vier Kapitel ökumenische Theologie. München.
– (1980b): »Freiheit und Institution. Sozialethik als Ethik kommunikativer Freiheit,« in: Huber 1983a, 113-127. Erstveröffentlichung: EvTh 40/1980, 302 ff.
– (1980c): »›Eigengesetzlichkeit‹ und ›Lehre von den zwei Reichen‹«, in: Huber 1983, 53-70. Erstveröffentlichung in: Norbert Hasselmann (Hg.) – Gottes Wirken in seiner Welt, Bd. 2. Zur Diskussion um die Zwei-Reiche-Lehre. Darmstadt 1980, 27 ff.
– (1983a): Folgen christlicher Freiheit. Ethik und Theorie der Kirche im Horizont der Barmer Theologischen Erklärung. Neukirchen-Vluyn (NBST Bd. 4)
– (1983b): »Sozialethik als Verantwortungsethik,« in: ders. – Konflikt und Konsens. Studien zur Ethik der Verantwortung. München 1990, 135-157. Erstveröffentlichung in: Alberto Bondolfi u. a. (Hg.) – Ethos des Alltags. Festschrift für Stephan H. Pfürtner. Zürich u. a. 1983, 55-76.
– (1984): »Erinnerung, Erfahrung, Erwartung. Die Ungleichzeitigkeit der Religion und die Aufgabe theologischer Ethik,« in: Christian Link (Hg.) – Die Erfahrung der Zeit. Gedenkschrift für Georg Picht. Stuttgart 1984, 321-333
– (1990): »Der Protestantismus und die Ambivalenz der Moderne,« in: Jürgen

Moltmann (Hg.) – Religion der Freiheit. Protestantismus in der Moderne. München 1990, 29-65.
– (1992a): »Ökumenische Situation und protestantisches Prinzip. Eine Problemanzeige,« ZThK 89/1992, 98-120.
– (1992b): »Viele Kulturen – eine Gesellschaft. Multikulturalität in europäischer Perspektive,« ZEE 36/1992, 111-124.
– (1992c): »Selbstbegrenzung aus Freiheit. Über das ethische Grundproblem des technischen Zeitalters,« EvTh 52/1992, 128-146.
– (1992d): »Strukturen verantwortlichen Lebens. Die Bedeutung Heinz Eduard Tödts für die theologische Ethik. Vortrag bei der Akademischen Gedenkfeier in Heidelberg am 6. Mai 1992,« ZEE 36/1992, 241-256.
– (1992e): »Art. Menschenrechte/Menschenwürde,« TRE 22, 577-602.
– (1993a): »Die Verbindlichkeit der Freiheit. Über das Verhältnis von Verbindlichkeit und Freiheit in der evangelischen Ethik,« ZEE 37/1993, 70-81.
– (1993b): »Menschenrechte und biblisches Rechtsdenken. Ein Versuch,« KuI 8/1993, 144-160.
– (1993c): »Toward an Ethics of Responsibility,« JR 73/1993, 573-591.
– (1993d): Die alltägliche Gewalt. Gegen den Ausverkauf der Menschenwürde. Freiburg, Basel, Wien.
– (1993e): »Die Mehrheitsgesellschaft und die Minderheiten – Bedingungen des Zusammenlebens,« epd-Dokumentation 2a/1993.
– (1994): »Öffentliche Kirche in pluralen Öffentlichkeiten,« EvTh 54/1994, 157-180.
– (1995a): »Christliche Freiheit heute. Herausforderungen für Gesellschaft und Kirche,« HerKorr 49/1995, 190-196.
– (1995b): »Gestalten und Wirkungen christlicher Freiheit heute,« ZThK 92/1995, 278-286.
– (1995c): »Kirchenasyl im Konfliktfeld zwischen Kirche und Staat,« in. von Brodorotti/
Stockmann (Hg.) 1995, 160-166.
– (1996a): »Christliche Freiheit in der freiheitlichen Gesellschaft,« EvTh 56/1996, 99-116.
– (1996b): Gerechtigkeit und Recht. Grundlinien christlicher Rechtsethik. Gütersloh.
Huber, Wolfgang; *Tödt*, Heinz Eduard (1977): Menschenrechte. Perspektiven einer menschlichen Welt, München 3. Aufl. 1988.
Huber, Wolfgang; *Reuter*, Hans Richard (1990): Friedensethik. Stuttgart, Berlin, Köln.
Hütter, Reinhard (1993): Evangelische Ethik als kirchliches Zeugnis. Interpretationen zu Schlüsselfragen theologischer Ethik in der Gegenwart. Neukirchen-Vluyn (Evangelium und Ethik, Bd. 1).
Hundsalz (1982): Soziale Situation der Sinti in der Bundesrepublik Deutschland. Endbericht. Lebensverhältnisse Deutscher Sinti unter besonderer Berücksichtigung der eigenen Aussagen und Meinungen der Betroffenen. Stuttgart, Berlin, Köln, Mainz (Schriftenreihe des Bundesministers für Jugend, Familie und Gesundheit 129).
Huntington, Samuel P. (1996): Kampf der Kulturen. Die Neugestaltung der Welt-

politik im 21. Jahrhundert. München, Wien. Erstveröffentlichung: The Clash of Civilizations. New York.
Ibrahim, Ferhad (1988): »Nationalstaaten, Minderheitenunterdrückung und Entstehung von Flüchtlingsproblemen. Das Beispiel der Kurden,« in: Ashkenasi (Hg.) 1988, 44-63.
Imhof, Kurt (1993): »Nationalismus, Nationalstaat und Minderheiten. Zu einer Soziologie der Minoritäten,« Soziale Welt 44/1993, 327-357.
Inglehart, Ronald (1995): Kultureller Umbruch. Wertwandel in der westlichen Welt. Frankfurt.
Institut für Sozialforschung (Hg.) (1936): Studien über Autorität und Familie. Forschungsberichte aus dem Institut für Sozialforschung. Paris (Schriften des Instituts für Sozialforschung 5).
– (1992): Aspekte der Fremdenfeindlichkeit. Beiträge zur aktuellen Diskussion. Frankfurt, New York.
Ipsen, Detlev (1978): »Wohnsituation und Wohninteresse ausländischer Arbeiter in der Bundesrepublik Deutschland,« Leviathan 6/1978, 558-573.
Ipsen, Knut (1996): »Die Minderheitensituation im dänisch-deutschen Grenzraum,« in: Manfred Mohr (Hg.) – Friedenssichernde Aspekte des Minderheitenschutzes in der Ära des Völkerbundes und der Vereinten Nationen in Europa. Berlin, Heidelberg, New York 1996, 267-276.
Jacobmeyer, Wolfgang (1985): Vom Zwangsarbeiter zum Heimatlosen Ausländer. Die Displaced Persons in Westdeutschland 1945-1951. Göttingen (Kritische Studien zur Geschichtswissenschaft 65).
– (1986): »Die Lager der jüdischen Displaced Persons in den Westzonen 1946/47 als Ort jüdischer Selbstvergewisserung,« in: Brumlik/Kiesel/Kugelmann/Schoeps (Hg.) 1986, 31-48.
– (1992): »Ortlos am Ende des Grauens: ›Displaced Persons‹ in der Nachkriegszeit,« in: Bade (Hg.) 1992b, 367-373.
Jacobs, Uwe Kai (1990): »Kirchliches Asylrecht. Aspekte zu seiner geschichtlichen und gegenwärtigen Geltungskraft,« ZEvKR 35/1990, 25-43.
Jahn, Günther (1994): »Kriminalität der Ausländer. Eine aufhellende Analyse,« Kriminalistik 48/1994, 255-258.
Jaschke, Hans-Gerd (1994): Rechtsextremismus und Fremdenfeindlichkeit. Begriffe, Positionen, Praxisfelder. Opladen.
Jersch-Wenzel, Steffi (1985): »Ein importiertes Ersatzbürgertum? Die Bedeutung der Hugenotten für die Wirtschaft Brandenburg-Preußens,« in: von Thadden/Magdelaine (Hg.) 1985, 160-171.
Joas, Hans (1987): »Symbolischer Interaktionismus. Von der Philosophie des Pragmatismus zu einer soziologischen Forschungstradition,« KZSS 40/1988, 417-446. Erstveröffentlichung in: Anthony Giddens, Jonathan Turner (Hg.) – Social Theory Today. Cambridge 1987.
– (1993): »Gemeinschaft und Demokratie in den USA. Die vergessene Vorgeschichte der Kommunitarismus-Diskussion,« in: Brumlik/Brunkhorst (Hg.) 1993, 49-62.
Jockenhövel-Schiecke, Helga (1985): »Die Lebenssituation von Flüchtlingsfrauen in europäischen Ländern,« Zeitschrift für Ausländerrecht und Ausländerpolitik 5/1985, 181-186.

Jonas, Hans (1979): Das Prinzip Verantwortung. Versuch einer Ethik für die technologische Zivilisation. Frankfurt.

Just, Wolf-Dieter (1993): »Streit um die Position der EKD zum Asylrecht,« epd-Dokumentation 43/1993, 1-10.

Kallscheuer, Otto; *Leggewie*, Claus (1994): »Deutsche Kulturnation versus französische Staatsnation? Eine ideengeschichtliche Stichprobe,« in: Berding (Hg.) 1994, 112-162.

Kampling, Rainer (1988): »Fremde und Fremdsein in Aussagen des Neuen Testaments;« in: Fuchs (Hg.) 1988, 215-239.

Kant, Immanuel (1781/1787): Kritik der reinen Vernunft. Werkausgabe III und IV (hg. von Wilhelm Weischedel). Frankfurt 1968.

– (1797): Die Metaphysik der Sitten. Werkausgabe VIII (hg. von Wilhelm Weischedel), Frankfurt 1968.

Kast, Verena (1994): »Angst und Faszination. Emotionen in bezug auf das Fremde;« in. Helga Egner (Hg.) –Das Eigene und das Fremde. Angst und Faszination. Solothurn, Düsseldorf 1994 (Veröffentlichungen der Internationalen Gesellschaft für Tiefenpsychologie e. V.): 214-237.

Katz, Daniel; *Braly*, Kenneth W. (1933): »Racial stereotypes of 100 college students,« Journal of Abnormal and Social Psychology 28/1933, 280-290.

Katzenstein, Sibylle (1997): Psychosomatische Beschwerden bei Flüchtlingen als Folge der Erfahrung von Fremdenfeindlichkeit und Gewalt. Freiburg (Diss.).

Kauffmann, Heiko (Hg.) (1986): Kein Asyl bei den Deutschen. Anschlag auf ein Grundrecht. Reinbek bei Hamburg.

– (1986): »Fremdenfeindlichkeit als Regierungspolitik. Von der Demontage eine Grundrechts zum Verlust der politischen Kultur,« in: ders. (Hg.) 1986, 16-34.

Kaulfürst, Hans-Eberhard (1990): »Sündenbock mit Privilegien? Zur Lage der sorbischen nationalen Minderheit,« Pogrom 21/1990, H. 2, 21-22.

Keler, Hans von (1992): »Situation und Perspektiven der kirchlichen Integration von Aus- und Übersiedlern,« in: Dokumentation über die Eingliederungsarbeit für und mit Aussiedlern (1986-1991). Materialien. Protokoll der sechsten Fachtagung zum Thema »Gesellschaftliche und kirchliche Eingliederung von Aussiedlern und Übersiedlern. Aufgaben und Perspektiven der evangelischen Diakonie«. 28. bis 31. Mai 1990 in der Evangelischen Akademie Hofgeismar. Hg. von Wolfgang Lanquillon im Auftrag des Diakonischen Werks der EKD. Stuttgart 1992, 425-440.

Kellermann, Diether (1973): »Art. ›gur‹,« ThWAT 1: Sp. 979-991.

Kenrick, Donald; *Puxon*, Grattan (1981): Sinti und Roma. Die Vernichtung eines Volkes im NS-Staat. Göttingen.

Kernberg, Otto E. (1975): Borderline-Störungen und pathologischer Narzißmus. Frankfurt 1979. Erstveröffentlichung: Borderline Conditions and Pathological Narcissism. New York.

Kessler, Rainer (1992): Staat und Gesellschaft im vorexilischen Juda vom 8. Jahrhundert bis zum Exil. Leiden, New York, Köln (VT.S 47).

Keßler, Uwe; *Ross*, Anna (1991): »Ausländer auf dem Wohnungsmarkt einer Großstadt. Das Beispiel Köln,« Informationen zur Raumentwicklung Heft 7/8 1991: Räumliche Probleme der Ausländerintegration: 429-438.

Ketelsen, Jörg Volker (1991): »Drittstaatsangehörige in der Europäischen Gemeinschaft. Perspektiven für eine koordinierte Migrationspolitik?« In: Barwig/Huber/Lörcher/Schumacher/Sieveking (Hg.) 1991, 293-310.

Keupp, Heiner (1995a): »Zerstört die Individualisierung die Solidarität? Für eine kommunitäre Individualität,« in: Lust an der Erkenntnis: Der Mensch als soziales Wesen. Sozialpsychologisches Denken im 20. Jahrhundert. Ein Lesebuch. Hg. von Heiner Keupp, München, Zürich 1995, 331-367.

– (1995b): »Zerstören Individualisierungsprozesse die solidarische Gesellschaft?« Universitas 50/1995, 149-157.

Khan, Daniel-Erasmus (1992): »Zur unmittelbaren Anwendbarkeit der EG-Richtlinien über die allgemeine Personenfreizügigkeit,« Zeitschrift für Ausländerrecht und Ausländerpolitik 12/1992, 161-166.

Khansari, Birgit (1994): »Ausstieg aus dem Netz der Sozialhilfe. Das Gesetz zur Neuregelung der Leistungen an Asylbewerber,« Informationsdienst zur Ausländerarbeit Heft 3/4 1994, 112-115.

Kiesel, Doron (1996): Das Dilemma der Differenz. Zur Kritik des Kulturalismus in der Interkulturellen Pädagogik. Frankfurt (Migration und Kultur).

Kiesel, Doron; *Kriechhammer-Yagmur*, Sabine; *Lüpke*, Hans von (Hg.) (1994): Kränkung und Krankheit. Psychische und psychosomatische Folgen der Migration. Frankfurt (Arnoldshainer Texte 82).

– (1996): Gestörte Übertragung. Ethno-kulturelle Dimensionen im psychotherapeutischen Prozeß. Frankfurt (Arnoldshainer Texte 92).

Kimminich, Otto (1983): Grundprobleme des Asylrechts. Darmstadt (EdF 187).

– (1985): Rechtsprobleme der polyethnischen Staatsorganisation. Mainz, München (Entwicklung und Frieden; Wissenschaftliche Reihe 39).

Kippenberg, Hans G. (1982): Religion und Klassenbildung im antiken Judäa. Eine religionssoziologische Studie zum Verhältnis von Tradition und gesellschaftlicher Entwicklung. 2. erw. Auflage, Göttingen (StUNT 14).

Kirchenamt der EKD (Hg.) (1985): Gesichtspunkte zur Neufassung des Ausländerrechts. Ein Diskussionspapier der Kommission der EKD für Ausländerfragen und ethnische Minderheiten. Hannover (EKD-Texte 10). In: Kirchenamt der EKD (Hg.) 1993, 155-198.

– (1986): Flüchtlinge und Asylsuchende in unserem Land. Hannover (EKD-Texte 16). In: Kirchenamt der EKD (Hg.) 1993, 199-246.

– (1988): »Gesichtspunkte zur Novellierung des Ausländerrechts. Eine Stellungnahme der Kommission der EKD für Ausländerfragen und ethnische Minderheiten,« in: Kirchenamt der EKD (Hg.) 1993, 249-258.

– (1989): »Zur Verbesserung der Lage von de-facto-Flüchtlingen. Eine Argumentationshilfe,« in: Kirchenamt der EKD (Hg.) 1993, 259-267.

– (1991): Wanderungsbewegungen in Europa. Perspektiven und Aufgaben. Ein Diskussionspapier der Kommission der EKD für Ausländerfragen und ethnische Minderheiten. Hannover (EKD-Texte 40). In: Kirchenamt der EKD (Hg.) 1993, 271-300.

– (1993): Die Denkschriften der Evangelischen Kirche in Deutschland. Band 1: Frieden, Menschenrechte, Weltverantwortung. Teil 3. Gütersloh.

– (1994): »Asylsuchende und Flüchtlinge – Zur Praxis des Asylverfahrens und des Schutzes vor Abschiebung« – Bericht der Kommission für Ausländerfragen und ethnische Minderheiten. Hannover (EKD-Texte 51).

– (1995): Asylsuchende und Flüchtlinge – Zur Praxis des Asylverfahrens und des Schutzes vor Abschiebung – Zweiter Bericht der Kommission für Ausländerfragen und ethnische Minderheiten. Hannover (EKD-Texte 55).

Kirchenamt und Diakonisches Werk der EKD (1990): »Stellungnahme zum Regierungsentwurf für ein Gesetz zur Neuregelung des Ausländerrechts,« epd-Dokumentation 9/1990, 1-32.

Kissrow, Winfried (1995): Ausländerrecht einschließlich Asylrecht. Vorschriftensammlung mit einer erläuternden Einführung. 13. neubearbeitete Auflage, Köln.

Klauder, Wolfgang (1993): »Zu den demographischen und ökonomischen Auswirkungen der Zuwanderung in die Bundesrepublik in Vergangenheit und Zukunft,« Mitteilungen aus der Arbeitsmarkts- und Berufsforschung 26/1993, 477-494.

– (1994): »Zuwanderung – Ballast oder Stütze? Zu den Auswirkungen einer Zuwanderung auf Arbeitsmarkt, Wirtschaft und Sozialsystem der Bundesrepublik,« JCSW 35/1994, 88-111.

Kleber, Karl-Heinz (Hg.) (1988): Migration und Menschenwürde. 23. Internationaler Kongreß der deutschsprachigen Moraltheologen und Sozialethiker 1987 in Passau. Passau.

Kleßmann, Christoph (1984): »Integration und Subkultur nationaler Minderheiten: das Beispiel der ›Ruhrpolen‹ 1870-1939,« in: Bade (Hg.) 1984, 486-505.

Klingebiel, Thomas (1985): »Deutschland als Aufnahmeland: Vom Glaubenskampf zur absolutistischen Kirchenreform,« in: von Thadden/Magdelaine (Hg.) 1985, 85-99.

Koch, Gustav (1995): »Flüchtlingsfrauen in der Bundesrepublik Deutschland,« AWR-Bulletin 42/1995, 156-165.

König, Peter; *Schultze*, Günther; *Wessel*, Rita (1986): Situation der ausländischen Arbeitnehmer und ihrer Familienangehörigen in der Bundesrepublik Deutschland – Repräsentativuntersuchung ›85. Hg. vom Bundesminister für Arbeit und Sozialordnung. Bonn (Forschungsbericht Sozialforschung 133).

Körner, Heiko (1990): Internationale Mobilität der Arbeit. Eine empirische und theoretische Analyse der internationalen Wirtschaftsmigration im 19. und 20. Jahrhundert. Darmstadt.

Kößler, Reinhart; Schiel, Tilman (1994): »Nationalstaaten und Grundlagen ethnischer Identität,« in: dies. (Hg.) 1994, 1-21.

– (Hg.) (1994): Nationalstaat und Ethnizität. Frankfurt (Umbrüche der Moderne 5).

Kohli, Martin (1985): »Die Institutionalisierung des Lebenslaufs,« KZSS 37/1985, 1-29.

Kohut, Heinz (1971): Narzißmus. Frankfurt 1973. Erstveröffentlichung: The analysis of the self. New York.

Koisser, Walter, *Nicolaus*, Peter (1991): »Die Zuerkennung des Konventionsflüchtlingsstatus nach dem neuen Ausländergesetz –Eine Analyse aus der Sicht des UNHCR,« Zeitschrift für Ausländerrecht und Ausländerpolitik 11/1991, 9-15.

Koranyi, Max (1988): »Du bereitest vor mir einen Tisch im Angesicht meiner Feinde. Biblisch-theologische und historische Anmerkungen zum ›Sanctuary Movement‹ in den USA,« Junge Kirche 49/1988, 117-123.

Korff, Wilhelm (1994): »Art. Normen: Ethisch,« TRE 24, 628-637.

Koselleck, Reinhart; *Gschnitzer*, Fritz; *Werner*, Karl Ferdinand; *Schönemann*, Bernd (1992): »Art. Volk, Nation, Nationalismus, Masse,« in: Geschichtliche Grundbegriffe. Historisches Lexikon zur politisch-sozialen Sprache in Deutschland. Hg. von Otto Brauner, Werner Conze und Reinhart Koselleck. Band 7, Stuttgart 1992, 141-431.

Kossolapow, Line (1987): Aussiedler-Jugendliche. Ein Beitrag zur Integration Deutscher aus dem Osten. Weinheim.

Krais, Jürgen; *Tausch*, Christian (1995): Asylrecht und Asylverfahren. Rechtsstellung der Flüchtlinge, Anerkennungsverfahren, Rechtsschutz. Mit praktischen Materialien. München.

Krapf, Thomas (1984): »Traditionsgeschichtliches zum deuteronomischen Fremdling-Waise-Witwen-Gebot,« VT 34/1984, 87-91.

Krappmann, Lothar (1971): Soziologische Dimensionen der Identität. Strukturelle Bedingungen für die Teilnahme an Interaktionsprozessen. Stuttgart.

– (1980): »Identität – ein Bildungskonzept?« In: Grohs/Schwerdtfeger/Strohm (Hg.) 1980, 99-118.

Krell, Gert, (1992): Migration und Asyl. Die Weltbevölkerung zwischen Integration und Polarisierung. HSFK-Report 4/1992. Frankfurt.

Kreß, Hartmut (1994): »Art. Normen: Die theologische Begründung ethischer Normen,« TRE 24, 637-643.

Kreuzer, Thomas (1994): Theologische Perspektiven auf »Moralität und Sittlichkeit« bei Charles Taylor. Wissenschaftliche Hausarbeit im Fach Sozialethik zur Zulassung zum Ersten Theologischen Examen im Sinne der Prüfungsordnung der EKHN (unveröffentl. Manuskript) Frankfurt.

– (1999): Kontexte des Selbst. Eine theologische Rekonstruktion der hermeneutischen Anthropologie Charles Taylors. Gütersloh (Öffentliche Theologie 12).

Krewani, Wolfgang Nikolaus (1983): »Einleitung: Endlichkeit und Verantwortung,« in: Emmanuel Lévinas – Die Spur des Anderen. Untersuchungen zur Phänomenologie und Sozialphilosophie. Übersetzt, herausgegeben und eingeleitet von Wolfgang Nikolaus Krewani. Freiburg und München.

– (1992): Emmanuel Lévinas. Denker des Anderen. Freiburg, München.

Kristeva, Julia (1988): Fremde sind wir uns selbst. Frankfurt 1990. Erstveröffentlichung: Etrangers à nous-mêmes. Paris 1988.

Krockauer, Rainer (1993): Kirche als Asylbewegung. Diakonische Kirchenbildung am Ort der Flüchtlinge. Stuttgart, Berlin, Köln (Praktische Theologie heute 11).

Kubink, Michael (1993): Verständnis und Bedeutung der Ausländerkriminalität. Eine Analyse der Konstitution sozialer Probleme. Pfaffenweiler (Hamburger Studien zur Kriminologie 16).

Küchler, Manfred (1996): »Xenophobie im internationalen Vergleich,« in: Falter/Jaschke/Winkler (Hg.) 1996, 248-262.

Kühnhardt, Ludger (1984): Die Flüchtlingsfrage als Weltordnungsproblem. Massenzwangswanderungen in Geschichte und Politik. Wien (Abhandlungen zu Flüchtlingsfragen 17).

Kürsat-Ahlers, Elçin (1993): »Über das Wohn- und Gesellschaftsmodell der Multikulturalität. Stigmatisierung, Wohnsegregation, und Identitätsbildung,« in: Blanke (Hg.) 1993, 215-237.

Kuhn, K. G. (1959): »Art. προσηλυτος,« ThWNT VI: 727-745.
Kulluk, Fahrünnisa E. (1996): »The political discourse on quota immigration in Germany,« New Community 22/1996, 301-320.
Kummer, Werner (1990): »Sprache und kulturelle Identität,« in: Dittrich/Radtke (Hg.) 1990, 265-277.
Kussmann, Thomas; *Schäfer*, Bernd (1982): Nationale Identität: Selbstbilder und Fremdbilder von deutschen Aussiedlern aus der Sowjetunion. Befunde einer empirischen psychologischen Untersuchung. Bonn (Berichte des Bundesinstituts für ostwissenschaftliche und internationale Studien 46-1982).
Kymlicka, Will (1989): Liberalism, Community and Culture. Oxford.
– (1995): Multicultural Citizenship. A liberal theory of minority rights. Oxford.
Kymlicka, Will; *Norman*, Wayne (1994): »Return of the Citizen: A Survey of Recent Work on Citizenship Theory,« Ethics 104/1994, 352-381.
Lajios, Konstantin (Hg.) (1991): Die zweite und dritte Ausländergeneration. Ihre Situation und Zukunft in der Bundesrepublik Deutschland. Opladen.
Lampe, Peter (1985): »›Fremdsein‹ als urchristlicher Lebensaspekt,« Ref. 34/1985, 58-62.
Landau, Peter (1979): »Art. Asylrecht III. Alte Kirche und Mittelalter,« TRE 4, 319-327.
Lang, Bernhard; *Ringgren*, Helmer (1986): »Art. ›nkr‹,« ThWAT 5: Sp. 454-463.
Langbein, Ralph; *Henning*, Wiebke (1989): »Staat und Auswanderung im 19. Jahrhundert,« Zeitschrift für Kulturaustausch 39/1989, 292-301.
Lau, Franz (1961): »Art. Schöpfungsordnung,« RGG[3]: Sp. 1492-1494.
Lauth, Reinhard (1975): Die Entstehung von Schellings Identitätsphilosophie in der Auseinandersetzung mit Fichtes Wissenschaftslehre 1795-1801. Freiburg, München.
Lederer, Harald W.; *Nickel*, Axel (1997): Illegale Ausländerbeschäftigung in der Bundesrepublik Deutschland. Hg. vom Forschungsinstitut der Friedrich-Ebert-Stiftung, Abt. Arbeits- und Sozialforschung. Bonn.
Lee, Everett S. (1972): »Eine Theorie der Wanderung,« in: György Széll (Hg.) Regionale Mobilität. Zwölf Aufsätze. München 1972 (Nymphenburger Texte zur Wissenschaft): 115-129.
Lehmann, Joachim (1984): »Ausländerbeschäftigung und Fremdarbeiterpolitik im faschistischen Deutschland,« in: Bade (Hg.) 1984, 558-583.
Leibfried, Stephan; *Voges*, Wolfgang (1992): »Vom Ende einer Ausgrenzung? – Armut und Soziologie,« in: dies. (Hg.) – Armut im modernen Wohlfahrtsstaat. Opladen 1992 (KZSS. S. 32): 9-33.
Lepsius, M. Rainer (1986): »›Ethnos‹ und ›Demos‹. Zur Anwendung zweier Kategorien von Emerich Francis auf das nationale Selbstverständnis der Bundesrepublik und auf die europäische Einigung,« KZSS 38/1986, 751-759.
Lesch, Walter (1988): »Alterität und Gastlichkeit. Zur Philosophie von Emmanuel Lévinas,« in: Fuchs (Hg.) 1988, 128-143.
Leuninger, Herbert (1989): »Die theologische Basis für die Arbeit der Kirchen mit den Flüchtlingen. Dilemma und Herausforderung,« ThPr 24/1989, 122-130.
Lévinas, Emmanuel (1961): Totalität und Endlichkeit. Versuch über die Exteriorität. Freiburg 1987. Erstveröffentlichung: Totalité et infini. Essai sur l'extériorité. La Haye.

– (1983): Die Spur des Anderen. Untersuchungen zur Phänomenologie und Sozialphilosophie. Übersetzt, herausgegeben und eingeleitet von Wolfgang Nikolaus Krewani. Freiburg und München.

Levita, Daniel J. de (1965): Der Begriff der Identität. Frankfurt 1971. Erstveröffentlichung: The Concept of Identity. Paris, The Hague 1965.

Leyer, Emanuela Maria (1991): Migration, Kulturkonflikt und Krankheit. Zur Praxis der transkulturellen Psychotherapie. Opladen (Beiträge zur psychologischen Forschung 24).

Link, Christian (1978): »Überlegungen zum Problem der Norm in der theologischen Ethik,« ZEE 22/1978, 188-199.

– (1993): »›Wenn ein Fremdling bei dir wohnt in eurem Lande ...‹ Die Wahrnehmung eines Konflikts,« EvTh 53/1993, 55-74.

Lippmann, W. (1922): Public Opinion. New York.

List, Elisabeth (1996): »›Wer fürchtet sich vorm schwarzen Mann?‹ Zur Psychogenese von Fremdenfeindlichkeit, Nationalismus und Sexismus,« in: Klaus Hödl (Hg.) – Der Umgang mit dem »Anderen«. Juden, Frauen, Fremde, ... Wien Köln, Weimar 1996 (Böhlaus zeitgeschichtliche Bibliothek 32): 103-120.

Lob-Hüdepohl, Andreas (1996): »Der einzelne? Die Gemeinde? Die Gesamtkirche? – Theologisch-ethische Überlegungen zu Verantwortlichkeiten beim ›Kirchenasyl‹,« epd-Dokumentation 31/1996, 32-42.

Löhr, Max (1930): Das Asylwesen im Alten Testament. Halle 1930 (SKG.G 7, Heft 3).

Löwer, Wolfgang (1993): »Abstammungsprinzip und Mehrstaatigkeit,« Zeitschrift für Ausländerrecht und Ausländerpolitik 13/1993, 156-160.

Ludwig, Klemens (1995): Ethnische Minderheiten in Europa. Ein Lexikon. München (Beck'sche Reihe 1115).

Ludwig-Mayerhofer, Wolfgang, *Niemann*, Heike (1997): »Gleiches (Straf-)Recht für alle? Neue Ergebnisse zur Ungleichbehandlung ausländischer Jugendlicher im Strafrecht der Bundesrepublik,« ZfS 26/1997, 35-52.

Lüdemann, Christian; *Erzberger*, Christian (1994a): »Fremdenfeindliche Gewalt in Deutschland. Zur zeitlichen Entwicklung und Erklärung von Eskalationsprozessen,« Zeitschrift für Rechtssoziologie 15/1994, 169-190.

– (1994b): »Bevölkerungsmeinung und Gewalt gegen Fremde. Ein Kommentar zu Thomas Ohlemacher »Public Opinion and Violence Against Foreigners in the Reunified Germany« (ZfS 3, 1994, S. 222-236),« ZfS 23/1994, 482-483.

Lüthke, Folkert; *Cropley*, Arthur (1989): »Motive zur Auswanderung aus psychologischer Sicht: Empirische Befunde und theoretische Überlegungen,« Zeitschrift für Kulturaustausch 39/1989, 363-368.

Luhmann, Niklas (1973): Vertrauen. Ein Mechanismus zur Reduktion sozialer Komplexität. Stuttgart 2. erw. Auflage.

– (1977): Funktion der Religion. Frankfurt.

– (1978a): »Soziologie der Moral,« in: Theorietechnik und Moral. Hg. von Niklas Luhmann und Stephan H. Pfürtner. Frankfurt 1978:8-116.

– (1978b): »Erleben und Handeln,« in: ders. – Soziologische Aufklärung, Bd. 3. System, Gesellschaft, Organisation, Opladen 1981, 67-80. Erstveröffentlichung in: Hans Lenk (Hg.) – Handlungstheorien – interdisziplinär, Bd. 2.1. München 1978, 235-253.

– (1979): »Identitätsgebrauch in selbstsubstitutiven Ordnungen, besonders Gesellschaften,« in. ders. – Soziologische Aufklärung Bd. 3. Soziales System, Gesellschaft, Organisation. Opladen 1986, 198-227. Erstveröffentlichung in: Odo Marquardt und Karlheinz Stierle (Hg.) – Identität. Poetik und Hermeneutik - VII. München 1979, 315-345.
– (1984): Soziale Systeme. Grundriß einer allgemeinen Theorie. Frankfurt.
– (1986): Ökologische Kommunikation. Kann die moderne Gesellschaft sich auf ökologische Gefährdungen einstellen? Opladen.
– (1989a): »Individuum, Individualität, Individualismus,« in: ders. – Gesellschaftsstruktur und Semantik. Studien zur Wissenssoziologie der modernen Gesellschaft, Band 3. Frankfurt 1989, 149-258.
– (1989b): Paradigm lost: Über die ethische Reflexion der Moral. Rede von Niklas Luhmann anläßlich der Verleihung des Hegel-Preises 1989. Laudatio von Robert Spaemann Niklas Luhmanns Herausforderung der Philosophie. Frankfurt.
– (1989c): »Ethik als Reflexionstheorie der Moral,« in: ders. – Gesellschaftsstruktur und Semantik. Studien zur Wissenssoziologie der modernen Gesellschaft, Band 3. Frankfurt 1989, 358-447.
– (1990a): Die Wissenschaft der Gesellschaft. Frankfurt.
– (1990b): »Identität – was oder wie?« In: ders. – Soziologische Aufklärung Band 5. Konstruktivistische Perspektiven. Opladen 1990, 14-30.
– (1991): Soziologie des Risikos. Berlin, New York.
– (1992): Beobachtungen der Moderne. Opladen.
– (1995a): »Kultur als historischer Begriff,« in: ders. – Gesellschaftsstruktur und Semantik. Studien zur Wissenssoziologie der modernen Gesellschaft, Band 4. Frankfurt 1995, 31-54.
– (1995b): »Jenseits von Barbarei,« in: ders. – Gesellschaftsstruktur und Semantik. Studien zur Wissenssoziologie der modernen Gesellschaft, Band 4. Frankfurt 1995, 138-150.
– (1997): Die Gesellschaft der Gesellschaft. 2 Bände. Frankfurt.
Lüttinger, Paul (1986): »Der Mythos der schnellen Integration. Eine empirische Untersuchung zur Integration der Vertriebenen und Flüchtlinge in der Bundesrepublik Deutschland bis 1971,« ZfS 15/1986, 20-36.
Luther. Henning (1985): »Identität und Fragment – Praktisch-theologische Überlegungen zur Unabschließbarkeit von Bildungsprozessen,« ThPr 20/1985, 317-338.
Luther, Martin (1539): Von den Konziliis und Kirchen. WA 50.
Maaßen, Hans-Georg; *de Wyl*, Marion (1997): »Folgerungen aus den Asylurteilen des Bundesverfassungsgerichts vom 14. Mai 1996 zur Herkunftsstaaten- und Flughafenregelung,« Zeitschrift für Ausländerrecht und Ausländerpolitik 17/1997, 9-17.
MacIntyre, Alasdair (1981): Der Verlust der Tugend. Zur moralischen Krise der Gegenwart. Frankfurt, New York 1987. Erstveröffentlichung: After Virtue. A Study in Moral Theory. Notre Dame (Ind.).
– (1984): »Ist Patriotismus eine Tugend?« in: Honneth (Hg.) 1993, 84-102. Erstveröffentlichung: Is Patriotism a Virtue? The Lindley Lecture, University of Kansas, Dept. of Philosophy, 26.3.1984, 3-20.

Magdelaine, Michelle (1985): »Frankfurt am Main: Drehscheibe des Refuge,« in: Thadden/Magdelaine (Hg.) 1985, 26-37.
Mahler, Margaret S.; *Pine*, Fred; *Bergman*, Anni (1975): Symbiose und Individuation. Band 2: Die psychische Geburt des Menschen. Frankfurt 1978. Erstveröffentlichung: The Psychological Birth of Human Infant. New York.
Maihofer, Andrea (1995): Geschlecht als Existenzweise. Macht, Moral, Recht und Geschlechterdifferenz. Frankfurt.
Maletzke, Gerhard (1996): Interkulturelle Kommunikation. Zur Interaktion zwischen Menschen verschiedener Kulturen. Opladen.
Mangoldt, Hans von (1999): »Ius-sanguinis-Prinzip, Ius-soli-Prinzip und Mehrstaatigkeit: Umbrüche durch das neue Staatsangehörigkeitsreformgesetz,« Zeitschrift für Ausländerrecht und Ausländerpolitik 19/1999, 243-252.
Mansel, Jürgen (1986): »Die unterschiedliche Selektion von jungen Deutschen, Türken und Italienern auf dem Weg vom polizeilichen Tatverdächtigen zum gerichtlich Verurteilten,« Monatsschrift für Kriminologie und Strafrechtsreform 69/1986, 309-325.
– (1988): »Die Disziplinierung der Gastarbeiternachkommen durch Organe der Strafrechtspflege,« ZfS 17/1988, 349-364.
– (1994): »Schweigsame ›kriminelle‹ Ausländer? Eine Replik auf Jo Reichertz und Norbert Schröer,« KZSS 46/1994, 299-307.
Marschalck, Peter (1984): »Die Bevölkerungsentwicklung in Deutschland von 1850-1980: Entwicklungslinien und Forschungsprobleme,« in: Bade (Hg.) 1984, 78-109.
Marshall, Thomas H. (1949): Bürgerrechte und soziale Klassen. Frankfurt 1992. Erstveröffentlichung 1949 unter dem Titel Citizenship and Social Class. Wiederabdruck in: ders. – Class, Citizenship and Social Development. New York 1965.
Marx, Karl (1844): Zur Judenfrage. Frankfurt 1966 (Marx/Engels Studienausgabe I): 31-60.
– (1867): Das Kapital. Kritik der politischen Ökonomie. Erster Band, Buch I: Der Produktionsprozeß des Kapitals. Berlin 1947 (MEW 23).
Marx, Reinhard (1985a): Eine menschenrechtliche Begründung des Asylrechts. Baden-Baden.
– (1985b): »Vom Schutz vor Verfolgung zur Politik der Abschreckung. Zur Geschichte des Asylverfahrensrechts in der Bundesrepublik Deutschland,« Kritische Justiz 18/1985, 379-395.
– (1991): »Abschiebung von De-facto-Flüchtlingen und rechtliche Handlungsgrenzen,« Zeitschrift für Ausländerrecht und Ausländerpolitik 11/1991, 125-135.
– (1995a): »Refoulementschutz für Bürgerkriegsflüchtlinge,« Zeitschrift für Ausländerrecht und Ausländerpolitik 15/1995, 151-161.
– (1995b): Kommentar zum Asylverfahrensgesetz. 3. erw. Auflage. Neuwied, Kriftel, Berlin.
– (1996): Urteile des BVerfG vom 14. Mai 1996 mit Erläuterungen. Ergänzungsband zum Kommentar zum Asylverfahrensgesetz. Neuwied, Kriftel, Berlin.
Mason, Andrew (1997): »Special Obligations to Compatriots,« Ethics 107/1997, 427-447.
Maus, Ingeborg (1994): »›Volk‹ und ›Nation‹ im Denken der Aufklärung,« Blätter für deutsche und internationale Politik 39/1994, 602-612.

McCarthy, Thomas (1978): Kritik der Verständigungsverhältnisse. Zur Theorie von Jürgen Habermas. Frankfurt 1980. Erstveröffentlichung: The Critical Theory of Jürgen Habermas. Cambridge (Mass.).

– (1985): »Komplexität und Demokratie – die Versuchungen der Systemtheorie,« in: Axel Honneth, Hans Joas (Hg.) – Kommunikatives Handeln. Beiträge zu Jürgen Habermas' »Theorie des kommunikativen Handelns«. Frankfurt 1986, 177-215. Erstveröffentlichung: Complexity and Democracy, or the Seducements of Systems Theory: New German Critique 35/1985, 27-53.

Mead, George Herbert (1934): Geist, Identität und Gesellschaft. Aus der Sicht des Sozialbehaviorismus. Frankfurt 1968. Erstveröffentlichung: Mind, Self and Society. From the standpoint of a social behaviorist. Chicago 1934.

Meeks, Wayne A. (1983): Christentum und Stadtkultur. Die soziale Welt der paulinischen Gemeinden. München 1993. Erstausgabe: The First Urban Christians. London 1983.

Mehrländer, Ursula; *Ascheberg*, Carsten; *Ueltzhöffer*, Jörg (1996): Situation der ausländischen Arbeitnehmer und ihrer Familienangehörigen in der Bundesrepublik Deutschland – Repräsentativuntersuchung ›95. Hg. vom Bundesminister für Arbeit und Sozialordnung. Berlin, Bonn, Mannheim (Forschungsbericht Sozialforschung 263).

Meier, Wolfgang (1981): »›... Fremdlinge, die aus Israel gekommen waren ...‹. Eine Notiz in 2 Chronik 30, 25 f., aus der Sicht der Ausgrabungen im Jüdischen Viertel der Altstadt von Jerusalem,« BN 15/1981, 40-44.

Meireis, Rolf W. (1994): »Aspekte einer Neuregelung des deutschen Staatsangehörigkeitsrechts. Oder ein Versuch, über der Betrachtung der Bäume den Wald nicht aus den Augen zu verlieren,« Das Standesamt 47/1994, 241-249.

Menzel, Peter A. (1993): Fremdverstehen und Angst. Fremdenangst als kulturelle und psychische Disposition und die daraus entstehenden interkulturellen Kommunikationsprobleme. Bonn (Mundus Reihe Ethnologie 65).

Mercier, André (Hg.) (1974): Der Flüchtling in der Weltgeschichte. Ein ungelöstes Problem der Menschheit. Bern, Frankfurt 1974 (Universität Bern, Kulturhistorische Vorlesungen 1973/74).

Micksch, Jürgen (1986): Evangelische Ausländergemeinden. Frankfurt (Beiträge zur Ausländerarbeit 8).

– (1992): Interkulturelle Politik statt Abgrenzung gegen Fremde. Frankfurt (Interkulturelle Beiträge 16).

Miller, David (1988): »The Ethical Significance of Nationality,« Ethics 98/1988, 647-662.

Miranda, Suárez (1658): Viajes de varones prudentes. Lérida. Aus: Jorge Luis Borges, Borges und ich (El hacedor), Kurzprosa und Gedichte 1960 (Werke, Bd. 9) Frankfurt 1993, S. 131 unter dem Titel »Von der Strenge der Wissenschaft«.

Mitscherlich, Alexander (1975): »Zur Psychologie des Vorurteils,« in: Vorurteile, Ängste, Aggressionen. Ausgewählte Beiträge aus der Reihe Politische Psychologie. Herausgegeben und eingeleitet von K. D. Hartmann. Frankfurt, Köln 1975, 9-18.

Moßmann, Susanna (1996): »Das Fremde ausscheiden. Antisemitismus und Nationalbewußtsein bei Ludwig Achim von Arnim und in der ›Christlich-deutschen Tischgesellschaft‹,« in: Hans Peter Herrmann, Hans-Martin Blitz und Susanna

Moßmann – Machtphantasie Deutschland. Nationalismus, Männlichkeit und Fremdenhaß im Vaterlandsdiskurs deutscher Schriftsteller des 18. Jahrhunderts. Frankfurt 1996, 123-159.

Müller, Johannes SJ (1994): »Weltweite Migrationen und globale Entwicklungsarbeit. Überlegungen zur Notwendigkeit und zu einer Politik langfristiger Migrations- und Fluchtursachenbekämpfung,« JCSW 35/1994, 112-132.

Münch, Ursula (1993): Asylpolitik in der Bundesrepublik Deutschland. Entwicklung und Alternativen. 2. aktualisierte Auflage. Opladen.

Münkler, Herfried (Hg.) (1997): Furcht und Faszination. Facetten der Fremdheit. Hg. von Herfried Münkler unter Mitarbeit von Bernd Ladwig. Berlin (Studien und Materialien der Interdisziplinären Arbeitsgruppe Die Herausforderung durch das Fremde der Berlin-Brandenburgischen Akademie der Wissenschaften).

Münz, Rainer (1996): »A continent of migration: European mass migration in the twentieth century,« New Community 22/1996, 201-226.

Münz, Rainer; *Ulrich*, Ralf (1996): »Internationale Wanderungen von und nach Deutschland 1945-1994. Demographische, politische und gesellschaftliche Aspekte räumlicher Mobilität,« Allgemeines Statistisches Archiv 80/1996, 5-35.

Münz, Rainer; *Seifert*, Wolfgang; *Ulrich*, Ralf (1997): Zuwanderung nach Deutschland. Strukturen, Wirkungen, Perspektiven. Frankfurt, New York.

Mummendey, Amélie; *Simon*, Bernd (1991): »Diskriminierung von Fremdgruppen: Zur Asymmetrie im Umgang mit positiven und negativen Bewertungen und Ressourcen,« in: Bericht über den 37. Kongreß der Deutschen Gesellschaft für Psychologie in Kiel 1990, Band 2. Hg. von Dieter Frey. Göttingen, Toronto, Zürich 1991, 359-365.

Nagel, Ernst Josef (1995): Flüchtlinge und »Kirchenasyl«. Stuttgart, Berlin, Köln (Beiträge zur Friedensethik 21).

Nassehi, Armin (1990): »Zum Funktionswandel von Ethnizität im Prozeß gesellschaftlicher Modernisierung. Ein Beitrag zur Theorie funktionaler Differenzierung,« Soziale Welt 41/1990, 261-282.

– (1995a): »Der Fremde als Vertrauter. Soziologische Beobachtungen zur Konstruktion von Identitäten und Differenzen,« KZSS 47/1995, 443-463.

– (1995b): »Religion und Biographie. Zum Bezugsproblem religiöser Kommunikation in der Moderne,« in: Wohlrab-Sahr (Hg.) 1995, 127-152.

Nassehi, Armin; *Weber*, Georg (1990): »Zu einer Theorie biographischer Identität. Epistemologische und systemtheoretische Argumente,« BIOS 2/1990, 153-188.

Natrup, Josef (1986): »Eine Ethik der Freiheit. Ansatz, Methodologie, Konkretionen und Grenzen der ›Ethik‹ von Trutz Rendtorff,« in: Karl Ernst Wenke (Hg.) – Probleme sittlichen Urteilens. Ansätze und Grundzüge evangelischer Sozialethik in der Gegenwart. Bochum 1986 (swi-Studien Bd. 9): 153-181.

Nauck, Bernhard (1988a): »Sozialstrukturelle und individualistische Migrationstheorien. Elemente eines Theorievergleichs,« KZSS 40/1988, 15-39.

– (1988b): »Inter- und intragenerativer Wandel in Migrantenfamilien,« Soziale Welt 39/1988, 504-521.

– (1994): »Bildungsverhalten in Migrantenfamilien,« in: Peter Büchner, Matthias Grundmann, Johannes Huinink, Lothar Krappmann, Bernhard Nauck, Dagmar Meyer, Sabine Rothe (Hg.) – Kindliche Lebenswelten, Bildung und innerfamiliale Beziehungen. Weinheim, München 1994 (Materialien zum 5. Familienbericht 4): 105-141.

Negt, Oskar, *Kluge*, Alexander (1981): Geschichte und Eigensinn. Frankfurt.

Nelson, Paul (1987): Narrative and morality. A theological inquiry. London.

Nestvogel, Renate (1994): »›Fremdes‹ oder ›Eigenes‹? Freiräume zwischen Ausgrenzung und Vereinnahmung,« in: Nestvogel (Hg.) 1994, 27-69.

– (Hg.) (1994): »Fremdes« oder »Eigenes«? Rassismus, Antisemitismus, Kolonialismus, Rechtsextremismus aus Frauensicht. Frankfurt.

Neubauer, Martin (1995): Die Unterbringung und Wohnsituation von Flüchtlingen in der Bundesrepublik Deutschland. Köln (Diss.).

Neuman, Gerald L. (1995): »Staatsangehörigkeit als Mittel der Integration,« Kritische Justiz 28/1995, 439-449.

Neumann, Gerd-Heinrich (1983): »Verhaltensbiologische Aspekte der Fremdheit,« in: Bernhard Mensen SVD (Hg.) – Fremdheit. Abgrenzung und Offenheit. Vortragsreihe 1982/83 St. Augustin, Akademie Völker und Kulturen. St. Augustin o. J.: 11-28.

Neureiter, Marcus (1996): Rechtsextremismus im vereinten Deutschland. Eine Untersuchung sozialwissenschaftlicher Deutungsmuster und Erklärungsansätze. Marburg.

Niebuhr, H. Richard (1963): The Responsible Self. An Essay in Christian Moral Philosophy. New York.

Niebuhr, Karl-Wilhelm (1995): »Identität und Interaktion. Zur Situation paulinischer Gemeinden im Ausstrahlungsfeld des Diasporajudentums,« in: Pluralismus und Identität. Hg. von Joachim Mehlhausen. Gütersloh (Veröffentlichungen der Wissenschaftlichen Gesellschaft für Theologie 8): 339-359.

Nonnenbroich, Karl Friedrich (1972): Die dänische Minderheit in Schleswig-Holstein unter besonderer Berücksichtigung des Südschleswigschen Wählerverbandes. Kiel (Diss.).

Nunner-Winkler, Gertrud (1983): »Das Identitätskonzept. Eine Analyse begrifflicher und empirischer Annahmen in der Konstruktbildung,« in: Hochschulexpansion und Arbeitsmarkt. Problemstellungen und Forschungsperspektiven. Hg. vom Institut für Arbeitsmarkt- und Berufsforschung der Bundesanstalt für Arbeit, Nürnberg 1983 (Beiträge zur Arbeitsmarkt- und Berufsforschung 77): 151-186.

– (1993): »Identitätsbildung und Ethnozentrismus,« in: Schäfers (Hg.) 1993, 795-805.

Nunner-Winkler, Gertrud; *Edelstein*, Wolfgang (1993): »Einleitung,« in: Edelstein/Nunner-Winkler/Noam (Hg.) 1993, 7-30.

Nuscheler, Franz (1995a): Internationale Migration. Flucht und Asyl. Opladen (Grundwissen Politik 14).

– (1995b): »Migration,« in: Stiftung Entwicklung und Frieden – Globale Trends 1996. Fakten – Analysen – Prognosen. Hg. von Ingomar Hauchler. Frankfurt 1995, 121-147.

– (1996): »Migration, Ethnizität und Konflikt in Afrika,« in: Bade (Hg.) 1996, 289-304.

Oberndörfer, Dieter (1989): »Der Nationalstaat – ein Hindernis für das dauerhafte

Zusammenleben mit ethnischen Minderheiten?« Zeitschrift für Ausländerrecht und Ausländerpolitik 9/1989, 3-13.

Ogletree, Thomas W. (1980): »Character and Narrative. Stanley Hauerwas' Studies of the Christian Life,« RStR 6/1980, 25-30.

– (1983): The Use of the Bible in Christian Ethics. A Constructive Essay. Philadelphia.

– (1985): Hospitality to the Stranger. Dimensions of Moral Understanding. Philadelphia.

Ohlemacher, Thomas (1994): »Public Opinion and Violence Against Foreigners in the Reunified Germany,« ZfS 23/1994, 222-236.

Okin, Susan Moller (1987): »Gerechtigkeit und die soziale Institutionalisierung des Geschlechtsunterschieds,« in: Bert van den Brink und Willem van Reijen (Hg.) – Bürgergesellschaft, Recht und Demokratie. Frankfurt 1995, 281- 322. Erstveröffentlichung unter dem Titel Justice and Gender. in: PPAf 16/1987, 42-72.

Opitz, Peter J. (Hg.) (1988): Das Weltflüchtlingsproblem. Ursachen und Folgen. München.

– (1993): »Die ›Fünfte Welt‹: Zur Gegenwart und Geschichte des Flüchtlings- und Migrationsproblems,« EvTh 53/1993, 4-20.

Oppen, Maria (1985): »Ausländerbeschäftigung, Gesundheitsverschleiß und Krankenstand,« in: Jürgen Collatz, Elçin Kürsat-Ahlers, Johannes Korporal (Hg.) – Gesundheit für alle. Die medizinische Versorgung türkischer Familien in der Bundesrepublik. Hamburg 1985, 196-212.

Osumi, Yuichi (1991): Die Kompositionsgeschichte des Bundesbuches Exodus 20, 22b-23, 33. Freiburg, Göttingen. (OBO 105).

Otte, Wolfgang (1994a): »Die Ausweisung nach dem Ausländergesetz,« Zeitschrift für Ausländerrecht und Ausländerpolitik 14/1994, 67-76.

– (1994b): »Die Aufenthaltsbeendigung nach dem Ausländergesetz,« Zeitschrift für Ausländerrecht und Ausländerpolitik 14/1994, 108-117.

Otto, Eckart (1988): Wandel der Rechtsbegründungen in der Rechtsgeschichte des antiken Israel. Leiden. (StB 3).

– (1994): Theologische Ethik des Alten Testaments. Stuttgart, Berlin, Köln. (ThW 3, 2):.

Pabst, Wilfried (1992): »Subproletariat auf Zeit: deutsche ›Gastarbeiter‹ im Paris des 19. Jahrhunderts,« in: Bade (Hg.) 1992b, 263-268.

Palmowski, Bernhard (1989): »Über Narzißmuskonzepte bei S. Freud,« Zeitschrift für Psychosomatische Medizin und Psychoanalyse 35/1989, 101-116.

Pannenberg, Wolfhart (1965): »Nation und Menschheit,« in: ders. – Ethik und Ekklesiologie. Gesammelte Aufsätze. Göttingen 1977, 129-145. Erstveröffentlichung: Monatsschrift für Pastoraltheologie 54/1965, 333-347.

– (1983): Anthropologie in theologischer Perspektive. Göttingen.

– (1996): Grundlagen der Ethik. Philosophisch-theologische Perspektiven. Göttingen 1996.

Pauer-Studer, Herlinde (1996): Das Andere der Gerechtigkeit. Moraltheorie im Kontext der Geschlechterdifferenz. Berlin.

Parin, Paul (1985): »Juden und Homosexuelle als ›Fremde‹,« Psyche 39/1985, 193-219.

Park, Robert E. (1928): »Human Migration and the Marginal Man,« in: ders. – Race and Culture. Essays in the Sociology of Contemporary Man. Glencoe 1950, 345-356.

Peters, Bernhard (1997): »›Multikulturalismus‹ und ›Differenz‹. Zu einigen Kategorien der Zeitdiagnose,« in: Münkler (Hg.) 1997, 223-253.

Peukert, Helmut (1982): »Kontingenzerfahrung und Identitätsfindung. Bemerkungen zu einer Theorie der Religion und zur Analytik religiös dimensionierter Lernprozesse,« in: Josef Blank, Gotthold Hasenhüttl (Hg.) – Erfahrung, Glaube und Moral. Düsseldorf 1982, 76-102.

Pfürtner, Stephan H. (1978): »Zur wissenschaftstheoretischen Begründung der Moral,« in: Theorietechnik und Moral. Hg. von Niklas Luhmann und Stephan H. Pfürtner, Frankfurt 1978, 176-250.

– (1980): »Moralfreie Moraltheorie in der wertpluralen Gesellschaft? Eine Fortsetzung der Diskussion mit Niklas Luhmann,« ZEE 24/1980, 192-208.

Picht, Georg (1969): »Der Begriff der Verantwortung,« in: ders. – Wahrheit, Vernunft, Verantwortung. Philosophische Studien, Stuttgart 1969, 318-342.

Pöhlmann, Horst Georg (1970): »Ethik zwischen Tradition und Situation. Zum Problem der Situationsethik, unter besonderer Berücksichtigung der Situationsethik von J. Fletcher,« NZSTh 12/1970, 125-135.

Pölzl, Konrad (1995): »Einwanderung und Integration. Erfahrungen und Überlegungen aus dem Bereich des Deutschen Caritasverbandes,« in: Günter Baadte, Anton Rauscher (Hg.) – Minderheiten, Migration und Menschenrechte. Graz, Wien, Köln 1995 (Kirche heute 8): 53-72.

Pollakowski, Anne (1995): »Krankheitsverständnis und Kultur. Möglichkeiten einer kulturübergreifenden Pflege,« Pflege aktuell 49/1995, H. 4, 258-261.

Pollern, Hans-Ingo von (1980): Das moderne Asylrecht. Berlin.

– (1981): »Die Entwicklung der Asylbewerberzahlen seit 1979,« Zeitschrift für Ausländerrecht und Ausländerpolitik 1/1981, 33-36.

– (1982): »Die Entwicklung der Asylbewerberzahlen im Jahre 1981,« Zeitschrift für Ausländerrecht und Ausländerpolitik 2/1982, 93-95.

– (1983): »Die Entwicklung der Asylbewerberzahlen im Jahre 1982,« Zeitschrift für Ausländerrecht und Ausländerpolitik 3/1983, 84-86.

– (1984): »Die Entwicklung der Asylbewerberzahlen im Jahre 1983,« Zeitschrift für Ausländerrecht und Ausländerpolitik 4/1984, 110-112.

– (1985): »Die Entwicklung der Asylbewerberzahlen im Jahre 1984,« Zeitschrift für Ausländerrecht und Ausländerpolitik 5/1985, 79-82.

– (1986): »Die Entwicklung der Asylbewerberzahlen im Jahre 1985,« Zeitschrift für Ausländerrecht und Ausländerpolitik 6/1986, 67-70.

– (1987): »Die Entwicklung der Asylbewerberzahlen im Jahre 1986,« Zeitschrift für Ausländerrecht und Ausländerpolitik 7/1987, 28-32.

– (1988): »Die Entwicklung der Asylbewerberzahlen im Jahre 1987,« Zeitschrift für Ausländerrecht und Ausländerpolitik 8/1988, 61-66

– (1989): »Die Entwicklung der Asylbewerberzahlen im Jahre 1988,« Zeitschrift für Ausländerrecht und Ausländerpolitik 9/1989, 23-28.

– (1990): »Die Entwicklung der Asylbewerberzahlen im Jahre 1989,« Zeitschrift für Ausländerrecht und Ausländerpolitik 10/1990, 19-26.

– (1991): »Die Entwicklung der Asylbewerberzahlen im Jahre 1990,« Zeitschrift für Ausländerrecht und Ausländerpolitik 11/1991, 78-85.
– (1992): »Die Entwicklung der Asylbewerberzahlen im Jahre 1991,« Zeitschrift für Ausländerrecht und Ausländerpolitik 12/1992, 24-32.
– (1993): »Die Entwicklung der Asylbewerberzahlen im Jahre 1992,« Zeitschrift für Ausländerrecht und Ausländerpolitik 13/1993, 26-33.
– (1994): »Die Entwicklung der Asylbewerberzahlen im Jahre 1993,« Zeitschrift für Ausländerrecht und Ausländerpolitik 14/1994, 29-36.
– (1995): »Die Entwicklung der Asylbewerberzahlen im Jahre 1994,« Zeitschrift für Ausländerrecht und Ausländerpolitik 15/1995, 64-69.
– (1996): »Die Entwicklung der Asylbewerberzahlen im Jahre 1995,« Zeitschrift für Ausländerrecht und Ausländerpolitik 16/1996, 86-92.
– (1997): »Die Entwicklung der Asylbewerberzahlen im Jahre 1996,« Zeitschrift für Ausländerrecht und Ausländerpolitik 17/1997, 90-95.
– (1998): »Die Entwicklung der Asylbewerberzahlen im Jahre 1997,« Zeitschrift für Ausländerrecht und Ausländerpolitik 18/1998, 128-134.
– (1999): »Die Entwicklung der Asylbewerberzahlen im Jahre 1998,« Zeitschrift für Ausländerrecht und Ausländerpolitik 19/1999, 128-134.
– (2000): »Die Entwicklung der Asylbewerberzahlen im Jahre 1999,« Zeitschrift für Ausländerrecht und Ausländerpolitik 20/2000, 77-83.
Praetorius, Ina (1993): Anthropologie und Frauenbild in der deutschsprachigen protestantischen Ethik seit 1949. Gütersloh.
Prantl, Heribert (1994): »Asyl: Debatte und Finale,« in: Barwig/Brinkmann/Huber/Lörcher/Schumacher (Hg.) 1994, 135-162.
Pressel, Wilhelm (1967): Die Kriegspredigt 1914-1918 in der evangelischen Kirche Deutschlands. Göttingen (Arbeiten zur Pastoraltheologie 5).
Preuß, Horst Dietrich (1982): Deuteronomium. Darmstadt (EdF 164).
– (1985): »Art. Heiligkeitsgesetz,« TRE 14, 713-718.
Puzicha, Michaela (1980): Christus Peregrinus. Die Fremdenaufnahme (Mt 25, 35) als Werk der privaten Wohltätigkeit im Urteil der Alten Kirche. Münster (MBTh47).
– (1988): »›Ich war fremd, und ihr habt mich aufgenommen‹. Zur Aufnahme der Fremden in der Alten Kirche,« in: Fuchs (Hg.) 1988, 167-182.
Quante, Michael (1995): »Die Identität der Person: Facetten eines Problems. Neuere Beiträge zur Diskussion um personale Identität,« PhR 42/1995, 35-59.
Radtke, Frank-Olaf (1991): »Lob der Gleichgültigkeit. Die Konstruktion des Fremden im Diskurs des Multikulturalismus,« in: Bielefeld (Hg.) 1991, 79-96.
Raguse-Stauffer, Betty (1990): »Entwicklungslinien und Manifestationen des Hasses in psychoanalytischer Sicht,« WzM 42/1990, 457-469.
Rat der EKD (1973): Rundschreiben des Rates der EKD an die Leitungen der Gliedkirchen betr. kirchliche Aufgaben für ausländische Arbeitnehmer und ihre Familien. in: Christoph (Hg.) 1996, 120-122. Erstveröffentlichung: epd-Dokumentation 18/1973, 3.
– (1975): Wort des Rates der EKD zur Vorbereitung des »Tages des ausländischen Mitbürgers« am 12. Oktober 1975. Vom 11./12. Juli 1975. in: Christoph (Hg.) 1996, 230-233. Erstveröffentlichung: epd-Dokumentation 5/1976, 40.

– (1977): Pressemitteilung des Rates der EKD zur Änderung des Asylrechts. in: Christoph (Hg.) 1996, 299. Erstveröffentlichung: epd-Dokumentation 20/1977, 8.
– (1980): Kommuniqué über die Sitzung des Rates der EKD am 12./13. September 1980. in: Christoph (Hg.) 1996, 470.
– (1982): Gesichtspunkte zur Ausländerproblematik. epd-Dokumentation 23a/ 1982, 2-6.
– (1986): Stellungnahme des Rates der EKD zur Aufnahme von Asylsuchenden. in: Kirchenamt der EKD (Hg.) 1993, 247 f.
– (1990): Stellungnahme des Rates der EKD zur Aufnahme von Asylsuchenden. in: Kirchenamt der EKD (Hg.) 1993, 268-270.
– (1993): Erklärung zur Neuregelung des Asylrechts. epd-Dokumentation 43/ 1993, 16 f.
– (1994): »Beistand ist nötig, nicht Widerstand«/Thesen zum Kirchenasyl. epd-Dokumentation 43/199447-49.
– (1995): Stellungnahme zum Asylrecht und zur Asylpraxis. Pressemitteilung der Pressestelle der EKD vom 9. September 1995.
Rat der EKD und Deutsche Bischofskonferenz (1992): Gemeinsame Erklärung zur Aufnahme von Flüchtlingen und zum Asylrecht. epd-Dokumentation 51/1992, 36a-36d.
– (1997a): Für eine Zukunft in Solidarität und Gerechtigkeit. Wort des Rates der Evangelischen Kirche in Deutschland und der Deutschen Bischofskonferenz zur wirtschaftlichen und sozialen Lage in Deutschland. Hg. vom Kirchenamt der EKD und dem Sekretariat der Deutschen Bischofskonferenz. Bonn, Hannover (Gemeinsame Texte 9).
– (1997b): »... und der Fremdling, der in deinen Toren ist.« Gemeinsames Wort der Kirchen zu den Herausforderungen durch Migration und Flucht. Hg. vom Kirchenamt der EKD und dem Sekretariat der Deutschen Bischofskonferenz in Zusammenarbeit mit der Arbeitsgemeinschaft Christlicher Kirchen in Deutschland. Bonn, Frankfurt, Hannover (Gemeinsame Texte 12).
Ratschow, Carl Heinz (1984): »Trutz Rendtorffs ethische Theorie,« ThR.NF 49/ 1984, 57-81.
Rawls, John (1971): Eine Theorie der Gerechtigkeit. Frankfurt 1979. Erstveröffentlichung: A Theory of Justice. Cambridge (Mass.).
Reese-Schäfer, Walter (1997): Grenzgötter der Moral. Der neuere europäisch-amerikanische Diskurs zur politischen Ethik. Frankfurt.
Rehbein, Jochen (1986): »Institutioneller Ablauf und interkulturelle Mißverständnisse in der Allgemeinpraxis. Diskursanalytische Aspekte der Arzt-Patient-Kommunikation,« curare 9/1986, 297-328.
Reichel, Ernst (1987): Das staatliche Asylrecht »im Rahmen des Völkerrechts«. Zur Bedeutung des Völkerrechts für die Interpretation des deutschen Asylrechts. Berlin (Schriften zum öffentlichen Recht 515).
Reichert, Peter (1992): »Beratung von Auswanderern und Weiterwanderern und bi-nationaler Ehen,« in: Bastin (Hg.) 1992, 53-62.
Reichertz, Jo; *Schröer*, Norbert (1993): »Beschuldigtennationalität und polizeiliche Ermittlungspraxis. Plädoyer für eine qualitative Polizeiforschung,« KZSS 45/ 1993. 755-771.
Reinders, Hans S. (1995): »The Meaning of Sanctification. Stanley Hauerwas on

Christian Identity and Moral Judgement,« in: Albert W. Musschenga (Hg.) – Does Religion Matter Morality? The Critical Reappraisal of the Thesis of Morality's Independence from Religion. Kampen (Morality and the Meaning of Life 2) 1995, 141-167.

Rendtorff, Trutz (1966): Kirche und Theologie. Die systematische Funktion des Kirchenbegriffs in der neueren Theologie. Gütersloh.

– (1969): Christentum außerhalb der Kirche. Konkretionen der Aufklärung. Hamburg (Stundenbücher 89).

– (1971): »Christentum ohne Kirche? Zur Überwindung einer falschen Alternative,« in: ders. – Theorie des Christentums. Historisch-theologische Studien zu seiner neuzeitlichen Verfassung. Gütersloh 1972. Erstveröffentlichung: Conc(D) 7/1971, 406-412.

– (1975): Gesellschaft ohne Religion? Theologische Aspekte einer sozialtheoretischen Kontroverse (Luhmann/Habermas). München.

– (1976): »Der ethische Sinn der Dogmatik. Zur Reformierung des Verhältnisses von Dogmatik und Ethik bei Karl Barth,« in: ders. (Hg.) – Die Realisierung der Freiheit. München 1976, 119-134.

– (1977): »Universalität oder Kontextualität der Theologie. Eine »europäische« Stellungnahme,« ZThK 74/1977, 238-254.

– (1978a): »Die christliche Freiheit als Orientierungsbegriff der gegenwärtigen christlichen Ethik,« in: HCE.NA: 378-388.

– (1978b): »Theologische Problemfelder der christlichen Ethik,« in: HCE.NA: 199-216.

– (1987): »Menschenrechte als Bürgerrechte. Protestantische Aspekte ihrer Begründung,« in: Böckenförde/Spaemann (Hg.) 1987, 93-118.

– (1990): Ethik. Grundelemente, Methodologie und Konkretionen einer ethischen Theologie, 2 Bände. 2. überarbeitete und erweiterte Auflage. Stuttgart, Berlin, Köln, Mainz (ThW 13).

– (1991): Theologie in der Moderne. Über Religion im Prozeß der Aufklärung. Gütersloh (Troeltsch-Studien Bd. 5).

Renner, Günter (1993): »Asyl- und Ausländerrechtsreform 1993;« Zeitschrift für Ausländerrecht und Ausländerpolitik 13/1993, 118-128.

– (1996): »Staatliche Souveränität und die Verweigerung des weiteren Aufenthalts. Zur Geschichte des deutschen Ausweisungsrechts;« in: Barwig/Brinkmann/Huber/Lörcher/
Schumacher (Hg.) 1996, 23-38.

– (1999): »Was ist neu am neuen Staatsangehörigkeitsrecht?« Zeitschrift für Ausländerrecht und Ausländerpolitik 19/1999, 154-163.

Rethmann, Albert-Peter (1994): »Kirchliche Stellungnahmen zur Asyl- und Migrationspolitik;« JCSW 35/1994, 189-209.

– (1996): Asyl und Migration. Ethik für eine neue Politik in Deutschland. Münster (ICS-Schriften 33).

Reuter, Hans-Richard (1994): »Kirchenasyl und staatliches Asylrecht. Zur Renaissance eines kirchlichen Rechtsinstituts;« in: ders. – Rechtsethik in theologischer Perspektive. Studien zur Grundlegung und Konkretion. Gütersloh 1996 (Öffentliche Theologie 8): 184-209. Erstveröffentlichung unter dem Titel: Kirchenasyl und staatliches Asylrecht. Ein rechtsethischer Beitrag. in: Gerhard Rau, Hans-

Richard Reuter, Klaus Schaich (Hg.) – Das Recht der Kirche Bd. III. Zur Praxis des Kirchenrechts. Gütersloh 1995 (FBESG 51) : 574-600.
– (1996): »Fremdenrechte und Bürgerrechte. Über Bedingungen des Zugangs zu politischen Gemeinwesen;« in: ders. – Rechtsethik in theologischer Perspektive. Studien zur Grundlegung und Konkretion. Gütersloh 1996 (Öffentliche Theologie 8): 210-238.
Richarz, Monika (1986): »Juden in der Bundesrepublik Deutschland und in der Deutschen Demokratischen Republik seit 1945;« in: Brumlik/Kiesel/Kugelmann/Schoeps (Hg.) 1986, 13-30.
Richter, Dirk (1996): Nation als Form. Opladen.
Ringgren, Helmer (1982): »Art. Janah,« ThWAT III: Sp. 663-665.
Rittstieg, Helmut (1991): »Das neue Ausländergesetz: Verbesserungen und neue Probleme,« in: Barwig/Huber/Lörcher/Schumacher/Sieveking (Hg.) 1991, 23-32.
– (1996a): »Einführung,« in: Deutsches Ausländerrecht. Die wesentlichen Vorschriften des deutschen Fremdenrechts. Textausgabe. 10. völlig neubearbeitete Auflage München 1996 (Beck-Texte): IX-XXIX.
– (1996b): »Die Beendigung des Aufenthaltes in Deutschland und das Ausländergesetz 1990. Regelungen des Ausländergesetzes 1990 – ein Überblick,« in: Barwig/Brinkmann/Huber/Lörcher/Schumacher (Hg.) 1996, 39-58.
Robinson, J. Bradford (1986): »Zur Sanctuary Bewegung in den USA,« Blätter für deutsche und internationale Politik 12/1986, 1496-1506.
Röder, Werner (1992): »Die Emigration aus dem nationalsozialistischen Deutschland,« in: Bade (Hg.) 1992b, 345-353.
Röseler, Sybille (1994): »Die sozialrechtliche Stellung von Flüchtlingen in der Bundesrepublik Deutschland,« in: Barwig/Brinkmann/Huber/Lörcher/Schumacher (Hg.) 1994, 279-306.
Rössler, Beate (1993): »Kommunitaristische Sehnsucht und liberale Rechte. Zu Michael Walzers politischer Theorie der Gesellschaft,« DZPh 41/1993, 1035-1048.
Rommelspacher, Birgit (1991): »Rechtsextreme als Opfer der Risikogesellschaft. Zur Täterentlastung in den Sozialwissenschaften,« 1999 6/1991, 75-87.
– (1997): »Psychologische Erklärungsmuster zum Rassismus,« in: Paul Mecheril, Thomas Teo (Hg.) –Psychologie und Rassismus. Reinbek bei Hamburg 1997, 153-172.
Rosenfield, Israel (1992): Das Fremde, das Vertraute und das Vergessene. Anatomie des Bewußtseins. Frankfurt 1992. Erstveröffentlichung: The Strange, Familiar and Forgotten. An Anatomy of Consciousness. New York.
Rosner, Judith (1996): Asylsuchende Frauen. Neues Asylrecht und Lagerpolitik in der Bundesrepublik Deutschland. Frankfurt.
Roth, Andreas (1988): »Die Genfer Flüchtlingskonvention im Schatten des Grundgesetzes,« Zeitschrift für Ausländerrecht und Ausländerpolitik 8/1988, 164-170.
– (1998): »Das Grundrecht aus Asyl – ein (fast) abgeschafftes Grundrecht?« Zeitschrift für Ausländerrecht und Ausländerpolitik 18/1998, 54-58.
Rothkegel, Ralf (1988): »De-facto-Flüchtlinge – Begriff und Rechtsstellung,« Zeitschrift für Ausländerrecht und Ausländerpolitik 8/1988, 99-107.
Rudolph, Hartmut (1983): »Art. Flucht/Flüchtlingsfürsorge,« TRE 11, 224-240.

– (1984): Evangelische Kirche und Vertriebene. Band I: Kirchen ohne Land. Die Aufnahme von Pfarrern und Gemeindegliedern aus dem Osten im westlichen Nachkriegsdeutschland: Nothilfe – Seelsorge – kirchliche Eingliederung. Göttingen (Arbeiten zur Kirchlichen Zeitgeschichte Reihe B, Band 11).
– (1985): Evangelische Kirche und Vertriebene. Band II: Kirche in der neuen Heimat. Vertriebenenseelsorge – politische Diakonie – das Erbe der Ostkirchen. Göttingen (Arbeiten zur Kirchlichen Zeitgeschichte Reihe B, Band 12).
Rudolph, Hedwig (1996): »The new gastarbeiter system in Germany,« New Community 22/1996, 287-300.
Ruh, Hans (1995): »Tourismus,« ZEE 39/1995, 2-7.
Rusche, Helga (1957a): »Gastfreundschaft im Alten Testament, im Spätjudentum und in den Evangelien unter Berücksichtigung ihres Verhältnisses zur Mission,« ZMR 41/1957, 170-186.
– (1957b): »Gastfreundschaft und Mission in Apostelgeschichte und Apostelbriefen,« ZMR 41/1957, 250-268.
Sahmel, Karl-Heinz (1988): Die kritische Theorie. Bruchstücke. Würzburg.
Sandel, Michael (1982): Liberalism and the Limits of Justice. Cambridge (Mass.).
– (1984): »Die verfahrensrechtliche Republik und das ungebundene Selbst,« in: Honneth (Hg.): 1993, 18-35. Erstveröffentlichung: The Procedural Republic and the Unencumbered Self. Political Theory 1/1984, 81-96.
Schäfer, Bernd (1988): »Entwicklungslinien der Stereotypen- und Vorurteilsforschung,« in: Schäfer/Petermann (Hg.) 1988, 11-65.
Schäfer, Bernd; *Petermann*, Franz (Hg.) (1988): Vorurteile und Einstellungen. Sozialpsychologische Beiträge zum Problem sozialer Orientierung. Festschrift für Reinhold Bergler. Köln.
Schäfer, Bernd; *Schlöder*, Bernd (1994): »Identität und Fremdheit. Sozialpsychologische Aspekte der Eingliederung und Ausgliederung des Fremden,« JCSW 25/1994, 69-87.
Schäfers, Bernhard (Hg.) (1993): Lebensverhältnisse und soziale Konflikte im neuen Europa. Verhandlungen des 26. Deutschen Soziologentages in Düsseldorf 1992, hrsg. im Auftrag der Deutschen Gesellschaft für Soziologie. Frankfurt, New York.
Schäffter, Ortfried (Hg.) (1991a): Das Fremde. Erfahrungsmöglichkeiten zwischen Faszination und Bedrohung. Opladen.
Schapp, Wilhelm (1953): In Geschichten verstrickt. Hamburg.
Scheer, Jörn W.; *Willutzki*, Ulrike (1995): »Kellys Psychologie der persönlichen Konstrukte – Aktuelle theoretische Perspektiven und praktische Ansätze,« in: Bericht über den 39. Kongreß der Deutschen Gesellschaft für Psychologie in Hamburg 1994. Schwerpunktthema Persönlichkeit und Verhalten. Hg. von Kurt Pawlik. Göttingen, Bern, Toronto, Seattle 1995, 398-403.
Scheinhardt, Saliha (1993): »Türkinnen in Deutschland. Eine Innenperspektive,« in: Balke/Habermas/Nanz/Sillem (Hg.) 1993, 68-77.
Schenk, Karlheinz (1993): Asylrecht und Asylverfahrensrecht. Systematische Darstellung für die Praxis. Baden-Baden.
Scherr, Albert (1996): »Zum Stand der Debatte über Jugend und Rechtsextremismus,« in: Falter/Jaschke/Winkler (Hg.) 1996, 97-120.
Schiff, Andrea (1996): »Zukünftige Entwicklung eines Berufsfeldes Gesundheit,«

in: Projektgruppe Studentische Fachtagung (Hg.) – Gesundheits- und Pflegewissenschaften zwischen Vision und Wirklichkeit. Viertes Jahrbuch der Studentischen Fachtagung Gesundheits- und Pflegewissenschaften. Frankfurt 1996, 22-31.

Schiff, Andrea; *Dallmann*, Hans-Ulrich (1998): »Das war so nicht geplant ... Migration, Alter und Gesundheitsversorgung,« Dr. med Mabuse Heft 113/1998, 46-49.

Schiffauer, Werner (1984): »Religion und Identität. Eine Fallstudie zum Problem der Reislamisierung bei Arbeitsemigranten,« Schweizerische Zeitschrift für Soziologie 10/1984, 485-516.

Schirmer, Mechthild (1992): »Arbeit mit ausländischen Arbeitnehmern und ihren Familien,« in: Bastin (Hg.) 1992, 90-99.

Schlöder, Bernd (1988): »Soziale Vorstellungen als Bezugspunkte von Vorurteilen,« in: Schäfer/Petermann (Hg.) 1988, 66-98.

Schluchter, Wolfgang (1979): Die Entwicklung des okzidentalen Rationalismus. Eine Analyse von Max Webers Gesellschaftsgeschichte. Tübingen.

Schmidt, Karl Ludwig (1938): »Art. εκκλησια,« ThWNT III: 502-539.

– (1945): »Israels Stellung zu den Fremdlingen und Beisassen und Israels Wissen um seine Fremdling- und Beisassenschaft,« Jud. 1/1945, 269-296.

Schmidt, Karl Ludwig; *Schmidt* M. A. (1954): »Art. παροικος κτλ.,« ThWNT V: 840-852.

Schmidt, Martin (1979): »Art. Auswanderung,« TRE 4, 768-771.

Schmude, Jürgen (1996): »Der einzelne – die Gemeinde – die Kirche? Wer trägt die Verantwortung beim Kirchenasyl?« epd-Dokumentation 31/1996, 15-18.

Schnapper, Dominique (1991): La France de l'intégration. Sociologie de la nation en 1990. Paris.

– (1993): »Ausländerrecht und nationale Integration,« Conc (D) 29/1993, 317-322.

Schneider-Flume, Gunda (1985): Die Identität des Sünders. Eine Auseinandersetzung theologischer Anthropologie mit dem Konzept der psychosozialen Identität Erich H. Eriksons. Göttingen.

Schnell, Rainer (1990): »Dimensionen ethnischer Identität,« in. Esser/Friedrichs (Hg.): 1990, 43-72.

Schniedewind, Karen (1992): »Fremde in der Alten Welt: die transatlantische Rückwanderung,« in: Bade (Hg.) 1992b, 179-185.

Schöch, Heinz; *Gebauer*, Michael (1991): Ausländerkriminalität in der Bundesrepublik Deutschland. Kriminologische, rechtliche und soziale Aspekte eines gesellschaftlichen Problems. Baden-Baden.

Schöfthaler, Traugott (1980): »Über die Mehrdeutigkeit von Ethnozentrik in der Weltgesellschaft,« in: Grohs/Schwerdtfeger/Strohm (Hg.) 1980, 322-330.

– (1984): »The Social Foundation of Morality: Durkheimian Problems and the Viscitudes of Niklas Luhmann's Systems Theory of Religion, Morality and Personality,« SocComp 31/1984, 185-197.

Schönemann, Bernd (1989): »›Volk‹ und ›Nation‹ in Deutschland und Frankreich 1760-1815. Zur politischen Karriere zweier Begriffe,« in: Französische Revolution und Pädagogik der Moderne. Aufklärung, Revolution und Menschenbildung im Übergang von Ancien Régime zur bürgerlichen Gesellschaft. Hg. von Ulrich

Herrmann und Jürgen Oelkers. ZfPäd 24. Beiheft, Weinheim, Basel 1989, 275-292.
Scholz, Frithard (1982): Freiheit als Indifferenz. Alteuropäische Probleme mit der Systemtheorie Niklas Luhmanns. Frankfurt.
Schott, Christian-Erdmann (1981): »Art. Konfessionelle Diaspora innerhalb des Christentums,« TRE 8, 717-718.
Schrader, Achim; *Nikles*, Bruno W.; *Griese*, Hartmut M. (1976): Die Zweite Generation. Sozialisation und Akkulturation ausländischer Kinder in der Bundesrepublik. Kronberg.
Schrader, Wolfgang H. (1994): »Artikel: Normen: Philosophisch,« TRE 24, 620-628
Schrötter, Hans Jörg; *Möhlig*, Angelika (1995): »Staatsangehörigkeit in der Diskussion. Rechtliche Aspekte und politische Ansätze,« Zeitschrift für Rechtspolitik 28/1995, 374-380.
Schubert, Hans-Joachim (1995): Demokratische Identität. Das Werk Charles Horton Cooleys. Frankfurt.
Schütz, Alfred (1944): »Der Fremde. Ein sozialpsychologischer Versuch,« in: ders. – Gesammelte Aufsätze 2: Studien zur soziologischen Theorie. Den Haag 1972, 53-69.
Schütz, Alfred; *Luckmann*, Thomas (1979/84): Strukturen der Lebenswelt (2 Bände) Frankfurt.
Schulze, Gerhard (1993): Die Erlebnisgesellschaft. Kultursoziologie der Gegenwart. Frankfurt, New York.
Schwarz, Eberhard (1982): Identität durch Abgrenzung. Abgrenzungsprozesse in Israel im 2. vorchristlichen Jahrhundert und ihre traditionsgeschichtlichen Voraussetzungen. Zugleich ein Beitrag zur Erforschung des Jubiläenbuches. Frankfurt, Bern (EHS XXIII/162).
– (1993): »›Ziehet aus ihrer Mitte und sondert euch ab!‹ Abgrenzung als Ursprungssituation paulinischer Gemeindebildung. Beobachtungen zu 2 Kor 6,14-7,1«, in: Konsequente Traditionsgeschichte. Festschrift für Klaus Baltzer zum 65. Geburtstag. Hg. von Rüdiger Bartelmus, Thomas Krüger und Helmut Utzschneider. Freiburg, Göttingen 1993 (OBO 126): 355-372.
Schwienhorst-Schönberger, Ludger (1990a): Das Bundesbuch (Ex 20, 22 – 23, 33). Studien zu seiner Entstehung und Theologie. Berlin, New York (BZAW 188).
– (1990b): »›... denn Fremde seid ihr gewesen im Lande Ägypten‹. Zur sozialen und rechtlichen Stellung von Fremden und Ausländern im alten Israel,« BiLi 63/1990, 108-117.
Seel, Martin (1993): »Ethik und Lebensformen,« in: Brumlik/Brunkhorst (Hg.) 1993, 244-259.
Seidel, Heinz (1995a): »Ausländische Arbeitnehmer auf dem deutschen Arbeitsmarkt,« Zeitschrift für Ausländerrecht und Ausländerpolitik 15/1995, 51-57.
– (1995b): »Arbeitserlaubnisrecht,« Zeitschrift für Ausländerrecht und Ausländerpolitik 15/1995, 109-114.
Seifert, Wolfgang (1994): »Am Rande der Gesellschaft? Zur Entwicklung von Haushaltseinkommen und Armut unter Ausländern,« Informationsdienst zur Ausländerarbeit Heft 3/4 1994, 16-23.
– (1995): Die Mobilität der Migranten. Die berufliche, ökonomische und soziale

Stellung ausländischer Arbeitnehmer in der Bundesrepublik. Eine Längsschnittanalyse mit dem sozio-ökonomischen Panel 1984-1989. Berlin.
– (1996): »Occupational and social integration of immigrant groups in Germany,« New Community 22/1996, 417-436.
Sen, Faruk; *Wierth*, Alke (1992): »1961-1991 – Ein kritischer Rückblick auf die dreißigjährige Migrationsgeschichte der Türken in der Bundesrepublik Deutschland,« Zeitschrift für Ausländerrecht und Ausländerpolitik 12/1992, 75-80.
Sen, Faruk; *Cryns*, Manfred; *Kaya-Smajgert*, Gülay (1992): Lebenssituation und spezifische Problemlage älterer ausländischer Einwohner in der Bundesrepublik Deutschland. Hg. vom Bundesminister für Arbeit und Sozialordnung. Essen (Forschungsbericht Sozialforschung 226).
Senatsverwaltung für Jugend und Familie Berlin – Referat für gleichgeschlechtliche Lebensweisen (Hg.) (1994): Homosexualität als politischer Asylgrund? Berlin (Dokumente lesbisch-schwuler Emanzipation des Referats für gleichgeschlechtliche Lebensweisen 11).
Sevenster, J. N. (1975): The Roots of Pagan Anti-semitism in the Ancient World. Leiden (NT.S 41).
Sherif, Muzafer; *Harvey*, O. J.; *White*, B. Jack; *Hood*, W. R.; *Sherif*, Carolyn Wood (1961): Intergroup conflict and cooperation. The Robbers Cave experiment. Norman (Oklahoma).
Sigrist, Christian (1994): »Ethnizität als Selbstorganisation,« in: Kößler/Schiel 1994 (Hg.): 45-55.
Silbermann, Alphons (1995): Der »normale« Haß auf die Fremden. Eine sozialwissenschaftliche Studie zu Ausmaß und Hintergründen von Fremdenfeindlichkeit in Deutschland. München.
Simmel, Georg (1908): »Exkurs über den Fremden,« in: ders. – Soziologie. Untersuchungen über die Formen der Vergesellschaftung. Gesamtausgabe Band 2, Frankfurt 1992, 764-771.
Smith, Anthony D. (1981): The Ethnic Revival. Cambridge.
– (1983): »Ethnic Identity and World Order,« Millenium 12/1983, 149-161.
– (1986): The Ethnic Origins of Nations. Oxford.
Soosten, Joachim von (1990): »Zur theologischen Rezeption von Jürgen Habermas' ›Theorie des kommunikativen Handelns‹,« ZEE 24/1990, 129-143.
– (1992a): »Gerechtigkeit ohne Solidarität? Deontologische Ethik in der Kritik,« ZEE 36/1992, 61-74.
– (1992b): »Sünde und Gnade und Tugend und Moral. Die Erbschaft der religiösen Traditionen,« in: Zahlmann (Hg.) 1992, 48-56).
Spieckermann, Hermann (1994): »Die Stimme des Fremden im Alten Testament,« PTh 83/1994, 52-67.
Spitz, René Arpad (1959): Nein und ja. Die Ursprünge menschlicher Kommunikation. Stuttgart (Psyche Beiheft).
Stählin, Gustav (1954): »Art. ξενος κτλ.,« ThWNT V: 1-36.
Stamm, Johann Jakob (1974): »Fremde, Fluechtlinge und ihr Schutz im Alten Israel und in seiner Umwelt,« in: Mercier (Hg.) 1974, 31-66.
Statistisches Jahrbuch 1976 für die Bundesrepublik Deutschland. Hg. vom Statistischen Bundesamt. Stuttgart, Mainz 1976.

Statistisches Jahrbuch 1982 für die Bundesrepublik Deutschland. Hg. vom Statistischen Bundesamt. Stuttgart, Mainz 1982.

Statistisches Jahrbuch 1995 für die Bundesrepublik Deutschland. Hg. vom Statistischen Bundesamt. Stuttgart 1995.

Statistisches Jahrbuch 1996 für die Bundesrepublik Deutschland. Hg. vom Statistischen Bundesamt. Stuttgart 1996.

Statistisches Jahrbuch 1997 für die Bundesrepublik Deutschland. Hg. vom Statistischen Bundesamt. Stuttgart 1997.

Statistisches Jahrbuch 1998 für die Bundesrepublik Deutschland. Hg. vom Statistischen Bundesamt. Stuttgart 1998.

Statistisches Jahrbuch 1999 für die Bundesrepublik Deutschland. Hg. vom Statistischen Bundesamt. Stuttgart 1999.

Statistisches Jahrbuch Deutscher Gemeinden 1996. Hg. vom Deutschen Städtetag. Köln 1996.

Steinbach, Peter (1995): »Die Verpflichtung zur Beheimatung politisch Verfolgter. Der Weg zum Asylrecht des Grundgesetzes,« Universitas 50/1995, 1126-1145.

Steineck, Alexander (1994): »Soll die Europäische Union Einwanderer nach Bildungsmerkmalen auswählen?« Zeitschrift für Ausländerrecht und Ausländerpolitik 14/1994, 177-182.

Steinfath, Holmer (1992): »Der Verlust der Identität,« in: Zahlmann (Hg.) 1992, 86-93.

Steins, Georg (1994): »›Fremde sind *wir* ...‹ Zur Wahrnehmung des Fremdseins und zur Sorge für die Fremden in alttestamentlicher Perspektive,« JCSW 35/1994, 133-150.

Stock, Jürgen, *Klein*, Lutz (1994): »Hat die Polizei ein Ausländerproblem? Überlegungen zu Konfliktpotential und möglichen Gegenstrategien,« Monatsschrift für Kriminologie und Strafrechtsreform 77/1994, 286-296.

Stout, Jeffrey (1984):»Virtue among the ruins: An Essay on MacIntyre,« NZSTh 26/1984, 256-273.

Strasser, Stephan (1978): Jenseits von Sein und Zeit. Eine Einführung in Emmanuel Lévinas' Philosophie. Den Haag (Phaenomenologica 78).

Straub, Jürgen (1989): Historisch-psychologische Biographieforschung. Theoretische, methodologische und methodische Argumentationen in systematischer Absicht. Heidelberg.

– (1991): »Identitätstheorie im Übergang? Über Identitätsforschung, den Begriff der Identität und die zunehmende Beachtung des Nicht-Identischen in subjekttheoretischen Diskursen,« Sozialwissenschaftliche Literaturrundschau 23/1991, 49-71.

Streeck, Ulrich (Hg.) (1993): Das Fremde in der Psychoanalyse. Erkundungen über das »Andere« in Seele, Körper und Kultur. München (Leben lernen 88).

Streeck-Fischer, Annette (1992): »›Geil auf Gewalt‹. Psychoanalytische Bemerkungen zu Adoleszenz und Rechtsextremismus,« Psyche 46/1992, 745-768.

– (1994): »›Wir sind die Kraft, die Deutschland sauber macht.‹ – Oder die Entstehung von Fremdenhaß und Gewalt als Gruppenprozeß,« Gruppenpsychotherapie und Gruppendynamik 30/1994, 75-85.

Strohm, Theodor (1989): »Aufgaben und Perspektiven kirchlicher und öffentlicher Asylpraxis,« ThPr 24/1989, 131-142.

Sumner, William G. (1906): Folkways. A study of the sociological importance of usages, manners, customs, mores and morals. Boston.

Sundermeier, Theo (Hg.) (1991): Die Begegnung mit dem Anderen. Plädoyers für eine interkulturelle Hermeneutik. Gütersloh (Studien zum Verstehen fremder Religionen 2).

Sundhaussen, Holm (1992): »Deutsche in Rumänien,« in: Bade (Hg.) 1992b, 36-54.

Synode der EKD (1970): »Entschließung der Synode der EKD betr. Ausländische Arbeitnehmer. Vom 14. Mai 1970,« in: Christoph (Hg.) 1996, 11 f. Erstveröffentlichung: ABl. EKD 1970, 282.

– (1971a): »Entschließung der Synode der EKD zum Bildungsnotstand der Kinder ausländischer Arbeitnehmer in der Bundesrepublik,« in: Christoph (Hg.) 1996, 57-59. Erstveröffentlichung: ABl. EKD 1971, 692.

– (1971b): »Entschließung der Synode der EKD zur Verbesserung der Wohnverhältnisse ausländischer Arbeitnehmer,« in: Christoph (Hg.) 1996, 67. Erstveröffentlichung ABl. EKD 1971, 696.

– (1974): »Entschließung der Synode der EKD zur Lage der ausländische Arbeitnehmer in der BRD. Vom 16. Januar 1974,« in: Christoph (Hg.) 1996, 154 f. Erstveröffentlichung: Abl. EKD 1974, 90.

– (1975): »Entschließung der Synode der EKD zur Lage der Arbeitslosen, insbesondere arbeitsloser ausländischer Arbeitnehmer,« in: Christoph (Hg.) 1996, 247 f. Erstveröffentlichung: Abl. EKD 1975, 726.

– (1977): »Kundgebung der Synode der EKD zu Fragen ausländischer Arbeitnehmer,« in: Christoph (Hg.) 1996, 326 f. Erstveröffentlichung: Abl. EKD 1978, 7.

– (1978): »Kundgebung der Synode der EKD zur zukunftsorientierten Bildung und Ausbildung im Zusammenhang des Bildungs- und Beschäftigungssystems,« in: Christoph (Hg.) 1996, 418-427. Erstveröffentlichung: Abl. EKD 1978, 515.

– (1980a): »Beschluß der Synode der EKD zur Begegnung mit Muslimen,« in: Christoph (Hg.) 1996, 458 f. Erstveröffentlichung: Abl. EKD 1980, 50.

– (1980b): »Kundgebung der Synode der EKD zum Zusammenleben von Deutschen und Ausländern,« in: Christoph (Hg.) 1996, 471. Erstveröffentlichung: Abl. EKD 1980, 521.

– (1980c): »Beschluß betr. ›Aufnahme von Asylanten‹,« epd-Dokumentation 11/1984, 57.

– (1981): »Beschluß zu Ausländerfragen,« epd-Dokumentation 50a/1981, 68. Und: Abl EKD 1981, 482.

– (1982): »Kundgebung zum Thema ›Nachbarschaft mit Ausländern‹,« epd-Dokumentation 51/1982, 105. Und Abl. EKD 1982, 447.

– (1983): »Kundgebung zur Frage der Ausländer in der Bundesrepublik,« epd-Dokumentation 11/1984, 59.

– (1984): »Beschluß betr. ›Verbesserung der Lage von Asylsuchenden‹,« epd-Dokumentation 49/1984, 75.

– (1986): »Beschluß betr.: ›Asylsuchenden beistehen‹,« epd-Dokumentation 49a/1986, 7.

– (1987): »Beschluß zu ›Offen bleiben für Flüchtlinge‹,« epd-Dokumentation 49a/1987, 7.

– (1989): »Beschluß betr. ›Neuregelung des Ausländerrechts‹,« epd-Dokumentation 49a/1989, 7.

– (1991): »Beschluß betr. ›Zur Verantwortung der Kirchen für die ausländischen Mitbürgerinnen und Mitbürger‹,« epd-Dokumentation 51/1991, 55.
– (1992): »Aufnahme von Asylsuchenden und Flüchtlingen,« epd-Dokumentation 51/1992, 14.
– (1993): »Beschluß betr. ›Aufnahme von Flüchtlingen und Asylsuchenden‹,« epd-Dokumentation 51a/1993, 3 f.
– (1994): »Beschluß zu ›Praxis des Asylverfahrens und Schutz vor Abschiebung von Menschen, die an Leib und Leben bedroht sind‹,« epd-Dokumentation 52/1994, 68 f.
– (1995): »Beschluß zum 2. Bericht ›Asylsuchende und Flüchtlinge‹,« epd-Dokumentation 50/1995, 7.
– (1997a): »Beschluß zu den Herausforderungen durch Migration und Flucht,« epd-Dokumentation 50/1997, 33.
– (1997b): »Beschluß zum Staatsangehörigkeitsrecht,« epd-Dokumentation 50/1997, 34.
Taft, Ronald (1957): »A Psychological Model for the Study of Social Assimilation,« Human Relations 10/1957, 141-156.
Tajfel, Henri (1969): »Cognitive Aspects of Prejudice,« Journal of Social Issues 25/1969 H. 4, 79-97.
– (1970): »Experiments in Intergroup Discrimination,« Scientific American 223/1970, 96-102.
– (1978): Differentiation between Social Groups. London.
– (1981): Gruppenkonflikt und Vorurteil. Entstehung und Funktion sozialer Stereotypen. Bern. Erstveröffentlichung: Human groups and social categories. Studies in social psychology. Cambridge (Mass.).
Talazko, Helmut (1989): »Aus der Geschichte der evangelischen Arbeit für Auswandernde und Ausgewanderte,« Zeitschrift für Kulturaustausch 39/1989, 345-353.
Taylor, Charles (1977): »Was ist menschliches Handeln?« In: ders. – Negative Freiheit? Zur Kritik des neuzeitlichen Individualismus. Frankfurt 1992, 9-51. Erstveröffentlichung: Theodore Mischel (Hg.) – The Self. Psychological and Philosophical Issues. Oxford 1977. Wiederabdruck in: ders. – Philosophical Papers 1. Human Agency and Language. Cambridge (Mass.) 1985.
– (1979): »Der Irrtum der negativen Freiheit,« In: ders. – Negative Freiheit? Zur Kritik des neuzeitlichen Individualismus. Frankfurt 1992, 118-144. Erstveröffentlichung: Alan Ryan (Hg.) – The Idea of Freedom. Essays in Honour of Sir Isaiah Berlin. Oxford 1979. Wiederabdruck in: ders. – Philosophical Papers 1. Human Agency and Language. Cambridge (Mass.) 1985
– (1986): »Leibliches Handeln,« in: Alexandre Métraux, Bernhard Waldenfels (Hg.) – Leibhaftige Vernunft. Spuren von Merleau-Pontys Denken. München 1986, 194-217.
– (1989a): Quellen des Selbst. Die Entstehung der neuzeitlichen Identität. Frankfurt 1994. Erstveröffentlichung: Sources of the Self. The Making of the Modern Identity. Cambridge (Mass.).
– (1989b): »Aneinander vorbei: Die Debatte zwischen Liberalismus und Kommunitarismus,« in: Honneth (Hg.) 1993, 103-130. Erstveröffentlichung: Cross-

Purposes: The Liberal-Communitarian Debate. in: Nancy L. Rosenblum (Hg.), Liberalism and the Moral Life. Harvard 1989, 159-182.
– (1991): Das Unbehagen an der Moderne. Frankfurt 1995. Erstveröffentlichung: The Malaise of Modernity. Concord 1991 (in den USA unter dem Titel: The Ethics of Authenticity).
– (1992a): Multikulturalismus und die Politik der Anerkennung. Mit Kommentaren von Amy Gutmann (Hg.), Steven C. Rockefeller, Michael Walzer, Susan Wolf. Mit einem Beitrag von Jürgen Habermas. Frankfurt 1993. Erstveröffentlichung: Multiculturalism and »The Politics of recognition«. Princeton 1992.
– (1992b): »Wieviel Gemeinschaft braucht die Demokratie?« Transit Heft 5, Winter 1992/93, 5-21.
Tews, Hans Peter (1996): »Von der Pyramide zum Pilz. Demographische Veränderungen in der Gesellschaft,« in: Funkkolleg Altern. Studienbrief 2. Tübingen 1996.
Thadden, Rudolf von; *Magdelaine*, Michelle (Hg.) (1985): Die Hugenotten 1685-1985. München.
Thamer, Hans-Ulrich (1992): »Flucht und Exil: ›Demagogen‹ und Revolutionäre,« in: Bade (Hg.) 1992b, 242-248.
Theißen, Gerd (1977): Soziologie der Jesusbewegung. München (TEH.NF 194).
Theunissen, Michael (1976): »Das Denken im Widerstreit von Glaube und Vernunft,« HerKorr 30/1976, 449-456.
– (1978): Sein und Schein. Die kritische Funktion der Hegelschen Logik. Frankfurt.
Thomä-Venske, Hanns (1988): »Grundwerte und Menschenrechte in der Auseinandersetzung um Asylpolitik,« Zeitschrift für Ausländerrecht und Ausländerpolitik 8/1988, 116-120.
Thomas, Alexander (1991): Grundriß der Sozialpsychologie. Band 1: Grundlegende Begriffe und Prozesse. Göttingen, Toronto, Zürich.
– (1992): Grundriß der Sozialpsychologie. Band 2: Individuum – Gruppe – Gesellschaft. Göttingen, Toronto, Zürich.
– (1993): »Interkulturelle Begegnung und Vorurteilsbildung,« Psychologische Beiträge 35/1993, 210-224.
– (Hg.) (1994): Psychologie und multikulturelle Gesellschaft. Problemanalysen und Problemlösungen. Ergebnisse des 14. Workshop-Kongresses der Sektion Politische Psychologie im Berufsverband Deutscher Psychologen (BDP) in Regensburg. Göttingen, Stuttgart.
Thon, Manfred (1991a): »Neue Modellrechnungen zur Entwicklung des Erwerbspersonenpotentials im bisherigen Bundesgebiet bis 2010 mit Ausblick bis 2030,« Mitteilungen aus der Arbeitsmarkts- und Berufsforschung 24/1991:673-688.
– (1991b): »Perspektiven des Erwerbspersonenpotentials in Gesamtdeutschland bis zum Jahre 2030,« Mitteilungen aus der Arbeitsmarkts- und Berufsforschung 24/1991, 706-712.
Tichy, Roland (1993): Ausländer rein! Deutsche und Ausländer – verschiedene Herkunft, gemeinsame Zukunft. 3. völlig überarbeitete Auflage. München.
Tilgner, Wolfgang (1970): »Volk, Nation und Vaterland im protestantischen Denken zwischen Kaiserreich und Nationalsozialismus (ca. 1870-1933),« in: Zilleßen (Hg.) 1970, 135-171.

Tönnies, Ferdinand (1887): Gemeinschaft und Gesellschaft. Grundbegriffe der reinen Soziologie. Darmstadt 1979 (Nachdruck der 8. Aufl. 1935).
Tomasi, John (1995): »Kymlicka, Liberalism, and Respect for Cultural Minorities,« Ethics 105/1995, 580-603.
Traulsen, Monika (1993): »Die Gewaltkriminalität der Ausländer,« Monatsschrift für Kriminologie und Strafrechtsreform 76/1993, 295-305.
Treibel, Annette (1990): Migration in modernen Gesellschaften. Soziale Folgen von Einwanderung und Gastarbeit. Weinheim, München (Grundlagentexte Soziologie).
Tremmel, Hans (1992): Grundrecht Asyl. Die Antwort der christlichen Sozialethik. Freiburg, Basel, Wien.
– (1994): »Menschenrechtliche Aspekte der Diskussion um das Asylrecht: Gnadenrecht der souveränen Staaten oder individuelles Menschenrecht der politisch Verfolgten?« JCSW 35/1994, 167-188.
Tugendhat, Ernst (1979): Selbstbewußtsein und Selbstbestimmung. Sprachanalytische Interpretationen. Frankfurt.
– (1986): »Asyl: Gnade oder Menschenrecht?« In: Barwig/Mieth (Hg.) 1987, 76-82. Erstveröffentlichung in Kursbuch 86/1986.
– (1993a): »Die Rolle der Identität in der Konstitution der Moral,« in: Edelstein/Nunner-Winkler/Noam (Hg.) 1993, 33-47.
– (1993b): Vorlesungen über Ethik. Frankfurt.
Twenhöfel, Ralf (1984): »Kulturkonflikt und Integration. Zur Kritik der Kulturkonfliktthese,« Schweizerische Zeitschrift für Soziologie 10/1984, 405-434.
Ulrich, Hans G. (1993): »Theologische Ethik im englischsprachigen Kontext. Zur neueren Diskussion in Nordamerika,« VF 38/1993, 61-84.
UNFPA/Weltbevölkerungsbericht 1993. Das Individuum und die Welt. Bevölkerung, Migration und Entwicklung in den neunziger Jahren. Bonn.
UNHCR-Report 1994. Die Lage der Flüchtlinge in der Welt. Bonn. Originalausgabe: The State of the World's Refugees 1993. New York, London, Toronto 1993.
UNHCR-Report 1995/96. Zur Lage der Flüchtlinge in der Welt. Die Suche nach Lösungen. Bonn 1995. Originalausgabe: The State of the World's Refugees 1995. in Search of Solutions. Oxford, New York 1995.
UNHCR-Report 1997/98. Zur Lage der Flüchtlinge in der Welt. Erzwungene Migration: Eine humanitäre Herausforderung. Bonn 1997. Originalausgabe: The State of the World's Refugees 1997/98. Forced migration: A humanitarian challenge. Oxford, New York 1997.
Uzarewicz, Charlotte, *Piechotta*, Gudrun (Hg.) (1997): Transkulturelle Pflege. Curare-Sonderband 10. Berlin.
Valentin, Karl (1942): Die Fremden. Aus: Mögen hätt ich schon wollen, aber dürfen hab ich mich nicht getraut! Das Beste aus seinem Werk. Hg. von Helmut Bachmaier. München, Zürich 1990, 50f.
Velling, Johannes (1995): Immigration und Arbeitsmarkt. Eine empirische Analyse für die Bundesrepublik Deutschland. Baden-Baden (Schriftenreihe des ZEW 6).
– (1996): »Die Migranten der 90er Jahre und ihre Integration in den deutschen Arbeitsmarkt,« in: Gesellschaften im Umbruch. Verhandlungen des 27. Kon-

gresses der Deutschen Gesellschaft für Soziologie in Halle an der Saale 1995. Hg. von Lars Clausen. Frankfurt, New York 1996, 377-394.
Vogelskamp, Dirk (1996a): »Untersuchungsbericht: Können Kirchengemeinden Flüchtlinge schützen?« In: Ökumenische Bundesarbeitsgemeinschaft Asyl in der Kirche (Hg.) – Zufluchtsort Kirche. Eine empirische Untersuchung über Erfolg und Mißerfolg von Kirchenasyl. Köln 1996, 5-23.
– (1996b): »Das beharrliche Ringen der Gemeinden um Flüchtlingsschutz – Aktuelle Entwicklungen des »Kirchenasyls« 1995/96,« epd-Dokumentation 31/1996, 5-10.
Wahl, Heribert (1993): »Narzißmus-Theorien,« in: Wolfgang Mertens (Hg.) – Schlüsselbegriffe der Psychoanalyse. Stuttgart 1993, 105-114.
Wahl, Klaus (1995): »Fremdenfeindlichkeit und Rechtsextremismus. Forschungsergebnisse und Erklärungsversuche,« Kriminologisches Journal 27/1995, 52-67.
Waldenfels, Bernhard (1990): Der Stachel des Fremden. Frankfurt.
– (1997a): »Phänomenologie des Eigenen und des Fremden,« in: Münkler (Hg.) 1997, 65-83.
– (1997b): Topographie des Fremden. Studien zur Phänomenologie des Fremden 1. Frankfurt.
Waldmann, Peter, *Elwert*, Georg (Hg.) (1989): Ethnizität im Wandel. Saarbrücken, Fort Lauderdale, Breitenbach (Spektrum 21).
Waller, Heiko (1995): Gesundheitswissenschaft. Eine Einführung in Grundlagen und Praxis. Stuttgart, Berlin, Köln.
Walser, Gerold (1974): »Fluechtling und Exil im Klassischen Altertum (vor allem in griechischer Zeit),« in: Mercier (Hg.) 1974, 67-93.
Walter, Michael; *Kubink*, Michael (1993): »Ausländerkriminalität – Phänomen oder Phantom der (Kriminal-) Politik?« Monatsschrift für Kriminologie und Strafrechtsreform 76/1993, 306-319.
Walzer, Michael (1983a): Sphären der Gerechtigkeit. Ein Plädoyer für Pluralität und Gleichheit. Frankfurt, New York 1992 (Theorie und Gesellschaft 23). Erstveröffentlichung: Spheres of Justice. A Defense of Pluralism and Equality. New York 1983.
– (1983b): »Staaten und Minderheiten,« in: Walzer 1992a, 100-114. Erstveröffentlichung: States and Minorities. in: Community and Identity, hg. von C. Fried. Dahlem Konferenzen 1983. Berlin, Heidelberg, New York, Tokyo.
– (1987): Kritik und Gemeinsinn. Drei Wege der Gesellschaftskritik. Frankfurt 1993. Erstveröffentlichung: Interpretation and Social Criticism. Cambridge (Mass.), London.
– (1990): »Die kommunitaristische Kritik am Liberalismus,« in: Honneth (Hg.) 1993, 157-180. Erstveröffentlichung: The Communitarian Critique of Liberalism. Political Theory 1/1990, 6-23.
– (1992a): Zivile Gesellschaft und amerikanische Demokratie. Berlin.
– (1992b): »Das neue Stammeswesen,« in: Walzer 1992a, 115-137. Erstveröffentlichung: Notes on the New Tribalism. Dissent 1992.
– (1992c): »Für eine Politik der Differenz,« in: Walzer 1992a, 228-240.
– (1994a): Lokale Kritik – globale Standards. Zwei Formen moralischer Auseinandersetzung. Berlin 1996. Erstveröffentlichung: Thick and Thin. Moral Argument at Home and Abroad. Notre Dame (Ind.).

– (1994b): »Wieviel Gemeinschaft braucht der Mensch? Ein Interview von Mikael Carleheden und René Gabriels,« Babylon 13/14/1994, 39-60.
– (1997): Über Toleranz. Von der Zivilisierung der Differenz. Hamburg 1998. Erstveröffentlichung: On toleration. New Haven (Conn.).
Wangh, Martin (1962): »Psychoanalytische Betrachtungen zur Dynamik und Genese des Vorurteils, des Antisemitismus und des Nazismus,« Psyche 46/1992, 1152-1176. Erstveröffentlichung in gekürzter Fassung in Psyche 16/1962, 273-284.
Waschke, Ulrich (1994): »Ausländer und Wohnen. Ein Beitrag zur Integration,« Der Städtetag NF 47/1994, 2-8.
Waters, Mary C. (1990): »Ethnische Identität als Option,« in: Honneth (Hg.) 1994, 205-232. Erstveröffentlichung: The Costs of a Costless Community. in: dies. – Ethnic Opinions. Choosing Identities in America. Berkeley 1990, 147-168.
Weber, Max (1919): »Politik als Beruf,« in: Max Weber – Gesammelte politische Schriften. Tübingen 4. Aufl. 1980, 505-560.
– (1921): Gesammelte Aufsätze zur Religionssoziologie III. Die Wirtschaftsethik der Weltreligionen. Das antike Judentum. Tübingen.
– (1922): Wirtschaft und Gesellschaft. Grundriß der verstehenden Soziologie. Hg. von Johannes Wickelmann. 5. revidierte Auflage 1972.
Wedell, Marion (1993a): Nur Allah weiß, was aus mir wird ... Alter, Familie und außerfamiliäre Unterstützung aus der Sicht älterer Türkinnen und Türken. Frankfurt.
– (1993b): »Qualitative Forschung über ältere MigrantInnen,« in: Die älteren Arbeitsmigrantinnen und -migranten. Berichte aus Forschung und Praxis. Fachtagung Dezember 1993. Stadt Frankfurt am Main, Amt für multikulturelle Angelegenheiten. Dokumentation hg. von Donald Vaughn. Frankfurt o. S.
Wegner, Jörg (1997): »Aufenthaltsrecht für gleichgeschlechtliche Partner,« Zeitschrift für Ausländerrecht und Ausländerpolitik 17/1997, 87-89.
Weigt, Claudia; *Lorke*, Beate (1994): Junge Marokkaner zwischen Betrieb, Schule und Konstabler Wache. Eschborn.
Weinrich, Harald (1972): »System, Diskurs, Didaktik und die Diktatur des Sitzfleisches,« in: Theorie der Gesellschaft oder Sozialtechnologie. Beiträge zur Habermas-Luhmann-Diskussion von Klaus Eder et al., hg. von Franz Maciejewski. Frankfurt 1973, 145-161. Erstveröffentlichung in: Merkur 26/1972, 801-812.
Weiss, Hans-Friedrich (1991): Der Brief an die Hebräer. Göttingen (KEK 13).
Welz, Gisela (1994): »Die soziale Organisation kultureller Differenz. Zur Kritik des Ethnosbegriffs in der anglo-amerikanischen Kulturanthropologie,« in: Berding (Hg.) 1994, 66-81.
Wendland, Heinz-Dietrich (1965): »Nationalismus und Patriotismus in der Sicht der christlichen Ethik,« in: ders. – Die Kirche in der revolutionären Gesellschaft. Sozialethische Aufsätze und Reden. Gütersloh 1967, 123-140. Erstveröffentlichung: Schriften der Gesellschaft zur Förderung der Westfälischen Wilhelms-Universität, Heft 58, Münster 1965.
– (1970): »Antworten der christlichen Ethik auf die Frage nach Nation und Vaterland,« in: Zilleßen (Hg.) 1970, 273-284.
Werner, Heinz (1994): »Integration ausländischer Arbeitnehmer in den Arbeitsmarkt – Deutschland, Frankreich, Niederlande, Schweden,« in: Heinz Werner und Wolfgang Seifert (Hg.) – Die Integration ausländischer Arbeitnehmer in

den Arbeitsmarkt. Nürnberg (Beiträge zur Arbeitsmarkt- und Berufsforschung 178): 85-186.

Wiegand, Erich (1992): »Zunahme der Ausländerfeindlichkeit? Einstellungen zu Fremden in Deutschland und Europa;« ZUMA-Nachrichten 31, 16/1992, 7-28.

Wiesinger, Rita (1984): »Identity and personality of refugee women;« AWR-Bulletin 31/1984, 9-15.

Willems, Helmut (1993a): »Zur Eskalation fremdenfeindlicher Gewalt: eine interaktionistische Interpretation kollektiven Verhaltens,« in: Schäfers (Hg.) 1993, 399-406.

– (1993b): »Gewalt gegen Fremde. Täter, Strukturen und Eskalationsprozesse,« in: Aggression und Gewalt. Mit Beiträgen von Hans-Peter Nolting u.a. Stuttgart, Berlin, Köln (Kohlhammer-Taschenbücher Band 1112: Bürger im Staat): 161-179.

Willems, Helmut; *Würtz*, Stefanie; *Eckert*, Roland (1993): Fremdenfeindliche Gewalt: Eine Analyse von Täterstrukturen und Eskalationsprozessen. Unter Mitarbeit von Manfred Lerch und Linda Steinmetz. Forschungsbericht vorgelegt dem Bundesministerium für Frauen und Jugend und der Deutschen Forschungsgemeinschaft im Juni 1993. Bonn.

Wils, Jean-Pierre; *Mieth*, Dietmar (1992): »Tugend,« in: Jean-Pierre Wils und Dietmar Mieth – Grundbegriffe der christlichen Ethik, mit Beiträgen von Alberto Bondolfi et al. Paderborn, München, Wien, Zürich 1992, 182-198.

Wimmer, Andreas (1995): »Interethnische Konflikte. Ein Beitrag zur Integration aktueller Forschungsansätze,« KZSS 47/1995, 464-493.

Winter, Gibson (1966): Elements for a Social Ethic. Scientific and Ethical Perspectives on Social Process. New York.

Wißmann, Hans (1979): »Art. Asylrecht I. Religionsgeschichtlich,« TRE 4, 315-318.

Wittgenstein, Ludwig (1921): Tractatus logico-philosophicus. Logisch-philosophische Abhandlung. Frankfurt [16]1982 (es 12).

Wittkowski, Joachim (1990): Psychologie des Todes. Darmstadt.

Wohlrab-Sahr, Monika (Hg.) (1995): Biographie und Religion. Zwischen Ritual und Selbstsuche. Frankfurt, New York.

– (1996): »Konversion zum Islam als Implementation von Geschlechtsehre,« ZfS 25/1996, 19-36.

Wolf, Ernst (1970): »Volk, Nation, Vaterland im protestantischen Denken von 1933 bis zur Gegenwart,« in: Zilleßen (Hg.) 1970, 172-212.

Wollenschläger, Michael (1996): »Nationalstaat, Ethnizität und Einwanderungsgesetzgebung in Deutschland,« in: Bade (Hg.) 1996, 431-450.

Wollenschläger, Michael; *Schraml*, Alexander (1991): »Die Aufenthaltstitel im neuen Ausländergesetz,« Zeitschrift für Ausländerrecht und Ausländerpolitik 11/1991, 59-66.

– (1994a): »Kriegs- und Bürgerkriegsflüchtlinge im nationalen und internationalen Recht,« AWR-Bulletin 41/1994, 110-120.

– (1994b): »Ius soli und Hinnahme von Mehrstaatigkeit. Zulässige und notwendige Elemente einer Reform des Staatsangehörigkeitsrechts?« Zeitschrift für Rechtspolitik 27/1994, 225-229.

– (1994c): »Asylrecht angesichts wachsender Zuwanderung. Rechtliche Maßnah-

men und ihre Auswirkungen in den europäischen Staaten – ein Überblick,« in: Barwig/Brinkmann/Huber/Lörcher/Schumacher (Hg.) 1994, 79-89.
Wurzbacher, Steffen (1997): Gut beraten. Abgeschoben ... Flüchtlingssozialarbeit zwischen Anspruch und Wirklichkeit. Karlsruhe.
Yoder, John Howard (1971): The Original Revolution. Essays on Christian Pacifism. Scottdale.
Young, Iris Marion (1998): »Selbstbestimmung und globale Demokratie. Zur Kritik des liberalen Nationalismus,« DZPh 46/1998, 431-457.
Zahlmann, Christel (Hg.) (1992): Kommunitarismus in der Diskussion. Eine streitbare Einführung. Berlin.
Zeltner, Hermann (1931): Schellings philosophische Idee und das Identitätssystem. Heidelberg.
Zernatto, Guido (1966): Vom Wesen der Nation. Wien.
Ziemske, Burkhardt (1994): »Verfassungsrechtliche Garantien des Staatsangehörigkeitsrechts,« Zeitschrift für Rechtspolitik 27/1994, 229-233.
– (1995): »Über den Versuch, Sachprobleme durch neue Begrifflichkeit zu lösen. Ein Beitrag zur ›Kinderstaatsangehörigkeit‹,« Zeitschrift für Rechtspolitik 28/1995, 380-381.
Zilleßen, Horst (Hg.) (1970): Volk – Nation – Vaterland. Der deutsche Protestantismus und der Nationalismus. Gütersloh (Veröffentlichungen des Sozialwissenschaftlichen Instituts der evangelischen Kirchen in Deutschland 2).
Zimmermann, Andreas (1994a): Das neue Grundrecht auf Asyl. Verfassungs- und völkerrechtliche Grenzen und Voraussetzungen. Berlin, Heidelberg et al (Beiträge zum ausländischen öffentlichen Recht und Völkerrecht 115):
– (1994b): »Das Konzept sicherer Herkunfts- und sicherer Drittstaaten im Lichte der Genfer Flüchtlingskonvention,« in: Barwig/Brinkmann/Huber/Lörcher/Schumacher (Hg.) 1994, 90-122.
Zimmermann, Emil (1986): »Transkulturelle Konzepte von Krankheit und Kranksein,« in: Bausinger (Hg.) 1986, 99-110.
– (1994): »Ausländische Patienten in der klinischen Praxis,« in: Kiesel/Kriechhammer-Yagmur/Lüpke (Hg.) 1994, 25-38.
Zink, Angela, *Korporal*, Johannes (1990): »Soziale Epidemiologie der Erkrankungen von Ausländern in der Bundesrepublik Deutschland,« in: Heribert Kentenich, Peter Reeg, Karl-Heinz Wehkamp (Hg.) – Zwischen zwei Kulturen: Was macht Ausländer krank? 2. erweiterte Auflage 1990, 24-41.
Zitelmann, Thomas (1989): »Die Konstruktion einer Nation der Oromo,« in: Waldmann/Elwert (Hg.) 1989, 61-80.